Internationales Verwaltungsrecht

Von

Dr. Karl Neumeyer

Professor des internationalen Privatrechts
an der Universität München.

Innere Verwaltung. I.

1910.

München und Berlin.

J. Schweitzer Verlag (Arthur Sellier).

ISBN 3 8059 0363 4
Unveränderter Nachdruck
der Ausgabe von 1910

Vorwort.

Es ist ein merkwürdiges Schauspiel, den Bearbeitern des internationalen Privatrechts, die sich Rechenschaft geben über die Grundbegriffe ihrer Wissenschaft, bei ihrem Werke zuzusehen. Immer wieder drängt es sie dazu, neben diesem international gerichteten Privatrecht nach einem internationalen öffentlichen Recht, insonderheit auch nach einem internationalen Verwaltungsrecht zu suchen. Aber freilich, so zuverlässig das Rechtsgefühl auf eine solche Ergänzung hinwies, so wenig bestimmt sind diesem internationalen Verwaltungsrecht seine Aufgaben gestellt worden, und wer auf dem beschrittenen Weg weiterging, der sah sich bald in ganz andere Dinge verstrickt, die man unglücklicherweise mit dem gleichen Namen bezeichnet: in Betrachtungen über die gemeinschaftliche Verwaltung einer Staatenmehrheit. Und davon soll auf diesen Blättern durchaus nicht die Rede sein.

Die Praxis indessen konnte nicht warten. Heute sollte sie entscheiden, ob der deutsche Monteur, der eine Maschine in Rußland aufgestellt, unter dem Schutz der deutschen Arbeiterversicherungsgesetze verblieben ist, und gestern, ob der Inländer, der im Ausland sein Glaubensbekenntnis gewechselt, die Formen des heimatlichen Rechts dabei beobachten mußte. Der Ausländer im Inland will sich den Schulzwang nicht gefallen lassen; der Zahnarzt soll seinen tönenden Doktortitel aus fernen Landen nicht führen dürfen, die fremde Geheimpolizei im Inland wird unbequem — die Probleme wirbeln. Und die Praxis konnte nicht warten. Einmal behilft sie sich mit bescheidenster Buchstabenauslegung eines zufälligen Textes, die Zuständigkeit für ihr Eingreifen abzugrenzen; dann sucht sie Belehrung bei der Wissenschaft, und da diese versagt, so müssen — nicht immer glückliche — Analogien aus dem internationalen

Privatrecht helfen; und manchmal stellt ein gesundes Rechtsempfinden die Lösung des isolierten Falles treffsicher hin, daß sie einer zusammenfassenden Untersuchung sich als Eckstein einordnet.

Was die Aufgabe eines internationalen Verwaltungsrechts ist, wie wir es verstehen, kann sonach kaum zweifelhaft sein: die Grenzen der öffentlichen Gewalt in Verwaltungssachen gegenüber der öffentlichen Gewalt anderer Gemeinschaften zu ziehen, nicht anders, wie es Aufgabe des internationalen Zivilrechts ist, diese Grenzen für das Zivilrecht zu bestimmen, Aufgabe des internationalen Prozeßrechts und Strafrechts, die gleiche Arbeit für diesen Rechtsstoff zu vollbringen. Und es bleibt dabei nur zu beachten, daß der gegenwärtige Stand des Völkerrechts für das Privatrecht verpflichtet, in Ermangelung inländischer Zuständigkeit dem maßgebenden Auslandsstaat in seiner Regelung Folge zu geben, während für eine Betätigung im Bereich des öffentlichen Rechts regelmäßig nur die eigene Staatsgewalt örtlicher Begrenzung bedarf.

Unser Absehen ist hier auf das Recht der inneren Verwaltung gerichtet. Und wenn das Wagnis gelingen sollte, uns und anderen über diesen neuen Zweig am Baum des internationalen Rechts Aufschluß zu suchen, so mußten die einzelnen Einrichtungen des Rechts der inneren Verwaltung monographisch erörtert werden, durfte es nicht bei einem Programm bewenden, konnten die apodiktischen Sätze eines Lehrbuches nicht ausreichen. Zugleich war damit der Arbeitsplan vorgezeichnet: erst mußten die leitenden Grundsätze für ein internationales Verwaltungsrecht an den einzelnen Rechtseinrichtungen durchgeprobt werden, ehe sie ihre endgültige Festlegung finden können, und so erklärt es sich, daß hier zunächst der erste Band des besonderen Teils vorgelegt wird, den ein weiterer Band zum Abschluß bringen soll, und daß dann erst der allgemeine Teil der Arbeit veröffentlicht werden kann. Ich muß den Leser um das Vertrauen bitten, daß er glaube, daß auch dort, wo die Ausführung des Besonderen auf allgemeinen Grundlagen fußt, ernsthafte Überlegungen zugrunde liegen. Haben diese Ausgangspunkte dem bunten Wechsel der Erscheinungen stand gehalten, wie sie der gegenwärtige Band vereinigt, so wage ich allerdings hoffen zu dürfen, daß sie auch bei ihrer späteren Niederschrift bestehen können.

Freundliche Nachsicht wird dieser Versuch nach mancher Richtung in Anspruch nehmen müssen. Ich kann nicht erwarten, daß die Voraussetzung für eine Bestimmung ihres Anwendungsbereiches, die materiellrechtliche Würdigung der manigfaltigen Rechtseinrichtungen, in den einzelnen Staaten nicht selten verschieden ausgestaltet, von Fehlgriffen frei geblieben wäre. Aber freilich hat hier die Wissenschaft vom materiellen Verwaltungsrecht noch nicht überall die Vorarbeit getan, deren man sich gern erfreuen möchte. Und ein äußerer Umstand macht dies Ergebnis so häufig von vornherein aussichtslos: die Schwierigkeit, die erforderliche Literatur zu beschaffen, hat sich für manche Frage einfach nicht überwinden lassen. Daß vollends die internationalen Erörterungen nur tastend ihren Weg suchen, leuchtet ein. Der zweite Bearbeiter des Gegenstands, der nicht Gefahr läuft, über der Zurichtung des Rohstoffs die Freiheit des Blickes einzubüßen, wird sicherere Urteil haben. Möge er bald kommen!

München, den 14. November 1909.

Karl Neumeyer.

Inhalt.

Innere Verwaltung. I.

1. Kapitel.

Die Bevölkerung.

2. Kapitel.

Gesundheit und Sicherheit.

3. Kapitel.

Vereine und Stiftungen.

4. Kapitel.

Die Presse.

5. Kapitel.

Bildung und Erziehung.

6. Kapitel.

Seite

Der Staat und die Sitten.

7. Kapitel.

Staat und Kirche.

Abkürzungen.

Journal = Journal du droit international privé.
Revue = Revue de droit international **privé.**
Zeitschrift = Zeitschrift für internationales Recht (für internationales Privat- und Strafrecht, für internationales Privat- und öffentliches Recht).

Berichtigung.

Eine Anzahl Verweisungen auf spätere Ausführungen sind, wie folgt, richtigzustellen:

Auf	Seite	23 Anm. 25	ist	statt	§ 42	zu	lesen	§ 40
„	„	34	„	„	§ 46	„	„	§ 47
„	„	42 Anm. 35	„	„	§ 43	„	„	§ 44
„	„	69 Anm. 6	„	„	§§ 37, 42, 46	„	„	§§ 40, 47
„	„	69 Anm. 8	„	„	§ 46	„	„	§ 47
„	„	158 Anm. 10	„	„	§ 33 Z. 5 und 6	„	„	§ 44 Z. 3 bis 5
„	„	192	„	„	§ 42	„	„	§ 43
„	„	193 Anm. 32	„	„	§ 42 Z. 2	„	„	§ 43 Z. 3
„	„	203 Anm. 6	„	„	§ 45 Z. 7	„	„	§ 44 Anm. 20
„	„	204 Anm. 8	„	„	§ 45	„	„	§ 47
„	„	204 Anm. 9	„	„	§ 43	„	„	§ 45
„	„	374 Anm. 92	„	„	§ 49	„	„	§ 47.

Innere Verwaltung. I.

1. Kapitel.

Die Bevölkerung.

§ 1. Aufenthalt und Niederlassung.

1. Die Grenzen der Aufenthaltsordnung. — 2. Wirkung innerstaatlicher Anordnungen in das Ausland. — 3. Anwendbarkeit von Zwangsmitteln. — 4. Besondere Fälle (Gebietsveränderungen, Konsulargerichtsbarkeit). — 5. Der Übernahmeverkehr

Die Grenzen der Aufenthaltsordnung.

1. In enge Berührung mit Menschen und Einrichtungen gestellt, ist der Einzelne der Aufenthaltsordnung des Staates unterworfen, in dem er Aufenthalt nimmt. Das Völkerrecht mag die Satzungen dieses Staates materiellrechtlich beeinflussen, Niederlassungsverträge regeln die Bedingungen der Wohnsitznahme, die Vorrechte der Exterritorialen verwehren eine Beschränkung der Aufenthaltsfreiheit,[1]) im übrigen aber entscheidet der Aufenthaltsstaat frei, und seine Ord-

[1]) Wenn Exterritorialen sonst nur Freiheit von Zwang zukommt, werden sie hier im Zweifel materiellrechtliche Befreiung von einschränkenden Vorschriften beanspruchen können; denn die Befugnis zu freiem Eintritt und freier Bewegung innerhalb des Empfangsstaates folgt unmittelbar aus ihrer Zulassung. So ausdrücklich Ungarn, Gesetzartikel V 1903 § 6 für die Meldepflicht ankommender Ausländer und ihrer Quartiergeber (Zeitschrift 14, 213[1]). Ebenso wird die Meldepflicht in Frankreich gehandhabt (O. Mayr, Annalen des Deutschen Reichs 1896, 338), wie auch die Passvorschriften auf Exterritoriale keine Anwendung finden können (Pandectes belges 6, 1119 v⁰ agent diplomatique n. 309). Wenn in den Vereinigten Staaten die von den Einwanderern zu beantwortenden Fragen auch den Gesandten vorgelegt werden (Zeitschrift für Völkerrecht 1, 638), so ist das inkorrekt. — Ein verwandter Fall hat die Schweiz und Italien beschäftigt: Der gemeinsame Grenzbahnhof in Chiasso liegt auf schweizerischem Boden; die schweizerischen Behörden fordern von den italienischen Bahnangestellten Hinterlegung der Papiere und Einholung der Niederlassungsbewilligung, wie dies sonst für Wohnsitznahme im Gebiet vorgeschrieben ist. Italien wendet ein, dass in der vertragsmässigen Zulassung des Grenzbahnhofes auf schweizerischem Boden ein freies Wohnrecht der dort beschäftigten Personen enthalten sein müsse, und der Bundesrat hat sich dieser Ansicht angeschlossen. Vgl. L. R. v. Salis Schweizerisches Bundesrecht [2] (1903) 2, 452 ff. n. 687.

nung reicht so weit, als der Ordnung bedürftige Berührungen im Staate vorkommen, über das Staatsgebiet. Wenn häufig die Befugnis des Staates, Aufenthaltsbeschränkungen vorzukehren, auf die „Gebietshoheit“ gegründet wird, so mag die Formel angehen, insofern das Gebiet dabei als Anknüpfungsbegriff für die Fälle gedacht ist, die auf Grund ihrer räumlichen Beziehungen der Ordnung des Inlandes unterworfen werden sollen; die Formel geht fehl, wenn ihr eine mystische Beziehung zwischen Staat und Fläche untergelegt wird, von der erst rückwirkend eine Herrschaft über die darauf befindlichen Personen erwachsen soll. Bedarf es doch (Z. 3) nicht notwendig einer Anwesenheit der zu beschränkenden Personen im Inland, um dessen Zuständigkeit zu begründen; und ebensowenig (Z. 4) ist es der Gebietsumfang zur Zeit der Verfügung, der über ihren Geltungsbereich entscheidet.

Die Vorschriften über Aufenthalt, Einwanderung und Wohnsitznahme, über Auswanderung, Eingrenzung und Ausweisung gelten für das Staatsgebiet, aber auch nur für dieses.[2]) Für andere Staaten mag eine Anordnung über den Aufenthalt vermöge besonderen Titels wirksam werden. Die Ausweisungen, die ein deutscher Bundesstaat kraft Reichsgesetz, ein Kanton der Schweiz nach Bundesrecht ausspricht, sind für das gesamte Gebiet des Reiches und Bundes verbindlich; Staatsverträge haben den Geltungsbereich einer Verbannung mannigfach erweitert[3]) — ohne solchen Titel vermag ein Staat andere Staaten nicht zu verpflichten. Der Grundsatz ist anläßlich des Falles Wohlgemuth erörtert worden, als Deutschland 1889 forderte, die Schweiz dürfe Reichsangehörigen die Niederlassung nur

[2]) Bei J. Voet, comm. ad Pandectas (zuerst 1698) lib. 1 tit. 4 p. 2 n. 7 ed. Halae 1776 1, 110 erscheint allerdings die Landesverweisung, in den Rahmen der Statutenkollision eingefügt, als eine Angelegenheit des „Personalstatuts“. Doch hat jene Zeit dem Personalstatut wenigstens anderen Staaten gegenüber überhaupt keine rechtlichen Wirkungen zugesprochen. — Übrigens kommt es vor, daß ausländische Vorschriften über Niederlassung im Inland Anwendung finden. So bestimmt Art. 11[4] des schweizerischen Auswanderungsgesetzes vom 10. VII. 1888 „den Agenten ist verboten die Beförderung . . von Personen, denen die Gesetze des Einwanderungslandes den Eintritt verbieten“; oder es fordert § 3 einer Verordnung des Gouverneurs von Deutsch-Südwest-Afrika 15. XII. 1905 (Deutsches Kolonialblatt 1906, 421) Zustimmung des deutschen Konsuls zur Einwanderung in das Schutzgebiet, wenn nach den Gesetzen des Auswanderungslandes einer Rückkehr des Einwandernden Hindernisse entgegentreten können. Aber selbstverständlich handelt es sich dabei nur um eine tatsächliche Rückwirkung solcher Vorschriften auf Angelegenheiten des Inlandes, und es ist der Wille des Inlandes, der ihnen Rechnung trägt.

[3]) A. Pertile, Storia del diritto italiano [2] (1892) 5, 333 ff.; Kohler, Zeitschrift 4, 236 f. Bartolus († 1357) D. 49, 15, 7 n. 2 und C. 1, 1, 1 n. 50 op. omnia Venet. 1602 vol. 6 f. 124a; vol. 7 f. 6b. H. de Cocceji (resp. Iconius), de fundata in territorio et plurium locorum concurrente potestate (zuerst 1684) tit. 6 § 10 ed. Franc. a. V. 1696 p. 70. Voet a. a. O. n. 17.

gestatten, wenn sie mit einem heimatlichen Leumundszeugnis versehen sind; die Schweiz hat demgegenüber mit Grund geltend gemacht, daß sie eine vertragsmäßige Bindung solchen Inhalts nicht übernommen habe, und daß sie die Freiheit besitze, die Bedingungen für eine Niederlassung im Land nach ihrem Ermessen zu bestimmen.[4]) Dementsprechend sind Ausweisungen, welche ein deutscher Bundesstaat, ein Kanton der Schweiz aus eigener Machtvollkommenheit verhängt, für die anderen Bundesstaaten und Kantone nicht verbindlich; auch dann nicht, wenn ein Kanton aus der „Eidgenossenschaft" ausgewiesen hätte.[5])

Wirkung innerstaatlicher Anordnungen in das Ausland.

2. Indessen die wichtigere Frage in diesem Zusammenhang geht nach einer anderen Richtung: kann ein Staat von sich aus, ohne das Eingreifen der örtlich beteiligten Staatsgewalt in Anspruch zu nehmen, Bestimmungen über den Aufenthalt in anderem Staatsgebiet treffen? Julius Clarus, der Vermittler der mittelalterlichen Strafrechtswissenschaft Italiens, bespricht den vormals vielgeübten Brauch, einem Missetäter den Zwangsaufenthalt in einem fremden Staatsgebiet anzuweisen: *de jure*, nach D. 48, 22, 7, 10, sei eine solche Form der Verbannung wohl unzulässig; aber *de consuetudine generali, quae viget fere ubique locorum,* werde das Gegenteil beobachtet.[6]) Und wenn eine größere Zahl kantonaler Strafgesetzbücher der Schweiz ohne besondere Ermächtigung durch Bundesrecht oder Staatsvertrag die Befugnis in Anspruch nimmt, aus der gesamten Eidgenossenschaft auszuweisen, so könnte eine solche Ausweisung vom Standpunkt des ausweisenden Kantons rechtmäßig sein, auch wenn andere Kantone durch sie nicht gebunden werden. Die Schriftsteller schwanken über die Zulässigkeit

[4]) Vgl. über diese und ähnliche Fälle v. Salis a. a. O. 2, 480 ff. n. 717; J. Langhard, Das Recht der politischen Fremdenausweisung (1891) 6 ff.; J. Tschernoff, Protection des nationaux résidant à l'étranger (1899) 168 f.; A. v. Overbeck, Niederlassungsfreiheit und Ausweisungsrecht (1907) 51 ff.; auch Archiv für öffentliches Recht (1908) 23, 126 f. Für eine Verbindlichkeit der bezeichneten Art nach dem gegenwärtigen Niederlassungsvertrag zwischen Deutschland und der Schweiz befremdenderweise Heinrichs (zit. unten Anm. 24) 65[6].

[5]) Eine solche Ausweisung (dazu gleich unten) hatte in Luzern stattgefunden; in Bern betreten, wurde der Täter von den dortigen Gerichten eines Bannbruches nicht schuldig befunden. Übereinstimmend Langhard a. a. O. 80[1]; C. Stooss, Die Grundzüge des schweizerischen Strafrechtes (1892) 1, 360; A. Kunz, Die Strafe der Landesverweisung nach schweizerischem Recht (1895) 100 f., 112, 114, jedoch unter Annahme einer vertragsmäßigen Wirksamkeit solcher Ausweisungen für andere Kantone; Schweizerisches Strafrecht, Verhandlungen der Expertenkommission (1896) 1, 207 ff., besonders Morel und Stooss 213, 214; v. Overbeck a. a. O. 69 f.).

[6]) Receptae sententiae (zuerst 1569) lib. 5 § fin. q. 71 n. 4 ed. Franof. 1613 p. 248.

der Maßregel.[7]) Und als 1894 die österreichisch-ungarische Gesandtschaft über die Statthaftigkeit einer solchen Ausweisung anfragte, erklärte das eidgenössische Justizdepartement sie für einwandfrei, während die mit der Prüfung der Geschäfte betraute Kommission des Ständerates den Rechtsgrund, auf den sich eine solche Befugnis stützen könnte, vermißt; die kantonalen Hoheitsrechte beschränkten sich auf das kantonale Gebiet.[8]) Die Beantwortung führt zurück auf die Elementarfrage allen internationalen öffentlichen Rechts (Verwaltungsrechts, Prozeßrechts, Strafrechts): ob es für eine Betätigung der Staatsgewalt im Bereich des öffentlichen Rechts überhaupt räumliche Schranken gibt, an die sich der Staat bei Erfüllung seiner Aufgaben bindet, so wie im Privatrecht, oder ob er wahllos eingreift, wenn ihm nur die Machtmittel zu Gebote stehen, seinen Willen durchzusetzen. Es ist dem Verfasser nicht zweifelhaft, daß die Antwort im Sinne der ersten Annahme lauten muß — die Begründung bleibt dem Allgemeinen Teil vorbehalten. Und wenn dies richtig ist, so kann über die Zusammensetzung der Bevölkerung im einen Staat unmöglich ein anderer Staat Bestimmungen treffen (man denke nur — die Ausweisungsbefugnis aus der Eidgenossenschaft wird eben nicht auf Sonderrecht gestützt — ein Kanton wolle aus Frankreich ausweisen). Aber freilich alle diese Lösungen besagen, wie eine Abgrenzung beschaffen sein sollte, und insbesondere, wie positives Recht im Zweifel auszulegen ist: Abweichungen, die ein Gesetz ausdrücklich vorsieht, sind vom Standpunkt dieses Staates aus solange verbindlich, als sie nicht, etwa auf Vorstellung des durch den Übergriff in seinen Interessen beeinträchtigten Staates, geändert werden.

Ist somit grundsätzlich ein Staat nicht für berechtigt zu halten, Bestimmungen über den Aufenthalt einer Person in fremdem Staatsgebiet zu treffen, so sind davon doch jene anderen Fälle wohl zu unterscheiden, bei denen ein Staat zwar gleichfalls auf den Aufenthalt einer Person im Ausland Einfluß nimmt, aber nicht deshalb, um über die örtlichen Beziehungen der Person im Verhältnis zu ihrer Umgebung rechtliche Bestimmungen zu treffen, sondern aus Gründen, die eine Beziehung dieser oder anderer Personen zu dem anordnenden Staat angehen, und nur rückwirkend wird von einer solchen Anordnung auch der Aufenthalt der Person in fremdem Staatsgebiet betroffen. Wenn § 140 des Reichsstrafgesetzbuches den Wehrpflichtigen bestraft, der nach erreichtem militärpflichtigen Alter sich außerhalb des Bundesgebietes aufhält, oder § 20 des Staatsangehörigkeitsgesetzes Verwirkung der Staatsangehörigkeit droht, wenn ein Deutscher im Ausland einer Aufforderung zur Rückkehr in Kriegszeiten nicht Folge leistet, so

---

[7]) Für sie Langhard, wohl auch Stooss und Kunz, dagegen v. Overbeck a. a. O.

[8]) v. Salis, 2, 353 f. n. 533.

sind es offensichtlichste Interessen des Inlands, die den Gegenstand solcher Anordnungen bilden, und es ist eine noch nicht einmal gewollte Rückwirkung, daß diese Rückkehr auch den Bevölkerungsbestand des Auslands beeinflußt. Nicht anders die insbesondere früher häufig geforderte Erlaubnis, in einen Auslandsstaat reisen zu dürfen, die an die Ausstellung eines Passes geknüpft worden ist (unten § 3 Z. 4). Und auch der „Zwangspaß", der zuweilen im Übernahmeverkehr (unten Z. 5) benützt wird und einem Ausgewiesenen aufträgt, sich auf einem bestimmt vorgeschriebenen Wege in den übernehmenden Staat zu begeben, dürfte international einwandfrei sein, auch wenn der aufgetragene Weg durch einen dritten Staat führt.[9]) Daß eine Person während ihres Aufenthaltes in anderen Staaten Träger von Befehlen sein kann, ist rechtmäßig, nach seinem Inhalt aber betrifft ein solcher Befehl besondere Beziehungen des Beauftragten zu dem ausweisenden Staat, nicht sein Verhältnis zu dem Lande, das er durchreisen soll. Nun kann es freilich auch sein, daß gerade die Rückwirkung, die eine Anordnung in eigenen Angelegenheiten auf die Zusammensetzung der Bevölkerung anderer Staaten übt, gewollt und die Veranlassung sein kann, diese Anordnung überhaupt zu erlassen. So bei §§ 6 und 7 des deutschen Auswanderungsgesetzes,[10]) die den ausgesprochenen Zweck verfolgen, den Strom der Auswanderer von gewissen Gebieten abzulenken, sie an anderen Orten zur Ansiedelung zu bringen. Aber juristisch bleibt es auch hier das Verhältnis des Staats zu dem vom Inland ermächtigten Unternehmer, das den Gegenstand der Regelung bildet — man denke nur an die Sanktion bei Zuwiderhandlungen, die sich nicht gegen den Auswanderer, sondern gegen den Unternehmer wendet — so daß auch in diesem Fall die Zuständigkeitsgrenzen gewahrt bleiben.[11])

---

[9]) Dazu Gothaer Vertrag (s. unten) § 10 mit Separatprotokoll 29. VII. 1858 insbes. Z. 6, K. Weber, Gesetz- und Verordnungensammlung für das Königreich Bayern 4, 282; Beschlüsse des Bundesrates 8. III. 1900 Z. III und 30. V. 1891, Heinrichs 269[7] und 47[86]. Vgl. auch v. Conta, Die Ausweisung (1904) 18 ff. Anders natürlich, wenn die Mitwirkung des Zwischenstaates zur Überwachung oder Unterstützung des Durchreisenden in Anspruch genommen werden soll.

[10]) § 1 „Wer die Beförderung von Auswanderern nach außerdeutschen Ländern betreiben will (Unternehmer), bedarf hierzu der Erlaubnis". § 6 „Die Erlaubnis ist nur für bestimmte Länder, Teile von solchen, oder bestimmte Orte.. zu erteilen". § 7 „Bei Erteilung an solche deutsche Gesellschaften, welche sich die Besiedelung eines von ihnen in überseeischen Ländern erworbenen Gebiets zur Aufgabe machen, ist der Reichskanzler an die Vorschriften des § 5 (Sicherheitsleistung und Nachweis, daß der Unternehmer Reeder ist) nicht gebunden".

[11]) Man hat bei Abfassung des Gesetzes neben der Beförderungskonzession noch die Schaffung einer eigenen „Besiedelungskonzession" erwogen. Doch hat sich die Regierung gegen einen solchen Vorschlag erklärt, denn er bedeute „nichts anderes, als das Ansinnen, daß der Reichskanzler etwas feierlich und

Anwendbarkeit von Zwangsmitteln.

3. Die Aufenthaltsordnung gilt für das Staatsgebiet. Von dieser räumlichen Begrenzung sind aber zwei andere räumliche Beziehungen getrennt zu halten, die in diesem Zusammenhang gleichfalls in Frage kommen können. Der Aufenthaltsort der Person, an die ein staatlicher Befehl ergeht, das Gebiet zu meiden, den Aufenthalt an einem bestimmten Ort zu nehmen, ist für die Zuständigkeit gleichgültig. Auch einer im Ausland verweilenden Person kann das Betreten des Inlands zuständigerweise verboten werden; Rechtsgrund des Befehls ist die Eingliederung der Person in die staatliche Gemeinschaft.

Insbesondere aber ist von der Zuständigkeit, über den Aufenthalt einer Person Anordnung zu treffen, die Zuständigkeit zu scheiden, diese Anordnung mit bestimmten Zwangsmitteln durchzusetzen. Insoweit sich der Staat als Mittel, sie durchzuführen, des Befehls bedient, besteht hier allerdings keine Beschränkung. Denn Befehle können (näheres im Allgemeinen Teil), wenn sie nur inhaltlich statthaft sind, auch an Personen im Ausland erlassen werden. Anders jedoch bei Anwendung körperlichen Zwangs, die in fremdem Staatsgebiet unzulässig ist. Und so genügt die Möglichkeit, eine Anordnung über den Aufenthalt durchzusetzen, noch nicht, um eine mangelnde Zuständigkeit zu dieser Anordnung zu begründen. Und ebensowenig kann aus dem Besitz dieser Zuständigkeit die Zulässigkeit eines Zwangsmittels gefolgert werden. Die Frage ist vor kurzem vor dem Privy Council erörtert worden.[12]) Die Alien Labour Act Canadas verbietet die Einwanderung von Personen mit festem Arbeitsvertrag und gestattet, eine solche Person festzunehmen und sie in das Land zurückzuschicken, aus dem sie gekommen ist. Die Vorschrift wird auf zwei Angehörige der Vereinigten Staaten angewendet, das Obergericht von Ontario aber erklärt das Gesetz als „ultra vires" erlassen und deshalb nichtig, denn die Rücksendung schließe eine Ausübung der Staatsgewalt außerhalb des Gebietes notwendig in sich, und kein Gesetz könne eine solche Durchsetzung außer Landes vorschreiben. Das Berufungsgericht dagegen hebt auf: das Völkerrecht gewährleiste jedem Staat Freiheit der Ausweisung; daraus aber folge

förmlich erlauben soll, was er weder zu verbieten noch zu verhindern in der Lage ist". Vgl. F. Stoerk, Das Reichsgesetz über das Auswanderungswesen (1899) 78 ff. — Beträchtlich weiter gehen in ihrem Wortlaut die §§ 22, 43 des Gesetzes, die dem Unternehmer bei Strafe verbieten, die Auswanderer „in der Wahl ihres Aufenthaltsortes oder in der Beschäftigung im Bestimmungslande" zu beschränken; aber der Zusammenhang ergibt, daß solche Beschränkungen nur nicht in den vor der Ausreise abzuschließenden schriftlichen Beförderungsvertrag aufgenommen werden dürfen.

[12]) Attorney-General for the Dominion of Canada v. Cain; id. v. Gilhula, 6./27. VII. 1906, The Law Reports 1906, House of Lords etc. 542 ff.

notwendig die Befugnis, die zur Verwirklichung dieses Rechts erforderlichen Handlungen vorzunehmen, *notwithstanding the fact that constraint upon the person of the alien outside the boundaries of the State or the commission of a trespass by the State officer on the territories of its neighbour .. should thereby result;* schon In re Adam sei 1837 die gewaltsame Entfernung eines Ausländers von der Insel Mauritius für rechtmäßig erklärt worden, wiewohl damit eine Festhaltung auch auf hoher See verbunden war.[13]) Nun wird eine Zuständigkeitsüberschreitung in jener Vorschrift über zwangsweise Fortschaffung gewiß nicht zu finden sein — schon weil die angebliche Unmöglichkeit, sie ohne Zwangshandlungen außerhalb des staatlichen Machtbereiches durchzuführen, nicht besteht. Aber der Folgerung, die Rechtmäßigkeit der Fortschaffung ermächtige nun auch zu Zwangshandlungen auf fremdem Landgebiet, auf fremden Schiffen, die die Küstengewässer verlassen haben, müssen die schwersten Bedenken entgegentreten.

Besondere Fälle (Gebietsveränderungen, Konsulargerichtsbarkeit).

4. Besondere Umstände können eine Mehrheit von Staaten mit dem Aufenthalt einer Person in Verbindung bringen, und es kann von hier aus zweifelhaft werden, welcher von ihnen über diesen Aufenthalt bestimmt. Es würde hierher gehören, wenn in Deutschland die Frage auftaucht, ob ein nach Reichsstrafrecht der Landespolizeibehörde überwiesener Ausländer vom Bundesstaat des Strafortes oder vom Bundesstaat des Aufenthaltsortes ausgewiesen werden kann[14]) — sofern nicht die Landespolizeibehörden der verschiedenen Bundesstaaten, im „übertragenen Wirkungskreis“ handelnd, dabei im Verhältnis bloßer örtlicher Zuständigkeit zueinander sich befänden. Hingegen ist hier auf Gebietsveränderungen einzugehen.

Die Aufenthaltsordnung eines Staates nun will nicht für ein geographisch bestimmt umgrenztes Gebiet Regelung geben, sie hat die Lebensgemeinschaft im Staat zum Gegenstand und muß darum, mit ihm wechselnd, für den jeweiligen Umfang des Staatsgebietes Geltung besitzen. Eine Ausweisung erstreckt sich von selbst auf Gebietsteile, die dem ausweisenden Staat zugefügt werden, sie verliert ihre Wirksamkeit für Teile, die sich später ablösen. Der früher genannte Clarus hat die Wirkung einer Verbannung erörtert, die in dem abgetretenen Landesteil selbst vor der Gebietsveränderung ausgesprochen

---

[13]) Das Urteil zitiert 1 Moo. P. C. 460. Ich konnte mir die Entscheidung nicht beschaffen, insbesondere auch nicht feststellen, ob die Abführung auf britischem Schiff erfolgt war.

[14]) Darüber E. T. Rubo, Kommentar über das Strafgesetzbuch für das Deutsche Reich (1879) 382 ff.; v. Conta a. a. O. 86 ff.

wurde, und in Übereinstimmung mit dem Mailänder Senat erklärt er ihre Bedeutung für den abtretenden Staat mit dem Augenblick der Abtretung für erloschen.[15]) Ich würde einer Ausweisung durch die Behörden des abgetretenen Landesteils fortdauernde Wirkung für das Stammland zuschreiben; denn es bleibt der Wille des Stammlandes, dem diese Behörden Ausdruck gegeben haben. Für den erwerbenden Teil hingegen dürfte eine solche Ausweisung schon darum keine Bedeutung erlangen, weil sie nach ihrem besonderen Inhalt nur von der Gemeinschaft des abtretenden Staates ausschließt.[16]) Zu Zweifeln haben auch schon die Ausweisungen aus Neutral-Moresnet Veranlassung gegeben, dessen Gebiet von Preußen und (1815—1830 den Niederlanden, seither) Belgien als Inland in Anspruch genommen und nach einer einstweiligen Verständigung gemeinsam verwaltet wird. Darnach können aus diesem Bezirk überhaupt nicht ausgewiesen werden mit Rücksicht auf Preußen die Reichsangehörigen, mit Rücksicht auf Belgien belgische Staatsangehörige, des weiteren nicht (weil eventuell als Staatsangehörige in Anspruch genommen) die Nachkommen der 1815 im Gebiet wohnhaften Personen und die seither aus dritten Staaten Eingewanderten nicht, wenn sie nach der Gesetzgebung eines der beteiligten Staaten dessen Angehörigkeit durch die Einwanderung erworben hätten. Den einer Ausweisung preisgegebenen Personen aber, Holländern beispielsweise, wird der Aufenthalt nur durch gemeinsame Verfügung der beiden Regierungen versagt werden können.[17])

Zweifel über den Träger des Ausweisungsrechtes sind insbesondere für den Bereich der Konsulargerichtsbarkeit entstanden.[18])

---

[15]) Sententiae a. a. O. n. 11. Vgl. J. B. Bajardus, Additiones ad J. Clari practicam criminalem eod. n. 26 ed. Francof. 1621 p. 256.

[16]) Anders liegen die Dinge bei der unten Z. 5 erörterten Übernahme von Angehörigen des abgetretenen Landesteiles. Denn sie sind durch die Abtretung (regelmäßig) Staatsangehörige des Erwerbers geworden.

[17]) Im wesentlichen übereinstimmend Politis, Revue générale de droit international public (1904) 11, 80 f. Pandectes belges 66, 419 v° Moresnet (territoire neutre) n. 57 erwähnen die Unstatthaftigkeit, einen „neutralen" Einwohner aus Belgien auszuweisen.

[18]) Dazu B. W. v. König, Handbuch des deutschen Konsularwesens [7](1909) 1, 39 f. 374; B. Hübler, Die Magistraturen des völkerrechtlichen Verkehrs (1900) 70; J. v. Malfatti, Handbuch des österreichisch-ungarischen Konsularwesens [2] (1904) 1, 468 f.; A. de Clercq-C. de Vallat, Guide pratique des consulats [5] (1898) 1, 326 ff. n. 317; L. J. D. Féraud-Giraud, De la juridiction française dans les Échelles du Levant [2] (1866) 2, 87 ff. und Revue de droit international 19, 1 ff.; Salem, gleiche Revue 23, 362 ff. 378 ff.; Mérignhac ebenda 24, 147 ff.; H. Lamba, De l'évolution de la condition juridique des Européens en Égypte (1896) 48 ff.; G. Pélissié du Rausas, Le régime des capitulations dans l'Empire Ottoman (1902) 1, 159, 254 ff., 452 ff.; R. Ravaut-Bignon, Du droit de police des consuls dans les pays hors-chrétienté (1905) 44 f. 56 ff. 65 f. 78 ff. 101 ff. 121 ff.; G. Young, Corps de droit ottoman (1905) 2, 280 ff.

Die Ausweisungsbefugnis des Richterkonsuls geht zurück auf die Zeiten einer örtlich geschlossenen Ansiedelung der Fremden im Land und hat (nach den im Zweifel vorbildlichen Verhältnissen der Türkei) auch nach der Auflösung dieser Gemeinschaften unangefochten fortbestanden; wie auch die früher viel verwendete Strafe der Landesverweisung bei Ausübung der Rechtspflege ausschließlich in die Hände des Konsuls gelegt war. Die Vornahme von Hoheitsakten von seiten des Absendestaates ist in diesen Ländern völkerrechtlich zugelassen; ein eigenes Interesse des Aufenthaltsstaats wird durch die Entfernung der Person regelmäßig nicht betroffen;[19]) und so muß eine Ausweisung durch den Richterkonsul in solchem Fall als rechtmäßig gelten, entsprechend der Übung, wie sie bei den Konsulaten von Österreich-Ungarn, Frankreich, Belgien, Italien, England und Rußland, wenn auch in verschiedenem Umfang, in Brauch steht. Die deutsche Praxis scheint sich dazu trotzdem nicht für berechtigt zu halten,[20]) und jedenfalls ist den deutschen Konsuln eine staatsrechtliche Ermächtigung zur Vornahme von Ausweisungen nicht erteilt. Die geübte Entsagung ist besonders mißlich für Ostasien, wo neuerlich geschlossene deutsche Gemeindebildungen ins Leben getreten sind.

Auch Schutzgenossen fremder Staatsangehörigkeit werden von dieser Ausweisungsbefugnis getroffen.[21]) Die viel umstrittene Frage in diesem Zusammenhang indessen geht dahin, ob dem Aufenthaltsstaat gegen Angehörige der Vertragsstaaten ein selbständiges Ausweisungsrecht zukommt.[22]) Den Wortlaut der Verträge zu pressen,

---

[19]) Anders freilich, wo ein rechtliches Interesse des Aufenthaltsstaats an der Anwesenheit der Person besteht; denn eine Befugnis, in seine eigenen Angelegenheiten einzugreifen, hat der Aufenthaltsstaat mit dieser Duldung nie gewährt. Beträchtliche Bedenken erweckt hier der Fall Abd-el-Hakim, den Frankreich 1902 als Tunesier und Schutzgenossen Frankreichs aus Marokko ausgewiesen hat, wiewohl er, in Marokko wohnhaft, von seiten Marokkos nach dem Staatsrecht des Islam offenbar als eigener Angehöriger betrachtet wurde und anscheinend in marokkanischem Staatsdienst stand. Vgl. über den Fall Revue générale de droit international public (1905) 12, 551 ff.

[20]) v. König a. a. O., der wohl die amtliche deutsche Anschauung wiedergibt. Anders Hübler a. a. O.

[21]) Féraud-Giraud, Revue 9 verweist zutreffend auf die entsprechende Sachlage bei Übung der Strafgerichtsbarkeit. Vgl. auch oben den Fall Abd-el-Hakim.

[22]) Gegen eine solche Befugnis Féraud-Giraud, Revue 14 f.; L. Laget, De la condition juridique des Français en Égypte (1890) 216; Mérignhac 154 ff.; Ravaut-Bignon 121 ff. Für ihre Zulässigkeit im Rahmen der Verträge Salem 378 ff.; Lamba 51 ff. und die hier angeführten Erkenntnisse der ägyptischen Reformgerichte; Pélissié du Rausas 1, 452 ff.; Young 2, 280 282[1]; vgl. auch v. König 1, 374. Die Frage ist anläßlich des Falles Chadourne (Mérignhac a. a. O.; Ravaut-Bignon 128 ff.) zwischen Frankreich

erweist sich auch hier als unfruchtbar. Die öfter begegnende Anschauung, daß die Orientstaaten ihr Ausweisungsrecht auf die Westmächte übertragen hätten und es darum selbst nicht mehr besäßen, entbehrt der geschichtlichen Begründung; der Konsul hat die Ausweisungsbefugnis stets zu eigenem Recht geübt. Und so wird man allerdings neben der anomalen Befugnis der fremden Vertreter ein konkurrierendes Ausweisungsrecht der örtlichen Staatsgewalt, wie es jedem souveränen Staat zukommt, anerkennen müssen — soweit es die bestehenden Verträge gestatten. Die freilich befreien den Fremden von jedem[23]) persönlichen Zwang, und da zugleich auch die Strafgerichtsbarkeit, welche einen Bannbruch bestrafen könnte, der örtlichen Staatsgewalt nicht schrankenlos eingeräumt ist, so bedeutet das praktisch, daß eine Ausweisung von seiten des Aufenthaltsstaates nur im Einvernehmen mit dem heimatlichen Vertreter des Auszuweisenden stattfinden kann.

Der Übernahmeverkehr.

5. Der Entfernung des Staatsfremden aus dem Gebiet steht die völkerrechtliche Verpflichtung anderer Staaten gegenüber, ihren Angehörigen und Heimatlosen, die diese Angehörigkeit früher besessen hatten, den Aufenthalt in ihrem Gebiet zu gestatten. Rücksichten auf den Ausgewiesenen aber, dem Unsicherheit über sein Schicksal erspart, notwendige Hilfe sichergestellt werden soll, Rücksichten auf den Empfangsstaat, der möglicherweise Vorkehrungen treffen muß, und vor allem die Rücksicht auf den ausweisenden Staat, der die Beförderungskosten nicht unnütz aufwenden will, haben zu dem Brauch geführt, daß sich die beteiligten Staaten darüber verständigen, ob eine auszuweisende Person in einem andern Staat Aufnahme finden kann, und daß diese Person von den Behörden des einen Staates in die Hände der Behörden des anderen Teils übergeben wird: die Aufnahme durch den Empfangsstaat wird zur „Übernahme“.[24])

Der Übernahmeverkehr beruht in erster Reihe auf Staatsverträgen. Er scheint aber auch ohne solchen Vertrag in weitem Umfang statt-

---

und Bulgarien zu diplomatischer Erörterung gelangt und hat zur Anerkennung des französischen Standpunktes geführt, der eine selbständige Ausweisung von seiten Bulgariens für unzulässig erklärt hatte.

[23]) Bestritten. Siehe Allgemeiner Teil.

[24]) Dazu Boeck, Du rapatriement des nationaux et des étrangers, Journal 18, 725 ff.; v. Overbeck a. a. O. 90 ff. Für Deutschland insbesondere A. Heinrichs, Deutsche Niederlassungsverträge und Übernahmeabkommen 1908; v. Conta 55 ff. 124 ff.; auch R. E. v. Borcke, Die Rückübernahme früherer Staatsangehöriger im System der völkerrechtlichen Verträge des Deutschen Reiches (Diss. 1904); und bezüglich des Gothaer Vertrags des Verfassers Aufsatz Annalen des Deutschen Reichs 1902, 390 ff.

zufinden,[25]) während freilich eine völkerrechtliche Verpflichtung zur Übernahme sich schwerlich vertreten lassen wird.[26])

Im Rahmen der so geknüpften besonderen Beziehungen ergeben sich wieder Zuständigkeitsfragen abgeleiteter Art. Zunächst, welcher Staat ist zur Übernahme eines Ausgewiesenen verpflichtet? Entsprechend der völkerrechtlichen Aufnahmepflicht anerkennen die Verträge eine solche Verpflichtung übereinstimmend gegenüber den eigenen Staatsangehörigen des um Übernahme angegangenen Staates und fast in demselben Umfang gegenüber heimatlosen Personen, die zuletzt diesem Staat angehört hatten.[27]) Auch die Zugehörigkeit zur Familie einer zu übernehmenden Person ist mannigfach zum Übernahmegrund erhoben worden.[28]) Das umfassendste Vertragswerk dieser Art, der Gothaer Vertrag „wegen Übernahme von Ausgewiesenen" vom 15. Juli 1851, von 32 Staaten unterzeichnet, sieht gleichfalls die Übernahme der gegenwärtigen und früheren Untertanen mit ihren Familienangehörigen vor; er trifft für den Fall mehr-

[25]) v. Bitter, Handwörterbuch der preußischen Verwaltung (1906) 2, 626; Heinrichs 11 und 180. Die Übernahme wird grundsätzlich versagt von England und ist auch in den Vereinigten Staaten nicht gebräuchlich, v. Bitter a. a. O.; Heinrichs 180. Schweden, Norwegen, Rumänien lehnen die Übernahme ihrer früheren Staatsangehörigen ab (Heinrichs 11, 181; vgl. auch Weber, Gesetz- und Verordnungensammlung 18, 347), und neuerdings macht Frankreich Schwierigkeiten gegenüber Inländern, die sich mehr als zehn Jahre außerhalb ihres Heimatsstaates aufgehalten haben (Heinrichs 136 [1]). In den Niederlanden werden nach Derouin und Worms, Journal 17, 556 Geisteskranke und Kinder niederländischer Staatsangehörigkeit nicht übernommen, in Belgien und Italien uneheliche Kinder, die nicht anerkannt sind (wenn aber nicht anerkannt von der Mutter und außer Landes geboren, würden sie die Staatsangehörigkeit dieser Länder gar nicht besitzen), während Rußland nur solche Kinder übernimmt, deren Eltern beide Russen sind, und auch dann nicht, wenn es sich um Juden handelt. Wie weit in solchen Fällen etwa auch die Aufnahme verweigert wird, ist unbekannt.

[26]) Anders (wohl unter Vermengung von Aufnahme und Übernahme) M. Lehmann, Die Ausweisung im System des deutschen Fremdenrechts (Diss. 1899) 52; v. Overbeck 90; v. Bitter a. a. O.; Heinrichs 10.

[27]) Deutschland-Rußland, 10. II. / 29. I. 1894 Art. 1 nehmen hievon ausdrücklich aus „Personen, welche die von ihren Eltern verlorene Staatsangehörigkeit ihrerseits niemals besessen haben".

[28]) So ganz regelmäßig in den Verträgen der Schweiz (mit Belgien 12. XII 1896 Art. 2; Dänemark 10. II. 1875 Art. II; Deutschland 31. V. 1890 Art. 8; Frankreich 23. II. 1882 Art. 5; Großbritannien 6. IX. 1855 Art. II; Italien 22. VII. 1868 Art. 2; Österreich-Ungarn 7. VII. 1875 Art. 4; Rußland 26./14. XII. 1872 Art. 2; Spanien 14. XI. 1879 Art. 4; Vereinigte Staaten von Nordamerika 25. XI. 1850 Art. 3). Gothaer Vertrag §§ 3—6. Deutschland-Niederlande 17. XII. 1904 Art. 6. Die Familienzugehörigkeit muß dabei nach dem internationalen Privatrecht des um Übernahme ersuchten Teiles begründet sein. Bizarre Sonderbestimmungen für diese Frage im § 3 des Gothaer Vertrags. Vgl. darüber den oben Anm. 24 angeführten Aufsatz.

facher gegenwärtiger oder früherer Staatsangehörigkeit (Schlußprotokoll Z. 2) nähere Vorkehrung derart, daß unter gewissen Voraussetzungen das länger fortbestehende Untertanenverhältnis, im übrigen die Wahl des ausweisenden Teils zur Übernahme verpflichtet;[29]) er kennt (§ 2) ergänzend eine relative Verpflichtung zur Übernahme Staatsfremder im Verhältnis der Vertragsteile zueinander, begründet durch längeren Aufenthalt oder Errichtung des ersten Ehewohnsitzes im Land, je durch das jüngere Verhältnis, subsidiär durch Geburt im Land; und auch die Bestimmung verdient Erwähnung, welche für den Fall einer Gebietsveränderung unter den Vereinsstaaten vorschreibt, daß der abgetretene Gebietsteil in Beziehung auf alle eine Übernahmepflicht begründenden Tatsachen und Verhältnisse so angesehen werden solle, als ob er dem erwerbenden Staat immer angehört habe.[30]) Die gegenwärtige Rechtslage der deutschen Bundesstaaten ist hinsichtlich der wechselseitigen Übernahmeverpflichtungen besonders verwickelt und auch mannigfach bestritten. Bei Ausweisungen, die einen Deutschen aus sicherheitspolizeilichen Rücksichten treffen, ist nach einer Vereinbarung von 1894 der Heimatstaat und derjenige Bundesstaat, in dem der Ausgewiesene einen Unterstützungswohnsitz hat, zur Übernahme verpflichtet. Bei einer Ausweisung aus Gründen der Armenpolizei ist für die Staaten, für welche das Gesetz über den Unterstützungswohnsitz gilt, eine Übernahme ihrer Angehörigen von Staat zu Staat überhaupt nicht mehr in Geltung,[31]) während im Verhältnis dieser Staaten zu Bayern der Gothaer Vertrag in fortdauernder Verbindlichkeit steht. Hinsichtlich der Übernahme von vormaligen Deutschen und von Ausländern ist der Gothaer Vertrag zwischen sämtlichen deutschen Bundesstaaten, ausgenommen Elsaß-Lothringen, anwendbar, und er gilt nach allen Richtungen im Verhältnis dieser Bundesstaaten zu Luxemburg.

Unter Umständen mögen sich bei demselben Fall eine Mehrheit von Übernahmebeziehungen kreuzen. Auf Verlangen der Schweiz

[29]) Wahl des ausweisenden Teils muß auch ohne besondere Vereinbarung bei mehrfacher Staatsangehörigkeit des zu Übernehmenden entscheiden. Die Bedenken v. Borcke's 33 sind unbegründet.

[30]) Schlußprotokoll der Eisenacher Konferenz 25. VII. 1854 Z. 2, Weber, Gesetz- und Verordnungensammlung 4, 279. Auch der deutsch-dänische Vertrag vom 11. XII. 1873 (Centralblatt für das Deutsche Reich 1874, 31) sieht in Art. 5 vor, daß die Angehörigen der abgetretenen Landesteile von seiten Deutschlands aufzunehmen seien, wenn sie in Schleswig-Holstein ihren Wohnsitz zur Zeit der Abtretung oder zuletzt vor der Abtretung gehabt hatten, die Optanten jedoch von Dänemark zu übernehmen seien; wegen der Optantenkinder Heinrichs 122[5].

[31]) Auch dort, wo das Gesetz über den Unterstützungswohnsitz eine Verbindlichkeit der Bundestaaten vorsieht (§§ 5, 33, 60), ist örtliche, nicht staatliche Zuständigkeit in Frage.

müssen ausgewiesene Deutsche und vormalige Reichsangehörige vom Reich übernommen werden. Nach der früheren Praxis galt dabei als übernahmepflichtig der einzelne Bundesstaat, in dem der Ausgewiesene die Staatsangehörigkeit besaß, so daß er (von dem Sonderfall des § 33 des Unterstützungswohnsitzgesetzes abgesehen) sofort an diesen weitertransportiert wurde. Neuerlich indessen sind in Preussen gegen diese Praxis mit Grund Bedenken laut geworden. Übernahmepflichtig ist im Verhältnis zur Schweiz nicht der einzelne Bundesstaat, sondern das Reich, und es wird nunmehr von seiten des empfangenden Grenzstaates nicht mehr nach dem deutschschweizerischen Niederlassungsvertrag, sondern nach innerdeutschem Übernahmerecht verfahren.[32]) Auch auf der aktiven Seite können sich derartige Schwierigkeiten ergeben, wenn der ausweisende Teil einem zusammengesetzten Staat angehört. Soll die Übernahme auf Grund einer Ausweisung erfolgen, die sich auf Partikularstaatsrecht gründet, so können auftauchende Zweifel nur dem Bereich der Durchbeförderung (darüber unten) angehören. Aber auch da, wo eine Ausweisung nach Bundesrecht erfolgt, tritt nicht etwa bis zur Grenze die innerstaatliche, von da ab die Übernahmeordnung gegenüber dem Ausland in Wirksamkeit; das Übernahmeverhältnis besteht zwischen dem fremden und dem ausweisenden Einzelstaat, er hat die Verhandlungen mit dem Ausland zu führen, die Transportpapiere zu beschaffen, die Kosten zu tragen.[33])

Auch bei der Durchbeförderung eines Ausgewiesenen, den ein dritter Staat übernehmen soll, können hinsichtlich der anwendbaren Übernahmeordnung verschiedene Auffassungen bestehen. Bei Abschluß des deutsch-niederländischen Niederlassungsvertrages wurde von seiten der niederländischen Kommissare gewünscht, es sollten die aus den Niederlanden Ausgewiesenen auf Grund des deutsch-niederländischen Vertrages nach Deutschland übernommen und von hier nach Maßgabe der von Deutschland mit dritten Staaten geschlossenen Verträge weiter befördert werden; doch hat der Vertrag seine Anwendbarkeit auf die unmittelbare Übernahme zwischen den Vertragsteilen beschränkt.[34]) Ein dem niederländischen Vorschlag ähnlicher Gedanke ist in der Tat in § 2 des Gothaer Vertrags verwirklicht, insofern dort eine relative Übernahmepflicht von Ausländern im Verhältnis der Vertragsteile zueinander vereinbart wurde. Ohne

---

[32]) Vgl. die badische Ministerialbekanntmachung 9. X. 1902, Zeitschrift 13, 612; preussische Ministerialverfügung 10. XI. 1902 ebenda 14, 190^1. Entsprechend Heinrichs 51^{42}, 76^{30}, 116^{29}.

[33]) Vgl. für die Schweiz v. Salis 4, 610 ff. n. 1970, 1972, 1973; v. Overbeck 95.

[34]) Vgl. die Denkschrift, Zeitschrift 16, 101. Gleichartige Lösung auf Grund des internationalen Abkommens über den Mädchenhandel unten § 22 Z. 3.

solche Vereinbarung aber erscheinen Übernahme und Durchbeförderung als getrennte Rechtsformen staatlichen Zusammenwirkens. Und auch der Satz des Auslieferungsrechts, wonach Durchlieferung im allgemeinen nur statthaft ist, wenn nach den Rechtsbeziehungen des Zwischenstaats und des Empfangstaats auch Auslieferung statthaft wäre, ist einer Übertragung auf die Durchbeförderung Ausgewiesener nicht fähig; denn anders als bei der Auslieferung erwarten den Übernommenen im Empfangsstaat regelmäßig keine Nachteile, zu deren Eintritt der Zwischenstaat durch die Ermöglichung der Durchbeförderung beiträgt.

Was die Durchführung des Übernahmeverkehrs angeht, so bleibt auch hier zu beachten, daß sie in Ermangelung vertragsmäßiger Zulassung weder ermächtigt, Zwangshandlungen in fremdem Staatsgebiet vorzunehmen, noch den Behörden dieses Staates Anweisungen zu geben. Als ein bayerisches Bezirksamt einen Transportbefehl ausstellte, nach dem die von Preußen zu übernehmende Familie per Schub nach Elbing in Preußen abgeführt werden sollte, hat das Bundesamt für Heimatwesen in dieser Anordnung mit Grund eine Überschreitung der bayerischen Zuständigkeit gefunden.[35]) Und vor allem wird diese Schranke wichtig bei einer Durchbeförderung durch das Gebiet dritter Staaten. Ob von den Organen des ausweisenden oder von den Behörden des Durchgangsstaates auszuführen, verlangt sie das Einverständnis des Zwischenstaates, und es bleibt grundsätzlich seinem freien Ermessen überlassen, ob er die Zustimmung erteilen will.[36]) Doch gestatten die deutschen Bundesstaaten die Durchführung des zu Befördernden durch die Organe anderer Bundesstaaten ohne Einholung einer Genehmigung und übernehmen die Durchbeförderung auf Verlangen selbst; wie auch die Kantone der Schweiz wechselseitig verpflichtet sind, eine Durchbeförderung zu besorgen.[37])

Schließlich, wer trägt die Kosten der Übernahme? Entsprechend dem vorwiegenden Interesse des ausweisenden Staates ist es dem übernehmenden Staat gegenüber der ausweisende Teil, der die Lasten des Vorgehens solange zu tragen hat, bis er die ausgewiesene Person den Behörden des Empfangsstaats überliefert, während die weitere Behandlung des Übernommenen eine innere Angelegenheit des Empfangsstaats bedeutet und demgemäß auch nur seine Finanzen belastet; die Staaten-

[35]) Urteil vom 16. XI. 1895, Entscheidungen des Bundesamts 28, 93.

[36]) Vgl. v. Salis 4, 608 n. 1966. Über Durchsendung mit Zwangspaß oben S. 5.

[37]) v. Conta 27, 132; Heinrichs 48[36]. v. Salis 4, 611 ff. n. 1971. Vertragsmäßige Zusicherung einer Weiterbeförderung im deutsch-niederländischen Vertrag Art. 13.

praxis steht mit dieser Kostenverteilung in völligem Einklang.[38]) Muß die Beförderung aber durch ein dazwischenliegendes fremdes Gebiet erfolgen, so wird dieser Zwischenstaat als gänzlich unbeteiligt die erforderliche Einwilligung regelmäßig nur dann erteilen, wenn ihm die aus der Durchbeförderung erwachsenden Auslagen ersetzt werden. Und zwar ist es auch hier seinem überwiegenden Interesse gemäß zunächst der ausweisende Staat, dem die Leistung zufällt.[39]) Unter nah verbundenen Staaten hat man von einem Ersatz der Kosten des Zwischenweges wohl auch Abstand genommen. Der Gothaer Vertrag hatte den Durchgangsstaaten erst die halben, nach einer späteren Abänderung die ganzen Kosten der Durchbeförderung auferlegt, und die Gliedstaaten des Deutschen Reiches sowohl wie der Schweiz tragen heute in ihrem gegenseitigen Verhältnis die Kosten der Durchbeförderung durch ihr Gebiet, ohne Unterschied, ob die Abführung auf Bundesrecht oder auf Partikularrecht sich gründet.[40]) Die Kosten einer etwaigen Rückbeförderung, wenn der Empfangsstaat die Übernahme verweigert, fallen stets dem ausweisenden Teil zur Last.[41])[42])

---

[38]) Gothaer Vertrag § 11 I. Die Verträge und Vereinbarungen Deutschlands mit Italien, Dänemark, Belgien, Frankreich, der Schweiz, den Niederlanden usw.

[39]) Deutsch-niederländischer Niederlassungsvertrag Art. 13. v. Salis 4, 608 n. 1966. Vgl. auch den Gothaer Vertrag § 11 II. Wegen des internationalen Abkommens über den Mädchenhandel unten § 22 Z. 3.

[40]) Für Deutschland nach Freizügigkeitsgesetz § 7 und Bundesratsbeschluß 1894 in Verbindung mit Gothaer Vertrag § 11; Beschlüsse des Bundesrats vom 28. II. 1873 und 8. III. 1900, Bekanntmachung des Reichskanzlers 10. XII. 1890 § 17; Beschluß des Bundesrats 30. V. 1891; vgl. v. Conta 95 ff., 144 ff. Für die Schweiz Bundesgesetz vom 24. VII. 1867 und dazu J. Schollenberger, Grundriß des Staats- und Verwaltungsrechtes der schweizerischen Kantone (1898) 2, 57.

[41]) Gothaer Vertrag § 11 III. v. Conta 96, 125. v. Salis 4, 609 610 n. 1968, 1970 (auch Ersatz der Aufwendungen des Zwischenstaates für die Hinreise?).

[42]) Mit der Aufenthaltsordnung eines Staates mögen noch mannigfache weitere Fragen internationaler Art in Verbindung treten. Die Ausweisung wird durch den Empfang öffentlicher Unterstützung begründet; nach welchem Recht bemißt sich die Eigenschaft einer Leistung als öffentliche Unterstützung, wenn sie im Ausland erfolgt ist? Genügen Strafurteile des Auslands, um eine Ausweisung zu rechtfertigen? Welcher Staat hat den guten Leumund der Aufenthalt nehmenden Person zu bezeugen? Wem ist der Nachweis dieses Leumunds zu erbringen? Welcher Staat entscheidet, ob die Voraussetzungen einer zulässigen Ausweisung vorliegen; welches internationale Privatrecht, ob eine Staatsangehörigkeit begründet ist, die zur Übernahme verpflichtet? Hier überall handelt es sich um Fragen selbständigen Inhalts, die an ihrem Ort Beantwortung finden müssen.

§ 2. Die Familiengründung.

1. Administrative Ehebeschränkungen für Inländer im Ausland. — 2. Beschränkungen für Ausländer im Inland. — 3. Verbindlichkeit solcher Vorschriften für andere Staaten.

Administrative Ehebeschränkungen für Inländer im Ausland.

1. Neben der Sorge, unerwünschten Zuzug von auswärts fern zu halten, hat die Sorge, die Bevölkerung durch unerwünschte Familiengründung wachsen zu sehen, die Staaten früher vielfach beschäftigt. Die polizeilichen Ehebeschränkungen, welche dieser Fürsorge entstammen, sind heute fast allerwärts gefallen. Ihr klassisches Land ist Bayern geblieben, das aus bestimmten sicherheitspolizeilichen, sittenpolizeilichen, armenpolizeilichen Gründen (sofern es sich um einen Angehörigen der Landesteile rechts des Rheines handelt) der Heimatgemeinde des Mannes einen Einspruch gegen die beabsichtigte Verehelichung einräumt und, dies Einspruchsrecht sicherzustellen, eine Genehmigung der Eheschließung durch die Verwaltungsbehörde vorschreibt. Der Mangel dieses „distriktspolizeilichen Verehelichungszeugnisses" verhindert die Eheschließung; wurde die Ehe aber trotzdem geschlossen, so macht das den bayerischen Standesbeamten, bei einer Trauung außer Bayern den Ehemann selbst strafbar; die scharfe Sanktion, daß eine ohne Zeugnis geschlossene Ehe ungültig sein sollte, ist mit der Novelle von 1892 weggefallen und durch die abgeschwächte Bestimmung ersetzt worden, daß eine solche Ehe die Heimat des Mannes auf Frau und Kinder nicht zu übertragen vermag. Tirol und Vorarlberg verlangen den „politischen Ehekonsens" für Personen, deren Unterhalt nicht gesichert ist; wiederum mit der Bedeutung eines aufschiebenden Ehehindernisses, und mit der Folge, daß eine Zuwiderhandlung als Übertretung einer politischen Vorschrift von den politischen Behörden zu bestrafen ist. Auch Dänemark fordert Genehmigung der Gemeinde des Unterstützungswohnsitzes, wenn jemand in den letzten fünf Jahren Armenunterstützung genossen und das Empfangene nicht zurückerstattet hat; der Mangel wirkt gleichfalls als aufschiebendes Ehehindernis, Verstöße machen verantwortlich.

Die Vorschriften für Aufenthalt und Niederlassung gelten für denjenigen, der im Inland seinen Aufenthalt nehmen, sich hier niederlassen will. Auf den Geltungsbereich der Vorschriften über Familiengründung läßt sich dieser Gedanke nicht übertragen. Denn die Möglichkeit, lästige Ausländer auszuweisen, und insbesondere die Nötigung, ausgewiesene Staatsangehörige selbst aufnehmen zu müssen, führt zu einer tiefgreifenden Verschiebung.

Auch Staatsangehörige, die sich auswärts trauen lassen, die ihren ersten Wohnsitz im Ausland aufschlagen, können, auf Grund einer Ausweisung vom Heimatstaat übernommen, der Armenpflege des Inlands zur Last fallen, die Sicherheit des Inlands gefährden, und es bedarf darum einer Kontrolle der Familiengründung für sie nicht anders, wie wenn sie dauernd im Inland verweilt hätten; während die Wichtigkeit eine Überwachung von Ausländern bei der Möglichkeit, sie jederzeit zu entfernen, geringer ist. Demgemäß besteht denn auch das Erfordernis einer staatlichen Ehegenehmigung in Bayern wie in Tirol und Vorarlberg für die Personen, die in diesen Gebieten die „Heimat" besitzen, also nur für Staatsangehörige,[1]) für diese aber ohne Rücksicht auf den Ort der Eheschließung. Das ergibt sich für Bayern schon aus Art. 36 des Heimatgesetzes: „Angehörige der rechtsrheinischen Landesteile werden, wenn sie außerhalb Bayerns eine Ehe schließen, ohne das . . vorgeschriebene Zeugnis erhalten zu haben, mit Geld . . oder mit Haft . . gestraft";[2]) für Tirol und Vorarlberg stellt sich eine Entschließung des Ministeriums des Innern vom 28. Dezember 1872 auf denselben Standpunkt.[3]) Die dänische Ehebeschränkung ist ihrem Inhalt entsprechend für Personen erlassen, die in Dänemark den Unterstützungswohnsitz haben[4];) ein solcher aber besteht[5]) zunächst ebenfalls nur für Inländer, kann allerdings durch Staatsvertrag auch Ausländern eröffnet werden; für Personen im Ausland wird die Beschränkung wohl gleichfalls Geltung besitzen, solange nur ein Unterstützungswohnsitz in Dänemark für sie begründet ist.[6])

Beschränkungen für Ausländer im Inland.

2. Um die Eheschließung von Ausländern bekümmert sich das Inland nur, insoweit hier ein Interesse an dem Zustandekommen einer rechtsverbindlichen Ehe besteht. Ein solches Interesse ist be-

---

[1]) Bayerisches Heimatgesetz in der Fassung vom 30. VII. 1899 Art. 1; österreichisches Heimatgesetz vom 3. XII. 1863 § 2.

[2]) Eine Einschränkung für Personen außereuropäischen Wohnsitzes, die außerhalb Bayerns heiraten, bestand 1872—1892 zu Recht.

[3]) Rehm im Handwörterbuch der Staatswissenschaften[2] 3, 290 v° Eheschließung. Vgl. auch J. Vesque von Püttlingen, Handbuch des in Österreich geltenden internationalen Privatrechts[2] (1878) 231 f.; E. Jettel, Handbuch des internationalen Privat- und Strafrechts (1893) 37.

[4]) Gesetz vom 9. IV. 1891 § 42.

[5]) Ebenda § 23.

[6]) Eine Verordnung vom 30. III. 1827 (Zeitschrift 1, 540) verbietet dänischen Staatsangehörigen (inländischen Wohnsitzes) allgemein, im Ausland eine Ehe abzuschließen, die ihnen im Inland nicht gestattet werden könnte; der Zuwiderhandelnde wird bestraft, seine Ehe kann im Verwaltungsweg für nichtig erklärt werden.

gründet mit Rücksicht auf die Eheleute selbst, denen die schweren Folgen einer ungültigen Ehe erspart werden sollen. Es ist insbesondere begründet mit Rücksicht auf den Staat, den die mangelnde Anerkennung der Ehe von seiten des Heimatstaates hindert, Übernahme der lästig gewordenen Ausländer durch diesen in Anspruch zu nehmen. Im Hinblick auf das Interesse der Eheleute bedeutet eine solche Vorprüfung einen Akt der freiwilligen Gerichtsbarkeit, und der Staat bringt dabei diejenige Rechtsordnung zur Anwendung, die auf Grund seiner Kollisionsnormen zur Geltung berufen ist, die Gesetze des Heimatstaates, des Wohnsitzes, vielleicht nur die des Eheschließungsortes. Im Hinblick auf eine künftige Übernahme stellt die Vorprüfung eine Aufgabe der inneren Verwaltung dar, und es muß die Ehe gültig sein nach dem Kollisionsrecht des Heimatstaates, der gegebenenfalls zur Übernahme verpflichtet ist. Ebendarum scheint es erforderlich, den Nachweis, daß die beabsichtigte Eheschließung zulässig sei, in jedem Fall von dem Heimatstaat zu verlangen. Es war durchaus richtig, wenn schon das frühere bayerische Recht eine solche Bestätigung von seiten des Heimatstaates forderte, wiewohl damals die persönliche Ehefähigkeit in Bayern unter Wohnsitzrecht stand. Und ebenso hat, wenn auch mit ziemlich äußerlicher Begründung, das Kammergericht[7]) neuerdings zutreffend entschieden, daß der Nachweis statthafter Eheschließung aus dem Heimatstaat erbracht werden müsse, auch wenn nach deutschem Kollisionsrecht vermöge Rückverweisung die Ehefähigkeit des Ausländers den deutschen Gesetzen unterstellt sei.[8]) Der geforderte Nachweis wird nach internationaler Praxis durch ein von dem angegangenen Staat ausgestelltes „Zertifikat“ geführt.[9]) Doch ist der herkömmliche Inhalt solcher Zeugnisse, daß nach den Gesetzen des ersuchten Staates ein Ehehindernis nicht bekannt sei, auch wenn vom Heimatstaat erholt, unzulänglich, sofern nach dem Kollisionsrecht dieses Staates eine andere Rechtsordnung als die des Heimatstaates materiell zur Herrschaft gelangen soll. Sachgemäß dagegen

---

[7]) Beschluß vom 27. X. 1902, Zeitschrift 13, 415.

[8]) L. v. Bar, Theorie und Praxis des internationalen Privatrechts (1889) 1, 446[14] hält einen solchen Nachweis im Fall einer Rückverweisung für entbehrlich, und auch das ungarische Ehegesetz vom 18. XII. 1894 § 113 III, die Haager Eheschließungskonvention Art. 4 verlangen den Nachweis nur von dem Staat (nicht immer dem Heimatstaat), dessen Gesetze zivilrechtlich für die Ehe maßgebend sind.

[9]) Eine Zusammenstellung der bei Eheschließungen in einem deutschen Bundesstaat geforderten Zeugnisse Zeitschrift 13, 469 ff. Für Österreich Jettel a. a. O. 32. Ungarisches Ehegesetz § 113 III. Schweiz, Bundesgesetz vom 24. XII. 1874 Art. 31 IV. Für Frankreich R. Vincent-E. Pénaud, Dictionnaire de droit international privé (1888) 526 v° mariage n. 139. Italien, Cod. civile art. 103. Dänemark, Gesetz vom 9. IV. 1891 § 42.

ist insoweit die in Württemberg, der Schweiz geforderte Bestätigung, daß die Ehe von seiten des Heimatstaates Anerkennung findet. Das (soweit nicht als selbstverständlich zu entbehren) allgemein geforderte Zeugnis, daß der Mann durch die Eheschließung seine Staatsangehörigkeit nicht verliere, sie vielmehr auf Frau und Kinder übertrage, genügt nicht. Unmittelbar aber geht auf ihr Ziel los die von Dänemark, mit Einschränkung auch in Bayern verlangte Bestätigung, daß die Familie auf Erfordern vom Heimatstaat übernommen werde.[10])

Diese Vorprüfung der abzuschließenden Ehe auf ihre Rechtsbeständigkeit nun ist vielfach dem mit der Vornahme der Eheschließung betrauten Standesbeamten oder Seelsorger, etwa auch der über sie gesetzten Aufsichtsbehörde übertragen. In Bayern, Württemberg, den beiden Mecklenburg, Schaumburg-Lippe schiebt sich ein besonderes Verfahren der Verwaltungsbehörden dazwischen, welche die Voraussetzungen der Eheschließung zu prüfen und bei ihrem Vorliegen die „Erlaubnis“ zur Eheschließung zu erteilen haben. Also auch hier eine administrative Ehebewilligung. Aber es ist völlig irreführend, sie mit der oben behandelten in eine Linie zu stellen. Hier bedeutet die Ehebewilligung, zur Prüfung der Ehegültigkeit bestimmt, nur eine formelle, dort bedeutet sie eine selbständige materielle Ehevoraussetzung. Hier eine Maßregel nur für den Abschluß, nicht für den Bestand der Ehe, die gegenstandslos wird, sobald die Trauung nicht im Inland, sondern anderwärts begehrt wird. Dort eine Vorschrift, die Wirksamkeit auch dann beansprucht, wenn die Ehe im Ausland eingegangen wird und der ohne Bewilligung abgeschlossenen Ehe möglicherweise einen dauernden Makel anheftet.

Verbindlichkeit solcher Vorschriften für andere Staaten.

3. Verwaltungsvorschriften, die in einem fremden Staat bestehen, veranlassen das Inland regelmäßig nicht zu eigener Tätigkeit. Gegenüber administrativen Ehebeschränkungen zwar nicht der unter Z. 2, wohl aber der unter Z. 1 behandelten Art ist das häufig anders. Wo ein Staat bei der Eheschließung Zertifikate fordert, da wird eine Rücksichtnahme auf die vom Heimatstaat vorgeschriebene Bewilligung schon von der Formel umfaßt, daß die Ehe im Heimatstaat Anerkennung finden müsse; Bayern und Sachsen verlangen Bestätigung, daß der Eheschließung nach öffentlichem und bürgerlichem Recht des Heimatstaates ein Hindernis nicht entgegenstehe; und Baden,

[10]) Heimatlosen Personen, die den Nachweis der Übernahme nicht führen können, wird in Bayern die Eheschließung unter Umständen versagt; Ministerialentschließung 26. V. 1908, Weber 35, 247[1].

Hessen, Elsaß-Lothringen, Österreich stellen in Benützung eines früher weiter verbreiteten Formulars die unmittelbare Frage, ob es nach dem Recht des Heimatstaats einer Erlaubnis bedarf, und wenn ja, ob die Erlaubnis erteilt ist. Die Bearbeiter des geltenden deutschen Rechts erklären den Standesbeamten nahezu einstimmig an solche Vorschriften des heimatlichen Rechts gebunden.[11]) Und in der großen Mehrzahl der deutschen Bundesstaaten[12]) wird die Beachtung der entsprechenden bayerischen Bestimmung den Standesbeamten besonders zur Pflicht gemacht; wie auch die Schweiz[13]) ihren Standesbeamten vorschreibt, bei Verehelichung eines rechtsrheinischen Bayern das distriktspolizeiliche Verehelichungszeugnis von Amts wegen zu verlangen.[14])

Eine solche Stellungnahme nun aber kann auf sehr verschiedene Gründe zurückzuführen sein. Es kann sein, daß Gründe der Zweckmäßigkeit den Staat des Eheschließungsortes von sich aus, im eigenen

---

[11]) F. Endemann, Lehrbuch des bürgerlichen Rechts [8] (1908), 2 II, 146; C. Crome, System des deutschen bürgerlichen Rechts (1908) 4, 218 [84]; G. Planck, Bürgerliches Gesetzbuch [3] (1906) 4, 21; Engelmann in J. v. Staudingers Kommentar zum bürgerlichen Gesetzbuch [3] (1907) 4, 27; Arthur B. Schmidt, Familienrecht (1907) 32; C. Sartorius, Kommentar zum Personenstandsgesetz (1902) 296; A. Stölzel-O. Stölzel, Deutsches Eheschließungsrecht [4] (1904) 95 f.; P. Hinschius-Boschan, Das Reichsgesetz über die Beurkundung des Personenstandes [4] (1909) 545; P. Örtmann, Bayerisches Landesprivatrecht (1902) 551.

[12]) Zusammenstellung bei Sartorius a. a. O.

[13]) Kreisschreiben des Bundesrats 20. IX. 1901, Zeitschrift 13, 523. Vgl. auch schon Archives diplomatiques 1887 II, 317.

[14]) Die Einholung des bayerischen Zeugnisses fordert Bayern sachgemäß (vgl. oben S. 12 Anm. 29) auch für den Fall, daß der Verlobte zugleich mit der bayerischen eine fremde Staatsangehörigkeit besitzt; Ministerialentschließung 27. V. 1901, Blätter für administrative Praxis 52, 222 ff. Württemberg (Ministerialerlaß 2. IV. 1902, W. Bazille-R. Köstlin, Das Recht der Staatsangehörigkeit 1902 S. 188), Baden (Ministerialerlaß 11. I. 1902, Blätter für administrative Praxis a. a. O.), Elsaß-Lothringen (Dienstanweisung für die Standesbeamten § 47 [6] in Der Standesbeamte 1900, 186) haben diesem Standpunkt Rechnung getragen, und man legt auch die übrigen deutschen Landesrechte in diesem Sinn aus, wenn sie für die Verehelichung eines Bayern Einholung des Zeugnisses fordern, ohne für den Fall mehrfacher Staatsangehörigkeit eine Ausnahme vorzusehen (Sartorius 297; Stölzel 97; Endemann 147 [115]). Ein preußischer Ministerialerlaß vom 6. VII. 1903 hingegen (Zeitschrift 14, 191 [1]) erklärt das Zeugnis zwar erforderlich, wenn der Verlobte neben der bayerischen die Angehörigkeit eines dritten Bundesstaates besitzt, aber nicht, wenn sie mit der preußischen zusammentrifft. In Ermangelung einer positiven Lösung will Sartorius 296 auf das Recht des Wohnsitzes oder Aufenthaltsorts sehen; Endemann 146 f. vermag sich zwischen den Gründen für und wider nicht zu entscheiden, Stölzel 96 findet den einen und anderen Standpunkt richtig, Hinschius-Boschan 545 enthalten sich der Stellungnahme. Vgl. dazu unten Anm. 24, 33 und bei 34.

Interesse, veranlassen, auf Einholung der im Heimatstaat vorgeschriebenen Bewilligung Wert zu legen: kann er doch nur dann auf eine spätere Übernahme rechnen, wenn die Familie im Aufenthaltsstaat lästig geworden ist.

Es kann eine solche Rücksichtnahme auf die Vorschriften des Heimatstaates aber auch auf dem Gedanken einer rechtlichen Gebundenheit beruhen, und zwar einer Gebundenheit durch Erwägungen des Privatrechts und des öffentlichen Rechts.

Das Gebot, zu einer Eheschließung öffentliche Bewilligung einzuholen, gehört dem Verwaltungsrecht an. Insoweit dabei aber der Abschluß einer nicht genehmigten Ehe verboten wird, erhält die Vorschrift zugleich die Bedeutung eines aufschiebenden Ehehindernisses, insoweit eine Nichtigkeit der verbotswidrig geschlossenen Ehe daran geknüpft ist, die Bedeutung eines trennenden Ehehindernisses. In ihrer Eigenschaft als zivilrechtliche Vorschrift aber tritt die Bestimmung unter das völkerrechtliche Gebot, auf einen Tatbestand des Zivilrechts diejenige, auch ausländische, Rechtsordnung anzuwenden, die zur Ordnung des Tatbestands berufen ist.[15])

Schon vor 1900 erklären einige Schriftsteller[16]) den Besitz der vorgeschriebenen Einwilligung für eine Voraussetzung der Ehefähigkeit, diese den Gesetzen des Heimatstaats unterworfen und versagen demgemäß die Trauung, bevor die Einwilligung nachgewiesen ist. Eine Entscheidung des österreichischen Ministers des Innern,[17]) mit einiger Zurückhaltung auch ein Urteil des Zivilgerichts Bordeaux[18]) erklären die Ehe eines Bayern für nichtig, die er (nach älterem bayerischem Recht) ohne Bewilligung geschlossen hatte. Gerade hier haben nun aber vormals empfindliche Unstimmigkeiten zwischen den deutschen Bundesstaaten eingesetzt. Vom Standpunkt des bayerischen Verwaltungsrechtes aus ist die Einholung des Zeugnisses verpflichtend auch für bayerische Staatsangehörige außerbayerischen Wohn-

[15]) Die zivilrechtliche Seite der Frage bedeutet an sich keinen Gegenstand des internationalen Verwaltungsrechts. Da aber das hier interessierende Endergebnis sowohl von zivilrechtlichen als von verwaltungsrechtlichen Erwägungen beeinflußt sein kann, ist eine Erörterung auch der zivilrechtlichen Seite im gegenwärtigen Zusammenhang nicht zu umgehen.

[16]) H. v. Sicherer, Personenstand und Eheschließung in Deutschland (1879) 270, 296 f.; Rehm, Archiv für öffentliches Recht (1893) 8, 56 ff.; auch A. Weiß, Traité théorique et pratique de droit international privé (1898) 3, 420[1]. Rehm glaubt die Geltung des heimatlichen Rechts für Ehesachen im Verhältnis der deutschen Bundesstaaten zueinander aus einer erweiternden Auslegung von § 3 III des Gothaer Vertrages herleiten zu können; wie wenig mit Recht, zeigen die Ausführungen Annalen des Deutschen Reiches 1902, 394.

[17]) Vom 29. III. 1877 Zeitschrift für Gesetzgebung und Praxis auf dem Gebiet des deutschen öffentlichen Rechts (1878) 4, 84.

[18]) Vom 18. I. 1882 Journal 9, 539.

sitzes.[19]) Unter dem Gesichtspunkt des internationalen Zivilrechts aber stand für weite Teile Deutschlands das persönliche Eherecht damals nicht unter Heimat-, sondern unter Wohnsitzprinzip. Das Bundesamt für Heimatwesen[20]) hat insoweit zutreffend entschieden, daß die ohne Bewilligung eingegangene Ehe eines in Preußen wohnenden Bayern für die nichtbayerischen Bundestaaten gültig abgeschlossen sei, die preußische Regierung hat, zumal in den Fällen Gradl und Hutten üblen Angedenkens, dieselbe Auffassung vertreten;[21]) auch die sächsische Regierung hat sich diesem Standpunkt angeschlossen.[22]) Auf der anderen Seite dagegen hat das Reichsgericht (gleichfalls vor 1900) den hessischen Standesbeamten sogar für strafbar erklärt, der die Ehe eines Bayern ohne Vorlage des Zeugnisses abgeschlossen hat.[23]) Und jedenfalls, seitdem das Bürgerliche Gesetzbuch für Deutschland in Geltung steht, ist die Ehefähigkeit — auch im Verhältnis der deutschen Bundesstaaten zueinander — dem heimatlichen Recht unterworfen.[24])

---

[19]) Und die Nichtigkeit als Sanktion dieser Verpflichtung reichte so weit, als die Verpflichtung, in deren Dienst sie war.

[20]) Erkenntnis vom 7. II. 1880, Entscheidungen des Bundesamts 12, 145.

[21]) Zum Fall Gradl vgl. besonders die Entscheidung des bayerischen Verwaltungsgerichtshofes vom 26. IX. 1890, Reger, Entscheidungen der Gerichte und Verwaltungsbehörden 11, 221. Zur andern Sache U. v. Hutten-Stolzenberg, Der Fall „von Hutten" 1891.

[22]) Erlaß des Ministers des Innern vom 29. IX. 1886, Reger, Entscheidungen 7, 456. Die Entscheidung muß Wunder nehmen, da nach damaligem sächsischem internationalem Zivilrecht die Eingehung der Ehe nach den Gesetzen des Staats zu beurteilen war, dessen Untertan der Ehemann gewesen ist, nach heimatlichem Recht aber auch ein Fall von ipso-jure-Nichtigkeit gegeben war.

[23]) Urteil vom 31. V. 1899, Entscheidungen in Strafsachen 32, 204. Die Begründung des Urteils ist sehr befremdend. Das Reichsgericht sieht die Pflichtverletzung des Standesbeamten in einem Verstoß gegen § 48 des Personenstandsgesetzes: „Kommen Ehehindernisse zur Kenntnis des Standesbeamten, so hat er die Eheschließung abzulehnen". Da im rechtsrheinischen Hessen (wo die Trauung stattgefunden zu haben scheint) damals Wohnsitzprinzip galt, so hätte es vor allem einer Feststellung bedurft, wo der Bräutigam seinen Wohnsitz hatte, um darnach bemessen zu können, ob ein Ehehindernis nach hessischem Recht überhaupt gegeben war. Dazu der strafrechtliche Fehlgriff, im gegebenen Fall fahrlässige Begehung anzunehmen, da allerdings den Standesbeamten auch die fahrlässige Verletzung seiner Pflichten verantwortlich macht, eine Pflicht aber, die Eheschließung wegen eines Hindernisses abzulehnen, nach § 48 doch nur für den Fall besteht, daß das Hindernis „zur Kenntnis des Standesbeamten" gelangt ist.

[24]) Für den Fall, daß der Verlobte neben der bayerischen die Staatsangehörigkeit eines anderen Bundesstaates besitzt, hätte von hier aus ausschließlich das Recht des um die Trauung angegangenen Staates über die Ehefähigkeit zu entscheiden, wenn es die eigene Staatsangehörigkeit dieses Staates ist, die mit der bayerischen konkurriert. Wenn aber neben der bayerischen die Angehörigkeit eines dritten Staates in Frage kommt, so würde der Besitz der Ehefähigkeit durch den Wohnsitz, bei mehrfachem oder mangelndem Wohnsitz den Aufenthalt bestimmt.

Eine andere Frage indessen ist es, ob solche Beschränkungen überhaupt unter den Satz fallen, daß die Ehefähigkeit den Gesetzen des Heimatstaats unterstellt ist. Der bekannte Mißbrauch, der im internationalen Privatrecht mit dem Wort „Fähigkeit" getrieben wird, hat auch dazu geführt, die Gesamtheit der materiellen Ehevoraussetzungen als eine Angelegenheit der „Ehefähigkeit" anzusehen, und diese dem Personalstatut zu unterwerfen. Und doch finden sich unter den Voraussetzungen statthafter Eheschließung neben solchen, die reine Familiensache sind, wie Alter, körperliche Tauglichkeit, freie Einwilligung, andere, die mit der Ehe als Familienangelegenheit außer Zusammenhang sind und zivilrechtliche Vorschriften im Dienste bestimmter öffentlicher Interessen bedeuten, Maßregeln gesundheitspolizeilicher, sittenpolizeilicher, religionspolizeilicher Art darstellen. Daß derartige Vorschriften des Inlandsrechts auch bei der Eheschließung von Ausländern zur Anwendung kommen, ist unter dem Deckmantel der „öffentlichen Ordnung" längst anerkannt. Wo eine übereilte Kodifikation es nicht verbietet, da wird aber ganz allgemein anzunehmen sein, daß Ehebeschränkungen, die eine Wahrung öffentlicher Interessen bezwecken, denjenigen Geltungsbereich besitzen, der verwaltungsrechtlichen Vorschriften gleicher Richtung zukommt;[25]) und ich würde eine solche Auslegung auch für das deutsche Recht wagen. Aber muß man in der Gleichstellung zivilrechtlicher und verwaltungsrechtlicher Vorschriften noch weiter gehen, und wie diese, so wenigstens solche Bestimmungen des Eherechts, die unmittelbar im Dienst einer Einrichtung des Verfassungs- oder Verwaltungsrechts stehen,[26]) von der Durchsetzung von seiten eines anderen Staates gleichfalls ausschließen? Die Meinung, daß „politische Eheverbote" nicht außer Landes wirken, findet sich in der Tat öfter vertreten. Franz Kahn[27]) glaubt sie sogar als die gewöhnliche bezeichnen zu dürfen, und er stellt gerade auch die Vorschriften über administrative Ehebewilligung in diesen Zusammenhang. Damit übereinstimmend hat denn auch Rolin[28]) und besonders Jastrow[29]) das Erfordernis einer admini-

[25]) Vgl. dazu unten § 6 Z. 1, § 22 Z. 3, § 42 Z. 2.

[26]) Wollte man die Anwendung allen fremden Zivilrechts untersagen, das dem öffentlichen Interesse dient, so müßte man einen beträchtlichen Teil, im Grund das gesamte Zivilrecht eines fremden Staates von der Anwendung im Inland ausschließen!

[27]) Zeitschrift 12, 252 ff.

[28]) A. Rolin, Principes du droit international privé (1897) 2, 76.

[29]) Archiv für öffentliches Recht (1897) 12, 14 ff. Jastrow geht dabei allerdings von der Annahme aus, daß es sich hier um „polizeiliche Ehehindernisse" handle, die nicht bloß auf Rücksichten des öffentlichen Rechts beruhen, sondern selbst dem öffentlichen Recht angehören. Doch scheint mir das nicht annehmbar. Das Interesse der Verwaltung ist hier nicht (wie z. B. bei dem amerikanischen Verbot sonntäglicher Rechtsgeschäfte) darauf gerichtet, den Abschluß der Ehe in seiner

strativen Ehebewilligung für unbeachtlich in anderen Staaten erklärt. Indessen, daß eine solche Auslegung jedenfalls für den Bereich des Haager Eheschließungsabkommens nicht haltbar ist, hat Franz Kahn gezeigt. Sie wird aber ebensowenig sonst gelten dürfen. Solche Eheverbote sind nun einmal nach ihrem juristischen Bau Zivilrecht und nehmen an der Errungenschaft der Jahrhunderte teil, die der Privatrechtsordnung innerhalb ihrer Zuständigkeit Anerkennung und Durchsetzung auch in fremden Gebieten sichert. Daß ein Satz des Zivilrechts zugleich öffentlichrechtlichen Einrichtungen eines Staates nützt, kann ihn noch nicht mit einem Makel bekleiden. Die Entwicklung zielt darauf, die Unterstützung eines Staats in öffentlichrechtlichen Angelegenheiten zu erweitern, nicht, sie in privatrechtlichen Angelegenheiten einzuschränken.

Entscheidet nun aber unter dem Gesichtspunkt der Ehefähigkeit oder der Gemeindegesetzgebung fremdes Zivilrecht, regelmäßig das heimatliche Recht des Mannes, darüber, ob eine staatliche Bewilligung zur Eheschließung einzuholen ist, so kann freilich das an sich maßgebende Gesetz von der Anwendung im Inland dann ausgeschlossen sein, wenn seine Anwendung hier gegen die guten Sitten verstößt. Im Verhältnis der deutschen Bundesstaaten zueinander wird dieser Gesichtspunkt außer Betracht bleiben müssen, gegenüber einer Einrichtung, die in der Reichsverfassung ausdrücklich vorbehalten worden ist. Im übrigen aber kann es wohl sein, daß in einem Land mit voller Verehelichungsfreiheit derartige administrative Beschränkungen als unannehmbar empfunden werden; Busdugan[30]) nimmt das sogar für Rumänien in Anspruch.[31])

Eigenschaft als Tätigkeit zu treffen, sondern ihr juristisches Ergebnis, das Zustandekommen der Ehe als Rechtsverhältnis des Zivilrechts, soll verhindert werden. Damit erhält aber das Verbot selbst notwendig die Eigenschaft eines Zivilrechtssatzes. Und wenn Jastrow — freilich zu Unrecht — annimmt, daß der Erlaß des Bürgerlichen Gesetzbuches die zivilrechtlichen Vorschriften der bayerischen Heimatgesetzgebung beseitigt habe, so könnte jenes Eheverbot auch für den bayerischen Standesbeamten nicht mehr in Geltung bleiben. Gegen die extraterritoriale Wirkung der bayerischen als öffentlichrechtlicher Ehebeschränkungen übrigens schon Stölzel, Kritische Vierteljahrschrift für Gesetzgebung und Rechtswissenschaft (1879) 21, 254 257 und die erste (nicht mehr die zweite) Auflage von Georg Meyer, Lehrbuch des deutschen Verwaltungsrechts (1883) 1, 111[8].

[30]) Journal 27, 758.

[31]) Stölzel a. a. O. 254 f., gelegentlich des Falles Gradl auch das preußische Ministerium des Äußeren, wollen dem bayerischen Erfordernis eines distriktspolizeilichen Verehelichungszeugnisses die Anerkennung außer Landes versagen, weil eine solche Bestimmung überhaupt nicht materielles Eherecht sei, sondern sich auf die Form der Eheschließung beziehe. Sie verwechseln formale Voraussetzungen mit der Form der Eheschließung.

Aber nicht nur von seiten des Privatrechts, sondern auch von seiten des öffentlichen Rechts her hat man versucht, die Verbindlichkeit solcher Verehelichungsbeschränkungen außer Landes nachzuweisen: es stehe hier die Rechts- und Handlungsfähigkeit der Person im Gebiete des öffentlichen Rechts in Frage, diese aber müsse nach den Gesetzen des Heimatstaates beurteilt werden.[32]) Es mag genügen, dem gegenüber auf die Ausführungen des Allgemeinen Teils zu verweisen, nach denen es sich im internationalen öffentlichen Recht regelmäßig nicht darum handeln kann, eine Wahl zwischen den Rechtsordnungen verschiedener Staaten zu treffen, deshalb auch keine zweiseitigen Kollisionsnormen für das öffentliche Recht bestehen können, und es braucht nicht weiter darauf eingegangen werden, daß schon der Begriff der Handlungsfähigkeit, auf die öffentlichrechtliche Seite der Frage angewendet, zu erheblichen Mißverständnissen führt.[33])

Dagegen besteht allerdings von seiten des öffentlichen Rechts her für eine sehr erkleckliche Anzahl von Staaten die vertragsmäßige Verpflichtung, auswärtigen Vorschriften über administrative Eheerlaubnis Rechnung zu tragen, eine Verpflichtung freilich, die neuerdings gänzlich in Vergessenheit geraten zu sein scheint. Das Schluß-

---

[32]) So, unter mißverständlicher Berufung auf Savigny, der bayerische Verwaltungsgerichtshof a. a. O. Reger 11, 221 (zunächst zur Begründung des bayerischen Standpunktes, der die Beschränkung auch für Personen außer Landes in Anspruch nimmt; doch würde die Begründung, wenn richtig, weiter reichen). Auch für Rehm, Archiv 52 f. steht hier die Handlungsfähigkeit in Beziehungen des öffentlichen Rechts in Frage; nur soll diese mindestens für den Bereich der „öffentlichrechtlichen Ehefähigkeit" nach Wohnsitzrecht bemessen werden.

[33]) Für den Fall mehrfacher und darunter der bayerischen Staatsangehörigkeit macht Endemann die Erwägung geltend, daß es sich hier um eine polizeilich-administrative Schutzvorschrift handle, und solange der Bayer sein Heimatrecht und dessen Vorteile genieße, unterstehe er auch den polizeilichen Sicherungsmaßregeln dieses Rechtes. Das ist unzweifelhaft richtig vom Standpunkt Bayerns; aber wie kommen preußische Behörden dazu, durch eine polizeilich-administrative Vorschrift Bayerns verpflichtet zu werden? Auf der anderen Seite soll es in solchem Fall gegen die Berücksichtigung der bayerischen Beschränkung sprechen, daß das Bundesgesetz vom 4. V. 1868 polizeiliche Eheerlaubnisse zwar nicht für Bayern, aber für die anderen Bundesstaaten beseitigt hat, so daß der Verlobte in seiner Eigenschaft als Angehöriger eines anderen Bundesstaats Freiheit der Verehelichung in Anspruch nehmen könnte. Allein diese öffentlichrechtliche Erwägung ergibt nur, was schon zivilrechtlich feststeht: daß jemand, der zugleich bayerische und sächsische Staatsangehörigkeit besitzt, in seiner Eigenschaft als Sachse zur Einholung einer Erlaubnis nicht verpflichtet ist. Denn das Gesetz von 1868 ist kein räumlich geltendes Gesetz, das innerhalb eines bestimmten Gebiets unmittelbar zur Anwendung gebracht werden könnte, sondern es wendet sich an die Gesetzgebungen, die in seinem Bereich heimisch sind, und beseitigt deren Vorschriften, die solche Erlaubnis gefordert hatten.

protokoll der Gothaer Konferenz vom 15. Juli 1851 rügt es als Übelstand, daß in einigen der kontrahierenden Staaten dem Abschluß unkonsentierter Ehen ihrer Nationalen kein Hindernis entgegenstehe, und trotzdem durch die Konvention für den Heimatstaat die Verpflichtung begründet werden solle, den Ehemann, der eine solche Ehe geschlossen, mit Frau und Kindern zurückzunehmen; „in Erwägung dieser Bedenken, und weil man überhaupt dafür hielt, daß es sich nicht rechtfertigen lasse, wenn Personen, welche nach den Gesetzen des Staates, dem sie angehören, zur Eingehung einer Ehe gar nicht befugt sind, in einem andern der kontrahierenden Staaten zu dieser Ehe dennoch zugelassen werden, glaubten die Unterzeichneten im Namen ihrer Regierungen die Verpflichtung übernehmen zu dürfen, daß von jeder Regierung, soweit es nicht bereits geschehen, Anordnung getroffen werde, damit in ihrem Gebiet keine Verheiratung eines Angehörigen der anderen kontrahierenden Staaten, sei es mit einer Inländerin oder Ausländerin, ohne Konsens der Heimatbehörde desselben gestattet werde". Diese vorläufige Vereinbarung ist mit der Genehmigung des Hauptvertrags in Rechtskraft erwachsen, und es sind demgemäß sämtliche deutsche Bundesstaaten, ausgenommen Elsaß-Lothringen, wie auch Luxemburg vertragsmäßig verpflichtet, für den Fall der Trauung eines diesrheinischen Bayern ihre Standesbeamten zur Einholung des distriktspolizeilichen Verehelichungszeugnisses anzuweisen; auch dann, wenn der Bräutigam neben der bayerischen zugleich die Staatsangehörigkeit des Eheschließungsortes besitzt.[34])

§ 3. Das Paßwesen.[1])

1. Die Ausstellung der Pässe. — 2. Anerkennung fremder Pässe.

Die Ausstellung der Pässe.

1. Die Rechtsfigur des Passes zeigt schwankende Umrisse. In jedem Fall aber besitzt sie einen festen Kern: die Feststellung der

[34]) Dagegen wird aus der Zusammenfassung der deutschen Bundesstaaten zum Deutschen Reich für die hier erörterte Frage nichts zu entnehmen sein. Vermöge des Bayern gewährleisteten Reservats stehen sich Bayern und die übrigen Bundesstaaten hinsichtlich der administrativen Ehebewilligung gegenüber wie vor der Reichsgründung, und für jeden Teil gelten insoweit seine Grundsätze des internationalen Zivil- und Verwaltungsrechts. — Eine vertragsmäßige Verbindlichkeit, die polizeilichen Ehevorschriften des österreichischen Rechts anzuerkennen, hat Sachsen in einer Vereinbarung vom 21. I./5. II. 1879 (österreichisches Reichsgesetzblatt 1879, 228) hinsichtlich der in Sachsen verwendeten österreichischen Zoll- und Eisenbahnbediensteten übernommen.

[1]) Die verwaltungsrechtliche Literatur des Gegenstandes ist sehr dürftig. Von Interesse L. v. Stein, Die Verwaltungslehre (1866) 2, 259 ff. Auch die einzige Monographie, von der ich weiß, A. Sée, Le passeport en France (1907), hat nur für die geschichtliche Entwickelung der Einrichtung Bedeutung.

Identität einer Person. Die neuere Rechtsentwickelung beschränkt den Paß auf diese Aufgabe und erklärt das Papier damit zu einer öffentlichen Urkunde, welche die Identität einer Person feststellt. Eine solche Beurkundung mag in den verschiedensten Lebenslagen Verwertung finden, seiner Bestimmung nach soll der Paß diesen Nachweis jedoch außerhalb seines Ausstellungsortes erbringen, bei Ortsveränderungen innerhalb des Staatsgebiets, und insbesondere für den Eintritt seines Inhabers aus dem Ausland in das Inland, bei Reisen aus dem Inland in fremde Staaten.

Zuweilen werden dem Paß weitere Aufgaben zugewiesen. Gehört zu den Merkmalen, welche zur Feststellung der Identität einer Person benützt werden, ihre Staatsangehörigkeit, so erhält der Paß manchmal die Aufgabe (nicht in Deutschland), als Nachweis dieser Staatsangehörigkeit zu dienen — wiederum eine öffentliche Urkunde über den Besitz dieser Zugehörigkeit. Auch Ort, Zeit, Umstände der Reise sollte der Paß zumal in früherer Zeit aus sicherheitspolizeilichen Gründen erkennen lassen. Aber freilich bei Ausstellung des Passes können diese Umstände lediglich als Erklärung des Inhabers über seine Absichten beurkundet werden, während deren Ausführung erst am Bestimmungsort festgestellt werden kann.

Die ältere Zeit — und ihre Reste ragen noch in die Gegenwart — hat für den Eintritt in das Land, für Ortsveränderungen im Gebiet und für sein Verlassen häufig eine Erlaubnis gefordert. Die gewährte Erlaubnis kann in verschiedenerlei Gestalt beurkundet werden; nicht selten wird sie mit Erteilung eines Passes verbunden, derart, daß ein Paß nur erteilt wird, wenn zugleich die Voraussetzungen für eine solche Erlaubnis gegeben sind, und daß andererseits der erteilte Paß zugleich die Gewährung jener Erlaubnis ausweist. Ein solcher Paß hat aufgehört, bloße Wissenserklärung zu sein, und ist zur Willenserklärung des ausstellenden Staates geworden.

Wird ein Paß nun aber für die Zwecke des Inlands gefordert, als Identitätsnachweis oder als Reiseerlaubnis, so ist es klar, daß er ohne Unterschied Inländern und Ausländern gewährt werden kann. So verlangt Rußland von Fremden, die das Land betreten wollen, wenigstens wahlweise den Paß eines russischen Vertreters im Ausland, für einen längeren Aufenthalt im Land und für den Wiederaustritt in jedem Fall einen Paß russischer Behörden.[2]) Anders hingegen — und das ist der weitaus wichtigere Fall — wenn der Paß ausgestellt wird, um als Reisepapier für das Ausland zu dienen. Eine Fürsorge für Personen im Ausland zu übernehmen, ist zunächst nur der Heimatstaat berufen, und es ist insbesondere auch die Rückwirkung des Umstands (s. unten), daß die Anerkennung anderer als

[2]) Kazansky, Journal 25, 227 f.

heimatlicher Pässe im Ausland auf Schwierigkeiten stößt, die dazu veranlaßt, Pässe regelmäßig nur Inländern zu gewähren. Immerhin, gerade in den Zeiten allgemeinen Paßzwangs konnte man an dieser Beschränkung nicht unbedingt festhalten. Auch heimatlose Personen, Personen mit bestrittener Staatsangehörigkeit mußten die Möglichkeit besitzen, einen Paß zu erlangen. Und selbst unzweifelhaften Ausländern konnte ein Paß nicht immer versagt werden. Einzelne Staaten, wie England, haben sich zeitweise überhaupt geweigert, Pässe auszustellen, so daß für Reisen eines Engländers auf dem Festland andere Staaten einspringen mußten.[3]) Es konnte sein, daß ein Ausländer etwa seinen Paß verloren hatte, ohne daß es ihm bei der Unvollkommenheit der Verkehrsmittel möglich war, sich von einer heimischen Behörde einen neuen zu beschaffen. Und angesichts der schweren Beeinträchtigung der Bewegungsfreiheit, die polizeiliche Schikane durch eine Verweigerung des Passes bewirken konnte, haben es manche Staaten stets als Pflicht der Menschlichkeit betrachtet, auch Ausländern einen Paß zu gewähren.[4]) Nun ist die Bedeutung aller dieser Umstände für die Gegenwart beträchtlich zurückgegangen, und es verbindet sich damit die unverkennbare Richtung, die Erteilung von Auslandspässen an Ausländer einzuschränken.[5]) Manche Staaten, wie die Vereinigten Staaten von Nordamerika, verbieten die Ausstellung solcher Pässe vollkommen.[6]) Anderwärts hat man sie, von der Gewährung an Heimatlose oder an Personen mit zweifelhafter Staatsangehörigkeit abgesehen,[7]) für Notfälle zugelassen,[8]) und nur vereinzelt ist man

---

[3]) de Clercq-de Vallat, (zit. oben S. 8 Anm. 18) 1, 429 n. 442.

[4]) Abgeordnete Wiggers-Rostock und Wiggers-Berlin bei Beratung des deutschen Paßgesetzes, Stenographische Berichte des Reichstages 1867 2, 180. Dazu etwa L. Bamberger, Erinnerungen (1899) 263 f.

[5]) Vgl. den preußischen Ministerialerlaß 1. XII. 1892, Reger, Entscheidungen der Gerichte und Verwaltungsbehörden 13, 214.

[6]) Revised Statutes s. 4076.

[7]) Preußischer Erlaß 1. XII. 1892. Für Personen, die von ihrem heimatlichen Vertreter nicht anerkannt werden, auch Répertoire du droit français 29, 900 v° passeport n. 31 f.

[8]) Österreich, Kundmachung der Ministerien vom 10. III. 1867 § 11 bei J. Ulbrich, Handbuch der österreichischen politischen Verwaltung (1888) 1, 674. Schweiz, Bundesgesetz über die Heimatlosigkeit 3. XII. 1850 Art. 21; Konkordat der Kantone vom 22. VI. und 2. VII. 1813, S. Kaiser, Sammlung der eidgenössischen Gesetze (1862) 4, 59; vgl. auch v. Salis, Bundesrecht 2, 602 n. 1959. Für Frankreich Répertoire a. a. O. Für Italien Contuzzi in Enciclopedia giuridica italiana 3 III 1, 410[1] v° console. Nach Angabe des eidgenössischen Justiz- und Polizeidepartements (v. Salis a. a. O.) werden Pässe aus besonderen Gründen auch in allen Nachbarstaaten an Ausländer ausgestellt. Der angeführte preußische Erlaß hat allerdings den unteren Paßbehörden die vordem (noch mit Erlaß 2. IV. 1890, Reger, Entscheidungen 1. Ergänzungsband 211) eingeräumte Befugnis, ausnahmsweise Pässe an Ausländer zu erteilen, entzogen.

darüber hinausgegangen.[9]) Aber auch eine solche Ausstellung von Auslandspässen an Ausländer bleibt, was sie für Inländer bedeutet: ein Identitätsnachweis (Reiseerlaubnisse kommen hier nicht in Betracht), etwa mit Angaben über die Umstände der Reise. Die Ausstellung des Passes begründet kein besonderes Schutzverhältnis des ausstellenden Staates zugunsten des Inhabers,[10]) wie sie hinsichtlich seiner auch keine Übernahmepflicht besonderer Art hervorruft.[11])

---

[9]) Es ist noch keine solche Erweiterung, wenn ein deutscher Paß — auf Reichsgesetz beruhend — von einer bundesstaatlichen Behörde auch Angehörigen anderer Bundesstaaten ausgestellt wird. Dagegen war schon in den deutschen Staaten, die 1850 zum Paßkartenverein zusammengetreten sind, die Paßkarte für einen Angehörigen dieser Staaten gemäß Art. II am Wohnsitz auszustellen, ohne Unterschied, ob es sich um einen Angehörigen des ausstellenden Staates handelte; vgl. den Vertrag bei Weber, Gesetz- und Verordnungensammlung 4, 208 und dazu die bayerische Ministerialentschließung vom 14. I. 1865, ebenda 615. Und die Bestimmung ist seit dem 1859 erfolgten Beitritt Österreichs auch zwischen diesem und den reichsdeutschen Staaten fortdauernd praktisch; s. die angeführte Kundmachung von 1867 § 16. Noch weiter geht § 17 eines 1865 zwischen mehreren deutschen Staaten geschlossenen Abkommens (vgl. Weber 6, 540; eine Erweiterung ebenda 7, 26), das neben dem Reichspaßgesetz in fortdauernder Geltung geblieben ist (Motive des Entwurfes, Stenographische Berichte a. a. O. Anlagen 24): „Ausländern, welche kein Reisepapier besitzen, jedoch auf sonstige Weise sich genügend zu legitimieren vermögen, kann auf Verlangen ein Paß zu Reisen im Inland und in den übrigen Paßvereinsstaaten oder zur Rückreise in das Ausland.. erteilt werden.“ Auch nach dem erwähnten Konkordat der schweizerischen Kantone sollen außer den Kantonsbürgern sonstige Schweizerbürger und Fremde einen Paß erhalten können: wenn ihnen die Niederlassung im Kanton bewilligt ist, Nichtschweizer, deren Minister in der Schweiz residieren, jedoch nur, wenn diese die Ausstellung eines schweizerischen Passes genehmigen; außerdem in außerordentlichen oder dringenden Fällen, wo der Paß vergessen, verloren oder die Dauer desselben ausgelaufen sein würde; Arbeiter und Dienstboten, die wenigstens ein Vierteljahr in Diensten gestanden; Personen die sich seit mehreren Jahren im Kanton aufgehalten haben.

[10]) Vgl. Kreisschreiben des schweizerischen Bundesrats 1875, v. Salis 2, 604 n. 1960. Auch der diplomatische Schutz, den der Inländer im Ausland genießt, ist nicht Ausfluß des Passes, sondern der Besitz eines Passes erleichtert seinem Inhaber nur die Legitimation, wenn er den Schutz des Heimatstaates anruft; unzutreffend v. Stein a. a. O. 260.

[11]) Auch hinsichtlich der Inländer begründet die Ausstellung eines Passes nicht etwa eine gesteigerte Verpflichtung zur Übernahme (so wohl Bazille-Koestlin, Staatsangehörigkeit 178), sondern es sind Pässe des Heimatstaates nur als besonders taugliche Mittel anerkannt, die ohnehin bestehende Übernahmepflicht liquid zu stellen, so daß nach manchen Verträgen Einwendungen gegen die Übernahme bei Vorliegen eines Passes nicht erhoben werden dürfen. Und daraus folgt allerdings, daß eine solche Übernahmepflicht auch dann besteht, wenn der Inhaber bei der Ausstellung irrtümlich als Inländer bezeichnet worden ist; vgl. Stoerk im Handwörterbuch der Staatswissenschaften[3] v° Fremdenpolizei 3, 1272. Wenn jedoch eine schon erwähnte Erklärung des schweizerischen Justiz- und Polizeidepartements (v. Salis n. 1959) annimmt, mit der bloßen Ausstellung eines Passes an Ausländer übernehme die ge-

Die Pässe werden zunächst von den Behörden erteilt, die im Bereich des erteilenden Staats ihren Sitz haben. Aber gerade bei der Eigenart der Urkunde kommen auch die auswärtigen Vertreter des Staats in die Lage, Pässe ausstellen zu müssen. Gesandte und Konsuln sind völkerrechtlich befugt, öffentliche Urkunden im Namen ihres Absendestaats zu errichten, und zwar herkömmlicherweise, soweit persönliche Angelegenheiten der Angehörigen ihres Staats in Frage sind, und soweit es sich um Beziehungen handelt, die dem Recht dieses Staats unterworfen sind. Das aber deckt die volle Zuständigkeit in Paßsachen, wie sie auch die einheimischen Behörden des Absendestaats besitzen: Gesandte und Konsuln haben die Möglichkeit, den Angehörigen ihres Staats Pässe auszustellen, gleichviel, wo sie dieselben benützen wollen;[12]) und auch auf die Schutzgenossen dieses Staats muß die Zuständigkeit nach Maßgabe des Bedürfnisses erstreckt werden.[13]) Für den Eintritt in den Absendestaat aber können sie Pässe für jedermann ausstellen — wobei freilich die völkerrechtliche Möglichkeit nicht genügt, wenn ihr nicht die staatsrechtliche Ermächtigung, in solchem Umfang tätig zu werden, zur Seite steht.[14])

---

währende Behörde eine Verantwortlichkeit dahin, daß der Inhaber an den Ort der Ausstellung zurückgeschoben werden könne, so weiß ich mir eine solche Annahme nur für den Fall zu erklären, daß der Paß die Ausländereigenschaft seines Inhabers verschweigt.

[12]) Bei Beratung des deutschen Paßgesetzes (Stenographische Berichte 185) wurde es vom Berichterstatter als „sehr bestrittene Frage" bezeichnet, ob die inländischen Vertreter im Ausland den Bundesangehörigen Pässe auch zu Reisen in das Ausland zu erteilen vermögen; der Regierungsvertreter hat die Frage bejaht, und es ist mir ein solcher Zweifef auch sonst nicht begegnet. Es ist dieselbe Staatsgewalt, die durch die örtliche Verwaltungsbehörde und durch den auswärtigen Vertreter handelt. Und wenn etwa der Empfangsstaat des fremden Vertreters oder ein dritter Staat dem Paß rechtliche Wirksamkeit versagt, weil er (s. unten) Erwirkung eines Passes bei den eigenen Behörden vorschreibt, so trifft das gleichmäßig einen konsularischen und einen Polizeipaß aus dem Heimatstaat des Fremden.

[13]) v. König, Konsularwesen [7]1, 409 „an die . . Schutzbefohlenen werden Pässe — wenn überhaupt — nur insoweit erteilt werden dürfen, als sie dem Zwecke dienen, ihnen den Weg in die Heimat oder zu ihren nächsten Landeskonsuln frei zu machen". Ähnlich Ph. Roßteuscher, Die Polizei der deutschen Konsuln 1907 (auch in Annalen des Deutschen Reichs 1907) 84. Vgl. auch § 6 Z. 2 des deutschen Paßgesetzes. Österreichische Instruktion des Ministeriums des Äußern vom 8. V. 1896 Z. IX bei v. Malfatti, Konsularwesen 2, 236. de Clercq-de Vallat 1, 429 n. 442. Vgl. auch Contuzzi a. a. O.

[14]) So können die auswärtigen Vertreter Rußlands, der Türkei Pässe für den Eintritt in ihr Land an jedermann ausstellen. Staaten ohne Paßzwang hingegen pflegen diese Ermächtigung nicht zu geben. Dementsprechend wird die Befugnis zur Ausstellung ausdrücklich auf Inländer beschränkt im deutschen Paßgesetz § 6 und im Konsulatsgesetz § 25; ebenso die österreichische Kundmachung von 1867 § 7; das Reglement für die schweizerischen Konsularbeamten Art. 46, v. Salis n. 1959; das niederländische Konsularreglement Art. 23, C. Hartsen, nederlandsche consulaire voorschriften (1889) 24.

Anerkennung fremder Pässe.

2. Ob in fremdem Staat eine Person sich bei der Vornahme einer rechtlich relevanten Handlung über ihre Identität ausweisen muß, bei Empfang einer Postsendung, bei einer Aufenthaltnahme im Land, darüber hat der Staat zu bestimmen, für welchen die Handlung rechtlich relevant ist. Er mag hiebei verschiedenerlei Papiere als Ausweis genügen lassen, Militärpapiere oder den Heimatschein[15]) (beides Urkunden des Heimatstaates). Das Ausweispapier schlechthin ist indessen der Paß. Von einem zuständigen Staat ausgestellt, nimmt er teil an dem Vorrecht, welches eine Übung von mehr als sieben Jahrhunderten den öffentlichen Urkunden zugebilligt hat: daß sie auch in anderen Staaten öffentlichen Glauben schaffen für den von ihnen bekundeten Inhalt. Zuständig aber, die Identität einer Person zu bezeugen, ist jedenfalls der Heimatstaat. Pässe dritter Staaten anzuerkennen, kann eine Regierung durch Verträge gehalten sein[16]), im übrigen aber wird die Anerkennung eines solchen Passes von ihrem guten Willen abhängen.[17])

Schon in diesem Zusammenhang begegnet das schillernde Gebilde des „Visa“. Auch der anerkennungsfähige Paß bedarf vielfach einer Legalisierung, der Beurkundung, daß der Paß echt ist, möglicherweise verbunden mit der Feststellung, daß er von einer zur Ausstellung von Pässen zuständigen Behörde erteilt ist. Diese Legalisierung erfolgt manchmal in Gestalt eines von einer höheren Behörde des Ausstellungslandes, und insbesondere in Gestalt eines von dem Gesandten oder Konsul des Bestimmungslandes auf den Paß gesetzten Visa. Doch ist eine solche Verwendung des Visa sorgfältig von den sonstigen Zwecken des Paßvisa auseinanderzuhalten.[18])

---

[15]) Österreichische Kundmachung von 1867 § 9. Für die Schweiz Schollenberger, Staatsrecht der Kantone 2, 40; auch v. Overbeck, Niederlassungsfreiheit 44 ff. Deutsche Denkschrift zum deutsch-niederländischen Niederlassungsvertrag, Zeitschrift 16, 96.

[16]) Deutscher Paßkartenverein von 1850, deutsches Abkommen von 1865, schweizerisches Konkordat von 1813, s. oben Anm. 9. Vgl. auch das deutsche Paßgesetz § 4; doch handelt es sich bei der Anerkennung deutscher Pässe innerhalb des Reiches nur um örtliche, nicht um staatliche Zuständigkeit zur Ausstellung.

[17]) Keine Anerkennung fremder Pässe für einen Inländer in der Schweiz, Kreisschreiben des Bundesrats 1884 bei v. Salis 4, 601 n. 1958; ebensowenig in Rußland, Journal 15, 766. Gerade der Heimatstaat wird schwerer geneigt sein, auf die mit der Ausstellung des Passes verbundene Überwachung seiner Angehörigen zu verzichten.

[18]) Findet man das Visa des Gesandten oder Konsuls doch zuweilen definiert als die Beglaubigung der Echtheit des Passes! So Pandectes belges 74, 289 f. v° passeport n. 15 und 27; v. Bitter, Handwörterbuch der preußischen Verwaltung 2, 737; vgl. auch Müller, Blätter für administrative Praxis (1882) 32, 103 f. Zutreffend v. König 1, 412; s. auch de Clercq-de Vallat 1, 441 n. 461.

Keiner Anerkennung fähig sind die Angaben des Passes über Ort, Zeit und Zweck der Reise; sie verlangen nach dem früher Ausgeführten gerade die Feststellung des Bestimmungslandes über ihre Richtigkeit. Diese Feststellung aber erfolgt, wenn nicht völlig formlos, wiederum üblicherweise in Gestalt eines Visa, das hier die Anerkennung beurkundet, die der Aufenthaltsstaat den Angaben des Passes über die Umstände der Reise entgegenbringt.

Eine Reiseerlaubnis, welche der ausstellende Staat mit der Aushändigung des Passes zum Ausdruck bringt, ist für das Bestimmungsland als innere Angelegenheit des ausstellenden Staates weder Gegenstand einer Anerkennung, noch sonst von rechtlicher Bedeutung. Als Österreich 1885 begehrte, die Schweiz solle von den dort sich aufhaltenden Österreichern die Vorlage eines österreichischen Passes fordern, der „die Bewilligung zum Aufenthalt im Ausland dokumentiere“, da hat die Schweiz dieses Ansinnen mit Grund abgewiesen.[19]) Und ebenso steht auch die Aufenthaltserlaubnis, die das Bestimmungsland der Reise gewährt, an sich außer Zusammenhang mit dem Besitz eines Passes. Aber es kann sein, daß die Gewährung dieser Erlaubnis von der Vorlegung eines Passes als Identitätsausweis ausschließlich oder neben anderen Bedingungen abhängig gemacht wird. Diese Erlaubnis mag alsdann formlos oder unter Ausstellung einer besonderen Urkunde, etwa einer Legitimationskarte, oder auch (s. oben über Rußland) durch Ausstellung eines neuen Passes zum Ausdruck gebracht werden.[20]) Sehr häufig und besonders für den Eintritt in den Staat[21]) tritt ihre Gewährung auch äußerlich mit dem ursprünglichen Paß in Verbindung — enthält er doch nach der durch die Jahrhunderte geschleppten Formel vielfach das Ersuchen an den Aufenthaltsstaat, die Reise zu gestatten — und es ist abermals das Visa der Behörden des Bestimmungslandes, das diese Erlaubnis nachweisen soll.[22]) Die Visierung erfolgt manchmal bei Überschreitung der Grenze durch die inländischen Polizeibehörden, vor allem aber nach einem von den meisten Staaten über-

---

[19]) v. Salis 2, 462 n. 700.

[20]) Hat es den Anschein, daß in solchem Fall der heimische Paß nicht „anerkannt“ würde (vgl. etwa de Clercq-de Vallat 1, 426), so ist die Rechtslage in Wahrheit doch die, daß ein — wenn auch anerkennungsfähiger — Identitätsausweis dem Aufenthaltsstaat nicht genügt, um ohne weiteres die gewünschte Reiseerlaubnis zu erteilen.

[21]) Aber auch für Reisen innerhalb des Staates genügt zuweilen ein von dem heimatlichen Gesandten oder Konsul ausgestellter, von den örtlichen Behörden visierter Paß. Vgl. für Frankreich Répertoire a. a. O. n. 64.

[22]) Möglicherweise bedarf es für das Zustandekommen einer Aufenthaltserlaubnis der Zustimmung mehrerer Behörden. Das kann dann in dem Erfordernis einer Mehrheit von Visa oder in der Kumulierung von Visa und Erlaubniskarte seinen formellen Ausdruck finden.

nommenen, wenn auch nicht mehr überall geübten System durch die Gesandtschaften und Konsulate des Bestimmungslandes.[3]) Eine solche Visierung ist selbstverständlich von dem freien Belieben des Bestimmungslandes abhängig. Sie wird Inländern und Ausländern ohne Unterschied gewährt. Und sie hat regelmäßig einen vom Heimatstaat ausgestellten Paß zur Voraussetzung;[4]) kann doch nur in solchem Fall auf Übernahme des Fremden gerechnet werden, wenn er im Aufenthaltstaat lästig fällt.

Der fremde Gesandte mit seinen Hilfspersonen ist in dem Land seiner Bestimmung, wie von Aufenthaltsbeschränkungen überhaupt, so auch von Paßvorschriften befreit.[5]) Aber auch in Ländern, in denen Konsulargerichtsbarkeit geübt wird, kann es fraglich sein, ob die örtliche Staatsgewalt in der Lage ist, Fremden den freien Aufenthalt durch die Forderung örtlicher Pässe zu beschränken. In China, Korea, Siam werden die Pässe deutscher Konsuln vertragsmäßig anerkannt.[6]) Für die Türkei aber ist der Besitz eines türkischen Passes von den Kapitulationen selbst und der an sie anschließenden Rechtsbildung zur Voraussetzung der exemten Stellung der Fremden erhoben worden.[7])

§ 4. Die Beurkundung des Personenstands.

1. Ausgangspunkte. — 2. Besondere Fälle. — 3. Die Beurkundung durch Gesandte und Konsuln. — 4. Anzeigepflichten. — 5. Urkundenaustausch. — 6. Sekundäre Ordnungsprinzipien. — 7. Die Beweiskraft der Standesurkunden. — 8. Berichtigung der Einträge.

Ausgangspunkte.

1. Die öffentliche Beurkundung des Personenstands umfaßt Tatsachen und Rechtsverhältnisse. Sie will die polaren Ereignisse des Lebens, Geburt und Tod, feststellen, aber auch Rechtsgeschäfte und staatliche Rechtsakte aufzeichnen, welche die privatrechtliche Stellung der Person als solcher betreffen: Anerkennung, Legitimation und

[3]) Vgl. für Frankreich Vincent-Pénaud, Dictionnaire 640 v° passeport n. 3. Noch gegenwärtig vorgeschrieben für Reisen nach Rußland (Kazansky a. a. O.), der Türkei (Journal 20, 267), Rumänien (Journal 18, 1063), Bosnien (Journal 12, 475). Zeitweise auch in Deutschland für Ankömmlinge aus Rußland (Reichsgesetzblatt 1875, 155) und aus Frankreich (Journal 15, 489).

[4]) So auch das eidgenössische Justiz- und Polizeidepartement, v. Salis 4, 602 n. 1959. Die Türkei begnügt sich wahlweise mit dem Paß eines dritten Staates, wenn ihn der heimatliche Konsul des Inhabers mit seinem Visa versehen hat; Pélissié du Rausas (zit. oben S. 8 Anm. 18) 1, 155. Dies Visa scheint hier die Anerkennung des Passes durch den Heimatstaat beurkunden zu sollen.

[5]) Vgl. oben S. 1 Anm. 1.

[6]) Roßteuscher a. a. O. 85 f.

[7]) Vgl. Pélissié du Rausas 1, 154 ff. Damit werden auch die Bedenken bei Ravaut-Bignon (zit. oben S. 8 Anm. 18) 78 ff. gegenstandslos.

Adoption, Großjährigkeitserklärung, Entmündigung, Namensänderung, Todeserklärung, Eheschließung und Ehetrennung wären einzubeziehen; aber freilich die Abhängigkeit von der geschichtlichen Entwickelung, der Anschluß an die Kirchenbücher, hat die Einrichtung zu einem folgerichtigen Abschluß noch nicht gelangen lassen, so daß sie auch heute noch in der Beurkundung von Geburt, Eheschließung und Tod ihren Schwerpunkt findet. In diesem Umfang besitzt die Beurkundung des Personenstands zugleich eine statistische und eine Beweisfunktion; sie will die Bevölkerung in ihrer Bewegung statistisch erfassen, und sie will für öffentliche Zwecke und im Interesse der beteiligten Privaten die beurkundeten Vorgänge mit besonderer Glaubwürdigkeit festhalten. Soweit diese Beweisfunktion der Eintragungen zu rechtlichen Besonderheiten Veranlassung gibt, soll davon unten gehandelt werden. Jedenfalls aber ist die beurkundende Tätigkeit der Registerbehörden, die hier zur Erörterung steht, sorgfältig zu trennen von ihrer Mitwirkung zu dem Zustandekommen eines gewünschten privatrechtlichen Erfolgs, bei der Eheschließung, Anerkennung unehelicher Kinder, Adoption, Ehescheidung; dem Gebiet der freiwilligen Gerichtsbarkeit angehörig, muß sie auch nach seiten der internationalen Abgrenzung hier außer Betracht bleiben.

Kirchlichen Ursprungs, hat die Registerführung zunächst zur Beurkundung kirchlicher Amtshandlungen, der Taufe, Trauung und Beerdigung gedient. Die Beurkundung hatte am Ort der kirchlichen Handlung stattzufinden; da diese aber regelmäßig von dem *parochus proprius* vorzunehmen war (näheres unten § 46), so bedeutete das tatsächlich für die meisten Fälle eine Registrierung am Wohnsitz. Diese Verbindung der Beurkundung mit dem Wohnsitz ist jedoch gelockert worden, seitdem, vereinzelt bei Taufen, allgemein bei Beerdigungen, die Zuständigkeit auf den Pfarrer des Geburtsorts und Sterbeorts übergegangen ist, und insbesondere, seitdem unter staatlicher Einwirkung das Kirchenbuch nicht mehr die Taufe und Beerdigung, sondern die Geburt und den Todesfall feststellt. Der moderne Staat beurkundet Rechtsgeschäfte, die vor der Behörde, oder Verwaltungsakte des Zivilrechts, die durch die Behörde vorgenommen werden, am Ort ihrer Vornahme — das gilt vor allem für die Eheschließung —, Geburt und Tod aber ganz regelmäßig an dem Ort, an dem sie vor sich gehen.[1]) Er erfaßt somit die Verhältnisse der „faktischen Bevölkerung“ im Sinn der Statistik,[2]) be-

---

[1]) Codice civile art. 350: *Gli atti di nascita, di matrimonio e di morte, debbono essere formati nel commune in cui tali fatti accadono.* Entsprechend das deutsche Personenstandsgesetz 6. II. 1875 §§ 17 und 56; schweizerisches Personenstandsgesetz 24. XII. 1874 §§ 14, 20; englisches Personenstandsgesetz 37 & 38 Vict. ch. 88 s. 1, 6, 9, 49; Burgerlijk Wetboek art. 29, 50 usw.

[2]) Georg von Mayr, Bevölkerungsstatistik (1897) 166, 202.

urkundet strikt territorial die Ereignisse im Staatsgebiet und nur diese.[3]) Jede andere Begrenzung scheitert an der Unzweckmäßigkeit, ein Vorkommnis fern von dem Ort seiner Verwirklichung festzustellen, an der Unmöglichkeit, sich über Ereignisse außerhalb des Staatsgebiets erschöpfende Auskunft zu beschaffen.[4])

Die Beurkundung durch Eintrag ist nicht die einzige Form, an welche die Beschaffung der gewünschten Nachrichten gebunden ist. Die neuere Rechtsbildung hat dafür eine Mehrheit von Rechtsformen entstehen lassen, neben dem Eintrag (im Text, auf dem Rand) die Umschreibung eines anderwärts vorgenommenen Eintrags, vornehmlich im Einflußgebiet des französischen Rechts gebräuchlich, dazu die Verweisung auf rechtserhebliche Vorgänge durch „Randvermerk", und die Sammlung von Urkunden, welche eine Mitteilung über den Personenstand enthalten. Zunächst berufen, die Eintragungen des Inlands nutzbar zu machen, haben diese Tätigkeiten dabei die Aufgabe, das gesamte Tatsachenmaterial beizustellen, das für die Eintragungen des Inlands von Belang ist. Soweit die Randvermerke im besondern bestimmt sind, auf rechtserhebliche Entscheidungen hinzuweisen, welche den Personenstand beeinflussen, haben sie diese Aufgabe ohne Unterschied, ob die Entscheidung dem Inland oder dem Ausland angehört, sofern sie nur für das Inland rechtliche Bedeutung besitzt.[5]) Mit der Einrichtung der Umschreibungen, Randvermerke, Urkundensammlungen aber ist zugleich die Möglichkeit

---

[3]) Gegen einen Erlaß des Oberpräsidenten der Provinz Posen, der Beurkundung in Deutschland für erforderlich erklärte, als die Beurkundung am ausländischen Geburtsort unterblieben, und Eltern und Kind in das Reich übergesiedelt waren, v. Sicherer (zit. oben S. 21 Anm. 16) 4[9].

[4]) Selbstverständlich verfährt der beurkundende Beamte bei dem Eintrag nach den Vorschriften seines eigenen Rechts. Aber das würde an sich nicht hindern, daß etwa das eheliche Güterrecht eines anderen Staates an den Mangel der Urkundenform, wie sie dieser zweite Staat vorsieht, Rechtsfolgen zivilrechtlicher Art anknüpft, gleichviel wo die Beurkundung stattgefunden hat. art. 76[10] Code civil belge enthält eine derartige Vorschrift. Doch dürfte sie nach ihren Zwecken materiellrechtlich auf Beurkundungen im Inland einzuschränken sein. Nur im Ergebnis übereinstimmend Zivilgericht Brüssel, Journal 35, 575.

[5]) Die viel umstrittene Frage, ob ausländische Urteile einer besonderen Vollstreckbarkeitserklärung bedürfen, um im inländischen Register angemerkt zu werden, steht hier nicht zur Erörterung. Völlig entgegen dem Sinn der Einrichtung scheint mir jedoch der Beschluß des Kammergerichts vom 26. X. 1903 Zeitschrift 13, 589, der annimmt, ein Randvermerk sei nur über Eheurteile des Inlands aufzunehmen. Die Einrichtung des Randvermerks bezweckt nicht, Eheurteilen des Inlands eine besondere Sanktion zu verleihen, sondern Aufschlüsse über den im Inland beurkundeten Personenstand festzuhalten. Wenig sachgemäß erscheint demgegenüber aber auch die Stellungnahme des badischen Justizministeriums, Zeitschrift 12, 148, welches die Eintragung eines Randvermerks über ausländische Urteile davon abhängig macht, ob das Ausland bei der Eintragung von Randvermerken Gegenseitigkeit beobachtet.

entstanden, Geburten, Eheschließungen, Todesfällen im Ausland Rechnung zu tragen und damit die öffentliche Feststellung dieser Ereignisse auf einem anderen Ordnungsprinzip aufzubauen, als sie der Ort des Ereignisses an die Hand gibt. Indessen bedarf es, dies durchzuführen, besonderer Vorkehrungen, die solche Ereignisse in den Bereich inländischer Feststellung gelangen lassen. Es kann deshalb von jenen ergänzenden Ordnungsprinzipien erst später (unter Ziff. 6) gehandelt werden.

Besondere Fälle.

2. Die Eintragungen im technischen Sinn erstrecken und beschränken sich grundsätzlich auf Ereignisse im Inland.[6]) Auch die Schicksale exterritorialer Personen fallen sinngemäß in den Bereich inländischer Beurkundung, sofern nur die Anzeige, deren es für eine Eintragung bedarf, freiwillig erstattet wird;[7]) und nur insofern wird ein solches Verhältnis zu Verschiebungen in der Zuständigkeit führen, als der Unmöglichkeit, die Voraussetzungen für die Beurkundung im Aufenthaltsstaat zwangsweise zu beschaffen, eine ergänzende Zuständigkeit zur Beurkundung im Heimatstaat entsprechen muß.

Schwierigkeiten bereitet in diesem Zusammenhang die mancherorts vorgesehene Sonderordnung für die Beurkundung des Personenstands des Landesherrn und der landesherrlichen Familie. Es handelt sich dabei nicht um die Verleihung einfacher Ehrenrechte, sondern um die Gewährleistuug besonderer Glaubwürdigkeit der Beurkundungen mit Rücksicht auf die verfassungsrechtliche Stellung der Beteiligten. Deshalb wird zunächst die fremdenrechtliche Frage zu verneinen sein, daß sich solche Vorschriften auch auf die Angehörigen fremder regierender Familien bezögen, deren Personenstand von einem im Inland erfolgten Ereignis berührt wird. Was aber die Geltung der heimatlichen Vorschriften außer Landes betrifft, so ist hier das Verhältnis der deutschen Bundesstaaten zueinander vor-

---

[6]) Das anerkennt eine österreichisch-sächsische Vereinbarung von 1879 (Österreichisches Reichsgesetzblatt 1879, 228) für die österreichischen Zoll- und Eisenbahnbediensteten, die auf sächsischem Gebiet in Verwendung stehen: „Für die Beurkundung der Eheschließungen, Geburten und Sterbefälle sind die im Königreich Sachsen geltenden Staatsgesetze maßgebend.“ Ebensowenig bewirkt § 75 des deutschen Personenstandsgesetzes eine Abweichung von der territorialen Ordnung für Grenzpfarreien; s. gegen v. Sicherer, Wörterbuch des Verwaltungsrechts 3. Ergänzungsband 263, Sartorius (zit. oben S. 20 Anm. 11) 445.

[7]) Vergl. Gebhard, Motive zum 1. Vorentwurf eines internationalen Privatrechts für das BGB. (1881) 24 unter Bezugnahme auf die deutsche Praxis; Erlaß des preußischen Ministers des Innern 30. V. 1879 bei Reger, Entscheidungen 8, 107; Hinschius (zit. oben S. 20 Anm. 11) 407 f.; A. Reger-K. Dames, Reichsgesetz über die Beurkundung des Personenstandes [8](1900) 2; Sartorius 29. Die Begründung, die Hinschius gibt, versagt.

weg auszuscheiden: § 72 des deutschen Personenstandsgesetzes, der den Erlaß solcher Sondervorschriften der Anordnung der einzelnen Landesherren überweist, nimmt diese Anordnungen als einen Teil der reichsrechtlichen Regelung des Personenstands in sich auf und verleiht ihnen damit von Reichs wegen Wirksamkeit in den anderen Bundesstaaten, erklärt den ordentlichen Standesbeamten des Bezirkes insoweit für unzuständig.[8]) Vollzieht sich das Ereignis in einem durchaus fremden Staat, so muß es hier jedenfalls von den örtlichen Behörden beurkundet werden, sofern nicht eine dem Beteiligten zustehende Exterritorialität die Feststellung hindert. Auf der andern Seite aber kann es eine Forderung des heimatlichen Staatsrechts sein, daß die Beurkundung mit den besonderen Kautelen dieses Rechts vollzogen wird, gleichviel wo das Ereignis vor sich gegangen ist, und es kann damit auch die Aufnahme einer Urkunde im Ausland notwendig werden. Eine Verletzung der Gebietshoheit dieses Staates wird darin nicht zu finden sein. Aber allerdings ist dieser Staat auch nicht ohne weiteres verpflichtet, die Beurkundung als zuständig erfolgt gelten zu lassen, so daß beispielsweise die Urkunde auch ihm gegenüber schlechtweg Beweiskraft besäße. Vielmehr ist solche Zuständigkeit des Heimatstaates nur dann begründet, wenn der beteiligten Person Exterritorialität zukam; sie mangelt, wenn diese Eigenschaft nicht gegeben war.[9])

Zu einer Erweiterung der inländischen Beurkundungsbefugnis

---

[8]) So auch v. Sicherer 429; Hinschius 606; Sartorius 434; preußischer Ministerialerlaß 10. II. 1889 bei F. Kruse, Das Standesamt (1900) 153; mecklenburgische Verordnung 22. XII. 1899 § 5 (Sartorius a. a. O.); übereinstimmend die bayerische Praxis anläßlich der Geburt einer sächsischen Prinzessin in Bayern, Allgemeine Zeitung 18. IV. 1903. Unsicher g. in Der Standesbeamte 3, 253 f. Die Zweifel, welche bei der verwandten Bestimmung in § 5 des Einführungsgesetzes zur Zivilprozeßordnung auftauchen (dazu Blätter für Rechtsanwendung 71, 337), sind hier gegenstandslos, wo nicht früher bestehendes Landesrecht vorbehalten wird, sondern die landesherrliche Anordnung ihre Geltung unmittelbar aus dem Reichsrecht herleitet.

[9]) v. Sicherer erklärt die heimatlichen Bestimmungen für anwendbar im Ausland, soweit das Recht der Exterritorialität reicht; Sartorius 435 und Hinschius a. a. O. für unanwendbar, da — wie das Personenstandsgesetz überhaupt — so auch § 72 nur innerhalb des deutschen Reichsgebietes in Geltung sei. — Anläßlich des erwähnten bayerischen Falles ist auch die Frage praktisch geworden, ob bei Beurkundung einer Geburt das fürstliche Sonderrecht zur Anwendung zu kommen habe, wenn zwar das Kind, aber nicht die Mutter Mitglied einer deutschen landesherrlichen Familie ist. Doch gehört ihre Erörterung nicht in das internationale Verwaltungsrecht, weil sich die Personenstandsordnung der fürstlichen und der bürgerlichen Familien in Deutschland nicht als autonome Satzungen gegenüberstehen (dazu Deutsche Juristenzeitung 1905, 494), diese Ordnung vielmehr einheitlich auf den Willen des Reichsgesetzgebers zurückgeht.

können militärische Verhältnisse führen. Deutschland, Frankreich, Belgien, die Niederlande, Italien tragen Sorge, den Personenstand der Angehörigen inländischer Truppenkörper im Ausland durch heimatliche Behörden zu beurkunden,[10]) sei es unmittelbar durch Registerführung bei der Truppe (Frankreich, Italien), sei es durch Übersendung einer Anzeige an den heimatlichen Standesbeamten (Deutschland), und es wird diese Zuständigkeit auch für Troß und Kriegsgefangene in Anspruch genommen. Immerhin beschränkt sich Deutschland dabei auf Todesfälle solcher Personen, die in Deutschland ihren Wohnsitz oder Geburtsort gehabt haben, und auf Geburten, bei denen dies Verhältnis bei der Mutter zutrifft.[11]) Die Einrichtung dürfte, soweit sie sich auf Beurkundungen bezieht, wohl allerwärts als obligatorisch gedacht sein.[12]) Sie findet ihren Rechtsgrund in der exterritorialen Stellung, die geschlossenen Truppenkörpern schon in Friedenszeiten zukommt und während eines Krieges zur unabweislichen Notwendigkeit wird, dabei auch den Troß und die Kriegsgefangenen einschließt. Es war ein Wort Napoleons: *où est le drapeau, là est la France,* das Vorschriften dieses Inhalts im Code civil begründen sollte; nur bleibt es immer eine Exterritorialität, welche den Personen der Truppe zukommt, auf das besetzte Gebiet wird sie nicht übertragen.[13]) Damit ergibt sich aber auch die Lösung einer viel verhandelten Streitfrage: ob neben der militärischen die Zuständigkeit der örtlichen Behörden (und der Gesandten und Konsuln des Heimatstaats) zur Beurkundung fortdauere. In Frankreich früher lebhaft bestritten,[14]) hat die Novelle von 1893 die Zuständigkeit der örtlichen Behörden ausdrücklich anerkannt.[15]) Aber auch in Belgien [16]) und in Italien[17]) hat man mit Grund dieselbe Ansicht angenommen. Und auch die Okkupation eines Gebietes, die ja die örtliche Souveränität unberührt läßt, kann an diesem Ergebnis nichts ändern.[18])

[10]) Deutsches Personenstandsgesetz § 71 und dazu kaiserliche Verordnung 20. I. 1879 §§ 4, 5, 11, 12; für Frankreich Code civil art. 93 (Fassung vom 8. VI. 1893); Belgien C. c. art. 88; Niederlande BGB. Art. 61; Italien C. c. art. 398.

[11]) Kaiserliche Verordnung 20. I. 1879 §§ 4, 5, 12, 14. Dazu kaiserliche Verordnung 20. II. 1906 § 3.

[12]) Eine zuweilen (in Frankreich z. B.) begegnende losere Formulierung scheint durch die Rücksicht veranlaßt zu sein, daß bei Eheschließungen von der Mitwirkung des militärischen Standesbeamten abgesehen werden kann.

[13]) Übereinstimmend L. Duguit, Des conflits de législations relatifs à la forme des actes civils (1882) 69 f.; Weiss, traité théorique et pratique 3, 260 f.

[14]) Vincent-Pénaud, dictionnaire v° actes de l'état civil n. 140 ff.

[15]) Weiss 261 f.; Valéry, Journal 31, 801.

[16]) Pandectes belges 3, 1185 v° actes de l'état civil n. 603; Rolin, droit international privé 2, 22 n. 536. Vergl. auch die Brüsseler Entscheidung 27. VI. 1831 Pandectes belges 1185[1] betr. Eheschließung.

[17]) Conti in Il Digesto italiano (1895) 22 II, 153 v° stato civile n. 39.

[18]) So zutreffend F. Laurent, Principes de droit civil [3] (1878) 2. 20 ff. n. 12

Den Personenstand der Angehörigen der Kriegsmarine hat man teils nach den Bestimmungen für Militärpersonen, teils nach jenen für Seefahrer behandelt.[19]) Die Beurkundung findet ihre Besonderheit in dem Umstand, daß ein Staatsschiff auch während seines Aufenthalts in fremdem Hafen räumlich exterritoriales Gebiet, eine Zuständigkeit der Festlandsbehörden für Vorkommnisse an Bord somit ausgeschlossen ist, daß dienstlichen Ausschiffungen persönliche Exterritorialität zukommt, die mit Landurlaub von Bord gegangenen Personen dagegen der örtlichen Staatsgewalt unterworfen sind.

Privatschiffe sind kein Stück Land des Staates, dessen Flagge sie führen. Aber ein Stück Staatsgewalt begleitet die Personen, welche das Schiff zusammenfaßt, hinaus in die halb oder ganz staatenlose Wasserfläche, und es werden dementsprechend Vorkommnisse an Bord, welche den Personenstand beeinflussen, ganz allgemein von den seefahrenden Völkern der Beurkundung unterstellt;[20]) als Originaleintrag gilt dabei regelmäßig die Beurkundung auf See.[21]) Entsprechend der Herrschaft nicht über einen Raum, sondern über einen Personenkreis erstreckt sich die Beurkundung auch auf Vorkommnisse außerhalb des Schiffsbodens, auf Todesfälle in einem Boot, durch Sturz über Bord.[22]) Als Ausstrahlung der Staatsgewalt aber kann eine Beurkundungsgewalt im allgemeinen nur über die Schiffe in Anspruch genommen werden, welche die Flagge des beurkundenden Staates führen.[23]) Anders freilich hat es die englische Birth and Death Registration Act gewollt: „*Where a ship which is not a British ship carries passengers to or from any port of the United Kingdom as the port of destination or the port of departure of such ship, the provisions of this section shall apply . . in like manner*

---

gegen Marcadé, und Conti a. a. O. n. 40 gegen ein abweichendes Erkenntnis des Appelhofes Palermo vom 16. II. 1870. Abweichend, wie es scheint, auch Fortunato in Enciclopedia giuridica italiana I V, 148.

[19]) Eigene Vorschriften in Deutschland: kaiserliche Verordnung 20. II. 1906; in England 37 & 38 Vict. ch. 88 s. 37.

[20]) Deutsches Personenstandsgesetz §§ 61 ff.; österreichische Ministerialverordnung 25. VIII. 1860 (Ulbrich 1, 634); Code civil art. 59 ff. 86 f. (Belgien), neue Fassung vom 8. VI. 1893; Codice civile art. 380 f., 396; Burg. Wetboek art. 35 ff. 60; die Bestimmungen der Birth and Death Registration Act 7. VIII. 1874, 37 & 38 Vict. ch. 88 s. 37 sind nur für Staatsschiffe in Geltung geblieben, im übrigen aber ersetzt durch die Merchant Shipping Act 25. VIII. 1894, 57 & 58 Vict. ch. 60 s. 254.

[21]) Für England ausdrücklich Birth and Death Registration Act a. a. O. subs. 7 und Merchant Shipping Act subs. 4. Für Deutschland vergl. besonders Hinschius 587 f.

[22]) Übereinstimmend v. Sicherer 400, Hinschius 585, Sartorius 387. Dasselbe setzt art. 87 Code civil in der neuen Fassung voraus. Über Fortunato unten Anm. 25.

[23]) So auch Rolin, droit international privé 2, 23. Dazu Hinschius 584 f.

as if it were a British ship." Unter dem Gesichtspunkt der Bevölkerungskontrolle könnte man eine solche Maßregel in keiner Weise rechtfertigen; immerhin dient die Beurkundung zugleich den Interessen der Person, deren Schicksale beurkundet werden, und so ließe sich die Bestimmung allenfalls als ein Stück englischer Verkehrspolizei halten, aber freilich auch nur in Beschränkung auf die Schicksale derjenigen einzelnen Personen, die in England an Bord gehen oder das Schiff verlassen; und die mit der Maßregel verknüpfte Übertragung amtlicher Funktionen auf den Führer eines nichtenglischen Schiffes hätte auf die Anerkennung anderer Staaten schwerlich zu rechnen. Die Merchant Shipping Act hat denn auch, so viel ich sehe,[24]) der Vorschrift 1894 ein Ende bereitet. — Die heimatliche Ordnung des Personenstands folgt der Schiffsgemeinschaft auf die hohe See und in fremde Küstengewässer; kommt sie aber auch zur Geltung, wenn das Schiff in fremdem Hafen stilliegt? Ausdrückliche Bestimmungen enthält hier die neue Fassung der Art. 59 und 86 des Code civil: Beurkundung von seiten des Schiffers solle stattfinden, wenn eine Unmöglichkeit bestehe, mit dem Festland in Verbindung zu treten, oder wenn in dem betreffenden Hafenplatz ein mit den Aufgaben eines Standesbeamten betrauter französischer Gesandter oder Konsul nicht vorhanden sei. Fortunato[25]) erstreckt die Beurkundung auf Reisende, die während eines Aufenthalts im Zwischenhafen an Land sind, Sartorius[26]) will die heimatlichen Vorschriften zur Anwendung bringen, bis das Schiff, in den Heimathafen zurückgekehrt, die „Reise" abschließt. Nun wird man allerdings die Zuständigkeit des heimatlichen Staates nicht in Abrede stellen können, für Beurkundung zu sorgen, wenn ihm die festzustellenden Tatsachen zur Kenntnis gebracht werden; sie gehören zu den Umständen, welche die Schiffsreise als solche angehen — selbst wenn es bei einem Aufenthalt in fremdem Hafen zwischen zwei fremden Besuchern des Schiffes zu einem Totschlag käme. Ob aber unter solchen Umständen ein Zwang zur Kenntnisgabe geübt werden kann, will mir sehr zweifelhaft sein (vergl. darüber unten). Und sicher fallen alle Ereignisse an Bord des stilliegenden Schiffes zugleich unter die Beurkundungsgewalt des Uferstaats.

Für Fischerboote oder kleinere Seeschiffe, welche, zur Führung eines Tagebuches nicht verpflichtet, den vorerörterten Vorschriften nicht unterliegen, ist die Rechtslage insofern anders, als die Staatsgewalt ihnen hier nicht aktiv hinaus auf die See folgt. Aber die grundsätzliche Befugnis, Expeditionen in staatenloses Gebiet — zu

---

[24]) K. Wertheim, Wörterbuch des englischen Rechts (1899) 477 f. trägt sie als geltendes Recht vor.

[25]) In der Enciclopedia a. a. O. 148.

[26]) S. 387.

Wasser und zu Land —, die vom Inland ausgehen, als Ausstrahlungen des inländischen Staatslebens der inländischen Beurkundung zu unterstellen, kann nicht bezweifelt werden, und es ist nur eine Auslegungsfrage für die einzelnen Rechtsordnungen, ob eine solche Erstreckung mangels ausdrücklicher Vorschriften anzunehmen ist;[27]) jedenfalls aber erfolgt die beurkundende Tätigkeit in solchem Fall innerhalb des Staatsgebiets.

Bei Binnengewässern, deren Grenze mehrere Staaten berühren, entscheidet die völkerrechtliche Lage des einzelnen Falles. Kein Zweifel beispielsweise, daß auf Grenzflüssen, deren Gebietszugehörigkeit der Talweg scheidet, die Beurkundung demjenigen Staat und nur diesem zukommt, auf dessen Gebiet sich das Ereignis vollzogen hat. Für den Bodensee, dessen Fläche außerhalb der Uferstreifen als Condominium gilt, haben die beteiligten fünf Uferstaaten 1880 ein besonderes Abkommen geschlossen, nach dem die Beurkundung der Geburts- und Sterbefälle, welche in der unmittelbaren Umgebung des Seeufers sich ereignen, durch den Standesbeamten des Uferbezirks, solche außerhalb der unmittelbaren Umgebung des Seeufers durch den Standesbeamten desjenigen Bezirks beurkundet werden sollen, in welchem das Schiff oder Fahrzeug, auf dem der Fall sich ereignet, oder von dem eine Leiche aus dem See aufgenommen wird, seinen regelmäßigen Standort innehat.[28])

Für Ereignisse im Luftraum schließlich[29]) liegen die Verhältnisse zurzeit ähnlich wie bei Seeschiffen, deren Führer eine selbständige Beurkundungsbefugnis mangelt. Eine Staatsgewalt des Staates, über dessen Fläche ein Vorgang sich abspielt, kann nur da wirksam werden, wo die Interessen dieses Staats von dem Vorgang berührt werden, so bei einem Sturz auf die Erde, vielleicht auch bei einer Landung des Fahrzeugs mit der Leiche. Im übrigen aber ist der Luftraum staatenloses Gebiet, und entsprechend den allgemeinen Grundsätzen für Expeditionen in herrenloses Land[30]) ist es der letzte Standort des Luftfahrzeugs vor der Ausreise, der den zur Beurkundung berufenen Staat bezeichnet; nur der Mangel eines örtlich zu-

---

[27]) Vergl. für Deutschland v. Sicherer 403, Hinschius § 61 N. 29, 33.

[28]) Weber, Gesetzsammlung 14, 396. Über den früheren Rechtszustand v. Sicherer 393[5]. — In Neutral-Moresnet (s. oben S. 8) sind die standesamtlichen Beurkundungen Preußen überlassen; F. Schroeder, Das grenzstreitige Gebiet von Moresnet (1902) 27.

[29]) Grünwald, standesamtliche Behandlung von Todesfällen und Geburten auf Luftschiffen, Archiv für öffentliches Recht (1909) 24, 477 ff. Wenig förderlich die redaktionellen Bemerkungen in Der Standesbeamte 1908, 183 f. 191; Boschan, Beurkundung von Todesfällen auf Luftschiffen, Das Recht 1908, 706 ff.; Hinschius-Boschan, Personenstand 575.

[30]) S. Allgemeiner Teil. Einstweilen etwa A. Weißmüller, Die Interessensphären (Diss. 1908) 41 ff.

ständigen Beamten mag die Verwertung dieser staatlichen Zuständigkeit zuweilen hindern.[31]) In fremdem Gebiet niedergegangen, können staatliche Luftschiffe und deren dienstlich ausgeschiffte Besatzung Exterritorialität beanspruchen, wenn sie mit Zustimmung des Aufenthaltsstaates gelandet sind.

Die Beurkundung durch Gesandte und Konsuln.

3. Zu diesen Erweiterungen der Beurkundungsgewalt tritt nun aber als allgemein aufgenommene Einrichtung die Führung von Standesregistern durch die heimatlichen Gesandten und Konsuln im Ausland; Deutschland, die Schweiz, Frankreich, Belgien, Großbritannien, Italien haben dahingehende gesetzliche Bestimmungen erlassen.[32]) Es geht nun freilich nicht an, eine solche Befugnis aus der den Gesandten und Konsuln (!) zukommenden Exterritorialität herzuleiten;[33]) wie es auch (darüber gleich unten) erfolglos ist, sie als Anwendung des „Personalstatuts" zu rechtfertigen.[34]) Sie findet ihre einfache Erklärung in dem Umstand, daß die Gutheißung des Gesandten oder Konsuls durch den Empfangsstaat jenem gestattet, amtliche Tätigkeit, an die sich kein Zwang knüpft, vorzunehmen, ohne daß sie als eine Verletzung der Gebietshoheit des Empfangsstaates zu gelten hätte, und daß der Absendestaat diese Möglichkeit benützt, seinen Vertretern standesamtliche Geschäfte aufzutragen.[35]) Zu den Bedingungen ihrer Zulassung aber gehört es, daß sich ihre Tätigkeit auf die eigenen Staatsangehörigen beschränkt, wie das denn auch

[31]) Der Standesbeamte, Boschan, Grünwald (vergl. aber auch 483 f.) gehen von der Souveränität des Bodenstaats aus. Beachtliche Erörterungen de lege ferenda bei Grünwald 483 ff.

[32]) Deutsches Gesetz vom 4. V. 1870 und Personenstandsgesetz § 85; schweizerisches Personenstandsgesetz Art. 13; Code civil art. 48, für Frankreich in der Fassung vom 8. VI. 1893; dazu belgisches Konsulatsgesetz 31. XII. 1851 Art. 10; 33 & 34 Vict. ch. 14 s. 11 subs. 5 und dazu 55 & 56 Vict. ch. 23 s. 26; Codice civile art. 368 und Konsulatsgesetz 28. I. 1866 Art. 20. Vergl. auch G. Flaischlen, des attributions des consuls en matière de notariat et de l'état civil (1892) 97 ff.

[33]) Pandectes belges 3, 911 n. 82 und 1177 n. 570.

[34]) Duguit (zit. oben Anm. 13) 58 f., 64 ff.

[35]) Duguit 164 will die Beurkundung dem Gesandtschaftsgeistlichen übertragen, wenn im Heimatstaat des Gesandten die Beurkundung durch die Kirche erfolgt. Nun hat der Gesandtschaftsgeistliche allerdings keinerlei selbständige, sondern nur die abgeleitete völkerrechtliche Stellung, wie sie dem übrigen Gefolge des Gesandten zukommt. Da es aber dem Empfangsstaat gegenüber ein Internum der Gesandtschaft ist, ob der Gesandte selbst oder vermöge seiner Delegation der Geistliche die Register führt, so mag — hier, wo ein örtliches Verbotsgesetz nicht im Wege steht (vergl. dagegen unten § 43 Z. 1) — eine solche Beurkundung immerhin völkerrechtlich einwandfrei sein. Vorausgesetzt ist dabei jedoch, daß die kirchliche Registerführung im Absendestaat des Gesandten überhaupt in staatlichem Auftrag erfolgt.

für die Beurkundung des Personenstands allgemein angenommen ist; und zwar gilt als Staatsangehöriger (hier, wo den Rechten des Aufenthaltsstaats damit nicht präjudiziert wird), wen der Absendestaat als Staatsangehörigen betrachtet.[36]) Immerhin fällt es unter die völkerrechtsmäßige Tätigkeit jener Organe, daß sie ihre Dienste auch Schutzgenossen fremder Staatsangehörigkeit zukommen lassen, wenn deren Heimatstaat einverstanden, der Aufenthaltsstaat nicht widerspricht, und es hat demgemäß § 85 des deutschen Personenstandsgesetzes eine Beurkundungsbefugnis auch gegenüber Schutzgenossen vorgesehen.[37])

Vor allem wichtig in diesem Zusammenhang ist nun aber das Verhältnis solcher diplomatischer oder konsularischer Beurkundungen zur örtlichen Staatsgewalt. Die romanische Literatur arbeitet hier besonders gern mit dem Satz *locus regit actum* und seinen allenfallsigen Durchbrechungen.[38]) Und doch beruhen dabei schon die Ausgangspunkte auf Mißverständnis. Eheschließung, Anerkennung unehelicher Kinder, Legitimation und Adoption bedeuten Rechtsgeschäfte des Privatrechts, bei deren Zustandekommen nach manchen Rechtsordnungen der Standesbeamte mitzuwirken hat, und vom Standpunkt des abzuschließenden oder abgeschlossenen Rechtsgeschäfts aus ist man berechtigt, diese Mitwirkung als Form des Rechtsgeschäfts zu betrachten, seine Formgültigkeit nach dem Grundsatz *locus regit actum* oder den statt seiner geltenden Kollisionsnormen zu beurteilen. Fragt man dagegen, ob der Standesbeamte innerhalb der Machtgrenzen des ihn beauftragenden Staates berufen ist, seine amtliche Tätigkeit zur Verfügung zu stellen, so fragt man nicht nach privatrechtlicher Gesetzesgeltung, sondern nach ver-

---

[36]) So auch Valéry, Journal 31, 797 f. Die Begründung, daß die Vorschriften über Staatsangehörigkeit der „öffentlichen Ordnung" angehören, reicht freilich nicht aus. S. auch unten S. 46.

[37]) Die Bestimmung bezieht sich keineswegs nur auf die Gebiete deutscher Konsulargerichtsbarkeit. Vergl. die Mitteilung des schweizerischen Bundesrats Journal 20, 665. In Frankreich, wo die Beschränkung der diplomatischen und konsularischen Zuständigkeit auf Inländer besonders nachdrücklich betont wird (Vincent-Pénaud n. 19 ff.), gilt eine solche Erstreckung auf Schutzgenossen nicht als statthaft; Valéry Journal 31, 797[3].

[38]) F. Laurent, droit civil international (1880) 4, 458 f. und 466; Duguit 59, 65; Despagnet, précis de droit international privé [2](1891) 384 n. 369; Contuzzi, Revue pratique de droit international privé 1 II, 131 ff.; Flaischlen 61, 160; Montluc, Annuaire de l'Institut de droit international 14, 78; Rolin, droit international privé 2, 4 n. 526; Weiss 3, 253 f.; Fortunato (zit. oben Anm. 18) 147; Pélissié du Rausas (zit. S. 8 Anm. 18) 1, 236 ff.; Valéry, Journal 31, 796 und 801 (trotz der vortrefflichen Bemerkungen Journal 32, 541 f.); Chrétien, Jahrbuch der internationalen Vereinigung für vergleichende Rechtswissenschaft (1907) 8, 1542 f. Gleiche Beweisführung bezüglich der Beurkundung des Personenstands von Militärpersonen im Ausland Pandectes belges 3, 1185 n. 604; Duguit 70.

waltungsrechtlicher Zuständigkeit, und das wird vollends klar bei der Beurkundung von Geburten und Sterbefällen, die ein unmittelbares zivilrechtliches Ergebnis überhaupt nicht zur Folge hat. Für die Bestimmung der verwaltungsrechtlichen Zuständigkeit sind jene Kollisionsnormen unverwertbar, und sie müssen schon darum versagen, weil hier anders als im Zivilrecht von vornherein nicht vorausgesetzt werden kann, daß ein Tatbestand entweder unter der Ordnung des einen oder unter der Ordnung eines anderen Staates stehen müsse, vielmehr zu einer verwaltungsrechtlichen Tätigkeit ebensowohl mehrere wie kein einziger Staat sich berufen glauben können.

Nach ihrem eigenen Wesen bemessen tritt die Zuständigkeit des Gesandten und Konsuls (um von den Gebieten der Konsulargerichtsbarkeit zunächst abzusehen) wohl allenthalben fakultativ auf[39]) — schon darum, weil eine zwangsweise Durchsetzung obligatorischer Registerführung im Ausland zur Unmöglichkeit würde. Wo aber der Aufenthaltsstaat seine Beurkundungen obligatorisch vorschreibt, da wird an der Verbindlichkeit dieser Vorschriften nichts geändert, auch wenn die Eintragung von seiten des fremden Vertreters zulässig, und wenn von dieser Zulassung Gebrauch gemacht worden ist; es ist das eigene Interesse des Aufenthaltsstaates, das ihn die Bevölkerungsbewegung feststellen läßt, das die Tätigkeit des Standesbeamten zugleich im Dienste des Heerwesens, der Gesundheitspolizei, der Vormundschaftsordnung, der Finanzverwaltung benützt.[40]) Staatsverträge wie der deutsch-japanische Konsularvertrag vom 4. April 1896 Art. XII[41]) behalten die landesrechtlichen Verpflichtungen hier aus-

---

[39]) Für Deutschland v. König, Konsularwesen[7] 1, 223; Reger-Dames 108. Für Frankreich Vincent-Pénaud n. 13, 14, 17; Valéry, Journal 31, 800 ff.; Chrétien, Jahrbuch a. a. O. Für Italien Fortunato 147. Vergl. auch Flaischlen 48 ff.; Lehr, Annuaire de l'Institut 14, 87 art. 5 und Montluc, ebenda 91 art. 1.

[40]) So auch Rundschreiben des belgischen Justizministers 25. IX. 1866 Pandectes belges 3, 1181[1]; des französichen Justizministers 21. V. 1897 Journal 25, 205; Flaischlen 52; Féraud-Giraud und Lardy, Annuaire de l'Institut 14, 88 f.; insbesondere Valéry, Journal 32, 542 ff. (dessen Polemik 539 ff. sich freilich nicht auf den Ausschluß der inländischen, sondern auf die Anerkennung der ausländischen Beurkundung bezieht). Der „peremtorische" Nachweis übrigens, den Valéry aus Code pénal art. 346 erbringen will, versagt. Hier wird die Versäumnis der Geburtsanzeige mit Strafe bedroht; Strafbestimmungen aber sollen nach internationalem Strafrecht für alle Handlungen im Gebiet ohne Unterschied der Staatsangehörigkeit des Täters verbindlich sein. Allein art. 346 bedroht nur diejenige Person *qui n'aura pas fait la déclaration à elle prescrite par l'art. 56 du Code civil.* Die Anzeigepflicht nach Art. 56 würde aber ausfallen, wenn nach internationalem Verwaltungsrecht mit Rücksicht auf die Zuständigkeit des fremden Vertreters eine Beurkundung von seiten Frankreichs nicht erforderlich wäre.

[41]) Reichsgesetzblatt 736. Hinschius [4]407 liest aus dem Vertrag merkwürdigerweise das Gegenteil heraus.

drücklich vor. Aber auch ohne solchen Vorbehalt haben Verträge, welche die standesamtlichen Befugnisse der Konsuln gewährleisten,[42]) nicht etwa die Bedeutung, die örtliche Zuständigkeit auszuschließen, sondern nur die Anerkennung der konsularischen Amtshandlungen durch den Aufenthaltsstaat sicherzustellen.[43])

Völlig verschieden von der Frage, ob eine standesamtliche Tätigkeit fremder Gesandten und Konsuln von seiten des Inlands ohne Einspruch zugelassen wird, ist nun aber die andere Frage, ob das Inland verpflichtet ist, ihre Amtshandlungen als rechtswirksam auch sich gegenüber anzuerkennen. Diese Anerkennung kann sich als eine Anerkennung der zivilrechtlichen Verbindlichkeit eines Rechtsgeschäfts äußern, das unter Mitwirkung des fremden Vertreters zustande gekommen ist — was in diesem Zusammenhang auszuscheiden hat. Und sie kann für den öffentlichen Glauben wichtig werden, den das Inland standesamtlichen Beurkundungen zuschreibt. Nun ist es jedenfalls sicher, daß die Wirksamkeit einer diplomatischen oder konsularischen Beurkundung nicht weiter reichen kann als diejenige, welche einer Beurkundung durch den ordentlichen Standesbeamten im Ausland zukommt. Steht die Wirksamkeit dieser letzteren aber fest (darüber unten Z. 7), so wird es immer noch darauf ankommen, ob der Aufenthaltsstaat auch den fremden Vertreter für zuständig hält, solche Beurkundungen vorzunehmen; die Anerkennung dieser Zuständigkeit aber, in Bezug auf die Staatsgenossen des Vertreters an und für sich gegeben, wird davon abhängen, ob der fremde Vertreter seine beurkundende Tätigkeit mit Zustimmung des Aufenthaltsstaats vornimmt. Diese Zustimmung für den Bereich des Verwaltungsrechts zu präsumieren, deshalb weil zivilrechtlich *„état et capacité“* als die Wirkungen der zu beurkundenden Tatsachen dem heimatlichen Recht unterstellt seien,[44]) entbehrt von vornherein der Schlüssigkeit. Aber auch die öfter begegnende Beweisführung, daß der Staat, welcher seine Vertreter selbst beauftragt, standesamtliche Beurkundungen vorzunehmen, dieselbe Befugnis auch bei fremden Vertretern anerkennen müsse, beruht auf einem Trugschluß: denn der Auftrag des Inlands verleiht den Beurkundungen des inländischen Vertreters öffentlichen Glauben nur im Verhältnis zum

---

[42]) Deutsch-brasilianischer Vertrag 10. I. 1882 Art. 14 Reichsgesetzblatt 78 (der Vertrag soll längst aufgehoben sein, doch ist die Aufhebung niemals im Reichsgesetzblatt veröffentlicht worden). Niederländisch-brasilianischer Vertrag 27. IX. 1878 Art. 15, Martens-Hopf, Nouveau Recueil Général[2] 8, 193.

[43]) Anders Sartorius 29. Zutreffend der Hohe Rat der Niederlande 6. I. 08 Revue 4, 503.

[44]) So Fiore-Antoine 1, 572 n. 500 f.; Contuzzi, Revue pratique 132 f. Vergl. dagegen auch Valéry, Journal 32, 545 f.

Absendestaat, nicht auch zum Empfangsstaat.[45]) Man könnte geneigt sein, die Beurkundung der Geburten und Sterbefälle der notariellen Tätigkeit der Konsuln anzuschließen, deren öffentlicher Glaube zu einem Stück Völkerrecht geworden sein dürfte; aber die Staatenpraxis pflegt diese Beurkundung mit den eheschließenden Befugnissen des Gesandten oder Konsuls als standesamtliche Funktion der fremden Vertreter zusammenzufassen; und eine stillschweigende Einräumung eheschließender Befugnisse wird den fremden Vertretern nicht ohne weiters zugebilligt werden können. Und so wird es allerdings einer unzweideutigen Willenserklärung des Empfangsstaates bedürfen, wenn die diplomatischen oder konsularischen Beurkundungen bei ihm Anerkennung finden sollen.[46]) Ist die Beurkundung von seiten des heimatlichen Vertreters in einem dritten Staat erfolgt,[47]) so entscheidet über seine Zuständigkeit zunächst das Recht desjenigen Staates, in dem die Urkunde Beweis erbringen soll; ist die Anerkennung solcher Zuständigkeit nach dem Recht dieses Staates aber davon abhängig, ob der fremde Vertreter für seine beurkundende Tätigkeit Zustimmung besessen hat, so muß diese Zustimmung der Empfangsstaat erteilt haben. — Wird eine diplomatische oder konsularische Feststellung von seiten des Inlands anerkannt, so muß die Anerkennung auch Platz greifen, wenn die Person, deren Verhältnisse beurkundet werden, zugleich die Staatsangehörigkeit des fremden Staats und des Inlands besitzt.[48]) Den Personenstand der Inländer zu beurkunden, besteht keinerlei ausschließliche Zuständigkeit des Inlands; die Legitimation des Gesandten oder Konsuls ist durch den Besitz der fremden Staatsangehörigkeit gegeben; und es geht auch nicht an, etwa zur Strafe dafür, daß die gebotene Anmeldung bei den inländischen Behörden unterblieben wäre, die beiden völlig getrennten Zuständigkeitskreise in Verwirrung zu bringen.

Eine wesentliche Verschiebung erfährt das bisher vorgebrachte für jene Gebiete, in denen Konsulargerichtsbarkeit geübt wird. Die obligatorische Ausgestaltung des Beurkundungswesens ist zweckmäßig, wo wie in Ländern der Konsulargerichtsbarkeit auf eine ergänzende Tätigkeit der örtlichen Behörden nicht oder nicht mit Sicherheit gerechnet werden kann, und sie ist in der Lage, sich hier mit rechtlichem Zwang durchzusetzen. Es ist möglich, daß in solchen Gebieten die Beurkundung der Geburten und Sterbefälle obligatorisch auf-

---

[45]) So zutreffend Valéry a. a. O. 540 gegen Duguit 64 ff.; Rolin 2, 5 f. n. 526; Weiss 3, 266 f.

[46]) Übereinstimmend Laurent 4, 466 ff. n. 246 ff.; Valéry 539 f. 544 ff.; vergl. auch Lardy, Annuaire de l'Institut 14, 90.

[47]) Für ihre unbedingte Anerkennung Duguit 65 f.; Vincent-Pénaud n. 19.

[48]) Anders Valéry 545.

zufassen ist, auch wenn hinsichtlich der Eheschließung die Wahl zwischen der Angehung des heimatlichen Vertreters und den örtlichen Formen gegeben ist; es ist sicher, daß sie so aufgefaßt werden muß, wenn, wie neuerdings nach deutschem Recht, schon die heimatliche Form der Eheschließung für verpflichtend erklärt ist.[49]) Schwierigkeiten aber im Verhältnis zur örtlichen Staatsgewalt sind hier nicht vorhanden, und es ist die Zuständigkeit, solche Ereignisse für Staatsangehörige zu beurkunden, sowohl dem Aufenthaltsstaat wie dritten Staaten gegenüber feststehend.

Doch besteht auf der anderen Seite für den Aufenthaltsstaat die Möglichkeit, von Angehörigen der Vertragsstaaten Erklärungen über den Personenstand zu verlangen? Die Frage hat 1891 zu einem Notenwechsel zwischen Frankreich und Ägypten geführt.[50]) Ägypten hatte zwar nicht grundsätzlich eine Beurkundung des Personenstands der Ausländer in Anspruch genommen, wohl aber von den Fremden eine Anzeige der Geburten und Sterbefälle gefordert, um den Säuglingsschutz, die Pockenimpfung und die Bestimmungen über Begräbniswesen durchführen zu können. Nun ist Ägypten allerdings die selbständige Durchführung der Gesundheitspolizei zugestanden; aber das bloße gesundheitspolizeiliche Motiv sollte nach den Einwendungen Frankreichs nicht genügen, die anders geartete Materie der Beurkundung des Personenstands unter seine Gewalt zu ziehen; schon nach dem Wortlaut des Code civil mixte seien die *questions relatives à l'état du statut personnel* dem Heimatstaat vorbehalten. Die Wertlosigkeit dieser zivilrechtlichen Beweisführung leuchtet ein; aber allerdings wird nach dem besonderen Rechtszustand Ägyptens eine Zuständigkeit dieses Staats zur selbständigen Regelung des Beurkundungswesens nicht angenommen werden können. Im Interesse seines Gesundheitswesens jedoch darf Ägypten alle erforderlichen Hilfsverpflichtungen auferlegen, und es war durchaus sachgemäss, wenn die ägyptische Regierung schließlich zwar auf die allgemeine Durchführung der Anzeigepflicht verzichtet hat, aber nur unter der doppelten Voraussetzung, daß eine solche Anzeigepflicht gegenüber dem heimatlichen Konsul des Fremden begründet ist, und daß dieser die empfangenen Mitteilungen an die ägyptischen Behörden weitergibt. — Eine freiwillige Unterwerfung unter Einrichtungen des örtlichen Rechts — es kommen dabei vorzugsweise die Beurkundungen

---

[49]) Für die Verbindlichkeit v. König, Konsularwesen 1, 223; belgisches Konsulargericht Konstantinopel, bestätigt vom Appellhof Brüssel 12. VII. 1861, Pandectes belges 3, 1179[1]. Für Frankreich (wo die Zulässigkeit der örtlichen Eheschließungsformen bestritten ist) Vincent-Pénaud n. 15; Weiss 3, 256; Valéry, Journal 31, 801[1].

[50]) Vergl. Lamba (zit. oben S. 8 Anm. 18) 216 ff.; die Aktenstücke sind 317 ff. abgedruckt.

der christlichen Kirchen in der Türkei in Betracht — bleibt natürlich offen. Aber wenigstens in solchen Staaten, welche, wie Deutschland, die eigene Zuständigkeit hier (Ausnahmen vorbehalten) für ausschließlich erklären,[51]) wird eine Beurkundung nach örtlichem Recht insoweit nicht auf Anerkennung rechnen können.[52])

Anzeigepflichten.

4. Die Beurkundungen, welche ein Staat in seinen Kreis zieht, sicherzustellen, verpflichtet er mannigfach dritte Personen, welche von dem zu beurkundenden Ereignis Kenntnis haben, von der Geburt, dem Todesfall Anzeige zu erstatten: die Verbindlichkeit wird Familienangehörigen, Wohnungsinhabern, Ärzten und Hebammen, Anstaltsvorständen oder auch zufällig anwesenden Personen auferlegt. Um eine solche Pflicht begründen zu können, muß dem Staat aber Herrschaft über die zu verpflichtenden Personen zukommen. Für Ärzte, Hebammen, Anstaltsvorstände bedeutet die Auferlegung einer solchen Anzeigeverbindlichkeit die Schaffung einer besonderen Berufspflicht; Berufspflichten zu schaffen ist das Inland aber berechtigt, wenn der Beruf im Inland ausgeübt wird. Ähnlich die Verpflichtung des Wohnungsinhabers, die eben auf die Innehabung einer Wohnung im Inland gegründet ist. Und so werden — wenn von dem Regelfall ausgegangen wird, daß inländische Ereignisse im Inland beurkundet werden sollen — hinsichtlich der Ärzte und Hebammen allerdings keine Schwierigkeiten entstehen können, da eine Anzeige von ihrer Seite nur in Frage kommt, wenn sie ihre Tätigkeit im Inland vorgenommen haben. Aber auch der Anstaltsvorstand, der Wohnungsinhaber bleibt der Anzeigepflicht unterworfen, selbst wenn er sich zur Zeit des anzuzeigenden Ereignisses im Ausland befunden hätte, denn der verpflichtende Tatbestand der Anstaltsleitung, der Wohnungsinnehabung gehört dem Inland an. Die Anzeigepflicht der zufällig Anwesenden bedeutet eine allgemeine polizeiliche Verbindlichkeit, als solche strikt territorial, aber eben darum hier ohne Anstand, wo vorausgesetzt wird, daß sie einem im Inland verwirklichten Ereignis angewohnt haben. Und so bleiben ernstere Schwierigkeiten nur hinsichtlich der Verpflichtbarkeit der Familienangehörigen. Es ist wohl eine Interessengemeinschaft unter den verwandtschaftlich Verbundenen, von der der Staat ausgeht, wenn er einem von ihnen Lasten auferlegt mit Rücksicht auf ein anderes Mitglied der Familie, wenn er den Vater verpflichtet, das schulpflichtige Kind zum Schulbesuch anzuhalten, wenn er ihm auflegt, die Geburt eines Kindes anzuzeigen, und da öffentlichrechtlich die

[51]) § 36 des Gesetzes über die Konsulargerichtsbarkeit dürfte eine erweiternde Auslegung auf alle standesamtliche Tätigkeit verlangen.

[52]) Für ihre Anerkennung schlechtweg Péllissié du Rausas 1, 236 ff.

Familienbeziehungen nicht unter der Herrschaft des oder jenes bestimmten Staates stehen, vielmehr jeder Staat auf sie zurückgreifen kann, wenn er ihrer für die Zwecke seiner Verwaltung bedarf, so wird es keinem Bedenken unterliegen, auch solche Hilfsverpflichtungen der Angehörigen der Zuständigkeit des Inlands zu unterstellen, wenn nur der hauptsächliche Tatbestand der Botmäßigkeit des Inlands unterworfen ist. Somit ist auch der Vater, der bei Geburt seines Kindes im Ausland weilt, zur Anzeige im Inland verpflichtet, und es ist dabei vielleicht nur auf die Auslegungsfrage Rücksicht zu nehmen, ob die vorausgesetzte Interessengemeinschaft auch dann als bestehend angenommen, die Anzeigepflicht an sie geknüpft werden darf, wenn der Vater fern von der Familie den dauernden Aufenthalt hat.

Beträchtlichen Einschränkungen müssen diese Anzeigepflichten indes unterstellt werden, wo der Staat seine Beurkundungen im Ausland vornimmt. Sie entfallen von vornherein, wo die Beurkundung nur als fakultative Einrichtung vorgesehen ist, wie regelmäßig bei der Eintragung durch Gesandte und Konsuln.[53]) Aber auch da, wo sie obligatorisch gedacht ist, für militärische Expeditionen, für Seereisen und Gebiete der Konsulargerichtsbarkeit, reicht die Anzeigepflicht nur so weit, als die Staatsgewalt, die sie auflegt. Zwar bewährt sich auch hier, daß solche Ausstrahlungen der Staatsgewalt räumliche Herrschaft ausbreiten, soweit ihre Anordnungen wirksam werden können: der bei der Niederkunft der deutschen Marketenderin anwesende, auch ausländische, Berichterstatter ist vermöge seiner Anwesenheit verpflichtet, die Geburt anzuzeigen, sofern er zum deutschen Troß gehört, der Hausherr im Konsulargerichtsbezirk ist auf Grund seines Hausbesitzes verbunden, den Tod eines deutschen Staatsangehörigen mitzuteilen. Aber die Pflichten reichen auch nicht weiter. Die Ortshebamme, welche der deutschen Marketenderin beigestanden hat, ist zu einer Anzeige nicht gehalten, so allgemein solche Verpflichtungen in der deutschen Verordnung auch vorausgesetzt werden; der Tod, der den Besucher auf einem deutschen Schiff in fremdem Hafen ereilt, legt dem Vater des Gestorbenen durchaus keine Verpflichtung auf, dem Kapitän nähere Auskunft zu erteilen.

Verschieden von diesen Hilfsverpflichtungen dritter Personen sind Anzeigepflichten, welche die Person selbst treffen, deren Status in Frage ist. So verbindet Art. 101 des Codice civile den Inländer, der im Ausland geheiratet hat und in das Inland zurückgekehrt ist, binnen drei Monaten nach der Rückkehr die Eheschließung am Ort seiner Niederlassung beurkunden zu lassen.[54]) Und Art. 367 des-

[53]) Vergl. Valéry, Journal 31, 800 f.

[54]) Ähnliche Bestimmungen in Brasilien und Haiti bei Weiss 3, 471². Die

selben Gesetzbuchs verlangt allgemein, daß Beurkundungen, welche den Personenstand eines Inländers betreffen und im Ausland von den dortigen Behörden vorgenommen worden sind, dem nächsten italienischen Gesandten oder Konsul in Abschrift vorgelegt werden müssen.[55]) Der Titel, auf den sich solche Vorschriften stützen, ist nicht die räumliche Herrschaft des Staats, in deren Bereich sich das Ereignis abgespielt hätte, sondern die Staatsangehörigkeit der Personen, die den Staat ein Interesse an ihren Schicksalen nehmen läßt (im ersteren Fall noch verbunden mit der Niederlassung im Inland). Und sie sind nicht auf Ermöglichung einer Eintragung, sondern einer Umschreibung gerichtet.

Urkundenaustausch.

5. Kann der Staat sein Interesse, den Personenstand der ihm Angehörigen zu verfolgen, durch eigene Vorkehrungen nur in beschränktem Umfang befriedigen, so hat das gleiche Bedürfnis hier schon früh zu einer Rechtshilfe unter den Staaten geführt.[56]) Der Anstoß scheint von Frankreich ausgegangen zu sein, wo eine Ministerialinstruktion vom 26. Januar 1836 die Totenscheine der in Frankreich verstorbenen Ausländer an das Ministerium des Äußern einzusenden befiehlt. Die Bereitwilligkeit Frankreichs, diese Urkunden dem Heimatstaat zu Gebote zu stellen, hat sofort Anerkennung gefunden.[57]) Es schließen sich daran mannigfache Gegenseitigkeitserklärungen, aus denen seit Ende der fünfziger Jahre Staatsverträge mit typischen Klauseln herauszuwachsen beginnen.[58]) Heute sind Deutschland, Österreich-Ungarn, die Schweiz, Italien, Frankreich, Belgien, Luxemburg, Dänemark, Rußland, in geringerem Umfang auch die Niederlande, Schweden und Norwegen, Spanien und Por-

vorbildliche Bestimmung des Code civil art. 171 nimmt von der Begründung einer besonderen Anzeigepflicht Abstand.

[55]) Eine verwandte Bestimmung des spanischen Rechts für Eheschließungen bei Weiss a. a. O.

[56]) Rouard de Card, De l'échange des actes de l'état civil entre nations par la voie diplomatique, Revue générale d'administration 1879 III, 5 ff.

[57]) Bayerische Ministerialentschließung vom 5. IV. 1836; nach ihrem Vorbild bayerische Mitteilungen an Dänemark seit 1846, an Rußland seit 1847, Weber, Gesetzsammlung 5, 236[1]. In einer Zusammenstellung von 1861 (Weber 5, 236 ff.) werden bereits 19 Staaten aufgezählt, mit denen Bayern Geburts- und Totenscheine, 5 weitere, mit denen nur Totenscheine ausgewechselt werden. Eine Ministerialentschließung vom 17. VIII. 1857 folgt dem französischen Vorbild auch in der Anordnung, daß für jeden in Bayern verstorbenen Ausländer Auszug aus dem Sterberegister „behufs der auf diplomatischem Weg zu bewerkstelligenden Übersendung desselben an die Heimatbehörde des Verlebten“ dem Ministerium des Äußern in Vorlage zu bringen sei (Weber 5, 67).

[58]) Einer der frühesten dürfte der Vertrag Badens mit einer größeren Zahl schweizerischer Kantone vom 7./11. Weinmonat 1858 sein, Kaiser, Sammlung der eidgenössischen Gesetze 4, 521 f.

tugal, Serbien und Rumänien, die Kleinstaaten Liechtenstein, Monaco, San Marino an diesem Vertragswerk beteiligt;[59]) es greift bereits über See;[60]) die Haager Eheschließungskonvention vom 12. Juni 1902 Art. 5, die erneuerte Genfer Konvention Art. 4 enthalten einschlägige Bestimmungen,[61]) und es scheint, daß der tatsächlich geübte Urkundenaustausch den Rahmen dieser Verträge noch überschreitet.[62]) Nur Großbritannien und die Vereinigten Staaten stehen beiseite, wie denn auch gelegentlich politische Bedenken gegen den Abschluß solcher Verträge erhoben wurden.[63]) Eine Rückbildung des Austauschverkehrs hat hinsichtlich ihrer Staatsangehörigen zwischen den deutschen Bundesstaaten stattgefunden; aber nicht Abschließung, sondern engerer Zusammenschluß hat dies Ergebnis gezeitigt, denn dem öffentlichen und dem privaten Interesse stehen jetzt die Register jedes Bundestaats zur Verfügung.[64])

Der Austausch ist unter den Staaten zunächst für Sterbeurkunden vereinbart worden. Die neueren Verträge sehen ihn für Geburten, Eheschließungen und Sterbefälle vor, Vereinbarungen insbesondere Belgiens und Italiens[65]) auch für Anerkenntnisse und

---

[59]) Zusammenstellung der Verträge (nicht durchaus vollständig): für Deutschland und Bayern in der bayerischen Ministerialentschließung vom 20. XII. 1899 Z. 42 Weber 28, 365. Für Österreich Österreichisches Staatswörterbuch ² v⁰ Matriken 3, 550. Für die Schweiz v. Salis 4, 170 f. n. 1492. Für Frankreich Vincent-Pénaud n. 110 ff., dazu Journal 19, 1236; 27, 422; 35, 299; Revue 1, 223. Für Belgien Pandectes belges v⁰ actes de décès n. 85 f.; Rolin 2, 23 n. 537. Für Italien Fortunato 171 f. Zahlreiche Verträge sind im Recueil Martens, manche auch im Journal abgedruckt.

[60]) Italien-Mexiko 1870; Italien-Guatemala 1889; Italien-Peru 1889; Italien-Argentinien 1890; Italien-Chile 1892; Spanien-Peru 1898; Frankreich-Chile 1899.

[61]) Zur ersteren Konvention Runderlaß des französischen Justizministers Journal 34, 860. Vergl. auch das Haager Landkriegsabkommen Art. 14.

[62]) Vincent-Pénaud n. 111. Vergl. auch einen preußischen Ministerialerlaß 15. X. 1875, Kruse Standesamt 142, die oben mitgeteilten französischen und bayerischen Anordnungen und unten Anm. 64; die früher angeführte österreichische Ministerialverordnung vom 25. VIII. 1860 § 7, und für die Beziehungen zwischen Frankreich und der Schweiz Journal 25, 817.

[63]) S. für die Schweiz Rouard de Card 13 f.

[64]) Die früher erwähnte bayerische Zusammenstellung von 1861 nennt eine große Zahl deutscher Staaten, mit denen der Austausch damals betätigt wurde. Eine bayerische Entschließung von 1878 (Weber 12, 317) beschränkt die Einsendung der Registerauszüge bezüglich nichtbayerischer Deutscher auf die Angehörigen der Bundesstaaten, mit denen ein besonderes Übereinkommen geschlossen war (Verzeichnis bei Müller, Blätter für administrative Praxis 1882 32, 218 f.). Sachsen, Braunschweig, Baden hatten in der Folge auf die Zusendung der ihnen zustehenden Urkunden verzichtet, und die bayerische Entschließung vom 20. XII. 1899 Z. 42 (Weber 28, 366) erklärt nunmehr: „ein Austausch von Registerauszügen mit deutschen Bundesstaaten findet nicht mehr statt“.

[65]) Belgien-Italien 1876, Belgien-Frankreich 1876, Belgien-Schweiz 1882, Italien-Guatemala 1889, Italien-Luxemburg 1895, Italien-Schweiz 1896. Ebenso

Legitimationen unehelicher Kinder, soweit sie in das Standesregister eingetragen werden. Sie beziehen sich regelmäßig auf die Staatsangehörigen des andern Vertragsteils, wobei schon frühzeitig Vorbehalte gebräuchlich werden, nach denen weder die Aushändigung noch die Annahme der Urkunde einer Entscheidung über die Staatsangehörigkeit der Person präjudizieren solle.[66]) Eben weil damit inländischen Interessen nicht präjudiziert ist, wird eine Übersendung aber auch dann zu erfolgen haben, wenn die Person zugleich die Staatsangehörigkeit im Absendestaat und im Empfangsstaat der Urkunde besitzt — der Besitz mehrfacher Staatsangehörigkeit ist ein Zustand, der als solcher allseitige Anerkennung beanspruchen kann — und nur da wird die Sachlage anders sein, wo zwischen den beiden Staaten verschiedene Rechtsauffassungen über den ausschließlichen Besitz der einen oder der andern Staatsangehörigkeit bestehen, wie bezüglich der Elsaß-Lothringer, die Frankreich als französische Optanten, Deutschland als deutsche Staatsangehörige, die nicht optiert haben, betrachtet.[67]) Zuweilen geht die Vereinbarung nicht auf den Personenstand der Staatsangehörigen, sondern derjenigen, welche in einem der Vertragsstaaten geboren oder auch dort geboren oder wohnhaft sind,[68]) nach manchen Verträgen auch ergänzend neben den Staatsangehörigen auf die Standesverhältnisse der im andern Gebiet Geborenen oder Ansässigen.[69]) Vereinzelt erfolgt auch unter den deutschen Bundesstaaten eine Mitteilung an den Standesbeamten des Wohnsitzes ohne Rücksicht auf die Landesgrenzen.[70]) Die Mitteilung geschieht nach

---

neuerdings Frankreich-Schweden 1904 und Frankreich-Norwegen 1906. Vergl. auch Journal 20, 463.

[66]) So schon die badisch-schweizerische Vereinbarung von 1858.

[67]) In bezug auf die erstere Frage abweichend der französische Justizminister Journal 6, 318; Vincent-Pénaud n. 124; Weiss 3, 272[1]. Wegen der Optanten Hepp, Revue générale d'administration 1878 I, 278; Weiss a. a. O.

[68]) Abstellung auf den Geburtsort: Italien-Dänemark 1889, Italien-Guatemala 1889. Geburtsort oder Wohnsitz: Italien-Österreich-Ungarn 1870; nach Pandectes belges 3, 912 auch Belgien-Österreich-Ungarn 1870, Belgien-Spanien 1872, Belgien-Rumänien 1874.

[69]) Belgien-Italien 1876; Belgien-Frankreich 1876; Belgien-Schweiz 1882; nach Pandectes belges a. a. O. auch Belgien-Monaco 1876 und Belgien-Luxemburg 1879; Frankreich-Österreich-Ungarn 1892.

[70]) Mitteilung an den Standesbeamten des Wohnsitzes ist in einer Anzahl deutscher Bundestaaten vorgeschrieben, aber nur Bremen verlangt ausdrücklich Mitteilung auch an die Standesbeamten anderer Bundesstaaten, während Bayern (Ministerialentschließung 20. X. 1876 Weber 11, 654) und Oldenburg die Übersendung der Abschrift ausdrücklich auf die Standesbeamten des eigenen Landes beschränken, Württemberg die Mitteilung an nichtwürttembergische Standesbeamte nur dann gestattet, wenn sie nicht an ein württembergisches Standesamt zu richten und durch dahingehende Staatsverträge veranlaßt ist. Sartorius 141 will die einschlägigen Bestimmungen im Zweifel im Sinn der bremischen

manchen Verträgen unmittelbar von Beurkundungsbehörde zu Beurkundungsbehörde, bisweilen von mittleren Verwaltungsstellen an den fremden Konsul, im übrigen auf diplomatischem Weg.[71])

Sekundäre Ordnungsprinzipien.

6. Die Möglichkeit, Beurkundungen unter Umständen außerhalb des Staatsgebiets vorzunehmen, und die Kenntnisgabe der Eintragungen des Auslands setzen den Staat in den Stand, die Nachrichtensammlung über den Personenstand auch nach anderen Maßstäben vorzunehmen, als ihn die Territorialität der regelmäßigen Beurkundungen an die Hand gibt.

So ist insbesondere mehrfach eine Vereinigung der Nachrichten für die im Inland wohnhaften Personen in die Wege geleitet worden. Anknüpfend an Einzelvorschriften des Code civil wurde für Belgien im Verwaltungsweg angeordnet, daß alle Geburten, Eheschließungen, Sterbefälle am Wohnsitz der Beteiligten in die Standesregister umgeschrieben werden sollen,[72]) und Italien hat eine solche Übertragung gesetzlich vorgeschrieben;[73]) auch in einer Anzahl deutscher Bundesstaaten ist entsprechende Vorsorge getroffen, nur daß die eingehenden Registerauszüge hier nicht umgeschrieben, sondern bei den Sammelakten aufbewahrt und im alphabetischen Namenregister angemerkt werden, unter Ermächtigung des Standesbeamten, von ihnen beglaubigte Abschrift zu erteilen.[74]) Diese Vorschriften gelten allgemein, und in erster Reihe, wenn schon die ursprüngliche Beurkundung im Inland stattgefunden hat. Aber auch für den Fall einer Beurkundung im Ausland durch die Militärbehörden, Schiffer, Konsuln pflegt eine Anzahl von Staaten ebenso vorzugehen,[75]) und

Verordnung auslegen. Vergl. dagegen aber schon mit guten Gründen v. Sicherer 66[16], auch Hinschius in der 3. Auflage S. 71.

[71]) Nicht in diesen Zusammenhang gehört dagegen die mannigfach vorgeschriebene Benachrichtigung des Konsuls von Todesfällen, die den Zweck hat, dem Konsul die Ausübung der durch Konsularvertrag eingeräumten Befugnisse einer Verlassenschaftsbehörde sicherzustellen.

[72]) Pandectes belges v° actes de décès n. 67—71, v° actes de l'état civil n. 585; vergl. Code civil art. 80, 82. Originaleintrag am Wohnsitz (nur für Frankreich gültig) nach art. 92 C. c. neuer Fassung (art. 252, 359 dagegen gehören der freiwilligen Gerichtsbarkeit an).

[73]) Cod. civ. art. 379, 397. Italien führt neben den Standesregistern auch noch besondere Bevölkerungsregister über die seßhafte und über die bewegliche Bevölkerung; vergl. darüber Fortunato a. a. O. 265 ff.

[74]) Vergl. v. Sicherer 66[16]; Hinschius 464, 575; Sartorius 94.

[75]) Frankreich: Umschreibung am Wohnsitz für Beurkundungen bei der Truppe C. c. 94 (Fassung 1893), auf See C. c. 60, 61, 86 (Fassung 1893) (Abschrift bleibt beim nächsten Seemannsamt); von den diplomatischen und konsularischen Registern wird nach art. 48 (Fassung 1893) das eine der Exemplare beim Ministerium des Äußern aufbewahrt, das Abschriften erteilen kann; die

insbesondere greift ein entsprechendes Verfahren Platz, um die aus dem Ausland einlangenden Nachrichten über den Personenstand für das Inland nutzbar zu machen.[76])

Der Wohnsitz ist wandelbar, die auf eine Person bezüglichen Nachrichten können demgemäß an verschiedenen Orten zerstreut sein. Das Bestreben, die Nachrichten an einem Punkt zusammenlaufen zu lassen, hat neuerdings dazu geführt, nach dem Vorbild

---

früher auch hiefür angeordnete Umschreibung ist beseitigt, Revue 2, 828. — Belgien: Umschreibung am Wohnsitz für Beurkundungen bei der Truppe C. c. 93, 95, 98 alter Fassung, auf See C. c. 60, 61, 87 alter Fassung (Abschrift bleibt beim nächsten Seemannsamt), und ebenso bei diplomatischen und konsularischen Beurkundungen s. Pandectes belges, actes de décès n. 82, actes de l'état civil 593. — Italien: Umschreibung am Wohnsitz für Beurkundungen bei der Truppe Codice civile 400, auf See 381, 396, durch Gesandte oder Konsuln 368. — Deutschland: für Vorkommnisse bei der Truppe Originaleintrag am Wohnsitz nach den kaiserlichen Verordnungen 20. I. 1879 §§ 5, 12 und 20. II. 1906 § 3; für Beurkundungen auf See Umschreibung am Wohnsitz nach Personenstandsgesetz § 62 (Abschrift bleibt beim nächsten Seemannsamt); von den Eintragungen der Gesandten und Konsuln ist nach § 2 des Gesetzes vom 4. V. 1870 den beteiligten Bundesstaaten Abschrift zu übersenden, die in Preußen und Bayern an den Standesbeamten des Wohnsitzes weitergegeben und von diesem wiederum zu den Sammelakten genommen wird; vergl. die preußischen Ministerialerlasse vom 31. V. 1890 und 21. V. 1892, Reger Entscheidungen 1. Ergänzungsband 402 und (Hauptreihe) 13, 102, vom 22. II. 1897, Kruse 194; bayerische Ministerialentschließung 20. XII. 1899 Z. 40 Weber 28, 365; Reger-Dames 111 (das zweite Exemplar des Registers bleibt beim Reichskanzler). — Nach der österreichischen Ministerialverordnung 25. VIII. 1860 § 7 werden Beurkundungen des Schiffsführers am „Zuständigkeitsort" umgeschrieben (2. Exemplar des Originalprotokolls bleibt bei der Zentralseebehörde). — England vereinigt Abschrift aller Beurkundungen zur See im Marineregisterbuch des Generalstandesbeamten (eine weitere Abschrift bleibt bei den Seebehörden) 57 & 58 Vict. ch. 60 s. 254 und 37 & 38 Vict. ch. 88 s. 37.

[76]) In Frankreich findet Umschreibung statt, jedoch auffälligerweise nach Rouard de Card 19 und Vincent-Pénaud n. 85 nicht am Wohnsitz, sondern am Geburtsort; in dem besondern Fall des art. 171 C. c. nicht an dem früheren, sondern an dem neubegründeten Wohnsitz; daneben nach Art. 47 (Fassung von 1893) Vereinigung der Mitteilungen beim Ministerium des Äußern, das Abschrift erteilen kann; außerdem kennt die Praxis eine Umschreibung der fremden Beurkundungen in das französische Konsulatsregister, Vincent-Pénaud n. 86 f.; über eine vormals allgemein geplante Anordnung der Übertragungen Rouard de Card 7 f. — Belgien: Umschreibung am Wohnsitz Pandectes belges actes de décès n. 96, actes de l'état civil n. 585, 599 f. (vergl. aber auch C. c. 171). — Italien: Umschreibung am Wohnsitz Cod. civ. 367 (vergl. aber auch 101, entsprechend dem französischen Gesetzbuch Art. 171). — Deutschland: Aufbewahrung in den Sammelakten des Wohnsitzes, vergl. die vorangeführten preußischen und bayerischen Ministerialerlasse; v. Sicherer 4[10]; wegen der zu erteilenden Abschriften Sartorius 94. — Österreich Ministerialentschließung 6. X. 1879, Ulbrich 1, 640 (vergl. auch 25. VIII. 1860 § 7): Aufbewahrung in den Sammelakten des Matrikenführers der Heimatgemeinde. Es sei auch an die Staatsverträge erinnert, welche statt oder neben der Staatsangehörigkeit den Wohnsitz im anderen Teil zur Begründung eines Nachrichtenaustausches verwerten.

der Strafregister auch die Aufschlüsse über den Personenstand sämtlich am Geburtsort der Person zu vereinigen. Besonders in Frankreich erörtert,[77]) ist hier auch die Durchführung des Gedankens wenigstens begonnen worden, insofern schon früher die Anerkennung eines unehelichen Kindes, seit der Novelle von 1897 auch Legitimationen und Eheschließungen am Rand der Geburtsurkunde vermerkt werden; ebenso sind dort die Eintragungen in das besonders geführte Entmündigungsregister am Geburtsort vorzunehmen.[78]) Und auch die Mitteilungen über Begebnisse im Ausland werden, insbesondere hilfsweise, öfters an den Geburtsort geleitet.[79]) In Ermangelung eines bekannten Wohnsitzes oder Geburtsortes im Inland pflegen die Nachrichten an einer einheitlichen Stelle, zumeist in der Hauptstadt, gesammelt zu werden.[80])

Andererseits aber hat das öffentliche Interesse an den Schicksalen der Inländer im Ausland auch zu einer Zusammenfassung unter dem Gesichtspunkt der Staatsangehörigkeit geführt — die anomalen Erweiterungen der inländischen Zuständigkeit und die Austauschverträge geben davon Zeugnis — wobei die erlangten Auskünfte entweder zentralisiert[81]) oder an den Wohnsitz, Geburtsort weitergegeben werden.[82])

---

[77]) Vergl. M. Planiol, Traité de droit civil [2](1901) 1, 195 f. n. 490 ff. Hieher wohl auch der preußische Ministerialerlaß 21. V. 1892, Reger, Entscheidungen 13, 102.

[78]) Code civil art. 62 (dazu Absatz III in der Fassung vom 8. VI. 1893); art. 331 und 76 in der Fassung vom 17. VIII. 1897; art. 501 in der Fassung vom 16. III. 1893. Vergl. indes auch §§ 25, 26 des deutschen Personenstandsgesetzes.

[79]) Primär in Frankreich nach den Angaben von Rouard de Card und Vincent-Pénaud oben Anm. 76. Subsidiär, wenn ein Wohnsitz im Inland nicht bekannt ist, nach den deutschen Verordnungen vom 20. I. 1879 §§ 5, 12 und vom 20. II. 1906 § 3; nach dem preußischen Ministerialerlaß vom 21. V. 1892. Vergl. auch die Staatsverträge, welche statt oder neben der Staatsangehörigkeit an die Geburt im Gebiet des andern Teils anknüpfen, um eine Übersendung der Registerauszüge anszubedingen.

[80]) Für inländische Ereignisse Code civil art. 92 (Fassung 1893) und 501 (Fassung 1893). Für Beurkundungen auf See Code civil art. 86 (Fassung 1893). Die einlaufenden Registerauszüge des Auslands werden in Ermangelung eines Wohn- oder Geburtsortes für Frankreich in den Registern einer bestimmten Zentrale umgeschrieben (vergl. Vincent-Pénaud n. 85 und dazu Journal 34, 861), in Belgien nicht umgeschrieben, sondern aufbewahrt und jährlich in den Amtsblättern veröffentlicht (Pandectes belges, actes de décès n. 95), in Österreich beim Ministerium des Innern gesammelt und jährlich ausgeschrieben (Ministerialentschließung 8. I. 1878 Ulbrich 1, 640).

[81]) Vergl. oben Anm. 75 und 76.

[82]) Über Anregungen, für elsaß-lothringische Optanten französischer Staatsangehörigkeit ein französisches Standesregister zu errichten, Hepp, Revue générale d'administration 1878 I, 278 ff.; Rouard de Card 15; Chausse, Revue critique de législation (1893) 42, 492.

Die Beweiskraft der Standesurkunden.

7. Die öffentliche Beurkundung des Personenstandes bezweckt neben der statistischen Erfassung der Bevölkerungsbewegung als einer Massenerscheinung zugleich die Feststellung der individuellen Schicksale, im staatlichen und im privaten Interesse; und im Hinblick darauf ist diesen Beurkundungen eine besondere Glaubwürdigkeit verliehen. Für die Registerführung als solche ist diese Eigenschaft allerdings ohne unmittelbare Bedeutung. Sie wird erst in anderen Angelegenheiten wirksam, wenn an den beurkundeten Vorgang irgend welche weitere Rechtsfolgen angeknüpft werden, und es bedarf die Wahrheit jenes behaupteten Vorgangs des Nachweises; wenn jemand die Geburtsurkunde vorlegt, um seine Volljährigkeit und damit seine Wahlberechtigung darzutun; wenn jemand die Sterbeurkunde des Erblassers vorlegt, um als Erbe Einweisung in den Nachlaß zu erlangen. Der Nachweis wird den staatlichen Rechtsschutzorganen erbracht, der Beweis durch Standesurkunden ist zunächst eine Angelegenheit des Prozeßrechts.[83]) Da aber Rechtssätze des Verwaltungsrechts das prozeßrechtliche Ergebnis beeinflussen, kann wenigstens insoweit hier an diesen Fragen nicht vorbeigegangen werden.

Ob ein Staat die Beweisführung durch einen Registerauszug des Auslands als ausreichend gelten läßt, ist seiner freien Entschließung überlassen. Die Anerkennung ist herkömmlich, nicht selten ausdrücklich im Gesetz vorgesehen, aber auch an bestimmte Voraussetzungen geknüpft. Vor allem an die Voraussetzung, daß der Registereintrag dem Verwaltungsrecht des beurkundenden Staates genügt;[84]) denn sonst ist keine öffentliche Urkunde zustande gekommen, deren Glaube anerkannt werden könnte. Des weiteren aber wird ein solcher Eintrag nur dann Anerkennung finden können, wenn der beurkundende Staat nach der Anschauung des anerkennenden Staates die Zuständigkeit besaß, den Eintrag vorzunehmen. Was oben Z. 1—3 über die Zuständigkeit des Inlands ausgeführt wurde, kommt nunmehr umgekehrt zur Geltung. Die Zuständigkeit des fremden Staats ist ganz regelmäßig begründet für Ereignisse, die sich in seinem Gebiet zugetragen haben; auch dann, wenn eine konkurrierende Zuständigkeit des Staates bestanden hätte, vor dem der Beweis erbracht werden soll. Sie ist gegeben für Beurkundungen an Bord nationaler Schiffe, im Bereich der Konsulargerichtsbarkeit. Sie kann insbesondere mangeln, wenn die Beurkundung durch einen diplomatischen oder konsularischen Vertreter des Auslands erfolgt

---

[83]) Im weitesten Sinn, der auch das Verwaltungsverfahren umfaßt.

[84]) Code civil art. 47: *Tout acte de l'état civil des Français et des étrangers, fait en pays étranger, fera foi, s'il a été rédigé dans les formes usitées dans ledit pays.* Entsprechend Codice civile art. 367. Ein Anwendungsfall Deutsche Juristenzeitung 1909, 136.

ist, dessen standesamtliche Tätigkeit der Empfangsstaat nicht genehmigt hat; vergl. des näheren oben Z. 3.

Ist der Staat, vor dem der Beweis erbracht werden soll, Herr zu entscheiden, ob fremde Registerauszüge Anerkennung finden sollen, so mag er auch entscheiden, ob sich diese Anerkennung auf weltliche Register beschränkt oder Kirchenbücher mitumfaßt. Die internationale Praxis pflegt ganz regelmäßig von einer Gleichstellung der beiden Arten auszugehen.

Wie die Eintragung, so nimmt auch die Umschreibung Beweiswirkung für sich in Anspruch. Sie leitet ihre Glaubwürdigkeit jedoch von der Glaubwürdigkeit des Originaleintrags ab — auch in Staaten, in denen dem Standesbeamten auferlegt ist, sich von der Richtigkeit des zu beurkundenden Ereignisses persönlich zu überzeugen, trifft diese Verpflichtung nur den eintragenden, nicht den umschreibenden Beamten — einen selbständigen Glauben nimmt sie nur in Anspruch für den Gleichlaut der Umschrift mit dem Eintrag. Daraus folgt: wo ausländische Standesurkunden überhaupt tauglich sind, Beweis zu erbringen, da kann dieser Beweis auch durch Abschrift einer Umschreibung im Ausland erbracht werden; wenn Abschriften der Umschreibung und des Originaleintrags nebeneinander vorgelegt werden, so kann bei Abweichungen nur der Wortlaut des Originaleintrags entscheiden; wenn gegen den Originaleintrag Bedenken wegen mangelnder Zuständigkeit bestehen, so können diese Einwendungen auch gegen die Umschreibung vorgebracht werden, mag der Originaleintrag dem gleichen Staat wie die Umschreibung oder einem dritten Staat angehören.[85]) Über die Anerkennung von Berichtigungen unten. Stets aber handelt es sich bei der Frage nach der Beweiskraft auswärtiger Registereinträge um den Nachweis von Tatsachen, nicht von Rechtsverhältnissen, die eines „Beweises“ nicht fähig sind; wenn die Geburtsurkunde das angemeldete Kind als legitimiert bezeichnet, so ist das ein Urteil des Standesbeamten, das für andere Staaten gleichgültig ist. Und stets handelt es sich bei solcher Beweiskraft darum, ob der beurkundete Vorgang wahr ist, nicht, ob er, seine Wahrheit vorausgesetzt, tauglich ist, ein Rechtsverhältnis des Zivilrechts zur Entstehung gelangen zu lassen, um die „Gültigkeit“ der Urkunde, nicht um die „Gültigkeit“ des Rechtsgeschäfts; die Frage, ob ein uneheliches Kind durch Anerkennung vor dem Standesbeamten legitimiert werden kann, hat mit dem öffentlichen Glauben der Standesregister nichts zu schaffen.[86])

---

[85]) So können Umschreibungen in das Marineregisterbuch des englischen Generalstandesbeamten (oben Anm. 75) in Deutschland keine Anerkennung finden, wenn sie, auf Grund der Birth and Death Registration Act beurkundet, Vorkommnisse auf deutschen Schiffen zum Gegenstand haben.

[86]) Insbesondere kann die Regel *locus regit actum* auch hier nur mit der

Zwei viel verhandelte Bedenken betreffen den Umfang der Beweiskraft standesamtlicher Einträge, und insbesondere den Beweiszwang, der mit ihnen verbunden wird. Das Maß der Beweiskraft, welches den standesamtlichen Eintragungen zukommt, ist in verschiedenen Ländern verschieden. Die französische Geburtsurkunde beweist nach der neueren Theorie nur, daß eine Erklärung über die Geburt vor dem Standesbeamten abgegeben wurde, die deutsche Geburtsurkunde auch die Tatsachen, auf welche sich die Erklärung bezieht. Die deutschen Eintragungen gestatten jeglichen Gegenbeweis, eine französische Eintragung kann nur durch den Nachweis der Fälschung erschüttert werden. Das Maß des öffentlichen Glaubens kann nun aber nicht weiter reichen, als dem Recht des Errichtungsortes der Urkunde entspricht, denn für den Überschuß ist ein öffentlicher Glaube nicht vorhanden, der von seiten eines anderen Staates anerkannt werden könnte; ein französischer Eintrag beweist auch in Deutschland nur die Erklärung über die Geburt, nicht die Geburt selbst. Auf der andern Seite aber geht es aus prozeßrechtlichen Gründen nicht an, die freie Beweiswürdigung der angegangenen Behörde weiter einzuschränken, als ihr eigenes Recht gestattet; auch gegen eine französische Urkunde kann in Deutschland der Nachweis objektiver Unrichtigkeit unternommen werden.[87])

Manche Gesetzgebungen (zumal im Einflußgebiet des französichen Rechts) kennen einen Beweiszwang durch Standesurkunden, derart, daß Geburten, Eheschließungen, Todesfälle nur durch Registerauszug bewiesen werden können, sofern nicht der Mangel oder Verlust eines Registers solchen Beweis unmöglich macht. Es handelt sich hier um rein prozessuale Vorschriften, die angegangene Behörde soll sich nur auf einem bestimmten Weg von der Wahrheit eines behaupteten Ereignisses überzeugen dürfen. Sind dem Recht der angegangenen Behörde solche Beschränkungen nicht bekannt, so ist es völlig gleichgültig, ob sie in einer anderen Gesetzgebung, auch am Ort des Ereignisses, vorgeschrieben sind. Sind sie in der

privatrechtlichen, nicht mit der verwaltungsrechtlichen Frage in Verbindung gebracht werden. Wenig glücklich Appellhof Chambéry, Journal 12, 665; auch Zivilgericht Bordeaux, Journal 14, 316.

[87]) Die französische Literatur beachtet hier zumeist nur das Recht des Orts, an dem die Urkunde aufgenommen worden ist, so Duguit 62, 161, 203; Vincent-Pénaud n. 63; Despagnet 384 n. 369; Rolin 2, 3 n. 524; Weiss 3, 248[6]. Fiore (Fiore-Antoine 1, 574 f. n. 503, 504) will dem Recht des Errichtungsortes nur entnehmen, ob die Urkunde eine öffentliche Urkunde ist, im übrigen aber das Recht des Verhältnisses anwenden, für das durch die Urkunde Beweis erbracht werden soll; ihm folgt Conti, Digesto italiano n. 96; ebenso anscheinend der Appellhof Chambéry a. a. O.; vergl. auch Appellhof Rouen, Revue 4, 254. (Wegen der lex causae, auf die Fiore verweist, s. gleich unten.) Das angeführte Urteil des Zivilgerichts Bordeaux legt ohne weiters die lex fori zugrunde.

lex fori vorgesehen, so sind sie schlechtweg verbindlich; aber allerdings wird ihre Geltung durch den Rechtszustand am Ort des Ereignisses insoweit beeinflußt, als nicht anzunehmen sein wird, daß die Vorschrift (eine Auslegungsfrage des innerstaatlichen Rechts!) auch für den Fall gelten wolle, daß an jenem Ort Register überhaupt nicht geführt werden, oder daß zwar die Einrichtung dort bekannt, aber nicht obligatorisch ist, und im gegebenen Fall eine Eintragung nicht stattgefunden hat.[88])

Berichtigung der Einträge.

8. Irrtümer, welche bei der Beurkundung des Personenstands unterlaufen, können ihr Ergebnis entwerten. Insbesondere die Beweistauglichkeit der Eintragung wird durch sie beeinträchtigt, und es ist darum allerwärts die Möglichkeit einer Berichtigung der Standesregister vorgesehen. Die Ausgestaltung der Einrichtung ist indes nicht überall dieselbe. In Deutschland erfolgt die Anordnung durch das Gericht im Verfahren der freiwilligen Gerichtsbarkeit; juristisch erscheint der Beschluß des Gerichts als eine aufsichtliche Verfügung an den Standesbeamten, die Berichtigung wird ein Bestandteil des berichtigten Eintrags und teilt dessen Wirksamkeit. Das französische Recht und seine Nachfolger geben dem Verfahren die Gestalt eines Zivilprozesses, dem ergehenden Urteil eine Wirkung nur unter den Parteien des Rechtsstreits. Dennoch kann es sich auch hier nicht um die Entscheidung zivilrechtlicher Ansprüche der Parteien gegen einander handeln, auch nicht um ein konstitutives Urteil, das ein

---

[88]) Entsprechendes gilt für die Vorschriften, welche den Beweis mangels Beibringung einer Standesurkunde regeln. Wer in Italien geboren ist, in Frankreich heiraten will, und Geburtsurkunde nicht vorlegen kann, hat nach C. c. fr. 70 auf Verlangen einen Notorietätsakt beizubringen, wer in Deutschland geboren ist, nicht; als öffentliche italienische Urkunde aber braucht der Akt des in Italien Geborenen nur 5 (C. c. it. 80), nicht wie französische Akte 7 Zeugen. — Nach der lex loci actus beurteilen den Beweiszwang: Brüssel 11. V. 1874 Pandectes belges, actes de l'état civil n. 567; Zivilgericht Paris 15. III. 1883 und 3. VIII. 1894 Journal 10, 392; 22, 374; Pandectes belges a. a. O. n. 565 f.; Duguit 164, 204 f.; Despagnet 384 ff. n. 370; Rolin 2, 3 f. n. 524 — wobei freilich zumeist nur an den Fall gedacht wird, daß die bindenden Vorschriften in der lex fori, aber nicht in der lex actus enthalten sind; und eine Brücke, über die Beweisregeln des Auslands für das Inland verbindlich werden könnten, besteht nicht. Eine weit verbreitete Meinung will sich an den Satz halten, daß der Beweis unter dem Recht steht, das für das Rechtsgeschäft gilt, welches bewiesen werden soll, vergl. die Angaben bei Duguit 66 ff. und Vincent-Pénaud n. 64 ff.; dazu Erlaß des französischen Justizministers 28. IV. 1891 Journal 22, 691; Oberster Gerichtshof Wien 26. II. 1895 Zeitschrift 5, 595; hieher wohl auch Fiore 1, 575 f. n. 505; Weiss 3, 248 f. Wenn aber Beweisregeln in Frage sind, die nicht auf materiellrechtlichen, sondern auf prozessualen Erwägungen beruhen? Und wenn es sich überhaupt nicht um den Nachweis von Rechtsgeschäften handelt, sondern von Tatsachen wie Geburt und Tod?

Rechtsverhältnis des Zivilrechts von Staats wegen zur Abänderung brächte (wo wäre das Rechtsverhältuis des Zivilrechts, wenn Berichtigung des Eintrags über die Gemeindezugehörigkeit des Geburtsortes begehrt wird?); auch in Frankreich muß meines Erachtens die Berichtigung materiell als Angelegenheit der inneren Verwaltung, das Berichtigungsurteil als Verwaltungsakt gegenüber dem Kläger aufgefaßt werden.

Die Frage, welcher Staat zur Berichtigung zuständig ist, scheint wenig Schwierigkeiten zu begegnen. Denn offenbar kann kein Staat einen andern zur Abänderung seiner Einträge nötigen. Das trifft indessen nur eine Seite der Frage. Zweifel entstehen hier im Bereich des französischen Systems schon für die im Inland begehrte Berichtigung eines inländischen Eintrags, sofern er einen Ausländer zum Gegenstand hat. Denn bei Streitigkeiten nichtvermögensrechtlicher Art und insbesondere bei Statusprozessen, welche zwischen Ausländern spielen, hält sich die französische Praxis für unzuständig; das könnte praktisch werden, wenn man den Berichtigungsprozess als echten Zivilstreit betrachtet, und überdies fließt er in solchem Fall mit dem Streit über Statusfragen, wegen deren die Berichtigung etwa begehrt wird, zusammen. Indessen eben weil es sich bei der Berichtigung um eine Angelegenheit nicht der ausländischen Privatpersonen, sondern der französischen Verwaltung handelt, muß eine Zuständigkeit zur Berichtigung inländischer Eintragungen notwendig gegeben sein, und es kann nur entsprechend den Regeln des französischen Zivilprozesses in Frage kommen, ob der Berichtigungsstreit ohne Verzug durchgeführt werden kann, wenn dabei als Inzidentpunkt der Personenstand von Ausländern streitig wird.[89])

Insbesondere aber kann eine erweiterte Zuständigkeit zur Berichtigung Bedeutung erlangen, wenn von der Eintragung des einen in einem andern Staat Gebrauch gemacht wird. Für den Fall, daß ausländische Eintragungen in ein Register des Inlands umgeschrieben worden sind, wird eine solche Zuständigkeit des Inlands in der Tat allgemein angenommen. Die fremde Urkunde ist nach einem öfter zitierten Wort von Portalis durch die Umschreibung im Inland naturalisiert worden, und so haben sich französische Gerichte schon früher wiederholt für die Zulässigkeit einer solchen Berichtigung ausgesprochen, hat die Novelle von 1893 ihre Statthaftigkeit in Art. 99 C. c. (nach der ihm gegebenen Auslegung) noch besonders aner-

---

[89]) Vergl. hierher Seine-Gericht 13. XII. 1873 Journal 2, 16; Appellhof Paris 3. V. 1889 Journal 16, 802; Seine-Gericht 27. VII. 1897 und Appellhof Paris 3. III. 1898 Journal 24, 1029 und 25, 366; Kassationshof Paris 20. II. 1901 Sirey, Recueil 1902 I, 281, dazu Audinet ebenda; Seine-Gericht 6. VIII. 1902 Journal 30, 803, dazu Redaktion ebenda 805; Appellhof Rouen 25. III. 1903 Revue 3, 161. Vincent-Pénaud n. 91—94; Fiore 1, 577 f. n. 507.

kannt. Dieselbe Anschauung begegnet in Belgien. Und für Italien bestimmt Art. 137 der Vollzugsverordnung vom 15. XI. 1865 ausdrücklich: *I tribunali del regno sono competenti a rettificare gli atti dello stato civile ricevuti da autorità stranieri, quando questi furono trascritti negli atti dello stato civile del regno.*[90])

Seitdem die französische Novelle von 1893 die aus dem Ausland einlaufenden Standesurkunden der Inländer bei dem Ministerium des Äußern vereinigt, unter Ermächtigung des Ministers davon Abschrift zu erteilen, ist die Frage aufgeworfen worden, ob diese Aufbewahrung die fremde Urkunde nicht ebensogut zur französichen mache wie eine Umschreibung in Frankreich, und die Gerichte haben die Frage wiederholt bejaht.[91]) Alsdann aber war es nur mehr ein Schritt, wenn man die bloße Benützung der fremden Eintragung im Inland für ausreichend hielt, die Zuständigkeit des Inlands zur Berichtigung der benützten Abschrift zu begründen.[92]) Und eine solche Zuständigkeit wird in der Tat anerkannt werden müssen. Den Anlaß zu dem Verfahren bietet die Benützung der Urkunde im Inland, somit die Verwertung ihrer Beweiskraft. Über die Beweistauglichkeit einer im Inland vorgelegten Urkunde zu entscheiden, ist das Inland von sich aus berufen. Es mag den Nachweis objektiver Unrichtigkeit gegen die Urkunde von vornherein zulassen; es mag dafür ein besonderes Berichtigungsverfahren fordern, dessen Ergebnis dann für jeden Fall verwertbar gemacht wird, in dem die Urkunde für das Inland Beweis erbringen soll: stets bleibt die lex fori bei solchen Anordnungen im Rahmen ihrer Zuständigkeit. Ob allerdings dieser grundsätzlichen Erstreckung der Zuständigkeit jeweils das positive Recht folgt, ist eine Auslegungsfrage der einzelnen Gesetzgebungen, für deren Bejahung es zuweilen eines herzhaften Analogieschlusses bedürfen wird, um die gesetzlichen Vorschriften über örtliche Zuständigkeit und Vollzug der Berichtigung anwendbar zu machen; ich möchte die Frage für Frankreich bejahen, für Deutschland verneinen.

Ist nun aber die begehrte Berichtigung erfolgt, so ergibt sich

---

[90]) Vergl. Zivilgericht Toulouse 25. VIII. 1873 Sirey 1874 II, 57; Appellhof Paris 4. II. 1892 Journal 19, 426; Vincent-Pénaud n. 101 f.; Chausse a. a. O. (zit. oben Anm. 82); wegen der Novelle von 1893 Surville, Revue critique (1900) 49, 130. Für Belgien Pandectes belges, actes de l'état civil n. 585—588. Für Italien Fortunato a. a. O. 187, die angeführte Verordnung bei Conti a. a. O. 140.

[91]) Seine-Gericht 14. VIII. 1894 und 31. III. 1896 Journal 27, 112.

[92]) So Weiss 3, 274² (mit Angabe des Streitstandes) und besonders Surville a. a. O. 129 ff.; schon früher (mit sehr anfechtbarer Begründung) Bressoles zu Sirey 1874 II, 57; Zivilgericht Saint-Gaudens 20. VII. 1891 und Appellhof Toulouse 26. IV. 1893 Journal 20, 816. Die von Bressoles, Weiss, Surville festgehaltene Beschränkung auf Standesurkunden von Inländern scheint auf der Auffassung des Berichtigungsstreites als einer Art zivilrechtlichen Statusprozesses zu beruhen.

eine neue Gruppe von Fragen, welche die Wirksamkeit dieser Berichtigung für andere Staaten zum Inhalt haben. Es sei zunächst vorausgesetzt, daß die Berichtigung im Land der ursprünglichen Eintragung erfolgt ist. Hier erlangt der Unterschied des deutschen und des französischen Systems Bedeutung. Die französische Berichtigung läßt den ursprünglichen Eintrag in Kraft bestehen, nur für das Verhältnis der Parteien des Berichtigungsprozesses zueinander ist eine neue Ordnung dafür eingetreten, insoweit aber auch außer Landes anzuerkennen: auch in Deutschland können sich die Parteien jenes Prozesses, aber auch nur diese, auf die in Frankreich erfolgte Berichtigung berufen. Die deutsche Berichtigung verdrängt den früheren Eintrag; die ursprüngliche Beurkundung, deren öffentlicher Glaube in anderen Staaten wichtig werden könnte, ist rechtlich nicht mehr vorhanden, dafür aber eine andere Beurkundung mit Wirkung gegen jedermann an ihre Stelle getreten; nicht den Umfang der Beweiskraft, sondern den Bestand der Eintragung betrifft diese Wirkung gegen jedermann, und es muß darum eine deutsche Berichtigung in Frankreich schlechtweg Anerkennung finden, mag der dortige Beweisgegner an dem Berichtigungsverfahren teilgenommen haben oder nicht. Beschränktere Wirkung jedoch besitzt eine Berichtigung, die außerhalb des Landes der ursprünglichen Eintragung verfügt wurde; sie hat lediglich eine Beweisführung im Berichtigungsland zum Gegenstand und muß sich darum begriffsgemäß auf diesen Staat beschränken. Wenn früher angenommen wurde, daß auch Umschreibungen eines dritten Staates zur Beweisführung benutzt werden können, so geschah das unter der Voraussetzung, daß die Umschreibung den ursprünglichen Eintrag getreu wiedergebe; es wurde schon dort bemerkt, daß bei Abweichungen zwischen ursprünglichem Eintrag und Umschreibung die erstere entscheide, und das wird eben praktisch, wenn eine Berichtigung im Staat der Umschreibung angeordnet worden ist.

Aber bedarf es zur vollen Wirksamkeit einer sonst anzuerkennenden Berichtigung etwa noch der Erfüllung besonderer formeller Voraussetzungen, für die Zulassung von Berichtigungsurteilen insbesondere einer Vollstreckbarkeitserklärung, wie sie für ausländische Zivilurteile vorgeschrieben ist? Fortunato[93]) verlangt eine solche Erklärung mindestens dann, wenn die fremde Berichtigung in das italienische Register umgeschrieben werden soll; v. Bar[94]) anerkennt ihre Beweiskraft ohne weiteres Verfahren. Auch hier nun wird den Ausgangspunkt die Eigenart der Berichtigung nach der Gesetz-

[93]) Enciclopedia a. a. O. 187.

[94]) Theorie und Praxis 2, 378[82]. Auch der Appellhof Chambéry Journal 12, 665, Zivilgericht und Appellhof Rouen, Revue 4, 247 lassen eine fremde Berichtigung ohne Exequatur gelten.

gebung des Berichtigungslandes bilden müssen. Die deutsche Berichtigung ist kein Urteil, sondern eine selbständige Eintragung, und wenn fremde Eintragungen in Italien ohne weiteres anzuerkennen und umzuschreiben sind, so muß das auch für gleichartige Berichtigungen gelten. Erscheint die Berichtigung jedoch als Urteil, so wird weiter wichtig, ob sich die Vorschriften über Anerkennung und Vollstreckung fremder Urteile auf Urteile in streitigen Zivilsachen beschränken. Das ist für Deutschland zu bejahen; das französische Berichtigungsurteil ist, materiell eine Angelegenheit des öffentlichen Rechts behandelnd, dem § 328 der deutschen Zivilprozeßordnung nicht unterworfen. In Italien beispielsweise erstrecken sich die Vorschriften über Vollstreckung auswärtiger Zivilurteile auch auf staatliche Eingriffe in zivilrechtliche Verhältnisse, die nur äußerlich die Form eines Rechtsstreites tragen, und es scheint, daß diese Form jene Vorschriften auch dann anwendbar macht, wenn es sich materiell um öffentliches Recht handelt;[95]) darnach aber könnte ein französisches Berichtigungsurteil in Italien allerdings dem Vollstreckungsverfahren unterworfen werden, sofern nur — was als prozessuale Frage hier nicht weiter zu verfolgen ist — für solchen Fall wirklich die Vorschriften über formelle Vollstreckbarkeitserklärung und nicht jene über formlose Anerkennung fremder Urteile anwendbar sein sollten.

§ 5. Volkszählungen.

1. Der Gegenstand der Erhebungen. — 2. Die Durchführung.

Der Gegenstand der Erhebungen.

1. Das staatliche Interesse an der Feststellung des Bevölkerungsbestandes hat zu verschiedenerlei Verwaltungseinrichtungen geführt. Zum Teil dienen sie bestimmten Einzelaufgaben der Verwaltung, die Stammrolle, das Adelsbuch, der Steuerkataster, und es ist klar, daß solche Aufzeichnungen in demjenigen Umfang vorgenommen werden, in dem der Staat die Aufgabe, in deren Dienst die Feststellungen geschehen, überhaupt zur Durchführung bringt. Hier jedoch müssen diejenigen Einrichtungen Erörterung finden, denen die Erfassung des Bevölkerungsbestandes Selbstzweck ist, neben der Beurkundung des Personenstands, die mit der Kontrolle der Individuen wenigstens teilweise dies Ziel verfolgt, die Massenzählungen, als deren typische Form die Volkszählungen ins Auge gefaßt seien.

Die Frage, wen statistische Massenerhebungen treffen sollen, ob neben der einheimischen Bevölkerung auch den Ausländer im Inland, auch den Inländer im Ausland, ist zunächst eine Angelegenheit der

[95]) Vergl. E. La Loggia, La esecuzione delle sentenze straniere (1902) 225 n. 129.

internationalen Verwaltungslehre.[1]) Sie tritt in den Bereich des internationalen Verwaltungsrechts, soweit darüber Rechtssätze bestehen.[2]) Zwar die rezeptive Verwertung statistischen Materials aus Inland und Ausland unterliegt grundsätzlich keinerlei Schranken,[3]) die Beschaffung des Urmaterials dagegen erstreckt sich allerwärts über bestimmte örtlich umgrenzte Gebiete.[4]) In den ersten Zeiten regelmäßiger Aufnahmen hat man nur die Zahl der dem Staat rechtlich angehörigen Personen erhoben, und als die beginnenden Verschiebungen der Bevölkerung das unmöglich machten, die Wohnsitzbevölkerung; seitdem der gestiegene Verkehr aber auch diese Grundlage erschüttert hat, ergreifen die Erhebungen entsprechend den Forderungen der statistischen Wissenschaft heute ziemlich in allen Kulturstaaten die ortsanwesende Bevölkerung ohne Unterschied des Wohnsitzes oder der Staatsangehörigkeit.[5]) Grundlage der staatlichen Tätigkeit ist hier einheitlich das Staatsgebiet, wobei allerdings bezüglich der Ausstrahlungen der Staatsgewalt über die Landesgrenzen hinaus Besonderheiten vorkommen mögen.[6]) Deutschland,[7]) Großbritannien und die Vereinigten Staaten erheben nur die ortsanwesende Bevölkerung. Österreich-Ungarn indessen, die Schweiz, Dänemark, mit

---

[1]) Georg v. Mayr, Theoretische Statistik (1895) § 66 „Die internationale statistische Verwaltung". Behandelt an dieser Stelle indes nur das Zusammenwirken der Verwaltungen im Bereich der Statistik.

[2]) E. Mischler, Allgemeine Grundlagen der Verwaltungsstatistik (1892) Bd. 1 § 21 „Die Grundlagen des internationalen Verwaltungsrechts der Statistik"; handelt von der Statistik, die sich an Staatsverträge über gemeinsames und an Staatsverträge über übereinstimmendes Verwaltungsrecht anschließt, von der Gleichförmigkeit der Statistik der einzelnen Staaten mit Rücksicht auf die Vergleichbarkeit der Ergebnisse und mit Rücksicht auf die wissenschaftliche Methode, von ihrer allseitigen Pflege zur wissenschaftlichen Förderung wichtiger Gebiete.

[3]) v. Mayr 136

[4]) Vergl. zum folgenden v. Inama-Sternegg, Statistische Monatsschrift (1892) 18, 52 und 56; A. v. Fircks, Bevölkerungslehre und Bevölkerungspolitik (1898) 22 f.; v. Scheel im Handwörterbuch der Staatswissenschaften[2] 7, 583 f.; Virgilii in Il Digesto italiano 7 I, 723[6] v[0] censimento n. 11.

[5]) Nach v. Inama-Sternegg 56 wird in Schweden, nach v. Fircks 23 in den Niederlanden noch gegenwärtig nur die Wohnbevölkerung gezählt. Doch werden nach Virgilii (der amtlichen italienischen Materialien folgt) in den Niederlanden auch die Elemente zur Ermittelung der nicht wohnhaften Bevölkerung erhoben, während diese in Schweden gesondert berücksichtigt wird.

[6]) So werden in manchen Staaten heimatliche Schiffe außer Landes in die Zählung einbezogen, v. Fircks 24; ausnahmsweise auch in Deutschland bei der Volkszählung von 1900 (Bekanntmachung des Reichskanzlers 26. III. 1900 § 12 Zentralblatt für das Deutsche Reich 206): „außer der ortsanwesenden Bevölkerung des Deutschen Reiches". Zählung der belgischen Exterritorialen im Ausland: königliche Verordnung 8. VIII. 1900 Art. 40 Pandectes belges 84, 123. Wegen der dem Ausland angehörigen deutschen Zollanschlüsse vergl. unten Anm. 11.

[7]) Bekanntmachung des Reichskanzlers 22. III. 1905 § 1 Zentralblatt 71.

Besonderheiten auch Norwegen, Frankreich und Portugal richten ihre Erhebungen auch auf die vorübergehend abwesende Bevölkerung. Und in Italien,[8]) Spanien, Belgien, den Niederlanden und Schweden ist die Zählung der Wohnbevölkerung gleichberechtigt oder sogar Hauptsache geblieben, und es wird nur ergänzend der nichtansässigen Bevölkerung Rechnung getragen.[9]) Aber auch auf die Zählung der Staatsangehörigen im Ausland — soweit sie nur durchführbar ist — soll damit nicht verzichtet werden. § 34 des österreichischen Volkszählungsgesetzes vom 29. März 1869 [10]) bestimmt ausdrücklich, „wegen Zählung und Nachweisung derjenigen Angehörigen des im Reichsrat vertretenen Ländergebietes, welche außerhalb dieses Gebietes domizilieren", habe das Ministerium des Innern die erforderlichen Schritte zu tun; „von den erlangten Auskünften ist bei der Verfassung der Länderübersicht der angemessene Gebrauch zu machen".

Die Durchführung.

2. Die Zuständigkeit, ein Interesse der Verwaltung wahrzunehmen, gewährt noch nicht die Zuständigkeit, jedes Mittel zu seiner Durchführung anzuwenden. Die Erhebung statistischer Materialien außerhalb des Staatsgebiets kann Schwierigkeiten begegnen.[11]) Die bloße Nachfrage im Ausland ist allerdings im allgemeinen einwandfrei und wird insbesondere von unseren Konsuln vielfältig geübt. Auch die Führung der Konsulatsmatrikel, welche über die Staatsangehörigen Aufschluß gibt, ist nicht zu beanstanden, wenn kein unmittelbarer Zwang damit verknüpft ist. Aber regelmäßig wird mit einer Zählung die Begründung einer öffentlichrechtlichen Pflicht zur Beantwortung

---

[8]) Scarabelli in Enciclopedia giuridica italiana 3 II A, 9 ff. v° censimento n. 7 gegen Virgilii a. a. O.

[9]) Vergl. zum Beispiel die belgische Verordnung vom 8. VIII. 1900 Art. 1: *Le recensement de la population a pour but de constater.. le nombre des habitants qui composent la population de résidence habituelle, dite population de droit, et la population présente, dite population de fait.* Bei Auseinanderfallen von Wohnsitz im Rechtssinn und gewöhnlichem Aufenthalt soll nach Art. 5 derselben Verordnung der gewöhnliche Aufenthalt entscheiden. Wenn jemand den gewöhnlichen Aufenthalt an mehreren Orten hat, so soll er sich (Art. 6) über den „hauptsächlichen" Aufenthaltsort erklären, in Ermangelung einer solchen Erklärung aber die Zählung an dem volkreicheren Ort stattfinden.

[10]) Ulbrich, Handbuch 1, 691.

[11]) Vergl. hieher Mischler 1, 76 f., v. Mayr a. a. O. 135 f. und Bevölkerungsstatistik 20; C. Weißenborn, Die Ansätze einer internationalen Rechtshilfe in der Bevölkerungskontrolle (Diss. 1898) 14 und 18. Die deutschen Volkszählungen erstrecken sich mit Rücksicht auf die Zollabrechnung zwischen Reich und Bundesstaaten auch auf das den deutschen Zollgesetzen unterworfene Gebiet von Luxemburg und gewisse österreichische Gemeinden; vergl. zuletzt Bekanntmachung des Reichskanzlers 22. III. 1905 § 8. Doch kann die Zählung hier nicht ohne Mitwirkung der einheimischen Staatsgewalt durchgeführt worden sein.

der gestellten Fragen verbunden, und eine solche Auskunftspflicht ist, ein Ausfluß der allgemeinen Aufenthaltsordnung, strikt territorial. Schon für das Inland kann ihre Durchführung Schwierigkeiten begegnen gegenüber exterritorialen Personen.[12]) Insbesondere aber werden Personen im Ausland von dieser Verpflichtung nicht betroffen, selbst Inländer nicht, wenn sie nicht ein besonderes Rechtsverhältnis mit dem Mutterlande verbindet. Und nur bei Beamten des Inlands,[13]) vermöge der Besonderheiten des Seeverwaltungsrechts,[14]) in Gebieten, in welchen Konsulargerichtsbarkeit besteht,[15]) mögen die staatlichen Rechte weitergreifen.

Das Bedürfnis aber, über Personen im Ausland, insbesondere über die dort weilenden Staatsangehörigen Aufschluß zu erhalten, hat die Staaten dafür in weitem Umfang zu einem Zusammenwirken veranlaßt. Die Verhältnisse der fremden Staatsangehörigen werden heute bei allen Zählungen miterhoben, fast überall bildet die Staatsangehörigkeit den Gegenstand einer besonderen Frage, und manchmal werden ihre Verhältnisse mit Rücksicht auf die Bedürfnisse des Heimatstaats einer besonders ausgestalteten Erhebung unterstellt. Eine große Zahl von Staatsverträgen nun ordnet den Austausch dieser Ergebnisse, zumeist in abschriftlicher Übermittlung des Urmaterials,[16])

---

[12]) Sachlich fallen auch die Exterritorialen unter eine Zählung, welche auf die ortsanwesende Bevölkerung gerichtet ist, und es liegt hier kein Grund vor, ihnen von einer Auskunft heischenden Vorschrift schon materiellrechtlich Befreiung zuzuerkennen. So auch Strisower im Österreichischen Staatswörterbuch[2] (1905) v° Exterritorialität I, 909. Art. 39 der belgischen Verordnung geht zum Teil weiter: *Les dispositions qui précèdent ne sont applicables ni aux agents diplomatiques étrangers résidant en Belgique ni aux membres de leur familles ou aux domestiques étrangers demeurant chez eux. Les agents recenseurs s'abstiendront en conséquence de leur remettre aucun bulletin. Le recensement des personnes qui, demeurant chez un agent diplomatique étranger, ne jouissent point du droit d'exterritorialité, sera opéré directement par les soins du gouvernement.*

[13]) Angeführte belgische Verordnung Art. 40.

[14]) Norwegen und England zählen die Bevölkerung (Bemannung) ihrer Schiffe im Ausland unter Vermittlung der Konsuln, Deutschland bei der Zählung von 1900 unter Vermittlung der Seeberufsgenossenschaft, die den Schiffsführern den Vollzug übertragen hat; vergl. Statistik des Deutschen Reiches (1903) 150, 180* ff. Die deutschen Erläuterungen erwähnen dabei ausdrücklich, daß deutsche Schiffe in fremden Häfen und Küstengewässern nicht unter deutscher Gebietshoheit stehen. Doch bleibt die Besatzung inländischer Schiffe auch im Ausland heimischem Verwaltungsrecht unterworfen.

[15]) Über englische Statistiken in China Mischler a. a. O.

[16]) Verträge, hauptsächlich von 1890 und 1891, abgeschlossen auf Grund einer von Deutschland und Österreich gemeinsam durchgeführten Aktion, bei G. F. Martens-F. Stoerk, Nouveau recueil général de traités, 2. série, 17, 249; 18, 231 232 233 723 726 733 734 736 741 743 748; und neuerdings 30, 587. Dazu v. Inama-Sternegg, Der internationale Austausch der durch Volkszählungen gewonnenen Individualdaten über die Staatsfremden a. a. O. 49 ff.; Schumann, Vierteljahrshefte zur Statistik des Deutschen Reiches 1894 III, 49; Mischler

und es erklärt sich Österreich in kluger Politik selbst ohne Rücksicht auf Gegenseitigkeit bereit, seine Ergebnisse den Heimatstaaten zur Verfügung zu stellen. Die Eigenart des Gegenstands hat denn auch einen unmittelbaren Geschäftsverkehr zwischen den statistischen Ämtern der Staaten ins Leben gerufen.[17])

2. Kapitel.

Gesundheit und Sicherheit.

§ 6. Der Schutz der Volksgesundheit.

1. Die regelmäßige Begrenzung. — 2. Zuständigkeit für Exterritoriale; zur See. — 3. Tätigkeit außer Landes. — 4. Verhältnis zu anderen Staaten. — 5. Örtliche Satzungen und Polizeiverordnungen.

Die regelmäßige Begrenzung.

1. Die bedeutsamste Aufgabe des Staates im Bereich des Gesundheitswesens ist der vorbeugende Schutz der Bevölkerung gegen Gesundheitsgefährdungen. Es liegt in der Natur dieser Aufgabe, daß den Gegenstand des Schutzes die im Staat anwesende Bevölkerung bildet. Da aber eine solche vorbeugende Tätigkeit sich an die Quellen möglicher Gefährdung halten muß, so muß der Staat auch ihnen gegenüber räumlich abgegrenzte Beziehungen herstellen.

Eine Gefährdung der öffentlichen Gesundheit[1]) droht vor allem aus der Herrschaft übertragbarer Krankheiten. Träger der Gefahr ist, wo es sich um persönlich ansteckende Krankheiten handelt, die mit der Krankheit bereits behaftete Person und ihre Habe. Daher Beobachtung, Absonderung, Zwangsheilung der erkrankten Person, sofern sie sich im Inland befindet, Reinigung, Vernichtung ihrer Habe, wenn der Gegenstand im Inland ist. Ihre Berechtigung zu solchem Vorgehen schöpft die Staatsgewalt eben daraus, daß die im Inland befindliche Person oder Sache Träger von Gefahr ist. Aber auch ergänzende Verpflichtungen dritter Personen können dabei in Betracht kommen, Anzeigepflichten des Arztes, Haushaltungsvorstands und

---

a. a. O. 1, 68; v. Mayr, Theoretische Statistik 135 f., 156, Bevölkerungsstatistik 20; Weißenborn a. a. O. 20 ff. Wegen der einem Vertragsschluß entgegengehaltenen Bedenken, zumal einer Gefährdung des Asylrechts auf Grund der Mitteilungen v. Inama-Sternegg 58, Weißenborn 33.

[17]) Mischler 1, 68 f.

[1]) Von der Gefährdung durch Viehseuchen unter Landwirtschaft, über Arbeiterschutz unter Gewerbewesen; ebendort auch über die beruflichen Verhältnisse der Ärzte, Apotheker, Hebammen.

dergleichen; sie gelten im gleichen Umfang und gründen sich hinsichtlich des Arztes auf die Berufsausübung, für den Haushaltungsvorstand auf die Wirtschaftsführung im Inland, verpflichten den Haushaltungsvorstand also zum Beispiel auch, wenn er sich zur Zeit des anzeigepflichtigen Falles im Ausland befindet. Die Schutzmaßregeln in Tätigkeit zu versetzen, genügt der vorübergehende Aufenthalt der Person oder Sache im Inland; wie denn auch § 24 des deutschen Seuchengesetzes die bloße Durchfuhr von Waren oder Gebrauchsgegenständen, die Beförderung von Personen zu verbieten gestattet.

Schon die Möglichkeit einer Erkrankung an ansteckender Krankheit birgt Gefahren. Unter den staatlichen Abwehrmaßnahmen ist hier insbesondere der Impfzwang zu erwähnen. Auch der Impfzwang ist territorial und hält sich an die zu impfende Person als die Quelle möglicher Gefährdung.[2]) Anders aber als bei ansteckend erkrankten Personen kann hier eine nur vorübergehende Anwesenheit im Inland nicht genügen, den staatlichen Eingriff zu rechtfertigen; schon aus dem technischen Grund (vergl. im übrigen unten Z. 5), weil die Impfung nicht sofort bei ihrer Vornahme schutzkräftig wirkt.[3]) Es ist der Aufenthaltsort des impfpflichtigen Kindes, nicht seiner Eltern, der den Impfzwang begründet. Aber allerdings begründet der Aufenthaltsort des Kindes auch hier[4]) ergänzende Verpflichtungen der Eltern ohne Rücksicht auf ihren eigenen Aufenthalt im Lande. In Norwegen wird die Impfung mittelbar erzwungen: durch Aufrichtung eines Ehehindernisses gegen nicht geimpfte Personen. Rücksichten des öffentlichen Wohls haben hier zu Aufstellung einer privatrechtlichen Vorschrift geführt; aber allerdings wird auch hier (vgl. oben S. 23) gelten, daß sich für das Inland der Geltungsbereich der verwaltungsrechtlichen und der privatrechtlichen Vorschrift decken.[5])

---

[2]) Dabei bleibt zu beachten, daß Vorschriften wie diejenigen des deutschen Impfgesetzes einen Impfzwang nur für bestimmte Altersabschnitte vorschreiben, daß also Ausländer, die in vorgerückterem Alter nach Deutschland kommen, der Impfpflicht nicht unterliegen; vgl. P. Laband, Das Staatsrecht des Deutschen Reiches[4] (1901) 3, 252[4]. Immerhin werden diese Anordnungen des Reichsrechts ergänzt durch landesrechtliche Bestimmungen, welche bei Ausbruch einer Epidemie allgemeine Impfung anordnen, und es wird in Preußen die Impfung ausländischer Arbeiter überdies mittelbar erzwungen durch Ausweisung Widerstrebender.

[3]) Nach Jolly im Wörterbuch des Verwaltungsrechts 1, 670 und Laband a. a. O. sind dem Impfzwang in Deutschland unterworfen die im Reichsgebiet „sich aufhaltenden" Personen; in Preußen bei Ausbruch einer Epidemie (nach Jolly) die „Einwohner" des Orts. Eine französische Verordnung vom 27. VII. 1903 Art. 10 bestimmt: *L'étranger qui aura établi sa résidence en France est soumis, pour lui-même et pour ses enfants, aux prescriptions du présent règlement dans le lieu de sa residence.*

[4]) Vgl. oben S. 48 f.

[5]) Auch andere Ehehindernisse beruhen ganz oder teilweise auf Erwägungen

Verwandter Art ist der Schutz der öffentlichen Gesundheit gegen Gefährdung durch die Toten.[6]) Sterbeort und Begräbnisort haben, jeder für sich, Veranlassung, die erforderlichen Maßnahmen bei allen Sterbefällen im Gebiet, bei allen Begräbnissen im Bezirk vorzukehren. Der Sterbeort wird sich zunächst mit der Unschädlichmachung der Leiche befassen, übt insbesondere regelmäßig einen Bestattungszwang am Sterbeort. Und wenn dabei im Anschluß an das kanonische Recht von neueren Gesetzgebungen dem Verstorbenen oder den Hinterbliebenen freigelassen wird, einen anderen als den Sterbeort für die Bestattung zu wählen, so handelt es sich dabei um die Einräumung eines subjektiven öffentlichen Rechts, das gegenüber dem Staat des Sterbeortes und nur ihm gegenüber besteht.[7]) Wenn in Ausübung dieses Wahlrechts eine Bestattung im Ausland erfolgen soll, so ist eine solche Bestimmung selbstverständlich davon abhängig, daß der gewählte Ort seinerseits bereit ist, die Leiche aufzunehmen.[8]) Und es ist darum auch keine Kompetenzüberschreitung, wenn die zur Schlichtung entstehender Streitigkeiten berufene inländische Behörde verfügt, es solle im Ausland eine Beerdigung, eine Wiederausgrabung stattfinden;[9]) die Anordnung richtet sich nicht an die ausländische Verwaltungsbehörde, sondern an eine dem Inland unterworfene Privatperson, der eine Tätigkeit im Ausland aufgetragen wird. Dagegen muß allerdings für solche Entscheidungen an der Begrenzung festgehalten werden, daß die Person, deren Bestattung bestritten wird, im Inland gestorben ist. Die französischen Gerichte sind nicht befugt, über das Begräbnis eines im Ausland gestorbenen Franzosen zu entscheiden, wiewohl das französische Recht Anord-

gesundheitspolitischer Art, wie die Eheverbote für Geschlechtskranke, für Geisteskranke (in Schweden für Epileptische), für Blutsverwandte. Aber es handelt sich dabei um Gefährdung eines fest umgrenzten Personenkreises, des anderen Ehegatten oder der Nachkommenschaft, so daß eine Abweichung von der sonst geltenden Personalität des Eherechts insoweit nicht veranlaßt sein dürfte. Impotenz und Geisteskrankheit als Hindernis gültigen Eheabschlusses, als Beeinträchtigung der geistigen Gemeinschaft unter den Ehegatten gehören überhaupt nicht in diesen Zusammenhang.

[6]) Über die konfessionelle Seite des Beerdigungswesens unten §§ 37, 42, 46.

[7]) Entsprechend nach Art. 4 des französischen Gesetzes vom 15. XI. 1887 die örtliche Zuständigkeit des Gerichts, das Streitigkeiten über eine solche Wahl entscheiden soll.

[8]) Die Frage, ob der Eigentümer eines öffentlichen Friedhofes verpflichtet ist, nur die am Ort Verstorbenen, die Leichen der dort wohnhaft Gewesenen oder auch anderer Personen aufzunehmen, ist fremdenrechtlich; daß er solche Leichen aufnehmen *darf* in seinem Verhältnis zu anderen öffentlichen Gemeinschaften, steht ja außer Zweifel. Ganz anders die für das kirchliche Recht in Betracht kommende Frage, ob die Zuführung einer Leiche *verlangt* werden kann. Vgl. darüber unten § 46.

[9]) So Zivilgericht Paris 7. I. 1904 Journal 31, 949; Zivilgericht Paris 16. V. 1888, Appellhof Paris 20. XII. 1888 *Vincent-Pénaud*, supplément 1888, 57.

nungen des Verstorbenen über die Bestattung in die Gestalt eines Testaments kleidet und über entstehende Streitigkeiten die Zivilgerichte zur Entscheidung beruft. Ein subjektives öffentliches Recht auf Durchbrechung des Bestattungszwanges kann nur der Sterbeort verleihen, und es fehlt den französischen Gerichten schon die prozessuale Befugnis, über ein Verhältnis des öffentlichen Rechts zu urteilen, das gegenüber einem ausländischen Staat begründet ist. Daß bei einem Leichentransport jeweils die Gesetze des Staates entscheiden, in dessen Gebiet sich der Transport bewegt, ist selbstverständlich;[10]) die fremdenrechtlichen Bestimmungen, welche für Ausführung, Durchführung, Einführung einer Leiche Erlaubnis fordern, können unter dem unten zu erörternden Gesichtspunkt einer wechselseitigen Anerkennung dieser Bewilligungen internationale Bedeutung erlangen.[11])

Eine andere Gefährdung der öffentlichen Gesundheit droht schließlich aus gesundheitsschädlich hergestellten Nahrungsmitteln und Gebrauchsgegenständen. Auch hier ist die drohende Schädigung nur faßbar bei den einzelnen Handlungen, welche solche Gegenstände herstellen und in Verkehr bringen. Das gesundheitspolitische Motiv führt zu gewerblichen Beschränkungen und trifft demgemäß die gewerbliche Tätigkeit im Inland, welche auf Gegenstände der bezeichneten Art Bezug hat. Dabei ist allerdings zu unterscheiden, wessen Gesundheit durch die Maßregel geschützt werden soll. Die Beschränkungen, welche das frühere deutsche Zündholzgesetz von 1884 für die Verwendung weißen Phosphors vorsah, wollten nicht die Gebraucher, sondern die bei der Herstellung beschäftigten Arbeiter schützen; einer Einfuhr auswärts unter Verwendung weißen Phosphor hergestellter Zündhölzer stand darum (§ 6) nichts im Wege.[12]) Insoweit dagegen die Beimischung von Zink und Blei, die Verwendung schädlicher Farben verboten wird, ist es das verzehrende und gebrauchende Publikum, das in solchen Maßregeln Schutz finden soll. Es wird deshalb die Tendenz bestehen, nicht nur die Herstellung im Inland, sondern auch die inländische Verbreitung auswärts hergestellter Erzeugnisse unter Verbot zu stellen. Aber allerdings der

---

[10]) So ausdrücklich Zusatzvereinbarung zum Berner Frachtübereinkommen 19. IX. 1906 Art. 3 I Reichsgesetzblatt 1908, 527. Vergl. auch die Vereinbarung der deutschen Bundesregierungen über Beförderung von Leichen auf dem Seewege § 1 VI Weber, Gesetzsammlung 34, 321.

[11]) Eine größere Anzahl von Staatsverträgen bestimmt, daß die Kosten welche für die Beerdigung eines Ausländers im Inland erwachsen sind, von seiten des Heimatstaats nicht ersetzt werden müßten. Das gestattet aber nicht etwa den Rückschluß, daß in Ermanglung solcher Vereinbarungen der Heimatstaat für diese Kosten aufzukommen habe; vergl. unten § 7.

[12]) Das gegenwärtig geltende Gesetz von 1903 verbietet Herstellung und Einfuhr offenbar im Hinblick auf die bevorstehende internationale Regelung der Frage.

Schutz der Volksgesundheit ist nur Motiv der gesetzlichen Bestimmungen, ihre Erscheinungsform ist die gewerbepolizeilicher Vorschriften, und darum müssen die gesetzlichen Beschränkungen auch dann Platz greifen, wenn die Herstellung im Inland, die Verwendung der Gegenstände im Ausland stattfinden soll.[13])

Zuständigkeit für Exterritoriale; zur See.

2. Sollen gesundheitspolizeiliche Vorschriften ihr Ziel erreichen, so müssen sie für die gesamte ortsanwesende Bevölkerung verbindlich sein. Sie müssen demgemäß auch für Exterritoriale gelten,[14]) und nur die Impfvorschriften könnten Zweifel erwecken,[15]) die, zuweilen als Gewissensfrage aufgefaßt, das Recht auf Aufenthalt im Land, das manchen Exterritorialen zukommt, zu beeinträchtigen vermögen. Zwangsweise allerdings können gesundheitspolizeiliche Maßnahmen gegen Exterritoriale, Notfälle ausgenommen, nicht durchgesetzt werden.[16]) Doch bleibt, wo Rechte auf Aufenthalt nicht entgegenstehen, die Möglichkeit einer Wegweisung des Zuwiderhandelnden. Das wird insbesondere bei Kriegsschiffen praktisch, die in fremden Häfen der Abweisung unterliegen, wenn sie den dortigen Quarantänevorschriften nicht genügen wollen.[17])

Für die Gesundheitspolizei zur See stellt Lyon-Caen die elegante Formel auf,[18]) ihre Vorschriften seien für ankommende Schiffe territorial, für ausfahrende Schiffe personal verbindlich. Doch werden nach der seither eingetretenen Rechtsentwicklung Unterscheidungen veranlaßt sein. Eine Abwehr ansteckender Krankheiten liegt vor allem im Interesse des Ankunftsstaates. Seine Vorschriften treffen seit Jahrhunderten Schiffe jeder Flagge,[19]) und sie ergreifen, über den Bereich des

[13]) Vergl. etwa C. D. Menzen, Reichsgesetz betr. den Verkehr mit Nahrungsmitteln[3] (1898) 17.

[14]) So das Reichsjustizamt (Erlaß des preußischen Ministers des Innern 30. V. 1879 Reger, Entscheidungen 8, 107) für Beerdigungen. Übereinstimmend im Ergebnis A. Hartmann, Institutionen des praktischen Völkerrechts (1874) 101; Vesque v. Püttlingen, Internationales Privatrecht 148; H. Lovisoni Die Gesandtenrechte (1887) 25; E. Schlesinger, Exterritorialität der diplomatischen Agenten (Diss. 1903) 79 ff.; H. Bonfils-Grah, Lehrbuch des Völkerrechts (1904) 380.

[15]) Laband, Staatsrecht 3, 252[4] will Exterritoriale von dem „Impfzwang" ausnehmen.

[16]) Kein Maulkorbzwang gegen die Hunde des deutschen Kaisers in Venedig, Münchner Neueste Nachrichten 29. III. 1908. Wegen des Vorbehalts der Notfälle auch Strisower (zit. oben S. 66 Anm. 12) 900.

[17]) F. Perels, Das internationale öffentliche Seerecht der Gegenwart. (1903) 132 f. Auch B. Hübler, Die Magistraturen des völkerrechtlichen Verkehrs (1900) 95.

[18]) Journal 9, 493 f.

[19]) Deutsches Seuchengesetz 30. VI. 1900 § 24; Bekanntmachung des Reichskanzlers 29. VIII. 1907 (Reichsgesetzblatt 563) I § 1. Französische Verordnung

Hafens hinaus, ankommende Fahrzeuge schon in den Küstengewässern.[20]) Wird von dieser Zuständigkeit des Ankunftsstaates regelmäßig Gebrauch gemacht, so kann doch auch der Staat der Abfahrt an der Durchführung gesundheitspolizeilicher Maßnahmen interessiert sein, vor allem um nicht als verseucht zu gelten, und so unterwirft Titel 4 der französischen Verordnung von 1896 auch abfahrende Schiffe jeder Flagge einer Prüfung durch die französischen Behörden. Zumeist handelt es sich bei diesen Vorschriften zur Abwehr ansteckender Krankheiten um Maßnahmen, denen im Ankunfts- oder Abfahrtshafen selbst genügt werden soll. Soll aber ein Verhalten auch auf hoher See erzwungen werden, so ist es in erster Reihe der Heimatstaat des Schiffes, dem die Anordnung zukommt,[21]) und nur mittelbar mag der Staat der Ankunft hier Einfluß nehmen, insofern er die Landung verbietet, wenn nicht gewisse Vorschriften auch außerhalb seiner Gewässer befolgt werden.

Insoweit gesundheitspolizeiliche Vorschriften jedoch dem Wohlergehen der Besatzung und der Fahrgäste bestimmt sind, liegt die primäre Zuständigkeit bei dem Heimatstaat des Fahrzeugs, der allein dem Schiff eine dauernd verbindliche Ordnung geben kann, mit seinen Geboten aber auch verpflichtet, wenn das Schiff in fremden Gewässern vor Anker liegt.[22]) Doch hat die Fürsorge für die Passa-

---

über die Seegesundheitspolizei 4. I. 1896 (Martens-Stoerk, Recueil [2]23, 200) Art. 48, 52. Siehe auch Pariser Sanitätskonvention 3. XII. 1903 (Reichsgesetzblatt 1907, 425) Art. 68.

[20]) Bekanntmachung des Reichskanzlers a. a. O. § 4: „Jedes gemäß § 2 der Untersuchung unterliegende Schiff muss beim Einlaufen in das zum Hafen führende Fahrwasser . . eine gelbe Flagge am Fockmast hissen.“ Vgl. auch W. E. Hall, A treatise on the foreign powers and jurisdiction of the British Crown (1894) 245 f. Beruht die Zuständigkeit des Uferstaats hier auf dem Inverbindungtreten des Schiffes mit dem Festland, so dürften Handlungen dieser Art auch ausserhalb der Dreiseemeilen- oder Kanonenschussgrenze unter die Zuständigkeit des Uferstaats fallen. Aufnahme eines vom Festland geschickten Bootes durch ein verseuchtes Schiff kann auch ausserhalb jener Grenze nicht statthaft sein.

[21]) Pariser Sanitätskonvention Art. 117 über Desinfektion der Pilgerschiffe.

[22]) Deutsche Seemannsordnung vom 27. XII. 1872 § 45: „Die dem Schiffsmann für den Tag mindestens zu verabreichenden Speisen und Getränke, die Grösse und Einrichtung des Logisraumes und die mindestens mitzunehmenden Heilmittel bestimmen sich im Zweifel nach dem örtlichen Rechte des Heimathafens.“ Die neue Seemannsordnung vom 2. VII. 1902 § 56 hat es für die Verpflegung bei dem örtlichen Recht des Heimathafens, subsidiär des Registerhafens, belassen, für die Beschaffenheit des Logis, für die Einrichtung von Waschräumen, Baderäumen, Aborten und für die mindestens mitzunehmenden Heilmittel auf deutschen Schiffen (§ 1) einheitlich aut Beschlüsse des Bundesrats abgestellt. Das deutsche Auswanderungsgesetz § 42 sieht gesundheitliche Schutzmassregeln zugunsten von Auswanderern und Passagieren für deutsche Schiffe vor, die lediglich zwischen ausser-

giere, vor allem für Auswanderer, auch zu einer Überwachung der Ausreise geführt. Das französische Gesetz vom 17. April 1907 fordert zwar eine Schiffahrtserlaubnis (deren Gewährung auch von der Erfüllung sanitärer Anforderungen abhängt) nur von französischen Schiffen, aber (Art. 3): *Aucun navire étranger ne pourra embarquer des passagers dans un port français s'il n'a fait constater . . qu'il satisfait aux conditions imposées aux navires français . .*[23]) Das deutsche Auswanderungsgesetz stellt seine Vorschriften über Beschaffenheit und Ausrüstung des Fahrzeugs für die Schiffe der in Deutschland zugelassenen Auswanderungs**unternehmer** auf, für diese ohne Rücksicht auf die Flagge.[24]) Und auch unter dem Gesichtspunkt der Einwanderung mögen solche Vorschriften gültig erlassen werden.[25]) Das neue französische Recht indessen geht (mindestens in dem Wortlaut seiner Bestimmungen) weiter. Titel 4 der Verordnung von 1896 und Art. 7 des Gesetzes von 1907 unterwerfen die abfahrenden Schiffe einer Untersuchung der gesundheitlichen Verhältnisse von Mannschaft und Ausrüstung; Kleidung, Trinkwasser, Eßvorräte, Arzneimittel, Reinlichkeit, Höchstzahl der Passagiere sollen geprüft und Mißstände abgestellt werden können — und zwar auch bei Schiffen fremder Flagge, auch in bezug auf Passagiere, die nicht in Frankreich aufgenommen worden sind. Ein solches Eingreifen der örtlichen Behörden mag in Notfällen gerechtfertigt sein, zur Behebung dringender Übelstände, wenn ein Konsul der Flagge nicht erreichbar ist. Darüber hinaus aber muß die Inanspruchnahme einer Zuständigkeit über innere Angelegenheiten fremder Schiffe erheblichen Bedenken unterliegen.

---

deutschen Häfen verkehren. Französische Verordnung von 1896 Art. 15: Verpflichtung französischer Schiffe, einen Arzt an Bord zu haben (dass Strafbarkeit einer Zuwiderhandlung nach Art. 28 erst beim Eintreffen in einen französischen Hafen Platz greift, kann nur prozessuale Bedeutung besitzen). Französisches Gesetz vom 17. IV. 1907 betr. die Sicherheit der Seeschiffahrt und die Arbeit auf Kauffahrteischiffen, Art. 1, 5, 7, 21 ff.

[23]) Entsprechend Art. 5 für die Nachprüfung des Zustands der Schiffe. Verantwortlich macht sich der Zuwiderhandelnde hier nicht wegen einer Seereise ohne Erlaubnis — die Bestimmung bindet ihn unmittelbar gar nicht — sondern wegen der Aufnahme von Fahrgästen in Frankreich, ohne die gesetzlichen Voraussetzungen zu erfüllen. Dementsprechend richten sich die Strafbestimmungen in Art. 33 ff. auch nur gegen französische Schiffe.

[24]) §§ 33 ff. mit §§ 1, 4. Mittelbar wird für den Fall einer indirekten Auswanderung von Deutschland aus sogar auf den gesundheitlichen Zustand der Schiffe auswärtiger Unternehmer eingewirkt; **Stoerk** (zit. oben S. 6 Anm. 11) 57 ff.

[25]) So enthält der Entwurf eines Einwanderungsgesetzes für die Vereinigten Staaten Bestimmungen über den Mindestluftraum der Einwandererschiffe; Allgemeine Zeitung vom 15. II. 1907.

Tätigkeit außer Landes.

3. Außer Landes kann die gesundheitliche Verwaltung nur unter besonderen Voraussetzungen wirksam werden.[26]) Zwar einer Berichterstattung über die Zustände anderer Länder, die dahin gesandte Personen vornehmen sollen, steht nichts entgegen.[27]) Aber behördliche Tätigkeit ist hier nur kraft besonderer Ermächtigung möglich. Im Cholerajahr 1884 hat die badische Regierung im badischen Bahnhof Basel einen deutschen Arzt angestellt, um die von ihr angeordneten Sicherheitsmaßregeln gegen Einschleppung der Krankheit durchzuführen. Die Regierung von Basel-Stadt sieht darin einen Eingriff in die bei Errichtung des Bahnhofes vorbehaltene Landeshoheit; Baden begründet die Maßregel als Ausfluß der auf Baden übertragenen Bahnpolizei. Die Eidgenossenschaft aber vertritt mit Recht den Einspruch Basels: der Arzt sei nicht Organ der Bahnpolizei, sondern der Gesundheitspolizei; zur Anordnung gesundheitspolizeilicher Maßregeln aber kann nur der Staat befugt sein, der den Ort ihrer Ausführung beherrscht. Es ist dann unter Absehung vom Rechtsstandpunkt vereinbart worden, daß Baden die in sein Gebiet reisenden Personen durch einen Arzt untersuchen lassen darf, daß dieser Arzt sich über die Befugnis, in der Schweiz zu praktizieren, nicht ausweisen muß, jedoch den Anordnungen des mit der Handhabung der Seuchenpolizei auf dem badischen Bahnhof beauftragten schweizerischen Arztes unterworfen ist.[28])

Um so wichtiger wird hier die Tätigkeit der Gesandten und Konsuln im Ausland, denen insbesondere verschiedene Verwaltungsakte übertragen sind, die, ohne äußeren Zwang zu beanspruchen, für das Verwaltungsrecht des Absendestaates Bedeutung haben. Dahin gehört die Ausstellung von Leichenpässen. Der Leichenpaß des

---

[26]) In den montenegrinischen Gewässern übt Oesterreich-Ungarn die Gesundheitspolizei; Berliner Vertrag Art. 29 VIII Reichgesetzblatt 1878, 330.

[27]) Nachrichtensammlung durch Aerzte oder sonstige Beamte der Gesundheitsverwaltung: Staatsverträge Oesterreich-Ungarns mit Italien Teil I § 5, Rußland § 6, der Schweiz Art. 5 bei Martens-Stoerk, recueil [2]24, 627; 23, 222 und 262; deutsch-russische Cholerakonvention Art. 4, Zeitschrift für Völkerrecht 3, 175; deutsch-englisches Abkommen zur Bekämpfung der Schlafkrankheit in Ostafrika, Deutsches Kolonialblatt 1908, 1197. Wenn diese Verträge für die Entsendung von Kommissaren in das andere Gebiet besondere Erlaubnis gewähren, so beruht das auf der amtlichen Stellung, die der Kommissar auch im anderen Vertragsstaat bewahren soll. Die französische Verordnung 4. I. 1896 Art. 129 sieht französische Amtsärzte vor, die zum Zweck der Nachrichtenbeschaffung im Orient Wohnsitz nehmen; hier macht der Ort der Anstellung die sonst erforderliche Genehmigung entbehrlich. Berichterstattung durch Gesandte und Konsuln: v. König, Konsularwesen[7] 1, 150 ff.; Rossteuscher (zit. oben S. 30 Anm. 13) 66 f.; angeführte französische Verordnung Art. 130.

[28]) v. Salis, Schweizerisches Bundesrecht [2]1, 387 ff. n. 96.

deutschen Rechts ist eine Erlaubnis zur Beförderung von Leichen. Ist diese Erlaubnis für Leichentransporte, welche aus fremden Staaten zu Land eintreffen, sonst von der deutschen Verwaltungsbehörde zu erteilen, in deren Bezirk der Transport im Reichsgebiet beginnt, so kann ihre Erteilung auch deutschen Gesandtschaften und Konsulaten im Ausland übertragen werden, muß sie regelmäßig von ihnen eingeholt werden, wenn die Beförderung zur See erfolgt.[29]) Verwandter Art ist ferner die Befugnis der Konsuln, den Schiffen Gesundheitspässe auszustellen. Der Gesundheitspaß ist eine öffentliche Urkunde über den Gesundheitszustand des Abgangshafens oder auch von Schiff und Hafen zur Zeit der Ausreise. Seine Beibringung ist in manchen Ländern (nicht mehr in Deutschland) Voraussetzung für die Zulassung im Bestimmungshafen, und es hat demgemäß dessen Gesetzgebung darüber zu entscheiden, wer zur Ausstellung jener Urkunde befugt sein soll. Neben den Ortsbehörden des Abgangshafens (darüber unten) kommen nun auch hier die Konsuln in Betracht, und zwar grundsätzlich diejenigen des Bestimmungslandes, sei es, daß ihnen die Ausstellung oder die Visierung des Passes übertragen ist;[30]) auch bei Berührung eines Zwischenhafens wird Visierung durch den Konsul des Bestimmungslandes vorgeschrieben.[31]) Indessen begnügen sich manche Staaten auch mit der Beurkundung durch einen andern als den Konsul des Bestimmungslandes, und es ist demgemäß den deutschen Konsuln gestattet, einen Gesundheitspaß zum Gebrauch in einem nichtdeutschen Hafen deutschen Schiffen stets, ausländischen Schiffen dann auszufertigen, wenn an dem Hafenplatz weder eine zur Ausstellung derartiger Pässe befugte Gesundheits-

[29]) Vgl. hieher Vereinbarung der deutschen Bundesstaaten 1. XII. 1887, Weber, Gesetzsammlung 18, 740; Eisenbahnverkehrsordnung 23. XII. 1908 § 44 Reichsgesetzblatt 1909, 108. Vereinbarung der Bundesregierungen über Beförderung von Leichen auf dem Seeweg, Weber 34, 321; v. König 1, 273 ff. (hier wohl zu Unrecht als „Zeugnis" aufgefasst); Rossteuscher 67 ff. Die Bedeutung einer Erlaubnis, die Leiche vom Sterbeort wegzubringen, welche den im Reichsgebiet ausgestellten Pässen gleichfalls zukommt, besitzen die gesandtschaftlichen und konsularischen Leichenpässe selbstverständlich nicht. — Keine Befugnis der Gesandten und Konsuln, Einführung von Leichen zu bewilligen, in Frankreich: Verordnung 27. IV. 1889 Art. 4.

[30]) Die französische Verordnung von 1896 Art. 8 erklärt die Ausstellung durch den französischen Konsul für obligatorisch bei französischen Schiffen, die nach Frankreich bestimmt sind, während fremde Schiffe, die nach Frankreich bestimmt sind, die Wahl haben, den Pass bei dem französischen Konsul oder bei der Ortsbehörde zu erholen, ihn letzteren Falls aber vom französischen Konsul visieren lassen müssen. Vergl. auch Perels 132.

[31]) Französische Verordnung Art. 9. Dies „Visa" ist eine öffentliche Beurkundung über den Gesundheitszustand des Zwischenhafens. Die wunderliche Bestimmung der Verordnung vom 22. II. 1876 Art. 15, dass die örtlichen Behörden des Zwischenhafens kein „Recht" hätten, den vorgezeigten Pass zurückzubehalten, ist bei der neuen Bearbeitung der Verordnung weggefallen.

behörde noch ein Vertreter des Landes, dessen Flagge das Schiff führt, sich befindet.[32]) Die Untersuchung inländischer Schiffe auf ihre gesundheitlichen Einrichtungen, welche der Erteilung der Schifffahrtserlaubnis vorauszugehen hat, überweist Frankreich für das Ausland gleichfalls den Konsuln.[33]) Ähnliche Befugnisse zum Schutz der Bemannung besitzen die deutschen Konsulate als Seemannsämter: eine Ergänzung der sanitären Ausrüstung anzuordnen, die Verwendung eines ungeeigneten Schiffsarztes zu untersagen, das Schiff auf seine Seetüchtigkeit, die Lebensmittel auf Menge und Brauchbarkeit zu untersuchen, Befugnisse, die für die Schiffe der heimatlichen Flagge gelten.[34]) Die entsprechenden Rechte aber, welche das deutsche Auswanderungsgesetz zugunsten der Passagiere verleiht, üben die deutschen Konsuln als Auswanderungskommissare für die Schiffe der in Deutschland konzessionierten Unternehmer.[35])

Weiter reichen die staatlichen Befugnisse im Bereich der Konsulargerichtsbarkeit. Einer Nutzbarmachung der heimatlichen Staatsgewalt steht hier völkerrechtlich nichts im Wege,[36]) während allerdings — eine Auslegungsfrage des innerstaatlichen Rechts — die heimatlichen Anordnungen über Gesundheitspolizei ihrerseits außerhalb des Mutterlandes nicht leicht werden Anwendung finden wollen.[37])

Eine solche Wirksamkeit der heimatlichen Staatsgewalt wird ins-

[32]) Runderlass des Auswärtigen Amts 1. VIII. 1898 bei v. König 1, 271.

[33]) Gesetz vom 17. IV. 1907 Art. 16.

[34]) Seemannsordnung § 56 und Bekanntmachung des Reichskanzlers 3. VII. 1905 §§ 5, 14 (vgl. auch § 15 VII); Seemannsordnung § 58 mit §§ 1 und 5. Rossteuscher 69ff.

[35]) Auswanderungsgesetz § 41 mit Bekanntmachung des Reichskanzlers vom 14. III. 1898 §§ 66, 69, 74.

[36]) Vergl. etwa Begründung und Kommissionsbericht zu § 51 des deutschen Konsulargerichtsbarkeitgesetzes, Stenographische Berichte des Reichstags 1898 bis 1900, Anlagen 4, 2826; 5, 3714.

[37]) Vor dem italienischen Konsulargericht Smyrna war 1885 gegen einen Italiener Anklage wegen unerlaubter Aufbewahrung von Giftstoffen erhoben worden. Das Gericht weist ab (Journal 23, 668): es handle sich bei Art. 406 des (früheren) Strafgesetzbuches um ein Vergehen gegen die öffentliche Gesundheit; eine solche Vorschrift aber könne nur die öffentliche Gesundheit Italiens im Auge haben, die öffentliche Gesundheit der Türkei mögen die türkischen Gesetze beschützen. Der Artikel lautet: *È vietato a chiunque di ritenere materie venefiche salvo a coloro ai quali sono necessarie per l'esercizio della loro professione o mestiere, ed a termini dei regolamenti. I trasgressori sono puniti con ..* Es ist gewiss richtig, dass der erste Satz nur den Verkehr mit Giften in Italien ordnen will. Aber dann fehlt es für die Anklage wegen einer Zuwiderhandlung in Smyrna an einer strafbaren Handlung, und das Gericht hätte freisprechen müssen, nicht sich für unzuständig erklären dürfen. Eine Erklärung der Unzuständigkeit wäre nur berechtigt gewesen, wenn die Durchsetzung eines gesundheitspolizeilichen Verbotes der Türkei von dem italienischen Gericht begehrt worden wäre. Vgl. auch unten § 16 Z. 5.

besondere dort erforderlich, wo, wie in Ostasien, geschlossene Fremdenniederlassungen zur Übung einer munizipalen Verwaltung Veranlassung geben.[38]) Im übrigen aber hat sich für die Türkei, für Ägypten die Verbindlichkeit der örtlichen Vorschriften gesundheitspolizeilichen Inhalts auch den Fremden gegenüber durchgesetzt,[39]) nur freilich als ein *nudum jus,* dessen Durchführung von all den Fesseln der Kapitulationen gebunden ist; kein Schiff, keine Wohnung kann betreten, keine Zahlung als Entgelt verlangt werden. So bietet die Abgrenzung ihrer Gültigkeit den Gegenstand vielfältigen Streits,[40]) und es hat der Wunsch, die dauernden Kompetenzschwierigkeiten zu beseitigen, insbesondere auch zur Aufstellung gemeinschaftlicher Organe wie des internationalen Gesundheitsrates in Konstantinopel geführt.[41])

Verhältnis zu anderen Staaten.

4. Beziehungen zu fremden Staaten sind auch im Bereich der öffentlichen Gesundheitspflege durch mannigfache Staatsverträge geknüpft, voran durch die Kollektivverträge über die Abwehr ansteckender Krankheiten. Nach ihrem Inhalt bedeuten diese Verträge indessen vorwiegend völkerrechtlich gebundenes materielles Recht der einzelnen Staaten, da und dort die Ordnung einer gemeinschaftlichen Betätigung der Vertragsteile. Ein Zusammenwirken der Gesundheitsverwaltungen von Staat zu Staat findet sich vornehmlich in Gestalt von Mitteilungspflichten;[42]) eine allgemeine Verpflichtung zur Ver-

---

[38]) Gemeindeordnung für die deutschen Niederlassungen in Tientsin und Hankau §§ 1, 31 Reichsanzeiger 25. und 26. I. 1906; vgl. auch T. Senga, Gestaltung der Konsulargerichtsbarkeit in Japan (1897) 105, 106 (Begräbnisplätze).

[39]) Für die Türkei Young (zit. oben S. 8 Anm. 18) 1, 261, für Ägypten Lamba (ebendort) 212 ff., vgl. auch oben S. 47 und unten § 22 Z. 2. Ueber einen anscheinend einschlägigen Streitfall zwischen Deutschland und Japan F. v. Martens-Bergbohm, Völkerrecht (1883) 2, 204[6].

[40]) Ein Haschischeinfuhrverbot, ein Reglement zur Bekämpfung der Cholera sind von den gemischten Gerichten Aegyptens als Verletzung der fremden Rechte für ungültig erklärt worden; Lamba 226 f. Wegen der Gültigkeit ägyptischer Verordnungen über die obligatorische Schutzpockenimpfung und über den Verkehr mit Giftstoffen ist es zu einem Notenwechsel mit Frankreich gekommen, in dem die ägyptische Regierung an der Verbindlichkeit der ersteren Verordnung mit Grund festgehalten hat, während die Gebührenpflichtigkeit einer Erlaubnis zum Gifthandel beseitigt, die vorgesehenen Untersuchungen des Lagerbestands suspendiert wurden; Lamba 216 ff., 317 ff.

[41]) Vgl. Z. J. Loutfi, La politique sanitaire internationale (1906) 88 ff.

[42]) Pariser Konvention 1903 Art. 1 ff.; dazu die Verträge bei Martens-Stoerk 23, 222 262; 24, 267 und weitergehend 21, 631; deutsch-russische Cholerakonvention (oben Anm. 27) Art. 1 ff. Deutsch-englisches Abkommen über die Schlafkrankheit (ebendort) § 3b.

waltungshilfe ordnet für die deutschen Staaten § 38 des Seuchengesetzes.

Bemerkenswerter in diesem Zusammenhang ist, daß auch für den Bereich der Gesundheitspflege gewisse Verwaltungsakte des Auslands anerkannt und inländischen Verwaltungsakten gleichgesetzt werden. Das gilt für Leichenpässe, zunächst im Verhältnis der deutschen Bundesstaaten zueinander, und darüber hinaus in ihren Beziehungen zu der Schweiz, Österreich-Ungarn und Luxemburg;[43]) nur bleibt zu beachten, daß eine solche „Anerkennung“ der Beförderungserlaubnis, welche sich nur auf das Gebiet des erlaubenden Staats beziehen konnte, einen neuen Inhalt gibt. Eine Anerkennung finden ferner in weitem Umfang die Gesundheitspässe, welche der Staat der Ausreise den Schiffen ausstellt; soweit hier nicht konsularische Beurkundung vorgeschrieben ist, ist man durch die Natur der Dinge auf Feststellungen des Ausreisestaates angewiesen.[44]) Das neuere deutsche Recht[45]) erklärt auch die gesundheitspolizeiliche Untersuchung und Behandlung verdächtiger Schiffe in fremdem Hafen unter bestimmten Voraussetzungen für ausreichend, um den entsprechenden Vorschriften der deutschen Gesetzgebung zu genügen. Und die mehrerwähnte Schiffahrtserlaubnis des französischen Rechts soll fremden Schiffen nachgesehen werden,[46]) wenn sie ein gleichwertiges Zeugnis ihres Heimatstaats vorlegen, und von diesem Gegenseitigkeit beobachtet wird.

Örtliche Satzungen und Polizeiverordnungen.

5. Die in Z. 1 entwickelten Grundsätze bestimmen auch die Zuständigkeit der Selbstverwaltungskörper und der Polizeibehörden, insbesondere auch die Anwendbarkeit gemeindlicher Satzungen und polizeilicher Verordnungen von beschränktem Geltungsgebiet,[47]) die dem Schutz der öffentlichen Gesundheit gewidmet sind. Eine andernorts wohnende Prostituierte wurde im Gemeindebezirk streunend

---

[43]) Eisenbahnverkehrsordnung § 44 IV; Vereinbarung der Bundesstaaten über die Beförderung von Leichen auf dem Seeweg § I v; Vereinbarungen mit der Schweiz, Zentralblatt für das Deutsche Reich 1889, 204; mit Österreich-Ungarn ebenda 1890, 78; mit Luxemburg Reichsgesetzblatt 1893, 190.

[44]) Perels 132 erklärt die Ausstellung durch die örtliche Hafenbehörde unter Vorbehalt einer Beglaubigung durch den Konsul als Regel. Frankreich anerkennt sie für inländische Schiffe inländischer Bestimmung, hinsichtlich des Visa in Zwischenhäfen auch für ausländische Schiffe inländischer Bestimmung, nur hilfsweise; vgl. oben Anm. 30 und 31. — Ueber die Bereitschaft der örtlichen Behörden, Gesundheitspässe auszustellen, deutsches Seuchengesetz § 26; französische Verordnung 1896 Art. 6.

[45]) Bekanntmachung des Reichskanzlers 29. VIII. 1907 I § 2 III.

[46]) Gesetz 17. IV. 1907 Art. 3 II.

[47]) Ueber polizeiliche Zuständigkeit als Gegenstand des internationalen Verwaltungsrechts im Allgemeinen Teil.

betroffen und als ansteckend geschlechtskrank der Zwangsheilung unterstellt; hatte die (preußische) Gemeinde für die Kosten aufzukommen? Die Pflicht zur Kostentragung war abhängig von der Zuständigkeit der Ortspolizeibehörde des Gemeindebezirks, gegen die Person vorzugehen. Diese Zuständigkeit aber war nach Ansicht des preußischen Oberverwaltungsgerichts begründet; denn eine solche Person gefährde die Gesundheit des Publikums an dem Ort, an welchem sie sich auf der Straße umhertreibt, um Männer anzulocken.[48]) In manchen Gegenden Preußens sind Polizeiverordnungen erlassen, die eine Ankündigung von Geheimmitteln durch die Presse verbieten. Sie sollen das Publikum schützen, das diese Anpreisungen liest. Und sie treffen darum jede Verbreitung des Preßerzeugnisses im Bezirk, auch dann, wenn die Druckschrift anderwärts erschienen ist, sofern die Verordnung hier nicht selbst Beschränkungen vorsieht. Sie treffen — mißlicherweise — aber auch den für die Verbreitung verantwortlichen Herausgeber, der außerhalb des Gebiets der Verordnung seinen Wohnsitz hat. Zwar muß eine Polizeiverordnung räumliche Herrschaft über die Person besitzen, die in ihrer Freiheit beschränkt wird, um eine im Gebiet drohende Gefahr abzuwehren; aber es bedarf, solche Herrschaft zu begründen, nicht notwendig einer Anwesenheit des Beschränkten im Gebiet. Die Verbreitung der Druckschrift im Bezirk ist eine Veranstaltung, die alle für sie verantwortlichen Personen der Polizeigewalt dieses Ortes unterstellt.[49])

Wie aber, wenn zwar der gefährdende Tatbestand dem Bereich des Selbstverwaltungskörpers oder der Polizeibehörde angehört, nicht aber die durch ihn hervorgerufene Gefahr? Solche Fragen mögen von Staat zu Staat vorkommen. Und wenn man die Zuständigkeit eines Staats nicht bezweifeln kann, gesundheitspolizeiliche Vorschriften für Vorgänge im Inland aufzustellen, deren Nutzen im Ausland zutage tritt, so wird man bei dem gegenwärtigen Stand der internationalen Verwaltungshilfe allgemein lautende Anordnungen doch nicht ohne weiters in diesem Sinn auslegen dürfen. Deshalb wird im Zweifel ein Impfzwang auf Personen vorübergehenden Aufenthalts im Inland nicht auszudehnen sein; da doch der Wohnsitz-

---

[48]) Erkenntnis vom 10. X. 1899, v. Kamptz Rechtsprechung des preussischen Oberverwaltungsgerichts 1. Ergänzungsband 47; O. v. Arnstedt, Das preussische Polizeirecht (1907) 2, 401 f. Ein gleichartiger Fall unten § 22 Z. 3.

[49]) Uebereinstimmend wenigstens in der grundsätzlichen Haftbarmachung der verantwortlichen Personen die Urteile des Kammergerichts vom 4. XI. 1887 und 9. IV. 1891, Jahrbuch für Entscheidungen des Kammergerichts 10, 268; 11, 310. Die materiellrechtliche Zulässigkeit solcher Verbote interessiert hier nicht; ebensowenig die strafprozessuale Schwierigkeit, ob seit der Neufassung des § 7 der Strafprozeßordnung ein zur Bestrafung von Zuwiderhandlungen zuständiges Gericht vorhanden ist. Vergl. übrigens auch unten § 23 Z. 4.

staat dieser Personen, der die Früchte der Maßregel genießen würde, seinerseits in der Lage ist, das Erforderliche vorzukehren. Wo freilich der gefährdende Tatbestand ausschließlich dem Inland angehört — es wird im Inland eine Quelle verunreinigt, deren Abfluß im Ausland als Trinkwasser dient — da würde eine Schutzloserklärung ausländischer Interessen nicht nur gehässig sein, sondern dem Satz des Völkerrechts widerstreiten, der es verwehrt, das Staatsgebiet zum Ausgangspunkt schädigender Einwirkungen auf befreundete Staaten benützen zu lassen. Eine Auslegung in diesem Sinn ist nicht zu vermuten. Und sie entfällt von vornherein, wo eine Anordnung zwar auf gesundheitspolitischen Erwägungen beruht, wo aber diese Anordnung verselbständigt und zu einer Regelung der gefährdenden Handlung um ihrer selbst willen, etwa zu einer gewerbepolizeilichen Vorschrift geworden ist; die oben erwähnten Verbote der Nahrungsmittelfälschung geben ein Beispiel, und sie gelten darum auch für Erzeugnisse, die zur Ausfuhr in das Ausland bestimmt sind. Insoweit nun eine solche Konversion gesundheitlicher in Vorschriften anderer Art in Frage käme, kann freilich eine Verschiedenheit zwischen staatlichen und zwischen gemeindlichen oder polizeilichen Anordnungen bestehen; denn die Zuständigkeit sowohl der Selbstverwaltungskörper wie der örtlichen Polizeibehörden pflegt auf sachlich begrenzte Gebiete beschränkt zu sein. Aber geht die Verschiedenheit staatlicher und gemeindlicher oder polizeilicher Zuständigkeit noch weiter? Können Vorschriften der zweiten Art ihrem Wesen nach nicht Vorgänge ergreifen, die sich im Bezirk abspielen, aber eine Gefahr erst außerhalb desselben hervorrufen? Eine Polizeiverordnung des Regierungspräsidenten von Frankfurt a. O. verbietet, das Fleisch von notgeschlachteten Tieren abzugeben, wenn nicht dessen Unschädlichkeit zuvor festgestellt worden ist; ein Stück war derart geschlachtet, das Fleisch aber ohne die vorgeschriebene Untersuchung nach Berlin geschickt worden. Die Vorinstanz hatte verurteilt, das Kammergericht spricht frei:[50]) „Die Aufgabe der Polizeibehörden ist eine örtlich beschränkte. Wie die Ortspolizeibehörden nur diejenigen Verordnungen und Verfügungen zu erlassen haben, welche im Interesse der Gemeinde und ihrer Angehörigen notwendig sind, so haben die Regierungen als Landespolizeibehörden lediglich über diejenigen Gegenstände Verordnungen und Verfügungen zu treffen, deren polizeiliche Regelung durch die Verhältnisse des Bezirks und der diesem angehörigen Gemeinden und Privatpersonen erfordert werden.. Daher hat auch § 1 der Verordnung . . die vorliegende Frage nur insoweit geregelt und regeln können, als sie die Sorge für Leben und Gesundheit für die im Regierungsbezirk Frankfurt a. O. befind-

[50]) Urteil vom 28. II. 1901 Jahrbuch 21 C, 56.

lichen Personen betrifft." Nun findet diese Auslegung allerdings eine Stütze im Wortlaut des preußischen Gesetzes vom 11. März 1850.[51]) Aber zwingend erscheint sie wohl nicht, und für Staaten, in denen eine derartige positivrechtliche Beschränkung nicht in Frage kommt, Bayern beispielsweise, könnte eine solche Einengung der Zuständigkeit nicht vertreten werden. Wie für den Staat, so bleibt es für den Selbstverwaltungskörper und entsprechend für die örtliche Polizeibehörde eine Angelegenheit der Gesundheitsverwaltung im Gebiet, auch wenn sie Vorschriften geben, die nur Auswärtigen zugute kommen; die Gemeindegewalt (und die örtliche Polizeigewalt ist nach ihrem Muster gebildet) ist im Bereich ihrer sachlichen Zuständigkeit der Staatsgewalt gleichartig, sie kann ihre Verhältnisse nach innen und nach außen regeln. Und was die Auslegung allgemein lautender Vorschriften betrifft, so greifen hier zwar keine völkerrechtlichen Erwägungen ein. Aber freundnachbarliche Rücksichten und Erwägungen der Gegenseitigkeit werden zu dem gleichen Ergebnis führen: wenn örtliche Satzungen Vorgänge im eigenen Bezirk nicht verwehren, die nur auswärts Schaden bringen, über die die dortige Behörde aber keine unmittelbare Macht hat, so werden auch dort Vorkehrungen unterbleiben, von unserm Bezirk Schaden abzuwenden, dem vorzubeugen hier keine rechtliche Möglichkeit besteht.

Die viel behandelte Streitfrage, ob Gemeindestatuten und ortspolizeiliche Verordnungen auf Gebietsteile Anwendung finden, die nach deren Erlaß der Gemeinde einverleibt worden sind, ist auch in Angelegenheiten des Gesundheitswesens wichtig geworden. Ortspolizeiliche Vorschriften über Reinlichkeit, Ortsstatuten über Schlachtzwang, über den Anschluß an die städtische Kanalisation sollten in solchen Bezirken durchgeführt werden: sie konnten dort erst durch einen besonderen darauf gerichteten Willensakt der Gemeinde oder Ortspolizeibehörde Geltung erlangen.[52])

---

[51]) § 6 „Zu den Gegenständen der ortspolizeilichen Vorschriften gehören ... i) alles andere, was im besonderen Interesse der Gemeinden und ihrer Angehörigen polizeilich geordnet werden muss." Entsprechend überweist § 12 den Bezirksregierungen die Gegenstände, „deren polizeiliche Regelung durch die Verhältnisse der Gemeinden oder des Bezirks erfordert wird".

[52]) So auch die mit der Entscheidung befassten Gerichte: Bezirksgericht München l. d. I. 5. XII. 1864, Zeitschrift für Gesetzgebung und Rechtspflege des Königreichs Bayern 1864 Abt. für Strafrecht 429; Reichsgericht 24. I. 1901, Entscheidungen in Zivilsachen 48, 275; Bayerischer Verwaltungsgerichtshof 23. VI. 1903 Sammlung von Entscheidungen 24, 561. Näheres im Allgemeinen Teil. Gegen die Ausnahme, die H. Rosin, Das Polizeiverordnungsrecht in Preußen [2] (1895) 213 [18] für Anschlüsse an das Kanalnetz macht, Stephan im Verwaltungsarchiv 11, 333; aber auch die Ausnahmen bei Stephan (Benutzung eines öffentlichen Schlachthofs, Markthallenordnung) wollen mir nicht aus-

§ 7. Sorge für erkrankte Einzelpersonen, insbesondere für Geisteskranke.

1. Krankenfürsorge. — 2. Irrenfürsorge. Unterbringung in einer Anstalt. — 3. Fortgeschaffte und flüchtige Geisteskranke. — 4. Irrenanstalten des Auslands.

Krankenfürsorge.

1. Die öffentliche Hilfeleistung für erkrankte Personen wird häufig als ein Teil des Armenwesens behandelt. In der Tat kommt eine solche Hilfeleistung in der großen Mehrzahl der Fälle Mittellosen zustatten. Aber auch der vermögende Mann, der, ohne Annehmer, durch Krankheit unfähig geworden ist, für sich selbst zu sorgen, ist auf öffentliche Hilfe angewiesen.

Die große Frage nun, die im Bereich der Krankenhilfe Beziehung zu Ausland und Ausländern hat, ist: wen umfaßt die öffentliche Krankenhilfe? auch den Ausländer im Inland, den Inländer im Ausland? Indessen, daß ein Staat seine Krankenhilfe widmen **darf**, wem er will, steht ja (abgesehen von der Beschränkung, daß Amtshandlungen nur im Inland möglich) außer Zweifel. Und so ist es eine Frage des Fremdenrechts, wem er innerhalb dieser Zuständigkeit seine Unterstützung schenken will, darum hier nicht weiter zu erörtern. Aber freilich, es bedeutet eine Forderung der Menschlichkeit, daß sich einer der beteiligten Staaten des hilfsbedürftigen Inländers im Ausland annehme. Und die Frage der internationalen Verwaltungspolitik, welcher Staat das sein soll, wird zur Angelegenheit des internationalen Verwaltungsrechts, insoweit Rechtssätze vorhanden sind, die den verpflichteten Staat bestimmen.

Solche Rechtssätze bestehen in Gestalt von Staatsverträgen. Ihr Vorbild ist die Eisenacher Übereinkunft vom 11. Juli 1853,[1]) die, von 29 (später 32) Teilnehmern abgeschlossen, noch heute die Staaten des deutschen Unterstützungswohnsitzgesetzes in ihrem Verhältnis zu Bayern und Österreich bindet. Alle diese Verträge gehen übereinstimmend davon aus, daß der Heimatstaat verpflichtet ist, seine erkrankten Angehörigen zu übernehmen, sobald sie transportfähig sind, daß aber für die bis zu diesem Zeitpunkt erwachsenen Kosten ein Ersatz von seiten des Heimatstaates nicht stattfindet;[2]) nur vereinzelt ist Ersatz

---

reichend begründet erscheinen. Wie im Text R. **Thoma**, Der Polizeibefehl nach badischem Recht (1906) 1, 412 für Schlachthauszwang, für Verbote, Leichen in Privathäusern zu belassen.

[1]) **Weber**, Gesetzsammlung 4, 580.

[2]) Verträge Deutschlands mit Italien 1873, Dänemark 1873, Belgien 1877, Zentralblatt für das Deutsche Reich 1873, 281; 1874, 31; 1877, 411; mit der Schweiz 1890 und den Niederlanden 1904, Reichsgesetzblatt 1890, 131; 1906, 879. Schweiz—Italien 1875, Schweiz—Österreich-Ungarn 1875, Schweiz—Belgien 1896, **Martens**, Nouveau recueil général [2]1, 379; 2, 69; 23, 394; Schweiz—

der Auslagen vereinbart worden.[3]) Die Sorge für transportfähige Kranke erscheint hier somit international als eine Verpflichtung des Heimatstaats, die vorläufige Fürsorge bis zur Heimschaffung aber ist dabei nicht etwa als territorial wirksame Verpflichtung gedacht. Der wechselseitige Verzicht auf Kostenersatz wird in erster Reihe auf dem Gedanken beruhen, daß sich die Aufwendungen für Angehörige des andern Vertragsteils im großen und ganzen ausgleichen. Länder, die beträchtlich mehr Fremde aufnehmen, als Staatsangehörige in das Ausland abgeben, tragen eben darum Bedenken, sich diesem Vertragssystem anzuschließen, und so wird insbesondere für Frankreich die Eingehung solcher Verträge nur gegen Ersatz der vorläufigen Aufwendungen empfohlen.[4])

Ohne das Band der Staatsverträge aber werden Rechtssätze darüber, wer von mehreren Staaten die Kosten der Hilfeleistung zu tragen habe, regelmäßig überhaupt nicht bestehen.[5]) Der Rechtszustand ist vielmehr der, daß lästige Ausländer ausgewiesen werden können, die Ausgewiesenen von seiten ihrer Heimatstaaten aufgenommen werden müssen, so daß allerdings mittelbar auch hier eine Fürsorgepflicht des Heimatstaates zur Geltung gelangt. Ob aber

Portugal 1898, Journal 27, 429. Verträge Italiens mit Monaco 1871, San Marino 1872, Belgien 1880, Luxemburg 1881, Österreich-Ungarn 1896, Martens a. a. O. 1, 321; 1, 312; 6, 631; 13, 596; 25, 33. Erörterung einschlägiger Verträge (nach den Zitaten bei Éveillé, L'assistance aux étrangers en France 1899 p. 83 und 11) im Bulletin de la Société internationale pour l'étude des questions d'assistance 1892 (rapport Archambaud) und Compte-Rendu du congrès international d'assistance de Génève 1896 (rapport Drouineau).

[3]) Vertrag Bremen—Frankreich 1866, Vincent-Pénaud 171 v° assistance publique internationale n. 6, 7.

[4]) Gutachten des französischen Oberarmenrats 1897, Journal 24, 639; Éveillé a. a. O. 82 ff.

[5]) § 7 des deutschen Freizügigkeitsgesetzes, als überstaatliche Norm für das Verhältnis der Staaten des Unterstützungswohnsitzgesetzes zu Bayern gültig, verpflichtet den Aufenthaltsstaat, sofern nicht anderweitige Vereinbarungen Platz greifen, die Kosten der Fürsorge für eine wegen Hilfsbedürftigkeit auszuweisende Person für die Dauer von 3 Monaten zu tragen. Ein Schiedsspruch der badischen Regierung vom 4. III. 1881 (Reger, Entscheidungen 1, 413) will die Vorschrift zur Anwendung bringen auf die Verpflegung eines transportfähigen Kranken, dessen Staatsangehörigkeit erst nach längerer Frist festgestellt wurde, weil die Eisenacher Übereinkunft auf Kranke, die zwar hilfsbedürftig, aber von Anfang an transportfähig sind, überhaupt keine Anwendung finde, bei solchen, die während der Behandlung die Transportfähigkeit wiedererlangen, die zugesicherte Kostenfreiheit nur bis zu diesem Zeitpunkt, nicht bis zur Feststellung der Übernahmepflicht reiche. Die erste Behauptung stellt die Zwecke solcher Konventionen auf den Kopf, die zweite unterliegt erheblichen Bedenken. Man denke auf den Fall eine der gleichlautenden Konventionen mit dem Ausland anwendbar.

der Aufenthaltsstaat vor solcher Ausweisung für den erkrankten Ausländer Aufwendungen macht, ist von seinem Ermessen oder auch von einer verpflichtenden Anordnung seines innerstaatlichen Rechts abhängig; eine völkerrechtliche Verpflichtung des Heimatstaats, die gemachten Aufwendungen zu ersetzen, wird sich nicht feststellen lassen.[6])

Irrenfürsorge. Unterbringung in einer Anstalt.

2. Auch die Irrenfürsorge bedeutet zunächst einen Akt der Krankenhilfe zugunsten des Erkrankten, und es kommen insoweit die vorstehend entwickelten Grundsätze zur Anwendung. Die Staatsverträge, welche wechselseitige Krankenhilfe vereinbaren, gelten regelmäßig auch zugunsten Geisteskranker; vereinzelt werden sie von den Vorteilen des Vertrags ausgeschlossen,[7]) zuweilen bildet ihre Unterstützung den Gegenstand besonderer Vereinbarungen.[8])

Zugleich aber bedeutet die Festhaltung und die Zwangsheilung des Erkrankten in einer Anstalt für den Betroffenen einen Eingriff in die persönliche Freiheit, für die Allgemeinheit eine Maßregel der öffentlichen Sicherheit, und es erwächst damit eine ganze Reihe neuer Probleme. Man liest bei Vincent-Pénaud: *Les lois qui autorisent le placement dans une maison de santé ou dans un hospice sont de statut personel. C'est donc la législation nationale de l'aliéné qu'il faut interroger, en principe, pour savoir dans quels cas il peut être interné dans un établissement et pour connaître les droits et obligations des parents;* immerhin müßten die Vorschriften über

---

[6]) Doch pflegt der Ersatz (gestützt auf ein vorausgesetztes Gegenseitigkeitsverhältnis) im diplomatischen Weg requiriert zu werden, sofern die ablehnende Haltung des Heimatstaats nicht von vornherein bekannt ist, vgl. Weber 14, 443; 16, 428; Vesque von Püttlingen 251; anders allerdings Heinrichs (zit. oben S. 10 Anm. 24) 179. Wechselseitiger Ersatz zwischen Deutschland und Serbien, Deutschland und Bulgarien, Heinrichs 179. Rußland ersetzt die vorgeschossenen Reisekosten, Weber 18, 121. Wegen der Übernahmepflicht des Heimatstaats vgl. oben § 1 Z. 5.

[7]) Italien—Monaco 1871.

[8]) Frankreich—Schweiz 1882, Journal 10, 675, ebenfalls unter Verzicht auf Kostenersatz. Mangels eines Vertrags ersetzen die Kosten der Behandlung ihrer Angehörigen die Schweiz, Luxemburg, Spanien, Baden für die Dauer von 3 Monaten, Bayern und Frankreich ersetzen sich gegenseitig die Kosten der letzten Station vom Zeitpunkt der Übernahmeerklärung an (Weber 6, 604), im übrigen erstatten weder Deutschland (vgl. auch Weber 15, 265), noch Österreich, Belgien, Italien (vgl. Journal 14, 756), Rußland (s. aber auch oben Anm. 6; ferner Heyking, Journal 34, 46 ff.), Argentinien (Revue 5, 770) die gemachten Aufwendungen (während Großbritannien, die Niederlande sogar die Übernahme verweigern s. oben S. 11 Anm. 25; für Großbritannien jetzt aber auch Revue 5, 768, für Argentinien ebenda 770). Vgl. Derouin und Worms, Journal 17, 555 f.; Boeck ebenda 18, 734 f.; Éveillé 89.

Verwahrung einer gemeingefährlichen Person als die öffentliche Ordnung betreffend auch für Ausländer gelten, wie es auch Aufgabe des Staates sei, die Hilfsbedürftigen auf seinem Gebiet zu schützen, und ebenso müßten die Formen einer Unterbringung in öffentliche oder private Anstalten als der öffentlichen Ordnung angehörig dem territorialen Recht unterliegen.[9]) Auch Éveillé[10]) meint im Anschluß an ein Urteil des Zivilgerichts Paris vom 25. November 1885 annehmen zu dürfen, das heimatliche Recht entscheide, welche Personen die Aufnahme und die Entlassung eines nicht von Amts wegen festgehaltenen Kranken beantragen können. In der deutschen Literatur wird gelegentlich vertreten, daß nur der in einer Anstalt untergebracht werden dürfe, dem gegenüber auch eine Zuständigkeit zur Entmündigung bestehe.[11]) Und es war vor einigen Jahren Gegenstand eines württembergischen Verwaltungsrechtsstreits, ob Personen fremder Staatsangehörigkeit in einer württembergischen Anstalt festgehalten werden können.[12])

Nun bedarf es hier vor allem einer reinlichen Abgrenzung zwischen der zivilrechtlichen Maßnahme der Entmündigung und der gesundheits- und sicherheitspolizeilichen Maßregel der Unterbringung in einer Irrenanstalt. Die Entmündigung hat ausschließlich den zivilrechtlichen Verkehr zum Gegenstand und trifft den Entmündigten nur nach einer einzigen bestimmten Richtung, in seiner Geschäftsfähigkeit. Die Festhaltung in einer Anstalt dagegen will dem Erkrankten Heilung, der bedrohten öffentlichen Sicherheit Schutz gewähren und trifft den Festgehaltenen zu diesem Behuf in seiner persönlichen Freiheit. Je nach Lage des Falls ist es möglich, daß ein gemeingefährlicher und zwangsweise festgehaltener Geisteskranker nicht der Entmündigung bedarf, weil

---

9) p. 96 v° aliénés n. 1--6. Die Berufung auf Laurent in n. 1 ist mißverständlich; Laurent a. a. O. unterwirft nur die zivilrechtlichen Folgen einer Verwahrung dem Personalstatut.

10) A. a. O. 86. Vgl. Art. 8, 14, 29 des französischen Gesetzes.

11) A. Niedner, Das Einführungsgesetz [2] (1901) 26 zu Art. 8 n. 2 c γ.

12) v. Münch, Württembergische Verwaltung und Rechtspflege (1902) 12f., 29. v. Münch war (ohne entmündigt zu sein) als gemeingefährlicher Geisteskranker in einer württembergischen Staatsirrenanstalt untergebracht worden, hatte während dieser Zeit die preußische Staatsangehörigkeit erworben, die Entlassung aus der württembergischen Staatsangehörigkeit erlangt und bestritt nun die Rechtmäßigkeit seiner weiteren Festhaltung: die Polizeihoheit richte sich auch unter den deutschen Bundesstaaten in Ermanglung eines Reichsgesetzes nach Völkerrecht, dies aber gestatte gegen Ausländer überhaupt nur Repressiv-, keine vorbeugenden Maßregeln zum Schutz der öffentlichen Sicherheit (?); jedenfalls aber sei Festhaltung in einer Anstalt nur zulässig unter den Voraussetzungen, welche der Heimatstaat hiefür aufstelle. Zur Sicherheit gegen Gemeingefährliche müsse am zuständigen Ort Entmündigung erwirkt, und die Vorkehrung der erforderlichen Maßnahmen dem Vormund aufgetragen werden.

er für sich und andere wirtschaftlich ungefährlich ist; und es kann eine Entmündigung vonnöten sein, wo nach der Art der Erkrankung weder eine zwangsweise Heilung noch eine Festhaltung zur Sicherung der Öffentlichkeit geboten erscheint. Wenn daher die Entmündigung grundsätzlich dem Heimatstaat des Erkrankten zusteht, so ist daraus für die verwaltungsrechtliche Maßregel der Unterbringung in einer Anstalt keinerlei Folgerung zulässig.[13]) Für Schutzmaßnahmen zur Abwehr öffentlicher Gefährdungen aber muß notwendig der Staat Befugnis haben, in dessen Gebiet solche Gefahren in Erscheinung treten, Verwahrung und Zwangsheilung sind am Aufenthaltsort des Geisteskranken gestattet.[14]) Stellt man auf die persönliche Freiheit der festzuhaltenden Person ab, so ergibt sich, daß die persönliche Freiheit an sich weder der Herrschaft des einen noch irgendeines andern Staates unterstellt ist, daß sie rechtliche Bedeutung vielmehr erst erlangt, insoweit Eingriffe in sie vorgenommen werden sollen; über die Rechtmäßigkeit eines Eingriffes aber zu Zwecken der Heilung und Sicherung zu entscheiden, ist eben der Staat berufen, in dem die Person zu diesem Behuf festgehalten werden soll — es handelt sich hier nur um die Negative des vorhin aufgestellten Satzes. Der unterzubringenden Person steht die Anstalt gegenüber, die zu seiner Unterbringung bestimmt ist, und es ist klar, daß eine so tief einschneidende Maßregel wie die Aufnahme in eine Irrenanstalt zu Vor-

---

[13]) So insbesondere auch die Entmündigungskommission der 4. Haager Konferenz über internationales Privatrecht, Actes de la quatrième Conférence de la Haye (1904) 25 f. und O. Levis, Das internationale Entmündigungsrecht des Deutschen Reiches (1906) 116.

[14]) So auch Laurent, Droit civil international, vol. 6 p. 8 197 354 f. n. 3, 110, 197: gilt für Voraussetzungen und Formen der Unterbringung in einer Anstalt, gehört dem öffentlichen Recht an, fällt unter die Sicherheits- und Polizeigesetze des Art. 3 Code civil; Ch. Brocher, Cours de droit international privé (1882) 1, 367 ff. n. 113; Redaktionsausführung Journal 14, 451; v. Bar, Theorie und Praxis 1, 425 und 588: gehört dem öffentlichen Recht an; Weiss, Traité théorique et pratique 3, 366; Levis a. a. O. 213. Bayerische Verordnung 4. I. 1872 § 23 (Weber 9, 261): örtlich zuständig, die Unterbringung in einer Irrenanstalt anzuordnen, ist die Distriktsverwaltungsbehörde der „Heimat", und wenn die Person in Bayern keine Heimat hat (also Nichtbayer ist), diejenige des Aufenthaltsorts. Statut der württembergischen Irrenanstalten 20. III. 1899 § 16 (v. Münch a. a. O. 12): die Zwangseinweisung wird von der Regierung des Kreises verfügt, in welchem der Kranke seinen Wohnsitz oder in Ermanglung eines solchen seinen Aufenthalt hat. Demgemäß hat auch der württembergische Verwaltungsgerichtshof im Fall Münch (Urteil vom 2. XI. 1901) das Vorgehen der Polizeibehörden für rechtmäßig erklärt, nach dem Wortlaut des Statuts, aus „allgemeinen Rechtsgrundsätzen", und weil dem Beschwerdeführer als Deutschem der Aufenthalt in Württemberg nicht verweigert werden konnte. Würden allerdings die Voraussetzungen für die Zuständigkeit des Inlands während der Festhaltung wegfallen, so müßte die Zuständigkeit des Inlands erlöschen; siehe Allgemeiner Teil.

kehrungen gegen Mißbrauch Veranlassung gibt. Solche Vorkehrungen erscheinen gegenüber öffentlichen Anstalten als Normierung und Überwachung amtlicher Tätigkeit, gegenüber privaten Heilanstalten als gewerbepolizeiliche Beschränkungen, nach beiden Richtungen somit als eine Einwirkung, die nur dem am Ort der Anstalt herrschenden Staat zukommen kann. Regelmäßig werden demnach das für den Kranken und das für die Anstalt geltende Recht zusammenfallen. In diesem Zusammenhang findet auch die Frage ihren Platz, ob und welche dem Erkrankten nahestehenden Personen seine Aufnahme und seine Entlassung aus der Anstalt verlangen können. Es ist möglich, das der Träger der elterlichen, der vormundschaftlichen Gewalt in Ausübung seiner privatrechtlichen Befugnisse, insoweit also nach Personalstatut, über den Aufenthalt des Kranken in einer Anstalt bestimmen kann. Ob aber die Anstalt — auf Begehr dieser oder anderer ihm nahestehender Personen — den Kranken aufnehmen muß, ob sie verpflichtet ist, ihn auf Verlangen des Ehegatten, der Angehörigen, Freunde wieder freizugeben, gehört zu den Bedingungen, unter denen der beteiligten Anstalt ihre Tätigkeit verwaltungsrechtlich gestattet ist, kann also nur aus der für die Anstalt geltenden Rechtsordnung Beantwortung finden.

Wenn zuweilen vorgeschrieben wird, daß von der Aufnahme eines Ausländers dem Heimatstaat des Aufgenommenen Kenntnis gegeben werden soll, so räumt das dem Heimatstaat keine Einwirkung auf die Unterbringung ein, sondern will nur möglichen Begehren um Aufschluß zuvorkommen, den etwaigen Ersatz der aufgewendeten Kosten von seiten des Heimatstaats sicherstellen, die Mitwirkung des Heimatstaats zur Verhütung von Mißbräuchen nutzbar machen.[15]) Wenn Neuenburg[16]) die Aufnahme ausländischer Geisteskranker in inländische Anstalten nur mit Erlaubnis des Heimatstaats ge-

[15]) Entwurf eines französischen Irrengesetzes Fassung von 1907 Art. 17 (Journal officiel 1907, Chambre des Députés 65): die Aufnahme eines Ausländers ist dem Heimatstaat anzuzeigen; ist die Person eigens nach Frankreich verbracht worden, um hier in einer Irrenanstalt untergebracht zu werden, so bedarf es zur Aufnahme eines vom Heimatstaat legalisierten Antrags und ärztlichen Zeugnisses. Vgl. auch Art. 23, 30, 32 des Entwurfes. Rundschreiben der französischen Direktion der öffentlichen Armenpflege 1. XII. 1903, Journal 31, 1017: von der Aufnahme spanischer Geisteskranker in französische Anstalten ist der zuständige Konsul sofort zu verständigen, weil nur unter dieser Voraussetzung Ersatz der aufgewendeten Kosten zu erwarten ist. Mitteilungspflicht an den Konsul des Aufgenommenen auch in der Türkei, Weiss 3, 366[2]. — Auf der anderen Seite sucht der französische Entwurf a. a. O. die Kenntnis Frankreichs als Heimatstaat dadurch sicherzustellen, daß er von sich aus eine Anzeigepflicht begründet, wenn ein Inländer in einer Anstalt des Auslands untergebracht wird. Aber freilich kann diese Verpflichtung nur Franzosen im Ausland auferlegt werden.

[16]) Gesetz vom 23. V. 1879 bei Weiss a. a. O.

stattet, so bedeutet das eine freiwillige Selbstbeschränkung. Aber kann der Heimatstaat die Herausgabe seiner in ausländischen Anstalten festgehaltenen Angehörigen beanspruchen? Wenn für Entfernung des Kranken aus dem Aufenthaltstaat Sorge getragen wird, so wird dem Verlangen in der Praxis wohl regelmäßig stattgegeben werden, da es dem Aufenthaltstaat willkommen sein muß, die Last abgenommen zu erhalten.[17]) Aber ein Rechtsanspruch auf Herausgabe, wie er zuweilen vertreten wird,[18]) kann nicht anerkannt werden. Ein Staat kann nicht genötigt werden, einem Ausländer den Aufenthalt in seinem Gebiet zu verwehren (vgl. oben § 1), die Übernahme insbesondere ist eine Pflicht, aber kein Recht des Heimatstaats gegenüber dem Staat des Aufenthaltsortes. Möglicherweise können armenrechtliche Gesichtspunkte zu der Forderung führen, daß ein Geisteskranker seinem Heimatstaat zugeführt werden soll; aber das hat Bedeutung nur für den etwaigen Kostenersatz, den der Heimatstaat mangels Zuführung verweigern wird.

Fortgeschaffte und flüchtige Geisteskranke.

3. Das örtliche Recht des Geisteskranken und das Recht der Anstalt, die zu seiner Unterbringung bestimmt ist, fallen auseinander, wo der Kranke in einen fremden Staat befördert werden soll. Auch hier kommt es für das Maß zulässigen Zwanges zunächst auf das Recht des Aufenthaltsorts an; nur handelt es sich dabei für den Aufenthaltsstaat nicht um Verwahrung in einer Anstalt, sondern um zwangsweise Entfernung aus dem Inland.[19]) Ein solches Auseinanderfallen aber ergibt sich insbesondere auch dann, wenn der Kranke

---

[17]) Vgl. den Fall Seillière und dazu Journal 14, 451.

[18]) v. Bar 1, 588 [8]. Die Frage ist insbesondere auch gelegentlich des Falles Münch erörtert worden. v. Münch a. a. O. 29 bemängelt, daß er in der württembergischen Anstalt noch festgehalten wurde, nachdem Preußen seine Bereitwilligkeit zur Übernahme ausgesprochen hatte; eine Erörterung der Allgemeinen Zeitung vom 8. XII. 1901 meint, daß ein Anspruch Preußens auf Herausgabe nur für den Fall bestehe, daß der Beschwerdeführer in Preußen den Unterstützungswohnsitz habe. Auch hier ist übrigens der Streit durch Übergabe an Preußen geschlichtet worden.

[19]) Lunacy Act, 53 & 54 Vict. ch. 5 s. 71: die Heimschaffung eines Geisteskranken in seinen Heimatstaat bedarf der Genehmigung des Staatssekretärs; die erteilte Genehmigung ermächtigt die aufsichtführende Person und den befördernden Schiffer zur Festhaltung. Anzeigepflicht bei Verbringung des Kranken in eine ausländische Anstalt im französischen Entwurf Art. 17. Auch Zwischenstaaten können folgerichtig für die Gestattung der Durchbeförderung ihre Bedingungen vorschreiben. Bei der aus Deutschland erfolgenden Heimbeförderung italienischer Geisteskranker durch die Schweiz ist den schweizerischen Behörden ein ärztliches Zeugnis über die Krankheit in doppelter Ausfertigung zu übergeben; v. Conta, Ausweisung 58.

aus einer Anstalt entwichen und in einen fremden Staat geflüchtet ist. Ob er hier festgenommen und dem andern Staat überliefert werden darf, hat das innerstaatliche Recht des Zufluchtsortes zu bestimmen. Eine völkerrechtliche Rechtshilfepflicht besteht hiefür jedenfalls nicht; innerhalb Deutschlands auch keine Herausgabepflicht von Bundesstaat zu Bundesstaat.[20]) Von dem Mangel einer solchen verwaltungsrechtlichen Herausgabepflicht aber ist wohl zu scheiden der Herausgabeanspruch, den etwa kraft vormundschaftlicher Gewalt der Vormund, kraft elterlicher Gewalt der Vater des Flüchtlings geltend macht. Ist die Entmündigung in einem international zuständigen Staat erfolgt, und der Vormund nach diesem Recht berufen, den Aufenthaltsort des Mündels zu bestimmen, besitzt der Vater nach dem maßgebenden Recht die entsprechende Befugnis über seine Kinder, so ist der Gewalthaber (nach Maßgabe des örtlichen Rechts) befugt, seinen Anspruch auf Bestimmung des Aufenthalts mit unmittelbarer Gewalt gegen den Flüchtigen zu verwirklichen, zu seiner Durchführung die Hilfe der örtlichen Behörden in Anspruch zu nehmen;[21]) und es ist für den Zufluchtsstaat nicht statthaft, die Durchführung dieses zivilrechtlichen Anspruchs durch eine selbständige Entscheidung über den Gesundheitszustand des Geflüchteten zu durchkreuzen, sofern die Geltendmachung des Anspruchs nicht unmittelbar gegen die guten Sitten verstoßen sollte.[22])

[20]) Über die Frage, ob der Aufenthaltstaat den Geflüchteten ohne weiters herausgeben darf, vgl. die Ausführungen über die Herausgabe geflüchteter Zwangszöglinge unten § 19 Z. 8.

[21]) S. die entsprechenden Ausführungen bei der Zwangserziehung unten § 19 Z. 7.

[22]) Vgl. R. Phillimore, Commentaries upon international law [2] (1874) 4, 422 s. 561 gegen eine abweichende Pariser Entscheidung; v. Bar 1, 588; Levis 116f. Auch in England wurde 1874 In re Sottomaior entsprechend entschieden; doch hält sich die englische Praxis nicht für gebunden, die Herausgabe anzuordnen, offenbar im Zusammenhang mit ihrer Stellungnahme zu ausländischen Entmündigungen im allgemeinen, denen sie nach englischer Rechtsauffassung Anerkennung gewähren kann, aber nicht muß, vgl. A. V. Dicey, A digest of the law of England with reference to the conflict of laws (1896) 507ff. Sehr befremdlich ist (Richtigkeit der veröffentlichten Mitteilungen vorausgesetzt) die Behandlung eines neueren Falles in Bayern. Der Erbgraf zu Erbach-Erbach war von einem preußischen Amtsgericht entmündigt, in einer preußischen Heilanstalt untergebracht worden und von dort nach Bayern entflohen; das Vormundschaftsgericht erteilt dem Vater als Vormund die Genehmigung, seinen Sohn nötigenfalls mit polizeilicher Hilfe festnehmen zu lassen, die Regierung von Unterfranken jedoch verfügt auf Grund eines in Bayern erholten Gutachtens, welches das Bedürfnis zu einer Anstaltsbehandlung des Grafen nicht für gegeben hält, der Geflüchtete dürfe zur zwangsweisen Überführung in eine Nervenheilanstalt nicht festgenommen werden (Frankfurter Zeitung vom 28. XI. und 3. XII., Münchener Neueste Nachrichten vom 22. XII. 1907). Vgl. aber bayerisches Ausführungsgesetz zum BGB. Art. 130; bayerische Geschäftsanweisung für die Gerichtsvollzieher § 203.

Irrenanstalten des Auslands.

4. Wenn Frankreich, Belgien, Genf an die Unterbringung jemands in einer Irrenanstalt zivilrechtliche Folgen knüpfen, die einer vorläufigen Entmündigung gleichkommen, so gehört die Entscheidung, welcher Staat zu einer solchen vorläufigen Entmündigung zuständig ist, dem Bereich der freiwilligen Gerichtsbarkeit an und ist hier nicht weiter zu verfolgen. Verwaltungsrechtlich ist dabei nur die eine Frage, ob auch die Unterbringung in einer Anstalt des Auslands als vollwertig Anerkennung finden kann, um solche Rechtsfolgen auszulösen.[23]) Auslegungsfrage der einzelnen Gesetzgebung, dürfte eine solche Gleichstellung im Rahmen der inländischen Zuständigkeit im Zweifel abzulehnen sein; denn es mangelt nicht nur die Sicherheit über die Zuverlässigkeit des Betriebes fremder Anstalten, sondern auch das Bedürfnis, das über eine solche Unsicherheit hinwegsehen ließe: kann doch auch der Aufenthaltsort des Kranken von sich aus zuständigerweise vorläufige Maßregeln treffen. Sind aber solche Maßregeln im Ausland, auf Grund der Zuständigkeit des Aufenthaltsortes, angeordnet worden, so ist es — das wird wohl auch nach dem Haager Abkommen gelten[24]) — einzig Sache des dortigen Rechts, die Voraussetzungen zu bestimmen, unter denen diese Rechtswirkung Platz greift, und es muß auch respektiert werden, wenn die Wirkung an die Unterbringung in eine dort befindliche Anstalt geknüpft wird. Übrigens stellt der jüngste Entwurf eines französischen Irrengesetzes[25]) (der die zivilrechtliche Stellung der Anstaltsirren als dauernde Regelung behandelt) die Unterbringung in Anstalten des Auslands einer Unterbringung in Frankreich in der vermögensrechtlichen Wirkung gleich.

§ 8. Der Schutz gegen Feuer, Wasser; Baupolizei.

Den Gefahren zu begegnen, welche aus der ungebändigten Kraft des Wassers,[1]) des Feuers drohen, die kunstwidrige Bauführungen

[23]) Hieher, zum Teil wenig befriedigend, Appellhof Douai 18. II. 1848 Sirey 1848 II, 563; Appellhof Douai 9. VIII. 1886 Journal 14, 176; Appellhof Caen 8. II. 1904 Revue 1, 314; Handelsgericht Lille 26. III. 1909 Revue 5, 557; Brocher 1, 368 f. n. 113; Vincent-Pénaud a. a. O. n. 10 ff.; v. Bar 1, 588[8]; Weiss 3, 367. Zuständigkeit zur vorläufigen Entmündigung, nicht Gleichwertigkeit der fremden Anstalt ist die erste hier zu beantwortende Frage.

[24]) Anders faßt Art. 3 des Abkommens anscheinend Revue 5, 559. Aber es müssen wohl nur die Voraussetzungen der Entmündigung, nicht die Voraussetzungen für ein vorläufiges Einschreiten dem heimatlichen Recht der Person genügen.

[25]) Art. 17 II (s. oben Anm. 15). Und zwar geschieht die Gleichsetzung, wenn ich recht sehe, ohne Beschränkung auf einzelne Fälle. Anders Revue 5, 559 f.

[1]) Von der Wasserbenützung in Band III.

mit sich bringen, ist offenbar der Staat berufen, in dessen Bereich diese Gefahr besteht. Und wenn die gefährdende Einrichtung und der aus ihr drohende Schaden demselben Gebiet angehören, so gelangt man zu der einfachen Lösung, daß insoweit auch stets das Recht am Ort dieser Einrichtung entscheidet. Schon bei Bartolus ist zu lesen: *pone, quidam habet domum hic et est quaestio an possit altius elevare. breviter, cum est quaestio de aliquo jure descendente ex re ipsa, debet servari consuetudo vel statutum loci ubi res est.*[2]) Bei beweglichen Gegenständen wie etwa Sprengstoffen entscheidet jeweils das Recht des Orts, an dem sie sich befinden. Und es mögen dabei Sicherungsmaßnahmen, die am früheren Ort der Sache getroffen wurden, auch von dem später zuständigen Staat nutzbar gemacht werden. Das Reichsgesetz vom 19. Mai 1891 verlangt eine Prüfung der Läufe und Verschlüsse von Handfeuerwaffen; aber (§ 6) „auf Handfeuerwaffen . . welche aus dem Ausland eingeführt und mit den vollständigen, den inländischen gleichwertigen Prüfungszeichen eines auswärtigen Staates versehen sind . . finden die Vorschriften des Gesetzes . . keine Anwendung".[3])

Es ist möglich, daß der Ort eines gefährdenden Vorgangs und der Ort der durch sie bewirkten Gefahr in verschiedene Rechtsgebiete fallen, beispielsweise, die Dämpfe einer deutschen Fabrik nahe der Grenze belästigen ein österreichisches Schulhaus. Zuständig zur Abwehr nun sind an sich der Staat, in dem die Ursache, und der Staat, in dem die Wirkung ihren Ort hat. Aber dem Staat, den die Wirkung berührt, mangelt die Möglichkeit, diese Gefahr durch eine rechtliche Einwirkung auf die schädigende Veranstaltung abzuwehren. Zu Auflagen auf den störenden Betrieb ist nur der Staat der belegenen Sache berufen. Die Abwehr derartiger Störungen hat sich in § 27 der deutschen Gewerbeordnung zu einer besonderen gewerberechtlichen Vorschrift verdichtet, die öffentliche Gebäude gegen Immissionen schützen will. Und wie gewerberechtliche Bestimmungen sonst nicht deshalb von der Anwendung ausgeschlossen sind, weil sie nach Lage des Falls nur ausländischen Interessen dienen (vgl. oben § 6 Z. 5), so werden auch hier unter öffentlichen Gebäuden, fremdenrechtlich gleichgestellt, solche des Inlands und des Auslands

---

[2]) C. 1, 1, 1 n. 26, 27 ed. Venet. 1602 f. 5a (übrigens eine Baubeschränkung sicherheitspolizeilichen Inhalts). Vgl. auch E. Zitelmann, Internationales Privatrecht (1903) 2, 314. Es ist jedoch irreführend, wenn Zitelmann die Geltung des „Sachstatuts" für polizeiliche Eigentumsbeschränkungen aus dem Umstand herleitet, daß sie den privatrechtlichen Inhalt des Eigentums festlegen. Öffentlichrechtliche Vorschriften haben nur öffentlichrechtliche Wirkungen.

[3]) Danach Anerkennung englischer, belgischer, französischer Prüfungszeugnisse, Zentralblatt für das Deutsche Reich 1894, 350; Reichsgesetzblatt 1899, 275; 1904, 309.

zu verstehen sein. Der Rechtszustand im andern Gebiet aber ist für die Anwendung der Vorschrift bedeutungslos.[4])

Neben die Bestimmungen, welche eine Gefährdung unmittelbar verhüten wollen, treten auch hier ergänzende Vorschriften, die dritten Personen Pflichten auferlegen. Kein Zweifel, daß die Nothilfe, zu welcher § 360[10] des Reichsstrafgesetzbuchs bei Unglücksfällen oder gemeiner Gefahr verpflichtet, von jedem Anwesenden ohne Unterschied der Staatsangehörigkeit oder des Wohnsitzes begehrt werden kann. Eine Dienstleistung in der Feuerwehr verlangt nach der Natur der Dinge einen längeren als vorübergehenden Aufenthalt. Aber auch hier ist in der Schweiz wiederholt entschieden worden, daß auch Ausländer zu einer Dienstleistung an ihrem inländischen Wohnsitz beigezogen werden können.[5])

Der bisher festgestellten Abgrenzung aber unterliegen Vorschriften, ob sie staatlicher oder nichtstaatlicher Herkunft, für das Staatsgebiet oder Teile desselben erlassen sind.[6]) Und sie gelten nicht für Gebietsteile, die dem Staat erst späterhin einverleibt, der Gemeinde erst nach dem Erlaß angegliedert worden sind.[7]) Für exterritoriale Personen sind sie materiellrechtlich verbindlich, und nur der Vollzug ist wiederum Beschränkungen unterworfen.[8])

Erwähnt sei schließlich eine bayerisch-österreichische Verein-

---

[4]) Für privatrechtliche Immissionsverbote dagegen hätte es nach v. Bar und Zitelmann auf das Recht beider Gebiete anzukommen.

[5]) Nur dürfe dann der Feuerwehr nicht die Verpflichtung auferlegt werden, bei Unruhen zur Herstellung der öffentlichen Ordnung mitzuwirken, da ja (zumal nach den mit der Schweiz geschlossenen Niederlassungsverträgen) „militärisch-politische" Leistungen von Ausländern nicht begehrt werden können. Vgl. v. Salis, Schweizerisches Bundesrecht 1. Aufl. 2, 109 n. 498a; 2. Aufl. 2, 351 n. 530.

[6]) Vorbehaltlich der oben § 6 Z. 5 erwähnten Besonderheiten.

[7]) Stephan, Verwaltungsarchiv 11, 333 (Feuerpolizei). Anders das preußische Oberverwaltungsgericht 18. VI. 1900, Entscheidungen 37, 405 für baupolizeilichen Vorschriften. Dazu oben § 6 Z. 5.

[8]) So, wenigstens im Ergebnis, wenn auch sehr verschiedenartig in der Begründung, für Feuerpolizei Vattel, Le droit des gens (1758) 140 l. 4 § 93; J. J. Moser, Versuch des neuesten europäischen Völkerrechts (1778) 4, 331; G. F. Martens, Einleitung in das positive europäische Völkerrecht (1796) 98 § 76; Schmalz, Das europäische Völkerrecht (1817) 120; J. Schmelzing, Systematischer Grundriß des praktischen europäischen Völkerrechts (1819) 2, 250; Ch. de Martens, Guide diplomatique, nouv. éd. 1838 1, 95; J. C. Bluntschli, Das moderne Völkerrecht der zivilisierten Staaten[2] (1872) 121 § 137; Hartmann (zit. oben S. 71 Anm. 14) 101; R. de Sa Valle, Des agents diplomatiques (1875) 166f.; P. Resch, Das europäische Völkerrecht der Gegenwart (1885) 106; K. Gareis, Institutionen des Völkerrechts[2] (1901) 106. Für Baupolizei Vattel, Bluntschli, Resch, Gareis a. a. O.; Lovisoni, Schlesinger (zit. S. 71). Über die Befugnis der Ortsbehörden, in Notfällen zwangsweise einzuschreiten, Strisower, ebendort.

barung von 1852/55:[9]) „Werden bei einer Feuer- oder Wassergefahr oder einem sonstigen jenseits der Landesgrenze sich ergebenden Elementarereignisse die nachbarlichen Rettungsanstalten in Anspruch genommen, so soll der beiderseitigen Gendarmerie der Grenzübertritt . . und hienach . . gestattet sein, sich in voller Ausrüstung an den Ort der Gefahr zu begeben, um mit Unterstellung unter die Anordnungen der leitenden Lokalbehörde zum Schutze des . . Eigentums und der öffentlichen Sicherheit mitzuwirken." Auch Verträge Bayerns mit Württemberg und mit Hessen sehen eine Tätigkeit der Sicherheitsorgane bei Elementarereignissen im andern Gebiet vor.[10])

§ 9. Sicherheitspolizei.

1. Begrenzung im allgemeinen. — 2. Rechtliche Abwehr. — 3. Tatsächliche Abwehr. — 4. Zuständigkeit zur See, in Ländern mit Konsulargerichtsbarkeit. — 5. Zusammenwirken mehrerer Staaten.

Begrenzung im allgemeinen.

1. Auch die Gefahren, welche menschliches Verhalten für Leben und Eigentum hervorrufen kann, müssen dort bekämpft werden, wo sie in Erscheinung treten. Es herrscht demgemäß völliges Einverständnis, daß ein polizeiliches Einschreiten auch gegen Ausländer statthaft ist; schon im 13. Jahrhundert steht fest, daß statutarische Verbote, Waffen zu tragen, auch Fremde verpflichten.[1]) Alle Gefährdungen der öffentlichen Sicherheit, die im Inland erwachsen, berechtigen zur Abwehr.

Das gilt insbesondere auch von dem Aufenthalt sicherheitsgefährlicher Personen im Inland, auch dann, wenn ihre Gefährlichkeit in einem auswärts begangenen Verbrechen zutage getreten ist. Die Zulässigkeit einer Ausweisung auf Grund solcher Vorkommnisse steht damit im Einklang. Eine bedenkliche Selbstbeschränkung dagegen zeigt sich in dieser Hinsicht in unseren Strafgesetzbüchern. Die Stellung unter Polizeiaufsicht, Unterbringung in einem Arbeitshaus, Aberkennung der Eidesfähigkeit sind in Deutschland nur dann statthaft, wenn für das vorausgesetzte Vergehen eine Strafzuständigkeit in Deutschland gegeben ist. Dasselbe gilt für die Einziehung polizeilich bedenklicher Gegenstände im Inland: ein Franzose, der in Frankreich Kassen erbrochen hat, mag seine Werkzeuge bei uns ungestört besitzen. Es handelt sich dabei um die Folgen eines gesetzes-

[9]) Weber, Gesetzsammlung 4, 536[1].

[10]) Vgl. unten § 9 Z. 3.

[1]) Vorbehaltlich der Sätze über Rechtsunkenntnis; G. Durantis († 1296), Speculum lib. 4 part. 1 rubr. de constitutionibus n. 11 ed. Lugd. 1556 vol. 3 f. 30. Vgl. etwa auch Schultzenstein, Deutsche Juristenzeitung 1904, 85: Hinderung eines Ausländers am Selbstmord.

technischen Fehlgriffs, der solche Maßregeln in Gestalt von Nebenstrafen an die Begehung der Verbrechen knüpft, statt in einem Polizeigesetz ihre Voraussetzungen selbständig zu ordnen.[2]) Innerhalb des Deutschen Reiches allerdings sind auch Strafurteile eines andern Bundesstaats ausreichend, die ergänzenden Sicherheitsmaßregeln in Wirksamkeit zu setzen. Das gilt ohne weiters für Maßnahmen, die in dem Urteil selbst ausgesprochen werden, wie Einziehung oder Aberkennung der Eidesfähigkeit; aber auch da, wo es erst noch einer selbständigen Entschließung der Verwaltungsbehörden bedarf, wie bei der Stellung unter Polizeiaufsicht, Unterbringung in einem Arbeitshaus, ist es das Reichsrecht, welches zu diesem Eingriff ermächtigt, und es mag nur der Mangel einer örtlich zuständigen Behörde einen Bundesstaat von seiner Vornahme ausschließen.[3])

Berechtigen aber alle Gefährdungen der öffentlichen Sicherheit, die im Inland erwachsen, zu schützenden Maßnahmen, so muß das auch für die Exterritorialen im Land gelten. Sie sind (materiellrechtlich) beschränkenden Verordnungen und Verfügungen unterworfen.[4]) Und was für Verbote schlechtweg gilt, das muß auch für

---

[2]) Vgl. des Näheren des Verfassers Aufsatz: Die zuständigen Strafmittel im internationalen Strafrecht, Zeitschrift für Strafrechtswissenschaft 27, 1 ff. speziell 32 ff. 47.

[3]) Die örtliche Befugnis, eine Stellung unter Polizeiaufsicht, die Einschaffung in ein Arbeitshaus, die Verwendung zu gemeinnützigen Arbeiten zu verhängen, wird neben partikularen Anordnungen (z. B. Weber 9, 258; 20, 195), die nur bei Verurteilungen innerhalb des anordnenden Bundesstaates gelten können, vornehmlich durch eine Vereinbarung der Bundesregierungen vom 16. VI. 1872 geregelt; vgl. über sie besonders Rubo (zit. oben S. 7 Anm. 14) 382 ff. Die Vereinbarung geht nach ihrem Wortlaut auf die Abgrenzung der Polizeigewalt der Bundesstaaten „im Verhältnis zueinander". Allein wenn auch im allgemeinen die Ausübung der Polizeigewalt innerhalb des Reiches Sache der Bundesstaaten geblieben ist, so handelt es sich hier doch um Sätze des Reichsrechts, die ohne einer vermittelnden Anordnung des Bundesstaats zu bedürfen, die einzelne Polizeibehörde von Reichs wegen ermächtigen, den Eingriff in die persönliche Freiheit vorzunehmen. Nicht staatliche, sondern nur örtliche Zuständigkeit kann demgemäß bei der Verhängung solcher Maßregeln in Frage kommen; das Abkommen von 1872 bedeutet nach seinem juristischen Gehalt die Vereinbarung, übereinstimmende Vorschriften über die örtliche Zuständigkeit in den einzelnen Bundesstaaten einzuführen. Aus dem Bereich des internationalen Verwaltungsrechts scheiden diese Dinge damit aus.

[4]) So wenigstens im Ergebnis wiederum übereinstimmend Vattel (zit. oben S. 92 Anm. 8) für Verbote, in die Nähe eines Pulvermagazins oder über eine Brücke zu fahren, Befestigungen zu betreten. J. J. Moser, Versuch des neuesten europäischen Völkerrechts (1778) 4, 331, Waffentragen der Angestellten. Bluntschli, de Sa Valle a. a. O. (oben S. 92), P. Pradier-Fodéré, Traité de droit international public (1887) 3, 332 n. 1427, 1428 für gefährliche Schießübungen (wobei ein Eingreifen der örtlichen Polizei für Notfälle ausdrücklich vorbehalten wird). Und überhaupt G. de Rayneval, Institutions du droit de la nature et des gens (1803) 190 l. 2 ch. 14 § 5; J. L. Klüber,

Verbote mit Erlaubnisvorbehalt richtig sein. Wo eine Gesetzgebung Einholung eines Waffenpasses fordert, da ist die Vorschrift auch für Exterritoriale verbindlich, während freilich Vorweisung der Erlaubniskarte nicht verlangt werden kann, wenn sich der Exterritoriale als solcher zu erkennen gibt.[5])

Rechtliche Abwehr.

2. Die Abwehrmaßnahmen, deren sich die Sicherheitspolizei bedient, sind rechtlicher und tatsächlicher Art. Insoweit es sich aber um die Auferlegung rechtlicher Pflichten im Dienst der Sicherheitspolizei handelt, genügt es nicht, wenn die abzuwendende Gefahr dem Inland angehört, sofern nicht auch der zu Verpflichtende der Zuständigkeit des Inlands unterworfen ist. Auch hier selbstverständlich wird nicht nach der Staatsangehörigkeit unterschieden.[6]) Wohl aber muß der Vorgang, um dessentwillen eine Beschränkung auferlegt wird, räumlich dem Bereich der beschränkenden Stelle angehören. Bei militärischen Schießübungen auf fiskalischem Grundstück im Stadtgebiet B. fliegen Kugeln in den benachbarten Amtsbezirk O.; der Amtsvorsteher von O. erläßt eine ortspolizeiliche Verfügung an den Militärfiskus, die Schießübungen zu unterlassen. Die Sache kommt vor das preußische Oberverwaltungsgericht, das die (völlig irreführende) Frage, ob als Ort der Handlung der Ort der bedrohlichen Tätigkeit oder der Ort ihres Erfolgs anzusehen sei, offen läßt; als Handlung könne der Träger der Ortspolizei die einem

---

Europäisches Völkerrecht (1821) 1, 339 § 209; Ch. de Martens a. a. O. (oben S. 92); A. Miruss, Das europäische Gesandtschaftsrecht (1847) 1, 446; L. Alt, Handbuch des europäischen Gesandtschaftsrechtes (1870) 102 [1]; P. Esperson, Diritto diplomatico (1872) 1, 130 n. 209, 210 f.; Hartmann a. a. O. (oben S. 71); Rolin-Jacquemyns in Rechtsgutachten erstattet zum Prozess des Grafen H. v. Arnim (1875) 124 f.; A. de Heyking, L'exterritorialité (1889) 105; Répertoire du droit français 3, 134 f. v° agent diplomatique n. 1110, 1111 f.; L. J. D. Féraud-Giraud, États et souverains . . devant les tribunaux étrangers (1895) 1, 192 328; E. Beling, Die strafrechtliche Bedeutung der Exterritorialität (1896) 57 72 f.; Schlesinger und Bonfils a. a. O. (oben S. 71).

[5]) In Österreich ist von den Mitgliedern des diplomatischen Korps die „Nachweisung" eines Waffenpasses nicht zu verlangen; vgl. Strisower im Österreichischen Staatswörterbuch[2] 1, 910 v° Exterritorialität. In Belgien haben die diplomatischen Vertreter das Recht des Waffentragens und weisen sich darüber durch eine vom Minister des Äußern ausgestellte Karte aus; Pandectes belges 6, 1120 v° agent diplomatique n. 310. Vorbehalten bleibt natürlich das Recht, Waffen als Teil der Uniform zu tragen.

[6]) Kassationshof Paris Journal 2, 353 für die Stellung unter Polizeiaufsicht. Wenn § 39 des österreichischen Strafgesetzentwurfs von 1909 Polizeiaufsicht nur für Inländer vorsieht, so gründet sich diese Selbstbeschränkung augenscheinlich auf die Möglichkeit, gefährliche Ausländer jederzeit ausweisen zu können.

andern Verwaltungszweig angehörige Tätigkeit der Truppen nicht untersagen; insoweit die Verfügung sich jedoch gegen den Fiskus als Eigentümer des benutzten Grundstücks wende und ihm die Vornahme gefährdender Veranstaltungen auf seinem Besitz untersage, handle es sich bei der Lage des Grundstücks um eine Angelegenheit, die der Zuständigkeit des Amtsvorstehers von O. nicht mehr unterliege.[7]) Verwandte Fälle haben die Schweiz beschäftigt. Bei Schießübungen in Frankreich waren Kugeln auf waadtländisches Gebiet geflogen, durch Scheinwerfer, welche italienische Torpedoboote auf dem Luganersee aufleuchten ließen, waren Pferde auf dem schweizerischen Ufer scheu geworden — ein selbständiges verwaltungsrechtliches Eingreifen der Schweiz war hier überall ausgeschlossen, und es bedurfte diplomatischer Vorstellungen, um Frankreich zur Einstellung der Schießübungen, Italien zu dem Versprechen zu veranlassen, jene Blendungen nach Möglichkeit zu vermeiden.[8])

Als eines der Abwehrmittel, welche die Sicherheitspolizei verwertet, kann wiederum die Auferlegung von Hilfspflichten an dritte Personen dienen. Die auch hier einschlägige Nothilfepflicht, welche § 360[10] des Reichsstrafgesetzbuchs voraussetzt, trifft die Personen im Staatsgebiet und nur diese. Wenn dagegen die Niederlande zur Aufrechterhaltung der Ruhe und Ordnung einen regelmäßigen Dienst in der Schutterij vorsehen, so obliegt dieser Dienst zwar Inländern und Ausländern, aber doch nach der Natur der Dinge nur solchen Personen, die durch dauernden Aufenthalt mit der Gemeinde verbunden sind.[9])

Von besonderem Interesse sind in diesem Zusammenhang Anzeigepflichten im Dienst der Sicherheitspolizei. Eine Verpflichtung, bevorstehende Verbrechen anzuzeigen, kann nur den Personen auferlegt werden, die vermöge ihres Aufenthalts im Gebiet der Staatsgewalt zu Gebote stehen. Auf den Ort, wo von der vorbereiteten Handlung Kenntnis genommen wurde, kommt es dabei nicht an. Und ebensowenig wird bei allgemein lautenden Vorschriften unterschieden werden dürfen, ob das Verbrechen gegen inländische oder ausländische Interessen gerichtet sein sollte. Eine solche Unterscheidung nach den Interessen würde nicht nur unleidliche Schwierigkeiten bei der Abgrenzung wachrufen, sondern auch gegen den früher erwähnten Satz verstoßen (oben § 6 Z. 5), daß Schutzvorschriften, die nur das Inland erlassen kann, nicht deshalb von der Anwendung ausgeschlossen sein sollen, weil sie im einzelnen Fall nur dem Ausland nützen. Aber freilich eine solche Verpflichtung

---

[7]) Urteil vom 5. V. 1877 Entscheidungen 2, 399.

[8]) v. Salis, Schweizerisches Bundesrecht 1, 395 f. 398 n. 100 und 105.

[9]) L. de Hartog, Staatsrecht der Niederlande (1886) 78; v. Salis Schweizerisches Bundesrecht 2, 342 n. 516.

kann auch echter Kriminalisierung unterworfen sein wie in § 139 des deutschen Strafgesetzbuches, so daß die unterlassene Anzeige nicht als Verletzung einer verwaltungsrechtlichen Verbindlichkeit, sondern als unmittelbarer Bruch des Rechtsfriedens und damit als selbständiges Verbrechen betrachtet wird; alsdann greift internationales Strafrecht ein, und es erwächst die Möglichkeit, auch Personen im Ausland zur Anzeige zu nötigen.[10])

In diesen Zusammenhang gehört auch die Anzeigepflicht für gefundene Gegenstände. Sie kann rein zivilrechtlich konstruiert sein wie in § 965 des deutschen BGB., so daß ein Unterbleiben der geforderten Anzeige nur zivilrechtliche Nachteile mit sich bringt, den Verlust des Anspruchs auf Finderlohn, die Haftung für entstandenen Schaden; alsdann entscheidet nach internationalem Zivilrecht das Recht des Fundortes.[11]) Die Anzeigepflicht kann aber auch verwaltungsrechtlich gestaltet sein als eine Verbindlichkeit, die dem Finder von Amts wegen auferlegt ist. Als der Schaden, dem durch die Maßregel vorgebeugt werden soll, wird dabei regelmäßig die Vermögensgefährdung des Verlierers in Betracht kommen, die durch die Aufnahme des verlorenen Gegenstands bewirkt wird; daher wiederum Zuständigkeit des Fundorts, zugleich der Ort, dessen Polizeigewalt der Finder vermöge seiner notwendig vorauszusetzenden Anwesenheit auch persönlich unterworfen ist. Immerhin sind hier

---

[10]) Insoweit § 139 des Strafgesetzbuchs Anzeige bei einer „Behörde" verlangt, wird eine deutsche Behörde gemeint sein, wenn es sich um Verbrechen handelt, denen zu begegnen die inländische Behörde in der Lage ist. Für Verbrechen im Ausland dagegen wird zumeist eine Anzeige bei der ausländischen Sicherheitsbehörde in Frage kommen, und es kann die Auflage einer solchen Verbindlichkeit durch einen andern Staat eben deßhalb nicht anstößig erscheinen, weil sie nicht als verwaltungsrechtliche Verbindlichkeit, sondern zur Wahrung des Rechtsfriedens gefordert wird. Die Notwendigkeit, bei Auslandsdelikten das Recht des fremden Tatorts zu berücksichtigen, springt freilich bei der Bestrafung einer im Ausland unterlassenen Anzeige in die Augen. De lege ferenda will Mendelssohn Bartholdy in Vergleichende Darstellung des deutschen und ausländischen Strafrechts (1908) Allgemeiner Teil 6, 302 die Zuständigkeit zur Bestrafung der unterlassenen Anzeige abhängig machen von der Zuständigkeit, die das Inland zur Bestrafung des nicht angezeigten Verbrechens besitzt. Doch stehen dem nicht nur praktische Bedenken entgegen. Entweder man betrachtet die Strafdrohung gegen den Mitwisser als die Sanktion einer juristisch selbständigen verwaltungsrechtlichen Anzeigeverbindlichkeit; dann kann sie nur wirksam werden, soweit eine solche verwaltungsrechtliche Verbindlichkeit begründet ist, gegen Personen inländischen Aufenthalts. Oder man sieht in der Untätigkeit des Mitwissers ein Verhalten, das um seiner selbst willen, als Betätigung einer gemeinschädlichen Gesinnung strafwürdig ist; dann besteht kein Grund, von der sonstigen Erstreckung der Strafzuständigkeit abzuweichen.

[11]) Amerikanisches Recht, wenn eine Sache auf einem deutschen Dampfer im Hafen von New-York gefunden wurde; Oberlandesgericht Hamburg 14. V. 1904 Zeitschrift 15, 313.

Abweichungen möglich. Die Ordonnance de la marine von 1681 verlangt Anzeige von der Aufnahme seetriftigen Guts bei der Seebehörde; ein Urteil des Appellhofs Douai[12]) führt zutreffend aus, daß die Bestimmung nicht nur die Rechte des Eigentümers sichern, sondern insbesondere auch den seemännischen Geist der Mannschaft schützen und sie vor Versuchung zu Unehrlichkeit oder Gewalttat bewahren wolle, weshalb die Vorschrift für französische Schiffe auch dann gelten müsse, wenn die Aufnahme in fremden Gewässern erfolgt ist. Davon unabhängig wird in solchen Fällen allerdings auch der örtlich beteiligte Staat die Anzeige bei seinen Behörden fordern können. — Die Verpflichtung, von der Aufnahme gefundenen Guts Mitteilung zu machen, kann aber wiederum auch eine kriminalrechtliche Behandlung finden: wer die Anzeige unterläßt, soll wegen Unterschlagung, Hehlerei bestraft werden. Dann gilt auch hier, daß die unterlassene Anzeige als Störung der öffentlichen Rechtssicherheit empfunden wird, daß die Strafe nicht den Zweck hat, die Erfüllung eines subjektiven Anspruchs der Polizei sicherzustellen, sondern daß die unterbliebene Anzeige dem Gesetzgeber objektiv als Unrecht erscheint, auch dann, wenn die Anzeige an eine Behörde des Auslands zu erstatten war, daß demgemäß nach den Grundsätzen des internationalen Strafrechts auch Versäumnisse im Ausland für das Inland strafbar werden können.[13])

Tatsächliche Abwehr.

3. Die Abwehrmaßnahmen, deren sich die Sicherheitspolizei bedient, können tatsächlicher Art sein, und es ist klar, daß Zwangshandlungen fremder Polizeiorgane im Staatsgebiet grundsätzlich ausgeschlossen sind. Aber gehen die Beschränkungen fremder Tätigkeit im Inland noch weiter? Es handelt sich hier vor allem um die Tätigkeit einer vom Ausland unterhaltenen Geheimpolizei im Inland, deren Zulässigkeit schon mehrfach Gegenstand der politischen Erörterung gewesen ist. Zur Überwachung von Anarchisten und Revolutionären hatte der Polizeiinspektor Wohlgemuth in Mühlhausen (Elsaß) einen Schneider in Basel angeworben, der ihm die gewünschten Auskünfte liefern sollte; die Schweiz weist 1889 den Agenten und bei einer vorübergehenden Anwesenheit in der Schweiz auch den Inspektor aus und erklärt in einem Notenwechsel mit Deutschland, „daß es

---

12) 18. XII. 1882, Journal 11, 184.

13) Gerade die Ordonnance de la marine 4, 9, 19 bestraft es als Hehlerei, wenn die Aufnahme seetriftigen Guts binnen 24 Stunden nach der Landung nicht angezeigt wird. Doch handelt es sich bei der Eigenart des Verhältnisses hier stets um eine Anzeige bei den französischen Behörden, daher nach den auch hier zutreffenden Ausführungen des Appellhofes Douai um ein Verbrechen, dessen Tatort notwendig in Frankreich liegen muß.

unmöglich sei, mit irgend jemandem die Ausübung der Polizei auf unserem Gebiet zu teilen, daß das ein Ausfluß der Souveränität sei, und daß wir dieses Souveränitätsrecht nicht antasten lassen dürfen".[14]) Einige Jahre später wurde über die Tätigkeit italienischer Geheimpolizisten in der Schweiz geklagt. Damals scheint der Bundesrat von der Meinung ausgegangen zu sein, daß er gegen diese Geheimpolizisten nicht einschreiten könne, so lange sie nicht irgendeine Ungesetzlichkeit begangen haben, daß aber in einer privaten Überwachung allein eine solche Ungesetzlichkeit nicht gefunden werden könne.[15]) 1904 ist die Frage im deutschen Reichstag und im preußischen Abgeordnetenhaus erörtert worden. Indessen hatte hier die Überwachung der russischen Anarchisten durch ein Mitglied der russischen Botschaft und dessen Hilfsorgane mit Zustimmung des Reichs und Preußens stattgefunden, so daß sich die Debatte in ihrem Kern nicht mit der juristischen Zulässigkeit der Überwachung, sondern mit der politischen Zweckmäßigkeit der erteilten Zustimmung befaßte.[16])

Nun soll vorweg davon abgesehen werden, daß diese Agenten sich Zwangsbefugnisse anmaßen. Aber ist die bloße Nachrichtenbeschaffung durch solche Organe, ihre eigentliche Aufgabe, völkerrechtlich einwandfrei? Es ist hier schon mehrfach erwähnt worden, daß die Einholung von Aufschlüssen durch Abgesandte eines fremden Staates nicht zu beanstanden ist. Kommissionen, welche die Wildbachverbauungen besichtigen, die Gerichtsorganisation studieren, kommen mit der Gebietshoheit des Inlands nicht in Widerspruch. Und das wird an sich auch für die Nachrichtenbeschaffung im Interesse der Sicherheitspolizei gelten müssen. Man könnte die Beschränkung der freien Bewegung für unstatthaft erklären wollen,

---

[14]) Archives diplomatiques 1889 II, 369ff.; III 332ff.; v. Salis, Bundesrecht 1, 407ff. n. 119. Eine der Noten der Schweiz (Archives III 339) erklärt allerdings, daß die Ausweisung Wohlgemuths nicht deshalb erfolgt sei, weil er Nachrichten eingezogen, sondern weil er Umtriebe begünstigt habe.

[15]) Münchner Neueste Nachrichten 3. IX. 1898.

[16]) Verhandlungen des Reichstags vom 19. I. und vom 27. und 29. II. 1904 Stenographische Berichte 1903/1904 1, 371ff.; 2, 1343ff. 1363ff. Verhandlungen des preußischen Hauses der Abgeordneten 22. II. 1904 Stenographische Berichte 1904 2, 1601ff. Die verschiedenen Reden des Ministers v. Hammerstein scheinen (auch unabhängig von der erteilten Genehmigung) von der Anschauung auszugehen, daß die Tätigkeit der fremden Agenten, so lange sie sich nicht mit den Strafgesetzen in Widerspruch setzen, rechtlich einwandfrei ist. Die Abgeordneten Öser und Peltasohn im Abgeordnetenhaus (Sp. 1637, 1645), Schrader im Reichstag (S. 1371) erklären solche Tätigkeit als rechtswidrig, zumal Schrader, der beanstandet, daß hiedurch „vom Ausland aus eine Einwirkung auf unsere Verhältnisse geübt wird", „daß vom Ausland aus hier eine Organisation bestehen soll". Ein Antrag Auer und Genossen, die Zulassung ausländischer Polizeiagenten zur Überwachung der Ausländer im Reich durch Gesetz zu verbieten, wurde im Reichstag abgelehnt (S. 1369, 1407).

die für den Betroffenen aus der Überwachung erwächst; aber sie besteht gleichmäßig, ob eine Überwachung im Auftrag des fremden Staats oder einer Scheidung begehrenden Ehefrau erfolgt; Abhilfe wäre geeignetenfalls nicht auf dem Boden des Völkerrechts, sondern des Straf- und Verwaltungsrechts zu suchen. Man könnte die Überwachung gerade für den fremden Staat bemängeln, insofern die Tätigkeit seiner Agenten im Inland die Voraussetzungen schafft, unter denen eine künftige Ausübung seiner Staatsgewalt erfolgen kann. Aber die Gebietshoheit hat ihren bestimmten, historisch gewordenen Inhalt; die Begründung von Möglichkeiten hat wohl noch nie als Gebietsverletzung gegolten. Und so glaube ich, daß, wenn überhaupt, bei einer Tätigkeit ausländischer Geheimpolizei im Inland nur die Form, nicht der Inhalt zu beanstanden ist: die Organisation einer staatlichen Behörde in fremdem Staatsgebiet. Es scheint, daß die örtliche Fixierung von Staatsgeschäften in fremdem Gebiet nach gegenwärtigem Völkerrecht als unzulässig angesehen werden muß; Gesandtschaften und Konsulate beweisen es durch das Erfordernis einer Genehmigung für jeden ihrer Inhaber. Darnach wäre es also einwandfrei für einen Staat, einen Polizeibeamten zu entsenden, der bestimmte Einzelpersonen beobachten soll, ein Detektivbureau im fremden Staat zu beauftragen, das für jedermann arbeitet; aber auch die Anwerbung besonderer Agenten in diesem Gebiet scheint noch zulässig, wenn sie, von auswärts geleitet, im Dienst nicht des Staates, sondern einer Einzelperson, wenn auch eines staatlichen Beamten stehen (Fall Wohlgemuth). Unstatthaft hingegen müßten ohne besondere Erlaubnis Organisationen wie diejenigen der russischen Geheimpolizei in Berlin erscheinen, und auch eine Angliederung an die Botschaft, die ihrerseits nur für bestimmte Angelegenheiten als Behörde zugelassen ist, könnte daran materiellrechtlich nichts ändern.

Alle diese Schwierigkeiten entfallen, wo die Geheimpolizei mit Zustimmung des Aufenthaltsstaates arbeitet, wie das mehrfach zugunsten Rußlands und auch für Beamte anderer Staaten eingeräumt worden ist.[17]) Aber auch eine Ausübung der Staatsgewalt in fremdem Gebiet wird zulässig, wenn der Aufenthaltsstaat seine Einwilligung gibt. Beziehen sich die einschlägigen Verträge vorwiegend auf eine Tätigkeit der Sicherheitspolizeibehörden bei Verfolgung und Bestrafung begangener Verbrechen und damit auf Angelegenheiten des internationalen Strafprozeßrechts und Strafrechts, so fehlt es doch auch nicht an Vereinbarungen, welche die Sicherheitspolizei in ihrem eigenen Wirkungskreis angehen. Eine Reihe deutscher Staatsverträge ermächtigt zur Nacheile gegen „flüchtige Verbrecher und andere

[17]) Staatssekretär v. Richthofen im Reichstag 19. I. 1904 Stenographische Berichte 378.

der öffentlichen Sicherheit gefährliche Personen".[18]) Vereinbarungen Bayerns mit Württemberg, Hessen, Österreich gestatten, „bezüglich sicherheitsgefährlicher Individuen" Erkundigungen im andern Gebiet einzuziehen, und bestimmen: „Den Anordnungen der Grenzbehörden des einen Staates zur Vornahme gemeinschaftlicher Sicherheitsstreifen ist von den Grenzbehörden des andern bereitwillig entgegenzukommen, und dabei der Übertritt der Sicherheitswachen in das Grenzgebiet des andern Staates . . gestattet". Noch weitergehend heißt es in den Verträgen mit Württemberg und Hessen Art. 3: „Auf Verlangen einer Polizeibehörde des einen der beiden Staaten sind die Sicherheitsorgane des anderen befugt, nicht bloß bei Elementarereignissen, sondern im Interesse der Sicherheit überhaupt in dem Grenzgebiet des Staates der requirierenden Behörde dienstliche Funktionen, jedoch nur nach den Anordnungen der leitenden Polizeibehörde zu übernehmen"; und Art. 4: „In dringenden Fällen sind die Sicherheitswachen beider Staaten ermächtigt, den Grenzpolizeibehörden des andern Gebiets mündliche, die öffentliche Sicherheit betreffende Rapporte zu erstatten". Dazu Art. 8: „Die zur Erhaltung der öffentlichen Sicherheit aufgestellten Personen haben auch bei ihren in Gemäßheit der gegenwärtigen Übereinkunft jenseits der Grenze vorzunehmenden Handlungen sich im allgemeinen und vorbehaltlich der im Art. 3 gemachten Ausnahme nach den Bestimmungen der ihnen von ihrer Behörde gegebenen Dienstvorschriften zu achten und sind für deren Beobachtung nur der eigenen Regierung verantwortlich."

Zuständigkeit zur See, in Ländern mit Konsulargerichtsbarkeit.

4. Im Bereich eines Seehafens obliegt die Ausübung der Sicherheitspolizei zunächst den örtlichen Behörden. Als das peruanische Schiff „Maria Luz" in den Hafen von Yokohama einlief, befrachtet mit Kulis, die im Zustand der Unfreiheit nach Peru verbracht werden sollten, haben die japanischen Behörden im Rahmen ihrer Zuständigkeit gehandelt, als sie für Freilassung dieser Personen Sorge trugen.[19])

---

[18]) Bayern-Hessen 1839 und 1855, Weber 3, 308 und 4, 699; Preußen-Hessen 1841, preußische Gesetzessammlung 1841, 67; Bayern-Österreich 1852 und 1855, Weber 4, 536; Preußen-Österreich 1864 bei H. Lammasch, Auslieferungspflicht und Asylrecht (1887) 834. Bayern-Württemberg 1831 und 1854, Weber 4, 614, nennt „Verbrecher und andere verdächtige Personen". Weitere Verträge erwähnt Lammasch 835[3].

[19]) Vgl. Perels, Internationales Seerecht[2] 68[3]. Auch in dem Fall der „Créole" (W. B. Lawrence, Commentaire sur Wheaton 1873 3, 436ff.), der allerdings durch eine unterlaufende Frage des Auslieferungsrechts verwickelter lag, ist von seiten Englands die Befugnis in Anspruch genommen worden, die

Soweit es sich allerdings um die inneren Angelegenheiten der Schiffsmannschaft handelt, pflegt in den Ländern „französischen Systems“ die Aufrechterhaltung der Ordnung und damit auch die Übung der Sicherheitspolizei dem Staat der Flagge überlassen zu bleiben;[20]) als wichtigster Fall käme die Niederschlagung von Unbotmäßigkeiten in Betracht. Auch die Brüsseler Antisklavereiakte Art. 35 ff. hat von diesem Gedanken Gebrauch gemacht, insofern die Anmusterung und Abmusterung schwarzer Bemannung, die Einschiffung und Ausschiffung schwarzer Passagiere zunächst von den Behörden der Flagge und nur hilfsweise von den örtlichen Behörden des Hafens überwacht werden soll. Im übrigen werden die Rechte des Uferstaats auch unabhängig von dem zu verfolgenden Tatbestand durch zahlreiche Staatsverträge nach der Richtung eingeschränkt, daß zu der Anwendung polizeilicher Zwangsmittel die Zuziehung des Konsuls der Flagge vorgeschrieben wird.[21])

In den Küstengewässern obliegt die Ausübung der Sicherheitspolizei den Kriegsschiffen des Uferstaats.[22]) Auf hoher See beschränken sich ihre Befugnisse auf die Fahrzeuge eigener Flagge.[23]) Doch finden sich nach beiden Richtungen Durchbrechungen dieser Ordnung, bei der Bekämpfung von Seeraub und Sklavenhandel.[24])

Insassen eines amerikanischen Sklavenschiffes in englischem Hafen freizulassen. Umgekehrt hat aber auch Südcarolina seine Vorschrift, die freien Negern den freien Aufenthalt im Staatsgebiet verbot, auf die farbige Besatzung fremder Schiffe angewandt und die freie Mannschaft eingelaufener Schiffe bis zur Entladung in Polizeihaft genommen; vgl. Perels a. a. O.

[20]) v. König, Konsularwesen[7] 1, 584 ff.; Perels[2] 61 ff.

[21]) Dazu etwa Lasciac, Österreichische Zeitschrift für Verwaltung (1904) 37, 143 ff.

[22]) Ein Anwendungsfall in der Brüsseler Antisklavereiakte Art. 42.

[23]) Z. B. Antisklavereiakte Art. 25, 30.

[24]) Und beide Tätigkeiten können in den Bereich der Sicherheitspolizei fallen. P. Stiel, Der Tatbestand der Piraterie (1905) 24, 28, 52 ff. erklärt die Unterdrückung des Seeraubs, soweit vom Völkerrecht beeinflußt, schlechtweg als eine Angelegenheit der Seepolizei, in dieser Allgemeinheit wohl zu weit gehend; denn es wird auf die Art der Abwehrmittel ankommen, welche die einzelnen Staaten zur Anwendung bringen. Wo das Endziel der Aktion nur die Bestrafung der Schuldigen ist, wie anscheinend nach deutschem Recht, gehört der Gegenstand in das Strafrecht, leisten die eingreifenden Kriegsschiffe Dienste der gerichtlichen Polizei. Wo hingegen die Aktion gegen das Schiff als solches gerichtet ist, in Frankreich, Spanien, den Vereinigten Staaten (Stiel 46 f., 58 f.), handelt es sich in der Tat um eine Angelegenheit der Sicherheitspolizei. — Ganz dasselbe aber muß auch für die seerechtliche Bekämpfung des Sklavenhandels nach der Brüsseler Generalakte gelten. Das Einschreiten der Kriegsschiffe richtet sich in erster Reihe gegen das belastete Schiff, nicht gegen die des Sklavenhandels beschuldigten Personen, und kann darum insoweit auch nicht dem Strafrecht angehören. Ebensowenig kann ihr Einschreiten etwa in das Zivilrecht gezogen werden, als auf Herbeiführung des Eigentumserwerbs an der Prise gerichtet; ein solcher Erwerb ist Folge, aber

Ob der Seeräuber in fremde Küstengewässer nach allgemeinem Völkerrecht verfolgt werden darf, ist streitig; China hat in einer Anzahl von Staatsverträgen diese Befugnis ausdrücklich zugestanden.[25]) Für die hohe See wird der Satz des Völkerrechts wichtig, daß Seeraub denationalisiert; er gestattet Anwendung der polizeilichen Zwangsmittel auch gegen Schiffe fremder Flagge, von der Durchsuchung bis zur Wegnahme und Vernichtung, aber freilich — von Belang für die Durchsuchung — nur unter der Voraussetzung, daß sich der Verdacht des Seeraubs nachträglich auch wirklich bestätigt.[26]) Zur Unterdrückung des Sklavenhandels aber haben sich die Teilnehmer der Brüsseler Generalakte nach dem Vorgang älterer Verträge besonders zugestanden (Art. 42 ff.), daß verdächtige Fahrzeuge auch von Kriegsschiffen der anderen Vertragsstaaten untersucht werden dürfen. Das angehaltene Schiff verbleibt in solchem Fall unter der Staatsgewalt der Flagge (Art. 49, 50); der die Untersuchung vornehmende Offizier soll (Art. 46) vor dem Verlassen des angehaltenen Schiffes „in den Formen und in der Sprache des Landes, welchem er angehört“, ein Protokoll aufnehmen.[27])

Wie sich die Zuständigkeit in Ländern verteilt, in denen Konsulargerichtsbarkeit geübt wird, läßt sich auch für die Angelegenheiten der Sicherheitspolizei durchaus nicht a priori bestimmen. Es wird gerade hier das Bestreben des Aufenthaltsstaates sein, die Regelung an sich zu ziehen; in jedem Fall aber ist er genötigt, vor der vertragsmäßigen Unantastbarkeit der Person und der Wohnung des Fremden[28]) halt zu machen. Ihre Vorschriften über Waffentragen, über Herstellung und Verkauf von Schießbedarf beansprucht die Türkei gleichmäßig auf ottomanische und auf fremde Staatsangehörige zur Anwendung zu bringen,[29]) wenn dabei auch Erklärungen der Konsulate zur Grundlage der von der Türkei zu gewährenden Er-

---

nicht Gegenstand der Aktion, die vielmehr auch hier Zwecke der Sicherheitspolizei verfolgt, Schutz der persönlichen Freiheit durch die Machtmittel des Staates.

[25]) Vgl. Stiel 27[7]. Hieher gehörig, soweit die Verfolgung unter dem Gesichtspunkt der Sicherheitspolizei stattfindet.

[26]) Die Annahme Stiels 12, daß die Untersuchung verdächtiger fremder Schiffe auf Seeraub ohne Rücksicht auf die Bestätigung des Verdachts eine rechtmäßige Handlung bedeute, scheint nicht begründet.

[27]) Über den Quintupelvertrag und andere ergänzende Vereinbarungen vgl. die amtliche Zusammenstellung Belgiens bei Martens, Nouveau recueil général[2] 16, 30 ff. 40 ff.

[28]) Über die Rechtslage der Eingeborenenschiffe französischer Flagge in Maskat bei Überwachung des Sklavenhandels Spruch des Haager Schiedshofes 8. VIII. 1905, Zeitschrift 18, 481.

[29]) Polizeiinstruktionen 1. VIII. 1871 Art. 38 f. Young (zit. oben S. 8 Anm. 18) 2, 295; Verordnung 4. II. 1876 Art. 22 Young 2, 309. Die Waffeneinfuhr ist zum Teil durch Staatsvertrag geordnet; Young 2, 296 ff.

laubnisse genommen werden.[30]) In Ägypten ist die Überwachung der Betriebe mit öffentlichem Verkehr, von Bettel, Landstreicherei, Hausierhandel, und überhaupt die Sorge für die öffentliche Sicherheit ausdrücklich zum Gegenstand des örtlichen Verordnungsrechts erklärt worden.[31]) Für Marokko wurde der Waffenhandel durch Kollektivvertrag geordnet,[32]) dessen Durchführung der örtlichen Gewalt überlassen ist, und es ergehen die für die Durchführung erforderlichen Verordnungen und Verwaltungsakte zwar im Einvernehmen mit den fremden Gesandtschaften, aber als Willensäußerungen Marokkos.[33])

Auf der andern Seite verbleibt dem Heimatstaat in Ländern der Konsulargerichtsbarkeit zum mindesten die Anwendung von Zwangsmitteln,[34]) vielleicht auch die sachliche Ordnung. Bei Anwendung heimatlicher Strafbestimmungen aber bedarf es der Vorsicht. Nach § 360² des deutschen Strafgesetzbuchs wird bestraft, wer „heimlich oder wider das Verbot der Behörde Vorräte von Waffen oder Schießbedarf aufsammelt". Wenn das Reichsgericht die Bestimmung auf Handlungen im Konsularbezirk ohne weiters zur Anwendung bringt,[35]) so mag das für eine heimliche Ansammlung richtig sein, insofern man in dem ersten Glied dieser Strafdrohung eine Vorschrift des Kriminalstrafrechts zu erblicken hat. Aber das zweite Glied mit seiner verwaltungsrechtlichen Ermächtigung beschränkt sich auf Zuwiderhandlungen gegen Verbote, die eine Behörde im Reichsgebiet erläßt; seine Anwendung im Bereich der Konsulargerichtsbarkeit wäre selbst dort ausgeschlossen, wo das Reich eigene Zuständigkeit in Sachen der Sicherheitspolizei besäße.[36])

---

[30]) Bescheid und Rundschreiben bei Young 2, 295¹ 295³ 301¹.

[31]) Lamba (zit. oben S. 8 Anm. 18) 212ff. Doch hat die Verordnung über die Betriebe mit öffentlichem Verkehr mit ihrem Haussuchungsrecht zu Verwicklungen geführt, Lamba 216ff., 317ff.; vgl. auch Ravaut-Bignon (ebendort) 77f., 83ff.

[32]) Algecirasakte 7. IV. 1906 Kapitel 2, Reichsgesetzblatt 901.

[33]) Über die Unsicherheiten, die der Vertrag in dieser Beziehung enthält, van Eysinga, Zeitschrift für Völkerrecht 3, 556.

[34]) Das konsularische Ausweisungsrecht ist gerade auch durch die Bedürfnisse der Sicherheitspolizei zur Ausbildung gelangt; vgl. oben S. 8ff.

[35]) Urteil vom 8. VII. 1907, Archiv für Strafrecht (1907) 54, 476.

[36]) Es kann sein, daß in einem Gebiet, in dem Konsulargerichtsbarkeit geübt wird, die Ordnung der Sicherheitspolizei schon verwaltungsrechtlich Deutschland zusteht: dann kann § 360 als ermächtigende Vorschrift des Verwaltungsrechts nicht zur Anwendung kommen, weil reichsdeutsches Verwaltungsrecht im Bereich der Konsulargerichtsbarkeit nicht gilt, und es bedarf, den Gegenstand zu ordnen, einer selbständigen polizeilichen Verordnung des Konsuls nach § 51 des Konsulargerichtsbarkeitsgesetzes. Es kann ferner sein, daß der Gegenstand zwar verwaltungsrechtlich der Ordnung der örtlichen Staatsgewalt unterliegt, daß aber die ergänzende Strafdrohung von Deutschland ausgehen muß; auch hier bedarf es einer Verordnung nach

Zusammenwirken mehrerer Staaten.

5. Schon die vorausgehenden Erörterungen über die Grenzen der Polizeigewalt haben Fälle behandelt, bei denen ein Zusammenwirken der Staaten in Frage kam.[37]) Ein Zusammengehen zur Bekämpfung der Zigeunerplage ist erst neuerdings zwischen Deutschland, Frankreich, Großbritannien, der Schweiz in Aussicht genommen worden.[38]) Eine wechselseitige Unterstützung in Angelegenheiten der Sicherheitspolizei ist aber auch sonst vielfach Gegenstand von Verträgen gewesen und hat sich zumal nach zwei Richtungen zu einer festen Einrichtung des Völkerverkehrs ausgestaltet.

Die eine dieser Einrichtungen betrifft den Nachrichtenaustausch zwischen den Sicherheitspolizeibehörden der verschiedenen Staaten. Ein solcher Austausch soll auf Grund der (nicht veröffentlichten) Beschlüsse der Konferenz zur Bekämpfung des Anarchismus in das Leben getreten sein.[39]) In reichem Umfang hat davon die Brüsseler Generalakte zur Bekämpfung des Sklavenhandels Gebrauch gemacht,[40]) und ebenso der internationale Vertrag zur Bekämpfung des Mädchenhandels (vgl. darüber unten § 22 Z. 3). Die Maßregel wird neuerdings allgemein zur Bekämpfung der „internationalen Verbrechen“ empfohlen;[41]) doch scheint schon gegenwärtig ein solcher Verkehr zwischen den Zentralen der wichtigeren Staaten stattzufinden.[42])

Die andere dieser Einrichtungen — sie dient nicht ausschließlich, aber zu einem erheblichen Teil den Zwecken der Sicherheitspolizei — ist die wechselseitige Mitteilung strafrechtlicher Verurteilungen, die einen Angehörigen des benachrichtigten Staats betroffen haben, wie sie in überaus zahlreichen Staatsverträgen vorgesehen ist und

---

§ 51 KGG. Ausnahmsweise mag das Strafverfahren wegen Zuwiderhandlungen vor den deutschen Konsul gehören, dieser aber nach § 49 KGG. auf die Anwendung örtlicher Strafdrohungen gegen den Zuwiderhandelnden verwiesen sein; und es kann sein, daß das Strafverfahren selbst den (einheimisches Strafrecht anwendenden) örtlichen Gerichten überwiesen ist — für eine Geltung des deutschen § 360 bleibt hier nirgends Raum. Verwandte Fälle oben S. 76 Anm. 37 und unten § 16 Z. 5.

[37]) Andere Vereinbarungen sicherheitspolizeilichen Inhalts schaffen nur völkerrechtlich gebundenes innerstaatliches Recht. So die Antisklavereiakte Art. 8 über Waffeneinfuhr in die Gebiete der Vertragsstaaten; Algecirasakte Kap. 1 über die Organisation der marokkanischen Polizei.

[38]) Allgemeine Zeitung 30. XII. 1907.

[39]) Döhn, Zeitschrift für die gesamte Strafrechtswissenschaft (1900) 20, 78 f.; Journal 27, 435.

[40]) Art. 11, 26, 27, 41, 73, 77, 81, 91, 95. — Allgemeine Unterstützungspflicht nach Art. 3.

[41]) Mitteilungen der Internationalen kriminalistischen Vereinigung (1906) 13, 245 257 424.

[42]) v. Bitter, Handwörterbuch der preußischen Verwaltung 2, 129. — Vgl. auch Weber 33, 718.

über diesen Rahmen hinaus in tatsächlicher Übung steht.[43]) Mit diesem Austausch von Strafnachrichten erhält zugleich die Einrichtung der Strafregister ihre Begrenzung, eine Einrichtung, die zunächst bestimmt ist, die Verurteilungen innerhalb des Staatsgebiets festzuhalten, als Ordnungsprinzip in den vorgeschritteneren Staaten die Vereinigung der Nachrichten am Geburtsort des Täters angenommen hat,[44]) damit nicht völlig übereinstimmend aber die Stoffsammlung auf die dem Staat angehörigen, nicht auf die im Staat geborenen Personen ausdehnt. Mit der Anlage der Register erwächst aber auch die Möglichkeit, Mitteilungen aus dem Register (über Personen jeder Staatsangehörigkeit) ausländischen Staaten zukommen zu lassen.[45])

---

3. Kapitel.

Vereine und Stiftungen.

§ 10. Die Staatsangehörigkeit der Vereine und Stiftungen.

Wer bemüht ist, die örtlichen Grenzen der Staatsgewalt über Vereine und Stiftungen festzustellen, der stößt immer wieder auf ein Hindernis, das diesen Untersuchungen hemmend in den Weg tritt:

---

[43]) Vgl. F. v. Martitz, Internationale Rechtshilfe in Strafsachen (1897) 2, 726f.; F. Böhm, Handbuch des Rechtshilfeverfahrens (1887) 2, 168ff. und Ergänzungsheft 53f.; Seuffert im Wörterbuch des Verwaltungsrechts 2, 572; H. Marchand, Das Strafregister in Deutschland (1900) 30ff., 89, 99ff.; Josef Müller, Vorstrafen und Strafregister (1908) 51ff.; Vincent-Pénaud, Dictionnaire 195 v° casier judicaire n. 13ff. und eine Anzahl Dissertationen dieses Titels: von G. Mironesco (1898) 111ff.; A. Doat (1899) 67ff.; J. Ducaud (1900) 154ff.; P. Jouvenet (1900) 243; A. Moret (1900) 178ff. Verhandlungen des internationalen statistischen Kongresses zu Budapest 1876, des internationalen Gefängniskongresses zu Rom 1885.

[44]) Ausgangspunkt A. Bonneville de Marsangy, De la localisation au greffe de l'arrondissement natal des renseignements judiciaires 1849. Köbner, Zeitschrift für Strafrechtswissenschaft (1893) 13, 648ff. und Mitteilungen der Internationalen kriminalistischen Vereinigung (1896) 5, 209f. 232f. Rechtsvergleichung bei Köbner, Zeitschrift a. a. O.; Marchand 114ff.; insbesondere bei Mironesco 131ff., Doat 73ff., Richaud, De l'organisation du casier judiciaire dans les États européens modernes, Revue générale du droit (1909) 33, 5ff.; vgl. auch Ducaud 144ff.; Moret 181ff.; H. Brianceau, Le casier judiciaire (1905) 119ff. Manche Länder zentralisieren die Nachrichten. Österreich hält an der Sammlung in der jeweiligen Heimatgemeinde der Person fest.

[45]) Böhm a. a. O. 2, 168; Müller 53f. und 25; Vincent-Pénaud n. 20—22.

die Staatsangehörigkeit solcher Gemeinschaften.[1]) Die Geltung der Vereinshoheit und Stiftungshoheit soll von der Staatsangehörigkeit des Verbands abhängen,[2]) die Staatsangehörigkeit soll für den Besitz der Rechtsfähigkeit maßgebend sein,[3]) aber auch umgekehrt durch die Verleihung der Rechtsfähigkeit erworben werden[4]) — es ist unerläßlich, sich mit diesem Vorbegriff auseinanderzusetzen.

Vorweg ist hier ein Begriff der „Staatsangehörigkeit" auszuscheiden, der mit diesem Wort nur die Abhängigkeit von einer Rechtsordnung bezeichnet, welche die Verhältnisse der Gemeinschaft regelt.[5]) In diesem Sinn hat jedes Rechtsverhältnis, jeder Kauf, jedes

---

[1]) Aus der umfangreichen Literatur sind hervorzuheben Arminjon, Nationalité des personnes morales, Revue de droit international (1902) 34, 381 ff. und E. Isay, Die Staatsangehörigkeit der juristischen Personen (1907). An deutschen Erörterungen der Frage seien weiter genannt M. v. Seydel, Kommentar zur Verfassungsurkunde für das Deutsche Reich[2] (1897) 55 f.; v. Bar 1, 300[1]; Zitelmann 2, 111; A. Mamelok, Die juristische Person im internationalen Privatrecht (1900) 20 ff., 211 ff.; H. Neumann, Handausgabe des Bürgerlichen Gesetzbuchs (1900) zu Art. 10 des Einführungsgesetzes; O. Denzler, Die Stellung der Filiale im internen und internationalen Privatrecht (1902) 347 f.; G. Jellinek, System der subjektiven öffentlichen Rechte[2] (1905) 261; aus der fremden Literatur neben den Ausführungen bei Laurent 4, 235 ff. n. 120; Vincent-Pénaud, v[is] personnes civiles und société; Fiore-Antoine 1, 332 ff. n. 305; Weiss 2, 392 f.; Vareilles-Sommières 2, 74 ff.; Rolin 3, 288 ff. n. 1268 noch die Erörterungen von P. Fedozzi, Le colonie straniere e le associazioni a cui esse danno origine, Archivio giuridico (1895) 55, 233 ff. speziell 262 ff., und Gli enti collettivi nel diritto internazionale privato (1897) 160 ff. 247 ff.; M. Leven, De la nationalité des sociétés (1899); Arminjon, De la nationalité et de l'indigénat des personnes morales dans l'Empire ottoman, Journal 29, 691 ff. 998 ff., sowie Revue de droit international privé 4, 868; Fadda, La nazionalità delle persone giuridiche, Atti della r. Accademia di scienze morali e politiche di Napoli (1903) 34, 381 ff.; M. Tronquoy, De la notion juridique internationale de la fondation (1908) 270 ff., 312. Weitere Literatur bei Arminjon (Revue de droit international) und Isay, sowie im Journal, Tables 1, 587.

[2]) Arminjon, Revue de droit international 34, 439; Fälle der Benediktiner von Douai, der Fuldaer Stiftungen, der Bruderschaft der Griechen in Neapel, der griechischen Gemeinde in Venedig, die Angelegenheit von S. Gerolamo unten § 11 Z. 5, § 13 Z. 3 und 4.

[3]) Fedozzi, Archivio 268 f. und Enti collettivi 250.

[4]) Fiore, Weiss, Neumann, Jellinek, Tronquoy a. a. O. Mexikanisches Gesetz 28. V. 1886 Art. 5 bei Weiss 2, 393[1]. Pretura Rom 1. III. 1902 bei Fadda 393. Ebenso wohl Cour mixte Alexandrien 29. IV. 1908 Revue 4, 869. Aber auch Fedozzi, Archivio 279 und Enti 161!

[5]) So besonders Arminjon, Revue de droit international privé 4, 868: *Toute société existe en fait, ne fût-ce qu'un instant de raison, avant d'exister légalement. Du jour où elle existe en fait, elle dépend d'une loi à laquelle elle doit se soumettre sous peine de nullité. Cette dépendance est sa nationalité.* Aber freilich, der Verfasser fährt fort: *La législation de chaque Etat détermine souverainement quelles sociétés et quels individus elle considère comme ses ressortissants* usw. Nicht unähnlich Tronquoy 271 f.

Testament seine „Staatsangehörigkeit.“ Sie ist nicht Ausgangspunkt, sondern Endpunkt der Frage nach dem zuständigen Staat, eine andere Formulierung der Frage nach dem „Sitz des Rechtsverhältnisses“, ein zweckloser Umweg, nur geeignet, Verwirrung anzustiften. Für eine Abgrenzung der Hoheit über Vereine und Stiftungen könnte nur eine Staatsangehörigkeit als öffentlichrechtlicher Status, als rechtliche Beziehung sui generis abseits von den einzelnen Rechtsverhältnissen des Staatsangehörigen in Betracht kommen, an die bei der Ordnung dieser einzelnen Verhältnisse vielmehr als an etwas gegebenes bereits angeknüpft werden kann.

Juristische Personen sind einer Staatsangehörigkeit im Sinn des Staatsrechts fähig. Formelles Kriterium solcher Staatsangehörigkeit ist der staatliche Wille zur Einverleibung; ihn beweist präsumtiv die besondere Macht über die Person. Doch wäre dem auch anders, gewiß ist, daß zahlreiche Einzelbestimmungen einer Rechtsordnung nach der Staatsangehörigkeit der Beteiligten unterscheiden, und daß darnach auch für juristische Personen festgestellt werden muß, ob sie wie Staatsangehörige des Inlands oder des Auslands behandelt werden sollen. Die Staatsangehörigkeit ist eine rechtliche Beziehung zwischen einem Staat und der ihm angehörenden Person. Daraus aber folgt: nur rechtsfähige Verbände können eine Staatsangehörigkeit besitzen. Der nichtrechtsfähige Verein mag zwar gesellschaftlich oder wirtschaftlich dem Interessenkreis eines bestimmten Staates angehören; juristisch mangelt ihm die Zusammenfassung zur Einheit, welche den Eintritt in ein rechtliches Beziehungsverhältnis erst möglich macht.[6]) Daraus aber folgt weiter: die Gewährung der Rechtspersönlichkeit — mag sie durch besonderen Verwaltungsakt oder durch generelle Zulassung geschehen — ist der Schöpfungsvorgang, der die Möglichkeit staatlicher Beziehungen eines Verbands erst begründet; die juristische Person besitzt die Staatsangehörigkeit des Staats, von dem sie ihre Persönlichkeit herleitet. Das erhellt ohne weiteres für juristische Personen des öffentlichen Rechts, die in den Organismus des begründenden Staates aufgenommen sind; aber auch Personen des Privatrechts wird der Staat, der sie geschaffen hat, nicht leicht verleugnen.[7]) Auf der andern Seite

---

[6]) Das verkennt besonders Fedozzi, Archivio 262ff., Enti collettivi 247ff., woraus dann alle weiteren Schwierigkeiten seines Aufbaues erwachsen; aber auch Isay 147ff. und Arminjon a. a. O. In die Lücke tritt bei einem nichtrechtsfähigen Verein, wo es auf die Staatsangehörigkeit ankommt, jene der Mitglieder. Nur bleibt zu beachten, daß der Besitz der Rechtsfähigkeit einer mannigfachen Abstufung fähig ist, und daß nichts entgegensteht, einen Verband nach gewissen Richtungen als der Rechtsfähigkeit ermangelnd, nach anderen als zur Einheit zusammengefaßt zu behandeln; für den Bereich, für den er rechtsfähig ist, kann der Verband auch als staatsangehörig behandelt werden.

[7]) Es geschieht wunderlicherweise in § 2 des deutschen Konsulargerichtsbarkeitsgesetzes in Verbindung mit der Anordnung des Reichskanzlers vom

aber kann der Verband einem Staat nicht angehören, von dem er seine Persönlichkeit nicht herleitet. Nimmt ein Staat die Angehörigkeit eines Verbands in Anspruch, so muss er seine Eigenschaft als Rechtssubjekt voraussetzen. Die Eigenschaft als Rechtssubjekt aber kann man nicht schlechtweg besitzen, sondern nur im Verhältnis zu einem bestimmten einzelnen Staat. Wäre die Stellung von einem fremden Staat verliehen, so wäre das als eine res inter alios acta für den Zugehörigkeit fordernden Staat mindestens so lange ohne rechtliche Bedeutung, als er nicht kraft eigenen Willens erklärte, die Verleihung im Ausland solle einer Verleihung im Inland gleichwertig sein; als er somit nicht selbst über den Erwerb der Rechtsfähigkeit Bestimmung träfe. Also: keine Staatsangehörigkeit ohne Rechtsfähigkeit in diesem Staat. Und die mannigfachen Erörterungen, die angestellt worden sind, ob die Staatsangehörigkeit eines Verbands durch den Sitz seiner Verwaltung oder durch den Ort seiner Betätigung, durch die Staatsangehörigkeit der Mitglieder oder durch die Zwecke, die er verfolgt, durch freie Wahl oder durch ein Zusammentreffen dieser Umstände bestimmt werde, müssen eine Stufe früher einsetzen: bei der Frage, inwieweit ein Staat beim Vorliegen dieser Voraussetzungen befugt ist, die Rechtsfähigkeit zu verleihen.[8])

---

27. X. 1900 (Zentralblatt für das Deutsche Reich 574) §§ 2, 4 für gewisse Gesellschaften des Handelsrechts, selbst dann, wenn sie in das Register eines deutschen Konsuls eingetragen sind.

[8]) Das gilt auch für die Einschränkung Jellineks: „Jede Zuerkennung der Eigenschaft (einer juristischen Person) an eine bisher noch nicht anerkannte Körperschaft verleiht ihr zugleich die Qualität einer inländischen, vorausgesetzt, daß sie ihren Sitz im Inland hat.“ Trifft die Voraussetzung nicht zu, so soll die Rechtsfähigkeit nicht verliehen werden; wurde sie trotzdem gewährt, so ist auch die Staatsangehörigkeit erworben. Die Möglichkeit einer Kompetenzüberschreitung (ein Einwand, den Fadda 396 ff. gegen die im Text vertretene Meinung erhebt) bleibt bei jeder Regelung der Staatsangehörigkeit, die von dem Willen des verleihenden Staates abhängt; gegenüber einer jeden Ordnung aber verbleibt den anderen Staaten die Befugnis, Übergriffen die Anerkennung zu versagen. — Unter den Einwendungen, welche der Ableitung der Staatsangehörigkeit aus der Rechtsfähigkeit entgegengesetzt worden sind, sind ohne weiters hinfällig diejenigen von Vincent-Pénaud v° société n. 5 und von Mamelok 212 f., die übersehen, daß eine Rechtsfähigkeit auch dort vom Staat erworben wird, wo es bei Erfüllung der gesetzlichen Voraussetzungen eines besonderen Verwaltungsaktes zur Verleihung nicht bedarf. Dasselbe gilt für Leven 32 f. und für Arminjon, Revue de droit international 34, 387 f., die überdies die Verleihung der Persönlichkeit und die Anerkennung einer anderwärts erfolgten Verleihung, sowie die gewerbepolizeiliche Zulassung einer juristischen Person nicht auseinanderhalten. Und wenn Staaten wie Rußland (nicht Griechenland) unter den Aktiengesellschaften unterscheiden und die inländischen nebst einem Teil der „ausländischen“ der Genehmigung des Inlands unterstellen, andere nicht, so ist auch hier der Begriff der Staatsangehörigkeit (selbst wenn er

Das Problem der Staatsangehörigkeit juristischer Personen als solches ist für die folgenden Untersuchungen bedeutungslos. Nur für den Fall, daß die Geltendmachung der Vereinshoheit und Stiftungshoheit an die Staatsangehörigkeit anknüpfen sollte, ihr räumliches Wirkungsfeld abzugrenzen, wäre auf die Tragweite solcher Anknüpfung noch einmal zurückzukommen.

dabei technisch verwendet würde) jenem der Rechtsfähigkeit nicht präexistent, sondern es sollen Gesellschaften, die ihre Rechtsfähigkeit von gewissen Staaten herleiten und darnach diesen angehören, anerkannt, solche die sie von anderen Staaten herleiten, nicht anerkannt werden; diejenigen Gesellschaften aber, die einer Genehmigung Rußlands bedürfen, sei es unmittelbar, sei es auf Grund verweigerter Anerkennung, kommen für Rußland entweder gar nicht oder auf Grund der russischen Genehmigung als russische Staatsangehörige in Betracht. Auch Art. 47 des ägyptischen Handelsgesetzbuchs steht nur scheinbar entgegen: *Les sociétés anonymes qui se fonderont en Égypte seront toutes de nationalité égyptienne et devront y avoir leur principal siège social.* Als Anknüpfungsbegriff wird hier nicht, wie sonst üblich, der Sitz der Gesellschaft, sondern die Gründung im Land verwertet. Der Gründungsvorgang aber gewährt Zuständigkeit zur Verleihung der Rechtsfähigkeit, und aus dieser folgt die Staatsangehörigkeit, folgt das anwendbare materielle Recht und mit ihm Vorschriften über den Sitz (nicht über eine nach dem Sitz zu bestimmende Rechtsfähigkeit) der Gesellschaft. — Beträchtlich tiefer gehen die Einwendungen, die Isay 85, 53ff. hier äußert: Voraussetzung der Staatsangehörigkeit ist Macht über die Person (S. 45f., 92f.); die Gewährung der Rechtsfähigkeit aber begründet keine Macht des Staates, sondern schränkt sie gerade ein durch Verleihung eines Anspruchs auf Rechtsschutz gegen den Staat; ferner bedarf auch die Rechtsfähigkeit physischer Personen des Auslands einer Zulassung von seiten des Inlands, ohne daß diese Personen damit der Beherrschung durch diesen Staat verfallen; und wenn aus der Gewährung der Rechtsfähigkeit eine Herrschaft über die Person folgte: bei jedem einzelnen Rechtsverhältnis wird auch über die Rechtsfähigkeit der Personen entschieden, die daran Anteil haben sollen; so viele Rechtsverhältnisse, die unter örtlich verschiedenen Gesetzen stehen, so viele selbständige Entscheidungen über die Rechtsfähigkeit der Beteiligten, auch bei Vereinen, und damit eine ebenso vielfältige Inanspruchnahme von Herrschaft. Soweit hier Isay, Zitelmann folgend, mit einer Zerstäubung des Begriffes der Rechtsfähigkeit arbeitet, kann das Erforderliche erst unten § 12 ausgeführt werden; nach des Verfassers Meinung, ist, unbeschadet der Zulassung zu der einzelnen Rechtseinrichtung, eine einheitliche Ordnung der Eigenschaft, Rechtssubjekt zu sein, nicht zu entbehren. Im übrigen aber ist schon die staatliche Entscheidung über die Zulassung zu einem einzelnen Rechtsverhältnis wirkliche Herrschaft; erst wenn die Zulassung erfolgt ist, entsteht folgeweise ein Rechtsschutzanspruch gegen den zulassenden Staat. Und die Befugnis, über die Zulassung eines Verbands als Rechtssubjekt schlechtweg zu bestimmen, ein Recht über Leben und Tod, bedeutet die dauernde Unterworfenheit dieses Verbandes, gesteigerte Herrschaft, wie sie Isay als Kennzeichen der Staatsangehörigkeit fordert (wenn auch nicht „unmittelbare Macht“, wie sie als Voraussetzung dieses Verhältnisses ohne zureichenden Grund postuliert wird). Wenn die Staatsangehörigkeit leiblicher Menschen durch andere Anknüpfungen bestimmt werden muss, hindert das nicht, eine so geartete Herrschaft bei Verbänden als die wichtigste Beziehung zu verwerten.

§ 11. Die Polizei der Vereine[1]) und Versammlungen.

1. Grundbegriffe. — 2. Die Beschaffenheit des Vereinszwecks. — 3. Die Beschaffenheit der Vereinsmitglieder — 4. Versammlungen. — 5. „Ausländische“ Vereine im Inland? — 6. Gebietsveränderungen. — 7. Konsulargerichtsbarkeit.

Grundbegriffe.

1. Im Verein schließt sich eine Personenmehrheit zur Verfolgung bestimmter Zwecke zusammen. Rechtsfähig oder nicht, stellt er ein Stück sozialen Lebens dar, das in der Ordnung des Verhältnisses der Vereinsgenossen zueinander und nach außen der Regelung des Zivilrechts verbleibt. Das öffentliche Recht kommt mit den Vereinen zunächst in Gestalt der freiwilligen Gerichtsbarkeit in Berührung. Der Staat mag ihnen die Erleichterung gewähren, als selbständiges Rechtssubjekt am Zivilrechtsverkehr teilzunehmen: Verleihung und Entziehung der Rechtsfähigkeit gehören ihrem Wesen nach in den Bereich der freiwilligen Gerichtsbarkeit. Aber auch die Mitwirkung staatlicher Behörden zu Rechtshandlungen des Privatrechts, zuweilen die Folge einer Staatsaufsicht über Vereine bestimmter Art (nach deutschem Recht über Kolonialgesellschaften, Hypothekenbanken, Versicherungsgesellschaften), die Anordnung der Amortisationsgesetze, die für Vermögenserwerb staatliche Genehmigung vorschreibt, führt, von seiten des Zivilrechts betrachtet, zu Akten der freiwilligen Gerichtsbarkeit.

Wie eine Einzelperson, so kann auch der Verein Handlungen vornehmen, die mit dem öffentlichen Recht in Berührung treten, Schulen gründen, eine gewerbliche Tätigkeit betreiben, und es ist offenbar, daß hiedurch Rechtsverhältnisse entstehen, die zwar dem Verwaltungsrecht, aber nicht dem öffentlichen Vereinsrecht, vielmehr dem Schulrecht, dem Gewerbepolizeirecht angehören. Auf der anderen Seite aber kann es gerade der besondere Inhalt der Betätigung sein, welcher den Staat veranlaßt, die Verhältnisse des Personenverbands rechtlich zu ordnen: bei Verbänden, die sich mit der Erfüllung öffentlicher Aufgaben befassen und deshalb zu juristischen Personen des öffentlichen Rechts erhoben sind, Gemeinden, Berufsgenossenschaften, Glaubensgesellschaften. Jedem dieser Verbände entspricht ein nicht durch die Tatsache der Personenvereinigung, sondern durch die Eigenart ihrer Betätigung bezeichneter Teil des öffentlichen Rechts.

---

[1]) Die Grenze zwischen Vereinen und Stiftungen verläuft nicht in allen Staaten gleich, und das gilt insbesondere für die Ordensniederlassungen, die in den folgenden Ausführungen einen beträchtlichen Raum in Anspruch nehmen. Da aber, wo Stiftungshoheit besteht, stets auch eine vereinspolizeiliche Zuständigkeit begründet ist, bedarf es nur einer Erörterung der weiter greifenden vereinsrechtlichen Zuständigkeit, kann die Verschiedenheit demgemäß für das Folgende beruhen bleiben.

Das öffentliche Vereinsrecht hingegen hat die Staatsaufsicht zum Inhalt, die im sicherheitspolizeilichen Interesse verhindern will, daß der Zusammenschluß von Personen in seiner Eigenschaft als Vereinigung von Kräften dem Staatswohl gefährlich werden könnte, und umfaßt den Bestand der Organisation, ihre Mitglieder, ihr Vermögen. Es bezieht sich zunächst auf die Vereine des Privatrechts. Doch finden sich auch unter den juristischen Personen des öffentlichen Rechts solche, die, privater Anregung entsprungen, den Schwerpunkt ihrer rechtlichen Regelung nicht in der Ordnung ihrer besonderen Tätigkeit, sondern in der allgemeinen staatlichen Überwachung finden[2]) und darum in das Recht der Vereine eingereiht werden dürfen.

Die Beschaffenheit des Vereinszwecks.

2. Vereine unterliegen polizeilichen Beschränkungen sowohl mit Rücksicht auf die Art des Vereinszwecks, wie mit Rücksicht auf die Beschaffenheit ihrer Mitglieder. Die Art des Vereinszwecks unterliegt einer staatlichen Überwachung vor allem im Zeitpunkt der Begründung des Vereins: der Zusammenschluß der Teilnehmer muß im Hinblick auf den Vereinszweck erlaubt sein, bedarf insbesondere häufig eines eigenen Verwaltungsaktes in Gestalt der polizeilichen Erlaubnis.[3]) Betätigt sich der Verein in staatlich zu mißbilligender

---

[2]) Vgl. die *associations reconnues d'utilité publique* des französischen Vereinsgesetzes vom 1. VII. 1901 Art. 10. Dazu O. Mayer, Theorie des französischen Verwaltungsrechts (1886) 517 ff.

[3]) Auf das sorgfältigste seien drei staatliche Willensäußerungen auseinandergehalten, die alle bei Vereinen vorkommen können und völlig verschiedenen Ordnungen angehören. Der Zusammenschluß einer Personenmehrheit zum Verein erscheint zunächst als ein polizeirechtlich zu würdigender Tatbestand. Der Verein bildet sich auf dem Boden des gesellschaftlichen Lebens und tritt in seiner Gesamtexistenz unter die Kontrolle der Vereinspolizei: der Zusammenschluß kann den Beteiligten alsdann ipso jure gestattet sein, wenn sie den vom Gesetz aufgestellten Voraussetzungen genügen, oder es kann hiezu eines besonderen Verwaltungsaktes bedürfen, der Polizeierlaubnis („autorisation"). Der polizeilich erlaubte Verein mag die ihm eingeräumte Bewegungsfreiheit, wie nach irgendeiner anderen Richtung, so auch zur Teilnahme am Zivilrechtsverkehr benützen, und er kann dabei unter der zivilrechtlichen Ordnung der nichtrechtsfähigen oder der rechtsfähigen Vereine stehen. Die Rechtsfähigkeit aber erlangt ein Verein wiederum ipso jure durch Erfüllung der gesetzlichen Voraussetzungen, oder ebenfalls durch einen besonderen Verwaltungsakt, der dem Bereich der freiwilligen Gerichtsbarkeit angehört. Es kann aber auch sein, daß der Staat die Aufgaben des Verbands für wichtig genug hält, ihn in den staatlichen Organismus aufzunehmen. Auch hier bedarf es technisch eines besonderen Verwaltungsakts, der Anerkennung als juristische Person des öffentlichen Rechts („reconnaissance"), die dem Bereich der Regiminalverwaltung anheimfällt. Die Anerkennung als das majus schließt sowohl die vereinspolizeiliche Erlaubnis zum Zusammenschluß wie die Verleihung der Rechtsfähigkeit für das Zivilrecht in sich.

Weise, so mag die erteilte Erlaubnis zum Zusammenschluß zurückgezogen werden, hier regelmäßig in Gestalt eines besonderen Verwaltungsakts, der (administrativen) Auflösung. Außerdem wird der Verein auch während seines Bestandes mancherlei Kontrollmaßregeln unterworfen, insbesondere Anzeigepflichten in bezug auf seine Satzungen, seine Vorstandschaft, etwa auch (Österreich) einer Überwachung der Vereinsversammlungen.

Der Verein ist ein gesellschaftliches Sondergebilde, das unabhängig von der Person seiner Mitglieder eigene Interessen mit eigenen Mitteln verfolgt. Die staatliche Gegenwirkung richtet sich demgemäß nicht gegen das einzelne Mitglied, sondern gegen die Vereinstätigkeit. Diese aber hat ihre Stoßkraft da, wo die Leitung des Vereins erfolgt. Und so übt der Staat eine vereinspolizeiliche Herrschaft[4]) jedenfalls über die Vereine, die in seinem Bereich ihren Sitz haben, gleichviel, welches der Zweck des Vereins, oder welches die Staatsangehörigkeit[5]) oder der Aufenthaltsort[6]) seiner Mitglieder.

Es mag sein, daß ein Staat sein öffentliches Vereinsrecht auf Vereine mit Sitz[7]) im Inland einschränkt; wie das für Spanien zutreffen könnte, dessen Vereinsgesetz Art. 7 die polizeiliche Zulassung von dem Eintrag in ein Register abhängig macht, eine örtliche Zuständigkeit für den Eintrag aber nur für den Fall vorsieht, daß der Verein in einem spanischen Gouvernement „Domizil oder Niederlassung" hat. Doch auch Vereine mit Sitz im Ausland können ihr Vereinsleben in das Inland erstrecken und damit inländischen Interessen Abbruch tun. Auch hier muß eine Möglichkeit zu Abwehrmaßnahmen gegeben sein; aber freilich hat das zur Voraussetzung, daß sich die Tätigkeit des fremden Vereins in ihrer Eigenschaft als Vereinstätigkeit im Inland faßbar verdichtet. Das trifft zu, wo die im Inland ansässigen Mitglieder eines auswärtigen Vereins zur Förderung der Vereinszwecke unter sich in Verbindung treten. Und wenn man von einer solchen Sondergruppe im Inland wohl nicht Erfüllung der Vorschriften fordern kann, die sich auf die Vereins-

---

4) Es bedarf dazu nicht der Krücke der „öffentlichen Ordnung" (Fedozzi, Enti collettivi 244 f.), deren Gebrauch eine mangelnde Scheidung der privatrechtlichen und der verwaltungsrechtlichen Vereinsordnung erkennen läßt.

5) Württembergische Vollzugsverfügung zum Reichsvereinsgesetz 13. V. 1908 Z. I, Regierungsblatt 103.

6) Parallel die strafrechtliche Verantwortlichkeit auswärtiger Teilnehmer eines inländischen Vereins: österreichisches Strafgesetz § 295; Kleinfeller in Vergleichende Darstellung des deutschen und ausländischen Strafrechts (1906) Besonderer Teil 2, 281.

7) Wo ein Staat Vorschriften über den Sitz der Vereine für das Privatrecht erläßt, werden diese auch für das öffentliche Recht verwertbar sein. Vgl. dazu unten S. 127 f.

leitung als solche beziehen, wie Mitteilungen über die Person der Vorstandschaft, über Änderungen der Satzung, so wird doch die polizeiliche Zulassung des Vereins insoweit der selbständigen Würdigung des Inlands unterliegen. Und wo das öffentliche Recht eine Überwachung der Vereinsversammlungen gestattet, muß das auch für die inländischen Versammlungen eines auswärts domizilierten Vereins gelten.[8])

Eine Anwendung haben diese Sätze in Frankreich gelegentlich des Gesetzes gegen die internationalen Arbeitervereine von 1872 gefunden. Die „Internationale", welche das Gesetz bekämpfen sollte, hatte ihren Sitz in London, in den einzelnen Staaten örtliche Sektionen; der Gesetzgeber aber erklärt einen solchen Verein (allerdings strafrechtlich) *par le seul fait de son existence et de ses ramifications sur le territoire français* als Störung des öffentlichen Friedens. Dementsprechend enthält aber auch das neue französische Vereinsgesetz vom 1. Juli 1901 einen Art. 12: *Les associations composées en majeure partie d'étrangers, celles ayant des administrateurs étrangers ou leur siège à l'étranger, et dont les agissements seraient de nature . . à menacer la sûreté de l'État . . pourront être dissoutes.* Die etwas überraschende Auflösungsbefugnis gegen Vereine mit Sitz im Ausland hat offenbar zur Voraussetzung, daß ihre Tätigkeit irgendwie im Inland in Erscheinung getreten ist; sie wird insbesondere für den Fall gedacht sein, daß eine Vereinigung als Gesamtperson ihren Sitz im Ausland hat, im Inland aber eine Niederlassung errichtet.

Dementsprechend aber kann auch die Auflösung nur den Teil des Vereins betreffen, der dem Inland angehört, die inländische Niederlassung, wenn der Verein seinen Sitz im Ausland hat, die ausländische Niederlassung nicht, auch wenn der Verein seinen Sitz im Inland hat. Das ist für geistliche Orden in einem Rundschreiben

[8]) Vincent-Pénaud 172 v° association n. 1—3 schreiben dem französischen Vereinsrecht volle Geltung zu, wenn ein auswärtiger Verein in Frankreich seine Tätigkeit entfaltet. Nach C. F. Gabba, Introduzione al diritto civile internazionale (Accademia dei Lincei, cl. di scienze morali, memorie) 1906 p. 27 sollen juristische Personen des Auslands, geistliche Orden z. B., in Italien die ihnen eigentümliche Wirksamkeit durch Errichtung einer Niederlassung nur dann entfalten dürfen, wenn diese Niederlassung als juristische Person Italiens begründet worden ist. Dabei werden zivilrechtliche Rechtsfähigkeit und verwaltungsrechtliche Zulassung, vereinspolizeiliche Erlaubnis zum persönlichen Zusammenschluß und gesundheitspolizeiliche oder schulpolizeiliche Genehmigung zur Errichtung eines Krankenhauses oder einer Schule nicht auseinandergehalten. Daß aber das italienische Verwaltungsrecht zu einer Betätigung der letztbezeichneten Art nur diejenigen Gemeinschaften zuließe, deren Niederlassungen für das Zivilrecht die Rechtsfähigkeit besitzen, ist meines Wissens unbegründet. Die gleiche Behauptung begegnet auch für Stiftungen, s. unten § 13 Ziff. 4.

des französischen Justizministers[9]) ausdrücklich anerkannt worden: die vom Vereinsgesetz vorgeschriebene Erlaubnis gelte nicht der einzelnen Niederlassung, sondern der Gesamtkongregation. Aber *c'est une loi de sûreté et de police; elle crée des obligations ou des droits pour les seuls congréganistes établis en France. Elle ne peut recevoir aucune application aux membres des congrégations établies à l'étranger.* Als bei Auflösung des Kartäuserordens mehrere Mönche ihr Einbringen zurückverlangten, verweigerte der Liquidator die Herausgabe, weil die Antragsteller im Ausland Kartäuser geblieben und ihr Vermögen zur Wiederbegründung des Klostervermögens verwenden könnten; aber das französische Gericht hat der Klage der Mönche stattgegeben[10]), *attendu qu'en prononçant la dissolution de plein droit des congrégations non autorisées, le législateur a voulu disperser les personnes et les biens en France . . que la loi de 1901 ne régit ni les biens ni les personnes hors du territoire;* es sei nicht Bedingung der Herausgabe *de ne pas garder à l'étranger la qualité de congréganiste que la loi française n'a pas à connaître.* Und mit der gleichen Begründung war schon vorher eine Klage gegen den Liquidator der Kartäuser zurückgewiesen worden, die aus der französischen Liquidationsmasse Ersatz der Kurkosten verlangte, welche für Verpflegung eines ausländischen und eines auf Veranlassung einer ausländischen Niederlassung aufgenommenen Kartäusermönches in einem französischen Krankenhaus erwachsen waren.[11]) — Ihre Grenze findet diese Übung der Vereinspolizei gegenüber Vereinen, die dem öffentlichen Recht eines fremden Staates

---

[9]) Vom 24. XI. 1901 bei L. Ledoux, Les congrégations réligieuses (1904) 234 ff.

[10]) So drei übereinstimmende Urteile des Zivilgerichts Grenoble 24. und 26. XI. 1904, Revue 1, 143; 3, 430.

[11]) Zivilgericht Grenoble 2. VII. 1904 Revue 3, 429. Zu weit geht dagegen die Selbstverleugnung, wenn das gleiche Gericht (29. XII. 1906 Revue 3, 170) eine Zession für gültig erklärt, welche die französischen Kartäuser nach der Aufhebung des Ordens in der Schweiz vorgenommen hatten, weil der Orden in der Schweiz rechtsfähig sei. Es handelte sich doch um Vermögen eines französischen Vereins, der durch Auflösung von seiten Frankreichs sein Ende gefunden hatte. — In einem der Markenprozesse, die aus der Vertreibung der Kartäuser entstanden sind (s. darüber unten § 15 Z. 5), erklärt das brasilianische Bundesgericht Journal 34, 1171, die französischen Entscheidungen konnten dem Liquidator der aufgelösten Kongregation die Marken in Brasilien nicht zusprechen, die Urteile stünden sonst in Widerspruch mit der brasilianischen Verfassung, die Vereins- und Gewissensfreiheit gewährleistet. Dem liegt insoweit die gleiche Verwechselung zugrunde. — Über den Einfluss des Wirkungsbereiches einer Auflösung auf die Anerkennung der Rechtsfähigkeit unten § 12 Z. 6. Die vorkommende völlige Verfehmung eines Verbands ohne Rücksicht auf die Staatsgrenzen (s. dort) ist keine Maßregel der Vereinspolizei mehr.

angehören; ihr Bestand und ihre inneren Verhältnisse bleiben der Einmischung des Inlands entrückt.

Entfaltet sich das Vereinsleben einer Verbindung ausschließlich im Ausland, so ist der Verein als solcher dem Zugriff der inländischen Verwaltung entrückt. Das gilt auch dann, wenn der Verein in anderen Beziehungen, durch den besonderen Inhalt seiner Betätigung, mit dem Rechtsleben des Inlands in Berührung kommt; wenn er durch Errichtung einer Schule, durch gewerbliche Tätigkeit zu der Verwaltung, durch den Abschluß von Rechtsgeschäften zu dem Zivilrecht des Inlands in Beziehung tritt. Eine italienische Entscheidung[12]) will die Erbfähigkeit einer geistlichen Gesellschaft in New-York für Italien nur dann anerkennen, wenn die bedachte Gesellschaft in ihrer Eigenschaft als kirchliche Gemeinschaft von seiten Italiens zugelassen worden ist; ein französischer Schriftsteller verweigert einer Kongregation des Auslands die Parteifähigkeit, wenn sie, ohne von seiten Frankreichs Genehmigung zu besitzen, bei der Liquidation ihrer französischen Niederlassungen Rechte geltend machen will.[13]) Aber zu der Vereinspolizei des Inlands haben diese Vorgänge keine Beziehung; es ist augenscheinlich eine Verwechselung von Polizeierlaubnis und Anerkennung der Rechtsfähigkeit im Spiel.

Dementsprechend bietet auch die Mitgliedschaft einer im Inland befindlichen Person bei einem Verein des Auslands für das Verwaltungsrecht des Inlands regelmäßig kein Interesse. Urteile des Appellhofs Paris,[14]) die entscheiden sollten, ob ein in Frankreich befindlicher Jesuit wegen seiner Zugehörigkeit zu einer Jesuitenorganisation des Auslands strafbar sei, sprechen frei: „das Gesetz vom 1. Juli 1901 hat weder zum Inhalt noch zur Wirkung, den Jesuitenorden außerhalb Frankreichs aufzulösen." Und wenn Blankettgesetze der Strafgesetzbücher der Niederlande und Norwegens die Teilnahme an einer „gesetzlich verbotenen" Vereinigung unter Strafe stellen, so wird das trotz der Vorschriften über internationales Strafrecht nur für Teilnahme an Vereinigungen des Inlands gelten. Aber

---

[12]) Appellhof Casale 17. II. 1899 Journal 28, 602; insoweit übereinstimmend wohl auch Chrétien ebenda 605.

[13]) C. Quiminal, De la liquidation des biens des congrégations dissoutes (1904) 220 ff., entgegen dem vorstehend angeführten Rundschreiben des Justizministers. Für den vorliegenden Fall ergibt übrigens schon Art. 13 des Vereinsgesetzes die Unrichtigkeit der aufgestellten Behauptung, der nur für die Begründung einer neuen Kongregation und für die Errichtung einer Niederlassung die Einholung einer Erlaubnis vorschreibt. Auch vor Inkrafttreten des neuen Vereinsgesetzes haben die Gerichte von Rouen die Klage eines spanischen Klosters auf Grund der in Spanien erteilten „Autorisation" ohne weiteres zugelassen; Journal 29, 802.

[14]) Vom 22. VII. 1902 bei R. Delamarre, Les congrégations réligieuses (1902) 236 ff. Vgl. auch die Fälle oben S. 115.

freilich unter Umständen kann auch ein Verein des Auslands den Interessen des Inlands Schaden bringen. Jedes einzelne Mitglied im Inland bedeutet für ihn eine Stärkung und eine Ansatzstelle für seine Bestrebungen. Und wenn eine verwaltungsrechtliche Einwirkung auf den Verein als solchen in diesem Fall nicht möglich ist, so gestattet doch die Polizeihoheit über die im Inland befindliche Person, ihr die Mitgliedschaft in dem Verein zu verbieten; wie auch mit Rücksicht auf die Bedrohung des allgemeinen Rechtsfriedens die Möglichkeit eines kriminalrechtlichen Verbotes der Mitgliedschaft gegeben ist. Von dieser Möglichkeit hat das französische Gesetz gegen die internationalen Arbeitervereine Gebrauch gemacht, und es sind insbesondere auch die mancherlei Vorschriften des gemeinen Strafrechts, welche eine Mitgliedschaft in Vereinen näher bestimmter Art unter Strafe stellen, auf Vereine des Auslands mitzubeziehen; § 287 des österreichischen Strafgesetzbuchs erklärt das ausdrücklich.[15])

[15]) Deutschland StGB. §§ 128, 129 und dazu Olshausen Kommentar § 128 N. 2; K. Binding, Lehrbuch des Strafrechts, besonderer Teil (1905) 2, 906; Kleinfeller a. a. O.; Mendelssohn Bartholdy (zit. oben S. 97 Anm. 10) 301; Urteile des Reichsgerichts vom 20. V. 1886, Rechtsprechung 8, 363 (internationale Arbeiterassoziation); vom 13./18. VI. 1887, Entscheidungen 16, 170 (französische Patriotenliga). Österreich §§ 285 ff.; dazu Kassationshof 27. II. 1882, Allgemeine österreichische Gerichtszeitung 1882, 195; A. Finger, Das österreichische Strafrecht (1895) 2, 438[548]. Norwegen § 330 I letzter Teilsatz. Das Vergehen der Teilnahme an dem verbotenen Verein des Auslands ist im Inland begangen, daher unabhängig davon, ob der Verein an seinem Sitz erlaubt ist, und es kann als Voraussetzung der Strafbarkeit nicht gefordert werden, daß sich der fremde Verein „auf das Inland erstreckt, also eine inländische Gesellschaft wird" (so Finger a. a. O. und das Reichsgericht in dem Fall der Patriotenliga, das freilich ebenso unbegründet annimmt, ein Verein bestehe als inländischer schon dann, wenn er hier Mitglieder habe, auch wenn diese Mitglieder des Inlands zu einer besonderen Organisation nicht zusammengefaßt sind; übrigens nähert sich auch das von Finger bekämpfte Urteil des Kassationshofs diesem Standpunkt). Als Inlandsdelikt trifft das Verbot der Teilnahme am ausländischen Verein auch Ausländer im Inland (so ausdrücklich Österreich § 293 und das französische Gesetz gegen die Arbeitervereine; ungenau Olshausen a. a. O.). Über den Rahmen des verwaltungsrechtlich Erreichbaren hinaus ermöglicht das internationale Strafrecht aber auch die Bestrafung eines im Ausland befindlichen (Inländers), der an einem vom Inland mißbilligten Verein des Auslands teilnimmt; doch ist einer Überspannung der Einflußnahme des Inlands auf Verhältnisse im Ausland vorgebeugt, wenn die Strafbarkeit der Auslandsdelikte abhängig gemacht wird von ihrer Strafbarkeit nach dem Recht des Tatorts; auch der weitergehende Wortlaut des französischen Gesetzes gegen die Arbeitervereine wird in diesem einschränkenden Sinne ausgelegt (Vincent-Pénaud a. a. O. n. 18). — Erwähnt seien hier noch die Beschränkungen, welche dem Eintritt in ein auswärtiges Kloster entgegengestellt werden (vgl. unten § 14 Z. 8). Doch handelt es sich dabei nicht um im Inland ansässige Mitglieder der fremden Vereinigung, und schon der Zusammenhang dieser Vorschriften mit dem Amortisationsrecht gibt ihnen eine abweichende Begrenzung.

Die Beschaffenheit der Vereinsmitglieder.

3. Ein Verein kann im Hinblick auf seine Ziele dem Staat völlig genehm sein; aber es kann ein öffentliches Interesse bestehen, daß gewisse Personen, Ausländer, Minderjährige, Militärpersonen nicht zu seinen Mitgliedern zählen. Auch hier soll über die Zulässigkeit der Mitgliedschaft das Recht am Sitz des Vereins entscheiden, das inländische Recht gelten für die Mitglieder des inländischen Vereins, die im Ausland wohnen, keine Anwendung finden auf die inländischen Mitglieder des auswärts domizilierten Vereins.[16]) Es wird dabei indessen eine Unterscheidung vonnöten sein. Wenn ein Staat Ausländer von der Teilnahme an politischen Vereinen ausschließt (Österreich), so beruht das offenbar auf dem Gedanken, staatsfeindlichen Bestrebungen den Einfluß auf den Verein und damit indirekt auf das Staatsleben abzuschneiden, also eine Maßregel der Vereinspolizei, die sich in denselben örtlichen Schranken betätigen kann, die sonst der Vereinspolizei gezogen sind. Wenn dagegen das deutsche Militärgesetz ein gleichartiges Verbot für Militärpersonen aufstellt, so geht die Vorschrift nicht von dem Gedanken aus, daß Vereine besonders gefährlich wären, die zu ihren Mitgliedern Personen des Soldatenstands zählen, sondern es soll der Militärstand vor einer Beschäftigung mit Politik bewahrt werden; und die Beschränkung gilt darum für deutsche Militärpersonen, auch wenn sie einem politischen Verein des Auslands angehören wollen, dagegen nicht für Militärpersonen des Auslands, die einem deutschen Verein beizutreten wünschen. Möglicherweise können bei einem solchen Verbot auch der Gedanke der Abwehr gegen eine gefährdende Zusammensetzung des Vereins und die Absicht schützender Bevormundung des Einzelnen zusammentreffen, wie das bei einem Mitgliedschaftsverbot gegen jugendliche Personen der Fall sein mag; die Folge ist, daß eine solche Beschränkung sowohl gegenüber inländischen Vereinen wie gegenüber Jugendlichen inländischen Wohnsitzes wirksam wird. Doch kann die Auslegung im einzelnen Fall ergeben (und das wird wohl bei § 17 des deutschen Vereinsgesetzes zutreffen), daß auch bevormundende Beschränkungen nur gegenüber Vereinen des Inlands als anwendbar gedacht sind.

Versammlungen.

4. Daß Versammlungen den polizeilichen Vorschriften des Orts unterworfen sind, an dem die Versammlung abgehalten wird, steht außer Zweifel.[17]) Immerhin bleibt auch hier Gelegenheit zu Zweifeln.

[16]) v. Seydel, Bayerisches Staatsrecht [2] 3, 50[26]; Isay a. a. O. 193ff..

[17]) Die in der Schweiz erörterte Frage, ob das Versammlungsrecht auch Personen zukomme, die im Ausland wohnen (v. Overbeck, Niederlassungsfreiheit 105[306]) gehört in das Fremdenrecht.

Zunächst gegenüber vorbereitenden Tätigkeiten. Das bayerische Gesetz hat verlangt, daß öffentliche Einladungen zu einer Versammlung, in der öffentliche Angelegenheiten erörtert werden sollen, von dem Einberufer unterzeichnet sein müssen. Das galt schwerlich, wenn die Versammlung in Österreich stattfinden sollte; Bayern ist nicht interessiert an der Kontrolle auswärtiger Versammlungen, wie sie durch die Vorschrift erleichtert werden soll. Wenn umgekehrt Zeitungen der österreichischen Nachbarstadt zum Besuch einer Versammlung in Bayern auffordern (Österreich selbst kennt keine derartige Beschränkung), so wäre zwar das Interesse Bayerns gegeben, die Vorschrift hier zur Durchführung zu bringen; aber es mangelt die Macht, einen Vorgang im Ausland unter polizeiliche Ordnung zu stellen.

Auch Beschränkungen nach der Persönlichkeit der Teilnehmer können für Versammlungen zu denselben Fragen führen wie für ihre Teilnahme an Vereinen. Und auch hier ist nach dem Zweck der Beschränkung zu unterscheiden. Ausländischen Offizieren steht der Besuch politischer Versammlungen in Deutschland frei; Jugendliche ausländischen Wohnsitzes dürfen in Deutschland öffentlichen Versammlungen nicht beiwohnen.

„Ausländische" Vereine im Inland?

5. Regelmäßig steht die vereinspolizeiliche Herrschaft demjenigen Staat zu, in dessen Gebiet der Verein seinen Sitz hat. Man hat eine Einschränkung dieser Zuständigkeit in Anspruch genommen sowohl für „ausländische" Vereine, wie auch für solche, die, schon früher entstanden, erst auf Grund einer Gebietsveränderung unter die Herrschaft dieses Staates gekommen sind.

Das französische Vereinsgesetz wendet seine volle Schärfe gegen klösterliche Niederlassungen. Ihm zu entgehen suchte jede Niederlassung, die irgend Beziehungen zum Ausland aufweisen konnte, nach Gründen, ihre Unabhängigkeit vom französischen Vereinsrecht darzutun. In zwei Fällen war ein solcher Anspruch auch wohlbegründet. Das Kloster Haute-Combe in Savoyen ist die Grabstätte des italienischen Königshauses, bei Abtretung der Provinzen dem Privateigentum des Königshauses vorbehalten und der Obhut der Kapuziner anvertraut. Sollte die Auflösung der Anstalten nichtermächtigter Orden auch diese Niederlassung erfassen? Ein Gutachten des französischen Staatsrats vom 14. Februar 1901[18]) hat ausgesprochen, die Abtei stehe wie die übrigen Klöster Savoyens (dazu unten) unter französischem Gesetz, der Vorbehalt des Privateigentums von seiten des Königshauses habe auch nicht vermocht,

---

[18]) Revue 1, 327.

sie zu einer erlaubten Niederlassung im Sinn des französischen Rechts zu machen; aber die Anwendung der französischen Gesetze müsse zurückstehen, soweit sie unvereinbar sei mit völkerrechtlichen Verpflichtungen, wie sie hier zu Gunsten der mit der Aufsicht betrauten Kapuziner getroffen seien.

Dieselbe Frage hat sich zwei Jahre später wiederholt bei der Grabkirche der Herzöge von Lothringen in Nancy, die, mit einer Franziskanerniederlassung verbunden, unter dem Schutz des Kaisers von Österreich steht. Wenn freilich eine darüber veröffentlichte Preßmitteilung richtig ist, würde es sich hier um „exterritoriales Gebiet" handeln und damit um eine Niederlassung, die nicht mehr unter den französischen, sondern unter den österreichischen Gesetzen stünde. Der Präfekt von Nancy hatte die Kirche geschlossen; auf Einspruch der österreichisch-ungarischen Botschaft jedoch soll der Ministerpräsident „auf Grund der Exterritorialität dieser Kirche die Nichtanwendbarkeit des Kongregationsgesetzes auf dieselbe" zugestanden haben.[19])

Der Anwendung des Vereinsgesetzes zu entgehen, hatten sich auch die Benediktiner von Douai bestrebt. Die Anstalt war nach der englischen Reformation aus englischen Mitteln begründet worden, um den englischen katholischen Klerus heranzubilden, stand unter der geistlichen Aufsicht des französischen Diözesanbischofs und war im übrigen selbständig. Die Benediktiner beriefen sich auf ihre englische Staatsangehörigkeit; sie seien als Pflanzstätte englischer Geistlichkeit von der englischen Regierung amtlich anerkannt worden, weder unter ihren Mitgliedern, noch unter ihren Zöglingen befänden sich französische Staatsangehörige, ihr Vermögen sei englischer Herkunft, und sie stünden nicht (?) unter den französischen Behörden. Indessen, wie sollte hier plötzlich die Staatsangehörigkeit als Anknüpfungsbegriff dienen, da doch alle Polizeihoheit sonst strikt territorial umgrenzt ist? Nur durch besondere Einräumung vermochte die Niederlassung der Hoheit des Inlands entrückt zu werden, eine solche aber war nicht nachzuweisen. Das Foreign

[19]) Neue Freie Presse 19. V. 1903. Die ungewöhnlich genau unterrichtete Mitteilung gründet das Verhältnis auf einen Staatsvertrag von 1729, gibt auch an, daß die Kirche unter der Verwaltung eines vom österreichischen Hof bestellten Gouverneurs stehe und von Geistlichen, die vom österreichischen Hof besoldet sind, bedient werde. Mir selbst ist es nicht gelungen, jenen Vertrag von 1729 aufzufinden. Bei J. Cayon, Église des Cordeliers (1842) 43 wird das Schutzverhältnis Österreichs zurückgeführt auf Art. 14 des Wiener Vertrags von 1738, der bestimmt: *les fondations faites en Lorraine par le duc François III ou par ses prédécesseurs, subsisteroient et seroient mantenues . . après la réunion du duché à la France.* Wäre das die einzige Quelle der österreichischen Rechte, dann könnte freilich nicht Exterritorialität angenommen werden, sondern eine vertragsmäßige Beschränkung der sonst giltigen französischen Gesetze, genau wie bei der Kirche der Savoyer.

Office hat denn auch korrekt erklärt, *that the Benedictine College in Douai being situated in France is governed by the law of that country and not by the law of England,* und die Anstalt hatte die Schwere des Gesetzes zu leiden.[20])

Gebietsveränderungen.

6. Als 1860 die bisher sardinischen Gebiete von Savoyen und Nizza an Frankreich abgetreten wurden, befanden sich auf dem abgetretenen Gebiet auch Klöster, die ihren Bestand auf sardinische Privilegien gründeten,[21]) ohne die von dem französischen Recht vorgeschriebene Erlaubnis zur Niederlassung noch besonders zu erwirken. Und als bei Inkrafttreten des neuen Vereinsgesetzes die nicht ermächtigten Klöster aufgehoben werden sollten, wurde die Frage brennend, ob ihre Ermächtigung von seiten Sardiniens auch Frankreich gegenüber Anerkennung beanspruchen könne. Die Verwaltung, der an der Durchführung des neuen Gesetzes lag, hat eine solche „*prétention qui s'inspire de certaines théories récentes*" zurückgewiesen und darüber ein Gutachten des Staatsrats erholt, der die Frage am 14. Februar 1901 verneint hat, mit der etwas dürftigen Begründung, *qu'.. il est de principe que la législation française dans son ensemble, est applicable à toutes les parties du territoire français,* und daß bei der Abtretung jener Gebiete keine

---

[20]) Die Revolutionsgesetzgebung hatte die Anstalt wie andere „auswärtige" Niederlassungen zwar säkularisiert, aber im Besitz ihres Vermögens erhalten. Im französisch-englischen Krieg wurde das Vermögen als britisches Eigentum konfisziert, nach dem Frieden zwar nicht in natura zurückgegeben, aber soweit noch vorhanden seither von (wechselnden) französischen Behörden zugunsten der Anstalt verwaltet. Eine diplomatische Intervention Englands 1817/18, die beabsichtigte, der Anstalt wieder die eigene Verwaltung dieses Vermögens zu verschaffen, blieb erfolglos. Ein Anspruch hingegen, wegen der verloren gegangenen Güter an der Entschädigungssumme teilzunehmen, welche Frankreich für britische Verluste während des Krieges an England bezahlt hatte, wurde 1825 in letzter Instanz vom Privy Council abgewiesen, weil die Anstalt keine englische, sondern eine französische Niederlassung sei; die Begründung geht von der damals noch mangelnden Anerkennung der katholischen Kirche in England aus: die Aufgabe der Anstalt stehe im Widerspruch mit dem englischen Recht und deshalb (?) müsse sie als französische Niederlassung betrachtet werden. — Die Angelegenheit bildete in den Jahren 1901—1903 den Gegenstand einer umfänglichen diplomatischen Korrespondenz, über die ein englisches Blaubuch erschienen ist, abgedruckt bei Martens, Nouveau recueil général [2] 32, 200 ff. Die wichtigsten Urkunden stehen S. 210, 217 ff., 226 ff., 230, 237 ff.

[21]) Möglicherweise (die verfügbaren Materialien geben keinen sicheren Aufschluß) verordneten diese mit Gesetzeskraft bekleideten Patente nach ihrem Wortlaut nur die Verleihung der juristischen Persönlichkeit. Aber selbstverständlich war damit auch über die verwaltungsrechtliche Zulässigkeit der mit der Persönlichkeit bedachten Niederlassung entschieden.

Ausnahme hievon vereinbart worden sei. Allein als nun diese Klöster als nicht autorisiert geschlossen werden sollten, haben sie vor Gericht Einspruch erhoben, und es sind eine Reihe von gerichtlichen Urteilen ergangen, welche die Zulassung von seiten Sardiniens auch Frankreich gegenüber für verbindlich erklären. Nunmehr unterstellt der Präsident, um eine solche Lahmlegung der französischen Gesetze zu verhindern, jene Klöster mit Dekret vom 19. Mai 1903 der Auflösung.[22])

Die Lösung der Schwierigkeiten dürfte von der Natur der im alten und im neuen französischen Recht für Klöster geforderten *„autorisation"* abhängen. Zunächst, es handelt sich dabei um eine verwaltungsrechtliche Erlaubnis des Gemeinschaftslebens; aber bedeutet diese Erlaubnis eine dauernde Gewährung der Staatsgewalt, den Zusammenschluß aufrecht zu erhalten, oder die einmalige Einräumung, den Zusammenschluß vorzunehmen? Wäre bei solcher Erlaubnis eine dauernde Gewährung der Staatsgewalt in Frage, so müßte sie hinfällig werden mit dem Wegfall der Staatsgewalt, auf welche sie sich gründet.[23]) Aber der Erlaubnis einen derartigen Inhalt zuzuschreiben, dürfte den tatsächlichen Verhältnissen nicht entsprechen. Die Verwaltung pflegt die Zulässigkeit einer Vereinigung bei ihrer Begründung zu prüfen, wenn aber der Zusammenschluß genehmigt ist, die weitere Erlaubtheit dieses Zusammenschlusses nicht mehr zum Gegenstand ihrer Fürsorge zu machen, vielmehr neue Tatsachen abzuwarten, auf Grund deren sie etwa in einem zweiten selbständigen Verwaltungsakt die gewährte Erlaubnis wieder zurücknimmt; auch die Fassung von Art. 13 des französischen Vereinsgesetzes steht damit im Einklang. Wenn aber jene von Sardinien erteilte Erlaubnis einen Verwaltungsakt bedeutet, dessen unmittelbarer Inhalt mit seiner Vornahme erschöpft ist, einen Vorgang also, der abgeschlossen war, bevor die Herrschaft an Frankreich überging, dann muß auch der Rechtsnachfolger diesen Verwaltungsakt gegen sich gelten lassen — nicht in dem Sinn freilich, daß ihn eine Kollisionsnorm bände, das öffentliche Recht eines anderen Staates

---

[22]) Gutachten des Staatsrats, Bericht des Kultusministers, Dekret des Präsidenten Journal 30, 826. Gerichtliche Entscheidungen ebenda 820, 823, 826 und 34, 126. Doch hat neuerdings ein Urteil des Seinegerichts Revue 4, 408 dem Standpunkt der Verwaltung Rechnung getragen, während umgekehrt neuere Entscheidungen des Staatsrats Revue 4, 406 407 418 mit der Möglichkeit rechnen, daß die Anerkennung von seiten Sardiniens die Annexion überdauert hat. Gegen die Anerkennung hat sich schon früher R. Selosse, Traité de l'annexion (1880) 221 ff. ausgesprochen, für ihre fortdauernde Wirksamkeit Ch. Brunet, Conséquences juridiques de l'annexion de la Savoie (1890) 74.

[23]) An derlei scheint das Seinegericht gedacht zu haben, wenn es die Zulassung von seiten Sardiniens für unbeachtlich erklärt, weil der „Genuß der Anerkennung" unter die *„avantages légaux"* gehöre, *„dont l'exercice est successif"*.

auf dessen Angelegenheiten zur Anwendung zu bringen (das ist im internationalen Verwaltungsrecht bei zeitlicher Kollision so wenig möglich wie bei örtlicher), wohl aber im Sinn einer materiellen Verweisung, welche bei einem Herrschaftswechsel mangels besonderer Gegengründe die eigene Verwaltung in diejenigen Beziehungen eintreten läßt, die unter der Herrschaft des Rechtsvorgängers diesem gegenüber zum Abschluß gelangt sind.[24])

Selbstverständlich aber, diese Fortdauer des früheren Rechts bezieht sich nur auf die Gewährung der Zulassung. Über ihre Ausübung und über ihren Verlust hatte seit 1860 das französische Recht zu bestimmen. Ein Urteil des Zivilgerichts Nizza[25]) erklärt einwandfrei, daß das französische Gesetz von 1825, wonach Klöster zur Verfügung über unbewegliches Gut einer Erlaubnis der Regierung bedürfen, auch für die Klöster des abgetretenen Gebiets Verbindlichkeit besitze. Als eine der savoyischen Kongregationen, die schon nach sardinischem Gesetz ihre Rechtsfähigkeit wieder eingebüßt hatte, sich auf eine Bestimmung eben dieses Gesetzes berief, welche den Insassen der aufgelösten Klöster gestattet, bis zu ihrem Ableben gemeinsam in der Niederlassung zu verweilen, da hat der Kassationshof dies als eine „Verletzung der öffentlichen Ordnung" in Frankreich für unzulässig erklärt.[26]) Und ebenso hat neuerdings der Staatsrat zutreffend entschieden, daß die Anerkennung, welche ein savoyisches Kloster unter sardinischer Herrschaft erhalten, die Niederlassung in keinem Fall dagegen schützen könne, entsprechend den französischen Bestimmungen wiederaufgelöst zu werden.[27])

---

[24]) Die Anerkennung der von Sardinien ermächtigten Klöster auszusprechen, war bei der Abtretung unbestrittenermaßen nur vergessen worden. Die Annahme des Staatsanwalts in dem letzterwähnten Prozeß, daß Verwaltungsakte mit der verleihenden Staatsgewalt erlöschen und nur durch Staatsvertrag in Geltung erhalten werden könnten, verkennt das weite Gebiet materiellrechtlicher Verweisungen, die bei einem Herrschaftswechsel praktisch werden. Selosse beruft sich darauf, daß die französischen Kultpolizeigesetze der „öffentlichen Ordnung" angehörten. In der Tat muß von dem sofortigen Inkrafttreten der französischen Gesetze ausgegangen werden; aber der springende Punkt bleibt, ob nicht im Rahmen der französischen Gesetze eine Anerkennung von seiten Sardiniens einer solchen durch Frankreich gleichwertig sein konnte. Auf der anderen Seite aber konnte es — worauf eine der Entscheidungen Wert legt — der sofortigen Geltung des französischen Vereinsrechts gegenüber auch keine Bedeutung besitzen, daß die sardinische Anerkennung in Form eines Gesetzes erfolgt war.

[25]) Journal 26, 997.

[26]) Revue 1, 322. Wegen der „öffentlichen Ordnung" oben Anm. 4.

[27]) Journal 34, 128. Vgl. schon Wiener Kongreßakte 1815 Art. 21: *Les communautés, corporations et établissements réligieux et d'instruction publique qui existent dans les provinces et districts cédés . . conserveront . . leurs propriétés . . en se conformant toutefois aux lois . . dans le territoire dans lequel elles se trouvent*; Martens, Nouveau recueil 2, 379. Entsprechend der Züricher Friede 1859: *Les corporations*

Konsulargerichtsbarkeit.

7. Im Bereich der Konsulargerichtsbarkeit überläßt die örtliche Staatsgewalt die Ordnung des Vereinsrechts auch nach der öffentlichrechtlichen Seite wohl allerwärts dem Heimatstaat der Beteiligten.[28]) Besitzt dieser Staat demgemäß alleinige Zuständigkeit, das öffentliche Vereinsrecht seiner Angehörigen zu ordnen,[29]) so versteht es sich doch keineswegs von selbst, daß nun gerade das Vereinsrecht des Mutterlandes für Gebiete, die unter völlig anderen gesellschaftlichen Verhältnissen leben, zur Anwendung zu kommen hätte. Die Frage ist in einem Prozeß der französischen Kapuziner von Smyrna praktisch geworden. Dem Kloster war ein Vermächtnis zugefallen, die Erbinteressenten beanspruchen Herausgabe, insbesondere auch deshalb, weil dem Kloster die „*autorisation*" von seiten Frankreichs und damit die Rechtsfähigkeit mangle. Das französische Konsulargericht Smyrna hat die Klage, meines Erachtens mit Grund, abgewiesen: das Verhalten Frankreichs gegen nicht anerkannte Orden sei im Lande ein anderes als außerhalb desselben, die Jesuiten z. B. seien von Frankreich ausgeschlossen und hätten in Syrien mit Unterstützung Frankreichs und unter Anerkennung des französischen Unterrichtsministers eine Schule gegründet; die Vorschriften über Ermächtigung gehörten der öffentlichen Ordnung und der inneren Politik an und gälten demgemäß nur für Niederlassungen im Staatsgebiet.[30]) Für das neue Vereinsgesetz nimmt diesen Standpunkt auch der Minister des Innern ein, und es ist im gleichen Sinn ein Urteil des Konsulargerichts Kairo, bestätigt vom Appellhof Aix, ergangen.[31])[32])

---

religieuses établies en Lombardie pourront librement disposer de leurs propriétés .. dans le cas où la legislation nouvelle, sous laquelle elles passent, n'autoriserait pas le maintien de leurs établissements; Martens, Nouveau recueil général[1] 16 II, 522 und 530.

[28]) Für die mohammedanischen Staaten Arminjon, Jounal 29, 707 709 710 1003; vgl. auch über Cercles und Clubs in Ägypten (unter dem Gesichtspunkt der Sicherheitspolizei) Lamba (zit. oben S. 8 Anm. 18) 223f. 323 332.

[29]) Vereine, die Mitglieder verschiedener Staatsangehörgikeit umfassen, unterliegen der Vereinspolizei eines jeden der beteiligten Staaten. Entsprechend (wiederum unter dem Gesichtspunkt der Sicherheitspolizei) die ägyptische Regierung, Lamba 332.

[30]) Urteil vom 3. VI. 1890 Journal 18, 279. Die weiteren Entscheidungsgründe sind allerdings nicht unbedenklich und von dem Einsender Pallamary a. a. O. mit Grund angefochten worden. Aber Pallamary unterschätzt wohl die Möglichkeit einer örtlichen Rechtsbildung innerhalb des französischen Rechts zugunsten kirchlicher Vereinigungen im Orient. Vgl. über den Fall auch Fedozzi, Enti collettivi 251ff; Weiss 4, 668[3].

[31]) Revue 1, 549; der Kassationshof (Revue 2, 224) hat allerdings aufgehoben, aber aus einem hier nicht interessierenden Grund. Vgl. auch Arminjon, Journal 29, 1011[1].

[32]) Über Vereinspolizei in Neutral-Moresnet unten § 23 Z. 7.

§ 12. Die Rechtsfähigkeit der Vereine.

1. Zusammenhang der verwaltungsrechtlichen und der zivilrechtlichen Ordnung. — 2. Zuständigkeit zur Verleihung der Rechtsfähigkeit. — 3. „Ausländische“ Verbände im Inland? — 4. Konsulargerichtsbarkeit. — 5. Teilniederlassungen. — 6. Anerkennung einer von fremdem Staat verliehenen Rechtsfähigkeit.

Zusammenhang der verwaltungsrechtlichen und der zivilrechtlichen Ordnung.

1. Wie die Stellung der Vereine im Zivilrecht überhaupt, so hätte auch ihre Rechtsfähigkeit in diesem Zusammenhang aus der Erörterung auszuscheiden, wenn nicht zwischen der polizeilichen Zulassung solcher Verbände und ihrer Zulassung zum Zivilrechtsverkehr eine enge Verbindung begründet wäre. Schon bei Aufstellung der allgemeinen Vorschriften über den Erwerb der Rechtsfähigkeit pflegen polizeiliche Rücksichten in weitem Umfang Beachtung zu finden; und wo die Verleihung der Rechtsfähigkeit durch besonderen Verwaltungsakt erfolgt, da wird manchmal von einer selbständigen Prüfung des polizeilichen Tatbestands überhaupt abgesehen, weil die polizeilichen Gesichtspunkte schon bei der Entscheidung über die Rechtsfähigkeit gewürdigt werden. Es kann aber weiter auch vorkommen, daß die polizeiliche Erlaubtheit eines Vereins für seine Zulassung zur Rechtsfähigkeit als präjudiziell erklärt ist. Nach § 61 des deutschen BGB. kann die Erlangung der Rechtsfähigkeit verhindert werden, „wenn der Verein nach dem öffentlichen Vereinsrecht unerlaubt ist oder verboten werden kann“[1]; das bis 1901 in Geltung gewesene französische Vereinsrecht hatte größeren Vereinen von allgemeinem Interesse beschränkte Rechtsfähigkeit eröffnet, wenn sie „*autorisation*“ von seiten der Verwaltungsbehörde erlangt hatten.[2] Und insbesondere das polizeiliche Verbot weiteren Zusammenschlusses in Gestalt der Auflösung setzt auch der Rechtsfähigkeit des Vereins ein Ende.[3] Darnach aber ist eine Kontrolluntersuchung über die Rechtsfähigkeit der Vereine an dieser Stelle wenigstens insoweit erforderlich, als diese Materie mit polizeilichen Erwägungen durchsetzt ist. Das trifft zu für die Verleihung der Rechtsfähigkeit und für ihre Anerkennung durch andere Staaten.

[1]) Ähnlich bisher schweizerisches Obligationenrecht Art. 716, 718.

[2]) H. Erythropel, Das Recht der Vereine in Frankreich (1904) 38 ff. Das neue französische Vereinsgesetz freilich hat den seltsamen Weg beschritten, die zivilrechtliche Erlaubtheit des (nichtrechtsfähigen) Vereins zum Ausgangspunkt zu nehmen und darnach erst seine verwaltungsrechtliche Zulässigkeit abzugrenzen. Und doch geht die polizeiliche Prüfung der Erlaubtheit auf das Ganze, die Prüfung seiner zivilrechtlichen Zulässigkeit nur auf einen Teil der Lebensäußerungen des gesellschaftlichen Gebildes. Methodisch richtig die Vereinsgesetze von Deutschland, Österreich, den Niederlanden, Spanien.

[3]) Beispiele in § 81 des deutschen Genossenschaftsgesetzes, § 62 des deutschen Gesetzes über die Gesellschaften mit beschränkter Haftung. Französisches Vereinsgesetz Art. 12, 13.

Zuständigkeit zur Verleihung der Rechtsfähigkeit.

2. Die neuere deutsche Theorie pflegt die Entscheidung über den Besitz der Rechtsfähigkeit abhängig zu machen von derjenigen Rechtsordnung, die über das einzelne Rechtsverhältnis entscheidet, bei dem die Rechtsfähigkeit in Frage kommt; Zitelmann[4]) hat den Gedanken auf die juristischen Personen übertragen und will demgemäß über den Bestand ihrer Rechtsfähigkeit von Fall zu Fall wechselnd entscheiden. Indessen diese Lehre wird der Eigenart der Rechtsfähigkeit als Status meines Erachtens nicht gerecht.[5]) Es ist richtig, niemand kann an einem konkreten Rechtsverhältnis teilhaben, der nicht zu der Benutzung der dem Rechtsverhältnis zugrunde liegenden Rechtseinrichtung zugelassen, und der nicht in seiner Eigenschaft als Rechtssubjekt anerkannt ist. Aber daraus folgt nicht, daß bei Ordnung einer einzelnen Rechtseinrichtung zugleich die Ordnung der Rechtsfähigkeit im ganzen erfolgt sein müsse: der Besitz der Rechtsfähigkeit ist eine Präjudizialfrage, deren Regelung bei den einzelnen Rechtsvorschriften als geordnet vorausgesetzt wird. Es wäre sinnlos, über den Besitz der Wechselfähigkeit oder der Zulassung zum Grunderwerb Bestimmungen zu treffen (Fälle, für die die neue Lehre mit gutem Grund aufgestellt worden ist), wenn der Besitz der Rechtsfähigkeit im ganzen dabei nicht vorausgesetzt werden könnte. Und wenn über die Fähigkeit, Rechtssubjekt zu sein, von Fall zu Fall entschieden werden müßte, wie wäre das gerade juristischen Personen gegenüber zu vereinbaren mit der Vorschrift, die manche von ihnen nur durch einen besonderen Verleihungsakt entstehen lässt — und insbesondere mit der Stellung von juristischen Personen des öffentlichen Rechts? Die Rechtsfähigkeit ist ein selbständiger Status und als solcher[6]) dauernd.

Aber allerdings die Rechtsfähigkeit ist ein Rechtsverhältnis des öffentlichen Rechts und darum nur in Beziehung auf einen bestimmten Staat denkbar. Und sie kann nur bestehen, wenn eben dieser Staat sie anerkannt hat. Jedoch er muß die Persönlichkeit anerkannt, aber er braucht sie nicht geschaffen zu haben. Es wäre die Lösung möglich, und sie ist gerade juristischen Personen gegenüber zuweilen verwirklicht worden, daß der Staat von sich aus über die Rechtsfähigkeit derjenigen befindet, die mit seiner Rechtsordnung in Berührung treten.[7]) Jedoch das würde einem dringenden und

---

[4]) Internationales Privatrecht 2, 112f.; ihm folgend Isay 53ff., vgl. oben S. 110.

[5]) Vgl. hieher Zeitschrift für Strafrechtswissenschaft 27, 13ff.

[6]) Jellinek, Subjektive öffentliche Rechte[2] 118; Lehre vom modernen Staat[2] 1, 405.

[7]) Der Unterschied von der vorerwähnten Lehre ist offenbar. Wenn Rußland von auswärts domizilierten Aktiengesellschaften fordert, daß sie die

von Jahrhunderte alter Praxis anerkannten Bedürfnis widersprechen, das eine einheitliche Beurteilung der Rechtsfähigkeit fordert (soweit nicht sittliche Erwägungen die einheitliche Beurteilung unmöglich machen). Das Mittel, diesem Bedürfnis zu genügen aber ist eine Auslegung der innerstaatlichen Rechtssätze über den Erwerb der Rechtsfähigkeit dahin, daß sie nur dann zur Anwendung gelangen sollen, wenn die Person in besonders enger örtlicher Beziehung zum Inland steht, daß die Rechtsfähigkeit der Personen, bei welchen eine solche Beziehung nicht vorliegt, dagegen dann anerkannt sein soll, wenn sie der örtlich berufene fremde Staat gelten läßt.[8]) Für juristische Personen aber wird die Annahme einer solchen materiellrechtlichen Verweisung noch im besonderen nahe gelegt: die inneren Verhältnisse einer Gemeinschaft, rechtsfähig oder nicht, bilden einen zivilrechtlicher Ordnung bedürftigen Tatbestand, den eine echte Kollisionsnorm der Regelung des Staats unterwirft, dem die Gemeinschaft örtlich am nächsten steht. Wenn aber beispielsweise die privatrechtliche Ordnung der bestehenden Aktiengesellschaft den Gesetzen ihres Sitzes unterworfen ist, dann muß auch die öffentlichrechtliche Vorfrage, ob sie als juristische Person zur Entstehung gelangt ist, aus derselben Rechtsordnung beantwortet werden.[9])

Bei solcher Sachlage erscheint es somit zulässig zu fragen: welcher Staat ist zuständig, einem Verein die Rechtsfähigkeit zu verleihen? Daß es nicht der Staat sein kann, dessen Staatsangehörigkeit die zu schaffende Person besitzt, wurde schon früher ausgeführt (vgl. oben § 10). Als die wichtigste örtliche Beziehung aber erscheint anerkanntermaßen der Sitz des Verbands. Und so kann (wo nicht ausnahmsweise positives Recht entgegensteht) als geltender Rechtssatz ausgesprochen werden: ein Staat ist befugt, über die Rechtsfähigkeit derjenigen Vereine zu entscheiden, die in seinem Gebiet den Sitz haben. Über die weitere Frage, ob als dieser Sitz der Ort der Leitung oder der Ort der Betätigung des Vereins zu gelten habe, bestehen positivrechtliche Verschiedenheiten,

---

Rechtsfähigkeit von Rußland erwerben, wenn sie Rechtsgeschäfte in diesem Land schließen wollen, so begründet die Verleihung auch hier einen Status; sie braucht nicht für jedes einzelne Rechtsgeschäft nachgesucht werden, sondern gilt ein für allemal.

[8]) So im Ergebnis auch Zitelmann 2, 114ff., der nur das Zwischenglied der allgemeinen Rechtsfähigkeit überspringt.

[9]) Es wird wohl nicht richtig sein, die gesamte Rechtslage der juristischen Person nur als eine Entfaltung der Konsequenzen zu betrachten, die schon in der Verleihung der Rechtsfähigkeit beschlossen liegen. Auch die societas hat die Rechtsfähigkeit ihrer Teilnehmer zur Voraussetzung, aber ihre Ordnung ist unabhängig von der Präjudizialfrage, ob die oder jene konkrete Person, die an der Gesellschaft teilnehmen will, Rechtsfähigkeit besitzt. Vgl. auch unten bei Anm. 33.

bezüglich deren auf die reiche Literatur verwiesen werden darf; für Deutschland wird es auf den Ort der Leitung ankommen.[10])

Auch bei der Verleihung der Rechtsfähigkeit pflegen Erwägungen polizeilicher Art angestellt zu werden, bei Festsetzung der Normativbestimmungen, nach denen die Rechtsfähigkeit ipso jure erworben wird, und bei der Verleihung durch besonderen Verwaltungsakt. Verglichen mit dem Geltungsbereich der polizeirechtlichen Ordnung der Vereine, welche Leitung und Betätigung überwacht, ergibt sich, daß die Befugnis, Persönlichkeit zu verleihen, diesen Kreis nicht überschreitet, dagegen entsprechend der Aufgabe des internationalen Zivilrechts, die wichtigste Beziehung herauszugreifen, nur eine der möglichen Anknüpfungen, entweder den Ort der Leitung oder den Ort der Betätigung, verwertet.[11])

---

[10]) Aber auch das Land der Betätigung des Vereins kann verschieden sein von dem Land, dem die Zwecke dieser Betätigung angehören. Beispiel der „Verein zur Erhaltung des kunsthistorischen Instituts in Florenz" mit Sitz in Berlin und Ortsausschuß zur Besorgung der laufenden Geschäfte in Florenz. Der Verein will nicht selbst kunsthistorische Studien betreiben, sondern die Mittel zu solchen Studien beschaffen. Vgl. die entsprechenden Verhältnisse im Stiftungsrecht unten § 13 Z. 2. Unrichtig Planck, BGB. § 24 N. 2. — Willkürliche Bezeichnung des Sitzes im Widerspruch mit den Tatsachen ist wertlos. So erst neuerdings Cour mixte Alexandrien 29. IV. 1908 und dazu Arminjon, Revue 4, 772 f.; 865 ff. Aber auch Vorschriften wie in § 24 BGB., welche die Bestimmung des Sitzes der freien Angabe der Satzungen überlassen, können nur für Orte innerhalb des Reichs gelten, und selbst im Verhältnis von Bundesstaat zu Bundesstaat kommt die Vorschrift nicht zur Anwendung, wo das Reichsrecht (wie in Art. 84 EG.) die Entscheidung über die Rechtsfähigkeit den Einzelstaaten überläßt. Die Freie Religionsgemeinde Breslau hatte als ihren Sitz einen Ort in Hessen bestimmt und war dort in das Vereinsregister eingetragen worden; als sie um Erlaubnis zur Annahme einer ihr zugefallenen Erbschaft nachsuchte, hat die preußische Regierung diese Erlaubnis verweigert, „weil die Freie Religionsgemeinde die Korporationsrechte unter Umgehung der Vorschrift des Art. 13 der preußischen Verfassungsurkunde dadurch sich zu verschaffen gewußt hat, daß sie im Widerspruch mit den tatsächlichen Verhältnissen ihren Sitz statutenmäßig nach Offenbach am Main verlegte und ihre Eintragung in das Vereinsregister des dortigen Amtsgerichts beantragte" (Frankfurter Zeitung 28. III. 1909). Meines Erachtens hätte die Eintragung nicht erfolgen dürfen (während sie freilich, in ihrem formellen Bestand auf Reichsrecht gestützt, bis zu ihrer Löschung auch für Preußen Verbindlichkeit besitzt; und es kann nicht gutgeheissen werden, wenn das Landgericht Breslau — Frankfurter Zeitung 18. XII. 1909 — der Gemeinde jetzt die Parteifähigkeit abspricht). Eine Abhängigmachung der Rechtsfähigkeit von willkürlicher Wahl des Sitzes würde in solchen Fällen gerade auch verwaltungsrechtlich (BGB. § 61!) zu unannehmbaren Ergebnissen führen. — Über die Rechtsfähigkeit der angeblich heimatlosen „internationalen Vereine" Wahl bei Sirey 1900 IV, 29 f.

[11]) Der zivilrechtlich zuständige Staat ist darnach stets auch polizeilich zuständig, während eine Ausübung der Polizeigewalt durch den mitbeteiligten fremden Staat, eine Auflösung z. B., für ihn ohne rechtliche Bedeutung ist.

„Ausländische" Verbände im Inland.

3. Aber kann ein Staat juristische Persönlichkeit auch Körperschaften gewähren, die ihren Sitz im Ausland haben? Für solche Ausdehnung der Zuständigkeit ist besonders Fedozzi eingetreten,[12]) wenn Staatsangehörigkeit der Mitglieder und Zweck des Verbands eine Beziehung zu diesem Staat herstellen. Und die Frage ist seither vor allem für Deutschland brennend geworden, dessen BGB. in § 23 besagt: „Einem Verein, der seinen Sitz nicht in einem Bundesstaate hat, kann in Ermangelung besonderer reichsgesetzlicher Vorschriften Rechtsfähigkeit durch Beschluß des Bundesrats verliehen werden." § 23 gibt einen guten Sinn, auch wenn man ihn auf Vereine mit Sitz im Ausland nicht bezieht; er gewährt die Möglichkeit, Verbände nichthandelsrechtlicher Art in den deutschen Schutzgebieten und im Bereich deutscher Konsulargerichtsbarkeit mit Rechtsfähigkeit auszustatten.[13]) Aber unter dem Einfluß von Planck und Niemeyer ist eine andere Auslegung herrschend geworden:[14]) der Bundesrat soll nach seinem Ermessen auch Vereinen mit Sitz in fremdem Staatsgebiet die Stellung einer juristischen Person verleihen können. Indessen eine solche Auslegung erweckt die schwersten Bedenken. Neben Gründen positivrechtlicher Art [15]) bleibt zu erwägen, daß andere Staaten, voran der Staat, in dem der Verband seinen Sitz hat, einer solchen Ausdehnung der Zuständigkeit vielfach die Anerkennung versagen werden. Der örtlich beteiligte Staat selbst hat keinerlei Anlaß, auf die ihm mit Rücksicht auf den Sitz erwachsende Zuständigkeit zu verzichten, mit der Folge, daß nunmehr möglicherweise zwei Herren über die Schicksale des

---

[12]) Archivio 257, 278 ff., 284; Enti collettivi 89 ff., 257 ff.

[13]) So auch Niedner, Einführungsgesetz Art. 10; Löwenfeld bei Staudinger, BGB. § 23.

[14]) Auch die Begründung zu § 2 des Konsulargerichtsbarkeitsgesetzes, Stenographische Berichte des Reichstags 1898/1900 Anlagen 4, 2819, scheint von diesem Standpunkt auszugehen (während § 2 des Gesetzes selbst schon durch Beiziehung von § 32 KonsGG. Sinn gewinnt). — Der Bundesrat hat erst kürzlich dem deutschen Hilfsverein in Mailand und dem deutschen Schulverein in Brüssel die Rechtsfähigkeit verliehen; Münchner Neueste Nachrichten 27. II. 1909.

[15]) Es bedurfte der Vorschrift des § 23 für die Schutzgebiete und Länder der Konsulargerichtsbarkeit, weil nach § 31 KonsGG., § 3 Schutzgebietsgesetz eine Möglichkeit, Rechtsfähigkeit durch Eintrag in das Vereinsregister zu erlangen, nicht besteht. Die Abstellung auf den Bundesrat für Fälle, in denen die Bundesstaaten nicht zuständig sind, entspricht genau den Bestimmungen in §§ 1322, 1745 BGB., die unbezweifelt dem innerdeutschen Recht angehören. Dieselbe Folgerung ergibt sich für § 23 auch aus der Einstellung in das materielle Recht des Gesetzbuches, und insbesondere aus dem sinnlosen Zwiespalt, in den die Auslegung sonst mit Art. 10 des Einführungsgesetzes und den dort vorausgesetzten Kollisionsnormen geraten würde.

Vereins entscheiden wollen. Und insbesondere müßte es dabei zu einer Diskrepanz mit den vereinspolizeilichen Kompetenzen kommen, die unleidlich erscheint. Auch bei der Verleihung der Rechtsfähigkeit wird die Vereinbarkeit der Verbandszwecke mit den staatlichen Interessen abgewogen; aber bei einer Verleihung aus dem Ausland her von einem anderen Standpunkt als dem des örtlich beteiligten Staates. Deutschland müßte es (sofern nicht die Erwägungen unter 6 Platz greifen) für den Bereich des Zivilrechts dulden, wenn in Preußen ein Verein zur Verbreitung der polnischen Sprache begründet und von Rußland mit Rechtsfähigkeit ausgestattet würde. Dabei sind privatrechtliche und verwaltungsrechtliche Ordnung so eng ineinander verflochten, daß zuweilen auf die polizeiliche Würdigung verzichtet wird mit Rücksicht auf die Wahrung des öffentlichen Interesses bei Verleihung der Rechtsfähigkeit und umgekehrt (vgl. oben Z. 1). Wenn Deutschland eine Entziehung der Rechtsfähigkeit nicht vorsieht, weil ihm das stärkere Mittel der administrativen Auflösung zu Gebote steht, soll der deutsche Verein in Italien mit der Verleihung der weiteren Einwirkung Deutschlands entrückt sein, da administrative Maßnahmen von seiten Deutschlands im Ausland doch nicht zulässig sind? Und wie sollen behördliche Entscheidungen gegen den Verband durchgeführt werden? Die Gründe genügen, die erweiternde Auslegung des deutschen Gesetzes auszuschließen, und allgemein die Verleihung der juristischen Persönlichkeit an Verbände im Ausland als unzulässig erscheinen zu lassen.[16])

Für vollends ausgeschlossen aber muß es gelten, eine juristische Person des öffentlichen Rechts mit Sitz im Ausland zu errichten, eine Handelskammer etwa, der diese Eigenschaft zukäme. Das verwehrt schon die Gebietshoheit des Aufenthaltsstaates, die (vgl. oben S. 98ff.) öffentlichrechtliche Organisationen anderer Staaten in ihrem Bereich nicht duldet. Solche Körperschaften können nur als Privatverbände unter der Hoheit des Aufenthaltsstaats ins Leben treten. Ihre Urkunden sind Privaturkunden, wenn auch der Staat, dessen Interessen die Handelskammer dient, ihre Zeugnisse als gleichwertig mit öffentlichen Urkunden behandeln mag, wo eine Bescheinigung (bei der Einfuhr z. B.) zur Voraussetzung inländischer Rechtswirkungen erklärt ist.[17]) Anders lägen diese Fragen nur dort, wo

[16]) Wenn Österreich gegenüber österreich-ungarischen Hilfsvereinen im Ausland eine Bestätigung der Satzungen in Anspruch nimmt (v. Malfatti, Konsularwesen[2] 1, 556), so scheint das nur Voraussetzung für deren besonderen Schutz durch die österreichischen Vertreter im Ausland zu sein.

[17]) Näheres über die Handelskammern im folgenden Band. Zu Zweifeln kann auch die Stellung der Fremdenkolonien führen. Das italienische Konsulatsgesetz bestimmt, daß in außereuropäischen Ländern dem Konsul eine gewählte Vertretung der Kolonie zur Seite gestellt werden kann. Der (gescheiterte) Entwurf eines Konsulatsgesetzes von 1891 dachte die Einrichtung auszubauen,

der Staat der Errichtung der juristischen Person von seiten des Auslands zugestimmt hätte.

Konsulargerichtsbarkeit.

4. Zulässig ist die Gewährung der Rechtsfähigkeit an Vereine mit Sitz in einem Gebiet, in dem der verleihende Staat Konsulargerichtsbarkeit übt.[18]) Und er mag im Rahmen seiner Zuständigkeit sogar die Rechte einer juristischen Person des öffentlichen Rechts verleihen, selbst an hoheitliche Verbände wie Gemeinden, soweit den Rechten des Aufenthaltsstaates dadurch nicht Abbruch geschieht.[19]) Dem Aufenthaltsstaat mangelt insoweit die Verfügungsfähigkeit,[20]) und es wird insbesondere auch nicht anzunehmen sein, daß eine Gemeinschaft, um von seiten des Mutterlands anerkannt zu werden, die Rechtsfähigkeit von diesem, um bei dem örtlichen Staat Anerkennung zu finden, von dessen Seite die Rechtsfähigkeit erworben haben müsse.[21])

enthielt Vorschriften über die Wahl der Vertretung und umgrenzte ihren besonderen Wirkungskreis, Gründung von Wohltätigkeitsanstalten, Förderung von Schulen usw., gewährte ein Vorschlagsrecht für die Bestellung des Konsuls; nach einem noch weiter gehenden Vorschlag sollte ihr sogar die Wahl des Konsuls zukommen (Fedozzi, Archivio 249). Es handelt sich zu einem Teil um unzweifelhaft öffentlichrechtliche Aufgaben, welche der Kolonie damit zugewiesen werden sollten. Aber zur juristischen Person wäre sie auch dadurch nicht erhoben worden; es wären nur öffentlichrechtliche Befugnisse von einzelnen durch ihren Wohnsitz an bestimmtem Ort näher bezeichneten Personen geschaffen worden. Etwa ein Selbstbesteuerungsrecht für die Kolonie einzuführen, wäre dagegen ebensowohl unzulässig gewesen, weil sie Italien nicht hätte vermögensfähig erklären, wie weil es die Kolonie nicht mit Zwang hätte ausstatten können.

[18]) Beispiel bei Fedozzi, Enti collettivi 261.

[19]) Österreich-ungarische Konsulargemeinden in der Türkei: Verordnung des Ministeriums des Äußern vom 2. XII. 1857 § 7, v. Malfatti, Konsularwesen 1, 555; 2, 419; vgl. auch Pélissié du Rausas, Régime des capitulations 1, 390 ff. (Frankreich) 403 (Italien). Für Ostasien insbesondere Catellani, I „settlements“ europei e i privilegi degli stranieri nell' estremo oriente, Atti del R. Istituto Veneto (1902 und 1903) 61 II, 859 ff.; 62 II, 395 ff.; deutsche Gemeinden in Tientsin und Hankau, Reichsanzeiger 1906 Nr. 22, 23.

[20]) Unrichtig die Eventualbegründung in dem oben S. 124 erwähnten Prozeß der französischen Kapuziner von Smyrna. Unzutreffend dürfte aber auch die Einschränkung von Fedozzi, Enti 255 sein, daß religiöse Vereinigungen von Ausländern, die unter Abschluß vom Leben sich lediglich asketischen Betrachtungen hingeben, unter der Hoheit des Aufenthaltsstaats stünden. — Das Sonderrecht der Aktiengesellschaften muß hier beiseite bleiben.

[21]) So anscheinend der Berichterstatter in dem oben S. 124 Anm. 31 angeführten Urteil des französischen Kassationshofs Revue 2, 227 f. Soweit ein solches Ergebnis auf der irrigen Annahme beruht, eine juristische Person besitze außerhalb des ermächtigenden Staates überhaupt keine rechtliche Existenz, s. oben Z. 2. Im übrigen aber liegt in einer vertragsmäßigen Teilung der Staatsgewalt über dasselbe Gebiet — und eine solche Auffassung des Verhältnisses der

Die Verleihung der Rechtsfähigkeit im Bereich der Konsulargerichtsbarkeit bedarf einer Abgrenzung aber auch nach einer andern Richtung. Die Befugnisse der bevorrechteten Staaten beschränken sich auf die eigenen Staatsangehörigen. Und wenn es sich bei Vereinen darum handelt, dem Willen der Teilnehmer zum Zusammenschluß Folge zu geben, so folgt daraus eine Zuständigkeit, Persönlichkeitsrechte zu gewähren, zunächst nur, wenn und solange die sämtlichen Mitglieder des Vereins diesem Staat angehören. Aber wer soll Vereinigungen, an denen Fremde verschiedener Staatsangehörigkeit teilhaben, in das rechtliche Leben rufen können? Nach Arminjon — in der Türkei — nur der Aufenthaltsstaat: die Kapitulationen gewährten Sonderrechte nur innerhalb des Kreises der Angehörigen der bevorrechteten Staaten; Ausnahmen dürften nicht extensiv ausgelegt werden; also fielen Wechselbeziehungen in den Bereich der örtlichen Staatsgewalt; zwar sei für Prozesse unter dem Druck besonderer Notwendigkeit die Regel *actor sequitur forum rei*, also eine Ordnung unabhängig von der örtlichen Staatsgewalt, zugelassen worden, aber für die Bildung gemischter Vereinigungen bestehe ein solches Bedürfnis nicht.[22]) Die Annahme steht im vollsten Widerspruch mit der geschichtlichen Entwickelung. Die türkischen Kapitulationen wurzeln in dem allgemeinen Vertragsrecht der Mittelmeerstaaten im Mittelalter. Die Verträge von 1740 und 1783, welche Streitigkeiten zwischen Fremden verschiedener Staatsangehörigkeit von der Entscheidung der türkischen Behörden ausnehmen, bedeuten darnach keine Singularität, sondern die Bestätigung einer verbreiteten Regel.[23]) Und wenn sie eine Befreiung nur für „Streitigkeiten" vorsehen, so folgt das dem Vertragsstil eines halben Jahrtausends, der dem Konsul die Streitigkeiten unter seinen

---

Vertragsstaaten zur örtlichen Staatsgewalt steht gerade für Ägypten außer Zweifel — notwendig beschlossen, daß die von dem einen Teil innerhalb seiner Zuständigkeit vorgenommenen Verwaltungsakte auch von dem andern Teil als rechtmäßig erfolgt angesehen werden; die Teilung der Staatsgewalt zwischen Reich und Bundesstaaten im Deutschen Reich bietet dafür vielfältigen Beweis.

[22]) Journal 29, 1005 ff. Dieselben Prätensionen hat die Türkei in neuerer Zeit auch für gemischte Strafsachen erhoben, vgl. St. Antonopoulos-Meyer, Über die Exterritorialität der Ausländer in der Türkei (1895) 57.

[23]) Ältere Beispiele Venedig-Tunis 1231 c. 5; Florenz-Tunis 1421 c. 2 bei M. L. de Mas Latrie, Traités des Chrétiens avec les Arabes (1866) doc. p. 196, 344. Auch die umfassende Zulassung einer Schutzgenossenschaft über Angehörige dritter Staaten beweist, daß ein Vorbehalt des Zwischenrechts nicht zu den grundsätzlichen Reservaten der örtlichen Staatsgewalt gehören konnte. Vgl. französisch-türkische Kapitulation 1604 Art. 9 (bei F. Rey, La protection diplomatique et consulaire 1899 p. 410): „*Nous voulons aussi que ce qui est porté par cette nostre Capitulation, pour la seureté des François, soit dit et entendu en faveur des nations estrangères qui viennent par nos pays . . sous la bannière de France.*"

Landsleuten überweist, die Übung der freiwilligen Gerichtsbarkeit unter ihnen aber als völlig selbstverständlich voraussetzt. Nur in Ägypten sind seit der Gerichtsreform von 1875 gemischte Angelegenheiten der örtlichen Staatsgewalt überwiesen.[24]) Für die sonstigen Länder aber, in denen Konsulargerichtsbarkeit geübt wird, steht der Ausschluß der örtlichen Staatsgewalt von Rechtssachen zwischen Angehörigen verschiedener Auslandsstaaten ohnehin außer Zweifel.[25])

Ist es aber eine innere Angelegenheit der bevorrechteten Staaten, zu bestimmen, wer von ihnen in gemischten Fällen die Rechtsfähigkeit verleihen könne, so bleiben immer noch wesentliche Zweifel. In der Praxis sind solche Bedenken zunächst für Handelsgesellschaften (gleichviel, ob rechtsfähig oder nicht) aufgetaucht, vorzugsweise bei der Frage, inwieweit gemischte Gesellschaften in das Handelsregister eingetragen werden können. Eine öfter vertretene Meinung verlangt die Zustimmung des Heimatstaats, damit sich einer seiner Angehörigen der unter fremden Gesetzen stehenden Gesellschaft anschliessen könne.[26]) Die Ansicht, die wohl als die herrschende bezeichnet werden kann, begnügt sich mit der Unterwerfung der beteiligten Privatperson.[27]) Daneben wird auch auf den nach Zahl, Beteiligung,

---

[24]) Es muß angenommen werden, daß mit der Gerichtsbarkeit in Zivilrechtsstreitigkeiten zwischen Angehörigen verschiedener Staaten auch deren materiellrechtliche Regelung auf die örtliche Staatsgewalt übergegangen ist. Damit ergibt sich für Ägypten allerdings (s. oben S. 124) ein Auseinanderfallen der verwaltungsrechtlichen und der privatrechtlichen Zuständigkeit in Vereinsangelegenheiten.

[25]) Vgl. die maßgebenden Verträge mit Marokko, Persien, Siam, China und (früher) Japan bei K. Lippmann, Die Konsularjurisdiktion im Orient (1898) 115, 144, 150, 155 und 156, 170.

[26]) So in Übereinstimmung mit dem deutschen Konsul in Alexandrien das Reichsgericht 19. I. 1895 Zeitschrift 5, 398; derselbe Konsul Zeitschrift 6, 522.

[27]) So das gemischte Appellgericht Alexandrien 15. XI. 1883 (Arminjon 1006) und insbesondere die leitenden deutschen Stellen: das Auswärtige Amt in Erlassen vom September 1884 (v. König, Konsularwesen 5. Aufl. 17) und vom 15. X. 1895 (vgl. das gleich zu erwähnende Reichsgerichtsurteil von 1896); v. König, Konsularwesen[7] 1,58; aber auch das Reichsgericht in Entscheidungen vom 2. VII. 1884 (H. Blum, Urteile und Annalen des Reichsgerichts 1885 1, 1) und vom 11. II. 1896 Zeitschrift 6, 522. Auf diesen Boden hat sich dann — unter unendlichen Verklausulierungen — auch das neue deutsche Recht gestellt, insofern die Anordnung des Reichskanzlers vom 27. X. 1900 § 4 den Eintrag in das deutsche Register gestattet, wenn sich die Gesellschaft oder Genossenschaft ausdrücklich der deutschen Gerichtsbarkeit unterwirft, wenn sie einem erheblichen Interesse von Deutschen oder Schutzgenossen dient, und diesem Interesse nicht ein überwiegendes Interesse von Angehörigen eines fremden Staates gegenübersteht, und wenn sie nicht allgemeine deutsche Interessen gefährdet (und auch dann erlangt eine solche Gesellschaft oder Genossenschaft nach § 2 des Gesetzes nur die Stellung eines Schutzgenossen, nicht eines Deutschen!). Auch die italienische Regierung scheint nach den Angaben des letzterwähnten Reichsgerichtsurteils die Unterwerfung der Beteiligten für ausreichend zu

Rechten überwiegenden Teil der Gesellschafter,[28]) auf die Person des Vorstands,[29]) nach einem in der Türkei bestehenden Brauch[30]) sogar auf die erste in der Firma genannte Person abgestellt. Andererseits aber wird zuweilen auf eine einheitliche Beurteilung auch völlig verzichtet, und jeder Gesellschafter seinem eigenen Recht und Gericht unterworfen.[31])

Ein Kaufvertrag, den ein Deutscher und ein Franzose mit Wohnsitz in Konstantinopel eingehen, steht für den deutschen Verkäufer hinsichtlich der Lieferungspflicht ausschließlich unter deutschem Recht; es bedarf nicht etwa einer Zustimmung Frankreichs, damit dies Ergebnis zustande kommt, sondern entsprechend der Eigenart des internationalen Zivilrechts, die wichtigste örtliche Beziehung eines Tatbestands herauszugreifen und dem durch sie bezeichneten Recht die Regelung ganz zuzuweisen, erscheint die Lieferungspflicht des Verkäufers auf Grund dieser Vereinfachung lediglich als die Angelegenheit eines Deutschen und damit der deutschen Gesetze; entsprechend steht die Zahlungspflicht des französischen Käufers ausschließlich unter den französischen Gesetzen. Gehen die beiden eine nichtrechtsfähige Gesellschaft ein, so ist die Sachlage insofern anders, als mit der Gesellschaft wie mit jedem Erzeugnis einer Übereinkunft (im Gegensatz zu Verträgen) ein einheitliches Gebilde entstanden ist, das eine Aufteilung unter die getrennt geltenden Rechtsordnungen der Gesellschafter ausschließt. Aber auch hier ist ein der Ordnung bedürftiger Tatbestand des Zivilrechts gegeben, auch hier gilt es, — auf Grund des einen oder anderen der oben erwähnten Anknüpfungsbegriffe[32]) — die wichtigste Be-

---

halten. — Von solcher Unterwerfung wird im Bereich der Konsulargerichtsbarkeit auch auf verwandten Gebieten Gebrauch gemacht. So fordert die deutsche kaiserliche Verordnung vom 25. X. 1900 (Reichsgesetzblatt 1000) § 7 von Ausländern, die in den deutschen Niederlassungen Tientsin und Hankau Grundbesitz erwerben wollen, daß sie Mitglied der dort begründeten deutschen Gemeinde werden und sich deutschem Recht und Gericht unterwerfen. Ähnlich die Niederlassungsbedingungen für das allgemeine Settlement Tschemulpo in Korea bei Catellani (zit. oben Anm. 19) 62 II, 556 f.

[28]) Antonopoulos 32; Goes, Annalen des Deutschen Reichs 1897, 511; vgl. dazu Arminjon 1011 ff. Hieher zum Teil auch die neue deutsche Ordnung.

[29]) Antonopoulos, Goes a. a. O.

[30]) Arminjon 1008.

[31]) Der deutsche Konsul in Yokohama in dem Fall bei Blum, Urteile 1, 1. Subsidiär Antonopoulos a. a. O.

[32]) Willkürliche Wahl ist auch hier wertlos; Reichsgericht 30. VIII. 1907, Juristische Wochenschrift 1907, 681; Cour mixte Alexandrien 12. VI. 1907, Blätter für vergleichende Rechtswissenschaft 4, 124. Nicht zu verwechseln mit einer solchen nebelhaften Parteiautonomie indessen ist der Fall, daß ein Staat in seinen Kollisionsnormen die Unterwerfung der Parteien als Voraussetzung verwertet, von deren Vorliegen er seine Zuständigkeit abhängig macht.

ziehung des Sachverhalts herauszugreifen und darnach das beherrschende Gesetz zu bestimmen. Wenn aber die oben S. 127 gemachten Ausführungen richtig sind, so wird das für Gemeinschaftsverhältnisse jeglichen Inhalts gelten müssen, auch für solche, deren innere Ordnung der Art nach nicht anders beschaffen ist als diejenige der nichtrechtsfähigen Gesellschaft, die aber eines besonderen Rechtsträgers bedürfen, ihre Befugnisse und Verbindlichkeiten nach außen zu vertreten. Und es ist einleuchtend: wenn ein Staat berufen ist, die inneren Verhältnisse einer solchen Gemeinschaft als seine Angelegenheit zu regeln, dann muß er auch berufen sein, das Rechtssubjekt zu schaffen, ohne das jene Ordnung in der Luft schwebte;[33]) wie so häufig im internationalen Zivilrecht wird mit der Zuständigkeit zur materiell zivilrechtlichen Regelung zugleich die ergänzende Zuständigkeit erworben, die erforderlichen Akte der freiwilligen Gerichtsbarkeit vorzunehmen.[34]) Auch Vereine, deren Mitglieder mehreren Auslandsstaaten angehören, vermögen darnach ihre Rechtsfähigkeit von einem einzelnen dieser Staaten nach Maßgabe seiner Kollisionsnormen abzuleiten.[35])

Teilniederlassungen.

5. Zu Schwierigkeiten führt nicht selten die rechtliche Stellung, welche der inländischen Teilniederlassung einer ausländischen Körperschaft zukommt. Zwar bei einer „Zweigniederlassung" handelsrechtlicher Vereinigungen ist es in manchen Rechten schon begriffsmäßig ausgeschlossen, dass der Zweigniederlassung die Eigenschaft eines selbständigen Rechtssubjekts, verschieden von demjenigen der Haupt-

---

[33]) Das Reichsgericht 30. VIII. 1907 hat gemäß § 2 KonsGG. Eintragung einer Kommanditgesellschaft in das deutsche Handelsregister verlangt, deren Sitz in Ägypten, deren persönlich haftender Gesellschafter Deutscher, deren Kommanditist Österreicher ist, und das, obwohl Prozesse zwischen den Gesellschaftern vor die örtlichen Gerichte gehören, die ihrerseits nach örtlichem Recht entscheiden. Allein wenn die gemischten als örtliche Gerichte auf diese Beziehungen wirklich ihr eigenes Recht zur Anwendung bringen, so kann das folgerichtig nicht auf einer Trennung zwischen dem Bestand der Gesellschaft und den rechtlichen Beziehungen der Gesellschafter beruhen, sondern nur auf der Zugrundelegung einer abweichenden Kollisionsnorm, die solche Gesellschaften von Anfang an der Regelung des örtlichen Rechts unterwirft.

[34]) Die Kollisionsnorm bezeichnet die Rechtsordnung, welche über Adoption, über Legitimation entscheiden soll, und die so bezeichnete Rechtsordnung besagt, ob es dazu einer Genehmigung des Gerichts, einer Verfügung des Landesherrn bedürfen soll. Nur fällt bei solchen Akten das Ergebnis der staatlichen Tätigkeit unmittelbar in das Zivilrecht, während die Verleihung der Rechtsfähigkeit in der Schaffung eines neuen Rechtssubjekts zunächst einen öffentlichrechtlichen Erfolg hervorbringt.

[35]) Die vereinspolizeilichen Befugnisse reichen — vgl. oben S. 124 Anm. 29 — auch hier weiter, stehen aber unter allen Umständen auch dem Staat zu, der über die Rechtsfähigkeit befindet.

niederlassung, zukäme.[36]) Im übrigen aber — die Frage ist besonders bei Ordensniederlassungen praktisch geworden [37]) — kann es ebensowohl vorkommen, daß nur der ausländische Gesamtverband rechtsfähig ist auf Grund einer (anerkennungsfähigen) Verleihung des Auslands [38]), daß lediglich eine Rechtsfähigkeit der inländischen Niederlassung auf Grund Inlandsrechtes in Frage kommt, nicht anders wie bei irgendeiner andern juristischen Person mit Sitz im Inland, daß beide Organisationen die Rechtsfähigkeit besitzen[39]) oder auch keine von ihnen. Nur muß, wo es auf die Rechtsfähigkeit der Teilniederlassung ankommt, nach der inneren Organisation des Gesamtverbandes das Substrat für ein selbständiges Rechtssubjekt gegeben sein, und es darf auch nicht außer acht bleiben, ob das in concreto fragliche Rechtsverhältnis eine Angelegenheit der Gesamtvereinigung oder des Teilverbands darstellt.

Anerkennung einer von fremdem Staat verliehenen Rechtsfähigkeit.

6. Ist die Rechtsfähigkeit von seiten des Auslands zuständigerweise verliehen, so ist das Inland regelmäßig gehalten, diese Rechtslage vermöge materiellrechtlicher Verweisung (s. oben Z. 1) anzuerkennen. Bei juristischen Personen des öffentlichen Rechts greift hier schon das Völkerrecht ein, das wenigstens für diejenigen Verbände, welche der Staat von sich aus beruft, öffentliche Aufgaben zu erfüllen, vorbehaltlose Anerkennung fordert.[40]) Auch juristische Personen des

---

[36]) Vgl. Denzler, Filiale 32f. Ist die inländische Zweigniederlassung aber kein selbständiges Rechtssubjekt, so kann sie auch keine selbständige Staatsangehörigkeit besitzen, daher auch hinsichtlich der Prozeßkostenkaution nicht anders behandelt werden als die ausländische Hauptniederlassung. Unrichtig Böhm-Delius, Rechtshilfeverfahren[8] 246[2]; zutreffend Oberlandesgericht Hamburg Zeitschrift 18, 176.

[37]) Kassationshof Rom, Journal 17, 739 und 18, 1030; Queens Bench Journal 20, 428; Kassationshof Paris, Revue 2, 224 (Vorinstanzen ebenda 1, 549); Fedozzi, Enti collettivi 167ff. 213[1]; Arminjon, Revue de droit international 34, 437. Vgl. auch oben S. 113ff. und unten § 14 Z. 2, und unter dem Gesichtspunkt der „internationalen Vereine" oben Anm. 10.

[38]) Warum sollte es dazu (Fedozzi) eines „Weltgesetzgebers" bedürfen, da doch die am Sitz verliehene Rechtsfähigkeit auch sonst für eine Betätigung außer Landes ausreicht? Was unter allen Umständen vom Staat der einzelnen Niederlassung erwirkt werden muß, ist vielmehr die polizeiliche Zulassung zur Gründung des inländischen Ordenshauses.

[39]) Unrichtig Arminjon.

[40]) Die Literatur ist einig, daß wie der Staat, so auch seine territorialen Unterabteilungen nach Maßgabe ihres eigenen Rechts schlechtweg Anerkennung als juristische Person auch im Ausland fordern können. Das Vorrecht wird vielfach auf alle juristischen Personen des öffentlichen Rechts erstreckt: Ducrocq, Revue du droit public (1894) 1, 53ff.; L. J. D. Féraud-Giraud, États et souverains . . devant les tribunaux étrangers (1895) 2, 324ff.; Rolin

öffentlichen Rechts, welche privater Betätigung die Entstehung verdanken und, soweit positives Recht nicht entgegensteht, die ganze Menge der juristischen Personen des Privatrechts haben nach dem Gesagten rechtlichen Bestand außerhalb des Staats, der sie geschaffen hat. Aber eben bei ihnen erhebt sich nunmehr die Frage, ob nicht, wie sonst bei der Verleihung, so hier bei der Anerkennung der Rechtsfähigkeit vereinspolizeiliche Erwägungen hemmend eingreifen können.

Wir sind auf dem Boden des Zivilrechts; eine nach allgemeinen Grundsätzen zur Anwendung berufene Rechtsordnung soll im einzelnen Fall nicht zur Geltung gelangen; das kann aber wie sonst auch hier nur dann geschehen, wenn die „Vorbehaltsklausel" in Tätigkeit treten kann.[41]) Die Frage ist öfter in Verwirrung gebracht worden, indem man Anerkennung und Verleihung der Rechtsfähigkeit, ja sogar Anerkennung der Rechtsfähigkeit und vereinspolizeiliche Erlaubnis nicht genügend geschieden hat. Aber auch dort, wo das konkrete Rechtsverhältnis, an dem die fremde Person teilnimmt, dem Einwand der öffentlichen Ordnung begegnet, ist es eben dies Verhältnis, nicht die Rechtsfähigkeit, der die Anerkennung versagt wird. Und so lautet die Frage in ihrer Reinheit: kann einer juristischen Person des Auslands die Anerkennung versagt werden, wenn zwar das einzelne Rechtsverhältnis, das der Einwirkung des Inlands untersteht, für dessen öffentliche Ordnung indifferent ist, wenn aber der Zweck des Verbands den Bedürfnissen des Inlands widerstreitet?[42]) Z. B. es wird in Frankreich auf Bezahlung einer Lieferung an ein spanisches Jesuitenkloster geklagt, und die Parteifähigkeit des Be-

---

1, 169f. Mamelok 199f.; Gabba (zit. oben S. 114 Anm. 8) 31; Tronquoy (oben S. 107 Anm. 1) 263 268ff.; vgl. auch Vincent-Pénaud v° personnes civiles n. 9; Journal 20, 450; 26, 877; 29, 153 und 31, 198; insbesondere das Institut de droit international, Annuaire 15, 74f.; 16, 280. Mit (wechselnden) Einschränkungen hingegen Laurent 4, 253ff. n. 128, 129; Weiss 2, 398f.; die Erörterung Journal 19, 149f.; Boddaert, Journal 29, 165ff.; Protokolle der Kommission für die zweite Lesung des Entwurfs eines BGB. 6, 26; Habicht, Internationales Privatrecht 82f. — Man beachte indessen den Zusammenhang der oben gegebenen Abgrenzung: nicht Anerkennung oder Nichtanerkennung, sondern nachprüfende oder vorbehaltlose Anerkennung steht hier in Frage.

41) Hieher Vincent-Pénaud v° association n. 5; v. Bar, Theorie und Praxis 1, 310f.; Fiore 1, 350; Ch. Lyon-Caen et L. Renault, Traité de droit commercial [2] (1892) 2, 805f. n. 1128; Streit, Zeitschrift 6, 319; Fedozzi, Enti collettive 159f.; Leven (oben S. 107 Anm. 1) 195f.; Wahl bei Sirey 1900 IV, 28; Mamelok 67ff.; Habicht 83. Vgl. auch Protokolle des zweiten Entwurfs zum BGB. 6, 22ff. und nunmehr Art. 10 des Einführungsgesetzes.

42) Die Frage bildet das zivilrechtliche Seitenstück zu der oben S. 116f. erörterten, ob eine vereinspolizeiliche Gegenwirkung möglich ist gegen Gemeinschaften des Auslands, die an dem Rechtsverkehr des Inlands durch Handlungen Anteil nehmen, die einen Akt des Vereinslebens nicht bedeuten.

klagten bestritten. Man wird geneigt sein, die Frage zu verneinen,[43]) da es (v. Bar) doch nicht Aufgabe des Inlands sein kann, „über die innere Ordnung des auswärtigen Staates zu Gericht sitzen zu wollen“. Indessen die Klausel der öffentlichen Ordnung verfolgt eine doppelte Aufgabe: nicht nur die Verwirklichung eines vom Inland mißbilligten Rechtsverhältnisses für diesen Bereich abzuschneiden, sondern auch Sondersätzen des Inlandsrechts, die den normalen Geltungsbereich überschreiten, die Anwendbarkeit zu sichern. Der letztere Fall kann hier gegeben sein. Es kann sein, daß das Inlandsrecht eine Vereinigung verwaltungsrechtlich oder strafrechtlich für unstatthaft erklärt, nicht nur dann, wenn sie nach allgemeinen Grundsätzen dem Inland angehört, sondern schlechtweg, auch wenn die Leitung, die Betätigung der Vereinigung im Ausland erfolgt. Eine solche Reprobierung muß wirksam werden, wo immer die Vereinigung mit dem Rechtsleben des Inlands in Berührung tritt; es kann nicht möglich sein, dass dieselbe Gemeinschaft verwaltungsrechtlich oder strafrechtlich bekämpft, zivilrechtlich aber durch Anerkennung der Rechtsfähigkeit gefördert wird. Eine solche Mißbilligung ist mindestens dann gegeben, wenn (s. oben S. 116 f.) die Mitgliedschaft in dem ausländischen Verein mit Kriminalstrafe bedroht ist, und es ist nicht ausgeschlossen, daß auch das verwaltungsrechtliche Verbot eines Verbandes nicht als Verbot für das Staatsgebiet, sondern als Verbot schlechtweg gemeint ist. Hier kann nur auf Grund der einzelnen gesetzlichen Bestimmungen entschieden werden. Und man wird im Zweifel anzunehmen haben, daß ein Staat bei der Aufstellung eines Verbots den normalen Zuständigkeitsbereich nicht überschreiten wollte.[44])

Die Frage ist für auswärtige Spielbanken, für Vereinigungen zum Zweck des Sklavenhandels erörtert worden,[45]) und es dürfte einer Gesellschaft der letzteren Art gegenüber schon die völkerrechtliche Untersagung genügen,[46]) dem Verbot für jeden Staat

---

[43]) So in der Tat die herrschende Meinung, vgl. v. Bar, Lyon-Caen und Renault, Leven a. a. O.; auch Streit nimmt nur den Fall aus, daß der Zweck des Verbands gegen das Völkerrecht verstößt, also Rechtsfähigkeit schon nach dem Recht des verleihenden Staats nicht hätte gewährt werden dürfen. Für ihre Bejahung insbesondere Mamelok.

[44]) Die bloße Tatsache, daß ein ausländischer Verband, wenn er seinen Sitz im Inland hätte, die Rechtsfähigkeit hier nicht hätte erwerben können, genügt selbstverständlich nicht, ihm die Anerkennung der anderwärts erworbenen Rechtsfähigkeit für das Inland zu versagen; so richtig v. Bar a. a. O.; Fedozzi 213, 250 für die Stellung französischer Frauenklöster in Italien.

[45]) Lyon-Caen und Renault a. a. O.; Leven 196, 198; Mamelok 70. Vgl. auch Féraud-Giraud 2, 324. Wahl nennt eine Vereinigung zur Ausspähung militärischer Geheimnisse des Inlands.

[46]) Für Deutschland kommt dazu noch das strafrechtliche Verbot ohne Rücksicht auf den Ort des Verbrechens §§ 1, 5 des Gesetzes vom 28. VI. 1895.

universale Geltung zuzuschreiben; während für fremde Spielbanken ein solcher Ausschluß vom Rechtsverkehr nicht leicht zu begründen sein wird, da eine landesgesetzliche Aufhebung der Spielbanken nach der Natur der Dinge nur für die im Gebiet bestehenden Häuser gemeint sein kann, eine Kriminalisierung der Verleitung zum Glücksspiel aber entsprechend dem internationalen Strafrecht wohl regelmäßig auf das Recht des Tatorts abstellen wird. Vor allem jedoch ist die Frage bei der Unterdrückung geistlicher Orden praktisch geworden.[47]) Man hat die Frage durch die andere in Verwirrung gebracht, ob der Orden, um Rechtsfähigkeit zu beanspruchen, die Polizeierlaubnis zum Zusammenschluß besitzen müsse, ein Erfordernis, das überhaupt nur für Niederlassungen im Inland auftreten kann (vgl. oben S. 116). Auch hier steht vielmehr nur zur Erörterung,[48]) ob verwaltungsrechtlich und folgeweise zivilrechtlich ein Verbot bestimmter oder auch aller geistlicher Orden vorliegt, das nur als Niederlassungsverbot für das Inland gemeint ist, oder ob eine Verfehmung aus kulturellen Gründen, die bei jeder Berührung mit der Staatsgewalt wirksam wird. Die Möglichkeit einer solchen verschärften Abwehr ist nicht auszuschließen.[49]) Aber auch hier wird es bei der

---

Vorausgesetzt bleibt allerdings hier wie dort, daß schon der Bestand einer solchen Vereinigung als Akt des „Sklavenhandels“ betrachtet werden kann.

[47]) Für die Parteifähigkeit der im Inland verbotenen fremden Orden der französische Justizminister oben S. 114 f., gegen sie Quiminal (zit. oben S. 116 Anm. 13) 220 ff., der — wie auch der Appellhof Casale, der Appellhof Turin, Journal 28, 600 für die Erbfähigkeit — vorgängige „Genehmigung“ des Ordens im Inland verlangt. Esperson (Journal 7, 338), Saredo (Digesto italiano 21, 84 v^{0} acquisti dei corpi morali n. 103), der Appellhof Genua 6. VIII. 1881 (Saredo n. 101) versagen geistlichen Körperschaften des Auslands die Rechtsfähigkeit, wenn der Orden in Italien verboten oder aufgelöst ist, während Gabba a. a. O. 27 f. sie anerkennt; für ihre Anerkennung auch Wahl a. a. O. Auswärtigen Niederlassungen der Jesuiten insbesondere verweigern die Parteifähigkeit im Inland der Appellhof Brüssel 8. VIII. 1853 (Quiminal 223[2]), der Kassationshof Rom 21. VI. 1892 (De' Giulj, Enciclopedia giuridica italiana 5 II, 393), Mamelok 70; der Kassationshof Turin 20. III. 1883 (Fedozzi 214) hat sie gelten lassen. Gegen eine vorbehaltlose Anerkennung der Rechtsfähigkeit fremder Orden auch Féraud-Giraud a. a. O., Habicht 82 und besonders Fedozzi 213 ff., der anführt, man könne einem fremden Rechtssubjekt nicht Rechte einräumen, die man bei einer Person des Inlands für gefährlich hält, und darauf hinweist, daß das italienische Verbot nicht der einzelnen Niederlassung, sondern dem gesamten Orden gelte.

[48]) Auch die Frage, ob eine Einräumung der Erbfähigkeit an fremde Vereinigungen, die Verbänden des Inlands versagt wird, unbillig, gefährlich ist, bezieht sich nicht auf den Besitz der Rechtsfähigkeit an sich, sondern auf ihre besondere Betätigung. Und es ist Sache der Amortisationsgesetzgebung und dergleichen, dafür Sorge zu tragen, daß auch Vereinigungen des Auslands in den für das Inland erforderlichen Schranken gehalten werden.

[49]) Und wenn von ihr Gebrauch gemacht wird, so beruht das auf dem Interesse des Inlands, einer solchen Verbindung durch völligen Ausschluß vom

Vermutung bleiben, daß der Staat ein verwaltungsrechtliches Verbot im Rahmen seiner ordentlichen Zuständigkeit erlassen wollte, und es geht das schon aus dem Wortlaut mancher derartiger Ausschließungen hervor;[50]) wie auch der Umstand, daß sich ein solches Verbot gegen den gesamten Orden wendet, nach früheren Ausführungen (oben S. 113) nur auf eine vereinsmäßige Betätigung des Gesamtordens im Staatsgebiet zu beziehen ist.

§ 13. Stiftungen.[1])

1. Grundbegriffe. — 2. Stiftungen mit Sitz im Inland. — 3. Stiftungen mit Sitz im Ausland. — 4. „Ausländische" Stiftungen im Inland? — 5. Gebietsveränderungen. — 6. Konsulargerichtsbarkeit.

Grundbegriffe.

1. Auch die Stiftung als die Aussonderung eines Vermögens zur Verfolgung bestimmter Zwecke bedeutet zunächst einen Tatbestand des gesellschaftlichen Lebens, der von seiten des Zivilrechts die Ordnung seiner inneren und äußeren Beziehungen erwartet. Auch die Stiftung bedarf zur Erfüllung ihrer Aufgaben nicht notwendig der Rechtsfähigkeit, wie das Stiftungswesen ja zumal im Bereich des englischen Rechts in Verwertung des Treuhandverhältnisses zu glänzender Ausbildung gelangt ist. Die kontinentalen Rechte schenken der Rechtsfigur der Stiftung ohne Rechtsfähigkeit wenig Beachtung, und insbesondere befaßt sich auch das öffentliche Stiftungsrecht dieser Staaten regelmäßig nur mit rechtsfähigen Stiftungen.

So obliegt auch hier der freiwilligen Gerichtsbarkeit zunächst die Verleihung der Rechtsfähigkeit an Stiftungen. Anders als bei Vereinen aber ist nicht nur Beginn und Ende, sondern die gesamte Betätigung dieser Verbände in weitem Umfang von Akten der freiwilligen Gerichtsbarkeit durchsetzt. Das gilt — von seiten des Privatrechts gesehen — wo Stiftungen des Privatrechts einer Mitwirkung der „Stiftungskuratel" bedürfen, und insbesondere, wo solche Stiftungen unmittelbar der Verwaltung einer öffentlichen Behörde unterstellt sind; die Behörde wird damit zum Organ der Stiftungs-

Rechtsverkehr Abbruch zu tun. Darum kann die Meinung von Scaduto (bei Fedozzi 215) nicht gutgeheißen werden, die eine Anerkennung der Rechtsfähigkeit gewähren will, wenn im einzelnen Fall der Schaden, der aus der Versagung erwächst, größer wäre als ihr Nutzen.

[50]) Deutsches Gesetz vom 4. VII. 1872: „Der Orden der Gesellschaft Jesu und die ihm verwandten Orden und ordensähnlichen Kongregationen sind vom Gebiet des Deutschen Reiches ausgeschlossen." Verfassung der Schweiz Art. 51: „Der Orden der Jesuiten und die ihm affiliierten Gesellschaften dürfen in keinem Teile der Schweiz Aufnahme finden."

[1]) Über internationales Stiftungsrecht neuestens Tronquoy in dem oben

verfassung, und wo sie in Benützung der Staatsgewalt handelt, übt sie freiwillige Gerichtsbarkeit.[2])

Mit dem Verwaltungsrecht mag auch die Stiftung zunächst durch die Ausführung des besonderen Stiftungszwecks in Berührung kommen, durch Errichtung einer Lehranstalt beispielsweise unter das Schulrecht des Landes treten; das Verwaltungsrecht, das für die besondere inhaltliche Betätigung des Stiftungszwecks maßgebend ist, scheidet hier aus. Wohl aber bedeutet auch die Begründung und Tätigkeit der Stiftung einen sicherheitspolizeilich zu würdigenden Tatbestand. Die Stiftung bedarf bei ihrer Errichtung einer Prüfung auf ihre Vereinbarkeit mit dem Staatswohl, und es muß die Möglichkeit bestehen, ihrem Dasein aus Gründen des Staatswohls ein Ende zu setzen. Da aber das öffentliche Stiftungsrecht sich regelmäßig nur mit rechtsfähigen Stiftungen beschäftigt, so fallen hier Polizeierlaubnis und Gewährung der Rechtsfähigkeit, Entziehung der Rechtsfähigkeit und Auflösung vielfältig zusammen. Die Stiftung wird in ihrer Tätigkeit einer Überwachung aus Gründen der öffentlichen Sicherheit unterworfen: aber die Fürsorge für Erfüllung des Stiftungszwecks und die Aufsicht gegen Schädigungen durch diesen Zweck sind auch hier organisatorisch zumeist vereinigt.

Der Zweck des verselbständigten Vermögens kann die unmittelbare Erfüllung einer staatlichen Aufgabe bedeuten, so bei dem *bureau de bienfaisance* des französischen, der Versicherungsanstalt für Invalidenversicherung des deutschen Verwaltungsrechts. Es handelt sich hier um juristische Personen des öffentlichen Rechts. Aber das öffentliche Recht beschäftigt sich mit ihnen nicht deshalb, weil hier besondere Anstalten geschaffen sind, eine Aufgabe zu erfüllen; sondern deshalb, weil die Aufgabe dieser Anstalten nach ihrem besonderen Inhalt dem öffentlichen Recht anheimfällt. Auch sie scheiden in diesem Zusammenhang aus. Aber freilich unter den öffentlichrechtlichen Anstalten sind es gerade die Stiftungen des öffentlichen Rechts,[3]) an deren Aufgaben der Staat zwar ein

---

S. 107 Anm. 1 angeführten Buch 239 ff., mit dem erfreulichen Bestreben, Privatrecht und öffentliches Recht auseinanderzuhalten. Aber freilich (um hier von Einzelheiten abzusehen), die negative Feststellung, daß ein Staat auf fremdem Gebiet regelmäßig keine Tätigkeit entfalten könne, tut der öffentlichrechtlichen Seite des internationalen Stiftungsrechts nicht Genüge.

[2]) Über die Möglichkeit einer Verwaltung privatrechtlicher Stiftungen durch öffentliche Behörden H. Dernburg, Das bürgerliche Recht (1902) 1, 280; über die Möglichkeit, sie unbeschadet ihrer privatrechtlichen Natur der Aufsicht der Verwaltungsbehörden und der Verwaltungsrechtsprechung zu unterwerfen, die sehr interessanten Verhandlungen bei Einführung des BGB. in Bayern, über welche ein anonymer Aufsatz Blätter für administrative Praxis (1900) 50, 273 ff. 341 ff. gute Übersicht gewährt.

[3]) Die gemeinrechtliche Entwickelung hat dazu geführt, den Stiftungen eine privatrechtliche Persönlichkeit zuzuschreiben, völlig parallel derjenigen,

Interesse nimmt, die er einer rechtlichen Regelung jedoch wesentlich nur deshalb unterstellt, weil hier eine besondere Organisation geschaffen, und weil diese Organisation nach dem ihr vorgesetzten Plan tätig werden soll. Es bedarf hier einer Anerkennung als juristischer Person des öffentlichen Rechts; mit ihr verschmilzt die polizeiliche Zulassung und die Gewährung der Rechtsfähigkeit. Es bedarf hier einer öffentlichen oder doch öffentlich überwachten Verwaltung der Stiftung; mit ihr verschmilzt die polizeiliche Aufsicht

---

welche den rechtsfähigen Vereinen zukommt, und es hat dies wie früher in Preußen so seither im deutschen BGB. §§ 80 ff. Anerkennung gefunden (vgl. für Preußen Materialien des preußischen Ausführungsgesetzes zum BGB. [Heymann] 61; v. Bitter, Handwörterbuch 1, 505; 2, 543; und für „öffentliche Stiftungen" Sartorius im Wörterbuch des Verwaltungsrechts 2. Ergänzungsband 283, aber freilich auch C. Bornhak, Das Verwaltungsrecht in Preußen unter der Herrschaft des BGB. 1899 15). Dasselbe gilt jetzt auch für das Zivilgesetzbuch der Schweiz. Anders indessen in Frankreich und im Einflußgebiet des französischen Stiftungsrechts. In Frankreich ist man unter dem Druck theoretischer Skrupel nicht dazu gelangt, Stiftungen als privatrechtliche Persönlichkeiten zuzulassen, so daß hier einer Stiftung als selbständigem Rechtssubjekt regelmäßig nur die öffentlichrechtliche Form des *établissement public* zu Gebote steht (vgl. C. Crome, Allgemeiner Teil der französischen Privatrechtswissenschaft 1892 158 f. und O. Mayer, Französisches Verwaltungsrecht 432, 482 ff.; über Verwertung der — gleichfalls öffentlichrechtlichen — Rechtsform des *établissement d'utilité publique* H. Truchy, Des fondations 1888 153 ff. und für Elsaß-Lothringen W. Kisch, Elsaß-lothringisches Landesprivatrecht 1905 115 f.). Das hat aber insbesondere auch auf die süddeutschen Staaten gewirkt, wo der Begriff der öffentlichen d. h. für öffentliche Zwecke begründeten Stiftung mannigfach mit der Stiftung öffentlichen Rechts zusammengeworfen wurde (hieher O. Sarwey, Das öffentliche Recht und die Verwaltungsrechtspflege 1880 534 ff.; vgl. auch Sartorius a. a. O. 279, 282). In Baden werden auf Grund des Stiftungsgesetzes von 1870 überhaupt nur öffentliche Stiftungen zugelassen, diese aber unter der Herrschaft des BGB. zu Stiftungen öffentlichen Rechts erklärt (E. Dorner, Badisches Ausführungsgesetz zum BGB. 1902 30 f.; E. Dorner und A. Seng, Badisches Landesprivatrecht 1906 54 ff.). Aber auch für Bayern waren angesehene Schriftsteller von der Gleichsetzung der öffentlichen und der öffentlichrechtlichen Stiftungen ausgegangen (v. Seydel, Staatsrecht [2] 2, 728; G. v. Kahr, Bayerische Gemeindeordnung 1896 1, 688); bei Einführung des BGB. jedoch (vgl. oben Anm. 2) hat die Staatsregierung die Verschiedenheit der beiden Begriffe in aller Schärfe klargelegt, dabei freilich irrigerweise auf die Befugnis verzichtet, von sich aus die öffentlichen Stiftungen zu öffentlichrechtlichen Stiftungen im Sinn des BGB. zu erheben, so daß heute mangels besonderer Eingliederung in den staatlichen Organismus auch die öffentlichen Stiftungen Bayerns als Stiftungen privatrechtlicher Art erscheinen, die hinsichtlich des Vollzugs und der Aufsicht den Verwaltungsbehörden, für Streitigkeiten über Rechte auf Genuß oder Verwaltung der Stiftung der Verwaltungsgerichtsbarkeit unterstellt sind. Für Württemberg vgl. Sartorius a. a. O. 283, 296. Auch in Österreich scheinen die gemeinnützigen als öffentlichrechtliche Stiftungen betrachtet zu werden; v. Herrnritt im Österreichischen Staatswörterbuch [2] v° Stiftungen 4, 484 ff. („Selbstverwaltungskörper").

und die Übung der freiwilligen Gerichtsbarkeit, welche zur Betätigung des Stiftungszwecks erforderlich ist. Den Gegenstand der folgenden Erörterungen bildet jenes Sonderrecht der öffentlichen und der Privatstiftungen.

Stiftungen mit Sitz im Inland.

2. Die Stiftungshoheit ergreift die Stiftungen, die ihren Sitz im Inland haben. Der Satz findet zunächst Anwendung auf die Begründung einer Stiftung.[4]) Für die Befugnis zur Verwaltung und zur Beaufsichtigung wird es allerdings in erster Reihe auf ein formelles Merkmal ankommen; sie sind die Folge der Aufnahme einer Stiftung in den Staatsverband oder doch ihrer Erhebung zur juristischen Person durch den Staat, und wo diese Aufnahme oder Erhebung einen Formalakt besonderer Art voraussetzt, da knüpft sich die Zuständigkeit zu Verwaltung und Beaufsichtigung zunächst an diesen Vorgang. Mittelbar wird der Sitz der Stiftung auch hier von Bedeutung, und er entscheidet unmittelbar, wo über den Staat, der die Einrichtung geschaffen hat, sicheres nicht mehr festzustellen ist.

Als Sitz der Stiftung ist auch hier grundsätzlich derjenige Ort in Anspruch zu nehmen, an dem die Verwaltung der Stiftung geführt wird. Es handelt sich um die Gewährung von Mitteln, zumeist von Geldmitteln für die Verfolgung bestimmter Zwecke. Die wirtschaftliche Beschaffung der Geldmittel, die gewährt werden sollen, hat nur die Bedeutung einer vorbereitenden Operation; der Ort des Stiftungsvermögens kann somit eine wesentliche Bedeutung für die Stiftung jedenfalls nicht beanspruchen. Aber auch die Zwecke, welchen die Stiftung dienen soll, können nicht als der bestimmende Faktor anerkannt werden. Die Stiftung will nicht selbst Universitätsstudien treiben oder Reisen machen, sondern nur das Geld zur Verfügung stellen, das für solche Zwecke verwendet werden soll: auch der Ort des Stiftungsgenusses kann für den Sitz nicht entscheidend sein. Das ist von vornherein einleuchtend, wo der Ort der Ver-

---

[4]) Wird die Errichtung einer Stiftung im Ausland durch Testament angeordnet, so ist es nicht Aufgabe des Nachlaßgerichts, über diese Errichtung Bestimmung zu treffen; vgl. die englische Rechtsprechung bei J. Westlake-v. Holtzendorff, Lehrbuch des internationalen Privatrechts (1884) 311. Auch die Frage, ob eine Stiftung durch letztwillige Anordnung errichtet werden kann, oder die staatlich zu errichtende Stiftung letztwillig bedacht werden kann, bedeutet für das Zivilrecht nicht eine Frage der Erbfähigkeit, sondern der allgemeinen Rechtsfähigkeit solcher zur Zeit der Zuwendung noch nicht bestehender Stiftungen, ist darum nur nach den Gesetzen der Stiftung, nicht auch nach denen des Erblassers zu entscheiden. Anders Fedozzi, Enti collettivi 224; vgl. auch Fiore-Antoine, Droit international privé 4, 52 ff n. 1436 ff.

waltung feststeht, der Ort des Stiftungsgenusses wechselt. Es gilt aber auch da, wo der Stiftungsgenuß an eine festbestimmte Stelle geknüpft ist, für die Benutzung einer gestifteten Gemäldesammlung, bei Stipendien für deutsche Studenten an einer englischen Hochschule. Es dürfen hier zwei Dinge nicht verwechselt werden:[5]) die Verwirklichung des Stiftungszwecks kann durch ihren besonderen Inhalt das Verwaltungsrecht des örtlich beteiligten Staates zur Anwendung gelangen lassen, durch Errichtung eines Krankenhauses die gesundheitspolizeilichen Vorschriften, durch öffentliche Verteilung von Almosen die Bestimmungen des Versammlungsrechts; für die Stiftung selbst ist nur die Gewährung der Mittel bezeichnend, und damit der Ort, an dem über diese Gewährung entschieden wird.[6])

Diese Erwägungen werden auch praktisch bei Gebietsveränderungen (hierüber im übrigen unten Z. 5), denn mit der Staatsgewalt über das abgetretene Gebiet wird auch die Stiftungshoheit über die Stiftungen erworben, die in dem abgetretenen Landesteil ihren Sitz haben. Aus der Staatenpraxis ist hier vornehmlich eine Gruppe preußisch-sächsischer Staatsverträge von Interesse, die, durch die 1815 erfolgte Abtretung sächsischen Gebiets an Preußen veranlaßt, die Folgen dieser Abtretung für das Stiftungsrecht festsetzen.[7]) Auch hier wird an den Sitz der Stiftung angeknüpft und (C § 11), „in Erwägung, daß die Verhältnisse vieler Stiftungen es sehr zweifelhaft machen, ob die Landeshoheit über selbige mit dem daraus fließenden Rechte der Oberaufsicht der einen oder der anderen Regierung oder beiden gemeinschaftlich zustehe“, eine Kommission eingesetzt, „durch welche erwähnte Zweifel über das Domicilium der Stiftungen gelöset werden können“. Als Richtschnur für die Arbeiten der Kommission aber werden bestimmte Grundsätze festgestellt: „Solche Stiftungen, die

---

[5]) Darauf beruht wohl die wunderliche Annahme von Arminjon, Revue 439, eine Stiftung sei für den Staat, in dem ihre Zwecke zur Ausführung gelangen, eine „inländische“, während dritten Staaten gegenüber der Ort ihrer Verwaltung entscheide. Vgl. auch unten Anm. 17.

[6]) Ein bezeichnendes Beispiel liefern neuestens die Müllerschen Stiftungen, denen durch Reichsgesetz vom 7. I. 1908 die Persönlichkeit des öffentlichen Rechts verliehen worden ist (Reichsgesetzblatt 1908, 131 und 245). Sie sind bestimmt zum Ankauf von Kunstwerken in Rom und zur Unterstützung des deutschen Krankenhauses in Rom. Der Sitz ist in Berlin, Stiftungsvorstand das Auswärtige Amt; für die Durchführung der Kunststiftung steht ihm eine Kommission in Rom zur Seite, deutsche und italienische Künstler unter Vorsitz des deutschen Botschafters. Vgl. auch oben S. 128 Anm. 10.

[7]) Preußisch-sächsischer Vertrag 18. V. 1815 Art. 16 (A); Wiener Kongreßakte 9. VI. 1815 Art. 21 (B); preußisch-sächsische Verträge 27. VII. 1817 (C); 28. VIII. 1819 Art. 22—28 (D); 4. IV. 1825 (E); 27. IX. 1825 (F); 6. XII. 1825 (G); 28. XII. 1825 (H). Sämtlich bei Martens, Nouveau recueil 2, 272 und 379; 5. Supplément 27 und 117; 6 II, 714; 7 II, 434 441 447.

an einem bestimmten Orte dergestalt ihren unveränderlichen Sitz haben, daß an diesem Orte der Hauptzweck der Stiftung in Erfüllung geht, z. B. Kirchen, Schulen, Universitäten, Erziehungs-, Versorgungs-, Kranken-, Siechenhäuser usw. folgen jederzeit der Landeshoheit des Ortes, wo sie ihren Sitz haben" (C § 12); H Art. I nennt auch Stiftungen zu Freitischen in dazu bestimmten örtlichen Anstalten, zu Erbbegräbnissen, Monumenten, und stellt Stiftungen, deren Genuß sonst in Verbindung mit einem bestimmten Ort steht, wie Stipendien zum Studium an einer gewissen Universität, gleich. Bei Stiftungen, bei welchen eine solche Beziehung nicht gegeben ist, z. B. Stiftungen zur Ausstattung armer Mädchen, soll (C) „diejenige Regierung, in deren Gebiet die zur Teilnahme an dem Zwecke der Stiftung principaliter Berufenen sämtlich ihr Domicilium haben, die Landeshoheit über die Stiftung erhalten;" H begnügt sich mit der „vorzugsweisen" Zugehörigkeit der Genußberechtigten zu einem bestimmten Ort, ergänzt die Vorschrift durch mancherlei Kasuistik und stellt Präsumtionen auf, bei deren Vorliegen die Stiftung den Angehörigen bestimmter Orte zustehen, und demgemäß die Stiftungshoheit abgegrenzt werden solle; nur bei Substitutionen solle die Herkunft der Genußberechtigten außer Betracht bleiben. Den Sitz der Verwaltung hatte C ausdrücklich für unerheblich erklärt; in H jedoch wird in Ermanglung einer verwertbaren örtlichen Beziehung bei den Genußberechtigten auf den Ort der „Collatur" (Entscheidung über den Stiftungsgenuß), falls diese an keinen festen Sitz gebunden wäre, auf den festen Ort der „Administration" (Vermögensverwaltung) verwiesen; hilfsweise aber sollten auch andere örtliche Beziehungen z. B. die Lage des unbeweglichen Vermögens einer Stiftung (C hatte dieser Anknüpfung noch stärkere Bedeutung zugewiesen, die Abstellung auf bewegliches Vermögen besonders abgelehnt), eventuell der letzte Wohnsitz des Stifters entscheiden. Bei Familienstiftungen (F Art. I) wird zunächst wiederum der feste Ort des Stiftungsgenusses, in Ermangelung eines solchen jedoch die Herkunft der substituierten Genußberechtigten, der feste Ort der Verwaltung unter Vorrang der Collatur vor der Administration, andere örtliche Beziehungen wie die Lage unbeweglichen Stiftungsgutes, der letzte Wohnsitz des Stifters für maßgebend erklärt. Örtliche Beziehungen aber, welche gleichmäßig auf beide Teile hinweisen (C, H), machen die „Oberaufsicht" über die Stiftung gemeinschaftlich. Man sieht, die Anknüpfungen werden in diesen Verträgen zum Teil abweichend ausgewählt;[8]) stets aber ist es die Rücksicht auf den Sitz der Stiftung, welche die Zuständigkeit begründet.

---

[8]) M. Huber, Die Staatensuccession (1898) 47, 78f. übernimmt ihre Ergebnisse ohne Vorbehalt.

Stiftungen mit Sitz im Ausland.

3. Über Stiftungen, welche ihren Sitz nicht im Land haben, besteht eine Stiftungshoheit nicht. Anders als bei Vereinen erscheint es nicht wohl denkbar, daß die Stiftung als solche, als Einrichtung, um Vermögen für einen Zweck nutzbar zu machen, außerhalb ihres Sitzes tätig werden könnte. Der Ort des Vermögens hat zu Stiftungen mit Sitz im Ausland (sofern nicht die Besonderheiten des Amortisationsrechts eingreifen) keine anderen Beziehungen als zu Privatleuten ausländischen Wohnsitzes, die Güter im Inland besitzen; der Ort, an dem die Zwecke zur Ausführung gelangen, denen die Stiftungsmittel dienen sollen, besitzt auch hier nur die verwaltungsrechtlichen Befugnisse, welche aus der Besonderheit dieses Zweckes folgen. Demgemäß erklären schon die erwähnten preußisch-sächsischen Verträge die Zuständigkeit des Stiftungssitzes für ausschließlich.[9]) Gewisse Stiftungen hatten ihre Verwaltung in Fulda (Kurhessen), ein Teil des Vermögens und der Genußberechtigten befand sich in Sachsen-Weimar: ein Schiedsspruch des Oberappellationsgerichts Celle entscheidet, der Sitz dieser Stiftungen sei in Fulda, das Oberaufsichtsrecht stehe darnach einzig Kurhessen zu.[10]) Dieselbe Frage hat neuerdings dem bayerischen Verwaltungsgerichtshof vorgelegen hinsichtlich einer Familienstiftung, deren Verwaltung in Baden geführt wird. Vorübergehend war das bayerische Ministerium davon ausgegangen, „daß, da das Vermögen der Stiftung tatsächlich zum großen Teil sich in Bayern befinde, und die dermalige Stiftungsadministration (Vermögensverwaltung) dort ihren Sitz habe, eine Schutzpflicht und ein auf die tatsächlichen Verhältnisse beschränktes Oberaufsichtsrecht der bayerischen Staatsregierung bestehe, soweit es sich eben um die in Bayern befindlichen Vermögensbestandteile und die Interessen der bayerischen Familienglieder handle". In der Folge aber wurde dieser Standpunkt aufgegeben, und über eine Klage auf Verwaltung und Genuß der Stiftung entscheidet der Gerichtshof,[11]) es mangle den verwaltungsgerichtlichen Instanzen in Bayern die „sachliche" (genauer die staatliche) Zuständigkeit, über die erhobenen Ansprüche zu entscheiden. Die Zuständigkeit, Stiftungsstreitigkeiten zu entscheiden, sei eine Folge des staatlichen Schutz-

[9]) C § 1: „. . so versteht es sich von selbst, daß keine der beiden Regierungen bei Ausübung der landesherrlichen Oberaufsichtsrechte über die ihr bereits angefallenen oder annoch anfallenden Stiftungen der anderen Regierung irgendeinen weiteren Einfluß gestatten kann, als insoweit durch gemeinsame Übereinkunft in der gegenwärtigen Konvention hierunter etwas ausdrücklich festgesetzt ist".

[10]) Austrägalerkenntnis 8. VI. 1843, Seufferts Archiv 5, 165 N. 139. Dazu P. Roth-V. v. Meibom, Kurhessisches Privatrecht (1858) 1, 211 f. (mit Rücksicht auf die „Staatsangehörigkeit" der Stiftungen).

[11]) Urteil vom 15. II. 1906 Nr. 95 I/05, nicht veröffentlicht.

und Aufsichtsrechts über die Stiftung. „Es steht nun staatsrechtlich außer Zweifel . . daß besagtes Schutz- und Aufsichtsrecht des bayerischen Staates, das ein Ausfluß seiner Territorialgewalt ist, sich nicht über das staatliche Gebiet hinaus erstrecken kann . . Hieraus folgt, daß nur solche Stiftungen dem Aufsichtsrecht des bayerischen Staates unterworfen sein können, welche in einem Gebietsteil des bayerischen Staates . . wurzeln. Hiezu gehören aber nur jene Stiftungen, welche nach der . . Absicht des Stifters mit dem bayerischen Staat in Beziehung gebracht, ihm zur Sicherung und Wahrung des Stifterwillens anvertraut und demzufolge ein Glied in dessen staatlichem Organismus geworden sind."

Wenn in manchen Staaten die Errichtung von Stiftungen mit Sitz im Ausland eingeschränkt wird (s. unten § 14 Z. 7), so ist das kein Ausfluß der Stiftungshoheit, sondern eine Sonderbestimmung des Amortisationsrechts dieser Staaten. Wenn in mannigfachen Präzedenzfällen ein Staat zugunsten der Bezugsberechtigten inländischer Staatsangehörigkeit eingeschritten ist, so geht auch ein solches Einschreiten nicht auf eine Stiftungsgewalt über die auswärtige Stiftung, sondern auf das allgemeine völkerrechtliche Interventionsrecht im Interesse der Staatsangehörigen zurück. Das Stiftungsrecht des Inlands bleibt gegenüber auswärtigen Stiftungen unbeteiligt, sofern nicht etwa durch Staatsvertrag eine Verwaltungshilfe in Stiftungssachen vereinbart ist.[12])

Für den Bereich des Zivilrechts gelten auch hier die Ausführungen oben § 12 Z. 6, nach denen die Rechtsfähigkeit ausländischer Stiftungen grundsätzlich anzuerkennen ist; der Einwand der öffentlichen Ordnung wird gegen Stiftungen nicht leicht erhoben werden. Die Frage, ob eine Stiftung dem öffentlichen oder dem Privatrecht angehört, muß nach dem Recht des Sitzes beantwortet werden. Eine preußische Familienstiftung kann darnach vor den badischen Zivilgerichten verklagt werden, wiewohl hier Stiftungsstreitigkeiten dem Verwaltungsrechtsweg überwiesen sind.

„Ausländische" Stiftungen im Inland?

4. Aber ist es statthaft, eine Stiftung mit Sitz im Ausland zu begründen? Wie für Vereine, wird die Meinung auch für Stiftungen vertreten,[13]) und es ist insbesondere auch hier das deutsche BGB., dessen § 80 zu Zweifeln Veranlassung gibt: „Soll die Stiftung ihren Sitz nicht in einem Bundesstaate haben, so ist die Genehmigung des Bundesrates erforderlich." Aber die oben S. 129 ff. entwickelten Be-

---

[12]) So Preußen-Sachsen C § 7 gegen säumige Administratoren im anderen Gebiet.

[13]) Fedozzi, Enti collettivi 223 ff.

denken finden auch hier ihre Anwendung,[14]) wobei die häufig begegnende öffentlichrechtliche Organisation der Stiftungen noch besonders zu beachten ist.[15]) Auf der anderen Seite besitzt der Staat, in dem die Stiftung ihren Sitz hat, grundsätzlich die volle Staatsgewalt über die Einrichtung, auch dann, wenn ihre Mittel aus dem Ausland stammen, und wenn sie zum ausschließlichen Vorteil von Ausländern verwendet werden sollen.[16]) Fragen dieser Art sind vornehmlich in Italien brennend geworden, dessen Gesetze über die *opere pie* von 1862 und 1890 die Wohltätigkeitsstiftungen zu juristischen Personen des öffentlichen Rechts erheben und einer weitgehenden staatlichen Überwachung unterwerfen. Der böhmische Episkopat will in Rom ein Hospiz zugunsten armer Pilger und Studenten böhmischer Nation gründen; ein Gutachten des Staatsrats vom 11. August 1875 erklärt, daß die Gründung nur zulässig sei unter Beobachtung des Gesetzes über die *opere pie*.[17]) Dieselbe Sachlage

[14]) Was im besonderen die Verwaltung der Stiftung im Ausland angeht, so wäre eine Verwaltung durch die ordentlichen Stiftungsbehörden des Inlands natürlich völlig ausgeschlossen.

[15]) Tronquoy 308f., der nur zu Unrecht annimmt, alle Stiftungen seien öffentlichen Rechts.

[16]) Auch die Übertragung der Stiftungsverwaltung an den Gesandten oder Konsul eines fremden Staats vermöchte daran nichts zu ändern, wenn die Sachlage auch einem Gesandten gegenüber durch dessen persönliche Immunität verschleiert wird. Daß der Gesandte oder Konsul für eine Stiftungsverwaltung seinen Vorgesetzten in der Heimat Rechnung zu legen hätte, ist ein rechtliches Internum zwischen dem Absendestaat und seinem Beamten, das den Rechten des Aufenthaltsstaats keinen Abbruch tun kann.

[17]) Fadda (zit. oben S. 107 Anm. 1) 388f. Ein Gutachten des Staatsrats vom 6. III. 1878, das Saredo (zit. oben S. 139 Anm. 47) 81 mitteilt, versagt einer amerikanischen Stiftung die (amortisationsrechtliche) Erlaubnis, Grundbesitz für die Errichtung eines Waisenhauses in Florenz zu erwerben, weil eine solche Erlaubnis nur juristischen Personen des Inlands erteilt werden könne, Wohltätigkeitsanstalten aber als im Inland bestehend nicht anerkannt werden könnten, die den Gesetzen des Königreichs nicht unterstehen, deren Statuten nicht genehmigt, und die der Staatsaufsicht nicht unterworfen seien. Wenn die Anstalt, wie es scheint, im Verband der ausländischen Stiftung verbleiben sollte, so konnte sie allerdings nicht unter das italienische Stiftungsgesetz fallen. Denn dieses gilt nur für selbständige Rechtssubjekte, die ihren Sitz in Italien haben, und es hätte (vgl. oben S. 144) einer Vorschrift nicht des Stiftungsrechts, sondern des italienischen Erziehungsrechts bedurft, um Waisenhäuser schlechtweg unter Aufsicht zu stellen. Wegen des Erfordernisses einer Ausgestaltung der Niederlassung zur juristischen Person des Inlands oben S. 114 Anm. 8. Der Staatsrat beseitigt schließlich die Schwierigkeit, indem er verweigert, die Rechtsfähigkeit der ausländischen Stiftung anzuerkennen. Als gleichartig zitiert Saredo auch ein Gutachten des Staatsrats vom 21. XII. 1877. — Verwandte Mißverständnisse bei Tronquoy 303ff. — Wenig klar sind hier auch die Verhandlungen des Institut de droit international, Annuaire 15, 81f.; 16, 293, welche (Bericht von Lyon-Caen) für die Errichtung einer Zweiganstalt von seiten gemeinnütziger juristischer Personen des Auslands die Ver-

bei einer Anzahl griechischer Kirchen in Italien: die Verwaltung von S. Giorgio in Venedig will sich der Rechnungslegung an die italienische Regierung entziehen unter Berufung auf ihre Eigenschaft als juristische Person des Auslands; der Staatsrat ist dem zu wiederholten Malen entgegengetreten.[18]) Denselben Anspruch auf Freilassung von den Bestimmungen des Stiftungsgesetzes mit der gleichen Begründung erheben Kirche und Bruderschaft der Griechen zu Neapel. Er war schon unter bourbonischer Herrschaft zurückgewiesen worden,[19]) und nach dem Vorgang der begutachtenden erklärt auch die verwaltungsgerichtliche Sektion des Staatsrats unterm 17. Dezember 1897: um eine Anstalt mit Sitz im Königreich juristisch als ausländisch zu erklären und sie „als solche" dem gemeinen Stiftungsrecht zu entziehen, kann es nicht genügen, daß sie von und für Fremde begründet wurde; denn die Befugnis zur Errichtung folgt aus der Staatsgewalt unabhängig von der Staatsangehörigkeit der beteiligten Personen und der Richtung ihrer Interessen.[20]) Auch der politisch bekannte Zwischenfall von S. Girolamo bietet eine Seite, die hier von Interesse ist: der Papst hatte ein Hospiz in Rom entgegen den Ansprüchen italienischer Österreicher den Kroaten zur Benützung überwiesen; die italienische Regierung greift ein und anerkennt die Befugnisse Österreichs, die Stiftung zu verwalten; als aber der von Österreich bestellte Verwalter eine Mietklage anstrengt, wird seine Aktivlegitimation bestritten, und eine Entscheidung des römischen pretore[21]) weist ab: die Aktivlegitimation des Klägers sei durch das

---

wirklichung der Bedingungen fordern, die das inländische Recht für die „Begründung solcher juristischer Personen" aufstellt; Art. 7 der Beschlüsse formuliert vorsichtiger, daß die Ermächtigungen eingeholt werden müßten, welche das örtliche Recht *pour la création d'établissements similaires* vorschreibe.

18) Fadda 389. Auch Fedozzi, Archivio 285. Daß ein königliches Dekret, welches sie den Gesetzen über Stiftungs- und Kirchenverwaltung unterwirft, toter Buchstabe geblieben sei, beweist nichts gegen die Begründetheit der in Anspruch genommenen Zuständigkeit.

19) Begründung eines Gesetzes vom 2. V. 1877 bei G. Saredo, Codice ecclesiastico (1887/88) 3, 1014.

20) Fadda 390ff. Wegen des Umwegs über die Staatsangehörigkeit vgl. oben § 10. Im gegebenen Fall war die Stiftung durch Griechen erfolgt, die 1453 bei der Einnahme Konstantinopels nach Neapel geflüchtet waren; der Staatsrat bemerkt deshalb zutreffend, daß eine Gründung von seiten eines ausländischen Staates auch nicht vorliege, die Griechen also eine internationale Persönlichkeit in Anspruch nähmen, die von niemand abhängig sei. Wenn Fedozzi, Archivio 285 zur Bestätigung seiner gegenteiligen Meinung anführt, den griechischen Kirchen in Neapel und Messina sei durch Gesetze und Verordnungen von 1877 das Recht der Selbstgesetzgebung anerkannt worden, so ist das schon insofern mißverständlich, als diese Bestimmungen nicht Autonomie, sondern Gewissensfreiheit gewähren wollen.

21) Vom 1. III. 1902 Fadda 392ff.; Repertorio annuale della giurisprudenza italiana 1902 (1904) 105 n. 70, 317 n. 57—60. Vgl. auch Allgemeine Zeitung vom 5. und 8. X. 1901.

Gericht selbständig zu würdigen; die Stiftung besitze italienische Staatsangehörigkeit, über deren Erwerb der Ort der Betätigung entscheide, und stehe darum unter den italienischen Gesetzen; als das Stiftungsgesetz von 1862 in Rom eingeführt wurde, sei wohl vorbehalten worden, es solle bei den milden Stiftungen, die zum besonderen Nutzen der Fremden bestimmt sind, (tatsächlich?) nichts geändert werden, das neue Stiftungsgesetz von 1890 habe diesen Vorbehalt jedoch hinfällig gemacht. Und so erklärt Brunialti:[22]) „es kann in Italien keine Wohltätigkeitsstiftung geben, die mit Rücksicht auf ihren internationalen Charakter nicht dem Gesetz über die öffentliche Wohltätigkeit (Stiftungsgesetz) unterworfen wäre.“

Eine Ausnahme bleibt bei dieser Ausübung der Stiftungshoheit über alle Stiftungen im Inland selbstverständlich vorbehalten: die ausdrückliche Einräumung einschlägiger Befugnisse an eine Staatsgewalt des Auslands. Und es kann dabei jeder Fall anders liegen. Der Verhältnisse von S. Girolamo wurde eben gedacht. Das italienische Gesetz über die Unterdrückung kirchlicher Körperschaften in Rom (vgl. darüber unten § 15 Z. 4) gestattet, das Vermögen einer Vereinigung, das zum Nutzen von Ausländern bestimmt ist, in neue Stiftungen mit entsprechendem Zweck zu verwandeln. Demgemäß wurde an Stelle des vormaligen spanischen Klosters der Trinitari calzati in Rom das Kollegium der S. S. Trinità per le missioni dominicane Spagnuole nelle Isole Filippine gegründet. Auch hier aber erfolgt die Ordnung der Stiftung durch ein vom König genehmigtes Statut, und erst innerhalb des Statuts wird vorgesehen, daß das Kollegium unter den Schutz des Königs von Spanien gestellt sein solle, der den Vorstand ernenne und die Verfassung ordne, und daß die Rechnungslegung an den spanischen Gesandten beim Quirinal zu geschehen habe.[23]) Das französische Krankenhaus Saint-Louis des Français in Madrid steht unter dem gemeinsamen „Patronat“ Frankreichs und Spaniens. Doch bestimmt ein Staatsvertrag von 1876: *tout ce qui touche à l'administration temporelle de l'établissement ne relève que du Gouvernement français;* die Angestellten und Aufsichtspersonen werden von Frankreich ernannt, nur die Wahl des Vorstands bedarf der Zustimmung des Königs von Spanien.[24])

[22]) Enciclopedia giuridica italiana 2 I, 272 v⁰ beneficenza n. 184.

[23]) Vgl. Fedozzi, Archivio 285, der freilich den Fall für seine entgegengesetzte These verwerten möchte.

[24]) Vgl. darüber Cluzel, Revue 3, 715ff. Es liegt der Fall einer Stiftung ohne Rechtsfähigkeit vor; formell erscheint als Träger ihrer Rechte der französische Staat. Übrigens hat Frankreich anläßlich der Zuwendung eines Vermächtnisses die Erhebung der Anstalt zum *établissement d'utilité publique* in Erwägung gezogen, also zu einer französischen juristischen Person des öffentlichen Rechts mit Sitz in Spanien. Dazu etwa Tronquoy 283[1]; auch Sirey 1856 II, 505.

Gebietsveränderungen.

5. Daß bei Gebietsveränderungen die Stiftungen mit Sitz im abgetretenen Landesteil unter die Hoheit des erwerbenden Teiles treten, ist schon oben bemerkt worden. Sie treten damit auch unter die neue Gesetzgebung;[25]) aber freilich muß dabei im Zweifel angenommen werden, daß die Rechtsakte der früheren Staatsgewalt solchen der gegenwärtig herrschenden als gleichwertig gelten sollen. Wirksam wird hier zunächst das Oberaufsichtsrecht der neuen Regierung.[26]) Die Stiftungsverwaltung geht auf den Erwerber über, wenn sie bisher vom Staat geführt wurde; eine Verwaltung durch Organe der Selbstverwaltung, insbesondere durch Gemeinden, oder durch Privatpersonen bleibt (nach Maßgabe des neuen Stiftungsrechts) bestehen. Wo freilich der Sitz einer Stiftung durch andere Anknüpfungen als den Ort der Verwaltung bezeichnet wird, da kann sich eine Hoheit des Erwerbers auch über solche Stiftungen ergeben, deren Verwaltung im Gebiet des abtretenden Staates geführt wird. Hier wird wohl nur eine Verwaltung durch Privatpersonen unverändert Bestand haben können, während allerdings, wenn einem Selbstverwaltungskörper die stiftungsmäßige Verwaltung entzogen wird, für nutzbare Rechte, welche an diese Verwaltung geknüpft waren, Entschädigung zu leisten wäre.[27]) Wenn dagegen bei Gebietsveränderungen ganz allgemein als Regel gilt,[28]) daß Stiftungen, an deren Genuß Angehörige beider Staaten beteiligt sind, geteilt oder gegen Abfindung des einen dem anderen Staat überwiesen werden sollen, so ist dieser Satz kein unmittelbarer Ausfluß des Stiftungsrechts. Stiftungsrechtlich steht nichts im Wege, daß die Angehörigen des einen Staats an dem Genuß einer anderwärts verwalteten Stiftung fortdauernden Anteil haben — womit die Gründe der Zweckmäßigkeit, welche für eine solche Teilung oder Abfindung sprechen, natürlich nicht verkannt werden sollen.

Konsulargerichtsbarkeit.

6. Eine Hoheit über Stiftungen mit Sitz im Ausland kann betätigt werden, wenn am Sitz dieser Stiftung Konsulargerichtsbarkeit geübt wird.[29]) Die Stiftung kann von seiten des Heimatstaats begründet, verwaltet, beaufsichtigt werden, wenn der Stifter die Angehörigkeit

---

[25]) Vgl. Art. 21 der Wiener Kongreßakte oben S. 123 Anm. 27.

[26]) Die mehrerwähnten preußisch-sächsischen Verträge F Art. III, H Art. IV bezeichnen den Inhalt dieser Befugnis näher.

[27]) Vgl. hieher Preußen-Sachsen C § 3, F Art. II, H Art. III.

[28]) Huber, Staatensuccession n. 66, 121 ff., 204, 263.

[29]) Arminjon, Journal 29, 712 ff.; Tronquoy 309 ff. Beispiele bei Arminjon 713 f.; Tronquoy 318 ff.; für Deutschland kaiserliche Verordnung vom 29. VI. 1908 § 5a, Reichsgesetzblatt 469.

dieses Staates besitzt, sie kann zur juristischen Person des Privatrechts oder öffentlichen Rechts[30]) erhoben werden. Auf die Person des Stifters allerdings, nicht auf die Richtung der von der Stiftung verfolgten Interessen wird es dabei ankommen, da es gilt, dem Willen des Stifters durch staatliches Eingreifen Bestand zu gewähren; ist die Stiftung errichtet, so bleibt sie von einem späteren Wechsel in der Staatsangehörigkeit des Stifters unberührt.

Schwer begreifliche Schwierigkeiten sind hier bezüglich der *trusts* des englischen Rechts aufgetaucht:[31]) mangle dem *trust* die Rechtsfähigkeit, so fehle ihm die Verbindung mit einem der Vertragsstaaten, die Anspruch auf Exterritorialität gebe; und es müsse die Qualifikation der Rechtsbegriffe (ich hoffe die Verfasser recht zu verstehen) überhaupt dem örtlichen Recht entnommen werden, nur für die Ausübung der Rechte seien die Fremden bevorzugt, und den Gesetzen der Türkei oder Ägyptens sei eine Aufteilung der Berechtigung, wie sie nach englischem Recht zwischen Treuhänder und Destinatär besteht, unbekannt. Ein Versuch, dem englischen *trust* für jeden Fall die Eigenschaft eines selbständigen Rechtssubjekts zu retten, ist nun freilich nicht gelungen. Aber auch so steht der Begründung englischer oder amerikanischer Stiftungen wenig im Wege. Es ist mißverständlich, anzunehmen, daß die Stiftung nur in ihrer Eigenschaft als selbständiges Rechtssubjekt und damit als Staatsangehörige der Einwirkung des Heimatstaats unterfalle. Ist sie nicht Rechtssubjekt, so ist sie Rechtsverhältnis, und wenn Rechtsverhältnis zwischen einem englischen Treuhänder und englischen Destinatären, der Ordnung des englischen Rechts unterworfen, nicht anders wie ein Kauf zwischen solchen. Vollends unannehmbar aber wäre die Annahme, daß die Fremden in den Kapitulationsstaaten Ansprüche nur in der Art geltend machen könnten, wie sie die Qualifikation der Rechte in der örtlichen Gesetzgebung gestattet. Der technische Aufbau der Rechtsinstitute ist eine Angelegenheit des materiellen Zivilrechts, und es gilt das Zivilrecht der fremden Mächte für den Bereich ihrer Konsulargerichtsbarkeit in seiner Gesamtheit, als die örtlich maßgebende Rechtsordnung, soweit nicht für einzelne gegenständlich bestimmte Angelegenheiten Ausnahmen bestehen. Wenn ein Engländer in Konstantinopel eine Stiftung zur Verteilung von Geldspenden errichtet und sie mit Schuldverschreibungen ausstattet, so ist es eine innere Angelegenheit des englischen Rechts, zu bestimmen, ob die englischen Treuhänder aus diesen Papieren volle Gläubigerrechte erwerben oder sie mit anderen teilen müssen; aber auch verwaltungsrechtlich steht einer Betätigung der

---

[30]) Französisches Archäologisches Institut in Kairo, durch Dekret des Präsidenten zum *établissement d'utilité publique* erklärt; Arminjon 713.

[31]) Arminjon 714ff.; Tronquoy 313ff.

englischen Stiftungshoheit kein Hindernis entgegen. Und nur bei Stiftungen, bei denen dem Destinatär eine Eigenberechtigung zukommt, wo zur Ausstattung der Stiftung das Eigentum an Grundstücken gehören soll, und wo zugleich die Ordnung des Immobiliarsachenrechts dem Aufenthaltsstaat vorbehalten ist, können zivilrechtlich — nicht auch verwaltungsrechtlich — Bedenken entstehen, wenn das anzuwendende örtliche Recht eine dingliche Berechtigung des Fiduziars und des Destinatärs nebeneinander nicht kennt; doch wird hier eine Abschwächung der dinglichen Rechte des Destinatärs zu obligatorischen Ansprüchen (wie auch Arminjon annimmt) unschwer Abhilfe bringen.

In eigenartiger Verschlingung ist der Besitz der Stiftungshoheit neuerdings zweifelhaft geworden in einem griechisch-rumänischen Konflikt.[32]) Aus der Zeit der türkischen Herrschaft her bestehen in Rumänien acht griechische Gemeinden mit Kirche und Schule — rechtlich wohl Stiftungen — deren Rechtsfähigkeit Rumänien im Schlußprotokoll eines inzwischen wieder gekündigten Handelsvertrags mit Griechenland anerkannt hatte. Bestritten aber ist, ob Rumänien die Befugnis hat, diese Rechtsfähigkeit nach Maßgabe seiner eigenen Gesetzgebung wieder zu entziehen. Eine rumänische Note erklärt: *Les communautés helléniques fondées en Roumanie, comme toutes les institutions similaires roumaines ou étrangères ne jouissaient du bénéfice de la personnalité juridique que par l'effet des lois intérieures du pays, qui sont du domaine exclusif de la souveraineté nationale.*[33]) Wenn es sich hier um Stiftungen griechischer Staatsangehöriger handelt, so sind die Ausführungen unrichtig. Unter türkischer Herrschaft begründet, haben diese Stiftungen die Rechtsfähigkeit von Griechenland erworben, und wenn damit der Türkei gegenüber ein unentziehbares Recht auf den Besitz der Persönlichkeit erwachsen ist, so muß das auch Rumänien gegen sich gelten lassen, das durch den Berliner Vertrag in die durch die Kapitulationen geschaffenen Verpflichtungen der Türkei eingetreten ist.[34]) Völlig anders freilich hätte die Lösung zu lauten (die

---

[32]) Streit, La question des communautés helléniques en Roumanie, Revue 2, 253ff. Hier 275ff. auch der diplomatische Notenwechsel.

[33]) Auch Kohler, Zeitschrift für Völkerrecht 1, 269 meint, daß die Befugnis Rumäniens, den Gemeinden die Rechtsfähigkeit wieder zu entziehen, ohne weiters gegeben sei, wenn es bei Vereinbarung jenes Schlußprotokolls nicht Absicht der Vertragsteile war, die Bindung zur dauernden zu machen. Die von Streit näher erörterte Frage, ob die Anerkennung des Schlußprotokolls überhaupt kündigungsfähig war, möchte ich unbedenklich bejahen.

[34]) Streit als der Wortführer der griechischen Auffassung hat sich auch darauf berufen, daß hier juristische Personen des öffentlichen Rechts gegeben seien, und nach Völkerrecht bestehe die Verbindlichkeit, juristische Personen des öffentlichen Rechts, die einem andern Staat angehören, anzuerkennen. Aber eine solche Pflicht zur Anerkennung (vgl. auch oben S. 136 Anm. 40) kann mindestens hier nicht geltend gemacht werden, wo die Zulassung juristischer

Materialien geben keine sichere Auskunft), wenn als Stifter Personen in Betracht kämen, die zwar ethnographisch „Griechen", staatsrechtlich aber Untertanen der Pforte waren,[35]) also wohl mindestens für den Teil der Stiftungen (Streit 258?), deren Begründung vor Errichtung des Königreichs Griechenland fällt. Stiftungen dieser Personen können unmöglich die Rechtsfähigkeit von Griechenland herleiten, unmöglich kann dadurch die Türkei und ebensowenig ihr Rechtsnachfolger Rumänien in der Geltendmachung der Staatsgewalt juristisch gehemmt sein.

§ 14. Insbesondere das Vermögen der Vereine und Stiftungen. (Amortisationsgesetze)

1. Ausgangspunkte. — 2. Juristische Personen mit Sitz im Inland. — 3. Juristische Personen mit Sitz im Ausland. — 4. Der Ort des zugewendeten Vermögens. — 5. Der Schutz der Familie des Vergabenden. — 6. Folgerungen. — 7. Fremdenrecht. — 8. Beschränkungen der Klosterangehörigen.

Ausgangspunkte.

1. Der Einfluß der Kirche hatte seit dem frühen Mittelalter Schenkungen und Vergabungen von Todes wegen zu ihren Gunsten in gewaltigem Umfang hervorgerufen, umfassender entgeltlicher Erwerb ihre weltliche Macht noch gesteigert. Eine staatliche Gegenwirkung gegen übermäßige Mehrung des Kirchenvermögens beginnt demgemäß schon früh und hat zu einer Gesetzgebung gegen die tote Hand geführt, die, nicht einhellig in den verfolgten Zwecken, sehr verschieden geartet in den gewählten Abwehrmitteln, auch heute eine nicht geringe Bedeutung besitzt. Ihren geschichtlichen Ausgangspunkt nehmen diese Maßregeln in dem Schutz der Familie, die vor Entblößung bewahrt werden soll,[1]) und es ist dieser Gesichtspunkt gerade für die Gegenwart wichtig geblieben.[2]) Bei Zeiten

---

Personen des öffentlichen Rechts gerade dem Umstand ihr Dasein verdankt, daß die Türkei sie als Träger staatlicher Aufgaben nicht ansieht. Und was für die Türkei gilt, kommt auch hier ihrem Rechtsnachfolger zustatten.

[35]) Hierüber z. B. Routiris, Journal 17, 233.

[1]) W. Kahl, Die deutschen Amortisationsgesetze (1879) 39f. 44; Meurer, Blätter für administrative Praxis (1899) 49, 4.

[2]) 9 Geo. II. ch. 36 (1736), nach dem Privy Council (Canterbury v. Wyburn s. unten) Grundlage des geltenden Rechts: „ . . *this public mischief has of late greatly increased by many large and improvident alienations or dispositions made by languishing or dying persons, or by other persons, to uses called charitable uses, to take place after their deaths, to the disherision of their lawful heirs; for remedy whereof be it enacted*". Bayerische Pragmatik 1764, in Geltung bis 1900 (Weber, Gesetzsammlung 1, 6): die bisher verfolgte „heilsame Absicht, welche lediglich die Konservir- und Aufrechterhaltung des in seine vorzügliche Konsideration kommenden weltlichen Standes zum Zweck gehabt hat", verlangt die Erstreckung der Amortisationsgesetze auf Mobilien; es handle sich um

verbindet sich damit die weitere Erkenntnis, daß der Immobiliarerwerb schwere wirtschaftliche Schäden mit sich bringe: die Abgabenfreiheit des Kirchenguts belastet die weltlichen Pflichtigen, und das kanonische Gebot der Unveräußerlichkeit vereinigt immer mehr Besitzungen in der „toten Hand“ eines Eigentümers, dem die lebendige Verknüpfung mit den allgemeinen Interessen und der Trieb zu nachdrücklicher Nutzung mangelt.[3]) Die moderne Gesetzgebung freilich hat mit der Abgabenfreiheit und — de jure — auch mit der Unveräußerlichkeit des Kirchenguts aufgeräumt, sodaß ein Bedürfnis nach Amortisationsgesetzen in dieser Richtung beträchtlich geringer geworden ist. Immerhin die Gefahr einer Latifundienbildung mit ihren unerfreulichen Wirkungen ist auch heute nicht ausgeschlossen, und so mögen — das natürliche Beharrungsvermögen kommt auch in Betracht — auch neueren Gesetzen noch derartige agrarpolitische Rücksichten zugrunde liegen. Der Gedanke, daß Immobiliarbesitz unerwünschten Gemeinschaften einen Stützpunkt im Lande bietet, hat sich damit in neuerer Zeit vielleicht verbunden. Endlich aber eine dritte Gruppe von Erwägungen, die in der Hauptsache einer jüngeren Entwickelung angehört.[4]) Im Kampf um die Macht haben die Amortisationsgesetze der erstarkenden Staatsgewalt eine Waffe geboten, sich des Druckes der Kirche zu erwehren. Gegen die verschiedenerlei kirchlichen Verbände als Organisationen gewendet wollen die Gesetze mit den wirtschaftlichen zugleich die politischen Kräfte unter Aufsicht stellen. Und seit den Zeiten des Polizeistaats ist da und dort auch der Gedanke der Staatskuratel lebendig geworden, der solche Gemeinschaften vor einem für sie schädlichen Erwerb behüten will.

---

eine „hochwichtige Angelegenheit, wovon die gemeine Wohlfahrt unserer Landen sonderbar in Rücksicht auf den blühenden Nahrungsstand großenteils abhanget“. Derselbe Gesichtspunkt wird in Frankreich bei Beratung des Code civil betont; Serrigny, Acquisitions d'immeubles en France par des établissements publics étrangers, Revue critique de législation (1854) 5, 358. Vgl. auch Motive zum Einführungsgesetz des BGB. 172. Dementsprechend erstrecken sich die amtlichen Erhebungen vor Erteilung der nachgesuchten Erlaubnis insbesondere auch auf die Vermögenslage der durch die Zuwendung verkürzten Angehörigen: s. für Preußen v. Bitter, Handwörterbuch 2, 856; für Belgien Le Jeune, Journal 20, 1128; vgl. auch Meurer im Wörterbuch des Verwaltungsrechts 1, 37 (Frankreich); italienische Verordnung 26. VI. 1864 Art. 3.

[3]) Vgl. Kahl 43f. und sonst. Französisches Edikt 1749 (Serrigny a. a. O. 360, als geltendes Recht bezeichnet): „*Il arrive souvent que par les ventes qui se font à des gens de mainmorte, les biens immeubles qui passent entre leurs mains, cessent pour toujours d'être dans le commerce, en sorte qu'une très-grande partie des fonds de notre royaume se trouve naturellement possédée par ceux dont les biens ne pouvant être diminués par des aliénations, s'augmentent au contraire continuellement par de nouvelles acquisitions*“.

[4]) Vgl. auch Kahl a. a. O. 44.

Zugleich hat die geschichtliche Entwickelung aber auch eine Erweiterung des Kreises gebracht, dem die Beschränkungen gelten sollen. Die ursprüngliche Richtung dieser Gesetze gegen die Kirche ist in Staaten wie Bayern noch heute geltenden Rechtens. Anderwärts hat der Wunsch, Umgehungen vorzubeugen, die Gleichheit der Gefahren, zu ihrer Ausdehnung auf alle gemeinnützigen Anstalten geführt, wie das insbesondere unter dem Einfluß des Code civil heute vielfach aufgenommen ist. Dieselben Gründe und der Wunsch, Ausnahmegesetze zu vermeiden, haben aber auch eine Ausdehnung dieser Beschränkungen auf juristische Personen jeder Art zur Folge gehabt.[5])

In ihren Erscheinungsformen sind diese Erwerbsbeschränkungen überaus mannigfaltig: das völlige Verbot entgeltlichen und unentgeltlichen Immobiliarerwerbs wird ergänzt durch den Ausschluß des unentgeltlichen Erwerbs beweglicher Habe. Aber mannigfache Milderungen haben die Härten beseitigt, die Befugnis, erworbenen Grundbesitz in bestimmter Frist weiter zu veräußern, Freilassung kleinerer Zuwendungen bis zu einer bestimmten Höhe, und insbesondere die für das moderne Amortisationsrecht typische Vorschrift, die an Stelle völligen Verbots staatliche Erlaubnis für den Erwerb fordert. Dazu ergänzende Bestimmungen wie Anzeigepflichten für geschehenen Erwerb (Baden), erschwerende Vorschriften für letztwillige Verfügungen an die tote Hand (müssen in England mehr als 12 Monate, in New-York früher als 2 Monate vor dem Tod des Erblassers getroffen sein), Beschränkung solcher Zuwendungen auf bestimmte Bruchteile (in Portugal $^1/_3$ des pflichtteilsfreien Vermögens, in New-York $^1/_2$ des Nachlasses). In den Vereinigten Staaten sucht man die Höhe des Gesamtvermögens kirchlicher und wohltätiger Anstalten zu begrenzen: nach einem Bundesgesetz für die Territorien soll der Höchstbetrag des *real estate* 50000 $, nach New-Yorker Recht ihr Gesamtbesitz nicht mehr als 3000000 $ ausmachen. Und daran schließen sich verwandte Anordnungen, deren Wurzel außerhalb des eigentlichen Amortisationsrechts liegt, die Festsetzung einer Höchstdauer für den Nießbrauch juristischer Personen (Frankreich, Italien 30, Schweiz 100 Jahre), das englische Verbot der *accumulations* (Zinshäufungen) und *perpetuities* (dauernde Vermögensbindung).

Diese mannigfachen Formen der Erwerbsbeschränkungen aber sind juristisch-technisch sehr verschieden ausgestaltet. Alle gehören sie

[5]) In England schon im Mittelalter; J. Hatschek, Englisches Staatsrecht (1905) 1, 63. Für Preußen seit dem Gesetz vom 13. V. 1833 und, dem preußischen Vorbild folgend, nunmehr in der Mehrzahl der deutschen Bundesstaaten. Vgl. auch Italien C. c. art. 932, 1060, und für Vereine das französische Vereinsgesetz von 1901.

zunächst dem Zivilrecht an, insofern sie Bedingungen für das Zustandekommen eines zivilrechtlich wesentlichen Erfolges aufstellen. Und wo für diesen Erfolg eine staatliche Mitwirkung, etwa eine Erlaubnis, erfordert wird, handelt es sich insoweit um freiwillige Gerichtsbarkeit. Aber während die Durchführung dieser Vorschriften zu einem Teil dem Interesse der gegensätzlich beteiligten Privatpersonen und damit dem Bereich des Privatrechts völlig überlassen bleibt — die Wahrung der Testamentsformen und Einhaltung der zulässigen Bruchteile, die Beschränkungen des Nießbrauchs — gehört ihr Grundstock gleichzeitig dem Verwaltungsrecht an. Es ist sinnwidrig, wenn der Staat einen Erwerb als gemeinschädlich betrachtet, und er überließe es dem Zufall, ob Privatpersonen gewillt sind, dagegen rechtliche Schritte zu tun; bei entgeltlichem Erwerb wird sich eine zum Widerspruch legitimierte Privatperson überhaupt nicht leicht finden. Und so ist seit allem Anfang die Pflicht, aufgestellte Verbote zu respektieren, die Verbindlichkeit, erworbenen Grundbesitz weiterzuveräußern, für empfangene Zuwendungen Erlaubnis einzuholen, als eine öffentlichrechtliche betrachtet worden, deren Durchführung durch Strafen erzwungen wurde.[6]) Ein solcher Strafzwang ist auch heute in manchen Gesetzgebungen vorgesehen,[7]) und wenn mit der allgemeinen Milderung der Amortisationsgesetze diese schärfere Sanktion in manchen Staaten weggefallen ist, so wird man im Zweifel doch anzunehmen haben, daß auch dort eine öffentlichrechtliche Verpflichtung, wenngleich zur lex imperfecta geworden, geblieben ist; wie denn in Bayern beispielsweise die früher vorgesehene Strafdrohung weggefallen, die Sorge für die Handhabung der Amortisationsgesetze aber fortdauernd den Verwaltungsbehörden übertragen ist.[8])

Juristische Personen mit Sitz im Inland.

2. Entsprechend der Verschiedenartigkeit der Zwecke, welchen die Amortisationsgesetze dienen sollen, kann auch ihr Geltungsbereich verschieden begrenzt sein.[9]) Die Stelle, an der diese Untersuchungen mit den vorausgehenden Erörterungen zusammenhängen, liegt in der Aufsicht, welche der Staat über die juristischen Personen führt,

---

[6]) Vgl. die zahlreichen Nachweise bei Kahl a. a. O. 40^{56}, 54 ff.

[7]) Ausführungsgesetze zum BGB. in Preußen Art. 6; Hessen Art. 14; Sachsen-Weimar § 19; Sachsen-Altenburg § 10; Schwarzburg-Rudolstadt Art. 31; Schwarzburg-Sondershausen Art. 15; Waldeck Art. 5; Reuß jüngere Linie § 13. Vgl. auch die vorgesehenen Verwirkungen in England 51 & 52 Vict. ch. 42 s. 1; in den Vereinigten Staaten Revised Statutes s. 1890.

[8]) v. Seydel, Staatsrecht [2] 3, 529 f. Strafe noch in dem Mandat von 1764.

[9]) Es ist ein Verdienst Franz Kahns, Zeitschrift 13, 323 ff., diesen Punkt nachdrücklich hervorgehoben zu haben.

sie nicht zu einer staatsgefährlichen Übermacht anwachsen zu lassen, und es ist klar, daß eine solche Aufsicht demjenigen Staat zukommt, in dessen Gebiet die Person ihren Sitz hat,[10]) auch dann, wenn es sich um den Erwerb ausländischen Vermögens, um einen Erwerb zum Schaden ausländischer Familien handelt. Eine solche Zuständigkeit des Sitzstaates wird wohl regelmäßig Platz greifen, wo es sich darum handelt, unentgeltlichen Erwerb an staatliche Genehmigung zu knüpfen,[11]) ohne daß es doch völlig ausgeschlossen wäre, daß auch eine Genehmigung unentgeltlichen Erwerbs mit besonderer Beziehung auf die Innehabung inländischer Immobilien, auf den Schutz inländischer Familien vorgeschrieben wäre, so daß die Vorschrift auf juristische Personen des Inlands, bei denen solche Beziehungen nicht vorliegen, keine Anwendung findet.[12])

Andere Erwerbsbeschränkungen werden wohl immer aus der Staatsaufsicht über die juristische Person herzuleiten sein und damit eine Zuständigkeit über die Gemeinschaften mit Sitz im Staat und nur über diese begründen: wenn Baden für kleinere Zuwendungen

---

[10]) In dem Fall der Freien Religionsgemeinde Breslau oben S. 128 Anm. 10 war Preußen nur hinsichtlich der Rechtsfähigkeit gehalten, als Sitz der Gemeinde für die Dauer ihres Eintrags in ein hessisches Vereinsregister Hessen gelten zu lassen. Wie für andere rechtliche Beziehungen, so ist ihr Sitz — entgegen den Zweifeln Tschirns in der Frankfurter Zeitung a. a. O. — auch für das preußische Amortisationsrecht in Preußen verblieben; die Genehmigung, die Hessen mit Rücksicht auf den Sitz des Vereins erteilt hat, ist gegenstandslos. — Über besondere Fälle, in welchen der Sitz nicht durch den Ort der Verwaltung bestimmt wird, unten § 33 Z. 5 und 6.

[11]) Vgl. hieher v. Bar, Theorie und Praxis 2, 331; Mamelok, Juristische Person 84; Best, Die hessischen Ausführungsgesetze zum BGB. (1900) 1, 7; Kahn a. a. O. 328f.; Laurent, Droit civil international 4, 273 n. 138; 6, 367f. n. 207; Ch. Brocher, Cours de droit international privé (1882) 2, 23; Journal 19, 149ff. unter Hinweis auf eine belgische Verordnung 6. VI. 1875 (die gleichfalls angezogene Staatsratsentscheidung 13. XII. 1855 gehört nicht hieher); Zivilgericht Genf, Journal 26, 877; Fiore-Antoine 1, 353 n. 322 und 4, 62ff. n. 1443; Fedozzi, Enti collettivi 218; Weiss, Traité 4, 668³; R. C. Minor, Conflict of laws (1901) 137ff. 336 (unter sorgfältiger Sonderung der erbrechtlichen von den nichterbrechtlichen Vorschriften); Tronquoy 278ff.; insbesondere auch das Institut de droit international, Annuaire 15, 78ff.; 16, 285ff. Abweichend Saredo (zit. oben S. 139 Anm. 47) n. 92 für den Erwerb italienischer Körperschaften im Ausland. — Nicht selten wird die Pflicht, Genehmigung am Sitz der Person einzuholen, damit begründet, daß es sich hier um die Rechtsfähigkeit der Person handle; so Laurent a. a. O., Lyon-Caen als Berichterstatter des Institut Annuaire 15, 79, Mamelok 80f., De' Giulj (zit. oben S. 139 Anm. 47) 395f. Und doch ist dies nur eine petitio principii. Wenn der Staat des Sitzes zuständig ist, Beschränkungen aufzuerlegen, so äußert sich das rückwirkend als eine Einengung der Rechtsfähigkeit, und nicht einmal jede Beschränkung der Rechtsfähigkeit der Person muß nach den Gesetzen des Sitzes bemessen werden; vgl. unten Z. 6.

[12]) S. unten Anm. 24 für Württemberg und England, bei Anm. 32 für das frühere bayerische Recht.

Anzeige bei der Behörde vorschreibt; wenn Frankreich angemeldeten Vereinen nur solchen Kapitalbesitz gestattet, der aus Mitgliederbeiträgen herrührt; wenn New-York einen Höchstbetrag des Gesamtvermögens festsetzt, das ein Verband erwerben kann.[13]) Und es kann kein Zweifel sein, daß dies zutrifft, wo die Genehmigung eines Erwerbs als Ausfluß der Staatskuratel gefordert wird.[14])

Besitzt eine juristische Person des Auslands eine inländische Niederlassung, so entscheidet für die Anwendbarkeit der Amortisationsgesetze, ob diese Teilniederlassung die Rechtsfähigkeit besitzt. Ist die Voraussetzung gegeben, so steht die Niederlassung jeder anderen Person des Inlands gleich. Mangelt sie, wie regelmäßig bei den Zweigniederlassungen handelsrechtlicher Verbände, so ist nur ein Erwerb ausländischer Personen in Frage.[15]) Verbände, die in einem deutschen Schutzgebiet oder als deutsche Gemeinschaften in Ländern deutscher Konsulargerichtsbarkeit ihren Sitz haben, stehen mit Rücksicht auf den Sitz unter preußischem Amortisationsrecht, während sie innerhalb der einzelnen Bundesstaaten (auch Preußen) als Angehörige eines anderen deutschen Staates zu behandeln sind.[16])

Juristische Personen mit Sitz im Ausland.

3. Aber ist es möglich, daß Erwerbsbeschränkungen, welche das inländische Recht, gleichviel unter welchem Gesichtspunkt, aufstellt, auf juristische Personen des Auslands überhaupt Anwendung finden? Eine Reihe deutscher Ausführungsgesetze zum BGB. hat die Frage ausdrücklich bejaht;[17]) Literatur und Praxis stimmen damit

[13]) Vgl. dagegen unter Anm. 24. Hieher wohl auch die Vorschriften in Louisiana, wonach der Erwerb nur eingetragenen Körperschaften gestattet sein soll (anders freilich A. V. Dicey, A digest of the law of England with reference to the conflict of laws 1896 689); desgleichen in New-York, das Immobiliarvermächtnisse nur solchen Verbänden freigibt, die durch ihre Verfassung dazu besonders ermächtigt sind. Denn es ist dabei wohl vorausgesetzt, daß eben durch die Ordnung der Verfassung eine Auslese der erwünschten und der unerwünschten Korporationen bewirkt werden solle.

[14]) Vgl. etwa A. N. Sacopoulo, Des personnes morales en droit international privé (1898) 135. Art. 69 der bayerischen Gemeindeordnung, wonach mit bleibenden Lasten verknüpfte Stiftungszuflüsse einer Bestätigung der vorgesetzten Verwaltungsbehörde bedürfen, gilt auch für den Erwerb bayerischer Stiftungen aus dem Ausland, aber selbstverständlich nicht für Zuwendungen, die aus Bayern an ausländische Stiftungen gelangen.

[15]) So auch Kammergericht 24. VI. 1901 Zentralblatt für freiwillige Gerichtsbarkeit 2, 264. Unrichtig G. A. E. Bogeng, Erwerbsbeschränkungen juristischer Personen (1908) 52f.

[16]) Falsch Bogeng 73[1], 81 f.

[17]) Bayern Art. 10; Hessen Art. 12; Sachsen-Weimar § 18; Sachsen-Altenburg § 9; Schwarzburg-Rudolstadt Art. 30; Reuß jüngere Linie § 12. Eine entsprechende Bestimmung in dem Entwurf des preußischen Ausführungsgesetzes wurde als selbstverständlich gestrichen; A. Hodler, Preußisches

in weitem Umfang überein.[18]) Wo allerdings gesetzliche Bestimmungen dahin formuliert sind, daß sie nicht das Zustandekommen eines Rechtsgeschäfts oder etwa die Aushändigung beanstandeten Erwerbs, sondern die Annahme der erworbenen Gegenstände von seiten der Gemeinschaft an staatliche Genehmigung binden,[19]) kann regelmäßig[20])

Ausführungsgesetz (1900) 17. Vgl. auch Plotke, Zeitschrift 10, 269 270 274; Nieder, Württembergisches Ausführungsgesetz (1900) 316; Kisch, Elsaß-lothringisches Landesprivatrecht 171; Bogeng 178[2], 188[4]; und schon die Protokolle des 2. Entwurfs 6, 24.

[18]) S. außer den später anzuführenden Vincent-Pénaud, Dictionnaire vis association n. 7, 8; personnes civiles n. 13—17; F. Despagnet, Précis de droit international privé [2] (1891) 82, 594; Lainé, Renault, Woeste, Le Jeune, Journal 20, 300 ff. 1121 f. 1125 f. 1127 f.; F. Surville-F. Arthuys, Cours élémentaire de droit international privé [2] (1895) 155 n. 138; Rolin, Droit international privé 2, 374 n. 805; Wahl bei Sirey 1900 IV, 29; Weiss 4, 668 ff.; Zivilgericht Nancy, Journal 15, 524; Kassationshof Turin Sirey 1900 IV, 25. E. Jenks-G. Schirrmeister, Das bürgerliche Recht Englands (1905) 1, 89. Wertlos ist allerdings das öfter begegnende Argument, die juristischen Personen des Auslands dürften nicht besser gestellt sein als gleichartige Verbände des Inlands. Soweit die Pflicht, Genehmigung einzuholen, für Verbände des Inlands auf einer Staatskuratel beruht, ist sie nicht als Benachteiligung, sondern als Ausfluß der Fürsorge für diese Verbände gemeint; soweit sie auf der Sorge beruht, der Verband könnte zu einer für den Staat gefährlichen Macht anwachsen, handelt es sich um eine Aufsicht, die gegen Verbände des Auslands zu üben keine Berechtigung besteht. — Nach Meili, Actes de la 3e Conférence de la Haye 118, wäre der Staat des Sitzes der Person „einzig" zuständig, Genehmigung zu fordern. Vgl. auch Kahl, Amortisationsgesetze 308. Nach O. Mayer, Französisches Verwaltungsrecht 440 ist „die rechtliche Bedeutung des Genehmigungsakts keine andere als die, daß der Staat sein Mitrecht an dem Vermögen der beschenkten Person ausdehnt auf den angebotenen Zuwachs und ihn erst dadurch in dieses Vermögen aufnimmt". Das mag die Genehmigung erklären, insoweit sie vom Standpunkt der bedachten Person aus erforderlich wird. Aber es läßt unberücksichtigt, daß die vorgeschriebene Erlaubnis nicht nur eine Maßregel zur Ordnung der Selbstverwaltungskörper, sondern auch ein Mittel zur Regulierung des Güterumlaufs und der Güterverteilung sein kann. Ebensowenig erschöpfend und noch irrig begründet (s. oben Anm. 11) ist die Meinung von De' Giulj, juristische Personen des Auslands könnten nicht beschränkt werden, weil sich ihre Rechtsfähigkeit nach heimatlichem Recht bestimme.

[19]) Italien, Gesetz 5. VI. 1850 und Cod. civ. art. 932, 1060: *„le eredità (donazioni) non possono essere accettate che . .".* Niederlande, Burg. Wetboek art. 947 (1717): *makingen (schenkingen) . . hebben geen gevolg, daan voor zoo ver de Koning aan de bewindvoerders dier gestichten de macht zal hebben verleend om die aan te nemen".* Vgl. auch das französische Vereinsgesetz Art. 11III. In Hessen hat man eine derartige Formulierung eigens vermieden (Best a. a. O.), um die Geltung der Bestimmung nicht auf juristische Personen des Inlands zu beschränken. Dieselben Erwägungen veranlassen die französische Praxis, bei Zuwendungen in das Ausland nicht die Ermächtigung zur Annahme auszusprechen, sondern die Formel zu wählen: *„Est autorisée l'exécution de la disposition testamentaire"* Revue générale d'administration 1894 I, 143. Vgl. auch unten Anm. 36.

[20]) Möglich bleibt ja freilich, daß auch ein ausländischer Verband eine Zuwendung im Inland in Empfang nimmt.

nur der Staat, der über die Person herrscht, die Annahme gutheißen — sofern nicht auch der Wortlaut einer solchen Bestimmung Träger einer weiterreichenden Absicht des Gesetzgebers sein soll.[21]) Man hat noch weitergehend sogar in Zweifel gezogen, ob das Inland auch nur für die Gültigkeit eines Rechtsgeschäfts staatliche Erlaubnis fordern könne, wenn es sich um den Erwerb ausländischer Gemeinschaften handle.[22]) Aber es verhält sich damit nicht anders wie bei jedem Satz des inländischen Zivil- oder Verwaltungsrechts: die Ausländereigenschaft des Betroffenen steht der Wirksamkeit des Satzes nicht entgegen, sofern nur das Inland mit Rücksicht auf die sonstigen Anknüpfungen des Tatbestands zu seiner rechtlichen Ordnung zuständig ist. Und da die Aufstellung von Erwerbsbeschränkungen gegen Gemeinschaften des Auslands auf andere als vereinspolizeiliche Erwägungen gegründet wird, so ist ihre Anwendung auch auf juristische Personen des öffentlichen Rechts nicht zu beanstanden.[23])

Der Ort des zugewendeten Vermögens.

4. Als Anknüpfung für die Geltung solcher Erwerbsbeschränkungen kann nach dem früher Entwickelten der Ort des zu erwerbenden Vermögens in Betracht kommen. Wo immer gegenüber juristischen Personen für den Erwerb von Immobilien eine besondere von der Übertragung sonstigen Vermögens losgelöste Regelung getroffen wird, da muß dem eine besondere Fürsorge für die rechtlichen Schicksale gerade des unbeweglichen Guts zugrunde liegen und als Teil des Immobiliarverwaltungsrechts und Immobiliarsachenrechts für die Grundstücke des Inlands gelten, gleichviel wer der Erwerber sein soll, oder von wem der Erwerb herrührt, während ihre Anwendung ausgeschlossen ist, wenn Grundstücke des Auslands in Frage kommen (sofern das Inlandsrecht nicht unter einem anderen Gesichtspunkt auf den Erwerb Anwendung finden kann).[24]) Wo freilich eine solche Heraushebung des

[21]) In den Niederlanden nimmt man an dieser Fassung jedenfalls keinen Anstoß, die Vorschriften des Gesetzbuchs auf Gemeinschaften des Auslands anzuwenden (Hingst, Revue de droit international 13, 408); stehen die Vorschriften doch in den Titeln Testament und Schenkung. Und auch für Italien dürfte die buchstäbliche Auslegung nicht veranlaßt sein.

[22]) In der Justizkommission des preußischen Herrenhauses bei Beratung des Gesetzes vom 23. II. 1870 (Sammlung sämtlicher Drucksachen des Herrenhauses 1869/70 Bd. 1 Nr. 31). — Unveranlaßte Einschränkungen auch bei Fedozzi 220.

[23]) Vgl. dazu oben S. 115 f. Fremden Staaten hier überhaupt eine Ausnahmestellung einzuräumen, mangeln die Gründe.

[24]) So für Württemberg Ausführungsgesetz zum BGB. Art. 140: „Juristische Personen . . können in Württemberg gelegene Grundstücke . . nur mit Genehmigung der Kreisregierung erwerben.“ Für Italien Fiore-Antoine

Grundbesitzes nicht erfolgt, da kann unmöglich ohne weiteres angenommen werden, daß die Beschränkung juristischer Personen als eine Maßregel der Bodenpolitik gemeint ist, wird vielmehr im Zweifel eine Zuständigkeit des Staats der belegenen Sache unter diesem Gesichtspunkt mangeln.[25])

Aber kann eine Zuständigkeit des Staats der belegenen Sache auch für bewegliches Gut in Frage kommen? Die Frage ist öfter bejaht worden;[26]) und man hat gegen eine abweichende Behandlung unbeweglichen Vermögens (bei letztwilligen Zuwendungen an juristische Personen) den Vorwurf erhoben, sie verewige den Irrtum der „Statutarier", die im Erbrecht das bewegliche und das unbewegliche Vermögen verschieden behandeln. Das Argument würde zunächst nicht zu einer Zuständigkeit des Staates der belegenen Sache über Mobilien, sondern zu einem Ausschluß seiner Zuständigkeit für Mobilien und Immobilien führen. Aber um Erbrecht handelt es sich hier wohl überhaupt nicht. Hat der Staat, in dem sich bewegliches Gut befindet, ein berechtigtes Interesse, daß als Eigentümer über dies Gut gerade juristische Personen nicht verfügen? Vielleicht

---

4, 66[1]; Gabba a. a. O. 32. Für England Entscheidung des Privy Council, Canterbury v. Wyburn 1894 (J. H. Beale, A selection of cases on the conflict of laws 1901 2, 273): *the prohibitions of the Statutes of Mortmain are an integral part of the English law of real property*, sie gelten auch bei letztwilligen Zuwendungen eines im Ausland Wohnenden; vgl. ferner Kahn a. a. O. 328[130], auch Journal 1, 204. Gleicher Art ist die Vorschrift der Vereinigten Staaten, die den Erwerb des Immobiliarbesitzes in den Territorien nach seinem Gesamtwert begrenzt (im Gegensatz zu der äußerlich ähnlichen Vorschrift in New-York oben S. 156). Auch die Bestimmung, daß erworbener Grundbesitz binnen bestimmter Frist wieder veräußert werden muß (Württemberg, französisches Vereinsgesetz Art. 11[II]), wird stets hieher gehören; schon ein Venetianer Gesetz von 1329 (Saredo a. a. O. n. 18) schreibt die Wiederveräußerung vor, wenn jemand *possessionem aliquam immobilem situam in civitate Venetiarum* solchen Zwecken zuwendet.

[25]) Ziemlich ähnlich wohl auch Franz Kahn 326ff. Die herrschende Meinung pflegt die Anwendbarkeit der Amortisationsgesetze am Ort des zu erwerbenden Grundstücks ohne nähere Unterscheidungen zu bejahen. Vgl. v. Bar 2, 331; Mamelok 80, 85. Serrigny (zit. oben Anm. 2); Journal 19, 447 und 22, 788. Belgische Entscheidungen Journal 29, 153; 31, 198. Saredo n. 93ff. und (vermutlich) das n. 101 mitgeteilte Erkenntnis des Appellhofs Genua; Fiore-Antoine 1, 354 n. 322 unter Berufung auf ein Gutachten des italienischen Staatrats 7. VI. 1884 und (ohne Beschränkung auf Immobilien) 4, 64ff. n. 1444. Vgl. auch die Angaben gleich unten. Abweichend die seltsamen, nicht weiter verfolgbaren Fälle bei Fedozzi, Archivio 285 f.

[26]) So der französische Staatsrat 12. I. 1854 (Sirey 1855 II, 800) und 13. XII. 1880 (Revue générale d'administration 1894 I, 142) im Gegensatz zu einer früheren Entscheidung bei Laurent 4, 274; Laurent a. a. O. n. 139; Journal 19, 153; Weiss 4, 615[1]; Fedozzi, Enti collettivi 207; Sacopoulo 137; Gabba 27f., 32; Tronquoy 283. Vgl. auch Brocher 2, 23 und Fiore a. a. O.

weil der Erwerb die Person stärkt oder die Familie des Zuwendenden schädigt; doch das gehört nicht hierher. Irgend ein Seitenstück zu den bodenpolitischen Rücksichten des Staats der belegenen Sache ist mir — deshalb weil bewegliches Gut im Inland liegt — für den Regelfall nicht erfindlich. Die Frage ist besonders im Institut de droit international erörtert und schließlich ablehnend entschieden worden.[27]) Der Berichterstatter (Lyon-Caen) hatte die Ausdehnung der Beschränkungen auf bewegliches Gut im Inland vorgeschlagen, mehrfachem Widerspruch hält er entgegen, daß es sich praktisch vorzüglich darum handle, juristischen Personen des Auslands eine unzulässige Einflußnahme durch den Erwerb von Staatspapieren, von Eisenbahnaktien des Inlands und dergleichen zu versagen. Aber wenn hier eine Beschränkung angezeigt ist, so trifft sie den Erwerber nicht deshalb, weil er juristische Person, sondern weil er Ausländer ist, nicht anders wie eine Einzelperson fremder Staatsangehörigkeit (so auch A. Rolin); auch nicht deshalb, weil die Aktie oder Schuldverschreibung als Sache sich im Inland befindet,[28]) sondern weil sie die Mitgliedschaft an einer Gesellschaft des Inlands, die Verpflichtung eines inländischen Schuldners zum Gegenstand hat — mit einer Anwendung der Amortisationsgesetze, bedingt durch den Ort des Vermögens, hat das längst nichts mehr gemein.

Anders liegen die Dinge nur für gewisse Sondervorschriften, die früher erwähnt wurden. Wenn die Schweiz den Nießbrauch juristischer Personen auf 100, Frankreich und Italien ihn auf 30 Jahre festsetzen, so gilt das als sachenrechtliche Vorschrift für bewegliches und unbewegliches Gut, das sich in diesen Staaten befindet.[29]) Wenn das englische und amerikanische Recht Zinshäufungen und länger dauernde Vermögensbindungen untersagen, so muß auch zu solchen Beschränkungen — für bewegliches und unbewegliches Vermögen — der Staat zuständig sein, der das Vermögen in seinem Gebiet solcher Festlegung entziehen will. Und die amerikanische Rechtsprechung hat den zutreffenden Satz entwickelt, daß bei der Anordnung derartiger *accumulations* und *perpetuities* als Ort des Vermögens derjenige zu gelten habe, an den das Vermögen zum Zweck der Thesaurierung oder Festlegung übersandt werden soll.[30])[31])

[27]) Annuaire 15, 80 f.; 16, 286 ff.

[28]) Vgl. die Forderung von Roguin, man solle als Ort des Vermögens *la situation des biens représentés par les titres* verstehen.

[29]) Vgl. v. Bar 1, 641 f.; Mamelok 81 ff.; Gabba 28; und unter Berufung auf die „öffentliche Ordnung“ Laurent 7, 418 n. 350; Rolin 2, 270 f. n. 713, 714; Weiss 4, 229 und 668; Fedozzi 222 (unrichtig, daß auch eine Begrenzung im Personalstatut der juristischen Person zur Wirksamkeit gelange).

[30]) Vgl. Minor 138, 336 ff. und die dort mitgeteilten Fälle Dammert v. Osborne, Chamberlain v. Chamberlain, Despart v. Churchill.

[31]) Nicht in diesen Zusammenhang gehört auch das zumal in älteren Rechten begegnende Verbot, Zuwendungen an die tote Hand des Auslands gelangen zu

Der Schutz der Familie des Vergabenden.

5. Vor allen wichtig und seit alters verwirklicht ist der Zweck der Amortisationsgesetze, bei Schenkungen und letztwilligen Zuwendungen die Familie des Vergabenden vor Entblößung zu schützen. In verschiedenerlei Einrichtungen zum Ausdruck gebracht, liegt dieser Zweck insbesondere auch den Gesetzen zugrunde, welche den Erwerb der toten Hand an staatliche Bewilligung knüpfen, und es wird — entgegen abweichenden Anschauungen Franz Kahns — schon die historische Kontinuität fordern, auch die gegenwärtig geltenden Vorschriften solcher Art mit jenem Zweck in Verbindung zu bringen. Nur da, wo nach früheren Ausführungen das Erfordernis der Genehmigung als ausschließliche Maßregel der Bodenpolitik, einzig als Kontrolle der juristischen Person gemeint wäre, bliebe der Gedanke des Familienschutzes ohne rechtliche Folge. Und es mag dieses Ziel sogar derart ausschließlich verfolgt werden, daß, wo die Rücksichten des Verwandtenschutzes wegfallen, nicht einmal die juristischen Personen des Inlands Beschränkungen unterworfen werden: die bayerische Pragmatik von 1764, ausdrücklich jenem Interesse dienstbar,[32]) beschränkt den unentgeltlichen Erwerb der Kirche aus inländischem Vermögen auf einen Höchstbetrag von 2000 fl.; „bei dem ausländischen Vermögen wollen wir unseren Klöstern und Stiftungen gern gönnen, was sie auch über das determinierte Quantum durch Erbschaften, Schankungen, Fundationen und sonst alio quocumque demum titulo zu acquirieren vermögen."

Die Vorschriften, welche die Verwandten vor übermäßigen Zuwendungen an die tote Hand schützen sollen, beschränken die Freiheit der Verfügung wie manche andere Bestimmung, die den Verfügenden zur Selbstbesinnung mahnen will, etwa die Vorschrift notarieller Beurkundung der Schenkung, oder die ihn inhaltlich beschränkt, wie das Pflichtteilsrecht. Und soweit solche Vorschriften ausschließlich dem Zivilrecht angehören, werden sie ganz ebenso dem Erbstatut und dem Schenkungsstatut unterliegen wie jene. Das gilt, wenn Zuwendungen an die tote Hand nur dann wirksam sein sollen, wenn sie früher als eine bestimmte Frist vor dem Tod des Erblassers angeordnet wurden;[33]) wenn sie in ihrer Höhe einen

lassen, insbesondere Vermögen zu diesem Behuf in das Ausland zu schicken. Daß ein Staat zuständig ist, Ausfuhrverbote für Gegenstände im Inland zu erlassen, ist ja wohl nie bezweifelt worden. Aber das Bezeichnende solcher Bestimmungen liegt nicht darin, daß die Beschränkung eine Sache im Inland trifft, sondern in der fremdenrechtlichen Vorschrift, daß sie nicht in das Ausland verbracht werden soll. Vgl. dazu unten Z. 7.

[32]) S. oben Anm. 2.

[33]) Canterbury v. Wyburn, vgl. dazu oben Anm. 24. F. Wharton, A treatise on the conflict of laws [2] (1881) 571; Minor 136ff., 336 und die dort angeführte Rechtsprechung (unrichtig Kerr v. Dougherty).

Bruchteil des Nachlasses nicht übersteigen dürfen;[34]) wohl auch, wenn das französische Vereinsgesetz Schenkungen verbietet, bei denen sich der Schenker den Nießbrauch vorbehält.

Aber ist unter dem Gesichtspunkt des Familienschutzes auch eine staatliche Erlaubnis, die für den Erwerb gefordert wird, im Heimatstaat (Wohnsitzstaat) des Schenkers oder Erblassers einzuholen? Die Frage wird häufig bejaht.[35]) Und doch unterliegt ihre Bejahung lebhaften Bedenken. Wenn ein Bayer in San Francisco lebt und vermacht sein dort belegenes Haus einer Wohltätigkeitsgesellschaft des Landes, so ist es schon für das Rechtsgefühl sehr anstößig, daß es zu solchem Erwerb einer Genehmigung Bayerns bedürfen soll. Der innere Grund dieser Anstößigkeit aber liegt darin, daß die Verpflichtung, für einen Erwerb staatliche Erlaubnis zu erwirken, (s. oben S. 156 f.) ganz regelmäßig auch dem öffentlichen Recht angehört und insoweit eine polizeiliche Verbindlichkeit der Person bedeutet, der die Einholung der Genehmigung auferlegt ist. Ein polizeilich relevantes Verhalten zu verlangen, berechtigt die Anwesenheit der zu verpflichtenden Person im Inland oder auch ihre Verbindung mit einer Veranstaltung im Inland, die ihrerseits Gegenstand polizeilicher Regelung sein kann — in jedem Fall ein sinnenfälliger Tatbestand, dem die Verwaltung seine äußere Ordnung angedeihen lassen will. Und wenn man für den Erwerb aus dem Vermögen eines seiner Angehörigen die Erlaubnis des Heimatstaates fordern wollte? Man müßte das geräuschlose Walten seiner Rechtsnormen, die einen Erbfall ergreifen und mit weichen Händen unter ihre Ordnung ziehen, für eine Veranstaltung erklären, die polizeilicher Regelung zugänglich ist und den durch sie berührten Personen gleichfalls polizeiliche Pflichten bringen kann — der Gedanke des Verwandtenschutzes bedarf ergänzender polizeilicher Verpflichtungen. Aber er muß bei seiner Durchführung an sinnlich wahrnehmbare Beziehungen zu der Staatsgewalt anknüpfen.

Als solche Beziehung könnte sich anbieten, daß das Rechtsgeschäft, das die Zuwendung enthält, im Inland errichtet wird. Nach seiten des Verwaltungsrechts brauchbar, würde eine solche Anknüpfung indes völlig ihren Zweck verfehlen, da durch die bloße Verlegung des Geschäftsortes in das Ausland der Schutz inländischer Interessen

---

[34]) F. Kahn 329; Minor a. a. O.

[35]) v. Bar, Theorie und Praxis 2, 331; Gutachten der Berliner Juristenfakultät zum Fall Zappa, Zeitschrift 3, 281; Mamelok 84 (Begründung für Schenkungen unzutreffend); Brocher, Cours 2, 23; Hingst (zit. oben Anm. 21); Tronquoy 285; Institut, Annuaire 15, 78 ff., 16, 285 ff. Vgl. auch den Fall bei Plotke, Zeitschrift 10, 214f.: ein Preuße hatte den Wohnsitz in Frankreich und errichtet Vermächtnisse zugunsten auswärtiger Wohltätigkeitsanstalten; die preußischen Behörden verlangen, daß die (in Preußen wohnenden) Testamentsvollstrecker die Genehmigung Preußens einholen.

vereitelt werden könnte. Beträchtlich geeigneter erscheint die Anknüpfung öffentlichrechtlicher Pflichten an den **Vollzug** solcher Zuwendungen im Inland, und es mangelt nicht an einer inneren Beziehung dieses Vorgangs zu den Zwecken der Vorschrift: er enthält gerade die Schädigung, die durch das Gesetz vermieden werden soll. Der Vollzug als sinnlich wahrnehmbarer Vorgang spaltet sich in die Aushändigung und den Empfang der zugewendeten Gegenstände, Handlungen, die möglicherweise verschiedenen Rechtsgebieten angehören. Man wird annehmen dürfen, daß eine Gesetzgebung, die ihre Zuständigkeit an den Vollzug im Inland anknüpft, im Zweifel den einen und den anderen Vorgang im Inland für ausreichend hält, die inländische Zuständigkeit zu rechtfertigen.[36]) Der Akt der Aushändigung kann sich auch selbst über mehrere Rechtsgebiete erstrecken; der Testamentsvollstrecker verbringt die vermachten Wertpapiere in das Ausland, sie dort zu übergeben, vielleicht in der Meinung, die inländischen Vorschriften damit umgehen zu können. Man wird annehmen dürfen, daß schon die Verbringnng in das Ausland einen Teil der Ausführungshandlung bedeutet, der die Zuständigkeit des Inlands zum Zuge kommen läßt.

Bei solcher Auslegung wird der Ort des Vollzugs ganz regelmäßig mit dem Ort des zugewendeten Vermögens zusammenfallen. Wo sie nicht zusammentreffen, scheint dem Ort des Vollzugs die innere Verbindung mit dem Sachverhalt in jedem Fall zu mangeln. Ein Deutscher vermacht seine in Deutschland befindlichen Wertpapiere einem Kloster in Belgien, die Übergabe erfolgt an einem Ort der Niederlande; das Vermächtnis betrifft ein Grundstück im Land, die lex rei sitae gestattet die Übereignung vor dem Notar eines anderen Staates: nicht am Ort des Vollzugs, sondern am Ort des Vermögens wird die vom Gesetzgeber bekämpfte Schädigung wirksam. Und so möchte ich in der Tat, wo das positive Recht nicht entgegensteht, den **Ort des Vermögens** zur Zeit der Wirksamkeit der Zuwendung als die Anknüpfung betrachten, welche die öffentlichrechtlichen Sicherungen zum Zweck des Verwandtenschutzes anwendbar werden läßt. Die Innehabung von Vermögen im Inland ist ein Tatbestand, der polizeilicher Regelung faßbar ist. Die Vermögensgegenstände bilden den körperlichen Ausdruck der Interessen, die der Familie durch das staatliche Eingreifen geschützt werden sollen.

Wenn somit ein bayerischer Staatsangehöriger zum Schaden seiner Verwandten sein in Bayern verwahrtes Bargeld einem österreichischen Kloster zuwendet, so ist Bayern zuständig, den

[36]) Gerade hier könnten allerdings Formulierungen von Bedeutung werden wie die oben Anm. 19 erwähnten der Niederlande, Italiens, welche die Annahme als den genehmigungsbedürftigen Vorgang bezeichnen. Aber es wird nicht angehen, diese Vorschriften beim Wort zu nehmen.

Vollzug an seine Genehmigung zu knüpfen. Und wenn es sich um das in Bayern befindliche Vermögen eines Ausländers handelt? Der inländische Staat ist an dem wirtschaftlichen Gedeihen der hier verweilenden Ausländer auf das nachdrücklichste beteiligt, er erhebt seine Steuern von Inländern und Ausländern. Er hat ein eigenes Interesse, auch die Entblößung fremder Familien im Lande zu verhüten, auch wenn es sich um eine Erbfolge handelt, die zivilrechtlich unter ausländischen Gesetzen steht. Daraus aber folgt: die Lage von Vermögensstücken (der Vollzug der Zuwendung) im Inland macht eine Vergabung in diesem Gebiet genehmigungspflichtig ohne Rücksicht auf die Gesetze, denen die Vergabung sonst untersteht. Und wenn eine solche Genehmigungspflicht verwaltungsrechtlich nach diesen räumlichen Momenten bestimmt wird, dann muß das auch für die zivilrechtlichen Folgen gelten, die an die Außerachtlassung der Vorschrift geknüpft sind.

Es ist von hohem Interesse zu sehen, wie sich diese Gedanken — gewiß unbewußt — in der Gesetzgebung Bahn gebrochen haben. Das preußische Edikt vom 21. Juni 1753[37]) gestattet Vermächtnisse an pia corpora des Inlands bis zum Betrag von 500 Thalern, verbietet sie völlig zugunsten ausländischer Anstalten. Z. XIII bringt Strafbestimmungen: „Wann auch die Administratores piorum corporum die über 500 Rthlr. sich belaufende Vermächtnisse annehmen oder Haeredes universales auswärtigen Legatariis das Geringste verabfolgen lassen, sollen sie ex propriis das Duplum unserem Fisco erlegen.“ Die Bestimmung ist nach mannigfachen Wandlungen in das preußische Ausführungsgesetz zum BGB. gelangt und lautet nun (Art. 6): „Mit Geldstrafe . . wird bestraft: 1. wer für eine juristische Person, die in Preußen ihren Sitz hat, als deren Vorsteher eine Schenkung oder eine Zuwendung von Todeswegen in Empfang nimmt und nicht binnen vier Wochen die erforderliche Genehmigung nachsucht; 2. wer einer juristischen Person, die nicht in Preußen ihren Sitz hat, eine Schenkung oder Zuwendung von Todes wegen verabfolgt, bevor die erforderliche Genehmigung erteilt ist.“ Und eine ganze Anzahl deutscher Bundesstaaten hat diese Vorschrift von Preußen übernommen.[38]) Die öffentlichrechtliche Verpflichtung soll zunächst den Empfänger treffen; hat die juristische Person ihren Sitz im Inland, so kann sie der auferlegten Verpflichtung ohne weiteres genügen. Kommt dagegen das Inlandsrecht zur Anwendung auf Verbände des Auslands, also eben wegen der Rücksicht auf die

[37]) C. L. H. Rabe, Sammlung preußischer Gesetze (1820) 1 II, 317 ff.

[38]) Hessen, Ausführungsgesetz zum BGB. Art. 14; Sachsen-Weimar § 19; Sachsen-Altenburg § 10; Schwarzburg-Rudolstadt Art. 31; Schwarzburg-Sondershausen Art. 15; Waldeck Art. 5; Reuß jüngere Linie § 13.

Familien des Inlands,[39]) so soll (der seltene Fall, daß der fremde Verband im Inland in Empfang nimmt, bleibt außer Betracht) die Verabfolgung entscheiden, strafrechtlich, verwaltungsrechtlich, zivilrechtlich.[40]) In Bayern aber hat die mehrerwähnte Pragmatik von 1764, im einzigen Interesse der Familie erlassen, mit ausdrücklichen Worten die Zuwendung „inländischen Vermögens" an Gemeinschaften des Auslands der Genehmigung unterstellt.

Eine Anwendung aller dieser Feststellungen auf eine Anzahl wichtigerer Gesetzgebungen würde darnach ergeben: Einer Genehmigung bedarf der Erwerb der juristischen Personen des Inlands in Frankreich und den Ländern des Code civil, Italien, den Niederlanden, in den deutschen Staaten, die überhaupt Erwerbsbeschränkungen vorsehen, ausgenommen Württemberg und die beiden Mecklenburg; auch nicht in England. Immobiliarerwerb im Land macht genehmigungspflichtig in Preußen, Württemberg, Mecklenburg und einigen deutschen Kleinstaaten, in England; jeglicher Erwerb, sofern die Aushändigung im Land erfolgt ist, in Preußen, Hessen und gewissen anderen Bundesstaaten. Dagegen bedürfen juristische Personen des Auslands inländischer Genehmigung, wenn sich bewegliches und unbewegliches Vermögen im Land befindet, in Bayern, Baden,[41])

[39]) Die besondere Genehmigung für Immobilien wird in allen diesen Gesetzen nach dem Vorgang Preußens gesondert behandelt oder überhaupt nicht gefordert.

[40]) Als in der Justizkommission des preußischen Herrenhauses (s. oben Anm. 22) die Möglichkeit beanstandet wurde, Zuwendungen an juristische Personen des Auslands im Inland einer Genehmigung zu unterwerfen, beanspruchte der Regierungsvertreter eine solche Zuständigkeit für „jede innerhalb Preußens gemachte" Zuwendung, und ein anderes Mitglied erklärt, „das Oberaufsichtsrecht des Staates umfasse alle Rechtsakte, die innerhalb des Staatsgebiets ausgeübt würden, nicht bloß diejenigen, deren Resultate innerhalb dieses Gebiets verblieben". Dementsprechend soll nach Stranz-Gerhard, Preußisches Ausführungsgesetz 64 (zit. bei Plotke) für juristische Personen des Auslands Genehmigung nur dann erforderlich sein, wenn die Zuwendung „im Inland getätigt" wurde, was Plotke, Zeitschrift 10, 214f. näher durch den Ort der „Ausführung" bestimmen will; vgl. auch Bogeng 199[1]. Ähnlich unterwerfen Dorner, Badisches Ausführungsgesetz 94, Dorner und Seng, Badisches Landesprivatrecht 34 juristsche Personen des Auslands einer Genehmigung Badens, „soweit ein Erwerb im Land in Frage kommt". Eine schillernde Abstellung auf den Ort der Zuwendung (im Wechsel mit einer Verweisung auf den Ort der zugewendeten Sachen) auch bei Laurent 6, 478ff. n. 280 und bei Wahl a. a. O. 29.

[41]) Nach Dorner, Badisches Ausführungsgesetz 94, sollen die Beschränkungen des badischen Gesetzes auf auswärtige Stiftungen nur dann Anwendung finden (Baden kennt nur öffentlichrechtliche Stiftungen), „wenn sie nach dem an ihrem Sitz geltenden Recht als öffentlichrechtliche anzuerkennen sind". Aber die Auffassung der fremden Gesetzgebung kann da nicht entscheiden, sie mag alle und keine Stiftung in das öffentliche Recht aufnehmen. Wenn in Baden Erlaubnis nur für Stiftungen gewisser Art eingeholt werden muß, so

Elsaß-Lothringen, Lübeck, in Frankreich, wohl auch in Italien (unzweifelhaft für Immobilien) und den Niederlanden.[42])

Folgerungen.

6. Ein jeder der Staaten, der durch eine seinem Recht entsprechende Anknüpfung zuständig wird, über die Zulässigkeit eines Erwerbs zu entscheiden, entscheidet darüber in völliger Unabhängigkeit von anderen Staaten.[43]) Wollen die beteiligten Privatpersonen sichergehen, so erwächst ihnen damit die Notwendigkeit, so vielen Gesetzgebungen Genüge zu tun, als Staaten eine Zuständigkeit über das Rechtsgeschäft in Anspruch nehmen. Und wenn etwa das Nachlaßgericht die Aufgabe hat, für die Durchführung eines Testaments zu sorgen, das die tote Hand bedenkt, so besteht auch für das Gericht die gleiche Nötigung. Aber ist solchen Anforderungen eines fremden Staats auch sonst von Amts wegen Rechnung zu tragen? Es wird wohl häufig angenommen, manchmal auch ausdrücklich ausgesprochen, zumal (mit Rücksicht auf die Rechtsfähigkeit der juristischen Person) für Beschränkungen, welche der Heimatstaat aufstellt.[44]) Nun ist es allerdings möglich, daß eine juristische Person vermöge ihrer besonderen Art (also aus Rücksichten, die mit dem Amortisationsrecht nichts gemein haben) unter Staatskuratel steht und deshalb ohne staatliche Zustimmung nicht gültig erwerben kann — eine Ordnung der Vertretung der juristischen Person, die auch für andere Staaten verbindlich ist. Es kann weiterhin sein, daß ihre Erwerbsfähigkeit Beschränkungen unterliegt, welche, einer Bekämpfung der

---

können das nur Stiftungen sein, die nach dem Recht Badens als öffentlichrechtliche Stiftungen zu behandeln wären (vgl. etwa Zeitschrift für Strafrechtswissenschaft 27, 36). Die ganze Beschränkung wird übrigens bei Dorner und Seng, Badisches Landesprivatrecht 34, mit Grund aufgegeben.

[42]) Vereinzelt hat man es unternommen, auch noch andere Anknüpfungen zu verwerten. Vgl. die Meinung F. C. v. Savignys, System des heutigen römischen Rechts (1849) 8, 161, daß stets die lex fori entscheiden solle; dagegen F. Kahn 325. (Eine ähnliche Wendung des Reichsgerichts, Entscheidungen 41, 308, beruht nur auf ungenauer Formulierung.) Den völlig unklaren Versuch, die Begrenzung des deutschen Erbschaftssteuergesetzes hieher zu übertragen, macht Bogeng 169 ff.

[43]) Das gilt auch, wenn nur ein Teil der zugewendeten Gegenstände in seinen Rechtskreis fällt. Verworren (für die Berechnung der genehmigungsfreien Nettomasse einer Zuwendung) Bogeng 172.

[44]) Fiore-Antoine 1, 353 n. 322; Journal 19, 152 und 22, 788; die belgische Praxis nach Le Jeune, Journal 20, 1127; Zivilgericht Genf, Journal 26, 877; Rolin 1, 169[4]; Fedozzi, Enti collettivi 218; Mamelok 87; Weiss 4, 668. Vgl. auch oben Anm. 11. Dagegen erklärt Tronquoy 290[1] einen Nachweis der im Heimatstaat geforderten Erlaubnis dem Inland gegenüber für entbehrlich, wenn diese Erlaubnis auf Grund einer verwaltungsrechtlichen Vormundschaft gefordert werde; das Inland habe sich mit „dem öffentlichen Recht und dem politischen Gesetz des Auslands“ nicht zu befassen.

toten Hand dienstbar, doch juristisch-technisch die Stellung der Person als Rechtssubjekt betreffen; ein bezeichnendes Beispiel bietet die „kleine Rechtsfähigkeit“ des französischen Vereinsrechts, die den angemeldeten Vereinen Parteifähigkeit und Fähigkeit zu entgeltlichem Erwerb, die Erhebung von Mitgliederbeiträgen und die Innehabung gewisser Immobilien einräumt, im übrigen aber ihnen die Volleigenschaft eines Rechtssubjekts versagt. Und wenn, wie richtigerweise anzunehmen, die Stellung als Rechtssubjekt durch eine Verweisung auf das heimatliche Recht der Person bestimmt wird, so müssen auch solche Einschränkungen in anderen Staaten zur Geltung gelangen. Ganz anders aber steht es mit den „besonderen Rechtsunfähigkeiten“, welche die Volleigenschaft eines Rechtssubjekts voraussetzen und diesem aus Rücksichten, welche seine Stellung als Rechtssubjekt nicht betreffen, einzelne Befugnisse wiederabsprechen; sie bestimmen sich zivilrechtlich nicht nach dem Personalstatut der Person, sondern nach dem Statut des Rechtsverhältnisses, bei dem sie wirksam werden.

Es kann sein, daß die besondere Beschränkung der toten Hand von einem Staat ausgesprochen wird, der nach den allgemein geltenden Kollisionsnormen über das Rechtsverhältnis herrscht, bei dem die Beschränkung wirksam wird. Z. B. der Staat der belegenen Sache gestattet den Eigentumserwerb an Grundstücken nur nach vorgängiger Genehmigung. Dann wiederholt sich eine Frage, die oben S. 19 ff. näher erörtert wurde: wird ein Zivilrechtssatz der zuständigen Rechtsordnung deswegen von der Anwendung in einem andern Staat ausgeschlossen, weil er zur Durchsetzung einer verwaltungsrechtlichen Vorschrift bestimmt ist? Und wenn die Frage verneint werden darf, muß auch hier eine Genehmigung des Staats der belegenen Sache auch in den übrigen Gebieten gefordert werden. Aber die allgemein geltenden Kollisionsnormen können als zivilrechtlich maßgebend einen ganz anderen Staat bezeichnen als denjenigen, der das Erfordernis der Genehmigung aufstellt und für Zuwiderhandlungen Nichtigkeit androht. Z. B. der Staat der belegenen Sache erklärt, eine juristische Person kann nicht ohne seine Genehmigung Erbe sein; der Staat, in dem die Person ihren Sitz hat, verlangt seine Zustimmung für den Eigentumsübergang. Hier fehlt offenbar dritten Staaten jede Brücke, die zu dem Zivilrecht des einschränkenden Staates führen könnte.

Wenn der Testamentsvollstrecker mit Genehmigung Preußens das dort befindliche Vermögen an ein bayerisches Kloster verabfolgt, ohne daß auch die Genehmigung Bayerns eingeholt ist, so ist der Testamentsvollstrecker in Preußen nicht strafbar; eine gegen das Kloster gerichtete Klage des gesetzlichen Erben auf Herausgabe ist in Preußen (anders als in Bayern) abzuweisen. Dasselbe gilt für die Klage auf Herausgabe in Italien, wenn eine italienische Kirche zum Erben in Frankreich liegenden Vermögens eingesetzt worden ist, und es ist die Zustimmung zu dem Erwerb von seiten Italiens, aber nicht Frankreichs erwirkt; dies auch dann, wenn der Erblasser französischer Staatsangehörigkeit war, denn auch Vorschriften, welche eine Genehmigung mit Rücksicht auf den Verwandtenschutz fordern, bilden keinen Teil des Erbstatuts. Wenn dagegen im gleichen Fall (nur sei angenommen, daß der Nachlaß einem Vertreter der Kirche innerhalb Frankreichs übergeben worden ist) die Kirche eine Eigentumsklage gegen Dritte anstellt, so dürfte die Klage wegen mangelnder Aktivlegitimation auch in Italien abzuweisen sein; denn die Kirche ist gegenüber dem Einspruch des Rechts der belegenen Sache nicht Eigentümer geworden.

Fremdenrecht.

7. Die bisherigen Ausführungen wollen die Grenzen feststellen, in denen ein Staat auf den Erwerb juristischer Personen Einfluß nehmen kann. Von solchen Grenznormen aber sind wohl zu unterscheiden Sätze des Fremdenrechts, welche innerhalb einer gegebenen Zuständigkeit den Erwerb von juristischen Personen des Auslands und des Inlands verschieden behandeln.[45]) Sie finden sich vorzugsweise nach zwei Richtungen. Die öfter vorkommende Bestimmung, daß Ausländer von dem Erwerb inländischen Grundeigentums ausgeschlossen sein sollen oder solches nur mit Erlaubnis des Inlands erwerben können, wird zuweilen gerade auf die tote Hand des Auslands eingeschränkt.[46]) So insbesondere auch in Preußen und Bayern, wo diese Vorschriften mit den sonstigen Beschränkungen des Erwerbs der toten Hand zu einheitlichen Bestimmungen verschmolzen worden sind. Und doch ist es von beträchtlichster Bedeutung, die kollisionsrechtlichen und die fremdenrechtlichen Bestandteile dieser Bestimmungen auseinander zu halten. Denn während die fremdenrechtlichen Zurücksetzungen durch die verfassungsmäßige Gleichstellung der Angehörigen verschiedener Bundesstaaten, durch Staats-

[45]) Die Scheidung ist auch in den einschlägigen Beschlüssen des Institut durchgeführt, Annuaire 15, 81; 16, 289 ff.

[46]) S. schon ein Edikt Karls V. für Brabant bei F. Laurent, Principes de droit civil (1878) 1, 410. Ausführungsgesetze zum BGB. in Preußen Art. 7, Bayern Art. 10, Sachsen-Altenburg § 11, Waldeck Art. 6 (vgl. dagegen Hamburg § 28; Hessen Art. 15). Die Ermächtigung der deutschen Einzelstaaten, solche Vorschriften von Landes wegen zu treffen, gründet sich auf Art. 88 des Einführungsgesetzes zum BGB., während die Befugnis, Erwerbsbeschränkungen gegen die tote Hand (auch diejenige des Inlands) zu verfügen, sofern der Erwerb 5000 M. überschreitet, auf Art. 86 des Einführungsgesetzes beruht.

verträge, welche eine Gleichberechtigung von Inländern und Ausländern vorsehen, ihr Ende finden, werden die kollisionsrechtlichen Feststellungen dieser Gesetze von einem solchen Ausgleich nicht berührt.[47])

Nach einer andern Seite werden fremdenrechtliche Unterscheidungen in diesem Zusammenhang praktisch, wo ältere Quellen den vormals allgemein verbreiteten Beschränkungen der Vermögensausfuhr eine Wendung gegen die tote Hand geben. So bestimmt das (bis 1900 in Geltung verbliebene) bayerische Mandat von 1787[48]) „zur mehreren Aufnahme der hierländischen milden Stiftungen", daß „über alle außer Landes gehende Legaten und fromme Stiftungen" landesherrliche Bewilligung eingeholt werden müsse. Nicht daß Herrschaft über Gegenstände im Inland geübt werden, sondern daß ihre Verbringung gerade in das Ausland verhütet werden soll, bezeichnet diese Vorschriften, und ihre fremdenrechtliche Art erhellt, wenn Staatsverträge[49]) und Gegenseitigkeitserklärungen,[50]) die Gemeinschaft in Staatenbund[51]) und Bundesstaat[52]) sie außer Wirksamkeit setzen.

Beschränkungen der Klosterangehörigen.

8. Seinen Abschluß erhält das System von Erwerbsbeschränkungen, dem unter den juristischen Personen insbesondere die

---

[47]) Für Deutschland beruht die Gleichstellung der juristischen Personen der anderen Bundesstaaten auf Art. 3 der Reichsverfassung, dessen Erstreckung auf juristische Personen freilich sehr bestritten ist. Gegen die unbeschränkte Zulassung nichtpreußischer juristischer Personen zum Grunderwerb hatte sich schon das Kammergericht, Jahrbuch 16, 72, ausgesprochen, und die Unterscheidung ist nunmehr in den meines Erachtens verfassungswidrigen Art. 7 des preußischen Ausführungsgesetzes (übernommen von Altenburg § 12, Waldeck Art. 6) übergegangen. — Dieselbe Auslegungsfrage wiederholt sich, wo Staatsverträge gleiche Rechte für die „Angehörigen" der Vertragsteile ausbedingen. Auch hier hat das Kammergericht (14. III. 1898, Zeitschrift 8, 340) entschieden, daß der Niederlassungsvertrag mit der Schweiz die Pilgermission in Basel nicht berechtige, Grundstücke in Preußen zu erwerben. Zutreffend dagegen Mamelok 48ff., Isay 174f.; vgl. auch Bogeng 70ff.

[48]) Weber, Gesetzsammlung 1, 34. Vgl. dazu oben Anm. 31.

[49]) Baden-Aargau 17. IX. 1808 Z. 12, Martens, Nouveau recueil 1, 139.

[50]) Bayern-Sardinien 1834, Weber 1, 34.

[51]) Österreich erstreckt den Beschluß des deutschen Bundes über Aufhebung der Nachsteuer und Abzugsfreiheit auch auf Vermächtnisse und Schankungen, welche von östereichischen Untertanen zugunsten bayerischer moralischer Personen gemacht werden, daher Gegenseitigkeit in Bayern zu üben; bayerische Ministerialentschließung 28. VIII. 1844, Weber 3, 553.

[52]) Das Mandat von 1787 hat gemäß Art. 3 der Reichsverfassung gegenüber anderen deutschen Bundesstaaten keine Geltung mehr; bayerische Ministerialentschließung 14. XI. 1888 bei v. Kahr, Gemeindeordnung 1, 677.

Klöster unterworfen wurden, durch ergänzende Maßregeln gegen die Klosterangehörigen, um nicht deren Besitz oder Erwerb der Gemeinschaft zufließen zu lassen. Unter diesem Gesichtspunkt finden sich staatliche Einschränkungen für den Eintritt in ein Kloster, und es ist wiederum eine Maßregel des Fremdenrechts, wenn eine bayerische Verordnung von 1807 den Untertanen verwehrt, ohne landesherrliche Bewilligung in ein ausländisches Kloster zu treten.[53]) Von unmittelbarem Interesse in diesem Zusammenhang aber ist eine merkwürdige Gruppe von Neubildungen, die sich an die Einführung des BGB. in Deutschland anknüpft. Der Gedanke des bürgerlichen Todes der Klostergeistlichen war schon früher manchmal in den Dienst amortisationsrechtlicher Bestrebungen gestellt worden; juristisch-technisch betrifft eine solche Entrechtung die Gesamtstellung der Person als Rechtssubjekt und wird aus dem Recht am Ort des Klosters zu beantworten sein. Das deutsche BGB. nun versagt der Partikulargesetzgebung, über Klosterinsassen eine völlige Erwerbsunfähigkeit auszusprechen. Zum Ersatz aber ist die Befugnis gewährt, den unentgeltlichen Erwerb dieser Personen an staatliche Genehmigung zu binden, und so ist in den Bundesstaaten, die von dieser Befugnis Gebrauch gemacht haben, wiederum eine verwaltungsrechtliche Verpflichtung zur Entstehung gelangt, für solchen Erwerb Genehmigung einzuholen. Und nun auch hier die Frage, wem diese Verpflichtung obliegt. Eine Angelegenheit der allgemeinen Rechtsfähigkeit ist jetzt nicht mehr gegeben.[54]) Nach ihren Zwecken aber — es wird davon ausgegangen, daß der Erwerb des Klosterinsassen dem Kloster zugute komme — muß diese Vorschrift völlig den gleichen Geltungsbereich besitzen, der Beschränkungen der juristischen Person selbst zukommt. Sie wird wirksam einerseits gegen Mitglieder einer inländischen Niederlassung;[55]) andererseits gegen Mitglieder auswärtiger Niederlassungen, wenn sich der zugefallene Erwerb im Inland befindet oder (für Staaten, die auf die „Verabfolgung“ abstellen) die Aushändigung hier stattfindet.

---

[53]) Weber 1, 135. Die Verordnung ist heute noch gültig vorbehaltlich ihrer Einschränkung durch § 1 des Freizügigkeitsgesetzes und § 17 des Staatsangehörigkeitsgesetzes. Eine ähnliche Vorschrift enthielt auch das österreichische Auswanderungspatent vom 24. III. 1832, bis sie 1867 durch das Staatsgrundgesetz aufgehoben wurde. Hieher Stoerk bei F. v. Holtzendorff, Handbuch des Völkerrechts (1887) 2, 632.

[54]) Sie wirkt nur insofern herein, als ihr Mangel nach dem maßgebenden Auslandsrecht die Einholung einer Erlaubnis gegenstandslos macht.

[55]) Es entscheidet der Ort der Ordensniederlassung, nicht der davon etwa verschiedene Wohnsitz des Ordensmitglieds.

§ 15. Fortsetzung.

1. Das „Prinzip der Spezialität". — 2. Beschränkungen der Vermögensverwaltung. — 3. Beschaffenheit des Vermögens. — 4. Das Vermögen aufgelöster Verbände. — 5. Vermögen im Ausland.

Das „Prinzip der Spezialität".

1. Man versteht in Frankreich unter „Spezialität" der juristischen Personen ihre Beschränkung auf die durch Gesetz oder Satzung ihnen übertragenen Aufgaben, und man bringt diese Beschränkung mit dem Vermögenserwerb juristischer Personen insbesondere in der Art in Verbindung, daß ihnen auf Grund des „Prinzips der Spezialität" verwehrt sein soll, Vermögen zu einem Zweck zu erwerben, der der besonderen Aufgabe der Person fremd ist. Als Rechtsgrund der Beschränkung wird zunächst bei juristischen Personen des öffentlichen Rechts die Erzielung einer zweckmäßigen Arbeitsteilung, darüber hinaus ein Schutz gegen gemeinschädliche Übergriffe bezeichnet. Ist aber dieser Grundsatz, im Inlandsrecht vorgeschrieben, auch auf juristische Personen des Auslands anwendbar? Und ist er im Inland zu berücksichtigen, wenn ihn nur das heimatliche Recht der Gemeinschaft aufstellt?

Es wird hier vor allem einer Sonderung der einzelnen Rechtsfragen bedürfen, die auf das Ergebnis einwirken können. Soll der Zweck durchgeführt werden, um dessentwillen der Erwerb geschehen, beispielsweise die gewünschte Schule errichtet werden, so tritt das öffentliche Schulrecht des Staats in Wirksamkeit, in dessen Bereich die Anstalt entstehen soll, und es ist für seine Anwendbarkeit offenbar gleichgültig, durch wen die Gründung erfolgen, und mit welchen Mitteln sie ermöglicht werden soll. Auf der anderen Seite kann die Frage wichtig werden, inwieweit das Erwerbsgeschäft in seinem zivilrechtlichen Bestand dadurch beeinträchtigt wird, daß der Zweck, in dessen Dienst der Erwerb geschehen, nicht verwirklicht werden kann, inwieweit insbesondere die Unmöglichkeit einer Bedingung, die Unausführbarkeit einer Auflage, eine unentgeltliche Zuwendung hinfällig machen. Es entscheiden darüber offenbar Erbstatut und Schenkungsstatut — aber mit der Spezialität juristischer Personen hat das alles nichts zu schaffen.

Die Sorge, daß eine und dieselbe Gemeinschaft nicht unvereinbare Aufgaben übernehme, ist in erster Reihe eine Angelegenheit des Verwaltungsrechts. Handelt es sich dabei um Rechtssubjekte, denen öffentliche Aufgaben besonderer Art übertragen sind, Kirchenfabriken oder Universitäten, so entscheidet über die Zulässigkeit der Häufung und über die Wirkung einer Zuwiderhandlung das Recht dieses besonderen Verwaltungszweigs, Staatskirchenrecht, öffentliches Schulrecht, und notwendig das Recht des Staats, dem der Selbstverwaltungskörper angehört. Bei anderen Verbänden aber handelt es sich, um von Gewerbepolizei hier abzusehen, bei dem Verbot einer Zweckehäufung um Vereinspolizei und Stiftungshoheit, und damit wiederum um die Ordnung von Gemeinschaften, die durch ihren Sitz der Herrschaft eines Staates unterstellt sind. Zwar eine Vereinspolizei ist im Inland auch über Vereine des Auslands möglich, aber doch nur (s. oben S. 113ff.) für Lebensäußerungen, die dem Inland angehören, nicht für Angelegenheiten, welche ausschließlich die Vereinsleitung angehen. Und bei Stiftungen kann nach dem früher Ausgeführten (S. 146) ein Übergreifen der Stiftungstätigkeit als solcher, d. h. der Bereitstellung von Vermögen, über den Ort des Sitzes hinaus ohnehin nicht vorkommen. Also: Geltung der inländischen Beschränkungen für inländische Gemeinschaften, nicht auch für solche des Auslands; und Beschränkungen, die ausländische Staaten in ihrem Verwaltungsrecht vorsehen, sind für das Inland ohne rechtliches Interesse.

Mit dem zivilrechtlichen Schicksal des Erwerbs haben diese verwaltungsrechtlichen Beschränkungen an sich keine Berührung. Doch kann eine solche Berührung zufällig entstehen, insofern das positive Recht dem Staat, dem der Verband angehört, Befugnis gewährt, den Erwerb juristischer Personen von einer Erlaubnis abhängig zu machen. Im Interesse einer Überwachung der juristischen Person eingeräumt, wird eine solche Befugnis sachgemäß auch zu einer Unterdrückung mißbilligter Zweckhäufungen verwendet werden, auch dies eine Angelegenheit des Heimatstaats, und nur insofern zeigt sich hier eine Verschiebung, als eine Versagung der Erlaubnis von seiten des Heimatstaats zivilrechtlich auch für andere Staaten wirksam wird; vgl. oben S. 170.[1])

Nun könnte eine staatliche Fürsorge, daß juristische Personen ihren Bereich nicht überschreiten, allerdings auch in eine innere Verbindung mit der zivilrechtlichen Würdigung des Rechtsgeschäfts gebracht werden, das im Dienst einer der Person fremden Aufgabe abgeschlossen worden ist: es könnte der juristischen Person die Rechtsfähigkeit mangeln, Geschäfte vorzunehmen, die außerhalb ihres Wirkungskreises liegen. Aus dem Begriff der juristischen Person als einem nur für bestimmte Zwecke geschaffenen Rechtssubjekt wird man dies Ergebnis nicht ableiten dürfen, und ich möchte glauben,

---

[1]) Wie die früheren Ausführungen ergeben, kann ein Staat freilich befugt sein, einen Erwerb auch für juristische Personen des Auslands von seiner Genehmigung abhängig zu machen, und da solche Erlaubnis nach freiem Ermessen versagt werden kann, mag sie formell rechtmäßig auch darum versagt werden, weil der fremde Verband Aufgaben vereinigt, deren Vereinigung jenem Staat nicht genehm ist. Doch ein Gebrauch dieser Möglichkeit wäre Mißbrauch, schon deshalb, weil eine Zuständigkeit, die Erlaubnis zu versagen, nur aus bestimmten Gründen gegeben ist, zur Verhütung einer Latifundienbildung und zum Schutz der Familie des Vergabenden.

daß der Satz auch für Frankreich nicht positiven Rechtens ist. Aber denkbar wäre eine solche Vorschrift immerhin. Ihr Ergebnis jedoch wäre dasselbe wie bei versagter Erlaubnis: die Rechtsfähigkeit einer juristischen Person kann nur der Staat abgrenzen, der ihr überhaupt das rechtliche Leben gewährt; seine Anordnungen finden auch in anderen Staaten Anerkennung. Und den Einwand der „öffentlichen Ordnung", die Behauptung, daß eine schrankenlose oder auch eine eingeschränkte Rechtsfähigkeit juristischer Personen mit andersgearteten Anschauungen des Inlands schlechthin unvereinbar sei, wird man der Regelung des Heimatstaats doch wohl nicht entgegensetzen wollen.[2])

---

[2]) Vgl. über die Wirkungen dieses Prinzips der Spezialität für das internationale Recht Ducrocq, Revue du droit public (1894) 1, 67 ff.; Pillet bei Sirey 1895 II, 61; Wahl ebenda 1900 IV, 29; Weiss 4, 670[1]; Tronquoy 287 ff. Pillet beschränkt die Maßregel, wie sie im französischen Recht besteht, (im Anschluß an Michoud) auf die öffentlichrechtlichen Körperschaften des Inlands, bei ausländischen Verbänden komme „lediglich" deren zivilrechtliche Rechtsfähigkeit in Frage. Auch Tronquoy überweist die Regelung ausschließlich dem Heimatstaat; wenn es sich, wie als richtig anzunehmen, bei den Wirkungen des Grundsatzes um eine Beschränkung der Rechtsfähigkeit handle, weil diese dem heimatlichen Recht untersteht; wenn um eine Regel der „öffentlichen Ordnung", nach dem Zweck des Gesetzes. Wenn allerdings Tronquoy eine Beschränkung der Rechtsfähigkeit fremder Gemeinschaften, die deren Heimatstaat vorsieht, nicht beachten will, weil das die Anwendung „öffentlichen Rechts" bedeute, dessen Handhabung aber den heimatlichen Verwaltungsbehörden zu überlassen sei, so wird man dem nicht zustimmen können. Daß jegliche Ordnung der Rechtsfähigkeit, ob sie Beschränkungen vorsieht oder nicht, zunächst eine Angelegenheit des öffentlichen Rechts betrifft, kann hier beiseite bleiben. Wird aber die Rechtsfähigkeit als Voraussetzung zivilrechtlicher Rechtsbeziehungen überhaupt nach Art zivilrechtlicher Tatbestände auf Grund der „zuständigen" Gesetzgebung beurteilt (s. oben S. 126 ff.), so kann der Umstand, daß die Art der Regelung öffentlichen Interessen eines anderen Staates Nutzen bringt, Vorschriften über die Rechtsfähigkeit so wenig von der Berücksichtigung des Inlands ausschließen, wie Vorschriften zivilrechtlichen Inhalts; vgl. oben S. 170. — Auf der anderen Seite wollen Ducrocq, Wahl, Weiss die Beschränkungen des französischen Rechts auch auf juristische Personen des Auslands zur Anwendung bringen. Ducrocq begnügt sich im wesentlichen mit der Erklärung, daß das Gegenteil „unlogisch" sei; die von Ducrocq geltend gemachte Analogie mit der Verpflichtung juristischer Personen, amortisationsrechtliche Erlaubnisse des Inlands einzuholen, beweist nichts, solange nicht die innere Gleichartigkeit der beiden Rechtseinrichtungen dargetan ist; und ob durch die Forderung der Spezialität die Rechtsfähigkeit selbst eingeengt wird (darüber schon Moreau, Journal 19, 343 einerseits, Lainé, Journal 20, 296 ff. andererseits), hätte bei juristischen Personen des Auslands nicht das französische, sondern das heimatliche Recht der Person zu entscheiden. Wahl und Weiss berufen sich auf die „öffentliche Ordnung". Ihre Begründung, daß Verbände des Auslands im Inland nicht besser gestellt sein sollen als solche des eigenen Staates, scheint mir wenig förderlich; erfolgt die Beschränkung der inländischen Personen doch nicht, um sie zu schädigen, sondern um einen für das Gemeinwohl als nützlich er-

Beschränkungen der Vermögensverwaltung.

2. Wo eine Staatskuratel über juristische Personen geführt wird, da können nicht bloß Erwerbshandlungen (s. oben S.159), sondern auch andere wichtigere Akte der Vermögensverwaltung an staatliche Bewilligung gebunden sein. Aber es ist stets der Staat, dem die Person angehört, und nur dieser, der zu solchen Bewilligungen zuständig ist. Ein schweizerisches Kloster hatte Besitzungen in Österreich verkauft, die „Verfachung" der Veräußerung war mangels amtlicher Genehmigung abgelehnt worden; der Oberste Gerichtshof Wien entscheidet richtig, daß es einer Genehmigung Österreichs zu diesem Verkauf nicht bedurfte.[3]) Eine italienische Gemeinde führt in Frankreich einen Rechtsstreit; eine Genehmigung der Prozeßführung nach Maßgabe der französischen Gemeindeordnung konnte nicht gefordert werden.[4]) Ist die Vorschrift dagegen im heimatlichen Recht der Person enthalten, so muß sie gegenüber ausländischen Verbänden auch im Inland Berücksichtigung finden; denn die zivilrechtliche Verfügungsfähigkeit des Verbands, seine Aktivlegitimation für den Prozeß ist von der erteilten Ermächtigung abhängig. Und nur Erlaubnisse, die ihre Wirkungen ausschließlich auf das Verwaltungsrecht beschränken, wären außerhalb des Erlaubnis fordernden Staates bedeutungslos.

---

achteten Zustand herbeizuführen. Indessen eine Überschreitung der den juristischen Personen gezogenen Grenzen soll das öffentliche Wohl beeinträchtigen, sogar eine „schwere Gefahr" für das Inland bedeuten, auch wenn es sich um Personen des Auslands handelt. Ich fürchte, daß hier Mißverständnisse unterlaufen. Es muß, soll die Frage rein gestellt sein, angenommen werden, daß nicht der Inhalt ihrer Tätigkeit, sondern die bloße Vereinigung inhaltlich zulässiger Betätigungen in einer Person Bedenken erweckt, und daß auch diese Vereinigung nicht in dem heimatlichen Recht der Person verboten ist (sonst könnte die Klausel der öffentlichen Ordnung nicht praktisch werden), sondern nur im französischen Recht: sollte alsdann die behauptete Gefahr nicht lediglich in der Abweichung von der französischen Ordnung und damit in der Verletzung von Gesetzen bestehen, deren Geltung für fremde Verbände erst zu beweisen wäre? Daß aber Vorschriften über die Entfaltung des Körperschaftslebens nur die Verbände des eigenen Landes angehen, möchte ich nach den Ausführungen im Text doch für zutreffend halten. Weiss formuliert seine Bedenken auch dahin, daß die Aufhäufung von Reichtümern, die für den Zweck des Verbands nutzlos sind, gemeinschädlich wirken müsse. An eine Verhütung von Latifundienbildung oder dergleichen wird man dabei wohl nicht denken dürfen; sie zu bekämpfen, kann nicht Aufgabe einer Vorschrift über Körperschaftspflege sein. Wenn die zu bekämpfende Gefahr aber in einem übermäßigen Anwachsen des Verbandsvermögens zu suchen ist, so ist auch das (oben S. 158) eine Angelegenheit des Heimatstaats der Person.

[3]) 20. IX. 1906, Spruchpraxis 1908, 11.

[4]) So auch die französischen Ministerien gegenüber einem Gesuch der Gemeinde um Genehmigung, Journal 22, 791 ff.; Weiss 4, 672 f.; Tronquoy 289.

Beschaffenheit des Vermögens.

3. Die staatliche Überwachung der juristischen Personen kann auch auf die Zusammensetzung ihres Vermögens Einfluß nehmen. Das französische Vereinsgesetz fordert, daß die Kapitalien der als gemeinnützig anerkannten Vereine in Namenpapieren angelegt werden. Italien verlangt, daß die bestehen gebliebenen kirchlichen Rechtssubjekte ihren Immobiliarbesitz veräußern und den Erlös in italienischen Staatspapieren anlegen. Hinsichtlich ihres Geltungsbereiches scheinen die beiden Maßregeln allerdings nicht gleichartig zu sein. Die französische Bestimmung soll der Regierung die Übersicht über das Vereinsvermögen erleichtern, sie gilt den Vereinen, deren Leitung der Aufsicht des Inlands untersteht, sohin für die Vereine, die ihren Sitz in Frankreich haben. Anders wohl die italienischen Vorschriften über die „Konversion" des Immobiliarvermögens. Sie haben ihr Gegenstück in der öfter vorkommenden Auflage (s. oben S. 162), unentgeltlich erworbene Grundstücke binnen bestimmter Frist wieder zu veräußern. Hier wie dort liegt die Sorge zugrunde, gerade den Immobiliarbesitz der toten Hand wieder dem Verkehr zuzuführen, und sie werden sinngemäß gelten müssen für den italienischen Grundbesitz kirchlicher Gemeinschaften des Inlands und des Auslands, während sie auf die auswärtigen Besitzungen einer italienischen Person nicht wohl Anwendung beanspruchen können.[5])

Das Vermögen aufgelöster Verbände.

4. Von besonderem Interesse ist die Stellung des Staats zu dem Vermögen aufgelöster Verbände. Es kann sein, daß die Staatsgewalt die Auflösung einer Gemeinschaft verfügt, und nur folgeweise, weil nunmehr herrenloses Gut vorhanden, wird eine weitere Zuweisung nötig: dies Vermögen kann im Weg der „Sozialerbfolge" auf den Staat übergehen; der Tatbestand gehört alsdann in das Zivilrecht. Oder es tritt ein Aneignungsrecht des Fiskus an herrenlosem Gut in Wirkung, das als nutzbares Regal dem Finanzverwaltungsrecht angehört. Möglich aber ist es auch, daß der Staat auf das Verbandsgut nicht erst folgeweise, sondern unmittelbar Einfluß nimmt. So wird in Art. 18 des französischen Vereinsgesetzes gegen nichtrechtsfähige klösterliche Vereinigungen eine Zwangs-

---

[5]) Art. 23 des Gesetzes vom 19. VI. 1873 gestattet kirchlichen Gemeinschaften, die stiftungsgemäß zum Nutzen von Ausländern in Rom bestimmt sind, die Anlage des Erlöses auch in Papieren dieses Staates und anderer Weise, eine Billigkeitsmaßregel, die nicht etwa (s. unten) auf dem Gedanken einer unvollständigen Unterworfenheit solcher Gemeinschaften unter das örtliche Recht beruht.

liquidation vorgesehen.[6]) Und bei den römischen Säkularisationen von 1873 hat man zwar zunächst gewisse Verbände aufgelöst, aber eben mit Rücksicht auf diese Auflösung über das Verbandsgut besondere Verfügung getroffen — Maßregeln somit, die wiederum in den Bereich der Verbandspolizei gehören.

Auf das engste mit der Entscheidung über den Bestand solcher Organisationen verbunden, müssen diese Maßregeln in dem Umfang zulässig sein, in dem auch eine Auflösung ausgesprochen werden kann, für Verbände, die ihren Sitz im Inland haben, und für inländische Teilorganisationen auswärtiger Verbände, sofern das Vermögen den Zwecken gerade dieser Teilorganisation dienstbar war. Mit dem Eingriff in das Vermögen des aufgelösten Verbands kann auch eine Zuweisung an den eingreifenden Staat verbunden sein: ein Teil der rechtlichen Ordnung dieses Eingriffs, muß auch eine solche Aneignung im gleichen Umfang zur Geltung gelangen.

Schwierigkeiten haben sich in der Praxis bei dem Vermögen „ausländischer“ Verbände mit Sitz im Inland ergeben. Eine wirklich exterritoriale Gemeinschaft vermöchten solche Gesetze natürlich nicht zu erreichen. Aber daß er aus Mitteln des Auslands erhalten wird und Zwecken des Auslands dient, vermag einen Verband auch hier der Herrschaft des örtlichen Verwaltungsrechts nicht zu entziehen. Man hat in der französischen Revolution solche auswärtige Anstalten säkularisiert, ihnen jedoch ihr Vermögen belassen;[7]) das italienische Gesetz vom 19. Juni 1873 ist dem Beispiel gefolgt, hat auch kirchliche Gemeinschaften dieser Art aufgelöst, aber ihr Vermögen neuen Stiftungen für verwandte Zwecke vorbehalten — eine billige Rücksichtnahme auf die fremden Staaten, aber kein Ausfluß mangelnder Zuständigkeit für den Eingriff.[8])

Vermögen im Ausland.

5. Aber erstreckt sich der Eingriff in das Vermögen aufgelöster Verbände auch auf Gegenstände, die der inländische Verband im Ausland besitzt? Mag der Zweck einer solchen Maßregel die Einbeziehung ausländischen Vermögens immerhin wünschenswert

[6]) Das Reinergebnis der Liquidation wird dem Staat allerdings auch hier erst folgeweise zugeschrieben; vgl. etwa R. P. Faure, La liquidation des biens des congrégations dissoutes (1905) 118ff. Aber die Sprengung des einheitlichen Vermögensbestands ist Polizeimaßregel.

[7]) Vgl. oben S. 121 Anm. 20.

[8]) Anders Fedozzi, Enti collettivi 89ff. n. 21. Vgl. ferner den Protest gegen die Besitzergreifung des Collegium Romanum durch Italien, Archiv für katholisches Kirchenrecht (1871) 25, CXLIII ff. Fedozzi a. a. O. berichtet auch von einer befremdlichen Entscheidung des Kassationshofes Rom, nach der das Vermögen eines von Italien aufgelösten Verbands an dessen „Heimatstaat“ fallen solle.

erscheinen lassen: sofern nicht etwa Staatsverträge abweichendes vorsehen,[9]) können dem Zugriff nur Gegenstände im Inland unterliegen. Gleich der Beschlagnahme im Zivilprozeß, der Einziehung im Strafrecht, bedeuten auch diese Akte eine unmittelbare Einwirkung der Staatsgewalt, die vorzunehmen den Besitz der Gebietshoheit voraussetzt. Und die Grundsätze, welche das internationale Zivilprozeßrecht für die räumlichen Grenzen der Zwangsvollstreckung entwickelt hat (oder vielmehr: hätte entwickeln sollen), kommen im wesentlichen auch hier zur Anwendung.

Die Fragen sind vor allem in Frankreich praktisch geworden, als auf Grund des Vereinsgesetzes die Zwangsliquidation gegen die aufgelösten Orden durchgeführt werden sollte. Die Benediktiner hatten Ansprüche aus einem Verlagsvertrag mit einem belgischen Verleger; gehörten die Forderungen als in Frankreich befindlich zur Liquidationsmasse? Als Aktivum sind Forderungen am Wohnsitz des Gläubigers faßbar und damit auch der zwangsweisen Übertragung durch die an diesem Ort herrschende Staatsgewalt ausgesetzt. Nun haben die Mönche allerdings in der Folge Frankreich verlassen. Aber ihre Entrechtung war schon mit dem Inkrafttreten des Vereinsgesetzes erfolgt,[10]) die Einziehung der Forderungen zur Masse also unter dem Gesichtspunkt mangelnder Zuständigkeit nicht zu beanstanden.[11]) Die Kartäuser hatten einen Darlehensschuldner in Paris; nachdem die Liquidation bereits eingeleitet war, wurde die Forderung in der Schweiz an eine dort wohnende Person abgetreten. Ein französisches Gericht nimmt irrig an, die Zession sei gültig;[12])

---

[9]) Vielleicht ist Art. 30 des Freundschaftsvertrags zwischen Italien und San Marino vom 27. III. 1872 (Martens, Nouveau recueil général² 1, 312) in diesem Sinn zu verstehen: *„I beni di mano-morta, cioè Istituti religiosi, Parocchie, Confraternità, Congregazioni e Corporazioni s'intendono appartenere a quello dei due Stati nel quale essi Istituti e Congregazioni si trovano eretti“.*

[10]) Vgl. die französische Praxis bei Faure a. a. O. 75ff.

[11]) Wegen anderer Bedenken vgl. unten die Chartreuseprozesse. Der Fall ist vor einem belgischen Gericht (Tournai 20. XII. 1904, Revue 1, 162) anhängig geworden, jedoch mangels Zuständigkeit des angegangenen Gerichts nicht weiter zur Erörterung gelangt. — Für eine Zwangsvollstreckung in Forderungen legt es art. 560 Code de proc. civ. nahe, daß eine Zuständigkeit schon durch den Wohnsitz des Gläubigers im Inland begründet wird, wenngleich diese Annahme mit der in Frankreich gebräuchlichen Konstruktion einer Vollstreckung in Forderungen nicht ohne weiters übereinstimmt; bei den französischen Internationalisten wird man Aufschluß über diese Fragen vergeblich suchen.

[12]) Die Zession steht nicht unter dem Recht des Vertragsorts, die Abtretbarkeit der Forderung nicht unter dem Recht, das für die Zession gilt; die Rechtsfähigkeit der französischen Ordensniederlassung hätte auch für Handlungen außer Landes nach französischem Recht beurteilt werden müssen, die Erklärung des handelnden Mittelsmannes als „vorgeschobene Person“ hätte (s. unten) für ein Rechtsverhältnis, das dem französischen Recht nicht untersteht, nicht erfolgen dürfen.

aber schon der Wohnsitz des Drittschuldners im Land, die Verbindung der Passivseite der Forderung mit dem Inland konnte genügen, den Eingriff der Staatsgewalt zu rechtfertigen.[13]) Insbesondere aber sind diese Fragen in einer berühmt gewordenen Reihe von Prozessen aufgeworfen worden: Die Kartäuser hatten in ihrer Betriebsstätte bei Grenoble einen weltbekannten Likör hergestellt, in Frankreich und zahlreichen Auslandstaaten durch Warenzeichen geschützt, die auf den Namen eines Klosterangehörigen eingetragen waren. Die staatliche Anerkennung konnte der Orden nicht erwirken, der eingesetzte Liquidator zieht den Betrieb und die zugehörigen Marken zur Masse, die vertriebenen Mönche aber eröffnen in Spanien eine Betriebsstätte und beanspruchen den Schutz der Auslandsmarken für ihr neues Erzeugnis.[14]) Die Entscheidung wird durch eine verwirrende Fülle von Streitfragen erschwert, auf die hier nicht weiter eingegangen werden kann. In den gegenwärtigen Zusammenhang aber gehört das folgende: wenn (was ich freilich für unrichtig halte) als rechtmäßiger Inhaber der ausländischen Zeichenrechte der Orden anzusehen wäre, so konnte die französische Zwangsverwaltung diese Rechte nicht ergreifen. Man hat sich für die gegenteilige Meinung auf die akzessorische Natur der fremden Marken berufen. Allein wenn dieser Konstruktion auch in vollem Umfang beizupflichten ist, auch das akzessorische Zeichen bleibt juristisch und wirtschaftlich ein selbständiges Rechtsgut; es hat einen öffentlichrechtlichen Anspruch auf Rechtsschutz im Land seiner Eintragung zum Inhalt, und es ist aus-

---

[13]) Zivilgericht Grenoble 29. XII. 1906, Revue 3, 170. Mit der Berufung auf die „öffentliche Ordnung" war freilich nicht viel gewonnen. Im übrigen war im maßgebenden Zeitpunkt, bei Inkrafttreten des Gesetzes, auch der Wohnsitz des Gläubigers in Frankreich.

[14]) Ich habe den Fall in einem Aufsatz „Der Kampf um die Chartreuse", Leipziger Zeitschrift für Handelsrecht (1908) 2, 732ff. näher erörtert, auf den für alles Einzelne verwiesen sei. Materialien: Zivilgericht Grenoble 23. IV. 1904, Gazette des tribunaux 8. V. 1904; Appellhof Grenoble 19. VII. 1905 und 27. III. 1906, Kassationshof 31. VII. 1906, Revue 3, 284ff.; vgl. auch Zivilgericht Grenoble 18. V. 1905 ebenda 286f. Landgericht und Oberlandesgericht Hamburg, Revue 3, 415 und 949; vgl. auch Markenschutz und Wettbewerb (1908) 7, 107 und Journal 35, 848ff.; Reichsgericht, Entscheidungen 69, 1; Landgericht Hamburg, Revue 5, 314; Bundesgericht Lausanne, Revue 3, 282; Handelsgericht Brüssel, Revue 3, 273 und 446; Rechtsbank, Gerichtshof, Kassationshof im Haag, Revue 3, 458; 4, 313 und 843; Chancery Division und Court of Appeal, Revue 4, 270; Circuit Court New-York-Süd, Revue 3, 972; brasilianisches Bundesgericht und Appellationsgericht Rio, Journal 34, 1171; 35, 579; Gericht Buenos-Ayres, Revue 3, 612; für Tunis, Revue 2, 722 und Sirey 1908 II, 115. Dazu Gutachten von Weiss, Lyon-Caen, Millerand im Auszug Revue 3, 425ff.; von Kohler, Archiv für bürgerliches Recht (1906) 28, 207ff.; Aufsätze von Pillet, Revue 3, 525ff. und Sirey 1908 IV, 9ff.; Fuld, Gewerblicher Rechtsschutz und Urheberrecht (1907) 12, 334ff.

geschlossen, daß über diesen Anspruch ein anderer Staat verfügen konnte. Nach meinem Dafürhalten muß freilich schon das präjudizielle Rechtsverhältnis, wer Herr dieser Warenzeichen ist, anders aufgefaßt werden.[15]) Die Zwischenperson hat auf Grund eines Auftrags der Ordensangehörigen die Marken im eigenen Namen erworben. Zum Ordensgut haben nicht die Marken gehört, wohl aber ex mandato ein obligatorischer Anspruch auf deren Uebertragung, wenn das Mandat ein Ende nähme — ein Fall, der mit der Aufhebung des Ordens eingetreten ist. Es liegt also wiederum eine Forderung vor, deren Zugehörigkeit zur Masse bestritten ist. Und auch hier konnte die französische Staatsgewalt nur dann wirksam werden, wenn der Gläubiger oder der Schuldner ihr unterworfen war. Mandant und Mandatar hatten, wenn nicht mehr später, so doch bei Inkrafttreten des Vereinsgesetzes — über die Maßgeblichkeit dieses Zeitpunktes s. oben — ihren Wohnsitz in Frankreich, und es ist damit auch der Anspruch des Liquidators auf Zuschreibung der fremden Marken begründet. Zunächst vom Standpunkt Frankreichs aus. Ob ihm ausländische Staaten unter Berufung auf die öffentliche Ordnung die Durchsetzung versagen können, muß für jeden Fall besonders beantwortet werden; für Deutschland möchte ich die Frage verneinen.[16])

---

[15]) Betrieb und Marken können nur dann Ordensgut sein, wenn der Mittelsmann als „*personne interposée*" zu betrachten ist. Die solches anordnenden Bestimmungen des Vereinsgesetzes wirken nicht zurück, nach älterem Recht aber war richtiger Meinung nach die Benützung eines Mittelmannes erlaubt, seine Stellung daher nach den für den *prête-nom* geltenden Grundsätzen zu behandeln.

[16]) Man hat dem Liquidator auch entgegengehalten, nicht sein Betrieb, sondern jener in Spanien sei der ursprüngliche Betrieb, die fremden Marken hätten daher bei diesem zu verbleiben. Aber (die Richtigkeit der Folgerung beiseite) hier ist unbestritten in Frankreich belegenes Gut in Frage. Die Liquidationsinteressenten zu Rechtsnachfolgern, den Liquidator zum Verwalter des französischen Betriebs zu machen, war in der ausschließlichen Zuständigkeit Frankreichs gestanden. Und auch die fremden Staaten können sich nicht auf die Vorbehaltsklausel berufen gegenüber einem Vorgang, dessen unmittelbare Wirkungen sich auf Frankreich beschränkt haben. Ist aber der französische Betrieb in die Hände des Liquidators gelangt, so ist er damit für die Kartäuser abgeschnitten worden, und es ist nicht möglich, einen abgebrochenen Betrieb nach einem anderen Staat zu verlegen, sondern nur, ihn dort neu zu beginnen.

4. Kapitel.

Die Presse.

§ 16.

1. Begrenzungen — 2. Die Pflichtexemplare. — 3. Beziehungen zum Prozeßrecht. — 4. Beziehungen zum Strafrecht. — 5. Konsulargerichtsbarkeit.

Begrenzungen.

1. Auch Staat und Presse stehen in verwaltungsrechtlichen Beziehungen. Der Staat mag sein Interesse an ihrem Bestand durch die Einräumung von Begünstigungen beweisen, und er wird insbesondere Veranlassung haben, der Begehung strafbarer Handlungen durch die Presse durch vorbeugende Sicherheitsmaßregeln entgegenzutreten. Nach allen Richtungen aber bedarf es auch hier einer Abgrenzung der räumlichen Wirksamkeit des Staates. Es war das Verdienst v. Liszts, derlei Fragen als erster zu einem „internationalen Preßrecht" zusammengefaßt zu haben;[1]) nur freilich, daß es gerade der „Begriff Inland" wäre, der hier vorzugsweise zu Schwierigkeiten führt, wird sich nicht festhalten lassen, und auch von „Kompetenzkonflikten" läßt sich dabei vom Standpunkt eines positiven Rechts aus nur mit Vorbehalt sprechen.

Als Ordnung eines das Zusammenleben im Staat berührenden Tatbestands muß auch die Ordnung der Presse in ihrem Wesen territorial sein. Dieser Tatbestand aber löst sich auf in eine ganze Anzahl selbständiger Handlungen, die jeweils einer besonderen rechtlichen Ordnung unterstellt sein können, Druck, Herausgabe, Verbreitung, und so ist vor allem eine Feststellung der Anknüpfungsbegriffe erforderlich, die bei der Bildung der verschiedenen territorial geltenden Vorschriften zugrunde gelegt sind.

Es bedarf keiner Ausführung, daß gewerbepolizeiliche Vorschriften für Druckereien für die Buchdrucker im Land gelten, auch dann, wenn sie für einen auswärtigen Verleger arbeiten, solche über Hausierhandel mit Druckschriften für die Verbreitung im Land, auch wenn Druckort und Verlag im Ausland liegen. Wo aber die Herausgabetätigkeit als solche von einer Erlaubnis oder Sicherheitsleistung

[1]) F. v. Liszt, Lehrbuch des österreichischen Preßrechts 1878 (zit. Ö) 40 ff.; das deutsche Reichspreßrecht 1880 (zit. D) 11 ff. Vgl. auch die Abschnitte „räumliche Herrschaft des Preßgesetzes" bei F. O. v. Schwarze-Appelius, Reichspreßgesetz ^{4} (1903), und ähnlich bei P. Klöppel, Reichspreßrecht (1894); etwa auch Vincent-Pénaud, Dictionnaire v^0 presse. Wenig förderlich Lentner, Zum internationalen Preßrecht, Juristische Blätter (Wien 1885) 14, 217 f.

oder doch von einer Anzeige abhängig gemacht ist, muß der Ort der gewerblichen Niederlassung des Verlegers entscheiden.[2])

Eine verbreitete Vorschrift unter den mannigfachen Auflagen, welche das Verwaltungsrecht bei Ausübung der Preßgewerbe vorsieht, verlangt, daß die Druckschriften Name und Wohnort des Druckers und (oder) Verlegers aufweisen müssen. § 6 des deutschen Gesetzes erhebt die Forderung für die „im Geltungsbereich dieses Gesetzes erscheinenden“ Druckschriften, und die Auslegung ist einig, daß sie Anwendung finde auf die Erzeugnisse, die im Ausland gedruckt, im Inland herausgegeben werden, dagegen nicht auf Druckschriften, die, in Deutschland gedruckt, ihren Verleger im Ausland haben.[3]) Auf den Ort des Erscheinens soll es nach der Natur der Sache auch für das österreichische Preßrecht ankommen,[4]) während das dänische Preßgesetz von 1851 auf den Ort des Druckers abstellt,[5]) das sächsische Preßgesetz von 1870 sowohl die im Inland gedruckten wie die hier veröffentlichten Druckschriften mit seinen Vorschriften getroffen hatte.[6]) In der Tat wird man mangels einer abweichenden Vorschrift den Ort des Erscheinens als zuständigkeitsbegründend anzusehen haben; nicht die Herstellung, sondern die Veröffentlichung der Druckschrift erzeugt die besonderen Gefahren, denen die polizeiliche Ordnung der Presse zu steuern bestimmt ist. „Gleichgültig“ freilich (v. Liszt) ist es auch dort nicht, wo der Ort des Erscheinens entscheidet, ob die im Inland verlegte Schrift von einem Drucker des Inlands oder des Auslands hergestellt worden ist. Eine Verantwortlichkeit für Zuwiderhandlungen wird nach deutschem Recht sowohl dem Drucker als dem Verleger zugeschrieben, und es steht nichts im Wege, den deutschen Verleger für den mangelnden Aufdruck verantwortlich zu machen, auch wenn eine Druckerei des Auslands für ihn gearbeitet hat. Aber dem Drucker als solchem kann eine derartige Verbindlichkeit nur im Hinblick auf seinen Gewerbebetrieb auferlegt sein; findet dieser Betrieb außer Landes statt, so kann ihn auch keine gewerbepolizeiliche Verpflichtung erreichen.

Preßerzeugnisse, die im Ausland veröffentlicht (gedruckt) sind, können im Inland ohne Rücksicht auf jenes Erfordernis verbreitet

---

[2]) Vgl. etwa v. Liszt Ö 42f.; D 11; Klöppel 171.

[3]) A. F. Berner, Lehrbuch des deutschen Preßrechts (1876) 194; v. Liszt D 12; v. Schwarze 27f.

[4]) v. Liszt Ö 43.

[5]) Vgl. C. Goos, Den danske Strafferet (1896) 6, 100[1] 131. Der Fall, daß ein inländischer Verleger die Schrift im Ausland drucken läßt, entschlüpft damit dem Wortlaut des Gesetzes, und es entsteht dadurch eine Unstimmigkeit insbesondere auch gegenüber der Verantwortlichkeitsordnung des § 3, die auf die Veröffentlichung im Land verweist.

[6]) v. Liszt Ö 43.

werden.[7]) Zwar ließe sich auch eine solche Ausdehnung des Inlandrechts technisch gestalten: sie würde ein Gebot nicht für die Veröffentlichung, sondern für die Verbreitung der Werke im Inland bedeuten; doch die Sachwidrigkeit einer solchen Regelung leuchtet ein.[8]) Aber bedarf es statt dessen einer Beobachtung der Gesetze des ausländischen Verlagsortes (Druckorts), um die Verbreitung im Inland erlaubt erscheinen zu lassen? Das würde eine Sorge um die Durchsetzung einer fremden Verwaltungsordnung bedeuten, die hier so wenig wie sonst selbstverständlich sein kann. Freilich, das preußische Preßgesetz von 1851 hatte in § 8 die Befolgung der inländischen Ordnungsvorschriften nachgelassen, wenn eine ausländische Druckschrift „den Gesetzen über die Ordnung der Presse entspricht, welche zu der Zeit ihres Erscheinens an dem Orte desselben in Kraft waren", und auch die österreichische Instruktion zur Preßordnung von 1852 hatte verlangt, daß eine auswärtige Druckschrift „den am Erzeugungsorte gültigen Gesetzen entspreche, jedenfalls aber Drucker oder Verleger und Druckort der Ausgabe enthalten müsse."[9]) Allein diese Bestimmungen enthalten keine selbstlose Fürsorge für die Einhaltung fremder Gesetze. Wie insbesondere die Vorgeschichte der preußischen Vorschrift erkennen läßt,[10]) ging man dabei von den ausschließlichen Interessen des Inlands aus und dachte das Land vor einer Überflutung mit staatsgefährlichen Schriften des Auslands zu schützen, wenn man auf die Einhaltung der dortigen Polizeivorschriften Gewicht legte. Unter der Geltung des Reichspreßgesetzes denkt in Deutschland niemand mehr daran, für Preßerzeugnisse eines ausländischen Staates den Nachweis der Befolgung der dort geltenden Ordnungsvorschriften

[7]) S. für Deutschland schon die Motive und die Beratung des Preßgesetzes, Stenographische Berichte des Reichstags 1874 3, 139; 1, 405; G. Thilo, Preßgesetz (1874) 12; K. Kah, Reichspreßgesetz (1875) 40; W. Koller, Reichspreßgesetz (1888) 55; Klöppel 172; Delius, Reichsgesetz über die Presse (1895) 12; v. Schwarze 27; M. Stenglein, Die strafrechtlichen Nebengesetze des Deutschen Reiches[3] (1903) 603. Für Österreich v. Liszt Ö 44. Dagegen wird Journal 15, 650 f. die Geltung des französischen Rechts auch für eingeführte Drucksachen in Anspruch genommen. Vgl. auch unten Anm. 43.

[8]) Materialien hiezu liefert die Entstehung des preußischen Preßgesetzes von 1851 § 8. Vgl. L. v. Rönne, Gesetz über die Presse (1851) 85 ff. — Zu parallelen Fragen aus dem Bereich des internationalen Finanzrechts veranlaßt der Entwurf eines deutschen Anzeigensteuergesetzes von 1908 (Verhandlungen des Reichstags 1907—1909 Anlagen Nr. 1001); s. § 28 des Entwurfs und dessen Begründung; aber auch Frankfurter Zeitung 1. XII. 1908.

[9]) v. Liszt Ö 44. Nach Herbst wäre die Abstellung auf die fremde Gesetzgebung noch gegenwärtig in Österreich rechtens.

[10]) Erklärung des Regierungskommissars; v. Rönne 88[2]. Auf das gleiche Motiv deutet auch der Zusammenhang dieser Vorschriften mit dem Bundesbeschluß vom 20. IX. 1819.

zu verlangen. Indessen ist für die Preßerzeugnisse Elsaß-Lothringens nach dem Vorgang Thilos das Gegenteil angenommen worden; denn Drucker und Verleger seien hier der deutschen Strafgerichtsbarkeit erreichbar.[11]) Und doch stehen sich Elsaß-Lothringen, in dem das Reichspreßgesetz nicht zur Einführung gelangt ist, und das übrige Reichsgebiet insoweit als Gebiete selbständiger Verwaltung gegenüber, nicht anders wie irgend welche Auslandsstaaten; nicht anders wie sonst die deutschen Bundesstaaten auf Gebieten, auf denen jeder seine Verwaltung selbständig ordnet. Es ist für den Bereich des Partikularstrafrechts der Bundesstaaten längst anerkannt, daß trotz der strafprozessualen Gemeinschaft im Reich Vergehen gegen das Sonderstrafrecht des einen Bundesstaats im anderen nicht zur Verfolgung gebracht werden können; und das gilt auch, wenn sich auf der einen Seite das Reich als der Vertreter der Mehrzahl der Bundesstaaten, auf der andern Seite ein einzelner Bundesstaat, der den Rechtsstoff unabhängig ordnet, gegenüberstehen (wie etwa bei der Brausteuer). Das Gleiche muß für das preßrechtliche Verhältnis Elsaß-Lothringens zum Reich richtig sein, und dies Verhältnis ist auch unverändert geblieben, seitdem 1898 eine mit dem Reichspreßgesetz in den meisten Punkten gleichlautende Ordnung durch elsaß-lothringisches Landesgesetz zur Einführung gelangt ist. Seither besteht Übereinstimmung der (meisten) verwaltungsrechtlichen Vorschriften, aber nicht Gemeinschaft; nach wie vor handelt es sich wechselseitig um eine fremde Verwaltungsordnung, die ohne besondere Ermächtigung nicht zur Durchsetzung gebracht werden kann.

Die vorstehend entwickelten Grundsätze müssen auch für die sonstigen polizeilichen Anforderungen gelten, die an ein Preßerzeugnis gestellt werden,[12]) für die Verpflichtung, auf periodischen Druckschriften einen „Geranten" oder verantwortlichen Redakteur zu benennen, für die Pflicht, amtliche Bekanntmachungen aufzunehmen;[13]) auch für die Pflicht, einer Berichtigung unwahrer Mitteilungen Raum zu geben. Ein geistreicher Versuch will neuerdings den Berichtigungsanspruch dem Zivilrecht überweisen als Ausfluß eines Individualrechts darauf, daß nicht Unwahres oder Unrichtiges über die Person in die Öffentlichkeit gelangt.[14]) Indessen eine administrative Verpflichtung, die

---

[11]) Thilo 13; Kah 40; Koller 55; Delius 12.

[12]) v. Liszt D; Koller, Delius a. a. O.

[13]) Zeitschrift für Strafrechtswissenschaft 27, 4: die Bestimmung in § 200 des Reichsstrafgesetzbuchs, nach der bei Beleidigungen durch die Presse eine Verurteilung in derselben Zeitung bekannt gemacht werden soll, in der die Beleidigung veröffentlicht worden ist, kann gegen Zeitungen des Auslands nicht zwangsweise durchgeführt werden.

[14]) Kitzinger, Zeitschrift für Strafrechtswissenschaft (1907) 27, 872.

Berichtigung aufzunehmen, wird sich mindestens als konkurrierende Verbindlichkeit weder für das deutsche noch für das französische Recht in Abrede stellen lassen. Darauf weist ebensowohl die Gleichstellung der Vorschrift mit anderen zweifellos polizeilichen Auflagen hin, wie die Strafe, welche dem Zuwiderhandelnden gedroht ist. Und es würde eine zivilrechtliche Konstruktion nach der internationalen Seite zu dem gleichen Ergebnis führen. Denn auch über den Umfang, in dem ein Individualrecht geschützt ist, kann nur das Recht des Ortes entscheiden, an dem dies Recht verletzt worden ist; und Tatort einer Rechtsverletzung ist nach des Verfassers Meinung für das Zivilrecht derjenige Ort, an dem der Täter in den Interessenkreis des Verletzten zuerst eingegriffen hat.

Für Preßerzeugnisse besonderer Art, für öffentliche Anschläge verbietet das französische Recht die Verwendung weißen Papiers und fordert die Anbringung eines Stempels. Die Stelle der Herausgabe vertritt hier der Anschlag im Land. Als der Fahrplan einer spanischen Eisenbahngesellschaft, in Madrid auf weißes Papier gedruckt, in einem französischen Bahnhof ohne Stempel angeschlagen wurde, ist die französische Stempelverwaltung zwar nicht gegen den Drucker, wohl aber gegen die veranlassende Gesellschaft und gegen den ausführenden Bahnhofvorstand strafrechtlich vorgegangen.[15])

Die Pflichtexemplare.

2. Praktisch bedeutsam werden die Grenzen der staatlichen Einwirkung insbesondere für die Auflage, Pflichtexemplare an die vorgeschriebenen Stellen auszuhändigen. Das moderne Recht[16]) verordnet eine solche Ablieferung vornehmlich zur Förderung der Bibliotheken und damit des wissenschaftlichen Betriebs und der Volksbildung. Insoweit die Lieferung kostenlos erfolgt (was keineswegs für alle Staaten zutrifft), hat die Leistung auch eine finanzielle Seite. Aber dieser Gesichtspunkt ist weder der einzige noch auch nur der ausschlaggebende für eine Würdigung der Einrichtung: ihr Schwerpunkt liegt in dem Zwang, die Preßerzeugnisse dem Staat zu Gebot zu stellen, und damit in einer Verbindlichkeit, die dem Bereich der inneren Verwaltung angehört. Außerdem aber werden Pflichtexemplare auch zum Zweck der Ueberwachung insbesondere periodischer Zeitschriften gefordert, hier eine Auflage von rein sicherheitspolizeilichem Charakter. Nach beiden Richtungen wird sich der

[15]) Journal 9, 299. — Daß Exterritoriale öffentliche Anschläge nicht ohne Vorwissen der Landesbehörde machen dürfen, nehmen richtig an Schmalz (zit. oben S. 92 Anm. 8) 120, Schmelzing (ebendort) 2, 250; vgl. dagegen (wo es sich nicht um die Öffentlichkeit handelt) unten Anm. 31.

[16]) Zur Rechtsvergleichung insbesondere J. Franke, Die Abgabe der Pflichtexemplare von Druckerzeugnissen 1889.

Zwang sachgemäß zunächst gegen den Verleger wenden. Der Verleger ist die Person, welche die Druckschrift in Verkehr bringt, die Vorteile und Lasten dieses Unternehmens zu tragen hat; die Person zugleich, die für gute und üble Beschaffenheit ihrer Ware verantwortlich ist; und es wird darum eine solche Leistung im Zweifel auf die im Land veröffentlichten Druckschriften zu beziehen sein. Aber allerdings zur größeren Sicherheit mag sich ein Gesetzgeber veranlaßt glauben, kumulativ noch anderen an der Entstehung der Schrift beteiligten Personen die gleiche Verbindlichkeit aufzuerlegen. Und in älteren Quellen, zu deren Zeit die Trennung von Druck und Verlag noch nicht ausgebildet war, oder die auch nur einen minder scharfen Sprachgebrauch haben, in neueren Gesetzen, die solchen Vorbildern folgen, kann man häufig auf den Druck im Land als das augenfälligste Merkmal abgestellt sehen.

So bieten die positiven Quellen ein mannigfaltiges Bild. Ein Ausschreiben des kurhessischen Staatsministeriums von 1829 verfügt nicht eben klar, „daß das Freiexemplar von den in Kurhessen gedruckten Büchern . . deren Verfasser oder Verleger Landesuntertanen sind . . durch die inländische Verlagshandlung oder in deren Ermangelung durch die Buchdruckerei . . abgeliefert werden solle“. Auf den Druck im Staatsgebiet verweist Genf 1827 und, solange es galt, das bremische Gesetz von 1855. Aber auch die zahlreichen Gesetzgebungen, welche in der Abgabe der Freiexemplare eine Verpflichtung des Druckers sehen, ohne die räumliche Geltung der Auflage näher abzugrenzen,[17]) werden als Belastungen dieses Betriebs den gleichen Geltungsbereich in Anspruch nehmen. So ist es insbesondere in Württemberg feststehende Praxis, daß ein im Ausland gedrucktes im Inland verlegtes Werk nicht, wohl aber ein im Inland gedrucktes auswärts verlegtes Werk abgeliefert werden muß.[18])

Anders, wo eine Gesetzgebung die Abgabe zur Verpflichtung des Verlegers erklärt.[19]) Und in ausdrücklicher Anordnung bestimmt das bayerische Urhebergesetz von 1865 Art. 68: „Jeder Inländer, der ein literarisches Erzeugnis . . im Inland verlegt, ist verbunden, bei der Herausgabe zwei Exemplare . . abzuliefern.“[20]) In Baden traf

---

[17]) Württemberg, Hamburg (?), Rheinhessen, Elsaß-Lothringen, Frankreich (periodische Druckschriften auch vom Geranten), Italien, Schweden, Griechenland, Serbien, Brasilien, Mexiko.

[18]) Franke 145. Abweichend Oberlandesgericht Stuttgart 6. VI. 1894 (Allgemeine Zeitung 9. VI. 1894)?

[19]) Reichspreßgesetz § 9 für periodische Druckschriften (abzuliefern an die Polizeibehörde des „Ausgabeorts“); das nichtrheinische Hessen; Nassau; Anhalt; Schwarzburg-Sondershausen; Uruguay. Und zwar Nassau und Uruguay in Abänderung des früheren Rechts, das den Drucker getroffen hatte.

[20]) Die Beschränkung der Verpflichtung auf „Inländer“ hat zu dem Streit Veranlassung gegeben, ob auch nichtbayerische Staatsangehörige, die in

die Verpflichtung erst den inländischen Verleger, später den Drucker, dann wiederum den Verleger, bis sie völlig aufgehoben wurde.[21]) Und für Großbritannien, wo schon 5 & 6 Vict. ch. 45. s. 6 die Leistung der Pflichtexemplare an die Veröffentlichung knüpft, bestimmt zwei Jahre später die International Copyright Act s. 3, daß für Werke, *first published in any foreign country*, eine solche (administrative!) Verpflichtung nicht Platz greife.

Auch Österreich hatte in der Preßordnung von 1852 Pflichtexemplare nur verlangt von den „im Inland aufgelegten" Druckschriften, und in einer Novelle von 1858 wurde ausdrücklich festgestellt, daß von Preßerzeugnissen, die im Inland verlegt, aber im Ausland gedruckt werden, Pflichtexemplare nicht abzugeben seien. In ähnlicher Weise hatte alsdann die Regierungsvorlage des geltenden Preßgesetzes die „im Inland aufgelegten und zum Verkauf bestimmten" Druckschriften der Abgabe unterworfen; nach dem Antrag des Abgeordnetenhauses aber fordert das Gesetz von 1862 § 18 nunmehr Freiexemplare „von jeder zum Verkauf bestimmten Druckschrift, welche im Inland verlegt oder gedruckt wird"; „die Ablieferung der Pflichtexemplare liegt dem Verleger, bei Druckschriften aber . . welche im Ausland verlegt werden, dem Drucker ob."[22])

In den altpreußischen Provinzen war es schon im 18. Jahrhundert Rechtens geworden, daß „die Buchhändler und Buchdrucker in unseren gesamten Staaten von den in ihrem Verlag oder aus ihren Offizinen herauskommenden Büchern" gewisse Exemplare unentgeltlich abzuliefern hatten, und ein königliches Reskript vom 28. September 1789[23]) knüpft daran die ausdrückliche Verordnung, daß 1. „jeder Buchhändler in unseren gesamten Provinzen" von den

---

Bayern einen Verlag betreiben, zu dieser Leistung verbunden seien. Schon G. Mandry hatte die Frage in Gesetzgebung des Königreichs Bayern (1867) Teil I 5, 430 bejaht, mit der freilich unzulänglichen Begründung, daß dies aus Art. 66 desselben Gesetzes zu erschließen sei, der den (fremdenrechtlichen!) Urheberschutz den im Bereich des deutschen Bundes wohnhaften Urhebern und Verlegern zusichert. Dagegen führt eine Kultusministerialentschließung vom 30. XI. 1896 zutreffend aus, daß bei Erlaß des Gesetzes ausländische Buchhändler in Bayern überhaupt nicht zugelassen waren, Art. 5 des Gewerbsgesetzes von 1868 aber mit der Einführung der Gewerbefreiheit die zum Gewerbebetrieb in Bayern zugelassenen Nichtbayern rücksichtlich der Abgaben allen in der Landesgesetzgebung begründeten Beschränkungen und Vorschriften unterworfen habe. Vgl. Laubmann, Zentralblatt für Bibliothekswesen (1901) 18, 598 ff.

21) Franke 189.

22) Franke 155. Unter den im Inland „aufgelegten" Druckschriften soll die Regierungsvorlage Schriften gemeint haben, die im Inland gedruckt und ausgegeben werden. § 17 des Preßgesetzes verlangt übrigens die Überwachungsexemplare periodischer Druckschriften ausschließlich vom Drucker.

23) C. L. H. Rabe, Sammlung preußischer Gesetze 13, 195.

Schriften, die er verlegt, zwei Exemplare abzuliefern habe, und ebenso 2. jeder Buchdrucker von Büchern, womit er als mit eigenem Selbstverlag Handlung treibt, „von solchen Büchern aber die von ihm für andere als inländische Verleger z. E. für auswärtige Buchhändler . . gedruckt werden, wenigstens ein Exemplar.“ Eine Verordnung von 1819 hatte die Verbindlichkeit des Verlegers aufgehoben, eine Kabinettsorder von 1824 wiederhergestellt, und es wird seither die Pflicht zur Leistung der Freiexemplare zunächst als eine Verbindlichkeit des Verlegers betrachtet — auch dann, wenn zugleich ein inländischer und ein ausländischer Verleger benannt sind,[24]) auch dann, wenn die Restauflage eines Buches aus ausländischem in inländischen Verlag übergeht[25]) — für Werke aber, die eine inländische Druckerei für auswärtige Verleger herstellt, der Drucker haftbar gemacht.[26]) Dem Vorbild des Reskripts von 1789 folgt eine hannoversche Bekanntmachung vom 19. März 1828,[27]) und ebenso verlangen die im Inland verlegten und die im Inland gedruckten Werke Lübeck 1869, Norwegen 1882, Dänemark 1902;[28]) das rumänische Gesetz von 1904 belastet zunächst den Vervielfältiger und erklärt (Art. 4) sowohl den Verfasser als den Verleger inländischen Wohnsitzes gleichviel welcher Staatsangehörigkeit für subsidiär verpflichtet, wenn die Herstellung des Werkes in ausländischen Werkstätten erfolgt ist.[29])

Über den Bereich der im Inland gedruckten oder veröffentlichten Werke hinaus eine Zuwendung an die Bibliotheken zu erzielen, versagt das Mittel der administrativen Auflage. Aber freilich, dem erfinderischen Gesetzgeber bot sich noch eine andere Möglichkeit.

---

[24]) Bescheid des Kultusministers 24. VII. 1865 bei Franke 222. Die Abschneidung des Nachweises, daß der auf dem Titel genannte inländische Buchhändler in Wirklichkeit nicht Verleger, sondern nur Vermittler sei, erscheint bedenklich.

[25]) Bekanntmachung des Oberbibliothekars 24. XII. 1839 Z. 5, Franke 218.

[26]) Zit. Bekanntmachung Z. 1; für Schriften auswärtiger Selbstverleger Entschließung des Kultusministeriums 1. III. 1826 Z. 1, Franke 219. Die Rechtmäßigkeit dieser Anforderung an den Drucker könnte allerdings in Zweifel gezogen werden, da die Kabinettsorder von 1824 nur von einer Schuldigkeit des Verlegers spricht. Indessen war es wohl die Meinung der Kabinettsorder, den Rechtszustand, wie er bis 1819 bestanden hatte, insoweit wieder herzustellen. Und wer den Wortlaut pressen wollte, hätte zu bedenken, daß auch 1819 eine Aufhebung der bisherigen Leistungen nur für die Verleger erfolgt war. Immerhin scheint sich bei dieser Sachlage auch gegenwärtig die Verpflichtung des Druckers, der für einen auswärtigen Verleger arbeitet, auf die Lieferung eines einzigen Exemplares zu beschränken.

[27]) Franke 227.

[28]) Auch Schleswig-Holstein verpflichtet Drucker und Verleger, vgl. Steffenhagen, Zentralblatt für Bibliothekswesen (1890) 7, 429 ff.

[29]) Revue 3, 685. Dazu Djuvara ebenda 77 ff. und die Rechtsprechung 687 ff.

Die Zuwendung konnte zur Voraussetzung des Urheberschutzes erklärt werden, und so auf dem Umweg über das Zivilrecht oder Zivilprozeßrecht ein mittelbarer Zwang auch gegen die ausländische Produktion geübt werden. In der Tat, die Niederlande, Großbritannien, Frankreich, Italien, Spanien und Portugal, die Vereinigten Staaten, einige Länder Südamerikas gewähren unter bestimmten Voraussetzungen auch ausländischen Erzeugnissen Urheberschutz; die Schutz heischenden Personen haben den Anforderungen des inländischen Rechts und damit auch der Auflage, die vorgeschriebenen Freiexemplare zu liefern, Genüge zu tun.[30]) Die Vorschriften sind nach Maßgabe des internationalen Privatrechts einwandfrei. Aber freilich ihre Durchführung schädigt beachtlichste Interessen, und so haben neuere Staatsverträge, voran die Berner Übereinkunft, dem Mißstand ein Ende gesetzt, indem sie, wenn überhaupt, nur die Förmlichkeiten, die im Ursprungsland des Werkes vorgeschrieben sind, als Voraussetzung des Schutzes zu fordern gestatten; und als Ursprungsland soll das Land der ersten Veröffentlichung gelten.[31])

---

30) Das Urhebergesetz der Vereinigten Staaten vom 4. III. 1909 sieht sogar, mag das Werk im Inland oder Ausland erschienen sein, Strafe vor, wenn die verlangten Pflichtexemplare für ein Urheberschutz beanspruchendes Werk nicht hinterlegt werden. Aber die Strafe ist hier offenbar nicht die Sanktion einer selbständig bestehenden Verpflichtung, Freiexemplare abzuliefern, sondern Abwehr gegen den Mißbrauch des amerikanischen Urheberschutzes, ohne die dafür aufgestellten Voraussetzungen erfüllt zu haben.

31) Verwandte Erwägungen haben sich einstmals bei der Abgrenzung der Zensurbefugnisse eines Staats geltend gemacht. Hier einige Daten zur Geschichte des preußischen Rechts. Zensuredikt 19. XII. 1788 (Rabe 1 VII, 745) § VIII Z. 3: „Hat ein einländischer Buchdrucker eines auswärtigen Verlegers sich eines solchen Vergehens (Herstellung eines unzensurierten Buches mit strafbarem Inhalt) schuldig gemacht, so muß derselbe für die von dem fremden Verleger verwürkte Strafe selbst haften". § X Abs. 4: „Hat endlich ein einländischer Verleger dergleichen an sich unerlaubte Schrift auswärts selbst drucken lassen, um solche der hiesigen Censur zu entziehen, so soll er ebenso als wenn der Druck mit Hintansetzung der Censur innerhalb Landes geschehen wäre, bestraft werden". § 10 Abs. 1: „Soviel hiernächst die auswärts gedruckten (und veröffentlichten) Schriften betrifft, so sollen die einländischen Buchhändler dergleichen Bücher, welche . . in hiesigen Landen nicht gedruckt werden dürfen, zum hiesigen Debit schlechterdings nicht übernehmen". Das Edikt ist ersetzt worden durch die Verordnung 18. X. 1819 (Gesetzessammlung 224 und 1824, 164). Auch hier bestimmt § XVI Z. 1, daß die Verpflichtungen aus der Zensur den Druck und den Verlag im Staatsgebiet treffen, und § VIII (wiederholt durch eine Kabinettsorder 6. VIII. 1837 Z. 2 Gesetzessammlung 141) führt näher aus, daß sie den inländischen Buchhändler auch dann verpflichten, wenn er ein Buch im Ausland drucken läßt, und wenn die ganze Auflage nur für das Ausland bestimmt ist. Schriften, die außerhalb Preußens, aber innerhalb des deutschen Bundes verlegt sind, dürfen (§ XII) nur verkauft werden, wenn auf dem Titel der Name einer bekannten Verlagshandlung steht, und der Buchhändler sie durch eine bekannte Handlung er-

Beziehungen zum Prozeßrecht.

3. An der Grenze des Prozeßrechts bewegt sich die Frage nach der Berufsverschwiegenheit der bei Herstellung einer Druckschrift beteiligten Personen. Für Geistliche, Ärzte, Rechtsanwälte kann es sich bei der Berufsverschwiegenheit um eine verwaltungsrechtlich auferlegte Pflicht handeln. Aber zu einer solchen Pflicht ist der Tatbestand für Angehörige der Presse wohl nirgends ausgestaltet.[32]) Und wenn eine Gesetzgebung, wie das § 49 des Entwurfs einer deutschen Strafprozeßordnung vorschlägt, den Angehörigen der Presse die Befugnis einräumt, das Zeugnis zu verweigern, so handelt es sich auch hier nicht um die Kollision einer verwaltungsrechtlich anerkannten Berufspflicht mit dem öffentlichen Interesse an der Feststellung zweifelhafter Tatumstände: der Staat, der des Zeugnisses bedarf, nimmt die Abwägung vor, ob sein Interesse an der Aufklärung oder das öffentliche Interesse an der Geheimhaltung anvertrauter Gegenstände durchdringen soll, und so kann es hier, anders als gegenüber Geistlichem, Arzt, Rechtsanwalt, (es sei zunächst auf die Ausführungen unten § 42 verwiesen) nur auf die lex fori ankommen, um festzustellen, ob den Angehörigen der Presse eine solche Befugnis zukommt, und wie weit sie reicht.

---

halten hat; Schriften, die in deutscher Sprache außerhalb des deutschen Bundes gedruckt sind, dürfen nach § XI nur mit Erlaubnis der Oberzensurbehörde verkauft werden. Eine ergänzende Kabinettsorder 28. XII. 1824 (Gesetzessammlung 1825, 2) Z. 6 erklärt: „Einheimische Buchhändler, die zugleich im Auslande Buchhandlungen besitzen, dürfen zwar die Verlagsartikel der letzteren nur der dortigen Censur unterwerfen, der Absatz solcher Artikel in den diesseitigen Staaten aber kann nicht anders gestattet werden, als wenn zuvor auch den Vorschriften des diesseitigen Censurgesetzes ein Genüge geschehen ist." — Exterritorialen wird für ihre Person seit langem aktiv und passiv materiellrechtliche Befreiung von der Geltung der Zensurvorschriften zugestanden; vgl. J. J. Moser, Teutsches Staatsrecht (1751) 45, 537 f. (Druckfreiheit der Gesandten auf dem Reichstag zu Regensburg); Beiträge zu dem neuesten europäischen Völkerrecht im Frieden (1779) 4, 171 (befreit den Drucker nicht, der im Auftrag des Gesandten handelt) und 209 (eigene Presse des Gesandten). Darüber hinaus sichert noch das Schlußprotokoll des deutsch-russischen Handelsvertrags in der Fassung vom 28./15. VII. 1904 den deutschen Gesandten, Berufskonsuln und deren Beamten „sowohl für die Zeitungen wie für die Erzeugnisse der Wissenschaften, der Künste und der Belletristik gegenüber der russischen Zensur volle und ganze Freiheit" zu. Vgl. dagegen oben Anm. 15.

[32]) Allerdings könnte art. 378 Code pénal und die entsprechende Bestimmung der Strafgesetzbücher Belgiens 458, Italiens 163 und einiger Kantone der Schweiz ihrem Wortlaut nach auch auf die Geheimnisse bezogen werden, die einem Journalisten anvertraut worden sind. Doch nimmt die Auslegung wohl regelmäßig das Gegenteil an; vgl. etwa Finger in Vergleichende Darstellung des deutschen und ausländischen Strafrechts, Besonderer Teil 8, 407[2]. Aber auch wenn man mit Napodano, Rivista penale (1904) 59, 241 ff. von einer Schweigepflicht der Presseangehörigen auszugehen hätte, würde es sich

Beziehungen zum Strafrecht.

4. Andere Zweifel liegen an der Grenze des Verwaltungsrechts und des Strafrechts. Eine größere Zahl von Staaten befreit wahrheitsgetreue Berichte über die Verhandlungen der Parlamente von strafrechtlicher Verantwortlichkeit. Ob das Vorrecht auch die Berichte inländischer Zeitungen über Verhandlungen ausländischer Parlamente deckt, kann als offenbar materiellrechtlich hier außer Betracht bleiben. Aber wenn ausländische Zeitungen über Verhandlungen des Inlands oder Auslands berichten — inwieweit kann es alsdann auf die Ordnung der Presse am Ort des Erscheinens ankommen? Einem solchen Vorrecht kann der Sinn zukommen (und ich möchte die Auslegung für Deutschland und andere Staaten für richtig halten), daß die wahrheitsgetreue Berichterstattung erlaubt sein soll, daß somit vom Standpunkt des Strafrechts aus die an sich begründete Rechtswidrigkeit kraft besonderer Umstände wieder ausgeschlossen wird. Für einen solchen Ausschluß der Rechtswidrigkeit kraft besonderer Umstände aber dürfte dasselbe richtig sein, was für die Rechtswidrigkeit mit Strafe bedrohter Handlungen im allgemeinen gilt:[33]) die Rechtmäßigkeit der Handlung kann auch für das Strafrecht durch Verweisung auf die präjudizielle Ordnung des Verhältnisses in einem anderen Rechtszweig festgestellt werden müssen; es kann aber auch sein, daß das Strafrecht von sich aus die Grenzen zwischen Recht und Unrecht zieht. Nun sind die Bevorrechtungen wahrheitsgetreuer Berichte vielfach außerhalb der Strafgesetzbücher, in Österreich, Frankreich, Italien sogar im Preßgesetz selbständig formuliert. Und doch ist der einzig denkbare Inhalt solcher Bestimmungen der, daß im gegebenen Fall Strafe nicht eintreten soll. Es kann sich nicht um ein Stück der administrativen Ordnung der Presse handeln, wo der Staat ausschließlich in seiner Eigenschaft als Träger der Strafgewalt von der Vorschrift berührt wird, und es kann darum lediglich das inländische Recht sein, welches besagt, ob einer sonst im Inland drohenden Bestrafung Hemmungen entgegenstehen sollen; nur wenn das durch die Berichterstattung begangene Vergehen seinen Tatort im Ausland hätte, bestünde nach Maßgabe des internationalen Strafrechts die Möglichkeit, eine Befreiung im Ausland als das am Tatort geltende Strafgesetz in Berücksichtigung zu ziehen. Für Staaten aber, in denen das Vorrecht der Berichterstattung nicht die Rechtswidrigkeit, sondern nur die Strafbarkeit oder auch nur die

---

nicht um eine selbständige verwaltungsrechtliche Verbindlichkeit, sondern nur um einen durch Rückwirkung des Strafrechts begründeten mittelbaren Zwang zur Geheimhaltung handeln, der entsprechend dem internationalen Strafrecht dieses Staates zur Geltung käme; vgl. dazu unten § 42 Z. 2.

[33]) Meine Ausführungen Zeitschrift für Strafrechtswissenschaft 23, 443 f. sind insofern wohl zu eng.

strafrechtliche Verfolgbarkeit der Handlung ausschließt, kann eine Verweisung auf die Ordnung der Presse im Ausland (anders als unter dem Gesichtspunkt des internationalen Strafrechts) von vornherein nicht in Frage kommen.

Zahlreiche Gesetzgebungen enthalten Sondervorschriften über die Verantwortlichkeit für Preßvergehen, insbesondere Bestimmungen, die in absteigender Reihenfolge den ferner beteiligten verantwortlich machen, wenn die dem Vergehen näher stehende Person dem Richter nicht erreichbar ist. Greift diese besondere Verantwortlichkeit für das Inland auch dann Platz, wenn es sich um ausländische Preßerzeugnisse handelt? Die Frage ist insbesondere praktisch geworden gegenüber Personen, die eine ausländische Druckschrift strafbaren Inhalts im Inland verbreiten und nun, da Drucker und Verleger nicht erreichbar sind, kraft der besonderen Vorschriften des Preßrechts in Anspruch genommen werden. Ihre Anwendbarkeit ist in Deutschland bejaht worden,[34]) und der Appellhof Paris hat wiederholt von ihnen Gebrauch gemacht, zu Lasten der Verbreiters, der in Ermangelung anderer Täter haftbar gemacht wurde, und zu seinen Gunsten, insofern (in abstracto wenigstens) eine nominatio auctoris für statthaft erklärt wurde.[35]) Der französische Kassationshof hingegen erklärt jenes Sonderrecht für unanwendbar; nur nach gemeinem Recht könne in solchem Fall gegen den Verbreiter eingeschritten werden.[36]) In Dänemark ist die Frage vor Gericht gekommen, ob der inländische Drucker, der für einen Verleger des Auslands arbeitet, nach jenem Sonderrecht verantwortlich zu machen sei: das Obergericht Kopenhagen hat die Haftbarkeit des Druckers verneint,[37]) und auch Goos spricht sich in diesem Sinn aus.[38]) Daß vollends gegen die im Ausland ansässigen Herausgeber, Verleger usw. einer auswärtigen Druckschrift nicht nach inländischem Preßrecht vorgegangen werden könne, hat wiederum Goos ausgeführt,[39]) ist vom

[34]) v. Schwarze 27.

[35]) Journal 20, 1191 und 29, 354.

[36]) Journal 21, 335.

[37]) Journal 16, 139.

[38]) Strafferet 6, 100 f.: zunächst mit Rücksicht auf den Wortlaut des Gesetzes, das die stufenweise Verantwortlichkeit nur vorsieht für den Inhalt einer „hier im Reich durch den Druck veröffentlichten Schrift". Ihre Erklärung aber finde diese Begrenzung in dem „staatsrechtlichen" Grund, daß erst die Veröffentlichung im Inland in das dänische Staatsleben eingreife, hier somit, anders als nach allgemeinen strafrechtlichen Grundsätzen, nicht die Handlung (der Ort des Täters), sondern erst die Wirkung entscheide. Freilich soll ein solcher Eingriff auch schon bei „sekundärer Veröffentlichung" (Verbreitung) im Inland gegeben sein.

[39]) Strafferet 6, 133 ff. Abgesehen vom Wortlaut des Gesetzes sei es unangebracht, die (dem dänischen Recht eigentümliche) entlastende Funktion jener Vorschriften anzuerkennen, wo das notwendige Gegenstück mangle, die

Schwurgericht Paris, vom französischem Kassationshof angenommen worden.[40]) Die Vorinstanzen des letztgenannten Prozesses hingegen wie auch ein früheres Urteil des Zuchtpolizeigerichts Paris[41]) machen den Direktor einer in Genf erscheinenden Zeitung nach französischem Preßrecht verantwortlich für eine Beleidigung, die diese (auch in Frankreich verbreitete) Zeitung enthalten hatte; und auch in der Literatur wird die Geltung solcher Sondervorschriften in dem Umfang vertreten, in dem nach internationalem Strafrecht die Strafgesetze des Inlands zur Anwendung kommen können, ohne Rücksicht auf die Herkunft der Druckschrift.[42])

In der Tat wird dieser Ansicht an sich zugestimmt werden müssen, wo solche Sondervorschriften den Inhalt haben, die Urheberschaft gewisser Personen an einer strafbaren Handlung durch Präsumtionen und Fiktionen festzustellen, die Täterschaft anderer Personen auszuschließen; sie besagen nach ihrem rechtlichen Inhalt lediglich, ob unter bestimmten Voraussetzungen Strafe Platz greifen soll. Aber freilich, damit wird nicht ausgeschlossen, daß im Weg der Auslegung auch die Geltung strafrechtlicher Vorschriften solchen Inhalts auf inländische Druckschriften beschränkt werden könnte. Und wenn man an den engen Zusammenhang denkt, in dem gerade dies System der stufenweisen Verantwortlichkeit mit preßpolizeilichen Vorschriften steht — mit Bestimmungen über den Wohnsitz der verantwortlichen Personen, über Bezeichnung des Redakteurs, Druckers, Verlegers auf der Druckschrift — so wird man geneigt sein, sofern positives Recht nicht entgegensteht, auch diese strafrechtlichen Vorschriften nur in dem Umfang zur Anwendung zu bringen, in dem die vorausgesetzten Bestimmungen des Preßpolizeirechts Geltung haben,[43]) wie dies für Dänemark ausdrücklich vorgesehen ist. Nicht

Möglichkeit, in letzter Reihe den Drucker im Land verantwortlich machen zu können. Und was die Vormänner betrifft, so könne man immer noch leichter bei einer Veröffentlichung im Inland annehmen, daß sie sich den Gesetzen des Inlands unterworfen hätten, als hier — eine „nach allgemeinen Grundsätzen freilich anfechtbare Erwägung“. (Ich bin allerdings nicht sicher, ob ich den Verfasser überall richtig verstanden habe.)

[40]) Vincent-Pénaud v⁰ presse n. 14 (die hier mitgeteilten Einwendungen von Barbier scheinen sich nicht gegen die unterbliebene Anwendung des Preßgesetzes, sondern nur gegen die Art zu richten, in der das gemeine Recht zur Anwendung gebracht wurde); Journal 36, 162.

[41]) Journal 35, 505 (mit Vorbehalt); 28, 990.

[42]) v. Liszt Ö 41 f., D 12; auch Lentner a. a. O. 218.

[43]) Auf diesen Zusammenhang verweist außer Goos auch der Appellhof Chambéry, Journal 35, 507 (allerdings mit der bedenklichen Umkehrung, daß einer Geltung dieser strafrechtlichen Bestimmungen für Druckschriften des Auslands auch eine erweiterte Geltung der preßpolizeilichen Vorschriften entsprechen müsse), und insbesondere das unten zu erörternde Urteil des französischen Konsulargerichts Kairo. Nach Revue 5, 658 müßte die stufenweise Ver-

völlig übereinstimmend liegen die Dinge bei der „Fahrlässigkeitsstrafe“ des deutschen Preßrechts. Hier handelt es sich nicht darum, die Urheberschaft des Redakteurs, Verlegers, Druckers an einem Vergehen des gemeinen Rechts zu präsumieren, sondern es wird (wenigstens nach der herrschenden und meines Erachtens richtigen Auffassung) in der Herstellung und Verbreitung einer Druckschrift mit strafbarem Inhalt die Verletzung einer besonderen Berufspflicht als delictum sui generis, und eine stufenweise Verantwortlichkeit für die Mißachtung dieser Berufspflicht vorgesehen. Nichts würde hindern, die Pflicht zunächst als eine administrative Verbindlichkeit auszugestalten und ihre Übertretung mit Polizeistrafe zu belegen — mit der Folge, daß sie nur der inländischen Presse auferlegt werden könnte. Ein solcher Aufbau wäre möglich,[44]) aber er ist wohl nicht geltendes Recht in Deutschland. Fassung und Strafrahmen stehen entgegen; insbesondere aber die ausdrückliche Erstreckung der Bestimmung auf ausländische Druckschriften.[45]) Und es wird mit dieser Erstreckung zugleich für Deutschland unmöglich gemacht, die bezeichneten Vorschriften als strafrechtliche auf den Geltungsbereich zu beschränken, der den zugehörigen Vorschriften des Preßpolizeirechts zukommt.

Man hat gelegentlich behauptet, daß auch die besondere preßrechtliche Verjährung nur auf Zuwiderhandlungen im Inland Anwendung finden dürfe, und man könnte das mit dem Gedanken in Verbindung bringen, daß die Ordnung der Presse eben nur der Presse des Inlands gälte; aber es ist ganz unzweifelhaft, daß hier eine rein strafrechtliche Maßregel in Frage steht, die, außer Zusammenhang mit dem Preßpolizeirecht, die Strafdrohungen des Inlands allerwärts begleitet. Den gleichen Standpunkt hat das deutsche Reichsgericht eingenommen.[46])

Auch der Zweifel ist schießlich aufgeworfen worden, inwieweit das objektive Verfahren in Preßangelegenheiten an das internationale Strafrecht gebunden sei.[47]) Indessen die Frage ist komplex. Zunächst, das Ziel derartiger Vorkehrungen ist Einziehung, Vernichtung, Unbrauchbarmachung von Preßerzeugnissen oder von Vorrichtungen,

---

antwortlichkeit sogar bei Zeitungen entfallen, die im Inland in fremder Sprache gedruckt werden. Aber solche Zeitungen sind ja wohl nicht exterritorial?

[44]) Vgl. v. Schwarze 129ff.; v. Liszt Ö 222. Für das geltende deutsche Recht insbesondere Klöppel 384ff. (polizeiliche Verpflichtung, den Vormann zu kennen).

[45]) Preßgesetz § 21: Bestrafung wegen Fahrlässigkeit wird ausgeschlossen durch Benennung des Vormanns, „hinsichtlich des Verbreiters ausländischer Druckschriften außerdem, wenn ihm dieselben im Weg des Buchhandels zugekommen sind“.

[46]) Rechtsprechung 1, 373.

[47]) v. Liszt Ö 42f.; Lentner a. a. O.

die zu ihrer Herstellung dienen. Alle solche Maßnahmen aber sind — ein Satz des internationalen Verwaltungsrechts — nur zulässig in bezug auf Gegenstände, die sich im Staatsgebiet befinden. Der Zugriff auf Gegenstände, die sich im Staatsgebiet befinden, wird bei Preßerzeugnissen an bestimmte Voraussetzungen geknüpft, und unter solchen Voraussetzungen begegnet insbesondere die Forderung, daß die Druckschrift einen strafbaren Inhalt besitzen müsse. Man begnügt sich somit nicht mit der polizeilichen Bedenklichkeit des Erzeugnisses, um vorzugehen, sondern man verweist auf einen dem administrativen Einschreiten an sich wesensfremden Maßstab: man darf nur vorgehen gegen Druckschriften, die zugleich einen Bruch des Rechtsfriedens bedeuten. Was für das Inland als Bruch des Rechtsfriedens anzusehen ist, darüber gibt das internationale Strafrecht eines jeden Staats genauen Aufschluß; nach den guten Vorschriften des deutschen Rechts kommt es vorbehaltlich gewisser Verbrechen stets auf das Recht des Tatorts an, nach den schlechten Vorschriften des österreichischen Rechts wenigstens bei Auslandsverbrechen der Ausländer. Und es kann darum nicht für richtig gehalten werden, wenn v. Liszt in solchen Fällen die Strafbarkeit des Erzeugnisses ausschließlich nach Inlandsrecht bemessen will, deshalb weil es sich hier um die Strafbarkeit der Tat, nicht des Täters handle.[48])

Aber kann, wenn die Tatbestandsmerkmale gegeben sind, nunmehr gegen alle Erzeugnisse im Inland vorgegangen werden? Die ihrem Wesen nach polizeiliche Natur des auf Einziehung usw. gerichteten Verfahrens würde eine Bejahung der Frage zur Folge haben. Allein die Rücksicht auf die Preßfreiheit hat allgemein dazu geführt, ein solches Vorgehen in die Formen eines Strafprozesses zu kleiden. Die Einziehung usw. sollte die „Garantien" des Strafrechts genießen: alsdann aber wird man anzunehmen haben, daß ein solches Verfahren nach keiner Richtung in weiterem Umfang zulässig sein sollte, als die persönliche Bestrafung eines Preßmissetäters, und man wird deshalb (in Deutschland weist schon die Einreihung der Vorschrift in das Strafgesetzbuch darauf hin) auch ein solches objektives Verfahren nur unter den örtlichen Voraussetzungen durchführen können, unter denen das internationale Strafrecht ein persönliches Verfahren gestattet. Diese Bemessung der Zuständigkeit, einzuziehen, nach der Zuständigkeit, zu strafen, führt zu noch weitergehenden Einschränkungen, als die Beurteilung des Tatbestandsmerkmals der Strafbarkeit, wie es für Einziehungen aufgestellt wird, nach den kraft internationalen Strafrechts anwendbaren Gesetzen. Wenn ein Italiener in einer italienischen Zeitung eine

[48]) **Vgl. die Erörterung der völlig parallelen Fälle Zeitschrift für Strafrechtswissenschaft 27, 35 f.**

Verleumdung begeht, so mag das zwar — reprobiert nach italienischen und nach deutschen Gesetzen — für Deutschland eine Druckschrift mit „strafbarem“ Inhalt bedeuten; allein ein objektives Verfahren nach § 42 des Reichsstrafgesetzbuchs könnte in Deutschland gegen die Zeitung nicht eingeleitet werden, weil Vergehen der Ausländer im Ausland[49]) in Deutschland nicht strafbar sind.

Konsulargerichtsbarkeit.

5. Die Unsicherheit in der Geltung des Verwaltungsrechts, welche den Ländern unter Konsulargerichtsbarkeit eigen ist, findet ihren bezeichnenden Ausdruck auch bei der verwaltungsrechtlichen Ordnung der Presse. Während in Japan für die Unternehmungen der Fremden das heimatliche Preßrecht gegolten zu haben scheint,[50]) hat sich in der Türkei und Ägypten die Geltung des örtlichen Rechts durchgesetzt. Das türkische Preßgesetz von 1865 Art. 3 erklärt nachdrücklich, daß die Erlaubnis zur Veröffentlichung einer periodischen Druckschrift zwar auch einem Ausländer erteilt werden könne, jedoch *à la condition expresse qu'il sera assimilé aux sujets ottomans en tout ce qui concerne les charges et obligations découlant de la présente loi, ainsi qu'en ce qui touche la procédure à suivre à son égard, en cas de contravention ou délit de presse, sous la juridiction exclusive des autorités et tribunaux ottomans,*[51]) und es hat dieser Anspruch die Billigung der einheimischen und der auswärtigen Praxis, die Zustimmung der Literatur erworben.[52]) Immer-

[49]) Auf den Streit über den Tatort der Preßdelikte kann hier nicht eingegangen werden.

[50]) Vgl. Boissonade, Journal 19, 634. Die abweichende Anschauung bei T. Senga, Gestaltung und Kritik der heutigen Konsulargerichtsbarkeit in Japan (1897) 42 beruht auf einer unzulässigen Buchstabenauslegung der Verträge.

[51]) Young (zit. oben S. 8 Anm. 18) 2, 322. Vgl. auch das Rundschreiben des ägyptischen Ministers 1863 bei Feraud-Giraud (zit. ebenda) 1, 482. Die Verbindlichkeit des ägyptischen Preßgesetzes von 1881 für Ausländer ist in dem gleich zu erwähnenden Fall des Bosphore Égyptien nur darum in Zweifel gezogen worden, weil das Gesetz den fremden Vertretern nicht zur Prüfung vorgelegt worden war; s. Archives a. a. O. 296, 301.

[52]) Gemischter Appellhof Alexandrien 1884, Journal 15, 136. Appellhof Aix und Kassationshof Paris 1857, Sirey 1857 II, 605; 1858 I, 252; Appellhof Aix 1872, Sirey 1873 II, 198. Laget (zit. oben S. 9 Anm. 22) 76; Pélissié du Rausas (zit. S. 8 Anm. 18) 1, 425; Young 1, 261. Anders freilich Lentner a. a. O. in einem chaotischen Aufsatz über den Fall des Bosphore Égyptien: die Frage, ob die damals vorgenommene Sperrung der Druckerei rechtmäßig war, könne weder nach den Kapitulationen noch nach dem ägyptischen Preßrecht rechtlich ausgetragen werden, sondern nur auf Grund der völkerrechtlichen Erwägung, ob die Haltung der Zeitung zur Geltendmachung eines Staatsnotrechtes Veranlassung geben konnte. Durchaus unrichtig ist auch die An-

hin ist auch die Ausübung dieser Befugnis an die allgemeinen Schranken der Verträge gebunden.[53]) Preßpolizeivergehen kommen in der Türkei vor das örtliche Gericht. In Ägypten indessen, wo der Grundsatz *actor sequitur forum rei* gewohnheitsrechtliche Geltung für alle Strafsachen erlangt hatte, hatte man vor der Gerichtsreform die Bestrafung einer Zuwiderhandlung gegen die örtlichen Polizeigesetze bei dem Konsul des Zuwiderhandelnden nachzusuchen, und ein interessantes Urteil des Appellhofs Aix vom 22. März 1872[54]) erklärt nun — ein Franzose hatte in Alexandrien ohne die vorgeschriebene Erlaubnis der Ortsbehörde eine Druckerei eröffnet und eine Zeitung herausgegeben — daß die Polizei der Presse unter Landesrecht, nicht unter französischem Recht stehe, daß demgemäß auch die französischen Strafbestimmungen nicht zur Anwendung gebracht werden können, daß es für ein französisches Gericht allerdings auch nicht angängig sei, die Strafen des türkischen Preßgesetzes anzuwenden; wohl aber habe das Gericht auf sonstige Weise für Abstellung der Rechtswidrigkeit Sorge zu tragen. Es wird hier also eine wenigstens administrative Bindung der fremden Behörde an das örtliche Recht angenommen, die voraussetzt, daß das Verhältnis der Vertragsmächte zur einheimischen Regierung in Ägypten nicht als ein Nebeneinander der Gewalten, sondern als eine gemeinschaftliche Ausübung der Staatsgewalt aufgefaßt wird; darüber ist an anderer Stelle näher zu handeln.

Aber erstreckt sich die Geltung des örtlichen Preßverwaltungsrechts noch weiter, so daß auch die Gerichtsbarkeit über Preßvergehen im eigentlichen Sinn diesem Staat und nur ihm in seinem Verhältnis zu den Vertragsstaaten zukommt? Das ist bei Beratung des französischen Gesetzes über die Konsulargerichtsbarkeit von 1836 angenommen worden,[55]) so hat das französische Konsular-

---

gabe, die französische Regierung hätte in Anspruch genommen, daß fremdländische, in Ägypten erscheinende Zeitungen dem in ihrer Heimat geltenden Preßgesetz unterliegen.

[53]) Der Fall ist praktisch geworden, als 1885 die ägyptische Regierung die Druckerei eines unbequem gewordenen Blattes, des Bosphore Égyptien, gesperrt hatte. Die französische Regierung hat sich des Eigentümers, eines französischen Untertanen, angenommen und die Freigabe der Druckerei erwirkt; vgl. die diplomatischen Aktenstücke Archives diplomatiques 1885 III, 295 ff. Dabei hat es die französische Regierung ausdrücklich abgelehnt — unrichtig Laget a. a. O. — auf die angefochtene Verbindlichkeit des ägyptischen Preßgesetzes einzugehen, (Depeschen vom 23. und 25. IV., des englischen Staatssekretärs vom 28. IV.) und nur wegen Verletzung des von den Kapitulationen gewährleisteten Hausrechts und der bei dem Vorgang vorgekommenen Tätlichkeiten Beschwerde geführt. Entsprechend auch das Urteil des gemischten Gerichts Kairo in der Sache, Journal 16, 323.

[54]) Sirey 1873 II, 198.

[55]) Féraud-Giraud 2, 352.

gericht Konstantinopel 1857 entschieden,[56]) und noch 1895 erklärt sich das italienische Konsulargericht Smyrna für unzuständig, über die Schadensersatzklage gegen einen Italiener zu entscheiden, die auf eine durch die Presse begangene Verleumdung gestützt wurde.[57]) Auch der Wortlaut des türkischen Preßgesetzes klingt bestimmt genug in diesem Sinn,[58]) und man hat in der Einholung der Genehmigung nach Maßgabe des Gesetzes eine Unterwerfung des Unternehmers unter die örtliche Strafgewalt erblicken wollen.[59]) Aber der Privatmann kann nicht auf eine Gerichtsbarkeit verzichten, die ein Recht seines Staates bedeutet. Die allgemeinen Vorbehalte der Kapitulationen sind auch jenem Preßgesetz gegenüber wirksam geblieben. Und wenn nach den Kapitulationen Vergehen zum Schaden eines Fremden vor den Konsul des Täters kommen, ohne Rücksicht auf die Verletzung des Aufenthaltsstaats, die jeder Störung des Rechtsfriedens eigentümlich ist, so muß das auch für die durch das Mittel der Presse begangenen Vergehen gelten; ein rechtlicher Zusammenhang mit dem Preßverwaltungsrecht dieses Staates besteht nicht. Das hat in glücklicher Weise die französische Rechtsprechung hervorgehoben. Als das Konsulargericht Konstantinopel sich für unzuständig erklärt hatte, über eine Verleumdung zu entscheiden, die eine französische Zeitung dieser Stadt zum Schaden eines anderen Franzosen gebracht hatte, hebt der Appellhof Aix auf, und der Kassationshof führt aus, *que si la presse est régie en ce qui concerne sa police, son régime et ses conditions d'existence, par la loi territoriale de chaque pays, il faut distinguer entre les contraventions à cette police, à ces réglements ou aux lois de sûreté et de police, et les délits de droit privé, commis par la voie de presse envers des particuliers ou des tiers.*[60]) Und entsprechend hat auch eine eng-

[56]) Abgedruckt bei Féraud-Giraud a. a. O.

[57]) Journal 23, 667. In der Verhandlung hat die Analogie eines oben S. 76 Anm. 37 erörterten Falls eine Rolle gespielt. Aber dort war die erste Frage: italienisches Verwaltungsrecht oder türkisches Verwaltungsrecht; hier: türkisches Verwaltungsrecht oder italienisches Kriminalstrafrecht. Und eine von dem örtlichen Verwaltungsrecht unabhängige selbständige Strafdrohung Italiens war in jenem Fall gar nicht vorhanden.

[58]) Entsprechend Tarica, Journal 36, 413 414 f.

[59]) Mérignhac, Revue de droit international 24, 158 f. Vgl. schon das angeführte Urteil des Konsulargerichts Konstantinopel.

[60]) Urteil vom 22. VII. und 28. XI. 1857, Sirey 1857 II, 605; 1858 I, 252. Entsprechend seither Appellhof Aix 20 V. 1885, Revue 3, 818 und die französischen Konsulargerichte Smyrna, Kairo, Alexandrien Revue 3, 813; 4, 975; 5, 657; sowie die redaktionellen Bemerkungen Revue 3, 816 ff. Insoweit übereinstimmend auch schon ein Urteil des französichen Konsulargerichts Konstantinopel 1845 (Féraud-Giraud 2, 356), das sich für unzuständig erklärt, weil über Preß-

lische Order in Council für Preßvergehen in der Türkei besondere Strafen festgesetzt.[61])

Dabei ist die oben Z. 6 erörterte Frage, ob die Vorschriften über die stufenweise Verantwortlichkeit für Preßvergehen auch auf ausländische Druckschriften anzuwenden seien, in neuer Beleuchtung streitig geworden. In der Türkei, in Ägypten erscheinen Zeitungen, deren Verleger die örtliche Staatsangehörigkeit besitzt; der Drucker (im andern Fall der Verfasser) eines angefochtenen Artikels ist Franzose. Es wird Klage wegen Verleumdung vor dem französischen Konsulargericht erhoben, das — in zwei Fällen — die Anwendung der Vorschriften über die stufenweise Verantwortlichkeit ablehnt.[62]) Die Revue de droit international privé[63]) bemängelt diese Urteile; denn Delikte eines Franzosen im Bereich französischer Konsulargerichtsbarkeit seien im Inland begangen. Dieser letzte Satz ist gewiß richtig. Aber es folgt daraus nichts für die hier erörterte Frage. Auch wenn eine ausländische Druckschrift von einem Franzosen in Paris verbreitet wird, finden jene Vorschriften richtigerweise nicht Anwendung. Wie das Konsulargericht Kairo zutreffend ausführt, stehen die Preßerzeugnisse polizeilich in diesen Staaten unter örtlicher Regelung; und wenn Preßvergehen, die ein Angehöriger der Vertragsstaaten in solchen Druckschriften verübt, unter die Strafgerichtsbarkeit seines Heimatstaates fallen, so doch nicht unter dessen besonderes Preßstrafrecht, sofern die Geltung dieses Preßstrafrechts in inneren Zusammenhang gebracht ist mit der Geltung des Preßpolizeirechts desselben Staates. Und es wäre an diesem Ergebnis selbst dann festzuhalten, wenn sämtliche an der Herstellung des Preßerzeugnisses beteiligte Personen die Staatsangehörigkeit des verfolgenden Staates besitzen.

---

vergehen das Schwurgericht zu entscheiden habe, und ein Urteil des belgischen Konsulargerichts Kairo 1887 (Journal 16, 141), das den gleichen Einwand zurückweist.

[61]) Ravaut-Bignon (zit. oben S. 8 Anm. 18) 148.

[62]) Konsulargericht Smyrna, gebilligt vom Apellhof Aix, Revue 3, 813; Konsulargericht Kairo Revue 4, 975. Was das Gericht in Smyrna vorbringt, ist allerdings wenig schlüssig.

[63]) 3, 820; 4, 978 f.

5. Kapitel.

Bildung und Erziehung.

§ 17. Die Bildungsanstalt. Der Lehrer. Der Schüler.

1. Die Anstalt. — 2. Der Lehrer. — 3. Der Schüler.

Die Anstalt.

1. Auch im Bereich der geistigen Interessen kann die Tätigkeit der Privaten staatlicher Beaufsichtigung unterliegen, bei dem Betrieb einer Unterrichtsanstalt, bei der Vornahme von Ausgrabungen, bei der Verfügung über Kunstwerke, und, kein Zweifel, auch diese Kulturpolizei ist strikt territorial, umfaßt die Handlungen und Veranstaltungen, die im Staatsgebiet vor sich gehen.[1])

Beträchtlich wichtiger indessen erscheint in diesem Zusammenhang, daß Staat und Gemeinde die Förderung dieser Interessen in weitem Umfang selbst in die Hand nehmen. Werden sie dabei in fremdem Gebiet tätig, so unterliegen sie dem dortigen Verwaltungsrecht, nicht anders als ein Privater, der dort Ausgrabungen vornimmt oder Schulen errichtet,[2]) und es ist dabei dem völkerrechtlichen Gebot Rechnung zu tragen, das öffentlichrechtliche Organisationen in fremdem Gebiet ausschließt. Die deutschen Schulen in Brüssel, Antwerpen, Genua, Mailand, Bukarest und Konstantinopel haben die Befugnis, ihren Zöglingen das Zeugnis zu verleihen, welches zum Einjährig-Freiwilligendienst im deutschen Heer berechtigt.[3]) Als Schulen stehen diese Anstalten unter örtlichem Recht,[4]) und wenn auch das Reich eine Aufsicht über sie in Anspruch nimmt, so läßt sich dies nur auf Grund einer freiwilligen Zulassung der Anstaltsleiter ermöglichen, als Nachrichtenbeschaffung für das Reich rechtfertigen. Auch deutsche öffentliche Urkunden vermöchten diese Anstalten nicht auszustellen. Aber es bedarf dessen nicht, um die ihnen eingeräumte Befugnis wirksam zu machen. Die Erlaubnis, als Einjährig-Freiwilliger im deutschen Heer zu dienen, erteilt nicht die Anstalt, sondern deutsche Militärbehörden. Voraussetzung der Erlaubnis ist der Nachweis wissenschaftlicher Befähigung; er mag nach dem Gutbefinden des deutschen Gesetzgebers auch durch Privat-

---

[1]) Auch in Ägypten steht der Schutz der Altertümer unter der polizeilichen Regelung der örtlichen Staatsgewalt; Journal 16, 188.

[2]) Erziehungsanstalten in der Schweiz unter dem Patronat der russischen Regierung: v. Salis, Schweizerisches Bundesrecht[2] 5, 589 n. 2466.

[3]) Zentralblatt für das Deutsche Reich 1906, 1284.

[4]) Auch in der Türkei; Young 2, 373 ff.

urkunden erbracht werden, wie sie diese Anstalten ausstellen (vgl. oben § 12 Z. 3).

Nicht minder ist eine Betätigung der Staatsgewalt selbst außerhalb der Landesgrenzen unzulässig. Französische Bibliotheken, Museen besitzen ihre Bestände als *domaine public,* in Ausübung der Staatsgewalt, und das läßt sich außer Landes nicht aufrechterhalten. Aber freilich, wenn etwa ein Buch der Bibliothèque Nationale gestohlen und nach Deutschland gebracht wird, so folgt daraus wohl keine Rechtlosigkeit. Zwar das öffentliche Eigentum ist nicht ein plus, sondern ein aliud gegenüber dem Eigentum des Zivilrechts; aber man wird doch annehmen dürfen, daß solches öffentliches Eigentum wenigstens ergänzend dem Schutz des Zivilrechts unterstellt sein sollte (auch deklassiertes öffentliches Eigentum wird nicht herrenlos, sondern verwandelt sich von selbst in Privateigentum des Staates), so daß deutsche Gerichte hier den Rechtsschutz des Zivilrechts gewähren können. Deutsche Bibliotheken besitzen ihre Bücher kraft Privatrechts, und das kann auch keine Schwierigkeit mit sich bringen, wenn Bücher der Königlichen Bibliothek Berlin nach Frankreich gelangen. Sie bleiben auch in Frankreich Gegenstand des Privateigentums; denn ob ein Staat von seiner Hoheit Gebrauch machen und eine Angelegenheit als öffentlichrechtlich behandeln will, ist seiner Entscheidung vorbehalten.

Auch Bildungsanstalten, die mehreren Staaten gemeinsam sind, kommen vor, in Bayern, im Königreich Sachsen z. B. Volksschulen, deren Bezirk ausländische Gebietsteile umfaßt. In erster Reihe entscheiden hier selbstverständlich bestehende Verträge. In deren Ermangelung aber bestimmt sich die Schulpflicht sicherlich durch den Wohnsitz des Pflichtigen — die Leistung wird nicht der Schule, sondern dem Staat geschuldet — über die Verfassung einer solchen Schule dagegen hat nur der Staat zu bestimmen, in dessen Gebiet sie belegen ist. Wenn Sachsen für diesen Fall anordnet:[5]) „Ausländische Gemeinden können wegen ihres Verhältnisses zu einer inländischen Schule nicht genötigt werden, die Wahlen von Schulvorstehern nach der diesseitigen gesetzlichen Vorschrift vorzunehmen, vielmehr sind die Vertreter solcher Gemeinden nach den dortigen Bestimmungen zu bestellen und dann in die diesseitigen Schulvorstände aufzunehmen" — so ist eine solche Anordnung zweckmäßig, aber (mangels besonderer Übereinkunft) nicht rechtsnotwendig. Andererseits hat Bayern für einen ähnlichen Fall vereinbart,[6]) der bayerische Lehrer dürfe mit Rücksicht auf den Schulbesuch Auswärtiger keiner Inspektion von seiten des fremden Staats unterworfen

[5]) Verordnung des Kultusministeriums 25. VIII. 1874 § 54^IV; P. v. Seydewitz, Codex des im Königreich Sachsen geltenden Kirchen- und Schulrechts (1879) 439.

[6]) Vgl. des näheren unten § 45 Z. 7.

werden, und es seien rücksichtlich der auswärtigen Besucher ausschließlich die diesseitigen Verordnungen anwendbar.[7])

Zu mancherlei Erörterungen internationalverwaltungsrechtlicher Art endlich führt die Frage, wer für die Kosten einer Bildungsanstalt aufzukommen hat — weniger im Verhältnis von Staat zu Staat als zwischen Gemeinden und gemeindeähnlichen Verbänden, die über die Schullasten autonom zu befinden haben. Soweit die Unterhaltung der Schule zu den gesetzlichen Verpflichtungen der politischen Gemeinde zählt, gelten hier die allgemeinen Grundsätze über die Grenzen der Gemeindebesteuerung. Anderwärts sind die Schullasten von besonderen Verbänden, der „Schulsozietät", der „Schulgemeinde" zu tragen, Personenverbänden auf räumlicher Grundlage, die in ihrer Art besonders den Kirchengemeinden nahe stehen. Im Königreich Sachsen gelten demgemäß für die Aufbringung der Schulanlagen ohne weiters die Bestimmungen über Kirchenanlagen.[8]) In Preußen hat die Praxis im Anschluß an Landrecht II 12 §§ 29 und 34 den Wohnsitz im Schulbezirk ohne Unterschied der Staatsangehörigkeit für die Grundlage der Beitragspflicht erklärt; Forensen sind nicht abgabenpflichtig, sofern nicht eine Observanz aus der Zeit vor Erlaß des Landrechts das Gegenteil bestimmt; die Bestimmungen des Gemeinderechts über Vermeidung von Doppelbesteuerungen sind auf die Schullast nicht anwendbar.[9])

---

[7]) Im Falle einer Gebietsveränderung treten die Unterrichtsanstalten unter die Ordnung der neuen Staatsgewalt; das gilt für die Frage, ob Anstalten einer bestimmten Art, freie Schulen z. B., bestehen dürfen, und für die Einrichtung des Lehrbetriebs. Vgl. Selosse (zit. oben S. 122 Anm. 22) 213 f.

[8]) C. von der Mosel, Handwörterbuch des königlich sächsischen Verwaltungsrechts[9] (1901) 584. Wegen der Kirchensteuern s. unten § 45.

[9]) Vgl. wegen des Wohnsitzes das Obertribunal, Striethorst, Archiv für Rechtsfälle 3, 266, und die Entscheidung des Oberverwaltungsgerichts bei v. Kamptz, Rechtsprechung des Oberverwaltungsgerichts 2, 731 ff. Bezüglich der Forensen das Obertribunal bei Striethorst 47, 37, und wegen der Frage, ob bei freiwilliger Übernahme der Schullast durch die politische Gemeinde Forensen beigezogen werden können, verneinend das Obertribunal Entscheidungen 61, 233, bejahend das Oberverwaltungsgericht in den Urteilen bei v. Kamptz 2, 922 ff. Über den Umfang der Steuerpflicht das Oberverwaltungsgericht bei v. Kamptz 2, 735 ff. und 1. Ergänzungsband 247 f. Über Doppelbesteuerung v. Kamptz 2, 702 ff. 725 730 f.; 1. Ergänzungsband 248. Dazu Dirksen im Wörterbuch des Verwaltungsrechts 2, 425 ff.; K. v. Stengel, Das Staatsrecht des Königreichs Preußen (1894) 529; v. Bitter, Handwörterbuch 2, 427. Das preußische Gesetz vom 28. VII. 1906 hat die Schullast auf die politischen Gemeinden übertragen, für die Provinz Posen jedoch den bisherigen Rechtszustand in Kraft belassen. — Über konfessionell geschiedene Schulumlagen vgl. unten § 43 — Wie bei den konfessionellen Schulen, so wird auch bei den Nationalitätsschulen des österreichischen Rechts ein persönliches Moment zur Grundlage der Einteilung genommen. Aber wenn hier erörtert wird, ob ein Familienvater den Antrag auf Errichtung einer Minoritätsschule stellen könne, dessen Frau einem anderen Volksstamm angehört, ob es für solchen Antrag auf die Nationalität

Der Lehrer.

2. Wenn gelegentlich die Frage aufgeworfen wird, ob einem französischen Jesuiten, dem Verbot des französischen Rechts entsprechend, auf Grund der „Nationalitätstheorie" die Lehrbefähigung auch in Nordamerika abgesprochen werden könne,[10]) so ist die Hereintragung solcher privatrechtlicher Anschauungen selbstverständlich völlig unzulänglich. Vom Standpunkt des öffentlichen Rechts aber ist kein Zweifel, daß über die Bedingungen, unter denen eine Lehrtätigkeit ausgeübt werden darf, nur das Recht des Staats entscheidet, in dem diese Tätigkeit vorgenommen werden soll. Dabei mag auch die Frage praktisch werden, ob die Lehrbefähigung, die ein fremder Staat verliehen hat, im Inland Anerkennung finden kann. In der Tat ist eine solche Gleichwertigkeit fremder Zulassungen bisweilen vorgesehen,[11]) aber es ist stets der Wille des Staats, der die Gleichwertigkeit anerkennt, niemals jener des Landes, in dem die Lehrbefähigung verliehen wurde, der der auswärts erfolgten Zulassung für sein Gebiet Wirksamkeit verleiht.[12]) Die Frage, ob Ausländer als solche zur Lehrtätigkeit zugelassen werden sollen, hat als fremdenrechtlich hier völlig auszuscheiden.

Der Schüler.

3. Auch für Schüler begegnet zunächst die fremdenrechtliche Frage, ob Ausländer als Schüler Zutritt zu den Lehranstalten des

des Vormunds oder des Mündels ankomme (Lukas, Jahrbuch des öffentlichen Rechts 1908 2, 387 [6]), so sind das Fragen aus dem Bereich des materiellen, nicht des internationalen Verwaltungsrechts. Es ist nicht der Volksstamm, der die Schule errichtet, und dessen Machtbereich gegenüber anderen Stämmen im Land streitig wird, sondern der einheitliche Staat, der unter Benützung persönlicher Anknüpfungen Einrichtungen vorsieht.

[10]) F. Wharton, A treatise on the conflict of laws [2] (1881) 165 [8]; dazu v. Bar, Theorie und Praxis 1, 414 [35].

[11]) Französische Verordnung 5. XII. 1850 Art. 3; Gesetz 30. X. 1886 Art. 4 bei Vincent-Pénaud, Dictionnaire v° enseignement n. 8, 17. Vereinbarungen deutscher Bundesstaaten im preußischen Zentralblatt für die Unterrichtsverwaltung 1904, 454 f.; 1905, 371 631 632; 1909, 409 415 582. Verträge Spaniens mit Guatemala und Kolumbien bei Martens-Stoerk, Nouveau recueil général [3] 32, 331 und 334. Über die vormalige Zulassung auswärtiger Doktoren zum Lehramt unten § 29 Z. 3.

[12]) Bei Gebietsveränderungen wird eine Lehrbefähigung, die der abtretende Staat verliehen hat, im Zweifel nicht deshalb von der Anerkennung ausgeschlossen sein, weil sie nicht vom einverleibenden Staat herrührt. Gegenüber einem Verbot geistlichen Unterrichts, gegenüber einer Forderung akademischer, nicht bloß seminaristischer Bildung — soweit sie sich räumlich erstrecken — kann eine solche Anerkennung indes nicht aufkommen. Daß eine dem abtretenden Staat gegenüber erworbene Unabsetzbarkeit den einverleibenden Teil nicht bindet, nimmt Selosse a. a. O. 214 zutreffend an, unzutreffend aber wohl, daß die Dienstpflicht des Lehrers dem neuen Herrn gegenüber fortdaure.

Inlands haben sollen, die, dem Urteil des Inlands unterstellt, hier nicht weiter beschäftigt. Und auch hier mögen Zweifel auftauchen, inwieweit Berechtigungen zur Fortsetzung der Studien, die das Ausland[13]) eingeräumt hat, im Inland von Belang sein können.[14]) Eine Gleichwertigkeit auswärts erlangter Erlaubnisse ist wiederum nur nach dem Willen des Anerkennung gewährenden Staates möglich.[15]) Aber wenn feststeht, daß im gegebenen Fall Zeugnisse eines andern Staats Anerkennung finden, so sind die möglichen Zweifel damit nicht erschöpft; denn die Wirkungen, welche mit der Ausstellung des Zeugnisses verknüpft sind, können in den beiden Gebieten verschieden sein. Der Absolvent eines bayerischen Realgymnasiums wünscht in Preußen Jurisprudenz zu studieren; das Prüfungszeugnis wird in Preußen anerkannt, aber hat der Absolvent gemäß den preußischen Bestimmungen Zutritt zu solchem Studium, oder ist er nach den bayerischen Bestimmungen davon ausgeschlossen? Man muß sich nur klar machen, daß hier öffentlichrechtliche Befugnisse in Anspruch genommen werden, um zu sehen, daß nur der Staat zur Regelung berufen sein kann, gegen den öffentlichrechtliche Ansprüche erhoben werden. Er mag schlechtweg sein eigenes Recht darauf anwenden oder auch, weil es ihm zweckmäßig erscheint, auf Anordnungen des Auslands dabei Rücksicht nehmen; dem Staat, der das Prüfungszeugnis ausgestellt, kann niemals die Fähigkeit

---

[13]) Die Zeugnisse der Schulen einverleibter Gebiete werden im Zweifel als inländische zu behandeln, diejenigen, welche Angehörige der einverleibten Gebiete an Unterrichtsanstalten des früheren Mutterlandes erworben haben, als gleichwertige ausländische Zeugnisse anzusehen sein. Dagegen bedarf der Fortbezug staatlicher Stipendien, auf den ein Rechtsanspruch nicht besteht, der besonderen Einräumung des Nachfolgers in die Staatsgewalt. Vgl. Selosse 215 ff.; Brunet (zit. oben S. 122 Anm. 22) 40.

[14]) Es interessieren in diesem Zusammenhang nur die Zulassungen zur Fortsetzung der Studien. Die Berechtigungen, welche ein Studium verleiht, gewisse Berufe auszuüben oder Titel zu führen, bilden einen Teil der Rechtsordnung dieser Berufe oder Titel und haben dort ihre Darstellung zu finden. Über die akademischen Grade insbesondere unten § 29.

[15]) Vereinbarung der deutschen Bundesstaaten über wechselseitige Anerkennung der Reifezeugnisse 1909, preußisches Zentralblatt für die Unterrichtsverwaltung 768. Für Reifezeugnisse des Auslands preußische Ministerialverordnung 6. I. 1905 § 4 Zentralblatt 207. Vgl. auch für die Fähigkeit zum Richteramt Gerichtsverfassungsgesetz § 2 II; für die Ärzteprüfung Bekanntmachung des Reichskanzlers 28. V. 1901 §§ 6, 65 Zentralblatt für das Deutsche Reich 136; für den Dienst als Einjährig-Freiwilliger Wehrordnung § 90. Zulassung zum Universitätsstudium in Frankreich Vincent-Pénaud a. a. O. n. 29; Journal 29, 201 f. Vgl. auch Vincent-Pénaud n. 30: staatliche Anerkennung niederer akademischer Grade des Auslands, um daraufhin die höheren Grade in Frankreich zu erwerben. Über Anrechnung der Studienzeit, Gleichstellung der Prüfungen, Anerkennung der niederen Grade im Verhältnis von Universität zu Universität unten § 29 Z. 3.

zukommen, über das Rechtsverhältnis des Prüflings zu einer andern Staatsgewalt Bestimmung zu treffen. Demgemäß erklärt die genannte Vereinbarung der deutschen Regierungen von 1909, daß Reifezeugnisse des einen in einem andern Bundesstaat diejenigen Berechtigungen gewähren, „welche in beiden Bundesstaaten übereinstimmend dem Reifezeugnis der betreffenden Schulgattung verliehen sind“. Die Abstellung auf die Regelung des Staats, gegen den Ansprüche erhoben werden, ist rechtsnotwendig,[16]) die Begrenzung der Berechtigungen nach dem Maß des Staats, der das Zeugnis verliehen, sachgemäß. Sehr befremdlich hingegen ist es, wenn Preußen in diese Regelung den Heimatstaat hineinzieht. Angehörige des Deutschen Reiches haben hier zum Nachweis der Vorbildung für das akademische Studium „dasjenige Zeugnis einer deutschen . . Lehranstalt beizubringen, welches für die Zulassung zu den ihrem Fachstudium entsprechenden Berufsprüfungen in ihrem Heimatstaate vorgeschrieben ist; auf Grund ausländischer Reifezeugnisse dürfen Reichsangehörige nur dann immatrikuliert werden, wenn daraufhin ihre Zulassung zu den ihrem Fachstudium entsprechenden Berufsprüfungen in ihrem Heimatstaate gesichert erscheint“.[17]) Absolventen eines bayerischen Realgymnasiums, welche die württembergische Staatsangehörigkeit besitzen, werden somit in Preußen zum Rechtsstudium zugelassen, Absolventen eines württembergischen Realgymnasiums, welche die bayerische Staatsangehörigkeit besitzen, nicht. Aber wenn hier vorsorglich ein Fachstudium verhütet werden soll, das der Staat der Fachprüfung nicht anerkennt: die Fachprüfungen müssen keineswegs im Heimatstaat des Prüflings abgelegt werden;[18]) eine Gegenseitigkeitsmaßregel ist nicht veranlaßt, da auch die anderen Bundesstaaten nicht nach der Staatsangehörigkeit differenzieren; und mit den Verträgen über Anerkennung der Reifezeugnisse weiß ich den ersten Teil der Vorschrift nicht zu vereinigen.[19])

---

[16]) Natürlich kann dieser Staat von sich aus auf Einhaltung seiner Vorschriften verzichten. Ein Beispiel bei P. Daude-M. Wolff, Die Ordnung des Rechtsstudiums (1903) 108[1].

[17]) Ministerialverordnung 6. I. 1905 (s. oben Anm. 15) § 2. Dazu Erlasse 5. IV. und 7. X. 1902 Zentralblatt 347 und 577. Abweichend Erlaß 8. VI. 1904 Zentralblatt 453.

[18]) Beispiele bei Daude-Wolff 189, 194, 221, 243, 270[1]; anders freilich in Preußen selbst, 238.

[19]) Innerhalb der Staaten, die das Prüfungszeugnis ausgestellt haben, bevorzugt auch die Vereinbarung von 1909 den Staat der Staatsangehörigkeit und des Wohnorts, insofern für Schüler, die erst in die letzten Klassen eingetreten sind, und für Privatstudierende nur ein Reifezeugnis dieser Staaten Anspruch auf Anerkennung besitzt Eine Dispensation von solchen Beschränkungen zu gewähren, ist grundsätzlich Sache des Staats, in dem die Anerkennung begehrt wird; doch soll nach der Vereinbarung eine Erlaubnis des Heimatstaats das anderwärts erworbene Zeugnis für das Reich wirksam machen.

Die bedeutsamste Frage indessen, welche die Grenzen der Staatsgewalt gegenüber dem Schüler angeht, betrifft den Umfang der Schulpflicht.[20])

§ 18. Die Schulpflicht.

1. Der Streitstand. — 2. Persönliche und räumliche Anknüpfungen. — 3. Wohnsitz und Aufenthalt. — 4. Die maßgebende Person. — 5. Gleichwertigkeit eines Schulbesuches im Ausland. — 6. Beziehungen zum Strafrecht. — 7. Örtliche Satzungen. — 8. Verpflichtungen dritter Personen.

Der Streitstand.

1. Das württembergische Volksschulgesetz vom 29. September 1836 erklärt in Art. 4: „Die Verbindlichkeit zum Besuch der Volksschule erstreckt sich auf die Kinder aller Staatsangehörigen." Die Schulpflicht ist hier als personale Verbindlichkeit gefaßt,[1]) und dasselbe muß für Baden vorausgesetzt werden, wenn es dort in § 1 des Gesetzes vom 8. März 1868 heißt: „Die vorstehenden Bestimmungen (über Schulpflicht) können durch Staatsvertrag auch auf Ausländer für anwendbar erklärt werden."[2]) Aber auch ohne besondere Anordnung wird die Verpflichtung zum Schulbesuch mannigfach dem heimatlichen Recht unterstellt. So in Hessen, wo die Angehörigen anderer Staaten (soweit nicht Staatsverträge eingreifen) „nach den dort geltenden Gesetzen behandelt" werden.[3]) Im Königreich Sachsen, dessen Ministerialpraxis die Pflicht zum

---

[20]) In älterer Zeit wird öfter das Recht, auswärtige Schulen zu besuchen, staatlich beschränkt, eine polizeiliche Auflage für Handlungen außer Landes, die gegen die im Land wohnenden ein Monopol zugunsten der inländischen Schulen begründet. Beispiele bei F. K. v. Savigny, Geschichte des römischen Rechts im Mittelalter[2] (1834) 3, 323; H. Rashdall, The universities of Europe in the middle ages (1895) 2, 726; E. L. Catellani, Storia del diritto internazionale privato (1895) 276 f. Verwandt im Verhältnis von Universität zu Universität der von den Schülern der Anstalt geforderte Eid, nicht an einer fremden Universität die Grade zu nehmen oder zu erneuern; vgl. G. Kaufmann, Die Geschichte der deutschen Universitäten (1896) 2, 270ff.; Pertile, Storia del diritto italiano[2] 2 II, 31[118]; A. Mendo, de jure academico[2] (1668) 62 lib. 1 q. 10 n. 288; doch handelt es sich dabei nicht um eine selbständige Auflage, sondern um eine Voraussetzung für die Zulassung zum Studium an dieser Anstalt. — Über Heimberufung auswärts Studierender — unter dem Gesichtspunkt der Staatsangehörigkeit — Stoerk bei v. Holtzendorff Völkerrecht 2, 632; der Gesichtspunkt wäre verwertbar, wenn die Rückberufung etwa politische Schädigungen verhüten soll.

[1]) Entsprechend O. v. Sarwey, Das Staatsrecht des Königreichs Württemberg (1883) 1, 220.

[2]) Übereinstimmend A. Joos, Die Gesetze und Verordnungen über den Elementarunterricht im Großherzogtum Baden (1879) 19.

[3]) P. Müller, Das Volksschulwesen im Großherzogtum Hessen (1891) 32 f.; F. Küchler, Das Verfassungs- und Verwaltungsrecht des Großherzogtums Hessen (1894) 2, 587[3].

Volksschulbesuch aus dem heimatlichen Recht begründet, die Verbindlichkeit zum Besuch der Fortbildungsschule nur so lange dauern läßt, als sie der Heimatstaat fordert, den Schülern auswärtiger Staatsangehörigkeit die Befugnis einräumt, eine Schule des Heimatstaats ohne Erlaubnis zu besuchen, während sächsischen Kindern ein solcher Schulbesuch nur mit Genehmigung der sächsischen Behörden gestattet ist;[4]) nur der Fortbildungsschulpflicht, welche § 120^{III} der Reichsgewerbeordnung vorsieht, werden Inländer und Ausländer gleichmäßig unterworfen.[5])

Auch für Preußen hat das Kammergericht entschieden, daß das Verbot, ohne Genehmigung fremde Schulen zu besuchen, nur für preußische Kinder Geltung habe; die aus dem Schulzwang folgenden Pflichten könnten nur die inländischen Staatsangehörigen treffen.[6]) In anderen Erkenntnissen des Gerichtshofes freilich wird auf den Aufenthaltsort abgestellt (vgl. darüber unten S. 220 f.). Die

[4]) Verordnungen des Kultusministers vom 14. IX. 1878 (jedoch mit ergänzender territorialer Begründung), 13. III. 1875, 12. IV. 1877 bei v. Seydewitz, Codex (oben S. 203 Anm. 5) 376[11], 378[20], 416[5]. Dazu v. Feilitzsch, Das kgl. sächsische Landesstrafrecht (1899) 1, 51[1]; von der Mosel, Handwörterbuch (oben S. 204 Anm. 8) 599 f.

[5]) Verordnung des Kultusministers 8. XI. 1876 bei v. Feilitzsch a. a. O. Es scheint, daß zu dieser Lösung die Aufnahme der Bestimmung in die Gewerbeordnung geführt hat. Und doch handelt es sich hier um die Auflegung einer Schulpflicht für einen bestimmten Personenkreis, völlig gleichartig jener, die auf den allgemeinen Schulgesetzen beruht. — Wenn übrigens die erwähnten Verordnungen von 1875 und 1877 ausführen, daß dem Staat eine Verpflichtung, für den Unterricht der Kinder zu sorgen, nur hinsichtlich seiner eigenen Staatsangehörigen obliege, daß er bei ausländischen Kindern an Stelle des fremden Staats auftrete und darnach keine Veranlassung habe, ein mehreres, als der fremde Staat selbst fordert, von dessen Angehörigen zu verlangen — so könnte man zweifeln, ob hier nicht grundsätzlich eine Geltung der Schulgesetze auch gegenüber Ausländern in Anspruch genommen, aber aus Gründen innerstaatlicher Zweckmäßigkeit davon abgesehen werde, von Ausländern dieselben Leistungen wie von Inländern zu fordern. Wenn man indessen in der Verordnung von 1878 liest, daß das Kind eines italienischen Staatsangehörigen in Sachsen zum Schulbesuch verpflichtet sei, weil eine solche Verpflichtung nach der Gesetzgebung des Königreichs Italien bestehe, und wenn die oben angeführte Verordnung von 1876 den Erlaß von gewerblichen Ortsstatuten, welche die Arbeiter zum Besuch der Fortbildungsschule verpflichten, empfiehlt, um die nach sächsischem Schulrecht freibleibenden Ausländer nach Möglichkeit zu treffen — so liegt dem notwendig der Gedanke einer Rechtsverbindlichkeit des fremden Schulrechts für Ausländer im Inland zugrunde.

[6]) Urteil vom 12. X. 1891 Jahrbuch 12, 255 und ausführlicher Zeitschrift für französisches Zivilrecht 23, 112. Dieselbe Auffassung dürfte den Urteilen unten Z. 5 zugrunde liegen; doch sind die Lösungen nicht eindeutig. Übrigens erklärt das Schöffengericht Cöln 26. XI. 1880 (B. v. Kamptz - K. Delius, Die Rechtsprechung des Reichs- und des Kammergerichts auf den Gebieten des öffentlichen Rechts 1907 2, 88) auch den Ausländer, der seinen tatsächlichen Wohnsitz in Preußen besitzt, für verpflichtet, seine Kinder in die Schule zu schicken.

Literatur begnügt sich zum Teil mit der Übernahme der erstangeführten Entscheidung,[7]) hat sie gelegentlich auch auf Inländer ausländischen Wohnsitzes angewendet;[8]) nur Bornhak[9]) und v. Stengel[10]) erklären die allgemeine Schulpflicht als einen Ausfluß nicht der Staatsangehörigkeit, sondern des Wohnsitzes. In Frankreich war man zwar unter der Herrschaft des Arbeiterschutzgesetzes von 1874 allgemein darüber einig, daß auch ausländische Kinder unter 13 Jahren, die gewerblich verwendet wurden, die Volksschule zu besuchen hätten,[11]) die Tragweite des Volksschulgesetzes von 1882 jedoch ist Gegenstand lebhaftesten Streites. Eine Ministerialentschließung von 1882 erklärte auch die Kinder ausländischer Eltern für schulpflichtig, eine solche von 1883 nur dann, wenn die Eltern „autorisierten Wohnsitz“ in Frankreich besessen hätten,[12]) die Gerichte bestrafen die Schulversäumnis ausländischer Kinder und sprechen frei.[13]) In der Folge aber erklärt ein Gutachten des Staatsrats, übereinstimmend mit der Anschauung von Ministerium und Abgeordneten, das Gesetz sei nur für französische Staatsangehörige verbindlich.[14]) Die administrative Literatur ist gleichfalls geteilt.[15]) Und wenn unter den

---

[7]) A. Groschuff, G. Eichhorn, H. Delius, Die preußischen Strafgesetze[2] (1904) 445 zu ALR. II 12 § 43; L. Schmitz, Die Fürsorgeerziehung Minderjähriger[4] (1908) 128; v. Bitter, Handwörterbuch 2, 424.

[8]) E. Schwartz, Die Verfassungsurkunde für den preußischen Staat[2] (1898) 87 f.

[9]) C. Bornhak, Preußisches Staatsrecht (1890) 3, 675.

[10]) Staatsrecht 528.

[11]) Appellhof Aix, Journal 11, 408; Vincent-Pénaud, Dictionnaire 351 v° enseignement n. 24; die Redaktionsnote Journal 29, 96 f. In seiner Eigenschaft als gewerbepolizeiliche Vorschrift verpflichtet Art. 8 des Gesetzes von 1874 alle Unternehmer des Landes ohne Unterschied der Staatsangehörigkeit, den Schulbesuch gewerblich beschäftigter Kinder nicht zu beeinträchtigen; aber er enthält (anders als die Statuten nach § 120 der deutschen Gewerbeordnung) nicht etwa eine gewerbepolizeiliche Verpflichtung, daß auch alle Kinder im Land, gleichviel welcher Staatsangehörigkeit, eben mit Rücksicht auf ihre gewerbliche Beschäftigung zum Schulbesuch anzuhalten seien. Der Sinn der Vorschrift ist, daß eine bestehende Schulpflicht durch die gewerbliche Verwendung der Kinder keine Störung erleiden sollte; die Frage, wie weit diese Schulpflicht reicht, wird als durch die Schulgesetze geregelt vorausgesetzt. (Das neue Arbeiterschutzgesetz von 1892 gilt nach Art. 1 ausdrücklich auch für ausländische Kinder, aber die Frage nach dem Umfang der Schulpflicht kann hier nicht mehr auftauchen, weil schulpflichtige Kinder seither überhaupt nicht gewerblich verwendet werden dürfen.)

[12]) Revue générale d'administration 1882 III, 447; 1883 I, 54.

[13]) Polizeigericht Resson — Polizeigericht Céret, beide 1883, bei Vincent-Pénaud n. 20, 21, 22.

[14]) Journal 29, 95.

[15]) Für eine territoriale Geltung des Gesetzes Wallon, Revue critique de législation et de jurisprudence (1884) 33, 449 f., für seine personale Begrenzung die bei Vincent-Pénaud n. 22 verzeichneten Arbeiten (mir nicht zugänglich).

Schriftstellern über internationales Privatrecht Protitch[16]) und besonders nachdrücklich einer Erörterung der Redaktion, Journal 29, 91 ff. für eine personale Verbindlichkeit des französischen Gesetzes eintreten, lassen Pictet,[17]) Despagnet,[18]) Rolin,[19]) Weiss[20]) das Gesetz auch für Ausländer im Inland gelten.

Mit Bestimmtheit hält man an einer territorialen Begrenzung der Schulpflicht in der Schweiz fest, auf seiten der Kantone sowohl,[21]) wie seitens des Bundesrats. Auf eine diplomatische Reklamation, die für Ausländer die Befugnis in Anspruch nimmt, ihre Kinder dem öffentlichen Unterricht fernzuhalten, erklärt der Bundesrat, es stehe der Eidgenossenschaft ganz frei, im schweizerischen Schulwesen nur die eigenen Interessen im Auge zu behalten und insbesondere alle auf ihrem Gebiet wohnenden der eigenen Schulgesetzgebung zu unterwerfen, wie die Schweiz auch anderen Staaten gerne das Recht einräume, in gleicher Weise gegen die im Ausland wohnenden Schweizer zu handeln;[22]) und einer Anregung Badens, die Schulpflicht inländischer Kinder in andern Gebiet durch Vertrag zu regeln, wurde eben darum vom Bundesrat keine Folge gegeben.[23]) Auch für Österreich wird es als unzweifelhaft hingestellt, daß über den Umfang der Schulpflicht nicht Staatsangehörigkeit, sondern Wohnsitz zu entscheiden habe.[24]) In Bayern erklären schon 1835 zwei Ministerialentschließungen[25]) Kinder fremder Staatsangehörigkeit für schulpflichtig. Der (später gescheiterte) Entwurf eines Schulgesetzes von 1867 allerdings vermißt für eine solche Erstreckung den Rechtsgrund und will ausländische Kinder nur im Falle eines dahingehenden Staatsvertrags zum Schulbesuch nötigen. Doch hat schon die Kammer der Abgeordneten darin einen abweichenden Standpunkt vertreten; auch die Literatur hält seither an einer räumlichen Verbindlichkeit der Schulpflicht fest,[26]) und es bestimmt nunmehr § 23

---

[16]) D. Protitch, De la puissance paternelle en droit international privé (1892) 77 ff.

[17]) P. Pictet, Étude sur le traité d'établissement entre la Suisse et la France (1889) 192 f.

[18]) Droit international privé [2] 417 f. n. 406; vgl. auch Journal 16, 212.

[19]) Droit international privé 2, 96 n. 584 und 192 n. 651.

[20]) Traité théorique et pratique 3, 512 f.

[21]) J. Schollenberger, Grundriß des Staats- und Verwaltungsrechts der schweizerischen Kantone (1898) 2, 178.

[22]) Mitteilung von 1877, v. Salis, Schweizerisches Bundesrecht [2] 5, 590 n. 2467.

[23]) Joos a. a. O. 20.

[24]) Prazak im Österreichischen Staatswörterbuch [2] v° Ausländer 1, 366.

[25]) Weber, Gesetzsammlung 3, 10 und 20 f.

[26]) Rr., Schulzwang gegen Ausländer, Blätter für administrative Praxis (1868) 18, 73 ff.; J. v. Poezl, Lehrbuch des bayerischen Verfassungsrechts [5] (1877)

der kgl. Verordnung über die Schulpflicht vom 4. Juni 1903: „Die Vorschriften dieser Verordnung finden auf alle Einwohner des Königreiches ohne Rücksicht auf die Staatsangehörigkeit Anwendung, soweit nicht völkerrechtlich oder nach Staatsverträgen anderes gilt oder durch das Staatsministerium . . . bestimmt wird.“ Auch für Elsaß-Lothringen wird der dauernde Aufenthalt zur Grundlage der Schulpflicht erklärt.[27]

Den auftauchenden Unsicherheiten zu begegnen, hat man es mehrfach für zweckmäßig befunden, den Geltungsbereich der Schulgesetze im Weg des Staatsvertrags zu regeln. So bestimmen Vereinbarungen, an denen außer Bayern, Braunschweig, Waldeck sämtliche deutsche Bundesstaaten beteiligt sind, daß Kinder des einen Vertragsstaats, die sich im Gebiet des andern Teils aufhalten, „nach Maßgabe der im Land des Aufenthalts bestehenden Gesetze wie Inländer zum Besuch der Schule herangezogen werden sollen,“ der Volksschule und obligatorischen Fortbildungsschule, „daß jedoch Kinder, welche sich . . darüber ausweisen, daß sie der Schulpflicht, wie sie nach der Gesetzgebung ihrer Heimat normiert ist, vollständig Genüge geleistet haben, von fernerem Schulbesuch zu entbinden sind, auch wenn das am Ort ihres Aufenthalts geltende Gesetz eine größere Ausdehnung des obligatorischen Unterrichts vorschreibt.“[28] Diesen letzteren Fall ordnet auch eine ganz kürzlich getroffene Vereinbarung zwischen Bayern und Hessen:[29] Kinder bayerischer Staatsangehöriger, die nach siebenjährigem Volksschulbesuch (wie er in Bayern vorgeschrieben ist) nach Hessen übersiedeln, fallen nicht mehr unter die in Hessen begründete achtjährige Volksschulpflicht, und ebensowenig wird die Dauer ihrer Fortbildungsschulpflicht hiedurch verlängert; Kinder dagegen, die vor Abschluß des bayrischen Volksschulunterrichts übersiedeln, sind wie hessische Kinder acht Jahre volksschulpflichtig. Ein sächsisch-österreichisches Abkommen von 1877 beschränkt sich auf die Verabredung, daß die Kinder der beiderseitigen Staatsangehörigen „nach Maßgabe der im Land des Aufenthalts bestehenden Gesetze wie Inländer zum Besuch

---

63[6]; v. Seydel, Staatsrecht[2] 3, 647 f., hier 648[44] auch über den Entwurf; W. Krais, Handbuch der inneren Verwaltung im diesrheinischen Bayern[4] (1897) 1, 391.

[27]) E. Löning, Lehrbuch des deutschen Verwaltungsrechts (1884) 743[1]. Anders Oberlandesgericht Colmar 14. IV. 1888 Juristische Zeitschrift für Elsaß-Lothringen (1888) 13, 277?

[28]) Preußischer Ministerialerlaß 13. XI. 1876, Centralblatt für die gesamte Unterrichtsverwaltung in Preußen 683; für Sachsen v. Seydewitz a. a. O. 375[10] usw. Die Verträge mit Bremen lassen die Befreiung kraft heimatlichen Rechts nicht vor begonnenem 14. Lebensjahr wirksam werden.

[29]) Münchner Neueste Nachrichten 22. VII. 1909.

der Schule herangezogen werden sollen." [30]) Und in einem Staatsvertrag zwischen der Schweiz und Frankreich von 1889 [31]) werden zunächst wiederum die Kinder des andern Vertragsteils hinsichtlich der Verpflichtung zum Schulbesuch den inländischen Kindern gleichgestellt; schweizerischen Kindern, die „nach den Gesetzen ihres Heimatkantons über das Alter von 13 Jahren hinaus (in Frankreich die Grenze der Schulpflicht) zum Schulbesuch verpflichtet sind," soll in Frankreich Gelegenheit zum Schulbesuch gegeben werden; die für die Erziehung verantwortlichen Personen unterliegen den Schulgesetzen und den daran geknüpften Strafdrohungen, sofern sie sich gleichfalls in dem Staat aufhalten, in dem das Kind die Schule besucht; befinden sie sich dagegen in ihrem Heimatstaat, so sollen im Fall einer Zuwiderhandlung die Behörden dieses Staats Strafe verhängen. [32])

---

[30]) v. Seydewitz a. a. O. In einem Notenwechsel vom 21. I./5. II. 1879 (österreich. Reichsgesetzblatt 1879, 228) erteilt die sächsische Regierung ein für allemal die Genehmigung, daß die Kinder der auf sächsischem Gebiet verwendeten österreichischen Zoll- und Eisenbahnbediensteten, die „in Schulen des Königreichs Sachsen gehörig sind", ohne besondere Zustimmung benachbarte nichtsächsische Schulen besuchen dürfen; wie sie auch bezüglich des Privatunterrichts die den „Inländern" eingeräumten Vergünstigungen genießen sollen.

[31]) Journal 15, 857 f. Dazu ein Rundschreiben des französischen Unterrichtsministers ebenda 859.

[32]) Es ist nicht ganz leicht, die grundsätzlichen Ausgangspunkte dieser verschiedenen Vereinbarungen in bezug auf den Geltungsbereich der Schulgesetze festzustellen. Gewiß ist, daß der französisch-schweizerische Vertrag von einer personalen Verbindlichkeit ausgeht, wenn er die Schweizer im Ausland zum Schulbesuch verpflichtet hält, auch wenn diese Verpflichtung länger dauert, als dem Recht ihres Aufenthaltsortes entspricht — freilich in verwunderlichem Gegensatz zu dem Standpunkt, den die Schweiz in dieser Frage sonst einnimmt. Wenn dagegen in den deutschen Verträgen einer kürzeren Dauer der Schulpflicht nach heimatlichem Recht Einfluß gewährt wird, so muß das — wie oben Anm. 5 gelegentlich des sächsischen Rechts erörtert wurde — nicht notwendig auf dem Gedanken beruhen, daß der Aufenthaltsstaat nicht befugt wäre, die Dauer der Schulpflicht gegenüber allen Personen im Land von sich aus festzusetzen, sondern es kann sich dabei um Erwägungen der Zweckmäßigkeit handeln, die es dem Aufenthaltsstaat erwünscht scheinen lassen, im Rahmen seiner Zuständigkeit zwischen Inländern und Ausländern zu unterscheiden und die letzteren so zu behandeln, wie sie ihr eigener Staat behandeln würde. Die in allen Verträgen vorgesehene Vereinbarung einer Schulpflicht am Aufenthaltsort kann weder ohne weiters per argumentum e contrario für eine sonst bestehende Personalität, noch als Bestätigung einer ohnehin begründeten Territorialität in Anspruch genommen werden. Die öfter begegnende Anschauung, daß die Schulpflicht grundsätzlich nur die Staatsangehörigen treffe, im Umfang der Verträge aber auch auf Ausländer erstreckt werde (Löning a. a. O. 743; Zorn im Wörterbuch des Verwaltungsrechts 1, 119; Dirksen ebenda 2, 821), muß jedoch gerade für die deutschen Staaten staatsrechtlichen Bedenken unterliegen: wie sollten die völlig formlos geschlossenen, nur in den Ministerialblättern veröffentlichten Abreden die Kraft besitzen, einem Eingriff

Was endlich die Schriftsteller angeht, die sich unabhängig von einem bestimmten Landesrecht zu der Frage äußern, so wollen Löning, Zorn, Dirksen, v. Landmann, wohl auch Stoerk die Schulpflicht grundsätzlich auf die Staatsangehörigen beziehen.[33]) Unter den Internationalisten hat sich Laurent für eine räumliche Verbindlichkeit der Schulpflicht ausgesprochen,[34]) ebenso v. Bar.[35]) Fiore[36]) hat die gegenteilige Meinung vertreten, freilich unter dem Widerspruch seines Annotators Antoine; auch Tchernoff[37]) begründet neuerlich die territoriale Wirkung.

Persönliche und räumliche Anknüpfungen.

2. Eine Würdigung dieser bunten Reihe von Meinungen und Gesetzesbestimmungen wird zunächst die Frage auf den rechten Boden stellen müssen. Die Schulpflicht ist öffentlichen Rechts; privatrechtliche Gesichtspunkte müssen bei der Festsetzung ihres Geltungsbereichs von vornherein ausscheiden. Fiore, Protitch, die Erörterung in Bd. 29 des Journal erklären, es handle sich um die Erziehungspflicht der Eltern, und sie müsse als Statusfrage dem Personalstatut der Beteiligten unterstellt werden. Laurent, Despagnet, Antoine, Rolin, Weiss widersprechen. Aber auch sie gehen von der elterlichen Erziehungspflicht aus, und sie gelangen nur darum zu einem andern Ergebnis, weil es sich hier um eine *loi de police et de sûreté* im Sinn des Code civil, um eine Angelegenheit der „öffentlichen Ordnung" handle, welche dem sonst maßgebenden Personal-

---

in die persönliche Freiheit, wie ihn die Begründung des Schulzwangs bedeutet, die staatsrechtliche Grundlage zu gewähren? Schwartz, preußische Verfassungsurkunde[2] 88 meint (in anderem Zusammenhang) die Sachlage dahin aufklären zu können, daß auch unter der Herrschaft jener Verträge die Schulpflicht nicht dem Aufenthaltsstaat, sondern dem Heimatstaat geschuldet werde, bei Schulversäumnissen eine Zuwiderhandlung gegen die Strafgesetze des Heimatstaats vorliege, daß der Schuldige aber nach § 8 der Strafprozeßordnung dafür an seinem Aufenthaltsort zur Verantwortung gezogen werden könne; indessen die Annahme einer solchen vertretenden Strafbefugnis ist irrig. Und so wird man allerdings mit Karl Schmidt, Die Confession der Kinder (1890) 325[6], annehmen müssen, daß diese Verträge ein Recht des Staats, die Schulpflicht auf Ausländer zu erstrecken, zur Voraussetzung haben. Entsprechendes gilt für die bayerisch-hessische Vereinbarung. Für Württemberg freilich bleibt auch hier eine ungelöste Schwierigkeit.

[33]) Löning, Zorn, Dirksen a. a. O.; Stoerk bei v. Holtzendorff, Völkerrecht 2, 632; R. v. Landmann, Gewerbeordnung[4] (1903) § 135 N. 4. Vgl. auch v. Overbeck, Niederlassungsfreiheit und Ausweisungsrecht 105.

[34]) Droit civil international 5, 161 ff. n. 75 ff; 8, 160 f. n. 102.

[35]) Theorie und Praxis 1, 97[9] und 283[8], unter Berufung auf G. Fusinato, il principio della scuola italiana nel diritto internazionale privato (1885) 85.

[36]) Droit international privé 2, 116 ff. n. 608 f.

[37]) J. Tchernoff, Protection des nationaux résidant à l'étranger (1899) 489 ff.

statut eine abweichende Richtung gäbe. Und doch ist bei den staatlichen Schulgesetzen nicht eine Verpflichtung der Eltern gegen das Kind, sondern ein unmittelbares Rechtsverhältnis zwischen der Staatsgewalt und den von ihrem hoheitlichen Willen betroffenen Privatpersonen (Eltern oder Kind oder beide Teile) in Frage; und erst mittelbar wird der Inhalt dieses staatlichen Machtgebots auch zur Richtschnur für die Erziehungspflicht der Eltern den Kindern gegenüber, nicht anders etwa, als sie bei Verwaltung des Kindsvermögens an die staatlichen Steuergesetze gebunden sind.

Zu den privatrechtlichen Gesichtspunkten, die hier ausgeschaltet werden müssen, gehört aber noch ein zweites. In Hessen und Sachsen und mancherlei Verträgen wird die Schulpflicht der Ausländer im Inland nach heimatlichen Gesetzen bemessen. Die Reichsgewerbeordnung gestattet die gewerbliche Beschäftigung von Kindern über 13 Jahren, wenn sie nicht mehr zum Besuch der Volksschule verpflichtet sind: v. Landmann meint, es werde bei einer Beschäftigung von Ausländern (mangels abweichender Sonderbestimmungen) hinsichtlich der Schulpflicht ihr heimatliches Recht entscheidend sein. Und doch werden hier arglos privatrechtliche Gewöhnungen übernommen, die es gestatten, innerhalb eines Rechtsverhältnisses zwischen Privatpersonen vom Boden der einen Rechtsordnung aus auch fremdes Zivilrecht zur Anwendung zu bringen. Und doch handelt es sich bei der Schulpflicht um ein Rechtsverhältnis des öffentlichen Rechts, bei welchem der Staat nicht nur Schlichter, sondern Partei ist, die Schulpflicht wird nicht schlechtweg, sondern einem einzelnen bestimmten Staat geschuldet. Es ist hier wie sonst im öffentlichen Recht die grundsätzliche Frage nicht: kommt das Recht des einen oder des andern Staates zur Anwendung? sondern: ist der Sachverhalt der Zuständigkeit dieses bestimmten Staates unterworfen oder nicht? Und wenn er der Zuständigkeit dieses Staats nicht unterworfen ist, so folgt daraus nicht, daß in eben diesem Staat nun irgend ein anderes in Bezug auf den fraglichen Sachverhalt geschehen müsse, sondern es bleibt dieser Staat an dem Sachverhalt unbeteiligt. Auf die Schulpflicht angewendet: die Schulpflicht ist entweder im Verhältnis zu einem bestimmten Staat begründet, oder sie besteht in Bezug auf diesen Staat überhaupt nicht, er bleibt untätig gegenüber dem Unterrichtsbedürfnis von Kindern, über die er keine Zuständigkeit besitzt. Damit soll die Möglichkeit von Vorschriften, die auf ausländische Kinder im Inland ausländisches Schulrecht anwenden, nicht etwa in Abrede gestellt werden; aber ihr Sinn ist ein anderer, als man gewöhnlich annehmen wird. Wenn Sachsen Ausländer dem Fortbildungsunterricht nur so lange unterwirft, als es deren heimatliches Recht vorschreibt, so hat das doch eine Schulpflicht zur Voraussetzung, die Sachsen geschuldet wird, und innerhalb seiner Zuständigkeit mag dann Sachsen Unterscheidung treffen zwischen Inländern und Ausländern, es zweckmäßig finden, gegenüber Ausländern Kosten zu sparen, die der eigene Heimatstaat in solchem Fall für sie auch nicht aufgewendet hätte — eine Unterscheidung zwischen Inländern und Ausländern im Rahmen der innerstaatlichen Gesetzgebung, nicht anders als diese Gesetzgebung sonst für Männer und Frauen, für Adelige und Bürger, für Gesunde und Kranke verschiedenerlei Vorschriften trifft. Wo solche Abstellung auf ausländisches Schulrecht vorkommt, bedeutet sie somit nicht die Lösung einer Grenzfrage, sondern eine materiellrechtliche Verweisung, welche die Bejahung der inländischen Zuständigkeit zur Voraussetzung hat.

Und nunmehr, wie weit erstreckt sich der Schulzwang des Inlands? Man hat ihm Geltung für die Staatsangehörigen zugeschrieben, deshalb weil es sich dabei um öffentliches Recht handle, weil die Schulpflicht Zwecken des Staates diene;[38]) und doch gibt es selbstverständlich auch öffentlichrechtliche Verbindlichkeiten, die den Ausländer treffen. Man hat ihm häufig territoriale Geltung beigemessen,[39]) weil es sich um eine polizeiliche Vorschrift handle; indessen von Polizei läßt sich hier nur in einem sehr weiten Sinn sprechen,[40]) als gleichbedeutend etwa mit Staatszwang in persönlichen Angelegenheiten, und die Annahme, daß aller solche Zwang territorial wirke, kann zum mindesten nicht als selbstverständlich vorausgesetzt werden.

Es wird erforderlich sein, auf das besondere Wesen der Schulpflicht abzustellen,[41]) dabei zunächst die Stellung der Ausländer im Inland ins Auge zu fassen. Der Wunsch, dem Einzelnen die Wohltat des Unterrichts zukommen zu lassen, wird den Staat veranlassen, für die Bereitstellung von Unterrichtsanstalten Sorge zu tragen, und es mag sein, daß ein Staat sich darauf beschränkt, solche Förderung den eigenen Staatsangehörigen zu gewähren. Ein Zwang, diese Unterrichtsanstalten zu besuchen, wird aber nicht das private, sondern das öffentliche Interesse im Auge haben, der Staat verspricht sich aus dem Schulbesuch einen Nutzen für die Gesamtheit, und er wird darum diesen Zwang auf jedermann ausdehnen, von dem ein solcher Nutzen zu gewärtigen ist. Man hat dem Schulzwang eine wesentlich politische Bedeutung zugeschrieben, und in der Tat, wenn er zur

---

[38]) Joos a. a. O.; Kammergericht 12. X. 1891.

[39]) Vgl. außer den oben genannten die französische Ministerialentschließung von 1882, das Urteil von Resson, Wallon, sowie Rr. und Pözl a. a. O.

[40]) Vgl. schon die Einwendungen Seydels a. a. O. 648[44].

[41]) Folgerungen aus dem zufälligen Wortlaut eines Gesetzes, das keinem technischen Sprachgebrauch folgt, sind auch hier so unfruchtbar wie in vielen anderen Fällen.

Ausübung der öffentlichen Wahlrechte fähig macht, wenn er der Ableistung der Wehrpflicht erhöhten Wert verleiht, so hat das regelmäßig nur für die eigenen Staatsangehörigen Bedeutung. Allein die allgemeine Schulpflicht ist weit entfernt, ihre Bedeutung in diesen Wirkungen zu erschöpfen. Das gesamte Staatsleben in Gesetzgebung und Verwaltung hat heute ein Mindestmaß von Bildung bei der Bevölkerung zur Voraussetzung, man denke an die deutschen Arbeiterversicherungsgesetze. Dazu die Bedeutung der Maßregel für die öffentliche Sicherheit, schon negativ, insofern sie die Kinder vor der Straße bewahrt und allen Gefahren, die daraus drohen, darüber hinaus, wenn es gelingt, den Kindern sittliche Anschauungen einzuprägen. Das alles gilt für Inländer und für Ausländer im Inland gleichmäßig. Dasselbe, wenn man den wirtschaftlichen Wert einer Schulbildung ins Auge faßt; der Fremde, der den deutschen Acker sachgemäß bewirtschaftet, hat das deutsche Volksvermögen bereichert. Und jenseits der engen nationalen harren die Interessen der Menschheit.[42]) Man hat einer Erstreckung des Schulzwanges auf Ausländer gelegentlich entgegengehalten, daß der Staat Fremde, welche ihre Kinder ohne genügenden Unterricht aufwachsen lassen, ausweisen könne. Allein abgesehen davon, daß dieser Weg nicht immer gangbar ist,[43]) die Notwendigkeit einer Ausweisung zeigt, daß der Staat den mangelnden Unterricht als Nachteil empfindet. Der Umweg wäre veranlaßt, wenn dem Staat die rechtliche Möglichkeit mangelte, solche Verpflichtung wie den Inländern so auch den Ausländern aufzuerlegen. Ein Satz aber, der verböte, Ausländern Pflichten öffentlichrechtlichen Inhalts aufzuerlegen, besteht nicht.[44])

---

[42]) Erwägungen für und wider die Angemessenheit eines Schulzwanges gegen Ausländer bei Protitch, in der Erörterung Bd. 29 des Journal einerseits, und andererseits bei Laurent, v. Bar, Despagnet, Antoine, Weiss, Tchernoff, in dem Urteil des Polizeigerichts Resson, bei Rr. in den Blättern für administrative Praxis 18. Tchernoff verweist auch auf die Einwanderungsgesetze mancher Staaten, die von jedem Einwanderer den Nachweis eines Mindestmaßes von Schulbildung verlangen.

[43]) Ein Bayer wohnt in Berlin und verweigert, sein Kind zur Schule zu schicken. Gilt das preußische Schulrecht nur für Staatsangehörige — Bayern bekümmert sich nicht um den Schulbesuch von Personen auswärtigen Wohnsitzes, und eine Ausweisung des Bayern aus Berlin ist nach dem Freizügigkeitsgesetz ausgeschlossen.

[44]) v. Seydel glaubt, die Schulpflicht der Ausländer aus der Gebietshoheit des Staats herleiten zu können. Indessen ist es nicht nur ungenau, die Verbindlichkeit der Schulgesetze von dem Aufenthalt des Verpflichteten im Land abhängig zu machen (vgl. unten S. 220 f., 224 f.), die ganze Aufstellung scheint mir ein ὕστερον πρότερον zu bedeuten. Die Gebietshoheit in ihrer Richtung gegen den Einzelnen ist keine geheimnisvolle Kraft, die, über dem Staatsboden lagernd, jeden Fremdling ergreift, der diesen Boden betritt; sondern es gibt umgekehrt eine größere Anzahl staatlicher Vorschriften, deren Geltungsbereich

Als Ausfluß der Staatsangehörigkeit betrachtet, müßte der Schulzwang auch den Inländer im Ausland verpflichten. Der Preuße in China wäre verpflichtet, seine Kinder in eine preußische Schule zu schicken oder doch in eine solche, welche die preußische Unterrichtsverwaltung nach freiem Belieben für gleichwertig erklärt; wird die Zustimmung der Unterrichtsverwaltung versagt, so würde das ein Aufenthaltsverbot im Ausland bedeuten — die Ergebnisse sind absurd genug, um nicht weiter verfolgt werden zu brauchen. Und so wird man es in der Tat positiv und negativ als den Ausdruck der Eigenart des Rechtsverhältnisses annehmen müssen, daß dem Schulzwang räumliche Geltung zukommt.

Aber freilich in dem Problem des Schulzwanges der Ausländer sind Fragen von verschiedener Tragweite inbegriffen. Die Schriftsteller, die sich mit der Angelegenheit beschäftigen, pflegen an die Alternative Unterricht oder völlige Vorenthaltung eines solchen zu denken, und es ist gegenüber Eltern, die ihren Kindern jeden Unterricht versagen wollten, eine räumliche Wirksamkeit des Schulzwanges allerdings unabweislich. Dieselben Erwägungen, wenn auch abgeschwächt, gelten für die Abgrenzung der Dauer der Schulpflicht. In der Praxis jedoch treten meist andere Konflikte in den Vordergrund: das Kind erhält seinen reichlichen Unterricht, aber mit einem Inhalt, der den staatlichen Interessen zuwider ist. Der Staat unterhält Konfessionsschulen, das Kind soll dem Religionsunterricht entzogen werden, der Staat verbannt den Religionsunterricht aus der Schule, das Kind wird einer Klosterschule übergeben; oder es handelt sich um nationale Gegensätzlichkeiten, der Einwohner von Schleswig schickt sein Kind in die dänische, der Lothringer in die französische Schule, und es ändert sich dabei nicht nur der Lernstoff (in Sprache, Geographie, Geschichte), sondern auch der Geist, in dem der Stoff vorgetragen wird. Hier überall, wo nicht das Maß, sondern der Inhalt des Unterrichts den Gegenstand staatlicher Einwirkung bildet, bedarf die Frage, ob solche Verpflichtungen über den Kreis der Staatsangehörigen hinaus auferlegt werden können, einer selbständigen Würdigung. Die Antwort ist besonders zweifelhaft, wo der Staat örtlich relevante Kenntnisse und politisch beeinflußten Unterricht fordert, der ja in der Tat zunächst nur für seine eigenen Angehörigen bestimmt sein kann. Und doch sind diese Kenntnisse, ist diese Einflußnahme zwar nicht für alle Fremden im Land, wohl aber für diejenigen wichtig, die sich zu dauerndem Aufenthalt im Staatsgebiet niedergelassen haben; hat der Staat doch[45]) ein besonderes Interesse

---

nach ihrem besonderen Inhalt auf Tatbestände beschränkt ist, die sich im Staatsgebiet verwirklichen, und die man dann nachträglich zu einer Gebietshoheit zusammenrechnen mag.

[45]) Ein Gesichtspunkt, den auch Tchernoff berührt.

an der Verschmelzung der von ihm für dauernd aufgenommenen Fremden, und im Schulzwang ein Mittel, die Verschmelzung zu befördern. Wo bei der Schulpflicht ein religiöser Zwang in Frage kommt, tritt das staatliche Moment ohnehin zurück; Zwang in Glaubenssachen trifft auch sonst Inländer und Ausländer. Und andererseits, für Inländer im Ausland müßte eine Überwachung auch über den Inhalt des Schulunterrichts versagen. So wird man also auch hier dem Schulzwang territoriale Geltung zuschreiben müssen, deren Intensität freilich keineswegs die gleiche sein braucht wie dort, wo Bestand uud Dauer des Unterrichts in Frage kommen. Und exterritoriale Personen mit Aufenthalt im Inland werden angesichts solcher Einflußnahme auf die Art des Unterrichts allerdings eine materiellrechtliche Befreiung vom Schulzwang in Anspruch nehmen dürfen.[46])

Wohnsitz und Aufenthalt.

3. Ist die Geltung der Schulpflicht im Zweifel räumlich begrenzt, so steht damit noch nicht fest, welcher Art die Beziehung zum Staatsgebiet sein muß, um die Verpflichtung zum Schulbesuch in Wirksamkeit zu setzen. Gerade hier nun scheint der eben entwickelte Unterschied praktisch zu werden. Um einer staatlichen Überwachung über die Art des Unterrichts ausgesetzt zu sein, müssen die Beteiligten ihren Wohnsitz oder doch ihren dauernden Aufenthalt im Staatsgebiet haben. Um unterrichtslose Kinder zur Schule zu zwingen, bedarf es keiner dauernden Verbindung mit dem Aufenthaltsstaat. Die sicherheitspolizeilichen Bedenken gegen müßiggehende Kinder werden auch bei beschränktem Aufenthalt rege, und insbesondere, wenn der Staat den Unterricht als Kulturpflicht erfaßt hat, so kann ihm die Erfüllung dieser Pflicht nicht wohl deshalb verwehrt werden, weil ihr unmittelbarer Gewinn mehr oder minder fremden Gemeinschaften zugute kommt. Seine Grenze findet der Schulzwang nach dieser Richtung erst in schultechnischen Erwägungen. Der Unterricht fordert seiner Natur nach ein gewisses Mindestmaß der Dauer, um Bedeutung zu erlangen. Wenn der Aufenthalt im Inland in Würdigung der Umstände des einzelnen Falles unter dieser Grenze bleibt, wird dem Staat für eine Anwendung des Schulzwangs die Zuständigkeit mangeln.[47])

[46]) Vgl. etwa Rr., Blätter für administrative Praxis 18, 75[12]; v. Seydel, Staatsrecht 3, 648[48]; § 23 der bayerischen Verordnung 4. VI. 1903. Entsprechend auch Strisower (zit. oben S. 66 Anm. 12) 909, weil es sich hiebei um eine Ausübung der obervormundschaftlichen Gewalt handle.

[47]) Übereinstimmend Despagnet, précis [2] 418. Im allgemeinen fordert die Literatur für eine Geltung der Schulgesetze Wohnsitz, Niederlassung, dauernden Aufenthalt, schließt wohl auch (Rr. in den Blättern für administrative Praxis, v. Bar, Tchernoff) einen vorübergehenden Aufenthalt ausdrücklich aus von der

Vorübergehende Abwesenheit beeinträchtigt die Geltung der Schulgesetze nicht. Aber auch eine Abwesenheit von längerer Dauer vermag die auf Wohnsitz oder gewöhnlichen Aufenthalt gegründete Schulpflicht nicht zu beseitigen. Wenn der Staat für die Durchführung seiner Verwaltung, im Interesse der Volkswirtschaft und des Rechtsfriedens ein gewisses Maß von Schulbildung verlangt, wenn er aus politischen und religiösen Rücksichten auf den Inhalt des Unterrichts Einfluß nimmt, so werden die Früchte dieses Unterrichts vorzugsweise dort wirksam werden, wo die Person mit dem öffentlichen Leben dauernd verbunden ist, an ihrem Wohnsitz somit oder gewöhnlichen Aufenthaltsort; der Aufenthaltsort im Zeitpunkt des Erwerbs dieser Kenntnisse ist dafür gleichgültig. Die Frage hat die Praxis schon mehrfach beschäftigt, ohne freilich immer in ihrer Eigenart erkannt zu werden. Personen inländischen Wohnsitzes bringen ihre Kinder in ausländische Schulen unter; sind die inländischen Schulgesetze, die für den Besuch fremder Schulen Genehmigung fordern, auf solchen Fall überhaupt anwendbar? Die Vorfrage, ob es für die Anwendbarkeit des inländischen Schulrechts genügt, wenn die vorausgesetzte Beziehung zum Inland auch nur auf seiten des Erziehungsberechtigten gegeben ist, muß hier noch offen bleiben. Aber gilt das inländische Schulrecht noch für ein Kind, das, im Ausland untergebracht, seinen Aufenthalt für geraume Zeit nicht mehr im Inland, sondern im Ausland besitzt? In einer Reihe von Urteilen hatte das Kammergericht preußisches Schulrecht ohne weitere Erörterung zum Ausgangspunkt genommen.[48]) Da erklärt eine Entscheidung vom 5. Februar 1894: „Veranlaßt ein Vater, daß sein Kind in Bayern erzogen wird und daselbst seinen dauernden Aufenthalt nimmt, so ist die Frage, ob der Vater dem Schulzwang genügt hat, nicht nach den für seinen Wohnort geltenden Vorschriften, sondern nur nach den für Bayern maßgebenden Bestimmungen zu entscheiden; ein vorübergehender Aufenthalt des Kindes in Preußen ist unerheblich.“[49]) Und ein weiteres Urteil vom 19. November 1900[50]) spricht die Mutter frei, die, in Preußen wohnhaft, ihr Kind ohne besondere Er-

---

Berücksichtigung. Der Entwurf der bayerischen Abgeordnetenkammer hat einen Aufenthalt von mindestens 3 Monaten, v. Bar — viel zu lang — einen solchen von wenigstens 5 Jahren vorgeschlagen. Man denke an einen mehrjährigen Aufenthalt des Kindes fern von seinem Wohnsitz, wenn auch der Wohnsitzstaat Schulbesuch fordert. Und bei einer Verlegung des Wohnsitzes können solche Karenzzeiten von vornherein nicht beachtet werden. — Über das *domicile autorisé*, das eine französische Ministerialentschließung gefordert hatte, Despagnet a. a. O. 417, auch Journal 29, 95.

[48]) Vgl. unten Z. 5; insbesondere auch das dort angeführte Urteil des Oberlandesgerichts Colmar.

[49]) Archiv für Strafrecht (1894) 42, 166 **) (Auszug).

[50]) Jahrbuch 21 C, 37.

laubnis eine österreichische Schule besuchen läßt: „Zum Besuch einer bestimmten öffentlichen Volksschule O.'s verpflichtet sind jedenfalls nur Kinder, welche im Bezirke dieser öffentlichen Schule ihren dauernden Aufenthalt haben . . . Über den dauernden Aufenthalt eines Kindes rechtsgültig zu verfügen, ist nach § 1631 BGB. Sache der elterlichen Gewalt." Soweit in diesen Fällen etwa ein selbständiger Wohnsitz des Kindes am Schulort begründet, der frühere Wohnsitz in Preußen aufgehoben wurde, waren die Entscheidungen ja freilich gerechtfertigt; der bloße Erziehungsaufenthalt im Ausland, neben dem der preußische Wohnsitz fortdauerte, vermochte ihnen keine ausreichende Grundlage zu geben. Die jüngste Rechtsprechung des Kammergerichts[51]) ist denn auch wieder auf den früheren Standpunkt zurückgekommen: die privatrechtliche Befugnis des Erziehungsberechtigten, über den Aufenthalt zu bestimmen, vermöge nicht in öffentlichrechtliche Verpflichtungen einzugreifen. Die Kernfrage freilich, ob denn die öffentlichrechtliche Verpflichtung fortdauert, auch wenn das Kind sich nicht mehr im Inland befindet, ist dabei nicht zur Erörterung gelangt.

Die maßgebende Person.

4. Aber welche Person ist es, deren Beziehung zum Inland überhaupt entscheidet, um das inländische Schulrecht in Wirksamkeit zu setzen? Gewiß ist, daß der Wohnsitz oder Aufenthalt des Kindes im Staatsgebiet diese Wirksamkeit auslöst, auch dann, wenn der Erziehungsberechtigte seinen Wohnsitz oder Aufenthalt im Ausland hätte.[52]) Wie aber im gegenteiligen Fall, wenn nur der Erziehungsberechtigte, nicht auch das Kind durch Wohnsitz oder Aufenthalt mit dem Inland verbunden ist? Es wird hier ein bezeichnender Unterschied gegenüber den staatlichen Vorschriften über religiöse Erziehung nicht zu verkennen sein. Die Glaubensgesellschaften haben ein Interesse, ihren Bestand durch Aufnahme des Nachwuchses sicherzustellen; sie machen es darum dem Erzieher zur Gewissenspflicht, das heranwachsende Geschlecht ihnen zuzuführen, und der Staat

---

[51]) Urteile vom 23. I. 1902, Jahrbuch 23 C, 110; 11. I. 1904, Centralblatt für die Unterrichtsverwaltung 1904, 365. Nach v. Kamptz-Delius a. a. O. jetzt wieder ständige Praxis.

[52]) So ausdrücklich (unter dem Gesichtspunkt der Staatsangehörigkeit) Vincent-Pénaud n. 23 und Journal 29, 96; auch Art. 3 des französisch-schweizerischen Vertrages geht von dieser Voraussetzung aus. Vgl. ferner Oberlandesgericht Cöln unten Z. 8. — Nach Bornhak, Preußisches Staatsrecht 3, 675 bedeutet die Schulpflicht eine Verbindlichkeit nicht des Kindes, sondern des Erziehungsberechtigten; denn eine öffentlichrechtliche Verpflichtung könne selbstverständlich nur handlungsfähigen Personen auferlegt werden. Und Steuerpflichten des elternlosen Kindes?

mag diese Gewissenspflicht zur Rechtspflicht steigern. Den Kreis der schulpflichtigen Kinder erweitert zu sehen, besitzt der Staat keinerlei Interesse. Haben des Unterrichts bedürftige Kinder im Inland ihren Wohnsitz oder Aufenthalt, so werden alle die Erwägungen lebendig, die dem Staat zur Auflegung des Schulzwangs Veranlassung geben; ein solches Bedürfnis für das Inland durch einen Druck auf den Erziehungsberechtigten künstlich zu schaffen, wäre sinnlos. Beziehungen, die nur der Erziehungsberechtigte zum Inland hat, vermögen eine Schulpflicht nicht zu begründen.[53]) Es darf nicht irreführen, daß den Erzieher im Rahmen des Schulrechts mannigfach selbständige Verpflichtungen treffen; er haftet vielleicht mit eigenem Vermögen für das Schulgeld, Schulversäumnisse des Kindes machen ihn persönlich strafrechtlich verantwortlich. Aber alles das sind nur Verbindlichkeiten des Erziehungsberechtigten, die entstehen, wenn eine Schulpflicht für das Kind begründet ist; die Frage, ob eine solche besteht, ist dafür präjudiziell.[54])

Gleichwertigkeit eines Schulbesuches im Ausland.

5. Ergeben die im vorausgehenden festgestellten Anknüpfungen, daß ein Kind der Schulpflicht eines Landes unterworfen ist, so bleibt doch die Möglichkeit bestehen, daß einer durch das Inland auferlegten Schulpflicht damit Genüge getan wird, daß das Kind eine Schule des Auslands besucht; eine Auslegungsfrage des materiellen Schulrechts der einzelnen Staaten, die von Land zu Land möglicherweise verschieden beantwortet werden muß. Insoweit ein Staat den Besuch der öffentlichen Schulen vorschreibt, werden darunter wohl allerwärts nur die Schulen des eigenen Gebietes verstanden sein. Im übrigen aber entscheidet offenbar der Umfang, in dem ein Privatunterricht der Schulpflicht zu genügen vermag. Wo ein solcher Privatunterricht den öffentlichen Schulbesuch nur unter der Voraussetzung entbehrlich macht, daß es sich um bestimmte im voraus anerkannte Lehranstalten handelt oder besondere Erlaubnis vorliegt (Bayern), daß der Unterricht unter Überwachung der inländischen Behörden erfolgt (Sachsen), von Lehrkräften erteilt wird, die das Inland qualifiziert hat (Sachsen, Elsaß-Lothringen) — da kann ein Schulbesuch im Ausland die gesetzlichen Erfordernisse nicht erfüllen. Demgemäß haben die Gerichte Elsaß-Lothringens wiederholt Strafen verhängt, als Kinder aus den Reichs-

---

[53]) So im Ergebnis auch die angeführten Urteile des Kammergerichts 5. II. 1894 und 19. XI. 1900.

[54]) Dagegen steht eine etwaige privatrechtliche Verpflichtung des Vaters, für den Unterricht des Kindes Sorge zu tragen, nach deutschem internationalen Privatrecht im allgemeinen unter dem Personalstatut des Vaters.

landen in französische Schulen geschickt wurden.[55]) Und wenn das sächsische Kultusministerium für die Kinder inländischer Staatsangehöriger Erlaubnis fordert, wenn sie Schulen jenseits der Grenze besuchen wollen, nicht aber für die Kinder von Ausländern, die der Schulpflicht des Inlands nicht unterlägen,[56]) so ist dabei zwar die Voraussetzung, aber nicht die Folgerung zu beanstanden. Nicht ebenso dürften die Verhältnisse für Preußen liegen. In Preußen ist der Privatunterricht in seiner Eigenschaft als Ersatz des öffentlichen Unterrichts meines Wissens gesetzlich nicht beschränkt; insbesondere ist auch die vorgeschriebene Beaufsichtigung des Privatunterrichts durch staatliche Behörden nicht mit der Schulpflicht in Verbindung gebracht. Und nur inhaltlich hat die Verfassung die Schranke aufgerichtet, daß es ein Unterricht sein muß, „welcher für die öffentlichen Volksschulen vorgeschrieben ist". Daraus aber folgt, daß der preußischen Schulpflicht auch durch einen Schulbesuch im Ausland genügt werden kann, sofern der dortige Unterricht nur den geeigneten Inhalt aufweist. So hat in der Tat einmal das Kammergericht entschieden,[57]) und es ist von Schwartz vertreten worden.[58]) Eine heute ständig gewordene Praxis indessen erklärt einen solchen Unterricht für unzulässig.[59])

Verfügungen, welche den auswärtigen Schulbesuch im einzelnen Fall für ausreichend erklären, sind wohl überall zugelassen. Und auch den früher erörterten Staatsverträgen wird öfter entnommen, daß der Schulbesuch in einem der Vertragsstaaten demjenigen im Inland ohne weiters als gleichwertig gelten solle.[60]) Nachdrücklich

---

[55]) Oberlandesgericht Colmar oben Anm. 27; Landgericht Metz Journal 24, 1113. Entsprechend A. Leoni-K. Mandel, Das öffentliche Recht Elsaß-Lothringens (1895) 2, 273[4]; W. Coermann, Die Strafgesetze Elsaß-Lothringens (1897) 146.

[56]) Verordnung vom 25. VIII. 1874 § 5 III und vom 12. IV. 1877; v. Seydewitz, Codex 416. S. auch oben Anm. 30. Entsprechend v. Feilitzsch a. a. O. (oben Anm. 4).

[57]) Urteil vom 9. II. 1885 Jahrbuch 5, 390. Die Urteile von 1894 und 1900 oben S. 220f. kommen zu demselben Ergebnis, aber mit durchaus abweichender Begründung.

[58]) Verfassungsurkunde[2] 87.

[59]) Urteile des Kammergerichts vom 12. X. 1882 Centralblatt für die Unterrichtsverwaltung 1883, 151; 18. IX. 1890 Jahrbuch 11, 315; die Urteile von 1902 und 1904 mit der Bemerkung von v. Kamptz-Delius oben Anm. 51. Vgl. auch das Urteil von 1891 oben Anm. 6. Entsprechend C. F. Koch-Hinschius, Allgemeines Landrecht für die preußischen Staaten[8] (1886) 4, 731 [82a]; Groschuff-Eichhorn-Delius (zit. Anm. 7) 447 unter Anführung zweier weiterer kammergerichtlicher Urteile vom 27. VI. 1895 und 4. XII. 1899; v. Bitter, Handwörterbuch 2, 424.

[60]) So Oberlandesgericht Colmar a. a. O., ihm folgend Leoni-Mandel. Kammergericht 23. I. 1902 Jahrbuch 23 C, 110 und darnach Groschuff-Eichhorn-Delius.

aber sei daran erinnert, daß alle diese Fragen erst dann aufgeworfen werden können, wenn zuvor feststeht, daß das Schulrecht des Inlands auf den Fall zur Anwendung kommt.

Beziehungen zum Strafrecht.

6. Schulversäumnisse sind strafbar und fallen in ihrer Eigenschaft als strafbare Handlungen unter das internationale Strafrecht. Das Verhältnis des internationalen Strafrechts zum internationalen Verwaltungsrecht hat der Praxis zuweilen zu schaffen gegeben. Ein Urteil des Kammergerichts[61]) erklärt den Belgier preußischen Wohnsitzes für straflos, der sein Kind ohne Erlaubnis in einer belgischen Unterrichtsanstalt untergebracht hatte: die Pflicht, eine solche Erlaubnis einzuholen, obliege nur preußischen Eltern. „Das in § 3 des Reichsstrafgesetzbuchs aufgestellte sogenannte Territorialprinzip ist hier nicht anwendbar, sollte dasselbe auch nicht nur auf die Reichsstrafgesetze, sondern auch auf die Landesstrafgesetze zu beziehen sein. Das Reichsstrafgesetzbuch hat auch selber den aufgestellten Grundsatz in den §§ 140, 142, 143 durchbrochen.“ Interessante Beiträge liefert ferner die bayrische Praxis. Ein in Bayern schulpflichtiger Bursche und dessen Vater hatten in einem badischen Ort zum Tanz aufgespielt; Verurteilung des Sohnes, weil er als sonntagsschulpflichtig einer öffentlichen Tanzunterhaltung angewohnt, des Vaters, weil er dazu die Erlaubnis gegeben (Polizeistrafgesetzbuch Art. 56). Es wird Revision ergriffen, weil wegen Besuches von Tanzlokalen in Baden Strafbestimmungen weder gegen Schulpflichtige, noch gegen deren Eltern bestehen. Das Oberlandesgericht München hebt auf, indes nicht aus den von der Revision geltend gemachten Gründen, sondern weil die reichsrechtlichen Vorschriften über internationales Strafrecht auch für das bayrische Polizeistrafgesetzbuch Geltung hätten, nach § 6 RStGB. aber im Ausland begangene Übertretungen in der Regel nicht strafbar seien.[62]) Ganz ähnlich ein zweiter Fall, in dem der schulpflichtige Bursche mit Erlaubnis der zuständigen sächsischen Behörde in Sachsen zum Tanz aufgespielt hatte; wiederum wird der Sohn vom Obersten Landesgericht[63]) freigesprochen, die verwitwete Mutter dagegen, die nicht mitgegangen und die Erlaubnis in Bayern gegeben hatte, verurteilt, da ihre strafrechtliche Verantwortlichkeit selbständig

---

[61]) Vom 12. X. 1891, Zeitschrift für französisches Zivilrecht 23, 112.

[62]) Urteil vom 27. V. 1899, Sammlung von Entscheidungen in Strafsachen 10, 205. Daß freilich der Vater seine Erlaubnis erst im Ausland erteilt hätte, ist eine bedenkliche Annahme.

[63]) Urteil vom 22. IX. 1904, Sammlung von Entscheidungen des Obersten Landesgerichts in Strafsachen 5, 33.

und nicht davon abhängig sei, ob auch auf seiten des Kindes eine strafbare Handlung vorliege.

Die Strafe hat im Bereich des Verwaltungsstrafrechts nur die Aufgabe, einem unabhängig von der Strafdrohung bestehenden Rechtssatz des Verwaltungsrechts die Durchsetzung zu sichern. Erst muß das Verwaltungsrecht feststellen, was erlaubt oder verboten ist. Und dann, wenn eine rechtswidrige Handlung nach Verwaltungsrecht vorliegt, kommt weiter in Frage, wie weit sie unter Strafe gestellt werden kann. Die örtlichen Grenzen zu bestimmen, innerhalb deren dem inländischen Staat gegenüber eine Schulpflicht besteht, ist Aufgabe des internationalen Verwaltungsrechts. Und erst dann, wenn der Bestand einer solchen Pflicht dem Inland gegenüber feststeht, können die Grundsätze des internationalen Strafrechts eingreifen, die angeben, unter welchen örtlichen Voraussetzungen der Staat gegen Zuwiderhandelnde von seiner Strafgewalt Gebrauch machen will.[64]) Auf den vom Kammergericht entschiedenen Fall angewendet ergibt sich, daß das strafrechtliche Territorialprinzip mit dem Sachverhalt gar nichts zu tun hatte; ob Ausländer unter inländischem Schulrecht stehen, ist eine verwaltungsrechtliche, nicht eine strafrechtliche Frage. In jenen bayrischen Fällen dagegen war zunächst vom Standpunkt des Schulrechts aus festzustellen, daß, wenn im Inland eine Schulpflicht begründet war, auch die ergänzenden Vorschriften des inländischen Schulrechts zur Anwendung kommen mußten, gleichviel, an welchem Ort sich die Verpflichteten befunden haben;[65]) aber nun, nachdem feststand, daß ein Besuch der Tanzmusik auch außer Landes rechtswidrig war, ist das internationale Strafrecht mit seinen selbständigen Einschränkungen dazugetreten und erklärt, Strafe sei nicht veranlaßt, wenn eine rechtswidrige mit Übertretungsstrafe bedrohte Handlung im Ausland begangen wurde.

Andererseits ist der Besitz einer Strafzuständigkeit des Inlands wertlos, wenn die im Inland begangene Handlung das Schulrecht nicht des inländischen, sondern eines fremden Staates zum Gegenstand hat; denn Verwaltungseinrichtungen des Auslands genießen regelmäßig den Strafschutz des Inlands nicht.[66]) Eine ausdrückliche Gleichstellung indessen sieht nach dieser Richtung der schon erwähnte Art. 3 des französisch-schweizerischen Vertrags vor: „*Si la personne responsable de l'enfant réside sur le territoire de l'autre État, les autorités scolaires sont réciproquement tenues de se signaler les en-*

---

[64]) Vgl. Zeitschrift für die gesamte Strafrechtswissenschaft 23, 441 ff.

[65]) Anders freilich, wenn die Bestimmung in Art. 56 des Polizeistrafgesetzbuchs „vorwiegend sittenpolizeilicher Natur" wäre (Staudinger); vgl. unten § 22 Z. 2.

[66]) Das verkennt Schwartz oben Anm. 32.

fants qui n'observent pas les lois sur l'obligation de l'enseignement primaire, et les autorités du lieu de la résidence de la personne responsable sont compétentes pour sévir contre cette dernière de la même manière et en appliquant les mêmes pénalités que, si l'infraction avait été commise sur le territoire national." Es wird aus schulrechtlichen Gründen erforderlich sein anzunehmen, daß die Handlung nach dem Recht des fremden Staates, aus strafrechtlichen, daß sie zugleich nach dem Recht des strafenden Staates verboten sein muß.

Örtliche Satzungen.

7. Zumeist wird das Schulrecht eines Staats einheitlich für dessen Gesamtgebiet Geltung haben. Zuweilen setzt der Staat auch Sonderrecht für einzelne Gebietsteile, wie in Bayern, wo durch staatliche Anordnung die Schulpflicht für einzelne Gemeinden um ein Jahr verlängert werden kann. Auch hier mögen sich Zweifel über den Geltungsbereich solcher Anordnungen ergeben;[67]) es mangelt ihnen jedoch — im Verhältnis zu dem Rechtszustand anderer Gebietsteile desselben Staates — das Kennzeichen echten internationalen Verwaltungsrechts: das Nebeneinander autonomer Ordnungen. Echtes internationales Verwaltungsrecht bedeutet es hingegen, wenn § 120 der Reichsgewerbeordnung den Gemeinden und weiteren Kommunalverbänden gestattet, gewerbliche Arbeiter durch statutarische Bestimmung zum Besuch einer Fortbildungsschule zu verpflichten, und es soll der Geltungsbereich eines solchen Ortsstatuts festgestellt werden; wie es auch hieher gehören würde, wenn (wie früher in Bayern) eine Verlängerung der allgemeinen Schulpflicht durch autonomen Gemeindebeschluß eingeführt werden könnte. Und die Lösung wird für solche Statuten dieselbe sein müssen wie für Landesgesetze, soweit nicht die Eigenart der Bestimmung zu Abweichungen Veranlassung gibt. Deshalb hat auch hier die Staatsangehörigkeit des Schulpflichtigen außer Betracht zu bleiben,[68]) und es wird zunächst Wohnsitz und längerer Aufenthalt in der Gemeinde die Satzung anwendbar machen. Die auf die Reichsgewerbeordnung gegründeten Statuten indessen verfolgen den besonderen Zweck, gewerblichen Arbeitern die Fortbildung zu sichern, sie sind mit Rücksicht auf die Berufstätigkeit erlassen, und es ist darum nicht der Aufenthalt als solcher, sondern die Arbeit an einem Ort, die ein dort bestehendes Statut zur Geltung

---

[67]) Vgl. z. B. § 5a der bayerischen Verordnung vom 20. VI. 1907 (Gesetz- und Verordnungsblatt 499): ein Kind hat an seinem Aufenthaltsort der dort vorgeschriebenen siebenjährigen Schulpflicht genügt und siedelt in eine Gemeinde über, für die achtjährige Schulpflicht angeordnet ist.

[68]) Anerkannt für Statuten auf Grund des § 120 der Gewerbeordnung in einer sächsischen Ministerialverordnung vom 8. XI. 1876, obwohl Sachsen für das Schulrecht sonst nach der Staatsangehörigkeit unterscheidet. Vgl. darüber oben S. 209.

gelangen läßt. Das Kammergericht hat zutreffend entschieden, daß ein Ortsstatut, das die in der Stadt „befindlichen" Lehrlinge der Fortbildungsschulpflicht unterwirft, auch die außerhalb wohnenden, aber im Stadtbezirk beschäftigten Lehrlinge umfaßt;[69]) und ebenso, daß eine Fortbildungsschulpflicht nicht begründet sei, wenn ein entsprechendes Statut zwar am Wohnort, aber nicht am Arbeitsort des Lehrlings in Kraft stehe.[70]) Ein Urteil des Oberlandesgerichts Cöln[71]) führt den Gedanken noch weiter: als Arbeitsort sei dabei nicht der Betriebssitz, sondern der Ort der tatsächlichen Beschäftigung des Arbeiters anzusehen. Für den entschiedenen Fall wird dem zuzustimmen sein. Nicht die Verhältnisse des Arbeitgebers, sondern die des Arbeitnehmers haben die Maßregel veranlaßt. Der Unterricht soll die Berufstätigkeit des Jugendlichen ergänzen und muß sich in sein tägliches Leben einfügen lassen. Wenn er in Ausführung der ihm zugewiesenen Arbeit entfernt von dem Betriebssitz länger dauernden Aufenthalt nimmt, so kann ihn nur ein Statut dieses Orts der besonderen Schulpflicht unterwerfen. Immerhin bleibt es eine Schulpflicht, der er unterworfen wird, und es wäre verwunderlich, wenn eine Schranke, die entsprechend der Eigenart des Schulunterrichts sonst so nachdrücklich betont wird: daß nur ein länger dauernder Aufenthalt zur Unterstellung unter die Schulgesetze führen könne, in diesem Zusammenhang außer Acht bleiben sollte. Wenn das Kammergericht gelegentlich[72]) erörtert, an welchem der Beschäftigungsorte ein Arbeiter dem statutarischen Schulzwang unterworfen sei, wenn er an verschiedenen Tagen der Woche an verschiedenen Orten arbeite, so scheint mir die dabei vorausgesetzte Vielheit von Schulpflichten nicht annehmbar. Wird der Jugendliche von dem Ort der gewerblichen Niederlassung aus in verschiedenen Gemeinden vorübergehend beschäftigt, so erhalten diese Gemeinden kein Recht über ihn, und es dürfte unter solchen Umständen allerdings der Betriebssitz zuständig sein, den Jugendlichen unter sein Statut zu ziehen. — Eine Veränderung des Gemeindebezirks nach Erlaß derartiger Statuten hat auf ihren Geltungsbereich keinen Einfluß.[73])

Verpflichtungen dritter Personen.

8. Die Schulpflicht trifft (vgl. darüber oben Z. 4) den Jugendlichen, nicht den Erziehungsberechtigten oder den Arbeitgeber. Aber dem Erziehungsberechtigten können Hilfspflichten auferlegt sein, die

[69]) Urteil vom 29. X. 1903, Reger Entscheidungen 24, 282.

[70]) Urteil vom 22. II. 1904, Deutsche Juristenzeitung 1904, 605.

[71]) Vom 29. IV. 1903, Reger a. a. O. 24, 56.

[72]) In dem angeführten Urteil vom 29. X. 1903.

[73]) So auch Hertrich, Zeitschrift für die badische Verwaltung (1907) 39, 67, 69. Abweichend allerdings entscheidet Hertrich 67 f. für Ortsstatuten über die

Erfüllung jener Verbindlichkeit sicherzustellen; er hat den Jugendlichen zum Schulbesuch anzuhalten, für Beachtung der Disziplinarvorschriften Sorge zu tragen; der Lehrherr wird durch das Ortsstatut verpflichtet, den Lehrling, der in der Gemeinde Arbeiten verrichtet und dem Fortbildungsschulzwang unterliegt, anzumelden. Bedarf es einer besonderen Zuständigkeit gegenüber diesen Nebenbeteiligten? Die grundsätzliche Erörterung dieser Frage[74]) ist einer anderen Stelle vorzubehalten. Ihr Ergebnis aber ist auch hier: des Familienverbandes bedient sich der Staat als unbeschränkten Hilfsmittels, um jemand Zwecken dienstbar zu machen, die einen anderen Angehörigen der Familie zum Gegenstand haben. Ist das Familienverhältnis als solches öffentlichrechtlich keinem einzelnen Staat besonders unterstellt, so mag es jeder Staat zur Begründung einer öffentlichrechtlichen Solidarverpflichtung benutzen. Wenn eine Verbindlichkeit zum Schulbesuch im Inland für das Kind besteht, so sind Eltern, Pflegeeltern, Vormünder auch den ergänzenden Anordnungen des Inlands unterworfen, sofern sie nur tatsächlich für die Erziehung verantwortlich sind.

Nicht ebenso liegt es mit den Verpflichtungen des Arbeitgebers. Es ist eine Berufspflicht, die ihm das Gesetz auferlegt, wenn es ihn zur Unterstützung eines Schulbesuches seiner Arbeiter, zu einer Anmeldung beispielsweise, anhält; Berufspflichten aber kann nur der Rechtskreis auferlegen, in dessen Bereich der Beruf betätigt wird. Das oben angeführte Cölner Urteil hatte auch über die Frage zu entscheiden, ob ein Arbeitgeber zur Anmeldung seines Lehrlings verpflichtet ist, wenn zwar der Lehrling an diesem Ort in Beschäftigung steht, der Dienstherr dagegen dort weder wohnt, noch den Betriebssitz hat. Die Frage ist zutreffend bejaht worden; denn durch seinen Arbeiter ist auch der Dienstherr an jenem Ort gewerblich tätig gewesen.

§ 19. Die Zwangserziehung.

1. Ausgangspunkte. — 2. Zivilrechtliche Maßregeln. — 3. Zwangserziehung, veranlaßt durch strafbare Handlungen. — 4. Die selbständige Zwangserziehung des öffentlichen Rechts. Streitstand. — 5. Abgrenzung. — 6. Der Zögling im Ausland. — 7. Zivilrechtliche Heimschaffung. — 8. Verwaltungsrechtliche Heimschaffung. — 10. Mehrfache Zuständigkeit. — 10. Die Kosten.

Ausgangspunkte.

1. Das Maß der Einflußnahme, welches die Schule auf die Charakterbildung gestattet, genügt nicht gegenüber verwahrlosten Kindern. Es bedarf einer gesteigerten erziehlichen Einwirkung, um

---

Zahlung von Schulgeld; doch kann der Voraussetzung, von der aus das Ergebnis vertreten wird: daß alle Vorschriften über Gebührenerhebung für einverleibte Gebietsteile verbindlich sein müßten, nicht zugestimmt werden. S. Allgemeiner Teil.

[74]) Vgl. auch oben S. 48 f.

solche Jugendliche dem bürgerlichen Leben anzupassen; sie zu ermöglichen ist in letzter Reihe die Zwangserziehung berufen. Indessen ist hier eine sorgfältige Scheidung privatrechtlicher und verwaltungsrechtlicher Maßnahmen vonnöten.

Schon der Antrag der Eltern mag den Staat veranlassen, zur Unterbringung des Minderjährigen in einer Erziehungsanstalt seine Mitwirkung zu gewähren,[1]) materiellrechtlich ein Gegenstand der elterlichen Gewalt, insoweit eine Mitwirkung der Staatsgewalt dabei in Frage kommt, eine Angelegenheit der freiwilligen Gerichtsbarkeit. Wo die Person des Erziehungsberechtigten ein Hindernis für die Entwicklung des Minderjährigen bildet, setzt häufig eine Verschiebung der Erziehungsgewalt ein: der Staat entzieht dem Berechtigten die elterliche Gewalt oder doch die Sorge für die Person des Kindes, andere Personen, die Mutter vielleicht statt des Vaters, ein Vormund oder Pfleger rücken in diese Befugnisse ein. An sich außer Zusammenhang mit den hier zu behandelnden Fragen, ist die Einrichtung in Frankreich in eigentümlicher Weise fortgebildet worden: die elterlichen Rechte können ganz oder teilweise auf die öffentliche Armenpflege übergehen, Vormund der *pupilles de l'assistance* wird der Präfekt des Departements oder sein Vertreter; in seiner Eigenschaft als Vormund aber kann der Präfekt diese Kinder zur Erziehung in Familien unterbringen, während er allerdings von seinen weiterreichenden Befugnissen gegen den Zögling wohl nur in seiner Eigenschaft als Behörde der inneren Verwaltung Gebrauch macht.[2]) In Deutschland hat die kräftige Ausbildung der obervormundschaftlichen Gewalt eine zivilrechtliche Zwangserziehung in vollem Umfang möglich gemacht. Die §§ 1666, 1838 BGB. ermächtigen das Vormundschaftsgericht, anzuordnen, „daß das Kind zum Zweck der Erziehung in einer geeigneten Familie oder in einer Erziehungsanstalt oder in einer Besserungsanstalt untergebracht wird". Es handelt sich dabei um eine obrigkeitliche Anordnung gegenüber dem Erziehungsberechtigten,[3]) die seiner Erziehungsgewalt besonderen Inhalt gibt, und damit gleichfalls um freiwillige Gerichtsbarkeit.

Die *tutelle administrative*, die obervormundschaftlichen Anordnungen des deutschen Rechts gelten der Zukunft des K i n d e s. Aber eine Verwahrlosung der Jugend bedroht zugleich die öffentliche Sicherheit und Sittlichkeit. Ihre Verhütung bedeutet insoweit eine Sorge des Verwaltungsrechts. Ihr dient die eigentliche Zwangs-

[1]) BGB. §§ 1631 II, 1800. Code civil art. 375 ff.

[2]) Gesetze vom 24. VII. 1889; 19. IV. 1898; 18. und 27. VI. 1904; 11. IV. 1908.

[3]) Im Interesse ihrer Durchführung wird die Anordnung nach § 1666 in der Praxis wohl meistens mit einer Entziehung der Sorge für die Person des Kindes verbunden, und diese einem besonderen Pfleger übertragen werden. Aber die Einsetzung einer Pflegschaft ist nicht etwa rechtliche Voraussetzung der Maßregel.

erziehung. Die Zwangserziehung des öffentlichen Rechts ist staatlich durchgeführte Erziehung. Nicht bloß die Anordnung, daß Familien- oder Anstaltserziehung sein solle, sondern der Vollzug selbst wird zum Gegenstand öffentlichrechtlicher Regelung gemacht, und es erfolgt diese Durchführung nicht mit den Mitteln einer vom Privatrecht verliehenen *potestas*, sondern unmittelbar in Anwendung des staatlichen *imperium*.[4]) Die Anordnung eines solchen öffentlichrechtlichen Eingriffs bedarf keiner Ermächtigung durch die Zivilgesetze, ihre Ausführung nicht der Unterstützung eines Vormunds oder Pflegers, nicht der Überwachung der Vormundschaftsbehörde; die staatliche Verwaltung verdrängt den nach Privatrecht Erziehungsberechtigten und bestimmt Voraussetzungen und Formen ihres Vorgehens selbst. Die Schulgesetze, die Vorschriften über religiöse Erziehung verpflichten das Kind zu einer öffentlichrechtlichen Leistung. Die Erziehungsmacht aber hat keinen näher umgrenzbaren Inhalt, sie ist Herrschaft, die Befugnis zur Zwangserziehung Herrschaft öffentlichen Rechts; das Kind ist nicht Subjekt, sondern Objekt des Rechtsverhältnisses, das für den Staat daraus erwachsende Recht nächstverwandt dem öffentlichrechtlichen Eigentum als einer Sachbeherrschung mit den Mitteln des öffentlichen Rechts.

In ihrer ältesten Gestalt erscheint die Zwangserziehung des öffentlichen Rechts in strafrechtlichem Gewand. Nach dem Vorgang Frankreichs haben zahlreiche Gesetzgebungen[5]) die Bestimmung getroffen, daß Jugendliche, die eine strafbare Handlung begangen, neben und insbesondere statt einer Strafe der Zwangserziehung überwiesen werden sollen. Die Anordnung erfolgt hier durch den Strafrichter: aber selbstverständlich, die Maßregel wird dadurch nicht selbst zur Strafe, sie bleibt eine sichernde Maßnahme, die der Richter verhängt, deren Durchführung in Deutschland und anderwärts den Behörden der inneren Verwaltung überlassen bleibt. Manchmal be-

[4]) Daß die Zwangserziehung wider den Willen des Erziehungsberechtigten und des Zöglings durchgeführt wird, daß sie unter Aufsicht des Staats, auf öffentliche Kosten erfolgt, teilt sie unter Umständen mit den verwandten Maßregeln des Privatrechts. Ebensowenig besteht eine grundsätzliche Verschiedenheit der Tatbestände, an die die öffentlichrechtliche und die privatrechtliche Maßregel anknüpfen; dieselben §§ 1666, 1838, in denen das BGB. die privatrechtliche Zwangserziehung ordnet, werden durch ihre Aufnahme in die deutschen Landesgesetze zu Voraussetzungen öffentlichrechtlicher Zwangserziehung. Auf der andern Seite mögen auch an der Durchführung, nicht bloß an der Anordnung der privatrechtlichen Fürsorgemaßnahmen Amtspersonen beteiligt sein; das trifft bei der *tutelle administrative*, bei der auch dem deutschen Recht bekannten Anstaltsvormundschaft zu. Allein sie handeln dabei nicht in Ausübung der Staatsgewalt, und es ist nicht der Staat als solcher, sondern individuelle Amtspersonen, denen diese Befugnisse zustehen.

[5]) Rechtsvergleichung bei v. Lilienthal in Rechtsvergleichende Darstellung des deutschen und ausländischen Strafrechts (1908), Allgemeiner Teil 5, 117 ff.

schränkt sich die Mitwirkung des Strafrichters darauf, daß er den Jugendlichen der Verwaltung zur Verfügung stellt, während die Anordnung der erforderlichen Maßregeln selbst den Verwaltungsbehörden zukommt.[6]) Und wo die Strafunmündigkeit des Täters einer strafbaren Handlung den Strafrichter von vornherein ausschaltet, hat man die Anordnung der Zwangserziehung zuweilen einem Zivilrichter überwiesen.[7]) Daß eine solche Zuweisung die öffentlichrechtliche Art der Einrichtung nicht in Zivilrecht verwandelt, bedarf wohl keiner Ausführung.

Doch nicht nur für diese besonderen Fälle kommt eine Verschiebung in den Zuständigkeiten vor, wie sie der sicherheitspolizeilichen und sittenpolizeilichen Natur der Zwangserziehung gemäß sind. Und das gilt vor allem für Deutschland. Die Zwangserziehung des öffentlichen Rechts ist hier Sache der Einzelstaaten; aber das Reich[8]) erklärt die Maßregel nur dann für zulässig, wenn ihre Anordnung dem Vormundschaftsgericht übertragen wird. Auch Italien überweist die Anordnung der Zwangserziehung dem Gerichtspräsidenten.[9]) Die skandinavischen Staaten haben sie besonderen Organen übertragen, Norwegen und Dänemark einem Vormundschaftsrat, Schweden dem Gemeindeschulrat oder der gemeindlichen Erziehungsdeputation.[10]) In Frankreich ist der Präfekt zuständig.

Zivilrechtliche Maßregeln.

2. Die elterliche Gewalt, die Sorge für die Person des Kindes kann auch Ausländern im Inland entzogen werden, wenn das heimatliche Recht des Gewalthabers eine solche Entziehung zuläßt; eine auch von seiten des Heimatstaats anzuerkennende Zuständigkeit, die Maßregel auszusprechen, besteht für jeden Staat, in dessen Bereich ein Bedürfnis darnach auftritt. Daneben aber mag ein Staat im Bedarfsfall Ausländern diese Befugnisse von sich aus, in Anwendung seiner eigenen Gesetze absprechen, was allerdings auf internationale Anerkennung nicht rechnen kann.[11]) Die entstandene Lücke zu schließen ist wiederum, auch wenn die Schutzmaßregel anderwärts

---

[6]) Reichsstrafgesetzbuch § 362. Belgisches Gesetz 27. XI. 1891 Art. 24 ff.

[7]) Strafgesetzbücher der Niederlande Art. 38; Italiens Art. 53. Nicht hieher gehört § 55 des deutschen Strafgesetzbuches, der (mit Modifikationen) lediglich die verwaltungsrechtlichen Vorschriften der Landesgesetze in Geltung erhalten will.

[8]) Art. 135 des Einführungsgesetzes zum BGB.

[9]) Legge sulla pubblica sicurezza 30. VI. 1889 Art. 114.

[10]) Norwegen Gesetz 6. VI. 1896. Dänemark Gesetz 14. IV. 1905. Schweden Gesetz 27. VI. 1902.

[11]) Vgl. darüber Zeitschrift für die gesamte Strafrechtswissenschaft 27, 17 ff. 25 45 ff.

ausgesprochen wurde, in erster Reihe der Heimatstaat berufen, durch Übertragung der verwirkten Befugnisse auf andere Personen kraft Gesetzes oder durch Errichtung einer Vormundschaft oder Pflegschaft.[12]) Wo aber der Heimatstaat versagt — er mag der Entrechtung des Erziehungsberechtigten die Anerkennung verweigern, er kann nur die Ausfüllung der eingerissenen Lücke versäumen — da muß der Staat, welcher durch seine Maßregeln das Bedürfnis nach einer Vertretung geschaffen hat, selbst für die Errichtung der erforderlichen Vertretung Sorge tragen. Wer Vormund sein kann, bestimmt das Recht des Landes, unter dessen Hoheit die Vormundschaft geführt wird. Und so können in Frankreich auch ausländische Kinder, deren Eltern hier die väterliche Gewalt aberkannt worden, unter die *tutelle administrative* der französischen Verwaltungsbehörden treten.[13]) Das Haager Vormundschaftsabkommen dürfte daran nichts geändert haben.[14])

Die zivilrechtliche Zwangserziehung des deutschen Rechts fällt (wenn sie nicht zufällig über ein bevormundetes Kind verhängt wird) weder unter das Haager Abkommen noch unter Art. 23 des Einführungsgesetzes zum BGB. Ihre Anordnung ist eine „Verrichtung des Vormundschaftsgerichts, die nicht eine Vormundschaft oder Pflegschaft betrifft“. Die Rechtsordnung, welche die Erziehungsgewalt der Eltern oder eines Vormunds oder Pflegers regelt, hat zu bestimmen, ob ein obervormundschaftlicher Eingriff dieser Art in die Rechte des Erziehungsberechtigten statthaft ist, und ob er, in fremdem Land vorgenommen, anzuerkennen ist. Aber freilich Deutschland ist Ausländern gegenüber auf solche Anwendung ausländischer Gesetze nicht angewiesen. Denn gemäß dem Zweck der Bestimmungen

[12]) So auch Pillet, Journal 19, 10 ff.; Surville-Arthuys, Droit international privé [5] 333[1]; Weiss, Traité théorique et pratique 4, 155.

[13]) Appellhöfe Douai und Aix, Zivilgericht Lyon, Journal 23, 1055; 24, 570; 26, 647[1]; vgl. auch Appellhof Paris 26, 824. Erlaß des Justizministers Journal 24, 646. S. auch Pillet, Surville-Arthuys, Weiss a. a. O., Eveillé (zit. oben S. 83 Anm 2) 99 ff. unter Berufung auf Derouin, Revue philantropique 1897, 347. Die ersten Instanzen hatten mehrfach Bedenken getragen, Ausländern die väterliche Gewalt abzuerkennen, deshalb weil das zu einer Verwaltungsvormundschaft und (nach früherem Recht) zu einer Belastung der französischen Armenpflege führen könne, während die französische Armenpflege nur den Staatsangehörigen vorbehalten sei (Journal 23, 1059; 24, 569; 26, 823). Aber die Möglichkeit, Ausländern die väterliche Gewalt zu entziehen, war nicht abzuweisen, und die Erstreckung der zivilrechtlichen Maßregel auf Ausländer hat als präjudiziell auch die Erstreckung des daran geknüpften öffentlichen Satzes von der Aufgabe der Armenpflege mit sich gebracht.

[14]) Schwierigkeiten bereitet Art. 5 des Abkommens, wonach auch der Aufenthaltsstaat eine Vormundschaft nur *pour les causes déterminées par la loi nationale du mineur* bestellen kann. Doch ergibt die Entstehungsgeschichte (Actes de la deuxième Conférence 1894 p. 111 f 113), daß unter diesen Gründen nur die Arten mangelnder Geschäftsfähigkeit verstanden sein sollen.

(Art. 30 EG.) können Ausländer den deutschen §§ 1666, 1838 unterworfen werden.[15])

Im Verhältnis von Bundesstaat zu Bundesstaat bestehen bei Anwendung dieser Vorschriften innerhalb Deutschlands keine Schranken. Vormundschaftliche Zwangserziehung kann auch über die Angehörigen anderer Bundesstaaten verhängt werden, wenn nur die örtliche Zuständigkeit nach Maßgabe des Gesetzes über die freiwillige Gerichtsbarkeit dazu gegeben ist. Die Durchführung einer Anordnung nach §§ 1666, 1838 BGB. in anderen Bundesstaaten begegnet allerdings Zweifeln. Denn das Reichsrecht hat dem Vormundschaftsgericht zwar Befehlsgewalt über das ganze Reich beigelegt; die Vollstreckung solcher Befehle zu regeln, ist jedoch den Landesgesetzen überlassen geblieben. Aber man wird annehmen dürfen, daß die partikulare Ordnung des Vollstreckungsrechts insoweit die Bedeutung bloßer Ausführungsbestimmungen hat, daß die landesrechtlich dargebotenen Zwangsmaßregeln (die Zwangsmaßregeln, welche das Recht des Vollstreckungsorts, nicht etwa diejenigen, welche das Recht des anordnenden Gerichts vorsieht) somit auch landesfremden Behörden offenstehen, die ihre Anordnungen auf Reichsrecht gründen.[16])

Zwangserziehung, veranlaßt durch strafbare Handlungen.

3. Die Zwangserziehung, welche der Strafrichter anordnet, ist öffentlichen Rechts. Sie ist nicht Strafe; aber der enge Zusammenhang in den die Strafgesetzbücher sie mit Strafen regelmäßig bringen,

---

[15]) So auch Habicht, Internationales Privatrecht 177 236, während das Kammergericht 5. IV. 1906 Jahrbuch 32 A, 23 und J. F. Landsberg, Das Recht der Zwangs- und Fürsorgeerziehung (1908) 254 ff. 265 nur eine Ermächtigung durch das heimatliche Recht des Erziehungsberechtigten beachten. Dorner und Seng, Badisches Landesprivatrecht 668[18], das Kammergericht und Landsberg a. a. O. stellen dabei auf Art. 23 des Einführungsgesetzes ab; Habicht erklärt ihn für unanwendbar. Nun mag man eine analoge Anwendung dieses Art. 23 hier immerhin zugrunde legen. Dann findet man zunächst, daß die Anordnung der Zwangserziehung nach dem heimatlichen Recht statthaft sein muß und im Inland nur subsidiär erfolgen darf. Aber wenn die deutschen Gerichte auf Grund einer Ermächtigung des deutschen Rechts tätig werden, kann es auf die Stellungnahme des Auslands nach keiner Richtung mehr ankommen; die Parallele bietet alsdann Art. 23, insoweit er eine inländische Vormundschaft über Personen vorsieht, die im Inland entmündigt worden sind.

[16]) Vgl auch Landsberg 226. Auf Rechtshilfe von Gericht zu Gericht zu verweisen (s. etwa F. Böhm-H. Delius, Handbuch des Rechtshilfeverfahrens[3] 1906 S. 46), ist hier nicht nur staatsrechtlich unangemessen, sondern führt auch bezüglich der örtlichen Zuständigkeit zu neuen Schwierigkeiten. Ganz unannehmbar scheint mir allerdings die Meinung von Josef, Zentralblatt für freiwillige Gerichtsbarkeit (1909) 9, 169 ff., wonach bei Durchsetzung einer Anordnung nach § 1666 von Reichs wegen nicht einmal eine Rechtshilfepflicht bestünde.

nötigt, daß sie in all den Fällen und nur in denjenigen statthaft sein soll, in denen auch Strafe verhängt werden könnte. Und damit wird die Zulässigkeit der Maßregel räumlich den Vorschriften über internationales Strafrecht unterworfen. Eine Zwangserziehung nach § 56 des Strafgesetzbuchs also ist in Deutschland statthaft gegen alle Minderjährigen, die eine strafbare Handlung in Deutschland begangen haben, auf Grund eines Vergehens im Ausland gegen Reichsangehörige, wenn auch der Tatort die Handlung mit Strafe bedroht, darüber hinaus gegen Inländer und Ausländer nach der Eigenart des Vergehens, das ihnen zur Last gelegt wird.[17]) Dasselbe gilt, wo der Strafrichter die Zwangserziehung nur für zulässig erklärt, die Anordnung selbst aber einer Verwaltungsbehörde überlassen bleibt (§ 362 RStGB.); denn die Verwaltungsbehörde schöpft ihre Ermächtigung aus der Überweisung des Strafrichters.[18]) Zweifelhafter liegt die Entscheidung, wo es sich um Vergehen eines Strafunmündigen handelt, die dem Zivilrichter Veranlassung geben, eine Zwangserziehung anzuordnen; doch dürfte auch hier die Auslegung geboten sein, daß die Zwangserziehung in den Fällen Platz greifen solle, in denen der Strafmündige hätte bestraft werden können.[19])

Dem polizeilichen Charakter solcher Zwangserziehung freilich wird diese Regelung nicht völlig gerecht.[20]) Die Zwangserziehung will gegen künftige Gefahren sichern, die Begehung der strafbaren Handlung ist nur ein Kennzeichen für die Gefährlichkeit des Jugendlichen, deren Ort für die gebotene Sicherung gleichgültig; es ist der Aufenthaltsort oder der Wohnsitz des Jugendlichen, an dem seine Gefährlichkeit in Erscheinung tritt und zu Abwehrmaßnahmen nötigt. Im Strafrecht begründet der bloße Aufenthaltsort des Täters zur Zeit der Aburteilung nur ausnahmsweise eine Strafzuständigkeit; und wenn auch hier räumliche Beziehungen in erster Reihe die Zuständigkeit bestimmen, so sind es doch räumliche Beziehungen einer einzelnen der Vergangenheit angehörigen Handlung.[21]) Daraus aber folgt, daß eine Abmessung der Zuständigkeit zur Zwangserziehung nach den Grundsätzen des internationalen Strafrechts ein Übermaß an Zuständigkeit ergibt, wenn der Missetäter seinen Wohnsitz und

---

[17]) Vgl. Landsberg 118 ff. Wegen der Anwendbarkeit der Maßregel auf Ausländer etwa auch belgisches Gesetz 27. XI. 1891 Art. 24 ff. mit 19.

[18]) Wegen des Verhältnisses, das bei solcher Anordnung zwischen den einzelnen deutschen Bundesstaaten besteht, oben S. 94 Anm. 3.

[19]) Das Gesagte gilt nach den Bemerkungen oben Anm. 7 für die Niederlande und Italien, aber nicht für § 55 des Reichsstrafgesetzbuchs.

[20]) Auch hier gilt die Parallele oben S. 93 f.

[21]) Die Verschiedenheit eines strafrechtlichen und eines auf die Zwangserziehung angewendeten „Territorialprinzips" springt in die Augen. Bedenklich Landsberg 264; Manfred Schneider, Die Fürsorgerziehung Minderjähriger in Württemberg (1909) 36 f.

regelmäßigen Aufenthalt im Ausland hat; daß eine so bemessene Zuständigkeit hingegen versagt, wenn der Jugendliche Wohnsitz oder Aufenthalt im Inland hat, die strafbare Handlung aber, die zu seiner Zwangserziehung Veranlassung geben sollte, der Strafzuständigkeit des Inlands entfällt.

Eben diese Sachwidrigkeit einer Einordnung der Zwangserziehung unter das internationale Strafrecht wird auch in Betracht gezogen werden müssen, wenn es gilt, die Grenzen der Einrichtung für das italienische Recht zu bestimmen. Die Zwangserziehung ist hier (von den im Strafgesetzbuch geregelten Fällen abgesehen) in eigentümlicher Weise der richterlichen *ammonizione* angegliedert worden, wie sie über Arbeitsscheue, Landstreicher und Personen, die eines Verbrechens verdächtig sind, verhängt wird; und die Literatur nimmt, wenn auch nicht unbestritten, an, daß die örtliche Zuständigkeit des Gerichts, die Maßregel anzuordnen, sich nach den Vorschriften der Strafprozeßordnung über örtliche Zuständigkeit bestimme.[22]) Folgerichtig weiterentwickelt würde das materiellrechtlich zu einer Anwendung der Grundsätze des internationalen Strafrechts führen. Indessen die Verwendung strafprozessualer Vorschriften ist hier selbst nur ein Notbehelf in Ermangelung selbständiger verwaltungsrechtlicher Zuständigkeitsnormen. Die Maßregel gehört nicht nur nach ihrem Inhalt der Verwaltung an, sondern ist auch schon äußerlich in einem Gesetz über die Sicherheitspolizei geregelt. Und da die Einrichtung über die Begehung strafbarer Handlungen oder auch nur über den Verdacht, solche begangen zu haben, in ihren Voraussetzungen hinausgreift, so wird man berechtigt sein, auch ihr diejenigen Grenzen zuzuweisen, die der verwaltungsrechtlichen Eigenart der Maßregel entsprechen.

Die selbständige Zwangserziehung des öffentlichen Rechts. Streitstand.

4. Sind aus außerdeutschen Staaten Zweifel über die örtliche Zulässigkeit einer Zwangserziehung nicht bekannt geworden, so haben die deutschen Landesgesetze hier um so zahlreichere Erörterungen veranlaßt. Eine ausdrückliche Vorschrift gibt Baden (Gesetz vom 16. August 1900 § 1 II): „Gegen nichtbadische Minderjährige, die im Großherzogtum ihren Wohnsitz oder Aufenthalt haben, kann die Zwangserziehung auf Grund dieses Gesetzes angeordnet werden, wenn die Zuständigkeit eines badischen Vormundschaftsgerichts begründet ist.“ Dorner und Seng heben dabei hervor, daß die Abstellung auf das heimatliche Recht, welche Art. 23 des

---

22) Lucchini in Il Digesto italiano 3 I, 50 v° ammonizione n. 43. Hier auch der Streitstand.

Einführungsgesetzes zum BGB. vorsehe, auf die vormundschaftlichen Fürsorgemaßregeln der §§ 1666, 1838 BGB., aber nicht auf die verwaltungsrechtliche Zwangserziehung Anwendung finden könne; daneben wird freilich die Sondervorschrift des Gesetzes in privatrechtlicher Auffassung als eine auf Zweckmäßigkeitsgründen beruhende Abweichung von den sonst maßgebenden Vorschriften der Art. 19 und 20 des Einführungsgesetzes hingestellt,[23]) und ein Beschluß des Landgerichts Karlsruhe[24]) verhängt über Kinder ohne Heimat und Wohnsitz die Zwangserziehung in Baden, weil sie „gemäß Art. 29 des Einführungsgesetzes zum BGB." „in ihren persönlichen Verhältnissen" den Gesetzen ihres Aufenthaltsorts unterworfen seien.

Ähnlich dem badischen erklärt auch § 2 des hamburgischen Gesetzes vom 11. September 1907 eine Zwangserziehung für statthaft, wenn über den Minderjährigen eine Vormundschaft, Pflegschaft oder Beistandschaft bei hamburgischen Gerichten anhängig ist, wenn er in Hamburg seinen Wohnsitz oder in Ermangelung eines „inländischen" (deutschen) Wohnsitzes seinen Aufenthalt hat. Doch wird die Zulässigkeit der Maßregel erweitert: „Ist hiernach für einen Minderjährigen, der sich im hamburgischen Staatsgebiete aufhält, ein hamburgisches Vormundschaftsgericht nicht zuständig, so kann dasjenige Vormundschaftsgericht, in dessen Bezirk der Minderjährige sich aufhält, über die Zwangserziehung Beschluß fassen, wenn das für den Wohnsitz zuständige Vormundschaftsgericht damit einverstanden ist." Und Nöldeke bemerkt dazu, daß die Zwangserziehung — sie sei öffentlichen Rechts — in den bezeichneten Grenzen auch auf Angehörige anderer Bundesstaaten und auf Reichsausländer Anwendung finde.[25])

In Preußen hatte das Kammergericht unter der Herrschaft des älteren Rechts entschieden, daß eine Zwangserziehung über Inländer und Ausländer ohne Unterschied verhängt werden könne,[26]) auch dann, wenn eine Zuständigkeit zur Vormundschaftsführung in Preußen nicht begründet sei.[27]) Bei Beratung des Gesetzes von 1900 indessen hatte ein Vertreter des Justizministeriums geäußert, die Zulässigkeit

---

[23]) Badisches Landesprivatrecht 668[18]. Vgl. auch schon E. Dorner, Kommentar zur badischen Rechtspolizeigesetzgebung (1902) 575. Über die Bedeutung, welche die Kommission der zweiten Kammer dem Art. 23 des Einführungsgesetzes zuschrieb unten Anm. 46.

[24]) Vom 20. IX. 1904 Zeitschrift 15, 340.

[25]) A. Nöldeke, Hamburgisches Landesprivatrecht (1907) 781, 784 f. Doch soll mit wunderlicher Beschränkung (785[18]) das Einverständnis außerhamburgischer Gerichte nur dann eingeholt werden dürfen, wenn diese kraft Wohnsitzes, nicht auch wenn sie kraft Vormundschaftsführung Zuständigkeit als Vormundschaftsgericht besitzen.

[26]) Beschlüsse vom 2. II. 1891 und 4. II. 1895 Jahrbuch 11, 88; 15, 83.

[27]) Beschluß vom 4. II. 1895.

einer Zwangserziehung von Ausländern sei nach den allgemeinen Grundsätzen des internationalen Privatrechts zu entscheiden, insbesondere komme der Art. 23 des Einführungsgesetzes in Betracht,[28]) und so hat das Kammergericht seither in einer Reihe von Beschlüssen zwischen nichtpreußischen Reichsangehörigen und zwischen Reichsfremden unterschieden: „daß das Gesetz auf nichtpreußische Deutsche ebenso wie auf Preußen Anwendung zu finden habe, kann einem Zweifel nicht unterliegen", denn es bezwecke nicht nur Besserung der Jugendlichen, sondern auch Schutz der Gesellschaft vor Ausschreitungen derselben;[29]) bei reichsfremden Ausländern hingegen werde die Zulässigkeit der Fürsorgeerziehung (dies die preußische Bezeichnung der Einrichtung) als einer vormundschaftlichen Maßregel eingeschränkt durch die Erfordernisse des Art. 23 des Einführungsgesetzes zum BGB.[30]) Ein Beschluß vom 9. August 1906 freilich[31]) führt mit Grund aus, daß das internationale Privatrecht des Einführungsgesetzes für Partikulargesetze auch im Verhältnis der deutschen Bundesstaaten zueinander gelte, daß somit Art. 23 auch gegenüber Angehörigen anderer Bundesstaaten in Zwangserziehungssachen Platz greifen müsse; die Folgerung des Beschlusses soll dazu dienen, die preußische Zuständigkeit (bei der Anordnung vorläufiger Maßregeln) zu erweitern, sie muß dann aber ebenso auch einschränkend zur Geltung kommen, die preußische Zuständigkeit ausschließen, wenn der Heimatstaat die Fürsorge übernimmt, sie in jedem Fall an die Voraussetzung binden, daß die Maßregel auch nach den Gesetzen des Heimatstaats zulässig ist. In einem Beschluß vom 19. Juli 1906 hat das Kammergericht entschieden,[32]) daß in Fürsorgeerziehungssachen nur das eigene Recht des Vormundschaftsgerichts zur Anwendung gelangen kann.

Die preußische Literatur folgt in ihrer großen Mehrzahl der Unterscheidung des Kammergerichts zwischen nichtpreußischen

---

[28]) Vgl. den gleich zu erwähnenden Beschluß des Kammergerichts vom 2. XII. 1901.

[29]) Beschluß vom 2. XII. 1901 Jahrbuch 23 A, 40. Drei weitere kammergerichtliche Beschlüsse gleichen Inhalts vermerken K. Gordan-W. Lehmann-O. Niese, Gesetz über die Fürsorgeerziehung Minderjähriger (1907) 6.

[30]) Gleicher Beschluß vom 2. XII. 1901 (auch unter Berufung auf Art. 29 des Einführungsgesetzes für heimatlose Personen). Übereinstimmend zwei weitere Beschlüsse des Kammergerichts, ein solcher des Landgerichts Duisburg bei Gordan-Lehmann-Niese a. a. O.

[31]) Rechtsprechung der Oberlandesgerichte 14, 261. L. Schmitz, Die Fürsorgeerziehung Minderjähriger[4] (1908) verweist auch auf einen Beschluß vom 18. IV. 1906. Vgl. ferner Landgericht Breslau 14. VII. 1908 Deutsche Juristenzeitung 1908, 1112.

[32]) Gordan-Lehmann-Niese a. a. O.

Deutschen, auf die das Gesetz schlechtweg, und Reichsfremden, auf die es mit der Beschränkung des Art. 23 zur Geltung gelangen soll,[33]) wobei zuweilen[34]) die Erstreckung der Maßregel auf nichtpreußische Deutsche gerade mit ihrer Eigenschaft als vormundschaftlicher Maßnahme begründet wird, da innerhalb des deutschen Vormundschaftsrechts zwischen Preußen und Nichtpreußen kein Unterschied zu machen sei. Als einziger unter den Erläuterern des preußischen Gesetzes hatte Schmitz Bedenken erhoben:[35]) das Gesetz verfolge nicht nur vormundschaftliche, sondern auch polizeiliche Zwecke; Art. 23 des Einführungsgesetzes wolle nur für rein vormundschaftliche, insbesondere vermögensrechtliche Angelegenheiten gelten; und so müsse die Maßregel nicht nur auf Reichsangehörige, sondern auch auf Nichtdeutsche ohne Unterschied Anwendung finden. Aber freilich die 4. Auflage gibt diesen Standpunkt preis:[36]) die Anordnung der Fürsorgeerziehung ist Vormundschaftssache; sie mag über nichtpreußische Deutsche wie über Ausländer verhängt werden, aber nur nach Maßgabe des Art. 23.

Den in Preußen entwickelten Anschauungen hat sich insbesondere die Begründung des sächsischen Gesetzes angeschlossen:[37]) „Angehörige anderer deutscher Staaten sind hinsichtlich der Fürsorgeerziehung wie Sachsen zu behandeln; dies um so mehr als auch sächsische Minderjährige in anderen deutschen Staaten der Wohltat dieser Erziehung teilhaftig werden. Hinsichtlich ausländischer Minderjähriger wird, da es sich um eine Fürsorgemaßnahme handelt, der Art. 23 des Einführungsgesetzes zum BGB. zu berücksichtigen sein." Das bayerische Zwangserziehungsgesetz soll nach Englert und Reeb auf Ausländer jeder Art anwendbar sein, nach von der Pfordten allerdings nur auf nichtbayerische Reichsangehörige — das Reichsrecht unterscheide nicht bei vormundschaftsgerichtlichen Maßnahmen — während für Reichsfremde wiederum Art. 23 maß-

---

[33]) O. Noelle, Gesetz über die Fürsorgeerziehung Minderjähriger (1901) 30 ff.; M. Schultzenstein-P. Koehne, Das deutsche Vormundschaftsrecht[2] (1901) 403; Dernburg, Bürgerliches Recht[3] 4, 251; P. F. Aschrott, Gesetz über die Fürsorgeerziehung Minderjähriger[2] (1907) 86; Gordan-Lehmann-Niese a. a. O.; v. Arnstedt, Polizeirecht 2, 109 f. Nach v. Bitter, Handwörterbuch der preußischen Verwaltung 1, 568 soll das Gesetz auf Deutsche ohne Unterschied, auf Ausländer überhaupt nicht anwendbar sein.

[34]) Noelle, vgl. auch Schultzenstein-Koehne a. a. O.

[35]) 3. Auflage (1901) 65, 80; noch entschiedener für die polizeiliche, nicht vormundschaftliche Natur der Zwangserziehung 76 ff.

[36]) 55 ff. § 1 n. 16, 20.

[37]) C. J. Kaeubler, Das königlich sächsische Gesetz über Fürsorgeerziehung (s. a.) 34. In § 24 des Gesetzes wird die Statthaftigkeit einer Zwangserziehung von Ausländern ausdrücklich vorausgesetzt.

gebend sein soll.[38]) Für Elsaß-Lothringen erklärt Kisch[39]) weder den Besitz der Reichsangehörigkeit noch der Landesangehörigkeit erforderlich, denn die Unterbringung sei eine öffentliche Schutzmaßregel mit verwaltungsrechtlichem Charakter.

Unter den Schriftstellern, die sich unabhängig von einem bestimmten Landesrecht äußern, verweist Wellstein[40]) wiederum auf Art. 23. Eine völlig selbständige Darlegung aber gibt Landsberg[41]): dadurch, daß der Vormundschaftsrichter mit der Fürsorgeerziehung befaßt ist, wird die Fürsorgeerziehung nicht zur vormundschaftlichen Maßregel; ein Gesetz wie das preußische ist „ein Polizeigesetz und beruht als solches auf dem Territorialsystem". Besteht sonach die Möglichkeit, Ausländer im Inland der Zwangserziehung zu unterstellen, so ist sie doch auch für deutsche Kinder im Ausland statthaft, wenn der ausländische Staat solche Erziehung nicht anordnet; so lange deutscherseits eine Unterstützungspflicht besteht, wenn die Person zurückkehrt, solange muß auch das Recht bestehen, ihre Verwahrlosung zu verhüten. Nach beiden Richtungen schließt sich für das württembergische Recht Schneider an.[42])

Zu diesen Auseinandersetzungen über die räumliche Anwendbarkeit der Zwangserziehung tritt nun aber für die deutschen Staaten ein weiteres. Nach Art. 135 des Einführungsgesetzes zum BGB. ist Zwangserziehung nur zulässig, wenn sie von dem „Vormundschaftsgericht" angeordnet wird. Es bedarf also stets einer zuständigen Behörde solcher Art im Inland, um die Maßregel verwirklichen zu können, und so bedeuten die Vorschriften über die örtliche Zuständigkeit der Vormundschaftsgerichte zugleich eine Schranke für die autonome Zwangserziehungsgewalt der einzelnen Bundesstaaten. Einige Bundesstaaten haben diese Vorschriften über örtliche Zuständigkeit in ihre Anordnungen über Zwangserziehung hineingenommen. Demgemäß verordnet Mecklenburg-Schwerin[43]) im Anschluß an die Vorschriften des Gesetzes über die freiwillige Gerichtsbarkeit: „Steht der Minderjährige unter Vormundschaft, so ist das Vormundschaftsgericht zuständig, welches die Aufsicht über den Vormund führt. Steht der Minderjährige nicht unter Vormundschaft, so ist das Vormundschaftsgericht zuständig, in dessen Bezirk der

[38]) F. Englert, Zwangserziehungsgesetz (1902) 38 f. J. Reeb, Zwangserziehungsgesetz (1903) 78. Th. von der Pfordten, Das bayerische Gesetz betreffend die Zwangserziehung (1902) 27 f.

[39]) Elsaß-lothringisches Landesprivatrecht 945.

[40]) G. Wellstein, Das Reichsgesetz über die Angelegenheiten der freiwilligen Gerichtsbarkeit[2] (1906) 161.

[41]) A. a. O. 264 ff. 267.

[42]) A. a. O. 36 ff. 39 ff.

[43]) Verordnung vom 9. IV. 1899

Minderjährige zur Zeit der Einleitung des Verfahrens seinen Wohnsitz und in Ermangelung eines Wohnsitzes seinen Aufenthalt hat" — übereinstimmend Schaumburg-Lippe,[44]) im wesentlichen gleichlautend auch Braunschweig.[45]) Zumeist aber verweisen die Gesetze der Bundesstaaten ausdrücklich oder stillschweigend auf die Vorschriften über örtliche Zuständigkeit, welche das Gesetz über die freiwillige Gerichtsbarkeit für die Vormundschaftssachen des Reichsrechts gegeben hat. Auch hier wird für „Verrichtungen des Vormundschaftsgerichts, die nicht eine Vormundschaft oder eine Pflegschaft betreffen," zunächst diejenige Behörde für örtlich zuständig erklärt, bei welcher eine Vormundschaft, Pflegschaft, Beistandschaft über die betreffende Person bereits anhängig ist; im übrigen aber soll über die Zuständigkeit der Wohnsitz und „in Ermangelung eines inländischen Wohnsitzes" der Aufenthalt entscheiden, aber auch für Deutsche ohne Wohnsitz und Aufenthalt im Inland ein zuständiges Gericht zu Gebote stehen. Wir sind auf dem Boden des Reichsrechts, das für die Durchführung des Vormundschaftswesens nach BGB. die sämtlichen Bundesstaaten als einheitliches Rechtsgebiet behandelt; hat ein Preuße seinen Wohnsitz in Bayern, den Aufenthalt in Württemberg, so ist einzig das bayerische Wohnsitzgericht zur Anordnung einer Vormundschaft berufen. Die große Mehrzahl der Ausleger nun nimmt diese Zuständigkeitsordnung des Reichsgesetzes unverändert in das Zwangserziehungsrecht hinüber,[46]) mit der (vielleicht nicht überall klar erkannten) Folge, daß damit zwar eine Zuständigkeit für die Zwangserziehung von Deutschen im Ausland geschaffen, für den Fall einer Vormundschaftsführung, eines Wohnsitzes in anderem Bundesstaat aber die Zuständigkeit des Aufenthaltsorts hinsichtlich der Zwangserziehung ausgeschlossen wird.[47]) Bei Beratung des säch-

[44]) Gesetz vom 30. VI. 1899 § 9.

[45]) Gesetz 12. VI. 1899 § 3.

[46]) Noelle 42 ff. 68; Schultzenstein-Koehne 407 f.; Dernburg 252; Aschrott 102 ff. 134; Gordan-Lehmann-Niese 25 ff.; von der Pfordten 65 f.; Englert 34 f.; Reeb 77; Kisch 946 f.; Kiene, Die Zwangserziehung Minderjähriger (Württemberg) 1900 S. 46; Wellstein 151; F. Keidel, Gesetz über die Angelegenheiten der freiwilligen Gerichtsbarkeit[2] (1907) 159; Josef in Das Recht 1908, 117. Übereinstimmend (Schneider 41) die württembergische Praxis, wie auch die Begründung des sächsichen Gesetzes bei Kaeubler 49. Der Kommissionsbericht der zweiten badischen Kammer (Dorner, Rechtspolizeigesetzgebung 575), der — s. unten — von der gleichen Rechtsauffassung ausgeht, hält für Reichsausländer neben §§ 43, 36 des Gesetzes über die freiwillige Gerichtsbarkeit auch Art. 23 des Einführungsgesetzes zum BGB. für anwendbar, jedoch unter Beschränkung auf jene Fälle einer Zwangserziehung, für welche das badische Gesetz an Reichsrecht (§§ 1666, 1838 BGB., § 55 StGB.) anknüpft, nicht für diejenigen, deren Voraussetzungen das Partikularrecht von sich aus bestimmt; vgl. aber oben Anm. 4.

[47]) Besonders empfindlich wird dieser Mangel einer Zuständigkeit des Aufenthaltsorts, wo es gilt, bei Gefahr auf Verzug vorläufige Maßregeln zu

sischen Gesetzes erklärt der Deputationsbericht der Ersten Kammer[48]) ausdrücklich: wenn es sich um die Fürsorgeerziehung eines Kindes mit Aufenthalt in Sachsen handle, über das eine Vormundschaft in einem andern Bundesstaat geführt werde, so sei die Sache an die außersächsischen Gerichte abzugeben. In Baden ist diese Maßgeblichkeit der reichsrechtlichen Ordnung Gegenstand parlamentarischer Erörterung geworden. Die Erste Kammer hatte als Wortlaut des § 2^{II} vorgeschlagen: „Die Zuständigkeit des Vormundschaftsgerichtes bestimmt sich nach den Vorschriften über die Angelegenheiten der freiwilligen Gerichtsbarkeit, jedoch mit der Maßgabe, daß in den Fällen, in denen hiernach die Zuständigkeit eines außerbadischen Vormundschaftsgerichtes begründet wäre, an dessen Stelle dasjenige badische Vormundschaftsgericht tritt, in dessen Bezirk das Bedürfnis nach Fürsorge hervortritt." Die Kommission der Zweiten Kammer indessen hat diesen Zusatz für staatsrechtlich unzulässig gehalten, denn die landesgesetzliche Regelung des Gegenstands sei durch den Art. 135 des Einführungsgesetzes zum BGB. gebunden, der Anordnung der Zwangserziehung durch das Vormundschaftsgericht vorschreibe und dabei unter Vormundschaftsgericht „das nach dem Reichsgesetz

treffen. Gegenüber Reichsausländern nun pflegt man zur Abhilfe auf § 44 des Gesetzes über die freiwillige Gerichtsbarkeit zu verweisen, der für die in Art. 23^{II} des Einführungsgesetzes zum BGB. bezeichneten Maßregeln auch das Gericht für zuständig erklärt, in dessen Bezirk das Bedürfnis der Fürsorge hervortritt; Art. 23^{II} aber handelt von vorläufigen Maßregeln vormundschaftlicher Art gegen Ausländer. Für Reichsangehörige dagegen, die in einem andern Bundesstaat wohnen, wird dem Aufenthaltsort auch die Zuständigkeit zu vorläufigen Maßregeln abgesprochen, s. Noelle, Aschrott, Gordan-Lehmann-Niese, von der Pfordten a. a. O. Das Kammergericht glaubt, die Zuständigkeit des Aufenthaltsorts in dem oben Anm. 31 angeführten Beschluß vom 9. VIII. 1906 mit der Begründung retten zu können, daß Art. 23 im Bereich des Partikularrechts auch für das Verhältnis von Bundesstaat zu Bundesstaat gelte, während ein weiterer Beschluß vom 27. III. 1907 (bei Gordan-Lehmann-Niese 27) über die analoge Anwendbarkeit des § 44 auf Inländer zweifelt. Eine preußische Ministerialverordnung (Aschrott 134) gibt Anweisung, daß, solange nicht abweichende gerichtliche Entscheidung erfolge, Anträge auf vorläufige Unterbringung an das Gericht des Festnahmeorts zu richten seien. Schmitz[4] 110 bescheidet sich anderen als Ausländern gegenüber mit der Feststellung, daß auch Anordnungen eines örtlich nicht zuständigen Gerichts nicht rechtsunwirksam seien. Dagegen sieht § 6 des hamburgischen Gesetzes ausdrücklich vor: „Die vorläufige Unterbringung kann von dem Vormundschaftsgericht, in dessen Bezirk das Bedürfnis dazu hervortritt, auch dann angeordnet werden, wenn das Gericht für die Anordnung der Zwangserziehung nicht zuständig ist. Das Gericht soll, wenn für den Minderjährigen eine Vormundschaft, Pflegschaft oder Beistandschaft anhängig ist, von der getroffenen Anordnung dem zuständigen Vormundschaftsgericht Mitteilung machen. Im Falle der Aufrechterhaltung der Anordnung soll das Gericht unverzüglich diejenigen Maßregeln ergreifen, welche seine Zuständigkeit zur Anordnung der Zwangserziehung zu begründen geeignet sind."

[48]) Kaeubler 50 f.

vom 17. Mai 1898 sachlich und örtlich zuständige Vormundschaftsgericht" verstehe. Im Gesetz ist jene Maßgabe denn auch weggeblieben.[49]) In Hamburg hingegen hat man eine solche Bindung des Landesrechts nicht angenommen. Zwar legt das Gesetz auch hier die Zuständigkeitsordnung zugrunde, wie sie das Reichsrecht für Vormundschaftssachen aufstellt; aber in §§ 2 und 6 hat man sich für befugt gehalten, in diese Ordnung ergänzend einzugreifen.

Indessen bedarf es eines solchen gesetzlichen Eingriffes, um den besonderen Bedürfnissen des Zwangserziehungsrechts Rechnung zu tragen? Nach Löning[50]) verändern die Zuständigkeitsbestimmungen des Reichsgesetzes ihren Geltungsbereich mit der Übernahme in die Zwangserziehungsgesetze; denn „Inland" ist hier, wo es sich um landesrechtliche Maßregeln handelt, nicht mehr das Reich, sondern der Bundesstaat. Dem hat sich neuerdings mit Schärfe das Landgericht Breslau angeschlossen: ein Jugendlicher, der den Wohnsitz in Sachsen, den Aufenthalt in Preußen hat, kann in Peußen der Fürsorgeerziehung unterstellt werden; kommen für landesrechtliche Angelegenheiten die Grundsätze des internationalen Privatrechts entsprechend zur Anwendung, so müsse das auch in den Zuständigkeitsbestimmungen der Reichsgesetze den Inlandbegriff umändern.[51]) Der Lösung haben seither auch Hoffmann[52]) und Schneider[53]) zugestimmt.

Andere haben geglaubt von der Übertragung der reichsrechtlichen Vorschriften über die Zuständigkeit der Vormundschaftsgerichte überhaupt absehen zu dürfen. Schon Schmitz hatte in den früheren Auflagen seines Buches erklärt, das preußische Fürsorgeeziehungsgesetz sei ein auf der Polizeihoheit beruhendes Landesgesetz, unter Vormundschaftsgericht könne das Gesetz nur ein preußisches Gericht verstehen, und wenn ein „Vormundschaftsgericht" dieser Art in Preußen nicht vorhanden sei, so müsse entsprechend den Bedürfnissen der Praxis das Gericht des preußischen Aufenthaltsortes zuständig sein. Die jüngste Auflage freilich sieht in der Zwangserziehung eine Angelegenheit der freiwilligen Gerichtsbarkeit und hat sich der Geltung des Reichsrechts vorbehaltslos unterworfen.[54]) Radikaler geht Landsberg vor:[55]) sei die Zwangserziehung inner-

[49]) Dorner a. a. O. 576, unter Billigung des Standpunkts der Zweiten Kammer.

[50]) Jahrbücher für Nationalökonomie und Statistik (1901) 77, 43 f.

[51]) Beschluß vom 14. VII. 1908 oben Anm. 31.

[52]) 13. Spruchsammlung der Deutschen Juristenzeitung (1908) 344 unter Anwendung auf § 46 des Gesetzes über die freiwillige Gerichtsbarkeit (keine Abgabe der Fürsorgeerziehung an Gerichte anderer Bundesstaaten).

[53]) A. a. O. 38.

[54]) 3. Aufl. 76 ff.; 4. Aufl. 80 ff. § 3 n. 3, 4, 6.

[55]) A. a. O. 287 f. Dagegen Schneider 37.

lich keine vormundschaftliche Maßregel, so bedürfe es auch keiner Herübernahme jener Zuständigkeitsvorschriften; nächstverwandt dem Strafrecht, seien auch auf die Zwangserziehung die Zuständigkeitsbestimmungen der Strafprozeßordnung entsprechend zur Anwendung zu bringen.

Abgrenzung.

5. Die Zwangserziehung des öffentlichen Rechts ist keine vormundschaftliche Maßnahme, und es müssen die Vorschriften des internationalen Vormundschaftsrechts bei der Abgrenzung ihres Geltungsgebiets grundsätzlich außer Betracht bleiben.[56]) Sie bedeutet vielmehr eine Maßnahme sitten- und sicherheitspolizeilichen Inhalts, bestimmt, gegen gefährliche Elemente zu schützen, zunächst durch ihre Unterbringung in zuverlässige Obhut, darüber hinaus durch erziehliche Einflußnahme, die sie zu unbedenklichen Gliedern der Gesellschaft heranbilden soll. Den schweren Eingriff in die persönliche Freiheit zu rechtfertigen, bedarf es aber nicht bloß sachlich, sondern auch örtlich einer beträchtlichen Gefährdung der Öffentlichkeit. Eine Gefährdung durch verwahrloste jugendliche Personen aber tritt offenbar zunächst da in Erscheinung, wo der Jugendliche seinen längeren Aufenthalt hat. Hier, am Ort seiner Anwesenheit, sind Sicherheit und gute Sitten unmittelbar bedroht, dem Aufenthaltsort kommt seine Verwahrung zunächst zustatten. Insofern die Zwangserziehung bestrebt ist, den Zögling durch erziehliche Einwirkung der anständigen Bevölkerung anzupassen, wird ihr Nutzen vornehmlich dem Wohnsitz als dem Mittelpunkt des bürgerlichen Lebens der Person zugute kommen, und es wird darum eine Anordnung der Zwangserziehung im Wohnsitzstaat als zuständig Anerkennung beanspruchen. Aber freilich gerade bei Jugendlichen, deren Aufenthaltsort verschieden vom Wohnsitz ist, bedeutet die Eigenschaft des Wohnsitzes als Mittelpunkts häufig eine Fiktion; die Wahrscheinlichkeit, daß sie, zu selbständiger Wahl des Wohnsitzes befugt, gerade dorthin regelmäßig zurückkehren werden und

[56]) Aber freilich selbst bei einer privatrechtlichen Auffassung bräuchte die Wirrnis nicht so groß zu sein, wie sie sich darstellt. Man verweist ganz regelmäßig auf Art. 23 des Einführungsgesetzes. Hat man daran gedacht, daß bei seiner Zugrundelegung ein Landfremder nur dann der Zwangserziehung unterworfen werden kann, wenn er nach den Gesetzen seines Heimatstaats dieser Fürsorge bedarf? Und die Fähigkeit des Gerichts, auf Grund auswärtigen Rechts tätig zu werden, die für die Tätigkeit der Nachlaßgerichte so lebhaft umstritten ist, sollte hier so selbstverständlich zu bejahen sein, daß sie nicht der Erwähnung bedarf? Wenn es sich bei dieser öffentlichrechtlichen Zwangserziehung wirklich um Privatrecht handelte, so müßte eben auch hier davon ausgegangen werden, daß die inländischen Vorschriften von sich aus nach ihrem Zweck auch Landfremde ergreifen wollen — genau wie dies oben Z. 2 für die vormundschaftliche Zwangserziehung ausgeführt wurde.

nicht an ihren derzeitigen Aufenthaltsort, ist häufig gering — ein Grund mehr, die Zuständigkeit zur Zwangserziehung in erster Reihe dem Staat des Aufenthaltsortes zuzuschreiben. Eine vorübergehende Anwesenheit wird im allgemeinen nicht genügen, das Eingreifen des Aufenthaltsstaates herauszufordern. Wo freilich der verwahrloste Jugendliche Wohnsitz und längeren Aufenthalt überhaupt nirgends besitzt, in der Praxis also vor allem bei Zigeunerkindern, muß schon die bloße Anwesenheit auf dem Staatsgebiet ausreichen, eine Zuständigkeit zur Zwangserziehung zu begründen.[57]) Die Staatsangehörigkeit des Jugendlichen dagegen entbehrt jeden Zusammenhangs mit den hier zu befriedigenden Bedürfnissen. Sie beherrscht das Vormundschaftsrecht, das wie das Familienrecht überhaupt die persönlichen Angelegenheiten von Privaten zu ordnen bestimmt ist. Wo das Verwaltungsrecht in die Erziehung eingreift, ist es nicht das Interesse des Jugendlichen, sondern nur die Rücksicht auf die durch den Jugendlichen bedrohte Öffentlichkeit, welche den Staat zum Handeln veranlaßt. Einen Inländer ausländischen Wohnsitzes und Aufenthalts eigens in das Inland zu verbringen, um ihn hier der Zwangserziehung zu unterstellen, wird durch kein öffentliches Interesse gefordert. Ein Mangel der Zuständigkeit gegenüber Ausländern im Inland aber würde die empfindlichste Schutzlosigkeit ergeben, wobei noch nicht einmal der letzte Notbehelf der Ausweisung in allen Fällen angängig ist.[58])

Die eben entwickelten Grundsätze werden als Norm für die Auslegung inländischen Rechts, als Maßstab für die Beurteilung fremder Zuständigkeit Geltung beanspruchen, soweit nicht eine positive Gesetzgebung Abweichungen vorschreibt. Für die deutschen Staaten aber kann dieser Vorbehalt praktisch werden. Zwar das Reichsrecht, das Anordnung der Zwangserziehung durch das „Vormundschaftsgericht" vorschreibt, hat hier nicht eingegriffen; es wollte dem Ausspruch richterliche Garantie gewähren, hatte die sachliche,

---

[57]) Ob aber Aufenthalt oder Wohnsitz, stets muß der die Zuständigkeit begründende Tatbestand fortdauern, solange aus dieser Zuständigkeit Rechte abgeleitet werden; eine *perpetuatio fori* im Verhältnis von Staat zu Staat gibt es nicht. Wenn der Zwangszögling entweicht, und seine Eltern verlegen den Wohnsitz in ein anderes Land, so kann die Zwangserziehung nicht weitergeführt werden. Anders Schmitz[4] 82 § 3 n. 5 (trotz der sehr richtigen Ausführungen in n. 10). Anders aber auch das hamburgische Gesetz § 2 und darnach Nöldeke 784[11].

[58]) Wenn die deutschen Gesetze von der Zwangserziehung „Minderjähriger" sprechen, so soll damit schwerlich zum Ausdruck gebracht sein, daß mangelnde Geschäftsfähigkeit zur rechtlichen Voraussetzung der Zwangserziehung erhoben werden sollte, und man wird darum mit Schneider 37 annehmen dürfen, daß auch solche Ausländer der Zwangserziehung unterstellt werden können, deren heimatliches Recht die Volljährigkeit vorzeitig eintreten läßt.

nicht die örtliche Zuständigkeit des Vormundschaftsgerichts im Auge.[59]) Und so sind Landesgesetze, welche von der reichsrechtlichen Ordnung der örtlichen Zuständigkeit abweichen, wie das in Baden beabsichtigt war, in Hamburg geschehen ist, staatsrechtlich einwandfrei erlassen. Aber durch die Verweisungen, welche sich in den Gesetzen über Zwangserziehung ganz regelmäßig finden, haben die Landesrechte von sich aus der Ordnung, wie sie von Reichs wegen für die örtliche Zuständigkeit in Vormundschaftssachen gilt, Einfluß eingeräumt. Und schon deshalb kann ein Versuch, in Zwangserziehungssachen die Bestimmungen der Strafprozeßordnung über örtliche Zuständigkeit anzuwenden, keine Zustimmung finden.

Der Sinn einer solchen Verweisung auf das Reichsrecht kann verschieden sein. Es wäre möglich, daß die Herübernahme der Vorschriften über örtliche Zuständigkeit auf die Zwangserziehung zugleich die Bedeutung haben sollte, daß auch die staatliche Zuständigkeit zur Zwangserziehung in den Grenzen gegeben sein solle, in denen staatliche Zuständigkeit zur Vormundschaftsführung für Deutschland begründet ist, daß also diejenigen Personen in Zwangserziehung genommen werden können, über die auch eine Vormundschaft errichtet werden darf — indessen die Sinnwidrigkeit einer Lösung, welche gemäß dem internationalen Vormundschaftsrecht Deutschlands die Staatsangehörigkeit zum Mittelpunkt der Abgrenzung machen würde, wird kaum veranlassen, einer solchen Auslegung ohne besondere Nötigung durch den Wortlaut stattzugeben. Aber freilich auch dann, wenn man die staatliche Zuständigkeit, Zwangserziehung zu verhängen, für die deutschen Landesgesetze nach der Eigenart dieser Einrichtung bestimmt, auch dann noch könnte die Herübernahme der reichsrechtlichen Vorschriften über örtliche Zuständigkeit nachdrücklich in diesen Geltungsbereich eingreifen, zwar nicht Zuständigkeit begründend, wohl aber eine an sich begründete Zuständigkeit ausschließend. Muß jene Verweisung dahin aufgefaßt werden, daß die reichsrechtlichen Vorschriften über den Gerichtsstand auch für die Zwangserziehung unverändert Geltung haben sollen, so folgt daraus, daß in Ermangelung eines örtlich zuständigen Gerichts Zwangserziehung am Aufenthaltsort nicht stattfinden kann, wenn der Jugendliche in einem anderen Bundesstaat seinen Wohnsitz hat. Und doch kann eine Anordnung der Zwangserziehung am Aufenthaltsort sehr erwünscht sein, nicht nur aus prozessualen Rücksichten,[60]) sondern um nicht die Vorkehrung einer

[59]) Das besagen die Protokolle der zweiten Kommission 4, 631, und es ergibt sich mit aller Sicherheit aus dem dabei befolgten Vorbild des § 55 des Reichsstrafgesetzbuchs in der Fassung vom 26. II. 1876.

[60]) Darüber Schmitz[3] 77; Landsberg 288. Wegen der örtlichen Zuständigkeit der sonstigen mit der Zwangserziehung befaßten Behörden Landsberg 290 f.; das sächsische Gesetz §§ 3 und 7.

am Ort als notwendig empfundenen Schutzmaßregel von dem guten Willen, aber auch von dem Rechtszustand eines anderen Landes abhängig machen zu müssen — nicht alle deutschen Staaten ermöglichen eine Zwangserziehung (zumal hinsichtlich des Lebensalters) in ausreichendem Umfang; eine Ausweisung aber ist jedenfalls Deutschen gegenüber nur ausnahmsweise statthaft.[61]) Die weitere Vorschrift des Reichsrechts aber, daß in erster Reihe die Zuständigkeit des Gerichts begründet ist, bei dem eine Vormundschaft über den Jugendlichen bereits geführt wird, könnte, wenn eine solche Vormundschaft in einem andern Bundesstaat anhängig ist,[62]) zum Ausschluß der Zwangserziehung nicht nur am Aufenthaltsort, sondern (bei einem dazwischen liegenden Wohnsitzwechsel etwa) sogar am Wohnsitz führen.

Alle diese Schwierigkeiten werden indessen behoben, wenn man mit Löning annimmt, daß der Begriff „Inland" bei jener Verweisung seine Bedeutung wechsle, daß demgemäß insbesondere in Ermangelung eines „inländischen" d. h. in dem Bundesstaat begründeten Wohnsitzes stets das Gericht des Aufenthaltsorts in diesem Staat zuständig sei, und ich möchte glauben, daß diese Auslegung mindestens für diejenigen Landesgesetze — von Mecklenburg-Schwerin, Braunschweig, Schaumburg-Lippe — welche die Vorschriften des Reichsgesetzes formell als selbständiges Partikularrecht wiederholen, zutrifft. Aber auch bei Landesgesetzen, welche auf jene Zuständigkeitsordnung nur in

[61]) Daß von diesem Standpunkt aus dem Aufenthaltsort auch die Zuständigkeit zu vorläufigen Maßregeln Inländern gegenüber abzusprechen wäre, möchte ich allerdings nicht annehmen. Die Zuständigkeitsvorschriften des Gesetzes über die freiwillige Gerichtsbarkeit gelten für die Zwangserziehung nicht deshalb, weil das Reichsrecht diese Geltung will, insbesondere auch nicht darum, weil es sich hier um eine Vormundschaft im Sinn des Art. 23 des Einführungsgesetzes handeln würde, sondern deshalb, weil die partikularen Zwangserziehungsgesetze von sich aus für eine Materie des öffentlichen Rechts die analoge Anwendung dieser Bestimmungen vorschreiben. Es ist darum vergebliche Mühe, im Reichsrecht eine unmittelbare Anordnung zu suchen, wie weit die Zuständigkeit in Zwangserziehungssachen begründet sein solle. Man kann nur folgern: das Reichsrecht hat für diejenigen Fälle, in denen nach Reichsrecht vorläufige Maßregeln vormundschaftlicher Art zu ergreifen sind, eine Zuständigkeit am Ort des Bedürfnisses vorgesehen, also kann dasselbe für vorläufige Maßregeln im Bereich der Zwangserziehung angenommen werden. Auf welche Personen sich jene reichsrechtlichen Vorschriften nach ihrem besonderen Inhalt beziehen, ist für diese Analogie völlig gleichgültig; sie kann nur für die Zwangserziehung von Inländern und Ausländern gleichmäßig, oder gar nicht geltend gemacht werden. — Die Argumentation des Kammergerichts dagegen (oben Anm. 47), daß für den Bereich der Zwangserziehung schon Angehörige anderer Bundesstaaten als Ausländer anzusehen seien, führt folgerichtig überhaupt zu dem Standpunkt Lönings.

[62]) Auf Vormundschaften im Reichsausland ist § 43 des Gesetzes über die freiwillige Gerichtsbarkeit von sich aus nicht anwendbar.

Gestalt einer Verweisung abstellen, wird mangels besonderer Gegengründe die gleiche Auslegung veranlaßt sein; die innerliche Unangemessenheit der Einschränkung, die Unzweckmäßigkeit des Ergebnisses werden jene Umdeutung ausreichend rechtfertigen. Nur freilich man muß mit der Möglichkeit rechnen, daß bei der Verweisung eines Landesgesetzes auf die Vorschriften des Reichsrechts (wenn auch aus der irrtümlichen Annahme einer rechtlichen Gebundenheit heraus) die völlig unveränderte Herübernahme der vormundschaftlichen Zuständigkeitsordnung Recht werden sollte. Für Baden möchte das bei der Vorgeschichte dieser Verweisung kaum zweifelhaft sein; für Hamburg folgt dasselbe, soweit nicht Abänderungen vorgesehen sind, schon aus dem Gesetze.

Der Zögling im Ausland.

6. Die Zwangserziehung als eine Einrichtung gesellschaftlichen Schutzes bedarf der Zuständigkeit im Hinblick auf die Gemeinschaft, die ihre Interessen durch Abwehrmaßregeln schützen will. Als Mittel, den vorgesetzten Zweck zu erreichen, bedient sich der Staat der Begründung eines öffentlichrechtlichen Gewaltverhältnisses besonderer Art über den Jugendlichen, und es bedarf noch der Feststellung, wie weit der zum Einschreiten an sich zuständige Staat auch zuständig ist, eben dies Mittel in seinem Verhältnis zu dem Jugendlichen zur Anwendung zu bringen; wie neben der vom internationalen Strafrecht verliehenen Zuständigkeit, Strafe zu verhängen, noch weiter Zuständigkeit erforderlich ist, gerade das anzuwendende Strafmittel gegen den Täter zu gebrauchen.[63]) Nun hat der Staat zweifellos die Befugnis, über Inländer und Ausländer im Land Freiheitsbeschränkungen gleichmäßig zu verhängen. Zweifelhaft aber wird in diesem Zusammenhang, ob Zwangserziehung auch über im Ausland befindliche Personen möglich ist, am Wohnsitz beispielsweise, während sich die Person auswärts befindet. Es wird dabei unterschieden werden müssen zwischen der Anordnung der Zwangserziehung als dem Verwaltungsakt, der das besondere Rechtsverhältnis zwischen Staat und Zögling zur Entstehung bringen soll, und dem Rechtverhältnis selbst, das durch diesen Verwaltungsakt begründet wird. Das Rechtsverhältnis, als das sich die Zwangserziehung juristisch darstellt, bedeutet nach den früheren Ausführungen (oben S. 230) ein Gewaltverhältnis über den Zögling, das von dem Willen öffentlichrechtlicher Beherrschung getragen wird. Eine Entfaltung der Staatsgewalt jenseits der Staatsgrenzen aber ist nicht denkbar. Befindet sich der Zögling bei Anordnung der Maßregel im Ausland, so kann das Rechtsverhältnis nicht zur Entstehung

[63]) Vgl. Zeitschrift für Strafrechtswissenschaft 27, 1 ff.

gelangen, entweicht er während des Verlaufs der Erziehung, so muß das Rechtsverhältnis untergehen — wie auch öffentliches Eigentum als Sachbeherrschung mit den Mitteln des öffentlichen Rechts nicht denkbar ist, solange sich die Sache im Ausland befindet.[64]) Wohl zu unterscheiden von dieser ist jedoch die andere Frage, ob die Anordnung der Zwangserziehung als Verwaltungsakt möglich ist gegenüber einem Jugendlichen, der seinen Aufenthalt im Ausland hat. Einer staatlichen Willenserklärung, das öffentlichrechtliche Erziehungsverhältnis begründen zu wollen, steht auch unter solchen Umständen nichts im Weg. Nur folgt der Erklärung hier nicht wie sonst die Begründung des Rechtsverhältnisses auf dem Fuße; sie hat nur Wert für den Fall, daß der Jugendliche in den inländischen Gewaltbereich tritt, und erspart die Abgabe einer neuerlichen Willenserklärung für diesen Zeitpunkt. Einem in das Ausland entwichenen Zögling gegenüber aber gestattet die Anordnung, das untergegangene Rechtsverhältnis jederzeit aufleben zu lassen, sobald die Person sich wieder im Inland befindet.

Zivilrechtliche Heimschaffung.

7. Erlischt das öffentlichrechtliche Gewaltverhältnis über den Zwangszögling, sobald dieser die Grenzen überschreitet, so bedeutet das doch noch keine Schutzlosigkeit für das öffentliche Interesse, das an der Durchführung der Maßregel begründet ist. Wo mit der Anordnung öffentlicher Zwangserziehung zugleich die privatrechtlichen Befugnisse eines Vormunds oder Pflegers auf eine öffentliche Behörde übertragen werden, da stehen dieser die privatrechtlichen Befugnisse zu, welche dem Erziehungsberechtigten gegeben sind, ein entlaufenes Kind wieder in seine Gewalt zu bringen, in Deutschland, in Österreich sowohl unmittelbare Gewalt gegen das Kind, wie die Befugnis sich, sei es direkt, sei es unter Vermittlung des Vormundschaftsgerichts,[65]) an die Polizeibehörde zu wenden, in Frankreich (nach der herrschenden Meinung) die Möglichkeit, eine Verfügung des Gerichtspräsidenten zu erwirken, die ihrerseits die öffentliche Gewalt zu Gebote stellt. Und es ist nicht einzusehen, warum diese Befug-

---

[64]) Eine Flucht des Zöglings berührt zunächst nur die tatsächliche Ausübung des dem Staat zustehenden Rechtes; das Recht selbst wird erst angegriffen, wenn sich der Flüchtige in das Ausland wendet.

[65]) Unmittelbare Angehung der Polizeibehörden: Österreich BGB. § 145; Württemberg Ausführungsgesetz zum BGB. Art. 265. Wo die Polizei eine Unterstützung ablehnt, oder wo ihrem unmittelbaren Eingreifen verfassungsrechtliche Bedenken entgegenstehen (vgl. unten Z. 8), da wird für Deutschland gestattet sein, an § 1631 II 2 BGB. anzuknüpfen, genau wie die französische Jurisprudenz für die gleiche Lösung Art. 376 C. c. benützt.

nisse nicht auch in fremdem Staatsgebiet sollten geübt werden können.[66]) Nur muß die Aktivlegitimation der Herausgabe fordernden Stelle mit dem internationalen Vormundschaftsrecht des um Rechtsschutz angegangenen Staats im Einklang stehen, was zumal bei einer Zwangserziehung von Ausländern zu Schwierigkeiten führen kann. Der Vollzug[67]) hätte sich nach den Gesetzen des um Hilfe angegangenen Staates zu richten.

Um zu solchem Ergebnis zu gelangen, muß aber meines Erachtens die halb zufällige Vereinigung von öffentlichrechtlicher und privatrechtlicher Gewalt überhaupt nicht gegeben sein. Wenn der Pariser Nationalbibliothek ein Buch gestohlen wird, und es wird nach Deutschland verbracht, so kann es hier nach den Regeln des Zivilrechts vindiziert werden. Das öffentlichrechtliche Eigentum Frankreichs, das an der Sache begründet war, erlischt zwar, sobald sie über die Grenze tritt. Aber man wird annehmen müssen, daß es in dem Willen des französischen Gesetzgebers lag, dort wo ein Gegenstand des *domaine public* den Schutz des öffentlichen Rechts verliert, ihn nach Maßgabe des Zivilrechts festzuhalten; vgl. oben S. 203. Dieselbe Umschreibung möchte ich auch in dem Verhältnis der öffentlichrechtlichen zur privatrechtlichen Erziehungsgewalt für zulässig halten. Der Staat, der für eine Erziehung selbst Sorge trägt, hat, von der gewöhnlichen Gestaltung des Verhältnisses ausgehend, möglicherweise verschmäht, einen Schutz des Zivilrechts für seine Ansprüche zu begründen, wo ihm die stärkeren Mittel des öffentlichen Rechts in vollem Umfang zu Gebote stehen; aber es kann nicht als Absicht angenommen werden, daß dort, wo die Mittel des öffentlichen Rechts versagen, das unpolitische Zivilrecht aber weiterhilft, für den Staat Befugnisse mangeln sollten, die für jede Privatperson unter gleichen Umständen verfügbar sind. Es dürfte eine subsidiäre zivilrechtliche Erziehungsgewalt neben der öffentlichrechtlichen ohne weiters als gesetzlich begründet gelten, und es würden die eben erörterten Festnahmebefugnisse dem Zwangserziehung verhängenden Staat damit auch in anderen Staaten zukommen.[68])

---

[66]) Das Bedenken von Leboucq, Journal 28, 301, daß hier (möglicherweise) die Entscheidung eines Strafgerichts zur Vollstreckung gelange, ist schon darum unbegründet, weil die Zwangserziehung inhaltlich nicht Strafe ist. Vor allem aber gilt der Satz von der Unvollstreckbarkeit fremder Strafurteile überhaupt nur für die unmittelbare Durchsetzung des Urteilsinhalts, nicht für Rechtsverhältnisse, die, wie hier das Vormundschaftsverhältnis, im Anschluß an das Strafurteil im Ausland zu selbständigem rechtlichen Bestand gelangt sind. S. des näheren Zeitschrift für Stratrechtswissenschaft 27, 26.

[67]) Einschließlich der Frage, ob es einer Anrufung des Vormundschaftsgerichts oder des Gerichtspräsidenten bedarf.

[68]) Nach der deutschen Terminologie in der Stellung eines Pflegers, dem die Sorge für die Person des Kindes übertragen ist. Wie sonst öffentlichrechtlich,

Verwaltungsrechtliche Heimschaffung.

8. Der Zivilrechtsweg kann nach Lage der Sache versagen, und er ist häufig umständlich, insofern er den Selbstbetrieb der Festnahme voraussetzt, und kostspielig. Die Lösung ist glatter, wo auf Grund eines Ersuchens um Rechtshilfe der Zufluchtsstaat von Verwaltungs wegen seine Unterstützung leiht. Die Rücklieferung erscheint dann, wie der französische Justizminister anläßlich des Falles Sipido (s. unten) zutreffend bemerkt hat, *comme une sorte de rapatriement.*[69])

Freundnachbarliche Bereitwilligkeit mag dazu führen, den entlaufenen Zwangszögling im Weg der Verwaltungshilfe ohne weiters an den beteiligten Staat zurückzustellen. Aber freilich eine solche Abführung bedeutet einen empfindlichen Eingriff in die persönliche Freiheit, und wo das Verfassungsrecht eines Staats Eingriffe in die persönliche Freiheit von dem Bestehen eines Gesetzes abhängig macht, das zu der Maßregel ermächtigt, die Ermächtigung aber mangelt, da ist den Behörden ein solches Entgegenkommen von Verwaltungs wegen verschlossen. Nun könnte man allerdings daran denken, mit Hilfe des Zivilrechts auch diese Schwierigkeit zu vermeiden. Die Heimschaffung kann der gesetzlichen Grundlage entraten, wenn sie mit Einwilligung erfolgt, wie die *extradition volontaire* von gewissen Beschränkungen des Auslieferungsrechts entbindet. Und ist es nicht gerade der Erziehungsberechtigte, auf dessen Wunsch die Heimschaffung vorgenommen wird? Aber eine solche Verfügung über die Freiheit muß als eine höchstpersönliche Angelegenheit angesehen werden; der Gedanke der gesetzlichen Vertretung versagt hier — auch dann, wenn nicht nur die Sorge für seine Person, sondern auch die gesetzliche Vertretung des Zwangszöglings in Zivilsachen auf ein öffentliches Organ übergegangen wäre.

Frankreich hat 1879 mit Elsaß-Lothringen, 1880 mit der Schweiz, 1898 mit Belgien im Weg des Notenaustauschs eine besondere Vereinbarung geschlossen, in der die Bereitwilligkeit erklärt wird, den Flüchtling, der, wegen eines Vergehens als strafunmündig freigesprochen, in einer Besserungsanstalt seines Heimatstaats untergebracht worden ist, zurückzuliefern;[70]) eine Vereinbarung gleicher Art

---

so sind hier privatrechtlich entgegenstehende Befugnisse des Vaters oder Vormunds beseitigt — was den um Rechtsschutz angegangenen Staat allerdings nur bindet, wenn das nach seinem internationalen Zivilrecht maßgebende Gesetz eine solche Beseitigung der väterlichen oder vormundschaftlichen Gewalt seinerseits zuläßt. Vgl. oben S. 231 f.

[69]) Mit der „Auslieferung" von Verbrechern hat eine solche Heimschaffung nichts gemein, und es sind selbstverständlich die Ermächtigungen und Beschränkungen des Auslieferungsrechts hier nicht verbindlich.

[70]) Vgl. wegen der Voraussetzungen Schweizerisches Bundesblatt 1892 II, 503; 1900 IV, 25.

zwischen der Schweiz und Belgien ist 1900 erfolgt.[71]) Indessen sah sich Frankreich genötigt, von diesem System wieder abzugehen. Ein gewisser Sipido hatte im Jahr 1900 ein Attentat auf den Prinzen von Wales verübt, war vom Schwurgericht Brüssel wegen seines jugendlichen Alters freigesprochen und der Zwangserziehung unterstellt worden; nach Frankreich geflüchtet, wurde er auf Grund der Vereinbarung von 1898 zurückgeliefert. Das gab Anlaß zu einer Interpellation in der Deputiertenkammer, bei der die Vereinbarung von 1898, weil von der Kammer nicht genehmigt, als unverbindlich erklärt wurde, und es gelangte eine Tagesordnung zur Annahme, die das Bedauern der Kammer über die „unregelmäßige Rücklieferung" des Geflüchteten ausdrückt.[72]) Daraufhin wurden die französischen Vereinbarungen gekündigt,[73]) und der noch im selben Jahr eingebrachte Entwurf eines Auslieferungsgesetzes erhielt einen Art. 2: *„La remise des mineurs non coupables ou déclarés tels, à leurs parents ou à leurs tuteurs légaux, sera demandée aux tribunaux civils et ne pourra être accordée que par eux".*[74])

Im Verhältnis der deutschen Bundesstaaten mangeln besondere Festsetzungen. Die Bestimmungen über Rechtshilfe, welche für die Gerichte bei Anordnung der Zwangserziehung gelten,[75]) sind hieher nicht mehr anwendbar, denn die Ausführung der Zwangserziehung ist Sache der Verwaltungsbehörden. Die allgemeinen Bestimmungen über Verwaltungshilfe innerhalb Deutschlands aber

---

[71]) S. die gleich zu erwähnende Rede des französischen Justizministers Monis und Schweizerisches Bundesblatt 1880 I, 408 f.; 1900 III, 741 f. IV, 25.

[72]) Sitzung vom 8., Journal officiel vom 9. XI. 1900, annexe p. 1990, 1993 f. (Rede des Justizministers), 1998, 2000.

[73]) Vgl. für die Schweiz Schweizerisches Bundesblatt 1901 III, 375 f.

[74]) Dazu Leboucq a. a. O. 74 300 f. 312 324. Vgl. auch unten § 20.

[75]) Preußen § 7 erklärt für das gerichtliche Verfahren die Vorschriften „über die durch Landesgesetz den ordentlichen Gerichten übertragenen Angelegenheiten der freiwilligen Gerichtsbarkeit" für anwendbar, also auch die Bestimmungen über Rechtshilfe, die unter solcher Voraussetzung Geltung haben. Bayern Art. 12 verweist insoweit schlechtweg auf „die für Vormundschaftssachen geltenden Vorschriften," somit auch die Vorschriften über Rechtshilfe, wie sie in den durch Reichsgesetz geordneten Angelegenheiten der freiwilligen Gerichtsbarkeit gelten; allein wenn es notwendig war, bei dieser Abstellung auf Reichsrecht die Vorschriften über örtliche Zuständigkeit auf den einzelnen Bundesstaat einzuschränken, so werden entsprechend auch die Vorschriften über Rechtshilfe die gleiche Beschränkung erfahren müssen — so daß auch hier das Ergebnis das gleiche wie in Preußen ist. Für die Rechtshilfe bei Anordnung einer Zwangserziehung gilt demgemäß der planlose Rechtszustand weiter, wie er (Böhm-Delius Rechtshilfeverfahren[3] 34 ff.) für partikulare Angelegenheiten der freiwilligen Gerichtsbarkeit durch die älteren Jurisdiktionsverträge und vereinzelte neuere Anordnungen bestimmt wird. Vgl. auch (nicht durchaus zutreffend) Josef in Das Recht 1908, 117.

sind dürftig, und gerade hier stößt ein nachbarliches Entgegenkommen allerwärts auf den verfassungsmäßigen Vorbehalt der persönlichen Freiheit.[76])

Mehrfache Zuständigkeit.

9. Auch der Fall, daß eine Mehrheit von Staaten für die Anordnung einer Zwangserziehung in Betracht kommt, hat schon Beachtung gefunden. Nach Gordan-Lehmann-Niese[77]) sind im Verhältnis der deutschen Bundesstaaten zueinander Konflikte ausgeschlossen. Sei die Zwangserziehung am Ort einer Vormundschaftsführung, am Wohnsitz angeordnet worden, so mangle anderwärts die Zuständigkeit, aber auch das Bedürfnis und die Möglichkeit der Durchführung; denn der anordnende Bundesstaat sei stets in der Lage, Auslieferung des Zöglings zu begehren. Bei einem Übergang der Vormundschaft vom einen auf einen anderen Bundesstaat gehe auch die Zwangserziehung auf diesen über; die Anordnungen des erst zuständigen Gerichts blieben dabei jedoch in Kraft, und nur die etwa erforderlich werdenden weiteren Schritte seien von dem neu zuständigen Vormundschaftsgericht vorzunehmen.[78]) Gegenüber nichtdeutschen Staaten aber müsse unterschieden werden: ist die Maßregel im Ausland gegen einen Angehörigen des anordnenden Staates verhängt (und durchgeführt) worden, so stehe einer Zwangserziehung in Deutschland Art. 23 des Einführungsgesetzes zum BGB. entgegen, da ja der Heimatstaat in solchem Fall die Fürsorge über seinen Angehörigen übernommen hat. Anders, wenn sich die Maßregel auf Angehörige eines dritten Staats beziehe, hier bleibe nur die diplomatische Schlichtung des Konflikts übrig; und ebenso bei einem Deutschen, der in das Ausland nicht ausgeliefert werde.

---

[76]) Vorschriften, wie diejenigen in § 9 III des preußischen Gesetzes („die Überführung des Zöglings liegt der Polizeibehörde des Aufenthaltsortes ob") gelten nur für den Fall, daß eine Zwangserziehung im Inland angeordnet worden ist. Und ob die allgemeinen Ermächtigungen zugunsten der Polizei, die in einzelnen Bundesstaaten bestehen, oder auch die Bestimmungen über Polizeihaft eine Heimschaffung im Weg der Verwaltungshilfe decken, ist häufig zweifelhaft, für manche Bundesstaaten (Bayern z. B.) sicher zu verneinen. — Auch eine Heimschaffung auf Grund des internationalen Abkommens über den Mädchenhandel gewährt keine weitergehenden Befugnisse, vgl. unten § 22 Anm. 22. — Sollte eine administrative Heimschaffung allerdings zulässig sein, so wird sie in ihrem äußeren Verlauf einer durch die Polizei bewirkten Herausgabe an den Zivilberechtigten möglicherweise völlig gleichen. Denn nichts hindert im letzteren Fall die Polizeibehörde, auf schriftliches Ansuchen hin tätig zu werden und die Ablieferung an der Landesgrenze vorzunehmen, wie andrerseits auch eine Heimschaffung im Weg der Verwaltungshilfe mangels besonderer Vereinbarung auf Kosten des ersuchenden Teils stattfindet.

[77]) Fürsorgeerziehungsgesetz 4, vgl. auch 26 f.

[78]) Verfasser verweisen auf einen Beschluß des Oberlandesgerichts Jena vom 5. XI. 1906.

Indessen was zunächst das Verhältnis eines deutschen zu ausländischen Staaten betrifft, so sind hier Erwägungen zivilrechtlichen und strafrechtlichen Inhalts überhaupt nicht zu gebrauchen. Die Zwangserziehung bedeutet eine verwaltungsrechtliche Einrichtung besonderer Art, und jeder Staat ist befugt, nach Maßgabe seines eigenen Rechts zu ihr zu greifen ohne Rücksicht auf das Verwaltungsrecht eines anderen Staates. Nicht anders aber liegt es grundsätzlich auch im Verhältnis der deutschen Bundesstaaten zu einander. Die von den genannten Schriftstellern in Sachen der Zwangserziehung vorausgesetzte Gemeinschaft unter den Bundesstaaten besteht nicht. Auch hier kann jeder Staat seinem eigenen Recht entsprechend einschreiten, und seine Anordnungen können auch nicht dadurch durchkreuzt werden, daß ein anderer Bundesstaat, in dem die Zwangserziehung bereits verhängt ist, die Herausgabe des Zöglings fordern würde. Denn eine solche Forderung kann nach dem früher entwickelten wohl nur kraft Zivilrechts als Rechtsanspruch geltend gemacht werden,[79]) der Zivilberechtigte aber wird durch die Verhängung öffentlicher Zwangserziehung im Inland beiseite geschoben. Und wenn es zweckmäßig erscheint, mit der Vormundschaft, die, im einen Bundesstaat eröffnet, in einem anderen Bundesstaat weitergeführt werden soll, auch die Zwangserziehung des Mündels auf diesen Bundesstaat übergehen zu lassen, so ist das rechtlich nur in der Weise möglich, daß die Zwangserziehung im einen Bundesstaat beendigt und zugunsten des anderen Staates neu begründet wird.

Aber freilich was hier auseinandergesetzt wurde, ist nur das nudum jus. In der Praxis wird schon mit Rücksicht auf die Kosten regelmäßig eine Verständigung unter den mehreren zur Anordnung berufenen Staaten versucht werden. Und die neuerliche Anordnung einer Zwangserziehung über einen Jugendlichen, über den die Maßregel im Ausland bereits ausgesprochen worden ist, hätte nur da einen Sinn, wo einer Zurückführung des Jugendlichen rechtliche Hindernisse, besondere Kosten oder Rücksichten der Menschlichkeit entgegenstünden.

Besonderes gilt in Deutschland für das Zusammentreffen reichsrechtlicher und landesrechtlicher Zwangserziehung. Da Reichsrecht dem Landesrecht vorgeht, hat eine nach §§ 56, 362 des Reichsstrafgesetzbuchs angeordnete Zwangserziehung den Vorrang, auch dann,

---

[79]) Die Möglichkeit weiter zu verfolgen, daß eine der zwischen deutschen Bundesstaaten geschlossenen Vereinbarungen über Verwaltungshilfe (Böhm-Delius 77 f.) auch die administrative Heimschaffung eines Zwangszöglings umfassen könnte, daß dies zugleich Staaten wären, in denen der Vorbehalt persönlicher Freiheit nicht hindert, und daß die in Rechtshilfeverträgen übliche Klausel der Vereinbarkeit der nachgesuchten Handlung mit dem Inlandsrecht dabei versagte, lohnt nicht!

wenn die landesrechtliche Maßregel in einem andern Bundesstaat verhängt war.[80])

Die Kosten.

10. Wer trägt die Kosten der öffentlichen Zwangserziehung? In Preußen der Kommunalverband, in dessen Gebiet das anordnende Vormundschaftsgericht seinen Sitz hat, in Bayern die Heimatgemeinde des Minderjährigen usw. Aber das sind keine Fragen des internationalen Verwaltungsrechts. Denn es ist klar, daß der anordnende Staat nur Verbände seines Gebiets zur Kostentragung heranziehen kann, und ebensowenig handelt es sich im Verhältnis der Gemeindeverbände zu einander um Angelegenheiten, die ihrem eigenen Wirkungskreis angehören würden. Zu echtem internationalen Verwaltungsrecht kann sich hingegen die Frage gestalten, welches Recht darüber entscheidet, ob die für eine Zwangserziehung aufgewendeten Kosten als Armenunterstützung zu betrachten seien. Aber der Sitz dieser Frage ist nicht hier, sondern in der Lehre vom Armenwesen.

§ 20. Der Schutz verlassener Kinder.[1])

Wo der Schutz verlassener Kinder durch Rechtssätze geordnet ist, ist es eine innere Angelegenheit des beteiligten Staates, zu bestimmen, in welcher Begrenzung dieser Schutz gewährt werden soll, ob auch ausländischen Kindern im Inland, inländischen Kindern im Ausland; für Zuständigkeitsfragen bleibt dabei kein Raum. Völlig übereinstimmend aber, wie es oben § 7 für die Krankenhilfe entwickelt wurde, wird die Bezeichnung des verpflichteten Staats zur Rechtsfrage, wo durch Staatsvertrag vorgesorgt ist, daß diesen Kindern die notwendige Hilfe zuteil werde. Es handelt sich dabei zum Teil um Staatsverträge, welche mit Rücksicht auf das Schicksal verlassener Kinder besonders abgeschlossen wurden,[2]) zum Teil um Verträge, die Hilfsbedürftige aller Art umfassen, mögen sie die verlassenen Kinder besonders erwähnen[3]) oder nicht. Und auch hier ist der leitende Gedanke, daß der Heimatstaat verpflichtet sein soll, verlassene und verwaiste Kinder aufzunehmen, daß aber für die bis zur Übernahme aufgewendeten Kosten ein Ersatz an den Aufenthaltsstaat nicht gewährt werden soll.

---

[80]) Vgl. Schmitz[4] 54 § 1 n. 11; auch 154 § 13 n. 21.

[1]) Derouin und Worms, Journal 17, 554 ff.; Boeck, Journal 18, 731 ff. 743 f.; Éveillé (zit. oben S. 83 Anm. 2) 94 ff.

[2]) Österreich-Italien 1876, Vesque v. Püttlingen 251. Frankreich-Schweiz 1882, Journal 10, 675.

[3]) Belgien-Deutschland 1877, Zentralblatt für das Deutsche Reich 1877, 411; Belgien-Italien 1880, Belgien-Schweiz 1896, Martens, Nouveau recueil général[2] 6, 631; 23, 394.

In Ermangelung eines Vertrags greifen die allgemeinen Grundsätze Platz, welche dem Aufenthaltsstaat gestatten, Ausländer[4]) auszuweisen, den Heimatstaat nötigen, seine Angehörigen aufzunehmen.[5]) Eine Verpflichtung des Heimatstaats, in Ermanglung eines Vertrags die Kosten der Fürsorge zu ersetzen, die im Ausland für die ihm angehörigen Kinder erwachsen sind, besteht nicht.[6])

Daneben bleibt natürlich die Möglichkeit einer zivilrechtlichen Heimschaffung, insofern der zuständige Staat einen Vormund oder Pfleger aufstellt, der am Aufenthaltsort der Kinder die erforderlichen Schritte vornimmt.[7]) Sie ist wesensverschieden von dem *rapatriement* als der administrativen Heimschaffung, und es muß befremden, daß Frankreich im Rahmen seines Vertrags mit der Schweiz neuerdings fordert, für elternlose Kinder, die heimgeschafft werden sollen, müsse zunächst in der Schweiz ein Vormund aufgestellt werden; diesem solle durch obervormundschaftliche Verfügung die Heimschaffung aufgetragen, und die obervormundschaftliche Verfügung alsdann in Frankreich dem gerichtlichen Exequatur unterbreitet werden.[8])

---

6. Kapitel.

Der Staat und die Sitten.

§ 21. Übersicht.

Sittlichkeit und Sitte sind Erzeugnisse des Gemeinschaftslebens, die, der Rechtsordnung parallel, ihr selbständiges Dasein führen. Auch hier mögen partikulare Gruppen ihre eigenen Einrichtungen entwickeln, die den Einrichtungen anderer Gruppen gegenüberstehen, und wenn es sich dabei um nebengeordnete Lebenskreise handelt, die sich

[4]) Wenn die Staatsangehörigkeitsgesetze mancher Staaten bei Erreichung der Volljährigkeit die Wahl zwischen der Staatsangehörigkeit im Inland und in fremdem Staat gewähren, so können hier Schwierigkeiten entstehen; vgl. Éveillé 97 ff.

[5]) Dabei begegnet der Übernahmeverkehr gerade hier befremdenden Ablehnungen, s. oben S. 11 Anm. 25.

[6]) Nach Derouin und Worms soll eine Gemeinde der Schweiz, nach Éveillé Bremen in seinem Verhältnis zu Frankreich die für staatsangehörige Kinder erwachsenen Kosten ersetzen.

[7]) Über Schwierigkeiten in der Praxis klagt Landsberg, Zwangserziehung 254.

[8]) Revue 5, 767 f. In anderen Fällen allerdings — Journal 16, 612; Revue 5, 768 — scheint die Heimschaffung von Frankreich nach der Schweiz als reine Administrativsache behandelt worden zu sein.

wechselseitig gelten lassen, so können Probleme erwachsen, die jenen des internationalen Privatrechts (im weitesten Sinn) völlig gleichartig sind. Ja es kann sein, daß die Beantwortung eines solchen Problems präjudiziell ist für Rechtsfolgen, die von der Rechtsordnung daran geknüpft werden. Das Reichsstrafgesetzbuch bestraft es als üble Nachrede, wenn jemand, ohne daß sie erweislich wahr wären, einem anderen Tatsachen nachsagt, die geeignet sind, ihn „in der öffentlichen Meinung herabzuwürdigen". Doch auf welchen Landes öffentliche Meinung soll es ankommen, wenn die Nachrede in der Fremde erfolgt ist? Vielleicht entscheiden wir nach dem Grundsatz „ländlich-sittlich" und lassen straffrei, wenn die Meinung am Ort der Nachrede die behauptete Handlung nicht übel nimmt. Die Kollision, die hier zur Entscheidung steht, ist außerrechtlicher Art, und auch die Kollisionslösung, der Satz „ländlich-sittlich", gehört der Moral, nicht dem Recht an; erst das fertige Ergebnis wird Voraussetzung rechtlicher Wirkungen.[1])

Es kommt aber weiter vor, daß Gemeinschaften nichtstaatlicher Art mit Einrichtungen gesellschaftlichen Inhalts in den Bereich staatlicher Verwaltung übernommen werden, und daß die Abgrenzung dieser Einrichtungen von denselben Einrichtungen anderer Gemeinschaften zu Rechtssätzen ausgestaltet ist — Anwendungsfälle bieten sich unten § 28 Z. 3 oder § 29 Z. 3. Der Boden des internationalen Verwaltungsrechts ist damit bereits beschritten. Und vor allem ist das Verhältnis des Staates zu Sitte und Sittlichkeit (es bedarf für die Zwecke dieser Untersuchungen keiner Sonderung unter ihnen) hier von Belang, wo der Staat von sich aus in diese Gebiete eingreift. Entsprechend seinem Wesen wird dem Staat zunächst die Aufgabe zufallen, seine Tätigkeit ergänzend für den Schutz der guten Sitten einzusetzen. Davon im folgenden unter I.[2]) Immerhin gibt es auch Erscheinungen des gesellschaftlichen Lebens, in die der Staat nicht bloß abwehrend, sondern fördernd, insbesondere auch durch eigene Veranstaltungen eingreift: die soziale Geltung, und es wird demgemäß unter II von dem öffentlichen Recht der Auszeichnungen zu handeln sein.

[1]) Näheres im Allgemeinen Teil.

[2]) Des Zusammenhangs halber hat hier auch das Recht der Glücksspiele Darstellung gefunden, bei dem sittenpolizeiliche und finanzrechtliche Maßregeln zusammentreffen. Dementsprechend handelt es sich dabei nicht bloß um Abwehr, sondern auch um Förderung durch den Staat. Und es liegen gerade die eigenen Veranstaltungen des Staats, die hier einschlagen — im Gegensatz zu den Fällen unter II — im Bereich des Finanzrechts, nicht einer verwaltungsrechtlichen Ordnung gesellschaftlicher Beziehungen.

I. Der Schutz der guten Sitten.

§ 22.

1. Abgrenzung im allgemeinen. — 2. Geistige Getränke. — 3. Die geschlechtlichen Beziehungen. — 4. Leumundszeugnisse.

Abgrenzung im allgemeinen.

1. Schon Baldus berichtet, daß Luxusgesetze wie das Verbot, Perlen zu tragen, auch für Fremde verbindlich sind,[1]) und in der Tat müssen auch die Vorschriften der Sittenpolizei für jedermann im Gebiet Geltung haben, wenn in diesem Gebiet die gewünschte Ordnung durchgeführt werden soll.[2]) Für einen andern Gegenstand der Sittenpolizei, für die Überwachung öffentlicher Sammlungen, äußert sich der Gedanke in der Forderung, daß jede Vornahme von Sammlungen, jede Aufforderung zu Gaben im Gebiet den örtlichen Beschränkungen unterliegt, und damit muß auch hier die böse Folgerung gezogen werden, daß eine Aufforderung, die in einer auswärts veröffentlichten, im Inland verbreiteten Zeitung enthalten ist, ohne den polizeilichen Vorschriften des Inlands Genüge zu tun, strafbar macht, sofern nicht im Wege der Auslegung eine Selbstbeschränkung solcher Bestimmungen auf Druckschriften inländischer Veröffentlichung festgestellt werden kann.[3])

Andererseits beschränken sittenpolizeiliche Anordnungen ihre Wirksamkeit grundsätzlich auf das Gebiet des anordnenden Staates.[4]) Die Schweiz hat unter dem Gesichtspunkt der Tierquälerei die jüdische Schlachtmethode des Schächtens verboten. Eine jüdische Gemeinde läßt ihr Vieh jenseits der nahen Grenze auf badischem Gebiet schächten; der aargauische Tierschutzverein beschwert sich beim Bundesrat der

[1]) Baldi de Ubaldis († 1400) Lectura in Codicem C. 1, 1, 1 n. 22 ed. Lugd. 1516 f. 8a (vorbehaltlich Ausschlusses der Strafbarkeit wegen Rechtsunkenntnis). Dagegen hatte das ältere römische Recht, wie es überhaupt in Zivilrecht, Strafrecht, Verwaltungsrecht nur für die Stadtbürger galt, auch Luxusgesetze wie die lex Oppia auf die Bürgerfrauen beschränkt; bezeichnend Livius 34, 7.

[2]) Sie gelten demgemäß materiellrechtlich auch für Exterritoriale. Vgl. Lovisoni, Schlesinger a. a. O. (oben S. 71 Anm. 14), und für das Verbot öffentlicher Lustbarkeiten während der Fastenzeit G. F. Martens (oben S. 92 Anm. 8). Zu eng verlangen Schmalz, Schmelzing, Ch. de Martens (ebendort), der Exterritoriale dürfe Untertanen des Aufenthaltsstaats nicht an verbotenen Glücksspielen teilnehmen lassen.

[3]) Vgl. dazu oben S. 79, sowie unten § 23 Z. 4. Ebendort auch über die (verwaltungsrechtlich nicht unmittelbar interessierende) Frage nach dem Gerichtsstand für die strafrechtliche Verfolgung derartiger Übertretungen.

[4]) Keine Verbindlichkeit einer Polizeiverordnung, die Anmeldung von Lustbarkeiten vorschreibt, für nachträglich einverleibte Gebietsteile: Stephan, Verwaltungsarchiv 11, 333. Vgl. oben S. 81, 92, 227.

Schweiz. Dieser aber erklärt zutreffend, die Schweiz vermöge polizeiliche Vorschriften nur für Schlachtungen in ihrem Gebiet zu geben, einer Einfuhr des Fleisches auswärts geschächteter Tiere aber könne nicht entgegengetreten werden, weil das Verbot nicht auf gesundheitspolizeilichen Rücksichten beruhe.[5])

Geistige Getränke.

2. Auch die Überwachung des Verkehrs mit geistigen Getränken unterliegt den gleichen Schranken. Wenn manche Kantone der Schweiz die Strafe des Wirtshausverbotes kennen, so wäre es doch ein Übergriff, wenn damit auch der Wirtshausbesuch außer Landes getroffen werden wollte.[6]) Und nur besondere Beziehungen zum Inland vermögen es zu rechtfertigen, wenn hier zuweilen Beschränkungen über die Grenze hinauswirken. In diesem Sinn bleibt das Verbot für Schüler wirksam, denen der Wirtshausbesuch mit Rücksicht auf ihre Schulpflicht im Inland untersagt ist (vgl. oben S. 224 f.). Und wenn der alte Johannes Voet Statuten rechtfertigt, die es verbieten, *prope confinia caupones frequentare, dum forte alibi viliore potulenta parantur pretio*, so wird mit solchen Vorschriften ein Zwangsrecht zugunsten der inländischen Betriebe begründet, in dessen Bereich die Einwohner des Orts als die gegebenen Kunden des Betriebs fallen.[7])

Im Bereich der Konsulargerichtsbarkeit entscheiden wiederum die Verhältnisse des einzelnen Gebietes, ob die Überwachung des Verkehrs mit geistigen Getränken der örtlichen Staatsgewalt zukommt; in Ägypten hat sie ihre Rechte im wesentlichen durchgesetzt.[8]) Im übrigen gibt der Ort des Verbrauchs durch seine Eigenart auch sonst Gelegenheit zu Zweifeln.

---

[5]) v. Salis, Schweizerisches Bundesrecht[2] 5, 36 n. 2124; auch Journal 27, 221 und 30, 479.

[6]) Vgl. Zeitschrift für Strafrechtswissenschaft 27, 7.

[7]) Comm. ad Pandectas (zit. oben S. 2 Anm. 2) 1, 101 lib. 1 tit. 4 pars 2 n. 9. Voet beruft sich auf die Schwächung der Steuerkraft des Inlands durch die Bevorzugung fremder Betriebe und gründet die Erstreckung des Verbots auf Handlungen im Ausland ohne weiters auf die Staatsangehörigkeit des Zuwiderhandelnden. Doch wird es stets einer besonderen Veranstaltung im Inland bedürfen, zu deren Schutz Verbote in das Ausland erlassen werden können. Vgl. im Gegensatz zu dem hier erörterten den oben erwähnten Fall des Schächtverbotes.

[8]) Lamba (zit. oben S. 8 Anm. 18) 219 f.; Ravaut-Bignon (ebendort) 82 ff. 88. Vgl. überhaupt oben S. 104 über die Betriebe mit öffentlichem Verkehr. Prüfung der Getränke vom gesundheitlichen Standpunkt Lamba 221 223 324 333 f. Wenn mit Rücksicht auf die zugesicherte Handelsfreiheit der Handel mit Spirituosen an gewissen von Europäern vorzugsweise besuchten Orten freigelassen worden ist (Lamba 220 334), so bedeutet diese Selbstbeschränkung Ägyptens doch keine grundsätzliche Exemtion.

So ist es fraglich geworden, ob der Betrieb der Speisewagen Beziehungen nimmt zu den einzelnen Rechtsgebieten, die der Eisenbahnwagen durchfährt;[9]) man könnte etwa an die Verbindlichkeit der örtlich gebotenen Polizeistunde denken. Doch gerade die polizeiliche Ordnung des Speisewagenbetriebs macht geringere Schwierigkeiten. Denn ob der Wagen von der befördernden Eisenbahnunternehmung oder von einer ausländischen Aktiengesellschaft gestellt wird, ob die Aufrechterhaltung der Ordnung in ihm dem allgemeinen Zugspersonal zukommt oder der besonderen Bedienung des Wagens überlassen ist, stets handelt es sich um eine Angelegenheit der Bahnpolizei, die — wenigstens in Deutschland — für Gegenstände des eigentlichen Eisenbahnbetriebs die Zuständigkeit der allgemeinen Polizeibehörden ausschließt.[10]) Damit entstehen rechtliche Beziehungen nur gegenüber dem Staat, nicht auch zu seinen Unterverbänden, und zwar gegenüber dem Staat, dessen Gebiet durchfahren wird, sofern nicht durch Staatsvertrag (darüber in Band III) die Ausübung der Bahnpolizei einer fremden Gewalt eingeräumt ist.

Daß der Ausschank geistiger Getränke auf fremden Schiffen im Hafen der Gewalt des Uferstaats untersteht, wenn er vom Uferstaat aus veranstaltet wird, ist sicher.[11]) Aber auch die Küstengewässer unterstehen seiner Hoheit, wo Beziehungen von Schiff zu Schiff angeknüpft werden; es sind insbesondere die schwimmenden Schenken in der Nordsee, die in Ausübung dieser Gewalt ohne Rücksicht auf die Nationalität des Fahrzeugs Einschränkungen unterworfen worden sind.[12]) Auf hoher See muß sich die Staatsgewalt grundsätzlich auf die Schiffe eigener Flagge beschränken. Doch eben hier ist ein internationaler Vertrag zur Unterdrückung des Branntweinhandels unter den Nordseefischern auf hoher See vom 16. November 1887 [13]) weiter gegangen.

---

[9]) Preußisches Oberverwaltungsgericht 25. V. 1905 Deutsche Juristenzeitung 1906, 374: eine Gewerbesteuerpflicht gegenüber den durchfahrenen Gemeinden und Gutsbezirken ist nicht begründet; es handle sich bei dem Betrieb des Speisewagens nicht um die Ausübung eines Transportgewerbes, sondern eines Beköstigungsgewerbes innerhalb des von einem andern Unternehmer betriebenen Transportgewerbes; Ort des Betriebs sei der Wagen innerhalb des Zugs, nicht die Gemeinde, durch die der Zug läuft. Die Voraussetzung wird nicht immer zutreffen, die Folgerung scheint in jedem Fall bedenklich. Doch gestattet die knappe Wiedergabe des Urteils keine sichere Auseinandersetzung.

[10]) G. Eger, Handbuch des preußischen Eisenbahnrechts (1896) 2, 41 ff.

[11]) Zuchtpolizeigericht Bordeaux, Revue 4, 625 unter dem Gesichtspunkt der steuerrechtlich geforderten Erlaubnis.

[12]) Reichsgesetz vom 4. III. 1894 Reichsgesetzblatt 151 § 2. Belgisches Gesetz bei Guillaume (s. unten) 509 Art. 7. Anerkennung der vom Flaggenstaat gewährten Konzessionen entsprechend dem Rechtszustand auf hoher See; vgl. unten.

[13]) Reichsgesetzblatt 1894, 427. Guillaume, Revue de droit international (1894) 26, 488 ff.

Enthält der Vertrag zunächst nur völkerrechtlich gebundenes Verwaltungsrecht,[14]) so sind in Art. 3 Zuständigkeiten geordnet: „*Le droit de faire le débit aux pêcheurs d'approvisionnements et d'autres objets servant à leur usage, à l'exception des boissons spiritueuses, est subordonné à un permis accordé par l'État auquel appartient le navire.*" Zugleich liegt darin die Anerkennung solcher Konzessionen durch die anderen Vertragsstaaten beschlossen, und vor allem Art. 7 unterstellt die Durchführung des Vertrags der gemeinsamen Aufsicht der Kriegsschiffe sämtlicher Vertragsstaaten.[15])

Die geschlechtlichen Beziehungen.

3. Daß auch die sittenpolizeiliche Überwachung der geschlechtlichen Beziehungen grundsätzlich territorial umgrenzt ist, folgt wiederum aus der Natur dieser Aufsicht[16]) und gibt nur ausnahmsweise Anlaß zu Erörterungen. Das preußische Oberverwaltungsgericht hat einmal die sittenpolizeiliche Kontrolle der Prostituierten auf ihren Geltungsbereich untersucht und festgestellt, daß eine solche Kontrolle ohne Rücksicht auf den Wohnsitz der Person verhängt werden könne; dort wo sie der Gewerbsunzucht nachgeht, gefährde sie die Interessen, deren Schutz der Polizei obliegt.[17]) Über den Bereich des Staatsgebiets hinaus hat man Aufgaben der Sittenpolizei

---

[14]) Solcher Art ist auch die Beschränkung des Handels mit Spirituosen in Art. 90ff. der Antisklavereiakte.

[15]) Der Befehlshaber des Kreuzers kann auf dem der Zuwiderhandlung verdächtigen Fahrzeug ein Protokoll in den Formen und der Sprache seines Landes aufnehmen; das Fahrzeug darf — aber nur in einen Hafen eigener Flagge — abgeführt werden. Doch handelt es sich hier (vgl. oben S. 102f.) nur um Ausübung der gerichtlichen Polizei.

[16]) Und wirkt auch für das Zivilrecht. Entsprechend früheren Ausführungen S. 23 werden auch die Ehehindernisse sittenpolizeilichen Charakters — Ehebruch, Gattenmord, Entführung, vierte Ehe (Rußland), das Trauerjahr, wo es wirklich als solches vermeint ist — räumliche Geltung beanspruchen, wobei nur für eine auflösende Wirkung solcher Hindernisse ein länger dauernder Aufenthalt im Inland verlangt werden muß. — Strafrechtlich hingegen greifen staatliche Anordnungen im Bereich der Sitte und Sittlichkeit nach Maßgabe des internationalen Strafrechts auch hier über die Grenzen. Wenn indes Mendelssohn Bartholdy in Vergleichende Darstellung des Strafrechts Allgemeiner Teil 6, 305f. die Bestrafung der Sittlichkeitsvergehen, insoweit sie die Sittlichkeit des Täters selbst beeinflussen soll, nach der Staatsangehörigkeit umgrenzen, auch 305[4] eine „in fraudem territorialer Kompetenz" in das Ausland verlegte Handlung in jedem Fall inländischer Strafe unterstellen will, so vermag ich beidem nicht beizustimmen.

[17]) Entscheidung vom 11. VII. 1899 (vgl. v. Bitter, Handwörterbuch 2, 461; v. Kamptz, Rechtsprechung 1. Ergänzungsband 492), völlig parallel der oben S. 78f. angeführten Entscheidung über Zwangsheilung der Prostituierten. Vgl. über den Geltungsbereich solcher Verfügungen auch das Reichsgericht, Entscheidungen in Strafsachen 11, 286.

den Konsuln zugewiesen, denen dabei freilich, von den Gebieten der Konsulargerichtsbarkeit abgesehen, die Zwangsgewalt mangelt.[18]) Und im Gefolge der Auswanderungsgesetze sind die Anordnungen sittenpolizeilichen Inhalts weit über die staatlichen Grenzen verbindlich geworden. Das deutsche Gesetz verpflichtet die von Deutschland zugelassenen Auswanderungsunternehmer, gleichviel welcher Beförderungsmittel sie sich bedienen, auch für Schiffe fremder Flagge; und auch Unternehmungen, deren Sitz nicht in Deutschland ist, können für Schiffe deutscher Flagge solchen Beschränkungen unterstellt werden.[19])

Ein Gebiet indessen, auf dem die einzelstaatliche Regelung überhaupt versagt hat, ist die Bekämpfung des Mädchenhandels, die nunmehr nach dem Vorgang verschiedener Sonderverträge[20]) durch die internationale Konvention vom 18. Mai 1904 geregelt ist.[21]) Insoweit der Vertrag international gleiches Verwaltungsrecht begründet, ist er hier nicht weiter zu verfolgen. Wohl aber sieht er auch ein Zusammenarbeiten der staatlichen Verwaltungen vor, zunächst durch Austausch von Mitteilungen (Art. 1, 2 II, 3 I), insbesondere aber (Art. 3, 4) durch Heimschaffung der verhandelten Personen.[22]) Hatte

---

18) Österreichische Zirkulare bei v. Malfatti, Konsularwesen² 2, 214 220; Roßteuscher (zit. oben S. 30 Anm. 13) 62 ff. 73. Was die Verteilung der Zuständigkeiten in Staaten mit Konsulargerichtsbarkeit betrifft, so kommt jedenfalls in Ägypten die Regelung der örtlichen Staatsgewalt zu; Anwendungsfälle bei Lamba 212 230. Für die frühere Zeit Ravaut-Bignon 47.

19) Gesetz §§ 36, 42. Bekanntmachung des Bundesrats vom 14. III. 1898 Reichsgesetzblatt 57 §§ 13, 16—18; vom 26. II. 1904 Reichsgesetzblatt 136.

20) Belgien-Niederlande 18. XII. 1886; Österreich-Ungarn-Niederlande 30. XI. 1888; Deutschland-Niederlande 15. XI. 1889; Deutschland-Belgien 4. IX. 1890 Martens, Nouveau recueil général² 13, 708; 15, 722; 17, 342 589.

21) Reichsgesetzblatt 1905, 695. Materialien Archives diplomatiques 1901/02 I 154 ff. 267 ff.

22) Ist diese Heimschaffung zunächst als Fürsorgemaßregel und damit als besondere Form einer Armenhilfe gedacht, so kommen dabei doch auch Rücksichten der Sittenpolizei in Betracht. Vgl. die Verteilung der Kostenlast in den deutschen Vereinbarungen mit den Niederlanden und Belgien; die Beratung des internationalen Vertrags Archives 272 f., 284; auch v. Ullmann Gerichtssaal (1904) 64, 38 ff. und Mittermaier in Vergleichende Darstellung des Strafrechts Besonderer Teil 4, 196. Gegenstand der Heimschaffung sind nach dem Übereinkommen Frauen *qui demandent leur rapatriement ou qui seraient réclamées par les personnes ayant autorité sur elles.* In letzterem Fall (die Kommission hatte gegen Minderjährige noch weiter gehen wollen, Archives 280, 274) kann somit auch eine zwangsweise Heimschaffung in Frage kommen. Da indessen die Vereinbarung nur *dans les limites légales,* ohne Erweiterung des bestehenden innerstaatlichen Rechts, durchgeführt werden sollte (Archives 318, 304, 305 f.), wird eine administrative Heimschaffung gegen den Willen der Person lediglich auf Verlangen des Trägers familienrechtlicher Gewalt häufig unzulässig sein. Vgl. die Ausführungen über die Heimschaffung von Zwangszöglingen oben § 19 Z. 8. Doch dürfte auch eine zivilrechtliche Heimschaffung

der französische Vorentwurf die Ausführung der Rücksendung zum Teil den diplomatischen und konsularischen Vertretern überlassen wollen, auch eine Rücksendung in den Staat, in dem die Frauen angeworben worden waren, vorgeschlagen,[23]) so ist der Vertrag in beiden Punkten zu dem gemeinen Recht der Übernahmeverträge zurückgekehrt: Absendung durch die örtlichen Behörden und Überstellung an den Heimatstaat der Person. Auch die Kosten hatten die Vereinbarungen Deutschlands mit den Niederlanden und Belgien diesem Vorbild entsprechend dem Aufenthaltsstaat auferlegt. Der internationale Vertrag hingegen hat, wie übrigens schon die niederländisch-österreichische Vereinbarung, nach lebhaften Meinungsverschiedenheiten dem Aufenthaltsstaat nur die Kosten einer Beförderung zur nächsten Grenze, die weiteren Kosten aber dem Heimatstaat aufgebürdet.[24]) Die Vertragsstaaten, die für den Transport als Zwischenländer in Betracht kommen, sind (Art. 3 III) verpflichtet, den Durchgang zu erleichtern, Kosten jedoch können sie nicht treffen. Eine beachtenswerte Verwahrung Deutschlands im Unterzeichnungsprotokoll des Vertrags bemerkt noch besonders: „*De l'avis du Gouvernement Allemand, les réglements qui pourraient exister entre l'Empire Allemand et le pays d'origine, concernant l'assistance mutuelle d'indigents, ne sont pas applicables aux personnes qui seront rapatriées, en vertu du présent Arrangement, en passant par l'Allemagne*" — völlig parallel der Regelung, die auch für entsprechende Fragen bei dem Übernahmeverkehr als richtig gelten muß (vgl. oben S. 13).

Leumundszeugnisse.

4. Endlich eine Fürsorgeeinrichtung aus dem Bereich staatlicher Überwachung der Sitten, die Einrichtung der Leumundszeugnisse. Seinem Wesen nach ist das Leumundszeugnis eine amtliche Erklärung

---

durch den Gewalthaber (vgl. § 19 Z. 7, § 20) die Vorteile des Abkommens genießen.

[23]) Archives 178, 180 und 179.

[24]) Archives 179f. 213 278ff. 283ff. 318f. Man hat, von Zweckmäßigkeitsgründen für verschiedene Lösungen abgesehen, den Aufenthaltsstaat für allein verpflichtet erklärt, weil er an der Entfernung solcher Personen Interesse habe, der Heimatstaat zu dem Tatbestand, wie er sich bei der Heimschaffung ergebe, auch gar keine Beziehungen besitze, man hat umgekehrt den Heimatstaat für allein beteiligt erklärt, weil es sich um eine Schutzmaßregel zugunsten seiner Angehörigen handle, zumal bei der Heimschaffung von Minderjährigen; der französische Vorentwurf ging von der Verpflichtung des Heimatstaats aus, wollte aber den Aufenthaltsstaat haftbar machen, wenn die heimzuschaffende Person in einem Bordell festgehalten war. Die schließliche Lösung ist als Vergleich gedacht und ging von dem Vorbild der Auslieferungsverträge aus. Wegen der Übernahmeverträge vgl. oben S. 14f.

darüber, ob jemand im Rufe sittlichen Wohlverhaltens steht. Es soll nicht Tatsachen, sondern Urteile über Tatsachen bezeugen; und die Tatsachen, deren Würdigung festgestellt werden soll, sind nicht nur strafrechtlich relevante Tatsachen, sondern sittlich zu würdigende Tatbestände jeder Art z. B. Arbeitsscheu oder Trunksucht. Immerhin haben die Leumundszeugnisse nicht überall den gleichen Inhalt; das preußische Führungsattest z. B. nimmt nur Tatsachen, nicht Urteile, und unter Umständen nur die gerichtlichen Strafen der Person auf. Was in dem Zeugnis stehen soll, darüber hat zunächst die Rechtsordnung zu befinden, die das Zeugnis z. B. für eine Anstellung, für eine Erlaubnis zur Niederlassung fordert; auf der andern Seite jedoch wird die ausstellende Behörde häufig nicht in der Lage sein, anderes in das Zeugnis aufzunehmen, als die eigene Rechtsordnung ihr gestattet.

Wem der Leumund bezeugt werden soll, ist im allgemeinen selbstverständlich: dem Staat, der von dem Zeugnis für seine Zwecke Gebrauch zu machen wünscht. Immerhin finden sich hier formelle Verschiebungen. So ist für Deutsche, die sich in der Schweiz niederlassen wollen, durch den Niederlassungsvertrag von 1890 das System der „Immatrikulationsscheine" vereinbart, demzufolge Staatsangehörigkeit und Leumund zunächst dem deutschen Gesandten dargetan werden müssen, dessen Immatrikulationsschein alsdann den Kantonen und Gemeinden die weitere Nachprüfung erspart.[25])

Vor allem aber erhebt sich hier die Frage, wo der Leumund bezeugt werden soll. Hält man sich gegenwärtig, daß in der Urkunde regelmäßig auch andere als strafrechtlich relevante Tatsachen bezeugt werden müssen, die nur am gegenwärtigen Wohnsitz (Ort des dauernden Aufenthalts) feststellbar sind, und daß auch die vorausgesetzten Urteile über den Ruf (das eigene Urteil der Behörde) hier am sichersten zu beschaffen sind, so wird man — mangels abweichender Anordnung des die Bescheinigung fordernden Staates — allerdings das Zeugnis zunächst an diesem Ort zu erholen haben, sofern die dortigen Behörden nur bereit sind, das Zeugnis auszustellen. So ist in Bayern bei Eröffnung eines Strafverfahrens vorgeschrieben, ein Leumundszeugnis über den Angeschuldigten bei den Polizeibehörden des „Wohnorts" einzuholen.[26]) Der Ort, an dem das Straf-

[25]) v. Salis, Schweizerisches Bundesrecht[2] 2, 443 485 f. n. 677, 717; v. Overbeck (zit. oben S. 3 Anm. 4) 47 f. Dieselbe Einrichtung hatte früher gegenüber Frankreich bestanden. Aufhebung auch gegenüber Deutschland ist geplant.

[26]) Ministerialentschließungen 23. II. 1860 und 27. II. 1881, Weber, Gesetzsammlung 5, 194; 14, 715. Auch die Ministerialentschließung vom 7. II. 1898 Weber 25, 224 fordert ein Leumundszeugnis als Voraussetzung der Erteilung eines Wandergewerbescheins von seiten des Heimatstaates nur dann, wenn der Ausländer seinen Wohnsitz nicht im Reichsgebiet hat.

register über die Person geführt wird — in den meisten Staaten ihr Geburtsort — eignet sich demgemäß nicht zur Ausstellung. Aber auch zu dem Staat, dessen Angehörigkeit die Person besitzt, bestehen hier an sich keine Beziehungen. Und nur mittelbar mögen solche unter Umständen gegeben sein: wo die Einrichtung der Heimat in einer Gemeinde besteht, wie in Bayern, Österreich, der Schweiz, da ist allerdings auch diese Gemeinde einigermaßen befähigt, über ihre Angehörigen Auskunft zu geben; denn die Folgen moralischen Übelverhaltens werden hier häufig in Gestalt armenrechtlicher Anforderungen in Erscheinung treten. Und solche Heimat kann nur der Staatsinländer besitzen. Aber die Praxis scheint bei Leumundszeugnissen in der Abstellung auf die Staatsangehörigkeit weiter zu gehen. Schweizer, die sich in Deutschland niederlassen wollen, haben nach einem Einverständnis der beiden Regierungen ein Leumundszeugnis von seiten der Heimatgemeinde oder von seiten der Wohnsitzgemeinde vorzulegen; wenn aber der letzte Wohnsitz im Ausland war, so muß das Zeugnis entweder von der schweizerischen Heimatgemeinde oder von seiten der Gemeinde des letzten Wohnsitzes in der Schweiz beigebracht werden.[27]) Und in Preußen werden Führungsatteste an Reichsausländer nicht ausgestellt.[28])

§ 23. Fortsetzung.
Insbesondere die Glücksspiele.

1. Lotterien. Die Genehmigung der Veranstaltung. — 2. Genehmigung der Wirksamkeit. — 3. Verbotene Handlungen („Spiel"). — 4. Der Ort der Handlung. — 5. Handlungen im Ausland. — 6. Staatsverträge. — 7. Andere Formen des Glücksspiels.

Lotterien.
Die Genehmigung der Veranstaltung.

1. Ein Gebiet sittenpolizeilicher Betätigung des Staats ist in den vorausgehenden Ausführungen besonderer Erörterung vorbehalten worden, die verwaltungsrechtliche Ordnung der Glücksspiele,[1]) und es ist neben den Schwierigkeiten, die diesem Gebiet überhaupt zu

---

[27]) v. Salis 2, 486 f. n. 717. Vgl. auch v. Overbeck 45[116]. Ebenso müssen aber auch Deutsche, die in der Schweiz Aufenthalt nehmen, ein Leumundsattest der Polizeibehörde des letzten deutschen Wohn- oder Aufenthaltsorts vorlegen; Heinrichs (zit. oben S. 10 Anm. 24) 65[6].

[28]) Ministerialerlasse 3. XII. 1890 (Reger, Entscheidungen 11, 121) und 2. VII. 1902 (v. Bitter, Handwörterbuch 1, 124; Wortlaut nicht zugänglich). Dementsprechend verlangt Preußen auch bei Naturalisationen ein Führungsattest der „Heimatbehörde"; v. Arnstedt, Polizeirecht 2, 28.

[1]) Rechtsvergleichung von seiten des Strafrechts bei Kriegsmann in Vergleichende Darstellung des Strafrechts Besonderer Teil 6, 375 ff.

eigen sind, im besondern die Teilung der Kompetenzen zwischen Reich und Bundesstaaten, welche diese Fragen für Deutschland verwickelt macht. Unter den verschiedenen Erscheinungsformen des Glücksspiels aber sind die wichtigsten für den gegenwärtigen Zusammenhang die öffentlichen Lotterien. Sie bilden mannigfach den Gegenstand besonderer öffentlicher Erlaubnisse, und es ist dabei sorgfältig zu unterscheiden, was den Inhalt einer derart geforderten Erlaubnis ausmacht: ob die Veranstaltung der Lotterie oder ihre Wirksamkeit. § 286 des Reichsstrafgesetzbuchs bestimmt: „Wer ohne obrigkeitliche Erlaubnis öffentliche Lotterien veranstaltet, wird . . bestraft." Darin sind, logisch entwickelt, drei Rechtssätze enthalten: die Veranstaltung öffentlicher Lotterien bedarf obrigkeitlicher Erlaubnis; die Veranstaltung öffentlicher Lotterien ohne obrigkeitliche Erlaubnis ist verboten; die verbotene Veranstaltung öffentlicher Lotterien ist strafbar. Der letztere Satz gehört dem Strafrecht an; die beiden ersten aber sind verwaltungsrechtlicher Art, sie bedeuten nicht nur die extrahierten „Normen" einer Strafdrohung, sondern haben — das sei mit Rücksicht auf spätere Ausführungen eigens betont — ihren selbständigen verwaltungsrechtlichen Inhalt. Der Satz „die Veranstaltung öffentlicher Lotterien bedarf obrigkeitlicher Erlaubnis" enthält eine Anordnung des Reichsrechts. Die Frage, welcher Bundesstaat berufen ist, über solche Erlaubnis zu befinden, wird damit zu einer Angelegenheit der örtlichen, nicht der staatlichen Zuständigkeit, fällt demgemäß in das materielle, nicht in das internationale Verwaltungsrecht, und erst im Verhältnis zum Reichsausland wird wichtig, daß den Gegenstand jener Anordnung die im Reich veranstalteten Lotterien bilden, daß als Ort der Veranstaltung aber derjenige anzusehen ist, an dem das Lotterieunternehmen seinen Sitz hat,[2] nicht der Ort, an dem das Erträgnis der Lotterie verwendet werden soll, nicht der Ort, an dem die einzelnen Lose vertrieben werden.[3] Ist das Erfordernis einer Genehmigung aber ein Satz des Verwaltungsrechts, so versteht es sich von selbst, daß in § 286 nur die Veranstaltung von Lotterien in Deutschland getroffen werden sollte; die Veranstaltung von Lotterien im Ausland berührt weder das deutsche Verwaltungsrecht, noch das deutsche Strafrecht. Auch wenn ein Deutscher im Reichsausland eine ungenehmigte Lotterie veranstaltet hätte, und die Handlung wäre nach den Gesetzen des Tatorts gleichfalls strafbar, könnte die Zuwiderhandlung in Deutschland nicht bestraft werden, denn die Verletzung der in einem

---

[2]) Vgl. Winkler, Gerichtssaal (1901) 58, 432; W. Rönnberg, Das Reichs- und Landesglücksspielstrafrecht (1907) 112, aber auch 295.

[3]) Reichsgericht, Entscheidungen in Strafsachen 5, 39; Rechtsprechung 3, 728; Entscheidungen 11, 211.

andern Staat geltenden Bestimmungen, die für die Veranstaltung von Lotterien Genehmigung vorschreiben, ist von seiten Deutschlands nicht verboten.[4])

Genehmigung der Wirksamkeit.

2. Auch BGB. § 763 bezieht sich auf die Veranstaltung von Lotterien[5]) und bestimmt in Anknüpfung an § 286 des Reichsstrafgesetzbuchs, daß dem Spiel in einer genehmigten Lotterie der Spieleinwand nicht entgegengehalten werden könne.[6]) Dagegen ist die Genehmigung der Wirksamkeit von Lotterien – man spricht hier zweckmäßig von einer „Zulassung" — in Deutschland der Autonomie der Bun-

---

[4]) Bedenklich Kriegsmann 442.

[5]) Unter Beschränkung wiederum auf die in Deutschland veranstalteten Lotterien. Das folgt aus dem Zusammenhang der Vorschriften mit § 286 des Strafgesetzbuchs und ergibt sich für die große Mehrzahl der Fälle schon daraus, daß die Verbindlichkeiten, die aus einer im Ausland veranstalteten Lotterie entspringen, nach internationalem Privatrecht regelmäßig unter Auslandsrecht stehen, für eine Anwendung des deutschen § 763 also gar keinen Raum mehr lassen. Das verkennt das Kammergericht Jahrbuch 21 C, 51. Vgl. auch schon E. Theisen, Staatslotterie und Reichsgericht (1904) Nachtrag 106f.

[6]) Ein Jahrzehnt lang hat sich die deutsche Jurisprudenz mit der unlösbaren Frage abgequält, wie die privatrechtliche Rechtmäßigkeit einer genehmigten Lotterie im Reich mit den (gleich zu erwähnenden) partikularen Strafdrohungen gegen das Spiel in Lotterien anderer Bundesstaaten zu vereinigen sei, bis Rönnberg a. a. O. 511 ff. die verblüffende Lösung gegeben hat. Die umfängliche Literatur über die Frage hatte auch einigen verwaltungsrechtlichen Niederschlag. Man hat gestritten, ob die in § 763 vorausgesetzte Genehmigung für das Reich oder nur für den Bundesstaat wirke, und wenn man eine beschränkte Wirkung nur für den genehmigenden Bundesstaat annahm, so mußte das — dies hatte das Kammergericht (Jahrbuch 21C, 51) richtig herausgefühlt — eine Genehmigung nicht für die Veranstaltung des Spiels, sondern für seine Wirksamkeit im Land bedeuten; freilich kam man dabei in unverhüllten Widerspruch zu der Abhängigkeit des Paragraphen von § 286 des Strafgesetzbuchs (Theisen 101 ff.; Rönnberg 507 ff.), der seinerseits eine Genehmigung für die Veranstaltung fordert. Wird ferner in § 763 eine Genehmigung zur Veranstaltung vorausgesetzt, so bedeutet ihre Maßgeblichkeit für das Reich, von seiten der anderen Bundesstaaten besehen, die Verwendung der geläufigen Rechtsfigur einer Anerkennung von Verwaltungsakten, die zuständig nur in einem Staat vorgenommen werden können, und die der zuständige Staat vorgenommen hat; müßte man dagegen diese Maßgeblichkeit so verstehen, daß die Zulassung einer Lotterie zur Wirksamkeit in einem Bundesstaat für die übrigen Bundesstaaten die Verpflichtung mit sich brächte, die Lotterie in ihrem Bereich gleichfalls wirksam werden zu lassen (so Theisen 107), so würde das die ganz singuläre Anordnung bedeuten, daß Verhältnisse, die grundsätzlich einer so vielfachen Regelung fähig sind, als Gebiete in Frage kommen, ihre rechtliche Ordnung in allen anderen Bundesstaaten aus der Ordnung des Bundesstaats herübernehmen müßten, der zuerst eine solche Genehmigung erteilt hat.

desstaaten verblieben.[7]) Eine Genehmigung der Veranstaltung als der Errichtung des Lotterieunternehmens muß sinngemäß die Erlaubnis in sich schließen, dies Unternehmen in irgendeinem Gebietsteil des genehmigenden Staats, regelmäßig in seinem ganzen Gebiet auch zur Durchführung gelangen zu lassen. Aber die Genehmigung der Veranstaltung und die Genehmigung ihrer Wirksamkeit fallen schon für den ermächtigenden Staat auseinander, wenn die Erlaubnis nur für einen Teil des Staatsgebiets gewährt wird. Die Genehmigung zur Veranstaltung ist als solche einer räumlichen Beschränkung überhaupt nicht fähig,[8]) erst die „Zulassung" der genehmigten Lotterie kann räumlich beschränkt werden. Und wenn es vom Standpunkt eines einzelnen positiven Rechts zweifelhaft sein mag, ob die Spielverbote gegen auswärtige Lotterien auch anwendbar sind auf Lotterien, die innerhalb desselben Staats nur für eine andere Provinz zugelassen sind,[9]) so steht doch nichts im Wege, daß ein Bundesstaat solche Gleichstellung ausdrücklich vornimmt.[10])

Vor allem aber wird die selbständige Bedeutung einer Erlaubnis zur Wirksamkeit eines Spielunternehmens wichtig — und damit können

---

[7]) Die Zulässigkeit solcher autonomer Ordnung wird aus verfassungsrechtlichen und strafrechtlichen Gründen stark angefochten, ich glaube zu Unrecht. Jedenfalls betätigt sie sich uneingeschränkt in der Praxis. Dabei führt es allerdings zu absonderlichen Ergebnissen, wenn Bestrafungen, die auf Grund solcher Sondergesetze gegen Spieler in fremden Lotterien verhängt werden, nach dem Gerichtsverfassungsgesetz in allen anderen Bundesstaaten vollstreckt werden müssen, auch in dem Staat, der die Lotterie veranstaltet und an ihrer Propagierung lebhaft interessiert ist (dazu besonders die unten angeführten sächsischen Motive 6 i.) Und ebenso könnte (vgl. das preußische Oberverwaltungsgericht Entscheidungen 35, 330) nach § 35 der Reichsgewerbeordnung einem Loshändler der Gewerbebetrieb für das Reich untersagt werden, wenn er die partikulare Sperre gegenüber anderen Bundesstaaten zum Nutzen von deren Lotterien durchbrochen hat.

[8]) Das verkennt besonders Rönnberg 249 ff. in seinem Angriff auf die Gültigkeit des gleich zu erwähnenden meiningenschen Gesetzes. Hier liegt auch das Mißverständnis der reichsgerichtlichen Entscheidung Rechtsprechung 3, 728. Wenig klar Entscheidungen des Reichsgerichts 36, 262.

[9]) Vgl. für Preußen Reichsgericht Rechtsprechung 3, 728; Groschuff bei Groschuff-Eichhorn-Delius, Preußische Strafgesetze[2] 109; wegen des gegenwärtig geltenden Gesetzes insbesondere Rönnberg 305 ff.; für einen besonderen Fall auch Kammergericht Jahrbuch 18, 347. Für Württemberg v. Schicker, Polizeistrafrecht[3] (1899) 128.

[10]) Sachsen-Meiningen Gesetz vom 2. XI. 1905 (Rönnberg 245 ff.) Art. 2: „Die Erlaubnis zur Ausspielung von Waren wird . . vom Landrat des Kreises erteilt, in welchen die Verlosung stattfinden soll . . Sollen die Lose in einem anderen Kreise als demjenigen verkauft werden, in welchem die Verlosung stattfindet, so muß hiezu — neben der nach Absatz 1 erforderlichen Erlaubnis — die Erlaubnis des Landrats des ersteren Kreises eingeholt werden." Art. 4 ff. bestraft alsdann Zuwiderhandlungen gegen Art. 2 und gegen das Verbot eines Spiels in auswärtigen Lotterien gleichmäßig.

die Besonderheiten des deutschen Staatsrechts verlassen werden — wo es sich um die Zulassung eines Unternehmens handelt, das in einem anderen Staat veranstaltet wird. Das preußische Gesetz vom 29. August 1904 § 1 bestimmt: „Wer in außerpreußischen Lotterien, die nicht im Königreich zugelassen sind, spielt, wird . . bestraft", und § 2 trifft die Veräußerung von Losen „der in § 1 bezeichneten Lotterien". Auch hier muß zunächst festgestellt werden, daß der erste Inhalt solcher Bestimmungen verwaltungsrechtlicher, nicht strafrechtlicher Art ist: auswärtige Lotterien bedürfen der Zulassung; der Betrieb nicht zugelassener Lotterien ist verboten.[11]) Aber freilich, anders als die Versagung der Veranstaltung, begründet die Versagung der Zulassung Rechtsfolgen nicht für die Person, welche die Zulassung nachgesucht hat, sondern für dritte Personen, die von der Wirksamkeit der Lotterie Gebrauch zu machen wünschen, für die Veräußerer der einzelnen Lose und für deren Erwerber. Doch auch hier ist noch verwaltungsrechtlicher Boden. Wenn es ein Satz des positiven Verwaltungsrechts ist, daß der Mangel der Zulassung zur Folge haben soll, eine Lotterie von der Wirksamkeit auszuschließen, so müssen auch umgekehrt Verbote der Veräußerung, des Erwerbs von Losen, die eine mangelnde Zulassung der Lotterie zur Voraussetzung haben, Verbote des Verwaltungsrechts sein.[12]) Und wenn sich daran eine Strafdrohung gegen Zuwiderhandlungen schließt, so kann nur strafbar sein, was verwaltungsrechtlich verboten ist.

Verbotene Handlungen („Spiel").

3. Welche Handlungen im einzelnen unter das Verbot fallen, bestimmt das positive Recht. Doch manche sind darunter, deren Tatbestand nicht so klar ist, daß seiner Verwirklichung ohne weiters ein bestimmter Punkt im Raum zugeschrieben werden kann. Ergeben sich auf Seiten derer, die zu verbotenem Spiel auffordern, hier geringere Zweifel,[13]) so bereitet es dagegen beträcht-

[11]) Vgl. die ausdrückliche Formulierung in Anhalt, Gesetz vom 13. III. 1906 (Rönnberg 263): „Die Veranstaltung öffentlicher Lotterien . . bedarf der Erlaubnis der Regierung Abteilung des Innern. — Außerhalb Anhalts veranstaltete öffentliche Lotterien . . dürfen im Herzogtum nur betrieben werden, wenn sie von der Regierung Abteilung des Innern zugelassen sind." Ähnlich Oldenburg, Gesetz vom 12. V. 1906 Art. 1 und 2; Rönnberg 289. Vgl. auch schon die bayerische Verordnung 10. VII. 1867 §§ 1, 3; Weber, Gesetzsammlung 7, 64.

[12]) Das erhellt ohne weiters, wo das Verbot als selbständiger Rechtssatz formuliert ist wie in Art. 4 der italienischen Verordnung vom 21. XI. 1880: *„È proibito di vendere, distribuire ed acquistare nel Regno biglietti di lotterie aperte all' estero."*

[13]) Über die Streitfrage, ob Nachsendung eines auswärts verkauften Loses in das Gebiet des verbietenden Staats ein verbotenes „Versenden" bedeute, Rönnberg 376ff.

liche Schwierigkeiten, wenn Preußen und andere Staaten verbieten, in fremden Lotterien zu „spielen". Gewiß ist, daß der Erwerb des Loses unter diesen Begriff fällt, mindestens dann, wenn Veräußerer und Erwerber sich persönlich am Ort der Übergabe befinden.[14]) Aber reicht ein solches Spielen nicht weiter? Der Einsatz in die Lotterie bewirkt einen Spannungszustand für Person und Vermögen des Spielenden, der fortdauert, bis die Ziehung Entscheidung bringt, und man käme mit dem Sprachgebrauch nicht in Widerspruch, wenn man unter Spiel den Zustand der Beteiligung an dem Unternehmen verstehen wollte. In der Tat stellt sich das Kammergericht ausdrücklich auf diesen Standpunkt.[15]) Doch wo hätte ein solcher Zustand der Beteiligung seinen Sitz im Raum? Ob am Ort des Lotterieunternehmens, interessiert nicht, wenn ein Spiel in auswärtigen Lotterien in Frage steht; denn wenn auch zivilrechtlich möglicherweise als Ort der Beteiligung für beide Kontrahenten der Ort des Unternehmens den Ausschlag gibt, so ist das für eine verwaltungsrechtliche und strafrechtliche Würdigung nicht bindend. Man hat nun auf das Los als den Träger der Gewinnhoffnung sehen wollen und demgemäß ein Spielen an allen den Orten angenommen, an denen sich bis zur Ziehung das Los befindet.[16]) Indessen wird der zufällige Ort der Verwahrung mit der Möglichkeit jederzeitigen Wechsels der gleichmäßig fortdauernden Beziehung zwischen Teilnehmer und Unternehmen nicht gerecht, und in erhöhtem Maß gilt das gegen eine Abstellung auf den jeweiligen Aufenthaltsort des Beteiligten.[17]) Es ist eine sehr unerfreuliche Entscheidung,[18]) die in Preußen gegen einen Hamburger Strafe verhängt hat, der in Wiesbaden zur Kur war und hier seine Brieftasche mit einem Los der Ham-

---

[14]) Bedenken hiegegen erhebt Brückmann, Zeitschrift für Strafrechtswissenschaft (1899) 19, 658f., weil sich die Beteiligung am Lotteriespiel am Sitz des Unternehmens verwirkliche, Strafdrohungen aber gegen Handlungen, die sich nicht auch auf das Gebiet des strafenden Staats räumlich konzentrieren lassen, unstatthaft seien. Indessen der letztere Satz ist völlig unbegründet (vgl. etwa unterlassene Schiffsmeldung bei auswärtigem Konsulat); über den ersteren gleich unten.

[15]) Urteil vom 19. IV. 1888 Jahrbuch 8, 239.

[16]) In der Ersten sächsischen Kammer als die herrschende preußische Praxis bezeichnet; Landtagsakten 1903/1904, Berichte der I. Kammer 5. Dagegen jedoch das erwähnte Erkenntnis des Kammergerichts, das eine Person preußischen Wohnsitzes verurteilt, die bei einem Aufenthalt in Braunschweig ein Los der dortigen Lotterie gekauft und es dort belassen hatte; auch Groschuff bei Groschuff-Eichhorn-Delius² 109; Eichhorn ebenda 838.

[17]) Auf ihn verweist das Obertribunal bei Oppenhoff, Rechtsprechung 2, 337; doch hat der Verurteilte hier möglicherweise auch seinen Wohnsitz in Preußen besessen. Das gilt insbesondere auch für die Entscheidung des Kammergerichts Jahrbuch 8, 239.

[18]) Mitgeteilt bei Brückmann a. a. O. 657.

burger Lotterie verloren hatte. Ihren örtlichen Schwerpunkt findet die Beteiligung, wie das besonders Rönnberg ausgeführt hat,[19]) am Wohnsitz des Spielers, hier ist der Ort seines Vermögens, das aus dem Einsatz Gewinn hofft, und wenn es auch nicht zutrifft, daß die Beteiligung nur das Vermögen, nicht die Person des Spielenden angehe, so hat doch auch das in der Spielbeteiligung erscheinende etwa vom sittlichen Standpunkt mißbilligte Verhalten der Person seinen Mittelpunkt gleichfalls am Wohnsitz. So ist es nur folgerichtig, wenn man die Zuständigkeit, eine Beteiligung an fremden Lotterien zu verbieten, in Anspruch nimmt für die Personen, die im Land ihren Wohnsitz haben, auch dann, wenn das Los im Ausland erworben, und der Erwerber bis über die Zeit der Ziehung hinaus im Ausland verweilt hätte.[20]) Und wenn die böse Frage auftaucht, wie zu entscheiden sei, wenn jemand, außer Landes ansässig, dort erlaubterweise ein Los der örtlichen Lotterie erworben hat und vor der Ziehung Wohnsitz im Inland nimmt, so muß auch hier das Verbot des Inlands wirksam werden.[21]) Nur freilich der Zustand der Spielbeteiligung bedeutet eine völlig abstrakte Beziehung, die sich für eine Reglementierung durch das Strafrecht und insbesondere durch das Verwaltungsrecht sehr schlecht eignet. Und wenn ein Staat seine Spielverbote auf alle Personen mit Wohnsitz im Land erstrecken wollte, gleichviel wo sie das Los erworben haben, so könnte das wohl nicht als ein Übergriff über die Grenzen seiner Zuständigkeit bezeichnet werden, aber als die gegebene Auslegung von Zweifelsfällen kann es nicht gelten. Eine beachtenswerte Einschränkung ist bei Beratung des neuen sächsischen Gesetzes erörtert

[19]) A. a. O. 327 f. 331 ff. Ein ähnlicher Gedanke wird zugrunde liegen, wenn Delius, Das preußische Gesetz betreffend das Spiel in außerpreußischen Lotterien (1889) 16 ausführt, straffällig sei der „Inländer", der ein Los im Ausland gekauft, aber es hinterher im Inland besessen und auch von hier aus Beiträge bezahlt hat; und S. 17: ein Ausländer, welcher im Ausland ein in Preußen verbotenes Los erworben hat und sodann nach Preußen sich begibt, bleibt straflos, wenn er sich nur vorübergehend dort aufhalten will, verfällt dagegen der Strafe, wenn er seinen dauernden Aufenthalt innerhalb Preußens nimmt. Vgl. auch das mehrerwähnte Urteil des Kammergerichts Jahrbuch 3, 239.

[20]) So Rönnberg 334 gegen die preußische Praxis.

[21]) So Eichhorn bei Groschuff-Eichhorn-Delius[2] 838; wohl auch Delius a. a. O. Über die Erörterungen des Falls bei Beratung des preußischen Gesetzes von 1904 Rönnberg 335 ff. Rönnberg selbst versteht unter Spiel nicht die Beziehungen der Person zu dem Unternehmen bis zur Ziehung, sondern nur die Erwirkung der Beteiligung an einer Lotterie durch den Vertragsschluss, betrachtet darnach als Ort des Spiels sowohl den Ort des Abschlusses wie den Ort, wo die Beteiligung wirksam geworden (Wohnsitz); sei aber der Abschluß im Ausland geschehen, so mache eine Verlegung des Wohnsitzes in das Inland, die während der Schwebezeit erfolge, nur dann straffällig, wenn sie schon bei Abschluß des Vertrags ins Auge gefaßt war.

worden.[22]) Hatte der Entwurf das Spiel in fremden Lotterien gleichfalls unter sein Verbot gezogen, so sollte doch auch hier der Erwerb des Loses den Inhalt des Verbots nicht erschöpfen; die weitere Beteiligung aber könne nur insoweit straffällig machen, als sie sich in Tätigkeiten des Losinhabers äußere, neben Handlungen, die auf Aufbewahrung, Wiedererlangung des Loses gerichtet sind, insbesondere in Schritten, die zur Erhebung eines Gewinns getan werden. Das sind in der Tat greifbare Tatbestände; nur wird man sie nicht mit dem Erwerb des Loses in eine Reihe stellen dürfen. Wer, in Berlin wohnhaft, während einer Reise aus Leipzig nach Berlin schreibt, um über die Ausbezahlung eines Gewinns in der preußischen Lotterie Verfügung zu treffen, der tritt unter keinem Gesichtspunkt in den Bereich des sächsischen Lotterierechts. Und so wird man eine Verweisung auf die Betätigung des Spielers (abgesehen von dem Loserwerb selbst) nur insoweit annehmen können, als sie zur Einschränkung des Wohnsitzprinzips dient; als Tätigkeiten des Spielers, im Land seines Wohnsitzes vorgenommen, verbotswidrig sind, auch wenn der Erwerb des Loses außer Landes stattgefunden hat.

Indessen ist es denn so sicher, daß nicht bloß die Erwerbung der Mitgliedschaft, sondern der ganze Zustand der Beteiligung an einer Lotterie zu selbständiger Repression Veranlassung gibt? Schon Brückmann hat hier gegründete Bedenken erhoben:[23]) wolle das Spielverbot eine Gefährdung des Vermögens verhüten, so sei diese Gefährdung mit der Hingabe des Einsatzes vollkommen eingetreten. Handle es sich bei dem Gesetz aber um den Schutz finanzieller Interessen, so habe auch hier die dem Staat zugefügte Schädigung mit der Leistung des Einsatzes ihren Abschluß erreicht; der durch den Loserwerb geschaffene Zustand könne für den Spieler so wenig eine Verantwortlichkeit begründen, als der fortdauerhde Besitz der gestohlenen Sache für den Dieb. Für Staaten nun wie Bayern, die das Spiel in fremden Lotterien verbieten, ohne selbst eine Einrichtung zu besitzen, die durch die Vorschrift monopolisiert werden sollte, bedeutet das Verbot eine wirtschaftspolizeiliche und eine sittenpolizeiliche Maßregel. Es soll der Spieler vor einer Gefährdung seines Vermögens bewahrt werden; diese Gefahr aber äußert sich und erschöpft sich in dem Erwerb des Loses. Es soll zugleich durch das Verbot die Spielleidenschaft bekämpft werden, und hier wird man allerdings sagen müssen, daß die mißbilligte Gesinnung bis zur Erledigung der Spielbeteiligung fortgesetzt wird; aber Gesinnungen sind kein Gegenstand für polizeiliche Regelung, die Handlungen, in

[22]) Landtagsakten 1903/1904 Dekrete 3, 8 f.; Berichte der I. Kammer a. a. O.

[23]) A. a. O. 654 ff. Gegen einige seiner Aufstellungen Rönnberg 316 f., der jedoch selbst (s. oben Anm. 21) dieser Anschauung sehr nahe steht.

denen die Spielsucht nach dem Erwerb Ausdruck findet, sind moralisch unvergleichlich weniger belastend als die Herbeiführung der Beteiligung, und wenn man sich vor Augen hält, daß unter dem Gesichtspunkt der Sittenpolizei das Bedürfnis nach Maßregeln gegen den Spieler ohnehin beträchtlich geringer ist als für Gesetze, die durch das Verbot ein Monopol wahren wollen,[24]) so wird man hier ganz unbedenklich das Verbot auf den Erwerb des Loses beschränken dürfen. Für Staaten wie Preußen, in denen selbst eine Lotterieeinrichtung besteht, handelt es sich bei dem Verbot so gut wie ausschließlich um eine finanzpolizeiliche Maßregel, die das Inland von einer lästigen Konkurrenz befreien soll. Verbotswidrig handelt, wer beim Konkurrenten einkauft; durch den verbindlichen Vertragsschluß ist das Zwangs- und Bannrecht des heimischen Loslieferanten beeinträchtigt. Ob aber der Konkurrent sofort oder später liefert, ist gleichgültig; was den bevorrechteten Unternehmer schädigt, ist die Zuwendung der Kundschaft an einen andern, die weitere Abwickelung der Beziehungen zwischen Kunde und Konkurrent fügt zu der eingetretenen Schädigung keine neue hinzu. Und so wird man gerade für Lotteriestaaten zu dem Ergebnis kommen müssen, daß nur die Herstellung der Beteiligung an einer fremden Lotterie sich für eine polizeiliche und strafrechtliche Bekämpfung darbietet. Man klagt, daß eine solche Einschränkung die leichteste Umgehung des Verbots gestatte: dann möge man den Erwerb von Losen außer Landes verbieten, soweit dazu eine Möglichkeit besteht; es wäre unaufrichtige Politik, in Benützung eines schillernden Ausdrucks einwandfreie Handlungen im Inland einzuschränken, um damit Handlungen im Ausland zu treffen, die man nicht fassen kann. In Sachsen, dessen Entwurf gleichfalls „das Spielen" in nicht zugelassenen Lotterien des Auslands bedroht hatte, wurde der schließliche Wortlaut des Gesetzes von 1904 ausdrücklich auf den Fall beschränkt, daß jemand Lose solcher Lotterien „kauft oder sonst an sich bringt"; und auch die italienische Verordnung vom 21. November 1880 Art. 4 verbietet nur den „Erwerb" fremder Lotterielose.

Der Ort der Handlung.

4. Andere Zweifel, die in diesem Zusammenhang auftauchen, pflegen vorwiegend unter dem Gesichtspunkt erörtert zu werden, wo der Tatort einer (strafbaren) Handlung zu suchen sei, ob am Ort der körperlichen Tätigkeit oder am Ort ihres Erfolges. Indessen kann diese Fragestellung nur mit Vorbehalt übernommen werden. Schon in ihrer Allgemeinheit bedeutet eine solche Antithese für den Juristen eine Auslegungsfrage positiver Gesetze: wollte beispiels-

[24]) Verwandte Erwägungen bei Kriegsmann 440.

weise der Strafgesetzgeber, wo er eine Tätigkeit zusamt ihrer Wirkung zur Voraussetzung der Strafe macht, die Tätigkeit selbst oder ihren Erfolg bekämpfen? Es kann aber ebenso sein, daß nicht die grundsätzliche Stellungnahme des Gesetzgebers zu den bekämpften „Handlungen", sondern die Eigenart des einzelnen mit Strafe bedrohten Tatbestands Aufschluß gibt, was als mißbilligt zu gelten habe.[25]) Und was für das Strafrecht, ist auch für die anderen Rechtszweige richtig.

Eben dies scheint nun wiederum für das „Spiel" in fremden Lotterien, genauer für den Erwerb fremder Lose gelten zu müssen. Es hat sich lebhafter Streit erhoben, ob unter das Verbot des Inlands das Bestellen des Loses als Tätigkeit des Erwerbers oder erst der Abschluß des Rechtsgeschäfts, die Herstellung der Beteiligung an dem Unternehmen einzubeziehen sei. Eine Fragestellung: Ort der Tätigkeit oder Ort des Erfolgs? fördert hier nicht. Denn meines Erachtens ist das Verbot nach der Eigenart seines Tatbestands auf die Bestellungshandlung (Annahme eines Losangebots) und nur auf diese zu beziehen. Das erweist sich bei einem Verbot aus sittenpolizeilichen Rücksichten; denn es sind innere Vorgänge in der Person des Handelnden, die den Anlaß geben, das Verbot aufzustellen. Und es zeigt sich insbesondere bei einem Verbot aus finanzpolizeilichen Erwägungen. Die schädliche Konkurrenz äußert sich an dem Ort, an dem die Bestellung bei dem Konkurrenten gemacht ist, ein Angebot des Konkurrenten angenommen worden ist; hier hätte der Spieler seinen Losbedarf bei dem heimischen Lieferanten decken sollen. Daß die Beteiligung möglicherweise erst am Ort des Veräußerers zu rechtlichem Abschluß gelangt ist, hat zunächst nur zivilrechtliche Bedeutung; und man wird nur anzunehmen haben, daß eine verbotswidrige Bestellung, die zu zivilrechtlichem Abschluß überhaupt nicht geführt hat, auch strafrechtliche Wirkungen nicht äußern soll.[26]) Ein Einwohner Sachsens hatte sich aus Berlin ein Los der sächsischen Staatslotterie kommen lassen; in Preußen angeklagt, mußte er freigesprochen werden.[27]) Der Göttinger Bäckergeselle, der sich aus Hamburg ein Los der Hamburger Lotterie verschrieben hatte, war in Preußen strafbar.[28])

---

[25]) Beispiele aus dem Strafrecht: §§ 128, 129 StGB. Teilnahme an einem verbotenen Verein; ist nur am Ort des Mitglieds, nicht am Ort des Vereins begangen. StGB. § 292 unberechtigte Jagdausübung; für die Jagd als Aneignung von Wild (Reichsgericht) hat nur der Ort des Wildes, nicht der Ort des Jägers rechtliche Bedeutung.

[26]) Auch die Teilnahme an einem verbotenen Verein ist nur strafbar, wenn der Wunsch, Mitglied zu werden, zur Aufnahme in den Verein geführt hat, und doch kommt es für die Bestimmung des Tatorts nur auf den Ort des Mitgliedes an.

[27]) Kammergericht (ungedruckt) bei Groschuff a. a. O. 109.

[28]) Reichsgericht Rechtsprechung 6, 183; Delius a. a. O. 15. Anders Brückmann 663 f.; Rönnberg 309 f., 329 ff. Aber selbst wenn die Frage-

Anders dürften die Dinge für den Veräußerer und seine Mittelspersonen liegen. Ein Teil der eingeschränkten Handlungen, das Anbieten oder Versenden von Losen, die Veröffentlichung von Anzeigen oder Lotterieplänen ist an sich einer Beziehung auf den Ort des Anbietenden usw. und auf den Ort des Empfängers von Angeboten fähig. Aber wenn es richtig ist, daß es im Verwaltungsrecht nur auf die Herstellung des polizeigemäßen Zustands ankommt, so besteht ein rechtliches Interesse hier zunächst nur, daß im Inland kein verbotenes Anerbieten, keine verbotene Sendung eintrifft, die Tätigkeit des Absenders ist insoweit verwaltungsrechtlich gleichgültig. Und wenn es weiter richtig ist, daß diese Verbote einen verwaltungsrechtlich selbständigen Bestand haben, und strafrechtlich nur untersagt ist, was auch verwaltungsrechtlich unter Verbot steht, so wird auch für das Strafrecht zunächst nur der Ort des Empfangs von Einfluß sein können. Der Hamburger, der, auf der Durchreise in Cöln, sein Hamburger Los einer andern in Hamburg wohnenden Person zum Geschenk schickt, hat in das preußische Monopol nicht eingegriffen.[29]) Und nur da, wo einem solchen Verbot zugleich gewerbepolizeilicher Charakter zukäme, könnte auch der Ort des Veräußerers oder Vermittlers Bedeutung gewinnen. Auf der andern Seite jedoch fallen unter allen Umständen unter das Verbot die zahlreichen Aufforderungen, Mitteilungen, Sendungen aus dem Ausland, die das Inland täglich überschwemmen und die eigentliche zu bekämpfende Gefahr bilden. Eine üble Konsequenz wird dabei freilich mit in Kauf genommen werden müssen. Auch Veröffentlichungen in einer auswärts erscheinenden Zeitung fallen unter die Beschränkungen des Inlands, wenn die Zeitung hier gelesen wird. Unter dem Gesichtspunkt des „Orts der Handlung“ wird sich das Ergebnis nicht anfechten lassen. Aber allerdings eine billige Rücksichtnahme auf die Eigenart des Preßbetriebs wird Veranlassung

---

stellung Ort der Handlung — Ort des Erfolgs hier verwertbar wäre: hat ein Tatbestand auf Grund einer seiner räumlichen Beziehungen seinen Ort im Inland, so wird der ganze Tatbestand damit in das Inland gezogen, und es ist nicht etwa möglich, nur die Teilstücke, die sich hier tatsächlich verwirklicht haben, der rechtlichen Beurteilung des Inlands zu unterwerfen.

[29]) So auch die Kommission des preußischen Abgeordnetenhauses bei Beratung des Gesetzes von 1904, Rönnberg 381 f. Anders Rönnberg selbst und schon O. Lindemann, Sammlung der wichtigsten preußischen Strafgesetze (1903) 358; Groschuff 111; Eichhorn 840; wie auch das Kammergericht Deutsche Juristenzeitung 1904, 701. Mißlich gestaltet sich die Stellung des Vermittlers. Das Kammergericht Jahrbuch 6, 296 hat eine Frau in Erfurt bestraft, die für ihre in Amerika wohnende Schwester ein Los der Gothaer Lotterie besorgt hatte; ähnlich das Obertribunal Archiv für Strafrecht (1855) 3, 255. Doch wird man mindestens für das gegenwärtig geltende Recht dem Wortlaut des Gesetzes entnehmen dürfen, daß die Vermittlung nur in den Fällen verboten sein solle, in denen auch die Veräußerung verboten ist.

geben, hier von der Strenge der Konsequenz abzuweichen, und so beschränken insbesondere Preußen und die ihm folgenden Gesetze anderer Bundesstaaten, sowie Sachsen ihre Strafdrohungen gegen unbefugte Veröffentlichungen auf den Abdruck in einer in Preußen, im Königreich Sachsen erscheinenden Zeitung.[30])

Handlungen im Ausland.

5. Wollen die bisherigen Ausführungen abgrenzen, unter welchen Voraussetzungen die mit dem Betrieb einer Lotterie verbundenen Handlungen dem Inland angehören, so bleibt dabei doch noch offen, ob nicht solche Handlungen, auch im Ausland vorgenommen, unter der Herrschaft der inländischen Beschränkungen verbleiben sollen. Die Frage hat zunächst im strafrechtlichen Gewand Erörterung gefunden. Zuweilen sind die inländischen Strafdrohungen in den Grenzen des internationalen Strafrechts ohne weiters auf Handlungen im Ausland erstreckt worden,[31]) und das preußische Obertribunal hat von der Bestrafung eines Preußen, der in Sachsen ein sächsisches Los gespielt hatte, nur darum abgesehen, weil hier eine Voraussetzung für die Verfolgung der Auslandsdelikte von Inländern, die Strafbarkeit nach dem Recht des Tatorts, nicht gegeben war.[32]) Aber freilich der Fall kann auch so liegen, daß der Preuße in Sachsen ein hamburgisches Los spielt, so daß die Handlung nach beiden Rechten verboten war. Jedoch auch solchen Fällen gegenüber ist den Strafdrohungen rein territoriale Geltung zugeschrieben worden[33]), und in

---

[30]) Soweit eine Veröffentlichung in auswärtigen Druckschriften strafbar geblieben ist, hat sich seit der Novelle zu § 7 der Strafprozeßordnung die Frage erhoben, ob gegenüber Druckschriften, die in einem andern deutschen Bundesstaat erschienen sind, überhaupt ein Gerichtsstand besteht, wenn die Druckschrift eine nur nach Partikularrecht strafbare Handlung wie etwa die Veröffentlichung von Gewinnergebnissen zum Inhalt hat. Die Lösung dürfte in einer analogen Übertragung des Inlandbegriffes in § 7 II auf den einzelnen an der Bestrafung interessierten Bundesstaat zu finden sein; doch kann die Frage als von ausschließlich strafrechtlicher Bedeutung hier nicht weiter verfolgt werden. Vgl. auch oben S. 79 und 257.

[31]) Delius a. a. O. 16.

[32]) Oppenhoff, Rechtsprechung 8, 466. Ebenso Lindemann a. a. O. 356.

[33]) Das nimmt die Begründung des sächsischen Gesetzes 5 f. für Preußen an; „ob diese Lösung der aufgeworfenen Frage durch analoge Anwendung der nur für das Reichsstrafrecht erlassenen Bestimmung in § 3 des Reichsstrafgesetzbuchs auf das Landesstrafrecht gewonnen, oder aus dem staatsrechtlichen Grundsatz geschöpft wird, daß Gesetze sicherheits-, wohlfahrts- und finanzpolitischen Inhalts im Mangel ausdrücklich abweichender Bestimmungen über dasjenige territoriale Gebiet, für das sie erlassen sind, nicht hinausgreifen wollen, ist ohne erhebliche praktische Bedeutung.“ Das Reichsgericht Rechtsprechung 6, 184; Groschuff 108 berufen sich für dasselbe Ergebnis auf § 4 3 des Reichsstrafgesetzbuchs — in unzutreffender Verallgemeinerung der

der Tat, wo die Verbote mit der mangelnden Zulassung einer Lotterie in Verbindung gebracht werden, wird dies Ergebnis festzuhalten sein. Die Zulassung fremder Lotterien kann als Verwaltungsakt nur mit Wirksamkeit für das Inland gewährt werden,[34]) und Verbote, welche sich gegen die Durchführung einer nicht zugelassenen Lotterie wenden, können nur solche Veranstaltungen treffen, die auch eine Zulassung hätten finden können. Die mehrerwähnte italienische Verordnung von 1880 verbietet denn auch ausdrücklich Verkauf, Verteilung, Erwerb „im Königreich".

Ausgeschlossen freilich ist es nicht, daß sich solche Verbote auch gegen Handlungen im Ausland wenden können, und auch eine verwaltungsrechtliche Konstruktion bleibt dabei möglich (wenn nur von einer Verbindung des Verbots mit der Einrichtung der Zulassung abgesehen wird). Ein sächsisches Gesetz von 1837, bis vor kurzem in Geltung, bestraft in § 14 die Inländer, die über die Grenze gehen und dort in das Lotto einsetzen. Die Begründung des sächsischen Gesetzes von 1904 bemerkt richtig, daß eine Beschränkung auf Staatsangehörige unangebracht sei, für langjährige Einwohner des Landes, die nicht Sachsen sind, sei die Sachlage die gleiche. Bei Personen inländischen Wohnsitzes aber ließe sich die Zuständigkeit zu solchem Verbot allerdings rechtfertigen. Wo es sich um Zwangs- und Bannrechte handelt, begründet der Wohnsitz die Erwartung, daß man dem

---

oben erwähnten Entscheidung des Obertribunals? Dagegen führt Rönnberg 323 ff. 335 345 f. 409 f. (für die norddeutschen Staaten) ausdrücklich aus, daß sich die Voraussetzung einer Verfolgung von Auslandsdelikten, die Strafbarkeit nach dem Recht des Tatorts, hier niemals verwirklichen könne; denn verboten sei für Preußen die Verletzung der preußischen Lotterie, für Sachsen die Verletzung der sächsischen Unternehmung; der Preuße, der in Sachsen ein hamburgisches Los spielt, stehe Verboten verschiedenen Inhalts gegenüber. Indessen, daß die Handlung eine Verletzung der heimischen Lotterie sein müsse, ist Motiv, aber nicht positiver Inhalt der Strafdrohungen. Und die Begründung versagt von vornherein für Staaten, die mit der Vorschrift nur sittliche und wirtschaftliche Gefährdungen verhüten wollen. Wenn ein Bayer Lose einer beiderseits nicht zugelassenen Lotterie nach Frankreich versendet, so bleibt die Frage seiner Strafbarkeit gemäß § 4 [3] des Strafgesetzbuchs (Verbrechen und Vergehen der Inländer im Ausland) nur durch den zufälligen Umstand gegenstandslos, daß die Handlung in Bayern nur mit Übertretungsstrafe bedroht ist.

[34]) So ausdrücklich die oben Anm. 11 angeführten Gesetze von Anhalt und Oldenburg. Vgl. auch die bayerische Verordnung a. a. O. § 3 („An- und Verkauf der Lose . . im Königreich"). Auf demselben Standpunkt stehen die Verträge der preußischen Lotteriegemeinschaft (darüber unten), wenn sie im wesentlichen gleichlautend die Vertragsstaaten verpflichten, den Vertrieb von Losen anderer Lotterien als der preußischen Klassenlotterie, mögen sie von einem deutschen oder außerdeutschen Staat oder von einer Privatperson veranstaltet werden, „innerhalb ihres Staatsgebiets" nur im Einverständnis mit der preußischen Regierung zu gestatten.

bevorrechteten Betrieb seine Kundschaft zuwenden werde; dieser Erwartung entspricht eine Verpflichtung, sich des Betriebs im geeigneten Fall zu bedienen, und auch ein vorübergehender Aufenthalt im Ausland kann von dieser Verpflichtung nicht entbinden. Der Fall liegt genau wie der oben besprochene des verbotenen Wirtshausbesuches im Ausland — auch eben so kleinlich und durch den modernen Verkehr überholt. Das neue sächsische Gesetz hat das Verbot denn auch preisgegeben.[35])

Staatsverträge.

6. Eine beträchtliche Verschiebung kann diese Sachlage durch Staatsverträge erfahren. Das ist insbesondere durch die Lotteriegemeinschaft geschehen, die Preußen seit 1904 mit 19 deutschen Bundesstaaten eingegangen ist.[36]) Es handelt sich in diesen Verträgen zunächst um völkerrechtlich gebundenes Verwaltungsrecht und Strafrecht: die Vertragschließenden verpflichten sich, keine eigene Staatslotterie zu betreiben, der preußischen Lotterie Zulassung zu gewähren und Strafbestimmungen gegen das Spiel in nicht zugelassenen Lotterien aufzustellen. Ein Teil der Vertragsbestimmungen geht freilich weiter. Es soll — die Verträge sind hier nicht völlig übereinstimmend — auch eine Genehmigung oder Zulassung sonstiger Lotterien nur im Einverständnis Preußens erfolgen, zuweilen auch eine von Preußen erteilte Genehmigung oder Zulassung für den andern Vertragsteil wirksam werden.[37]) Und vor allem unterscheidet sich die „Zulassung" der preußischen Lotterie in den Staaten der Gemeinschaft sehr beträchtlich von dem, was sonst unter Zulassung einer fremden Lotterie verstanden wird. Preußen erhält nach den Verträgen die Befugnis „innerhalb des Gebiets . . Lose der königlich preußischen Klassenlotterie zu vertreiben, überhaupt nach freiem Ermessen alle Anordnungen, welche die königlich preußische Regierung zum Betrieb dieser Lotterie für erforderlich erachtet, in gleicher Weise wie innerhalb des preußischen Staatsgebiets zu treffen, insbesondere auch königlich preußische Lotterieeinnehmer aufzustellen und die Geschäfte durch diese betreiben zu lassen". Somit staatliche Tätigkeit auf fremdem Gebiet. Und wenn die genannten Einnehmer zunächst nur in privatrechtlichen Beziehungen zum preußischen Staat stehen, so sehen mehrere der Schlußprotokolle zu den Verträgen[38]) ausdrücklich die Möglichkeit vor, daß ihnen Preußen Beamteneigenschaft ver-

[35]) Vgl. die Begründung a. a. O. 11.

[36]) Wortlaut der Verträge Finanzarchiv (1907) 24 II, 51 ff. und (1908) 25 I, 433 ff. Dazu Strutz, Finanzarchiv 24 II, 1 ff.; Rönnberg 1 ff.

[37]) Vgl. des näheren Rönnberg 57 ff.

[38]) Hessen-Thüringen Z. VI; Oldenburg Z. V; Braunschweig Z. VII; Bremen Z. V.

leihen könne. Dem entspricht denn auch die Rechtshilfepflicht, die in einer Anzahl der Verträge[39]) zugunsten des preußischen Betriebs vereinbart worden ist.

Bei alledem ist jedoch formell die Lotteriehoheit bei den einzelnen vertragschließenden Staaten verblieben. Die erteilten Genehmigungen und Zulassungen sind eine Ausübung ihrer Staatsgewalt, die aufgestellten Verbote ein Verbot, ohne die hier erteilte Erlaubnis nicht tätig zu werden, und wenn ein preußischer Loshändler beiderseits verbotene Lose nach Braunschweig schickt, so hat er (Zuständigkeit auch des Absendeorts angenommen) zwei inhaltlich verschiedene Vorschriften übertreten, sich zweier Vergehen schuldig gemacht.[40]) Dementsprechend gelten aber auch Erlaubnisse und Beschränkungen nur für das Gebiet des Staats, der die Bestimmung getroffen hat,[41]) soweit die Verträge selbst nicht Abweichungen vorsehen.[42])

Andere Formen des Glücksspiels.

7. Veranlaßt das Lotteriewesen somit zu umfänglichen Erörterungen über den Bereich, in dem seine verwaltungsrechtliche Ordnung wirksam wird, so geben doch auch andere Formen des Glücksspiels hier zuweilen Grund zu Zweifeln. Als Ausgangspunkt ergibt sich natürlich auch hier, daß alle staatliche Ordnung der Glücksspiele territorial gilt. Und auch hier muß beachtet werden, was als Gegenstand polizeilicher Einschränkungen anzusehen ist. Es bleibt im Rahmen wohlbegründeter Zuständigkeit, wenn das Reichsgesetz vom 4. Juli 1905 in § 3 vorschreibt: „Das geschäftsmäßige Vermitteln von Wetten für öffentliche im In- oder Ausland veranstaltete Pferderennen ist verboten.“ Und ebenso hat das Reichsgericht mit Grund entschieden, daß die Übersendung eines Prämienpapiers aus dem Ausland in das Inland gegen das Verbot des Gesetzes vom 8. Juni 1871 verstoße, solche Papiere „weiterzubegeben“.[43]) Untersagt ist in Deutschland auch,

[39]) Lübeck Art. 6; Mecklenburg-Strelitz Art. 5; Oldenburg Art. 5; Braunschweig Art. 6; Bremen Art. 5.

[40]) Anders Rönnberg 347 ff.

[41]) Eine wunderliche Erweiterung enthält das lübeckische Gesetz vom 3. V. 1905, wenn in §§ 2 und 6 die Veröffentlichung verbotener Mitteilungen „in einer in Preußen oder in Lübeck erscheinenden Zeitung“ untersagt wird. Doch erhalten entsprechend der oben S. 274 vertretenen Meinung auch solche Veröffentlichungen nur, weil in Lübeck „begangen“, rechtliche Bedeutung. Anders Rönnberg 410 f.

[42]) Eine vertragsmäßige Zulassung der von öffentlichen Körperschaften und Aktiengesellschaften des andern Teils ausgegebenen Lose und Prämienpapiere war zeitweise zwischen Frankreich und Belgien vereinbart. Vgl. dazu Laurens, Journal 13, 570 ff.; auch Vincent-Pénaud, Dictionnaire 508 v° loterie n. 10.

[43]) Entscheidungen in Strafsachen 21, 246. Verwandten Erwägungen scheint ein dänischer Entwurf zu entspringen, über den die Zeitschrift für Strafrechts-

Prämienpapiere und Lotterielose auf Abzahlung zu veräußern (Reichsgesetz vom 16. Mai 1894 § 7). Als gewerbepolizeiliche Vorschrift muß die Bestimmung den deutschen Händler auch dann binden, wenn er solche Papiere in das Ausland veräußert.[44]) Auf der andern Seite aber will das Gesetz über die Abzahlungsgeschäfte nicht nur gewerbepolizeiliche Bestimmungen für den Betrieb solcher Geschäfte geben, so daß die Bestimmnug wohl auch unmittelbar als Schutzvorschrift zugunsten der Erwerber aufgefaßt werden darf, und da der Begriff der „Veräußerung“ öffentlichrechtlich auf die Übergabe des Papiers erstreckt werden kann, so wird auch hier eine Veräußerung der Papiere aus dem Ausland in das Inland unter das Verbot zu ziehen sein.[45])

Andere Unsicherheiten beruhen auf der Abgrenzung des Inlandbegriffes. Die Ächtung der Spielhäuser hat solche Unternehmungen besonders gern veranlaßt, sich nach sicheren Asylen umzusehen, und so ist einmal der Versuch gemacht worden, auf dem Eis von Alaska, weiter als drei Seemeilen vom Festland entfernt, ein Spielhaus zu eröffnen. Die Polizei der Vereinigten Staaten war unzweifelhaft befugt, hier einzuschreiten, das Staatsgebiet hatte sich für die Dauer der Beherrschbarkeit des Eises erweitert.[46]) Der Eröffnung eines Spielhauses in Andorra wurde 1881 durch das gemeinsame Verbot der beiden Landesherren ein Ende bereitet.[47]) Ein anderer Versuch dieser Art hat die Aufmerksamkeit auf sich gezogen, als 1903 in dem grenzstreitigen Gebiet von Moresnet eine Spielbank eröffnet wurde. Muß man davon ausgehen, daß in diesem Landstrich wenigstens in gemeinschaftlichen Angelegenheiten keiner der beiden Anwärter auf das streitige Gebiet seine Gesetzgebung einseitig zur Anwendung bringen kann, so stand der Eröffnung jenes Unternehmens allerdings weder das deutsche noch das belgische Gesetz über die Schließung der Spielbanken entgegen. Wohl aber bot der französische Code pénal, dem man statt der deutschen und der belgischen Gesetze dort Geltung zuerkennt, eine Handhabe, und wenn man anscheinend Bedenken getragen hat, auf Art. 410 zurückzugreifen, der sich gegen öffentliche Spielhäuser wendet, so ist statt dessen durch gemeinsame Verfügung der preußischen und belgischen Regie-

---

wissenschaft 28, 864 nicht völlig klar berichtet: „Ein Gesetzentwurf aus dem Jahr 1907 betreffend die Einschränkung des Vertriebs von Prämienlosobligationen usw. bezweckt, die Bestimmungen des Gesetzes vom 10. April 1895 über die Kolportage auswärtiger Prämienobligationen auch auf die Geschäfte auszudehnen, welche die Kolporteure im Ausland abschließen.“

[44]) So auch das Reichsgericht Entscheidungen in Strafsachen 37, 288.

[45]) Entsprechend das Reichsgericht Entscheidungen in Strafsachen 39, 258.

[46]) Vgl. Rolland, Revue générale de droit international public 11, 340 ff.

[47]) Renault, Revue de droit international 13, 223.

rung gemäß art. 291, 292 C. p. der *Cercle privé des étrangers* der die Spiele veranstaltete, als nichtgenehmigter Verein aufgelöst worden.[48])

II. Das Recht der Auszeichnungen.

§ 24. Einleitung.

1. Begriff und Typen. — 2. Die Auszeichnungen und das Verwaltungsrecht. (Bibliographie.)

Begriff und Typen.

1. Nicht anders als die Entfaltung von Luxus oder die Veranstaltung von Glücksspielen bedeutet das Ansehen, dessen sich jemand erfreut, einen Tatbestand des gesellschaftlichen Lebens. Während aber Tatbestände, wie sie im vorausgehenden untersucht worden sind, Handlungen zum Inhalt haben, die in dieser Eigenschaft einer Beeinflussung durch Rechtssätze fähig sind, bedeutet die gesellschaftliche Geltung einer Person eine Wirkung, die, von gesellschaftlichen Normen abhängig, einem Eingriff der Staatsgewalt unmittelbar unzugänglich ist. Als Wirkung hängt die gesellschaftliche Geltung aber an Voraussetzungen, und wenn der sittliche Wert der Person als ihr Ausgangspunkt staatlicher Reglementierung spottet, so sind doch äußerliche Prägungen üblich geworden, an die die gesellschaftliche Wertung anknüpft, Prägungen, die ihrerseits teilweise Gegenstand der Rechtsordnung sind. Mit der Geltung, die jedem Ehrenmann zukommt, haben sich regelmäßig nur Strafrecht und Zivilrecht zu befassen. Einrichtungen dagegen, an die sich eine gesteigerte soziale Geltung anknüpft, stellen zugleich einen Gegenstand des Verwaltungsrechts dar.

Auszeichnungen sind Veranstaltungen zu dem Zweck, jemand erhöhte Geltung zu gewähren. Der Zweck kennzeichnet die Auszeichnung und unterscheidet sie von dem ehrenhalber verliehenen Geschenk, der unterschriebenen Photographie des Landesherrn, dem Ehrensold für den siegreichen Feldherrn; das Geschenk gilt der Sache, die Auszeichnung, auch wenn es ein mit Brillanten besetzter Orden ist, dem Ansehen der Person. Hier liegt insbesondere der Unterschied der Auszeichnung von der Bezeichung, die eine Identität feststellen soll, der Medaille vom Vereinsabzeichen, des Titels im eigentlichen Sinn von der Berufsbezeichnung. Solche Berufsbezeichnungen (Rechtsanwalt, Privatdozent) mögen dem zu ihrer Führung Berechtigten ohne weiters ein gewisses Maß gesellschaftlicher Geltung sicherstellen, mögen auch rechtlich den Titeln in der und jener Hinsicht gleich behandelt werden, zu Titeln im Rechtssinn werden sie erst

[48]) Vgl. über die Frage Politis, Revue générale de droit international public 11, 68ff. Dazu Münchner Neueste Nachrichten 4. IX. 1903.

da, wo sie, von dem Beruf losgelöst, selbständige Regelung erfahren, wie das in Deutschland von den Amtstiteln abgesehen zur Zeit auch für den gewerblichen Meistertitel zutrifft.

Die staatlichen Auszeichnungen stellen bestimmte historisch gewordene Typen dar. Dahin gehören zunächst der Adel, die akademischen Grade (soweit sie noch als staatlich betrachtet werden können), die Orden nebst den sonstigen tragbaren Ehrenzeichen. Eine weitere Gruppe staatlicher Auszeichnungen aber schließt an die Ämterordnung an: die Amtsehre wird verselbständigt, Bezeichnung, Rang, Prädikat, die Dienstkleidung mögen besondere Ehrenrechte des Beamten werden, sie sind ihm vielleicht verliehen, obwohl er der Funktion nach ein niedrigeres Amt bekleidet oder aus dem Dienst ganz ausgeschieden ist, und es werden fiktive Ämter erdacht (Kommerzienrat, Ökonomierat) lediglich zu dem Zweck, ihre Bezeichnung, etwa auch einen mit ihnen verbundenen Rang vergeben zu können. Andere Körperschaften des öffentlichen Rechts verleihen Ehrenmitgliedschaften, wie die Gemeinden ihr Ehrenbürgerrecht, und es ist besonders die Amtsehre, die auch hier zu ehrenden Bezeichnungen der Angestellten, auch anderer mit der Körperschaft verbundener Personen führt (Kreisbauinspektor, Universitätsbuchbinder). Dazu nun aber tritt die große Masse der von privater Seite verliehenen oder selbst beigelegten Auszeichnungen: die juristische Gesellschaft verleiht ihre Ehrenmitgliedschaft, der Hausherr seine Livree; die Kunstausstellung verteilt Medaillen, der Turnverein einen Eichenkranz, die Aktiengesellschaft ernennt ihren Vorstand zum Direktor, der Maestro sich selbst zum Professor der Tanzkunst.

Auf der andern Seite allerdings steht dieser Mannigfaltigkeit seit alters ein einheitlicher Rechtsbegriff der Auszeichnungen gegenüber. Die mittelalterliche Romanistik hat im Anschluß an spätrömische Bildungen den Rechtsbegriff der *dignitas* entwickelt, der, wenn auch nicht ohne Schwankungen im Einzelnen (zuweilen wird *dignitas* gleichgesetzt mit Amtsehre, zuweilen mit Adel), die Rangstellung bezeichnet, die ihren Inhaber über den Durchschnitt der ehrenwerten Leute hinaushebt;[1]) Voraussetzung einer solchen Würde aber ist Verleihung durch die Staatsgewalt.[2]) Und wie die Würde als Wirkung der Auszeichnung auf den Inhaber, so wird seit dem 17. Jahrhundert auch die gesteigerte soziale Geltung als Wirkung der Auszeichnung

---

[1]) Grundlegend Bartolus (s. die Bibliographie unten) C. 12, 1, 1 n. 44 f. 46 b; ihm folgend Platea C. 12, 1, 1 n. 3 und 4 f. 159 b; für die weitere Entwickelung etwa Lancellottus f. 5b lib. 1 § 1 vers. Gladium q. 2.

[2]) Bartolus n. 77 ff. verlangt, daß der Adel — und es wird dann auf alle *dignitates* erstreckt — *per principatum tenentem,* von einem Inhaber gesetzgebender Gewalt verliehen sein müsse. Entsprechend die Späteren. Baldus II Feud. 10 c. 1 vis a principe: *nota omnes dignitates a principe profluere tamquam a fonte.* Verleihung durch die Kirche steht einer solchen durch den Staat gleich.

auf Dritte zum Rechtsbegriff erhoben. Es ist besonders Pufendorf, der ausführt, daß einer *existimatio simplex*, wie sie jedem Ehrenmann zukommt, die *existimatio intensiva* gegenüberstehe; diese aber bedeute eine erhöhte Geltung, an äußeren Abzeichen kenntlich, denen der Staat Rechtswirksamkeit beilegt.[3]) In Übereinstimmung mit diesen Vereinheitlichungen werden denn auch die einzelnen Rechtsfragen, welche sich auf Auszeichnungen beziehen, vielfach gemeinsam für mehrere Arten in Literatur und Gesetzgebung zusammengefaßt.[4])

Die Auszeichnungen und das Verwaltungsrecht.

(Bibliographie.)

2. Das Verhältnis dieser Auszeichnungen nun zu der staatlichen Rechtsordnung ist äußerst verschieden. Man könnte daran denken, nach der Wirkung zu unterscheiden: ob eine Ehrung nur für eine besondere Gruppe der Bevölkerung oder für die Gesamtheit der Staatsgenossen Geltung gewinnen soll. So begründet ein niederländischer Schriftsteller[5]) den Satz, daß wissenschaftliche Auszeichnungen einer gelehrten Gesellschaft des Auslands landesherrlicher Bestätigung im Inland nicht bedürften, mit der Erwägung, daß eine solche Ehrung anders als staatliche Auszeichnungen nur für einen bestimmten Kreis von Personen Bedeutung besitze. Und doch läßt sich hier keine sichere Grenze ziehen, die Wirkung mag sich auch auf anders abgeteilte Bevölkerungsgruppen oder auf die Volksgesamtheit ausdehnen. Das frühere bayerische Recht hat gerade für die Auszeichnungen gelehrter Gesellschaften des Auslands die Einholung landesherrlicher Genehmigung vorgeschrieben, wenn sie einem inländischen Beamten erteilt worden ist.[6]) Sicher läßt sich hier nur nach der Quelle der Ehrung unterscheiden: ob sie den Staat, eine andere Gemeinschaft des öffentlichen Rechts oder einen Privaten zum Ausgang hat.

Die Beziehungen zwischen dem Verleiher und dem Beliehenen sind zunächst außerrechtlicher Art, aber sie können Gegenstand rechtlicher

---

[3]) Vgl. unten § 26 Z. 2.

[4]) Sehr häufig begegnet in der älteren Literatur gemeinsame Behandlung von Adel und akademischen Graden, aber auch Adel und Ämter, Adel und Titel, Adel und Orden werden zusammengestellt. Besonders reichhaltig Cocceji und G. F. Martens, von den Neueren etwa K. Th. Pütter, Pözl, Beseler, Jellinek an den anzuführenden Orten. Beispiele aus der Gesetzgebung: Reichsbeamtengesetz § 15 (Erlaubnis zur Annahme), Reichsstrafgesetzbuch § 33 (Aberkennung) § 360 (Strafschutz).

[5]) A. L. N. Sloet tot Everlo, Beschouwingen naar aanleiding van de artt. 63 en 65 der Grondwet (1885) 55.

[6]) Entschließungen von 1810 und 1835, Weber, Gesetzsammlung 3, 29.

Regelung werden. Insbesondere kann die Norm der Sitten, die den Verleiher verpflichtet, die gewährte Gunst gelten zu lassen, sich in einen Rechtsanspruch verwandeln — zivilrechtlicher Art, wenn eine Privatauszeichnung vorliegt (der „Direktor“ der Aktiengesellschaft klagt auf seinen Titel aus dem Dienstvertrag), öffentlichrechtlicher Art, wenn die Auszeichnung von einem Rechtssubjekt des öffentlichen Rechts ausgeht, gegen den Staat aus dem Adel, gegen die Gemeinde aus dem Ehrenbürgerrecht. Neben dies Verhältnis des Ausgezeichneten zu dem Verleiher tritt nun aber — und diesmal einzig gegen den Staat gerichtet — ein anderes. Der Gebrauch der Auszeichnung kann Gegenstand rechtlicher Ordnung sein. Das Recht bestimmt, ob und wie sie geführt werden darf, und es ist (neben anderen Rechtsgebieten) das Verwaltungsrecht, das hier irgendwie Stellung nehmen muß. Was insbesondere die Statthaftigkeit der Führung betrifft, so kann verwaltungsrechtlich ein subjektives Recht auf den Gebrauch bestehen, die Verleihung findet „Anerkennung“ — das wird regelmäßig bei Verleihungen des Staates zutreffen, möglicherweise auch bei Ehrungen anderer öffentlichrechtlicher Verbände, vielleicht auch bei Verleihungen eines Privaten (Hoftitel). Der Gebrauch kann verwaltungsrechtlich gleichgültig sein, dabei unter Umständen aber den Schutz des Zivilrechts oder Strafrechts genießen (die Ausstellungsmedaille wird unter dem Gesichtspunkt des unlauteren Wettbewerbs geschützt). Auch ein Verbot des Gebrauchs kann einem anderen Rechtsgebiet angehören, ohne daß das Verwaltungsrecht eingreift (der Titel wird durch Strafurteil aberkannt), und es kann das Verwaltungsrecht selbst ein solches Verbot vorsehen. Wo ein subjektives öffentliches Recht auf den Gebrauch der Auszeichnung besteht, da ist dies Recht stets gegen den Staat gerichtet, auch wenn der Anspruch auf Geltenlassen gegen einen andern geht. Sein Inhalt aber ist die Forderung, in dem Gebrauch der Auszeichnung rechtlich nicht behindert zu werden — nicht etwa ein Anspruch darauf, daß die staatlichen Behörden der Auszeichnung aktiv Rechnung tragen, den verliehenen Titel anwenden, das Adelsprädikat beisetzen; auch für die staatlichen Behörden entscheiden insoweit (regelmäßig) nicht die Normen des Rechts, sondern der gesellschaftlichen Sitte.[7])

[7]) Die Ausführungen des Textes haben zu den geistvollen Ausführungen G. Jellineks, System der subjektiven öffentlichen Rechte² (1905) 189 ff. zum Teil schon Stellung genommen. Wenn Jellinek Adel, Titel, Orden als „Rudimente des aktiven Status“ erklärt, d. h. als unentwickelte oder abgestorbene Bildungen, die dem Berechtigten die Stellung eines Staatsorgans einräumen, so ließe sich dieser Gedanke zwar bei Auszeichnungen nichtstaatlicher Herkunft etwa analog verwerten für einen Status des Beliehenen als Gemeinde- oder Vereinsorgan. Aber der gesellschaftlichen Funktion dieser Auszeichnungen wird eine solche Pressung nicht gerecht, und sie müßte als Grundlage einer

Nach allen Richtungen nun aber wird eine verwaltungsrechtliche Ordnung der Auszeichnungen auch einer internationalen Begrenzung bedürftig, bei Auszeichnungen öffentlichrechtlicher Verbände die Verleihung selbst und ihre „Anerkennung“ in anderen Staaten, die verwaltungsrechtliche Ordnung des Gebrauchs jedweder Auszeichnung, und wenn die einzelne Ehrung zur Beurteilung steht, so kann die Frage, welcher Staat auf sie einwirkt, Feststellung verlangen. Die eigentümlichen Schwierigkeiten des Gebiets beruhen zunächst auf der Verbindung verwaltungsrechtlicher mit außerrechtlichen und privatrechtlichen, auch strafrechtlichen Bestandteilen, und insbesondere in dem sich kreuzenden Gegensatz der Rechtssätze über Auszeichnungen inländischen und ausländischen Ursprungs mit solchen für inländische und ausländische Staatsangehörige. Dabei nötigt die Eigenart dieser Einrichtungen zu einer geschichtlichen Behandlung, wie denn auch der Schwerpunkt der einschlägigen juristischen Literatur in den Schriften des 16. bis 18. Jahrhunderts zu finden ist.[8])

öffentlichrechtlichen Behandlung genommen zusammengehöriges zerreißen oder ganz ausschließen. — Von diesen Ausführungen Jellineks abgesehen, versagt die verwaltungsrechtliche Literatur für eine Erfassung des Rechts der Auszeichnungen, soweit ich sehe, vollkommen.

[8]) An Literatur aus der Zeit vor 1800 wird für das Folgende benützt: Fr. Alef (resp. Herfeldt), Disp. de diversorum statutorum concursu, Heidelb. 1740. H. Arnisaeus († 1636), De jure majestatis, Argent. 1673. G. H. Ayrer (resp. von dem Busch), De collisione protestationum circa quaestionem: quis sit caput legitimum Ordinis Aurei Velleris, Gotting. 1749. Alph. de Azevedo, Comm. in Hispaniae Regias Constitutiones, Salamanticae 1599. C. Baetia, Tract. de inope debitore (1570), opera omnia, Francof. 1609. Baldus († 1400), Comm. in Digestum Vetus, Lugd. 1517; in Usus Feudorum Lugd. 1552. Bartolus († 1359), Comm. in primam Codicis partem; in Tres Libros Codicis, opera omnia Venet. 1602 t. 7 und 8 II. Chr. Besoldus, Diss. de jure ordinibusque civium, in Discursus politici singulares, Argent. 1626. J. P. de Birkenstock, De legitimo et supremo capite Ordinis Aurei Velleris, Erford. 1748. J. Bodin, Les six livres de la republique, Paris 1577. H. Bodinus (resp. Breitschwerdt), De jure nobilitatis, Halae (1704). J. H. Boecler, Aeneae Sylvii historia Friderici III., Argent. 1685. Guil. Camdenus, Annales rerum Anglicarum, Lond. 1627. J. Cluten, Sylloge rerum quotidianarum, Aug. Raur. 1614. R. Choppinus, De legibus Andium (1580), Paris. 1600/04. P. Christinaeus († 1631), Quaestionum in supremis Belgarum curiis actarum decisiones, Erford. 1734. H. de Cocceji, De fundata in territorio et plurium locorum concurrente potestate (1684), in Exercitationes curiosae, Lemgov. 1722, I disp. 54. Consultatien gegeven bij Rechtsgeleerden in Holland, Rotterdam 1683 ff. J. R. Crusius, Theses inaug. de jure circa titulos honorum, Halae 1697. Tib. Decianus († 1581), Responsa, Francof. 1596. De la Roque, Traité de la noblesse, nouv. éd. Rouen 1734. Ant. Faber, Codex definitionum . . in Sabaudiae Senatu tractarum († 1624), Francof. 1612. G. Feltmann, De titulis honorum (kürzer schon 1672), Bremae 1691. D. Gothofredus, Praxis civilis, Francof. 1591. J. Grivellus († 1624), Decisiones Sequanorum Senatus Dolani, Antverp. 1618. H. Grotius († 1645), Epistolae, Amstel. 1687. J. Gutierrez, Practicae quaestiones civiles super . .

A. Der Adel.

§ 25. I. Die Verleihung.

1. Rechtliche Eigenart. — 2. Subjekt der Verleihung. — 3. Gegenstand. — 4. Ort. — 5. Empfänger.

Rechtliche Eigenart.

1. Die rechtliche Eigenart des Adels zu bestimmen, kann Zweifeln unterliegen. Ein wesentliches Unterscheidungsmerkmal bot der Adel, solange er als Stand im Rechtssinn organisiert war; Mitträger der Staatsgewalt, konnte er einen Platz im Verfassungsrecht des Staates beanspruchen. Aber dem aktiven Staatsleben gegenüber mit all seinen Maßnahmen zu Förderung, Überwachung, Beschränkung des

leges Novae Collectionis Regiae Hispaniae, Francof. 1607. Chr. Hartknoch, De Republica Polonica (1677), Lips. 1698. J. N. Hertius (resp. Thoma), Diss. de collisione legum (1688) in Commentationes, Francof. 1737, I 91 ff. Th. Hoepingk, De insignium jure, Noribergae 1642. C. Chr. Hofacker, Principia juris civilis (1788), Tubing. 1800. J. Chr. Itterus, Diatriba de gradibus academicis, Giessae 1679. R. Johnston, Historia rerum Britannicarum, Amstel. 1655. C. Klockius, Tract. de contributionibus (1632), Col. Agr. 1740. V. König, Genealogische Adelshistorie, Leipzig 1727. J. L. Klüber, De nobilitate codicillari, Erlang. 1788. C. Lancellottus, Templum omnium judicum, Venet. 1575. Th. Lansius, De academiis, ed. 2. Helmaestadii 1666. P. Lenauderius, De privilegiis doctorum (1516), in Tract. illustrium jurisconsultorum Venet. 1584 t. 18. J. Limnaeus, Jus publicum Imperii Romano-Germanici, Argent. 1631. Ch. Loyseau († 1627), Traicté des ordres, Genève 1620. J. P. Ludewig, De jure reges adpellandi (1701), opuscula miscella, Halae 1720 I 1 ff. M. C. Lundorp, acta publica III, Frankfurt 1622. J. Chr. Lunig, Codex Italiae diplomaticus, Francof. 1726. G. F. Martens, Primae lineae juris gentium, Gotting. 1785; Einleitung in das positive europäische Völkerrecht, 1796; Précis du droit des gens [2] 1801. Ant. Matthaeus, Paroemiae, Ultrajecti 1667. A. Mendo, De jure academico (1655), Lugd. 1668. E. v. Meteren, Niderländische Historien 1611. F. C. Moser, Teutsches Hofrecht 1755. J. J. Moser, Von denen kayserlichen Regierungsrechten und Pflichten (Neues teutsches Staatsrecht V) 1772/73; Teutsches auswärtiges Staatsrecht (desgl. XX) 1772. J. Chr. Naevius (Dekanatsprogramm 1710). J. Nolden, De statu nobilium civili, Gissae 1623. J. Arce ab Otalora, Summa nobilitatis Hispanicae, Salamanticae 1559. G. de Peschwitz, De jure et privilegiis nobilium, Jenae 1661. J. F. Pfeffinger, Vitriarii institutiones juris publici novis notis illustratae, Gothae (1712 ff.). J. Pistorius, Florus Polonicus, Gedani 1679. Groot Placaet-Boeck .. der Vereenighde Nederlanden III 'sGravenhage 1683. Placaet-Bouck .. van Vlaendren II, Ghendt 1629. Jo. de Platea (Anfang des 15. Jahrhunderts), Super 3 ultimis libris Codicis, Lugd. 1550. J. St. Pütter, Erörterungen und Beyspiele des teutschen Staats- und Fürstenrechts 1793. S. Pufendorf, Diss. de obligatione adversus patriam, Heidelb. 1663; Diss. de existimatione, Heidelb. 1667; De jure naturae et gentium, Lond. Scanorum 1672. J. Fr. de Ripa, Interpretationes et responsa, Avenione 1527. J. Garsia a Saabedra, Tract. de Hispanorum nobilitate, Compluti 1597. J. A. de Sancto Georgio, Comm. super Decretum (um 1490), Lugd. 1511. J. Th. Seger (resp. Behling), Diss. de jure conferendi dignitates, Lips. 1773; (resp. Wolf), Diss. de vi legum in territorio alieno, Lips. 1777. J. de Sesse, Decisiones Senatus

Adelswesens, mit seiner Stellungnahme zu Adel des Inlands und Auslands, konnte eine solche Einreihung den rechtlichen Gehalt des Adels nicht erschöpfen, und außer etwa in Mecklenburg ist diese Eigenstellung des Adels heute allerwärts zerfallen. Auch die Summe der Standesvorzüge, welche dem Adel auf rechtlichem Gebiet zugebilligt waren, zum Teil noch zukommen, gibt keine einheitliche, rechtlich faßbare Bildung. Ob der Adelige steuerfrei, ob er öffentlichen Glauben als Urkundsperson besitzt, einer besonderen Strafgerichtsbarkeit unterworfen ist: die eine oder die andere Bevorrechtung kann fehlen, ohne daß die Einrichtung des Adels davon berührt wäre. Das wesentliche Merkmal, das diese gesellschaftliche Bildung kennzeichnet, liegt auf anderm Boden: es ist die gesteigerte soziale Geltung, die die Angehörigen dieser Gruppe von anderen unterscheidet, kenntlich an einem Titel, Abzeichen (Krone), möglicherweise einem besondern Prädikat (Durchlaucht), und, im Verhältnis der Adeligen zu einander, einer Rangordnung. Und schon seitdem die Rechtswissenschaft dem Adel Beachtung zuwendet, erscheint er ihr als *dignitas* in dem früher erörterten Sinn.[1]) Notwendig staatlicher Herkunft, bedeutet der Adel für seinen Träger ein Zugehörigkeitsverhältnis besonderer Art zum Staate, und es schützt ihn ein Anspruch gegen die verleihende Gewalt, die Auszeichnung gelten zu lassen. Zugleich besteht ein Recht auf Gebrauch der Auszeichnung, das in seiner Besonderheit bei inländischem Adel kaum merklich hervortritt. Bei der Führung ausländischen Adels aber wird die Verschiedenheit um so deutlicher. Das Recht aus der Verleihung wendet sich gegen den fremden Staat, ein Recht auf Gebrauch gegen das Inland.

Subjekt der Verleihung.

2. Wer kann den Adel verleihen? Vom Standpunkt des einzelnen unabhängigen Staates aus könnte eine solche Frage richtigerweise nicht aufgeworfen werden; nach innen hat der unabhängige Staat hier wie überall volle Handlungsfreiheit. Insoweit solcher Adel jedoch Wirkungen in anderen Gebieten verlangt, bedarf er der Zulassung, und hier finden sich Erweiterungen und Beschränkungen.

Regii Aragonum, Francof. 1619. J. J. Speidelius, speculum juridico .. historicarum observationum, Norimb. 1683. M. Stephani, Tract. de jurisdictione, Francof. 1611; Discursus academici, Rostochi 1624. A. Tiraquellus († 1558), De nobilitate, Lugd. 1559. G. G. Titius, Ius privatum romano-germanicum, Lips. 1724. J. Voet, Comm. ad. Pandectas (1698), Halae 1776. P. Voet, De statutis eorumque concursu (1661), Leodii 1700. Chr. Wildvogel, Responsa et consilia, Jenae 1717. C. Ziegler, De juribus majestatis (1681), Francof. 1712. — Nicht erreichbar waren einschlägige Werke von Bacquet, Raynuce, Bouhier, Boullenois, Duplessis, Casaregis.

[1]) Grundlegend auch hier Bartolus C. 12, 1, 1.

Als Haupt der Christenheit betrachtete sich der Kaiser als den Quell aller Ehren, und noch über das Mittelalter hinaus wird der Adel aus dieser Sonderstellung hergeleitet.[2]) Die gleichen Rechte nimmt der Papst in Anspruch, und selbst nach der Reformation finden sich protestantische Schriftsteller, die ihm diese überstaatliche Stellung zuerkennen.[3]) Doch die Kirchenspaltnng und der moderne Staatsgedanke haben das Vorrecht hinfällig gemacht, und wenn in der Folge Nobilitierungen des Papstes in Frage kommen, so werden sie auf seine Stellung als italienischer Landesherr zurückgeführt.[4]) Das ist für Verleihungen vor 1870 noch heute Rechtens. Der Verlust der weltlichen Gewalt aber hat dem Papst die Möglichkeit einer Adelsverleihung für die Zukunft entzogen.[5]) Denn der Adel ist keine Auszeichnung in abstracto, sondern ein geschichtlich gewordener Typus. Die gesteigerte Geltung des Bedachten soll, wenn auch noch so verblaßt, aus einer Sonderstellung im Staat herrühren; wer keinen Staat hat, kann niemand eine Sonderstellung in seinem Staat zuweisen. Von vornherein folgt daraus, daß der Papst eine solche Verleihung nicht als das Haupt einer vom Staat anerkannten Religionsgesellschaft vornehmen kann.

Daß es das Oberhaupt eines Staates „von christlich-europäischer Kultur" sein müsse, der den Adel verliehen hat,[6]) ist von der neueren

---

[2]) Adelsbrief Friedrichs III. 1437 (B o e c l e r, dipl. 85): wie die Sonne unter den Planeten, hat der Kaiser die oberste Gewalt auf Erden, „Also das von dem Thron Kayserl. Mayest. aller Adel kumbt vnd Vrsprung nymt, gleich als von der Sonne der glantz, vnd ist auch kein Adel Ehr noch Wirde zu rechen, er sey von Königen, Fürsten, Herren oder anderen, der seinen anfang anders habe, dan von dem Heiligen Römischen Reich, alß von einem grund alles Adels". Vgl. etwa auch L a n c e l l o t t u s f. 8[b] lib. 1 § 1 vers. Orbem n. 4. Adel als besondere Folge des Dienstes beim Kaiser: R i p a 4, 27[a] lib. 2 p. 2 resp. 26 n. 7, 8; vgl. auch unten § 26 Anm. 6 über die Geltung des gemeinrechtlichen Adels. Über die Stellung des Kaisers als Haupt der abendländischen Ritterschaft K. H. R o t h v. S c h r e c k e n s t e i n, Die Ritterwürde und der Ritterstand (1886) 692 f. — Im besondern beansprucht der Kaiser, den Rang fremder Staatshäupter zu bestimmen: L u d e w i g, De jure reges adpellandi c. 2; S e g e r, De jure conferendi dignitates 6 ff.

[3]) M. S t e p h a n i, De jurisdictione 3, 32 lib. 3 part. 1 c. 3 n. 74. — Über päpstliche Rangverleihung an Staatshäupter L u d e w i g c. 4; auch J. F. v. S c h u l t e, Die Macht der römischen Päpste [2] (1871) 30 ff.

[4]) N o l d e n 29 c. 2 n. 28 f.; P e s c h w i t z 11 f. § 6. Demgemäß auch Zurückweisung möglich wie bei sonstigem fremdherrlichem Adel: H a r t k n o c h 565 f., 577.

[5]) So auch G e f f c k e n in v. H o l t z e n d o r f f, Völkerrecht 2, 183[8]. Für Österreich v. M a h l - S c h e d l im Österreichischen Staatswörterbuch [2] 1, 24. Besia in Enciclopedia giuridica italiana 4 I, 548 v° decorazioni n. 15. Bei Restaurierung der Großmeisterschaft des Malteserordens (1880) hat nicht der Papst, sondern Österreich den Großmeistern den Fürstentitel verliehen; F. d e S a l l e s, Annales de l'Ordre de Malte (1889) 225 f.

[6]) G ü n t h e r bei J. W e i s k e, Rechtslexikon (1843) v° Gesetz 4, 730.

Entwicklung überholt. Seit dem Eintritt Japans in das Völkerrecht kann auch sein Adel Anerkennung beanspruchen. Als Präzedenzfall mag die Anerkennung des maurischen Adels in Spanien[7]) dienen.

Zu Beschränkungen in der Freiheit der Adelsverleihung führt der Satz, daß Nobilitierungen kleinerer Dynasten nur für die niederen Grade des Adels anerkannt werden. Dementsprechend läßt Italien die Titel Graf, Marquis, Baron der Republik San Marino nicht gelten,[8]) und das Kammergericht versagt einem Grafen „der Republik X." die Anerkennung, weil diese „nicht für befugt erachtet wird, höhere Adelstitel als das städtische Patriziat (den Bürgeradel von X.) zu verleihen".[9]) Aber auch unter den größeren Staaten soll eine Vereinbarung bestehen, daß die höchsten Titel nicht ohne gegenseitige Zustimmung verliehen werden; als die Königin von England 1885 dem Prinzen Heinrich von Battenberg das Prädikat Königliche Hoheit gewährte, wurde die Rangerhöhung in Berlin nicht anerkannt.[10]) Selbsterhöhungen des regierenden Herrn verlangen nach feststehendem Gewohnheitsrecht die Anerkennung der anderen Staaten.[11])

Der Gegenstand.

3. Gegenstand der Verleihung ist selbstverständlich der inländische Adel, und insoweit mit dem Adel ein Territorialtitel verknüpft ist,

---

[7]) Saavedra f. 195b glossa 7 n. 19; Gutierrez 2, 66 lib. 3 und 4 q. 14 n. 98; mit (tendenziösen) Zweifeln schon Otalora f. 63a und 65b pars 2 c. 5 n. 8, 19. Eine abweichende Äußerung des Platea f. 160a C. 12, 1, 1 n. 6 bezieht sich auf Sarazenen in Kriegsgefangenschaft, auch nicht auf spanische Verhältnisse.

[8]) Blätter für vergleichende Rechtswissenschaft (1905) 1 Nr. 4 220 ff. und Nr. 5 Umschlag.

[9]) Beschlüsse vom 13. I. 1902 und 19. IX. 1904 Jahrbuch 23 A, 192 und 28 A, 171.

[10]) Niemann, Frankfurter Zeitung 15. III. 1908. Vielleicht handelt es sich bei dieser Vereinbarung um das Aachener Protokoll vom 11. Oktober 1818, das nicht nur für Landesherren (s. unten), sondern auch für die Angehörigen landesherrlicher Häuser Veränderungen des Titels von der vorgängigen Zustimmung der Großmächte abhängig macht.

[11]) Crusius th. 5: *Intuitu subditorum princeps, qui absolutam majestatem accepit, titulum suum augere potest, at ratione aliorum principum secus res sese habet.* J. C. Bluntschli, Das moderne Völkerrecht der civilisierten Staaten[3] (1872) §§ 84, 94; v. Holtzendorff im Handbuch des Völkerrechts 2, 89 ff.; Geffcken zu A. W. Heffter, Das europäische Völkerrecht der Gegenwart[8] (1888) 75[1]; F. v. Martens Völkerrecht 1, 290 ff.; Ch. Calvo, Le droit international[3] (1880) 1, 387 ff.; P. Pradier-Fodéré, Traité de droit international public (1885) 2, 59 ff. n. 516—522. Das ergibt sich, wo der Titel des Fürsten (König) ein Ausfluß der Bezeichnung des Staates (Königreich), schon aus dem Erfordernis völkerrechtlicher Anerkennung der Staaten, gilt aber bei der völkerrechtlichen Sonderstellung des Landesherrn auch ohne diese Voraussetzung (Herzog legt sich das Prädikat „königliche Hoheit" bei). Die Forderung einer vorgängigen Verständigung der Großmächte, wie sie das Aachener Protokoll 1818 aufgestellt hatte, scheint als Rechtspflicht bei landesherrlichen Titeln in desuetudo gekommen zu sein; vgl. schon v. Holtzendorff a. a. O.

kann der Verleihende von sich aus den Titel nur an inländisches Gebiet knüpfen. Zu Zeiten seiner Blüte gewährte der Adel öffentliche Rechte über den Besitz, und schon die Führung eines Territorialtitels *sine re* konnte Ansprüche auf solche Rechte bedeuten.[12]) Die gleichen Schranken müssen dann aber auch für die nur ehrenhalber verliehene Nachbildung der alten Rechtsstellung gelten. Wenn 1892 ein Sohn des Königs von Schweden unter dem Titel eines Grafen von Wisborg in den luxemburgischen Adel aufgenommen worden ist, so hat das auch nach seiten des Titels die Zustimmung des Königs von Schweden vorausgesetzt.[13])

Der Ort.

4. Wo kann der Adel verliehen werden? Gerade nach seiten der sozialen Geltung weist der neuere Adel zurück auf die mittelalterliche Ritterschaft, die, eine einheitliche Genossenschaft für die ganze Christenheit, von staatlichen Unterscheidungen frei war. Jeder Ritter konnte jeden in den Bund aufnehmen, und so war auch der Ort gleichgültig, an dem die Verleihung vor sich ging.[14]) Die juristische Grundlage gab Bartolus: der Ritterschlag sei ein Akt der freiwilligen Gerichtsbarkeit, der gemäß D. 1, 16, 2 auch außer Landes vorgenommen werden könne, und das blieb auch für die Nobilitierungen höherer Ordnung, die an ein bestimmtes Zeremonial geknüpft waren, herrschende Meinung.[15]) Aber freilich zu Ende des Mittelalters zieht sich das Recht des Ritterschlags auf den Landesherrn zurück, und mit dem erwachenden Gedanken der Gebietshoheit entstehen Schwierigkeiten. Bodin erzählt, daß Kaiser Sigismund während eines Aufenthalts in Lyon den Grafen von Savoyen (einen Reichsfürsten) zum Herzog erheben wollte, daß er aber auf Verlangen des Königs das Land verlassen mußte, um den Akt vorzunehmen, und das sei

---

[12]) Feltmann 82 ff. lib. 1 c. 21.

[13]) Martens, Nouveau recueil général [2] 24, 142. — Nicht in diesen Zusammenhang gehört die Beschwerde Dänemarks gegen das Reich (Lundorp 3, 123 ff.), als der Kaiser 1620 die Grafen von Schauenburg zu Fürsten von Holstein erhoben hatte; denn Holstein (dessen Herzogstitel auch der König von Dänemark führte) war Reichslehen.

[14]) v. Roth a. a. O. 692 ff.

[15]) Bartolus f. 47b C. 12, 1, 1 n. 80; Platea f. 160b C. 12, 1, 1 n. 9; Tiraquellus 71 c. 6. n. 26; Gothofredus 358 lib. 1 tit. 5; Faber 1171 [8] lib. 9 tit. 28 def. 12; Nolden 49 f. c. 2 n. 191 ff.; Peschwitz 15 f. § 10; De la Roque 232 unter Berufung auf Jean Raynuce, Traité de la noblesse. Erst im 17. Jahrhundert erhebt Feltmann 503 lib. 2 c. 9 n. 10, 15 Einwendungen gegen die Konstruktion: nicht freiwillige Gerichtsbarkeit, sondern Ausübung eines Majestätsrechts sei in Frage; doch Untertanen gegenüber bleibe eine Verleihung außer Landes trotzdem statthaft, denn über sie bestehe die majestas des Verleihenden allerwärts.

geschehen *pour couvrir une faute notable;* denn während eines vorausgehenden Aufenthalts in Paris habe er in einer Sitzung des Gerichtshofs den Seneschall von Beaucaire zum Ritter geschlagen, und das, obwohl der Gerichtshof schon in zwei Urteilen festgestellt hatte, daß eine solche Befugnis in seinem Gebiet nur dem König von Frankreich zukomme.[16]) Ähnliche Beanstandungen sind auch sonst erhoben worden.[17]) Und wenn sie zuweilen auf einer unklaren Abgrenzung von Gebietshoheit und Personalhoheit beruhen,[18]) so konnte in der Tat die Vornahme einer sichtbaren Staatshandlung auf fremdem Gebiet nicht länger statthaft erscheinen. Für die Gegenwart ist die Frage erledigt, weil Nobilitierungen heute durch Ausstellung eines Adelsbriefes erfolgen, die Unterzeichnung von Schriftstücken aber allerorten zulässig erfolgen kann.

Der Empfänger.

5. Beträchtlich wichtiger ist die Frage geworden, wem der Adel verliehen werden kann. Als das Rittertum in seiner Blüte stand, da galt nicht nur der Ort gleich, an dem, sondern auch der Staat, durch dessen Angehörigen die Würde gewährt wurde.[19]) Und mit dem Aufkommen des Briefadels war ein allzu bequemes Mittel höfischer Gunstbezeugung entstanden, als daß es nicht auch Fremden gegenüber benützt worden wäre. So finden sich Beispiele von Adels-

---

[16]) Bodin 129 lib. 1 c. 9.

[17]) Gegen König Ladislaus von Ungarn, der Johannes Huniady in Wien zum Fürsten ernannte; gegen Kaiser Karl V., der als Gast des Königs von Frankreich auf dessen Ersuchen einige Personen zu Baronen und Rittern erhob, und selbst hier sollen diese Erhebungen nachträglich für ungültig erklärt worden sein, weil in fremdem Land geschehen; vgl. Nolden 49 c. 2 n. 189f.

[18]) Decianus vol. 5 f. 185a resp. 84 n. 21ff. tritt für einen Klienten ein, der, Untertan von Venedig, die Ritterwürde von Venedig empfangen hatte und den Vorrang vor einem andern Venetianer beansprucht, den der König von Frankreich während eines Aufenthalts in Venedig zum Ritter erhoben hatte; diese Verleihung sei ungültig, *quia non potest quis exercere jurisdictionem in terris alienis,* oder sie erzeuge doch mindere Rechte. Auch Feltmann a. a. O. n. 5, 9—12, 20 erklärt eine kaiserliche Nobilitierung außer Landes als „Gebietsverletzung", wenn sie ohne Zustimmung des Landesherrn erfolgt, aber nur, wenn sie sich auf Einwohner dieses Gebiets beziehe, *quia in aliena terra majestas Caesaris quasi in quiete erat ratione indigenarum.* Einwandfrei sei allerdings (n. 13, 14) die Versendung von Adelsbriefen in das Ausland, und ebenso (n. 22) Verleihung durch einen Gesandten, denn was man schriftlich könne, dürfe man auch durch Boten; vgl. auch Grivellus 102 dec. 32 n. 14.

[19]) v. Roth a. a. O.; vgl. auch Bartolus C. 12, 1, 1 n. 84. Der Ritterschlag war ein außerrechtlicher Vorgang, der, wenn der Ritter als adelig galt, rechtliche Wirkungen auslöste.

verleihungen an Ausländer in Fülle vom 15. Jahrhundert bis zur Gegenwart.[20])

Doch auch hier regen sich frühzeitig Bedenken. Als der König von Polen zu Besuch in Wien weilte, dachte Kaiser Maximilian seine Begleiter auszuzeichnen und sie teils zu Herzögen, teils zu Grafen des Reichs zu ernennen. Die Bedachten aber haben abgelehnt: *suorum regum majestati demptum iri aut quoddam jus alieno principi in Polonos concedi;* auch liege in der Annahme eine Störung der Ranggleichheit innerhalb des polnischen Adels.[21]) Ablehnung war das Mittel, durch das sich der polnische Adel auch weiterhin dem Eindringen fremder Titel entzog, und 1638, erneuert 1641, erging ein besonderes Gesetz, das die Führung auswärtiger Adelstitel verbot.[22]) Im Türkenkrieg ausgezeichnet, war der Engländer Thomas Arundell zum Reichsgrafen erhoben worden. Bei seiner Rückkehr nach England aber erhebt sich die Frage, *an ejusmodi titulus a principe extero regina inconsulta subdito collatus sit admittendus* (Camden). Der englische Adel fühlt sich in seinen Vorrechten beeinträchtigt; eine solche Verleihung gefährde die Majestät des Landesherrn und die Zuverlässigkeit der Untertanen, denn sie begründe ein Treuverhältnis zwischen Verleiher und Empfänger. Und in der Tat entschied die Königin, *nollem oves meas alieno stigmate inuri;*

[20]) Über Kaiser Sigismund in Paris oben S. 289f. Karl V. adelt Franzosen, Feltmann 500ff. lib. 2 c. 9 n. 4, 11. Kaiserliche, päpstliche, französische Nobilitierungen von Engländern, Camdenus 126 ad a. 1596. Niederländische Fälle des 16. und 17. Jahrhunderts bei Feltmann n. 5, 25, der (n. 13) solche Verleihungen als „tägliche Erfahrung“ bezeichnet. Ludwig XIII. adelt den dänischen Gesandten in Paris, De la Roque 230 ch. 76. Über auswärtige Vergabungen nach Polen Hartknoch 576ff.; auch v. Mieroszowice-Mieroszowski, Vierteljahrschrift für Heraldik (1883) 11, 58f. Ebenda 61 über polnische Verleihungen in das Ausland. Verleihungen des Reiches: J. J. Moser, Kaiserliche Regierungsrechte 429; Auswärtiges teutsches Staatsrecht 321; und besonders Seger, De jure conf. dign. 8ff.; Schreiben des Kurfürsten von Mainz an den Kaiser 1716, Moser Regierungsrechte 438: „da zumalen so gar ganz fremde Potenzen sich denen (Standeserhöhungen) nicht allein gerne fügen, sondern sie auch von dem Kayserlichen Thron begehren.“ 1815 haben Wellington und der vormalige englische Gesandte den niederländischen Adel erhalten; Wellington ist auch spanischer Grande, Pandectes belges v⁰ noblesse 68, 128f. Die spätere morganatische Gemahlin des Prinzen Eduard von Sachsen-Weimar, soviel bekannt Engländerin, wird 1851 zur weimarischen Gräfin erhoben; Münchner Neueste Nachrichten 6. IV. 1904. Fürstung der Großmeister des Malteserordens durch Österreich oben Anm. 5. Aufnahme eines schwedischen Prinzen in den luxemburgischen Adel oben S. 289.

[21]) Hartknoch 577f. lib. 2 c. 5 § 9. — Vgl. auch schon oben Anm. 16 und 18.

[22]) Hartknoch 579ff. § 9—11; Pastorius 439 und 448 ad a. 1638, 1641. Beide Schriftsteller bezeichnen als den entscheidenden Grund die durch die Verleihungen bewirkte Störung der ängstlich behüteten Ranggleichheit im polnischen Adel.

Arundell wurde in der Folge unter der Bedingung eines Verzichts auf die Führung der Reichsgrafenwürde zum englischen Baron erhoben.[23]) Auch Frankreich läßt unter dem ancien régime fremde Nobilitierungen seiner Angehörigen nur gelten, wenn ein der Würde entsprechender Besitz auf französischem Boden begründet, und der Titel vom König verliehen wurde.[24]) Insbesondere aber sind es die Niederlande, die hier seit alters Widerstand leisten. Noch als sie zum Reich gehörten, erging (1422) eine Ordonnanz des Grafen von Holland,[25]) die zwar einen vom Kaiser verliehenen Adel bei seinen Dorfleuten anerkennt, darauf gegründete Befreiungen aber nur wirken läßt, wenn seine Zustimmung erfolgt ist. Und als ein Landesangehöriger, mit einem französischen Orden bedacht, das dem Adel vorbehaltene Jagdrecht in Anspruch nimmt, erklären die Staaten 1666, daß Qualitäten oder Ehrentitel, die ein auswärtiger Fürst verleiht, in Holland und Westfriesland nicht respektiert werden dürfen.[26]) Zumal in den spanischen Niederlanden ist 1595, erweitert 1616, den Untertanen verboten worden, sich der Nobilitierung oder sonstigen Bevorrechtung eines fremden Fürsten zu bedienen — *tot naedeel van onze Rechten van Souverainiteyt, hoocheyt ende preeminentien, ende oock ten overlaste ende misachtinghe van onse andere ondersaeten, die in eenighe Prouincien moeten contribueren.*[27])

Das gleiche Verbot ist in die gegenwärtig geltende Verfassung der Niederlande übergegangen,[28]) und auch Belgien hat nach einigen Schwankungen diesen Standpunkt eingenommen.[29]) Insbesondere

---

[23]) Camdenus a. a. O. und Johnston 222 ad a. 1596. Ein ähnlicher Ausweg war auch schon bei einem der anläßlich des Vorkommnisses erörterten Präzedenzfälle betreten worden.

[24]) Ch. Rey, De la noblesse (1902) 101.

[25]) Sloet (zit. oben S. 282 Anm. 5) 45 f.

[26]) Placaet-Boeck der Nederlanden 3, 608 ff. boeck 4 tyt. 4 n. 15 und 16. Die Durchführung des Verbots scheint allerdings auf Schwierigkeiten gestoßen zu sein. Bei Grotius ep. 268 liest man: *irrepsit contra leges avitas moribus, ut principum exterorum beneficium apud nos pondus aliquod habeat.* Unbequemen Gunsterweisungen, die man nicht ablehnen konnte, begegnete man, indem man die angebotene Würde schnell selbst gewährte; so, als Venedig den Philologen Heinsius zum Ritter machte; als Ludwig XIII. dem Prinzen von Oranien das Prädikat Hoheit verlieh: Feltmann a. a. O. n. 5, 24, 25.

[27]) Placaet-Bouck van Vlaendren 2, 654 und 660, Bouck 2 rubr. 16; erneuert 1754 nach Pandectes belges a. a. O. n. 254. Selbst zur Zeit der österreichischen Herrschaft wurden kaiserliche Adelsdiplome nur dann anerkannt, wenn sie durch die Kanzlei der Niederlande in Wien gegangen waren, Pandectes n. 255.

[28]) Art. 65, Fassung von 1887: *Vreemde adeldom kan door geen Neederlander worden aangenomen.* Entsprechend schon die Verfassungen von 1814 und 1815, Pandectes n. 258. Dazu Sloet 49 ff.

[29]) Verordnung 23. IV. 1853. Pandectes n. 259 ff.

aber hat sich aus diesen Bedenklichkeiten eine feste Rechtseinrichtung ausgebildet: die Erlaubnis, deren der Inländer zur Führung ausländischen Adels bedarf. Hatte man einer solchen Erlaubnis früher zuweilen gedacht in ihrer Eigenschaft, auftauchende Bedenken auszuschließen,[30]) so erscheint umgekehrt schon bei G. F. Martens[31]) die Genehmigung des Heimatstaats als eine „überall" geforderte Voraussetzung für den Gebrauch fremden Adels, und dementsprechend ist eine Verpflichtung, sie einzuholen, heute in zahlreichen Staaten ausdrücklich oder stillschweigend vorgesehen.[32])

Die Literatur hat eine Nobilitierung von Ausländern vielfach gutgeheißen, hat — unter dem Gesichtspunkt der Anerkennung — den Adel, den ein Inländer im Ausland erworben, zu hause gelten lassen wie andern ausländischen Adel,[33]) ihn den Beschränkungen unterworfen, die man für die Anerkennung fremden Adels überhaupt aufgestellt hat.[34]) Man hat die Verleihung selbst für zulässig erklärt,[35]) insbesondere auch mit der Begründung, daß der Adel seiner Natur nach ohnehin nicht über das Gebiet des Verleihenden hinaus Rechtswirkungen erzeugen könne.[36]) Eine eingehendere Rechtfertigung gibt Seger:[37]) wenn der Kaiser den Adel verleiht, so verlangt das keine *civilia obsequia* auf seiten des Geadelten, sondern nur *cultum imperatoriae majestatis singularem;* dem heimatlichen Fürsten bleibt

---

[30]) Vgl. die Fragestellung bei Camden oben S. 291, Feltmann a. a. O. n. 11—13.

[31]) Einleitung 109 § 87.

[32]) Preußen Landrecht II 9 § 13; Anhang § 118. Für Bayern v. Seydel[2] 1, 310. Sachsen Adelsgesetz 19. IX. 1902 § 6. Braunschweig Landschaftsordnung § 10. Für Österreich v. Vesque 114; v. Mahl-Schedl a. a. O. Frankreich Dekret 5. III. 1859; unter der dritten Republik ist die Befugnis des Präsidenten, solche Erlaubnis zu gewähren, bestritten, wird jedenfalls tatsächlich nicht mehr geübt, Rey a. a. O. 106f. Italien Verfassung Art. 80. Hieher zum Teil auch die unten § 30 Anm. 48 verzeichneten Stellen.

[33]) Feltmann 496f. lib. 2 c. 8 n. 14—16: anzuerkennen unter Einräumung der adeligen Rechte, soweit daraus dem Fiskus kein Schaden erwächst: der Landesherr hat an dem Verbot kein Interesse und wird nicht den für unwürdig halten, den der auswärtige Fürst für würdig befunden hat. Bedeutend zurückhaltender 500ff. c. 9 n. 5, 16f., 23. Günther a. a. O.: Anerkennung in dritten Staaten, aber nicht im Heimatstaat.

[34]) Grotius, ep. 268. Hertius 129 sect. 4 § 16. J. Voet 1, 94 und 121, lib. 1 tit. 4 pars 2 n. 7 und tit. 5 n. 4.

[35]) Jellinek a. a. O. 193.

[36]) K. Th. Pütter, Das praktische europäische Fremdenrecht (1845) 33. H. Thöl, Einleitung in das deutsche Privatrecht (1851) 178[6]. v. Seydel, Bayerisches Staatsrecht[2] 1, 309. de Baets, Pandectes belges a. a. O. n. 273.

[37]) De jure conf. dign. 8ff. Nur müsse der Kaiser bei Verleihung der höchsten Rangstufen zurückhaltend sein; es könnte darin leicht eine *injuria exterorum regum populorumque* gefunden werden.

es unbenommen, seinerseits dafür zu sorgen, daß aus der Verleihung kein Schaden entsteht, auch die Führung des Titels im Heimatstaat gänzlich zu verbieten.

Gerade diesen Umstand freilich hatte man mehrfach als Hindernis einer Anerkennung betrachtet,[38]) nur dem Adel des Heimatstaats will man Wirkungen über die Grenzen hinaus zuschreiben,[39]) und die bloße Verleihung an Ausländer erweckt schon Bedenken. Zunächst bei Cocceji:[40]) die Macht des Gesetzgebers über Fremde dauert nur so lange, als sie im Land anwesend sind, eine *perpetua qualitas* vermag ihnen nur der Heimatstaat einzuräumen; deshalb kann der Landesherr auch den Adel nur seinen Untertanen verleihen, wenngleich nichts im Wege steht, daß er auch Auswärtigen die Vorrechte des Adels gewährt, solange sie in seinem Gebiet anwesend sind. Unter den Neueren ist es vornehmlich v. Bar, der verwandte Gedanken verfolgt: „der Adel soll wesentlich die dauernden Standesverhältnisse der Person, also die Standesverhältnisse gegenüber den anderen Staatsangehörigen bestimmen und kann daher vollgültig nur Staatsangehörigen erteilt werden".[41]) Kekule v. Stradonitz: die Machtbefugnis des Staatsoberhaupts in Adelssachen findet ihre Grenze in der Staatsangehörigkeit, der König „kann" einem fremden Untertan den Adel nicht rechtswirksam verleihen; hier äußere sich die Wirksamkeit des heimatlichen Rechts, die auch in Verwaltungssachen subsidiär zur Geltung komme.[42]) Auch ein Urteil des Zuchtpolizeigerichts

[38]) Matthaeus 168 par. 5 n. 11: *Causa est non solum quod majestati aliquid decedat, si subditi nostri quod a nobis petendum erat ab exteris petant, verum etiam quod fideles esse nobis non possint, qui honore isto aliis obnoxii facti sunt.* Vgl. oben die Bedenken der polnischen Adeligen gegenüber Kaiser Maximilian, die Erörterungen des Falles Arundell, die belgischen Dekrete von 1595 und 1616.

[39]) Grivellus 104 dec. 32 n. 26; auch Rey a. a. O. 102 mit der Begründung, daß die Gewährung eines Titels als Souveränitätsakt nicht über die Grenzen hinaus wirken könne. Sollte das bei einer Verleihung an Staatsangehörige (die kraft „Personalstatut" überall Geltung haben soll) anders sein?

[40]) 718 f. tit. 5 n. 4, 6, 9 f.

[41]) Theorie und Praxis 1, 415[31]. Vgl. auch (in anderm Zusammenhang) 415[38]: „der Adel hängt wesentlich von dem Personalstatut ab." — Daß Auszeichnungen nach ihrem Begriff ein Verhältnis zu anderen Personen voraussetzen, ist gewiß richtig; aber man könnte mit diesem Argument — vielleicht mit noch mehr Recht — auch die ausschließliche Zuständigkeit des Wohnsitzstaates nachweisen.

[42]) Archiv für öffentliches Recht (1903) 18, 202. Die Lösung des Textes folge „mit zwingender Notwendigkeit" aus dem „territorialen" (an ein bestimmtes Gebiet geknüpften) Begriff der Adelszeichen. Verleihe der König von Preußen einem Portugiesen den preußischen Adel, so kann ihn der Bedachte in Preußen nicht ausüben, wohl aber in Portugal, wenn er die Genehmigung seines Landesherrn dazu erhält. — Aber eine Genehmigung kann doch die Verleihung nicht ersetzen? Und wenn sie wirkt, muß sie wohl allerwärts Wirkung erlangen?

Gent erklärt, aller Adel müsse nationalen Ursprungs sein,[43]) und die Pandectes belges[44]) führen aus, der König möge Ausländern immerhin den Adel verleihen, aber da der Adel unter Personalstatut stehe, so bleibe der Vorgang auch für Belgien toter Buchstabe, wenn das heimatliche Recht des Beliehenen ihm keine Wirkung zuerkennt.

Eine Würdigung dieser Zweifel hat zunächst vorauszuschicken, daß selbstverständlich ein Staat freiwillig seinen Adel nur Inländern zugänglich machen kann, eine Selbstbeschränkung fremdenrechtlicher Art, die für den Umfang staatlicher Zuständigkeit nichts ergibt. In diesem Sinn verspricht schon die Wahlkapitulation Karls VI. den Kurfürsten, Standeserhöhungen sollten nur den Personen gewährt werden, die im Reich gesessen sind,[45]) eine solche Einschränkung scheint in Rußland zu bestehen[46]) und wird, meines Erachtens zu Unrecht, auch für Bayern behauptet.[47]) Des weiteren bedarf es einer

---

[43]) Urteil vom 7. VI. 1883, Pandectes belges a. a. O. n. 13, 263 f. Die weitere Argumentation ist in der Wiedergabe der Pandectes schwer verständlich: würde man einem fremden Landesherrn die Befugnis zuerkennen, einen Belgier zu adeln, so würde man ihm, da der Adel vom Personalstatut abhängt, die Befugnis zuerkennen, in Belgien ein Gesetz der öffentlichen Ordnung abzuändern. Das scheint zu besagen: auch ein Adel ausländischen Ursprungs richtet sich bei Belgiern nach den belgischen Gesetzen (!) und steht deshalb (?) unter dem der öffentlichen Rechtsordnung angehörenden Rechtssatz, der Belgiern die Führung fremden Adels verbietet.

[44]) n. 393 f., vgl. auch n. 13 und 507 ff.

[45]) Moser, Kaiserliche Regierungsrechte 429 bemerkt dazu freilich, es sei bekannt, daß sehr viele französische, polnische, ungarische, russische Familien den reichsfürstlichen und gräflichen Charakter erhalten haben und noch beständig erlangen. Die Zensur jedoch fügt bei, „weshalb sie aber mit dem Incolat versehen werden.“

[46]) Für den Erwerb F. Witte, Die Rechtsverhältnisse der Ausländer in Rußland (1847) 77[3]; Kazansky, Journal 25, 233. Für den Verlust v. Mahl-Schedl a. a. O.

[47]) v. Seydel 310. In der Tat bestimmt das Adelsedikt (V. Verfassungsbeilage) § 5: „die Erteilung des Militär- oder Zivilverdienstordens an Inländer schließt die Verleihung des Adels in sich“; doch bedeutet das eine Sondervorschrift gerade für den durch Ordensverleihung vermittelten Adel, da einem mit solchen Orden bedachten Ausländer sonst erschwert würde, die Erlaubnis zum Tragen des Ordens von seiten seines Heimatstaats zu erhalten. Wenn die Verfassung zuweilen von einem „Adel des Reiches“, „Adel im Königreich Bayern“ spricht, so ist das offensichtlich gleichbedeutend mit dem „bayerischen Adel“ (Edikt § 6), und ein Hinweis darauf beweist zu viel gegenüber bayerischen Adeligen im Ausland. Über § 8 des Adelsedikts unten § 27 Anm. 8. Und wenn von 1812 an bei Anlage der Adelsmatrikel nichtbayerische Familienzweige von der Eintragung ausgeschlossen wurden, so hat das wohl auf der durch die Auflösung des deutschen Reiches begründeten Notwendigkeit beruht, den bayerischen von dem Adel der anderen deutschen Staaten zu sondern (vgl. unten § 26 Z. 3), was dann nach Maßgabe der Staatszugehörigkeit geschehen ist; aber ein Verzicht, in Zukunft einem einzelnen Ausländer den bayerischen Adel zu

sorgfältigen Sonderung der Rechtssätze, welche für die Verleihung des Adels auf seiten des *princeps nobilitans* gelten, von jenen, die in anderen Staaten, insbesondere im Heimatstaat des Ausgezeichneten für die Führung fremden Adels vorgesehen sind. Denn eine Beschränkung für den Machtkreis dieses hat selbstverständlich für den Bereich jenes Staats keine rechtliche Bedeutung. Es handelt sich hier nicht etwa um eine Aufteilung der Zuständigkeit zwischen zwei Staaten, sondern jeder derselben verfolgt mit seiner Maßregel besondere, nur ihm eigene Zwecke, der eine Staat, eine Belohnung zu gewähren, der andere, insbesondere die Untertanentreue sicherzustellen. Der Umkreis, innerhalb dessen der eine Staat verleiht, der andere überwacht, deckt sich demgemäß so wenig, daß sich diese überwachende Tätigkeit unter Umständen (darüber unten § 27) auch auf die ausländischen Auszeichnungen von Ausländern erstreckt. Und daß der überwachende Staat bei solchen Vorschriften nicht etwa seinerseits ausschließliche Zuständigkeit beansprucht, folgt schon aus dem Zusammenhang, in dem derlei Beschränkungen öfter auftreten; wenn Italien verbietet, ohne Erlaubnis des Königs „fremde Dekorationen, Titel oder Pensionen" anzunehmen, so soll die Zuständigkeit des fremden Staats, Pensionen zu verleihen, wohl nicht angezweifelt werden.[48])

Völlig unzulässig aber wäre es, eine Begrenzung der Zuständigkeit auf Staatsangehörige aus einer Geltung des „Personalstatuts" herzuleiten. Wenn diese Anschauung als eine Anwendung des Satzes auftritt, daß über den Status im Zivilrecht das heimatliche Recht entscheidet, so versagt sie, denn der Adel ist öffentlichen Rechts. Aber auch die Analogie versagt: haben die Vertreter jener Anschauung schon an Staaten gedacht, die das Personalstatut nach dem Wohnsitz bestimmen? Doch schon grundsätzlich kann für das internationale öffentliche Recht nicht wie für das internationale Zivilrecht argumentiert werden. Anders als dort handelt es sich für das internationale öffentliche Recht nicht um eine Aufteilung der Zuständigkeiten, derart,

---

verleihen, kann daraus unmöglich gefolgert werden. Die angerufene „Übung aus der Zeit vor Erlaß der Verfassungsurkunde" spricht im ganzen Reich für das Gegenteil.

[48]) Insbesondere geben die mehrfach geltend gemachten Bedenken, die in solcher Verleihung durch einen Auslandsstaat einen Eingriff in Majestätsrechte, eine Gefährdung der Untertanentreue erblicken, begründeten Anlaß, diesem Adel die Anerkennung zu versagen, vor allem ihm den Zutritt zu den materiellen Adelsrechten des Inlands zu verweigern. Die Verleihung als solche wäre noch nicht einmal unzulässig, wenn sie eine rechtliche Gehorsamspflicht gegen den Verleiher begründen würde; auch die Verleihung einer neuen Staatsangehörigkeit ist kein Eingriff in die Rechte des bisherigen Heimatstaats — sofern nur (darüber unten) die erforderlichen räumlichen Beziehungen zu dem verleihenden Staat gegeben sind.

daß der Ordnung des einen Staats eine Durchführung dieser Ordnung in anderen Staaten entsprechen müßte. Ein Staat mag das öffentlich-rechtliche Geschehen in anderem Staat ignorieren, es zur Unterlage für die Begründung neuer Rechtsverhältnisse sich gegenüber benützen, oder unmittelbar die Zuständigkeit in Anspruch nehmen, ein Rechtsverhältnis gleicher Art selbständig zu gestalten. Die Strafzuständigkeit des Tatorts schließt die Strafzuständigkeit im Heimatstaat des Verbrechers nicht aus; die Forderung einer einheitlichen Anknüpfung entfällt für das internationale öffentliche Recht. Welche Grenzen die staatliche Zuständigkeit aber besitzen soll, darüber entscheidet, wie sonst, so beim Adel die räumliche Struktur des Rechtsverhältnisses. Es handelt sich hier um gesellschaftliche Mehrgeltung innerhalb des Einflußbereiches des Verleihenden; sie kann bei kürzestem Aufenthalt des Bevorzugten im Land wirksam werden, und ist er zur Zeit der Verleihung nicht anwesend, so mag ihm die Auszeichnung bei künftigem Aufenthalt zustatten kommen — es folgt daraus, daß rechtlich eine Beschränkung der Zuständigkeit zur Nobilitierung mit Rücksicht auf die Staatsangehörigkeit oder den Ort des Beliehenen nicht besteht.[49])

§ 26. Fortsetzung.

2. Die Anerkennung ausländischen Adels.

1. Grundsätzliches. — 2. Das Gewohnheitsrecht. — 3. Andere Titel der Anerkennung. Insbesondere Gebietsveränderungen. — 4. Naturalisation. — 5. Hindernisse der Anerkennung.

Grundsätzliches.

1. Nach zwei Richtungen hin kann der Staat veranlaßt sein, zu auswärtigem Adel Stellung zu nehmen. Er hat in seiner Rechtsordnung Privilegien vorgesehen, die dem Adel zugute kommen, gewährt ihm die Fähigkeit, Fideikommisse zu besitzen, Freiheit von Schuldhaft oder Wehrpflicht: kommen solche Vorrechte auch dem auswärtigen Adel zustatten? Gewiß ist, daß die Rechtsordnung im Ursprungsland solchen Adels für die Beantwortung gleichgültig ist. Es ist eine Angelegenheit des inländischen Immobiliarsachenrechts, zu bestimmen, wer ein Fideikommiß im Inland besitzen kann, des inländischen Prozeßrechts, anzuordnen, unter welchen Voraussetzungen Schuldhaft zulässig ist. Es kann ein Staat aber fremden Adel von allen besonderen Vorrechten ausschließen und ihm dennoch Aner-

[49]) Damit bleibt es wohl vereinbar, wenn (v. Vesque 169) „nach der gewöhnlichen internationalen Courtoisie“ Adelsverleihungen an Ausländer nur dann stattfinden, wenn der Heimatstaat des Bewerbers seine Bitte befürwortet. Und auch dieser Brauch dürfte gegenüber Ausländern inländischen Wohnsitzes nicht ohne weiteres befolgt werden.

kennung in dem gleich zu erwähnenden Sinn gewähren, und nur soviel ist sicher: wenn ein Staat fremden Adel überhaupt zu einem Sondervorrecht bestimmter Art zuläßt, so ist damit auch ausgesprochen, daß er solchen Adel als Adel gelten läßt.

Die Einräumung von Privilegien ist für den Rechtsbegriff des Adels zufällig. Begriffswesentlich ist die rechtliche Gewährleistung der Adelseigenschaft als des Nagels, an dem die Gesellschaft ihre Wertschätzung befestigt. Gegenüber seinem Ursprungsland nun (s. oben S. 282 f.) erzeugt der Adel ein subjektives Recht des Beliehenen gegen den Staat, ihn als Adeligen dieses Staates gelten zu lassen. Hier liegt ein Internum zwischen Verleiher und Beliehenem vor, das andere Staaten nicht berührt, in das diese insbesondere auch nicht eingreifen können. Der Adel erzeugt aber zugleich ein Recht auf die Führung der Auszeichnung gegen den gewährenden Staat, und solche Führung mag auch außer Landes begehrt werden. Hier kann der Staat fremdem Adel auf verschiedene Art begegnen: er kann seine Führung völlig verbieten, er mag sie als rechtlich gleichgültig behandeln, er kann daraus, daß der Träger der Auszeichnung ein subjektives öffentliches Recht auf Führung gegen den Ursprungsstaat besitzt, Veranlassung nehmen, ein Recht gleichen Inhalts auch sich gegenüber zu begründen. Die erste Lösung kommt für Staaten, die selbst einen Adel kennen, für bestimmte Sonderfälle, nicht allgemein vor. Fremden Adel als rechtlich gleichgültig behandeln, hieße seine Führung ohne Rücksicht auf eine Befugnis gegenüber dem Ursprungsland jedermann freigeben. Das aber ist wohl nirgends die Meinung, wo es einheimischen Adel gibt, auch dort nicht, wo der fremden Auszeichnung verwaltungsrechtlich und strafrechtlich aller Schutz versagt wird; die Herabdrückung der Verpflichtung, auswärtigen Adel anzuerkennen, zu einer naturalis obligatio ist völlig verschieden von seiner Freigabe.[1]) Ob aber fremder Adel als berechtigt zur Führung seiner Auszeichnung gelten soll, darüber gibt in erster Reihe die geschichtliche Entwicklung Auskunft: es besteht in den Staaten Europas mangels ausdrücklicher Abweichungen gleichmäßig das Gewohnheitsrecht, daß rechtmäßig erworbener Adel ausländischen Ursprungs anerkannt wird. Anerkennung (in diesem Sinn) ist die Einräumung eines subjektiven öffentlichen Rechts auf Führung ausländischen Adels. Und zwar beläßt sie den anerkannten Adel als Adel des Auslands,[2]) verwandelt ihn nicht etwa in inländischen Adel.

---

[1]) Wohl unrichtig Sloet a. a. O. 73 ff. für die Niederlande.

[2]) Répertoire du droit français 28, 535 f. v° noblesse n. 216 ff. und Rey 103 gegen Semainville; Zivilgericht Angers, Journal 33, 190: eine Art Exequatur. Hofkanzleidekret 12. VI. 1838, J. Ulbrich, Handbuch der österreichischen politischen Verwaltung (1888) 1, 660: „Häufig werden Amtshandlungen, bei denen der ausländische Adel als bestehend angenommen

Das Gewohnheitsrecht.

2. Wie im Mittelalter das Rittertum, so hat sich seither auch der Adel als zusammengehörig betrachtet, und dem entspricht die rechtliche Anerkennung, die der Adel anderer Reiche bei Beginn der Neuzeit völlig unbestritten findet. Diese Anerkennung bezeugt die Praxis [3]) und die Literatur.[4]) Sie wird auf Gründe positivrechtlicher Art[5]) und überstaatlicher Natur[6]) gestützt, insbesondere aber ist es eine Lehre, die hier für den Willen des Ursprungslandes der Auszeichnung Geltung in allen anderen Staaten beansprucht. Eben war die Lehre vom Personalstatut zur Fixierung gelangt: man geht nun von dem Regelfall aus, daß der Adel einem Inländer verliehen worden ist, und beansprucht für die so geschaffene „Eigenschaft" Anerkennung allerorten,[7]) *cum ea res ad hominis qualitatem et*

wurde, und die allerhöchste Bewilligung, sich des ausländischen Adels prävalieren zu dürfen, dahin verstanden, als wenn dadurch der ausländische anerkannt und hiedurch in einen österreichischen umgestaltet worden wäre; während aus einer solchen Amtshandlung nur die Bewilligung resultiert, sich des ausländischen Adels in den k. k. Staaten zu bedienen."

[3]) Spanische Praxis des 15. und 16. Jahrhunderts bei Otalora f. 62ff. pars 2 c. 5 n. 8 und 19f.; Saavedra f. 194b glossa 7 n. 18; Azevedo f. 30a lib. 6 tit. 2 super rubr. n. 110; Guttierez 2, 66f. lib. 3 und 4 q. 14 n. 96. Entscheidungen des Senats von Savoyen 1593, Faber 1170f. lib. 9 tit. 28 def. 12 und 13; der Pariser Curia Juvaminum 1597 bei Choppinus 2, 303 Anm. lib. 3 c. 1 tit. 2 n. 17; des Senats von Burgund, Grivellus 101ff. dec. 32. De la Roque (18. Jahrhundert) erklärt die Anerkennung als einstimmige Ansicht der Doktoren und der Praxis, wie in Spanien, Deutschland, Italien, England und anderwärts, so auch in Frankreich. K. Th. Pütter, Fremdenrecht 31: die „tägliche Lebenserfahrung" und „allgemeine Meinung der Gelehrten".

[4]) Vgl. außer den im folgenden genannten Schriftstellern noch H. Bodinus 13; Bouhier und Boullenois nach v. Bar, Theorie und Praxis 1, 414[29]. — Es gehört zu den bezeichnenden Zügen, daß selbst eine auf die überragende Autorität des Bartolus gegründete Behauptung, daß, wer am einen Ort adelig ist, dies nicht auch anderwärts sein müsse, häufig Ablehnung findet; daß Erörterungen wie die des Otalora, die sich mit allen Kräften bemühen, den Ausschluß fremden Adels von bestimmten Privilegien darzutun, nicht darauf verfallen, ihm grundsätzlich die Anerkennung abzustreiten. Bezeichnend auch J. J. Moser, Kaiserliche Regierungsrechte 446: kaiserliche Standeserhöhungen gewähren dem Untertan eines zum Reich gehörigen Staats den Zutritt zu den Vorrechten inländischen Adels nur, wenn dieser Staat seine Einwilligung gegeben hat, andernfalls hat er die Rechte, die einem Fremden dieses Standes zukommen.

[5]) Saavedra n. 18, Azevedo n. 110 gegen Otalora n. 6, 17ff.

[6]) Anerkennung des auf gemeinem Recht beruhenden Adels: Otalora n. 5, 10; Faber def. 12 i. f.; vgl. auch Baetia 259 c. 16 n. 117 und Grivellus n. 23. Fällt freilich weg, wo das gemeine Recht insoweit nicht gilt: Bartolus f. 47b C. 12, 1, 1 n. 82; Otalora n. 10, 14ff., 28; Faber. — Berufung auf ein *jus generale et rectae rationis judicium* Otalora n. 30.

[7]) So Tiraquellus 520 c. 37 n. 2; Guttierez 53 q. 13 n. 95; Faber def. 12; Choppinus a. a. O; Grivellus n 15ff 24; Nolden

conditionem pertineat, quae non minus individua est quam ipsa hominis persona (Faber). Für den Adel als Stand hat die Anschauung das 19. Jahrhundert überdauert, ist von v. Bar und Gierke vertreten worden, und veranlaßt durch eine Kontroverse in Preußen, ist sie neuerdings, wie von einigen Schriftstellern, so auch vom Kammergericht in aller Schärfe entwickelt worden: „das Recht einer Person auf Führung einer Standesbezeichnung gehört zu den höchstpersönlichen (Status-)Rechten, für die nach internationalen Grundsätzen und auch nach preußischem Recht die Gesetze des Staates gelten, dem die Person angehört".[8])

Indessen im 17. Jahrhundert beginnen die Bedenken. Man hatte aus der Anerkennung fremden Adels ohne weiters die Folgerung gezogen, daß der in seinem Stand Anerkannte auch die Adelsvorrechte des Inlands[9]) genießen dürfe, und nur für einzelne Privilegien hatte man eine Ausnahme gemacht. Das mußte als Eingriff in die Rechte des Inlands empfunden werden,[10]) und so hat man, um der anscheinenden Konsequenz zu entgehen, zuweilen auch die Voraussetzung geleugnet.[11]) Nun kann die Zulassung zu den Vorrechten des Inlands allerdings nicht von dem Willen eines fremden Staates abhängig sein, und es ist heute denn auch anerkannten Rechtens, daß über diese Zulassung, für jedes Vorrecht einzeln, die Gesetze des Staats entscheiden, dem der Gegenstand des Vorrechts

---

26 c. 1 n. 93; Christinaeus 295f. vol. 1 dec. 226 n. 18ff.; Klockius 287 c. 14 s. 1 n. 70; Cocceji 718f. tit. 5 n. 4, 6, 9f.; Feltmann 494f. lib. 2 c. 8 n. 8; De la Roque 230f. ch. 76; Duplessis nach v. Bar 1, 414[28]; vgl. auch Otalora n. 1, 13. Beschränkungen für besondere Fälle bleiben da und dort vorbehalten. — Titius 105f. lib. 1 c. 10 § 26 verwirft die Lehre vom Personalstatut und ersetzt sie durch die Regel, daß, was nach dem örtlich und zeitlich maßgebenden Recht gültig geschehen sei, in seinen Rechtsfolgen allerwärts anerkannt werden müsse; das gelte auch für die Verleihung des Adels als Begründung einer in sich abgeschlossenen Rechtslage.

[8]) A. Renaud, Lehrbuch des gemeinen deutschen Privatrechts (1848) 1, 104; F. Walter, System des gemeinen deutschen Privatrechts (1855) 45; v. Bar 1, 415 Text und Anm. 33; O. Gierke, Deutsches Privatrecht (1895) 1, 223[18]; Rey (zit. oben S. 291 Anm. 24); Kekule v. Stradoniz, Archiv für öffentliches Recht (1903) 18, 201 ff. und in Der deutsche Herold (1904) 35, 141 ff. 163 f.; Kammergericht 2. V. 1904, 19. XII. 1907 Jahrbuch 27 C, 69 und 35 A, 46. Auch in der Begründung des sächsischen Adelsgesetzes Landtagsakten 1901/02 Dekrete Bd. 3 Nr. 23 S. 11 klingt derselbe Gedanke an. Vgl. ferner die Ausführungen unten § 28 Z. 4.

[9]) Des Inlands: Otalora n. 12f.; Itterus 78 c. 5 § IV. Vgl. übrigens auch Baetia n. 118.

[10]) J. Voet 1, 121 lib. 1 tit. 5 n. 4.

[11]) Mit dieser Begründung bestreiten die Unterstellung des Adels unter das Personalstatut Hertius 123f. s. 4 § 8 und noch Wächter, Archiv für zivilistische Praxis (1842) 25, 172.

räumlich angehört.[12]) Doch mit solcher Loslösung der einzelnen Privilegien blieb eine Verpflichtung, den Adel als Stand anzuerkennen, vereinbar. Aber auch hier kommen Zweifel. *Nec enim potest quis alteri reipublicae leges ponere jubereve, ut nobilis habeatur, quem ipse talem esse vult, multo minus, ut honores privilegiave nobilibus concessa, utenda fruenda concedat,* erklärt Arnisaeus, oder Paul Voet: *sic enim alteri per alterum fieret praejudicium, et qui esset ad dignitates hic subeundas inhabilis per forensem fieret habilis, etiam invito territorii domino* — der Wille des Verleihenden kann der Auszeichnung nur für sein Gebiet Rechtswirkung gewähren.[13]) Denn es handelt sich, wie Neuere formulieren, um öffentliches Recht.[14]) Und in der Tat, soweit dies zutrifft (über Anerkennung unter dem Gesichtspunkt des Privatrechts unten), liegen die Dinge nicht so, daß einem Willen des Ursprungslands, es solle jemand adeligen Standes sein, durch eine Kollisionsnorm Raum gewährt werden könnte auch in anderen Staaten; das Recht zur Führung des Adels ist inhaltlich ein anderes im Ursprungsland, ein anderes in fremden Staaten. Der italienische Adelige erwirbt von Italien das Recht, den Adel in Italien zu führen; es ist ein neues selbständiges Recht, wenn er die Befugnis in Anspruch nimmt, sich seiner in Preußen zu bedienen, und es kann nicht Italien sein, das über dies dem öffentlichen Recht Preußens angehörige Rechtsverhältnis Entscheidung trifft. Schon damit wird die Theorie vom Personalstatut nach seiten des öffentlichen Rechts unhaltbar.

Wenn trotzdem dem Adel auch in anderen Staaten Geltung zukommen soll, muß es somit der Wille des Aufenthaltsstaates sein, der diese Wirkung eintreten läßt. Das hat in überaus interessanten Untersuchungen — für die soziale Geltung im allgemeinen — Pufendorf festgelegt: ein Recht auf erhöhte Ehre sei im Naturzustand undenkbar, eine *existimatio intensiva* (vgl. oben S. 282) verlange Anordnung der Staatsgewalt; zwar werde man fremdem Wert und

[12]) Noch unsicher Renaud und Walter a. a. O.; Gierke 1, 225. Bestimmt K. Th. Pütter 31 f.; H. Thöl, Einleitung in das deutsche Privatrecht (1851) 178[6] und insbesondere F. C. v. Savigny, System des heutigen römischen Privatrechts (1849) 8, 163; v. Bar 1, 414 f.; O. Stobbe, Handbuch des deutschen Privatrechts[3] (1893) 1, 242. Entsprechend entscheidet über die Zulassung zu stiftungsmäßigen Genüssen die Satzung; so auch v. Vesque 169, bedenklich Gierke 1, 223[18].

[13]) Arnisaesus 147 lib. 2 c. 3 n. 17; P. Voet 80 s. 4 c. 3 n. 16; Casaregis nach v. Bar 1, 414[27]; wohl auch Alef 22 § 39; G. F. Martens, Einleitung 106 § 84. Von Späteren de Baets oben S. 293 Anm. 36; J. H. Beale, A selection of cases on the conflict of laws (1900) 3, 522; Zitelmann 1, 139.

[14]) K. Th. Pütter 31; H. B. Oppenheim, System des Völkerrechts[2] (1866) 324; Pözl bei J. C. Bluntschli-K. Brater, Deutsches Staatswörterbuch (1858) 3, 762 v° Fremde.

Tüchtigkeit allerwärts gern Ehre zollen, aber *illa existimationis exteriora signa valorem suum determinatum habent ex impositione ejus civitatis in qua quis vivit;* fremde Gesetze binden nicht, es kann keiner einen Anspruch auf Bevorzugung erheben, *nisi princeps civi suo injunxerit, ut peregrino cedat.*[15]) Aber freilich gerade Pufendorf fährt fort: *cultissimae quaeque gentium exterorum honoribus eandem fere venerationem solent deferre quam ipsorum civitas iisdem assignat; id tamen ex civilitate et humanitate, non ex obligatione aliqua perfecta praestare videri volunt.* Und so ist der Druck der tatsächlichen Verhältnisse stark genug, dieser Anerkennung fremden Adels auch in der Literatur ganz allgemein Raum zu verschaffen, von der mürrischen Feststellung einer *conniventia*[16]) über die Erwägung einer „Schicklichkeit und Nützlichkeit" solcher Zulassung[17]) bis zu der Erklärung: *gentium enim hoc ex jure est, ut regna se invicem comiter habeant et observent* (Limnaeus).[18]) Der von Neueren manchmal gemachte Versuch, der Anerkennung fremden Adels damit die Geltung zu wahren, daß sie als bloß gesellschaftlicher Vorgang hingestellt wird,[19]) versagt, wo ein Recht auf Führung

---

[15]) *Aut tertius apud quem convenitur, rem definierit,* wenn hervorragende Männer verschiedener Staaten sich an dritten Orten treffen. Und schon praktisch sei eine vorbehaltslose Befolgung der fremden Ordnung nicht durchzuführen: *quin et officiorum, quorum amplitudine ut plurimum dignitates mensurantur, diversus apud diversos valor.* Die Ausführungen erscheinen zuerst in der Diss. de obligatione adversus patriam 33 ff. § 27, dann weiter ausgestaltet in einer eigenen Diss. de existimatione (hieher besonders 33 ff. § 29) und mit geringen Kürzungen gleichlautend im Jus naturae et gentium 1104 ff. lib. 8 c. 4 (insbesondere § 24). Sie werden (mit zuweilen irreführenden Wendungen) übernommen von Itterus 77 ff. c. 5 § IV. Und schon Grotius schreibt von fremdem Adel ep. 268: *quae ipsa tamen extra regnum tantum valent, quantum vult nostrorum opinatio;* wobei zu beachten, daß Grotius in anderen Dingen (Consultatien usw. 3, 704 cons. 341) der Lehre vom Personalstatut anhängt. Vgl. auch Nolden 25 c. 1 n. 89; Feltmann 495 lib. 2 c. 8 n. 8 ff.

[16]) Hertius. J. Voet: *ex comitate.* Wie Pufendorf auch Itterus.

[17]) Loyseau und De la Roque. Ähnlich Feltmann a. a. O. n. 9, 10.

[18]) Zunächst erscheint die Anrufung eines *mutuus populorum consensus* bei Faber def. 12; Nolden 26 c. 1 n. 90; Besoldus 110 c. 11 § 7. „Völkerrecht" bei Limnaeus 2, 5 lib. 4 c. 1 n. 12; Peschwitz 16 § 10; Ziegler 438 lib. 1 c. 28 n. 26; Naevius. Vgl. auch die Berufung auf die Souveränität des Verleihenden bei Bacquet und De la Roque. — Eine Schwierigkeit bot bei alledem die vielerörterte Frage, ob der Adel dem jus civile oder dem jus gentium im römischen Sinn angehöre, denn Einrichtungen des jus civile waren aus fremdenrechtlichen Gründen von der Anerkennung ausgeschlossen. Für die Anerkennung insbesondere Besoldus a. a. O. Vgl. zu der Frage noch Appellhof Paris 28. VI. 1859 Sirey 1862 I, 26 und Rey 135.

[19]) K. Th. Pütter a. a. O.; G. Beseler, System des gemeinen deutschen Privatrechts[4] (1885) 119; Pözl und Stobbe a. a. O. Vgl. auch v. Seydel Staatsrecht[2] 1, 309 310.

dieses Adels in Anspruch genommen wird. Wohl aber dürfte eine solche Befugnis aus einem in den Staaten der alten Welt gleichmäßig geltenden Gewohnheitsrecht herzuleiten sein,[20]) das noch heute in Kraft steht, wo es nicht durch besondere Rechtssätze beseitigt ist. Die tatsächliche Befolgung steht außer Zweifel. Aber auch die opinio necessitatis ist gegeben, und wenn im 17. Jahrhundert manchmal die Rechtspflicht einer Anerkennung in Abrede gestellt wurde, so kehrt sich dieser Widerspruch nur gegen den Zwang, dabei dem Willen des verleihenden Staates Rechnung tragen zu müssen — davon abgesehen, daß es Schriftsteller sind, die aller Einwirkung fremden Rechts als rechtlich geordnetem Vorgang entgegentraten, unter Gesichtspunkten, die heute lange aufgegeben sind.[21]) Dies Gewohnheitsrecht gilt indessen nur für den Normalfall, daß eine einwandfreie Verleihung des zuständigen Staats gegeben ist. Es kann nicht angerufen werden, um Einwendungen aus der Eigenart der einzelnen Verleihung zu begegnen, wie ja auch während seiner Ausbildung die Anerkennung aus besonderen Gründen vielfach verweigert worden ist.

Andere Titel der Anerkennung.
Insbesondere Gebietsveränderungen.

3. Neben diese allgemeine Verpflichtung mögen allerdings nach Lage des Falls noch besondere Titel treten, die eine Anerkennung erforderlich machen.[22]) Daß eine solche Verpflichtung auf Staatsvertrag beruhen kann, steht außer Zweifel.[23]) Die Anerkennung

---

[20]) Schon G. F. Martens, précis² 169 § 108 erklärt die Anerkennung „*de droit de gens positif et coutumier en Europe*"; sie gilt nach v. Bar „nach einem jetzt wohl nicht zu bestreitenden allgemeinen internationalen Brauch"; nach dem Kammergericht 19. IX. 1904 Jahrbuch 28 A, 171 „entsprechend einem internationalen Herkommen". Vgl. auch Günther a. a. O.; di Carpegna in Il Digesto italiano 4 I, 263 v⁰ araldica n. 24.

[21]) Eine Scheidung zwischen Briefadel und Geburtsadel, so daß zwar dieser, aber nicht jener Anerkennung gefunden hätte (so v. Bar 1, 414), läßt sich in weiterem Umfang nicht nachweisen. Einige Spanier des 16. Jahrhunderts allerdings, Saavedra n. 17; Guttierez q. 14 n. 92ff. verweigern fremdem Briefadel die Anerkennung deshalb, weil sie ihn als Adel überhaupt nicht betrachten. Im übrigen aber finden allgemeiner lautende Behauptungen dieser Art ihre Erklärung aus dem Zusammenhang des einzelnen Falles, insbesondere auch aus dem Umstand, daß auswärtigem Adel eines Inländers die Folge versagt werden soll.

[22]) Der Seltsamkeit halber sei auch auf H. Fritsche, Die Gültigkeit des deutschen nichtpreußischen Adels in Preußen (1905) 26 verwiesen.

[23]) Sächsisches Adelsgesetz 19. IX. 1902 § 7 V: „Auch können wegen dieser Anerkennung mit anderen Staaten Vereinbarungen getroffen werden." Vgl. Deutsche Bundesakte Art. 14. Bundesbeschlüsse 1825 und 1829 über das Prädikat der Standesherren unten.

wird insbesondere zwischen politisch nahestehenden Ländern gewährt werden.[24]) Doch beruht das auf dem freien Willen des anerkennenden Staates. Das gilt in gleicher Weise für das Verhältnis der deutschen Bundesstaaten zueinander; und daran hat auch Art. 3 der Reichsverfassung nichts geändert. Wenn hier vorgeschrieben wird, „daß der Angehörige eines jeden Bundesstaats in jedem anderen Bundesstaat als Inländer zu behandeln ist“, so verbietet das eine Schlechterstellung der staatsfremden Reichsangehörigen innerhalb einer Einrichtung, deren rechtliche Ordnung der eigenen Zuständigkeit des ordnenden Bundesstaats untersteht; aber die Vorschrift hat keinerlei Beziehung zu Verwaltungsakten, die ein anderer Bundesstaat vorgenommen hat.[25])

Anders können die Dinge allerdings liegen, wo Gebietsveränderungen eingegriffen haben. Für den Fall der Einverleibung fremden Gebiets ist der Adel der annektierten Landesteile in vergangenen Zeiten ganz allgemein in Geltung geblieben.[26]) Der maurische Adel in Spanien hat schon Erwähnung gefunden (oben S. 288). In Polen ist durch Gesetz von 1638 und 1641 die Übung kodifiziert worden, die dem Adel der litauischen und russischen Landesteile Polens gleiche Rechte zuschreibt.[27]) Die französische Praxis erhebt zwar Bedenken gegen die fortdauernde Geltung des Rechts des übernommenen Adels, aber nicht gegen seine weitere Führung.[28]) Das Kammergericht[29]) hat einen preußischen Staatsangehörigen von der

---

[24]) Sächsische Verordnung vom 19. IX. 1902 Gesetz- und Verordnungsblatt 387: die von den Königen von Preußen, Bayern und Württemberg, von den vormaligen Königen von Hannover, sowie von den Großherzögen von Baden, Hessen, Mecklenburg-Schwerin, Sachsen-Weimar, Mecklenburg-Strelitz und Oldenburg bewilligten erblichen Adelsverleihungen werden für das Gebiet des Königreichs Sachsen anerkannt. Anerkennung des schottischen und irischen Adels in England Répertoire du droit français (zit. oben Anm. 2) n. 254.

[25]) Im Ergebnis übereinstimmend v. Seydel 310; Kekule v. Stradonitz, Archiv (zit. oben Anm. 8) 211 ff.; Kammergericht 2. V. 1904 Jahrbuch 27 C, 69; H. Rehm, Prädikat- und Titelrecht der deutschen Standesherren (1905) 348. Anders das Kammergericht 13. I. 1902 Jahrbuch 23 A, 192 vgl. darüber unten § 27 Anm. 4.

[26]) Vgl. etwa Répertoire du droit français a. a. O. n. 213; Rey 103. Befremdenderweise schreibt M. Huber, Die Staatensuccession (1898) 150, die Adelsqualität falle bei solcher Sachlage regelmäßig weg, wenn der Successor ein zentralisierter Staat sei.

[27]) Pastorius 439, 448 lib. 6 ad a. 1638 und 1641. Hartknoch 573, 583 lib. 2 c. 5 §§ 7 und 11. Über die Rechtslage bei den Teilungen Polens v. Mieroscowice (zit. oben S. 291 Anm. 20) 62; M. Janecki, Die staatsrechtliche Stellung des polnischen Adels (1897) 20; Kammergericht 13. VIII. 1902, Rechtsprechung der Oberlandesgerichte 5, 341. — Vgl. auch für Ungarn Répertoire du droit français a. a. O. n. 262.

[28]) Appellhof Nîmes 11. V. 1875; Kassationshof 26. X. 1897. Vgl. unten § 28 Anm. 7.

[29]) Urteil vom 25. XI. 1897, Archiv für Strafrecht (1897) 45, 443.

Anklage der unbefugten Adelsführung freigesprochen, dessen Vorfahr als Untertan des Fürstbistums Fulda 1758 von Kaiser Franz den Adel empfangen hatte: die Vorschrift, daß Inländer zur Führung auswärtigen Adels einer Erlaubnis bedürfen, gelte nur für jemand, der als Inländer von einer fremden Macht nobilitiert worden ist; daß der zuständig erworbene Adel eines später einverleibten Landesteils fortdauere, wird als selbstverständlich vorausgesetzt. Und nur in den Niederlanden haben sich auf Grund der Besonderheiten des dortigen Rechts Schwierigkeiten ergeben. Den Adeligen der 1815 von Frankreich an die Niederlande abgetretenen Kantone war vom Appellhof Lüttich die Befugnis zur Weiterführung ihres Adels zuerkannt worden; die Pandectes belges widersprechen, da bei Restaurierung des Adels in den Niederlanden auch die einheimischen Adeligen einer individuellen Bestätigung bedurft hätten.[30]) Die Lösung wird von der (wie es scheint zu bejahenden) Frage abhängen, ob in den einverleibten Kantonen der verfassungsrechtliche Grundsatz der Niederlande Geltung erlangt hat, daß der Adel abgeschafft sein und nur kraft persönlicher Erneuerung wieder in Wirksamkeit treten solle, oder ob die Kantone unter der kurz zuvor begründeten französischen Ordnung verblieben sind; die den von der Revolution abgeschafften Adel ohne weiteres wieder in Kraft gesetzt hat.

Wird man sonach im Zweifel die Aufrechterhaltung des Adels einverleibter Gebiete anzunehmen haben[31]), so unterscheidet sich diese Aufrechterhaltung doch wesentlich von der sonstigen Anerkennung fremden Adels. Er wird nicht als fremder Adel anerkannt, sondern in den inländischen Adel aufgenommen. Das ergibt schon der Begriff der Einverleibung, der die öffentlichrechtlichen Einrichtungen des erworbenen Landesteils in Einrichtungen des Inlands verwandelt; und wo ein ganzer Staat aufgenommen worden ist (Hannover beispielsweise), da verbliebe gar keine fremde Staatsgewalt, zu der solcher Adel fortdauernd öffentlichrechtliche Beziehungen festhalten könnte. Die Aufnahme in den inländischen Adel bedeutet nicht die sofortige Unterwerfung unter die Rechtssätze, die das erwerbende Land sonst für seinen Adel aufgestellt hat (vgl. unten § 28 Z. 2). Aber anders als anerkannter fremder Adel kann er jederzeit und nach allen Richtungen dem Inlandrecht unterstellt

[30]) Pandectes a. a. O. 243 n. 313—318.

[31]) Anders bei Nobilitierungen einer nicht anerkannten Zwischenherrschaft. So österreichische Verordnung 13. VI. 1829 § 2 bei M. Damianitsch, Das Militärstrafgesetzbuch für das Kaisertum Österreich (1855) 473: „eben diese Strafe (der Adelsanmaßung) hat wider diejenigen Anwendung, die während der feindlichen Okkupation . . von der damaligen Regierung den Adel erworben und solchen, ohne die landesfürstliche Bestätigung erwirkt zu haben, geltend machen wollen."

werden; und er tritt sofort in den Genuß der dem inländischen Adel vorbehaltenen akzidentellen Vorrechte.

Die Rechtslage des Adels einverleibter Gebiete hat aber noch eine andere, für gewöhnlich nicht beachtete Seite: verbleibt der Adel der abgetretenen Landesteile in öffentlichem Verhältnis zu dem abtretenden Staat? Der Wechsel der Staatsangehörigkeit, der durch die Abtretung bewirkt wird, wäre dafür kein Hindernis; und auch die gleichzeitige Zugehörigkeit zu dem Adel zweier Staaten ist möglich. Dennoch dürfte eine solche Aufrechterhaltung der alten Beziehungen nicht mit Treu und Glauben vereinbar sein. Der Erwerber kann völlige Uebertragung der abgetretenen Landesteile mit ihrem Zubehör in Anspruch nehmen; gerade die Aufrechterhaltung von Beziehungen, die mit besonderer Ergebenheit gegen das Ursprungsland verknüpft zu sein pflegen, würde dagegen verstoßen.[32])

Schwierigkeiten anderer Art entstehen, wenn sich ein einheitlicher Staat in selbständige Teile auflöst. Als nach dem Fall der Westgotenherrschaft Spanien in eine Anzahl von Teilreichen zerfiel, haben die Adeligen gotischer Herkunft in allen spanischen Staaten Adelsrechte behalten.[33]) Seit der Auflösung der dänisch-norwegischen Union sind die in Norwegen beheimateten Adelsfamilien fortdauernd als Teil des dänischen Adels behandelt worden; auch dann, als in Norwegen der Adel aufgehoben wurde.[34]) Insbesondere aber sind diese Fragen wichtig geworden, als 1806 das Römische Reich deutscher Nation sein Ende fand. Der vorher begründete Adel war, von besonderen Fällen abgesehen, Reichsadel gewesen. Nach v. Bar und nach der Begründung des sächsischen Adelsgesetzes muß solcher Adel, von der früheren Staatsgewalt dieser Länder gewährt, in allen Teilen des vormaligen Reiches anerkannt werden, wie ihm auch nach § 2 des sächsischen Adelsgesetzes der Eintrag in das sächsische Adelsbuch offen steht.[35]) Aber dabei bleibt die

---

[32]) Bedenklich auch von hier aus die Rechtsanschauung in Sachsen, die als deutschen Uradel denjenigen ansieht, „der seinen territorialen Ursprung auf Gebiete zurückführt, die innerhalb der hier in Betracht kommenden historischen Zeit, wenn auch nur vorübergehend, zum vormaligen Deutschen Reich gehört haben". Landtagsakten 1901/02 Berichte der I. Kammer 145, 6.

[33]) Otalora n. 7, 18; Baetia n. 111—114. Vgl. auch die entsprechende Begründung für andere Fälle bei Baetia n. 114 und 117.

[34]) T. H. Aschehoug in Nordisk Retsencyclopaedi (1885) 1, 45 und Staatsrecht der Königreiche Schweden und Norwegen (1886) 123f., mit der Begründung, daß der Erwerb von Wohnsitz oder Staatsangehörigkeit im Ausland keinen Verlustgrund für den dänischen Adel bedeute, auch nach dänischem Recht die Verleihung des Adels an Ausländer statthaft sei.

[35]) v. Bar 1, 415f. Begründung des sächsischen Gesetzes (zit. oben Anm. 8). Das sächsische Adelsbuch beurkundet die „im Königreich Sachsen bestehenden Adelsverhältnisse", nicht nur den Adel sächsischer Herkunft.

Frage: verpflichtet die Sachlage zur Anerkennung als Adel des Inlands oder möglicherweise als Adel anderer Staaten? Die interessante Begründung des sächsischen Gesetzes führt aus, die Ausscheidung eines sächsischen Teiles innerhalb des vormaligen Reichsadels würde „bei dem häufigen Besitz- und Dienstwechsel der einzelnen Adelsfamilien innerhalb der deutschen Länder“ schwer durchzuführen sein und entspräche „kaum dem Gefühl des Adels, wie es namentlich in den Geschlechts- und Familienverbänden und der deutschen Adelsgenossenschaft zum lebendigen Ausdruck kommt“.[36]) Und dennoch kann auf eine solche Scheidung nicht verzichtet werden. Sollte wirklich bei Auflösung des Reichs jeder Adelige in jedem der nunmehr souverän gewordenen Länder und Ländchen den inländischen Adel erworben haben? Der inneren Unmöglichkeit des Ergebnisses tritt der Umstand zur Seite, daß für Reichsmittelbare schon vor Auflösung des Reiches eine Differenzierung der Adelsverleihungen mit Rücksicht auf die Territorialzugehörigkeit des Bedachten[37]) erfolgt war. Und so bietet sich als das gegebene Merkmal der Scheidung die Staatsangehörigkeit in dem selbständig gewordenen Gebiet zur Zeit der Auflösung. Nach diesem Grundsatz scheint bei Anlegung des bayerischen Adelsregisters verfahren worden zu sein.[38]) Und gerade auch in Sachsen ist die Eintragung in das Adelsbuch davon abhängig, daß der Einzutragende oder ein Glied seiner Familie — freilich zur Zeit der Eintragung — die sächsische Staatsangehörigkeit besitzt.

Das Ergebnis wird bestätigt durch die Ordnung, welche die Verhältnisse der Reichsunmittelbaren,[39]) insbesondere der 1806 und später mediatisierten Standesherren erfahren haben. „Daß diese fürstlichen und gräflichen Häuser fortan nichtsdestoweniger zu dem hohen Adel in Teutschland gerechnet werden“, verbürgt ihnen Art. 14 der deutschen Bundesakte für jeden einzelnen Staat des Bundes. Aber auch die Bundesakte kennt[40]) einen „Staat, zu dem sie gehören“, und zwar dürfte als solcher sowohl der Staat, in dem ihre standesherrlichen Besitzungen belegen, wie auch derjenige ihres

---

[36]) Eine verwandte Anschauung scheint auch der in Sachsen angenommenen Abgrenzung des Begriffes deutscher Uradel (oben Anm. 32) zugrunde zu liegen.

[37]) J. J. Moser, Kaiserliche Regierungsrechte 443 ff. Hofdekret 7. XII. 1792 bei Ulbrich, Handbuch 1, 602. Vgl. auch oben S. 292 Anm. 27.

[38]) Vgl. oben S. 295 Anm. 47.

[39]) Über Subjicierung der Reichsritterschaft bayerische Verordnung 31. XII. 1806 A 6, Regierungsblatt 1807, 193; württembergische Deklaration 8. XII. 1821 § 4, Staats- und Regierungsblatt 879.

[40]) Wie schon die vorbildlich gewordene bayerische Deklaration 19. III. 1807 Weber 1, 126.

Wohnsitzes zur Zeit der Mediatisierung anzusehen sein.[41]) Eine Anwendung dieser Grundsätze wird auch auf das Recht des hohen Adels, bestimmte Prädikate zu führen, gemacht werden müssen. Bei Auflösung des Reichs haben diese Prädikate zunächst unverändert fortbestanden. Die Änderungen derjenigen Staaten aber, deren Untertan die Standesherren geworden waren, mußten als die Ordnung des Ursprungslands nunmehr Wirkung für alle anderen Staaten erlangen.[42]) Und als Bundesbeschlüsse von 1825 und 1829 über die Verleihung der Prädikate Durchlaucht und Erlaucht nähere Bestimmung trafen, da kam wiederum die Durchführung dieser Beschlüsse dem Staat und nur demjenigen zu, zu dem die Familien gehörten; die nicht unmittelbar beteiligten Staaten waren an die so geschaffene Ordnung gebunden.[43])

---

[41]) Vormalige Staatsangehörigkeit kann nicht entscheiden, da die Mediatisierten eine andere als die eigene Staatsangehörigkeit nicht besessen hatten. Auf die Besitzungen muß es als die bisherigen Träger der Sonderstellung ankommen. Wegen des Wohnsitzes Rehm, Prädikatsrecht 110 ff. Besitz und Wohnsitz aber haben eben die Angehörigkeit des Staats, in dem sie lagen, übertragen. Seitherige Änderung dieser Beziehungen mag auf den Genuß der einzelnen den Standesherren eingeräumten Vorrechte Einfluß haben, insofern diese nur für die Dauer solcher Beziehungen gewährt sind. Aber wie aller Adel mußte auch der standesherrliche bei Auflösung des Reichs einem Einzelstaat angegliedert werden, und an dieser Zugehörigkeit konnten auch spätere Änderungen des vermittelnden Tatbestands keine Verschiebung hervorbringen. — Die mannigfachen Zweifel, ob die einzelnen durch die Bundesakte zugesicherten Vorrechte allen standesherrlichen Familien oder den staatsangehörigen, den im Staat begüterten usw. zukommen (vgl. etwa H. A. Zachariae, Denkschrift über den territorialen Umfang der standesherrlichen Vorrechte in Deutschland 1867; G. Meyer-Anschütz, Lehrbuch des deutschen Staatsrechts[6] 1905 S. 836 und die dort Angeführten) sind hier ohne Interesse. Es handelt sich bei den Zusicherungen der Bundesakte um völkerrechtlich gebundenes materielles Recht fremdenrechtlicher Art, um Zivilrecht bei der Ebenbürtigkeit, um Finanzverwaltungsrecht bei den Steuerbefreiungen; und es ist nur der Inhalt dieser völkerrechtlichen Bindung und des darauf begründeten Landesrechts im einzelnen zweifelhaft.

[42]) Bei mehrfacher Untertanschaft entschied natürlich für jeden der beteiligten Staaten sein Recht; während für dritte Staaten wohl der Ort der standesherrlichen Besitzung im Vorrang vor dem Wohnsitz, bei einer Verteilung dieser Besitzungen über mehrere Staaten der Hauptort der Besitzung das maßgebende Recht bezeichnete.

[43]) In Österreich freilich veröffentlicht das Hofdekret vom 24. IX. 1825 (Ulbrich, Handbuch 1, 659) ein Verzeichnis von 53 Familien, auf die der Bundesbeschluß von 1825 „seine Wirksamkeit zu äußern haben wird", während nur 14 derselben in Österreich ihren Wohnsitz, keine daselbst eine standesherrliche Besitzung haben. Das Hofkanzleiedikt vom 9. X. 1829, zur Ausführung des zweiten der Bundesbeschlüsse bestimmt, beschränkt sich auf „Häuser, die in der österreichischen Monarchie domiziliert sind". Hinwiederum gewährt ein Erlaß des Ministers des Innern vom 9. V. 1869 (Ulbrich 1, 660) „sämtlichen Mitgliedern der ehemals reichsständischen Familien", in denen die

Naturalisation.

4. Bei einer Naturalisation ist die Adelseigenschaft des Eingebürgerten in früheren Jahrhunderten ganz regelmäßig anerkannt worden;[44]) werden doch die meisten Äußerungen der älteren Schriftsteller, die fremden Adel anerkennen, gerade auf niedergelassene Ausländer zu beziehen sein. Und diese Anschauung hat fortgedauert bis in die Gegenwart. Wenn deshalb für Inländer, denen ausländischer Adel verliehen wird, die Einholung einer besonderen Erlaubnis von seiten des Inlands vorgeschrieben ist, so ist diese Vorschrift im Zweifel bei einer Naturalisation adeliger Ausländer nicht anwendbar.[45]) Die Gründe, die man für die Erstreckung der Maßregel auf Naturalisationen vorgebracht hat, sind nur teilweise stichhaltig.[46]) Und jedenfalls hat sich nach ihrer geschichtlichen Entwicklung die Forderung einer besonderen Erlaubnis für die Führung ausländischen Adels stets auf den Fall beschränkt, daß jemand als Inländer fremden Adel erworben hat. Das neue sächsische Gesetz bestimmt in § 7 II

---

fürstliche Würde für alle Deszendenten erblich ist, das Prädikat Durchlaucht, also z. B. auch dem hohen Adel Württembergs, dessen Nachgeborene mit Fürstentitel nach württembergischen Recht das Prädikat Durchlaucht nicht besitzen. Dagegen beschränken die anderen Bundesglieder ihre Verleihungen grundsätzlich auf die ihnen angehörigen Familien, vgl. die Nachweisungen bei Rehm, Prädikatsrecht 127 ff. 133 ff. 143 152 ff. 157 ff. 160 ff. Vielfach vom Text abweichend Rehm selbst 66 ff. 82 ff. 108 ff. 178 ff., dessen Ausführungen der Eingliederung auch des hohen Adels in bestimmte Staaten meines Erachtens nicht überall gerecht werden. Vgl. auch wegen des Kanzleizeremoniells unten § 28 Z. 1.

44) So ausdrücklich Otalora n. 20; Christinaeus dec. 226 n. 18; Loyseau n. 114; Hartknoch 573; vgl. auch Grivellus n. 24 und für die spanischen Niederlande Pandectes belges n. 90, 91. Die zuweilen beigefügten Beschränkungen berühren die Anerkennung als solche nicht.

45) So auch Günther a. a. O.; v. Bar 1, 416 34. Interessant Moser, Kaiserliche Regierungsrechte 444: wenn ein Fremder sich in Böhmen niederlasse und seines adeligen Standes sich bedienen wolle, so bedürfe er einer Approbation der böhmischen Hofkanzlei; die Zensur aber fügt bei: wegen des Incolates.

46) F. Karminski, Zur Kodifikation des österreichischen Staatsbürgerschaftsrechts (1887) 42 will die beiden Fälle ohne weiters gleichstellen. Die Begründung des sächsischen Adelsgesetzes, welches die Notwendigkeit der Anerkennung aus der ausschließlichen Ehrenhoheit des Königs folgert, geht fehl (vgl. unten § 27 Z. 2). Die politischen Bedenken gegen die engere Verbindung des Inländers mit einem fremden Staat lassen sich dagegen auch hier geltend machen; nur freilich besteht regelmäßig kein Zwang, eine Naturalisation zu gewähren. Sehr zweckmäßig ist eine formelle Erklärung der neuen Staatsgewalt, ob sie den Adel des Eingebürgerten für nachgewiesen hält, und ob sie nicht Gründe für vorliegend erachtet, die seiner Anerkennung nach Lage des einzelnen Falls, etwa wegen mißbräuchlicher Verleihung, entgegenstehen; aber eine solche Erklärung wäre wesensverschieden von der Erlaubnis für Inländer, die nach freiem Ermessen gewährt oder versagt wird.

eigens, daß Nichtsachsen, welche die sächsische Staatsangehörigkeit erwerben, „ein bis dahin geführtes Adelszeichen nur dann weiterführen (dürfen), wenn es vom König von Sachsen ausdrücklich anerkannt worden ist" — formell getrennt von § 6, der für den fremden Adel sächsischer Staatsangehöriger Genehmigung verlangt. In Österreich hatte das Hofkanzleidekret von 1838 den Adel der Naturalisierten grundsätzlich gelten lassen, während ein Hofkanzleierlaß von 1898 die Erwirkung einer besonderen Anerkennung fordert.[47]) Eine preußische Kabinettsorder von 1872 (nicht veröffentlicht) hatte sich für die regelmäßige Zulassung ausgesprochen; doch ist die Anerkennung seither auch schon versagt worden.[48]) Jedenfalls aber sind die landrechtlichen Vorschriften über die von Untertanen einzuholende Erlaubnis hieher nicht anwendbar; insbesondere eine strafrechtlich geschützte Verpflichtung, sich im Fall der Aufnahme oder Naturalisation um Anerkennung des bisher geführten Adels zu bewerben, besteht für Preußen nicht.[49]) In Frankreich ist die Anwendbarkeit des Dekrets von 1859, das ausländische Titel eines Franzosen der Genehmigungspflicht unterstellt, bestritten.[50])

Ob aber der Adel des Eingebürgerten stillschweigend oder ausdrücklich anerkannt wird, stets bleibt es ausländischer Adel, den er

---

[47]) Das Dekret von 1838 bei Ulbrich 1, 660, dazu v. Vesque 95; Karminski a. a. O. Über den Erlaß von 1898 die sächsische Begründung a. a. O. v. Mahl-Schedl (zit. oben S. 287 Anm. 5) nennt für die Forderung einen Ministerialerlaß vom 6. IV. 1868.

[48]) Vgl. v. Kekule, Archiv für öffentliches Recht 18, 194; Kammergericht 2. V. 1904, Jahrbuch 27 C, 69; Begründung des sächsischen Gesetzes 11. Einen Sonderfall regelt der Ministerialerlaß 20 IV. 1888 bei v. Arnstedt, Polizeirecht 2, 28f.: ein vormaliger Preuße, der die preußische Staatsangehörigkeit verloren, eine andere nicht erworben und als Heimatloser fremden Adel erlangt hat, bedarf bei seiner Wiederaufnahme in den Staatsverband einer besonderen Erlaubnis zur Fortführung des Titels. Ob die völkerrechtliche Nötigung, den Heimatlosen als Inländer zu behandeln, ausreicht, ihn Vorschriften des innerstaatlichen Rechts zu unterwerfen, die nur für Inländer gelten, will zweifelhaft erscheinen.

[49]) Dementsprechend bestimmte auch der Entwurf eines Strafgesetzbuchs von 1847 in § 438 (Goltdammer, Die Materialien zum Strafgesetzbuch für die preußischen Staaten 1852 2, 174): „Preußische Untertanen, welche sich ohne Genehmigung des Königs oder der kompetenten Behörde ausländischer Titel, Orden, Ehrenzeichen oder Standesauszeichnungen bedienen, sollen . . gestraft werden, insofern sie zur Zeit der Erwerbung der Auszeichnung preußische Untertanen waren."

[50]) Für die Anwendbarkeit (wie es scheint im Anschluß an eine Entscheidung des Conseil du Sceau im Fall de Crouy-Chanel; man zitiert Annuaire de la noblesse de France 1862, 351) eine Erörterung, Journal 23, 121 ff.; Répertoire de droit français n. 210, 212; Rey 102f. Dagegen mit guten Gründen Lehr, Journal 23, 342f. Gegen jene Ansicht spricht auch, daß unter der gegenwärtigen Staatsform eine Erlaubnis nach Maßgabe des Dekrets von 1859 gar nicht mehr erteilt wird.

weiterführt. § 18 des ungarischen Staatsangehörigkeitsgesetzes (G. A. L 1879) bestimmt ausdrücklich: „der eingebürgerte Ausländer erlangt durch das Incolat den ungarischen Adel nicht“, und es ist auch die Literatur darüber ziemlich einig.[51]) Daß demgemäß solcher Adel auch unter fremdem Recht verbleibt, wird unten auszuführen sein. Aber allerdings kann eine Verschmelzung der für die Dauer Eingewanderten mit dem heimischen Adel wünschenswert erscheinen. So ist vielfach die Aufnahme in den inländischen Adel zu einer besonderen Rechtseinrichtung ausgestaltet.[52]) Und das ist insbesondere wichtig für Staaten, die fremden Adel bei Inländern überhaupt nicht anerkennen wie die Niederlande und Belgien.[53]) Der Aufgenommene steht nunmehr unter inländischem Adelsrecht. Doch bleibt damit (näheres unten) materiellrechtliche Verweisung auf die Ordnung des früheren Ursprungslands in gewissem Umfang vereinbar. Für das Ursprungsland des Adels sind Veränderungen, die er in der neuen Heimat erfährt, gleichgültig, sofern damit nicht ein nach dem Recht des Ursprungslandes verbindlicher Verzicht auf den früheren Status zufällig verknüpft ist.[54]) Was von dem Erwerb der Staatsangehörigkeit durch Verleihung, gilt auch von ihrem Erwerb kraft Gesetzes, insbesondere durch Verheiratung.[55]) Dagegen besteht eine Gleichartigkeit dieser Fälle mit jenen der Einverleibung eines Gebietes nicht. Dort steht der einverleibende Staat dem Adel eines einzigen Landes gegenüber, hier mögen die anzuerkennenden Qualitäten nach Herkunft und Wert verschiedenste Art tragen; dort tritt die Forderung einer

---

[51]) v. Seydel, Staatsrecht[2] 1, 310; für Österreich Karminski und v. Mahl-Schedl a. a. O.; Rey 103. Vgl. auch den Ministerialerlaß von 1888 bei v. Arnstedt a. a. O. Anders (!) L. Hoffmann, Das Recht des Adels und der Fideikommisse in Bayern (1896) 80[75].

[52]) Vgl. schon Janecki (zit. oben Anm. 27) 24 für Polen; Sloet (oben S. 282 Anm. 5) 47 f. für Geldern und Overyssel. Für Dänemark C. Goos-H. Hansen, Das Staatsrecht des Königreichs Dänemark (1889) 16. Für Rußland Witte (oben S. 295 Anm. 46) 75; Kazansky, Journal 25, 233.

[53]) Hieher Pandectes belges n. 93 ff., 307 ff. Wenn ein solches Verfahren aber als juristisch notwendig hingestellt wird (Pandectes n. 308, anders freilich n. 508), mit der Begründung, der Naturalisierte erwerbe ein neues Personalstatut und müsse, um dessen Vorteile zu erlangen, auch dessen Voraussetzungen erfüllen, so beruht das, ganz abgesehen von der irreführenden Einkleidung, auf einem Zirkelschluß: wenn der Adel bei einer Naturalisation das Ursprungsland wechseln soll, bedarf der Naturalisierte einer neuen Aufnahme durch den König; ob der Wechsel notwendig ist, steht erst zum Beweis.

[54]) Völlig unrichtig Pandectes belges n. 507: der belgische Adel eines im Ausland naturalisierten Inländers dauert auch für Belgien nur dann fort, wenn das neue Personalstatut seine Fortdauer gestattet.

[55]) Répertoire du droit français n. 212. Pandectes belges n. 318, 512.

Überführung des abgetretenen Gebiets in die inländische Ordnung grundsätzlich auf, hier bleibt die Möglichkeit, den Adel des Aufgenommenen als fremden fortgelten zu lassen.

Hindernisse der Anerkennung.

5. Die Anerkennung, welche der Begründung fremden Adels grundsätzlich gewährt wird, kann nach Lage des einzelnen Falls verweigert werden. Das gilt, wenn dem verleihenden Staat die Zuständigkeit mangelt, solche Auszeichnung zu vergeben; die Ausführungen oben S. 286 ff. sind insofern auch hieher zu beziehen.[56]) Aber auch Mängel in der Art der Verleihung, Verschleuderung, Käuflichkeit mögen die Anerkennung ausschließen; die gewohnheitsrechtliche Pflicht zur Anerkennung hat solche Fälle nie gedeckt.[57])

Als ausgeschlossen muß eine solche Anerkennung aber auch dann gelten, wenn sie gegen den Zweck eines inländischen Gesetzes verstoßen würde. Deshalb kann sie nicht begehrt werden, wenn der Staat dem Inländer die Verpflichtung auferlegt, für den Erwerb ausländischen Adels eine Genehmigung zu erholen (vgl. oben S. 293), und die Genehmigung wäre nicht nachgesucht oder verweigert worden. Deshalb kann die Anerkennung aber auch versagt oder beschränkt werden, wenn sie zu einer Verwechselung des anerkannten mit inländischem Adel führen würde. Vorschriften des Inlandrechts wie diejenigen, daß allein der Landesherr den Adel verleihen könne, wollen den Erwerb inländischen Adels monopolisieren; es würde den Zweck der Bestimmung vereiteln, wenn auf Grund der Anerkennung auch fremder mit dem Anschein inländischen Adels auftreten könnte. Daher kein Rechtsanspruch, fremdsprachige Titel in Übersetzung führen zu dürfen.[58]) Daher auch die Befugnis der örtlichen Staatsgewalt, die Beifügung eines Zusatzes zu verlangen, der das Ursprungsland des Titels angibt.[59]) Die Forderung eines solchen

---

[56]) Deshalb galten Nobilitierungen der deutschen Territorialherren im allgemeinen nur für ihr Gebiet, Besoldus 111 c. 11 § 9; H. Bodinus 12 f.; Klüber 57.

[57]) Vgl. besonders Loyseau n. 115–119 unter Berufung auf Bacquet über die Verschleuderung englischen Adels und dessen Ausschließung. Feltmann 497 lib. 2 c. 8 n. 16 will die Verleihung an eine ungeeignete Person nicht gelten lassen. Das österreichische Hofkanzleidekret von 1838 verlangt Verleihung „von Regierern ordentlicher Staaten". Gegen erschwindelte und erkaufte Auszeichnungen auch die Begründung des sächsischen Gesetzes 11.

[58]) v. Kekule, Archiv für öffentliches Recht 18, 208; v. Mahl-Schedl a. a. O.

[59]) So auch Kammergericht 19. IX. 1904 Jahrbuch 28 A, 171 unter Anführung eines gleichartigen Beschlusses vom 6. VII. 1903; Beschluß 19. XII. 1907 Jahrbuch 35 A, 46 ordnet eine Eintragung in das Standesregister an mit dem Zusatz, der Einzutragende „führe den Namen v. S. als Hamburger Staatsangehöriger". Zivilgericht Angers 26. II. 1904, Journal 33, 190. Die Zulässigkeit der Maßregel wird entschieden verneint bei Kekule v. Stradonitz in Der Deutsche Herold

Zusatzes bedeutet eine Beschränkung. Denn wenn auch der Adel als Status die Zugehörigkeit zu einem bestimmten Staat als notwendigen Bestandteil enthält, so wird doch der auf Grund des Status verliehene Titel pure, ohne Beisatz geführt. Eines weiteren Rechtsgrundes als eben der Unvereinbarkeit vorbehaltsloser Anerkennung mit den Zwecken eines inländischen Gesetzes bedarf die Beschränkung nicht. Aber sie hat zur Voraussetzung die Erklärung einer zuständigen Behörde, durch welche die Möglichkeit einer Beschränkung zur Wirklichkeit wird. Und sie kann — wo die gewohnheitsrechtliche Verbindlichkeit, fremden Adel anzuerkennen, besteht — nicht so weit gehen, um (insbesondere durch die Forderung eines sprachwidrigen Beisatzes im gesellschaftlichen Verkehr) diese Anerkennung mittelbar zu vereiteln. Vielleicht läßt sich die Forderung eines Zusatzes auf den Gebrauch im amtlichen Verkehr eingrenzen, und nur da, wo nach Lage des Falls auch völlige Verweigerung der Anerkennung statthaft wäre, könnte die Einschränkung weiter reichen.

§ 27.

3. Die Führung des Adels.

1. Die Zuständigkeit über Auszeichnungen und über Staatsangehörige des Auslands. — 2. Beschränkungen. — 3. Anwendungen. — 4. Strafschutz. — 5. Geltung einschlägiger Vorschriften außer Landes.

Die Zuständigkeit über Auszeichnungen und über Staatsangehörige des Auslands.

1. Daß Rechtsvorschriften über die Anerkennung fremden Adels und deren Einschränkung ergehen können, hat ebenso wie Schutz und Überwachung fremden Adels zur Voraussetzung, daß das Inland überhaupt die Zuständigkeit besitzt, sich mit auswärtigem Adel zu befassen. Solche Zuständigkeit ist ihm in neuerer Zeit durch Kekule v. Stradonitz und durch das Kammergericht nachdrücklich abgesprochen worden.[1]) Der Beschränkung des Inlands, den Adel nur an Inländer zu verleihen, soll seine Unfähigkeit entsprechen, in den Adel von Ausländern eingreifen zu können. Über die Unhaltbarkeit des ersten Teils dieser Ausführungen ist oben S. 295 ff. gehandelt worden; und wenn inländischer Adel auch Ausländern verliehen werden kann (wenn inländischer Adel einem Inländer ausländischen Wohnsitzes zukommt, und es bemißt der verleihende Staat das persönliche Recht nach den Gesetzen des Wohnsitzes), so wird

35, 141 ff. auch 163 f.; anders Körner ebenda 162 f. Wegen der Frage, ob einem Nichtinländer hier überhaupt Verpflichtungen auferlegt werden können, gleich unten.

[1]) v. Kekule, Archiv 201 ff. und Herold 141 ff., 163 f; Kammergericht Jahrbuch 27 C, 69.

schon damit auch dem zweiten Teil jener Behauptung die Grundlage entzogen. Aber vor allem, es handelt sich hier, weil nicht um Privatrecht, überhaupt nicht um eine fremde Rechtsordnung, die von sich aus Geltung beanspruchen könnte, s. des Näheren oben S. 299 ff. Bei der Anerkennung fremden Adels steht ein subjektives öffentliches Recht auf Führung der Auszeichnung gegenüber dem anerkennenden Staat in Frage (oben S. 298). Über dessen Bestand aber kann nur der um Anerkennung angegangene Staat entscheiden. Und dasselbe gilt für Schutz und Überwachung, die ein Staat fremdem Adel zuwendet.

Beschränkungen.

2. Demgemäß mag ein Staat, der den Adel abschafft, Ausländern und Inländern den Gebrauch versagen, Auszeichnungen inländischer und ausländischer Herkunft unter das Verbot ziehen. Indessen, wenn solche Möglichkeit besteht, bedarf es doch stets einer Feststellung, in welchem Umfang ein Staat das Verbot tatsächlich durchzuführen beabsichtigt. So besitzt Bremen keinen eigenen Adel, und darüber hinaus erklärt § 17 der Verfassung: „der Staat erkennt bei seinen Angehörigen keinen Adel an." Ähnlich in der Schweiz, wo nach der Praxis zwar nicht bei Inländern, wohl aber bei Ausländern Adelsbezeichnungen in das Standesregister Eintrag finden.[2])

Zu verwandten Erwägungen führt die Forderung, es sei zu der Führung auswärtigen Adels eine besondere landesherrliche Erlaubnis einzuholen. Als generelle Forderung würde sie die teilweise Beseitigung des gewohnheitsrechtlichen Satzes bedeuten, daß fremder Adel regelmäßig anzuerkennen ist. Ihre wirkliche Tragweite ergibt das Motiv der Anordnung. Würde es sich hier, wie häufig behauptet wird,[3]) um

[2]) F. Meili, Das internationale Zivil- und Handelsrecht (1902) 1, 258. Die Eintragung kann zwar nicht darauf gegründet werden, daß es sich hier um den Familiennamen handelte, der unter Personalstatut steht (Fremden gegenüber hätte nicht die Schweiz zu entscheiden, was zu dem Namen gehört), wohl aber darauf, daß auch der Adelsbezeichnung Distinktivkraft zukommt, die für den Registereintrag verwertet wird, soweit kein Verbot daran hindert. Art. 7 des Personenstandsgesetzes steht dem Eintrag nicht entgegen, da trotz seines Wortlauts auch Hausnamen eingetragen werden; die Auslegung von Art. 4 der Verfassung ist unsicher. — In den Vereinigten Staaten von Nordamerika verbietet art. 1 s. 9 § 8 und s. 10 § 1, daß Bund oder Einzelstaat einen Adelsbrief erteilen, und das Gesetz über den Erwerb der Staatsangehörigkeit (in der Fassung vom 29. VI. 1906 s. 4 § 5) fordert von dem Adeligen, der Naturalisation begehrt, den Verzicht auf diese Eigenschaft. Wegen der Zulassung adeliger „Mittelnamen" Journal 34, 877. Das norwegische Gesetz von 1821 hat nach Aschehoug, Nordisk Retsencyclopaedi 1, 44 den Adel „in Norwegen" aufgehoben.

[3]) L. v. Rönne, Das Staatsrecht der preußischen Monarchie[5] (1899) 1, 212; H. Schulze, Das preußische Staatsrecht[2] (1888) 1, 167 und Lehrbuch des

einen Ausfluß der ausschließlichen Ehrenhoheit des Landesherrn handeln, so bedürfte jegliche Adelsführung im Inland, auch bei einem durchreisenden Ausländer, der Genehmigung; allein Verfassungsbestimmungen wie diejenigen, die eine Nobilitierung dem König vorbehalten, sprechen überhaupt nur von der Verleihung inländischen Adels. Das Erfordernis einer besonderen Genehmigung für fremde Auszeichnungen beruht nach der geschichtlichen Entwickelung auf einem andern Gesichtspunkt; nicht die Zulassung auswärtigen Adels schlechtweg soll damit beschränkt werden, sondern die Untertanen vor einer Verlockung durch Gunsterweisungen des Auslands behütet werden. Und deshalb — vgl. des Näheren oben S. 293 — beschränkt sich die Forderung grundsätzlich auf Inländer.[4]) Sie muß sinngemäß aber auch dann gelten, wenn der Inländer zugleich die Staatsangehörigkeit eines andern, auch wenn er diejenige des verleihenden Staates besitzt.[5]) Von der Geltung für Inländer außer Landes unten.

Anwendungen.

3. Wo zur Beurkundung der Adelsverhältnisse ein öffentliches Buch eingerichtet ist, wie in Bayern und neuerdings in Sachsen, da ist auch diese Einrichtung an sich weder fremden Staatsangehörigen noch ausländischem Adel verschlossen. Doch beschränkt sich die bayerische Matrikel auf die Eintragung bayerischen Adels[6]), wird

---

deutschen Staatsrechts (1881) 1, 197; E. Schwartz, Die Verfassungsurkunde für den preußischen Staat² (1898) 144. Begründung des sächsischen Adelsgesetzes 11. Nach Schulze, ähnlich Schwartz, ist „der Monarch innerhalb seines Staatsgebiets und für den Kreis seiner Untertanen die alleinige Quelle aller öffentlichen Ehren", nach v. Rönne „für die Staatsangehörigen." Beide Behauptungen setzen voraus, was erst zu beweisen wäre.

[4]) Wenn die italienische Verfassung in Art. 80 kategorisch erklärt: *Niuno può ricevere decorazioni, titoli o pensioni da una potenza estera senza l'autorizzazione del Rè,* so wird das doch im Weg der Auslegung auf Inländer zu beschränken sein. Die Neue Landschaftsordnung Braunschweigs § 10 verlangt die Einholung der Erlaubnis von den „Landeseinwohnern"; doch ist das (§ 24) gleichbedeutend mit „Untertanen". Das Kammergericht freilich meint in einem Beschluß vom 13. I. 1902 Jahrbuch 23 A, 192, daß auch die Angehörigen anderer deutscher Bundesstaaten (die sich in Preußen aufhalten ?) der preußischen Erlaubnis bedürften; das folge aus Art. 3 der Reichsverfassung, die ihnen Rechte und Pflichten der Inländer gewähre. Aber es handelt sich dabei um ein augenfälliges Mißverständnis, vgl. oben S. 304.

[5]) Sachsen Verordnung 19. IX. 1902 Gesetz- und Verordnungsblatt 387; auch Begründung 11. Kammergericht 19. IX. 1904 Jahrbuch 28 A, 171.

[6]) Nach dem Edikt vom 28. VII. 1808 Weber 1, 199 sind einzutragen „sämtliche Adeliche unseres Königreiches", nach der Verordnung vom 22. V. 1812 Weber 1, 393 obliegt die Anmeldepflicht „allen in unserem Königreiche begüterten, angesessenen oder bediensteten Adelichen"; während umgekehrt die außer Landes ansässigen Zweige bayerischer Familien als nicht zum inländischen Adel gehörig (vgl. oben S. 295 Anm. 47) bei Anlegung der Matrikel ausgeschieden werden.

insoweit aber auch für Nichtbayern, die bayerischen Adel führen, bestimmt sein;[7]) während das sächsische Adelsbuch (Gesetz § 2) einheimischen und anerkannten fremden Adel aufnimmt, wenn der Einzutragende oder auch nur ein Mitglied seiner Familie die sächsische Staatsangehörigkeit besitzt. Ein Zwang zur Eintragung dagegen besteht in Sachsen (§ 3) nur für den einheimischen oder fremden Adel sächsischer Staatsangehöriger, die in Sachsen wohnen; in Bayern fallen die Grenzen von Eintragsrecht und Eintragspflicht zusammen, und auch die Vorschrift der bayerischen Verfassung, welche die Führung des Adels von der vorgängigen Eintragung in die Matrikel abhängig macht, wird im gleichen Umfang Geltung beanspruchen.[8]) Bayern und Sachsen gewähren ihren Eintragungen Beweiskraft für die eingetragenen Tatsachen. Als prozessual gilt eine solche Vorschrift nur für den Staat, der die Beweisregel aufstellt; doch dürfte dabei, wie die Verleihung fremden Adels grundsätzlich anerkannt wird, so auch seine Beurkundung in anderem Staat als gleichwertig der inländischen anzusehen sein.[9])

Eine größere Zahl von Staaten hat eine besondere Adelsbehörde, der Überwachung und Entscheidung der Adelsverhältnisse im Gebiet zukommt. Auch hier ist die Zuständigkeit dieser Behörde durchaus nicht auf Inländer oder auf den Adel inländischer Herkunft begrenzt,[10]) sofern ihre Tätigkeit nicht durch den eigenen Willen des anordnenden Staates eingeschränkt wird.[11]) Das Gleiche gilt für die Einwirkung

---

[7]) Das ist schon bei der Aufgabe der Matrikel, den Personenstand der eingetragenen Familien zu beurkunden, nicht zu vermeiden. Vgl. etwa auch Regierungsblatt 1871, 1591.

[8]) § 8 der V. Verfassungsbeilage besagt allerdings: „ein bayerischer Untertan kann nur dann, wann dessen Adelstitel in der angeordneten Adelsmatrikel eingetragen ist, die dem Adel im Königreich Bayern zustehenden Rechte ausüben.“ Dafür, daß die Vorschrift nur auf bayerischen Adel zu beziehen ist, auch v. Seydel Staatsrecht[2] 1, 310[9]; den Bedenken v. Seydels 309[8] wird durch die erweiternde Auslegung begegnet. Aber freilich, auch uneingetragen übt der anerkannte fremde Adel in Bayern Rechte: er erwirbt auch ohne Eintrag ein Recht auf Führung seines Adels, widrigenfalls ja jeder Träger fremden Adels in Bayern der Strafdrohung wegen unbefugter Adelsführung verfallen müßte.

[9]) Vgl. im übrigen die entsprechenden Fragen bei Beurkundung des Personenstands oben S. 56 ff.

[10]) Gegen solche Zuständigkeit des preußischen Heroldsamtes besonders v. Kekule, Archiv a. a. O. Richtig Rehm Prädikatsrecht 351; v. Bitter Handwörterbuch 1, 811; auch Kammergericht 13. I. 1902 Jahrbuch 23 A, 192.

[11]) Der sächsische Ausschuß für Adelssachen ist (§ 11) Verwaltungsgericht für Streitigkeiten über die Berechtigung der in Sachsen wohnenden Staatsangehörigen, einheimischen oder fremden Adel zu führen, und über Eintragungen im Adelsbuch; die Abgrenzung der Zuständigkeit bedeutet aber nicht Unzuständigkeit Sachsens, über andere Fälle zu entscheiden, sondern ihre Überweisung an die Krone. Dazu Bericht der Ersten Kammer 5.

anderer Verwaltungsbehörden.[12]) Und ebenso besteht eine Zuständigkeit, über Eintragungen in das Personenstandsregister zu entscheiden, auch wenn der bestrittene Adel auswärtigen Ursprungs ist.[13]) Freilich handelt es sich dabei nicht wie in den vorher erörterten Fällen um das akzessorische Recht auf Führung des fremden Adels im Inland, sondern unmittelbar um den besonderen Status gegenüber dem verleihenden Staat, der als Identitätsmerkmal bei der Eintragung benutzt werden soll,[14]) und öffentlichrechtliche Verhältnisse eines anderen Staats inländischer Entscheidung zu unterwerfen, ist unstatthaft. Aber Gegenstand des Berichtigungsstreites ist nicht das Recht auf den Adel, sondern der Anspruch auf Eintragung eines Tatbestands (Geburt, Tod, Eheschließung) unter Beifügung der nach dem Recht des Prozeßstaats einzutragenden Identitätsmerkmale; der Besitz des Adels wird damit zur Vorfrage und zum möglichen Gegenstand einer inländischen Entscheidung.[15])

Strafschutz.

4. Strafrechtlich kann der Schutz gegen Adelsanmaßung das besondere Mitgliedschaftsverhältnis im Staat und damit den Adel als staatsrechtliche Einrichtung zum Gegenstand haben. Und da staatliche Einrichtungen des Auslands herkömmlicherweise denen des Inlands im Strafschutz nicht gleichgestellt werden, hätte sich eine Strafdrohung gegen Anmaßung in diesem Sinn auf den Adel inländischer Herkunft zu beschränken. Aber freilich die Eigenart des Adels wäre mit einer solchen Strafdrohung nicht getroffen. Nicht das Recht der landesherrlichen Verleihung will der Anmaßer in Gefahr bringen, sondern die soziale Geltung will er sich zueignen, die an die Eigenschaft geknüpft ist. Nun ist es allerdings denkbar, daß ein Gesetzgeber auch die soziale Geltung, die sich mit der Führung inländischer Titel oder sogar einer bestimmten Gruppe inländischer Titel verbindet, mit stärkerem Schutz ausstatten will.

---

[12]) Die Erörterung zwischen v. Kekule und Körner im Herold Bd. 35 war veranlaßt durch eine in Preußen ergangene polizeiliche Verfügung, die einen Nichtpreußen verpflichtet hatte, sich „Herzoglich Xscher Freiherr von N. N." zu nennen.

[13]) Kammergericht 19. XII. 1907 Jahrbuch 35 A, 46; Oberlandesgericht Darmstadt 6. III. 1908, Rechtsprechung der Oberlandesgerichte 17, 39. Ebenso nach Fiore-Antoine, Droit international privé 1, 578f. n. 508, weil der Titel als ein „Vermögensrecht" anzusehen ist.

[14]) Unbeschadet der Beschränkung, daß fremder Adel, der im Inland nicht anerkannt wird, auch nicht als Identitätsmerkmal zu verwerten ist.

[15]) Seltsamerweise ist es gerade der angeführte Beschluß des Oberlandesgerichts Darmstadt, der das Recht auf den in Anspruch genommenen auswärtigen Adel nicht als Präjudizialpunkt, sondern als den unmittelbaren Gegenstand des hessischen Berichtigungsverfahrens betrachtet. Der Zuständigkeit des Registerstaats wird damit der Boden abgegraben.

So hat Napoleon die Strafdrohung des Art. 259 Code pénal auf eine Person beschränkt, *qui se sera attribué des titres impériaux qui ne lui auraient pas été légalement conférés;* und auch Art. 435 des niederländischen Strafgesetzbuchs trifft nur denjenigen, der „unbefugt einen niederländischen Adelstitel führt". Aber die gesellschaftliche Wertschätzung des Adeligen ist nicht an den Besitz inländischen Adels gebunden, und wenn ein Staat die Einrichtung durch sein Strafrecht überhaupt schützt, so wird die Strafdrohung im Zweifel auch der Anmaßung ausländischen Adels gelten. Demgemäß wird Art. 259 Code pénal in der Fassung von 1858 auch auf die Anmaßung fremden Adels zu beziehen sein, und für § 105 des preußischen Strafgesetzbuchs, die Grundlage des geltenden Reichsrechts, für Art. 230 des belgischen Strafgesetzbuchs wird diese Auslegung schon durch die Entstehungsgeschichte der Vorschriften sichergestellt.[16])

Völlig anderen Inhalt haben zunächst staatliche Vorschriften, die

---

[16]) Vgl. für das preußische Strafgesetzbuch Goltdammer (zit. oben S. 310 Anm. 49) 2, 174 f., für Belgien M. Goddyn-E. Mahiels, Le droit criminel belge au point de vue international (1880) 31. § 360 [8] des Reichsstrafgesetzbuchs wird auf die Anmaßung ausländischen Adels erstreckt von K. Binding, Lehrbuch des gemeinen deutschen Strafrechts, besonderer Teil (1905) 2, 513 (wer zu Unrecht den Schein sozialer Geltung erweckt, wolle regelmäßig damit Mißbrauch treiben); von R. Frank, Das Strafgesetzbuch für das Deutsche Reich [5] (1908) zu § 360 [8] (angegriffen sei die staatliche Autorität oder Verwaltung, doch seien die für Vergehen aufgestellten Beschränkungen auf Übertretungen nicht übertragbar); von Merkel in Vergleichende Darstellung des Strafrechts, Besonderer Teil 2, 321 323. Anders F. Rotering, Polizeiübertretungen und Polizeiverordnungsrecht (1888) 36 (Verletzung staatlicher Reservatrechte); ähnlich J. Olshausen, Kommentar zum Strafgesetzbuch für das Deutsche Reich [7] (1904) zu § 360 [8]; F. Oppenhoff, Das Strafgesetzbuch für das Deutsche Reich [14] (1901) ebenda n. 38, 39. Für das ältere französische Recht wird eine Beschränkung auf inländischen Adel (vorbehaltlich der unten zu erwähnenden Durchbrechung) vielfach angenommen; vgl. M. Carnot, Commentaire sur le Code pénal (1823) art. 259 n. 6, und für die Anwendung in den Niederlanden Sloet (zit. oben S. 282 Anm. 5) 73 ff.; auch J. Hanegraaff, Opmerkingen naar anleiding van artikel 435 van het wetboek van strafrecht (1891) 39; über die entsprechende Praxis in Belgien Goddyn-Mahiels a. a. O. — wobei jedoch des öftern nicht der Wortlaut, sondern die Eigenart des Vergehens als Angriff gegen den Staat zur Begründung dient. Für das geltende Recht stellt das Zuchtpolizeigericht Paris Journal 33, 193 auch die Anmaßung ausländischen Adels unter Art. 259. Ohne weiters wird der als Betrug gefaßte § 201 d) des österreichischen Strafgesetzes fremden Adel einbeziehen; ebenso aber wohl auch (vgl. die ausführliche Formulierung des Dekrets vom 24. III. 1835) das Hofkanzleidekret vom 2. XI. 1827, J. K. J. Maucher Systematisches Handbuch des österreichischen Strafgesetzes (1844) 1, 533. In Ungarn ist nach § 45 des Strafgesetzbuchs für Übertretungen strafbar, „wer einen ihm rechtmäßig nicht gebührenden Titel oder Rang benützt, durch welchen das Publikum irregeführt wird, sowie jener, der ihm rechtmäßig nicht zukommende inländische Ordens- oder Ehrenzeichen oder ohne Erlaubnis ausländische Ordens- oder Ehrenzeichen öffentlich trägt." Mehrfach unzutreffend Merkel a. a. O. 339.

den Inländer verpflichten, zur Führung fremden Adels eine besondere Erlaubnis des Inlands einzuholen. Insofern aber die Zuwiderhandlung gegen ein solches Gebot mit der Sanktion bekleidet ist, daß die Auszeichnung für das Inland nicht anerkannt wird, fehlt dem Träger mangels der vorausgesetzten Genehmigung ein Recht, sie zu gebrauchen, und Strafbestimmungen gegen „unbefugte“, „ohne Berechtigung“ erfolgende Adelsführung werden auch hieher anwendbar. Eine solche Auslegung ist aber nur möglich, wo das Vergehen der Adelsanmaßung als Angriff gegen die Gesellschaft von vornherein auch ausländischen Adel umfaßt; wo die Handlung als Angriff gegen den Staat nur inländischen Adel treffen kann, vermag die Tatsache allein, daß die unterbliebene Einholung der Erlaubnis gleichfalls das Inland verletzt, nichts daran zu ändern, daß die Zuwiderhandlung auswärtigen Adel zum Gegenstand hat, von dem die Strafdrohung gar nicht handelt.[17])

Geltung einschlägiger Vorschriften außer Landes.

5. Haben die Erörterungen unter 1—4 die Rechtslage innerhalb des Staatsgebiets zum Gegenstand, so bleiben daneben völlig anders geartete Fragen über den räumlichen Geltungsbereich einer Verleihung, einer Anerkennung und ihrer Versagung, einer besonderen Auflage gegenüber dem Ausland.

Die Verleihung des Adels erzeugt rechtliche Folgen gegenüber dem Staat in Gestalt einer Verpflichtung, den verliehenen Adel nicht zu bestreiten. Die Verpflichtung kann verletzt werden von den staatlichen Behörden und wird darum überall wirksam, wo es Behörden des verleihenden Staates gibt, auch wenn sie ihren Sitz im Ausland haben. Eine Rechtspflicht, den verliehenen Titel zu gebrauchen, wird durch die Verleihung regelmäßig nicht begründet. Immerhin verlangt eine niederländische Verordnung von 1822, daß die öffentlichen Beamten einen rechtmäßig geführten Adelstitel zur Anwendung bringen — eine Verbindlichkeit, die dann wieder ohne Unterschied des Ortes wirksam wird. Das österreichische Hofkanzleidekret vom 12. Juni 1838 verfügt sogar allgemein, daß solche Titel „dem Adeligen auch von anderen beigelegt werden“, und es sei daran erinnert, daß die älteren Adelsdiplome, insbesondere auch diejenigen der Reichskanzlei, regelmäßig eine Klausel enthalten, die Fürsten, Amtsleuten und Untertanen befiehlt, den Geadelten bei

[17]) Für die Strafbarkeit der Zuwiderhandlung Goltdammer a. a. O.; E. Garçon, Code pénal (1904) 623 art. 259 n. 98 und unfolgerichtig Rotering, Oppenhoff, Carnot a. a. O. Über die entsprechende Streitfrage in Belgien Pandectes belges n. 263ff. und 309f. Folgerichtig verneint von Sloet 76. Vgl. auch unten § 30 Z. 7.

Meidung von Strafe mit seinem Titel zu nennen.[18]). Insoweit hier unbeteiligten Dritten eine selbständige Auflage gemacht war oder ist, findet sie Anwendung auf die Personen, die ihren Aufenthalt im Inland haben, also z. B. nicht auf einen Brief, den der Inländer aus dem Ausland an einen Adeligen im Inland richtet.

Das gleiche gilt für den Bereich, in dem eine Anerkennung fremden Adels zur Wirkung gelangt. Ihre Versagung bedeutet für den Inhaber ein Verbot, seinen Adel zu benützen, genau wie es dritten Personen untersagt ist, sich den Adel anzumaßen. Verwaltungsrechtlich konstruiert, bindet ein solches Verbot wiederum die Personen mit Aufenthalt im Staatsgebiet; nicht, wenn sie sich außer Landes aufhalten, auch nicht für den Verkehr mit den Behörden des Inlands. Strafrechtlich freilich, als Störung des Rechtsfriedens gedacht, mag eine Adelsanmaßung nach Maßgabe des internationalen Strafrechts, auch außer Landes begangen, verantwortlich machen. Der Franzose, der in Deutschland als Graf von San Marino auftritt, ist auch in Frankreich strafbar. Die Versagung der Anerkennung bedeutet zugleich eine Befreiung derjenigen, denen die Anerkennung eine Verpflichtung auferlegt hätte, und es kann sein, daß diese negative Wirkung weiter reicht als das territoriale Verbot, sich des nicht anerkannten Adels zu bedienen. Wenn jemands Adel in Deutschland nur mit der Beschränkung anerkannt wird, daß dem Titel ein die Herkunft bezeichnender Zusatz beigefügt wird, so handelt der Träger, der den Zusatz außer Landes wegläßt, zwar nicht verbotswidrig, aber er kann nicht beanspruchen, daß ihn ein deutscher Konsul im Ausland in sein Standesregister ohne diesen Zusatz aufnimmt. Eigentümlich gestaltet sich der Ausschluß der Anerkennung in seiner räumlichen Geltung für Deutschland, wo die Anerkennung Landessache ist, während sie trotzdem für Vorschriften des Reichsrechts Bedeutung erlangen kann. Wenn ein Preuße ohne die Erlaubnis seines Landesherrn koburgischen Adel führt, erfolgt die Führung der Auszeichnung in Sachsen-Koburg-Gotha „befugt", in Preußen „unbefugt"; eine Anklage aus § 360[8] des Reichsstrafgesetzbuchs — die Strafdrohung beruht auf Reichsrecht — führt, in Koburg erhoben, zur Freisprechung und bewirkt Rechtskraft für das ganze Reich; in Berlin anhängig gemacht, führt sie zur Verurteilung, die auch in Koburg vollstreckbar ist.[19]) Bei einer Eintragung in das

---

[18]) Niederländische Verordnung 26. I. 1822 Art. 1 Pandectes belges p. 131. Zit. Hofkanzleidekret bei Ulbrich Handbuch 1, 658. Beispiele von Adelsbriefen des Reichs bei König, Adelshistorie 1, 125 711; 2, 1145 von 1552, 1522, 1676. Ähnlich noch niederländische Adelsbriefe von 1815, Pandectes belges p. 128, 129.

[19]) Die Rechtskraft bezieht sich natürlich auf den strafrechtlichen, nicht auf den verwaltungsrechtlichen Tatbestand. Wird die beanstandete Bezeichnung

Personenstandsregister, die ein deutscher Konsul im Ausland für diese Person vorzunehmen hätte, wäre der einzutragende wohl als nichtadelig zu behandeln, weil die Zuständigkeit des Konsuls hier durch die Staatsangehörigkeit vermittelt wird.

Verpflichtungen zu Handlungen oder Unterlassungen, welche mit dem Besitz des Adels in Verbindung stehen, können in ihrer räumlichen Geltung mittelbar beeinflußt werden, insoweit eine Zuwiderhandlung gegen die Vorschrift von der Anerkennung ausschließt. Aber alle diese Vorschriften — das Gebot, eine Anmeldung zum Adelsbuch vorzunehmen, eine landesherrliche „Anerkennung" oder Erlaubnis einzuholen, auch das völlige Verbot einer Adelsführung[20]) — haben ihre selbständige administrative Bedeutung und demgemäß einen Geltungsbereich, der möglicherweise über denjenigen der versagten Anerkennung hinausreicht. Das gilt insbesondere von der Vorschrift, welche für den ausländischen Adel eines Inländers die Erlaubnis des Heimatstaats verlangt. Zwar lassen sich begründete Zweifel gegen die Zweckmäßigkeit der Anordnung erheben, wenn der Inländer außer Landes wohnt, und man scheint früher die Erlaubnis nur für eine Führung im Inland gefordert zu haben;[21]) immerhin, insofern durch die Maßregel die Untertanentreue gesichert werden soll, ermöglicht das eine Erstreckung auf Inländer ohne Rücksicht auf den Wohnsitz. Für Adelsverbote wie diejenigen der bremischen Verfassung ist die strikt personale Geltung einwandfrei. Über den Umfang der Anmeldepflichten zur Matrikel oben.

§ 28. Fortsetzung.

4. Der beteiligte Staat.

1. Der Einfluß des Ursprungslandes. — 2. Einschränkungen durch den Aufenthaltsstaat. — 3. Hausrecht des hohen Adels. — 4. Personalstatut? — 5. Die Kollisionslösungen für das Zivilrecht.

Der Einfluß des Ursprungslandes.

1. Wollen die bisherigen Ausführungen, vom Staat ausgehend, die Grenzen seiner Macht in Adelssachen angeben, so können sich umgekehrt, da erworbener Adel bei seiner Führung mit mancherlei Ländern in Berührung kommen mag, vom Standpunkt des einzelnen Rechtsverhältnisses aus Zweifel ergeben, welcher Staat berechtigt ist, auf das Verhältnis Einfluß zu nehmen, insbesondere auch sein

nach dem Urteil fortgeführt, so steht einer abweichenden Beurteilung in anderen Bundesstaaten nichts im Wege.

[20]) Die Auflage, dem Titel einen die Herkunft bezeichnenden Zusatz beizufügen, ist keine selbständige Verbindlichkeit, sondern nur Voraussetzung für die Anerkennung solchen Adels.

[21]) Seger, De jure conf. dign. 10; G. F. Martens Einleitung § 87.

Recht für die Lösung von Schwierigkeiten zur Verfügung zu stellen. Vorweg ist hier die Frage auszuscheiden, welches Recht für eine Zulassung zu den einzelnen Adelsvorrechten gilt; daß dies die Rechtsordnung sein müsse, der das Vorrecht unterliegt, ist schon früher entwickelt worden.[1]) Über die Führung des Adels aber Bestimmung zu treffen, sind nur zwei Staaten befähigt: der Staat, der die Auszeichnung verliehen hat, und derjenige, in dem sie gebraucht werden soll. Als Mitgliedschaftsverhältnis besonderer Art steht der Adel zunächst nur unter den Gesetzen des Staats, der dies Verhältnis begründet hat. Für andere Staaten kann in Betracht kommen, ob sie diesem Verhältnis für ihren Bereich Wirkungen einräumen wollen — eine Frage, die ihrerseits nur unter den Gesetzen des Staats stehen kann, der über diese Zulassung befindet. Doch es handelt sich dabei um die Zulassung auswärts begründeten Adels, nicht um eine unabhängige Neuschöpfung im Inland. Deshalb kann auch nicht eine angebliche Territorialität des Adelsrechts[2]) ohne weiters zur Anwendung der inländischen Gesetze veranlassen. Wird ein Recht auf Führung ausländischen Adels im Inland anerkannt, so liegt darin — die Einräumung würde sonst in der Luft schweben — eine materiellrechtliche Verweisung auf diejenige Gestaltung, die der anzuerkennende Adel in seinem Ursprungsland erfahren hat; das Recht auf Führung fremden Adels hat akzessorischen Charakter. Demzufolge bemessen sich grundsätzlich Bestand und Inhalt des Adels auch in fremdem Gebiet nach den Gesetzen des Verleihungsstaates;[3]) § 7 des sächsischen Adelsgesetzes erklärt ausdrücklich: „Die Berechtigung von Nichtsachsen zur Führung eines Adelszeichens richtet sich nach den Vorschriften des Staates, welchem sie angehören."

[1]) Vgl. oben S. 297 und 300 f. Hieher auch eine Frage, die der Fall Merenberg nahelegt: wie ist zu entscheiden, wenn für die Ebenbürtigkeit hoher Adel gefordert wird, und es handelt sich um eine adelige Ausländerin, deren Recht den Unterschied von hohem und niederem Adel nicht kennt? Ob Ebenbürtigkeit erforderlich, und wer ebenbürtig ist, entscheidet das für die Verehelichung maßgebende Recht. Ist dies aber das deutsche Privatfürstenrecht, so gilt fremder Adel, von den Mitgliedern regierender Häuser abgesehen, überhaupt nicht als ebenbürtig. — Einen merkwürdigen Fall erörtert Choppinus 2, 302 f. lib. 3 c. 1 tit. 2 n. 17: ein Adeliger von Anjou hatte eine Bürgerliche geheiratet, nach seinem Tod zieht die Witwe nach Tours; über ihre Beerbung entsteht Streit, denn nach der Coutume von Anjou wird die bürgerlich geborene Frau eines Adeligen bürgerlich beerbt, nach der Coutume von Tours adelig. Würde es sich hier nun um die Frage handeln, ob die Witwe den Adel ihres Mannes erworben und behalten hat, so hätte das Recht von Anjou zu entscheiden. Doch die Vorfrage war wohl zu bejahen, und für die Anwendbarkeit des besonderen adeligen Erbrechts verweist Choppinus richtig auf das in Tours geltende Recht.

[2]) So Körner, Herold 162 f.

[3]) Otalora n. 29; Loyseau n. 113. Kammergericht 19. XII. 1907 Jahrbuch 35 A 46; Fiore a. a. O.; Répertoire du droit français n. 217; Rey 101.

Die Voraussetzungen des Rechts im Ursprungsland genügen somit, auch wenn das Recht des Aufenthaltsstaates Abweichendes vorsieht. Das gilt, wo der Adel nicht durch individuelle Verleihung, sondern auf Grund eines allgemeinen Rechtssatzes erworben wird.[4]) Es wird insbesondere praktisch, wo für die Nachfolge in den Adel abweichende Vorschriften gelten. Die preußische Nobilitierung ergreift die zur Zeit der Verleihung vorhandenen Nachkommen, auch für ein Gebiet, dessen Nobilitierungen solche Nachkommen nicht einbeziehen. Ob Abstammung von einer bürgerlichen Mutter den Adel überträgt, entscheidet nur der Staat, dem der Adel angehört.[5]) Die spanische Vorschrift, welche die Eigenschaft eines Granden auf den Schwiegersohn übergehen läßt, hat in Frankreich Anerkennung gefunden.[6]) Und das Entsprechende muß in Frankreich gegenüber deutschem Adel gelten, der vielfach auf alle Abkömmlinge übergeht, auch wenn französischer Adel sich nur nach Erstgeburtsrecht vererbt.[7]) Auch Beweisregeln von materiellrechtlicher Bedeutung stehen demgemäß unter den Gesetzen des Ursprungslandes.[8])

Wo die Voraussetzungen nach den Gesetzen des Ursprungslands mangeln, da ist auch für den Aufenthaltsstaat kein Adel vorhanden, der Anerkennung finden könnte. Bayerischer Adel hat, wie in Bayern, so für Hessen nur dann rechtlichen Bestand, wenn der

[4]) In Perugia zählen die Ritter zum Adel, in Florenz nicht. Eine viel erörterte Stelle des Bartolus wird später dahin mißverstanden, daß Ritter von Perugia auch in Florenz nicht adelig seien; vgl. besonders Platea C. 12, 1, 1 n. 6; auch Sesse lib. 1 dec. 2 n. 25. Ähnlich Saavedra n. 17 und Guttierez q. 14 n. 92ff., die fremden Briefadel nicht als Adel gelten lassen, weil in Spanien solche Verleihungen nicht den vollen Adel gewähren; doch könnte hier der Gedanke der öffentlichen Ordnung (vgl. unten) die Entscheidung rechtfertigen. Daß ein württembergischer Landgerichtspräsident (denen in Württemberg der persönliche Adel kraft Rechtens zusteht) auch in Preußen adelig ist, wird kaum jemand bezweifeln wollen.

[5]) Seger, De vi legum 20.

[6]) Kassationshof 15. VI. 1863 Sirey 1863 I, 281; Rey 104. Vgl. aber auch unten.

[7]) Anders freilich die überwiegende Meinung in Frankreich: Répertoire du droit français n. 218; Rey 105 und die hier angeführte Rechtsprechung des Conseil du Sceau unter dem zweiten Kaiserreich (für den deutschen Adel einer französischen Familie); Appellhof Nîmes 11. V. 1875; Kassationshof 26. X. 1897 Sirey 1876 II, 267 und 1900 I, 356 (beide Urteile auf Familien bezüglich, die durch Annexion französisch geworden sind). Richtig Lehr Journal 23, 342f. Die bloße Rechtsverschiedenheit als unvereinbar mit der „öffentlichen Ordnung" zu erklären, ist doch nicht angängig.

[8]) Hieher Preußisches Landrecht II 9 §§ 18 und 19, zweifelhaft für § 17. — Die Erörterungen der Spanier, ob der Beweis nach örtlichem oder nach heimatlichem Recht geführt werden müsse (Otalora n. 10, 13, 26 f.; Baetia n. 110, 117; Azevedo n. 110 f.; Guttierez q. 14 n. 96) sind nur eine ungenaue Umschreibung der Frage, ob dem Ausländer im Inland heimischer oder örtlicher Adel zukommt. Über den Beweis durch Eintrag in das Adelsbuch oben S. 315 f.

Träger in die bayerische Adelsmatrikel eingetragen ist. Dementsprechend hat das Oberlandesgericht Darmstadt [9]) auch preußischem Adel die Anerkennung versagt, dem das preußische Heroldsamt die Geltung bestritten hat. Nur freilich, um die Entscheidung zu begründen, muß die Zustimmung des Heroldsamtes oder doch der Mangel eines Widerspruchs dieser Stelle in Preußen zur materiellen Adelsvoraussetzung erhoben sein, was anscheinend nicht zutrifft, oder es hätte (vgl. dazu unten) eine Entscheidung des Heroldsamts in ihrer Eigenschaft als rechtskräftiges Urteil Anerkennung zu beanspruchen; die bloße Tatsache aber, daß in Preußen die prozessuale Entscheidung von Adelsstreitigkeiten der ausschließlichen Zuständigkeit des Heroldsamts vorbehalten ist, kann als innerstaatliche Ordnung der Geschäftsverteilung für andere Bundesstaaten schlechterdings keine Bedeutung besitzen.

Die Abhängigkeit der Adelsführung von der Rechtslage im Ursprungsland äußert sich insbesondere, wenn die Berechtigung dort untergegangen,[10]) durch Aufhebung der ganzen Institution beseitigt [11]) oder durch Zeitablauf erloschen ist.[12]) Wo der Adel durch Verlust der Staatsangehörigkeit untergeht, tritt der Ausgewanderte als Bürgerlicher in den neuen Staatsverband.[13]) Hemmung oder Verlust der Berechtigung wegen niederer Lebensstellung hat solche Wirkung,[14]) und ebenso müssen Strafurteile des Ursprungslands, die den Adel aberkennen, seine Fortführung in anderm Gebiet verhindern;[15]) es gilt nicht, fremde Strafurteile zu vollstrecken, sondern es ist der Gegenstand weggefallen, auf den sich das akzessorische Inlandsrecht beziehen könnte.

Nicht minder wird prozessualen Entscheidungen des Ursprungslands über den Bestand bestrittener Berechtigungen für andere Staaten Verbindlichkeit zukommen. Wenn man auch für das Verwaltungsverfahren davon ausgehen darf, daß die rechtskräftige Ent-

---

[9]) Beschluß vom 6. III. 1908 Rechtsprechung der Oberlandesgerichte 17, 39.

[10]) v. Bar 1, 415[38]; Rey 103.

[11]) Wegen des norwegischen Adels in Dänemark oben S. 306. In der Schweiz wird der einheimische Adel für den amtlichen Verkehr nicht anerkannt, genießt dagegen zum Teil noch gesellschaftliche Geltung. Es ist darnach sachgemäß, wenn er auch im Ausland gesellschaftliche Anerkennung findet, wie er auch in die Gothaischen Taschenbücher aufgenommen ist (vgl. Türler im Handwörterbuch der schweizerischen Volkswirtschaft 1, 14 und 20). Aber rechtlich kann solcher Adel auch für das Deutsche Reich nicht vorhanden sein, und es droht seinem Gebrauch § 360 des Reichsstrafgesetzbuchs.

[12]) Anders freilich der Appellhof Lyon unten S. 328.

[13]) v. Mahl-Schedl a. a. O. für russischen Adel. Anders der Appellhof Nimes 21. XII. 1874 bei Rey 104: es sei allzu hart, jemand sein Recht dadurch verlieren zu lassen, daß er die Eigenschaft eines Franzosen erlangt!

[14]) So Otalora n. 25 ff. für die Betätigung als Kaufmann.

[15]) Anders Günther bei Weiske a. a. O.

scheidung materielles Recht schafft, so gewährt die Entscheidung des Ursprungslands eine neue selbständige Grundlage, von der aus Bestand oder Nichtbestand des Adels zu beurteilen ist.[16])

Wie die Voraussetzungen, so bestimmt sich ferner der Inhalt einer Adelsberechtigung nach den Gesetzen des Ursprungslands. Sie bezeichnen Titel und Prädikat, die geführt werden können,[17]) die Rangordnung, welche einer Auszeichnung im Verhältnis zu anderen Auszeichnungen desselben Staats zukommt.[18]) Der einfach adelige Österreicher kann in Bayern entsprechend dem österreichischen Recht nicht eine Krone, sondern nur den Turnierhelm als Abzeichen benützen, wohl aber kann dies der bayerische Adelige in Österreich. Die Nachgeborenen preußischer seit 1806 gefürsteter Häuser führen die Bezeichnung Prinz, die Nachgeborenen der entsprechenden bayerischen Familien heißen Fürsten; ein Ysenburg-Büdingen bleibt demgemäß auch in Bayern Prinz, ein Wrede ist in Preußen als Fürst zu bezeichnen.[19]) Und ebendasselbe wird für die Prädikate standesherrlicher Familien gelten müssen. Daß auch die deutschen Standesherren ihr Ursprungsland haben, dessen Adelsrecht sie unterliegen, ist oben S. 307f. ausgeführt worden. Daß ehrende Beiwörter Gegenstand eines Kanzleizeremoniells sein können, ändert nichts an dem Ergebnis. Zwar mag ein solches Kanzleizeremoniell als Verwaltungsverordnung subjektive Rechte des Auszuzeichnenden überhaupt nicht oder nur nach einzelnen Richtungen begründen wollen. Insoweit aber hier subjektive Rechte geschaffen sind, für die mündliche oder schriftliche Anrede, für Überschrift oder Kontext, gehören sie zu dem individuellen Rechtskreis des Beliehenen und werden (mangels positivrechtlicher Abweichung) in anderen Staaten kraft materiellrechtlicher Verweisung wirksam, nicht anders wie die Standesbezeichnungen Graf oder Fürst.[20])

---

[16]) So schon unter Berufung auf das Personalstatut Tiraquellus 520 c. 37 n. 2; Faber 1171[6] lib. 9 tit. 28 def. 12. Anders Seger, De vi legum 21 (bezieht sich wohl nicht auf Entscheidung des Ursprungslandes). Der interessante Beschluß des Kammergerichts vom 19. XII. 1907 Jahrbuch 35 A, 46 handelt von der Verwertbarkeit einer Entscheidung der heimatlichen Behörden für die Berichtigung der inländischen Standesregister und begründet diese Verwertbarkeit mit der besonderen Aufgabe des Eintrags der Standesbezeichnung, als Identitätsmerkmal zu dienen; diese Aufgabe werde gerade vereitelt, wenn die heimatlichen Entscheidungen nicht Anerkennung finden.

[17]) Hofkanzleidekret 1838 und v. Mahl-Schedl a. a. O.; v. Kekule im Herold 1904.

[18]) Hartknoch 582: bei einem Fest in Berlin mußte einem polnischen Grafen *Polonorum more* der Rang hinter dem Succamerarius von Posen eingeräumt werden.

[19]) Anders freilich Körner unter Berufung auf eine Territorialität des Adelsrechts, vgl. oben Anm. 2.

[20]) Anders Rehm Prädikatsrecht 115, 116, 117.

Einschränkungen durch den Aufenthaltsstaat.

2. Die Gesetze des Ursprungslands können nicht zur Geltung gelangen, wo die Rechtsordnung des Aufenthaltsstaates selbst Rechtssätze enthält, die auf den Fall Anwendung finden wollen. So gibt es eigentümlicherweise eine französische Verordnung, welche für spanische Granden französischer Staatsangehörigkeit den Übergang der Würde regelt.[21]) Und insbesondere sind jene Gesetze ausgeschlossen, wo die „öffentliche Ordnung" entgegensteht.[22]) Vorschriften des Inlands, welche bei Ausübung niederer Berufe den Adel hemmen oder vernichten, werden auch auf auswärtige Adelige Anwendung beanspruchen.[23]) Ebenso bleibt eine Aberkennung zum Zweck der Strafe gegenüber auswärtigem Adel möglich; aber sie kann nur dasjenige Rechtsverhältnis ergreifen, das der Einwirkung des Inlands zugänglich ist, die Anerkennung entziehen, die das Inland der fremden Auszeichnung gewährt hat, während das Statusverhältnis im Ursprungsland und die Anerkennung, die ihm dritte Staaten zuwenden, von solcher Strafmaßregel selbstverständlich nicht berührt werden.[24])

Örtliches Recht kann schließlich auch dann zur Anwendung kommen, wenn sich auswärtiger Adel in einheimischen verwandelt. Zwar wo sich dieser Vorgang durch Gebietsveränderungen vollzieht, da bleibt der Adel der erworbenen Landesteile auch als inländischer Adel zunächst unter den angestammten Gesetzen.[25]) Bei Aufnahme einzelner Personen hingegen dürfte zu unterscheiden sein. Was im vormaligen Ursprungsland Gegenstand individueller Gewährung gewesen ist, der Adelsgrad, eine in den Adelsbrief aufgenommene Erbfolgeordnung und dergleichen, wird kraft materiellrechtlicher

---

[21]) Kassationshof 15. VI. 1863, Sirey 1863 I, 281.

[22]) Répertoire du droit français n. 218; Pandectes belges n. 13.

[23]) So trägt Bacquet (bei De la Roque 231) Bedenken, auswärtigen Adel anzuerkennen, wenn seine Träger in Frankreich Handel treiben. Für die Anerkennung De la Roque, der auch berichtet, daß der Adel der Nachkommen des Camillo Strozzi von Florenz, der in Lyon Bankiergeschäfte betrieb, 1609 die königliche Anerkennung erhielt. Hiezu auch unten Anm. 26 das Schreiben Philipps IV. — Mancherlei Fälle, in denen eine Anrufung der öffentlichen Ordnung meines Erachtens nicht berechtigt ist, im Vorausgehenden.

[24]) Vgl. Zachariae (zit. oben S. 308 Anm. 41) 81 ff.; v. Vesque 169, 564; auch v. Bar 1, 415[38]. Entwurf eines österreichischen Strafgesetzbuchs 1909 § 32: „Die Schmälerung der bürgerlichen Ehrenrechte umfaßt . . den Verlust des inländischen Adels und anderer inländischer staatlicher Titel und Würden, inländischer Orden und Ehrenzeichen, und den Verlust der erteilten Befugnis, im Inland ausländische Titel und Würden zu führen, ausländische Orden und Ehrenzeichen zu tragen." Unzutreffend einerseits Günther a. a. O., andererseits Körner, Herold 35, 162. — Ein österreichisches Hofdekret von 1805 schreibt übrigens Bekanntgabe der Verurteilung an den Ursprungsstaat vor; v. Vesque 564.

[25]) Vgl. oben S. 305 f. und die Entscheidungen Anm. 7.

Verweisung im Zweifel auch für den übernehmenden Staat Beachtung verlangen; allgemein geltende Vorschriften sind dem Recht der neuen Heimat zu entnehmen.[26])

Hausrecht des hohen Adels.

3. Tritt die Frage nach der beteiligten Rechtsgemeinschaft für gewöhnlich nur im Verhältnis von Staat zu Staat auf, so ergeben sich dagegen mit Rücksicht auf seine Autonomie Besonderheiten für den hohen Adel der deutschen Bundesstaaten und Österreichs. Hohen Adel besitzt eine Person nur dann, wenn sie darauf nach Staatsgesetz und zugleich nach dem Hausrecht der betreffenden Familie Anspruch hat. Im Verhältnis der Hausrechte des hohen Adels zu einander aber gilt hier völlig entsprechend, was sonst für das Verhältnis von Staat zu Staat gilt: das hochadelige Haus hat den Angehörigen eines anderen hochadeligen Hauses dann in dieser Eigenschaft anzuerkennen, wenn das Hausrecht der Ursprungsfamilie ihm die Eigenschaft des hohen Adels zuerkennt. Die Lösung wird vorzugsweise wichtig für die Ordnung der Ebenbürtigkeit: wenn ein Hausrecht nur die Ehe mit einem Mitglied des hohen Adels für ebenbürtig erklärt, so ist der Angehörige eines hochadeligen Hauses, das diese Forderung nicht aufstellt, ebenbürtig, auch wenn er von bürgerlicher Mutter abstammt.[27])

Personalstatut?

4. Die bisherigen Ausführungen gehen davon aus, daß es (von der Mitwirkung autonomer Rechtskreise abgesehen) nur der Ursprungsstaat und der Aufenthaltsstaat sein können, die auf den Besitz des Adels Einfluß zu nehmen vermögen. Die Alternative wird bestritten, und zwar von denjenigen, die den Adel als einen Gegenstand des Personalstatuts den Gesetzen des Heimatstaats oder des Wohnsitzes der Person unterstellen.[28]) Zumeist freilich wird bei

[26]) Selbst in Belgien, wo der naturalisierte Ausländer den ursprünglichen Adel nicht behalten kann, wird in gewissem (?) Umfang auf das frühere Recht abgestellt; Pandectes n. 98, 100, vgl. auch das Edikt von 1751 n. 91. Bemerkenswert ein Schreiben Philipps IV. 1651 an den Statthalter der Niederlande (Pandectes n. 90): fremde Kaufleute können Adelsvorrechte nur in Anspruch nehmen, wenn sie ihren Beruf aufgeben und Rehabilitation erlangen; *„lesdits marchands estrangers venans résider par delà, aussi bien que leurs enfans naiz audits pais, estant à réputer pour mes subjects, se doivent régler selon les loix et placcards statuez, ainsi que mes autres subjets originaires dudits pais.“* Vgl. im übrigen oben S. 310 f.

[27]) Vgl. Gierke, Deutsches Privatrecht 1, 404; H. Rehm, Modernes Fürstenrecht (1904) 151.

[28]) Aus der Maßgeblichkeit des Personalstatus für den Adel wird gefolgert, daß der Staat den Adel nicht einem Ausländer verleihen dürfe; daß fremder Adel anerkannt werden müsse; daß keine Berechtigung bestehe, in die Führung

solcher Meinung ohne weiters vorausgesetzt, daß der Adel eben von diesem Staat verliehen worden ist. Aber die Lehre wird auch buchstäblich genommen. Eine preußische Familie hat vor mehreren Generationen ihren Wohnsitz nach Frankreich verlegt, ihr früher besessener Adel war, nach preußischem Recht beurteilt, (möglicherweise) schon vor Erwerb der französischen Staatsangehörigkeit durch Nichtgebrauch untergegangen. Der Appellhof Lyon gibt dem Antrag auf Eintragung des Adels in das Standesregister statt: ob der Adel untergegangen, bemesse sich für die Zeit vor der Naturalisation allerdings nach den preußischen Gesetzen; da aber nach preußischem Recht das Personalstatut durch den Wohnsitz bestimmt werde, so habe kraft Rückverweisung französisches Recht zur Anwendung zu gelangen.[29]) Für Belgien behaupten die Pandectes, daß die Verleihung inländischen Adels an einen Ausländer — auch für Belgien — wirkungslos bleibe, wenn das heimatliche Recht des Bedachten als sein Personalstatut die Verleihung nicht anerkenne, wie auch bei der Naturalisation eines adeligen Inländers im Ausland die Fortdauer des belgischen Adels von der Zulassung des neuen Heimatstaats abhängig sei. Und ebenso glaubt der belgische Conseil Héraldique die Adelsverleihung eines dritten Staates nur dann anerkennen zu dürfen, wenn sie auch im Heimatstaat des Ausgezeichneten Anerkennung gefunden habe.[30]) Nun bedeuten solche Lösungen freilich ein Spiel mit leeren Formen. Ein Zwang, jene Kollisionsnorm anzuwenden, besteht nicht, weil die Berechtigung, den Adel zu führen, dem Staat gegenüber öffentlichen Rechtes ist. Die Verleihung des Adels an Personen, für die das Recht des verleihenden Staats als Personalstatut nicht gilt, ist rechtmäßig. Eine zuständigerweise vorgenommene Betätigung der Staatsgewalt aber sollte in ihren Wirkungen von der Kontrolle eines anderen Staats abhängig sein, bei einer Gunsterweisung die Entscheidung, ob und in welchem Umfang sie gewährt werden soll, einem anderen Staat zukommen als dem, der die Gunst gewähren will?

---

fremden Adels einzugreifen; vgl. darüber oben S. 294 ff., 299 ff., 313 f. Nun soll der Satz ergeben, daß der Adel in seiner rechtlichen Ordnung überhaupt unter den Gesetzen der Person steht. Vgl. etwa außer den früher angeführten Renaud, Walter, Gierke, v. Kekule, Rey noch Seger, De vi legum 17, 20; H. Dernburg, Pandekten[6] (1900) 1, 102; Répertoire du droit français n. 217; Pandectes belges n. 13 und öfter.

[29]) Entscheidung vom 29. VII. 1898 Journal 26, 569.

[30]) Pandectes belges n. 394, 507, 512, 97. Vgl. ferner das Urteil des Zuchtpolizeigerichts Gent oben S. 295. — Es sei auch an die gefährliche Fassung von § 7 des sächsischen Adelsgesetzes erinnert. Doch wird man in Sachsen den sächsischen Adel eines Österreichers wohl nicht nach österreichischen Gesetzen beurteilen.

Die Kollisionslösungen für das Zivilrecht.

5. Nun kann das Recht auf Führung des Adels freilich auch für das Privatrecht in Betracht kommen. Die gemeinrechtliche Literatur hatte einen zivilrechtlichen Schutz des Adels gegen Anmaßung und Bestreitung entwickelt,[31]) und ich möchte glauben, daß auch für das deutsche Recht der Schutz des Namens in § 12 BGB. analog auf den Adel zu erstrecken sei. Jedenfalls haben dies eine Anzahl deutscher Bundesstaaten festgestellt, und insbesondere Hessen bestimmt in Art. 3 seines Ausführungsgesetzes: „Die Vorschriften des § 12 BGB. finden auf das Recht zur Führung der Adelsbezeichnungen auch insoweit, als sie nicht Bestandteil des Namens sind, entsprechende Anwendung".[32]) Aber es bleibt Adel, das heißt, ein Recht gegen den Staat als Dritten, dem hier der zivilrechtliche Schutz verliehen ist; nicht anders wie bei einer Gewerbeberechtigung oder einem Patent, die Gegenstand eines Erbrechtsstreites bilden. Es ist nicht etwa möglich, den Adel dadurch zu erwerben, daß in einem Zivilstreit über den Besitz des Adels der Gegner den erhobenen Anspruch anerkennt. Ist es aber Voraussetzung für eine zivilrechtliche Vertretung des Adels, daß er gegenüber dem Staat besteht, so behalten auch hier die Gesetze des Ursprungslands ihre Maßgeblichkeit.

Doch der Adel kann auch noch unter einem anderen Gesichtspunkt in das Zivilrecht eintreten: als Teil eines Personennamens. Es ist möglich — die Entscheidung steht bei dem für die Namenfolge maßgebenden Recht — daß sich der Personenname eines Adeligen aus drei Bestandteilen zusammensetzt, dem Vornamen, dem Familiennamen und dem Adelszeichen („Graf"). Jeder dieser Bestandteile ist rechtlich selbständig, für die Änderung des Vornamens beispielsweise gelten andere Grundsätze als für die Änderung des Familiennamens. Und so bleibt auch das Adelszeichen, das zur Feststellung der Identität benützt wird, ein Hinweis auf den Adel der Person, d. h. auf ihren Status gegenüber dem Ursprungsland. Eine Veränderung der rechtlichen Beurteilung wird durch diese Aufnahme in den Namen nicht bewirkt.

Aber freilich häufig wird eine Rechtsordnung, die den Adel in den Personennamen zieht, diesen Namen zweiteilig auffassen, den Adel somit als ein unlösliches Stück des Familiennamens betrachten, wie das hinsichtlich der Partikel „von" für den deutschen Uradel mit guten Gründen vertreten wird. Und hier können ernste

---

[31]) Hoepingk 783ff. und 1040, c. 14 und c. 22 n. 242, vgl. insbesondere die c. 14 n. 40 verzeichneten Schriftsteller. Feltmann 653ff. lib. 2 c. 31. Crusius th. 15ff. Die Meinung Gierkes, Deutsches Privatrecht 1, 721 [28], daß es sich dabei um einen Schutz des adeligen „Familiennamens" gehandelt habe, ist nicht zutreffend.

[32]) Ähnlich Lippe § 2, Braunschweig § 4, die beiden Mecklenburg § 11.

Schwierigkeiten entstehen. Denn über den Erwerb des Familiennamens entscheidet das Personalstatut des Ehemanns, Vaters, der den Namen überträgt, mancherorts somit Wohnsitzrecht, auch bei Inländern ausländischen Wohnsitzes, nach den deutschen Kollisionsnormen das heimatliche Recht; während doch der Adel dieser Person einem anderen Staat entstammen kann.

Ein Staat nun, der überhaupt keinen Adel anerkennt, wird auf das Recht zur Führung eines solchen Familiennamens in der Tat das Personalstatut zur Anwendung bringen; Diskrepanzen mit seiner internationalrechtlichen Behandlung des Adels können dabei nicht entstehen, weil Rechtssätze über diese für ihn nicht vorhanden sind. Anders in Staaten, die den Adel als Rechtseinrichtung kennen. Indessen schon die Sinnlosigkeit des Ergebnisses, das für den Adel als Status auf das Recht des Ursprungslands verweist, den adeligen Familiennamen nach Personalstatut beurteilt, muß Bedenken erwecken. Die Lösung aber dürfte die sein: die für die Namenfolge geltenden Kollisionsnormen enthalten eine Selbstbeschränkung; sie wollen nicht angewendet sein, insoweit für die Beurteilung der Adelsfolge abweichende Grundsätze bestehen. Daß die sonst geltenden Vorschriften des internationalen Zivilrechts eine teilweise Abänderung erfahren, um sich abweichenden Vorschriften des internationalen Verwaltungsrechts anzupassen, begegnet öfter.[33]) Hier aber wird insbesondere die gleichartige Lösung für das materielle Zivilrecht Beweiskraft beanspruchen. Auch das materielle Recht stellt seine Grundsätze über die Namenfolge manchmal ganz allgemein auf. Wenn aber dieselbe Rechtsordnung abweichende Grundsätze über die Adelsfolge vorsieht, so folgt daraus mit Notwendigkeit, daß sich jene Vorschriften über die Namenfolge nur auf den nichtadeligen Namen beziehen können. Das österreichische Allgemeine bürgerliche Gesetzbuch bestimmt in § 165, daß uneheliche Kinder „den Geschlechtsnamen der Mutter“ führen; wenn aber derselbe Paragraph vorschreibt, daß uneheliche Kinder auf den Adel der Eltern keinen Anspruch haben, so kann unter dem von ihnen zu beanspruchenden „Geschlechtsnamen“ nur ein nichtadeliger Geschlechtsname verstanden sein.[34]) Somit steht für Staaten, die den Adel anerkennen,

[33]) Vgl. etwa oben S. 23 und die dortigen Verweisungen.

[34]) Ebenso in § 182. Von derselben Rechtslage wird auch für Deutschland auszugehen sein. Über das Recht auf den Namen entscheidet hier das Reich, über das Recht auf den Adel nach seiten des öffentlichen Rechts die Einzelstaaten. Privatrechtlich kommt allerdings die Zuständigkeit auch für den Übergang adeliger Namen dem Reich zu. Aber auch hier muß eine Selbstbeschränkung des Reichsrechts dahin angenommen werden, daß die Vorschriften des BGB. über Namenfolge nur für nichtadelige Namen gelten sollen, daß aber adelige Namen kraft materiellrechtlicher Verweisung (die Rechtsfigur ist für jedes Nebeneinander von Rechtsordnungen, wie bei räumlicher und zeitlicher, so bei sach-

auch der adelige Familienname unter den Gesetzen des Ursprungslands.

Und nun kann einigen Fällen näher getreten werden, welche in der Rechtsanwendung beträchtliche Schwierigkeiten hervorgerufen haben. Der Fürst von Sayn-Wittgenstein-Sayn, preußischer Standesherr, wohnhaft in Genf, hatte eine Bürgerliche geheiratet; nach seinem Tod wird der Witwe die Befugnis bestritten, den Titel einer Fürstin Wittgenstein zu führen. Als Personalstatut hatte nach den Kollisionsnormen der mit der Entscheidung befaßten preußischen Gerichte das in Genf geltende Recht zur Anwendung zu kommen, das den Namen des Ehemanns auf die Ehefrau überträgt; dasselbe Recht hatte auch zu bestimmen, was als der zu übertragende Name anzusehen war. Aber es war Adel preußischer Herkunft in Frage, das preußische Gericht mußte dessen Übergang notwendig nach preußischen Gesetzen bemessen; und nach diesen (und dem Hausrecht, auf das sie verweisen) erwirbt die bürgerliche Frau eines Mitglieds des hohen Adels den Adel nicht.[35]) Ganz ähnlich der Fall Branicki. Ein adeliger Russe dieses Namens hatte die französische Staatsangehörigkeit erworben und nach der Naturalisation ein uneheliches Kind anerkannt; konnte das Kind Name und Adel des Anerkennenden in Anspruch nehmen? Das Tribunal de la Seine entscheidet, daß die Wirkungen der Anerkennung auf den Personenstand des Kindes nach französischem Recht zu beurteilen, ob aber das Kind Name und Adel des Anerkennenden erworben, nach russischem Recht zu bemessen sei, und diesem sei eine Legitimation unehelicher Kinder in Gestalt der Anerkennung unbekannt.[36]) Wenn die Anerkennung eine Form der Legitimation ist, kann russisches Zivilrecht für jenen Fall keine Bedeutung beanspruchen. Sofern aber das russische Adelsrecht den Übergang des Standes auf derart legitimierte Kinder ausschlösse, so wäre dem Kind auch für Frankreich der Adel zu versagen.[37])

---

licher Verschiedenheit der Zuständigkeiten verwertbar) auch nach Reichsprivatrecht so übertragen werden sollen, wie sie nach partikularem öffentlichem Recht übertragen werden.

[35]) So im Ergebnis, aber freilich mit bedenklicher Begründung auch das Reichsgericht 7. V. 1880 Entscheidungen in Zivilsachen 2, 145, unter Zustimmung Gierkes, Jherings Jahrbücher 35, 148f., die (δός μοι ποῦ στῶ) nicht minder bedenklich begründet ist. Dagegen Dernburg Pandekten[6] 1, 102[12]: möglicherweise seien die Beteiligten doch ausländischer Staatsangehörigkeit gewesen?

[36]) Urteil vom 30. V. 1879 Journal 6, 391. Dazu Laurent, Droit civil international 5, 541ff. n. 259 und v. Bar, Theorie und Praxis 1, 540f., der Adelsfolge auf Grund des neuen Personalstatuts annimmt.

[37]) Nach Habicht, Internationales Privatrecht 118, 160 soll für die Adelsfolge der Ehefrau zunächst eine etwa vorhandene Kollisionsnorm des Landesrechts, subsidiär Art. 14 des Einführungsgesetzes zum BGB. (das Ehestatut) entscheiden; bei der Adelsfolge unehelicher Kinder soll schon nach der Eigenart

§ 29.

B. Die akademischen Grade.

1. Die rechtliche Eigenart. — 2. Verleihung. — 3. Anerkennung kraft Gewohnheitsrechts. — 4. Beschränkungen. — 5. Positive Vorschriften, insbesondere Genehmigung. — 6. Der zuständige Staat.

Die rechtliche Eigenart.

1. Verwandt dem Adel und gleich diesem in ihrer Eigenart durch die geschichtliche Entwickelung nachhaltig beeinflußt, bedeuten die akademischen Grade einen selbständigen Typus der Auszeichnungen. Die hohen Schulen, welche das neuerwachte Mittelalter ins Leben gerufen hatte, waren private Bildungen; das 13. Jahrhundert hat sie unter die Hoheit von Kaiser und Papst gebracht.[1]) Das *studium generale* — so lautet nun die technische Bezeichnung — bedarf einer Ermächtigung durch die höchsten Gewalten,[2]) und damit treten

des Rechtsverhältnisses das heimatliche Recht der Mutter zur Zeit der Geburt maßgebend sein. Meili 1, 257 scheint das Recht auf den Adel ohne weiters als ein Recht auf den Namen zu behandeln und unterstellt es demgemäß dem Personalstatut; vgl. dazu auch oben S. 314 Anm. 2.

[1]) Vgl. zum Folgenden die drei Hauptwerke H. Denifle, Die Entstehung der Universitäten des Mittelalters (1885) 1, 21 f. 723 ff. G. Kaufmann, Die Geschichte der deutschen Universitäten (1888/96) 1, 371 ff.; 2, 1 ff.; derselbe, Die Universitätsprivilegien der Kaiser, Deutsche Zeitschrift für Geschichtswissenschaft (1889) 1, 118 ff. H. Rashdall, The universities of Europe in the middle ages (1895) 1, 8 ff.

[2]) *Studium generale* ist zunächst die Schule mit großem Zulauf und ausgebildeten Lehreinrichtungen, der Ausdruck wird in diesem Sinn zuweilen auch noch später gebraucht (Erfurt 1366 Denifle 1, 407). Ganz regelmäßig aber wird darunter seit dem 13. Jahrhundert die mit päpstlichem oder kaiserlichem Privileg (wegen der Landesherren unten) ausgestattete Universität verstanden. Gegenstand des Universitätsprivilegs konnte zunächst die Verleihung bestimmter Vorrechte an Lehrer und Schüler sein; des weitern die besondere Erlaubnis, römisches Recht zu lehren, die im Anschluß an eine Konstitution Justinians gefordert wurde; endlich das Promotionsrecht. Während aber das erste dieser Privilegien Personen an der Anstalt, nicht der Anstalt selbst galt, auch die Erlaubnis, das römische Recht zu lehren, für den Begriff des studium generale nicht wesentlich sein konnte, da ein solches nicht alle Fakultäten umfassen mußte, scheinen für die ersten Zeiten päpstlicher und kaiserlicher Einflußnahme Universitätsprivileg und Verleihung des Promotionsrechts zusammenzufallen. Jedenfalls konnte nur ein studium generale Promotionen vornehmen; bezeichnend Orange 1365 bei Denifle 1, 468 [1011]. Im 14. Jahrhundert versucht man das Promotionsrecht als Gegenstand selbständiger Verleihung von dem allgemeinen Universitätsprivileg loszulösen (Kaufmann 1, 406 ff.; vgl. auch Zeitschrift 125 [1], 133 f.); Inhalt der allgemeinen Ermächtigung wird nunmehr eine unterrichtspolizeiliche Erlaubnis des Lehrbetriebs, mit der sich das Promotionsrecht nur regelmäßig verbindet. Die Möglichkeit einer „gewohnheitsrechtlichen" Entstehung von studia generalia vermochte man allerdings nicht in Abrede zu stellen; doch ist dabei die voluntaristische Konstruktion des Gewohnheitsrechts, wie sie im ganzen Mittelalter gebräuchlich war, zu beachten — *quia princeps patiendo videtur accomodare con-*

auch die eben zur Ausbildung gelangten Grade, die die Schule verleiht, unter ihre Herrschaft. Eben dies Ergebnis aber war schon durch die Eigenart dieser Grade bedingt, war sogar einer der Hebel, die Universitäten ihrerseits von Papst und Kaiser abhängig zu machen; denn wenn damals als der wesentliche Inhalt der Grade die *facultas ubique docendi* galt, so konnten nur die höchsten Gewalten der Christenheit diese Befugnis gewährleisten. Rückwirkend aber erscheint nunmehr die Graduierung als ein Vorrecht, das Kaiser und Papst den Universitäten zur Ausübung überlassen haben, das sie aber auch persönlich, auch durch einen andern, etwa den Hofpfalzgrafen, betätigen können. So ist die Verleihung der Grade zum Majestätsrecht geworden,[3]) und wo die Tradition ungebrochen weiter besteht, da promovieren die Hochschulen auch heute noch im übertragenen Wirkungskreis. Am andern Ende der Entwicklung stehen die Bildungsanstalten der Vereinigten Staaten. Zwar haben auch hier einige Universitäten noch zur englischen Zeit Privilegien erhalten, die das Promotionsrecht gewähren, „wie es die englischen Universitäten besitzen". Aber es ist kaum anzunehmen, daß auch der neue Staat ihnen gegenüber in die alten Majestätsrechte eingetreten ist, und die seither begründeten Anstalten verleihen die Grade unzweifelhaft zu eigenem Recht, in einigen Staaten unter amtlicher Überwachung, in anderen völlig frei, sofern es sich nur um eine Unterrichtsanstalt handelt, die — gewerbepolizeilich — in das Handelsregister eingetragen ist. Nicht das Recht des einzelnen, einen Grad zu führen, aber das im alten Europa für den Staat monopolisierte Recht, Grade zu verleihen, wird hier den Unterrichtsanstalten gegenüber freigegeben und zu deren Gunsten neu monopolisiert. Indessen auch diese Grade wird man (sofern nicht die Umstände des einzelnen Falls entgegenstehen) als wesensgleich den Graden der alten Universitäten ansehen dürfen. Die persönlichen Promotionen durch den Landesherrn oder den Hofpfalzgrafen sind auch in Europa längst wieder verschwunden, daß das Promotionsrecht der Universitäten auf landes-

---

sensum (Baldus f. 5a Const. Omnem § Haec autem tria n. 10). Baldus n. 4, 10f. will sogar für das Promotionsrecht, anders als für die Lehrerlaubnis, gewohnheitsrechtliche Entstehung ganz ausschließen; doch haben so fundierte Universitäten wie Oxford unangefochten von ihrem Promotionsrecht Gebrauch gemacht (dazu aber auch Rashdall 1, 16[2]). — Das rechtliche Verhältnis der Universitäten zu Kaiser und Papst ist sehr bestritten. Bei den abweichenden Anschauungen Kaufmanns kommt die juristische Würdigung der Sachlage merklich zu kurz; gegen ihn auch (nicht überall zutreffend) Rashdall 1, 13[1].

[3]) Baldus a. a. O. n. 4 und 10: *nam sine auctoritate imperiali vel apostolica nemo ad hanc dignitatem promovetur.* J. A. de S. Georgio f. 10b dist. 2 c. 5 Limnaeus 97 l. 8 c. 8 n. 6. Mendo 2 l. 1 q. 1 n. 4. Itterus 90 c. 5 § X. Ziegler 367 l. 1 c. 24 n. 1. Feltmann 493 l. 2 c. 8 n. 3. Naevius. Pfeffinger 3, 245 l. 3 tit. 2 § 56. Die späteren (Limnaeus, Ziegler) geben die bezeichnende Begründung, daß Quell aller Ehren der Landesherr sei.

herrlicher Übertragung beruht, ist selbst bei Staatsrechtslehrern in Vergessenheit geraten.[4]) Nach ihren Voraussetzungen und Zwecken aber ist die Einrichtung hier und dort die gleiche.

Noch weniger wird man eine Wesensverschiedenheit der Grade annehmen können, je nachdem sie von einer staatlichen oder doch öffentlichrechtlichen Anstalt oder von einer dem Privatrecht unterstehenden Schule verliehen sind. Zwar sind die alten Universitäten, an den Begriffen des heutigen Rechts gemessen, Körperschaften des öffentlichen Rechts gewesen, aber nicht in dieser Eigenschaft haben sie das Promotionsrecht besessen, sondern weil es Papst, Kaiser, Landesherr ihnen verliehen hatten. Diese aber konnten ihre Befugnisse auch jeder Privatperson übertragen, und so ist solche Unterscheidung schon nach dem geschichtlichen Begriff des Promotionsrechts hinfällig. Die Grade, welche die freien Universitäten Belgiens und wiederum die privaten Anstalten Amerikas gewähren, sind denen der Staatsuniversitäten gleichartig. Daß es keine Volluniversität sein muß, die den Grad verleiht, ergibt gleichfalls die geschichtliche Entwickelung, die *studia generalia,* aus einer einzelnen Fakultät bestehend, kannte. Heikler allerdings erweist sich die Frage, ob auch Grade, die von den überlieferten Formen abweichen, Doktoren der Zahnheil- und Tierarzneikunde, der Staatswissenschaften oder Naturwissenschaften, hieher gezählt werden dürfen. Man könnte geneigt sein, den Kreis mit den alten Fakultäten abzuschließen: aber es wird kaum ein Wissensgebiet geben, das sich nicht, wenn nicht in das Arbeitsgebiet der anderen, so doch in dasjenige der philosophischen Fakultät einbeziehen ließe. Dabei sind derlei Abspaltungen schon der alten Universitätsverfassung bekannt, aber freilich nur als partikulare Bildungen,[5]) und so wird man annehmen können, daß solche Neubildungen zwar für den gewährenden Staat, aber nicht ohne weiters für andere Staaten unter den geschichtlichen Typus fallen.

Nach ihrem Inhalt bedeuten die Grade zunächst die Bestätigung erfolgreichen Studiums, verbunden mit der Verleihung einer Lehrbefugnis. Mit der Errichtung besoldeter Professuren ist diese Lehrbefugnis in den Hintergrund getreten und heute im wesentlichen verschwunden. In ihrer Oberstufe aber, dem Doktorat, brachte der Erwerb einer solchen Lehrberechtigung so beträchtliches Ansehen, daß schon im 14. Jahrhundert dieser Gesichtspunkt den Ausschlag gibt: das Doktorat wird gleich dem Adel eingereiht unter den Oberbegriff der *dignitas*[6]) und ist bis heute die höchste akademische

[4]) Bornhak, Preußisches Staatsrecht 1, 471!

[5]) Vgl. etwa F. K. v. Savigny, Geschichte des römischen Rechts im Mittelalter[2] (1834) 3, 207; Rashdall 2, 458. — Die Scheidung des *doctor juris civilis* und *juris canonici* gehört dem gemeinen Recht an.

[6]) Bartolus, De novo Codice faciendo l. 1 n. 10ff.; auch C. 1, 9, 17. Zahlreiche weitere Literatur bei Lancellottus f. 7a l. 1 § 1 vers. Gladium

„Würde“ geblieben; auch die wirtschaftliche Nutzbarkeit der Stellung ist nur eine Folge der eigentümlichen ihr anhaftenden sozialen Geltung. Zum Teil dasselbe gilt für die Abspaltung des Lizentiatengrades. Die Unterstufe des Baccalaureus hat eine gesellschaftliche Bedeutung nur in geringem Umfang bewahrt und ist vorzugsweise zur Bezeichnung für den erfolgreichen Besuch einer Lehranstalt, insbesondere auch einer Mittelschule geworden. Der Grad nun gewährt einen Status, verbunden mit einem Titel und möglicherweise mit irgend welchen akzidentellen Vorrechten. Anders jedoch als beim Adel besteht dieser Status nicht gegenüber dem Staat, sondern gegenüber der promovierenden Schule, vielleicht als Zugehörigkeitsverhältnis zu einer Stiftung des Privatrechts oder sogar zu einer unselbständigen Anstalt im Eigentum eines Privaten; und nur mittelbar wird dort, wo die Promotionen auch jetzt noch in Vertretung des Landesherrn geschehen, gleichzeitig ein Zugehörigkeitsverhältnis zum Staat begründet. Für das öffentliche Recht muß demnach ein anderes den Ausschlag geben: die Anerkennung, welche der Staat dem von der Schule verliehenen Grad gewährt, oder, von seiten des Graduierten, sein subjektives öffentliches Recht, den Grad zu führen. Hier liegt zugleich der Unterschied gegenüber der bloßen Prüfungsurkunde: die Prüfungsurkunde bezeugt, die Verleihung des Grades gewährt.

Verleihung.

2. Im Verhältnis von Staat zu Staat hat die Verleihung der akademischen Grade zu ähnlichen Fragen geführt wie diejenige des Adels. Als Ausübung eines landesherrlichen, nicht auf die Universitäten beschränkten Rechts konnten Promotionen auch außer Landes vorkommen, bis die zum Bewußtsein gelangte Gebietshoheit solche Verwaltungsakte in fremdem Gebiet auch hier für unzulässig erklärte.[7]) Selbst die Frage, wem die Würde verliehen werden kann, wollte man vereinzelt wie beim Adel beantworten. Erklärt doch Cocceji,[8]) die Verleihung an einen Ausländer sei unstatthaft, *cum et illa sit perpetua qualitas et jus personae in perpetuum*

n. 23 ff. Es ist zunächst die tatsächliche Übung der Berechtigung, das *officium* des Lehrers, an das die *dignitas* angeknüpft wird. Späterhin hat sich die Würde verselbständigt, wie insbesondere die *doctores bullati* zeigen (darüber unten Anm. 19), die, vom Lehramt ausgeschlossen, um des gesellschaftlichen Ansehens willen ernannt werden.

[7]) Feltmann 502 ff. l. 2 c. 9 nn. 6 und 19, 7 und 20, auch 22.

[8]) 720 tit. 5 n. 12; vgl. oben S. 294. Die Erörterung springt von der Frage, ob der Grad einem Ausländer verliehen werden dürfe, über auf die andere, ob der Grad, den ein Inländer im Ausland erworben hat, anerkannt werden müsse. Darum ist auch die Berufung auf die Reichskammergerichtsordnung, nach der nur, wer auf einer kaiserlichen Universität promoviert hat, als Richter zugelassen werden soll, nicht schlüssig.

cohaerens. Aber die Behauptung stand in allzu schroffem Widerspruch zu den Tatsachen, die seit frühester Zeit fremde Scholaren im Universitätsverband kannten und — schon die Authentica Habita Friedrich Rotbarts beweist es — rechtlich gleichstellten, und so muß selbst Cocceji zugeben, daß die Gepflogenheit eine andere sei, und sie sei auch nicht zu mißbilligen.

Die überstaatlichen Rechte des Kaisers[9]) haben das Mittelalter kaum überdauert, und wenn auch späterhin öfter die Aufstellung begegnet, nur Kaiser und Papst könnten promotionsberechtigte Anstalten begründen, so bezieht sich das auf die Verhältnisse des Reichs und sollte die Ansprüche der deutschen Territorialherren ausschließen. Länger haben sich die Rechte des Papsttums behauptet. Noch im 17. Jahrhundert sind auf katholischer Seite Theorien lebendig, die erklären, eine jede Universität müsse die päpstliche Bestätigung besitzen; es handle sich dabei um kirchliche Angelegenheiten.[10]) Wenn dem von protestantischer Seite entgegengetreten wird,[11]) so hat doch das Bedürfnis, den Graden einer Universität allseitige Anerkennung zu sichern, erstaunlich lange zugunsten des Papsttums gewirkt. Es ist nicht nur der Jesuit Mendo (a. a. O.), der erklärt: *quippe interveniente pontificis confirmatione studium fit generale non solum respectu regni, in quo situm est, sed respectu universae ecclesiae*; auch der Kurfürst von Brandenburg hat noch 1696 bei Gründung der protestantischen Universität Halle ein päpstliches Privileg nachgesucht.[12]) Im übrigen werden dem Papst für sein Gebiet die Rechte eines jeden Landesherrn eingeräumt,[13]) und auch heute, nach dem Verlust der

---

[9]) Siete Partidas p. 2 tit. 31 ley 1 (ed. Paris 1851 2, 353): *et este estudio (general) debe seer establecido por mandado de papa ó de emperador ó de rey.* Stiftungsbriefe bei Denifle 1, 782: sei dem Kaiser *totius orbis monarchia* übertragen, so sei es seine Aufgabe *universo mundo consulere* usw. Vgl. noch Lenauderius (Franzose) f. 4a pars 1 q. 1.

[10]) Vgl. ihre Bekämpfung bei Limnaeus 12 f. l. 8 c. 1 n. 40 ff.; Itterus 79 ff. c. 5 § V ff.; Ziegler 363 l. 1 c. 23 n. 10. Selbst der Spanier Mendo 52 l. 1 q. 8 § II n. 240 sieht in solcher Bestätigung nur ein Gebot der „Schicklichkeit“.

[11]) Immerhin finden sich selbst hier in den ersten Zeiten nach der Reformation Vertreter des päpstlichen Rechts, Universitäten zu gründen und Grade zu verleihen: Stephani, De jurisdictione l. 3 part. 1 c. 3 n. 76; part. 2 c. 2 n. 11 ff.; Discursus 8 n. 8, 10; Cluten thes. 21 lit. e.

[12]) Kaufmann Zeitschrift 165. — Eine empfindliche Verlegenheit entstand auch bezüglich der seither protestantisch gewordenen Universitäten, die sich ausschließlich auf ein päpstliches Privileg berufen konnten. Man wollte ihr Promotionsrecht nicht in Abrede stellen und half sich insbesondere mit der Behauptung, der Papst habe bei der Erteilung des Privilegs als Stellvertreter des Kaisers gehandelt, vgl. (außer Stephani disc. 8 n. 10) Lansius 7, Itterus, Ziegler a. a. O. n. 8; für die Geltung auch Limnaeus, Speidel 14 v° academiae. Der Papst war eben nach dem zur Zeit der Verleihung geltenden Recht reichsstaatsrechtlich befugt, das Privileg zu gewähren.

[13]) Limnaeus, Itterus, Ziegler a. a. O.

weltlichen Gewalt, wird das Promotionsrecht der päpstlichen Bildungsanstalten in der Stadt Rom anzuerkennen sein, da der Papst durch Art. 13 des Garantiegesetzes selbst Italien gegenüber die Hoheit über diese Bildungsanstalten bewahrt hat.

Auf der andern Seite hat sich die Hoheit der selbständigen Landesherren über Schulen und Grade zunächst außerhalb der gemeinrechtlichen Lehren Bahn gebrochen und ist mindestens im 17. Jahrhundert zu unbestrittener Geltung gelangt.[14])

Anerkennung kraft Gewohnheitsrechts.

3. Im Mittelpunkt der internationalrechtlichen Fragen, welche sich an die akademischen Würden knüpfen, steht die Anerkennung auswärts erworbener Grade. Anders als beim Adel aber handelt es sich hier nicht nur um Anerkennung von Staat zu Staat, sondern auch von Schule zu Schule — gleichfalls eine Angelegenheit des internationalen Verwaltungsrechts, wenn die Schule dabei als juristische Person des öffentlichen Rechts auftritt und über die Anerkennung als eigene Angelegenheit entscheidet. Auch hier ist vorweg zu unterscheiden nach dem Zusammenhang, in dem sich die Frage nach der Anerkennung ergibt. Wie der Adelige war auch der Doktor Träger mannigfacher akzidenteller Vorrechte, hatte ein besonderes Nießbrauchsrecht am Vermögen seiner Kinder oder Exekutionsprivilegien, und es ist klar, daß es der über die Zwangsvollstreckung, über das Familiengüterrecht entscheidenden Rechtsordnung zukommen muß, zu bestimmen, ob ein Doktor, und welche Doktoren solche Vorrechte genießen sollen.[15]) Dasselbe gilt für die häufig an den Grad geknüpfte Befugnis, Berufsrechte auszuüben, zumal die ärztliche Praxis zu betätigen.[16]) Das alles kommt hier nicht in Betracht, wo nur die

---

[14]) Wird schon in Anspruch genommen in den Siete Partidas s. oben. Anerkannt bei Stephani disc. 8 n. 9, Limnaeus n. 35 f., Mendo, Arnisaeus l. 2 c. 6 n. 14, Itterus c. 5 § I, Ziegler n. 4, Speidel. — Zu lebhaftem Streit haben die Grade der Universität Leyden geführt, die 1575 von den vereinigten Niederlanden begründet worden war, ohne Bestätigung durch Kaiser oder Papst einzuholen. Die Frage wurde verwickelter, weil auch die Unabhängigkeit der Niederlande damals von seiten des Reichs noch nicht anerkannt war. Vgl. Limnaeus n. 39; Lansius 6 ff.; Itterus c. 5 § II—IV; Speidel; Feltmann l. 2 c. 8 n. 2, 5, 11—13, 17; Hertius s. 4 § 16; Naevius.

[15]) Grundsätzliche Gleichberechtigung nach Itterus c. 5 § III, und zwar Zulassung zu den Privilegien des örtlichen Rechts, nicht des Rechts im Lande der Verleihung. — Die kaiserlichen und päpstlichen Promotionsprivilegien gewähren noch im 18. Jahrhundert dem Promovierten von sich aus alle irgendwo für die Doktoren begründeten Vorrechte!

[16]) Belgisches Gesetz über die akademischen Grade 10. IV. 1890 Art. 50 (Pandectes belges 36, 943 v° enseignement supérieur): die Regierung kann Personen, die im Ausland das Diplom eines Lizentiaten, Doktors, Apothekers oder einen gleichwertigen Titel erhalten haben, Dispens gewähren, *pour autant*

soziale Geltung der akademischen Grade in Frage steht. Indessen ist unter diesen Berufsrechten eines, das früher für diese Grade begriffswesentlich war, und an dem ihre Anerkennung gerade zur Ausbildung gelangt ist: die Lehrberechtigung des Graduierten, insbesondere des Doktors.

Waren die Doktoren der großen Universitäten anfänglich auf Grund ihres Ansehens anderwärts vorbehaltslos als Lehrer aufgenommen worden, so sind es seit dem 13. Jahrhundert Papst und Kaiser, die den Promovierten ermächtigen, *hic et ubique locorum* zu lehren, und noch im 18. Jahrhundert ist die Formel in Übung.[17]) Die Lehre von der Allgemeingültigkeit rechtmäßiger Promotionen hat als theoretisches Postulat allerwärts Aufnahme gefunden[18]) und ist in der Praxis zu

---

que ce diplôme ou ce titre leur confère le droit d'exercer, dans le pays où il a été délivré, l'art ou la profession auxquels doit correspondre la dispense. Österreich Ministerialerlaß 6. VI. 1850 § 5 (Akademische Monatsschrift 1851 3, 457): solange die medizinisch-chirurgischen Doktoratsprüfungen in Österreich zugleich Staatsprüfungen sind und das Diplom Berechtigung zur Praxis gibt, kann einem auswärtigen Diplom nicht gleiche Wirkung eingeräumt werden. Brunet, Annexion de la Savoie 40, Verordnung 24. X. 1860: medizinische Doktordiplome, die Angehörige der annektierten Provinzen an sardinischen Universitäten erworben haben, werden als gleichberechtigt anerkannt und gewähren dem Inhaber die in Frankreich mit einem solchen Diplom verbundenen Rechte.

[17]) Zuerst in dem päpstlichen Privileg für Toulouse 1233 und in der Folge regelmäßig in den päpstlichen und kaiserlichen Privilegien für Universitäten und Hofpfalzgrafen, wie auch in den Doktordiplomen, vgl. Denifle, Kaufmann, Rashdall a. a. O.; die ältesten juristischen Diplome bei Savigny 3, 712 715 716; Pertile, storia del diritto italiano [2] 2 II, 28[110]; vgl. auch Bartolus in Digestum Vetus Const. Omnem § 7 n. 3. Noch 1704 verleiht Kaiser Leopold den Fürsten von Peschiera das Promotionsrecht (Lunig 2, 663): *qui quidem doctoratus titulo a vobis donati libere possint et valeant in omnibus civitatibus et ubilibet terrarum omnes actus doctorales legendi docendi etc. facere.* Päpstliche Privilegien für die Universitäten Caracas (Venezuela) 1722, Cervera (Spanien) 1730 (Bullarium Romanum, ed. Taur. 21, 923; 23, 204): die Graduierten sollen Lehrbefugnis *etiam in omnibus aliis studiorum generalium universitatibus* besitzen. Auch nach Pfeffinger l. 4 tit. 10 § 10 (1712) werden an „solenneren Akademien" Titel und Grade *honore et jure ubique valituro* erteilt. Es ist ein letzter Nachklang dieser Anschauungen, wenn Roesler in der Beilage zur Allgemeinen Zeitung 28. VIII. 1877 dem preußischen Kultusministerium das Recht bestreitet, außerpreußischen Graden die Anerkennung zu versagen, weil es sich bei dem Promotionsrecht nicht um eine „territoriale Landessache", bei den Universitäten um „Korporationen von universellem Rechtscharakter" handle.

[18]) Sie ist ein Stück des „gemeinen Universitätsrechts" geworden, und so beanspruchen im Mittelalter auch landesherrliche, ja städtische Universitäten, die *facultas ubique docendi* zu übertragen; Fälle bei Kaufmann 1, 368 vgl. auch 394 f.; Rashdall 2, 725 (anders nach Angabe Rashdalls 1, 16[2] in Oxford). Jedenfalls aber scheint es mir eine unhistorische Auffassung zu sein, wenn Rashdall 1, 12 ff., schon für das Mittelalter von der säuberlichen Aufteilung ausgeht, die Promotionen kaiserlicher und päpstlicher Schulen hätten allerwärts, diejenigen landesherrlichen Anstalten nur *respectu regni* gelten wollen.

tausendfältiger Anerkennung gelangt; immerhin haben die großen Universitäten, Paris und Bologna, später auch andere, die Aufnahme fremder Doktoren in den Lehrkörper verweigert, sie wird von der Wahrung der Gegenseitigkeit, von dem Ruf der promovierenden Universität abhängig gemacht,[19]) und in neuerer Zeit hat sich diese Abschließung gesteigert;[20]) ja es wird als Voraussetzung der Lehrtätigkeit sogar eine vorgängige „Inkorporation" oder „Nostrifikation" gefordert, die, von dem Ermessen der aufnehmenden Universität abhängig, den fremden Grad in einen solchen der aufnehmenden Universität verwandelt.[21]) Einen wesentlichen Anteil an dieser Um-

[19]) Vgl. besonders Kaufmann 1, 366 ff.; Rashdall 1, 16. Über die Leydener Doktoren in Frankreich unten S. 340. Beschränktere Lehrbefugnis der Baccalaureen Mendo l. 1 q. 11 n. 293. Grundsätzlicher Ablehnung begegnet die Lehrbefugnis der durch die päpstlichen und kaiserlichen Vertreter (Hofpfalzgrafen) promovierten *doctores bullati*; vgl. dazu J. Ficker, Forschungen zur Reichs- und Rechtsgeschichte Italiens (1869) 2, 107; Pertile, storia[2] 2 II, 43[6]; Kaufmann 2, 316; Mendo l. 1 q. 12 n. 306. — Parallele Fragen ergeben sich für die Anrechnung der Studienzeit, Kaufmann 1, 370[4] 2, 272; für die Gleichstellung der Prüfungen Feltmann l. 2 c. 9 n. 21; für die Anerkennung der niederen Grade als Voraussetzung für den Erwerb der höheren Kaufmann 1, 371, Mendo l. 1 q. 10 n. 288 (vgl. auch oben S. 206 Anm. 15).

[20]) Für die Gegenwart hat die Frage — im Bereich der deutschen Universitätsorganisation — die Gestalt angenommen, ob auf Grund einer Promotion die Habilitation als Privatdozent erfolgen kann (wobei die Anerkennung allerdings nur eine der für die Habilitation geforderten Voraussetzungen feststellt). Unter den Universitäten deutscher Sprache (Materialien bei P. Daude, Die Rechtsverhältnisse der Privatdozenten 1896) wird eine Verpflichtung, Promotionen anderer Universitäten ohne Nachprüfung zuzulassen überhaupt nicht anerkannt in den Statuten der Greifswalder Theologen, der Heidelberger Juristen und Mediziner, nach der Habilitationsordnung der Münchener Juristen; auf die Universitäten des gleichen Bundesstaats beschränkt in sämtlichen Fakultätsstatuten von Berlin, Bonn, Königsberg, dem Universitätsstatut Halle, bei den Theologen beider Konfession und Juristen von Breslau. Den Grad einer deutschen Universität lassen gelten die Universitäten Marburg, Tübingen, Gießen, die Fakultäten von Kiel, die staatswirtschaftlichen Fakultäten Bayerns, die Philosophen von Leipzig; Halle Philosophen, München Mediziner, Leipzig und Freiburg Juristen stellen die Universitäten deutscher Zunge gleich, Würzburg Mediziner die deutschen, österreichischen und schweizerischen Universitäten; die philosophische Fakultät Würzburg aber respektiert den „an einer deutschen oder gleichstehenden auswärtigen Universität" erworbenen Grad.

[21]) Vgl. über diesen juristisch wenig beachteten Begriff Mendo l. 1 q. 10 n. 287; Kaufmann 2, 273[1]. Dazu oben S. 311. Der gegenwärtige Sprachgebrauch der deutschen Universitäten ist sehr unsicher. Für einen Teil der Satzungen bedeutet Nostrifikation eine Naturalisation des Grades bei der Universität, die mit oder ohne vorgängige Auflage einer wissenschaftlichen Sonderleistung (meist Kolloquium) gewährt wird. Vgl. besonders Halle Theologen: „erkennt die Fakultät, daß der an einer anderen Universität erworbene Grad . . rite erworben sei . . so wird der Grad ohne weitere Prüfung als gültig anerkannt (nostrifiziert). Wo nicht, so muß sich (der Kandidat) . . wenigstens einem Kolloquium zum Behufe der Nostrifikation unterziehen." Ähnlich Bonn, Königsberg alle Fakultäten, Greifswald und Breslau

bildung besitzt die Veränderung der staatsrechtlichen Anschauungen, die überstaatliche Befugnisse von Papst und Kaiser ausschließen, insbesondere aber von seiten des Staats aus die Behandlung des Lehramts an Universitäten als eines staatlich geregelten Berufes,[22]) und für die Gegenwart kann jedenfalls von einer allseitigen Lehrbefugnis der Doktoren keine Rede sein.

Allein wie früher gezeigt, die Lehrbefugnis hat sehr bald aufgehört, den einzigen Inhalt der akademischen Grade zu bilden. Sie wurden zur *dignitas*, erst im Anschluß, später neben dem Lehrrecht, und mit der universellen Anerkennung der Lehrbefugnis hat auch die soziale Geltung der Grade universelle Anerkennung gefunden. Als die *facultas ubique docendi* ins Wanken geriet, war diese Anerkennung der sozialen Geltung tief genug eingewurzelt, um nunmehr selbständig weiterzubestehen. Man trennt jetzt zwischen Anerkennung des Grads als Auszeichnung und Zulassung zum Lehramt. Die umstrittenen Grade der Universität Leyden zu sichern, haben die Niederlande 1596 einen Staatsvertrag mit Frankreich geschlossen, nach dem die Leydener Doktoren in Frankreich zwar nicht als Professoren zugelassen, im übrigen aber in ihrem Grad anerkannt werden sollten.[23]) Im folgenden Jahrhundert liest man bei Itterus: wenn Cöln auswärtige Doktoren nicht als Professoren aufnehme, so

---

evangelische Theologen. In anderen Satzungen hingegen ist die Bezeichnung an der besonderen Auflage haften geblieben, die zum Zweck der Nostrifikation gefordert werden konnte. Auch hier zwar muß die Anschauung vormals lebendig gewesen sein, daß niemand ohne Einbürgerung seines Grads an einer Universität lehren dürfe. Aber als rechtliches Erfordernis ist die Einrichtung abgestorben, die Nostrifikation ein fakultatives Examen für auswärts Graduierte geworden, das ihre wissenschaftliche Reife feststellen soll und nur nach seiner geschichtlichen Herkunft sich von Prüfungen unterscheidet, die auch anderwärts für diesen Zweck vorgesehen sind. So Straßburg Juristen: „hat der Kandidat die Doktorwürde von einer andern Universität erworben, so kann die Fakultät vor allem weiteren die Nostrifikation desselben verlangen. Dieselbe besteht in einem mündlichen Examen vor der Fakultät". Ähnlich Breslau katholische Theologen, Juristen, Philosophen, vgl. auch die Mediziner, und etwas abweichend Halle Philosophen und Marburg Mediziner. In Österreich hat der Ministerialerlaß von 1850 (zit. oben Anm. 16) an der Bedeutung der Nostrifikation als einer Einbürgerung des Grads festgehalten, während die Ministerialverordnung vom 11. II. 1888 ihrer nicht mehr Erwähnung tut. Über Umwandlung in den Niederlanden Minerva (1893) 2, 16. Die zunehmende Verstaatlichung der Universitäten hat auch auf ihre Abschließung gegen fremde Grade eingewirkt. Unter den Statuten der ersten Gruppe sind es nur Greifswald und Halle, die an einer Notwendigkeit der Einbürgerung gegenüber jedem fremden Grad festhalten; die übrigen Quellen fordern sie nur, wenn der Grad von der Universität eines anderen Staates erteilt ist.

[22]) Unter diesem Gesichtspunkt hat schon Friedrich II. in seinem immer wieder überraschenden Staatsgefühl bei Gründung der Universität Neapel fremde Promotionen von der Anerkennung ausgeschlossen. Vgl. Kaufmann 1, 370.

[23]) Meteren 990 l. 18 ad a. 1596. Dazu oben Anm. 14.

folge daraus nicht die Illegitimität ihrer anderwärts erworbenen Grade; werde jemand auf Grund örtlichen Rechts nicht zu bestimmten Ämtern zugelassen, so könne er trotzdem das „gemeine Recht der Doktoren" genießen; das Kammergericht schließe die Doktoren anderer als kaiserlicher Universitäten von dem Beisitz aus, *quos tamen alias legitimos credit suisque pares habet Germania* [24]).

Die weitere Entwickelung vollzieht sich nunmehr völlig parallel wie beim Adel und in beabsichtigter Gleichstellung der beiden Auszeichnungen. Auch hier tauchen noch einmal staatsrechtliche Schwierigkeiten auf. Wenn ein fremder Staat einer Universität das Promotionsrecht gewährt, so können deren Grade doch nur *respectu regni* wirken? [25]) das Inland kann nicht verpflichtet sein, einem fremden Willen nachzugeben. [26]) Aber der eigene Wille des Inlands ist es, der hier Anerkennung schafft: *communi christiani orbis consensu tacite jam in eam discessum sententiam, ut quicunque in aliqua a summo aliquo principe instituta academia titulum aliquem scholasticum legitime acquisivit, is passim pro tali graduato in ceteris regnis ac provinciis christianis habeatur.* [27]) So besteht also auch hier ein Gewohnheitsrecht, das zur Anerkennung fremder Grade nötigt, wo ihm nicht durch besondere Satzung derogiert ist. Verpflichtet aus diesem Gewohnheitsrecht ist der Staat: es handelt sich nunmehr um ein Recht auf Führung der Grade, das nur der Staat gewährleisten kann. [28])

---

[24]) c. 5 § III. Vgl. auch Naevius a. a. O.

[25]) Lansius 7; Mendo l. 1 q. 8 n. 240.

[26]) Lansius; Feltmann l. 2 c. 8 n. 8 und besonders Itterus c. 5 § IV im engen Anschluß an die oben S. 301 f. mitgeteilten Ausführungen Pufendorfs.

[27]) So Lansius a. a. O. und ihm folgend Itterus c. 5 § IV; c. 14 § II. Auch hier wieder die verschiedenen Schattierungen. Feltmann a. a. O. n. 9, 10: fremde Grade auszuschließen, wäre nicht klug und würdig; Hertius s. 4 § 16: ihre Anerkennung beruht auf *mutua conniventia;* Naevius: sie ausschließen verletzt das Völkerrecht.

[28]) Allerdings kommen Rechtsfragen über die soziale Geltung der Grade auch gegenüber den Universitäten vor. Aber es handelt sich dabei nicht um das Recht auf den Grad im allgemeinen, sondern um das besondere Verhältnis des Graduierten zur Universität, die innerhalb ihrer Autonomie immerhin von einer sonst begründeten Gleichstellung abweichen mag. So wird der Vortritt des einheimischen Lizentiaten vor dem auswärtigen Doktor behauptet in Salamanca (Mendo l. 1 q. 10 n. 288), verneint von einem Gutachten der Wittenberger Juristenfakultät für Leipzig (Ziegler l. 1 c. 24 n. 16). Einen andern Streitpunkt bildet die Anrechnung des Promotionsalters für auswärts Graduierte, vgl. Kaufmann 2, 272[1] (in Cöln Anrechnung bei Gegenseitigkeit) 273. Ein kursächsisches Reskript von 1667 (Ziegler a. a. O. n. 14) erklärt: *in actibus academicis* sollen die Leipziger Doktoren den Vortritt haben, bei anderen *actus publici* aber solle die Doktoren, ob sie den Grad in Leipzig oder anderwärts erlangt haben, nach dem Alter ihrer Promotion gehen und sitzen.

Beschränkungen.

4. Das Gewohnheitsrecht, nach dem fremde Grade anzuerkennen sind, gilt nur für die üblichen Grade, die in regelrechter Art verliehen sind; die Führung nicht anerkannter Grade aber ist keine rechtlich gleichgültige Handlung, sondern, wo immer man die Einrichtung der Grade überhaupt kennt, verboten. Daß der Grad von einer staatlichen Lehranstalt verliehen wäre, kann — s. oben S. 334 — nicht gefordert werden,[29]) und auch an dem Erfordernis, daß die Universitäten mit dem Grad eine staatliche Auszeichnung verleihen, wird nach den früheren Ausführungen nicht festzuhalten sein. Ebensowenig kann die Anerkennung davon abhängig gemacht werden, daß der Grad von einer Volluniversität, nicht von einer auf ein einzelnes Wissensgebiet beschränkten Lehranstalt verliehen worden ist. Aber allerdings hier wird praktisch, daß ein Staat neue Arten von Graden wie den *Dr. med. vet.* oder den *Dr. ing.* auf eigene Gefahr gewährt. Sie bedeuten für den verleihenden Staat eine Ausgestaltung der ursprünglichen Einrichtung der akademischen Grade; für andere Staaten aber kann hier ein Zusammenhang mit den alten Graden nur dann gegeben sein, wenn auch bei ihnen eine gleiche oder ähnliche Fortbildung stattgefunden hat. Wie solche besonderen Grade einstmals nicht die Lehrberechtigung geben konnten für Universitäten, an denen ein entsprechender Lehrgegenstand gar nicht bestanden hat, so wird auch heute ein ausländischer Grad nicht auf Anerkennung rechnen können, wenn der beteiligte Staat Grade gleicher oder ähnlicher Art nicht kennt. Die deutschen Gerichte scheinen in dem Jahrzehnte lang geführten Kampf gegen den amerikanischen *Doctor of Dental Surgery* von diesem Argument kaum Gebrauch gemacht zu haben; dagegen haben sich 1905 die deutschen Re-

[29]) So auch J. A. Zehnter in seinem inhaltreichen Buch, Die Führung zahnärztlicher Titel[2] (1906) 65, mit der freilich irrigen Begründung, die Anstalten würden durch den Erwerb des Verleihungsrechtes vom Staat selbst zu Anstalten des öffentlichen Rechts; sie üben damit nur als Personen des Privatrechts eine öffentlichrechtliche Funktion, und auch dies trifft für die Anstalten der Vereinigten Staaten nicht zu, die (vgl. früher) das Promotionsrecht nicht als staatliches Recht betätigen. Gegen die Forderung, daß der Grad von einer staatlichen Anstalt verliehen sein müsse, auch das Oberlandesgericht Karlsruhe 4. XI. 1901 bei Zehnter 65ff. — Bei dem Versuch, die zahnärztlichen Grade der Vereinigten Staaten unter dem Gesichtspunkt des unlauteren Wettbewerbs zu bekämpfen (vgl. unten S. 348), ist mehrfach die Behauptung aufgestellt worden, das deutsche Publikum nehme an, daß auch ausländische Grade von Anstalten des öffentlichen Rechts verliehen seien; so die Oberlandesgerichte Dresden und Kassel bei Zehnter 135ff., vgl. auch Jena ebenda 130; dagegen jedoch P. in der Beilage zur Allgemeinen Zeitung 26. IX. 1906 und nunmehr im Anschluß an die Vorinstanz das Reichsgericht 25. X. 1907 Deutsche Juristenzeitung 1908, 193.

gierungen geeinigt, auswärtigen Graden nur Anerkennung zu gewähren, wenn sie deutschen Graden gleichartig sind.[30])

Die wichtigste Beschränkung, welche der gewohnheitsrechtlichen Anerkennung fremder Grade entgegentritt, ist die Forderung, daß die Würde von einer dazu geeigenschafteten Anstalt unter Auferlegung ausreichender wissenschaftlicher Proben in ordnungsmäßigem Hergang verliehen worden ist, eine Forderung, die schon im Mittelalter nachdrücklich geltend gemacht wird.[31]) Die eben genannte Verständigung von 1905 erklärt nur diejenigen Grade des Auslands für gleichwertig, die nach neunjähriger Mittelschulbildung und Durchführung der vorgeschriebenen Studien auf Grund einer mündlichen Prüfung und einer gedruckten Dissertation erworben sind. In Deutschland hat hier der philosophische Doktor mancher Universitäten Erörterungen und Maßregeln veranlaßt.[32]) Und zumal bei den zahnärztlichen Graden der Vereinigten Staaten hat sich die Notwendigkeit ergeben, Verleihungen durch Schwindelinstitute von der Anerkennung auszuschließen.[33])

---

[30]) Münchner Neueste Nachrichten 7. VII. und 22. IX. 1905. Insbesondere sollen zahnärztliche und tierärztliche Doktortitel nicht mehr anerkannt werden, letzteres ausgenommen in Hessen, das gleichfalls den tierärztlichen Doktor verleiht. Abweichend für den zahnärztlichen Doktor in Bayern Zehnter 55f. Einen „Doktor der Naturwissenschaften", vielleicht auch einen „Doktor der Chemie" wird man in Deutschland angesichts der Zweiteilung der philosophischen Fakultät, gegenüber der tatsächlichen Beschränkung philosophischer Promotionen auf bestimmte Wissenszweige wohl als gleichartig anerkennen müssen. Die Vereinbarung von 1905 beruht übrigens auf dem neuen Rechtszustand (s. unten), der die Anerkennung fremder Grade in das freie Ermessen der Regierungen stellt.

[31]) Zunächst mit Rücksicht auf die Lehrbefugnis. Hieher Kaufmann 2, 272; Rashdall 1, 16. Wegen der *doctores bullati* oben Anm. 19. Die deutschen Statuten über Habilitation verlangen ganz allgemein, daß der Grad *„rite"* erworben sein müsse (Halle Theologen: „nach den allgemein geltenden Vorschriften"), manchmal, daß er auf Grund einer besonderen mündlichen Prüfung (München, Würzburg, Juristen und Staatswirtschaftler), einer Dissertation (München Mediziner) oder beider (München Theologen, Philosophen, Halle Theologen) erteilt sei. — Ausschluß mit Rücksicht auf die ärztliche Praxis Pertile, Storia 2 II, 34[181]; auch Catellani (zit. oben S. 208 Anm. 20) 276. — Ausschluß der Würde als solcher Itterus c. 14 § II; Cocceji tit. 5 n. 12.

[32]) Mommsen, Preußische Jahrbücher (1876) 37, 17ff. 335ff. Preußen Ministerialerlaß 7. III. 1877, Zentralblatt für die Unterrichtsverwaltung 133, und gegen ihn Rösler, Beilage zur Allgemeinen Zeitung 28. VIII. 1877 (vgl. oben Anm. 17 und unten S. 347). Bayern Ministerialbekanntmachung 29. IV. 1903 Weber Gesetzsammlung 32, 451. Verständigung zwischen Preußen und Bern, Hochschulnachrichten April 1906.

[33]) Der Kampf gegen diese Anstalten war lange lahmgelegt durch eine Entscheidung des preußischen Obertribunals vom 29. XI. 1877 (Oppenhoff Rechtsprechung 18, 745), die es für unzulässig erklärt, nachzuprüfen, ob eine Schule die Voraussetzungen, die ihr Heimatstaat für Graduierungen aufstellt, auch wirklich erfülle. Erst 1900 haben das Oberlandesgericht Cöln (Zehnter

Endlich kann ein Grad zwar an sich alle Voraussetzungen für eine Anerkennung erfüllen, aber die Gefahr, daß er mit anderen durch das Inland geschützten Graden verwechselt würde, mag wie beim Adel (oben S. 312 f.) zu der Auflage veranlassen, daß die Bezeichnung in bestimmter Form, mit gewissen Zusätzen oder vorgeschriebenen Abkürzungen geführt werde.[34]) Dagegen kann die Gefahr, daß ein sonst anzuerkennender Grad mit einem solchen des Inlands verwechselt würde, nicht dazu führen, ihn ohne weiters von der Anerkennung auszuschließen; besteht überhaupt ein Anspruch auf Anerkennung, so bedarf es einer Rechtsänderung, diesen Anspruch zu beseitigen. Als ein älterer preußischer Erlaß aus solchen Gründen den Ärzten untersagte, auswärtige medizinische Grade ohne Genehmigung zu führen, haben die preußischen Gerichte dem die Folge verweigert.[35])

Positive Vorschriften, insbesondere Genehmigung.

5. Gründet sich das Recht auf Führung fremder Grade vorwiegend auf jenes oben erwähnte Gewohnheitsrecht, so beruht es zuweilen auch auf besonderer Satzung. Es kommen Staatsverträge vor, welche

---

62 f.), das Oberverwaltungsgericht (Entscheidungen 38, 287) und in einer nichtpreußischen Sache das Reichsgericht (Zehnter 132 ff.) bei nachgewiesenem Mißbrauch die Anerkennung versagt; vgl. das zusammenfassende Schreiben des preußischen Unterrichtsministers bei Zehnter 57 ff. Zehnter selbst 61 ff. glaubt gegenüber staatlichen Anstalten an der Auffassung des Obertribunals festhalten zu sollen, weil sich das Inland nicht zum Richter darüber machen könne, ob eine unter staatlicher Aufsicht arbeitende Anstalt die Voraussetzungen beobachte, die für ihre Tätigkeit vorgeschrieben sind, im Gegensatz zu privaten Lehranstalten, für die eine solche Aufsicht mangle. Aber die größere oder kleinere Wahrscheinlichkeit, daß schon der Heimatstaat Mißbräuche verhütet, kann nicht rechtliche Bedeutung haben; es handelt sich um die eigene Angelegenheit des anerkennenden Staates, wenn er bestimmen soll, ob er sich gegenüber ein Recht auf Führung des Grads gewähren soll, deshalb weil ein ausländischer Staat ein Recht gleicher Art gewährt oder anerkennt, und er muß deshalb von sich aus die Voraussetzungen für eine solche Gewährung prüfen können — wie ja auch gegenüber rein staatlichen Auszeichnungen, Adel, Orden, ein entsprechendes Recht zur Nachprüfung besteht. Nicht haltbar scheint mir auch die Annahme Zehnters 70 f., daß ein Mindermaß von Kenntnissen, die der ausländische Staat für die Verleihung fordert, einen Grund zur Versagung der Anerkennung nicht abgeben könne.

[34]) Für Bayern Zehnter 56; bayerisches Oberstes Landesgericht ebenda 69 (vgl. auch die Oberlandesgerichte Dresden, Berlin, Breslau, Archiv für Strafrecht 39, 174; 40, 347; 42, 421). Indessen soweit eine solche Form der Bezeichnung nicht schon durch das Recht des Ursprungslandes vorgeschrieben ist, bewirkt auch hier erst die Verfügung einer zuständigen Behörde die Verpflichtung, sich andersartiger Bezeichnungen zu enthalten.

[35]) Zentralblatt für die Unterrichtsverwaltung in Preußen 1860, 131. Korrespondenzblatt der ärztlichen Kreisvereine im Königreich Sachsen (1869) 6, 31 f.

die Geltung fremder Grade ordnen,[36]) und es mag überhaupt eine positive Vorschrift die Anerkennung fremder Grade aussprechen, wie das die gleich zu erwähnenden deutschen Bestimmungen für die Grade der anderen Bundestaaten vorsehen. Die bloße Zusammenfassung im Reich freilich genügt noch nicht, die akademischen Würden der anderen Bundesstaaten zu inländischen zu machen,[37]) da die Universitätsangelegenheiten Landessache geblieben sind; während allerdings durch Einverleibung die Grade der annektierten Universität zu inländischen werden, diejenigen, welche die Angehörigen der einverleibten Gebiete an Universitäten des bisherigen Mutterlands erworben haben, im Zweifel als gleichwertig Anerkennung finden.[38])

Aber nicht nur anzuerkennen, sondern auch die Anerkennung zu beschränken und zu versagen vermag das positive Recht, wie das 1878 in Sachsen, seit 1897 in fast allen deutschen Bundesstaaten geschehen ist.[39]) Übereinstimmend wird hier für die Führung außerdeutscher Grade staatliche Genehmigung gefordert, die zu erteilen dem freien Ermessen vorbehalten bleibt. Im einzelnen bestehen be-

[36]) Wegen des niederländisch-französischen Vertrags über die Grade von Leyden oben S. 340. Unter den südamerikanischen Entwürfen zu Verträgen über internationales Privatrecht (Actas de las sesiones del Congreso Sud-Americano de derecho internacional privado 1889 p. 388, 508) befand sich in dem Vertrag über die freien Berufe ein Art. 2: *Los grados academicos conferidos por cualquiera de las universidades nacionales de los Estados, tendrán en las universidades de los demas, el mismo valor que si hubiesen sido conferidos por sus proprias universidades.* Die Bestimmung scheint sich auf die Lehrbefugnis der Graduierten bezogen zu haben und ist wohl eben darum gestrichen worden, da schon Art. 1 des Vertrags die wechselseitige Zulassung zu freien Berufen regelt.

[37]) So eine preußische Entscheidung für die Grade von Jena, Korrespondenzblatt (zit. Anm. 35) a. a. O.

[38]) Vgl. Selosse (zit. oben S. 122 Anm. 22) 216; s. auch oben S. 206 Anm. 13. Entsprechend für Anerkennung als Voraussetzung einer Habilitation ein preußischer Ministerialerlaß von 1867 hinsichtlich der Grade von Göttingen, Kiel, Marburg; Daude a. a. O. 3*). Den zweiten Rechtsgedanken verwertet die französische Verordnung von 1860 oben Anm. 16 für die Anerkennung als Voraussetzung ärztlicher Berufstätigkeit. Um ein „erworbenes Recht" freilich (Selosse) kann es sich dabei nicht handeln, sondern um den präsumtiven Willen des Nachfolgers in der Staatsgewalt.

[39]) Preußen 7. IV. 1897; Bayern 12. VII. 1901; Sachsen 27. XII. 1878 und 14. VII. 1897; Württemberg 13. XI. 1899; Baden 14. IX. 1899; Hessen 6. I. 1900; Mecklenburg-Schwerin 13. I. 1899; Sachsen-Weimar 29. X. 1898; Mecklenburg-Strelitz 5. I. 1901; Oldenburg 15. IX. 1900; Braunschweig 11. VIII. 1899; Sachsen-Meiningen 5. XI. 1898; Sachsen-Altenburg 7. I. 1899; Sachsen-Koburg-Gotha 26. XII. 1898; Anhalt 22. III. 1900; Schwarzburg-Rudolstadt 28. II. 1900; Schwarzburg-Sondershausen 10. VI. 1899; Waldeck 5. II. 1900; Reuß jüngere Linie 27. V. 1899; Schaumburg-Lippe 2. V. 1899; Lippe 18. V. 1899; Lübeck 8. II. 1899; Bremen 2. VI. 1899; Hamburg 10. III. 1902. Eine bei Zehnter 54 angeführte Verordnung für Reuß ältere Linie vom 6. III. 1902 habe ich in der Gesetzsammlung nicht gefunden. Besondere Bestimmungen fehlen in Elsaß-Lothringen.

trächtliche Verschiedenheiten unter diesen Anordnungen, und das gilt insbesondere nach Seiten des räumlichen Umfangs, in dem die Genehmigung gefordert wird. Anders als bei der Führung fremden Adels ist hier die Untertanentreue nicht im Spiel, die vor Versuchungen geschützt werden soll. Offenbar hat die Rücksicht auf eine Berufstätigkeit im Inland zu einer Überwachung auswärts erworbener Grade Veranlassung gegeben, und so werden es folgerichtig territoriale Anknüpfungen sein müssen, die eine inländische Nachprüfung des Erwerbs notwendig machen, die Führung des Titels im Inland, oder da nicht jeder solche Vorgang einer Überwachung bedarf, der Wohnsitz, ein qualifizierter Aufenthalt der Person im Land. Voll entsprechen dieser Forderung nur Hamburg und Lübeck, die Genehmigung lediglich für eine Führung des Titels in Hamburg, für Personen mit Aufenthalt in Lübeck verlangen und auch hier für Fremde Erleichterungen vorsehen. Ziemlich nah kommt den bezeichneten Anforderungen auch die bayerische und eine Anzahl thüringischer Verordnungen:[40]) „Bayerische Staatsangehörige, die außerhalb des Deutschen Reiches einen akademischen Grad erwerben . ., bedürfen zur Führung des damit verbundenen Titels der Genehmigung . . Das gleiche gilt für Nichtbayern, die in Bayern ihren Wohnsitz haben oder in Bayern zu Erwerbszwecken sich aufhalten.“ Die Erstreckung der Genehmigungspflicht auf Inländer, die außer Landes wohnen und ihren Grad außer Landes führen, bedeutet freilich eine Überspannung der Staatsgewalt. Die beiden Mecklenburg verlangen Genehmigung nur von den eigenen Staatsangehörigen, unter wunderlicher Bevorzugung der im Land wohnenden Nichtmecklenburger. Ganz eigentümlich aber ist das System, das Preußen und ihm folgend die Mehrzahl der Bundesstaaten angenommen hat: § 1 „Preußische Staatsangehörige, welche einen akademischen Grad außerhalb des Deutschen Reiches erwerben, bedürfen zur Führung des damit verbundenen Titels der Genehmigung . .“ § 2 „Für nichtpreußische Reichsangehörige und Ausländer, welche einen akademischen Grad außerhalb des Deutschen Reiches erwerben, gilt die Bestimmung des § 1 mit der Maßgabe, daß es, sofern sie sich nur vorübergehend oder im amtlichen Auftrag und in beiden Fällen nicht zu literarischen und sonstigen Erwerbszwecken in Preußen aufhalten, genügt, wenn sie nach dem Recht des Heimatstaates zur Führung des Titels befugt sind.“ Für die eigenen Staatsangehörigen wird hier eine Pflicht, Genehmigung zu erwirken, schlechtweg begründet, und ebenso für Nichtstaatsangehörige, die einen Aufenthalt der bezeichneten Art im Inland besitzen. Aber auch für alle anderen Fälle, in denen Ausländer im Ausland Grade erworben haben, wird die Einholung einer Genehmigung gefordert, sofern nicht Erlaubnis des Heimatstaats vorliegt, und wenn

[40]) Weimar, Meiningen, Koburg, Altenburg, die beiden Schwarzburg.

man nicht etwa hineininterpretieren darf: „falls sie sich im Inland aufhalten“, so käme man zu dem monströsen Tatbestand polizeilicher Vorschriften für Ausländer im Ausland. Sehr befremdlich ist aber auch die subsidiäre Abstellung auf das Recht des Heimatstaats. Hätte es guten Sinn, auf das Urteil des Staats zu verweisen, in dessen Gebiet die Graduierung erfolgt ist, so mangelt dem Heimatstaat jegliche innere Beziehung zu dem Sachverhalt — man muß fürchten, daß die Formel vom Personalstatut auch hier sinnwidrig mißbraucht worden ist[41]). Ein Teil dieser neuen Satzungen beansprucht Rückwirkung; andere Staaten, darunter Preußen, haben von einer solchen Ausdehnung abgesehen, so daß für die vor Erlaß der Bestimmungen erworbenen Grade das bisherige Gewohnheitsrecht in Geltung verblieben ist.

Handelt es sich bei diesen Vorschriften um eine Abweichung von dem Gewohnheitsrecht, das fremde Grade anerkennt, so müssen sie allerdings den Formen entsprechen, welche das Verfassungsrecht für solche Änderungen vorschreibt. Ein preußischer Ministerialerlaß von 1877 (vgl. oben Anm. 32) hatte bestimmt, daß philosophische Promotionen außerhalb Preußens im amtlichen Verkehr nur dann berücksichtigt werden sollen, wenn der Nachweis erbracht wird, daß die Würde auf Grund mündlichen Examens und einer gedruckten Dissertation erworben ist. Rösler hat eingewendet, daß eine solche Anordnung nicht durch Verwaltungsverordnung getroffen werden könne. Indessen (von der Zulässigkeit einer Ausschließung minderwertiger Grade abgesehen), die Vorschrift war nur für den amtlichen Verkehr gegeben. War der preußische Staat auf Grund des damals noch geltenden Gewohnheitsrechts verpflichtet, fremde Grade anzuerkennen, so bedeutete diese Anerkennung für ihn zwar die Verbindlichkeit, die Führung des Grads zu gestatten, aber nicht, ihm durch seine Behörden aktiv Rechnung zu tragen. Die Respektierung der Auszeichnung ist — auch für Behörden, vgl. oben S. 283 — eine gesellschaftliche, keine rechtliche Frage. Anders dagegen liegen die Dinge für die neuen deutschen Vorschriften. Nur Braunschweig und Hamburg haben sie in Gesetzesform erlassen, die übrigen Staaten als landesherrliche oder landesherrlich genehmigte Ministerialverord-

[41]) Gleiche Regelung in Sachsen, Württemberg, Baden, Hessen, Braunschweig, Anhalt, Waldeck, Reuß jüngere Linie, den beiden Lippe. Hamburg und Lübeck haben die subsidiäre Verweisung auf den Heimatstaat gleichfalls übernommen, doch unter ausdrücklicher Beschränkung auf Personen inländischen Aufenthalts; dabei ist in Lübeck die primäre Genehmigungspflicht auf alle Reichsangehörigen inländischen Aufenthalts erweitert. Bremen und Oldenburg haben die Unterscheidung zwischen eigenen und fremden Staatsangehörigen aufgegeben; falls man in die hier besonders kategorische Formulierung die Voraussetzung inländischen Aufenthalts hineinlesen darf, käme dies also auch den eigenen Staatsangehörigen zustatten.

nungen. Und doch handelt es sich in der Verpflichtung, Genehmigung einzuholen, in dem Verbot, den nicht genehmigten Grad zu führen, um eine Beschränkung der persönlichen Freiheit, die nach deutschen Verfassungsgrundsätzen der Gesetzesform bedurfte. Wenn die Wahl der Verordnungsform auf dem (unannehmbaren) Satz beruhen sollte, daß der Landesherr Rechtssätze *praeter legem* auf dem Weg der Verordnung schaffen kann, so versagt die Begründung, da hier nicht juristisches Neuland ist, sondern eine mit Gesetzeskraft bekleidete gewohnheitsrechtliche Ordnung vorliegt, die durch eine andere Regelung beseitigt werden sollte. Auf die Ehrenhoheit des Landesherrn aber lassen sich diese Verordnungen nicht stützen,[42]) weil diese Hoheit (s. oben S. 314 f.) überhaupt nur auf Verleihungen des Inlands Bezug hat.

Endlich, wo Anerkennung gewährt wird, da gibt sie ein Recht auf Führung des fremden Grades: aber es bleibt möglich, daß zwar der Anspruch als solcher besteht und aus anderen Gründen dennoch unwirksam wird. Ein von einer reputablen Privatanstalt der Vereinigten Staaten graduierter Zahnarzt hatte in Sachsen die ministerielle Genehmigung zur Führung seines Titels erlangt und ihn in der gebräuchlichen Form angewendet. Das Reichsgericht erklärt den Mann des unlauteren Wettbewerbs schuldig, weil er mit dieser Bezeichnung „unrichtige Angaben“ über den Besitz von Auszeichnungen im Sinn des Wettbewerbgesetzes gemacht habe; denn nach Anschauung des deutschen Publikums sei (gemäß Feststellung der Vorinstanz) mit einer solchen Bezeichnung der Besitz eines von einer öffentlich-rechtlichen Anstalt unter staatlicher Autorität verliehenen Grades behauptet.[43]) Wären die Voraussetzungen, von denen hier ausgegangen wird, richtig, so vermöchte die erteilte Genehmigung in der Tat vor einer Verurteilung nicht zu schützen.

Der zuständige Staat.

6. Auch bei den akademischen Würden mag zuweilen die Frage auftauchen, welcher Staat von mehreren berufen ist, das Rechtsverhältnis zu ordnen. Und selbst hier hat sich eine Berufung auf das Personalstatut hervorgewagt. Des Versuches von Cocceji, die Verleihung der Grade auf Inländer zu beschränken, ist schon ge-

[42]) So das preußische Oberverwaltungsgericht Entscheidungen 37, 365. Das Kammergericht Jahrbuch 20 C, 3 lehnt eine Entscheidung über die Rechtmäßigkeit der Verordnung ab, weil nach preußischem Verfassungsrecht die Gerichte zu einer solchen Nachprüfung nicht befugt sind.

[43]) Urteil vom 26. I. 1904 bei Zehnter 135ff. Nicht ob eine aufgestellte Behauptung richtig ist, wohl aber ob sie von dem des unlauteren Wettbewerbs Bezichtigten aufgestellt worden ist, will das Reichsgericht nach der Meinung des Publikums entscheiden — was mir ziemlich bedenklich erscheint. Noch bedenklicher freilich ist die Feststellung, daß die bezeichnete Auffassung wirklich die Ansicht des deutschen Publikums darstellt, vgl. oben Anm. 29.

dacht worden (oben S. 335 f.); und ebenso der preußischen Vorschrift, die unter Umständen einem fremden Grad Anerkennung gewährt, wenn er im Heimatstaat des Graduierten anerkannt wird. Noch überraschender erscheint die Lehre in einem Urteil des Oberlandesgerichts Dresden.[44]) Ein Preuße übt in Sachsen zahnärztliche Praxis, ohne die in Sachsen schon damals vorgeschriebene Erlaubnis zur Führung seines amerikanischen Doktortitels erwirkt zu haben. Von dem Gericht aber will „nicht bezweifelt werden, daß, sofern der Angeklagte nach dem Gesetz des Bundesstaates, welchem er angehört (Preußens), zur Gebrauchmachung von der ihm seitens der ausländischen Anstalt verliehenen Würde einer ausdrücklichen staatlichen Genehmigung nicht bedarf, für ihn auch keine Verpflichtung besteht, bei dem sächsischen Ministerium des Kultus um die Erlaubnis nachzusuchen, daß er sich innerhalb des Königreichs Sachsen als *Doctor of Dental Surgery* bezeichnen dürfe." Und doch kann kein begründeter Zweifel bestehen, daß die Anstalten eines Staats berechtigt sind, Inländern und Ausländern ihre Grade zu verleihen, daß es umgekehrt im Inland einer Anerkennung für die auswärtigen Grade von Inländern und Ausländern bedarf. Die staatlichen Beziehungen des Graduierten sind Zufälligkeiten, die für die rechtliche Eigenart von Verleihung und Anerkennung gleichgültig sind und damit auch ihre räumliche Anwendbarkeit nicht bestimmen können. Zivilistische Analogien aber, die mit einem Anschein von Berechtigung ähnliche Lösungen für den Adel hervorgerufen haben, bestehen hier von vornherein nicht.

Auch hier muß davon ausgegangen werden, daß zunächst der Staat entscheidet, dem gegenüber das Recht auf Führung eines Grads in Anspruch genommen wird. Bei auswärts erworbenen Graden aber ist dies Recht auf Führung im Inland akzessorisch, davon abhängig, ob die beanspruchte Würde nach den Gesetzen ihres Ursprungslandes zu Recht besteht. Demgemäß entscheidet das Recht des Ursprungslands, ob mit einem Grad etwa der Zahnheilkunde die Befugnis verbunden ist, sich Doktor schlechtweg zu nennen, und welche Abkürzungen gebraucht werden dürfen.[45]) Auch prozessuale Entscheidungen des Ursprungslands über den Besitz eines bestimmten Grades binden (vgl. oben S. 324 f.), während allerdings prozessuale Entscheidungen dieses Staats über das Promotionsrecht der verleihenden Anstalt, somit über eine Vorfrage, im Fall einer Ver-

[44]) Vom 12. I. 1891 Archiv für Strafrecht (1891) 39, 174. Übernommen von Zehnter 51 f. Die fragliche sächsische Verordnung enthält in ihrem Wortlaut keinerlei Beschränkungen.

[45]) So ausdrücklich ein Erlaß des Senats Bremen (bei Zehnter 57); Zehnter 60 und 69. Unrichtig im Ausgangspunkt das preußische Obertribunal 15. VII. 1878 Archiv für Strafrecht 26, 459; vgl. auch die Oberlandesgerichte Dresden, Berlin, Breslau, Archiv für Strafrecht 39, 174; 40, 347; 42, 421. Zutreffend das Oberste Landesgericht München bei Zehnter 69 f. Vgl. im übrigen auch oben S. 344.

neinung wohl stets tatsächliche Beachtung finden, für den Fall einer Bejahung aber nicht verpflichten.[46]) Materiellrechtlich hingegen entzieht der Mangel oder die Vernichtung der Promotionsbefugnis durch den Staat der Anstalt den auf ihren Bestand gegründeten Graden ohne weiters die Grundlage auch für das Ausland,[47]) und auch eine Aberkennung der Grade im Ursprungsland zum Zweck der Strafe wird regelmäßig diese Folge hervorrufen.[48]) Auf der andern Seite kann eine Aberkennung zum Zweck der Strafe im Inland auch auswärts erworbene Grade ergreifen. Aber sie vermag solche Grade nur in dem Teil zu treffen, der der Zuständigkeit des Inlands unterliegt; es kann das vom Inland verliehene Recht auf Führung der fremden Würde entzogen, nicht der Grad selbst vernichtet werden.[49])

Muß sonach — vorbehaltlich der öffentlichen Ordnung des Aufenthaltsstaates — über den Bestand des Grads grundsätzlich die Rechtslage im Ursprungsland entscheiden, so erleidet dies Verhältnis positivrechlich eine empfindliche Verschiebung, wo das Recht auf den Grad nach dem Vorbild Preußens von der Stellungnahme des Heimatstaats der Person (der Person, nicht des Grades) abhängig gemacht wird. Eingriffe des Ursprungslands sind hier bedeutungslos, wenn sie nicht gleichzeitig im Heimatstaat der Person Anerkennung finden, Eingriffe des Heimatstaats binden, auch wenn sie von dem Rechtszustand im Ursprungsland des Grades einseitig abweichen.

§ 30.

C. Die übrigen Auszeichnungen, insbesondere Titel und Orden.

1. Die einzelnen Typen. — 2. Auszeichnungen zweifelhafter Staatszugehörigkeit. — 3. Verleihung. — 4. Anerkennung. — 5. Beschränkungen der Anerkennung, insbesondere Genehmigung. — 6. Verhältnis der Staatsgewalt zu Auszeichnungen des Auslands. — 7. Strafschutz. — 8. Die Staatsgewalt und die Ausländer. — 9. Geltung staatlicher Vorschriften außer Landes. — 10. Zuständigkeit vom Standpunkt der einzelnen Auszeichnung. — 11. Rechtshilfe.

Die einzelnen Typen.

1. Unter den sonstigen verwaltungsrechtlich erheblichen Auszeichnungen sind es die Orden, die Adel und Graden am nächsten

---

[46]) Im wesentlichen übereinstimmend Zehnter 63ff.

[47]) Vgl. die Oberlandesgerichte Cöln und Karlsruhe sowie das Reichsgericht bei Zehnter 62f., 132ff.

[48]) Dazu Zeitschrift für Strafrechtswissenschaft 27, 10.

[49]) Richtig Zehnter 72. Hier weitere Literatur. Entwurf eines österreichischen Strafgesetzbuchs 1909 § 32: „Die Schmälerung der bürgerlichen Ehrenrechte umfaßt den Verlust .. der akademischen Grade .. und des Rechtes .. im Inland ausländische akademische Grade zu führen." — Wo die Anerkennung fremder Grade von einer besonderen Genehmigung abhängig ist, kann man zweifeln, ob eine Vernichtung des Grads im Ursprungsland die gewährte Anerkennung unmittelbar hinfällig macht oder nur als Veranlassung in Betracht kommt, diese Anerkennung wieder zurückzuziehen. Doch wird die erste Lösung als sachgemäßer den Vorzug verdienen.

stehen. Aus höfischen Genossenschaften hervorgegangen, haben sie im 18. Jahrhundert begonnen, den patrimonialen Charakter abzustreifen,[1]) und sind insbesondere unter dem Einfluß der als Staatsorden begründeten Ehrenlegion heute im wesentlichen zu staatlichen Einrichtungen geworden.[2]) Nur die Hausorden scheinen allgemein den Charakter einer höfischen Gewährung bewahrt zu haben. Die Auszeichnung erzeugt rechtliche Beziehungen nach drei Seiten. Wie bei Adel und Graden erwächst ein Anspruch gegen den Verleiher Staat oder Landesherrn als Privatperson, die Auszeichnung gelten zu lassen, besteht ein Rechtsverhältnis zu dem Aufenthaltsstaat hinsichtlich der Zulässigkeit ihres Gebrauches. Als drittes aber begründet die Verleihung Beziehungen genossenschaftlicher Art; denn die Gesamtheit der Ordensmitglieder bildet eine Gemeinschaft, der zuweilen eingreifende Berechtigungen gegenüber ihren Angehörigen zukommen. Die Orden im technischen Sinn müssen staatlichen oder höfischen Ursprung haben; gleichartige Einrichtungen anderer Herkunft sind wohl in allen Staaten, die selbst Orden besitzen, verboten. Aber auch die bloßen Abzeichen, wie sie für Ordensmitglieder üblich sind, werden zumeist den gleichen Schutz genießen. Denn wenn wie regelmäßig die Anlegung von Abzeichen verboten ist, die mit den Abzeichen staatlicher (höfischer) Orden verwechselt werden können, dieser Schutz aber — s. unten Z. 7 — meist auch den Orden des Auslands zuteil wird, so schließt ein solches Verbot jegliches sonstige Abzeichen aus, das in der üblichen Form und Größe von Ordensabzeichen getragen wird; denn nicht die Verwechselung mit einer individuellen Auszeichnung des Inlands oder Auslands soll verhütet werden, sondern der Anschein, als besitze der unberechtigte Träger überhaupt eine Auszeichnung, die von Staat oder Hof herrührt. Auszeichnungen eines privaten Verbands, die eine derartige Verwechselung nicht befürchten lassen, können in Deutschland getragen werden, sind insoweit also verwaltungsrechtlich gleichgültig;[3]) strenger ist hier das französiche Recht, das auch solche Abzeichen, wenn ich recht sehe, verbietet.[4])

---

[1]) Die Staatszugehörigkeit der Orden wird schon in dem Streit um das goldene Vlies (unten Anm. 21) gestreift: Birckenstock 19, 26f.; F. C. Moser Hofrecht 2, 707.

[2]) Nach Heffter bei J. C. Bluntschli-K. Brater, Deutsches Staatswörterbuch (1862) 7, 384 v[is] „Orden weltliche" ist die Errichtung und Verleihung eines Ordens „im Zweifel" Regierungsakt, der Mitwirkung des verantwortlichen Ministeriums verlangt; für Haus- und Hoforden treffe das nicht zu. Streit über die Notwendigkeit einer Gegenzeichnung in Österreich: Lederer im Österreichischen Staatswörterbuch [2] 1, 707 v° Ehrenverleihungen.

[3]) Für Preußen v. Arnstedt Polizeirecht 2, 572.

[4]) Dekret 10. VI. 1853 Art. 1 Bulletin des lois 1309: *Toutes décorations ou ordres étrangers, quelle qu'en soit la dénomination ou la forme qui n'auraient pas été*

Den Orden schließen sich andere Ehrenzeichen staatlichen oder höfischen Ursprungs an, insbesondere die Medaillen, denen jedoch wohl stets der genossenschaftliche Hintergrund mangelt. Die Verleihung von Medaillen ist regelmäßig nicht für Staat und Hof monopolisiert; doch scheint die Anlegung anderer als solcher Medaillen nicht statthaft zu sein — außer in den Grenzen, in denen auch Abzeichen nach Art der Orden getragen werden dürfen.

Eine andere Gruppe von Auszeichnungen knüpft — s. oben S. 281 — an die Amtsehre mit ihren Abspaltungen von Amtstitel, Rang, Prädikat, Dienstkleidung an, und es treten ihnen die entsprechenden Wirkungen fiktiver Ämter, insbesondere die Schmucktitel zur Seite; auch ehrende Bezeichnungen freier Berufe unterliegen staatlicher Ordnung. Aber Ämter zusamt ihrem Titel und ihrer Kleidung und bloße schmückende Beiworte können (mangels positivrechtlicher Einschränkung) auch von anderen Subjekten des öffentlichen Rechts, auch von Privaten verliehen werden. Sie sind verboten, insoweit sie eine Verwechselung mit geschützten Auszeichnungen begründen. Im übrigen aber sind sie verwaltungsrechtlich gleichgültig, soweit ihnen nicht ein Recht auf staatliche Anerkennung zur Seite steht. Ob eine nichtstaatliche Auszeichnung solcher Art Anspruch auf staatliche Anerkennung besitzt, ist eine Frage des innerstaatlichen, nicht des internationalen Verwaltungsrechts, und das zunächst auch, wenn es sich um Gewährungen einer nichtstaatlichen Stelle des Auslands handelt; erst die Frage, ob die Stellungnahme des eigenen Staats für eine Anerkennung in anderen Staaten von Belang ist, gewinnt internationale Bedeutung.

Des öfteren begegnen in Gesetzen die „Würden". Nach Wortsinn und Zusammenhang Erbe der alten *dignitas* (oben S. 281), bedeuten sie keine neue Art von Auszeichnungen, sondern einen Sammelbegriff, der, verschieden von Fall zu Fall, diejenigen Ehren zusammenfaßt, die nicht besondere Erwähnung gefunden haben. Würden mag jeder Privatmann vergeben, wenn es ihm nur gelingt, ihnen Ansehen zu verschaffen. Wo aber eine Gesetzesbestimmung von „Würden" handelt, da muß auf Grund der geschichtlichen Entwickelung im Zweifel angenommen werden, daß eine der alten dignitates darunter zu verstehen ist: die höheren Staatsämter, akademische Grade, Adel; die Hofämter entsprechend der vordem mangelnden Scheidung; die Ämter der Kirche, soweit sie nicht nach der kirchenpolitischen Entwickelung des einzelnen Landes aus

---

conférés par une puissance souveraine, sont déclarés illégalement et abusivement obtenus. Das muß um so mehr für Auszeichnungen des Inlands zutreffen. Die einschlägige Literatur ist wenig klar, unterscheidet insbesondere nicht zwischen Abzeichen, die der Individualisierung, und Ehrenzeichen, die dem persönlichen Ansehen gelten.

dem Begriff ausgeschieden sind. Doch dürften auch Verleihungen anderer Selbstverwaltungskörper des öffentlichen Rechts unter den Begriff fallen.

Auszeichnungen zweifelhafter Staatszugehörigkeit.

2. Kommen für die folgenden Ausführungen die Auszeichnungen staatlichen (landesherrlichen) Ursprungs vorzugsweise in Betracht, so kann schon die Frage, ob eine solche vorliegt, Zweifeln begegnen. Auszeichnungen, die der staatlichen Einordnung entbehren, sind einer internationalen Anerkennung nicht fähig. „*Sont considérées comme illégalement ou abusivement obtenues, toutes décorations qualifiées françaises ou étrangères, et conférées sous quelque titre que ce soit par des chapitres, corporations, confréries, prétendus grands maîtres ou leurs délégués, etc.*“[5]) Und das gilt an sich auch für die Mitgliedschaft in den geistlichen Ritterorden.[6]) Doch haben Templer, Deutscher Orden, zum Teil auch die Johanniter (Malteser) staatlichen Anschluß genommen. Gleiche Rechtslage besteht für gewisse Orden, die von Personen ohne landesherrliche Stellung vergeben werden: den Hausorden des Fürsten von Hohenzollern, der unter Bestätigung des Königs von Preußen, den Orden vom Heiligen Grab, der von dem Patriarchen von Jerusalem in Vertretung des Papstes verliehen wird. Sie entfallen dem französischen Verbot, Orden nichtstaatlicher Herkunft zu tragen, werden von der Vorschrift ergriffen, die zur Annahme fremder Orden Erlaubnis fordert.[7])

Die Auszeichnungen mediatisierter Staaten, insbesondere auch deren Orden, treten unter die Hoheit des Nachfolgers in der Staatsgewalt,[8]) wenn auch eine Weiterverleihung der Orden solcher Staaten durch den Successor nicht üblich ist. Den vor der Mediatisierung ausgezeichneten Personen hingegen wird in der Regel ihr öffentlichrechtlicher Anspruch auf die Auszeichnung gewahrt bleiben.[9]) Macht

[5]) Bericht des Großkanzlers der Ehrenlegion (kaiserliche Verordnung) 10. VI. 1853 Z. 1 im Anschluß an das Dekret vom gleichen Tag oben, Bulletin des lois 1312.

[6]) Die Mitgliedschaft dieser Orden liegt geschichtlich betrachtet außerhalb des Bereichs der Auszeichnungen, hat sich ihnen aber mindestens bezüglich der Abzeichen heute im wesentlichen angeglichen.

[7]) Anders Pandectes belges 28, 650f. v° décoration n. 22 für den Orden vom Heiligen Grab.

[8]) Als der kurhessische Orden vom Goldenen Löwen unter die großherzoglich hessischen Orden aufgenommen werden sollte, bedurfte es dazu einer Genehmigung des Königs von Preußen; s. die Kabinettsorder von 1876 bei H. Schulze, Chronik sämtlicher bekannter Ritterorden und Ehrenzeichen (1853) 2. Supplementband (1878) 63f. Vgl. auch oben S. 304ff.

[9]) Die eben erwähnte Kabinettsorder genehmigt den Übergang des Löwenordens an Hessen „unter der Bedingung, daß die Rechte der jetzt vorhandenen Ordensritter ausdrücklich aufrecht erhalten bleiben“. — Über die Rückstellung derartiger Orden beim Ableben ihres Inhabers unten Z. 11.

der Rechtsnachfolger von der Möglichkeit, einen Staatsorden zu übernehmen, keinen Gebrauch, so verbleibt dieser Orden aber nicht dem früheren Landesherrn, sondern geht unter, und auch höfische Auszeichnungen, insbesondere Hoforden des entthronten Fürsten verlieren die staatliche Anerkennung, sofern ihm nicht die Ehrenrechte eines Souveräns belassen wurden. Daß trotzdem verliehene Auszeichnungen dieser Art für den Nachfolger in der Staatsgewalt unverbindlich sind, ist selbstverständlich. Aber auch dritte Staaten sind völkerrechtlich gehindert, Auszeichnungen anzuerkennen, die der frühere Fürst nur in Ausübung der Staatsgewalt oder im Besitz der persönlichen Rechte eines Souveräns gewähren konnte.[10]) Als in Österreich 1866 bestimmt wurde, Ordensverleihungen der damals mediatisierten Fürsten sollten „nicht publiziert werden, und die Zurückstellung zu Handen des (vormaligen) Souveräns erfolgen, der Orden also keinen offiziellen Charakter haben",[11]) wurde diese Regelung den völkerrechtlich zu stellenden Forderungen nicht völlig gerecht. Denn wenn sonst Orden nichtlegitimer Herkunft verboten sind (vgl. unten Z. 4), so bedeutet schon ihre Duldung eine Mißachtung der gegenwärtigen Staatsgewalt. 1894 hat der vormalige Herzog von Parma mehreren Personen in Bulgarien seinen Hausorden verliehen. Italien erhebt hiegegen Vorstellungen: es handle sich bei diesen Verleihungen um eine unzulässige Ausübung von Souveränitätsrechten, und es hätten andere Staaten Italiens Einsprache unter gleichen Umständen schon wiederholt Berechtigung zuerkannt. Die Empfänger wurden alsdann veranlaßt, die erhaltenen Auszeichnungen nicht anzulegen,[12]) eine Regelung, die juristisch gleichfalls nicht durchaus befriedigen kann.

Zu den abgesetzten Souveränen gehört auch der Malteserorden, und es ist nur folgerichtig, wenn Frankreich die Verleihung seiner Abzeichen lediglich dann anerkennt, wenn sie durch ein anerkanntes Staatsoberhaupt erfolgt ist.[13]) Der Orden selbst nimmt allerdings fortdauernd eine Ehrensouveränität für sich in Anspruch, und manche Staaten tragen diesem Anspruch in der Tat Rechnung.[14]) Solchen Staaten gegenüber verlangen auch die Abzeichen des Ordens Anerkennung[15]) — völkerrechtlich bedenkenfrei, da hier kein Nach-

---

[10]) So auch H. Schulze, Deutsches Staatsrecht 1, 197[2].

[11]) F. Starr, Die Rechtshülfe in Österreich gegenüber dem Ausland (1878) 93.

[12]) Münchner Neueste Nachrichten 18. IV. und 8. V. 1894.

[13]) Bericht des Großkanzlers der Ehrenlegion (s. oben) Z. 2. Wegen der Abspaltungen dieses Ordens unten S. 357.

[14]) So empfängt Österreich immer noch eine Gesandtschaft des souveränen Ordens; Schulze, Chronik 611 und Supplementband 1 (1870), 205.

[15]) Sie wird ausdrücklich gewährt in einer spanischen Verordnung vom 4. IX. 1885 bei Salles (zit. oben S. 287 Anm. 5) XV und 227. Eine bayerische Ministerialentschließung vom 19. I. 1883 (Weber, Gesetzsammlung 16, 95) erwähnt den

folger in die Staatsgewalt vorhanden ist, dessen Rechte durch die Anerkennung gekränkt werden könnten.

Besondere Beachtung verlangen in diesem Zusammenhang die päpstlichen Auszeichnungen. Bis 1870 jedenfalls konnte der Heilige Stuhl diejenigen Rechte üben, die jedem weltlichen Landesherrn zu Gebote standen. Mit dem Verlust der weltlichen Gewalt hat er die Befugnis verloren, Auszeichnungen zu verleihen, die eine staatliche Beziehung enthalten, wie den Adel, so auch Titel, die eine wirkliche oder fiktive Ämterverfassung nichtkirchlicher Art zur Voraussetzung haben. Aber die persönliche Stellung eines Souveräns ist dem Papst verblieben. Er mag demgemäß Hoftitel gewähren („Kämmerer"), und es wird ihm insbesondere auch die Befugnis zuerkannt werden müssen, Orden zu verleihen. Dementsprechend fordert und gewährt die Praxis in den Niederlanden, in Belgien königliche Erlaubnis, wenn ein Inländer mit einem päpstlichen Orden ausgezeichnet wird; in der Literatur schwanken die Meinungen.[16]) Wohl zu unterscheiden von diesen Verleihungen, welche auf der weltlichen Stellung des Papstes beruhen, sind indessen — für die Zeit vor 1870, wie seither — Auszeichnungen, die der Papst oder andere kirchliche Behörden im Zusammenhang mit der Ämterverfassung der Kirche gewähren. Es handelt sich dabei neben Prädikaten („Monsignore") für die Gegenwart vorzugsweise um Titel,[17]) Amtstitel, die mit einer sachlich oder ehrenhalber übertragenen kirchlichen Funktion verbunden sind („Bischof", „Protonotar"), oder Schmucktitel, die an die Kirchenverfassung anschließen („geistlicher Rat"). Es ist nicht internationales, sondern innerstaatliches Verwaltungsrecht, das entscheidet, welche Rechtsfolgen solche Verleihung auslöst. Als 1853 die

Orden in einem Verzeichnis der ausländischen Orden und Ehrenzeichen, die beim Ableben ihres Inhabers nicht von Amts wegen zurückgesendet werden, stellt ihn aber (zusammen mit dem Orden vom Heiligen Grab) im Druck besonders.

[16]) Vgl. für die Niederlande Sloet (zit. oben S. 282 Anm. 5) 56, der die päpstliche Befugnis bezweifelt. Für Belgien Pandectes belges a. a. O. n. 23, 24 unter Abdruck mehrerer Urteile aus dem Jahr 1884. Als zulässig erklären die Verleihung auch H. Schulze, Staatsrecht a. a. O. und Geffcken bei v. Holtzendorff, Völkerrecht 2, 183[8] (Begründung bedenklich); als unzulässig Patrioli in Il Digesto italiano 9 I, 629 f. v° decorazioni n. 29 und ihm folgend Besia in Enciclopedia giuridica italiana 4 I, 549 v° decorazioni n. 15: der Papst sei nicht souverän, und seine Ehrenrechte reichen nicht weiter, als sie ihm ausdrücklich belassen wurden.

[17]) Auch die Glaubenstitel, die der Papst einstmals Staatsoberhäuptern verliehen hat, Rex Christianissimus, Rex Apostolicus, beruhen auf seiner kirchlichen Überordnung: Feltmann 600 lib. 2 c. 26 n. 22 f.; vgl. auch v. Holtzendorff im Handbuch des Völkerrechts 2, 89. Und ebenso hängt die zuweilen nachgesuchte päpstliche Bestätigung einer Ordensgründung (F. C. Moser, Hofrecht 2, 692) mit den kirchlichen Zwecken älterer Orden zusammen; dasselbe gilt für das Verhältnis des Papstes zum Malteserorden (Breve 1879 bei Salles a. a. O. 330).

katholische Kirchenverfassung in Holland erneuert wurde, hat man zu Unrecht behauptet, der Bischofstitel könne als Verleihung eines auswärtigen Souveräns nur mit königlicher Genehmigung geführt werden.[18] Und wenn die württembergische Praxis die Gebührenpflicht „für die Erlaubnis zur Annahme eines von einem fremden Souverän einem württembergischen Staatsangehörigen verliehenen Titels" ohne weiters auch auf die Verleihung päpstlicher Titel erstreckt,[19]) so ist das mindestens in solcher Allgemeinheit bedenklich.

Aber auch, welchem Staat eine Auszeichnung angehört, kann zweifelhaft werden. Es gibt Orden, die mehreren Staaten gemeinsam sind, wie der Ernestinische Hausorden der Herzogtümer Sachsen-Koburg-Gotha, Sachsen-Altenburg und Sachsen-Meiningen;[20]) ein solcher Orden bedeutet für jedes der beteiligten Gebiete einen inländischen Orden, gleichviel wer ihn verliehen hat, und er kann nicht zweimal verliehen werden. Bei anderen Orden ist dasselbe Verhältnis bestritten, dem Christusorden, den der Papst und Portugal, dem Orden des Goldenen Vließes, den Österreich und Spanien vergeben.[21]) Wieder andere haben sich unzweifelhaft gespalten, der

[18]) J. Schokking, Historisch-juridische schets van de wet van den 10den september 1853 (1894) 126, 175 ff. Sloet a. a. O. 55 f. Art. 3 des damals ergangenen niederländischen Gesetzes behandelt die kirchlichen Titulaturen als Angelegenheit der inländischen Kirchengesellschaften.

[19]) v. Göz, Staatsrecht 74.

[20]) Schulze, Chronik 912 ff. und Supplement 1, 418.

[21]) Der Christusorden ist in früherer Zeit unzweifelhaft ein einheitlicher Orden mit zwei vergabungsberechtigten Souveränen gewesen. Vgl. über den Streitstand Gaddi Hercolani, Storia degli ordini equestri Romani (1860) 50 ff.; etwa auch C. H. v. Gelbke, Abbildungen und Beschreibung der Ritterorden und Ehrenzeichen sämtlicher Souveräne und Regierungen (1832) 17. Ob aber auch seit der portugiesischen Säkularisation von 1789? — Die Rechtslage des Goldenen Vließes ist im 18. Jahrhundert Gegenstand vielfältiger Erörterungen gewesen; vgl. die Schriften bei J. St. Pütter, Literatur des teutschen Staatsrechts (1783) 3, 214 f. Mit Burgund an Österreich gekommen, war die Großmeisterschaft auf die spanischen Habsburger übergegangen und wurde nach deren Aussterben von Österreich und Spanien beansprucht. In Art. 10 des Wiener Friedens 1725 hatte man sich geeinigt, die Berechtigung der beiden Landesherren auf Lebenszeit anzuerkennen; nach ihrem Tod beginnt der Streit neuerdings. Gegenstand des Streits ist ein einheitlicher Orden, dessen Vergebung zwei Staaten in Anspruch nehmen, und dessen Verleihung durch den andern Teil nicht anerkannt wird (vgl. besonders die spanische Verwahrung von 1741 bei Ayrer 103b und diesen selbst 111). Seit den beiderseitigen Verwahrungen von 1748 ist, soviel bekannt, nichts mehr geschehen, die Verleihungen werden von beiden Staaten fortgesetzt, und es läge nahe, anzunehmen, daß die beiden Zweige seither selbständig geworden sind. Indessen liest man in einer Notiz der Allgemeinen Zeitung vom 15. I. 1907, daß es sich in den beiden Staaten um denselben Orden handle, daß Österreich den spanischen Zweig des Ordens auch gegenwärtig nicht anerkenne und — widerspruchsvoll genug — daß der deutsche Kaiser, der die Auszeichnung von Spanien, aber

österreichische und der niederländische Zweig des Deutschen Ordens,[22]) der Johanniterorden, dessen preußischer und spanischer Zweig sich von dem Hauptstamm abgelöst haben.[23]) Einer Unterscheidung bedarf es aber auch unter den Auszeichnungen der durch Personalunion verbundenen Staaten, und es ist die niederländische Praxis mit Grund angefochten worden, die zu Zeiten der Personalunion davon absah, für die Annahme luxemburgischer Orden durch niederländische Staatsangehörige die bei auswärtigen Orden vorgeschriebene Erlaubnis zu verlangen.[24])

Verleihung.

3. Die Verleihung der Ehren erfolgt unabhängig von der Staatsangehörigkeit des Bedachten. Daß militärische und bürgerliche Ämter von Fremden bekleidet werden, ist vergangenen Jahrhunderten eine geläufige Erscheinung gewesen und auch heute (unter dem Gesichtspunkt der internationalen Statthaftigkeit) unbezweifelt Rechtens. Dasselbe muß alsdann für den Besitz von Schmucktiteln gelten, die als Bezeichnungen fiktiver Ämter verliehen werden.[25]) Aber auch die Orden werden seit frühester Zeit an Ausländer vergeben.[26]) Cocceji freilich, der die Zulässigkeit einer Nobilitierung, ja selbst einer Graduierung von Ausländern bestreitet, erklärt sich die Möglichkeit, Ausländer in einen Ritterorden aufzunehmen, *quia ordines illi non utuntur imperio in membra, sed instar collegii et societatis sunt, in quas quilibet recipi potest et non recipitur tanquam a superiore sed tanquam capite ordinis seu collegii.*[27]) Und selbst die Lehre vom Personalstatut hat sich wiederum gemeldet.[28]) Indessen bedarf

---

nicht von Österreich empfangen hat, sie anzulegen pflege, wenn er mit dem Kaiser von Österreich zusammentrifft.

[22]) Schulze, Chronik 641 f., 723.

[23]) Schulze, Chronik 611, 824 und Supplement 1, 205 f. 444 ff. Der alte Stamm zerfällt zwar gleichfalls in verschiedene Zungen, die Aufnahme erfolgt jedoch einheitlich durch den Großmeister. Für Spanien muß die abgelöste Auszeichnung und die 1885 restaurierte Zunge des ursprünglichen Ordens (Salles a. a. O. XIII) auseinander gehalten werden.

[24]) Sloet a. a. O. 57 ff.

[25]) Beispiele bei Wildvogel 255 f. resp. 132.

[26]) Bemerkenswert v. Roth (zit. oben S. 287 Anm. 2) 669 ff. Verleihungen des französischen Michaelsordens an Fremde: Camdenus 81 f. ad a. 1594; Grotius ep. 268; Placaet-Boeck der Nederlanden 3, 608. Vgl. auch J. J. Moser Teutsches auswärtiges Staatsrecht 272, 321.

[27]) A. a. O. n. 13. Cocceji erörtert im gleichen Zusammenhang auch die Verleihung von Ämtern an Ausländer und erklärt sie für zulässig, weil es sich dabei anders als bei Adel und akademischen Graden nicht um eine *perpetua qualitas* der Person handle.

[28]) Vgl. unten Z. 8 Lehr und das Zuchtpolizeigericht Paris. Wenn v. Bar Theorie und Praxis 1, 416 für die Orden „die gleichen Grundsätze“ gelten lassen

es nach den Ausführungen für Adel und akademische Grade keines Nachweises mehr, daß auch derartige Verleihungen an Ausländer einwandfrei sind.

Dabei mag die internationale Höflichkeit immerhin darauf Wert legen, daß vor der Auszeichnung eines Ausländers dessen Heimatstaat sein Einverständnis erklärt, wie das für Titelverleihungen beispielsweise zwischen Bayern und Österreich vereinbart worden ist. [29]) Und es kann insbesondere sein, daß ein Staat von sich aus, aus Gründen fremdenrechtlicher Art, gewisse Auszeichnungen den eigenen Staatsangehörigen vorbehält [30]) oder zwischen inländischen und ausländischen Inhabern unterscheidet. Solche Unterscheidungen nach der Staatsangehörigkeit sind zumal bei der französischen Ehrenlegion vorgenommen und sogar nach dem Aufenthaltsort des Trägers weitergeführt worden. [31])

Nach einer Seite allerdings begegnet diese unbeschränkte Verleihbarkeit der Auszeichnungen einer Begrenzung: wo die Auszeichnung mit einer Ordnung der Berufstätigkeit verbunden ist, kann sie nur statthaben, wenn der Beruf selbst der Zuständigkeit des Inlands unterliegt. § 133 der Reichsgewerbeordnung stellt die Voraussetzungen fest, unter denen ein Handwerker den Meistertitel führen darf, und überläßt die Regelung in gewissem Umfang den Einzelstaaten. Solche einzelstaatliche Vorschriften aber können nur für diejenigen Handwerker ergehen, die in dem betreffenden Bundesstaat ihre gewerbliche Niederlassung haben. Der sächsische Baumeister, der eine einzelne Arbeit in Bayern ausführt, kann sein Recht auf den Titel nur von Sachsen ableiten; ein Recht auf den

---

will wie für den Adel, so wird sich das wohl nicht auf die für den Adel in Anspruch genommene Herrschaft des Personalstatuts erstrecken sollen. Wenn nach Heffter bei Bluntschli-Brater Staatswörterbuch 7, 385 „wenigstens mit äußerem Erfolg" Orden an Fremde nur mit Zustimmung ihres Souveräns verliehen werden können, so dürfte damit nur gemeint sein, daß der Heimatstaat Einholung einer Genehmigung fordern kann. Bedenklicher schreibt Lederer im Österreichischen Staatswörterbuch[2] 1, 707, jede staatliche Ehrenverleihung gründe sich auf das Souveränitätsrecht des Staatsoberhaupts „und kann daher (?) in der Regel nur an Inländer mit voller Wirksamkeit erfolgen"; Verleihung an Ausländer sei wohl „an sich möglich", erlange aber erst dann „rechtliche Kraft", wenn dem Bedachten von seinem Staatsoberhaupt Genehmigung erteilt wird.

[29]) v. Vesque 114[2]. Ähnlich soll nach einer belgischen Verordnung von 1845 Inländern die Erlaubnis zur Annahme fremder Orden nur erteilt werden, wenn die Verleihung Gegenstand vorgängiger Verständigung gewesen ist; Pandectes belges 61, 138.

[30]) Persönlicher Adel als Folge der Verleihung: oben S. 295 Anm. 47.

[31]) Journal 21, 794 ff.; auch 22, 459 ff. Ein bestrittener Anwendungsfall ebenda 21, 857; 22, 831; 23, 374 einerseits, 21, 794 ff. auch 858 f. andrerseits. — Fremdenrechtliche Unterscheidungen im Malteserorden: J. J. Moser a. a. O. 272 ff.

Titel, das er Sachsen gegenüber besitzt, muß aber nach Reichsrecht auch in Bayern anerkannt werden.[32])

Anerkennung.

4. Amtsehre, Titel und Orden, die ein Staat verleiht, finden regelmäßig auch in anderen Staaten Anerkennung. Nicht darum, weil es sich dabei nur um gesellschaftliche Vorgänge ohne rechtliche Bedeutung handelte;[33]) denn auch hier gewährt die Anerkennung ein subjektives öffentliches Recht auf Führung der Auszeichnung. Aber auch für diese Auszeichnungen hat sich ein Gewohnheitsrecht herausgebildet, das die fremde Ehrung zur Geltung bringt.

Die Landsknechtzeit mit ihrem Wechsel des Dienstherrn hatte eine Anerkennung der militärischen Dienstgrade zur Folge, auch wenn sie unter fremder Fahne erworben waren; zugleich war damit eine Gleichmäßigkeit in die militärische Rangordnung eingeführt worden, die solche Gleichstellung erst möglich gemacht hat. Und diese Anerkennung der militärischen Dienstehre ist bis zur Gegenwart geblieben,[34]) bestätigt durch die Reichsgesetzgebung und die großen Vertragswerke der Gegenwart.[35]) Das gleiche Gewohnheitsrecht

[32]) Unrichtig Münchner Neueste Nachrichten 19. II. 1909, wonach ein solcher Baumeister seinen Titel in Bayern deshalb nicht führen darf, weil hier eine landesrechtliche Regelung gemäß § 133^{II} der Reichsgewerbeordnung noch nicht erfolgt sei. Auch wenn sie erfolgt ist, entscheidet über die Titelführung nicht bayerisches, sondern sächsisches Recht. — Die Verleihung gewerblicher Hoftitel, bei denen eine Ordnung des Berufs selbst nicht in Frage kommt, ist unbeschränkt statthaft.

[33]) So K. Th. Pütter, Beseler, Pözl oben S. 302 Anm. 19.

[34]) Pfeffinger unten S. 361. J. St. Pütter 1, 10: ein hessischer Generalleutnant genießt nicht nur in Deutschland, sondern in ganz Europa, wenn etwa Heere mehrerer europäischer Mächte beisammen sind, den Rang, der mit dieser Würde verknüpft ist. G. F. Martens, primae lineae § 69; Einleitung §§ 84, 85; précis[2] § 108: „nach dem strengen natürlichen Recht“ könne eine solche Verleihung außer Landes keine Wirkung hervorrufen, „nach dem herkömmlichen Völkerrecht“ jedoch werde fremden Offizieren Titel, Präzedenz und Ehrenbezeugungen ihres Grades beigelegt. Schmalz, Das europäische Völkerrecht (1817) 164. Einen Anwendungsfall aus jüngster Zeit bietet das Kommando des Grafen Waldersee über die vereinigten Truppen in Ostasien.

[35]) Deutsches Militärstrafgesetzbuch § 158: „Auf die strafbaren Handlungen eines Kriegsgefangenen finden nach Maßgabe seines Militärranges die Vorschriften dieses Gesetzes entsprechende Anwendung“. Militärstrafgerichtsordnung § 57: „Bei kriegsgefangenen Offizieren soll das militärische Rangverhältnis tunlichst berücksichtigt werden“. Haager Landkriegskonvention vom 29. VII. 1899 Art. 6: „Der Staat ist befugt, die Kriegsgefangenen nach ihrem Dienstgrad . . als Arbeiter zu verwenden.“ Art. 17: „Kriegsgefangene Offiziere können den ihnen in dieser Lage nach den Vorschriften ihres Landes zukommenden Sold erhalten.“ Genfer Konvention in der Fassung vom 6. VII. 1906 Art. 13: „Der Feind sichert dem in Art. 9 bezeichneten Personale (Sanitätspersonal und Feldprediger), solange es sich in seinen Händen befindet, dieselben Bezüge und dieselbe Löhnung zu wie

hat sich aber auch für die bürgerlichen Ämter herausgebildet — das Bedürfnis ergab sich zunächst für das Gesandtschaftspersonal und bei Kongressen — hat zu einem Recht auf den Amtstitel und, wo eine Vergleichbarkeit bestand, auch auf den Rang geführt.[36]) Nur die Amtskleidung, die wohl verleiten konnte, den Träger zur Ausübung öffentlicher Gewalt ermächtigt zu halten, ist in diese Zulassung nicht einbezogen worden.[37])

Was nun aber für die Amtstitel, das ist auch für die ihnen nachgebildeten Schmucktitel Rechtens geworden,[38]) und die gleiche Entwickelung hat sich für die Orden vollzogen.[39]) Wenn die Quellen, die ein solches Gewohnheitsrecht dartun, hier spärlicher fließen, so gestattet doch die seit langem geübte Gleichstellung dieser Auszeichnungen mit Adel und akademischen Graden (oben S. 282), das reiche Material, das dort zu Gebote steht, hieher zu verwenden. Und gerade für die Auszeichnungen als Gesamtbegriff ist die Lehre

---

dem Personal gleichen Dienstgrads des eigenen Heeres". In diesen Zeugnissen interessiert nicht die Gleichartigkeit der Rechtsfolge, sondern die Anerkennung des fremden Dienstgrads, die für die Anknüpfung solcher Rechtsfolgen vorausgesetzt wird. Eine Parallele aus dem Bereich der militärischen Sitte bietet die Vorschrift, daß Offizieren fremder Armeen die gleichen Ehrenbezeugungen zu erweisen sind wie den eigenen Offizieren; so für Bayern Weber Gesetzsammlung 12, 412*).

[36]) Pfeffinger, G. F. Martens, Schmalz a. a. O.; J. Schmelzing, Grundriß des Völkerrechts 1, 220. Vgl. auch die Bestätigung „gesellschaftlicher", „zeremonieller" Anerkennung bei K. Th. Pütter und Pözl.

[37]) Beachtung verdient die neueste Regelung dieses Gegenstands in dem französischen Dekret vom 4. XII. 1905 Journal 33, 241: *Le port des uniformes étrangers, tant civils que militaires, est interdit sur le territoire de la République française*; Ausnahmen bestehen zugunsten fremder Diplomaten und Konsuln, der Mitglieder sonstiger amtlicher Missionen bei der französischen Regierung, und für die Besatzung fremder Kriegsschiffe in französischen Häfen und deren Umgebung; für bestimmte andere Fälle können Ausnahmen bewilligt werden, und auch die besonderen Verhältnisse der Grenzbahnhöfe bleiben vorbehalten. — Nicht zu verwechseln mit diesem allgemeinen Ausschluß fremder Uniformen sind die zuweilen vorkommenden Vorschriften, die Inländern verbieten, ohne landesherrliche Erlaubnis fremde Uniformen anzulegen. So für Bayern Verordnung vom 29. VIII. 1803, G. Döllinger, Verordnungensammlung 3, 251. Franzosen ist das Tragen fremder Ordenstrachten untersagt; Bericht des Großkanzlers der Ehrenlegion 10. VI. 1853 Z. 4. Vgl. auch die Entwürfe für ein österreichisches Strafgesetz (1874 § 434; 1893 § 445; nicht mehr 1909), die den Inländer mit Strafe bedrohen, der „wider das Verbot einer Verordnung ausländischer Dienstzeichen sich bedient". Wiederum anderer Art sind die mannigfachen fremdenrechtlichen Beschränkungen, die — nach dem Willen des verleihenden Staats — verbieten, eine Uniform außer Landes zu tragen.

[38]) Wildvogel 255f. resp. 122, insbesondere n. 15; G. F. Martens, Primae lineae § 70; Einleitung §§ 84, 85. Vgl. auch K. Th. Pütter, Beseler, Pözl a. a. O., sowie Zitelmann, Internationales Privatrecht 1, 139.

[39]) G. F. Martens, Primae lineae § 70; v. Bar, Theorie und Praxis 1, 416. Vgl. auch Pözl und Zitelmann.

vertreten worden, daß sie auch in anderen Staaten Anerkennung beanspruchen können. Der bemerkenswerten Ausführungen von Pufendorf ist schon Erwähnung geschehen.[40]) Verwandt schreibt Pfeffinger „..*cum inter gentes populosque liberos tacitae conventionis sit, eorum cives tali censu apud omnes aestimari quali singuli in singulis veniunt; haecque regula, mutui honoris, utilitatis publicae et necessitatis communis gratia .. in Imperio quoque observatur, experientia teste, qua principis alicujus ministrum seu belli ducem apud omnes eodem honore, quo apud dominum censeri videmus.*“[41])

Dabei wird eine Gleichsetzung staatlicher und höfischer Auszeichnungen des Auslands im Sinne dieses Gewohnheitsrechts liegen. Es reicht zurück in die Zeiten, da die beiden Arten rechtlich noch nicht unterschieden wurden, und wo höfische Auszeichnungen des Inlands ein Recht auf Führung dem Staat gegenüber verleihen, da begegnet die Gleichsetzung auswärtiger Verleihungen auch insoweit keinen Schwierigkeiten. Zugunsten sonstiger nichtstaatlicher Ehren läßt sich ein solches allgemeines Gewohnheitsrecht nicht nachweisen. Ihre Anerkennung hängt an dem positiven Recht des einzelnen Staates, und wenn dieser ein Recht auf Führung mannigfach auch anderen Auszeichnungen nichtstaatlicher Herkunft zuteil werden läßt, so doch regelmäßig nur Auszeichnungen des Inlands.

Die Führung staatlicher und höfischer Auszeichnungen des Auslands, auf die nach Lage des einzelnen Falls kein Recht besteht,[42]) ist auch hier verboten. Aber nur bei Orden gilt, daß schon die Herkunft von anderer als staatlicher oder höfischer Seite unter das Verbot fällt. Andere Auszeichnungen können regelmäßig auch von privater Seite vergeben werden. Sie bedürfen in fremden Staaten keiner besonderen Anerkennung; ihr Gebrauch gehört mangels positivrechtlicher Abweichung in den Bereich der verwaltungsrechtlich gleichgültigen Handlungen und genießt dort möglicherweise nach Maßgabe des Verfassungsrechts Schutz gegen Beeinträchtigung, welche die Verwaltung ohne gesetzliche Grundlage vornehmen könnte.

Beschränkungen der Anerkennung, insbesondere Genehmigung.

5. Die Anerkennung staatlicher und höfischer Ehren entfällt, wo dem Gewährenden die Zuständigkeit mangelt, Ehren dieser Art zu vergeben. Daß unlauter erworbene Auszeichnungen auf Anerkennung keinen Anspruch haben, darf auch hier ohne weiters angenommen werden. Und ebenso kann die Gefahr, fremde Aus-

[40]) Oben S. 301 f. Ihm folgt Itterus 77 ff. c. 5 § IV.

[41]) III 112 lib. 3 tit. 2 § 13 c).

[42]) Ein solches Recht auf Führung besteht aber auch dort, wo der Auszeichnung als ausländisch der besondere Schutz, insbesondere der Strafschutz versagt ist; vgl. oben S. 298.

zeichnungen möchten mit solchen des Inlands verwechselt werden, zu Einschränkungen einer sonst geschuldeten Anerkennung Veranlassung geben. Wie bei Adel und akademischen Graden kann auch bei Titeln die Beifügung eines Zusatzes verlangt werden, der die Herkunft des Titels angibt;[43]) nur darf diese Forderung — im Rahmen des die Anerkennung gewährleistenden Gewohnheitsrechts — auch hier nicht dazu mißbraucht werden, durch Auferlegung eines sprachwidrigen Zusatzes die Führung des anzuerkennenden Titels tatsächlich unmöglich zu machen. Bei Orden hat Frankreich denselben Gesichtspunkt verwertet, wenn dort verboten ist, Ordensbänder in der Farbe der französischen Ehrenlegion ohne das zugehörige Abzeichen anzulegen.[44])

Insbesondere aber kann ein Gewohnheitsrecht, das die Anerkennung fremder Auszeichnungen fordert, da nicht aufkommen, wo eine besondere nach freiem Ermessen zu erteilende Erlaubnis eingeholt werden muß, um die fremde Auszeichnung führen zu können. Schon im 16. Jahrhundert ist in England gegen Staatsangehörige eingeschritten worden, die fremde Orden ohne Erlaubnis angenommen hatten;[45]) Mitte das 18. Jahrhunderts wird solche Erlaubnis (für Orden) in einem Teil der Staaten verlangt,[46]) zu Ende desselben Jahrhunderts gilt die Genehmigung für den Genuß einer Gunstbezeugung „überall" als erforderlich.[47]) Die Einrichtung steht demgemäß auch gegenwärtig (neben dem Erfordernis einer Genehmigung für den Eintritt in fremde Dienste) insbesondere für Titel und Orden in allgemeiner Geltung.[48])

[43]) Für Preußen Goltdammer Materialien zum Strafgesetzbuch für die preußischen Staaten 2, 174; vgl. auch Körner in Der deutsche Herold 35, 163. v. Schicker, Das Polizeistrafrecht und Polizeistrafverfahren im Königreich Württemberg[3] (1899) 23. Wenn Österreich seinen Angehörigen die Erlaubnis zur Führung fremder Titel nicht erteilt, die in Österreich gleichlautend verliehen werden (Münchner Neueste Nachrichten 15. V. 1909 Fall Kainz). so beruht das auf einem andern Rechtsgrund.

[44]) Dekret 10. III. 1891 Art. 6 Journal 18, 339. Über den bestrittenen Geltungsbereich dieser Vorschrift unten.

[45]) Camdenus 81 f. ad a. 1594.

[46]) J. J. Moser, Teutsches auswärtiges Staatsrecht 321 f.

[47]) G. F. Martens, Einleitung § 87.

[48]) Für Preußen abgeleitet aus der Ehrenhoheit des Königs (Kammergericht 7. VI. 1900 Jahrbuch 20 C, 102; v. Rönne, Staatsrecht[5] 1, 212; ebenso Schulze, Deutsches Staatsrecht 1, 197 für alle Monarchien Deutschlands) und auf „gemeines Gewohnheitsrecht" gegründet (Schwartz, Verfassungsurkunde[2] 144). Für Bayern Verfassung Titel IV § 14 und Gebührengesetz Art. 246. Für Württemberg Sportelgesetz Tarif Nr. 49, 70. Braunschweig Neue Landschaftsordnung § 10. Bremen Verfassung § 17. Für Österreich v. Vesque 114 (nicht erforderlich für Medaillen; andererseits ist völlig verboten die Annahme von Titeln, welche fremde Dienste bezeichnen). Für Ungarn Strafgesetz für Übertretungen § 45 (Orden). Frankreich Dekret 10. VI. 1853 Art. 2 (Orden). Italien Verfassung Art. 80. Niederlande Verfassung Art. 67. In Belgien wird die Erlaubnis zur Annahme fremder Orden nur erteilt, wenn sich der verleihende

Handelt es sich bei dieser Vorschrift um den Schutz der Untertanentreue, so wird sie zunächst bei staatlichen, aber auch bei höfischen Auszeichnungen des Auslands Platz greifen müssen,[49]) auf sonstige Auszeichnungen privater Herkunft dagegen sinngemäß nicht anwendbar sein; doch kommen positivrechtlich Erstreckungen auch nach dieser Richtung vor.[50]) Andererseits aber wird eine solche Vorschrift (vgl. unten Z. 8) regelmäßig nur für Inländer gelten; für solche allerdings auch dann, wenn sie gleichzeitig die Staatsangehörigkeit des verleihenden Staates besitzen. Personen, die ausgezeichnet worden sind, bevor sie die Staatsangehörigkeit im Inland erworben haben, werden im Zweifel nicht verpflichtet sein, die Genehmigung des neuen Heimatstaats einzuholen, um ihre Titel oder Orden weiterführen zu können.[51]) Die Gründe, die oben S. 309 für die Fortdauer des Adels eines Naturalisierten entwickelt worden sind, treffen in gleicher Weise auch hier zu. Dem entspricht die Stellung, die Preußen zu der Frage einnimmt.[52]) Dieselbe Lösung hat die neueste bayerische Praxis vertreten,[53]) während die belgischen Ministerien in solchem Fall Einholung der Erlaubnis für erforderlich erklären.[54])

Staat zuvor mit Belgien verständigt hat, eine Erlaubnis zur Annahme fremder Titel überhaupt nicht gewährt; Gesetz 11. VII. 1832 Art. 9, Verordnungen vom 20. V. 1845 und 23. IV. 1853 Pandectes belges 61, 138. Braunschweig und die Niederlande fordern die Genehmigung auch für „Rang und Würden", Bayern und Bremen für „Würden", die das Ausland verliehen hat. Neben den Orden werden häufig noch Ehrenzeichen besonders erwähnt. Wegen der Erlaubnis, fremde Uniformen, Dienstabzeichen zu tragen, oben Anm. 37.

[49]) So auch für die Bezeichnung Hoflieferant vier Urteile des preußischen Oberverwaltungsgerichts nach v. Arnstedt, Preußisches Polizeirecht 2, 569 f.; Oberstes Landesgericht München 19. XI. 1907 Sammlung für Strafsachen 8, 104. Die Frage ist, wie auch v. Arnstedt bemerkt, unabhäng von der anderen, ob die unberechtigte Führung einer solchen Auszeichnung Strafe nach sich zieht.

[50]) Ein Beispiel oben S. 282.

[51]) So auch Lehr, Journal 23, 342 f. Anders de lege ferenda Karminski (zit. oben S. 309 Anm. 46) 42.

[52]) v. Arnstedt, Polizeirecht 2, 571 f. unter Anführung einer Kabinettsorder vom 3. I. 1857 und eines Ministerialerlasses vom 10. VII. 1857. Vgl. auch § 438 des Entwurfs eines Strafgesetzbuchs von 1847 oben S. 310 Anm. 49.

[53]) Ein Reskript vom 29. I. 1812 (Döllinger, Verordnungensammlung 3, 252) hatte allerdings bestimmt, „daß nicht nur bei Annahme fremdherrischer Charaktere und Decorationen, sondern auch zum Gebrauche der ehemals schon und unter anderen Verhältnissen erworbenen die königliche Erlaubnis der bestehenden Verordnungen gemäß nachgesucht und erhalten sein müsse", und auch in einer Ministerialentschließung von 1840 (Weber 2, 79*) wird die Beibehaltung eines früher erlangten Ordens „bewilligt". Dagegen das Anm. 49 erwähnte Urteil des Obersten Landesgerichts vom 19. XI. 1907, in dem das Reskript von 1812 für eine einmalige, durch Mißbräuche in den damals erworbenen Landesteilen veranlaßte Maßregel erklärt wird. Ebenso v. Seydel, Staatsrecht[2] 1, 298[31]: nach Wortlaut und Absicht der Verfassung werde Erlaubnis für die „Annahme", also nicht für die Beibehaltung fremder Ehrenzeichen gefordert.

[54]) Pandectes belges 28, 653 v° décoration n. 28.

Verhältnis der Staatsgewalt zu Auszeichnungen des Auslands.

6. Aber ist ein Staat überhaupt berechtigt, die Führung fremder Auszeichnungen seinen Anordnungen zu unterwerfen, ihre Anerkennung einzuschränken oder völlig zu versagen? Die Ordnung, der ein Staat die unter seiner Hoheit verliehene Auszeichnung unterwirft, auch ein Recht auf Führung, das er ihrem Träger einräumt, reicht nicht über den Machtkreis dieses Staats hinaus. Ein anderer Staat, der ein Recht auf Führung für seinen Bereich hinzufügt, handelt in eigener Sache; er kann ein solches Recht sich gegenüber gewähren, beschränken, entziehen. Hinsichtlich der Führung auswärtiger Orden tritt diese Befugnis ohne weiters in Erscheinung. Bei fremden Titeln allerdings ergeben sich Schwierigkeiten; denn hier greift Völkerrecht ein in das internationale Verwaltungsrecht. Die Ämterordnung eines Staats als die Organisation, in der der Staat handelt, hat völkerrechtlichen Anspruch auf Anerkennung. Mit dem Amt aber ist regelmäßig eine Bezeichnung seines Inhabers verbunden, der Amtstitel, der die Dienstleistung individualisiert. Es kann anderen Staaten nicht gestattet sein, in diese Verhältnisse einzugreifen, und wenn Goltdammer[55]) der Aberkennung der bürgerlichen Ehrenrechte, die einen ausländischen Beamten in Preußen trifft, die Wirkung zuschreibt, den Beamten an der Führung seines Titels in Preußen zu verhindern, so scheint mir das völkerrechtlich bedenklich. In gleicher Weise verbleibt es aber auch eine innere Angelegenheit der staatlichen Ämterordnung, wenn der Staat einem Beamten einen höheren Amtstitel gewährt, als seiner Dienstleistung entspricht, wenn er ein Amt nur ehrenhalber verleiht, wenn er den Amtstitel beläßt, ohne tatsächliche Dienstleistung zu fordern. Auch hier hat die preußische Praxis schon abweichend entschieden. „Dr. A., in Serbien Professor a. D.“ ist wegen unbefugter Titelführung bestraft worden, weil er die Genehmigung des Königs von Preußen nicht eingeholt hatte, diesen Titel zu gebrauchen;[56]) desgleichen ein Preuße, der, im Haag wohnhaft, chilenischer Vizekonsul gewesen war und nun sich „Vizekonsul a. D.“ nennt.[57])

Die Rechtskonsequenz würde hier noch weiter führen. Auch die Schmucktitel, die ein Staat verleiht, setzen fiktive Ämter voraus,

---

[55]) Materialien zum Strafgesetzbuch für die preußischen Staaten 1, 169f.

[56]) Kammergericht 7. X. 1897, Archiv für Strafrecht (1897) 45, 444. Unzulässig war die Bestrafung allerdings nur, wenn eine Berechtigung, den Titel zu führen, nach serbischem Staatsrecht bestand, was soweit ersichtlich nicht festgestellt wurde.

[57]) Kammergericht 7. VI. 1900 Jahrbuch 20 C, 102. Das Urteil führt aus, daß zwar die Übernahme des Amts einer preußischen Genehmigung nicht bedurft hätte; aber nunmehr sei die Bezeichnung, losgelöst vom Amt, zum bloßen Titel geworden.

die zum Teil sogar mit einem bestimmten Rang in die wirkliche Ämterordnung eingegliedert sind, und man käme von da zu der Annahme, daß jegliche Verleihung staatlicher Titel von anderen Staaten ohne Kontrolle hingenommen werden müsse. Aber eine völkerrechtliche Beschränkung reicht nur so weit, als der Staatenwille, der hinter ihr steht. Die Staatenpraxis aber läßt Anordnungen über die Führung ausländischer Schmucktitel allgemein gelten. Auch Hoftitel des Auslands können auf eine solche Exemtion nicht Anspruch machen, und es ist einwandfrei, wenn die preußische Praxis polizeiliche Zwangsmaßregeln anwendet, um Personen, denen die Führung eines auswärtigen Hofprädikats nicht genehmigt ist, an dem Gebrauch der Auszeichnung zu verhindern.[58])

Strafschutz.

7. Wie aber die Führung ausländischer Würden, Titel, Orden regelmäßig von dem Verwaltungsrecht des Inlands abhängt, so kann ihnen hier auch strafrechtlicher Schutz gegen unbefugte Anmaßung zuteil werden, und es geht nicht etwa an, fremde Auszeichnungen von diesem Strafschutz deshalb auszuschließen, weil das Inland nicht befugt sei, die Rechtmäßigkeit ihres Erwerbs nachzuprüfen.[59]) Besteht für das Inland die Möglichkeit, solchen Schutz zu gewähren, so müßten freilich Strafdrohungen, die sich gegen die Anmaßung staatlicher Ehren wenden, im Zweifel trotzdem auf Auszeichnungen inländischer Herkunft beschränkt werden, wenn es ihr Zweck wäre, die Verleihung der Auszeichnungen in ihrer Eigenschaft als verwaltungsrechtliche Einrichtung vor Mißbrauch zu bewahren; denn regelmäßig sind es nur die öffentlichrechtlichen Einrichtungen des Inlands, denen solcher Schutz zukommt. Allein — es kann hier nur wiederholt werden, was schon für die Adelsanmaßung ausgeführt wurde (oben S. 317 f.) — nicht die Monopolrechte der verleihungsberechtigten Stelle zu behüten, ist der Zweck dieser Strafbestimmungen, und auch ein Sonderschutz inländischer Staatseinrichtungen wird im Zweifel nicht beabsichtigt sein. Wo der fremden Auszeichnung ein Recht auf Führung zur Seite steht, da wird dies Recht, gegen das Inland gerichtet, und damit ein inländisches Interesse durch die An-

[58]) v. Arnstedt, Polizeirecht 2, 569.

[59]) So der französische Kassationshof 19. I. 1839 Sirey 1839 I, 241; Besia (zit. oben Anm. 16) n. 13. Vgl. dagegen Patrioli (ebendort) n. 30 — der fremde Auszeichnungen für materiellrechtlich schutzlos erklärt — *non manca la giurisdizione; ma fa difetto il reato.* Schon um Anerkennung gewähren zu können, muß das Inland die Rechtmäßigkeit des Erwerbs im Ursprungsland nachprüfen. — Ein verwandter Gedankengang bei Garçon, Code pénal art. 259 n. 17: die Anmaßung fremder Uniformen sei nicht strafbar, weil das französische Recht zur Zeit davon absehe, das Tragen fremder Uniformen polizeilich zu regeln.

maßung geschädigt. Und wo auch Ehren nichtstaatlicher Herkunft unter den Strafschutz gezogen sind (s gleich unten), da versagt die Unterscheidung von vornherein.[60]) Eine ausdrückliche Gleichstellung nehmen die Strafgesetzbücher von Österreich § 334[61]) für Orden, von Norwegen § 328 für Titel und Ehrenzeichen vor,[62]) während umgekehrt die Niederlande § 435[63]) und Ungarn, Strafgesetz für Übertretungen § 45, nur inländische Orden unter ihren Schutz nehmen. Die Anmaßung fremder Uniformen unterscheidet sich von derjenigen der Orden, Titel, Würden fremder Staaten dadurch, daß hier in der Regel kein subjektives öffentliches Recht auf die Uniform dem Inland gegenüber in Frage kommt, ihre Anlegung vielmehr, wenn nicht verboten, so doch von Ausnahmefällen abgesehen verwaltungsrechtlich gleichgültig ist. Immerhin kann eine Ausdehnung des Strafschutzes auf fremde Uniformen trotzdem in der Absicht eines Gesetzes liegen — widerspruchsvoll, wenn der Strafschutz der Kleidung, einleuchtend, wenn er dem durch sie vermittelten Ansehen gilt.[64]) Aber auch Auszeichnungen nichtstaatlichen Ursprungs, höfische,

---

[60]) Für die Gleichstellung inländischer und ausländischer Titel, Orden, Würden auch hier Goltdammer, Merkel, Binding, Frank a. a. O.; gegen sie Rotering, Olshausen, Oppenhoff. In Frankreich wird die Gleichsetzung vertreten von dem Appellhof Paris 1837 Sirey 1839 I, 241[1] und dem Zuchtpolizeigericht Corbeil 1886 Journal 14, 180; von M. Rauter, Traité du droit criminel français (1836) 1, 538 f.; Sirey-Gilbert, Code pénal annoté[8] (1872) art. 259 n. 9; Lehr, Journal 14, 299; Garçon, Code pénal art. 259 n. 71; zweifelnd der Kassationshof, s. oben, und gegen die Einbeziehung fremder Auszeichnungen (sehr unklar) Carnot (zit. S. 318 Anm. 16) n. 6; wohl auch A. Chauveau-F. Hélie, Théorie du code pénal[6] (1887) 3, 260 f. n. 1067 und Garraud, Traité[2] 4, 336 f. n. 1405; für Titel, da Art. 259 nur *„titres impériaux"* schütze, Sloet 78 ff. In Belgien wird die Strafdrohung auf fremde Auszeichnungen erstreckt Pandectes belges a. a. O. n. 21, in Italien die Ausdehnung abgelehnt von Patrioli (s. oben Anm. 59), weil es sich um den Schutz der königlichen Vorrechte handle, von Besia aus den dort angegebenen Gründen. Eine erhebliche Verwirrung aber besteht, wenn öfter die Anwendbarkeit des Verbots auf Auszeichnungen ausländischer Herkunft mit seiner Verbindlichkeit für ausländische Staatsangehörige (die von den Polizeigesetzen des Inlands verpflichtet würden) zusammengebracht wird.

[61]) S. auch schon Hofkanzleidekret 24. III. 1835 bei Maucher (zit. oben S. 318 Anm. 16) und Militärstrafgesetzbuch § 598. Entsprechend Einführungsgesetz zum Entwurf eines StGB. 1909 Art. 49.

[62]) Vgl. auch für Ausstellungsmedaillen Frankreich Gesetz 30. IV. 1886 Art. 1.

[63]) Dazu Sloet 81 ff.; auch Merkel a. a. O. 340.

[64]) Für Deutschland nehmen Binding, Frank, Merkel 323 eine Gleichstellung der Uniformen mit Titel und Orden wohl mit Grund an. Für Frankreich hat Garraud n. 1402 die Anmaßung fremder Uniformen für strafbar erklärt, Garçon (s. oben Anm. 59) die Strafbarkeit verneint, während der hier angeführte Le Poittevin den Schutz auf fremde Uniformen beschränkt, die mit Erlaubnis des Inlands getragen werden. In der Tat werden seit dem Dekret von 1905 (oben

kirchliche Ehren des Auslands können gegen Anmaßung strafrechtlich geschützt sein. Nur handelt es sich dabei zunächst um eine Frage des innerstaatlichen Rechts: ob auch inländische Ehrungen gleicher Art den Strafschutz genießen.

Die sonstigen Vorschriften, welche die Führung auswärtiger Auszeichnungen angehen, das Gebot, sie in bestimmter Form zu tragen, Erlaubnis einzuholen, Gebühren zu bezahlen, stehen an sich außer Zusammenhang mit dem Verbot, nichtverliehene Auszeichnungen sich anzumaßen, und eine Strafdrohung für die Verletzung dieser ist gegen die Übertreter der anderen Vorschriften zunächst keineswegs anwendbar. Aber auch hier kann die Verletzung einer solchen Vorschrift mit einem Verbot der Führung bedroht sein — das wird insbesondere für die Nichteinholung der vorgeschriebenen Erlaubnis, für den in Frankreich vorgesehenen Ausschluß nichtstaatlicher Ehrenzeichen zutreffen — und es fallen damit auch diese Übertretungen unter die Strafdrohung, die gegen unbefugte Führung einer Auszeichnung gerichtet sind.[65]) Die Inkonsequenz derer, die eine Strafbestimmung gegen Anmaßung grundsätzlich auf die Zueignung inländischer Auszeichnungen beschränken und die Vorschrift trotzdem auf Personen anwenden wollen, die ohne Erlaubnis des Inlands sich fremder Auszeichnungen bedienen, bleibt auch hier bestehen. Belgien C. p. art. 229 und Ungarn Strafgesetz für Übertretungen § 45, die Niederlande § 435 und die früheren österreichischen Entwürfe (1874 § 434; 1893 § 445; nicht mehr 1909) haben für diesen Tatbestand gesonderte Strafdrohungen aufgestellt.

Die Staatsgewalt und die Ausländer.

8. Besitzt das Inland die Möglichkeit, seine Vorschriften über die Führung inländischer und ausländischer Auszeichnungen zu erlassen, so bleiben doch die beiden Fragen offen, wie weit solche Anordnungen auch für ausländische Staatsangehörige, und wie weit

Anm. 37) mindestens die verbotenen Uniformen keinen Strafschutz beanspruchen können, während sie allerdings, erlaubterweise getragen, gemäß Art. 259 C. p. fremden Orden wohl gleichzustellen sind.

[65]) Daß die mangelnde Erlaubnis, eine verliehene Auszeichnung zu führen, der Anmaßung einer nichtverliehenen Auszeichnung gleichsteht, wird für das deutsche und das französische Strafrecht allgemein angenommen, in Italien dagegen — Patrioli n. 30; Besia n. 13; G. Crivellari, Il codice penale interpretato (1896) 6, 129f. art. 186 n. 271 — lebhaft umstritten. In gleicher Weise erklärt das Zuchtpolizeigericht Paris Journal 25, 349 den Inländer strafbar, der Orden einer nichtsouveränen Macht trägt. Das französische Verbot, rote Ordensbänder des Auslands ohne Kreuz zu tragen, stellt P. Daubert, Du port illégal de costume et de décoration (1904) 95 nicht unter den Schutz des Art. 259, wie auch Crivellari die Gebührenpflicht für die Erlaubnis, fremde Auszeichnungen zu führen, nicht unter C. p. it. 186.

sie außer Landes Geltung beanspruchen. Die praktisch wichtigste dieser Vorschriften ist das Gebot, für den Gebrauch fremder Auszeichnungen Bewilligung einzuholen. Sein Geltungsbereich aber ergibt sich aus dem Zweck der Vorschrift. Wenn es richtig wäre, daß die Einholung der Erlaubnis auf der Ehrenhoheit des Landesherrn beruhte,[66]) so müsste sie unterschiedslos gefordert werden von Einheimischen und Fremden. Aber auch hier gilt, was unter gleichen Umständen für den Adel ausgeführt wurde: diese Ehrenhoheit will die Verleihung dem Landesherrn vorbehalten, andere Stellen des Inlands von der Verleihung ausschließen und hat darum überhaupt nur Beziehung zu Auszeichnungen des Inlands. Auch hier ist es die Untertanentreue, die vor Verlockung geschützt werden soll,[67]) und es folgt daraus eine Pflicht, Genehmigung einzuholen, für die Staatsangehörigen.[68]) Nur die Niederlande haben bis zur Verfassungsrevision von 1887 solche Erlaubnis auch von den im Land wohnhaften Fremden gefordert,[69]) und öfter wird die Vorschrift auf die Beamten des Inlands ohne Rücksicht auf ihre Staatsangehörigkeit ausgedehnt.[70]) Verschieden von dieser nach freiem Ermessen zu gewährenden Erlaubnis ist die amtliche Feststellung, ob eine fremde Auszeichnung ordnungsgemäß erworben worden ist; eine solche Nachprüfung wird (Hoftiteln gegenüber) in Preußen von der Ortspolizeibehörde vorgenommen und folgerichtig auch gegen Ausländer durchgeführt.[71])

---

[66]) S. oben Anm. 48; auch Besia a. a. O. n. 10. Nach Schmalz Völkerrecht 166 soll die Erlaubnis erforderlich sein, weil eine Verleihung an fremde Staatsangehörige Ausübung der Souveränität in fremdem Gebiet bedeute.

[67]) Kassationshof Paris 19. I. 1839 Sirey 1839 I, 241; Journal 21, 794 ff.; v. Seydel, Bayerisches Staatsrecht² 1, 298. Über die Verbindlichkeiten, die aus der Aufnahme in einen fremden Orden erwachsen, besonders v. Roth (zit. oben S. 287 Anm. 2) 686, 689; auch F. C. Moser, Hofrecht 2, 689 734; § 27 der Statuten des Schwarzen Adlerordens (Schulze Chronik 793) hat nichtpreußische Inhaber sogar in einem Krieg gegen Preußen beschränkt. Anstoß erregt insbesondere der Ordenseid, den manche Statuten fordern, s. schon Camden oben Anm. 45; in Österreich ist die Leistung eines solchen Eides durchaus verboten, v. Vesque 114³.

[68]) So ausdrücklich Bayern, Württemberg, Bremen, Frankreich, Niederlande, Belgien a. a. O. in Übereinstimmung mit der Literatur und der Praxis der übrigen Staaten. Das preußische Obertribunal 10. XI. 1855 Entscheidungen 32, 274 und Störk bei v. Holtzendorff, Völkerrecht 2, 632 betrachten diese Abgrenzung als Völkerrecht. Über die nur scheinbar abweichende Begrenzung in Braunschweig und in Italien oben S. 315 Anm. 4.

[69]) Sloet 65 ff.; auch de Hartog, Staatsrecht der Niederlande 11 f.

[70]) Reichsbeamtengesetz § 15; bayerisches Beamtengesetz § 20. Niederländische Verfassung Art. 67: gilt für *„Nederlanders of de vreemdelingen, die in Nederlandsche staatsdienst zijn."*

[71]) Erlaß des Hausministers 11. XII. 1900 bei v. Arnstedt, Polizeirecht 2, 570. Aber es ist mißverständlich, diese Nichterhebung von Einwendungen

Andere Vorschriften — sie gehören sämtlich dem französischen Recht an — vermöchten sehr wohl für Inländer und Ausländer zu gelten, sind aber positivrechtlich auf die eigenen Staatsangehörigen beschränkt. Dahin zählen die Verbote, Orden einer nichtsouveränen Macht zu tragen[72]) oder fremde Ordensuniformen anzulegen,[73]) das Verbot für andere als Offiziere und Beamte gewissen Ranges, höhere Grade eines fremden Ordens zu tragen.[74]) Erhebliche Zweifel hat hier ein Dekret vom 10. III. 1891[75]) hervorgerufen, das Vorschriften über die Reihenfolge und über die Abzeichen gibt, mit denen Orden angelegt werden sollen, insbesondere dessen Art. 6, der verbietet, das rote Band ausländischer Orden ohne das zugehörige Kreuz zu tragen, um Verwechslungen mit der französischen Ehrenlegion hintanzuhalten. Lehr[76]) hatte geglaubt, hier unterscheiden zu müssen: auf Ausländer, die das Band eines heimatlichen Ordens tragen, sei die Beschränkung unanwendbar, sie gelte dagegen für Fremde, denen der Orden von einem dritten Staat verliehen wurde. Vermutliche Ursache der Vorschrift sei der Wunsch, eine Verwechslung angesehener mit minder angesehenen Orden zu verhüten (?), und wenn der Heimatstaat einen Orden verleihe, beruhe das in der Regel auf Verdienst, während man das für Orden dritter Staaten nicht ohne weiters annehmen könne; eine Gegenseitigkeit komme im ersten, aber nicht im zweiten Fall in Frage (?), und überdies bilde die Auszeichnung des Heimatstaats für den Fremden *„en quelque sorte, partie de son état civil"*. Gleiche Unterscheidung trifft auch ein Rundschreiben des Justizministers,[77]) allerdings mit der wesentlichen Abweichung, daß es die Vorschrift als Polizeigesetz auffaßt, dem *„en droit strict"* auch die Ausländer unterworfen seien; aber aus Rücksichten der

---

gleichfalls als „Erlaubnis" zu bezeichnen. Die in dem Erlaß beanspruchte Befugnis, die Erlaubnis zu versagen, wenn vom polizeilichen Gesichtspunkt aus Bedenken gegen ihre Gewährung vorliegen, kann nicht nach freiem Ermessen geübt werden, sondern nur in den bestimmten Fällen, in denen (oben Z. 5) Anerkennung nicht beansprucht werden kann.

[72]) Dekret 10. VI. 1853 Art. 1 Bulletin des lois 1309. Entsprechend Zuchtpolizeigericht Paris 1. X. 1897 Journal 25, 349. Praktisch wird die Unterscheidung freilich nur bei Abzeichen, die den Abzeichen staatlicher Orden nicht ähnlich sind. Denn die Verleihung verwechselbarer Abzeichen fällt unter das Verbot, sich anerkannte Orden unberechtigt anzumaßen (vgl. oben S. 351), das für Inländer und Ausländer verbindlich ist.

[73]) Bericht des Großkanzlers der Ehrenlegion zu dem erwähnten Dekret von 1853 Z. 4, Bulletin des lois 1312.

[74]) Gleicher Bericht Z. 3. Die Beschränkung auf Franzosen ergibt der Zusammenhang.

[75]) Journal 18, 339.

[76]) Journal 14, 300 f.

[77]) 27. VII. 1898 Journal 26, 638.

Diplomatie empfehle es sich, gegen Ausländer, die das Band eines heimatlichen Ordens tragen, nicht nach der Strenge des Rechts einzuschreiten. Anders das Zuchtpolizeigericht Paris:[78]) sei es schon „sehr schwierig, wenn nicht unmöglich“, anzunehmen, daß die Vorschriften des Dekrets über Art und Reihe, in der Orden anzulegen, auch für Ausländer gelten sollten, so sei Art. 6 schon nach seiner Vorgeschichte auf Ausländer unanwendbar, und diese Beschränkung lasse sich aus der Souveränität der Staaten erklären; denn (die Worte Lehrs, aber hier verallgemeinert), die Auszeichnung gehöre gewissermaßen zu dem Personenstand des Ausländers. Der Kassationshof hat die Entscheidung bestätigt,[79]) und die Literatur sich seither dieser Meinung angeschlossen.[80]) Nun wird man bei der Anlehnung dieser Vorschriften an das Dekret von 1853 in der Tat annehmen müssen, daß sie ihre Bestimmungen nur für Franzosen treffen wollten. Aber ihrer Natur nach sind sie „Polizeigesetze“ (was die beiden Urteile für Art. 6 einräumen, für die vorausgehenden Vorschriften ohne Grund in Zweifel ziehen), die gleichmäßig auf Inländer und Ausländer Anwendung finden könnten. Und insbesondere eine Berufung auf das Personalstatut wäre so abwegig — nicht das Ursprungsland der Auszeichnung und das Land, in dem sie geführt wird, sondern der Heimatstaat des Empfängers soll entscheiden, folgerichtig also auch, wenn ein Ausländer einen französischen Orden empfängt — daß diese mißverständlichen Analogien aus dem Zivilrecht nicht weiter verfolgt werden brauchen (vgl. des näheren oben S. 327 f.).

Eine ganz eigentümliche Einrichtung des französischen Rechts ist die „Disziplinargerichtsbarkeit“, der, wie die Träger französischer Ehrenzeichen, so auch die Inhaber ausländischer Orden unterstellt sind, eine Maßregel, die nach dem mehrerwähnten Dekret von 1853 Art. 13 ebenfalls nur für Inländer vorgesehen ist. Aber freilich, selbstverständlich, wie Lehr[81]) annimmt, ist diese Einschränkung durchaus nicht. Disziplinargerichtsbarkeit kann nur innerhalb eines Sonderverbands bestehen, gegründet auf die Verbandsgewalt, beschränkt auf die Verbandsmitglieder, und es ist von hier aus eine Disziplinargewalt des verleihenden Staats über die Ordensmitglieder, ob Inländer oder Ausländer, ohne weiters verständlich. Aber wie kommt die Organisation der französischen Ehrenlegion zur Gerichtsbarkeit über einen Inhaber deutscher oder italienischer Auszeichnungen? Man müßte an die allgemeine Unterworfenheit unter die Staatsgesetze auf Grund Aufenthaltes im Land denken, die eine solche Unterstellung

---

[78]) 1. XII. 1898 Journal 26, 358.

[79]) 25. III. 1899 Journal 30, 614.

[80]) Daubert a. a. O. 96; Garçon art. 529 n. 70.

[81]) A. a. O. 301 f.

vermittelt, wenn nicht ein Dekret vom 9. Mai 1874,[82]) das die Vorschrift erneuert, den Schlüssel böte. Hatte die Verordnung von 1853 eine Disziplinargerichtsbarkeit vorgesehen für „*Français décorés d'ordres étrangers*", so spricht diejenige von 1874 von „*Français autorisés à porter des ordres étrangers*": die Erlaubnis zur Annahme ist der Rechtsgrund, auf den die Gerichtsbarkeit gestützt wird, die Summe derer, die von Frankreich eine solche Erlaubnis bekommen haben, wird — seltsam genug — zu einer Gemeinschaft zusammengefaßt, die besonderen Disziplinarvorschriften unterliegt, und von hier aus ist allerdings eine Beschränkung auf Inländer begreiflich.

Eine Entziehung der Auszeichnungen in Verbindung mit einem Strafverfahren wird im Bereich des juristisch Zulässigen (unten Z. 10) Inländer und Ausländer gleichmäßig treffen wollen. So sind in Österreich nach dem Hofdekret vom 4. August 1815[83]) Inländern und Ausländern für die Dauer der Strafzeit Orden abzunehmen, und wenn weiterhin unterschieden wird zwischen Inländern, welche das Recht auf den Orden dauernd verlieren, während bei Ausländern nach Ablauf der Strafzeit das Ermessen des verleihenden Staats entscheide, so beruht diese Unterscheidung auf der Erlaubnis zur Führung, deren der Inländer, aber nicht der Ausländer bedarf, und die der Inländer bei der Verurteilung dauernd verwirkt. Auch die Bestimmungen des französischen Rechts, welche die Befugnis, fremde Orden zu tragen, für die Dauer der Strafzeit aufheben, werden auf Inländer und Ausländer bezogen,[84]) während ein endgültiger Verlust nur für die inländische Erlaubnis, den fremden Orden zu tragen, also auch nur für Inländer Platz greift.

Geltung staatlicher Vorschriften außer Landes.

9. Eine Disziplinargerichtsbarkeit, der der Inhaber einer Auszeichnung durch die Verleihung unterworfen wird, trifft ihren Träger ohne Rücksicht auf den Staat, in dessen Gebiet er sich aufhält[85]) — nur handelt es sich dabei nicht um eine Erstreckung der Staatsgewalt über Personen im Ausland; es ist die Verbandsgewalt, die über die Genossen wirksam wird, gleichviel wo sie sich befinden. Und auch

---

[82]) Bulletin des lois 744.

[83]) Strafgesetz, Ausgabe Manz zu § 26. Entsprechend Militärstrafgesetzbuch § 32.

[84]) Dekret vom 24. XI. 1852 Art. 7, Bulletin des lois 805 und dazu Lehr a. a. O. 302. Nach ihrem Wortlaut („*autorisation*"!) ist die Bestimmung freilich auch nur auf Inländer berechnet, und es ist wenig folgerichtig, hier eine analoge Anwendung auf Ausländer zuzulassen, in anderen Fällen nicht.

[85]) Anerkannt für die Ehrenlegion durch Dekret 14. IV. 1874 Art. 3, Bulletin des lois 597.

die wunderliche Gemeinschaft derer, die von Frankreich die Erlaubnis zur Annahme fremder Orden erhalten haben, besitzt darnach eine Disziplinargewalt von gleichem Umfang. Dienstrecht, nicht staatsbürgerliche Unterworfenheit unter die Gesetze ist es auch, wenn den preußischen Offizier Anordnungen über die Anlegung von Orden und Ehrenzeichen verpflichten, wenn er sich außer Landes aufhält.[86]) Aber auch staatliche Vorschriften vermögen zuweilen über die Grenze zu wirken.

Eine Erlaubnis zur Führung fremder Auszeichnungen ist früher wohl nur für den Gebrauch im Inland gefordert worden,[87]) und wenn die Notwendigkeit, solche Erlaubnis einzuholen, aus der Ehrenhoheit des Landesherrn folgte, so könnte sie auch nur für einen Gebrauch im Inland in Anspruch genommen werden. Als Schutz der Untertanentreue gedacht, kann die Einrichtung freilich auch Inländer im Ausland verpflichten, und es wird die Vorschrift in diesem Sinn auch von der Praxis gehandhabt. Anders die mannigfachen Verbote und Einschränkungen, die insbesondere das französische Recht kodifiziert hat, die Verbote, Orden einer nichtsouveränen Macht oder fremde Ordensuniformen zu tragen, die Beschränkung in der Annahme höherer Grade eines Ordens, die Kleidervorschriften für die Anlegung der Ehrenzeichen. Hier überall und ebenso bei dem Verbot, während einer Strafzeit Auszeichnungen zu gebrauchen,[88]) handelt es sich um die verwaltungsrechtliche Ordnung des Auszeichnungswesens für Personen, die kraft ihrer allgemeinen Unterworfenheit unter die Staatsgesetze solchen Vorschriften unterstellt sind, und es kommt diesen Vorschriften damit territoriale Wirksamkeit zu. Dasselbe gilt auch für ein verwaltungsrechtliches Verbot, sich Auszeichnungen unbefugt anzumaßen. Strafrechtlich freilich, als Störung des Rechtsfriedens behandelt, kann eine solche Anmaßung entsprechend dem internationalen Strafrecht der einzelnen Staaten, auch wenn sie außer Landes verübt wurde, unter die Gesetze des Inlands fallen, und es ist das in besonders auffälliger Weise in Norwegen geschehen, dessen Strafgesetzbuch in §§ 12, 328 die unbefugte Aneignung norwegischer oder ausländischer Titel oder Ehrenzeichen bestraft, ohne Unterschied,

---

[86]) Bekleidungsvorschrift A 2 b bei G. Epstein, Die Vorschrift der deutschen Bundesstaaten über die Tragweise und die Rückgabe der Orden und Ehrenzeichen (1906) 16. Gleiche Vorschrift für die sächsischen Offiziere ebenda 25.

[87]) G. F. Martens Einleitung § 87 und oben S. 321. Auch eine spanische Verordnung von 1885, die den Gebrauch der Abzeichen des Malteserordens für Inländer an Erlaubnis knüpft, verlangt diese Erlaubnis nur für einen Gebrauch im Inland; Salles (zit. oben S. 287 Anm. 5) XV und 227. Vgl. übrigens auch v. Arnstedt, Polizeirecht 2, 570.

[88]) Nicht zu verwechseln mit der Entziehung der Auszeichnung selbst, unten Z. 10.

ob die Handlung im Inland oder Ausland begangen wurde, ja auch nur, ob sie am ausländischen Tatort mit Strafe bedroht ist.[89])

Insoweit aber eine staatliche Verleihung von Auszeichnungen, ihre Anerkennung und deren Beschränkungen Verpflichtungen des Staates begründen, wird ein solches Rechtsverhältnis wirksam, soweit die Staatsgewalt reicht, auch gegenüber den Organen des Inlands im Ausland. Es kann hier auf die Ausführungen verwiesen werden, die oben S. 319 ff. für die gleichartigen Fragen des Adelsrechts gegeben wurden. Und auch die eigentümlichen Folgeerscheinungen für Deutschland können sich hier wiederholen, die aus der Kreuzung reichsrechtlicher und landesrechtlicher Zuständigkeiten entspringen.[90])

Zuständigkeit vom Standpunkt der einzelnen Auszeichnung.

10. Die Rechtslage, die für eine konkrete Auszeichnung besteht, kann das Ergebnis eines Zusammenwirkens mehrerer Staatsgewalten sein. Als erste Frage ergibt sich hier, ob der Gebrauch der Auszeichnung nach den Gesetzen des Staats, dem gegenüber sie gebraucht werden soll, verwaltungsrechtlich erheblich, und ob er nach diesen Gesetzen zulässig ist. Aber eine Bejahung dieser Frage verweist weiter. Denn eine öffentlichrechtliche Statthaftigkeit des Gebrauchs ist nur dann möglich, wenn die zuzulassende Auszeichnung überhaupt zu Recht besteht, und darüber müssen — nicht anders wie bei Adel und akademischen Graden — die Gesetze des Ursprungslands entscheiden. Die Gesetze des Ursprungslands ergeben, ob und mit welchem Inhalt die Auszeichnung verliehen ist. Aber allerdings, soweit der Staat des Gebrauchs über diesen Inhalt seinerseits Vorschriften treffen sollte (etwa über die Rangfolge eines Ordens), gehen seine Bestimmungen vor, und ebenso bleiben hier Beschränkungen unter dem Gesichtspunkt der öffentlichen Ordnung vorbehalten.

Auch da, wo in Fortbildung der gemeinrechtlichen Entwicklung ein zivilrechtlicher Schutz der Auszeichnungen gegen Bestreitung begründet ist, muß der Bestand der streitigen Auszeichnung nach

---

[89]) Den Mißständen, die durch diese letzte Anordnung entstehen könnten, wird zum Teil wenigstens vorgebeugt durch das Erfordernis, daß die Handlung „unbefugt“ geschehen sein müsse. Das trifft stets zu, wenn der Tatort die Führung der Auszeichnung verbietet, allerdings auch schon dann (vgl. unten Z. 10), wenn sie nur nach den Gesetzen des Ursprungslands nicht geführt werden darf.

[90]) Äußerlich gleichartig der Fall bei Rosenberg, Deutsche Juristenzeitung 1909, 1135 f., wo einem früheren Rechtsanwalt die Bezeichnung Rechtsanwalt a. D. in Preußen zuerkannt, in Braunschweig abgesprochen worden ist. Doch wird das Recht auf die Bezeichnung hier auf Reichsgesetz begründet, und die Verschiedenheiten beruhen nur auf einer abweichenden Auslegung der Gerichte.

den Gesetzen ihres Ursprungslands beurteilt werden, ob es sich um die privatrechtlich zu würdigende Ehrenmitgliedschaft in einem Radfahrverein oder um das Ehrenbürgerrecht in einer Gemeinde handelt. Bei einem zivilrechtlichen Schutz der Auszeichnungen gegen Anmaßung Dritter hingegen, etwa unter dem Gesichtspunkt des unlauteren Wettbewerbs, können nur die Gesetze des Staats entscheiden, in dem die Anmaßung erfolgt ist; der Kläger behauptet nicht (wie beim Adel) ein eigenes Recht auf die Auszeichnung, sondern nur das Nicht-Recht eines andern.

Die Abhängigkeit der Auszeichnungen von den Gesetzen des Ursprungslandes zeigt sich auch im Strafrecht bei der Aberkennung der Ehrenrechte. Ein Urteil des Ursprungslands, das die Auszeichnung vernichtet, beseitigt das Grundverhältnis, das anderwärts Anerkennung finden könnte, und erlangt so mittelbar universelle Wirkung;[91]) Verurteilungen im Aufenthaltsstaat können nur für dessen Machtbereich den Gebrauch der Auszeichnungen untersagen.[92])

Indessen ist bei alledem eine beträchtliche Verschiedenheit von der Rechtslage des Adels und der akademischen Grade festzustellen. Bei den hier zu erörternden Auszeichnungen handelt es sich nicht immer um ein Recht auf Führung, das dem Aufenthaltsstaat gegenüber in Anspruch genommen wird. Der Gebrauch einer Auszeichnung kann auch unter die rechtlich gleichgültigen Handlungen fallen, und

---

[91]) Es gibt freilich auch Auszeichnungen nichtstaatlicher Herkunft, denen das Strafurteil nicht den Bestand, sondern nur die staatliche Anerkennung entzieht, in Deutschland etwa die Auszeichnungen der katholischen Kirche; und da (s. unten) die Anerkennung des Ursprungslands und ihr Mangel für andere Staaten bedeutungslos sind, so wirkt auch eine Verurteilung im Ursprungsland in solchem Fall nicht über die Grenzen. Vgl. des näheren Zeitschrift für Strafrechtswissenschaft 27, 6 10 12.

[92]) Schon die Vorarbeiten des preußischen Strafgesetzbuchs haben hier zutreffend unterschieden; Goltdammer, Materialien 1, 144. Entsprechend die Mehrzahl der Bearbeiter des Reichsstrafgesetzbuchs (gegen Hälschner 1, 609; H. Meyer[6] 388[16]). Für Österreich v. Vesque 564. Militärstrafgesetzbuch § 32: „(Kassation) bringt auch den Verlust . . der Ordensdekorationen . . mit sich. Ist der Verbrecher ein Ausländer und mit einem ausländischen Orden und Ehrenzeichen beteilt, so ist dem auf Kassation ergehenden Urteile beizufügen, daß er innerhalb der k. k. Staaten das Recht, dieses Ehrenzeichen zu tragen, verwirkt habe.“ S. jetzt auch Entwurf eines Strafgesetzbuchs § 32 oben S. 326 Anm. 24. Doch gelten auch Verurteilungen außer Landes als gleichwertig, um die verleihende Stelle zur administrativen oder disziplinären Zurücknahme der Auszeichnung zu veranlassen. Vgl. etwa F. C. Moser Hofrecht 2, 758; Starr (zit. oben Anm. 11) 88, 92 und dazu Zeitschrift für Strafrechtswissenschaft 27, 37 ff. speziell 38[67]; anders Vincent-Pénaud, Dictionnaire 325 v[is] décoration étrangère n. 18. — Über die Beschränkung der Aberkennung gegenüber staatlichen (nicht auch höfischen, kirchlichen) Amtstiteln des Auslands oben S. 364. Vgl. auch unten § 47 Anm. 1 über die Grenzen der bischöflichen Zuständigkeit, einem Priester die geistliche Tracht zu entziehen.

wo dies zutrifft, ist auch gleichgültig, wie die Gesetze des Ursprungslands den Erwerb der Auszeichnung beurteilen. Eine französische Privatmedaille, die sich von der Gestalt öffentlicher Medaillen unterscheidet, kann (vgl. oben S. 351 f.) in Deutschland angelegt werden, obwohl Frankreich ihre Verleihung verbietet.

Ob die Gesetze des Ursprungslands einer zu Recht bestehenden Auszeichnung nichtstaatlicher Herkunft[93]) staatliche Anerkennung gewähren, ist für ihre Anerkennung in anderen Staaten, ob diese Gesetze der Auszeichnung Strafschutz geben, sie einer strafrechtlichen Entziehung aussetzen, für Strafschutz und Entziehung in anderen Staaten gleichgültig. Wenn das deutsche Strafrecht die Anmaßung von Hoftiteln vorbehaltslos unter Strafe stellt, so gilt das auch für niederländische Hoftitel, die in ihrer Heimat solchen Schutz nicht genießen. Aber freilich, es kann auch sein, daß irgend eine Vorschrift des Verwaltungsrechts oder Strafrechts Auszeichnungen nichtstaatlicher Herkunft den staatlichen Gewährungen gleichstellt, deshalb weil diesen Auszeichnungen staatliche Bedeutung zukommt. Bei Verleihungen des Auslands aber muß alsdann notwendig ihre Erheblichkeit nach fremden Gesetzen entscheiden. Bayerische Staatsangehörige dürfen von einer auswärtigen Macht ohne Erlaubnis keine Ehrungen annehmen: eine bayerische Entscheidung[94]) macht die Anwendbarkeit der Vorschrift auf Hoftitel davon abhängig, ob solche Titel staatliche Relevanz besitzen; aber es ist unzureichend, wenn das Urteil nunmehr feststellt, daß bayerischen Hoftiteln solche Bedeutung zukommt. Auch bei Strafdrohungen gegen unbefugte Anmaßung von Auszeichnungen wäre eine Auslegung denkbar — nur freilich nicht empfehlenswert — die einer sozialen Höhergeltung soweit Schutz gewährt, als sie auf staatlich anerkannte Ehrungen gegründet ist; auch hier müßte (soweit nicht schon eine Verwechselbarkeit mit inländischen Typen strafbar macht) bei fremden Auszeichnungen das öffentliche Recht des Ursprungsstaates den Ausschlag geben.

Rechtshilfe.

11. Endlich hat in den Bereich der Auszeichnungen auch eine Rechtshilfe von Staat zu Staat Eingang gefunden. Ordenszeichen werden entweder von dem Bedachten selbst beschafft oder von dem Verleiher übergeben, letzteres entweder als Geschenk, das Eigentum des Empfängers wird, oder — was der häufigste Fall ist — als Leihgabe, die im Eigentum des Verleihers bleibt und beim Ableben des

---

[93]) Unter dem Gesichtspunkt ihres rechtlichen Bestands kann es z. B. bei gemeindlichen oder kirchlichen Ehrungen auf das öffentliche Recht des verleihenden Staats ankommen.

[94]) Vgl. oben Anm. 49 und 53.

Empfängers, oder wenn er sich der Auszeichnung unwürdig macht, zurückgegeben werden muß. Fiskalische Rücksichten nun, die dem Eigentümer zu seinem Recht verhelfen wollen (und Gegenseitigkeit erwarten), wie auch polizeiliche Rücksichten, die das Ordenszeichen nicht in den Händen Unberufener belassen wollen, haben zunächst bei Todesfällen zu dem Brauch geführt, daß der Staat die Ordenszeichen, die sich in seinem Gebiet vorfinden, von Amts wegen zurücksendet. Nach Gritzner[95]) handelt es sich dabei um eine allgemein bestehende Einrichtung. In Österreich wird die Übersendung durch ein kaiserliches Patent von 1854 angeordnet.[96]) In Bayern allerdings soll[97]) eine Rücksendung von Amts wegen nur dann stattfinden, wenn die Dekorationen in gerichtliches Verwahr gekommen sind, wenn es sich um solche eines bayerischen Staatsdieners oder Offiziers handelt, oder wenn es Rücksichten der Gegenseitigkeit im einzelnen Fall fordern, während im übrigen die Rückstellung den Hinterbliebenen überlassen sei.

Das gleiche Entgegenkommen wird bei strafgerichtlichen Verurteilungen geübt. Schon F. C. Moser berichtet: „wann der Orden, welchen ein solcher Degradierter trägt, von einem auswärtigen Hof sich herschreibt, schickt ihn der Souverän mit Anzeigung der Ursachen zurück“.[98]) Die Rücksendung ist in Österreich vorgesehen[99]) — sie erfolgt schon dann, wenn nur nach österreichischem Recht ein Verlust des Ordens eintreten müßte. Und wo der verleihende Staat zwar nicht Rückstellung des Ordens, aber Benachrichtigung von dem Todesfall, von der Verurteilung wünscht, da wird auch diesen Wünschen Rechnung getragen.[100])

Schwierigkeiten bereiten hier die Orden mediatisierter Staaten (dazu oben Z. 2). Von dem früheren Landesherrn nach Verlust der Herrschaft erteilt, sind sie rechtswidrig verliehen (sofern es sich nicht um höfische Auszeichnungen handelt und dem Verleiher die

---

[95]) M. Gritzner, Handbuch der Ritter- und Verdienstorden (1893) XIII.

[96]) v. Vesque 331 ff.; Starr 88 ff.; Österreichisches Rechtslexikon 3, 521 f. v° Ordensdekorationen. Nach Jettel, Internationales Privatrecht 97 hätte eine kaiserliche Entschließung von 1874 hier den Grundsatz der Gegenseitigkeit eingeführt. Indessen verfügt diese Entschließung eine Gegenseitigkeit nicht für die Rechtshilfe, sondern (vgl. v. Vesque 331, Starr 88) für die Verpflichtung der Erben eines Ausländers, österreichische Orden des Erblassers herauszugeben — begründet also eine fremdenrechtliche Verschiedenheit innerhalb des materiellen österreichischen Ordensrechts.

[97]) F. Böhm, Handbuch der internationalen Nachlaßbehandlung² (1895) 59 f.

[98]) Hofrecht 2, 758.

[99]) Hofdekret 4. VIII. 1815 oben Anm. 83. S. auch v. Vesque 565.

[100]) v. Vesque 333 für Todesnachrichten. Österreichische Strafprozeßordnung § 83: „Von der Einleitung und von der Beendigung des Strafverfahrens .. gegen Personen, welchen in- oder ausländische Orden oder Ehrenzeichen verliehen sind, ist .. den betreffenden Ordenskanzleien Mitteilung zu machen“.

persönlichen Rechte eines Souveräns verblieben sind), und ein anderer Staat, der solchen Ordenszeichen seine Fürsorge zuwendet, würde einen völkerrechtswidrigen Vorgang begünstigen. Handelt es sich aber um Auszeichnungen, die vor dem Verlust der Staatsgewalt gewährt worden sind, so muß zunächst der Rückforderungsberechtigte festgestellt werden. Staatliche Orden nun, die leihweise übertragen worden sind (Kennzeichen der Staatszugehörigkeit des Ordens ist im Zweifel ministerielle Gegenzeichnung der Verleihung), sind Staatseigentum, dies aber ist mit dem Wechsel der Herrschaft auf den Successor übergegangen. Und wenn der Successor von seinem Rückforderungsrecht keinen Gebrauch macht,[101]) so begründet das doch keine Rechte für den Vorgänger. Bei höfischen Orden dagegen ist das Eigentum des Verleihers von dem Wechsel der Staatsgewalt unberührt geblieben, und eine Rückstellung an den früheren Landesherrn könnte hier nicht als rechtswidrig gelten. Aber freilich mangels abweichender Vorschriften wird sie trotzdem unterbleiben müssen; denn amtliche Beziehungen zu dem Rückforderungsberechtigten bestehen nicht, und auch Gegenseitigkeit vermag er nicht zu gewähren. In Übereinstimmung mit diesen Grundsätzen unterläßt Bayern die Rücksendung der Orden mediatisierter Staaten,[102]) während Österreich sie allgemein vorschreibt, selbst wenn die Verleihung nach der Mediatisierung erfolgt ist.[103])

---

7. Kapitel.

Staat und Kirche.

§ 31. Einleitung.

Mannigfach sind die Beziehungen, welche den Staat mit den religiösen Interessen der Bevölkerung verbinden. Zunächst ist es schon die Tatsache einer gemeinschaftlichen Gottesverehrung, welche den Staat berührt: die Angehörigen desselben Bekenntnisses oder auch nur Personen, welche die Pflege des Bekenntnisses fördern wollen, beanspruchen den Zusammenschluß; es entsteht ein Verein und damit ein Gebilde, das die zivilrechtliche Ordnung und die polizeiliche Überwachung von seiten des Staats erforderlich macht.

---

[101]) So der Standpunkt Preußens und Italiens; Böhm 57, 59.

[102]) Vgl. die Ministerialentschließung von 1883 oben Anm. 15. Übereinstimmend unter Abstellung auf die Rechte des Successors insbesondere auch Böhm 59, dessen Begründung allerdings höfischen Orden nicht gerecht wird.

[103]) Starr 91, 93. Vgl. auch oben S. 354.

Die Durchführung des Vereinszwecks aber tritt alsdann unter die Vorschriften der Verkehrspolizei, Sittenpolizei, Wirtschaftspolizei usw. Die Beziehungen des Staats zu den Glaubensgesellschaften können sich auf eine solche Ordnung im Rahmen des gemeinen Rechts beschränken, wie das in typischer Weise in den Vereinigten Staaten von Nordamerika geschehen ist; zur Ausbildung eines eigenen Staatskirchenrechts besteht hier keine Veranlassung. Europa trägt schwerer an dem Erbe der Vergangenheit. Es hat sich in manchen Ländern als notwendig gezeigt, den Frieden unter den Konfessionen durch staatliches Eingreifen sicherzustellen. Einige Staaten betrachten es als ihre Aufgabe, die Interessen eines bestimmten Bekenntnisses zur eigenen Angelegenheit zu machen. Eine große Zahl erklärt es zum Staatszweck, die Betätigung der Religiosität bei mehreren oder bei allen Glaubensgesellschaften im Land zu fördern, und stellt das staatliche Imperium dafür zur Verfügung. Aber auch in Ländern, welche die Kirchen als Organisationen aus dem öffentlichen Recht entlassen, zeigt sich die Nötigung, die Gemeinschaften unter eine vereinsrechtliche Ordnung besonderer Art zu stellen, über das kirchliche Leben „Kultuspolizei" zu üben. Und so wird die Verwaltung der religiösen Angelegenheiten zu einem besonderen Zweig der staatlichen Verwaltung. Zugleich aber erwächst die Frage: in welchem Umkreis wird die Staatsgewalt in kirchlichen Dingen[1]) wirksam?

Diese Grenzen der Staatsgewalt in Kirchensachen gegenüber dem Machtbereich anderer Staaten bilden einen wichtigen, aber keineswegs den einzigen Gegenstand der Fragen, die hier von Bedeutung werden. Ist die Pflege der religiösen Interessen unter die Staatszwecke aufgenommen, so sind zumeist auch die kirchlichen Verbände, welche diesen Interessen dienen, in den staatlichen Organismus eingegliedert und zu autonomen Subjekten des öffentlichen Rechts erhoben. Damit aber ergeben sich neue Probleme auch für das internationale Verwaltungsrecht. Welches ist der Machtbereich einer solchen öffentlichrechtlichen Glaubensgesellschaft gegenüber öffentlichrechtlichen Gemeinschaften anderen Bekenntnisses? Und wo eine Glaubensgesellschaft dieser Art auf Grund ihrer inneren Organisation sich in Teilpersonen spaltet, die gleichfalls die Stellung eines teilweise autonomen Subjekts des öffentlichen Rechts besitzen: welches ist der Machtbereich einer solchen selbständigen Teilperson gegenüber anderen selbständigen Teilpersonen desselben Bekenntnisses? Die drei Gruppen von Fragen sollen im folgenden gesondert behandelt werden.

---

[1]) Über die geistlichen Orden wurde schon oben im Kapitel Vereine und Stiftungen gehandelt.

I. Die Grenzen der Staatsgewalt.

§ 32. Allgemeines.

Ausgeschieden aus dem Bereich dieser Erörterungen seien zunächst auch hier Tatbestände im Gebiet des Staatskirchenrechts, bei denen zwar Beziehungen zu Ausland und Ausländern vorliegen, eine Grenzfrage gegenüber der Hoheit anderer Staaten aber in Wirklichkeit nicht gegeben ist.

Ob Ausländer ein Kirchenamt im Inland erlangen, hier in ein Kloster treten können, inwieweit ein Ausländer Patronatrechte geltend machen, zu Kirchenämtern wählen darf, wenn das deutsche Schutzgebietsgesetz die Religionsfreiheit beschränkt auf die Angehörigen der im Deutschen Reich anerkannten Religionsgemeinschaften,[1]) so ist das Fremdenrecht, Fremdenrecht in dem anderwärts festzustellenden Sinn als eines Gegenstands, der unzweifelhaft der inländischen Zuständigkeit untersteht, bei dem der Gesetzgeber aber für gut findet, innerhalb seiner Vorschriften eine Unterscheidung zu treffen, je nachdem Beziehungen zum Inland oder Ausland vorliegen. Und wenn angefangen mit dem westfälischen Frieden bis herunter zu Berliner Vertrag und Kongoakte Staatsverträge die Übung einer bestimmt umgrenzten Toleranz zur Pflicht machen,[2]) so bedeutet das eine völkerrechtliche Gebundenheit, dies Stück innerstaatlicher Verwaltung in gewissem Sinn einzurichten, Völkerrecht im Verwaltungsrecht, aber nicht internationales Verwaltungsrecht.

Aber auch da, wo die Grenzen des staatlichen Machtbereichs in religiösen Angelegenheiten in Frage kommen, sind die auftauchenden Probleme nicht sofort einer eindeutigen Beantwortung fähig. Der Staat gewährt kirchlichen Rücksichten auf den mannigfaltigsten Gebieten des Rechtslebens Einfluß, er sichert die Aussagen vor Behörden durch einen konfessionellen Eid und befreit kirchliche Ver-

---

[1]) Vincent-Pénaud, Dictionnaire 323 f. v° cultes n. 4 ff.; Dejamme, De la condition juridique des prêtres étrangers en France, Journal 19, 116 ff. Journal 34, 106 f.; Hatschek, Englisches Staatsrecht 1, 631. P. Hinschius, Staat und Kirche in v. Marquardsens Handbuch des öffentlichen Rechts (1887) 1, 224[1] 227. G. Meyer, Staatsrecht[6] 860. Bayerische Verordnungen und Ministerialentschließungen 9. IV. 1823 nebst Konkordat Art. XI; 12. XII. 1834 Z. 12; 7. X. 1850 § 5. Schutzgebietsgesetz § 14.

[2]) Ridder, La liberté de conscience en droit international, Revue de droit international 37, 283 ff.; für den Orient Pélissié du Rausas, Régime des capitulations 1, 190 ff.; Jacobi, Die Bestimmungen über Gewissensfreiheit und religiöse Duldung in den deutschen Schutzgebieten, Deutsche Zeitschrift für Kirchenrecht (1904) 14, 373 ff. — Über die Religionsfreiheit der Gesandten unten § 44 Z. 1. Über Kriegsgefangene Haager Kriegsreglement Art. 18.

bände von Steuern; kirchliche Feiertage hemmen die Tätigkeit der Gewerbetreibenden, die Angehörigen eines Bekenntnisses werden von öffentlichen Ämtern ausgeschlossen. Das konfessionelle Motiv aber schafft solchen Rechtssätzen nicht etwa einen gleichmäßigen Geltungsbereich, der konfessionelle Eid gilt, wo das inländische Prozeßrecht anwendbar ist, die Steuervorrechte, wo das Inland Steuern erhebt. Und dasselbe muß darum auch für Gesetze gelten, welche kirchlichen Zwang aufheben. Dem französischen Trennungsgesetz kommt als solchem kein einheitlicher Geltungsbereich zu;[3]) daß in Kultusgebäuden keine politische Versammlung statthaben soll, teilt den Geltungsbereich des französischen Versammlungsrechts; daß der Religionsunterricht nicht während der Schulstunden erteilt werden darf, gilt als ein Teil des französischen Schulrechts.

Es können sich Rechtssätze über die Ordnung religiöser Angelegenheiten aber auch unmittelbar auf die Ausübung der Staatsgewalt beziehen. Das deutsche Bundesgesetz vom 3. Juli 1869 beseitigt die Beschränkungen der bürgerlichen und staatsbürgerlichen Rechte, welche aus der Verschiedenheit des religiösen Bekenntnisses hergeleitet wurden. Das Gesetz bedeutet eine Selbstbeschränkung der Staatsgewalt im Bereich ihrer privatrechtlichen und öffentlichrechtlichen Tätigkeit und demgemäß ein Gebot, das eben für diese Staatsgewalt verbindlich ist, gleichviel wo ihre Machtäußerungen ins Leben treten; auch der deutsche Konsul im Ausland ist an jenes Gesetz gebunden. Gleichen Geltungsbereich besitzen Vorschriften, welche den Untertanen Gewissensfreiheit als verfassungsmäßiges Recht zusichern,[4]) Vorschriften, an welche die Staatsgewalt in ihren Lebensäußerungen ohne Unterschied des Ortes oder der Person gebunden ist. Und wenn das französische Trennungsgesetz verbietet, an öffentlichen Gebäuden religiöse Abzeichen anzubringen, so gilt auch das, wo immer Frankreich öffentliche Gebäude haben kann, auch für die Diensträume des Zollamts jenseits der Grenze. Insbesondere wenden sich Anordnungen kirchlichen Inhalts an die Staatsgewalt in Fragen der „Qualifikation“, vor allem bei der Frage, ob eine Einrichtung als kirchlich oder weltlich angesehen werden solle — das Recht der religiösen Erziehung, das Eherecht (unten §§ 36 ff., 40 f.) bieten die wichtigsten Anwendungsfälle — und auch hier gilt, daß die Staatsgewalt an solche Qualifikation gebunden ist, soweit ihre Macht sich rechtmäßig äußern kann. Aber alle solche Bindungen der Staatsgewalt können auch nur da Wirksamkeit in Anspruch nehmen, wo der Staat in eigener Zuständigkeit tätig wird.

---

[3]) Ungenau Journal 34, 111.

[4]) Die fremdenrechtliche Frage, ob sich solche Zusicherungen nach positivem Recht auf die eigenen Staatsangehörigen beschränken, interessiert hier nicht.

§ 33. Der Staat und die Glaubensgemeinschaften.

Wo sich Personen zu gemeinsamer Gottesverehrung zusammenschließen, bedeutet dies einen Vorgang, der sich zunächst außerhalb des rechtlichen Gebiets abspielt. Für das öffentliche Recht kann ein solcher Zusammenschluß unter dem Gesichtspunkt der Vereinspolizei von Belang werden, und er wird zum Gegenstand des Staatskirchenrechts, wenn die kirchliche Betätigung als der Inhalt dieses Zusammenschlusses zu staatlichem Eingreifen veranlaßt. Die räumlichen Grenzen für solches Eingreifen aber sind nicht zweifelhaft: daß die gemeinschaftliche Gottesverehrung im Inland erfolgt, veranlaßt den Staat, fördernd und überwachend auf sie einzugehen. Oder mit Rücksicht auf den Verband gewendet, der Staat ordnet die Angelegenheiten der Glaubensgemeinschaften des Inlands; wobei jedoch stets die materielle Betätigung, die Gottesverehrung im Inland, nicht formelle Rücksichten auf den Sitz der Gemeinschaft und dergleichen die Vereinigung zur inländischen machen. Und wenn die Kirchenhoheit alle Gemeinschaften ergreift, die im Inland einen Kult ausüben, so muß das auch für die Gemeinschaften der Ausländer gelten, die im Staatsgebiet ihren heimischen Kult pflegen.[1])

Glaubensgesellschaften des Auslands mögen die Beachtung des Inlands im zivilrechtlichen Verkehr finden. Das Staatskirchenrecht des Inlands steht einem Zusammenschluß zur Gottesverehrung im Ausland grundsätzlich unbeteiligt gegenüber.[2]) Immerhin mag es vorkommen, daß die administrative Ordnung einer Glaubensgesellschaft im Ausland präjudiziell ist für Wirkungen, welche das Inland von sich aus an solche Voraussetzung knüpft. So ist zwar das Staatskirchenrecht der deutschen Bundesstaaten wechselseitig unabhängig, aber die Gemeinschaft des Strafrechts im Reich bewirkt es, daß wichtig werden kann, ob einem Bekenntnis in anderen Bundesstaaten öffentlichrechtliche Stellung eingeräumt ist. Die Taufregister der katholischen Pfarreien gelten im Gebiet des Preußischen Landrechts als öffentliche Register und damit als taugliche Objekte der qualifizierten Urkundenverbrechen; ein mecklenburgisches Gericht hat die Veranlassung einer Falschbeurkundung in einem preußischen Register nach § 271 des Reichsstrafgesetzbuchs zu bestrafen, wiewohl nach mecklenburgischem Recht einem solchen Register die Eigenschaft als öffent-

---

[1]) Die bisherige französische Praxis hat Ausländern gegenüber von dem Erfordernis einer landesherrlichen Verordnung für die Eröffnung neuer Kultstätten abgesehen; vgl. Lods, Journal 33, 749 ff. Die Gründe dieser Praxis sind mir nicht zugänglich; ein Mangel der Kirchenhoheit konnte sie nicht rechtfertigen. Vgl. auch die entsprechenden Verhältnisse im Vereinsrecht oben § 11 Z. 5. Über die Kirchensteuerpflicht solcher Ausländer unten § 47 Z. 5.

[2]) Vgl. die entsprechende Abgrenzung für die geistlichen Orden oben § 11 Z. 2.

lich nicht zukäme. Was als öffentliches Amt im Sinn des Reichsstrafgesetzbuchs anzusehen ist, bestimmt (nach nicht unbestrittener Anschauung) das Landesstaatsrecht; der Richter eines deutschen Bundesstaats kann darnach in die Lage kommen, dem Geistlichen eines anderen Bundesstaats sein Amt abzuerkennen, wiewohl das am Ort des Gerichts geltende Recht die Ausübung des geistlichen Berufes nicht als öffentliches Amt betrachtet.[3])

Auch für Vorschriften, welche eine Glaubensgemeinschaft von Staats wegen dem oder jenem Bekenntnis zuweisen, könnte eine solche präjudizielle Verweisung in Betracht kommen, wenn eine Gesetzgebung an die Bekenntniszugehörigkeit des Einzelnen Rechtswirkungen anknüpft, und es handelt sich um Personen, die einer Glaubensgesellschaft dieser Art im Ausland angehören. Solche Fragen mögen sich für das Verhältnis mancher Sekten zum Protestantismus ergeben, und sie werden insbesondere bei den Altkatholiken praktisch, die in Preußen als Katholiken, in Bayern und Österreich als Glaubensgesellschaften besonderer Art gelten. In der Tat wird nun die Bekenntniszugehörigkeit (s. gleich unten), wo sie durch individuelle Verhältnisse bestimmt wird, vielfach nach der Ordnung des Staats zu bemessen sein, dem die Person durch Wohnsitz oder längeren Aufenthalt angehört. Wo ihre Bekenntniszugehörigkeit auf einer staatlichen Abschätzung des Bekenntnisses selbst beruht, kann das nicht zutreffen. Nicht Anordnungen an den Untertan sind es, die hier innerhalb ihres Geltungsbereiches Befolgung verlangen, und ebensowenig sollen der rechtlichen Organisation der Gemeinschaft damit Auflagen gemacht werden. Die staatliche Würdigung der Glaubensformel wendet sich an die Staatsgewalt selbst, sie bildet eine Anweisung an die staatlichen Behörden, und nur mittelbar erwachsen daraus Rechtsfolgen für Verband und Verbandsangehörige. Alsdann aber ist eine „Qualifikation" im Sinn der Ausführungen auf S. 380 gegeben, deren Inhalt wirksam wird, so oft eine Frage dieser Art im Inland staatliche Beurteilung verlangt. Wird das Kind preußischer und in Preußen wohnender Eltern, der Vater Altkatholik, die Mutter römische Katholikin, in Österreich erzogen, so finden hier die Grundsätze Anwendung, welche für die religiöse Erziehung von Kindern aus Mischehen aufgestellt sind. Stirbt der Vater während eines Aufenthalts in Bayern, so muß ihm ein Begräbnis auf dem katholischen Friedhof versagt werden.

[3]) Hingegen bedeutet es eine Übernahme ausländischer Ordnung für inländische Verhältnisse, wenn nach manchen deutschen Rechtsquellen den Glaubensgesellschaften, ihren Geistlichen und Angehörigen Vorrechte in einem Gebiet eingeräumt werden, sofern die Glaubensgesellschaften nur in einem andern deutschen Rechtsgebiet Anerkennung gefunden haben. So Reichsstrafgesetzbuch § 166; Reichsmilitärgesetz § 65; Schutzgebietsgesetz § 14; auch Zivilprozeßordnung § 383[4] und Strafprozeßordnung § 52[1] werden in diesem Sinn ausgelegt.

§ 34. Die Mitgliedschaft in der Kirche.

1. Die Zugehörigkeit zur rechtlichen Organisation. — 2. Das Bekenntnis als Gegenstand staatlicher Regelung. — 3. Das Bekenntnis als Voraussetzung staatlicher Regelung.

Die Zugehörigkeit zur rechtlichen Organisation.

1. Soll das Mitgliedsverhältnis des Einzelnen in seiner Kirche bestimmt werden, so bedarf es der Unterscheidung zwischen seiner Zugehörigkeit zum Bekenntnis und der Zugehörigkeit zur Organisation, die rechtlich als Träger dieses Bekenntnisses auftritt. Nach beiden Richtungen sind hoheitliche Einwirkungen des Staats auf den Einzelnen möglich. Die Organisation des Bekenntnisses kann dem Privatrecht angehören und ist dann auch nach Seiten der Mitgliedschaft hier nicht weiter zu verfolgen. Gehört sie dem öffentlichen Recht an, so muß es der Staat sein, der den Einzelnen in diese Organisation eingliedert. In Staaten öffentlichen Kirchenrechts und für diejenigen Bekenntnisse, die in das öffentliche Recht dieses Staats aufgenommen sind, besteht demgemäß der Satz: jedermann ist verpflichtet, der Organisation seines Bekenntnisses anzugehören.[1]) Die räumliche Geltung dieser Pflicht aber wird sich auf diejenigen Personen erstrecken, über die jene Organisationen ihrerseits Macht in Anspruch nehmen. Das sind regelmäßig die Personen mit Wohnsitz im Land (auch wenn sie sich zu Zeiten außer Landes befinden).[2]) Aber auch Personen auswärtigen Wohnsitzes, die sich im Inland aufhalten, sind den kirchlichen Organen des Inlands mannigfach zu kirchlicher Obödienz verpflichtet, und wenn der Staat zwar nicht die Verbindlichkeit aufstellt, solche Personen hätten sich außer Landes an ihrem Wohnsitz der dortigen Organisation ihres Bekenntnisses anzuschließen, so doch, soweit ihr Verhältnis zu den kirchlichen Stellen des Inlands in Frage kommt.

---

[1]) Den Grundsatz hat K. Rothenbücher, Die Trennung von Staat und Kirche (1908) 463 herausgearbeitet: „Der staatliche Rechtssatz lautet: jeder, der durch die katholische Taufe in die katholische Kirche aufgenommen ist, gehört ihr, solange er sich auf dem Staatsgebiet befindet, an." — Dazu etwa Preußisches Landrecht II 11 § 260: „Wer innerhalb eines Kirchspiels seinen ordentlichen Wohnsitz aufgeschlagen hat, ist zur Parochialkirche des Bezirks eingepfarrt"; vgl. auch § 293. Entwurf der bayerischen Kirchengemeindeordnung 1907 Art. 4: „Der Kirchengemeindeverband erstreckt sich auf alle im Kirchengemeindebezirk wohnenden Angehörigen des betreffenden Bekenntnisses"; Ministerialentschließung 29. VI. 1863 Z. 2, Weber Gesetzsammlung 6, 187. Württemberg, Gesetz 14. VI. 1887 Art. 5; Gesetz 25. IV. 1828 Art. 49. Österreich, Gesetz 7. V. 1874 § 35.

[2]) Für die Gesetzesstellen in Anm. 1 bedeutet der Wohnsitz zunächst den Gegenstand inhaltlicher Regelung; aber sie haben ihrerseits zur Voraussetzung, daß sie über alle Personen inländischen Wohnsitzes verfügen können.

Das Bekenntnis als Gegenstand staatlicher Regelung.

2. So schlecht sich die religiöse Überzeugung des Einzelnen zu staatlicher Reglementierung eignet, so zeigt doch eine mehr als tausendjährige Geschichte, daß auch hier staatlicher Zwang eingegriffen hat. *Cunctos populos, quos clementiae nostrae regit imperium,*[3]) *in tali religione volumus versari quam divinum Petrum apostolum tradidisse Romanis religio . . declarat,* bestimmt die erste lex des Codex, und es ist nicht ohne Reiz, festzustellen, daß gerade die örtliche Begrenzung, welche diesem Gebot gesucht wurde, die Wiege allen internationalen Privatrechts geworden ist, die Stelle, an welche seit dem 13. Jahrhundert die wichtigsten Ausführungen über Statutenkollision anknüpfen. *Cujus regio, ejus religio,* lautet in Deutschland der Grundsatz seit dem westfälischen Frieden, und es ist damit ein Zwang zwar nicht für die Durchreisenden, aber für die Einwohner des Landes geschaffen, der nur in den Mitteln seiner Durchführung staatsrechtlich beschränkt war. Ein Rest dieser Anschauungen hat sich, de jure wenigstens, in der Verfassung Portugals erhalten. Art. 6 besagt: „Die apostolisch-katholisch-römische Kirche soll immer Staatsreligion sein. Alle anderen Bekenntnisse werden den Fremden im häuslichen und privaten Gottesdienst ohne äußere Zeichen und Tempel gestattet." Waren Staatsangehörigkeit und Wohnsitz vormals zusammengefallen, so muß sich ein Bekenntniszwang heute für die eine oder die andere Abgrenzung entscheiden. Und es scheint, daß hier Kirchentreue in der Tat zur Staatsbürgerpflicht erhoben ist. Aber wenn Portugal solchen Zwang auf die Staatsangehörigen beschränkt, so kann das nicht als Ausschöpfung der portugiesischen Zuständigkeit gemeint sein; werden doch auch über die Gottesdienste der Ausländer verbindliche Vorschriften getroffen. Es sind offenbar politische Rücksichten, die zu einer fremdenrechtlichen Beschränkung der Maßregel auf Inländer geführt haben.

Im übrigen jedoch hat diese schwerste Form des Bekenntniszwanges der Gegenwart nicht stand gehalten. Er hat sich auf Satzungen über den Austritt aus der Kirche und über die religiöse Kindererziehung zurückgezogen, Einrichtungen, deren Geltungsbereich im folgenden gesondert untersucht werden soll.

Gerade mit Rücksicht auf diesen Geltungsbereich allerdings bedarf es hier noch einer grundsätzlichen Feststellung: inwieweit staatliche Vorschriften über einen Bekenntniszwang mit solchen über die Zugehörigkeit zu der administrativen Organisation des Bekenntnisses zusammenhängen. Man könnte daran denken, staatliche Vorschriften, die einen Eintritt in ein Bekenntnis verlangen, dahin zu verstehen, daß sie den Eintritt in die staatlich anerkannte Organisation

[3]) Dies die Lesart des Mittelalters.

fordern, und daß sie nur mittelbar, weil diese Organisation andere als Bekenntnisangehörige nicht aufnimmt, die Annahme der Glaubensformel erzwingen. Allein die Bestimmungen über den Austritt zeigen, daß dies nicht der Inhalt der Vorschriften sein kann; sonst müßte auch der staatlich geregelte Austritt lediglich von der Organisation lösen, und doch ist es in Staaten öffentlichen Kirchenrechts unbezweifelt Rechtens, daß ein Austritt aus der Organisation unzulässig ist, wenn er nicht zugleich Austritt aus dem Bekenntnis ist. Zweifelhafter erscheint, ob nicht Vorschriften über Bekenntniszwang gleichzeitig Vorschriften über die Art des Bekenntnisses und über die Zugehörigkeit zu seiner administrativen Organisation bedeuten wollen. Beides wird in der Tat häufig Hand in Hand gehen. Aber ein innerlich notwendiger Zusammenhang besteht nicht. Entweder der Staat bestimmt nur über die Mitgliedschaft in der Organisation: dann kann er nicht an das Bekenntnis gelangen; oder er schreibt sich das Recht zu, in den Gottesglauben der Person einzugreifen: dann verändert dieser Eingriff seine Art nicht, auch wenn er mit Bestimmungen über die Zugehörigkeit zur Organisation verbunden wird. Das Bekenntnis als solches ist nunmehr Gegenstand staatlicher Regelung geworden, und es sind nur Rücksichten äußerer Zweckmäßigkeit, die gleichzeitig auch über die Beziehungen zur Organisation bestimmen. Wenn es die Bedürfnisse des Sachverhalts fordern, kann die Regelung auch unabhängig geschehen, und es ergibt sich damit die wichtige Folgerung, daß Bekenntniszwang auch gegen Personen möglich ist, die einer Organisation des Auslands angehören.

Das Bekenntnis als Voraussetzung staatlicher Regelung.

3. Die vorausgehenden Erörterungen befassen sich mit der Frage, welches Bekenntnis jemand von Staats wegen haben soll. Aber auch die Frage, welches Bekenntnis jemand hat, kann staatliche Bedeutung besitzen: insofern das Bekenntnis als Voraussetzung verwertet wird, an die der Staat rechtliche Folgen knüpft. Die Aufnahme in Schule und Kirchhof mag von dem Bekenntnis abhängig sein, der Vormund kann entlassen werden, wenn er eine andere Konfession als der Mündel besitzt, Kirchensteuer, Patronatrechte sind konfessionell gestaltet. Und selbst in Ländern, die Staat und Kirche völlig trennen, kann die Frage auftauchen, nicht nur kraft Rechtsgeschäfts: ein Stiftungsgenuß sei von dem Bekenntnis abhängig; sondern auch nach objektivem Recht, vermittelt durch internationales Privatrecht. Der Österreicher, der in Frankreich Eheschließung begehrt, steht auch dort unter konfessionellem Eherecht.

Wo immer hier an den Bekenntnisstand rechtliche Wirkungen geknüpft sind, da wird bei der Regelung der Wirkung nicht etwa über den Besitz des Bekenntnisses mitentschieden. Es wird vielmehr als eine feststehende Eigenschaft vorausgesetzt, deren Vorhandensein nach selbständigen Grundsätzen zu beurteilen ist. Dabei scheint allerdings die Verweisung auf das Bekenntnis nicht in allen Fällen die gleiche Bedeutung zu beanspruchen. Es kann die Verweisung auf das tatsächlich geübte Bekenntnis gehen: der katholische Friedhof wird wohl für jeden und nur für den bestimmt sein, der bei Lebzeiten dem Bekenntnis angehört, und nachträgliche Untersuchungen, ob er sein Bekenntnis mit Recht geführt hat, werden in solchem Zusammenhang ausgeschlossen sein. Aber es kann die Verweisung auch auf das rechtmäßige Bekenntnis gehen. Kirchensteuern schuldet derjenige, der einem Bekenntnis kraft Rechtens angehört, die konfessionelle Eheordnung schafft Erschwernisse und Erleichterungen der Eheschließung für die rechtmäßigen Angehörigen einer Glaubensgemeinschaft,[4]) und damit erwächst die Frage: wonach bestimmt sich die Rechtmäßigkeit des Bekenntnisses?

Die Zugehörigkeit zu einem Bekenntnis bedeutet für den Staat an sich einen außerrechtlichen Tatbestand, und es sind zunächst die kirchlichen Satzungen, die entscheiden, ob jemand einer Glaubensgemeinschaft angehört. Aber die Gemeinschaft vermag als außerrechtlicher Verband keinen staatlich wirksamen Zwang zu üben. Und so kann dem Staat gegenüber Bekenntnisangehöriger nur sein, wer es zugleich nach dem Willen der Gemeinschaft und seinem eigenen Willen ist; wobei für Kinder der Wille des Erziehers den Willen des Kindes vertritt.

Staaten, die von jeglicher Einwirkung auf die Bekenntnisbestimmung absehen, werden an diesem Ergebnis festhalten. Und wenn ihnen das Bekenntnis einen außerrechtlichen Status bedeutet, so kann es für sie keinen Unterschied machen, ob die Voraussetzungen dieses Status räumlich dem oder jenem S t a a t s gebiet angehören. Ein Österreicher verlange in Frankreich Ehescheidung; wenn er, vormals Katholik, an seinem früheren österreichischen Wohnsitz seinem Geistlichen den Austritt erklärt hat, so ist er für Frankreich gültig ausgetreten, wenngleich den österreichischen staatlichen Vorschriften (die Abmeldung bei der politischen Behörde verlangen) nicht Genüge geschehen ist.

Anders liegen die Verhältnisse für Staaten, die Zwangsvorschriften über das Bekenntnis aufstellen. Freilich einen einheitlichen Rechtsbegriff des Bekenntnisses gibt es nicht; sondern nur Vorschriften über die religiöse Kindererziehung und über den Austritt, die auf das Bekenntnis möglicherweise rechtlichen Einfluß nehmen. Sie

[4]) Ob als Voraussetzung das rechtmäßige Bekenntnis gemeint ist, entscheidet die Rechtsordnung, die die Voraussetzung aufstellt — auch für andere Staaten, in denen solche Vorschriften kraft internationalen Privatrechts Anwendung finden.

haben zunächst zum Inhalt, welches Bekenntnis eine Person haben soll. Aber wenn der Staat einen Eintritt oder einen Austritt verbietet, wenn er einen Austritt verlangt, so wird das regelmäßig mit der Wirkung geschehen, daß er den verbotswidrigen Eintritt oder Austritt als nicht geschehen betrachtet, daß ihm der geforderte Austritt als vorgenommen gilt, und so wird die Vorschrift über den Sollstand des Bekenntnisses zu einer Vorschrift über das Bekenntnis selbst, oder, von der andern Seite betrachtet, der Besitz eines Bekenntnisses kann die unmittelbare Wirkung staatlicher Auflegung sein. Nur bei Vorschriften über den Eintritt in ein Bekenntnis wird sich der Staat regelmäßig mit der Begründung einer persönlichen Pflicht zum Eintritt begnügen; denn die Bekenntnisse pflegen die Aufnahme in ihre Gemeinschaft von der Erfüllung bestimmter Voraussetzungen abhängig zu machen, die christlichen Kirchen vor allem von der Taufe, und man wird es im Zweifel nicht als gewollt annehmen dürfen, daß den Kirchen wider ihren Willen eine Person als Bekenner aufgedrängt wird.[5]) Insoweit aber das Bekenntnis unmittelbar durch staatliche Rechtssätze bestimmt wird, müssen diese Rechtssätze einen Geltungsbereich haben. Und da der Bekenntnisstand, den das Inland als Voraussetzung irgendwelcher Rechtsfolgen verwertet, einer Feststellung fähig sein muß, auch wenn die inländischen Vorschriften über Bekenntnisbestimmung nicht anwendbar sind, so müssen für solchen Fall die ausländischen Vorschriften dieses Inhalts beigezogen werden. Und da es keine transzendenten Zuständigkeitsnormen gibt, welche die anwendbaren Vorschriften des Auslands bezeichnen könnten, so müssen es die Abgrenzungen des Inlandsrechtes sein, die zur Feststellung ausländischer Zuständigkeit entsprechend übertragen werden.

Somit löst sich die an sich nicht zu beantwortende Frage: unter welchem Recht steht das Bekenntnis? auf in die Fragen: wie weit haben die Vorschriften eines Staats über den Austritt, wie weit seine Vorschriften über religiöse Erziehung auf das Bekenntnis Einfluß genommen? Dabei bleibt aber wohl zu beachten, daß eine Verweisung auf fremde Gesetze nur in Staaten mit Bekenntniszwang, nicht auch in solchen mit Bekenntnisfreiheit vorkommen kann, in Staaten mit Bekenntnisfreiheit auch dann nicht, wenn diese Freiheit rechtliche Formulierung gefunden hat. Nur Zwangsstaaten legen selbst ein Bekenntnis auf und besitzen in dem Geltungsbereich ihrer Vorschriften einen Maßstab, der ihnen auch die Anwendung ausländischer Vorschriften möglich macht. Staaten mit Bekenntnisfreiheit haben nur die Bestimmung: der P e r s o n soll kein Zwang geschehen;

[5]) Das wird wohl allerwärts in Deutschland Rechtens sein, während freilich die österreichische Praxis das Bekenntnis ohne Rücksicht auf solche Bedenken auch hier von Staats wegen auferlegt.

Vorschriften über das Bekenntnis als solches mangeln, und es mangelt damit auch die Brücke, über die man zur Anwendung ausländischer Zwangsnormen gelangen könnte. Das Bekenntnis als solches ist für Staaten mit rechtlicher Freiheit nicht anders wie für Staaten ohne jegliche Regelung eine außerrechtliche Eigenschaft. Und wenn ein Staat Zwangsvorschriften über den Austritt, aber nicht über religiöse Erziehung hat, Hamburg oder Zürich, so können hier ausländische Vorschriften über den Austritt, aber nicht solche über religiöse Erziehung Beachtung finden.

Wird der Bekenntnisstand nach fremden Gesetzen beurteilt, so macht es keinen Unterschied, ob diese Gesetze ihrerseits Bekenntniszwang oder Bekenntnisfreiheit vorsehen. Und auch die Ordnung solcher Staaten, die auf selbständige Regelung der Glaubenszugehörigkeit völlig verzichten — in Österreich wird das Bekenntnis eines Franzosen wichtig, der in Frankreich ausgetreten ist — fügt sich in das System. Man wird in Österreich auf das Recht des französischen Wohnsitzes verwiesen, das seinerseits auf die außerrechtliche Gestaltung des Sachverhalts weiterverweist; und, wie oben ausgeführt, da der Austritt nach außerrechtlichen Normen für Frankreich Belang hat, muß er auch für Österreich rechtliche Bedeutung besitzen.

§ 35. Der Austritt aus der Kirche.

1. Vorbemerkungen. — 2. Zwangsnormen. Persönliche oder räumliche Geltung. — 3. Abgrenzung. — 4. Die maßgebende räumliche Anknüpfung. — 5. locus regit actum. — 6. Anwendung ausländischer Gesetze. — 7. Staaten völliger Glaubensfreiheit.

Vorbemerkungen.

1. Staatliche Vorschriften über den Austritt aus der Kirche[1]) haben sich da und dort erhalten, um Reste eines allgemeinen Bekenntniszwangs gegen Erwachsene zu konservieren. So ist in Griechenland nach der herrschenden Auslegung ein Austritt aus der Staatskirche unzulässig, in Rußland dürfen Rechtgläubige nur zu einer anderen christlichen Konfession übertreten, Schweden gestattet den Angehörigen der Staatskirche einen Austritt lediglich, wenn er mit dem Übertritt zu einer andern Religionsgemeinschaft verbunden ist. Die große Mehrzahl staatlicher Vorschriften indessen, welche auf den Austritt Bezug haben, will den Vorgang nicht verhindern, sondern ordnen; sie treffen demgemäß Bestimmungen über Alter und geistige Beschaffenheit als Voraussetzung des Austritts, sie regeln als wichtigsten Punkt die Form des Verfahrens und bestimmen Art und Zeit seiner Wirkungen.

[1]) Zur Rechtsvergleichung Arthur B. Schmidt, Der Austritt aus der Kirche (1893) und Neue Beiträge zum Austritt aus der Kirche in Festschrift, Emil Friedberg gewidmet (1908) 73 ff.

Ihre Grundlage ist die Freiheit des Austritts. Und doch, soweit die Einzelheiten des Vorgangs gesetzlich geordnet werden, handelt es sich auch hier um Bekenntniszwang. Wenn man in Österreich einen Austritt infolge nationaler und politischer Agitationen ablehnt, weil in solchem Fall die vorausgesetzte freie Überzeugung mangle; wenn häufig eine persönliche Abmeldung bei dem Geistlichen der bisherigen Konfession gefordert wird, die einen Druck ermöglichen soll (und in der Praxis ist der Geistliche dann zuweilen überhaupt nicht zu sprechen!); wenn zahlreiche Gesetzgebungen eine Bedenkzeit vorsehen oder auch die Wirkungen des vollzogenen Austritts hinausschieben; wenn zuweilen für die geforderten Amtshandlungen übermäßige Gebühren beansprucht werden (Schwarzburg-Sondershausen) — so ist der Wunsch, Austritte nach Möglichkeit zu erschweren, dabei ohne weiters erkennbar. Aber auch wenn ein solches Bestreben bei der gesetzlichen Ordnung des Austritts nicht hervortritt: jede Vorschrift, ohne deren Befolgung der Staat einen Austritt nicht anerkennt, wirkt als Zwang und beschränkt die freie Bekenntnisbestimmung.

Gesetzliche Anordnungen dieser Art bestehen in der grossen Mehrzahl der deutschen Bundesstaaten und verschiedenen Kantonen der Schweiz, in Österreich und Ungarn, in Schweden und Norwegen. Die Einschränkungen, welche diese Gesetze vorsehen, verbinden den Einzelnen vermöge seiner Unterworfenheit unter die Staatsgewalt. Sie enthalten öffentliches Recht, auch dann, wenn die Gemeinschaft, die verlassen werden will, als Organisation dem Privatrecht angehört; und da ein Austritt aus dem Bekenntnis, der auf Grund solcher Gesetze erfolgt, auch aus der Organisation des Bekenntnisses löst, bleibt für eine Anwendung der Bestimmungen, die das private Vereinsrecht über Beendigung der Mitgliedschaft gibt, insoweit kein Raum.

In anderen Staaten ist der Austritt völlig frei gegeben. Häufig dient dabei die verfassungsmäßige Zusicherung der Gewissensfreiheit als rechtliche Grundlage. Und wenn ein Staat das Bekenntnis als rechtlich bedeutungslos behandelt — da dem Staat gegenüber bekenntnisangehörig nur derjenige sein kann, der es nach seinem und der Gemeinschaft Willen ist (oben S. 386), löst auch hier die einseitige Erklärung dem Staat gegenüber die Zugehörigkeit. Doch gilt diese Freiheit des Austritts in beiden Fällen zunächst nur dem Bekenntnis. In Staaten öffentlichen Kirchenrechts allerdings kann auch eine Zugehörigkeit zur öffentlichrechtlichen Organisation des Bekenntnisses nicht weiterbestehen, wenn die Beziehungen zu dem Bekenntnis selbst gelöst sind. In Gebieten, die Staat und Kirche trennen, kann das Bekenntnis privatrechtlich als Verein oder Gesellschaft organisiert sein, und es bedarf alsdann einer gesonderten Lösung der zivilrechtlichen Zugehörigkeiten.

Zwang und Freiheit sollen im folgenden getrennte Erörterung finden. Von dem Unterscheidungsalter, das zugleich dem Recht der religiösen Erziehung angehört, kann dabei nur unter Vorbehalt späterer Ergänzungen gehandelt werden.

Zwangsnormen.

Persönliche oder räumliche Geltung.

2. Ein bayerischer Staatsangehöriger beabsichtigt, aus der katholischen Kirche auszutreten und erklärt dies zu Protokoll des Amtsgerichts Berlin mit der Bitte, das Geeignete zu veranlassen, entsprechend dem preußischen Gesetz vom 14. März 1873, welches für den Austritt aus der Kirche zunächst die Stellung eines Antrags fordert, der von dem Richter dem Vorstand der beteiligten Kirchengemeinde mitzuteilen ist, alsdann nach 4—6 Wochen die Erklärung des Austritts selbst, die vom Amtsgericht zu Protokoll genommen wird. Gegen die Eröffnung, daß jenes Gesetz „nur auf preußische Staatsangehörige im Königreich Preußen" Anwendung finden könne, wird Beschwerde erhoben, und das Landgericht I Berlin[2]) hat der Beschwerde stattgegeben. „Der Inhalt des Gesetzes ist seinem Zweck gemäß öffentlichen, indes nicht politischen, sondern rein bürgerlichen Rechtes"; Art. 3 der Reichsverfassung habe den Satz aufgestellt, kein Deutscher dürfe in rechtlicher Beziehung ungünstigeren Regeln unterworfen werden als der Angehörige des eigenen Staats, nur für politische Rechte sei die Verschiedenheit der Staatsangehörigkeit von Belang geblieben. Es fehle im gegenwärtigen Fall jeder Anhalt, daß das Gesetz nur auf preußische im Gegensatz zu außerpreußischen Reichsangehörigen Anwendung finden solle, und wenn die früheren Vorschriften des Allgemeinen Landrechts in diesem Zusammenhang mehrfach von „Untertanen" oder „Bürgern des Staats" sprechen, so komme dem doch für die Auslegung keine Bedeutung zu.[3])

In Bayern verlangt § 10 der zweiten Verfassungsbeilage für den Übergang von einer Kirche zu einer andern persönliche Erklärung bei dem einschlägigen Pfarrer oder geistlichen Vorstand sowohl der neugewählten als der verlassenen Kirche. Eine Entschließung des Ministeriums des Innern vom 30. Juli 1846 erklärt diese Vorschriften des bayerischen Rechts wie überhaupt die ganze zweite Verfassungsbeilage für unanwendbar auf Ausländer unter Hinweis auf die entsprechenden Grundsätze, nach welchen das Ministerium Streitigkeiten über religiöse Kindererziehung entscheide; zwei weitere Entschließungen des Ministeriums des Innern für Kirchen- und

---

[2]) Beschluß vom 4. II. 1893 Archiv für öffentliches Recht (1893) 8, 605.

[3]) Eine personale Anwendung des preußischen Rechts zeigt dagegen der Fall unten Anm. 22.

Schulangelegenheiten vom 6. August 1849 und 20. Januar 1859[4]) wiederholen diesen Standpunkt, und es ist das die Auffassung des Oberkonsistoriums und einiger ihm folgender Schriftsteller über protestantisches Kirchenrecht geblieben.[5]) Seitdem freilich die Entscheidung über religiöse Kindererziehung auf den Verwaltungsgerichtshof übergegangen ist, hat die Rechtsprechung nach dieser Richtung völlig gewechselt, der Gerichtshof geht von einer territorialen Verbindlichkeit der zweiten Verfassungsbeilage aus,[6]) und es bezieht denn auch Ernst Mayer[7]) die Vorschriften des Religionsedikts über den Wechsel des Glaubensbekenntnisses auf Inländer und Ausländer, da das Gesetz nach seinem Wortlaut von „jedem Staatseinwohner" spricht; gleicher Ansicht ist Arthur B. Schmidt,[8]) das Religionsedikt beziehe sich schon nach seiner Überschrift auf die „Einwohner des Königreichs", wobei zu beachten, daß die Verfassungsurkunde zwischen Einwohnern und Staatsangehörigen bewußt unterscheide, und er verweist auf den eben erwähnten Umschwung in der Rechtsprechung des Verwaltungsgerichtshofes.

Auch im Königreich Sachsen ist durch Gesetz vom 20. Juni 1870 für den Austritt aus einer staatlich anerkannten Religionsgesellschaft gerichtliche Form vorgeschrieben, und es soll diese Vorschrift nach Ansicht des Kultusministeriums[9]) entsprechend den landständischen Verhandlungen bei Erlaß des Gesetzes auch auf die in Sachsen wohnenden Ausländer Anwendung finden.

Württemberg hat seit 1823 zu häufigen Malen betont, daß die örtlichen Vorschriften auf Ausländer anwendbar seien, die im Inland übertreten wollen. Dabei wurde jedoch (1830) ein Zeugnis der „Vorsteher des Heimatorts" gefordert, daß dieselben gegen den Übertritt nichts zu erinnern haben, was bald (1831) zu einer Anzeige an die Heimatbehörden abgeschwächt wurde, um ihnen Gelegenheit zu einer Einsprache zu gewähren; von der Vorschrift konnte dis-

---

[4]) Sämtlich abgedruckt bei Günther, Amtshandbuch für die protestantischen Geistlichen des Königreichs Bayern, neue Auflage (1883) 1, 29 ff.

[5]) M. Kraussold, Die in der bayerischen protestantischen Landeskirche gültigen Gesetze ² (1893) 2 und 6; G. Seeberger, Handbuch der Amtsführung für die protestantischen Geistlichen des Königreichs Bayern (1899) 2² und 4¹⁴.

[6]) Auch für die Beendigung der religiösen Erziehung durch Erreichung des Unterscheidungsalters, die hier im besonderen wichtig ist: Entscheidung vom 21. Januar 1891 Sammlung 12, 449.

[7]) Die Kirchenhoheitsrechte des Königs von Bayern (1884) 145.

[8]) Austritt 34 f. Übereinstimmend auch P. Scherber, Die rechtliche Stellung der Ausländer in Bayern (1897) 60.

[9]) Vgl. eine Verordnung des evangelisch-lutherischen Landeskonsistoriums vom 30. XII. 1901, Fischers Zeitschrift für Praxis und Gesetzgebung der Verwaltung (1902) 24, 176 f.

pensiert werden, und sie wurde 1893 völlig aufgehoben.[10]) In Baden bestimmt schon die Kirchenratsinstruktion von 1797 in § 49 für einen Übertritt zur Landeskirche: „Fremde sind hiernächst gar niemals anzunehmen, wenn sie nicht . . glaubliche Umstände vorbringen, warum sie in ihrer Heimat den Schritt nicht tun könnten und daneben . . einen vernünftigen Bestimmungsgrund vor sich haben, warum sie unser Land zur Ausführung ihrer Absicht wählen . .“ [11]) In beiden Ländern somit Rücksichtnahme auf den Heimatstaat, aber grundsätzliche Inanspruchnahme einer selbständigen Zuständigkeit über Ausländer.

Braunschweigische Gesetze von 1867 und 1873 handeln über den Glaubenswechsel von „Landesangehörigen“ und „Staatsbürgern“. Man hat die Vorschriften buchstäblich nehmen und daraus ihre Unanwendbarkeit auf Fremde folgern wollen;[12]) jedenfalls aber haben sie sich nur auf Mitglieder einer „inländischen Gemeinde“ bezogen, und die jüngste Regelung der Materie, das Gesetz vom 29. Dezember 1902 hat diese Wendungen fallen lassen und spricht von dem Übertritt der „im hiesigen Lande wohnenden Katholiken“. Für Sachsen-Meiningen, Sachsen-Altenburg wird hervorgehoben, daß Staatsangehörigkeit in diesen Ländern nicht zur Voraussetzung eines Austritts im Inland erklärt sei.[13]) Und in Reuß älterer Linie erklärt eine Verordnung vom 13. Januar 1897:[14]) „Der Übertritt von einer christlichen Konfession zur andern ist Ausländern . . im Fürstentum nur dann gestattet, wenn sie in ihrem Heimatstaate kein Domizil mehr besitzen, vielmehr ihren gewöhnlichen Wohnsitz im Fürstentum haben.“

In Österreich verlangt das Gesetz vom 25. Mai 1868 eine Erklärung des Austretenden bei der politischen Behörde, und eine Ausführungsverordnung der Minister des Kultus und des Innern vom 18. Januar 1869[15]) fügt in § 2 hinzu: „Die Kompetenz der Behörde zur Entgegennahme der Austrittserklärung ist durch die österreichische Staatsbürgerschaft des Austretenden nicht bedingt.“ Die Geltung der Vorschrift für Ausländer wird denn auch gelegentlich von Literatur und Praxis vorausgesetzt[16]) — in einer Entscheidung des Kultus-

[10]) Die Materialien bei G. A. Süskind-A. Werner, Repertorium der evangelischen Kirchengesetze in Württemberg (1867) 3, 260 ff.; dazu Schmidt, Austritt 193[487] und Allgemeines Kirchenblatt für das evangelische Deutschland 1894) 43, 440.

[11]) Schmidt, Austritt 333 und dazu 42.

[12]) Schmidt, Austritt 56 f.

[13]) Schmidt, Austritt 63.

[14]) Allgemeines Kirchenblatt für das evangelische Deutschland (1898) 47, 56.

[15]) Ulbrich, Handbuch der Verwaltung 2, 1009.

[16]) v. Vesque, Internationales Privatrecht 164; Kirchlehner, Österreichische Zeitschrift für Verwaltung (1878) 11, 141 f. mit Hinweisen auf die Praxis.

ministeriums vom 31. März 1881 freilich mit einer Begründung, welche materiell das ganze interkonfessionelle Gesetz von 1868 Ausländern gegenüber als unanwendbar hinstellt: ein jüdisches Ehepaar preußischer Staatsangehörigkeit, wohnhaft in Wien, will seine Kinder taufen lassen; das Ministerium entscheidet die Zulässigkeit eines Übertritts der Kinder nach preußischem Recht, weil es sich dabei um eine Frage der persönlichen Fähigkeit handle;[17]) was das österreichische Gesetz dagegen über die Erklärung vor der Behörde bestimme, sei eine Formvorschrift, die nach dem Grundsatz *locus regit actum* auch für Ausländer verbindlich sei; im übrigen könne jedenfalls aus der Ministerialverordnung von 1869 nichts entnommen werden, da sie sich nur auf die örtliche Zuständigkeit beziehe.[18]) Ein Ministerialerlaß von 1902[19]) erklärt in einem gleichliegenden Fall, die österreichischen Behörden seien überhaupt nicht berufen, über die Religionsangehörigkeit von Ausländern zu entscheiden, ohne doch die Entgegennahme der Übertrittserklärung in Österreich zu beanstanden. Und in der Vorschrift des früheren ungarischen Rechts, die Christen verbietet, zum Judentum überzutreten, haben österreichische Gerichte, insbesondere auch der Oberste Gerichtshof[20]) eine Bestimmung über Geschäftsfähigkeit erblickt, die sie auf ungarische Staatsangehörige ohne weiters zur Anwendung bringen. Entsprechend ist diese Bestimmung übrigens auch von Ungarn selbst angewandt worden; eine Ministerialentschließung[21]) erklärt, es handle sich bei solchem Verbot um den „*status personalis*", so daß die Vorschrift für ungarische Staatsangehörige verbindlich sei ohne Rücksicht auf den Ort des Übertritts.

Abgrenzung.

3. Können nun Zwangsnormen über den Austritt Geltung nach Maßgabe der Staatsangehörigkeit in Anspruch nehmen? Das Schlagwort vom Personalstatut mag hier vorweg beiseite bleiben; es ist auf diesen Blättern schon reichlich oft betont worden, daß es sich im internationalen Verwaltungsrecht nicht darum handelt, ob das Recht des oder jenes Staats Anwendung finden solle, daß also Kollisionsnormen in diesem Zusammenhang überhaupt nicht in Frage

---

[17]) Die Entscheidung betrifft insoweit das Recht, nicht des Austritts, sondern der religiösen Kindererziehung. Doch umfaßt das Gesetz von 1868 die beiden Materien.

[18]) Journal 8, 236. Anwendung des österreichischen Rechts auf Inländer im Ausland zeigt die Praxis unten Anm. 22.

[19]) Österreichische Zeitschrift für Verwaltung (1902) 35, 100.

[20]) Erkenntnis vom 10. II. 1891 Journal 18, 1005 ff. Der Wohnsitz der Beteiligten ist nicht angegeben.

[21]) Vom 27. X. 1880 Journal 18, 1007. Vgl. auch die Entscheidung bei v. Vesque 166[1].

kommen, und es ist die privatrechtliche Ordnung, die persönliche Angelegenheiten im Verhältnis zu anderen Privaten gleichviel wo regelt, grundsätzlich ungleichartig einer verwaltungsrechtlichen Regelung, die persönliche Angelegenheiten im Verhältnis zu einem bestimmten Staat ergreift. Nach der Eigenart der Vorgänge aber, die einem Austritt zugrunde liegen, wird man eine personale Geltung des Austrittsrechts nicht vertreten können. Inländer, die ihren Aufenthalt dauernd im Ausland nehmen, haben keinen Teil am kirchlichen Leben des Inlands. Es bedarf hier keiner Schlichtung zwischen den Ansprüchen der im Land organisierten Konfessionen; der Bekenntniszwang, den die Vorschriften üben wollen, versagt in seiner Wirkung. Und schon die Durchführung solcher Gesetze rechnet mit Förmlichkeiten, die im Ausland häufig nicht erreichbar sein werden. Es sei Abmeldung bei dem parochus proprius gefordert, der darüber ein Zeugnis auszustellen hat — der Pfarrer wird von einem fremden Staat keine Weisungen entgegennehmen; und insbesondere gilt dies, wo ein Verfahren vor Gericht oder vor der politischen Behörde vorgeschrieben ist. Die Praxis hat sich nun freilich erfinderisch gezeigt, ein falsches Prinzip zu retten: sie hat den — Konsul vorgeschoben, um das Verfahren namens des Heimatstaats durchzuführen.[22]) Doch scheitert das Mittel jedenfalls da, wo persönliche Abmeldung bei der Wohnsitzbehörde gefordert wird, und wenn wie in Preußen die Behandlung der Austritte den Gerichten zukommt — deutsche Konsuln jedenfalls haben nur diejenigen richterlichen Befugnisse, die ihnen ausdrücklich übertragen sind.[23])

Für Ausländer im Inland aber gelten die umgekehrten Erwägungen. Sie haben Teil an dem kirchlichen Leben des Inlands; sie eignen sich zu einem Proselytenmachen, das vermieden werden soll, nicht minder als die Inländer; das Interesse sie kirchentreu zu erhalten besteht, wenn sie durch dauernden Aufenthalt dem Inland angehören, auch ihnen gegenüber. Und so wird man eine Geltung der Austrittsgesetze nach Maßgabe der Staatsangehörigkeit durchaus ablehnen müssen. Was freilich der angeführte Beschluß des Landgerichts Berlin gegen ein solches System vorbringt, geht an der Hauptsache vorüber. Die anderen Deutschen sollen nach Art. 3 der Reichsver-

[22]) In einem Journal 36, 1085 berichteten Fall hat der deutsche Konsul die Austrittserklärung eines preußischen Staatsangehörigen in Bordeaux entgegengenommen. Ebenso nehmen die österreichischen Konsulate Austrittserklärungen an, um sie der Heimatbehörde zu übermitteln; Weill, Revue 4, 765 [3].

[23]) v. König, Konsularrecht [7] 1, 324. Erwähnt sei auch ein Beschluß des Kammergerichts 11. I. 1909 Deutsche Juristenzeitung 1909, 605: preußische Gerichte können ein Ersuchen des Wohnsitzgerichts, die Erklärung eines Austritts im Wege der Rechtshilfe entgegenzunehmen, nicht ablehnen; doch sei die Beurkundung durch ein anderes als das Wohnsitzgericht in ihrer Wirkung zweifelhaft.

fassung den Preußen gleichstehen. Gilt das preußische Austrittsgesetz alsdann für alle Deutschen? auch für einen Bayern, der in Bayern wohnt? Offenbar bedarf es hier einer näheren Begrenzung. Und sie muß nicht nur auf Reichsangehörige anderer Bundesstaaten anwendbar sein, sondern auch auf Reichsfremde.

Die maßgebende räumliche Anknüpfung.

4. Ist der Geltungsbereich der Austrittsgesetze räumlich abzugrenzen, so ist es offenbar der Wohnsitz, der hier die entscheidende Anknüpfung liefert. Hier, wo die Person den Mittelpunkt ihres Daseins hat, werden alle die Rücksichten praktisch, die im vorausgehenden erörtert wurden; der Wohnsitz gliedert zugleich in die kirchliche Organisation ein; und es bleiben nur partikulare Abschattungen, die den Wohnsitz durch den Wohnort, den dauernden Aufenthaltsort ersetzen, vorbehalten.

Aber ist der Wohnsitz der einzige Unterwerfungsgrund, der die Austrittsgesetze anwendbar macht? Vorübergehender Aufenthalt wird dazu in keinem Fall ausreichen. Der vorübergehend Anwesende erlangt nicht die enge Verbindung mit dem kirchlichen Leben, die ein Bedürfnis zu so tiefem Eingriff zeitigen könnte; die Gefahren eines Mißbrauchs drängen sich auf. Bei länger dauerndem Aufenthalt fern von dem Wohnsitz fallen diese Einwendungen weg. Und wenn es richtig ist (oben S. 385), daß der Austritt zunächst aus dem Bekenntnis löst, so mögen Austrittsgesetze anwendbar werden, auch wenn die kirchliche Organisation, zu der die Person gehört, in einem andern Staat sich befindet. Indessen ist es das positive Recht, das die Zuständigkeit hier ganz regelmäßig auf den Wohnsitz beschränkt. Dem Austrittsverfahren der einschlägigen Gesetze liegt gewöhnlich einer von zwei Typen zugrunde. Entweder muß die Abmeldung bei dem parochus proprius oder einem Vertreter der zuständigen Kirchengemeinde erfolgen:[24]) Zugehörigkeit zum Pfarrverband und zur Kirchengemeinde setzen den Wohnsitz im Land voraus. Oder es wird ein Verfahren vor dem Amtsgericht oder einer andern staatlichen Behörde gefordert und dabei die Behörde des Wohnorts für zuständig erklärt.[25]) Nun handelt es sich bei solchen Bestimmungen

---

[24]) Bayern 2. Verfassungsbeilage § 10; Sachsen Mandat 20. II. 1827 § 2 und Gesetz 20. VI. 1870 § 20; Württemberg Entschließung 30. VII. 1819 und Gesetz 14. VI. 1887 Art. 6; Sachsen-Weimar Gesetz 6. V. 1857 § 10; Sachsen-Meiningen Gesetz 7. XII. 1878 Art. 2; Anhalt Gesetz 13. II. 1851 § 2; Waldeck Gesetz 26. III. 1866 § 1; Lippe Verordnung 24. XII. 1889 § 7; Hamburg Verordnung 9. XII. 1886 § 2; Ungarn GA. LIII 1868 § 3; Schweden Verordnung 31. X. 1873 § 3. Für Norwegen Schmidt, Neue Beiträge 101; für die Schweiz ebenda 109[3].

[25]) Preußen Gesetz 14. V. 1873 § 1; Baden Gesetz 26. VII. 1888 Art. 18; Hessen Gesetz 10. IX. 1878 Art. 3; Sachsen-Weimar Gesetz 10. II. 1864 § 1; Sachsen-Gotha Gesetz 2. VII. 1863 § 18; Schwarzburg-Sondershausen Gesetz 1. III. 1872 § 1;

freilich zunächst nur um örtliche Zuständigkeit. Aber sie lassen erkennen, daß diese Gesetze bei ihren Vorschriften nur Personen inländischen Wohnsitzes (Wohnorts) vor Augen gehabt haben, und besondere Rücksichten, die zu der Annahme einer erweiterten Zuständigkeit veranlassen würden, sind nicht vorhanden.[26]) Dazu kommt, daß diese Austrittsgesetze zu einem großen Teil die Zulässigkeit des Austritts in einem bestimmten Zusammenhang ordnen. Sie wollen die Pflichten, vor allem die Steuerpflichten regeln, die den Bekenntnisangehörigen im Verhältnis zu seiner kirchlichen Organisation treffen; das hat aber zur Voraussetzung, daß auch diese Organisation dem Inland angehört, oder, nach Seiten des Pflichtigen, daß dieser im Inland den Wohnsitz hat. Vorkommen mag es immerhin, daß alle diese Gegenerwägungen nicht zutreffen, insbesondere in Staaten, die nur Bestimmungen über das Unterscheidungsalter aufstellen, bis zu dessen Erreichung der selbständige Austritt verwehrt sein soll, wie die Schweiz oder Oldenburg, und hier wird allerdings schon der längere Aufenthalt die örtlichen Vorschriften anwendbar machen.

Unter einem andern Gesichtspunkt wird eine Zuständigkeit kraft Aufenthalts aber auch für Preußen und einige weitere Bundesstaaten anzunehmen sein. Das preußische Gesetz vom 14. Mai 1873 unterscheidet zwei Formen: den Austritt aus einer Kirche schlechtweg, der vor dem Amtsgericht erfolgt, und den „Übertritt von einer Kirche zur andern“, für den ein Jahrhunderte altes Herkommen in Kraft erhalten wird, das sich zwischen den Kirchen ausgebildet hatte, und der unabhängig von einer Einmischung des Staats, insbesondere auch (Preußisches Landrecht II 11 § 42) durch „Teilnehmung an solchen Religionshandlungen, wodurch eine Partei sich von der anderen wesentlich unterscheidet“, vor sich geht. Dieser Übertritt hat „bürgerliche Wirkung“, aber er hat schwächere Wirkung als ein Austritt vor Gericht: er muß, um auch von den Lasten des bisherigen Verbands zu befreien, mit einem gerichtlichen Austritt verbunden werden. Ein derartiger Übertritt — gerade die Art der Wirkung beweist es — wird wesentlich als Gewissenssache betrachtet; ein Bedürfnis, ihn zuzulassen, kann schon bei länger dauerndem Aufenthalt bestehen. Der

---

Reuß ä. L. Gesetz 24. XII. 1875 § 2; Reuß j. L. Gesetz 19. X. 1872 § 1. Ebenso die Vorschläge des sog. Toleranzantrags, die eine einheitliche Gestaltung des Austrittsrechts für das Reich beabsichtigt hatten: Antrag vom 23. XI. 1900 § 3, vom 3. XII. 1903 und 30. XI. 1905 § 6, vom 20. II. 1907 § 7 und der entsprechende sozialdemokratische Antrag der Session 1909/10.

[26]) Ausdrücklich wird der Wohnsitz wenigstens für einen Übertritt von Ausländern gefordert in der oben S. 392 mitgeteilten reußischen Verordnung. Ein weimarisches Gesetz vom 10. II. 1864 trifft seine Bestimmungen allerdings auch für Personen, deren „zuständiger Geistlicher dem Ausland angehört“; doch zeigen die Eingangsworte, daß dabei eine Person inländischen „Wohnorts“ vorausgesetzt ist.

Student bayerischen Wohnsitzes, der an einer preußischen Universität studiert, dürfte zu einem solchem Übertritt in Preußen zuzulassen sein. Doch kommt dieser Zuständigkeit offenbar nur ergänzende Bedeutung zu. Der Staat des Aufenthaltsorts will die Person nicht schlechtweg unter seine Bekenntnisordnung ziehen, sondern nur eine weitere Möglichkeit des Übertritts wahlweise zur Verfügung stellen.

Einer Erweiterung bedarf die Zuständigkeit staatlicher Austrittsordnungen aber auch nach einer anderen Richtung. Die neuere Gesetzgebung über diesen Gegenstand steht ganz regelmäßig in einem inneren Zusammenhang damit, daß der Staat den Glaubensgesellschaften öffentlichrechtliche Gewalt über ihre Angehörigen einräumt: den staatlich gewährleisteten Zwangsrechten der Glaubensgesellschaften entspricht die Befugnis des Individuums, durch Austritt ihre Geltendmachung abzuwenden. Solche Zwangsrechte bestehen zunächst am Wohnsitz der Person. In steigendem Umfang aber gewährt die staatliche Gesetzgebung den Glaubensgesellschaften eine Steuergewalt, die durch Grundbesitz oder Gewerbebetrieb im Gebiet begründet wird. Und wenn es sich bei der Einräumung solcher hoheitlicher Befugnisse um einen Staat handelt, für den die Austrittsfreiheit ein Korrelat der Zwangsgewalt der Glaubensgesellschaften bedeutet, so müssen seine Vorschriften über den Austritt auch auf solche Personen anwendbar sein, die diesen Gesellschaften nur durch Grundbesitz oder Gewerbebetrieb im Land unterworfen sind. Eine Anerkennung der Austritte, die am Wohnsitz entsprechend dem dort geltenden Recht vorgenommen werden, genügt nicht; es kann sein, daß die Praxis, daß die Gesetzgebung des Wohnsitzes einen Austritt an diesem Ort erschwert oder völlig ausschließt.

Die Verwirklichung dieser Zuständigkeit am Steuerort wird allerdings in manchen Staaten positivrechtlichen Schwierigkeiten begegnen; denn die Vorschriften über örtliche Zuständigkeit sind, wie oben ausgeführt, vielfach nur auf einen Wohnsitz im Lande berechnet. Doch glaube ich, daß eine analoge Zuweisung der örtlichen Zuständigkeit an den Richter, den Geistlichen des Steuerorts statthaft sein dürfte. Die Präsumtion, daß mit der örtlichen zugleich die staatliche Zuständigkeit begrenzt werden sollte, kann (anders als bei der Frage, ob ein Aufenthalt von längerer Dauer die Austrittsgesetze anwendbar macht) den besonderen Gegengründen, die hier für eine erweiterte Anwendbarkeit der Austrittsgesetze sprechen, nicht Stand halten; und der Durchführung der staatlichen muß alsdann eine entsprechende örtliche Zuständigkeit zu Gebote stehen.

Auch diese Zuständigkeit, den Austritt zu regeln, will dem Bekenntnisangehörigen nur eine Möglichkeit zur Wahl stellen, sie will nicht etwa sein Bekenntnis ohne weiters der Gesetzgebung des Steuerorts unterstellen; die grundsätzliche Zuständigkeit des Wohnsitzes bleibt dabei vorausgesetzt. Aber auch hier muß daran festgehalten werden, daß der Austritt am Steuerort nicht blos aus dem kirchlichen Verband, sondern aus dem Bekenntnis löst. Der Österreicher, der mit Rücksicht auf seinen in Baden belegenen Grundbesitz in diesem Land aus dem Katholizismus austritt, wird nicht bloß der Steuerpflichten ledig, die ihn dort treffen können; auch bei einer Eheschließung in Baden wird das österreichische Eherecht, wie es für Katholiken gilt, auf ihn nicht angewendet werden können.

locus regit actum.

5. Sollten nun aber die Vorschriften über die Form des Austritts oder Übertritts etwa deshalb eine besondere Behandlung beanspruchen dürfen, weil sie die Form eines Rechtsgeschäfts betreffen, sollte dem Satz *locus regit actum* in diesem Zusammenhang Verbindlichkeit zukommen? Austritt und Übertritt bedeuten, wo sie Gegenstand besonderer Rechtssätze sind, einen Rechtsakt des öffentlichen Rechts. Eine Kollisionsnorm, welche über das maßgebende Recht verfügt, wird damit von vornherein ausgeschlossen. Aber auch eine materiellrechtliche Verweisung der beteiligten Rechtsordnung auf die lex loci actus anzunehmen, ist nicht eben verlockend. Wenn man erwägt, daß alle Formvorschrift innerlich einen festverbundenen Teil der einheitlichen Ordnung eines Rechtsverhältnisses bildet, daß jene Regel schon für das Zivilrecht auf einem Wust von Mißverständnissen beruht und zu manchen Ungereimtheiten führen kann, daß es aber vollends für das öffentliche Recht zur Sinnlosigkeit werden müßte, wenn man die Einkleidung von Rechtshandlungen, welche sich auf das publizistische Verhältnis zu einem bestimmten Staat beziehen, den Gesetzen eines anderen Staats entnehmen wollte, der möglicherweise das entsprechende Rechtsverhältnis anders auffaßt oder gar nicht kennt, jedenfalls aber seine Formvorschriften einrichtet mit Rücksicht auf das materielle Recht, wie es ihm gegenüber gilt — so wird man nicht versucht sein, jene Regel ohne Not in das öffentliche Recht herüberzunehmen. Und was das Recht des Austritts im besondern angeht: wenn ein Staat den Vorgang an erschwerende Formen bindet, um die Beteiligten zu reiflicher Prüfung zu veranlassen, wie sollte er sich damit zufriedengeben können, wenn der zufällige Aufenthaltsort der Person auf solche sichernde Formen verzichtet? Die vorgeschriebenen Formen sind durchweg darauf berechnet, den beteiligten Religionsgesellschaften Kenntnis von der beabsichtigten Änderung zu verschaffen; kann irgendwie mit Sicherheit darauf gerechnet werden, daß eine ausländische Behörde solche Benachrichtigung vornimmt für Personen und Religionsgesellschaften, die sie nichts angehen? Ob ein Staat den Austritt aus

einem Bekenntnis ganz verbietet, ob er dafür ein Mindestalter verlangt, oder Formvorschriften aufstellt, stets handelt es sich um eine „materielle“ Ordnung des staatlichen Verhältnisses zu den Angehörigen der Bekenntnisse.

Anwendung ausländischer Gesetze.

6. Die Bekenntniszugehörigkeit kann die Voraussetzung mannigfacher Rechtswirkungen sein. Austritt und Übertritt können sie beeinflussen. Und wenn sich solche Vorgänge außerhalb des Geltungsbereiches der inländischen Gesetze abgespielt haben, so muß ihre Rechtmäßigkeit nach derjenigen Gesetzesgebung begründet sein, die, an der inländischen Zuständigkeitsordnung gemessen, berechtigt war, den Vorgang zu regeln. Praktisch werden solche Fragen insbesondere auf Grund des Satzes (oben S. 383), daß in Staaten öffentlichen Staatskirchenrechts jedermann verpflichtet ist, der Organisation seines Bekenntnisses anzugehören und demgemäß Abgaben an diesen Verband zu entrichten; in Gebieten konfessionellen Eherechts ist es in erster Reihe das Eherecht, das zu solchen Erörterungen Anlaß gibt.

Die Beurteilung eines Austritts nach den Gesetzen des Wohnsitzes wird öfter bei einem nachfolgendem Wohnsitzwechsel veranlaßt sein. Eine Entscheidung des sächsischen Kultusministeriums setzt in Übereinstimmung mit dem Justizministerium „als selbstverständlich voraus, daß eine Verpflichtung der Ausländer, die . . vorgeschriebene gerichtliche Form des Austritts zu beobachten, nur in denjenigen Fällen eintritt, wo der betreffende Ausländer überhaupt als Mitglied einer der hierzulande bestehenden anerkannten Religionsgesellschaften zu betrachten ist, was bei dem N. N. nicht der Fall ist, da derselbe nach dem vorgelegten Zeugnis des Amtsgerichts Berlin I bereits vor seinem Zuzuge nach Sachsen aus der evangelischen Kirche ausgetreten war“.[27]) Auch eine österreichische Ministerialentschließung[28]) hat einen vor der Niederlassung in Österreich geschehenen Austritt gelegentlich anerkannt. In gleicher Weise wirkt ein Austritt am ausländischen Wohnsitz für den Aufenthaltsort. Ist in Österreich die Ehe zwischen Christen und Juden verboten, so macht der Übertritt einer der Parteien an ihrem deutschen Wohnsitz die Eheschließung auch in Österreich statthaft.[29])

[27]) Verordnung des evangelisch-lutherischen Landeskonsistoriums 30. XII. 1901 oben Anm. 9.

[28]) Vom 7. VI. 1877 bei Kirchlehner a. a. O. Über Komplikationen des dort entschiedenen Falls unten § 37 Z. 3.

[29]) Selbstverständlich aber kann ein Austritt am ausländischen Wohnsitz nicht mehr Wirkung besitzen als ein solcher am inländischen Wohnsitz. Wenn in Österreich eine Scheidung katholischer Ehegatten auch durch einen während der Ehe erfolgten Austritt nicht ermöglicht werden kann, so gilt das gleich-

Die Zuständigkeit des fremden Wohnsitzes wird aber auch in den Staaten anerkannt werden, die ihrerseits für einen Austritt der gleichen Person eine ergänzende Zuständigkeit besessen hätten: mit Rücksicht auf einen möglichen rein kirchlichen Übertritt am Ort des längeren Aufenthalts, oder mit Rücksicht auf eine Steuerpflicht im Gebiet. Ihre Zuständigkeit ist in beiden Fällen auf das Schema begründet: es genügt für die Gültigkeit des Austritts die Befolgung der einen oder der andern Ordnung.

Wo der Wohnsitzstaat seinerseits die gleichen Möglichkeiten zur Wahl stellt, da kann umgekehrt eine Bekenntnisänderung nach den Gesetzen des Aufenthaltsortes und des Steuerorts auch für den Wohnsitz rechtliche Wirkung erlangen. Der Übertritt, den ein Student hessischen Wohnsitzes an seinem preußischen Studienort durch Teilnahme an unterscheidenden Religionshandlungen vornimmt, findet auch in Hessen Anerkennung; mit der Einschränkung, die nach hessischem Recht für jeden Übertritt in dieser Form besteht: daß er von Kirchensteuerpflichten am Wohnsitz nicht befreit. Die Anerkennung eines Austritts am Steuerort hingegen ist für den Wohnsitzstaat nicht nur an die Voraussetzung gebunden, daß er selbst die entsprechende Zuständigkeit für sein Gebiet vorsieht; sondern überdies an die Voraussetzung, dass er einen Bekenntniswechsel ohne Wechsel des äußeren kirchlichen Verbands überhaupt für zulässig hält. Denn der Austritt am Steuerort löst nur aus dem kirchlichen Verband, der dort besteht, nicht aus dem kirchlichen Verband des Wohnsitzes. Für den Staat des Steuerorts (es gibt keinen Austritt aus der Organisation ohne Austritt aus dem Bekenntnis) wird mit der Zugehörigkeit zu dem kirchlichen Verband zugleich die Zugehörigkeit zu dem Bekenntnis gelöst, und nur diese Seite des Vorgangs könnte es sein, die unter den bezeichneten Voraussetzungen auch für den Staat des Wohnsitzes rechtliche Bedeutung zu erlangen vermag.

Von solchen Sonderfällen abgesehen wird jedoch ein Staat, der beansprucht, den Bekenntnisstand einer Person selbständig zu regeln, die Regelung desselben Gegenstands durch andere Staaten nicht anerkennen, nicht der Wohnsitzstaat die Ordnung des Aufenthaltsstaates,[30] aber auch der Staat des längeren Aufenthalts, der solche

mäßig für einen Austritt im Inland und Ausland; der Sinn des Verbots ist hier, daß Ehegatten, die bei der Eheschließung katholisch waren, nicht geschieden werden sollen.

[30]) Keine Anerkennung eines Übertritts im Ausland, wenn der Wohnsitz im Inland liegt: Oberster Gerichtshof Wien 12. V. 1908 Zeitschrift 19, 568. Von einer anderen Anschauung sind die Verfasser des bayerischen Religionsedikts ausgegangen. Man hat die im Entwurf vorgeschlagene „ausdrückliche" Erklärung des Austritts bei dem einschlägigen Pfarrer in eine „persönliche" Erklärung

Zuständigkeit beansprucht, nicht die Regelung des Wohnsitzstaats. Gestattet die Schweiz eine Bekenntnisänderung mit Vollendung des 16. Jahres, so ist die Änderung auch für einen Jugendlichen zulässig, der in der Schweiz erzogen wird, in München den Wohnsitz hat, wiewohl nach bayerischem Recht eine selbständige Wahl erst mit 21 Jahren statthaft wird; handelt es sich um einen Jugendlichen mit Wohnsitz in Wien, so kann er mit 15 Jahren nicht übertreten, obwohl das Unterscheidungsalter im österreichischen Recht auf 14 Jahre festgesetzt ist.

Ernsthafte Schwierigkeiten erwachsen, wenn ein Staat in eigenen Angelegenheiten selbständige Zuständigkeit sowohl kraft Wohnsitzes wie auch kraft längeren Aufenthalts in Anspruch nimmt, und es soll der Bekenntnisstand einer Person beurteilt werden, deren Wohnsitz in dem fremden Staat A, deren Aufenthalt sich in dem fremden Staat B befindet. Zum Beispiel ein Mädchen österreichischer Staatsangehörigkeit will in der Schweiz heiraten; in Wien wohnhaft, zur Erziehung in München, ist sie siebzehnjährig wider den Willen der Eltern katholisch geworden; wird sie in der Schweiz nach katholischem Eherecht zu beurteilen sein? Erstreckt die Schweiz ihre Vorschriften über das Unterscheidungsalter sowohl auf die Personen inländischen Wohnsitzes wie auch auf die Personen längeren Aufenthalts im Inland, so ist es doch nicht möglich, in Fällen, in denen das Inlandsrecht nicht gilt, sowohl die Vorschriften des fremden Wohnsitzes anzuwenden, die den Austritt erlauben, wie auch jene des Aufenthaltsstaates, die ihn verbieten. Und doch ist es nicht statthaft, hier einfach eine Antinomie anzunehmen.

Anders als das internationale Zivilrecht mag das internationale Verwaltungsrecht grundsätzlich eine Mehrheit von Anknüpfungen nebeneinander verwerten; denn diese Anknüpfungen sollen zunächst nur den Machtbereich der inländischen Staatsgewalt bestimmen. Wo aber ausnahmsweise Voraussetzungen, an die das Inlandsrecht Folgen knüpft, Beurteilung nach ausländischem Verwaltungsrecht verlangen, da muß nunmehr eine Reduktion einsetzen, die das internationale Zivilrecht regelmäßig von Anfang an vornimmt: es muß unter den verschiedenen örtlichen Beziehungen, die ein Sachverhalt aufweist, diejenige herausgefunden werden, die nach der Eigenart des Tatbestandes die wichtigste ist, und ihr folgend der zur Regelung zuständige Staat festgestellt werden. Somit gilt es, sofern die Anwendung fremder Ordnungen in Frage kommt, auch für das Recht des Austritts zu wählen zwischen der Zuständigkeit des Wohnsitzes und derjenigen des tatsächlichen Aufenthalts von längerer Dauer.

verwandelt, weil (v. Seydel, Staatsrecht[2] 3, 498[12]) nach dem Entwurf „der Leichtigkeit, im Ausland eine Religion zu verändern und dieses nachher erklären zu können, nicht vorgebeugt“ sei.

Und ich möchte glauben, daß dem Staat des Aufenthalts hier der Vorrang zukommt. Er hat die tatsächliche Macht über die Person; hier entfaltet sich in Wirklichkeit ihr konfessionelles Leben. Und es läßt sich für Deutschland vielleicht schon aus Art. 28 des Einführungsgesetzes zum BGB. der allgemeine Rechtsgedanke herleiten, daß eine an sich zuständige Rechtsordnung hinter einer unter anderem Gesichtspunkt zuständigen Rechtsordnung zurücktreten soll, wenn diese den Gegenstand des Rechtsverhältnisses unter ihrer tatsächlichen Macht hat.

Staaten völliger Glaubensfreiheit.

7. Die gesamten Ausführungen, die vorausgehen, gelten für Staaten, welche den Austritt nach irgend einer Richtung beschränken, ihn etwa ganz verbieten oder an ein Mindestalter knüpfen, bestimmte Formen vorsehen, ohne deren Einhaltung er nicht anerkannt wird; und sie gelten in dem Umfang, in dem der Staat dabei Zwang übt. Für Staaten, die den Austritt freigeben, ist die Sachlage anders.[31]) Entweder — es kann hier auf die Erörterungen oben S. 386ff. verwiesen werden — versagt sich der Staat jede rechtliche Regelung, weil er die Konfessionszugehörigkeit als eine außerrechtliche Beziehung betrachtet: außerrechtliche Beziehungen können weder den Gesetzen des Inlands noch denen eines fremden Staates unterworfen sein; der Staat nimmt sie als Tatsachen hin, und da außerrechtliche Gemeinschaften keinen staatlich wirksamen Zwang zu üben vermögen, so muß der Staat jede einseitige Lösung des Verhältnisses von seiten des Bekenntnisangehörigen gelten lassen, sofern sie nur erkennbar in Erscheinung tritt. Oder aber der Staat formuliert die Freiheit des Austritts in einer öffentlichrechtlichen Verbürgung der Gewissensfreiheit: eine solche Zusicherung bindet die Staatsgewalt, wo immer sie einem Bekenntniszwang gegenübersteht. Und es gilt darum auch in Staaten dieser Art: der Austritt ist unter allen Umständen frei; für eine Anwendung ausländischer Zwangsnormen bleibt keine Möglichkeit.

Die französische Rechtsprechung scheint hier anderer Meinung. Das Zivilgericht Bordeaux hat gelegentlich einen Bekenntniswechsel anerkannt,[32]) den ein preußisches Mädchen mit Wohnsitz in Bordeaux unter den Altersvoraussetzungen und in den Formen des preußischen Rechts vollzogen hatte; doch war die Rechtmäßigkeit des Übertritts

---

[31]) Es interessiert hier lediglich der Austritt aus dem Bekenntnis. Erscheint in Trennungsstaaten (oben Z. 1) die Mitgliedschaft in der Organisation als eine von der Zugehörigkeit zum Bekenntnis unabhängige Beziehung, so mag, wenn der Verband privatrechtlich organisiert ist, auf einen Austritt aus dem Verband auch in solchen Staaten fremdes Recht Anwendung verlangen.

[32]) Entscheidung vom 11. I. 1909 Journal 36, 1085.

hiebei nicht bestritten. In einem andern Fall hingegen haben diese Fragen die Grundlage der Entscheidung gebildet: österreichische Juden wohnen in Paris, die Frau begehrt Ehescheidung. Die erste Instanz wendet österreichisches Scheidungsrecht an, wie es für Dissidenten gilt; sei der in Paris erfolgten Ziviltrauung der Parteien eine kirchliche Trauung nicht nachgefolgt, so müsse darin ein Austritt der Eheleute aus dem Judentum erblickt werden. Appellhof und Kassationshof jedoch wenden österreichisches Scheidungsrecht an, wie es für Juden gilt; dem Unterbleiben der kirchlichen Trauung könne der Wille zum Austritt nicht entnommen werden, und es habe über die Wirksamkeit eines Austritts hier überhaupt österreichisches Recht zu entscheiden, dessen Anforderungen nicht genügt sei.[33]) Daß die Beurteilung der Ehefähigkeit nach heimatlichem Recht nicht nötigt, die Vorfrage des Bekenntnisstandes nach diesen Gesetzen zu entscheiden, ist einleuchtend. Daß das Bekenntnis als solches nicht nach „Personalstatut" zu beurteilen ist, bedarf keiner weiteren Widerlegung. Die Gewissensfreiheit aber, die Frankreich gewährleistet, kann keinerlei Bekenntniszwang anerkennen, auch nicht die Nötigung, gewisse Formen zu beobachten, ohne deren Erfüllung der Austritt nicht als wirksam gilt; schon der Umstand, daß die Gewissensfreiheit in Frankreich damit von dem guten Willen ausländischer Behörden abhängig gemacht würde, steht dem entgegen.

Dasselbe Ergebnis wird aber auch für die Staaten richtig sein, die zwar hinsichtlich der Form des Austritts, hinsichtlich des Mindestalters zwingende Vorschriften geben, im übrigen aber gleichfalls auf dem Boden der Gewissensfreiheit stehen. Ihre Vorschriften über die Form, über das Mindestalter gelten in bestimmtem räumlichem Umfang, und wenn sie nicht selbst gelten, können gleichartige Bestimmungen des zuständigen Auslands Beachtung verlangen. Aber die grundsätzliche Vorschrift, die Gewissensfreiheit fordert, wendet sich auch hier an die Staatsgewalt, und soweit nicht eben Bestimmungen des Auslands über die Form, über das Mindestalter in Frage kommen, besteht auch hier völlige Austrittsfreiheit, können Zwangsnormen des Auslands keine Anwendung finden. Es handelt sich nicht um ein System, das bald Zwang, bald Freiheit gewährt, und dem ein Zwang darum auch in Fällen erträglich wäre, in denen das Inland ihn nicht vorsieht (vgl. unten § 38 Z. 3); die Freiheit ist Grundsatz, und Form und Alter werden nur als Modalitäten ihrer Betätigung geregelt. Der Grieche, der, in Athen wohnhaft, seinen

[33]) Seinegericht 18. V. 1903, Appellhof Paris 9. III. 1904, Kassationshof 30. X. 1905 Journal 31, 383 und 678; 33, 410; dazu die Schriftsätze der Parteien Revue 2, 734 und 735. Die Beurteilung des Austritts nach österreichischem Recht wird gebilligt von Weill, Revue 4, 765; vgl. auch die Redaktionsnote Journal 33, 411 und Cluzel, Journal 36, 10.

Austritt aus der Staatskirche erklärt hat, ist für die Schweiz wirksam ausgetreten.

So bleibt in Staaten, die Austrittsfreiheit gewähren, in dem Umfang, in dem solche Freiheit besteht, die Anwendung fremder Zwangsnormen schlechthin ausgeschlossen. In Staaten hingegen, die hier Zwang üben, und die in Ermangelung inländischer Zuständigkeit (oben Z. 6) einen Austritt nach fremden Gesetzen beurteilen, macht es keinen Unterschied, ob diese Gesetze ihrerseits Zwang, oder ob sie Freiheit verkünden, ob sie diese Freiheit selbst formulieren oder auf die außerrechtliche Ordnung verweisen, nach der dem Staat gegenüber Freiheit besteht. Mag in Österreich für einen Austritt immerhin Formzwang vorgesehen sein; wer an seinem französischen Wohnsitz formlos ausgetreten ist, ist auch für Österreich gültig ausgetreten. Und doch begegnen in Wirklichkeit hier die erheblichsten Schwierigkeiten — gerade die österreichische Praxis weiß davon zu erzählen. Ein österreichischer Katholik hat den Wohnsitz nach Frankreich verlegt und begehrt später Trauung in seinem Heimatland; welches ist für Österreich sein Eherecht? Die Schwierigkeiten, die sich hier ergeben, sind tatsächlicher Art, sie fallen nicht dem internationalen Verwaltungsrecht zur Last. Es ist Tatfrage, ob der bisherige Katholik, der sich am neuen Wohnsitz religiöser Betätigung fernhält, damit seinen Austritt aus dem Bekenntnis bekunden wollte; und man wird davon ausgehen dürfen, daß eine bestehende Sachlage fortdauert, bis ihre Änderung sichtbar in Erscheinung tritt.

Die religiöse Kindererziehung.

§ 36. 1. Vorfragen.

1. Zwangsordnungen des Bekenntnisses. — 2. Die Zwangsordnung als öffentliches Recht. — 3. Erziehungsfreiheit in Staaten mit Bekenntniszwang. — 4. Vollständige Erziehungsfreiheit.

Zwangsordnungen des Bekenntnisses.

1. Wenn in diesem Zusammenhang von religiöser Kindererziehung gehandelt wird, so stößt das von vornherein auf die Streitfrage: gehören die Bestimmungen über religiöse Kindererziehung dem Privatrecht oder dem öffentlichen Recht an? Indessen eine Fragestellung in solcher Allgemeinheit wäre völlig unstatthaft. Es ist möglich, daß ein Staat dabei auf sein Privatrecht abstellt, es ist möglich, daß dieselben Angelegenheiten in einem andern Staat nur dem öffentlichen Recht angehören, und es können die Vorschriften desselben Staates zum Teil mit dem Privatrecht in Verbindung gesetzt, zum Teil in sein öffentliches Recht aufgenommen sein.

Es kann sein, daß ein Staat die Erziehung in einem bestimmten

Bekenntnis von sich aus zwingend vorschreibt. Solche Bestimmungen sind als ein Erbe der Religionsspaltungen vergangener Jahrhunderte vielfach zu finden, und sie sind — gerade innerhalb Deutschlands — ganz außerordentlich mannigfaltig gestaltet;[1]) setzt sich doch Preußen allein in dieser Hinsicht aus neun verschiedenen Rechtsgebieten zusammen. Zuweilen ist es das besondere Verhältnis des Staats zu einer oder einer Anzahl bestimmter Konfessionen, welches dazu führt, den Kindern einen Bekenntniszwang aufzuerlegen. In Mecklenburg-Schwerin dürfen Kinder lutherischer Eltern vor der Konfirmation nicht katholisch werden; die skandinavischen Staaten verpflichten die Eltern evangelischen Glaubens, ihre Kinder in diesem Bekenntnis zu erziehen, Schweden und Norwegen, wenn auch nur ein Elternteil der Staatskirche angehört, und es gestattet Dänemark nichtevangelischen Eltern eine Abweichung von ihrem Bekenntnis nur zugunsten der Staatskirche; in Österreich und in Ungarn wird Erziehung in einer staatlich anerkannten Konfession gefordert.

Viel häufiger aber ist es die Glaubenszugehörigkeit der Eltern schlechtweg, durch welche das Zwangsbekenntnis bezeichnet wird. Und zwar werden eheliche Kinder manchmal in der Weise geteilt, daß Söhne der Konfession des Vaters, Töchter der Konfession der Mutter folgen, wie das Bayern, Mecklenburg-Schwerin, Österreich, Ungarn vorschreiben; anderwärts, im Geltungsbereich der preußischen Deklaration vom 21. November 1803, im Königreich Sachsen, Sachsen-Weimar, Braunschweig soll die Konfession des Vaters maßgebend sein, während für uneheliche Kinder zumeist die Glaubenszugehörigkeit der Mutter den Ausschlag gibt, immerhin aber in Bayern, in Sachsen unter Umständen auch diejenige des Erzeugers in Betracht kommt. Dabei treffen die österreichischen Bestimmungen Vorsorge für Kinder jeglicher Herkunft, die deutschen Vorschriften regelmäßig nur für Kinder verschiedengläubiger Eltern, vielfach nur für die Kinder aus Mischehen zwischen Angehörigen bestimmter Bekenntnisse, oder es beschränken sich die Zwangsbestimmungen überhaupt nur auf einzelne Punkte, wie in Baden, wo lediglich für die erziehungsberechtigte Mutter vorgeschrieben ist, daß eine Änderung des Bekenntnisses der Kinder staatlicher Genehmigung bedürfe.

Das Maß des Zwanges, welcher geübt wird, die Kinder dem bezeichneten Bekenntnis zuzuführen, ist gleichfalls verschieden. Zuweilen handelt es sich um völlig unabänderliche Vorschriften; in Österreich beispielsweise, das verbietet, Kinder einer ungemischten

[1]) Zur Rechtsvergleichung Karl Schmidt, Die Confession der Kinder nach den Landesrechten im Deutschen Reiche 1890 (hinsichtlich des Standes der Gesetzgebung zum Teil veraltet, im übrigen von fortdauernder Bedeutung); K. A. Geiger, Die religiöse Erziehung der Kinder im Deutschen Reiche 1903; W. Güttler, Die religiöse Kindererziehung im Deutschen Reiche 1908.

Ehe in einem anderen Bekenntnis als dem der Eltern zu erziehen, in Dänemark, welches dasselbe Verbot für Angehörige der Volkskirche aufstellt, wohl auch in Rußland, das die Kinder einer christlichen Ehe in der ursprünglichen Konfession festhält, wenn ein Ehegatte, sie den Eltern folgen läßt, wenn beide Ehegatten das Bekenntnis wechseln. Sachsen, Braunschweig, Mecklenburg-Schwerin kennen staatliche Dispensation. Zumeist indessen wird dem Willen der Beteiligten Spielraum gewährt, sowohl bei der ersten Einreihung des Kindes in ein Bekenntnis, wie auch für einen späteren Übertritt. So gestatten Bayern, Sachsen, Mecklenburg-Schwerin, gestatten Österreich und Ungarn, die skandinavischen Staaten unter gewissen Voraussetzungen Abweichungen durch Vertrag der Eltern. Die preußische Deklaration von 1803, Braunschweig versagen solchen Verträgen die Anerkennung, und es ist dafür in dem beteiligten Gebiet Preußens dem Vater eine Abweichung freigelassen, solange die Mutter einverstanden ist, über des Vaters Tod hinaus aber nur, wenn er das Kind zuvor ein Jahr in der Konfession der Mutter hat unterrichten lassen, während Braunschweig eine abweichende Erklärung des Vaters zwischen Geburt und Taufe des ersten Kindes zuläßt. Aber auch hier wieder Beschränkungen an allen Enden: Österreich, Ungarn, Sachsen-Weimar, Braunschweig, Schweden, im wesentlichen auch Dänemark stellen nur das Bekenntnis des Vaters oder der Mutter zur Wahl; Ungarn, Sachsen-Weimar, Braunschweig, mit einer kleinen Erweiterung Österreich, verlangen, daß die Wahl für alle Kinder gleichheitlich getroffen werde; Ungarn, Sachsen-Weimar, im Ergebnis auch Braunschweig, erklären die einmal getroffene Wahl für regelmäßig unabänderlich.

Dazu kommt in manchen Gesetzgebungen eine Schonzeit, wonach für ein gewisses Lebensalter jede Änderung der Glaubenszugehörigkeit untersagt sein soll, ohne Unterschied, ob die Änderung auf einer Wahl der Eltern beruhen würde, oder die Folge eines Glaubenswechsels der Eltern oder einer Veränderung im Personenstande des Kindes wäre; so in Bayern, Königreich Sachsen, Sachsen-Weimar, in Österreich und Ungarn, Schweden und Norwegen, in Rußland.

Verschieden ist ferner der Umfang, in welchem der Staat in die Glaubensverhältnisse der Minderjährigen eingreift: man wird es als regelmäßigen Inhalt solcher Vorschriften zu betrachten haben, daß der staatliche Zwang sich auf die Mitgliedschaft des Kindes in einer Glaubensgemeinschaft bezieht; Bayern und Österreich, zum Teil auch die skandinavischen Staaten gehen (nach einer in Bayern allerdings stark angefochtenen Rechtsprechung) so weit, den Minderjährigen zur Teilnahme am kirchlichen Leben seiner Konfession zu nötigen.

Verschieden endlich ist auch die Energie, mit welcher der Staat seine Zwangsvorschriften zur Durchsetzung bringt: in Sachsen, in Braunschweig, bei Angehörigen der Volkskirche auch in Dänemark, wird ihre Einhaltung von Amts wegen überwacht, in Bayern, in Österreich sind Private und Geistliche befugt, das Einschreiten der Verwaltungsbehörden anzurufen; in Preußen dagegen fehlt es für eine Durchsetzung der für den Vater verbindlichen Vorschriften an jeglichem Zwangsmittel, es ist nicht ausgemacht, ob solche gegenüber der Mutter bestehen, welche die elterliche Gewalt besitzt, und in jedem Fall bleibt die Durchführung der Vorschriften über religiöse Erziehung dem Vormundschaftsgericht überlassen.

Die Zwangsordnungen als öffentliches Recht.

2. Dieser Gesamtbereich des Staatszwanges in Glaubenssachen nun aber gehört dem öffentlichen Recht an. Daß es sich dabei um zwingende Vorschriften handelt, die dem öffentlichen Interesse dienen, würde freilich noch nicht genügen, ihnen das Gepräge des öffentlichen Rechts zu verleihen; auch wo der Staat ein Zinsmaximum festsetzt, besteht eine zwingende Vorschrift im öffentlichen Interesse, deren Anwendung dennoch dem Zivilrecht verbleibt. Aber dort ist es ein Privatmann, der Empfänger des Darlehens, dem aus der Festsetzung des Zinsmaximums ein subjektives Recht erwächst. Wo immer dagegen der Staat die Erziehung in einem bestimmten Bekenntnis fordert, da besteht eine Verpflichtung, der Glaubensgemeinschaft anzugehören, dem Staat gegenüber, es ist nicht das Kind, das einen Anspruch auf Zugehörigkeit zu einer bestimmten Konfession gegen seinen Erzieher hätte, sondern der Staat, der einen solchen Anspruch gegen das Kind oder seinen Erzieher besitzt. Der Staat macht sein Imperium über die ihm Unterworfenen geltend; er übt Bekenntniszwang gegen das Kind, genau wie er ihn auf Grund seines Reformationsrechts vormals gegen Erwachsene geübt hat, die beide, Reformationsrecht und das besondere Recht der religiösen Kindererziehung, denn auch geschichtlich aus derselben Wurzel entstanden sind. Das Erziehungsrecht hört damit nicht auf, eine Angelegenheit des Privatrechts zu sein,[2]) aber es wird beiseite geschoben, wo der Staat unmittelbar ein Rechtsverhältnis zwischen sich und dem Kinde aufrichtet; es verliert seine Bedeutung, wo der Staat

---

[2]) Der bayerische Verwaltungsgerichtshof, welcher der öffentlichrechtlichen Natur dieser Bestimmungen sonst durchaus angemessen Rechnung trägt, hat sich gelegentlich (Sammlung 5, 179) irremachen lassen durch wenig glückliche Ausführungen O. v. Sarweys (Das öffentliche Recht und die Verwaltungsrechtspflege 1880 296 f.): die religiöse Erziehung gehöre ihrem inneren Wesen nach dem bürgerlichen Recht an, und wenn auch verfassungsgesetzliche Bestimmungen darüber bestehen, so ändere dies doch nichts an dem inneren Wesen dieses Rechts, es werde dadurch nicht zu einem politischen oder staatsbürgerlichen Recht.

den Erziehungsberechtigten nötigt, ihm den Inhalt zu geben, der durch ein präjudizielles Verhältnis des öffentlichen Rechts zwischen dem Staat und dem Erziehungsberechtigten bestimmt wird. Und es wirken diese öffentlichrechtlichen Grundsätze nur insofern in das Zivilrecht zurück, als unter solchen Umständen der privatrechtliche Satz zur Geltung gelangt: das Erziehungsrecht erstreckt sich nicht auf die Wahl des Bekenntnisses für den Zögling. Das gilt auch für Preußen, dessen Gerichte den privatrechtlichen Charakter dieser Bestimmungen besonders nachdrücklich hervorheben.[3]) Der Sachverhalt wird hier durch zwei Umstände verschleiert, den Mangel einer ausreichenden Sanktion der staatlichen Vorschriften, und die Beschränkung staatlichen Eingreifens auf die Vormundschaftsgerichte. Aber es ist selbstverständlich, daß ein Rechtsverhältnis nicht darum dem Privatrecht angehören muß, weil Zwangsmittel zu seiner Durchführung nicht zu Gebote stehen. Und wenn die Überwachung der Vorschriften über religiöse Erziehung dem Vormundschaftsgericht übertragen ist, so besorgt das Gericht hier Geschäfte der inneren Verwaltung, ähnlich wie in Preußen auch die Behandlung des Austritts aus der Kirche den Gerichten zugewiesen ist.[4])

Öffentlichrechtlich bleibt solche Ordnung aber auch dort, wo dem Willen der beteiligten Privatpersonen Einfluß gewährt wird — nicht nur, weil diese Verfügungen von privater Seite dem staatlichen Zwangsgebot eine Grenze ziehen, sondern auch, weil sie ihrerseits

[3]) Oberlandesgericht Frankfurt, Jahrbuch für Entscheidungen des Kammergerichts 14, 434; Kammergericht, Zeitschrift 10, 54 (hier weitere Verweisungen); 15, 325; 16, 312.

[4]) Die regelmäßige Tätigkeit des Vormundschaftsgerichts hat wie alle freiwillige Gerichtsbarkeit zur Voraussetzung, daß ein Satz des Zivilrechts vorhanden ist, welcher die Behörde zur Mitwirkung beruft, und erst innerhalb dieses Rahmens greift das öffentliche Recht ein, um der Behörde die Durchführung der ihr vom Zivilrecht übertragenen Aufgabe zu ermöglichen. Die Obervormundschaft ist vom BGB. zur Mitwirkung bei der Erziehung berufen neben einem Vormund und besitzt demgemäß obrigkeitliche Macht über den Vormund, die sie durch Geldstrafen und Entlassung betätigen kann; vielleicht auch neben der elterliche Gewalt besitzenden Mutter, und es könnte — auf Grund eines ungeschriebenen Satzes des Landesrechts — in Angelegenheiten der religiösen Erziehung statthaft sein, daß die Behörde ihren Willen durch Einschränkung der elterlichen Gewalt und Aufstellung eines Pflegers zur Durchsetzung brächte. In jedem Fall aber kann eine solche zivilrechtliche Mitwirkung zur Erziehung nur mit einer obrigkeitlichen Gewalt nach innen, gegen Vormund und Mutter, verbunden sein. Und wenn die preußischen Vormundschaftsgerichte die Befugnis für sich in Anspruch nehmen, über das Bekenntnis der Kinder nicht bloß Anweisungen an Vormund und Mutter zu geben, sondern rechtskräftige Entscheidungen zu treffen, welche das Kind und die beteiligten Religionsgesellschaften binden, so muß das auf einer hoheitlichen Überwachung des Bekenntnisstandes beruhen, zu welchem sie Staatskirchenrecht beruft, dann üben sie Religionspolizei!

neue Rechte für den Staat begründen. Wenn in Braunschweig der katholische Vater bei Geburt des ersten Kindes erklärt, daß seine Kinder protestantisch werden sollen, wenn in Bayern die Eheleute verschiedener Konfession einen Vertrag schließen, daß sämtliche Kinder dem Bekenntnis der Mutter zu folgen hätten, so erwächst aus der getroffenen Ordnung ein Anspruch des Staats, daß diese Bestimmung eingehalten werde; die private Verfügung begründet ein öffentliches Recht, zum Teil ähnlich wie der Strafanspruch des Staats zuweilen von dem Antrag des Verletzten abhängig gemacht ist.[5])

Eine andere Frage in diesem Zusammenhang, die für spätere Ausführungen präjudiziell ist, geht dahin: wer ist der Schuldner in dem auf die religiöse Erziehung gerichteten Rechtsverhältnis, dessen Gläubiger der Staat[6]) ist? Selbstverständlich, es handelt sich um den Glauben des Kindes, für den hier Zwangsvorschriften erlassen werden. Allein das Interesse, das der Staat an dem Bekenntnis des Kindes nimmt, kann juristisch-technisch eine doppelte Gestalt annehmen: es kann zu einer Verpflichtung des Kindes selbst führen, die erst mittelbar, in der Vollstreckungsinstanz, den gesetzlichen Vertreter des Kindes berührt, das Kind soll nach der staatlichen

[5]) Völlig andere Bedeutung hat der Vertrag der Ehegatten über religiöse Erziehung innerhalb eines Systems, das von der Erziehungsfreiheit des Vaters ausgeht. Hier ordnet der Vertrag eine Familienangelegenheit und erzeugt (wenn überhaupt) Ansprüche des andern Vertragsteils, die im Zivilrechtsweg verfolgbar sind. So folgerichtig auch die Würdigung der Verträge in Württemberg, dessen Praxis die bestehenden Vorschriften im Sinn der Erziehungsfreiheit umdeutet. Sollte freilich die Anordnung des württembergischen Religionsedikts, die Kinder „werden in der Religion des Vaters erzogen", wörtlich genommen werden müssen, dann wäre auch hier eine Zwangsvorschrift gegeben; und wenn trotzdem abändernde Verträge als Zivilsachen zu behandeln wären, so würde das noch eine Verschärfung dieser Zwangsvorschrift bedeuten: der Staat duldet zwar unter gewissen Voraussetzungen eine Abweichung von seiner Regel, ohne doch dieser Abweichung den Schutz der Verwaltung zu gewähren.

[6]) Öffentlichrechtliche Ansprüche der Glaubensgesellschaften können entstehen auf Grund des Satzes (oben S. 383), daß der Bekenntnisangehörige verpflichtet ist, der Organisation seines Bekenntnisses anzugehören, und es kann damit ein Anspruch der Glaubensgesellschaften gegen den Staat verbunden sein, seine Vorschriften über Bekenntniszugehörigkeit zur Anwendung zu bringen. Aber ein subjektives öffentliches Recht auf Bekenntnisfolge, das der Glaubensgesellschaft gegen die pflichtige Person zustände (so wohl v. Hussarek, Zeitschrift für Privat- und öffentliches Recht 23, 631), weiß ich mir nicht vorzustellen, auch nicht für Österreich. Verbandsgewalt ist nur über die dem Verband angehörigen Personen möglich, und wenn in Österreich die staatliche Zuteilung an ein Bekenntnis ipso jure zum Mitglied macht (was v. Hussarek nicht annimmt), so erfolgt doch auch diese Einreihung von Staats wegen, und erst weil die Person nunmehr die vorausgesetzte Zugehörigkeit besitzt, können weitere Ansprüche der Glaubensgesellschaft in Frage kommen. Gründet sich die Pflicht zur Bekenntnisfolge aber auf die Unterworfenheit unter die Staatsgewalt, so können aus dieser Unterworfenheit nur Ansprüche der Staatsgewalt hervorgehen.

Norm dem oder jenem Bekenntnis angehören, die oder jene kirchliche Handlung vollziehen; es kann die staatliche Vorschrift aber auch an den Erziehungsberechtigten gerichtet sein, er unmittelbar soll verpflichtet werden, die Erziehung des Kindes in einem bestimmten Bekenntnis zu bewirken. Eine ausdrückliche Antwort wird man kaum irgendwo in den Gesetzen suchen dürfen. Wenn den Eltern eine Abweichung von der staatlich aufgestellten Regel, zumal durch Vertrag, freigegeben wird, so deutet das auf einen Zwang gegen die Eltern, der hier gemildert werden soll; wenn die Gesetze ein Unterscheidungsalter vorsehen, von dessen Erreichung an das minderjährige Kind seinen Glauben selbst wählen kann, so deutet das auf einen Zwang gegen das Kind, der damit sein Ende finden soll. Und in der Tat dürfte es mangels besonderer Gegengründe als die zutreffende Auslegung der einzelnen Gesetze anzusehen sein, daß sich die staatlichen Zwangsvorschriften sowohl gegen den Erziehungsberechtigten als gegen das Kind wenden. Es darf angenommen werden, daß der Staat seinen Vorschriften diejenige Gestalt geben wollte, in der ihre Durchführung am besten gesichert erscheint. Das trifft aber offenbar dann zu, wenn die aufgestellte Verpflichtung eine doppelseitige ist.[7])

Erziehungsfreiheit in Staaten mit Bekenntniszwang.

3. Kaum irgendwo ist die Ordnung der religiösen Erziehung so vollständig geschehen, daß sie verbindliche Vorschriften für jeden möglichen Fall vorsähe, und besonders in Deutschland beschränken sich diese Anordnungen zumeist auf Kinder aus gemischten Ehen. Für den nichtgeordneten Teil aber bleibt es nicht bei einem Vakuum. Wenn der Staat unter bestimmten Voraussetzungen Zwang vorschreibt, so wird es regelmäßig sein Wille sein, daß in den Fällen, auf welche jene Voraussetzungen nicht zutreffen, Zwang nicht statthaben soll. Wenn die bayerische Verfassung bestimmt, daß Kinder aus gemischten Ehen je nach dem Geschlecht der Konfession von Vater und Mutter zugeteilt werden, so ist dabei nicht darauf vergessen worden, auch das Bekenntnis von Kindern ungemischter Ehen zu ordnen, sondern es war die Absicht der Verfassung, solche Fälle von Zwang freizulassen; neben die sonstigen Vorschriften der Verfassung über religiöse Kindererziehung tritt der Satz: in den vom Gesetz nicht bezeichneten Fällen kommt die Bestimmung des Bekenntnisses dem Erziehungsberechtigten zu. So heißt es beispielsweise in Art. 110 des hessischen Ausführungsgesetzes zum BGB. in ausdrücklicher Formulierung: „Ergibt sich aus den Vorschriften des Art. 109 nicht, in welchem Bekenntnis das Kind zu erziehen ist, so entscheidet derjenige über das Bekenntnis des

---

[7]) Vgl. dazu oben S. 221 f.

Kindes, welchem das Erziehungsrecht zusteht". Es ist also eine zivilrechtliche Befugnis, in deren Ausübung das Bekenntnis hier seine Gestaltung erfährt, und an diesem zivilrechtlichen Charakter des Erziehungsrechts ändert auch der Umstand nichts, daß seine Betätigung in das öffentliche Recht zurückwirken kann; der Erziehungsberechtigte bestimmt im Rahmen seiner Befugnisse die Staatsangehörigkeit und die Glaubenszugehörigkeit seines Zöglings. Aber freilich, die Ausübung der zivilrechtlichen Erziehungsgewalt ist nur das letzte sichtbare Stück, welches auf die Bekenntnisbestimmung einwirkt. Ihr muß ein anderer Rechtssatz vorausgehen, eben derjenige, welcher besagt, daß es der Erziehungsberechtigte sein soll, welcher nach Lage des Falls über die Bekenntnisbestimmung zu entscheiden hat. Diese Voraussetzung aber ist öffentlichen Rechts! Wenn ein Staat bei gemischten Ehen die Bezeichnung des Bekenntnisses selbst vornimmt, bei ungemischten Ehen dagegen seine Bezeichnung einer Privatperson überläßt, so ist in beiden Fällen das staatliche Imperium beteiligt; auch die Negative, daß unter bestimmten Voraussetzungen ein Bekenntniszwang nicht statthaben soll, bedeutet eine Abgrenzung der Rechte der Staatsgewalt. Dabei soll allerdings nicht verkannt werden, daß eine öffentlichrechtliche Entscheidung, welche die Bekenntnisbestimmung dem Erziehungsberechtigten zuweist, in das Zivilrecht zurückwirkt, insofern nunmehr das privatrechtliche Erziehungsrecht einen erweiterten Inhalt bekommen hat. Aber die primäre Entscheidung ist die öffentlichrechtliche geblieben. Die privatrechtliche Ordnung des Erziehungsrechts in diesem Staat ist nicht von vornherein darauf berechnet, auch dem religiösen Bekenntnisstand Regelung zu gewähren; erst eine von außen kommende Zuweisung verschafft ihr die Anwendbarkeit.

Die Rücksicht auf spätere Erörterungen nötigt, hier noch eines eigentümlichen Mischsystems zu gedenken, welchem der bayerische Verwaltungsgerichtshof gelegentlich Einfluß vergönnt. Auch der Verwaltungsgerichtshof erkennt an, daß jene Fälle religiöser Kindererziehung, für welche die Verfassung besondere Vorschriften nicht vorsieht, nach den einschlägigen Zivilgesetzen zu entscheiden seien; enthalte das hienach maßgebende Gesetz aber Zwangsvorschriften über religiöse Kindererziehung, so haben diese zur Anwendung zu gelangen.[8]) Eine solche Auffassung ist meines Erachtens nicht haltbar.

[8]) Sammlung 5, 138; vgl. auch 12, 442. Dieselbe Folgerung kehrt wieder 11, 433 und 18, 227 bei Auslegung der Verfassungsvorschrift, daß Abweichungen von der gesetzlichen Ordnung der religiösen Erziehung durch Ehevertrag zu erfolgen hätten: über die Form des Ehevertrags entscheide das maßgebende Zivilrecht, enthalte dasselbe aber besondere Vorschriften über die Form von Verträgen über religiöse Kindererziehung, so müßten diese zur Anwendung kommen. Dagegen schon v. Seydel, Staatsrecht [2] 3, 504[42].

Wenn einmal feststeht, daß die Bestimmung des Bekenntnisses dem Zivilrecht überlassen bleibt, so muß die Vorfrage, ob öffentlichrechtliche Beschränkungen bestehen, zuvor schon gelöst und verneinend entschieden worden sein. Es sind fest bestimmte Sätze des Zivilrechts, auf die dabei verwiesen wird: wer Träger der Erziehungsgewalt innerhalb der Familie ist, und unter welchen Modalitäten diese Gewalt ausgeübt werden kann; daß dieselbe Rechtsquelle außerdem noch Rechtssätze öffentlichrechtlichen Inhalts umfaßt, auf die nicht verwiesen ist, kann keinen Einfluß üben. Dem Internationalisten ist die Verwirrung, die aus einer mangelnden Scheidung der angezogenen Teile eines Gesetzes erwächst, geläufig aus der Lehre von der Rückverweisung; wenn das internationale Privatrecht auf die Zivilgesetze eines Landes, etwa über Erbrecht, verweist, so sind es dessen Vorschriften über Erbrecht, nicht auch die öffentlichrechtlichen Bestimmungen über internationales Privatrecht, welche aus der angezogenen Gesetzgebung zur Anwendung gelangen.

Es bestünde nur etwa die Möglichkeit, den Gedanken, von welchem der Verwaltungsgerichtshof ausgeht, so umzuformen: die Zwangsvorschriften, welche der Gesamtstaat für die religiöse Erziehung gibt, sind nicht erschöpfend und können demgemäß durch solche der örtlichen Rechtsquellen noch ergänzt werden. Das würde freilich staatsrechtlich und internationalrechtlich eine wesentliche Verschiedenheit bedeuten: die Zwangsvorschriften des örtlichen Rechts kommen dann nicht deshalb zur Anwendung, weil sie einer Rechtsquelle angehören, die der Gesamtstaat für zivilrechtlich maßgebend erklärt, sondern sie gelten von sich aus und vermöge derjenigen Unterwerfungsgründe, welche zur räumlichen Geltung eines öffentlichrechtlichen, nicht eines privatrechtlichen Rechtssatzes führen. Doch auch diese Umdeutung des ursprünglichen Gedankens scheint mir mit der Absicht der bayerischen Verfassung nicht vereinbar; die Frage, ob Zwangsvorschriften Platz greifen, ist von der Verfassung erschöpfend beantwortet und kann nicht noch einmal einer zweiten Lösung unterstellt werden.

Vollständige Erziehungsfreiheit.

4. Nicht viel anders als in den vorstehend erörterten Fällen aber liegen die Dinge da, wo ein Staat die Entscheidung über die Glaubenszugehörigkeit völlig freigibt, in Frankreich, England, Italien, den Niederlanden, in den Vereinigten Staaten von Nordamerika, aber auch in einer Anzahl deutscher Rechtsgebiete wie Hamburg, Bremen, Elsaß-Lothringen. Auch diese Staaten alle stehen unmittelbar oder mittelbar unter den Nachwirkungen vergangener Zeiten, in welchen eine solche Freiheit der Bekenntnisbestimmung nicht gegeben war, sie haben die freie Wahl nicht zufällig, losgelöst von

aller geschichtlichen Tradition, gewährt, sondern in bewußter Verneinung eines Zwanges, der einstmals auch für sie bestand. Und darum kann auch hier die Freiheit der Bekenntnisbestimmung zu einem selbständigen Rechtssatz des öffentlichen Rechts verdichtet sein. Beweis Art. 49 der Bundesverfassung der Schweiz: „Niemand darf zur Teilnahme an einer Religionsgenossenschaft oder an einem religiösen Unterricht oder zur Vornahme einer religiösen Handlung gezwungen werden. Über die religiöse Erziehung der Kinder verfügt der Inhaber der väterlichen oder vormundschaftlichen Gewalt." Wo aber ein solcher Rechtssatz zu selbständiger Ausprägung nicht gelangt ist, da erklärt sich der Staat an der Bekenntniswahl unbeteiligt, sie bleibt ihm (vgl. oben S. 386) ein außerrechtlicher Vorgang.

Nun ist es freilich ein Kind, dessen Bekenntnis in Frage steht; seine Handlungen leitet ein Erzieher, und da die Erziehungsgewalt ein Gegenstand privatrechtlicher Ordnung ist, so gerät die Bekenntnisbestimmung in Verbindung mit dem ganzen Komplex rechtlicher Normen über privatrechtliche Erziehungsgewalt, die ihr an sich wesensfremd sind. Privatrecht bestimmt nunmehr, wer der Erzieher ist, der über das Bekenntnis zu entscheiden hat, und wie er von seiner Freiheit Gebrauch machen kann. Daß er ungehemmt von staatskirchenrechtlichen Vorschriften entscheiden kann, ist auch hier eine Vorfrage, die — öffentlichrechtlich oder außerrechtlich — gelöst sein muß.

Von seiten des Privatrechts betrachtet erstreckt sich freilich die Erziehungsgewalt in Staaten dieser Art auch auf die Bekenntnisbestimmung, und es dürfte dabei eine Verschiedenheit bestehen gegenüber Gesetzgebungen, die eine solche Freiheit nur für gewisse Fälle im Rahmen einer Zwangsordnung des Bekenntnisses einräumen. Man wird den privatrechtlichen Inhalt der Erziehungsbefugnisse hier nicht als die bloße Folge der Stellung ansehen dürfen, die der Staat zu der öffentlichrechtlichen oder außerrechtlichen Ordnung des Bekenntnisstandes einnimmt; der Staat tritt an die privatrechtliche Regelung der Familiengewalt als einen selbständigen Gegenstand staatlicher Fürsorge heran, und wenn diese Familiengewalt auch die Bekenntnisbestimmung umfaßt, so besitzt das selbständige privatrechtliche Bedeutung.

Wird nunmehr auf die örtlichen Grenzen eingegangen, welche der staatlichen Einflußnahme in Sachen der religiösen Erziehung gezogen sind, so müssen Rechtsordnungen, welche die Freiheit des Erziehungsberechtigten beschränken, und solche, welche die religiöse Erziehung freigeben, dabei gesondert behandelt werden. Und es bedarf auch das Verhältnis, in dem die Vorschriften über religiöse Erziehung und diejenigen über den Austritt zueinander stehen, der Feststellung.

§ 37. 2. Bekenntniszwang.

1. Ausdrückliche Zuständigkeitsvorschriften. — 2. Gesetze und Behörden. — 3. Persönliche oder räumliche Begrenzung. — 4. Die maßgebende räumliche Anknüpfung. — 5. Die entscheidende persönliche Beziehung. — 6. Anwendung ausländischen Rechts. — 7. Statutenwechsel. — 8. Dispensationen, Verträge, Erklärungen im besondern. — 9. Konflikte.

Ausdrückliche Zuständigkeitsvorschriften.

1. Die erste Sorge ist natürlich auch hier, festzustellen, wieweit der Sachverhalt etwa einer ausdrücklichen gesetzlichen Regelung unterstellt ist. Die Ausbeute allerdings ist spärlich. Eine umfassende Regelung enthielt § 2 des sog. Toleranzantrags, der dem deutschen Reichstag am 23. November 1900 vorgelegt wurde: „In Ermangelung einer Vereinbarung der Eltern sind für die religiöse Erziehung eines Kindes die landesrechtlichen Vorschriften desjenigen Bundesstaats maßgebend, in dessen Bezirk der Mann bei Eingehung der Ehe seinen Wohnsitz hatte.“ Doch haben die Antragsteller diesen Vorschlag in der Folge fallen lassen, um an Stelle der Landesgesetze einheitlich für ganz Deutschland das Erziehungsrecht des BGB. der konfessionellen Bestimmung zugrunde zu legen, und eine Wiederaufnahme des Antrags von anderer Seite blieb ohne Erfolg.[1])

Im Königreich Sachsen und in Braunschweig finden sich Gesetzesbestimmungen für den besonderen Fall eines Wohnsitzwechsels, der die Eltern nach Abschluß ihrer Ehe in das Land führt. Das sächsische Gesetz vom 1. November 1836 § 9^{IV} verordnet nämlich: „Bei Eltern, welche sich erst künftig in das Königreich Sachsen wenden, wird dasjenige zur Anwendung gebracht, welches die gesetzliche Verfassung des Landes, wo die Ehe geschlossen worden, hierüber mit sich bringt, dafern sie nicht nach den Bestimmungen dieses Gesetzes (§§ 7 und 8) ein anderes unter sich festsetzen.“ Ganz ähnlich verlangte ein braunschweigisches Gesetz vom 10. Mai 1867 von zuziehenden Eheleuten eine Erklärung, „wie es bezüglich der religiösen Erziehung der Kinder, welche sie besitzen, nach den Gesetzen des Landes, in welchem ihre Ehe geschlossen wurde, zu halten ist“, eine Vorschrift, die seither ersetzt worden ist durch § 5 des Gesetzes vom 29. Dezember 1902: „Wenn Eheleute verschiedenen Bekenntnisses oder aus einer gemischten Ehe nachgebliebene Witwer oder Witwen, welche Kinder unter 14 Jahren besitzen, im hiesigen Land ihren Wohnsitz nehmen, so sind für die Erziehung ihrer Kinder, und zwar sowohl derer, welche schon vorhanden sind, als auch

[1]) Fr. Heiner, Der sog. Toleranzantrag (Archiv für katholisches Kirchenrecht 82 und 84) 1, 152, 153, 682, 829. Einheitliches Recht auch nach den Anträgen vom 3. XII. 1903, 30. XI. 1905, 20. II. 1907. Doch ist eine Abgrenzung der Geltung des deutschen gegenüber außerdeutschen Rechten auch bei dem veränderten Standpunkt der Antragsteller erforderlich geblieben.

derer, welche etwa noch aus bestehender Ehe hervorgehen, die Gesetze desjenigen Landes maßgebend, in dem die Eheleute ihren ersten Ehewohnsitz haben." Man wird unbedenklich annehmen dürfen, daß die sächsische und die frühere braunschweigische Bestimmung die Gesetze des Eheschließungsorts für den Fall eines Wohnsitzwechsels deshalb als maßgebend erklärt haben, weil sie dies Recht auch unabhängig von einem Wohnsitzwechsel für anwendbar gehalten hatten. Indessen die Praxis dieser Länder (über das neuere braunschweigische Gesetz sind Erfahrungen noch nicht bekannt worden) hat diese Folgerung nicht gezogen, sondern, von dem gesetzlich geregelten Sonderfall abgesehen, völlig andere Grundsätze zur Anwendung gebracht.

Erwähnung mag hier auch § 2 des norwegischen Grundgesetzes finden: „Die Einwohner, welche sich zur evangelisch-lutherischen Religion bekennen, sind verpflichtet, ihre Kinder in derselben zu erziehen." [2])

Mangeln nun aber gesetzliche Anordnungen, so ist auch hier die Auslegung berufen, der staatlichen Tätigkeit nach der Eigenart des Sachverhalts, in den sie eingreifen soll, die Grenzen zu ziehen.

Gesetze und Behörden.

2. Wie überall im Bereich staatlicher Rechtsordnung und insbesondere im Umkreis des öffentlichen Rechts gilt es, zunächst den zuständigen Staat, nicht die anwendbaren Gesetze aufzusuchen. Erst muß der Staat festgestellt sein, der berufen ist, ein Interesse wahrzunehmen, und dann erst kommt in Frage, wieweit er Gesetze bereitstellt, dem von ihm anerkannten Interesse feste Grenzen zu geben. Hat ein Staat aber ein Interesse, dem er Beachtung schenkt, als unmittelbare Staatsangelegenheit erklärt und in das öffentliche Recht erhoben, so müssen auch Behörden vorhanden sein — Verwaltungsbehörden oder auch Organe der freiwilligen Gerichtsbarkeit — welche sich mit der Besorgung dieser Staatsangelegenheit befassen. Und damit ergibt sich auch für den Bereich der Zwangsvorschriften über religiöse Kindererziehung der Gegensatz der im Verhältnis von Staat zu Staat zuständigen Behörden und des im Verhältnis von Staat zu Staat anwendbaren Rechts. Der Unterschied der beiden Fragen ist schon von Schmidt[3]) berührt worden, und es ist insbesondere die Rechtsprechung des bayerischen Verwaltungsgerichtshofs, welche bei Streitigkeiten über religiöse Erziehung sorgfältig unterscheidet, ob die räumlichen Beziehungen des Falls eine Zu-

---

[2]) Die Verfassung unterscheidet *Indvaanere* und *Borgere*. Vgl. über diesen Unterschied allerdings auch T. H. Aschehoug, Das Staatsrecht der vereinigten Königreiche Schweden und Norwegen (1886) 120 f.

[3]) A. a. O. 441 f.

ständigkeit der bayerischen Behörden, und ob sie eine Anwendbarkeit der bayerischen Gesetze begründen.[4])

Aber die Zuständigkeit der Behörden eines Staats und die Anwendung seiner Gesetze über religiöse Erziehung sind gleichmäßig ein Ausfluß des Umstands, daß ein Staat unter bestimmten örtlichen Voraussetzungen auf das Bekenntnis eines Kindes seine Hand legt. Und beide werden darum regelmäßig parallel gehen, wie dies denn auch Schmidt und die bayerische Rechtsprechung annehmen. Es ist nutzlos und widerspricht allem Brauch, wenn der Staat seine Behörden eingreifen läßt in öffentlichrechtliche Verhältnisse, die nicht ihm gegenüber, sondern im Verhältnis zu einem andern Staat bestehen. Und es bedeutet eine empfindliche Lücke, wenn eine öffentlichrechtliche Verbindlichkeit gegenüber einem Staat begründet ist, aber es mangeln die Behörden in diesem Staat, die Erfüllung der Verbindlichkeit unter ihre Aufsicht zu nehmen.

Immerhin zeigt die Praxis auch solche Erscheinungen. In Österreich haben sich die Verwaltungsbehörden für berechtigt und verpflichtet gehalten, auch ausländische Kinder der Konfession zuzuführen, der sie nach Gesetz angehören, materiellrechtlich aber wenden sie die österreichischen Vorschriften nur auf Inländer an. Eine Frau sächsischer Staatsangehörigkeit wohnt in Innsbruck, ihr evangelisches Kind ist auf Wunsch der Mutter zum Katholizismus übergetreten; der Verwaltungsgerichtshof erklärt diesen Übertritt in einem Erkenntnis vom 13. Februar 1891[5]) für nichtig, wiewohl er nach österreichischem Recht statthaft gewesen wäre, da ihn das sächsische Recht im gegebenen Fall nicht zulasse. Der Zweifel, ob denn die österreichischen Behörden überhaupt einzuschreiten hätten, wo das österreichische Verwaltungsrecht sich an einem Fall für unbeteiligt erklärt, scheint nicht erwogen worden zu sein. Indessen hat sich ein neuerer Ministerialerlaß[6]) hier auf einen abweichenden Standpunkt gestellt; die österreichischen Vorschriften über Bekenntnisbestimmung gälten nur für österreichische Staatsbürger, und es seien demgemäß die politischen Behörden nicht berufen, über die Religionsangehörigkeit von Ausländern zu entscheiden.

In Preußen ist die Zuständigkeitsfrage bei Anordnungen über religiöse Erziehung wiederholt Gegenstand gerichtlicher Erwägung gewesen. Beschlüsse des Kammergerichts vom 29. Juli 1898 und 18. Januar 1906[7]) verneinen diese Zuständigkeit in sorgfältigen Aus-

[4]) Entscheidungen vom 18. IV. 1884; 27. V. 1887; 19. VI. 1889; 23. X. 1889; 21. I. 1891; 17. III. 1897 Sammlung 5, 179; 9, 19; 11, 433 und 17; 12, 449; 18, 227.

[5]) Erkenntnisse 15, 147 n. 5748.

[6]) Vom 9. I. 1902 Österreichische Zeitschrift für Verwaltung (1902) 35, 100, entgegen den Vorinstanzen.

[7]) Zeitschrift 10, 54; 16, 304.

führungen, aber freilich nur darum, weil nach Lage des Falls jeweils die Zuständigkeit zur Errichtung einer Vormundschaft in Preußen mangelte, ausgehend von der unseres Erachtens mißverständlichen Auffassung, als handle es sich bei der polizeilichen Überwachung des Glaubensbekenntnisses durch die Vormundschaftsgerichte um eine Aufgabe, welche diesen Behörden im Rahmen ihrer durch das Zivilrecht veranlaßten Tätigkeit zukomme. Und wenn nur eine Zuständigkeit zur Vormundschaftsführung in Preußen begründet ist, dann schreiten die Behörden dort auch auf Grund ausländischer Gesetze über religiöse Erziehung, auch zur Durchsetzung von Zwangsvorschriften dieser Gesetze ein, ohne ihre Zuständigkeit hiezu weiter in Bedenken zu ziehen.

Persönliche oder räumliche Begrenzung.

3. Die Scheidung von Recht und Zuständigkeit kann für das folgende beruhen bleiben. Die Nachforschungen gelten schlechtweg dem zuständigen Staat, soweit nicht unter besonderen Voraussetzungen des anzuwendenden Rechts besonders zu gedenken ist. An die Spitze aber tritt nunmehr die Frage, ob den Staaten bei der Ausübung der Religionspolizei über Kinder eine personale oder eine territoriale Herrschaft zugeteilt werden soll. Das Material, welches die Praxis hierüber zutage gefördert hat, ist wenigstens für einige Staaten außerordentlich reichhaltig, und es wird zweckmäßig sein, den tatsächlich bestehenden Rechtszustand für die wichtigeren Staaten gesondert zu verfolgen.

Von den preußischen Gerichten wird die religiöse Kindererziehung einhellig als eine Angelegenheit des Privatrechts betrachtet, und das anzuwendende Gesetz demgemäß dem Personalstatut entnommen. Das Personalstatut selbst allerdings wurde bis zum Inkrafttreten des BGB., in verschiedenen Teilen Preußens verschieden, bald durch die Staatsangehörigkeit, bald durch den Wohnsitz bezeichnet, und so hat man auch für die religiöse Erziehung in Rheinpreußen das Recht des Heimatstaats der Familie zugrunde gelegt,[8]) im Bereich der Kollisionsnormen des Preußischen Landrechts und des gemeinen Rechts aber regelmäßig die Gesetze des Wohnorts zum Ausgangspunkt genommen.[9]) Immerhin fehlt es selbst hier nicht an gelegent-

[8]) Kammergericht 29. VII. 1898 Zeitschrift 10, 54.

[9]) Oberlandesgericht Frankfurt 10. XII. 1883 bei Schmidt 452; 18. X. 1894 Jahrbuch für Entscheidungen des Kammergerichts 14, 434; Kammergericht 23. XI. 1905 und 5. IV. 1906 Zeitschrift 16, 312 und 320. Vgl. auch die Regierungen Liegnitz und Frankfurt a. O. bei Schmidt 448[a]. Die beiden letztgenannten Beschlüsse des Kammergerichts sprechen hier wenig geeignet von einer Geltung des „Territorialitätsprinzips“ nach dem früheren Recht Preußens, da doch Wohnsitzrecht in seiner Eigenschaft als Personalstatut zur Anwendung gelangen sollte.

licher Anwendung der heimatlichen Gesetze,[10]) und seit dem 1. Januar 1900 verweist die Rechtsprechung übereinstimmend auf Art. 19 des Einführungsgesetzes zum BGB., wonach das Rechtsverhältnis zwischen den Eltern und ehelichen Kindern den Gesetzen des Staats unterworfen sei, dem der Erziehungsberechtigte angehört.[11]) Auch Noelle,[12]) Gordan-Lehmann-Niese[13]), Schmitz[14]) haben sich dem seither angeschlossen. In der Begründung allerdings, welche für die Anwendung dieser Gesetze geltend gemacht wird, fehlt es nicht an leisen Schwankungen. Ein Beschluß des Oberlandesgerichts Frankfurt vom 18. Oktober 1894 erklärt: „die Rechtsnormen über die Erziehung minderjähriger Kinder nach dem Tode des Vaters sind ein Teil des Vormundschaftsrechts. Ist eine Vormundschaft an einem Orte nach den Gesetzen dieses Orts zu Recht eingeleitet, so ergreift das daselbst geltende Vormundschaftsrecht die gesamten Rechtsbeziehungen des Mündels“ und damit auch dessen religiöse Erziehung. Die Rücksicht auf die Führung der Obervormundschaft im Land soll es also sein, welche die inländischen Gesetze über religiöse Erziehung zur Geltung gelangen läßt. Das Kammergericht dagegen betont die Stellung des Erziehungsberechtigten und erklärt demgemäß in einer Reihe von Beschlüssen[15]) das preußische Recht auf ausländische Familien für unanwendbar, auch wenn über die Kinder eine Vormundschaft in Preußen geführt wurde.

Ganz anders in Bayern. Zwar hatte die ältere Ministerialpraxis auch hier an der Geltung der zweiten Verfassungsbeilage für Inländer und nur für diese festgehalten,[16]) der Verwaltungsgerichtshof indessen hat, seitdem er die Rechtsprechung über religiöse Kindererziehung an sich genommen, seinen Entscheidungen gleichmäßig ein „Terri-

[10]) Regierung Merseburg 3. X. 1860 bei Schmidt 448[3]; Landgericht Hildesheim 6. XII. 1888, ebenda 61[3].

[11]) Kammergericht 26. VII. 1904, 18. I. 1906, 5. IV. 1906, vgl. auch 23. XI. 1905 Zeitschrift 15, 325; 16, 304 312 320.

[12]) A. a. O. (zit. oben S. 238 Anm. 33) 115 f.

[13]) A. a. O. (oben S. 237 Anm. 29) 147.

[14]) A. a. O. (oben S. 237 Anm. 31) 4. Aufl. 177. Die 3. Auflage 125, 139 hatte im Anschluß an einen gleich zu erwähnenden Frankfurter Beschluß auch bei Ausländern das inländische Recht für maßgebend erklärt, wenn im Inland über das Kind eine Vormundschaft geführt werde. Einem weiteren Vorbehalt, der hier wie auch bei Noelle zugunsten zwingender Vorschriften des Inlands gemacht war, des landrechtlichen Verbots von Erziehungsverträgen beispielsweise, halten Gordan-Lehmann-Niese entgegen, daß eine solche Abweichung nur möglich sei, wenn das heimatliche Gesetz gegen die guten Sitten verstoße.

[15]) 29. VII. 1898; 26. VII. 1904; 18. I. 1906; 5. IV. 1906.

[16]) Entschließungen des Ministeriums des Innern vom 20. I. 1843, des Ministeriums des Innern für Kirchen- und Schulangelegenheiten vom 29. X. 1857 und 17. II. 1871 bei Günther (zit. oben S. 391 Anm. 4) 1, 29 31 32.

torialprinzip“ zugrunde gelegt.[17]) Die erste dieser Entscheidungen argumentiert noch etwas zaghaft: es handle sich bei der Bestimmung der religiösen Erziehung durch die Eltern nicht um ein politisches oder staatsbürgerliches, sondern um ein Privatrecht der Eltern, die bayerische Verfassung aber stelle Fremde und Bayern für das Privatrecht grundsätzlich gleich, für die Angehörigen des Deutschen Reiches werde diese Gleichberechtigung auch durch Art. 3 der Reichsverfassung vorgeschrieben; und überdies hätten die Vorschriften der bayerischen Verfassung über Religionsübung nach den Worten der Verfassungsurkunde und des Religionsedikts für alle „Einwohner“ des Königreichs zu gelten. Gleich die nächste der angeführten Entscheidungen aber erklärt ohne Umschweif: „mit der Wohnsitznahme einer Person in einem fremden Staatsgebiet tritt dieselbe vermöge des Prinzips der Territorialgewalt in die Rechtssphäre des betreffenden Staats ein, nimmt abgesehen von besonderen staatsbürgerlichen Verhältnissen an der Gemeinschaft der dortigen öffentlichen Rechtsordnung Anteil“ — woneben allerdings auch die beiden anderen Beweisgründe von der fremdenrechtlichen Gleichstellung der Inländer und Ausländer und von dem Wortlaut der Verfassungsbestimmungen sich gelegentlich wiederholen. Die bayerische Literatur hat sich dieser Rechtsprechung vorbehaltslos angeschlossen;[18]) v. Seydel bringt die Abgrenzung mit der Gebietshoheit in Verbindung, und Oertmann fügt bei, daß daran auch durch die Einführung des Staatsangehörigkeitsprinzips in das internationale Privatrecht des BGB. nichts geändert worden sei, denn für die dem Landesrecht vorbehaltenen Materien dürften auch selbständige Kollisionsnormen aufgestellt werden.

Erklärt sich der Unterschied der preußischen und der bayerischen Rechtsprechung aus dem Umstand, daß der polizeiliche Charakter solcher Zwangsvorschriften über das Bekenntnis der Kinder in Preußen mehr verschleiert, in Bayern unverhüllt zutage tritt, so versagt diese Erklärung gegenüber der Rechtsanwendung im Königreich Sachsen, dessen Gesetze den polizeilichen Charakter gleichfalls nachdrücklich aufgeprägt besitzen und dennoch von der Praxis personal angewendet werden. Das sächsische Recht gilt für sächsische Staatsangehörige,

[17]) Entscheidungen vom 18. IV. 1884, 27. V. 1887 (abweichend hier noch die erste Instanz), 19. VI. 1889, 21. I. 1891, 17. III. 1897 Sammlung 5, 179; 9, 19; 11, 433; 12, 449; 18, 227. Ebenso eine nicht veröffentlichte Entscheidung vom 11. IV. 1894.

[18]) v. Seydel, Staatsrecht[2] 3, 501[28]; W. Krais, Handbuch der inneren Verwaltung im diesrheinischen Bayern[4] (1898) 1, 368; A. Reger-A. Dyroff, Bayerisches Verwaltungsgerichtsgesetz[3] (1902) 181; P. Oertmann, Bayerisches Landesprivatrecht (1903) 597; Scherber (zit. oben S. 391 Anm. 8) 60 u. a. Vgl. auch Dyroff, Verwaltungsgerichtsgesetz[4] (1908) 213 f., der nunmehr den Ergebnissen der gegenwärtigen Untersuchung erfreulicherweise fast durchweg zustimmt.

auch dann, wenn sie ihren Wohnsitz im Ausland haben.[19]) Auf Ausländer aber gelangen die sächsischen Vorschriften regelmäßig nicht zur Anwendung[20]) — nach Kloß[21]), weil sie als Durchbrechung der verfassungsmäßig gewährleisteten Gewissensfreiheit engste Auslegung zu finden hätten. Ja selbst die Vorschrift über Wohnsitzwechsel, die oben mitgeteilt wurde, wonach bei einer im Lauf der Ehe erfolgenden Verlegung des Wohnsitzes nach Sachsen die Gesetze des Eheschließungsorts maßgebend sein sollten, wird schlecht und recht diesem Personalsystem einverleibt. Die Vorschrift soll nicht Anwendung finden auf Sachsen, die ihren ersten Ehewohnsitz in der Fremde hatten und sich später im Königreich niederlassen, denn für Sachsen gilt von Anfang an sächsisches Recht.[22]) Sie soll nach manchen Entscheidungen aber auch nicht gelten für Ausländer, die im Lauf ihrer Ehe in Sachsen Wohnsitz nehmen und dabei Ausländer bleiben,[23]) während in anderen Fällen gleicher Art jener § 9 allerdings zur Anwendung gebracht wurde,[24]) und es verbleibt so als unbestrittenes Anwendungsgebiet der Bestimmung nur der Fall, daß ein Ausländer, vordem mit seiner Familie auswärts wohnhaft, bei seiner Niederlassung in Sachsen die sächsische Staatsangehörigkeit erwirbt.

Der Rechtszustand in Württemberg und einigen anderen Ländern kann erst unten § 38 behandelt werden. Für Baden verweisen

[19]) Für sächsische Staatsangehörige, die ihren ersten Ehewohnsitz außer Landes haben und später nach Sachsen ziehen, vgl. unten Anm. 24. Für sächsische Staatsangehörige, die ihren Wohnsitz später außer Landes nehmen, Kreisdirektion Budissin bei Schmidt 448[3]. Dagegen sieht auf den Aufenthaltsort der Person eine Entscheidung der Kreisdirektion Leipzig vom 29. IV. 1868, Schmidt 311[2].

[20]) Note des sächsischen Ministeriums des Äußern vom 13. I. 1890, mitgeteilt in der oben Anm. 5 angeführten Entscheidung des österreichischen Verwaltungsgerichtshofs; Stadtrat Dresden 14. XI. 1887, Erlaß des Kultusministeriums vom 26. VI. 1888, Kreisdirektion Leipzig (Kultusministerium) 25. XI. 1870 bei Schmidt 444[3], 310[2], 311[1]. Weitere Entscheidungen unten Anm. 23. Eine Verfügung der Kreisdirektion Leipzig vom 16. VII. 1869, Schmidt 328[3], verweist auf den Wohnsitz außer Landes.

[21]) Sächsisches Landesprivatrecht 299.

[22]) Kreisdirektion Leipzig 29. VI. 1874 (Kultusministerium), Erlasse des Kultusministeriums 11. VII. 1884, 6. II. 1885, 8. II. 1889, Stadtrat Dresden 22. VII. 1887 bei Schmidt 323[2], 325[1], 359[5], 359[3], 320[2].

[23]) Erlaß des Kultusministeriums vom 2. VIII. 1877, Schmidt 330[3]; wohl auch Kultusministerium 28. IV. 1873, 13. V. 1876, 4. IV. 1887, Kreisdirektion Leipzig 26. IX. 1873, Stadtrat Dresden 11. VI. 1879 und 3. XII. 1888 bei Schmidt 330[2], 330[1], 329[1], 328[4], 328[5], 329[2]. Hieher vermutlich auch Kreisdirektion Leipzig 27. IV. 1886, Schmidt 320[3].

[24]) Drei Verfügungen der Kreisdirektion Leipzig vom 22. V. 1867, eine solche vom 17. IX. 1869, Schmidt 326[3], 327[4], 328[3], 327[3]. Übereinstimmend wohl auch Verfügungen derselben Behörde vom 22. I. 1858, 16. XII. 1862, 20. V. 1865 bei Schmidt 326[2], 327[1], 326[1].

Dorner und Seng[25]) auf Art. 19, 20 des Einführungsgesetzes zum BGB. In Sachsen-Weimar erklärt ein Schreiben des Staatsministeriums vom 26. September 1889[26]) das Recht des ersten Ehewohnsitzes für verbindlich, soweit nicht zwingende Gesetze von Sachsen-Weimar entgegenstehen. Ein mecklenburg-schwerinsches Amtsgericht[27]) wendet mecklenburgisches Recht auf Inländer an, auch wenn sie im Ausland ihren Wohnsitz haben. In Braunschweig schließlich hat man die früher erwähnte Vorschrift des Gesetzes von 1867, welche zuziehenden Eheleuten das Recht des Eheschließungsorts vorbehält, so wenig verallgemeinert wie in Sachsen, vielmehr genau wie dort die Bestimmung selbst in ein abweichendes System aufgenommen und sie mehrfach nicht angewandt, wo die Zuziehenden Ausländer waren und auch bei der Niederlassung in Braunschweig geblieben sind.[28]) In anderen Fällen allerdings hat man die in jenem § 11 vorgeschriebene Erklärung auch von Ausländern verlangt oder doch entgegengenommen, die im Land ihren Wohnsitz nehmen,[29]) Ausländer im Land auch sonst der Herrschaft des Wohnsitzes unterworfen,[30]) und es hat das neue Gesetz von 1902 — aus einer Zeit, in der für das Reich privatrechtlich die Staatsangehörigkeit zur Ordnung der persönlichen Angelegenheiten berufen worden war — bei einer Niederlassung im Land nach Abschluß der Ehe das Recht des ersten Ehewohnsitzes für maßgebend erklärt.

Eingehendere Mitteilungen über die Rechtsanwendung stehen auch für Österreich zu Gebote. Zunächst hat hier Kirchlehner[31]) den Geltungsbereich des Gesetzes vom 25. Mai 1868, dessen erster Abschnitt die religiöse Erziehung ordnet, in Erörterung gezogen und sich für dessen Anwendbarkeit auch auf Ausländer ausgesprochen. Wenn die Überschrift des Gesetzes nur von den interkonfessionellen Verhältnissen der „Staatsbürger“ spreche, so sei das nicht im Sinn einer Beschränkung auf die Staatsangehörigen gemeint; auch das Staatsgrundgesetz erkläre persönliche Freiheit und Hausrecht als Rechte der Staatsbürger, und doch gelten diese Gesetze auch zu-

---

[25]) Dorner, Badisches Ausführungsgesetz zum BGB. 16; Dorner-Seng, Badisches Landesprivatrecht 659.

[26]) Schmidt 423.

[27]) Zwei Schreiben von 1888, Schmidt 456[2].

[28]) Herzogliches Konsistorium 13. III. 1869, Stadtmagistrat Holzminden in Fällen von 1870 und 1888 bei Schmidt 426[1], 427.

[29]) Zwei Erlasse des Konsistoriums vom 7. I. 1888 Schmidt 431[3 und 6] (bei einem dritten Erlaß vom gleichen Tage Schmidt 431[2] ist die Staatsangehörigkeit nicht mitgeteilt); ein Fall in Holzminden 1869 Schmidt 427.

[30]) Der zweite der angeführten Erlasse des Konsistoriums vom 7. I. 1888 (Schmidt 431[5]) verlangt von einem Sachsen in Holzminden, Dispensation von den gesetzlichen Bestimmungen in Braunschweig nachzusuchen, ohne allerdings auf seinem Verlangen zu bestehen. Vgl. über den Fall unten Z. 8.

[31]) Österreichische Zeitschrift für Verwaltung (1878) 11, 141 f.

gunsten der Ausländer. Eine Verbindlichkeit des Gesetzes von 1868 für Ausländer stehe jedenfalls bei den späteren Abschnitten, den Bestimmungen über Gottesdienst, Seelsorge, Begräbnisse, Feiertage außer Zweifel, für den zweiten Abschnitt des Gesetzes, Übertritt zu einem andern Bekenntnis, werde in einer Ministerialverordnung von 1869 die Zuständigkeit ausdrücklich für unabhängig erklärt von der Staatsangehörigkeit der Beteiligten. Auch andere Gesetze wie dasjenige über die Verhältnisse der katholischen Kirche von 1874 § 35 stellen auf den Wohnsitz ab, und es habe denn auch die Praxis das Gesetz von 1868 schon mehrfach auf die religiöse Erziehung von Kindern ausländischer Familien angewendet. Verfasser nennt den nicht näher mitgeteilten Bescheid einer Statthalterei und eine Entscheidung des Kultusministeriums vom 7. Juni 1877: ein Ausländer hatte sich für konfessionslos erklärt und beanspruchte gleichen Bekenntnisstand für seine Kinder; die Unterinstanzen hatten einer solchen Bekenntnisfolge auf Grund österreichischen Rechts die Anerkennung verweigert, und das Ministerium nahm von einer gleichen Maßregel nur deshalb Abstand, weil der Austritt aus dem früheren Bekenntnis noch vor der Niederlassung der Familie in Österreich erfolgt war. Auch Vesque von Püttlingen erklärt in seinem Handbuch des internationalen Privatrechts S. 164 die konfessionellen Gesetze Österreichs, auch die Vorschriften über die Bestimmung der Religion des Kinds durch die Eltern, für anwendbar auf Inländer und Ausländer, schreibt aber freilich S. 246 hinsichtlich der religiösen Erziehung das Gegenteil, da die Handlungsfähigkeit des Vaters nach den Gesetzen seines Heimatlands zu beurteilen sei.[32]) Wo nun aber die Praxis sich mit der Geltung dieser Vorschriften für Ausländer ex professo zu befassen hatte, hat sie in der Folge einen abweichenden Standpunkt eingenommen. In Wien wohnende Preußen jüdischen Glaubens wollten ihre Kinder taufen lassen: eine Entscheidung des Kultusministeriums vom 31. März 1881 erklärt dies gegen die Meinung der Vorinstanzen für statthaft, wiewohl es nach österreichischem Recht nicht zulässig sei; es handle sich hier um einen Ausfluß der „persönlichen Fähigkeit“ der Eltern, die nach § 37 BGB. dem heimatlichen Recht unterstehe.[33]) Ebenso hat in einem schon oben

[32]) Für Ungarn soll nach S. 247 ebenda dasselbe gelten, „insofern ... nicht etwa das kirchliche Recht apodiktische Vorschriften den in Ungarn für mehrere Glaubensgenossenschaften bestehenden kirchlichen Gerichten vorschreiben sollte, welche Vorschriften dann auch auf Ausländer angewendet werden müßten“. Durch die Eherechtsreform des Jahres 1894 ist dieser ganze Rechtszustand in Ungarn geändert worden.

[33]) Journal 8, 236. Entsprechend dem Ort der Veröffentlichung ist die Entscheidung weiteren Kreisen bekannt worden und wird gebilligt von v. Bar, Theorie und Praxis 1, 533[4], da es sich um einen Ausfluß des elterlichen Rechts handle; von Fiore-Antoine, Droit international privé 2, 129, weil bei Aus-

Anm. 2 erwähnten Erkenntnis vom 13. Februar 1891 der österreichische Verwaltungsgerichtshof entschieden (in Übereinstimmung mit dem Kultusministerium, aber wiederum gegen die Vorinstanzen): „Das religiöse Bekenntnis zählt zu jenen Qualitäten einer Person, welche, soweit es sich um das weltliche Rechtsgebiet handelt, sowohl in privat- als in staatsrechtlicher Beziehung für die Rechtsfähigkeit der einzelnen Person von Bedeutung sind. In den Bereich der staatlichen Gesetzgebung erscheint . . das Religionsbekenntnis nur . . zu dem Zweck einbezogen, um das Rechtsverhältnis der einzelnen Religionsgesellschaften zum Staat und gegeneinander abzugrenzen. Dieser Bedeutung des Religionsbekenntnisses entspricht es, wenn die Entscheidung konkreter Fälle nach dem Prinzip der Staatsangehörigkeit erfolgt, welches in den §§ 4 und 34 BGB. seine Anerkennung gefunden hat"; überdies sei das Gesetz vom 25. Mai 1868 nur zur Regelung der interkonfessionellen Verhältnisse der „Staatsbürger" erlassen, und außerdem werde — es handelte sich im gegebenen Fall um sächsische Staatsangehörige — den Österreichern in Sachsen Gegenseitigkeit gewährt. Auch ein Ministerialerlaß vom 9. Januar 1902[34]) hat sich für die personale Geltung des interkonfessionellen Gesetzes ausgesprochen.

Endlich die Literatur, die sich unabhängig von einer bestimmten Rechtsordnung äußert. Was zunächst Schmidt angeht, dessen Nachforschungen nicht wenige der vorstehend benützten Materialien zu danken sind, so erklärt dieser Schriftsteller[35]) alle die deutschen Landesgesetze, die von konfessioneller Erziehung handeln, für anwendbar auf Inländer und Ausländer; wenn behauptet werde, daß nach der neuesten Rechtsentwicklung nicht auf den Wohnsitz, sondern auf die Staatsangehörigkeit entscheidendes Gewicht zu legen, so gelte das vielleicht für Rechtsfähigkeit und Handlungsfähigkeit, aber nicht für das Familienrecht, das hier in Frage stehe, und jedenfalls sei die neueste Rechtsentwicklung nicht zu berücksichtigen bei der Auslegung von Gesetzen, die in den ersten Jahrzehnten des 19. Jahrhunderts erlassen worden sind. Auch die beiden anderen Schriftsteller, welche die religiöse Erziehung rechtsvergleichend behandelt haben, Geiger

ländern der Staat nicht eingreifen könne, solange innerhalb der Familie Einverständnis bestehe; von Weiss, Traité théorique et pratique 4, 143, weil derlei Gesetze eine Familienangelegenheit betreffen, denn es gelte dabei nur, ärgerliche Auseinandersetzungen innerhalb der Familie abzuschneiden. Dagegen wird die Entscheidung von D. Protitch, De la puissance paternelle en droit international privé (1892) 86 ff. als prinzipwidrig getadelt, es handle sich hier um die öffentliche Ordnung, und § 140 BGB. bezeichne die Vorschriften über religiöse Erziehung noch ausdrücklich als „politisches", somit als ein (territorial geltendes) Polizeigesetz.

[34]) Vgl. oben S. 416.

[35]) S. 441 ff., 1890 geschrieben.

und Güttler,[36]) erklären — wiewohl inzwischen das Einführungsgesetz zum BGB. in Kraft getreten war — den Wohnsitz, nicht die Staatsangehörigkeit für maßgebend. Geiger beruft sich auf einen entsprechenden Beschluß des Berliner Landgerichts I über den Geltungsbereich der Vorschriften über Austritt aus der Kirche, auf die Rechtsprechung des bayerischen Verwaltungsgerichtshofes, Äußerungen der Literatur, und es folge dies Ergebnis für Angehörige anderer deutscher Bundesstaaten auch aus der Gleichstellung der Reichsangehörigen, welche Art. 3 der Reichsverfassung vorschreibe. Wesentlich dieselben Gründe – unter Heraushebung der Gleichstellung, welche die Reichsverfassung vorsehe — sind für Güttler maßgebend. Ihm zufolge „stimmen Rechtsprechung und Wissenschaft“ in dieser Lösung „überein“. Nach dem Oberlandesgericht Hamburg freilich[37]) „neigt im allgemeinen die gegenwärtige Rechtsanschauung in Deutschland der Auffasung zu, daß für die Frage, welches Recht in bezug auf die religiöse Erziehung von Kindern maßgebend ist, die Staatsangehörigkeit als prinzipiell entscheidend anzusehen ist“.

Unter den Vertretern des internationalen Privatrechts hat v. Bar sich für die Anwendung des Personalstatuts der Eltern ausgesprochen, weil es sich auch bei der Bestimmung des Glaubensbekenntnisses der Kinder um Erziehung handle;[38]) übereinstimmend Böhm.[39]) Auch Weiss[40]) behandelt die religiöse Erziehung als Ausfluß der väterlichen Gewalt und damit als Angelegenheit des Heimatstaats; das sei auch nicht anders bei Zwangsvorschriften wie jener österreichischen, welche bei einer Mischehe die Kinder nach dem Geschlecht teilt, sie bezwecken lediglich, ärgerliche Auseinandersetzungen innerhalb der Familie abzuschneiden, Gewissensfreiheit und öffentliche Ordnung seien dabei nicht im Spiel. Für Fiore[41]) sind diese Dinge als Ausfluß der väterlichen Gewalt zunächst ebenfalls dem Personalstatut unterworfen; indessen wenn der Heimatstaat die Erziehungsfreiheit beschränke wie in Österreich, so handle es sich dabei um politische und Polizeigesetze, welche über die Grenzen dieses Staats nicht hinauswirken könnten, und wenn solche beschränkende Vorschriften im Aufenthaltsstaat bestünden, so ergreifen sie als Polizeigesetze auch den Ausländer; nur freilich, bestehe innerhalb der ausländischen Familie im Inland Übereinstimmung über die Art der religiösen Erziehung, so könne das inländische Recht dem nicht

---

[36]) Geiger a. a. O. 127 ff.; Güttler 57 f.

[37]) Beschluß vom 16. XI. 1908 Zeitschrift 19, 255. Vgl. im übrigen unten S. 453 und 459.

[38]) Theorie und Praxis 1, 533; Lehrbuch 85.

[39]) F. Böhm, Die räumliche Herrschaft der Rechtsnormen (1890) 58.

[40]) Traité théorique et pratique 4, 142 ff.

[41]) Fiore-Antoine, Droit international privé 2, 126 ff. n. 616.

entgegentreten. Schließlich Protitch, der in einer sehr verständigen Pariser Dissertation über die väterliche Gewalt im internationalen Privatrecht auf die Frage zu sprechen kommt:[42]) der Inhalt der Erziehungsgewalt und damit auch die religiöse Erziehung stehen zunächst allerdings unter den heimatlichen Gesetzen; wo immer aber besondere Vorschriften über die religiöse Erziehung erlassen sind, da handelt es sich um Staatskirchenrecht, um politische Gesetze, bestimmt, den religiösen Frieden im Staat aufrechtzuerhalten, und es gelten darum solche Gesetze nicht über die Staatsgrenzen hinaus, ergreifen ihrerseits aber mit Rücksicht auf die öffentliche Ordnung auch Ausländer, die im Land wohnen, ohne daß eine Durchbrechung dieses Satzes gerechtfertigt werden könnte.

So gewähren also Theorie und Praxis in buntem Wechsel den Zwangsvorschriften des Inlands bald personale, bald territoriale Begrenzung. Was aber soll gelten, wenn nach Maßgabe dieser Abgrenzung die Gesetze des Inlands keine Anwendung finden; für Ausländer im Inland insbesondere, wenn das Inlandsrecht nur für die eigenen Staatsangehörigen gilt? Die vorgenannten Schriftsteller, die Praxis in Preußen, zum Teil auch in Österreich formulieren hier anstandslos eine Kollisionsnorm nach Art der im internationalen Zivilrecht üblichen: die religiöse Kindererziehung steht unter Heimatrecht, für Ausländer somit unter ausländischem Recht, und es trägt die Praxis dieser Staaten denn auch kein Bedenken, Zwangsvorschriften der fremden Gesetze im Inland zur Durchführung zu bringen, selbst da, wo das eigene Recht unter den gleichen Voraussetzungen keinen Zwang vorsieht.[43]) Im Königreich Sachsen gilt diese Folgerung mindestens nicht als selbstverständlich. Zeigt eine Musterung des für Sachsen besonders reichhaltigen Materials, daß die Ausländereigenschaft der Beteiligten hier regelmäßig nur dann in Betracht gezogen wird, wenn eine Freiheit von Zwangsvorschriften des sächsischen Rechts begründet werden soll, so gehen eine Anzahl Entscheidungen soweit, auszusprechen, die Beteiligten sind Ausländer und eben deshalb frei von Beschränkungen; nicht Anwendung ausländischen Rechts, sondern Entbindung von jedem staatlichen Zwang in Glaubenssachen soll die Unanwendbarkeit der sächsischen Gesetze zur Folge haben.[44])

---

[42]) A. a. O. 80 ff.

[43]) Vgl. für Österreich oben S. 416; für Preußen Bekanntmachung der Regierung Merseburg 3. X. 1860 bei Schmidt 448[a]; auch die Beschlüsse des Kammergerichts vom 29. VII. 1898, 26. VI. 1904, 18. I. und 5. IV. 1906 Zeitschrift 10, 54; 15, 325; 16, 304 und 320 verweisen ohne Einschränkung auf die Anwendung ausländischen Rechts.

[44]) Kreisdirektion Leipzig nach Entscheid des Kultusministeriums 25. XI. 1870, Erlasse des Kultusministeriums 28. IV. 1873, 13. V. 1876, 2. VIII. 1877 bei Schmidt 311[1], 330[a], 330[1], 330[a]. Vgl. auch Schmidt selbst 325. Mit diesen Schwankungen dürfte es auch zusammenhängen, wenn — Kloß, Sächsisches

Auch ein neuerer österreichischer Ministerialerlaß[45]) scheint von diesem Standpunkt auszugehen.

Eine kritische Stellungnahme nun zu der Frage, ob derlei Vorschriften persönliche oder territoriale Herrschaft zukomme, ist ziemlich gleichbedeutend mit der Entscheidung, ob es sich hier um Privatrecht oder um öffentliches Recht handelt. Es wurde oben versucht, nachzuweisen, daß Zwangsvorschriften über religiöse Erziehung nicht unmittelbar das Rechtsverhältnis zwischen dem Erziehungsberechtigten und Zögling, sondern ein präjudizielles Verhältnis zwischen dem Erziehungsberechtigten (oder Zögling) und dem Staat zum Inhalt haben, daß sie Staatskirchenrecht, nicht Privatrecht bedeuten. Ist das aber richtig, so entfällt die wesentlichste Stütze für eine personale Begrenzung, denn eine Angelegenheit der elterlichen oder vormundschaftlichen Gewalt, wie sie das internationale Zivilrecht dem Heimatstaat zuweist, ist dann nicht mehr in Frage.[46]) Auf dem Boden des öffentlichen Rechts aber kann eine Personalität der Gesetze über religiöse Erziehung nicht wohl vertreten werden. Inländer im Ausland haben an dem kirchlichen Leben des Inlands nicht teil; dabei mangeln dem Staat regelmäßig die Machtmittel, seinen Willen jenseits der Grenzen zur Durchsetzung zu bringen, und er kann nicht darauf zählen, daß das fremde Land von sich aus die Verpflichtung eines Ausländers gegen seinen Heimatstaat erzwänge. Für den Ausländer im Inland aber ergibt sich bei einer personalen An-

---

Landesprivatrecht 304[6] — noch die neueste Ministerialpraxis darüber schwankt, ob bei Ausländern Verträge über religiöse Erziehung anerkannt werden sollen.

[45]) Vgl. oben S. 416.

[46]) Was sonst für eine personale Abgrenzung jener Vorschriften vorgebracht wurde, ist von sehr geringer Erheblichkeit. Man hat versucht, sie deshalb zur Familiensache zu stempeln, weil ihr einziger Zweck sei, Unfrieden in der Familie zu verhüten; und doch verlangen sie Geltung, auch wenn die sämtlichen Familienmitglieder übereinstimmend eine Abweichung vom Gesetz wünschen. Der österreichische Verwaltungsgerichtshof will auf die Staatsangehörigkeit sehen, weil die „Rechtsfähigkeit" auch in staatlicher Beziehung unter den heimatlichen Gesetzen stehe; indessen die Verwechslung von Rechtsfähigkeit und Handlungsfähigkeit bei Seite, daß es eine persönliche Fähigkeit gäbe, die auch im öffentlichen Recht den heimatlichen Gesetzen unterstellt wäre, beruht auf einer Verkennung des öffentlichen Rechts, die anderwärts näher zu erörtern ist. Und wenn das Erkenntnis annimmt, dem Zweck solcher Gesetze, das Rechtsverhältnis der einzelnen Religionsgesellschaften zum Staat und gegeneinander abzugrenzen, entspreche es, wenn die Entscheidung nach dem Prinzip der Staatsangehörigkeit erfolge, so beschränkt sich das auf die Behauptung. Die Feststellung desselben Urteils, daß es sich im gegebenen Fall um den Angehörigen eines Staates handle, der auch seinerseits über religiöse Erziehung nach Staatsangehörigkeit entscheide, ist bedeutungslos. Und der Hinweis auf den Umstand, daß das einschlägige österreichische Gesetz nach seinem Wortlaut sich nur auf die „Staatsbürger" beziehe, war schon vorher von Kirchlehner widerlegt worden.

wendung dieser Gesetze eine empfindliche Lücke. Die Vorschriften über religiöse Erziehung gründen sich vornehmlich auf das Interesse des Staats, den Frieden unter den verschiedenen Bekenntnissen im Land zu bewahren, zuweilen auch auf sein Interesse an der Kirchentreue der Bevölkerung oder auch an der Zugehörigkeit zu einem bestimmten Bekenntnis. Nach allen diesen Richtungen aber hat er dasselbe Interesse an Inländern und Ausländern im Staat, auch Ausländer, die im Inland wohnen, sind Mitglieder der Glaubensgesellschaften des Inlands. Nun bliebe ja freilich der Hinweis, daß die religiösen Verhältnisse ausländischer Familien im Inland nicht notwendig der rechtlichen Ordnung entbehren müssten, vielmehr eben darum auf sie das Recht des Heimatstaats angewendet werden solle. Indessen vergegenwärtige man sich die Bedeutung solcher Anwendung der fremden Gesetze. Es ist nicht wie im internationalen Zivilrecht, wo die Anwendung fremder Gesetze ein Rechtsverhältnis derjenigen Rechtsordnung unterstellt, der es innerlich zugehört. Wenn ein Staat in den Bekenntnisstand einer ausländischen Familie von sich aus mit Zwang eingreift, so erklärt er damit ein eigenes Interesse an diesem Bekenntnisstand, er begründet ein öffentlichrechtliches Verpflichtungsverhältnis der Familie sich gegenüber und bemißt nur den Inhalt der Verbindlichkeit nach einer Ordnung, die er in fremdem Recht vorfindet.[47]) Die gleichartige Verpflichtung, sich bei der religiösen Erziehung staatlichen Eingriffen zu fügen, legt er allen Einwohnern im Land auf, aber er gebraucht zweierlei Maßstab, das eigene Recht für die eigenen Staatsangehörigen, für die Fremden die fremden Gesetze. Nun soll es gar nicht weiter betont werden, daß solche Vorschriften über Bekenntniszwang sehr empfindlicher Natur sind, daß das Mindestmaß von Zwang, wie es im Staat zugunsten der Kirche geübt wird, von dem anzuwendenden fremden Recht nicht stark unterboten werden darf, sollen die kirchlichen Interessen des Landes sich nicht gefährdet fühlen, und daß insbesondere sein Höchstmaß nur wenig überschritten werden darf, um als Bedrohung der Gewissensfreiheit Ärgernis zu erregen — schon die Duplizität des Maßstabs der gleichen Verpflichtung ist anstößig und entbehrt der inneren Begründung. Es darf aber auch nicht übersehen werden, daß die Vorschriften über religiöse Erziehung nur einen Ausschnitt aus der Gesamtheit staatlicher Vorschriften über das Glaubensbekenntnis bilden, die ihrerseits eine unzweifelhaft räumliche Geltung besitzen, und gleich der nächste Schritt weiter bringt die preußische, sächsische, österreichische Praxis in Widerspruch mit sich selbst, wenn sie sich genötigt sieht, die inländischen Vorschriften über den Austritt aus der Kirche auch auf Ausländer im Inland zur Anwendung zu bringen. Übt der Staat Religions-

---

[47]) Vgl. einstweilen Zeitschrift für die gesamte Strafrechtswissenschaft 23, 457.

polizei, so übt er sie wie alle Polizei einheitlich über die ganze Bevölkerung; auch die Vorschriften über religiöse Kindererziehung müssen territoriale Geltung besitzen.[48])

Die maßgebende räumliche Anknüpfung.

4. Sind es sonach räumliche, nicht persönliche Unterwerfungsgründe, welche die Zuständigkeit zu Eingriffen in die religiöse Erziehung begründen, so bedarf es immer noch einer genaueren Feststellung, welcher Art die räumlichen Anknüpfungen sein müssen, um eine Unterworfenheit unter die örtliche Staatsgewalt mit sich zu bringen. Die Notwendigkeit einer solchen Feststellung ergibt sich insbesondere gegenüber einem Argument, das der bayerische Verwaltungsgerichtshof gern verwertet, die Territorialität der bayerischen Vorschriften über religiöse Erziehung darzutun, und das auch bei Geiger und Güttler Aufnahme gefunden hat: daß schon die bayerische Verfassung die Gleichheit der Inländer und Ausländer vor dem Gesetz festgestellt habe, und daß diese Gleichstellung für Angehörige anderer deutscher Bundesstaaten durch die Reichsverfassung noch besonders gewährleistet sei. Die Dinge liegen hier genau wie bei den Zwangsvorschriften über den Austritt aus der Kirche, deren Anwendbarkeit auf Ausländer ein Berliner Urteil mit denselben Gründen vertreten hat: die Gleichstellung der Inländer und Ausländer räumt ein denkbares, aber freilich imaginäres und von niemand behauptetes Hindernis aus dem Wege, daß etwa Ausländer keinen Vorteil aus den Rechtseinrichtungen des Inlands ziehen dürften und deshalb auch von seinen Vorschriften über religiöse Erziehung ausgeschlossen wären. Aber sie besagt nichts über die Grenzen der staatlichen Zuständigkeit zu solchen Eingriffen. Wenn Inländer und Ausländer vor den Bekenntnisvorschriften der bayerischen Verfassung gleichstehen, so kann das nicht heißen, daß diese bayerischen Bestimmungen nunmehr unterschiedslos für Inländer und Ausländer gelten wollen, auch für französische Familien in Frankreich; sondern es bedarf offensichtlich neben der fremdenrechtlichen Gleichstellung noch einer besonderen Verbindung mit Bayern, um dessen Gesetze zur Anwendung gelangen zu lassen.

Derartige räumliche Anknüpfungen sind denn auch schon mancherlei versucht worden. Die früher erwähnten Gesetze von Sachsen und Braunschweig, gelegentlich auch die Praxis,[49]) haben auf das Recht des Eheschließungsorts verwiesen; und doch ist die Wahl

[48]) Nur sind exterritoriale Personen mit Rücksicht auf die ihnen völkerrechtlich zugesicherte Gewissensfreiheit von der Anwendbarkeit solcher Vorschriften ausgenommen.

[49]) Landgericht Limburg 16. II. 1885 (Schmidt 454[2]) läßt unentschieden, ob der letzte Wohnsitz des verstorbenen Vaters oder das Recht des Eheschließungsorts das maßgebende Recht bestimme.

des Eheschließungsorts eine Zufälligkeit, der eine innere Verbindung mit dem zu regelnden Sachverhalt mangelt, sofern der Ort der Eheschließung nicht gleichzeitig als Wohnsitz der Ehegatten in Betracht kommt. Da und dort hat man auf den Geburtsort der Kinder sehen wollen, um das anwendbare Gesetz zu bestimmen;[50]) aber auch hier bedeutet der Ort der Geburt eine Zufälligkeit, die des Zusammenhangs mit den Vorschriften über religiöse Erziehung entbehrt, sofern an diesem Ort nicht auch der Wohnsitz der Beteiligten begründet war.

In der Tat, es ist der Wohnsitz der Beteiligten, an den ganz regelmäßig gedacht wird, wo man eine territoriale Begrenzung der Gesetze über religiöse Erziehung für richtig erklärt, die Beziehung, die tatsächlich die entscheidende ist, das Eingreifen der Staatsgewalt auszulösen. Nur kommt dabei nicht die persönliche Seite des Wohnsitzes in Frage, seine Eigenschaft, primär oder subsidiär das Personalstatut zu bestimmen; denn handelt es sich bei der Zwangsordnung der religiösen Erziehung nicht um Familiensachen, nicht um Privatrecht, so ist auch einer Verwendung des Personalstatuts der Boden entzogen.[51]) Sondern es ist die räumliche Seite des Wohnsitzes, der Ort, der den Mittelpunkt des bürgerlichen Lebens einer Person bedeutet, in dessen öffentliche Anschauungen sie sich einfügen muß, der Ort insbesondere auch, durch dessen Vermittlung jemand in das religiöse Leben des Staats eingeführt wird. Wer im Staat wohnt, ist seinen Gesetzen über religiöse Erziehung unterworfen.

Die Folgen einer Veränderung des Wohnsitzes, ein Auseinanderfallen des ersten Ehewohnsitzes, des Wohnsitzes zur Zeit der Geburt der Kinder, des Wohnsitzes zur Zeit des staatlichen Eingriffs in den Bekenntnisstand können zunächst noch unerörtert bleiben. Eine offene Frage dagegen ist hier noch die: hat der Staat Zwangsrechte nur über diejenigen Personen, die im Staatsgebiet ihren Wohnsitz haben, oder darüber hinaus? Vorschriften über die religiöse Erziehung (vgl. oben § 34) regeln das Bekenntnis, nicht die

---

[50]) Landgericht Hanau 14. IX. 1889 (Schmidt 455 [1]) läßt offen, ob der gegenwärtige Wohnsitz, der erste Ehewohnsitz oder der Geburtsort der einzelnen Kinder den Ausschlag zu geben habe. Der bayerische Verwaltungsgerichtshof 15. II. 1884 (Sammlung 5, 138) schwankt zwischen dem Ort, an dem ein uneheliches Kind geboren und in Pflege, und dem gegenwärtigen Wohnsitz der Mutter. Gegen die Maßgeblichkeit des Geburtsorts auch das Oberlandesgericht Hamburg unten S. 453 Anm. 3.

[51]) Wäre es freilich die Eigenschaft als Personalstatut, welche den Gesetzen des Wohnorts in deutschen Partikularrechten die Herrschaft über die religiöse Erziehung verleiht, so würde solche Vorschriften auch der Umstand nicht vor einem Einbruch des reichsrechtlichen Staatsangehörigkeitsprinzips schützen, daß es sich bei der religiösen Erziehung um eine „vorbehaltene Materie" handelt (Oertmann). Denn allgemeine Kollisionsnormen der Partikularrechte, wie diejenige, daß das Personalstatut durch den Wohnsitz bestimmt wird, sind durch das abweichende Reichsrecht durchaus beseitigt worden.

Mitgliedschaft in der administrativen Organisation des Bekenntnisses, den lutherischen Glauben, nicht die Mitgliedschaft in der protestantischen Landeskirche. Alsdann aber ist der Staat in der örtlichen Anwendung seiner Vorschriften nicht davon abhängig, ob auch die kirchliche Organisation, der das Kind angehört, seiner Herrschaft untersteht, und es kann die Eigenart der religiösen Erziehung ihre Grenzen frei bestimmen. Vorübergehend Anwesende werden dabei ohne weiters auszuscheiden sein;[52]) es setzt schon der Begriff der Erziehung die Möglichkeit einer länger dauernden Einwirkung auf den Zögling voraus. Bei längerem Aufenthalt an einem Ort, der verschieden vom Wohnsitz ist, zumal bei dem praktisch wichtigsten Fall, daß ein Kind fern von dem Wohnsitz seiner Eltern (oder dem Sitz der Vormundschaft) erzogen wird, liegen die Dinge dagegen anders. Die sächsische Praxis hat in derlei Fällen geschwankt.[53]) Der bayerische Verwaltungsgerichtshof erklärt die bayerischen Behörden für zuständig, die bayerischen Gesetze für anwendbar auf eine Doppelwaise, die in Preußen bevormundet, in einem bayerischen Waisenhaus Aufnahme gefunden hatte.[54]) Schmidt (S. 442, 445) will bei einem Auseinanderfallen des Wohnsitzes der Eltern und des Aufenthaltsorts der Kinder ausschließlich die Behörden des Wohnsitzes für zuständig erklären, ausschließlich das dort geltende Recht zur Anwendung bringen, soweit die Gesetze des Aufenthaltsortes nicht absolut zwingender Natur seien; nur bei Waisen, die anderwärts bevormundet werden, könne „darüber gestritten werden", ob die Gesetze des Orts der Vormundschaft oder des Aufenthaltsorts der Kinder zur Anwendung zu gelangen hätten. Auch Geiger (S. 128) erklärt in solchem Fall nur den gesetzlichen Wohnsitz des Kindes für maßgebend. Und doch scheint es mir nicht möglich, der Fiktion, welche den Wohnsitz der Kinder an jenen des Erziehungsberechtigten knüpft, hier eine derart ausschließende Bedeutung einzuräumen. Die religiöse Erziehung geht in Wirklichkeit an dem Ort vor sich, wo das Kind sich zur Pflege befindet, und es ist nicht denkbar, daß Vorschriften über religiöse Erziehung der Zu-

---

[52]) So auch Güttler 57.

[53]) Kreisdirektion Leipzig 29. IV. 1868 (Schmidt 311[2]) wendet sächsisches Recht an auf ein in Leipzig erzogenes Kind von Eltern, die in Habana wohnhaft waren. Ein Erlaß des Kultusministeriums vom 26. VI. 1888 (Schmidt 310[2]) verweist für ein Kind preußischer und in Preußen wohnender Eltern, das in Dresden erzogen wurde, auf die Gesetze des Heimatstaats. In einer Verfügung der Kreisdirektion Leipzig 16. VII. 1869 (Schmidt 328[2]) handelte es sich um das Kind eines in Preußen domizilierten, in Sachsen vorübergehend angestellten Postbeamten, und es wurde auf das Recht des Wohnsitzes abgestellt.

[54]) Entscheidung vom 21. I. 1891, Sammlung 12, 449. Eine Entscheidung vom 15. II. 1884, Sammlung 5, 138, läßt offen, ob es bei unehelichen Kindern auf das Recht des Pflegeorts anzukommen habe.

ständigkeit ermangeln sollten gegenüber einer Erziehung, die im Gebiet des anordnenden Staates tatsächlich stattfindet. Nur müssen dabei die Vorschriften über Statutenwechsel (unten Z. 7) berücksichtigt werden.

Ja es könnte sich sogar fragen, ob in solchen Fällen auch nur kumulativ eine Zuständigkeit am Wohnsitz des Erziehungsberechtigten angenommen werden kann, denn die oben gegen eine personale Begrenzung vorgebrachten Bedenken: daß der anordnende Staat kein Mittel habe, seinen Willen gegenüber dem auswärts befindlichen Kind durchzusetzen, gelten auch hier. Immerhin sprechen auch für den Wohnsitz des Erziehungsberechtigten ausreichende Gründe: das Kind ist vermöge seines fiktiven Wohnsitzes an diesem Ort Mitglied einer Glaubensgesellschaft, und die persönlichen Pflichten, die den Erziehungsberechtigten hinsichtlich des Bekenntnisses seines Zöglings treffen, sind dem Recht desselben Ortes unterworfen. Es hat denn auch der bayerische Verwaltungsgerichtshof seine Rechtsprechung ergänzt durch ein Erkenntnis, in welchem er die bayerische Zuständigkeit in Anspruch genommen hat über ein uneheliches Kind, dessen Mutter in Bayern wohnhaft war, das in Bayern bevormundet wurde, aber in Berlin die Schule besuchte.[55]) Und in dem vorerwähnten Fall, in dem eine preußische Waise in einem bayerischen Waisenhaus erzogen wurde, hatte das preußische Vormundschaftsgericht auch seinerseits die Ordnung des religiösen Bekenntnisses nach preußischem Recht in Anspruch genommen.[56])

Über eine eigentümliche Erweiterung der inländischen Zuständigkeit, die durch Kirchensteuerpflichten im Inland begründet wird, unten § 39 Z. 1.

Die entscheidende persönliche Beziehung.

5. Schon die vorausgehenden Erwägungen haben auf die Möglichkeit einer weiteren Verschlingung des Problems hingewiesen: wenn nämlich — bei einer Zugrundelegung des Heimatprinzips — Eltern und Kinder verschiedenerlei Staatsangehörigkeit besitzen, wenn — im Rahmen des Territorialprinzips — Wohnsitz oder Aufenthalt der Beteiligten auseinanderfallen. Bei welcher Person muß die vorausgesetze Beziehung zum Inland vorhanden sein, um die inländischen Vorschriften über religiöse Erziehung anwendbar erscheinen zu lassen, bei Eltern, Kindern, Vormund? Der Standpunkt, den Literatur und Praxis einnehmen, ist auch hier sehr wechselvoll.

---

[55]) Plenarentscheidung vom 23. X. 1889 Sammlung 11, 17, allerdings mit der Begründung, daß es sich hier nur um einen vorübergehenden Aufenthalt des Kindes in Berlin handle. — Eine entsprechende Rechtsauffassung scheint auch dem Beschluß des bayerischen Obersten Landesgerichts, Blätter für Rechtsanwendung 60, 286, zugrunde zu liegen.

[56]) Vgl. auch das Waisengericht Stuttgart unten S. 453 Anm. 2.

Was das Verhältnis zwischen Eltern und ehelichen Kindern betrifft, so stellen sich auf Seite der Eltern zunächst diejenigen, welche (darüber gleich unten) einheitlich das Recht des ersten Ehewohnsitzes oder auch das Recht des Eheschließungsorts zugrunde legen.[57]) Und ebenso hat die privatrechtliche Auffassung, welche in der religiösen Erziehung einen Ausfluß der elterlichen Gewalt sieht, schon v. Bar und Böhm veranlaßt, das Personalstatut des Vaters für maßgebend zu erklären. Es gilt dies insbesondere auch gemäß Art. 19 des Einführungsgesetzes zum deutschen BGB., soweit nicht[58]) der Sonderfall vorliegt, daß die deutsche Staatsangehörigkeit der Eltern erloschen, die des Kindes jedoch in Bestand geblieben ist. Für das Recht des Vaters auch Güttler.[59]) Dagegen erklärt es ein älterer Beschluß des Kammergerichts für nicht ausreichend zur Anwendung preußischen Rechts, wenn nur die verwitwete Mutter, nicht auch das Kind die preußische Staatsangehörigkeit erworben hat.[60]) Ganz ebenso wurde derselbe Fall einmal in Sachsen entschieden[61]) und umgekehrt sächsisches Recht angewendet auf Kinder, die zur Pflege in Leipzig, deren Eltern in Amerika wohnten.[62])

Ähnliche Schwankungen bei unehelichen Kindern, soweit das Verhältnis zwischen Mutter und Kind in Frage steht. In einem mecklenburgisch-preußischen Rechtsfall[63]) wurde von den Gerichten beider Länder die Staatsangehörigkeit des Kindes entgegen jener der Mutter für maßgebend erklärt. Der bayerische Verwaltungsgerichtshof hat einmal den Aufenthalt des Kindes im Ausland für unbeachtlich gehalten, da die Mutter in Bayern wohnhaft und staatsangehörig sei, übrigens auch das Kind selbst hier seinen gesetzlichen Wohnsitz habe.[64]) Schmidt und Güttler[65]) sprechen sich für das Wohnsitzrecht der Mutter aus, und es bevorzugt diese Seite insbesondere auch, wer vom privatrechtlichen Standpunkt aus Art. 20 des Einführungsgesetzes zum BGB. entscheiden läßt.

---

[57]) Noelle a. a. O. erwähnt im besondern, daß darnach im Fall einer Zwangserziehung auch nicht das Recht am Sitz der Erziehungs- oder Besserungsanstalt zur Anwendung kommen könne.

[58]) Betont vom Kammergericht 26. VII. 1904, Zeitschrift 15, 325.

[59]) A. a. O. 57.

[60]) 29. VII. 1898, Zeitschrift 10, 54. In einem preußischen Rechtsfall bei Schmidt 455[1] wurde abwechselnd und nebeneinander auf den gegenwärtigen Wohnsitz der verwitweten Mutter, auf denjenigen der Kinder, auf den ersten Ehewohnsitz und auf den Geburtsort der einzelnen Kinder verwiesen.

[61]) Kreisdirektion Leipzig 25. XI. 1870, Schmidt 311[1].

[62]) Kreisdirektion Leipzig 29. IV. 1868, Schmidt 311[2].

[63]) Schmidt 456[2].

[64]) 23. X. 1889, Sammlung 11, 17. In dem Erkenntnis vom 15. II. 1884, Sammlung 5, 138 wurde die Frage offen gelassen, ob es auf den Wohnsitz der Mutter oder den Geburts- und Pflegeort des Kindes ankommen solle.

[65]) Schmidt 455; Güttler 57 f.

Steht das Kind aber unter Vormundschaft, so kommen mit dem Recht des Vormunds und mit den für die Obervormundschaft geltenden Gesetzen noch weitere Momente des Zweifels in die Frage. Daß die für die Vormundschaftsbehörde verbindlichen Gesetze den Ausschlag zu geben hätten, erklären Beschlüsse des (kurhessischen) Oberappellationsgerichts Kassel,[66]) des Oberlandesgerichts Frankfurt,[67]) in der Annahme, daß die Vorschriften über religiöse Erziehung einen Teil des Vormundschaftsrechts bildeten; das Kammergericht dagegen verweist in einer Reihe von Entscheidungen[68]) entgegen dem Recht des Vormundschaftsgerichts auf die Gesetze, welche für den Erziehungsberechtigten maßgebend sind, und der bayerische Verwaltungsgerichtshof erklärt die von der auswärtigen Vormundschaftsbehörde nach dortigem Recht gestellten Forderungen für unbeachtlich mit Rücksicht auf die inländischen Beziehungen des Kindes.[69]) Ja selbst die Person des Vormunds, seine Staatsangehörigkeit, sein Wohnsitz werden gelegentlich beigezogen. So von Güttler a. a. O. Es handle sich, hatte die Polizeidirektion München einmal erklärt, bei der religiösen Erziehung um die rechtliche Stellung des Vormunds, und der Verwaltungsgerichtshof hat dem nur entgegengehalten, daß „auch" der Rechtsstand des Kindes in Frage komme. In dem schon erwähnten kurhessischen Falle hingegen hatte das Oberappellationsgericht Kassel entschieden, daß es (gegenüber den Rechten der Obervormundschaft) gleichgültig sei, wenn der Vormund seinen Wohnsitz außer Landes verlege; und auch das Kammergericht[70]) hat den Wohnsitz des Vormunds für unbeachtlich erklärt.

Unsere eigene Stellungnahme zu all diesen Fragen ist durch frühere Ausführungen vorgezeichnet. Werden zunächst, wie unseres Erachtens erforderlich, die privatrechtlichen Erwägungen sämtlich beiseite geschoben, die Wirkungen, welche sich aus einem staatlichen Eingriff in den Bekenntnisstand der Kinder ergeben, als öffentlichrechtliche Verpflichtungen festgehalten, so hängt die Lösung offenbar an der Frage, wen solche staatliche Vorschriften verpflichten wollen. Wir haben uns oben (S. 409f.) bemüht, die Antwort zu geben: die Verpflichtung gelte regelmäßig sowohl dem Erziehungsberechtigten, als dem zu erziehenden Kinde. Ist diese Annahme aber richtig, so folgt daraus: die Zuständigkeit eines Staats zu Eingriffen in die

---

[66]) Elvers, Archiv für praktische Rechtswissenschaft (1859) 6, 92.

[67]) 18. X. 1894, Jahrbuch des Kammergerichts 14, 434.

[68]) Vgl. darüber oben S. 418 Anm. 15.

[69]) 21. I. 1891, Sammlung 12, 449. In einer Entscheidung vom 23. X. 1889, Sammlung 11, 17 wird der Umstand zur Begründung der bayerischen Zuständigkeit mitverwertet, daß die Obervormundschaft über das Kind in Bayern geführt werde.

[70]) Beschluß vom 29. VII. 1898, Zeitschrift 10, 54.

religiöse Erziehung wird[71]) kumulativ begründet, sowohl wenn die erforderliche Verknüpfung mit dem Inland auf Seiten des Erziehungsberechtigten, als auch wenn sie auf Seiten des Zöglings vorliegt. Steht der Zögling unter Vormundschaft, so kommt als Erziehungsberechtigter dabei diejenige Stelle in Betracht, welche bei einer Meinungsverschiedenheit der an der Erziehung Beteiligten das entscheidende Wort hat.

Abweichendes gilt nur für den Zuständigkeitsgrund des längeren Aufenthalts und der Steuerpflicht im Inland. Es wurde oben ausgeführt, daß eine Zuständigkeit dem Staat nicht versagt werden könne, in dessen Bereich das Kind zwar nicht den Wohnsitz hat, aber tatsächlich seine Erziehung empfängt. Ein solcher Aufenthalt ohne Wohnsitz aber wirkt selbstverständlich zuständigkeitsbegründend nur auf Seiten des Kindes, nicht auf Seiten des Erziehungsberechtigten; der Erziehungsberechtigte, der sich ohne den Zögling im Land befindet, seinen Wohnsitz aber anderwärts hat, tritt in kein Pflichtenverhältnis zu dem Staat des Aufenthaltsortes. Und wo (unten § 39 Z. 1) eine kirchliche Abgabenpflicht im Inland zur Annahme der Zuständigkeit führt, da muß es das Bekenntnis des Abgabenpflichtigen sein, das durch die inländischen Vorschriften über religiöse Erziehung beeinflußt werden kann, des Kindes also und nicht etwa seiner Gewalthaber.

Anwendung ausländischen Rechts.

6. Tatbestände, welche der Zuständigkeit des Inlands entsprechend den vorstehend entwickelten Grenzen nicht unterfallen, sind für die Religionspolizei des Inlands bedeutungslos; es wird auf sie nicht etwa in Ermangelung des inländischen ausländisches Recht angewendet, es wird auch zur Durchführung einer im Ausland begründeten Ordnung der religiösen Erziehung keine Rechtshilfe geleistet, ein fremder Staatswille vermag die religionspolizeilichen Behörden des Inlands nicht in Tätigkeit zu setzen. Und doch ist damit nicht ausgeschlossen, daß Vorschriften, welche das Ausland über religiöse Erziehung trifft, im Inland zur Anwendung gelangen können. Nicht in dem oben (S. 427) berührten Sinn als Maßstab für die Wahrung inländischer Interessen, sondern als die Norm, nach der diese Angelegenheiten im Ausland behandelt werden; nämlich dort, wo das Inland seinerseits Rechtssätze irgendwelchen a n d e r e n Inhalts aufstellt, für deren Anwendung die rechtmäßige Zugehörigkeit zu einem bestimmten Bekenntnis, bei Kindern demgemäß ihre Einreihung in dies Bekenntnis auf Grund der Vorschriften über religiöse Erziehung, vorausgesetzt wird, wo es also der Wille des Inlands ist, Rechtsfolgen

[71]) Vorbehaltlich der Vorschriften über Statutenwechsel.

eintreten zu lassen, wenn das Bekenntnis im Ausland eine bestimmte Ordnung erfahren hat.

Entsprechend den Ausführungen S. 385 ff. mag das für das Eherecht, bei der Erhebung von Kirchensteuern praktisch werden. Ein 18-jähriges Mädchen, in Sachsen wohnhaft und staatsangehörig, wünscht in Österreich die Ehe mit einem geschiedenen Protestanten einzugehen; hier gilt der Satz, daß Katholiken einen geschiedenen Ehegatten nicht heiraten dürfen, und wenn das Mädchen auf Grund der sächsischen Gesetze katholisch erzogen wurde, so ist die Eheschließung in Österreich unzulässig, auch dann, wenn die Anwendung österreichischen Erziehungsrechts zu einem andern Ergebnis geführt hätte.

Die Anwendung des präjudiziellen Rechts ist glatt, wenn der tatsächliche und der von der zuständigen Rechtsordnung geforderte Bekenntnisstand übereinstimmen. Fallen die beiden auseinander — und sie können insbesondere auch dadurch auseinanderfallen, daß das Inland eine andere Rechtsordnung für zuständig erklärt, als diejenige, nach welcher sich die Beteiligten gerichtet haben — so wird es wichtig, ob (vgl. oben S. 387) die Anwendung des maßgebenden Rechts ipso jure in das geforderte Bekenntnis einreiht.[72]) Nur das Bekenntnis, das jemand rechtmäßig hat, kann als Anknüpfung für inländische Rechtsfolgen dienen. Für den „Katholiken" gilt das und jenes; daß die beteiligte Person Katholik sein soll, kann die inländische Rechtsfolge nicht auslösen, solange dieses Soll nicht zu einer Auflegung des Bekenntnisses selbst führt.[73]) Wenn es richtig ist, daß die deutschen Ordnungen der religiösen Erziehung, soweit es sich um einen Eintritt handelt, solche unmittelbare Zwangswirkung nicht besitzen, so können sie bei Fragen dieser Art keine Beachtung finden. In Bayern schuldet der Forense keine katholischen Kirchensteuern, der, in Sachsen wohnhaft, (vielleicht auf Grund seines heimatlichen Rechts) dort protestantisch erzogen wird, auch wenn er in Anwendung seines Wohnsitzrechts katholisch erzogen werden sollte. Anders wenn dabei österreichisches Recht anzuwenden wäre; denn die österreichischen Erziehungsgesetze begründen nach der Auslegung der Praxis das Bekenntnis selbst, und es muß die anzuwendende Rechtsordnung entscheiden, welche Wirkung ihren Bestimmungen zukommen soll. Wo es sich nicht um den Eintritt in ein Bekenntnis handelt, mögen aber auch deutsche Erziehungsordnungen mit ähnlichem Ergebnis anzuwenden sein. Den Achtzehnjährigen, der an seinem sächsischen Wohnsitz entgegen dem dortigen Recht seinen Austritt

---

[72]) Ungenau Zeitschrift 17, 92 f.

[73]) Das bisherige Bekenntnis wird bei einer personalen Verpflichtung zum Wechsel so lange rechtmäßig geführt, bis der Eintritt in das geforderte Bekenntnis wirklich vollzogen ist.

aus dem Katholizismus erklärt hat, wird Bayern in Anwendung der sächsischen Gesetze fortdauernd als Katholik behandeln.

Statutenwechsel.

7. Der wichtigste Fall, bei welchem die Bekenntniszugehörigkeit als Präjudizialpunkt behandelt werden muß, ergibt sich im Bereich der religiösen Kindererziehung bei einem „Statutenwechsel". Wurde früher ausgeführt, daß es regelmäßig Wohnsitz und Aufenthalt sind, welche einen Staat zur Ordnung der religiösen Erziehung berufen, so kann es doch sein, daß die maßgebende Anknüpfung im Lauf der Zeit wechselt, daß die Familie während der Dauer der Erziehung den Wohnsitz vom einen in ein anderes Rechtsgebiet verlegt, daß — für Staaten von Belang, die ein Heimatsprinzip zugrunde legen — die Staatsangehörigkeit der Familie sich ändert. Gerade hier bergen sich Fragen, die praktisch von besonderer Bedeutung sind, deren ungeeignete Lösung zu schweren Ärgernissen führt, und die wiederholt schon die Gesetzgebung in Bewegung gesetzt haben. Ein Berliner verlegt seinen Wohnsitz nach München; sollen die Töchter, welche bisher nach preußischen Gesetzen dem Bekenntnis des Vaters gefolgt sind, nunmehr nach bayerischem Recht dem Bekenntnis der Mutter folgen müssen? Ein Familienvater hat in Hannover die dort vorgeschriebene Erklärung abgegeben, daß die Kinder in einem von dem seinigen abweichenden Bekenntnis erzogen werden sollen; kann die Erklärung auch in Sachsen Anerkennung finden, dessen Recht für Abweichungen nur Verträge der beiden Eltern vorsieht, aber auch diese nach Umfluß einer bestimmten Zeit nicht mehr gestattet?

Das durchgreifendste Mittel, auftauchende Härten zu beseitigen, scheint es zu sein, wenn man die Rechtsordnung, die bei Entstehung des Familienbands maßgebend war, auch bei dem Übertritt in eine andere Rechtsordnung für fortdauernd anwendbar erklärt. Aus diesem Gedanken heraus haben Sachsen und Braunschweig die früher (S. 414) mitgeteilten Gesetze erlassen, welche bei zuziehenden Familien auf die religiöse Erziehung das Recht des Eheschließungsorts, in Braunschweig neuerdings das Recht des ersten Ehewohnsitzes zur Anwendung bringen, und eben deshalb hatte in seiner ersten Fassung auch der sog. Toleranzantrag auf die Vorschriften des ersten Ehewohnsitzes verwiesen. Aber freilich die sächsische Praxis hat jenen wohlgemeinten Satz um den größten Teil seiner Wirkung gebracht, indem sie ihn auf das Prokrustesbett des Heimatprinzips spannte und ihn — es war davon schon oben (S. 420) die Rede — weder auf Inländer anwendet, die ihren Wohnsitz von auswärts nach Sachsen verlegen, noch auch immer auf Ausländer, die in Bewahrung dieser Eigenschaft nach Sachsen ziehen; und auch in Braunschweig ist man zum Teil ähnlich verfahren. Ohne gesetzlichen Anhalt hat sich die

Praxis bisher nur vereinzelt zugunsten des ersten Ehewohnsitzes ausgesprochen,[74]) in gleichmäßiger Übung nur in Sachsen-Weimar.[75]) Wohl aber hat Schmidt (S. 444, 446 ff.) einer solchen einheitlichen Beurteilung in sorgfältigen Ausführungen Freunde zu werben gesucht. Bei ehelichen Kindern soll es grundsätzlich auf das Recht des ersten Ehewohnsitzes ankommen; dies Recht bestimme allgemein über die durch die Ehe begründeten Rechte und Pflichten, und es werde eine Verpflichtung, ihre Kinder zu erziehen, für die Ehegatten schon durch den Abschluß der Ehe begründet; bei unehelichen Kindern könne an der sinngemäß zu fordernden Einheit des Bekenntnisstands der Familie allerdings nicht festgehalten werden, und es müsse hier für jedes Kind das Wohnsitzrecht zur Zeit seiner Geburt maßgebend bleiben. Aber freilich die fortdauernde Anwendung dieser Gesetze auch am späteren Wohnsitz könne Hindernissen begegnen; wenn sie nämlich — auch die Rechtsanwendung in Sachsen-Weimar legt darauf Gewicht — zu absolut zwingenden Vorschriften des neuen Rechts in Widerspruch treten. Es ist, auch wenn etwas verschleiert, die allbekannte Klausel der „öffentlichen Ordnung“, auf die hier abgestellt wird. So handelt es sich nach Schmidt um zwingende Gesetze, wenn im Preußischen Landrecht Erziehungsverträge für unstatthaft erklärt sind, wenn dritten Personen ein Widerspruch versagt ist, solange die Eltern über die Erziehung einig sind, wenn gegen die Bestimmung des Vaters Zwang ausgeschlossen wird, eine Änderung des Bekenntnisses nach dem Tod des Vaters verboten ist. Aber nicht alle Vorschriften, welche Privatwillkür ausschließen, seien darum zwingend in dem hier vermeinten Sinn. Die Ergebnisse einer solchen Ausdehnung seien unannehmbar; es könne aber auch nicht in der Absicht der Gesetze liegen, an die bloße Gebietsveränderung einen Bekenntniswechsel zu knüpfen, und so verblieben der Ordnung des vordem maßgebenden Rechts beispielsweise die Form und zeitliche Zulässigkeit eines vor der Übersiedelung geschlosssenen Erziehungsvertrags oder seine Errichtung für Kinder, deren Alter nach dem Recht des späteren Wohnsitzes einen Vertrag ausschließen würde. Der Meinung Schmidts folgt auch Noelle. Gordan-Lehmann-Niese stimmen ihr zu, insoweit sie von der Unveränderlichkeit der Erziehungsordnung ausgeht, es dürfe hier nicht Willkür und Zufall entscheiden. Aber gegen die Abstellung auf den ersten Ehewohnsitz werden Bedenken erhoben: wie könne dies Recht maßgebend sein für das Rechtsverhältnis der Eltern zu ihren noch nicht geborenen Kindern? Es müsse

[74]) Landgericht Frankfurt a. M. 15. XI. 1888, Schmidt 454[3]; Amtsgericht Hildesheim 2. IX. 1905, Zeitschrift 16, 313. — Entscheidungen, welche die Frage offen lassen, mangeln auch hier nicht. So Landgericht Limburg, Schmidt 454[3]; Landgericht Hanau, Schmidt 455[1].

[75]) Schreiben des Staatsministeriums 26. IX. 1889 bei Schmidt 423.

demgemäß das Wohnsitzrecht der Eltern zur Zeit der Geburt des Kindes entscheiden.

v. Bar hat sich grundsätzlich für eine Wandelbarkeit des Rechts der religiösen Erziehung ausgesprochen, entsprechend der Wandelbarkeit, welche für das elterliche Erziehungsrecht überhaupt gelte[76],) und es hat sich auch die deutsche Praxis ganz überwiegend auf diesen Standpunkt gestellt.[77]) Jedoch ist das nicht im Sinn einer schrankenlosen Durchsetzung des letzten Rechts gemeint. Schon v. Bar bemerkt, daß „die nach dem früheren Personalstatut gültig getroffenen Bestimmungen" im Zweifel aufrechterhalten bleiben, ein Vertrag, auch wenn solche Verträge nach den Gesetzen des neuen Wohnorts nichtig wären. Ein Beschluß des Kammergerichts[78]) macht sich diese Äußerung zu eigen; und ein weiterer Beschluß dieses Gerichtshofs[79]) erklärt die Befolgung des früheren Rechts für ausreichend, als ein Preuße an seinem vormaligen Wohnsitz Braunschweig nach Maßgabe der dortigen Gesetze vor dem Stadtmagistrat erklärt hatte, seine Kinder sollten dem Bekenntnis der Mutter folgen, während das Recht der Provinz Hannover, wohin die Familie in der Folge ihren Wohnsitz verlegte, eine derartige Erklärung vor dem Amtsgericht fordert, der Vater aber inzwischen gestorben war, ohne eine Erklärung vor Gericht abgegeben zu haben. Auch der bayerische Verwaltungsgerichtshof teilt diese Rechtsanschauung. Einige Erkenntnisse[80]) wenden auf die entschiedenen Fälle bayerisches Recht deshalb an, weil der streitige Vertragsschluß, die angefochtene Änderung des Bekenntnisses erst nach der Aufenthaltnahme in Bayern erfolgt seien, und es wird in einer ganzen Reihe von Urteilen daran festgehalten, daß die Form eines vor dem Wohnsitzwechsel geschlossenen Vertrags den vor der Änderung geltenden Gesetzen entsprechen müsse.[81])

[76]) Theorie und Praxis 1, 532f.; Lehrbuch 85.

[77]) Vgl. außer den im folgenden anzuführenden Entscheidungen noch Regierungen Liegnitz und Frankfurt a. O. bei Schmidt 448[3]; Oberlandesgericht Frankfurt 10. XII. 1883 Schmidt 452; Kammergericht 5. IV. 1886 Jahrbuch 6, 53; Amtsgericht Orb 3. VIII. 1889 Schmidt 454[4]; Landgericht Köln 9. V. 1898 Zeitschrift 10, 55; bayerischer Verwaltungsgerichtshof 10. VI. 1881 Sammlung 3, 83; 21. I. 1891 Sammlung 12, 449; 11. IV. 1894 (nicht veröffentlicht). Das Landgericht Köln a. a. O. und ein Beschluß des Kammergerichts vom 23. XI. 1905 (s. unten) begründen die Wandelbarkeit des Rechts der religiösen Erziehung gleichfalls mit der Wandelbarkeit, welche für das Erziehungsrecht überhaupt gelte.

[78]) Vom 29. VII. 1898 Zeitschrift 10, 54.

[79]) 23. XI. 1905 Zeitschrift 16, 312.

[80]) Vom 18. IV. 1884, 27. V. 1887 Sammlung 5, 179; 9, 19.

[81]) Erkenntnisse vom 19. VI. 1889, 3. XI. 1889, 17. III. 1897, 23. XII. 1903, 22. VI. 1904 Sammlung 11, 433 und 141; 18, 227; 25, 138 und 384. Die Entscheidung von 1897 erklärt einen Erziehungsvertrag für ungültig, der, in Bayern nach den Gesetzen des Errichtungsorts rechtmäßig abgeschlossen, den Formerfordernissen des ersten Ehewohnsitzes in Sachsen nicht genügte.

Übereinstimmend hat auch schon eine österreichische Ministerialentschließung[82]) entschieden, daß eine Konfessionsloserklärung des Vaters, die vor der Wohnsitznahme in Österreich erfolgt ist, die Kinder mitumfasse, wiewohl die österreichische Praxis eine Bekenntnisfolge in solchem Fall sonst für unstatthaft erklärt, da „die Gültigkeit und Tragweite dieses Aktes als bereits feststehend nicht mehr nach österreichischem Recht festzustellen kömmt".

Eine Würdigung dieser Verhältnisse vom Boden des öffentlichen Rechts aus wird zunächst wiederum die privatrechtlichen Gesichtspunkte auszuscheiden haben, die Frage, ob aus der Eheschließung eine Erziehungspflicht den künftigen Kindern gegenüber erwächst, die Zweifel, ob das maßgebende Gesetz für die Rechtsverhältnisse zwischen Eltern und Kindern nach internationalem Zivilrecht als wandelbar zu erachten ist. Aber schon die Aufstellung einer bloßen Kollisionsnorm muß zu lebhaften Bedenken führen, nicht nur, wo sie sich schlechtweg zugunsten des ersten Ehewohnsitzes ausspricht, sondern auch wenn sie in Anerkennung eines Statutenwechsels dazu gelangt, zwar auf Tatbestände seit dem Wohnsitzwechsel das gegenwärtig geltende Recht, auf Tatbestände, die sich vorher ereignet haben, aber das Recht des früheren Wohnsitzes anzuwenden. Wir vermögen nicht anzuerkennen, daß die Behörden des Inlands neben der Anwendung inländischen Staatsrechts auf inländische Verhältnisse auf Grund der Unterworfenheit einer Beziehung unter ausländische Staatsgewalt ausländisches Staatsrecht anzuwenden hätten, und es ist nicht denkbar, daß dies Verhältnis, unmittelbar ausgeschlossen, vermöge eines Statutenwechsels mittelbar hergestellt werden könnte; die inländischen Behörden befassen sich grundsätzlich nur mit den öffentlichrechtlichen Beziehungen des Inlands.

Dabei wird es allerdings trotzdem erforderlich bleiben, die Herrschaft des Inlands abzugrenzen nicht nur nach Seiten des Raumes, der eine Beziehung unter die staatliche Hoheit zieht, sondern auch nach Seiten der Zeit, die ein Verhältnis seiner Gewalt unterstellt; die Möglichkeit der Negative, daß eine Beziehung der zeitlichen Herrschaft eines Staats nicht unterstellt ist, nötigt auch für das internationale öffentliche Recht zu einer Festsetzung seiner zeitlichen Geltung. Und als Maßstab wird auch hier dienen müssen, ob der rechtserzeugende Tatbestand während der Dauer der staatlichen Herrschaft sich zugetragen hat. Welches indessen der maßgebende Tatbestand ist, der eine Rechtsfolge auslösen soll, bedarf bei den Vorschriften über religiöse Erziehung einer genaueren Feststellung. Wenn Sachsen die Einreihung in das verbindliche Bekenntnis zur Amtssache erklärt, wenn Bayern der Geistlichkeit ein Überwachungs-

[82]) Vom 7. VI. 1877 bei Kirchlehner, Österreichische Zeitschrift für Verwaltung 11, 141.

recht einräumt, wenn Österreich das Kind zur aktiven Teilnahme am kirchlichen Leben nötigt, so sind das Folgen des gegenwärtigen Bekenntnisstands des Kindes; wer in den Bereich der Staatsgewalt eintritt, wird damit auch der Geltung dieser Sätze unterworfen.[83]) Ähnlich wo das Kind gegen einen Glaubenswechsel geschützt wird, wenn es ein gewisses Lebensalter erreicht hat, zur Kommunion oder Konfirmation gelangt ist; der Schutz wird dem reiferen Alter gewährt, gleichviel warum ein Kind sein Bekenntnis erworben hat, und damit ohne weiters anwendbar auf Kinder, die in den Machtkreis des Staates eintreten. Wenn andererseits Österreich vorschreibt, daß Kinder einer ungemischten Ehe kein anderes Bekenntnis als das ihrer Eltern haben dürfen, wenn Braunschweig bei Mischehen gleiche Wahl für alle Kinder fordert, wenn Ungarn die getroffene Wahl für unabänderlich erklärt, so sind das Beschränkungen mit Rücksicht auf die Einheitlichkeit des Bekenntnisstands in der Familie, die hinfällig werden, sobald die Beteiligten übertreten unter die Herrschaft eines anderen Staats, der an einer solchen Einheitlichkeit nicht festhält.

Zweifel erwecken hier nun aber gerade die wichtigsten der Vorschriften über religiöse Erziehung, jene, welche allgemein angeben, welchem Bekenntnis ein Kind zuzuführen ist. Wenn das bayerische Religionsedikt vorschreibt, daß bei Mischehen die Söhne der Religion des Vaters „folgen", die Töchter in dem Glaubensbekenntnis der Mutter „erzogen" werden sollen, so möchte man allerdings glauben, daß in derlei Bestimmungen Vorschriften für einen Dauerzustand gegeben werden, daß ihr Sinn ist: solange die Mutter einen Glauben bekennt, soll ihn auch die Tochter bekennen, und daß sie demgemäß anwendbar werden, sobald eine Familie ihren Wohnsitz nach Bayern verlegt, ohne Rücksicht wie das Bekenntnis der Tochter vordem geordnet war. Es ist möglich, daß eine derartige Gesetzesvorschrift den dauernden Bekenntnisstand der Familie im Auge hat, aber nicht selbstverständlich, und auch nicht wahrscheinlich. Es ist möglich, daß es gerade die Art der Verteilung der Kinder ist, die einen Staat zum gesetzlichen Einschreiten veranlaßt; wenn Rußland bei Mischehen eines orthodoxen und eines anderen christlichen Ehegatten die orthodoxe Erziehung der Kinder vorgeschrieben hatte, so mag dies auf einer Bevorzugung des orthodoxen Bekenntnisses beruhen, die sich unbedingt durchsetzen will, auch bei Kindern, die erst später unter die Herrschaft der russischen Gesetze gelangen. Zumeist aber und in Deutschland wohl regelmäßig wird es zunächst der Wunsch sein, daß eine feste Ordnung bestehe, welche die Vorschriften über religiöse Erziehung hervorruft; dem Zank der Konfessionen soll

[83]) Eine gesetzliche Vorschrift, welche auf die religiöse Erziehung schlechtweg die Vorschriften des ersten Ehewohnsitzes zur Anwendung bringen will, schießt schon deshalb über das Ziel.

durch eine feststehende Regelung ein- für allemal vorgebeugt werden, und wenn der Staat diese Ordnung so vornimmt, wie sie nach seiner Auffassung am angemessensten ist — er muß einer solchen Ordnung den oder jenen Inhalt geben — so ist es doch nicht der Zweck seiner Vorschriften, gerade dem Maßstab der Verteilung, dessen er selbst sich bedient, in seinem Machtgebiet die unbedingte Anerkennung zu verschaffen. Dann ist es insoweit aber die Einreihung in ein Bekenntnis als einmaliger Vorgang, nicht das Bekenntnis der Kinder als Dauerzustand, welche den Gegenstand der rechtlichen Regelung bildet, und wenn dieser Vorgang sich abgespielt hat, bevor die Beteiligten in den Machtkreis eines Staates eingetreten sind, so kommen dessen eigene Vorschriften über die Ordnung des Bekenntnisstands nicht mehr zum Zug. Es soll nicht verschwiegen werden, daß manche Gesetzesbestimmungen zu Zweifeln Anlaß geben, ob sie als Vorschriften über den Eintritt oder als Vorschriften über die Zugehörigkeit zu einem Bekenntnis gemeint sind. Allein die Mißstände, welche eine Auffassung als Dauervorschrift mit sich führt, sind so schwer, die Nötigung zu einem Glaubenswechsel, die damit verbunden sein kann, lediglich infolge der Ortsveränderung, ist so anstößig, daß der Auslegung die gebieterische Pflicht erwächst, bei ihren Ergebnissen die Forderungen der Billigkeit zu beachten.

Dabei darf nicht übersehen werden, daß ein solcher Statutenwechsel nicht nur dann vorliegt, wenn eine Familie den Wohnsitz von Berlin nach München verlegt, sondern auch dann, wenn das Kind seinen Erziehungsaufenthalt in München erhält. Es ist oben ausgeführt worden, daß am Aufenthaltsort des Kindes eine selbstständige Zuständigkeit zur Ordnung der religiösen Erziehung besteht. Aber die Verlegung des Aufenthalts kann nicht stärker wirken als die Verlegung des Wohnsitzes: sie läßt die neue Zuständigkeit zur Geltung kommen für die Vorsehung eines Schutzalters oder für die Überwachung des Bekenntnisstands. Im übrigen ist das Kind auch hier mit einer Bekenntnisordnung ins Land gekommen, die von dem nunmehr zuständig gewordenen Staat Beachtung verlangt. Einen Wohnsitz aber pflegt ein Kind mit dem Augenblick der Geburt zu erwerben, der Erziehungsaufenthalt wird ihm erst später bestimmt. So bedeutet die Rücksichtnahme auf den Statutenwechsel praktisch eine beträchtliche Schmälerung der Tragweite, die dem Zuständigkeitsgrund des Aufenthalts für die religiöse Erziehung zukommt. Und auch die Frage, ob die Beziehungen des Kindes oder diejenigen des Erziehungsberechtigten die Zuständigkeit begründen, verliert damit einen Teil ihrer Wichtigkeit.[84])

[84]) Die Rücksicht auf den Statutenwechsel ist in den Entscheidungen der Kreisdirektion Leipzig 29. IV. 1868, des bayerischen Verwaltungsgerichtshofs 21. I. 1891, des Oberlandesgerichts Frankfurt 18. X. 1894 oben S. 430, 432f. außer acht geblieben.

Die Anwendung dieser Sätze auf Sonderakte, Dispensationen, Verträge, Erklärungen, welche die allgemeinen Vorschriften über die Einreihung in ein Bekenntnis modifizieren, mag der späteren Erörterung vorbehalten bleiben. Noch aber bedarf hier ein anderer Punkt der Klärung. Insoweit auf Vorgänge, die sich vor der Wohnsitznahme im Inland (vor dem Erwerb der inländischen Staatsangehörigkeit) zugetragen, nach den vorstehenden Ausführungen inländisches Recht nicht anwendbar ist, wenden die Behörden auf solche Vorgänge das Recht des früheren Wohnsitzes (des vormaligen Heimatsstaats) an, gebrauchen sie Zwang, diesem Recht Beachtung zu verschaffen. Und doch handelt es sich bei den Zwangsvorschriften des früheren Wohnsitzes um ein Pflichtenverhältnis, das die Familie nur jenem Staat gegenüber bindet, für den Staat des neuen Wohnsitzes um eine Beziehung, die ihm fremd ist und seine Behörden nicht zur Tätigkeit berufen kann?

In der Tat, wenn ein Berliner mit seinen Kindern den Wohnsitz nach München verlegt, und die Töchter folgen auch hier nach preußischem Recht dem Bekenntnis des Vaters, wenn die bayerischen Verwaltungsbehörden berufen werden, einen über das Bekenntnis entstehenden Streit zu entscheiden, und dem Urteil zur zwangsweisen Verwirklichung verhelfen, so ist es nicht eine preußische, sondern eine bayerische Angelegenheit, mit der sie sich befassen. Nicht das Pflichtenverhältnis, in dem die Familie zu Preußen steht, sondern der gegenwärtige Religionsstand in Bayern ist es, der die Behörden zur Tätigkeit ruft. Soll die Auflegung eines Bekenntniszwanges Sinn haben, so muß der Staat auf Durchführung dieser Ordnung Bedacht nehmen. Die positive Ausgestaltung des Gedankens mag von Land zu Land verschieden sein, der eine Staat überträgt die Aufsicht der Geistlichkeit, der zweite überwacht den Bekenntnisstand von Staats wegen, anderwärts ist die staatliche Einwirkung zu einem Gebot aktiver Teilnahme am kirchlichen Leben gesteigert (vgl. oben S. 406 f.). Zum mindesten aber stellt der Staat, der Bekenntniszwang übt, seine Behörden zur Verfügung, um auf Anrufen den Bekenntnisstand festzustellen und durchzusetzen, und erklärt es damit als eigene Angelegenheit, für Verwirklichung des gesetzlich zugewiesenen Bekenntnisses Sorge zu tragen. Wenn es richtig ist, wie oben ausgeführt wurde, daß bei Vorschriften über religiöse Erziehung die Auswahl des maßgebenden Bekenntnisses regelmäßig einen einmaligen Vorgang bedeutet, dessen Inhalt sich mit der Bezeichnung des Bekenntnisses erschöpft, so muß diesen Vorschriften doch noch ein zweiter Bestandteil innewohnen, der, zeitlich fortdauernd, den Staat zur Durchführung des gesetzlichen Bekenntnisses veranlaßt. Fallen die beiden Bestandteile meistens zusammen, so zeigt ein Statutenwechsel ihre Selbständigkeit, und die Sachlage ist für den neu zuständigen Staat nunmehr die, daß sein Recht die Durchführung des gesetzlich zugewiesenen Bekenntnisses fordert, daß aber die Frage, welches Bekenntnis gesetzlich zugewiesen ist, einen Präjudizialpunkt bildet, der nach den Gesetzen des zur Zeit der Zuweisung zuständigen Staates zu beantworten ist.[85])

Die Zuständigkeit des Auslandstaates, auf dessen Normen verwiesen wird, kann nur nach den Anschauungen bemessen werden, die der verweisende Staat bei der Abgrenzung seiner eigenen Vorschriften über religiöse Erziehung verwertet. Ein Sachse hat in Österreich gewohnt und verlegt den Wohnsitz nach Bayern; man wird in Bayern das Bekenntnis der mitzugewanderten Kinder nach dem Recht des österreichischen Wohnsitzes bemessen müssen, wiewohl Sachsen und Österreich ihrerseits bei der religiösen Erziehung vom Heimatprinzip ausgehen. Der Inhalt jener Verweisung aber geht auf das gesetzlich geforderte Bekenntnis. Anders als in den Fällen unter Z. 6 ist es nicht der Bekenntnisstand als bestehende Eigenschaft, auf den hier zur Anknüpfung inländischer Wirkungen verwiesen wird, sondern die Sollvorschrift als solche, die das rechtmäßige Bekenntnis bezeichnet, ohne Unterschied, ob der Verpflichtung zum Eintritt in ein Bekenntnis die Erfüllung nachgefolgt ist oder nicht.

Die Grenze zwischen der Anwendung des neuen und des alten Rechts wird nach dem Vorstehenden bestimmt durch den Zeitpunkt des ersten Eintritts in eine Glaubensgemeinschaft. Fällt dieser Eintritt in die Zeit nach der Wohnsitznahme im Inland, so hat über die Zuteilung zu einer Glaubensgemeinschaft ausschließlich das Recht des Inlands zu befinden; ist das Kind bereits mit einem Bekenntnis ins Land gekommen, so entscheiden über die rechtmäßige Einreihung in dies Bekenntnis die früheren Gesetze. Die Praxis der deutschen Gerichte weicht, wie unten bei Erörterung der Erziehungsverträge auszuführen, von dieser Grenzbestimmung zum Teil erheblich ab. Sehr nahe dagegen kommen ihr die beiden braunschweigischen Gesetze von 1867 und 1902, welche die fortdauernde Geltung des früheren Rechts davon abhängig machen, daß vor dem Zuzug der Eltern ins Land ein Kind geboren wurde.

---

[85]) Zeitschrift 17, 101 war die gleiche Lösung aus dem Satz hergeleitet, daß der Zugezogene verpflichtet sei, der Organisation seines Bekenntnisses als Mitglied oder doch als Gast anzugehören; daß die Bekenntniszugehörigkeit dabei aber nach dem zeitlich maßgebenden Recht zu würdigen sei. Der Satz und die daraus gezogene Folgerung dürften richtig sein (vgl. oben § 34 Z. 1); aber sie nehmen einen Umweg. Und es ergibt sich eine praktische Verschiedenheit der beiden Lösungen für Fälle (s. gleich unten), bei denen der gesetzlich geforderte Eintritt in ein Bekenntnis nicht vollzogen wurde.

Dispensationen, Verträge, Erklärungen im besondern.

8. Wenn in den vorausgehenden Ausführungen untersucht wurde, ob die Zwangsvorschriften über religiöse Erziehung personal oder territorial, nach den Verhältnissen des Zöglings oder des Erziehungsberechtigten zur Anwendung kommen, ob bei einem Statutenwechsel altes oder neues Recht zur Geltung gelangt, so haben sich diese Untersuchungen zunächst auf die allgemeinen Rechtssätze bezogen, welche berufen sind, das streitige Bekenntnis zu ordnen. Neben dieser allgemeinen Ordnung durch Rechtssätze aber ist mannigfach eine Abweichung für den einzelnen Fall nachgelassen, sei es durch einen Verwaltungsakt der Behörden, sei es durch eine Rechtshandlung von Privaten: Dispensation, Verträge der Eltern, Erklärungen des Vaters bedürfen noch einer Einreihung in jene Grundsätze. Bedeuten nun aber Dispensation, Vertrag, Erklärung eine Abweichung von der Ordnung, die für einen Fall sonst maßgebend wäre, so muß ihre Wirksamkeit abhängen von der Anwendbarkeit eben der Ordnung, die sie für den einzelnen Fall durchbrechen. Der Grundsatz ist einfach, seine Durchführung im einzelnen kann zu Schwierigkeiten führen.

a) Dispensationen von Vorschriften über religiöse Erziehung müssen in dem Staat erteilt werden, dessen Herrschaft die Erziehung unterworfen ist. Wohnt ein Sachse in Bayern, so wird er sich hier vergeblich auf eine Dispensation berufen, die ihm in Sachsen gewährt wurde; denn Bayern nimmt bei den im Land wohnenden Familien die Ordnung des Bekenntnisses durchaus für sich in Anspruch. Hatte aber die Familie zuvor in Sachsen ihren Wohnsitz und ist, nachdem sie eine Dispensation erlangt, nach Bayern verzogen, so wird auch der neue Wohnsitz dieser Befreiung Rechnung zu tragen haben, das Kind ist mit dem durch die Dispensation bestimmten Bekenntnis ins Land gekommen.

Verwickelter liegen die Dinge da, wo ein Staat sich auf den Boden des Heimatprinzips stellt und auf Ausländer im Inland deren heimatliches Recht anwendet. Der Braunschweiger sächsischen Wohnsitzes steht in Sachsen unter braunschweigischen Gesetzen. Eine Dispensation aber von beengenden Vorschriften hat er zunächst in Sachsen nachzusuchen. Die überraschende Aufstellung wird einleuchten, wenn man sich die Tragweite solcher Kollisionslösungen klarmacht. Wenn Sachsen auf Ausländer im Inland die ausländischen Gesetze über religiöse Erziehung anwendet, so geschieht das nicht, weil der Heimatstaat dieser Personen zuständig wäre, den Sachverhalt seinerseits zu ordnen, es handelt sich, wie früher gezeigt wurde, um ein öffentlichrechtliches Verhältnis des Ausländers zu Sachsen, und nur das Maß seiner Verpflichtungen gegen den sächsischen

Staat findet dieser für gut, nach dem Maßstab zu bemessen, der im gleichen Fall zwischen dem Ausländer und seinem Heimatstaat verwendet würde. Es liegt in Wahrheit also eine sächsische Angelegenheit vor, und Sachsen muß darnach auch befugt sein, im Weg der Dispensation auf sie einzuwirken. Daneben allerdings könnte in Frage kommen, ob nicht eine Dispensation im Heimatstaat am Wohnort gleichfalls anzuerkennen wäre. Freilich nicht deshalb, weil der Heimatstaat von sich aus Zuständigkeit besäße, in das Verhältnis abändernd einzugreifen. Allein wenn ein Staat in die Ordnung der religiösen Erziehung die Einrichtung der Dispensation eigens aufnimmt, so geschieht das regelmäßig darum, weil seine Zwangsbestimmungen ungewöhnlich scharf sind, ihre Anwendung auf ungeeignete Fälle aber durch besonderen Verwaltungsakt nachgelassen werden soll. Der Inhalt der allgemeinen Vorschriften und die Möglichkeit einer Dispensation von ihnen bilden sonach ein organisches Ganzes, und es darf vielleicht angenommen werden, daß dieselbe materiellrechtliche Verweisung, welche auf die Anwendung des heimatlichen Rechts hinweist, auch eine Dispensation in diesem Staat mitumfaßt.

Ganz ähnlich liegen die Dinge bei einem Statutenwechsel, wenn nach der Niederlassung im neuen Rechtsgebiet eine Dispensation erwirkt werden soll. Auch hier steht das Bekenntnis unter der Herrschaft des neuen Wohnsitzes, hier muß über die nachgesuchte Befreiung entschieden werden. Empfängt aber der Bekenntnisstand am neuen Wohnsitz seine Regelung durch die Gesetze des früheren Wohnorts, so geht die Verweisung auf Rechtssätze, die nach materiellem Recht dispensabel sind, und es mag dann auch eine Befreiung, die in jenem Staat tatsächlich gewährt wurde, Anerkennung finden, zumal da die Gesetze des neuen Wohnsitzes möglicherweise die Einrichtung der Dispensation gar nicht vorsehen.

Ein beträchtlicher Teil dieser Fragen ist bei einem in Braunschweig verhandelten Fall praktisch geworden. Ein protestantischer Sachse hatte in Dresden eine Katholikin geheiratet, verlegt seinen Wohnsitz nach Braunschweig und macht hier entsprechend dem mehrerwähnten braunschweigischen Gesetz, welches zuziehenden Familien das Recht des Eheschließungsorts vorbehält, Anzeige, daß er seine Kinder katholisch erziehen wolle. Bezüglich des ältesten legt er eine Dispensation des Königs von Sachsen vor, die Anerkennung findet, bezüglich der beiden jüngeren aber verlangt das Konsistorium Dispensation „im hiesigen Lande". Der Vater bezieht das mißverständlich auf Sachsen und sucht dort um Dispensation nach, die verweigert wird, da im vorliegenden Fall nach sächsischem Recht ein Vertrag unter den Ehegatten zulässig sei, dem der gewünschte Inhalt gegeben werden könne. Ein solcher Vertrag wird nun von einem preußischen Amtsgericht beurkundet und schließlich auch in Braunschweig anerkannt.[86])

b) Wo eine Gesetzgebung den Ehegatten die Befugnis einräumt, Verträge über die religiöse Erziehung ihrer Kinder abzuschließen, da kommt solchen Verträgen juristisch eine doppelte Bedeutung zu. Das Gesetz gestattet den Eltern, auf Grund des Vertrags von den allgemeinen Vorschriften über religiöse Erziehung abzuweichen, und es bindet die Eltern wechselseitig an die vereinbarte Abweichung, zuweilen endgültig, jedenfalls aber, solange sie nicht unter sich zur Einigung über eine Abänderung des Vertrags gelangen. Was nun zunächst diese Bindung betrifft, so kann sie als eine Wirkung in die Zukunft nur solange zur Geltung kommen, als die Rechtsordnung überhaupt maßgebend bleibt, welche die Bindung vorschreibt. In der bayerischen Pfalz konnten bis 1900 Erziehungsverträge nur vor der Eheschließung vereinbart werden; verlegten die Eheleute ihren Wohnsitz aber nach München, so ist damit auch der neuerliche Abschluß von Verträgen zulässig geworden.[87]) In diesem Zusammenhang erlangen auch Bestimmungen wie die des Preußischen Landrechts, der Hannoverschen Verordnung von 1826 Bedeutung, welche den Abschluß von Erziehungsverträgen ausdrücklich untersagen. Wenn ein sächsisches Ehepaar unter Erwerb der preußischen Staatsangehörigkeit den Wohnsitz von Dresden nach Berlin verlegt, so kann ein in Sachsen abgeschlossener Erziehungsvertrag in Preußen keine Anerkennung finden. Allerdings nicht deshalb,[88]) weil ein solches Verbot des Vertragsschlusses von besonders „zwingender" Bedeutung wäre; allein das Verbot bezweckt, dem Erziehungsberechtigten die dauernde Freiheit der Bekenntnisbestimmung vorzubehalten, und muß darum maßgebend werden, sobald die Familie in dies Rechtsgebiet eintritt.

Ihren Schwerpunkt indessen hat die Zulassung von Erziehungsverträgen auf der andern Seite: daß auf Grund des Einverständnisses der Eltern Abweichungen von den allgemeinen Zwangsvorschriften über religiöse Erziehung überhaupt zulässig werden. Insoweit bilden die Vorschriften über Verträge einen unlöslichen Teil der Gesamtbestimmungen über religiöse Erziehung und schöpfen ihre Verbindlichkeit eben daraus, daß die Rechtsordnung, welche ihre Zulässigkeit erklärt, auf den im Vertrag vorgesehenen Fall zur Anwendung gelangt. Auch die Verträge beziehen sich demgemäß auf das Subjektionsver-

---

[86]) Schmidt 431[5]. Dazu auch unten Anm. 90.

[87]) Eine Entscheidung des bayerischen Verwaltungsgerichtshofs vom 3. XI. 1889 Sammlung 11, 141 schwankt, ob es hier auf das Recht des ersten oder des zweiten Wohnsitzes ankommen solle. Eine solche vom 22. VI. 1904 Sammlung 25, 384 entscheidet sich für das Recht des neuen Wohnsitzes.

[88]) So Schmidt 447.

hältnis der Beteiligten unter eine bestimmte Staatsgewalt. Wenn aber diese Staatsgewalt fremde Gesetze zur Richtschnur der eigenen Forderungen nimmt, so haben die Verträge — anders als Dispensationen — ihren Platz ausschließlich auf Seiten der angewandten Gesetze. Es bildet einen Teil ihres materiellrechtlichen Inhalts, daß diese Gesetze durch Vertrag abgeändert werden können; der Abschluß solcher Verträge aber als Vorgang ist, von Privaten vorgenommen, ohne staatsrechtliches Interesse, während die Gewährung der Dispensationen eine selbständige Ausübung der Staatsgewalt bedeutet.

So ist also die Wirksamkeit von Erziehungsverträgen grundsätzlich nach denjenigen Gesetzen zu beurteilen, welche auch ohne Abschluß eines Vertrags zur Anwendung gelangen würden. Wo inländisches Recht gilt, kann auch über Verträge nur inländisches Recht entscheiden.[89]) Gelangen im Inland aber ausländische Gesetze zur Anwendung, so sind im gleichen Umfang auch Erziehungsverträge diesen Gesetzen zu unterstellen. Das gilt auch dann, wenn die Einrichtung der Verträge zwar in den ausländischen Gesetzen zugelassen, dem Inlandrecht aber unbekannt ist,[90]) sofern nur die Vorschriften dieses Rechts über Abänderlichkeit der Bekenntnisbestimmung das Ergebnis nicht beeinflussen. Wenn ein sächsisches Ehepaar in Berlin wohnt und hier dem sächsischen Recht unterstellt wird, so hat der preußische Richter auch einem Erziehungsvertrag der Ehegatten Rechnung zu tragen.

Die Regel, daß ein Erziehungsvertrag unter denjenigen Gesetzen steht, welche für die Erziehung auch ohne seinen Abschluß gelten würden, bewährt sich, wenn ein Staat auf Ausländer im Inland deren heimatliche Gesetze anwendet. Freilich auch nur dann, wenn er sie dem heimischen Recht unterstellt. Es wurde früher (oben S. 425) der eigentümlichen Schwankungen gedacht, welche in dieser Hinsicht der sächsischen Praxis eigen sind; zum Teil unterwirft sie die religiöse Erziehung in ausländischen Familien deren heimatlichen Gesetzen, zum Teil erklärt sie ihnen gegenüber den sächsischen Staat für unbeteiligt. Dem entspricht es denn auch vollständig, wenn sie Erziehungsverträge zum Teil (nach den ausländischen Gesetzen) anerkennt, zum Teil ihnen rechtliche Bedeutung abspricht.

Die Regel von dem für Erziehungsverträge maßgebenden Recht empfängt ihre wesentliche Bedeutung bei einem Statutenwechsel.

---

[89]) Beachtenswert Verfügungen der Kreisdirektion Leipzig 29. VI. und 7. VIII. 1874, Schmidt 323[2]. Entscheidungen des bayerischen Verwaltungsgerichtshofs vom 18. IV. 1884, 3. XI. 1889 (anders die erste Instanz), 22. VI. 1904 Sammlung 5, 179; 11, 141; 25, 384.

[90]) Zutreffend angenommen in dem oben mitgeteilten Braunschweiger Fall (wobei freilich die Anerkennung eines Vertragsschlusses in Preußen mit dem angewendeten sächsischen Recht nicht mehr vereinbar ist). Ebenso v. Bar, Theorie und Praxis 1, 533[4].

Ist ein solcher Vertrag vor der Wohnsitznahme im Inland geschlossen und vor diesem Zeitpunkt anwendbar geworden, so bleibt das Kind unter der vorgesehenen Ordnung, und es muß bei einer Prüfung seines Bekenntnisstandes im Inland ein solcher Vertrag nach allen Richtungen auf Grund des vor der Wohnsitznahme geltenden Rechts beurteilt werden. Die bayerische Praxis hat diesen Satz besonders für die Form der vor dem Zuzug geschlossenen Verträge durchgeführt,[91]) aber freilich zuweilen mit Gründen, die Bedenken erwecken. Das bayerische Religionsedikt fordert (nach der herrschenden Auslegung) für Erziehungsverträge die Gestalt von Eheverträgen, deren Gültigkeit „sowohl in Rücksicht ihrer Form als der Zeit der Errichtung lediglich nach den bürgerlichen Gesetzen“ zu beurteilen ist. Auf Grund dieser Bestimmung hat der Verwaltungsgerichtshof wiederholt[92]) Vereinbarungen über die religiöse Kindererziehung für unbeachtlich erklärt, die, vor der Niederlassung in Bayern abgeschlossen, zwar den Vorschriften des früheren Wohnsitzes über Eheverträge, aber nicht jenen über Erziehungsverträge entsprochen haben. Die Entscheidungen sind mißlich, da die bayerische Verfassung an jener Stelle doch unzweideutig auf die Vorschriften über Eheverträge, nicht auf irgendwelche andere Bestimmungen der maßgebenden Rechtsordnung verweist.[93]) Vor allem aber: daß Erziehungsverträge die Form von Eheverträgen haben sollen, ist eine Vorschrift des materiellen bayerischen Rechts; wie kommt Bayern dazu, diese Vorschrift anzuwenden auf Verträge, die zur Zeit ihrer Errichtung und ihres Vollzugs einer anderen Rechtsordnung unterstellt waren? — Dieselbe Lösung, wo die zeitliche Zulässigkeit einer Vereinbarung eingeschränkt ist.[94]) In der bayerischen Pfalz konnten bis 1900 Erziehungsverträge nur vor Abschluß der Ehe errichtet werden; ein dementgegen eingegangener Vertrag vermag im rechtsrheinischen Bayern nicht anerkannt zu werden, auch wenn die Eheleute später ihren Wohnsitz dorthin verlegen.

Eine wesentliche Verschiedenheit dagegen trennt uns von der herrschenden Anschauung hinsichtlich des Zeitpunkts dieser Abgrenzung. Es wird bei Verträgen das maßgebende Recht ganz allgemein darnach bestimmt, ob der Vertragsschluß vor oder nach dem Statuten-

---

[91]) Vgl. oben S. 438 Anm. 81. Ebenso Schmidt 451.

[92]) Sammlung 11, 433; 18, 227.

[93]) Vgl. darüber oben S. 411 Anm. 8.

[94]) Ebenso Schmidt 451. Wenn Schmidt das Beispiel anführt, daß Eltern an ihrem Wohnsitz Nürnberg einen Vertrag über ihre bereits 6 Jahre alten Kinder abschließen und dann den Wohnsitz nach Sachsen verlegen, so ist die Entscheidung, daß der Vertrag auch in Sachsen anzuerkennen, allerdings zutreffend. Aber nicht, weil es sich um eine Vorschrift über die zeitliche Zulässigkeit von Verträgen handelt, sondern um den Schutz älterer Kinder gegen einen Glaubenswechsel, der jeweils der herrschenden Rechtsordnung unterstellt ist.

wechsel stattgefunden hat.[95]) Und doch besitzen solche Erziehungsverträge noch keinen selbständigen Inhalt, der staatlichen Schutzes bedürfte; sie sind zunächst nur Modifikationen staatlicher Rechtssätze, die erst dann für den Staat Bedeutung erhalten, wenn auch die von ihnen modifizierten Rechtssätze zur Anwendung gelangen würden: wenn es sich darum handelt, entsprechend dem Vertrag ein Kind dem vereinbarten Bekenntnis zuzuführen. Die Frage wird vor allem praktisch, wenn Brautleute einen Erziehungsvertrag vereinbaren und vor der Geburt eines Kindes den Wohnsitz ändern. Der aufnehmende Staat wendet auf die religiöse Erziehung das frühere Recht nur dann an, wenn ein Kind bereits mit einem Bekenntnis ins Land kommt, denn nur dann erhebt sich die Präjudizialfrage, welches dies Bekenntnis gewesen ist. Auf Kinder, welche erst im Inland einer Glaubensgemeinschaft zugeführt werden, kann einzig das Recht des Inlands zur Anwendung kommen, und nur das Recht des Inlands kann bestimmen, wieweit und unter welchen Voraussetzungen eine Abweichung von seinen Vorschriften durch Vertrag zulässig ist.

c) Andere Gesetzgebungen kennen an Stelle der Verträge eine rechtsförmliche Erklärung über die religiöse Erziehung von seiten des Vaters. Auch hier ist mit solchen Erklärungen zuweilen eine Bindung für die Zukunft verknüpft, und das Kammergericht[96]) hat zutreffend entschieden, daß über die Abänderlichkeit einer solchen Erklärung im Fall eines Wohnsitzwechsels das neue Recht zu entscheiden habe.

Im übrigen aber ist auch hier die Erklärung vor allem als eine Abweichung von den sonst geltenden Rechtssätzen zu würdigen, und es gilt auch hier, daß ihre Wirksamkeit davon abhängt, ob die Rechtsordnung, welche sie zuläßt, auf den Fall überhaupt zur Anwendung kommt. Das Kammergericht hat in dem eben angeführten Fall richtig angenommen, daß eine vor dem Eintritt in das preußische Rechtsgebiet abgegebene Erklärung den Formvorschriften des vordem geltenden Rechts entsprechen müsse. Aber freilich auch hier bleibt zu beachten, daß es nicht der Zeitpunkt der Erklärung ist, welcher das zeitlich maßgebende Recht bezeichnet, sondern daß es der Verwirklichung des ausgesprochenen Willens bei Geburt eines Kindes bedarf, um einer vor der Änderung des Wohnsitzes abgegebenen Erklärung die Wirksamkeit für das Inland zu sichern.

d) Ein Gesichtspunkt, welcher das Recht der Verträge und Erklärungen beeinflussen könnte, ist zu besonderer Erörterung zurückgestellt worden, die Frage, ob etwa auf die Form dieser Rechtshandlungen der Satz *locus regit actum* Anwendung finden dürfe. Er wird von Schmidt (S. 451) beigezogen, um darzutun, daß die Formgültigkeit

[95]) Für Vertragsschlüsse nach dem Statutenwechsel die oben S. 447 Anm. 89 angeführten Urteile des bayerischen Verwaltungsgerichtshofs.

[96]) Beschluß vom 23. XI. 1905 Zeitschrift 16, 312.

von Verträgen, welche vor einem Wohnsitzwechsel geschlossen wurden, unter dem früher geltenden Recht stehe,[97]) und der eben angeführte Beschluß des Kammergerichts ruft ihn an, als eine Erklärung über das Bekenntnis am früheren Wohnsitz Braunschweig vor der Verwaltungsbehörde abgegeben wurde, während das Recht des späteren Wohnsitzes Hildesheim Erklärung vor Gericht fordert, mit der ausdrücklichen Begründung, daß es sich dabei „nicht so um die Zulässigkeit einer Regelung der religiösen Erziehung durch Rechtsakte, als vielmehr um deren Form“ handle. Der bayerische Verwaltungsgerichtshof[98]) prüft die Wirksamkeit eines Erziehungsvertrags, der, nach einem Wohnsitzwechsel geschlossen, einen vorher vereinbarten Vertrag abgeändert hatte, und verweist bezüglich seiner Form auf jene Regel, wiewohl im übrigen dahingestellt bleibt, ob die Zulässigkeit eines zweiten Vertrages nicht fortdauernd unter den Gesetzen des ersten Wohnsitzes stehe. Und wenn spätere Entscheidungen des Gerichtshofs[99]) von einer Verwendung des Grundsatzes absehen, weil er nach bayerischem Recht auch bei Eheverträgen nicht Anwendung finde, so ist diese Einschränkung jedenfalls gegenwärtig hinfällig geworden, wo auch für Eheverträge Art. 11 des Einführungsgesetzes zum BGB. maßgebend ist.[100])

Dagegen bemerkt ein ungenannter bayerischer Verfasser[101]) einmal, der Satz *locus regit actum* könne auf Erziehungsverträge keine Anwendung finden, „er paßt nicht auf Gesetze, die aus Rücksichten vormundschaftlicher Obhut oder überhaupt des allgemeinen Besten besondere Formvorschriften aufstellen“. Und was dort unbestimmt empfunden, kann bestimmt formuliert werden: es handelt sich bei einer Zwangsordnung des Bekenntnisses um öffentliches Recht, für das öffentliche Recht aber ist der Satz nicht zu gebrauchen. Er ist nicht zu gebrauchen, wenn er wie meistens als Kollisionsnorm gedacht ist, denn es gibt im Bereich des öffentlichen Rechts keine allgemein geltenden Kollisionsnormen. Aber auch wo ihm nur die Bedeutung einer materiellrechtlichen Verweisung zukommt,[102]) kann

[97]) Wenn aber der Vertrag während der Herrschaft des früheren Rechts an einem andern als dem Wohnort der Beteiligten geschlossen wurde?

[98]) Entscheidung vom 3. XI. 1889, Sammlung 11, 141.

[99]) Vom 17. III. 1897, vgl. auch jene vom 23. XII. 1903, Sammlung 18, 227; 25, 138.

[100]) So auch von der Pfordten, Blätter für administrative Praxis (1900) 50, 185 mit dem Bemerken, es genüge nunmehr die Einhaltung der lex loci actus gemäß Art. 11[1] Satz 2 EG. „Es ist daher nicht nötig, auf die verzwickte Frage einzugehen, wie sich die Anwendung des ziemlich unklar gehaltenen Satzes 1 a. a. O. gestaltet.“ Wenn aber der geschlossene Vertrag den Anforderungen der lex loci actus nicht entspricht?

[101]) Blätter für administrative Praxis (1885) 35, 388.

[102]) In dem Sinn, daß gerade das an sich anzuwendende Gesetz es vorzieht, seine Vorschriften nach dem zu bemessen, was am Errichtungsort vorgeschrieben ist. Vgl. darüber Zitelmann, Internationales Privatrecht 2, 143ff.

ihn eine vernünftige Auslegung nicht auf Verträge und Erklärungen über religiöse Erziehung ausdehnen, da doch Beschränkungen der Staatsgewalt in Frage sind, deren Möglichkeit ein Staat nicht leicht der Bestimmung eines fremden Staates überlassen wird.

Konflikte.

9. Wenn die einen Staaten für die Zwangsordnung des Bekenntnisses ein Territorialprinzip, die anderen ein Personalprinzip zugrunde legen, so kann der Fall eintreten, daß eine Mehrheit von Gesetzgebungen in Anspruch nimmt, einem Kind sein Bekenntnis vorzuschreiben. Juristisch ist die Lösung solcher Konflikte sehr einfach, jeder Staat wendet seine Ordnung ohne Rücksicht auf abweichende Regelungen im Ausland an, und auch dritte Staaten, für welche die fremde Bekenntnisordnung rechtliche Bedeutung erlangt, werden je nach dem von ihnen bevorzugten Prinzip nur die eine oder nur die andere Ordnung zur Geltung kommen lassen. Aber für die Beteiligten kann es sehr anstößige Ergebnisse zeitigen, wenn zwei Staaten die Herrschaft über das Bekenntnis beanspruchen. Sächsische Behörden hatten über die Gültigkeit eines Erziehungsvertrags zu befinden, den ein sächsischer Staatsangehöriger, früher in Bamberg wohnhaft, später nach Sachsen verzogen, an seinem früheren Wohnsitz vor dem Notar errichtet hatte; der Vertrag war nach bayerischem Recht gültig, in Sachsen jedoch wurde ihm die Anerkennung verweigert, weil die Vereinbarung nicht, wie nach sächsischem Recht vorgeschrieben, vor Gericht abgeschlossen war.[103]) Es besteht gerade von hier aus dringende Veranlassung, die Praxis nachzuprüfen, welche in manchen Staaten die religiöse Erziehung dem heimatlichen Recht unterwirft.

Freilich auch vom Boden des Territorialprinzips aus können solche Häufungen der Zuständigkeit auftreten; Wohnsitz und Aufenthalt, Beziehungen der Eltern und des Kindes begründen jedes für sich eine Zuständigkeit. Aber Härten werden aus dieser Mehrheit von Zuständigkeiten nur selten hervorgehen. Denn ganz regelmäßig ist dabei die eine Anknüpfung jünger als die andere, der Aufenthalt insbesondere später als der Wohnsitz begründet, und es entscheidet nach den Grundsätzen über Statutenwechsel alsdann auch für das später zuständig gewordene Rechtsgebiet die Einreihung, welche der erste Staat vorgenommen hatte. Veränderungen des Bekenntnisses allerdings, die sich während des Bestands des Wohnsitzes im einen, des Aufenthalts im andern Gebiet ergeben, wird jeder der beteiligten Staaten nach seinem Recht bemessen; ein Erziehungsvertrag, der

[103]) Kreisdirektion Leipzig 29. VI. und 7. VIII. 1874 (nach Entscheidung des Kultusministeriums), Schmidt 323[2].

allseitig wirksam sein soll, muß den Anforderungen beider Gesetzgebungen genügen.

Dritte Staaten, die, eigener Zuständigkeit für den Fall ermangelnd, das Bekenntnis eines Kindes nach fremdem Recht zu beurteilen haben, bestimmen das anwendbare Recht zunächst nach den Grenzen, in denen das inländische Erziehungsrecht zur Geltung gelangt. Aber die Mehrheit von Anknüpfungen, die hiebei verwertet wird: Wohnsitz des Kindes, Wohnsitz der Eltern, Aufenthaltsort des Kindes, ist auf auswärtige Rechte nicht übertragbar. Hat ein Kind den Wohnsitz in Berlin, und es wird in Wien erzogen, so kann sein Bekenntnis in Bayern nicht nach beiden Rechten zumal bestimmt werden. Es gilt hier, was über die gleichen Fragen für das Recht des Austritts ausgeführt wurde (oben S. 401): bei der Anwendung ausländischer Ordnungen bedarf es auch im internationalen Verwaltungsrecht der Zurückführung des Tatbestands auf eine einzige Anknüpfung. Als die wichtigste örtliche Beziehung aber wird auch für die religiöse Erziehung der wirkliche Aufenthalt des Kindes in Betracht kommen; hier empfängt das Kind tatsächlich seine konfessionelle Entwickelung, hier ist die Staatsgewalt, die in das Verhältnis unmittelbar eingreifen kann. Auf den letzterwähnten Fall wird Bayern österreichisches Erziehungsrecht anwenden, und erst von hier aus kann einem erfolgten Statutenwechsel Rechnung getragen werden.

Über Rückwirkungen, welche innerhalb Deutschlands die Ordnung des einen Bundesstaats auf andere Staaten übt, unten § 38 Z. 4.

§ 38. 3. Bekenntnisfreiheit.

1. Die Wahl des Erziehers. — 2. Das Erziehungsrecht. — 3. Bekenntnisfreiheit und Bekenntniszwang nebeneinander. — 4. Konflikte.

Die Wahl des Erziehers.

1. Die gesamten im vorstehenden gegebenen Ausführungen haben die Abgrenzung solcher staatlicher Ordnungen zum Gegenstand, welche bei der Erziehung der Kinder Bekenntniszwang üben. Wie aber sollen sich nun Gesetzgebungen voneinander abgrenzen, welche Bekenntnisfreiheit gewähren?

Eine ausdrückliche Satzung enthält hier das schweizerische Bundesgesetz vom 25. Juni 1891 Art. 13, zunächst für das Verhältnis der Kantone zueinander: „Wenn über die religiöse Erziehung eines bevormundeten Minderjährigen . . eine Verfügung zu treffen ist, so hat die Vormundschaftsbehörde des Wohnsitzes in dieser Beziehung die Weisung der Vormundschaftsbehörde der Heimat einzuholen und zu befolgen.“ Dazu Art. 15: „Wenn . . die Wohnsitzbehörde die Weisung der Heimatbehörde in bezug auf die religiöse Erziehung eines Kindes nicht befolgt, so kann die Heimatbehörde verlangen, daß die Vormundschaft ihr abgegeben werde." Diese Bestimmungen gelten indes nicht dem Staat in seiner Eigenschaft als Ordner staatskirchenrechtlicher Verhältnisse, sondern dem Staat als Inhaber vormundschaftlicher Erziehungsbefugnisse. Staatskirchenrechtlich ist die religiöse Erziehung für die ganze Schweiz einheitlich geordnet; eine Zuständigkeit der Kantone zur Vormundschaftsführung und damit zur tatsächlichen Einflußnahme auf das Bekenntnis ist Gegenstand der Regelung. Im gleichen Umfang erwerben gemäß Art. 32 auch Auslandsstaaten, deren Angehörige in der Schweiz bevormundet werden, Einfluß auf die Bekenntnisbestimmung. Aus dieser Überweisung vormundschaftlicher Befugnisse an den Heimatstaat aber herleiten zu wollen, daß in der Schweiz das Recht der religiösen Erziehung als solches dem Heimatprinzip unterstände, wäre falsche Analogie; gerade in der Schweiz (s. unten Z. 3) muß auch Ausländern gegenüber an der Bestimmungsfreiheit des Erziehungsberechtigten für jeden Fall festgehalten werden.[1])

Eine württembergische Entscheidung hat inländisches Recht angewendet auf Kinder, die zwar ihren Aufenthaltsort auswärts, aber Staatsangehörigkeit und Wohnsitz in Württemberg hatten.[2]) Das Oberlandesgericht Hamburg unterwirft Kinder, die in Hamburg wohnen und bevormundet werden, dem für Holstein geltenden preußischen Recht, weil der Vater preußischer Staatsangehöriger war und den letzten Wohnsitz in Altona hatte.[3]) Für Elsaß-Lothringen stellt Kisch[4]) auf die Art. 19, 20 des Einführungsgesetzes zum BGB. ab. Und auch sonst ist die Literatur einstimmig in der Antwort, daß hier das Personalstatut zu entscheiden habe.[5])

---

[1]) In der Literatur sind die Fragen kaum klargestellt worden. Man anerkennt, daß Art. 13 auch auf Ausländer in der Schweiz Anwendung finden müsse: Wolf, Zeitschrift für schweizerisches Recht (1894) 35, 50; Des Gouttes ebenda (1897) 38, 354; R. Bader, Das Bundesgesetz betreffend die zivilrechtlichen Verhältnisse der Niedergelassenen und Aufenthalter[2] (1898) 41. Im übrigen scheint Des Gouttes a. a. O. materiellrechtlich die ausschließliche Geltung des Wohnsitzrechts anzunehmen, Wolf 28 bevormundete Kinder den Gesetzen des Heimatstaats, Kinder unter elterlicher Gewalt denen des Wohnsitzes zu unterwerfen; vgl. auch C. Escher, Das schweizerische interkantonale Privatrecht (1895) 132; Bader a. a. O. 32, 34. Dazu unten S. 458 f. und 469 f.

[2]) Waisengericht Stuttgart 9. XII. 1885 bei Schmidt 454[1]. Über die Einreihung Württembergs in die Länder, die Bekenntnisfreiheit gewähren, oben S. 409 Anm. 5.

[3]) Beschluß vom 16. XI. 1908, oben S. 424; dazu unten S. 455 Anm. 6 und S. 459. Abzulehnen sei das Recht des Geburtsortes der Kinder, weil der Aufenthaltsort der Familie leicht verändert werden könne, und die Geltung von verschiedenerlei Recht für die einzelnen Kinder mißlich sei; aber auch das Recht des Vormundschaftsgerichts dürfe nicht entscheiden, da der Ort der Vormundschaftsführung gleichfalls wechseln könne.

[4]) Elsaß-lothringisches Landesprivatrecht 933.

[5]) Vgl. v. Bar, Böhm, Fiore, Protitch, Weiss a. a. O. (oben S. 424 f.)

Man wird diesen Lösungen gegenüber einen abweichenden Ausgangspunkt nehmen müssen. Wie der Erzieher dem Staat gegenüber über das Bekenntnis entscheidet, kann nicht Gegenstand privatrechtlicher Regelung sein, und es entfallen insoweit auch die Kollisionsnormen des Privatrechts. Die freie Bekenntniswahl ist dem Erzieher entweder durch die verfassungsrechtlichen Vorschriften über Gewissensfreiheit verbürgt: die wenden sich an die Staatsgewalt selbst und gelten — oben S. 380 — für jegliche Betätigung der öffentlichen Gewalt in Glaubenssachen. Oder der Staat überläßt die Bestimmung dem Erzieher, weil er sie für einen rechtlich gleichgültigen Vorgang erklärt: dann bleibt die Bekenntniswahl ein rechtlich gleichgültiger Vorgang, gleichviel wo und von wem sie vorgenommen wird — unter beiden Voraussetzungen ist für eine Anwendung auswärtiger Vorschriften über Bekenntnisbestimmung kein Raum. Nun mag es immerhin richtig sein (oben S. 413), daß in Ländern völliger Glaubensfreiheit die Uebertragung der Bekenntnisbestimmung auf den Erziehungsberechtigten die selbständige privatrechtliche Ordnung einer Familiengewalt bedeutet, und deren Inhalt unter Personalstatut steht: Anerkennt auch das fremde Recht die Erziehungsfreiheit des Gewalthabers, so ist die Verweisung gegenstandslos. Besagt die fremde Rechtsordnung, daß dem Erziehungsberechtigten die Bekenntnisbestimmung nicht zukomme, so bleibt es bei dieser Negative; zu einer Herübernahme dessen, was nun öffentlichrechtlich an ihrer Statt in jenem Gebiet gilt, führt kein Weg. Und da in der Gewalt des Erziehers über den Zögling keine Lücke sein kann, so wird diese Negative, gehemmt durch den Vorbehalt der öffentlichen Ordnung, auch privatrechtlich außer Betracht bleiben müssen.

Schärfer umrissen sind die Grenzen der Bekenntnisfreiheit in Staaten, die solche Freiheit nur für gewisse Fälle gewähren, für andere Fälle Zwang auflegen. Die Verteilung von Freiheit und Zwang bildet hier eine geschlossene Einheit; im gleichen Umfang, in dem nach früheren Feststellungen der Zwang, kommt auch die Freiheit räumlich zur Geltung. Das private Erziehungsrecht aber, dem hier mittelbar das Recht der Bekenntnisbestimmung einverleibt wird, teilt die Anwendbarkeit des öffentlichrechtlichen Satzes, durch den es seinen Inhalt bekommt. Und im selben Umfang, den das Inlandrecht für sich in Anspruch nimmt, bleibt auch die Anwendung auswärtiger Bekenntnisvorschriften möglich.

Das Erziehungsrecht.

2. Ist dagegen die Vorfrage gelöst, daß über die Konfession der Erzieher bestimmt, so tritt nunmehr internationales Zivilrecht in Wirksamkeit. Wem das Erziehungsrecht zusteht, dem Vater oder beiden Eltern, dem Vormund oder der Vormundschaftsbehörde, und

wie dies Recht auszuüben, darüber entscheidet für Kinder unter elterlicher Gewalt das Personalstatut, in Deutschland regelmäßig das heimatliche Recht des Gewalthabers; für bevormundete Kinder die Rechtsordnung des Staats, unter dessen Hoheit die Vormundschaft geführt wird.[6])

Bei Ausübung des elterlichen Erziehungsrechts wird alsdann auch eine Frage praktisch, die zwar für das gesamte Erziehungsrecht gestellt werden kann, aber doch tatsächlich nur mit Rücksicht auf die religiöse Erziehung vorzukommen pflegt: ob nämlich das freie Erziehungsrecht des Berechtigten durch Vertrag eingeschränkt werden kann. Auch hier also handelt es sich um Erziehungsverträge der Ehegatten, aber ihre Struktur ist eine völlig andere als dort, wo solche Verträge im Rahmen einer Zwangsordnung des Bekenntnisses vorkommen. Dort handelt es sich um die öffentlichrechtliche Befugnis der Eltern, die öffentlichrechtliche Ordnung des Bekenntnisstands zu modifizieren, hier ist die Möglichkeit einer zivilrechtlichen Beschränkung der vom Zivilrecht gewährten Erziehungsbefugnisse in Frage. England, die Schweiz erklären solche Verträge für unstatthaft, in Frankreich ist ihre Zulässigkeit kontrovers, in Württemberg sind sie ausdrücklich zugelassen.[7]) Ein Schweizer kann sich auch in Württemberg nicht auf einen solchen Vertrag berufen.

Für Staaten, welche im Rahmen ihres öffentlichen Rechts Erziehungsfreiheit nur für bestimmte Fälle einräumen, kann sich darnach der Fall ergeben, daß die Gewährung dieser Freiheit von dem einen, die Möglichkeit ihrer Beschränkung durch Verträge von einem andern Recht entschieden wird. Bayern gibt die religiöse Erziehung für ungemischte Ehen frei. Wenn nun eine französische katholische Familie in Bayern Wohnsitz hat, so bestimmt das Recht des bayerischen Wohnsitzes, daß die Bekenntniswahl dem Vater zukommt, das Recht des französischen Heimatstaats dagegen, ob eine Beschränkung der Erziehungsgewalt durch Vertrag statthaft ist. Möglicherweise auch steht ein Tatbestand in einem Staat zwar an und für sich unter Zwangsordnung, aber eine Verweisung auf fremdes Recht — auf die Regelung im Heimatstaat, auf das Recht am früheren Wohnsitz — führt zur Bekenntnisfreiheit und damit zu der Notwendigkeit, die zivilrechtlich maßgebenden Gesetze gesondert zu bestimmen. Ein Bürger der Vereinigten Staaten wohnt in Sachsen; die Konfession seiner Kinder kann er dort nach heimatlichem Recht frei wählen; ob er diese Freiheit durch privatrechtlichen Vertrag be-

---

[6]) Die oben angeführte Hamburger Entscheidung erscheint schon unter diesem Gesichtspunkt anfechtbar.

[7]) Nach Reichsrecht freilich dürfte in Deutschland das Erziehungsrecht unverzichtbar sein, allein der Vorbehalt des Art. 134 des Einführungsgesetzes zum BGB. deckt auch diese partikulare Abweichung. Vgl. im übrigen oben S. 409 Anm. 5.

schränken kann, hat (nach Art. 27 EG. BGB.) das sächsische Zivilrecht zu entscheiden. Ein Braunschweiger verlegt den Wohnsitz mit seinen Kindern von Württemberg nach Bayern; man wird in Bayern die öffentlichrechtliche Frage für die Zeit vor der Uebersiedelung nach württembergischem Recht beantworten und darnach Erziehungsfreiheit annehmen; für die privatrechtliche Frage dagegen, ob sich der Erziehungsberechtigte durch Vertrag wirksam beschränken kann, wird man braunschweigisches Recht zugrunde legen und darnach einem in Württemberg abgeschlossenen Vertrag die Anerkennung versagen.

Ein Wechsel der für das Erziehungsrecht maßgebenden Statuten veranlaßt wenig Schwierigkeiten.[8]) Das Erziehungsrecht ist wie alle elterliche und vormundschaftliche Gewalt grundsätzlich wandelbar; es entscheidet über das Maß der Erziehungsbefugnisse das Gesetz, das im Zeitpunkt ihrer Inanspruchnahme gilt. Nur die beschränkenden Verträge können auch hier zu Bedenken führen. Als Bindung der Erziehungsfreiheit bedeuten sie, wie früher (S. 446) ausgeführt, einen Dauerzustand, der nur solange rechtlich wirksam sein kann, als er von der maßgebenden Rechtsordnung getragen wird. Anerkennt die neue Rechtsordnung keine Erziehungsverträge, so erlangt der Erziehungsberechtigte volle Freiheit, auch wenn ein vordem wirksamer Erziehungsvertrag geschlossen worden war. Lassen beide Rechtsordnungen solche Verträge gelten, so ist doch eine Fortdauer der Bindung nur dann möglich, wenn die Vereinbarung den Voraussetzungen des neuen Rechts genügt. Und nur für die Form des Abschlusses mag dabei der Satz *locus regit actum* zur Geltung kommen. Härten können hier nirgends entstehen, weil der Ausschluß öffentlichrechtlichen Zwanges ja gerade vorausgesetzt ist.

Endlich aber bleibt zu beachten, daß es lediglich die privatrechtliche Ordnung der Erziehung ist, die zur Geltung kommt, wenn die Vorfrage der Erziehungsfreiheit bejaht ist. Und daran muß auch festgehalten werden gegenüber eigentümlichen Entscheidungen des bayerischen Verwaltungsgerichtshofes.[9]) Es handelte sich um Fälle, für welche die bayerische Verfassung Zwangsvorschriften nicht aufstellt, weshalb „die einschlägigen zivilgesetzlichen Grundsätze und Vorschriften“ zur Anwendung gelangen sollten; die hiedurch bezeichnete Rechtsordnung aber wurde in ihren Zwangsvorschriften über religiöse Erziehung zur Anwendung gebracht. Es waren in den verhandelten Fällen zufällig Bekenntnisordnungen in Frage, die innerhalb Bayerns galten; wie aber, wenn das maßgebende Zivilrecht

---

[8]) Es ist hier von einem Statutenwechsel in bezug auf das privatrechtliche Erziehungsrecht die Rede. Wegen eines Statutenwechsels hinsichtlich der Vorfrage, ob freie Bekenntnisbestimmung bestehen soll, unten S. 458 und 459 f.

[9]) Vom 15. II. 1884, vgl. auch 23. XII. 1890 Sammlung 5, 138; 12, 442.

ein außerbayerisches ist? Ein österreichisches Ehepaar katholischer Konfession wohnt in München und wünscht seine Kinder protestantisch zu erziehen; die bayerische Verfassung gibt das Bekenntnis der Kinder aus ungemischten Ehen frei, überläßt die Ausführung also dem Zivilrecht; für zivilrechtliche Erziehungsfragen gilt seit 1900 Heimatprinzip, für Österreicher in Bayern also österreichisches Recht; soll das in Österreich bestehende Verbot, Kinder einer ungemischten Ehe einer abweichenden Konfession zuzuführen, nun auch in Bayern zur Durchsetzung gelangen? Obwohl doch gerade der bayerische Verwaltungsgerichtshof an der Territorialität solcher Zwangsordnungen festhält? Es wurde schon oben (S. 411 f.) versucht, die Mißverständnisse aufzudecken, welche einem solchen Verfahren zugrunde liegen. Es ist Sache des bayerischen öffentlichen Rechts, festzustellen, daß auch für Österreicher in Bayern, die in ungemischter Ehe leben, Erziehungsfreiheit besteht, und es hat das österreichische Zivilrecht dann weiter zu bestimmen, wer zum Träger der Erziehungsgewalt berufen ist, und wie er seine Befugnisse auszuüben hat.

Bekenntnisfreiheit und Bekenntniszwang nebeneinander.

3. Probleme besonderer Art ergeben sich dort, wo die Bekenntnisfreiheit des einen Staats und der Bekenntniszwang eines andern Staates sich kreuzen. Zunächst gilt auch hier, daß jeder Staat innerhalb seiner Zuständigkeit so vorgeht, wie es seinen Gesetzen entspricht, auch wenn ein anderer Staat Zuständigkeit über den Tatbestand beansprucht, die zu einer abweichenden Ordnung führen würde. Wohnt ein württembergisches Ehepaar, Mann und Frau verschiedener Konfession, in Bayern, so haben vom Standpunkt Bayerns die Töchter dem Bekenntnis der Mutter zu folgen; württembergische Gerichte, die mit dem Fall befaßt werden, haben das freie Bestimmungsrecht des Vaters anzuerkennen. Und es mag bei einer solchen Zuständigkeit der beiden Staaten vorkommen, daß derselbe Erziehungsvertrag, den die Ehegatten geschlossen haben, insofern er privatrechtlich den Willen des Erziehungsberechtigten binden soll, den Vorschriften des württembergischen Rechts, insofern er die Aufgabe hat, Rechte des bayerischen Staats abzugrenzen, den Bestimmungen der bayerischen Gesetze genügen muß.

Ist eine Zuständigkeit des Inlands jedoch nicht gegeben, so bedarf es der Unterscheidung. Die Verwaltung eines Staates mit öffentlichrechtlicher Bekenntnisordnung steht Bekenntnisstreitigkeiten außerhalb seiner Zuständigkeit grundsätzlich untätig gegenüber. Immerhin mag es auch in solchen Gebieten zu einer Anwendung ausländischer Bekenntnisordnungen kommen. Wenn Sachsen die Glaubenszugehörigkeit ausländischer Kinder im Inland nach deren heimatlichen Gesetzen bemißt, so macht die Durchführung dieses Grundsatzes keine Schwierigkeiten: das maßgebende Recht ist fest bestimmt, mag es sich für Zwang oder Freiheit entscheiden, öffentlichrechtlich oder privatrechtlich ausgestaltet sein.[10]) Wenn Bayern die Kinder zugewanderter Familien dem Bekenntnis zuweist, dem sie die Gesetze des bisherigen Wohnsitzes eingereiht hatten, so gelangt auch diese Regelung schlechtweg zur Durchführung.

Auf Seiten derjenigen Staaten, die vollkommene Erziehungsfreiheit gewähren, mag es in Fragen des privatrechtlichen Erziehungsrechts zur Anwendung fremder Gesetze kommen; die Anwendung auswärtiger Zwangsvorschriften über das Bekenntnis ist durchaus ausgeschlossen. Wenn von den Gerichten oder Verwaltungsbehörden eines solchen Staates die Entscheidung begehrt würde, ein Kind müsse gemäß auswärtigem Recht in dem oder jenem Bekenntnis erzogen werden, so würde die begehrte Entscheidung als Urteil über öffentlichrechtliche Angelegenheiten eines andern Staats der Zuständigkeit ermangeln. Wo der Bekenntnisstand des Kindes als Voraussetzung verwertet wird, an die das Inland irgendwelche Rechtsfolgen knüpft, etwa die Pflicht zu Kirchensteuern, da kann nur der tatsächliche Bekenntnisstand des Kindes entscheiden; denn, wie oben (S. 387 f.) erörtert: kennt das Inland seinerseits keine Normen, die ein Zwangsbekenntnis auflegen, so fehlt die Verbindung, die ausländische Vorschriften dieser Art für das Inland anwendbar zu machen vermöchte. Die Befolgung auswärtiger Zwangsnormen könnte für das Inland etwa in Frage kommen, wenn ein Kind ausländischer Herkunft im Inland bevormundet wird, und es hätte der Staat als Erzieher des Kindes zu dessen Bekenntnis Stellung zu nehmen. Allein (um von anderen Bedenken abzusehen) hier wird wichtig, was oben S. 454 ausgeführt wurde. Entweder behandelt der Vormundschaft führende Staat die Bekenntnisbestimmung als rechtlich gleichgültig; dann behält sie diese Eigenart ihm gegenüber, gleichviel wo das Kind die Staatsangehörigkeit oder den Wohnsitz hat. Oder es beruht das Bestimmungsrecht des Erziehers auf öffentlichrechtlichen Vorschriften über Gewissensfreiheit; dann binden diese Vorschriften den Staat in allen seinen Betätigungen. Und eben diese Erwägungen werden auch bei einem Statutenwechsel wirksam, der die Ordnung eines solchen Staates zeitlich anwendbar macht. Die Familie, die ihren Wohnsitz von Österreich nach Frankreich verlegt, erhält volle Freiheit der Bekenntnisbestimmung.

Daraus folgt, daß den früher mitgeteilten Vorschriften in Art. 13 und 15 des schweizerischen Gesetzes vom 25. Juni 1891 nicht entnommen werden kann, die religiöse Erziehung sei in der Schweiz

[10]) Die sächsische Praxis hat (nach der Darstellung Schmidts 328[4], 326[8], 327[4]) schon französisches, italienisches, christlich-türkisches Recht zur Anwendung gebracht.

schlechtweg nach heimatlichen Gesetzen zu beurteilen. Und es mag hier auch auf ein früher erwähntes Hamburger Urteil (S. 453) näher eingegangen werden. Kinder preußischer Staatsangehörigkeit haben in Hamburg den Wohnsitz und stehen dort unter Vormundschaft; das Oberlandesgericht bestätigt die Entscheidung der Vormundschaftsbehörde, die 1. erklärt, daß die Kinder (in Anwendung preußisch-holsteinischer Zwangsnormen) evangelisch zu erziehen seien, und 2. gemäß § 1801 BGB.[11]) den katholischen Vormund entläßt, weil die Kinder in einem andern Bekenntnis zu erziehen seien. Der erste Teil des Beschlusses, der nicht nur dem Vormund sein Verhalten anweisen, sondern objektiv feststellen will, welche Pflichten preußische Erziehungsnormen begründen, überschreitet als Urteil über öffentlichrechtliche Angelegenheiten eines andern Staats die Zuständigkeit Hamburgs. Dagegen bedurfte es allerdings einer Entscheidung über die beantragte Entlassung des Vormunds und damit über die Vorfrage, in welchem Bekenntnis die Mündel zu erziehen waren. Aber Art. 5 der Hamburgischen Verfassung gewährleistet „volle Glaubensfreiheit"; eine Rechtspflicht, fremden Bekenntniszwang durchzuführen, ist damit unvereinbar. Auch hier hat der Erziehungsberechtigte volle Bestimmungsfreiheit; und wenn es kontrovers ist, ob als Erziehungsberechtigter insoweit der Vormund oder die Vormundschaftsbehörde anzusprechen ist — der berechtigte Teil, Gericht oder Vormund, hat zunächst nach tatsächlichen Erwägungen das Bekenntnis des Mündels zu bestimmen, und dann erst kann festgestellt werden, ob Vormund und Mündel einem verschiedenen Bekenntnis angehören.

Anders als in den Staaten völliger Erziehungsfreiheit sind diese Fragen dort zu beantworten, wo neben der Normierung von Zwang für gewisse Tatbestände andere Fälle der freien Entscheidnng der Beteiligten überlassen bleiben. Ausländisches Recht kann hier in früher bezeichneten Grenzen zur Anwendung kommen, und wenn die Wirksamkeit auswärtiger Zwangsnormen in solchen Staaten überhaupt möglich ist, so besteht kein Hindernis, ihnen auch bei Tatbeständen Einfluß zu gewähren, die das Inland der freien Bestimmung der Familie überweisen würde. Die Tochter katholischer Eltern, die in Österreich wohnen und staatsangehörig sind, steht bei einer Eheschließung in Bayern unter dem Ehehindernis des Katholizismus, auch wenn sie entgegen den Vorschriften des österreichischen Rechts protestantisch erzogen wurde. Das Gesagte gilt an sich auch bei einem Statutenwechsel. Nur bleibt zu beachten, daß bei einer Niederlassung in Gebieten, die für den gegebenen Fall freie Wahl

---

[11]) „Die Sorge für die religiöse Erziehung des Mündels kann dem Vormunde vom Vormundschaftsgerichte entzogen werden, wenn der Vormund nicht dem Bekenntnis angehört, in dem der Mündel zu erziehen ist."

gewähren, zwar die frühere zwangsweise Einreihung in ein Bekenntnis auch den neu zuständigen Staat bindet; aber die Bestimmungsfreiheit, die er selbst für den Fall gewährt, macht eine Änderung jenes Bekenntnisses jederzeit statthaft.

Aber nicht nur die Anwendung fremder Gesetze ist es, die bei einem Nebeneinander von Bekenntniszwang und Bekenntnisfreiheit zu Schwierigkeiten führen kann; auch das Verfahren, in dem Zweifel zum Austrag zu bringen sind, ist nicht immer selbstverständlich. Bayern und andere Staaten schreiben für Streitigkeiten über religiöse Kindererziehung den Verwaltungsrechtsweg vor; die Anwendbarkeit dieser Vorschriften aber wird für einen solchen Staat Hand in Hand gehen mit der Anwendbarkeit seines materiellen Rechts über religiöse Erziehung. Zwar kommen auch innerhalb des Verwaltungsrechts Diskrepanzen vor, derart, daß sich der Geltungsbereich der materiellrechtlichen und prozeßrechtlichen Anordnungen nicht völlig decken; allein der Zusammenhang zwischen *lex* und *forum* ist hier enger als im Zivilrecht. Die Verwaltungsrechtspflege ist nicht wie die Zivilrechtspflege eine materielle Wohlfahrtseinrichtung des Staats zugunsten seiner Bewohner, sondern sie ist eine Hilfstätigkeit zur Kontrolle der subjektiven Berechtigungen dieses Staats. Sie umfaßt deshalb nach Möglichkeit alle die Fälle, in welche die Staatsgewalt dort zu Lande eingreift, aber auch nur diese Fälle. Für Angelegenheiten, welche der Hoheit dieses Staats örtlich nicht mehr unterstehen, wird auch die Verwaltungsrechtspflege mangels besonderer Gegenbestimmungen nicht zuständig sein. Lautet deshalb eine Vorschrift wie die bayerische, welche für Streitigkeiten über religiöse Erziehung den Verwaltungsrechtsweg vorschreibt, auch ganz allgemein, so ist sie doch mit Rücksicht auf die örtlichen Grenzen des materiellen Verwaltungsrechts zu beschränken. Die Zuständigkeit der Zivilgerichte reicht weiter. Es ist ihnen unbenommen, über privatrechtliche Erziehungsstreitigkeiten von Ausländern zu entscheiden. Und es wird kaum einem Bedenken unterliegen, diese gerichtliche Zuständigkeit auch in Staaten wie Bayern zuzulassen für Fälle, für welche der Verwaltungsrechtsweg nicht vorgeschrieben ist. Ein württembergisches Ehepaar, wohnhaft in Stuttgart, der Vater protestantisch, die Mutter katholisch, vereinbaren, daß ihr Kind bei dem Bruder der Mutter in München katholisch erzogen werden solle; eine Klage aus dem Erziehungsvertrag kann vor den Gerichten in München gestellt werden. Erwähnt mag aber auch noch werden, daß derlei Fragen, so theoretisch ihre Erörterung klingen mag, der Praxis des Lebens keineswegs fernbleiben. Dem bayerischen Verwaltungsgerichtshof lag einmal der Fall vor,[12]) daß ein württembergisches Ehepaar, in gemischter Ehe lebend, seinen Wohnsitz in Bayern genommen und hier einen

[12]) Entscheidung vom 18. IV. 1884 Sammlung 5, 179.

Erziehungsvertrag errichtet hatte; der Vater wünscht von seinen Verbindlichkeiten loszukommen, und erklärt nun den Vertrag für ungültig, weil er dem württembergischen Recht nicht entspreche; in seiner Ermangelung aber wolle er über die Erziehung kraft seiner privatrechtlichen Erziehungsgewalt verfügen und beantrage, alle Einwendungen auf den Zivilrechtsweg zu verweisen — worauf denn freilich der Gerichtshof nicht eingegangen ist.

Konflikte.

4. Konflikte eigentümlicher Art können sich — auf der Grundlage des Bekenntniszwanges wie der Bekenntnisfreiheit — in Deutschland erheben. Die Bundesstaaten stehen sich in der Ordnung der religiösen Erziehung unabhängig gegenüber. Indessen bei der Rechtsgemeinschaft, die sie auf anderen Gebieten verbindet, kann es vorkommen, daß die Regelung, die ein Bundesstaat innerhalb seiner Zuständigkeit der religiösen Erziehung zuwendet, Wirkungen in fremdem Rechtsgebiet übt, die der dortigen Ordnung des Bekenntnisses widersprechen.[13]) Eine Familie sei in Preußen und Württemberg staatsangehörig, Mutter und Kind in Stuttgart, der Vater in Hannover wohnhaft; der Vater läßt das Kind entgegen einem geschlossenen Erziehungsvertrag in seinem Bekenntnis erziehen, die Mutter erhebt Klage und erzielt vor württembergischen Gerichten obsiegliches Urteil. Ein solches Urteil ist im ganzen deutschen Reich vollstreckbar und kann demgemäß auch in Hannover nach § 888 ZPO. vollstreckt werden, wiewohl es der dort geltenden Ordnung stracks zuwiderläuft. Darüber hinaus freilich kann die Wirksamkeit eines solchen Urteils nicht erstreckt werden, es kann eine zivilrechtliche Verbindlichkeit, die Erziehung in einem bestimmten Bekenntnis vorzunehmen, nur in der Richtung gegen den Vater aussprechen; wenn etwa der Vater sein Kind zu sich genommen und in eine Schule seines Bekenntnisses geschickt hat, so sind die Schulbehörden in Hannover an eine solche Entscheidung nicht gebunden. Eine andere Möglichkeit mittelbarer Übergriffe ist durch das Reichsgesetz vom 9. Juni 1895 geschaffen worden. Sächsische Staatsangehörige, Vater protestantisch, Mutter katholisch, wohnen in München; wird die Tochter in Sachsen mit Rücksicht auf einen dort liegenden Grundbesitz zu protestantischen Kirchengemeindeabgaben beigezogen, so ist diese Festsetzung in München vollstreckbar, wiewohl das Kind nach bayerischem Recht katholisch erzogen werden muß.[14]) Insbesondere

[13]) Solche Kompetenzverwirrungen kommen innerhalb Deutschlands auch sonst vor. Vgl. etwa Blätter für Rechtsanwendung 71, 333ff. oder oben S. 320.

[14]) § 4 des Gesetzes unterwirft die Voraussetzungen der Beistandleistung ausschließlich den für die ersuchende Stelle maßgebenden Vorschriften. § 3 macht eine Einschränkung nur für die Art der Handlungen, die zum Zweck

aber ist die Möglichkeit solcher Übergriffe nahegerückt worden durch das Reichsgesetz über die Angelegenheiten der freiwilligen Gerichtsbarkeit, welches auch den Behörden der freiwilligen Gerichtsbarkeit Amtsgewalt über das ganze Reich verleiht. Dabei mögen drei Fälle Beachtung finden, in denen es zu einer Entscheidung der Vormundschaftsbehörde über die religiöse Erziehung kommen kann.

Wo den Vormundschaftsgerichten wie in Preußen die gesamte Religionspolizei über Minderjährige übertragen ist,[15]) da beruht diese Überweisung auf Landesrecht, und es fehlt damit — soweit überhaupt eine Angelegenheit der freiwilligen Gerichtsbarkeit vorliegt — an der Voraussetzung, welche § 1 des Gesetzes über freiwillige Gerichtsbarkeit für eine außerpartikulare Wirkung vormundschaftlicher Entscheidungen aufstellt: daß die Angelegenheit den Gerichten durch Reichsgesetz übertragen worden ist. Und auch die älteren partikularen Rechtshilfeverträge vermögen nicht zu einem Einbruch vormundschaftsgerichtlicher Entscheidungen entgegen dem örtlichen Recht zu führen, da sie nach Art. 1 nur zu derjenigen Rechtshilfe verpflichten, welche „den Gerichten des Inlands nach dessen Gesetzen“ nicht verweigert werden darf.

Anders, wo § 1837 BGB. eingreift. Ein gesetzwidriges Vorgehen des Vormunds hintanzuhalten, ist das Vormundschaftsgericht vom Reichsrecht berufen, und es kann das Vormundschaftsgericht, was gesetzwidrig ist, nur nach seinem eigenen Recht bemessen. In Berlin werde die Vormundschaft über ein Kind mit Wohnsitz in München geführt, das nach preußischen Gesetzen protestantisch, nach bayerischem Recht katholisch erzogen werden muß. Das Vormundschaftsgericht kann den Vormund zur Befolgung seiner Anordnungen durch Geldstrafen anhalten, und ich wüßte nicht, was einer Vollstreckung solcher Geldstrafen in Bayern entgegengehalten werden könnte, wenn nicht etwa das Vormundschaftsgericht sich selbst beschränkt, weil bei dem juristischen Notstand des Vormunds nicht wohl von einer „Pflichtwidrigkeit“ zu sprechen ist.

Eine andere Stellung wiederum kann dem Vormundschaftsgericht zukommen, wo der Vormund das Bekenntnis des Mündels nach seinem Ermessen bestimmen kann, in Gebieten völliger Erziehungsfreiheit wie Hamburg oder Bremen. Es ist bestritten, ob das Vormundschaftsgericht bei Ermessensfragen in die Anordnungen des Vormunds abändernd eingreifen darf. Wer die Frage mit Dernburg bejaht, für den kann das Vormundschaftsgericht auch unter solchen Umständen zu einer Entscheidung gelangen, der Mündel sei in der oder jener Konfession zu erziehen. Dabei ist nun freilich wohl zu

---

der Vollstreckung vorgenommen werden sollen, sofern es sich nicht inhaltlich um die Abwendung einer Doppelbesteuerung handelt.

[15]) Vgl. oben S. 408 Anm. 4.

scheiden, wieweit ein solcher Ausspruch vom Reichsrecht, und wieweit er vom Landesrecht getragen wird. Reichsrechtlich ist die Überordnung des Vormundschaftsgerichts über den Vormund, landesrechtlich aber ist es, wenn der Vormund, und damit auch, wenn die ihm vorgesetzte Behörde über das Bekenntnis bestimmen darf. Es ist nicht das ihm reichsrechtlich verliehene Imperium, welches das Vormundschaftsgericht in die Lage bringt, in diesem Fall das Bekenntnis festzusetzen, sondern die Stellung als Erziehungsberechtigter, welche ihm vom Landesrecht gewährt ist, und es vermag darum ein solcher Beschluß über den Machtbereich des beteiligten Staats nicht hinauszuwirken. Eine Ungehorsamsstrafe dagegen, welche das Gericht auf Grund dieses Sachverhalts gegen den Vormund verhängen würde, hätte ihren Rechtsgrund wiederum im Reichsrecht und wäre vollstreckbar in allen Bundesstaaten.

§ 39. 4. Religiöse Erziehung und Austritt. Insbesondere das Unterscheidungsalter.

1. Einengungen und Erweiterungen. — 2. Das Unterscheidungsalter. Öffentliches Recht und Privatrecht. — 3. Abgrenzung.

Einengungen und Erweiterungen.

1. Das Gegenstück zum Recht der religiösen Kindererziehung, die Zwangsordnung des Bekenntnisses für Erwachsene, ist heute im wesentlichen aus den Gesetzgebungen verschwunden. Ein Seitenpunkt, das Recht des Austritts aus einem Bekenntnis, ist heute noch Gegenstand vielfältiger Regelung. Und da nicht nur Erwachsene, sondern auch Kinder das Bekenntnis zu ändern vermögen, so bedarf es einer Feststellung des Verhältnisses, in dem die beiden Ordnungen aufeinander wirken.

Ein Austritt der Eltern veranlaßt zu der Frage, ob die Kinder nunmehr dem veränderten Bekenntnis der Eltern folgen: die Vorfrage, ob die Eltern rechtswirksam ausgetreten sind, ist nach den Grundsätzen über den Austritt zu beurteilen; die Wirkung eines solchen Austritts auf die Kinder bedeutet einen ausschließlichen Gegenstand des Rechts der religiösen Erziehung. Und das kommt auch nach Seiten der Zuständigkeit zur Geltung.

Aber auch das Kind kann in die Lage kommen, seinen Glauben zu verändern, durch Verfügung des Erziehungsberechtigten, nach Anordnung des Gesetzes. Wo das Gesetz eine Änderung des Bekenntnisses fordert — ein Kind werde katholisch erzogen, das Gesetz verlangt evangelisches Bekenntnis — da wird es regelmäßig nicht in dem Willen des Gesetzes liegen, daß der Austritt, der der geforderten Einreihung in das neue Bekenntnis vorausgehen muß, nach Maßgabe der Sondervorschriften über den Austritt sich vollziehen solle; es kann nicht die Meinung sein, daß man auf den guten Willen der Beteiligten warten müsse, bis sie die für einen Austritt vorgeschriebenen Förmlichkeiten durchgeführt haben. Ob der Staat, der in das Bekenntnis einweist, auch die Zuständigkeit besitzt, seine Austrittsordnung auf den Fall anzuwenden, ist darum gleichgültig.

Anders verhält es sich bei einer Bekenntnisänderung, die der Staat nicht vorschreibt, sondern gestattet. Macht der Erziehungsberechtigte von der Freiheit, die ihm gewährt ist, Gebrauch, so wird sich die Bekenntnisänderung im Zweifel nur unter denjenigen Voraussetzungen verwirklichen lassen, die für eine solche Änderung insbesondere nach Seiten der Form allgemein aufgestellt sind, und es kann kommen, daß ein Staat zwar die Zuständigkeit besitzt, dem Erziehungsberechtigten die Freiheit der Bekenntnisbestimmung zu gewähren, aber nicht, dem Austritt selbst seine Formen anzuweisen; eine ganze Anzahl von Rechtsgebieten beansprucht, das Bekenntnis der Kinder zu regeln, die im Ausland den Wohnsitz haben, im Inland erzogen werden, aber sie geben ihre Vorschriften über den Austritt nur für Personen inländischen Wohnsitzes. Die vorbehaltslose Durchführung der Freiheit, die dem Erziehungsberechtigten eingeräumt ist, hängt in solchen Fällen davon ab, ob ein formgerechter Austritt am Wohnsitz zu erreichen ist, auch wenn die dort geltenden Vorschriften über religiöse Erziehung die Bekenntnisänderung nicht gestatten würden. Das wird der Fall sein, wo die Austrittsordnung des Wohnsitzes eine bloße, vielleicht nur schriftlich einzusendende Anzeige fordert; aber nicht, wo sie ein förmliches amtliches Verfahren verlangt. Wohnen die Eltern in Weimar, und es wird ihr Kind in München erzogen, so gestattet zwar das bayerische Erziehungsrecht eine Veränderung der Konfession des Kindes; aber die Mitwirkung des Amtsgerichts Weimar, die dem dort geltenden Verbot widersprechen würde, das einmal gewählte Bekenntnis abzuändern, wird nicht zu erwarten sein. Und eine Abmeldung bei dem Geistlichen des Wohnsitzes nach Maßgabe des bayerischen Rechts kann nicht genügen, da ja die bayerische Austrittsordnung auf den Fall nicht anwendbar ist.

Aber auch der umgekehrte Fall kann sich ereignen: die Vorschriften über den Austritt können dazu führen, den Anwendungsbereich der Vorschriften über religiöse Erziehung auszudehnen. An einer Stelle reicht die Zuständigkeit, über einen Austritt zu bestimmen, weiter als die regelmäßigen Grenzen, die einer Ordnung der religiösen Erziehung gezogen sind. Es ist oben (S. 397 f.) ausgeführt worden, daß die neuere Gesetzgebung, die den kirchlichen Verbänden Steuergewalt einräumt, als Korrelat den dadurch Verpflichteten die Möglichkeit jederzeitigen Austritts freistellt; und es besteht diese Möglichkeit im Staat des Steuerorts ohne Rücksicht auf Wohnsitz und Aufenthalt. Eine solche Austrittsfreiheit aber muß sinngemäß begründet sein, ob es sich um Erwachsene oder um Kinder handelt, nur daß sie bei Kindern durch den Gewalthaber zu verwirklichen ist. Dann können die sonst geltenden Vorschriften über religiöse Erziehung aber auch kein Hindernis sein, daß der Gewalthaber von dieser Möglichkeit Gebrauch macht. Das Kind einer österreichischen katholischen Familie besitze Grundstücke in Baden; es steht nichts im Wege, daß der Vater in Baden den Austritt des Kindes aus dem katholischen Bekenntnis erklärt, entsprechend der Bestimmungsfreiheit, die das badische Recht gewährt, entgegen den Gesetzen des Wohnsitzes, die solchen Austritt verbieten.

Das Unterscheidungsalter.
Öffentliches Recht und Privatrecht.

2. Das Recht der religiösen Erziehung und das Recht des Austritts berühren sich vor allem bei der Festsetzung eines „Unterscheidungsalters". In zahlreichen Gesetzgebungen wird auf die Vollendung des 14., 16., 18. Jahres oder auch auf die Erreichung der Volljährigkeit abgestellt als den Zeitpunkt, an dem die Vorschriften über religiöse Erziehung ihr Ende finden, und der Jugendliche befugt wird, sein Bekenntnis frei zu wählen. Als Grundlage der weiteren Ausführungen bedarf es auch hier zunächst einer Entscheidung, wieweit der Gegenstand dem öffentlichen oder dem Privatrecht angehört.

Nach Seiten der konfessionellen Selbstbestimmung teilt die Vorsehung einer Altersgrenze, von deren Erreichung an die Veränderung des bisherigen Bekenntnisses gestattet ist, notwendig die rechtliche Eigenart der Vorschriften über Bekenntnisänderung überhaupt. Ausdrückliche Satzungen solchen Inhalts aber gehören (oben S. 389) dem öffentlichen Recht an. Sie versagen einem Austritt oder Eintritt die staatliche Anerkennung, wenn die staatlich aufgestellten Voraussetzungen nicht erfüllt sind, und üben damit Bekenntniszwang. Das Recht der Bekenntnisänderung kann öffentlichrechtlich geregelt sein; es kann aber auch, als außerrechtliche Angelegenheit betrachtet, staatlicher Regelung entbehren. Alsdann ist es eine innere Angelegenheit der Glaubensgemeinschaften, zu bestimmen, von welchem Zeitpunkt an ein Jugendlicher zu selbständigem Austritt und Eintritt befähigt sein soll. Freilich, wenn die Kirche hier einen Lebensabschnitt für ausreichend erklärt, der vor Erreichung der Volljährigkeit fällt, so vermag sie mit einer solchen außerrechtlichen Anordnung rechtlich begründete Befugnisse nicht zu beseitigen. Das Privatrecht aber verleiht dem Erziehungsberechtigten die volle Sorge für die Person des Kindes; eine Auflehnung gegen seinen Willen kann durch eine derartige außerrechtliche Gewährung nicht rechtlich zulässig werden. Und so wird in solchen Rechtsgebieten eine selbständige

Bekenntniswahl dem Staat gegenüber erst mit Erreichung der Volljährigkeit wirksam werden — nicht weil bis zu diesem Zeitpunkt Bekenntniszwang gegen den Jugendlichen geübt werden sollte, sondern weil bis dahin das private Erziehungsrecht besteht.

Die Erreichung des Unterscheidungsalters beendigt die Rechte, welche bisher fremde Gewalten über das Kind geübt hatten. War es unmittelbarer staatlicher Zwang, welcher zur Erziehung in einem bestimmten Bekenntnis genötigt hatte, so muß auch die Vorsehung eines Unterscheidungsjahres als Endigungsgrund für diesen Zwang dem öffentlichen Recht angehören. War dagegen die Bestimmung des Bekenntnisses dem Erziehungsberechtigten überlassen, so ergibt sich eine Verschiedenheit zwischen Staaten, welche Erziehungsfreiheit für bestimmte Fälle im Rahmen einer Zwangsordnung, und Staaten, welche diese Freiheit grundsätzlich gewähren. Staaten wie Bayern, welche die Bestimmungsfreiheit für ungemischte Ehen einräumen, sehen damit ab von einem Zwang gegen den Erziehungsberechtigten. Aber der Staatszwang in Sachen der religiösen Erziehung hat zwei Seiten, er kann sich gegen den Erziehungsberechtigten und kann sich gegen den Zögling wenden. Wenn nun in einer Rechtsordnung, die grundsätzlich auf dem Boden staatlicher Glaubenszuweisung steht, ein solcher Zwang in der Richtung gegen den Träger der Familiengewalt beseitigt wird, so soll doch (nicht anders wie bei einem Erziehungsvertrag, der die staatliche Zuweisung an ein Bekenntnis abändert) der Zögling unter Zwang verbleiben: das durch den Erziehungsberechtigten bezeichnete Bekenntnis soll verbindlich sein, bis mit der Erreichung des Unterscheidungsalters der Zögling zwangsfrei wird. Und darum gehört die Festsetzung eines Unterscheidungsalters in solchen Staaten auch mit Rücksicht auf diesen Zwang dem Staatskirchenrecht an.

Aber auch in Staaten völliger Erziehungsfreiheit können besondere Vorschriften über das Unterscheidungsalter begegnen, wie das Art. 49 der Bundesverfassung der Schweiz zeigt. Ist die Übertragung der Bekenntniswahl auf den Erziehungsberechtigten hier nicht als konfessioneller Zwang gegen das Kind vermeint, so kann das Unterscheidungsalter auch nicht als Endigung eines solchen Zwanges für das öffentliche Recht in Betracht kommen. Allein wenn die Schweiz mit erfülltem 16. Altersjahr die Wahl des Bekenntnisses freigibt, so bedeutet doch die Negative einen Zwang: ein Anspruch auf Betätigung der Bekenntnisfreiheit besteht vor vollendetem 16. Jahr nicht, und insofern gehört auch dieser Zwang dem öffentlichen Recht an.

Dabei gilt auch hier, was oben S. 413, 411 ausgeführt wurde: In Staaten völliger Erziehungsfreiheit bedeutet es gleichzeitig eine selbständige Ordnung privatrechtlicher Angelegenheiten, daß der Erziehungsberechtigte das Bekenntnis des Zöglings bezeichnet. In solchen Staaten muß darum auch die Festsetzung eines besonderen Unterscheidungsalters selbständige familienrechtliche Bedeutung besitzen; wie denn das schweizerische Zivilgesetzbuch Art. 277 jene Bestimmung der Bundesverfassung seinerseits wiederholt. In Gebieten aber, die im Rahmen einer Zwangsordnung das Bestimmungsrecht der Eltern für gewisse Fälle freigeben und damit rückwirkend privatrechtliche Befugnisse schaffen, werden auch diese Befugnisse wiederum von der Festsetzung eines Unterscheidungsalters berührt.

Faßt man die beiden Seiten der Frage zusammen, so ergibt sich somit: die Festsetzung eines besonderen Unterscheidungsalters gehört unter allen Umständen dem öffentlichen Recht an. Sie gehört ausschließlich dem öffentlichen Recht an, wenn ein Staat in Sachen der religiösen Erziehung Zwang übt; sie gehört gleichzeitig (mittelbar oder unmittelbar) dem Privatrecht an, wenn der beteiligte Staat Erziehungsfreiheit gewährt. Mangeln in einem Staat unbeschränkter Glaubensfreiheit Vorschriften über das Unterscheidungsalter, so kommen dabei nur seine Vorschriften über das private Erziehungsrecht zur Geltung.

Abgrenzung.

3. Über die örtliche Wirksamkeit der Festsetzung eines Unterscheidungsalters finden sich Äußerungen in Theorie und Praxis. In Württemberg ist der Zeitpunkt für Mädchen auf 14, in Baden auf 16 Jahre bestimmt. Ein katholisches Mädchen badischen Wohnsitzes wollte in Württemberg evangelisch konfirmiert werden; ein Konsistorialerlaß von 1860 aber fordert Hinausschiebung der Konfirmation bis zur Vollendung des 16. Jahres „da es allgemeiner Grundsatz ist, daß die persönlichen Eigenschaften nach den Gesetzen des Wohnorts beurteilt werden müssen“.[1] Als Angelegenheit der Geschäftsfähigkeit erklären dies Selbstbestimmungsrecht Dorner und Seng;[2] und da das Ausführungsgesetz zum BGB. die Kollisionsnormen des Reichsrechts auf die „badischen Landesgesetze privatrechtlichen Inhalts“ entsprechend übertrage, so sei in Baden für solchen Fall das Personalstatut gemäß Art. 7, 27 EG. BGB. anzuwenden. Ähnlich Protitch:[3]) es handle sich hier um eine teilweise Emanzipation, über die an sich das Personalstatut entscheiden müsse; doch scheitere bei einem Ausländer in Frankreich die Durchführung seines heimatlichen Rechts an einem tatsächlichen Hindernis, daß nämlich in Frankreich für einen solchen teilweisen Verlust der väterlichen Gewalt keine Zwangsmittel gegen den widerstrebenden Vater vorgesehen seien. Übrigens haben französische Gerichte gelegentlich die Bekenntniswahl eines minder-

[1]) Süskind-Werner (zit. oben S. 392 Anm. 10) 3, 262 n. 46.

[2]) Dorner, Badisches Ausführungsgesetz zum BGB. 16; Dorner-Seng, Badisches Landesprivatrecht 659.

[3]) A. a. O. (oben S. 423 Anm. 33) 84 f.

jährigen Preußen mit Wohnsitz in Frankreich nach preußischem Recht bemessen.[4]) In Bayern hat die ältere Ministerialpraxis, wie die übrigen Vorschriften der zweiten Verfassungsbeilage, so auch jene über das Unterscheidungsalter auf Inländer beschränken wollen;[5]) seither jedoch hat der Verwaltungsgerichtshof nicht nur der (in der zweiten Verfassungsbeilage geordneten) religiösen Kindererziehung im allgemeinen eine territoriale Begrenzung gegeben, sondern auch für das Unterscheidungsalter diesen Maßstab angewendet.[6]) Für Preußen nimmt Schmitz aus Gründen des positiven Rechts an, das Unterscheidungsalter der in Preußen erzogenen Kinder müsse nach preußischen Gesetzen bemessen werden.[7]) Fiore und Weiss[8]) sehen in der Befugnis des Minderjährigen, mit Erreichung eines bestimmten Lebensalters sein Bekenntnis selbständig zu wählen, eine Angelegenheit der Gewissensfreiheit und damit des örtlichen Rechts.

Um zu diesen mancherlei Meinungen Stellung zu nehmen, bedarf es einer Scheidung zwischen Staaten, welche in Sachen der religiösen Erziehung Zwang üben, und solchen, in deren Recht dies nicht zutrifft. In Staaten der ersten Gruppe muß von vornherein das „Personalstatut" außer Spiel bleiben; es mag genügen, was darüber oben S. 393f., 426ff. gelegentlich des Austritts und der religiösen Erziehung bemerkt worden ist. Im übrigen aber ist zu beachten, in welchem Zusammenhang die Frage nach dem Unterscheidungsalter auftritt.

Wo die staatliche Behörde, eine kirchliche Stelle, ein Familienmitglied verlangt, das Kind müsse einem bestimmten Bekenntnis angehören, da ist eine Angelegenheit der religiösen Erziehung gegeben, und der gleiche Geltungsbereich, der diesen Satzungen sonst gezogen ist,[9]) gilt auch für den Endtermin, der solchem Zwang einen Abschluß setzt. Ein Kind habe den Wohnsitz in Wien, den Erziehungsaufenthalt in Bayern; das Unterscheidungsalter des österreichischen

---

[4]) Zivilgericht Bordeaux oben S. 402.

[5]) Ministerialentschließung vom 20. I. 1859 bei Günther, Protestantisches Amtshandbuch 1, 31. Dementsprechend noch jetzt das protestantische Oberkonsistorium und Kraussold (zit. oben S. 391 Anm. 5) 2; Seeberger (ebendort) 2[3].

[6]) Entscheidung vom 21. I. 1891 Sammlung 12, 449 (gegen die Vorinstanz). Übereinstimmend Ernst Mayer, Kirchenhoheitsrechte (zit. oben S. 391 Anm. 7) 145; Scherber (ebendort) 60.

[7]) Fürsorgeerziehungsgesetz[3] 105f. (die vierte Auflage übergeht die Frage) und dazu oben S. 418. Das preußische Gesetz über Fürsorgeerziehung schreibe vor, daß der Zögling „bis zum Aufhören der Schulpflicht" in einer Familie seines Bekenntnisses erzogen werden müsse; sei aber hier an die Schulpflicht nach preußischem Recht gedacht, so müsse dies Recht auch das Unterscheidungsalter bestimmen.

[8]) Fiore-Antoine, Droit international privé 2, 128f. n. 616; Weiss, Traité théorique et pratique 4, 143f.

[9]) Wegen des privaten Erziehungsrechts in Staaten, die dem Gewalthaber für bestimmte Fälle Freiheit gewähren, oben S. 454.

Rechts ist auf 14, dasjenige des bayerischen Rechts auf 21 Jahre festgesetzt: die bayerischen Erziehungsvorschriften werden auch das achtzehnjährige Kind noch binden. Und das auch dann, wenn das Kind in Wien seinen Austritt aus dem Bekenntnis erklärt hätte. Steht dagegen in Frage, ob dasselbe Kind, als Forense etwa, in Bayern kirchenbaupflichtig ist, so handelt es sich um die Rechtmäßigkeit seines Austritts und um die örtliche Geltung, die einer Ordnung des Austritts zukommt; Bayern folgt hier dem Wohnsitzprinzip, und da die Vorschriften über religiöse Erziehung in Bayern nicht von Amts wegen Anwendung finden, so steht einer Anerkennung des Austritts gemäß österreichischem Recht nichts entgegen. Hat ein Jugendlicher den Wohnsitz in Leipzig, den Erziehungsaufenthalt in Weimar, so wird ein religiöser Zwang auf Grund des Erziehungsrechts gegen den Achtzehnjährigen (dies das dortige Unterscheidungsalter) in Weimar nicht mehr geübt werden können; aber rechtswirksam kann der Jugendliche auch für Weimar sein Bekenntnis erst mit 21 Jahren wählen; das Recht des sächsischen Wohnsitzes knüpft die selbständige Bestimmung an die Volljährigkeit.

In der Schweiz besteht kein öffentlichrechtlicher Zwang in Sachen der religiösen Erziehung; wohl aber ist ein Unterscheidungsalter mit 16 Jahren vorgesehen. Auch hier nun muß es auf den Zusammenhang ankommen, in dem das Unterscheidungsalter geltend gemacht wird. Handelt es sich darum, ob die Austrittserklärung des Jugendlichen im Inland entgegengenommen werden muß, so entscheidet die Grenze des schweizerischen Rechts für alle, die im Inland den Wohnsitz oder einen Aufenthalt von längerer Dauer haben.[10]) Kommt aber in Frage, ob ein Austritt, für dessen Ordnung die Schweiz Zuständigkeit nicht besitzt, im Hinblick auf das Alter des Austretenden rechtswirksam geschehen ist, so entscheiden die Gesetze des zuständigen Auslands: ohne weiters, wenn sie den Termin früher ansetzen; aber auch wenn er dort erst später als in der Schweiz erreicht wird. Es kann nicht als ein Gebot der Gewissensfreiheit betrachtet werden, daß ein Sechzehnjähriger, der an dem kirchlichen Leben des Inlands nicht teilnimmt, in der Schweiz (die bis zu einer gewissen, notwendig willkürlich gewählten Altersgrenze selbst Zwang übt) unter allen Umständen als bestimmungsfähig gelten müsse. — Auf der anderen Seite kommt die Altersgrenze für die Schweiz in Betracht, wenn der Jugendliche gegenüber den privatrechtlichen Befugnissen seines Gewalthabers die religiöse Selbstbestimmung in Anspruch nimmt. Darnach gilt die Grenze des schweizerischen

[10]) Ein Teil der Kantone besitzt ergänzende Vorschriften für das Recht des Austritts nach seiten des Verfahrens, und es kommt vor, daß diese Bestimmungen auf Personen inländischen Wohnsitzes beschränkt werden. Aber das kann den Geltungsbereich der bundesrechtlichen Vorschriften über das Mindestalter nicht einschränken.

Rechts auch für Inländer mit Aufenthalt, unter Umständen auch für solche mit Wohnsitz im Ausland, während für ausländische Familien nach dem internationalen Privatrecht der Schweiz regelmäßig Wohnsitzrecht entscheidet.[11]) Es kann sich demgemäß auch für die Schweiz ergeben, daß derselbe Austritt hinsichtlich der Altersgrenze nach verschiedenerlei Recht beurteilt werden muß, je nachdem der Bekenntnisstand oder die Familiengewalt in Frage ist. Eine schweizerische Familie hat Wohnsitz und Aufenthalt in Österreich, der Sohn ist fünfzehnjährig ausgetreten; nach seiten des Bekenntnisstands wirkt dieser Austritt auch für die Schweiz, nicht aber, wenn der Vater seine Erziehungsrechte geltend macht. Wäre der Wohnsitz der Familie in Ungarn, wo das Unterscheidungsalter mit 18 Jahren erreicht wird, und der Sohn hätte sein Bekenntnis mit 17 Jahren verändert, so hätten zwar die zivilrechtlichen Erziehungsbefugnisse ihr Ende gefunden, aber öffentlichrechtlich wäre ein solcher Austritt trotzdem nicht wirksam.

Endlich Staaten, die sowohl nach seiten der religiösen Erziehung wie nach seiten des Austritts sich jeder Einmischung enthalten. Rechtliches Interesse hat für sie das Alter des Austretenden lediglich insoweit, als die privatrechtlichen Erziehungsbefugnisse durch einen solchen Vorgang nicht geschmälert werden dürfen. Frankreich wird einen Austritt seiner Staatsangehörigen dem Erziehungsberechtigten gegenüber demgemäß unter allen Umständen erst nach Erreichung der Volljährigkeit anerkennen und entsprechend auf Ausländer deren heimatliches Recht[12]) anwenden. Ein Austritt aber, dem der Erziehungsberechtigte nicht widerspricht, wird in Frankreich schlechtweg Anerkennung finden.

§ 40. Das kirchliche Leben. Insbesondere die kirchliche Ehe.

1. Allgemeines. — 2. Die kirchliche Ehe. Abgrenzung. — 3. Anwendungen. — 4. Verweltlichung des Eherechts.

Allgemeines.

1. Wo der Staat in das kirchliche Leben eingreift, sei es, daß er die Anerkennung kirchlicher Ordnung ausspricht, sei es, daß er Vorschriften kirchlichen Inhalts selbst aufstellt, da schafft er insoweit innerstaatliches materielles Recht, und das gilt auch da, wo er örtlich

[11]) Bundesgesetz 25. VI. 1891 Art. 7 II; dazu schweizerisches Bundesblatt 1879 III, 780. Wolf (zit. oben S. 453 Anm. 1) 28; Bader a. a O. 26.

[12]) Für die Anwendung ausländischer Rechte sei daran erinnert, daß öffentlichrechtliche Vorschriften über das Unterscheidungsalter mindestens in ihrer Rückwirkung auf das Erziehungsrecht des Gewalthabers privatrechtliche Art annehmen und dessen Befugnisse zeitlich verkürzen. Die Grenzen aber, die das internationale Privatrecht des Auslandstaats seinen Bestimmungen anweist, sind für andere Staaten gleichgültig.

geschiedene Rechte und Pflichten begründet, wenn er das Traurecht dem Pfarrer der Braut zuspricht oder die Kirchengemeinde ermächtigt, Steuern von den in der Gemeinde Wohnenden zu erheben. Staatsverträge über solche Gegenstände im besondern[1]) begründen international gleiches Recht der beteiligten Staaten. Für die kirchlichen Verbände aber kann solche Regelung die Abgrenzung ihrer Macht von der Macht gleichartiger anderer Verbände bedeuten, und der Gegenstand gehört alsdann zu den unter § 47 zu behandelnden Angelegenheiten.[2])

Die Grenzen staatlicher Macht kommen in Frage, insoweit der Staat Ordnungen der Kirche durchsetzt oder auch unmittelbar in sein selbstgesetztes Recht aufnimmt. Es entscheidet über diese Grenzen wie stets die Eigenart des Rechtsverhältnisses, staatliche Vorschriften über Kirchensteuern gelten für die Personen, die den Wohnsitz im Staatsgebiet haben,[3]) solche über kirchliche Beerdigungen für Begräbnisse im Land. Die Anknüpfungsbegriffe, die der Staat verwertet, sind hier regelmäßig dieselben, die für die kirchlichen Zuständigkeiten gleicher Art maßgebend sind, und es kann deshalb auch hiezu auf die Ausführungen in § 47 verwiesen werden.

Von Belang wird diese staatliche Zuständigkeit insbesondere, wo der Staat eine Verpflichtung kirchlichen Inhalts beseitigt. In Österreich verwehrt das interkonfessionelle Gesetz vom 25. Mai 1868, geistliche Funktionen gegenüber Angehörigen anderer Religionsgesellschaften auszuüben, befreit das Gesetz von dem Zwang, Leistungen an fremde Religionsgesellschaften zu entrichten, die Feiertage fremder Religionsgesellschaften zu beobachten. Im Interesse der Gewissensfreiheit und des konfessionellen Friedens erlassen, wird das Gesetz zutreffend auf Inländer und Ausländer bezogen,[4]) und es wird Anwendung finden müssen auf die kirchlichen Handlungen, die im Gebiet vorgenommen werden, auf die Abgabenpflicht der Personen, die dort ihren Wohnsitz haben, auf die Tätigkeit, die dort Festtags erfolgen soll. Um Freiheit von Zwang handelt es sich auch in dem französischen Gesetz vom 15. November 1887 *sur la liberté des*

---

[1]) Ein Beispiel unten § 47 Z. 4.

[2]) Anders wo ausnahmsweise eine kirchliche Handlung in staatlichem Auftrag erfolgt. Vgl. unten S. 475 Anm. 12; auch unten § 47 Z. 3.

[3]) Lediglich fremdenrechtlichen Inhalts ist die Entscheidung des österreichischen Verwaltungsgerichtshofs 22. XI. 1905 Sammlung der Erkenntnisse 29, 1304 n. 3949, die feststellt, daß türkische Staatsangehörige österreichischen Wohnsitzes nach den Verträgen von 1718 zur Leistung von Kultusbeiträgen in Österreich nicht verpflichtet sind.

[4]) v. Vesque 164; Kirchlehner (zit. oben S. 392 Anm. 16) a. a. O. Diesem interkonfessionellen Gesetz gehören freilich auch die früher erörterten Vorschriften über den Austritt aus der Kirche und über religiöse Kindererziehung an, denen die Praxis eine völlig abweichende Begrenzung gibt.

funérailles. Das Gesetz gestattet dem Testierfähigen, verbindlich anzuordnen, ob sein Begräbnis geistlichen oder weltlichen Charakter haben soll. Die Vorfrage der Testierfähigkeit steht natürlich unter Personalstatut, für Ausländer unter ausländischen Gesetzen, die Anordnung selbst dagegen bezieht sich auf die Beerdigungen im Land und ist verbindlich, auch wenn sie von einem Ausländer ausgeht.[5]) Zu näherer Erörterung veranlaßt unter diesen Gegenständen kirchlichen Inhalts die staatliche Ordnung der Feiertagsruhe. Allein die neuere Entwicklung hat sie weit über ihre kirchlichen Ausgangspunkte hinausgeführt, und sie kann demgemäß erst später, mit der Regelung des bürgerlichen Verkehrs, behandelt werden.[6]) Zu näherer Erörterung veranlaßt hier insbesondere die kirchliche Ordnung der Ehe.

Die kirchliche Ehe. Abgrenzung.

2. Auch bei Durchführung der kirchlichen Eheordnung durch den Staat handelt es sich um staatlichen Zwang, der gegen eine Person auf Grund ihrer Bekenntnisangehörigkeit geübt wird. Die naturgemäße Gestaltung des Verhältnisses ist in Staaten kirchlichen Eherechts die, daß der Staat die Ordnung der Ehe den kirchlichen Gemeinschaften überläßt und ihren Einrichtungen als Einrichtungen eines öffentlichrechtlichen Verbands des Landes Anerkennung gewährt. Es ist alsdann auf Seiten des Staats das Verwaltungsrecht, dem die Durchführung dieses Rechtszustandes zufällt, nicht das Zivilrecht.[7]) Und es sind nicht die Kollisionsnormen des Zivilrechts,

[5]) So auch die Redaktionsnote Journal 32, 467 — mit einer wenig glücklichen Berufung auf die „öffentliche Ordnung".

[6]) Siehe einstweilen Zeitschrift 17, 275 ff.

[7]) Wenn der Staat die kirchliche Ordnung der Ehe anerkennt, so anerkennt er sie in ihrer Eigenschaft als außerrechtliche Ordnung, die die Kirche gesetzt hat. Aber diese außerrechtliche Ordnung bedarf an irgendeiner Stelle der Verbindung mit dem staatlichen Recht, um staatliche Bedeutung zu gewinnen, und soweit das nicht durch staatliche Sonderbestimmungen anderer Art geschieht, ist es ihre Eigenschaft als eigentümliche Lebensäußerung eines öffentlichrechtlichen Verbands, die diese Verbindung herstellt. Aber nicht weil es sich um die öffentlichrechtliche Einrichtung eines Rechtssubjekts des öffentlichen Rechts handelte, sondern weil die Förderung der Gemeinschaft zur staatlichen Aufgabe erklärt ist, gehört dieser Gegenstand — zunächst — in das Verwaltungsrecht. Auf der anderen Seite kann die Ordnung der Ehe nicht etwa vom Standpunkt der Kirche aus als privatrechtlich angesprochen werden. Die Scheidung von Privatrecht und öffentlichem Recht ist eine innere Angelegenheit des staatlichen Rechts und kann nicht in den Bereich wesensfremder Ordnungen hinübergreifen. Und es läßt sich die Scheidung öffentlichen und Privatrechts noch nicht einmal analog auf die Kirchengebote übertragen, da alle kirchlich geordneten Verhältnisse auf die Unterworfenheit der Person unter die kirchliche Gewalt sich gründen, als Verpflichtungsverhältnisse gegenüber der Kirche, nicht gegenüber einem Kirchengenossen bestehen.

Personalstatut, Ortsrecht der Handlung und dergleichen, welche hier Maß geben könnten.

Dabei kann jedoch der Geltungsbereich, der diesen Vorschriften kirchlich und staatlich zukommt, nicht zusammenfallen. Die Pflicht, ihnen nachzuleben, wird auf Seiten der Kirche nicht irgend einem örtlichen Verband geschuldet, dem der Verpflichtete kirchlich-administrativ angehört, sondern der Gesamtkirche (mag diese administrativ oder nur dem Bekenntnis nach eine Einheit bilden), und es muß darum jeder Teil der kirchlichen Organisationen von jedem Bekenntnisangehörigen die Erfüllung seiner kirchlichen Verpflichtungen fordern ohne Rücksicht auf dessen örtlich-staatliche Beziehungen. Für den Staat ist eine solche Auffassung völkerrechtlich nicht möglich. Als Glied der völkerrechtlichen Gemeinschaft ist er gehalten, wie für alle staatlichen Angelegenheiten, so auch für eine Ordnung des Eherechts eine Aufteilung der Zuständigkeiten anzuerkennen. Als eigene Angelegenheit aber verbleibt ihm darnach die Durchführung kirchlichen Eherechts zugunsten der öffentlichrechtlichen kirchlichen Organisationen seines Bereiches.[8]) Das trifft aber regelmäßig die Personen, die im Inland ihren Wohnsitz haben. Und nur insoweit mag ein Staat auf Grund seiner Verschwisterung mit kirchlichen Interessen weiter gehen, als er der kirchenwidrigen Regelung durch einen andern Staat den Einwand der öffentlichen Ordnung entgegenstellt, d. h. die unmittelbare Durchsetzung dieser Ordnung durch seine Organe verhindert.

Es kommt vor, daß ein Staat seinen kirchlichen Verpflichtungen damit zu genügen glaubt, daß er die kirchlichen Ehevorschriften mit ihrem von der Kirche festgelegten Inhalt in eine staatliche Eheordnung herübernimmt. Die Vorschriften sind damit zu staatlichem Zivilrecht geworden. Aber auf ihre örtliche Geltung wird diese Umwandlung regelmäßig keinen Einfluß üben. Es ist schon früher (oben S. 23) und eben für das Eherecht ausgeführt worden, daß zivilrechtliche Vorschriften, die öffentlichen Interessen dienen, den Geltungsbereich besitzen, der öffentlichrechtlichen Vorschriften entsprechenden Inhalts zukommt. Und gerade hier ist einleuchtend, daß eine staatliche Herübernahme kirchlicher Vorschriften regelmäßig eine Sanktionierung, aber keine Veränderung dieser Vorschriften bewirken sollte, auch nicht nach Seiten der ihnen zukommenden örtlichen Geltung; gehen die formell staatliche und die formell kirchliche Ordnung dabei doch so ineinander über, daß etwa das Bayerische Landrecht das Eherecht der Katholiken als Hauptteils der Bevölke-

[8]) Spärliche Deckung könnte auch seine Ausdehnung auf die Staatsangehörigen des Inlands finden, insofern Kirchentreue zur Staatsbürgerpflicht erhoben wäre. Als die im Zweifel zutreffende Auslegung wird das aber nicht gelten können.

rung auf Grund des kanonischen Rechts staatlich geregelt hat, während die Regelung für Protestanten und Juden kirchlicher Satzung überlassen geblieben ist. Denkbar freilich bleibt es, daß ein Staat die staatliche Regelung des Gegenstands in bewußten Gegensatz bringen will zu ihrer Regelung durch die Kirche, und das müßte allerdings auch die sonst geltenden Kollisionsnormen des Privatrechts auf das Eherecht anwendbar machen.

Wo eine Gesetzgebung das materielle Eherecht in formell staatliches Recht verwandelt, da bleibt die Tätigkeit geistlicher Personen, auf die dabei verwiesen wird, Trauung, Rechtsprechung, regelmäßig als kirchlicher und damit außerrechtlicher Vorgang vermeint. Darum wird solche Verweisung die sonst begründete örtliche Zulässigkeit und Wirksamkeit dieser Handlungen auch hier regelmäßig nicht beeinflussen. Eine Verfolgung des Gedankens der Verstaatlichung in seine letzten Konsequenzen hat freilich auch hier schon dazu geführt,[9]) diesen Tätigkeiten geistlicher Personen einen staatlichen Auftrag unterzulegen; die kirchliche Trauung wird zur Ausübung staatlicher freiwilliger Gerichtsbarkeit, die Rechtsprechung zur Übung staatlicher streitiger Gerichtsbarkeit, und es ist klar, daß eine solche Auffassung auch die örtliche Zulässigkeit und Wirksamkeit dieser Handlungen verändern muß.

Anwendungen.

3. Nach alledem gelten die materiellen Ehevoraussetzungen, die impedimenta ordinis, ligaminis, disparitatis cultus in Staaten kirchlichen Eherechts regelmäßig für die Personen, die dort ihren Wohnsitz haben; und es bleibt zu beachten, daß solche Vorschriften nicht notwendig Vorschriften für die Eingehung, sondern möglicherweise für den Bestand der Ehe sein wollen und damit auch bei einer späteren Wohnsitznahme im Land wirksam werden können.[10]) Über den Bereich der im Inland Wohnenden hinaus kommen sie unter dem Gesichtspunkt der öffentlichen Ordnung für Personen in Betracht, die im Inland den Abschluß oder die Anerkennung ihrer Ehe begehren. Wenn aber Personen ausländischen Wohnsitzes entgegen solchen Vorschriften ihre Ehe im Ausland schließen und leben, so versagt die Klausel der öffentlichen Ordnung. Die Ansprüche auf den väterlichen Nachlaß, die das Kind eines in Frankreich wohnenden verheirateten katholischen Geistlichen in Spanien erhebt, können hier nicht mit seiner mangelnden Ehelichkeit bekämpft werden.

---

[9]) Vgl. Basdevant, Revue 4, 285 ff.

[10]) Das ist (für eine Würdigung vom Boden des internationalen Privatrechts aus) gegenüber der viel angefochtenen österreichischen Rechtsprechung über das Ehehindernis des Katholizismus im Auge zu behalten.

Entsprechendes gilt für die Vorschrift kirchlicher Trauung; auch ihr unterliegen zunächst die Personen inländischen Wohnsitzes.[11]) Die Praxis freilich geht hier mannigfach eigene Wege. Die römischkatholischen Staaten waren schon durch das kirchliche Recht in die Lage versetzt, von dem bedingungslosen Erfordernis kirchlicher Trauung für den Eheabschluß in anderen Staaten abzusehen, und zugleich hat eine Hervorkehrung der staatlichen Seite des Eherechts in diesen Staaten öfter dazu geführt, auf die Ehe die sonst geltenden Kollisionsnormen des Privatrechts, auf ihren Abschluß insbesondere den Satz *locus regit actum* anzuwenden.[12]) Ein Teil der osteuropäischen Staaten griechischen Bekenntnisses dagegen, dem die geistliche Sanktion der Ehe begriffswesentlich ist, setzt die Rücksicht auf die völkerrechtliche Gemeinschaft hintan gegenüber dem, was ihnen

---

[11]) Kirchliche Trauung ist nach römischkatholischer und protestantischer Auffassung ein Erfordernis für die Eingehung der Ehe, nach griechischer Auffassung, soviel ich sehe, Voraussetzung für ihren Bestand. Daraus erklärt sich eine eigentümliche russische Verordnung, die bei der Abtretung eines Teils von Bessarabien von Rumänien an Rußland ergangen ist (Engelmann bei F. Leske-W. Löwenfeld, Die Rechtsverfolgung im internationalen Verkehr 1904 4, 713[2]): Personen, die entsprechend den rumänischen Gesetzen vor der Abtretung eine Zivilehe geschlossen haben, seien zur Nachholung der kirchlichen Trauung verpflichtet, widrigenfalls sie nur für die Zeit bis zur Publizierung dieser Verordnung als rechtmäßig verheiratet zu gelten hätten.

[12]) Zeugnisse, die eine kirchliche Eheschließung auch im Ausland schlechtweg für zwingend erklären, sind mir aus römischkatholischen Staaten nicht bekannt. Daß kirchliche Eheschließung in jedem Fall genügt, anerkennen Argentinien (M. Torres-Campos, Elementos de derecho internacional privado[2] 1893 p. 237), der südamerikanische Vertragsentwurf über internationales Privatrecht von 1878 (Th. Niemeyer, Vorschläge und Materialien zur Kodifikation des internationalen Privatrechts 1895 n. 259); vgl. auch die frühere preußische und sächsische Praxis bei Gebhardt, Motive des ersten Vorentwurfs für das internationale Privatrecht des BGB. 102[2]. Die Auffassung der kirchlichen Trauung als privatrechtlicher „Form" der Eheschließung führt alsdann dazu, auch die Ziviltrauung, die dem Recht des Eheschließungsorts entspricht, als rechtmäßig gelten zu lassen: vgl. für Österreich Hahn bei Leske-Löwenfeld 4, 85; für Portugal Alves de Sá ebenda 408[1]; für Spanien Torres-Campos a. a. O. 235, anders allerdings wie es scheint — für die spanischen Staatsangehörigen — Oliver y Estello, Documents rélatifs à la 3e Conférence de la Haye 144; Südamerika, Actas del Congreso Sud-Americano de derecho internacional privado 1889 p. 454, 523. Wo man aus der Übernahme der kirchlichen Ehevorschriften in das Zivilrecht die letzten Folgerungen zieht, erklärt man die kirchliche Trauung zu einem staatlich angeordneten Vorgang, und da der Staat ausländischen Geistlichen einen solchen Auftrag mit Rücksicht auf das Völkerrecht nicht erteilen kann, so wird man dazu gedrängt, einer kirchlichen Trauung im Ausland die Wirksamkeit zu versagen, wenn das Recht des Eheschließungsorts ihr nicht Rechtswirksamkeit zuschreibt. Ein Erkenntnis des österreichischen Obersten Gerichtshofs vom 12. VII. 1904 (Revue 4, 284) hat diesen Schritt in der Tat getan. Gleiche Entscheidung in einer jüdischen Sache schon 10. II. 1891 Journal 18, 1005; anders für Katholiken 20. XI. 1894 Zeitschrift 5, 192.

religiöse Forderung erscheint. Rußland insbesondere verlangt kirchliche Trauung ohne Unterschied des Bekenntnisses — auch wenn das Bekenntnis der Beteiligten seinerseits kirchliche Trauung gar nicht für unentbehrlich erklärt — von seinen Angehörigen im Ausland, von Ausländern, die in Rußland ihren Wohnsitz haben, zuweilen sogar rundweg von jedem Ausländer im Ausland.[13])

Die kirchliche Gerichtsbarkeit in Ehesachen hat schon aus Rücksichten der örtlichen Zuständigkeit allerwärts ein engeres Anwendungsgebiet, sie wird in Anspruch genommen über Personen inländischen Wohnsitzes, woneben als zuständigkeitsbegründend zuweilen auch die Tatsache der kirchlichen Eheschließung im Inland verwertet wird.[14]) Der Punkt, an dem hier die Durchsetzung kirchlicher Forderungen in den Bereich anderer Staaten übergreift, liegt in der Anerkennung, die weltlichen Eheurteilen des Auslands versagt wird.[15]) Aber freilich eine völkerrechtliche Verpflichtung, Urteile des Auslands anzuerkennen, besteht bisher überhaupt nicht.

Verweltlichung des Eherechts.

4. Völlig anders gestalten sich die Dinge, wo ein Staat die Ordnung der Ehe zur weltlichen Angelegenheit erklärt. Zwar auch hier mag sich der Gedanke des Gesetzgebers zu einem selbständigen Rechtssatz verdichten: die Kirche soll von der Ordnung der Ehe ausgeschlossen sein, und als Bestandteil des Staatskirchenrechts hätte ein solcher Satz (vgl. unten § 41 Z. 4) territoriale Geltung zu beanspruchen. Aber was der Staat nun an Stelle der kirchlichen Ordnung setzt, entnimmt seinen Geltungsbereich aus eigenem Wesen. Wenn der Staat die Ordnung der Familie den heimatlichen Gesetzen unterstellt, so ist er durch sein Staatskirchenrecht nicht etwa daran gehindert, dies auf Inländer ausländischen Wohnsitzes auszudehnen.

[13]) Vgl. für die russischen Staatsangehörigen Mandelstam Journal 29, 251 ff.; Engelmann bei Leske-Löwenfeld 4, 712 760 ff.; Hahn ebenda 776[4]; für Ausländer russischen Wohnsitzes Hahn a. a. O.; für Ausländer im Ausland Mandelstam a. a. O. 487 (anders allerdings 260 f. und 488 ebenda). Auch Griechenland fordert nach der herrschenden Meinung kirchliche Trauung von allen Griechen, bei Orthodoxen ohne Rücksicht auf die Staatsangehörigkeit; Diobouniotis bei Leske-Löwenfeld 4, 860 f. Serbien und Montenegro beschränken die Vorschrift auf Inländer, Bulgarien auf orthodoxe Inländer; vgl. Georgevitch, Jovanović, Schischmanow bei Leske-Löwenfeld 4, 898[2] 928 911.

[14]) Wohnsitz: Kroatien und Slavonien Lovrić bei Leske-Löwenfeld 4, 162 178; Rußland Mandelstam Journal 29, 486 ff., Engelmann bei Leske-Löwenfeld 4, 751 775; Polen Posner ebenda 832; Serbien Georgevitch ebenda 896. Eheschließung im Inland: Rußland Mandelstam a. a. O. 490, Engelmann 744 749; Polen Posner 832.

[15]) Vgl. für Kroatien und Slavonien Lovrić a. a. O. 179; für Rußland Mandelstam a. a. O. 492.

Die Verwertung seiner zivilrechtlichen Machtmittel steht ihm frei, im politischen Neuland, das niemals kirchliche Gesetze getragen hat, nicht anders als im alten Europa; der Zivilrechtssatz als solcher ist kirchenrechtlich neutral, die Aufhebung kirchlicher Bande kann ihm nur als Motiv dienen.

§ 41. Fortsetzung.
Die kirchliche Ehe in Staaten weltlichen Eherechts.

1. Ausgangspunkt. — 2. Eheschließung. — 3. Ehescheidung, Trennung, Nichtigkeitserklärung. — 4. Öffentlichrechtliche Einwirkungen.

Ausgangspunkt.

1. In Staaten weltlichen Eherechts entbehrt die kirchliche Eheordnung an sich der rechtlichen Bedeutung. Aber die Anwendung ausländischer staatlicher Gesetze kann solchen Vorschriften auch hier Eingang verschaffen, und es hat die Abgrenzung kirchlicher und weltlicher Einrichtungen dabei beträchtliche Schwierigkeiten hervorgerufen. Ihre Lösung wird vornehmlich unter dem Gesichtspunkt der Qualifikation (oben S. 380) zu suchen sein. Eine Verweltlichung des Eherechts bindet den Staat, der sie anordnet, soweit sein Wille beteiligt ist, und sie bindet ihn insoweit schlechtweg, ohne daß die Möglichkeit bestünde, etwa im Weg der Rück- und Weiterverweisung einer abweichenden Anschauung anderer Staaten Einfluß zu gewähren. Aber die auftauchenden Schwierigkeiten sind damit nicht gelöst, sondern sie beginnen erst: denn wie weit sind in Ehesachen *eigene* Angelegenheiten des anordnenden Staats gegeben, für welche die Qualifikation einzig in Betracht kommt? Es werden die einzelnen Rechtseinrichtungen hiebei gesondert ins Auge zu fassen sein.

Eigene Angelegenheit des anordnenden Staats ist zunächst die Aufstellung seiner Kollisionsnormen in Ehesachen. Ist die Ehe für den grenzscheidenden Staat selbst Zivilsache, so muß dies auch Ausgangspunkt seiner Kollisionsnormen sein, und er wird auf dieser Grundlage den Heimatstaat für zuständig erklären, die Ehe der ihm Angehörigen und nur dieser zu ordnen, ohne Rücksicht darauf, ob in jenem Staat, veranlaßt durch eine Verkirchlichung der Ehe, abweichende Grenznormen bestehen. Weitere Folge ist, daß der Staat bürgerlichen Eherechts für den Bereich fremder Zuständigkeit das dort geltende Recht zur Anwendung bringt, mag dies in der maßgebenden Rechtsordnung als Summe staatlicher Rechtssätze gegeben sein oder durch Verweisung auf eine außerrechtliche Ordnung bestimmt werden müssen; auch Vorschriften kirchlicher Herkunft können, vermittelt durch die Verweisung des zivilrechtlich zuständigen Staats, zur Anwendung gelangen.

Eheschließung.

2. Was im besondern den Abschluß der Ehe betrifft, so bedeutet er für den Staat bürgerlichen Eherechts das Zustandekommen eines Rechtsverhältnisses des Privatrechts, und es mag die maßgebende Gesetzgebung bestimmen, in welcher Weise dies Rechtsverhältnis begründet werden kann, ob etwa durch bloße Willenseinigung der Brautleute, durch einen außerrechtlichen Vorgang wie die kirchliche Trauung, oder unter Mitwirkung einer staatlichen Behörde. Wird aber die Mitwirkung einer staatlichen Behörde gefordert, so handelt es sich dabei um freiwillige Gerichtsbarkeit, und es gilt für sie, was für alle freiwillige Gerichtsbarkeit zutrifft. Handlungen der freiwilligen Gerichtsbarkeit sind Hilfseinrichtungen im Dienst des materiellen Privatrechts. Inländische Behörden der freiwilligen Gerichtsbarkeit werden zunächst nur in Ausführung der Vorbehalte des inländischen Privatrechts tätig, und wenn ihre staatsrechtliche Ermächtigung wohl allerwärts dahin geht, daß sie [1]) auch zur Ergänzung von Vorbehalten auswärtigen Privatrechts eingreifen können, so doch nur dann, wenn dies Eingreifen nach ausländischem Privatrecht veranlaßt ist und die Anerkennung jenes Staates findet. Kein deutsches Vormundschaftsgericht wird eine Adoption genehmigen wollen, wenn das heimatliche Recht der Beteiligten solche Genehmigung nicht vorschreibt. Eine beträchtliche Erweiterung indessen erfährt die Zuständigkeit zur Ausübung der freiwilligen Gerichtsbarkeit, wenn — bei Rechtsverhältnissen, die an sich fremden Gesetzen unterstehen — behördliche Tätigkeit die Form eines Rechtsgeschäfts herstellt, und wenn das Recht der Behörde den Satz *locus regit actum* als Kollisionsnorm vorsieht. Denn dann ist es inländisches Recht, das die Behörde zum Eingreifen veranlaßt, zu ihrer Angehung berechtigt, wenn der Satz fakultativ, zu ihrer Inanspruchnahme verpflichtet, wenn er obligatorisch gemeint ist. Und eben das wird für die standesamtliche Trauung wichtig.

In Deutschland ist die Form der bürgerlichen Eheschließung verpflichtend. Eheschließungen auf deutschem Boden sind damit zur eigenen Sache Deutschlands erklärt und fallen demgemäß in vollem Umfang unter die deutsche Qualifikation, nach der die Eheschließung Staatsangelegenheit ist. Kirchliche Trauung, der sich Ausländer in Deutschland unterziehen, genügt nicht vom Standpunkt des deutschen Rechts; noch viel weniger, daß sie etwa neben der standesamtlichen erforderlich wäre.[2]) Ein Stück der deutschen Qualifikation bildet

---

[1]) In welchem Umfang, ist hier unwesentlich.

[2]) Mit dieser Frage der Qualifikation dürfen selbstverständlich Vorschriften nicht vermengt werden, in denen Deutschland — aus Gründen, die außerhalb des Eherechts liegen — bei Ausländern unter Umständen kirchliche Trauung selbst beansprucht. So verweigert eine bayerische Ministerialentschließung

es aber weiter, daß bei dem Abschluß von Ehen überhaupt zwischen Form der Eheschließung und deren materiellen Voraussetzungen unterschieden wird; allenfallsige abweichende Konstruktionen der für die materiellen Voraussetzungen anzuwendenden Eheordnung sind deshalb gleichgültig.

In Frankreich ist die obligatorische Verbindlichkeit der Ziviltrauung als der örtlichen Eheschließungsform Ausländern gegenüber bestritten. Gewiß ist, daß sich Ausländer ihrer bedienen dürfen. Sind aber Ausländer durch den französischen Standesbeamten getraut worden, so hat der Standesbeamte in einer Sache Frankreichs gehandelt: nach Seiten der Form ist — auf Grund französischen Rechts — eine verbindliche Ehe endgültig zustande gekommen. Es bleibt ihre Gültigkeit nur für die Voraussetzungen, die nicht Formvoraussetzungen sind, der Prüfung nach heimatlichem Recht offen. Und es ist darum ein schwerer Fehlgriff der jüngsten französischen Rechtsprechung, wenn sie die Ehen österreichischer, russischer Juden, die der französische Standesbeamte abgeschlossen hatte, deshalb für nichtig erklärt, weil die Eheleute nicht, den Forderungen ihres heimatlichen Rechts entsprechend, auch kirchlich getraut worden sind.[3]) Ist die Beobachtung der örtlichen Eheschließungsform für Frankreich nicht zwingend vorgeschrieben, so kann die Ehe formgültig auch dadurch zustande kommen, daß die Eheschließungsformen des heimatlichen Rechts der beiden Brautleute befolgt werden, und wenn es diesen Gesetzgebungen entspricht, so mag die Ehe auch durch eine kirchliche Trauung in Frankreich gültig geschlossen werden. Allerdings bedarf es hier von vornherein einer Unterscheidung.[4])

---

vom 6. V. 1907 Z. IV Abs. 6 (Weber 35, 249) Griechen und Russen die Ausstellung des für eine standesamtliche Trauung erforderlichen Verehelichungszeugnisses, wenn sie nicht die Bescheinigung eines Geistlichen vorlegen, daß er bereit sei, unmittelbar nach der standesamtlichen Eheschließung die kirchliche Trauung vorzunehmen. Die Ermächtigung zu solchem Vorgehen beruht auf dem Reichsrecht selbst (BGB. § 1315), und es soll auf diese Weise das Zustandekommen von Ehen vermieden werden, deren Ungültigkeit nach dortigem Recht dem Heimatstaat gestatten würde, die Aufnahme von Frau und Kindern zu verweigern, wenn sie, im Inland lästig geworden, ausgewiesen werden sollen.

[3]) Seinegericht 28. IV. 1906 (Mosticzker) Journal 33, 1146. Seinegericht 25. XI. 1907 (Edinson) Journal 35, 1148. Auch in einem Urteil vom 14. II. 1908 Journal 35, 813 hat das Seinegericht die Ehe eines russischen Juden mit einer rumänischen Jüdin unter gleichen Voraussetzungen nur deshalb nicht für nichtig erklärt, weil rumänische Juden nicht unter jüdischem Recht stünden, und weil die Klägerin sich nicht auf Mißachtung der Gesetze des Beklagten berufen könne. Die Rechtsprechung wird (soweit sie nicht im einzelnen Fall zu Gewissensbedrückung führe) verteidigt von Weill, Le divorce des israélites russes en France, Revue 4, 759 ff. und 5, 140 ff. Gegen sie außer einer redaktionellen Bemerkung Journal 33, 1148 Perroud Journal 35, 1149 ff.; Cluzel, Le mariage et le divorce confessionels des étrangers en France, Journal 36, 5 ff.

[4]) Vgl. oben S. 474 und S. 475 Anm. 12; dazu Basdevant a. a. O.

Staaten wie Österreich halten an der kirchlichen Trauung für ihren Bereich fest, aber sie sehen in der Vornahme der Handlung eine staatliche Funktion, die dem Geistlichen übertragen ist. Amtshandlungen außer Landes kann Österreich nicht anordnen, und sie würden, wenn angeordnet, von seiten des Aufenthaltsstaates der Anerkennung ermangeln. Eine kirchliche Trauung von Österreichern in Frankreich ist somit für Frankreich rechtlich wirkungslos. Aber reichen diese Bedenken nicht noch weiter? In jedem Fall, ist behauptet worden,[5]) könne die kirchliche Handlung für Frankreich erst dadurch rechtliche Bedeutung erlangen, daß ein fremder Staat mit seinem Willen hinter sie tritt; damit aber handelt der Geistliche im Auftrag jenes Staats, und Amtshandlungen fremder Staaten sind im Inland unzulässig. Nun ist es gewiß richtig, daß die kirchliche Handlung nur durch Vermittlung staatlichen Rechts für das Inland rechtlichen Wert besitzen kann. Aber kirchliche Normen werden durch solche Verweisung nicht zu staatlichem Recht, kirchliche Handlungen nicht zu Handlungen der Staatsgewalt: sie bleiben die außerrechtliche Ordnung, die der Staat auch sich gegenüber für maßgebend erklärt,[6]) nicht anders als Verweisungen auf die guten Sitten, auf den Anstand oder auf Verkehrsanschauungen. Und so mag der fremde Staat für den Bereich, den ihm die französische Kollisionsnorm freigibt, auch außerrechtlichen Vorgängen innerhalb Frankreichs Bedeutung zuschreiben; es ist nicht das Verhältnis von Staat zu Staat, das die Handlung des französischen Geistlichen in Beziehung zu jenem Auslandsstaat setzt, sondern die innere Ordnung der Religionsgesellschaft, die entscheidet, inwieweit kirchliche Handlungen desselben Bekenntnisses, die in einem anderen Gebiet vorgenommen wurden, als kirchlich gleichwertig anzuerkennen seien.[7])

Ehescheidung, Trennung, Nichtigkeitserklärung.

3. Die Qualifikation, welche die Ehe zur Staatssache erklärt, äußert sich weiter bei Ausübung der streitigen Gerichtsbarkeit. Die streitige Gerichtsbarkeit ist eine öffentliche Wohlfahrtseinrichtung, bestimmt, zweifelhafte Rechtsverhältnisse klarzustellen. Anders als die freiwillige Gerichtsbarkeit beruht die entscheidende Tätigkeit des Prozeßrichters nicht auf einem Auftrag des Zivilrechts. Es ist keine Eigenschaft des Kaufes oder der Miete, daß sie im Streitfall dem Urteil

---

[5]) Cluzel a. a. O. 29f.

[6]) Vgl. oben S. 472 Anm. 7; auch früher S. 255f.

[7]) Es steht hier in Frage, inwieweit kirchliche Satzungen vermöge der materiellrechtlichen Verweisung eines Staats in einem andern Staat zur Geltung gelangen können. Man beachte den Unterschied gegenüber dem Sachverhalt oben S. 475, wo die Grenzen des staatlichen Rechtssatzes in Frage sind, der — ein Rechtsverhältnis unmittelbar zwischen Staat und Untertan — den Einzelnen zwingt, den kirchlichen Vorschriften über die Eheschließung Folge zu geben.

des Amtsgerichts oder Landgerichts unterworfen werden: der Staat beauftragt diese Behörden unmittelbar, in Befriedigung des öffentlichen Interesses an Rechtsgewißheit, mit der Feststellung zweifelhafter Rechtsverhältnisse. Verweist also der Staat die Entscheidung von Ehesachen vor seine Gerichte, so handelt er wiederum in eigener Sache. Seine Qualifikation ist maßgebend, ohne Unterschied, ob etwa die Entscheidung im Heimatstaat der Beteiligten vor die geistlichen Gerichte gehören würde; und auch die Frage hat er endgültig beantwortet, daß die richterliche Entscheidung eine öffentliche Funktion ist, unabhängig von dem Rechtsverhältnis, das der Entscheidung unterstellt wird.

Dabei bleiben indessen erhebliche Schwierigkeiten für den praktisch wichtigsten Fall, für die Ehescheidung. Die Scheidung als solche (unter Absehung von einer etwa erforderlichen urteilsmäßigen Feststellung, daß ihre Voraussetzungen gegeben sind) beseitigt das bisher unter den Ehegatten bestehende Rechtsverhältnis und wird damit zu einem Gegenstand des Zivilrechts. Das Zivilrecht bestimmt, ob Ehen überhaupt geschieden werden können, ob die Scheidung durch eine Willenserklärung der Partei, vielleicht die Ausstellung eines Scheidebriefes, vollzogen wird, ob durch eine Entscheidung kirchlicher Stellen oder durch staatlichen Ausspruch. Der Satz „die Scheidung erfolgt durch Urteil“ (BGB. § 1564) ist eine Vorschrift des materiellen deutschen Zivilrechts. Und von hier aus ergibt sich, daß auch in Deutschland, in Frankreich kirchliche Formen der Scheidung zulässig sind, wenn das heimatliche Recht der Ehegatten auf sie abstellt. Das gilt für die Erteilung eines Scheidebriefs durch den Ehemann, wie sie dem jüdischen und muhammedanischen Recht bekannt ist. Die Ausstellung bedeutet, im Inland vorgenommen, einen kirchlichen[8]) und damit außerrechtlichen Vorgang, der, durch die Verweisung des Heimatstaats wirksam, die Ehe auch für das Inland formgültig auflöst.[9])

[8]) Der Ehemann ist nicht der Frau, sondern der Kirche gegenüber berechtigt und nach Umständen verpflichtet, die Urkunde auszustellen. Es gibt im Bereich kirchlicher Ordnung keine „privatrechtlichen“ Rechtsverhältnisse; vgl. oben S. 472 Anm. 7. Damit entfällt auch der Versuch Weills Revue 4, 770f.; 5, 140ff., innerhalb der durch kirchliche Satzung angeordneten Scheidungsformen kirchliche und nichtkirchliche Handlungen zu unterscheiden und die jüdische Scheidung (mit Einschluß der Mitwirkung des Rabbiners) als nichtkirchlichen Vorgang zu erklären. Wenn nicht etwa eine kirchliche Stelle bei der Scheidung in Ausübung einer vom Staat übertragenen Funktion handelt, so übt sie bei ihrer Entscheidung, der Private bei seiner Erklärung kirchlichen Zwang, und es ist gleichgültig, ob der Vorgang von rituellen Förmlichkeiten begleitet ist. Vgl. gegen solche Unterscheidung auch das Reichsgericht 16. II. 1904 Entscheidungen 57, 250.

[9]) Die Ausführungen des Textes gelten zunächst dem Fall, daß der Mann Scheidung begehrt. Die Frau hat nach jüdischer Ordnung keinen Anspruch auf Scheidung, sondern soviel ersichtlich unter bestimmten Voraussetzungen einen Anspruch auf Einwilligung des Mannes in die Scheidung; der von dem

Entsprechendes gilt, wo die Scheidung durch oder doch unter Mitwirkung kirchlicher Organe im Inland vollzogen wird. Ein außerrechtlicher Vorgang, der durch die Verweisung des Heimatstaats Rechtswert gewinnt, schafft auch sie eine gültige Form der Scheidung. Aber freilich eine Besonderheit unterscheidet die Ehelösung, die im Inland durch Ausstellung des Briefes, durch Spruch einer geistlichen Stelle erfolgt ist, auf das nachdrücklichste von der richterlichen Scheidung: es mangelt ihnen die Eigenschaft der Unbestreitbarkeit. Denn nur öffentlichrechtliche Handlungen sind es, bei denen die formgültige Vornahme eine nachträgliche Prüfung ihrer Voraussetzungen ausschließt; die Reskriptslegitimation kann nicht, die formgerecht vollzogene Kündigung kann nachträglich bemängelt werden, weil die rechtlichen Voraussetzungen für ihre Vornahme nicht gegeben waren. Öffentlichrechtliche Bedeutung aber kann diesen kirchlichen Akten,[10]) im Inland vorgenommen, nicht zukommen. Bewirken sie somit — auch für das Inland — eine materiellrechtliche Beendigung der Ehe, so kann doch die Frage, ob die Voraussetzungen gegeben waren, unter denen diese Beendigung eintreten durfte, jederzeit wieder in Zweifel gezogen werden. Dieser Mangel schützt den kirchlichen Vorgang vor dem Einwand, er verletze das staatliche Monopol auf Ausübung der Gerichtsbarkeit;[11]) denn eine Erklärung, die nicht unbestreitbar ist, kann keine Ausübung der Gerichtsbarkeit bedeuten. Aber freilich zugleich erwachsen lebhafte Bedenken, ob eine Ehelösung, der das Merkmal der Rechtsgewißheit mangelt, mit den Rechtsgrundlagen des Inlands vereinbar bleibt: man wird eine solche

---

Mann erteilte Scheidebrief bedeutet alsdann Einwilligung und Ehelösung zusammen. Die Einwilligung des Mannes wird hier zur materiellen Voraussetzung der Ehescheidung, in deren Ermangelung auch staatliche Gerichte die Ehe nicht scheiden können. Insoweit haben der Appellhof Paris 9. III. 1904, der Kassationshof 30. X. 1905 (Mosticzker), Journal 31, 678; 33, 410 zutreffend entschieden. Aber es ist nicht zu erkennen, warum, veranlaßt durch die Verweisung des zuständigen Staats, eine Klage auf Einwilligung in die Ehescheidung nicht ebensogut vor die staatlichen Gerichte gebracht werden könnte, als eine Klage auf Ehescheidung; nach seiten der Form bedürfte solche Einwilligung nicht notwendig eines Scheidebriefs, sie könnte entsprechend allgemeinen Grundsätzen auch dem örtlichen Recht (in Deutschland ZPO. § 894) unterstellt werden. Unzulässig freilich wäre eine gerichtliche Klage auf Erteilung des Scheidebriefes, wo staatliche Scheidung auf Grund inländischen Rechts erfolgt ist, und Ausstellung des Briefes neben dieser Scheidung begehrt würde. Vgl. das vorangeführte Urteil des Reichsgerichts von 1904. Doch mag der Anspruch auch in solchem Fall mittelbar gerichtliche Beachtung finden; s. die algerischen Urteile Revue 5, 562 ff. unter dem Gesichtspunkt eines Schadensersatzes wegen willkürlicher Verweigerung.

[10]) Die Ehelösung durch Scheidebrief gewinnt in den Staaten, die sie rezipiert haben, zumeist durch eine Verbindung mit kirchlicher (oder sogar staatlich-gerichtlicher) Feststellung die Eigenschaft der Unbestreitbarkeit.

[11]) In Deutschland vor dem Einwand, er verstoße gegen die Vorschriften in § 76 des Personenstandsgesetzes und § 15 des Gerichtsverfassungsgesetzes.

Scheidung, von der zuständigen Rechtsordnung getragen, an sich als rechtsgültig anzuerkennen haben; aber wenn die Staatsgewalt des Inlands in die Lage kommt, aus solcher Scheidung unmittelbare Wirkungen herzuleiten, so wird ihr der Einwand der öffentlichen Ordnung entgegentreten müssen. — Die deutschen Gerichte haben in einem bekannten Prozeß eine Scheidung für wirksam erklärt, die ein Muhammedaner durch Übersendung des Scheidebriefs nach Deutschland vollzogen hatte.[12]) Die französische Praxis anerkennt eine Scheidung, die der Rabbiner von Amsterdam über dort wohnende rumänische Juden ausgesprochen hat,[13]) sie läßt die Scheidung russischer Juden durch den französischen Rabbiner gelten,[14]) ja sie nötigt sogar zu solchem Vorgehen. Und es ist dabei auch die Verquickung von kirchlicher und weltlicher Form mißlich, wie sie in der Umschreibung der rabbinischen Scheidungen in die französischen Standesregister zum Ausdruck kommt; denn die Umschreibung ist französische, die geistliche Lösung heimatliche Form der Ehescheidung.[15])

Können somit nach den bisherigen Ausführungen die heimatlichen Formen der Scheidung im Inland beobachtet werden, so sind sie doch im wesentlichen an der Wirksamkeit behindert. Jedoch es bedarf ihrer nicht. Denn auch die Auflösung der Ehe kann auf Grund des Satzes *locus regit actum*[16]) in den Formen des örtlichen Rechts geschehen. Zwar erfolgt die Lösung der Ehe — in Frankreich — durch einen behördlichen Akt, die Eintragung der Scheidung in das Standesregister. Doch hat sich jene Regel nach ihrer geschichtlichen Entwicklung niemals auf Rechtsgeschäfte beschränkt, bei denen die Partei selbst handelt, sondern erfaßt auch rechtsbegründende Handlungen, welche die Behörde auf Verlangen statt der Partei vornimmt. Bewirkt aber Frankreich auf Grund solcher Ermächtigung eine Scheidung in den Formen des französischen Rechts, so handelt es wiederum in eigener Sache: seine Qualifikation, welche die Ehe zur Staatssache erklärt, kommt dabei ausschließlich zur Anwendung. Nun hat die in Frankreich geltende Form der

---

[12]) Bayerisches Oberstes Landesgericht 29. IX. 1905 Zeitschrift 16, 286 gegen die Vorinstanzen Zeitschrift 14, 585 und 16, 34, von denen jedoch die erste Instanz die Zustellung des Scheidebriefs als Form der Ehelösung gleichfalls gelten läßt.

[13]) Seinegericht 10. VIII. 1905 Revue 2, 181. Die Voraussetzung, daß rumänische Juden außer Landes unter jüdischem Eherecht stünden, ist anfechtbar.

[14]) Dagegen Naquet nach Journal 35, 739ff.; Cluzel a. a. O. 32 (hieher auch 23[1]?); Weill a. a. O. 5, 156f.; Redaktionsnote Revue 5, 280. Gegen seine Zuständigkeit auch das Rabbinat München nach dem gleich zu erwähnenden Urteil des Landgerichts München I.

[15]) Vgl. über und gegen diese Umschreibungen Cluzel 22f.; Weill 5, 154f.

[16]) Es wird vorausgesetzt, daß der Vorschrift nur fakultative Bedeutung zukommt.

Ehescheidung noch eine Voraussetzung: es muß über die Frage, ob dem Antragsteller ein Recht auf Scheidung zukommt, ein dem Kläger günstiges gerichtliches Urteil vorliegen. Dieser Rechtsstreit über die Voraussetzungen der Ehescheidung aber ist echte streitige Gerichtsbarkeit und als solche (s. oben) eigene Angelegenheit Frankreichs, einzig der französischen Qualifikation unterworfen, die in der Ehe eine Staatssache sieht. Und ebenso ist es eine Qualifikation Frankreichs, wenn für solchen Rechtsstreit die Vorschriften über die Scheidung in solche über das Verfahren und solche über die Voraussetzungen der Scheidung zerspalten werden: nur für die zweite Gruppe verweist die französische Kollisionsnorm auf die Anordnungen des Heimatstaats. Auch für das deutsche Recht müssen die Ehelösung als Aufhebung eines privatrechtlichen Rechtsverhältnisses und der Rechtsstreit über den Anspruch des Klägers auf Lösung der Ehe auseinandergehalten werden. Anders als in Frankreich sind zwar diese Entscheidung und jener Verwaltungsakt des Privatrechts einheitlich dem Prozeßrichter überwiesen; aber das Ergebnis bleibt auch hier das gleiche. Die Aufhebung der Ehe kann in den Formen des örtlichen Rechts erfolgen,[17]) und läßt, getragen von deutschem Gesetz, unbeachtet, wenn diese Form anderwärts kirchlich ist; und dasselbe gilt für den vorausgehenden Rechtsstreit, der einem deutschen Rechtsschutzbedürfnis Genüge tut. Die Praxis freilich ist hier, vor allem in Frankreich, andere Wege gegangen. Hatte man in Frankreich die gerichtliche Scheidung russischer Juden vordem unbedenklich zugelassen,[18]) so wird nunmehr die kirchliche Lösung als Teil des Personalstatuts erklärt, daraus eine Unzuständigkeit der französischen Gerichte abgeleitet.[19]) Gleiche Rechtsprechung, wenn auch nicht ohne Schwankungen, in Belgien.[20]) Aber auch nach Deutschland hat diese Anschauung übergegriffen. Erachtet das Landgericht München I die gerichtliche Scheidung österreichischer Juden für zulässig,[21]) so

[17]) Wenn Art. 11 EG. BGB. Beobachtung der örtlichen Formen nur für „Rechtsgeschäfte“ vorsieht, so ist man doch über die Notwendigkeit einer erweiternden Auslegung dieser Wendung einverstanden.

[18]) Seinegericht 3. VII. 1896 Journal 23, 848; hinsichtlich der Zuständigkeit aber auch 18. V. 1903, Appellhof 9. III. 1904, Kassationshof 30. X. 1905 in Sachen Mosticzker (oben Anm. 3 und 9).

[19]) Appellhof Paris 17. III. 1902, Kassationshof 29. V. 1905 (Levinçon) Journal 30, 342; 32, 1006. Gebilligt Revue 2, 175; auch von Hahn bei Leske-Löwenfeld, Rechtsverfolgung im internationalen Verkehr 4, 786. — Dagegen Pille bei Sirey 1906 I, 161 ff.; Naquet, Weill, Cluzel a. a. O.; Revue 5, 280.

[20]) Appellhof Brüssel 8. VI. 1899 Journal 26, 859; Zivilgericht Antwerpen 9. II. 1909 Journal 36, 1171 (das Gericht sei zuständig, habe die Klage aber aus materiellrechtlichen Gründen abzuweisen). Anders Zivilgericht Brüssel 25. III. 1905 Journal 32, 1085.

[21]) Urteil vom 13. V. 1908 Zeitschrift für Rechtspflege in Bayern (1908) 4, 483.

hat das Kammergericht bei russischen Juden gegenteilig entschieden.[22]) Und wenn dabei erklärt wird, ein deutsches Gericht könne die Wirksamkeit seines Urteils nicht von einer Handlung wie der Ausstellung des Scheidebriefs abhängig machen, die in das Belieben einer Partei gestellt ist, so wird verkannt, daß die richterliche Scheidung deutsche Scheidungsform ist, die die Beobachtung einer nach ausländischen Gesetzen in Frage kommenden Form völlig ausschaltet.[23])

Was hier für die Scheidung ausgeführt wurde, ist in gleicher Weise für die Trennung von Tisch und Bett, möglicherweise auch für die Nichtigkeitserklärung einer Ehe richtig. Auch die Trennung von Tisch und Bett bedeutet eine materiellrechtliche Veränderung innerhalb des zivilrechtlichen Rechtsverhältnisses der Ehe; der Nichtigkeitserklärung kann solche materiellrechtliche Bedeutung von der maßgebenden Rechtsordnung zugewiesen sein. Insoweit diese Vorgänge aber an eine Form gebunden sind, gilt wie bei der Scheidung: es kann die Form des heimatlichen, und es kann die Form des örtlichen Rechts beobachtet werden. Verweist das heimatliche Recht für Trennung und Nichtigkeitserklärung auf einen kirchlichen Vorgang, so kann dieser kirchliche Vorgang rechtswirksam auch im Inland vorgenommen werden. Aber freilich auch er liefert nur die Form der Trennung oder Nichtigkeitserklärung; eine für den inländischen Staat bindende Entscheidung, ob die Voraussetzungen solchen Eingriffs gegeben sind, vermag die kirchliche Stelle nicht zu gewähren. Und es droht darum einer Trennung und insbesondere einer Nichtigkeitserklärung, der das Merkmal der Unbestreitbarkeit fehlt, auch hier der Einwand der öffentlichen Ordnung.

Auf der anderen Seite kann der Eingriff in den Formen des örtlichen Rechts erfolgen d. h. für Deutschland, für Frankreich durch Richterspruch. Dann ist in bezug auf die Form der materiellrechtlichen Veränderung, und ebenso für die Entscheidung des Streits, ob die Voraussetzungen der Trennung und der Nichtigkeitserklärung vorliegen, wiederum eine Angelegenheit des Inlands gegeben, die ausschließlich der Qualifikation des Inlands unterstellt ist, und es werden die inländischen Gerichte tätig ohne jede Rücksicht, ob im

---

[22]) Urteil vom 19. XII. 1905 Zeitschrift 19, 263. Wenn sich die Entscheidung hiebei auf § 606^{IV} der Zivilprozeßordnung stützt, der die Zuständigkeit zur Scheidung von Ausländern von der Anerkennung des Heimatstaats abhängig macht, so bezieht sich diese Vorschrift sicherlich auf die Anerkennung der örtlich-staatlichen, nicht der sachlichen Zuständigkeit.

[23]) Das Kammergericht folgt hier Hahn a. a. O. Anders das erwähnte Urteil des Landgerichts München, wie auch Weill 5, 158 ff. Wäre die Meinung des Gerichts aber, daß die in der Erteilung des Briefes zum Ausdruck gebrachte Einwilligung des Mannes (vgl. oben Anm. 9) materielle Voraussetzung der Scheidung wäre, so müßte sie dem Urteil vorausgehen.

Heimatstaat der Parteien geistliche Gerichte entscheiden würden. Bei Nichtigkeitsklagen hat die französische Praxis an der Zuständigkeit der inländischen Gerichte bisher keinen Anstoß genommen;[24]) in Trennungsprozessen dagegen begegnet bereits die bekannte Schlußfolgerung, der Gegenstand falle in das Personalstatut, die französischen Gerichte seien unzuständig, wenn dies Recht die Sache vor die geistlichen Gerichte verweise.[25])

Öffentlichrechtliche Einwirkungen.

4. Die Qualifikation, welche die Ehe zur weltlichen Angelegenheit erklärt, bedeutet innerhalb ihrer Grenzen den wichtigsten, aber nicht den einzigen Umstand, der das Verhältnis des Inlandrechts zu kirchlichen Eheordnungen des Auslands festlegt. Denn auch positive Vorschriften des Staatskirchenrechts können hier von Einfluß werden. So könnte es als Forderung der Gewissensfreiheit gelten, daß der Ausländer im Inland nicht genötigt wird, sich der kirchlichen Eheschließungsform zu bedienen. Ein solcher Rechtssatz wird für Frankreich angenommen;[26]) doch er führt zu keinem anderen Ergebnis, als schon nach Zivilrecht feststeht: daß auch Ausländer sich der örtlichen Form des Rechtsgeschäfts bedienen können. Noch weiter geht Art. 16 der belgischen Verfassung, der die kirchliche Eheschließung ohne vorgängige Ziviltrauung staatskirchenrechtlich verbietet; das Ergebnis ist das gleiche, das Deutschland mit der zivilrechtlichen Vorschrift erreicht, daß die örtliche Form der Eheschließung zwingend sein soll.

Auch materiellrechtliche Vorschriften kirchlichen Inhalts können einem Hindernis begegnen, wenn sie mit dem öffentlichrechtlichen Gebot der Gewissensfreiheit in Widerspruch geraten; denn dies Gebot hindert möglicherweise unter Vermittelung der Klausel der öffentlichen Ordnung ihre Anwendung im Inland. So mag ein spanischer katholischer Geistlicher in Frankreich Trauung begehren; eine Nichtigkeitsklage, die dort mit Rücksicht auf den Stand erhoben würde, wäre abzuweisen. Aber freilich, nur an die staatlichen Organe des Inlands wendet sich — wo sie besteht — diese Forderung der Gewissensfreiheit, und es wirkt dementsprechend die Klausel der öffentlichen Ordnung nur, soweit die unmittelbare Verwirklichung

---

[24]) Seinegericht 21. V. 1897 und Appellhof Paris 26. I. 1898 Journal 25, 745; die drei Urteile des Seinegerichts oben Anm. 3.

[25]) Zivilgericht Marseille 7. V. 1908 Journal 36, 189 (Caracanda) für Griechen. Anders (weil Trennung im maßgebenden Recht materiellrechtlich nicht vorgesehen sei) Seinegericht 26. II., Appellhof 31. XII. 1907 Journal 34, 760 und 35, 518 in Sachen Levinçon (oben Anm. 19).

[26]) Weill a. a. O. 4, 764 f.

der angefochtenen Vorschrift im Inland begehrt würde; ihre Durchsetzung im Ausland hätte nach Maßgabe der zuständigen Rechtsordnung auch das Inland anzuerkennen.[27]) [28])

§ 42. Der Staat der Person und der Staat der Kirche.

1. Ausgangspunkte. — 2. Vorschriften für die Person. — 3. Vorschriften für die Kirche. — 4. Mehrheit von Kirchen.

Ausgangspunkte.

1. Alle die vorausgehenden Untersuchungen über die Pflichten der Bekenntnisangehörigen, über Bekenntniswechsel und religiöse Erziehung, über Ehe oder Kirchensteuern suchen die besonderen örtlichen Beziehungen festzustellen, welche einem Staat Zuständigkeit über den Fall verschaffen, aber sie stimmen darin überein, daß es Beziehungen der Person sein müssen, welche diese Zuständigkeit begründen. Und doch kann es nicht immer die Person des Kirchenangehörigen sein, die den Ausschlag gibt. Wenn ein Staat die bischöfliche Gerichtsbarkeit ordnet, so ist dazu der Staat des Bistums berufen, auch wenn es sich um Gerichtsbarkeit über Diözesanfremde handelt.

Nicht in jedem Fall vollzieht sich diese Grenzscheidung zwischen Vorschriften, welche für die Person, und solchen, welche für die Kirche gelten, mit gleicher Selbstverständlichkeit. Der Patron etwa, dessen Rechtslage festzustellen ist, gehöre einem anderen Rechtsgebiet an als die Patronatskirche. Und es ist vor allem der Verband in Pfarrei und Kirchengemeinde, der unter gleichen Voraussetzungen erhebliche Schwierigkeiten hervorruft. Den hauptsächlichen Schauplatz dieser Fragen bilden demgemäß die Grenzpfarreien, deren Bezirk sich auf das Gebiet zweier Staaten erstreckt.

Häufig ist diesen Schwierigkeiten in Grenzpfarreien [1]) allerdings durch konkrete Vereinbarung die Spitze abgebrochen, nicht selten greift dort für die beiden Teile des Bezirks örtliches Gewohnheitsrecht ein. Aber diese Quellen können versagen, und die auftauchenden

[27]) Bedenklich Zivilgericht Livorno Journal 25, 415: ein tunesischer Jude hatte in England eine italienische Christin geheiratet, das heimatliche Recht des Mannes verbietet Ehen zwischen Juden und Christen; nach dem Tod des Mannes verlangt die Frau Unterhalt von ihrem Schwiegervater, dieser bestreitet die Gültigkeit der Ehe. Das Gericht erklärt die Ehe für gültig, weil ein solches Verbot der öffentlichen Ordnung Italiens widerspreche.

[28]) Über konfessionelles Eherecht im Verhältnis verschiedener Bekenntnisse zueinander unten § 45 Z. 2, im Verhältnis selbständiger Teilverbände desselben Bekenntnisses § 47 Z. 2 und 4.

[1]) Die folgenden Ausführungen gelten entsprechend für Kirchengemeinden, die zwei Gebieten angehören.

Fragen müssen auch ohne sie einer Entscheidung fähig sein. Hier hat nun wiederholt die staatliche Gesetzgebung Regeln aufgestellt, die mindestens subsidiäre Geltung verlangen. Das Preußische Landrecht II 11 §§ 253 ff., auch Art. 109 des Entwurfs einer bayerischen Kirchengemeindeordnung, eine Anzahl Staatsverträge haben sich mit diesen Angelegenheiten beschäftigt, darunter Vereinbarungen des Königreichs Sachsen mit Sachsen-Altenburg vom 30. Oktober 1850 und mit Reuß ä. L. vom 10. Mai 1860,[2]) die mit ihrem Versuch, grundsätzliche Lösungen zu geben, das lebhafteste Interesse in Anspruch nehmen. Die radikalste, aber nicht die idealste Lösung unter ihnen bringt die bayerische Kirchengemeindeordnung: mag die Pfarrkirche in Bayern liegen, der Pfarrangehörige sich außer Landes befinden, oder umgekehrt, „die Verhältnisse solcher Kirchengemeinden, zu denen bayerische und nichtbayerische Gebietsteile gehören, bemessen sich zunächst nach Staatsverträgen und besonderen Rechtsverhältnissen, aushilfsweise nach den Bestimmungen der Kirchengemeindeordnung, soweit dies durchführbar ist".[3]) Das Preußische Landrecht hat nur den Fall im Auge, daß Inländer oder inländische Kirchen einer Pfarrei des Auslands eingegliedert sind. Auch hier wird zunächst auf Verträge und Herkommen verwiesen; im übrigen aber bemüht sich das Gesetz, eine Anzahl von Fällen auszuscheiden, für die trotz dieser Eingliederung die Staatsgewalt des Inlands maßgebend bleibt. Was im Preußischen Landrecht angedeutet wird, führen dann die beiden Verträge Sachsens mit Altenburg und Reuß weiter. Die Tatbestände, die sich bei solcher Spaltung ergeben, zerfallen ihrer Art nach in zwei Gruppen: „Alle in einem gemischten d. h. aus Bestandteilen des Königreichs Sachsen und des Fürstentums Reuß ä. L. zusammengesetzten kirchlichen . . Verbande lebende Staatsbürger sind in Beziehung auf sämtliche ihre Person ausschließlich betreffenden Verhältnisse zur Kirche . . den Gesetzen und Anordnungen desjenigen Staates unterworfen, welchem sie als Untertanen angehören . . Jede Kirch . . -gemeinde ist dagegen als solche den Gesetzen des Staates unterworfen, in dessen Gebiete deren Kirche . . liegt, und es sind demnach auch für die ausländischen Eingepfarrten . . rücksichtlich aller die gemeinschaftlichen Kirchen . . -zwecke betreffenden Angelegenheiten die Einrichtungen und Anordnungen des Staates maßgebend, in dessen Gebiete die äußere gemeinschaftliche Religionsübung

---

[2]) Sächsisches Gesetz- und Verordnungsblatt 1850, 280 und 1860, 181. Der erste dieser Verträge wird im folgenden mit A, der zweite mit R zitiert.

[3]) Schon 1813 genehmigt Bayern, daß auswärtige Parochianen gewissen bayerischen Pfarreien als „Hospitanten" angehören dürften, jedoch mit dem Vorbehalt, daß die bayerischen Pfarrer hiebei „einzig nur nach den diesseitigen Verordnungen in Kirchensachen sich zu richten haben sollen". Begründung der bayerischen Kirchengemeindeordnung 322.

der Kirchfahrt stattfindet. . ."[4]) Die Folgerungen aus dieser Einteilung werden dann in umfänglichen Einzelbestimmungen gezogen und sogar[5]) auf die Strafzuständigkeit ausgedehnt.

Somit gerade für Grenzpfarreien eine Scheidung zwischen Angelegenheiten, welche nach dem Recht der Person, und solchen, die nach dem Recht der Kirche behandelt werden. Und doch gelten für Grenzpfarreien Eigentümlichkeiten, die bewirken, daß diese Unterscheidung nicht völlig zusammenfällt mit derjenigen, die sonst das Recht der Person und dasjenige der Kirche auseinanderhält. Angelegenheiten, die nach den gegenwärtigen Feststellungen die Person betreffen, sind auch für Grenzpfarreien Angelegenheiten, die unter dem Recht des einzelnen Parochianen stehen, und zwar deshalb, weil sie Angelegenheiten der Person sind. Angelegenheiten von sachlicher Bedeutung hingegen stehen in Grenzpfarreien zunächst gleichfalls unter der Rechtsordnung des Parochianen, auf den sie Bezug haben; denn, wie unten § 44 Z. 3 zu zeigen, die kirchliche Versorgung beruht für den einzelnen Pfarrangehörigen auf dem Willen des Staats, dem er durch seinen Wohnsitz angehört. Aber freilich bei sachlichen Angelegenheiten ist eine solche Trennung des Rechts nur möglich, wenn die Angelegenheit selbst für den einzelnen Pfarrangehörigen gesondert durchgeführt werden kann. Für untrennbar gemeinschaftliche Angelegenheiten muß auch in Grenzpfarreien der Staat des Kirchorts den Ausschlag geben, und dahin gehört praktisch die weitaus überwiegende Zahl der sachlichen Angelegenheiten.

Hält man diese Verschiedenheit fest, so ist es unbedenklich, die Verhältnisse der Grenzpfarreien und die sonstigen Angelegenheiten des Staatskirchenrechts hier gemeinsam zu behandeln, und es ist das umsomehr veranlaßt, als die Schwierigkeiten, die sich an eine Rechtsverschiedenheit innerhalb der Pfarrei knüpfen, nicht auf den singulären Fall von Grenzpfarreien beschränkt sind. Der Praxis haben wiederholt Streitigkeiten vorgelegen, bei denen die Frage: Recht der Person oder Recht der Kirche? innerhalb des Staatsgebiets aufgetaucht ist (einmal verursacht durch wiederholte Gebietsveränderung, die eine früher geteilte Pfarrei nunmehr in beiden Teilen derselben Staatsgewalt unterstellt hat; ein andermal durch Umpfarrung eines Ortes mit abweichender Gesetzgebung). Und es ergibt sich, wo die beiden Rechtsgebiete demselben Staat angehören, der seltene Fall, daß die Kollisionslösungen zweiseitig sind, so daß die Fragestellung alsdann genau wie im internationalen Zivilrecht lautet: kommt das Recht des einen oder des anderen Gebiets zur Anwendung? Dagegen können

[4]) R §§ 1, 2 und in der Formulierung weniger scharf schon A §§ 1, 2. Diese und einige weitere Verträge beziehen sich auch auf gemeinschaftliche Schulen, wovon oben § 17 leider nicht mehr Notiz genommen werden konnte.

[5]) A § 10; R § 7.

diese Fragen hier und im Folgenden allerdings nur erörtert werden, soweit sie bei Angelegenheiten vorkommen, die staatliche Regelung erfahren haben; von den Grenzen kirchlicher Satzungen kann auch insoweit erst unten (§ 47 Z. 7) gehandelt werden.[6])

Vorschriften für die Person.

2. An jeder Ordnung kirchlicher Angelegenheiten ist die Person des Kirchenangehörigen in ihrem Verhältnis zur Gesamtkirche, zu einem örtlichen kirchlichen Verband, zu einer kirchlichen Handlung beteiligt. Aber nicht darum allein kann der Staat der Person hier den Ausschlag geben. Sein Recht muß von vornherein beiseite bleiben, wo die Person an einem Vorgang nur tatsächlich, nicht rechtlich beteiligt ist, bei der Zulässigkeit einer Kirchenkollekte etwa oder den Nutzungsrechten des Pfarrers an der Pfründe.[7]) Im übrigen aber dürfte maßgebend sein, ob es sich um öffentliche Rechte oder um öffentliche Pflichten der Person handelt. Öffentliche Rechte haben das Verhalten einer bestimmten Gemeinschaft zum Gegenstand; die Rechtsordnung, die sie verleiht, ordnet damit die Ausübung der öffentlichen Gewalt dieser Gemeinschaft, und es ist einleuchtend, daß nur der Staat (oder Staatsteil) über den Bestand öffentlicher Rechte entscheiden kann, von dem die durch sie gebundene Gemeinschaft ihre öffentliche Gewalt herleitet. Anders verhält es sich mit selbstständigen öffentlichrechtlichen Pflichten der Person. Zwar setzen auch sie eine öffentlichrechtliche Gemeinschaft als Empfänger der Leistung voraus. Aber den Gegenstand rechtlicher Regelung bildet nicht ihr Empfang, sondern die Verpflichtung zur Leistung. Die Staatsgewalt wirkt hier unmittelbar auf den zu Verpflichtenden, und es bedarf darum einer persönlichen Unterworfenheit, um solche Verpflichtung begründen zu können.

Darnach muß es von vornherein auf das Recht der Person ankommen, wo eine Verpflichtung staatlichen Zwecken dient und nur äußerlich mit kirchlichen Stellen in Verbindung gebracht ist, etwa

---

[6]) Gegenstände, die in manchen Gebieten in staatlicher, anderwärts in kirchlicher Normierung vorkommen, sind, um Wiederholungen zu vermeiden, an dieser Stelle gemeinsam behandelt worden. Im übrigen macht hier schon die Ausscheidung, ob ein Gegenstand von Staats wegen oder von Kirchenseite geregelt ist, Schwierigkeiten. Denn gerade die Verträge Sachsens mit Altenburg und Reuß, die in diesem Zusammenhang vorzugsweise Bedeutung haben, sind gleichzeitig in Ausübung des *jus circa sacra* und des *jus episcopale* (A § 13; vgl. auch A §§ 1, 2 und R § 1), in Betätigung der Staatsgewalt und der protestantischen Kirchengewalt abgeschlossen. Ihr Inhalt ist hier aufgenommen, soweit es sich nicht (nach dem gegenwärtigen Recht dieser Länder, und in Beachtung der vorerwähnten Rücksicht) um Gegenstände ausschließlich kirchlicher Normierung handelt.

[7]) A § 2; R § 5 Z. 6 und 7.

Anzeigepflichten gegenüber dem Pfarrer zwecks Führung von Bevölkerungslisten.[8]) In gleicher Weise muß das Recht der Person aber auch entscheiden, wo die Verbindlichkeit kirchlichen Inhalt hat. Es mag sich dabei um Pflichten handeln, die juristisch als (ausschließliche oder konkurrierende) Pflichten gegenüber dem Staat bestehen. So bei den staatlichen Vorschriften über Mitgliedschaft in einem Bekenntnis, über Austritt oder religiöse Kindererziehung. So bei staatlichen Vorschriften, die allgemeine kirchliche Verpflichtungen der Person sanktionieren, den Taufzwang, die Pflicht zu kirchlicher Ehe,[9]) zur Feiertagsruhe.[10]) Und dasselbe gilt dort, wo ein administrativ-kirchlicher Verband auch nach staatlichem Recht als forderungsberechtigt erscheint: bei den kirchlichen Abgaben, im besondern bei den Leistungen aus dem Pfarrverband.

Zunächst, es bestehen keine fremdenrechtlichen Hindernisse, wenn das Recht der Person Abgaben vorschreibt zugunsten eines Pfarrverbands, der seinen Sitz in anderem Rechtsgebiet hat. Das ist von vornherein klar, wenn Person und Kirche verschiedenen Rechtsgebieten innerhalb desselben Staats angehören, und es muß zutreffen, wenn dabei verschiedene Staaten in Betracht kommen. Denn ist in Staaten öffentlichen Kirchenrechts die Organisation der Pfarreien regelmäßig an staatliche Mitwirkung gebunden, so kann die Mitgliedschaft inländischer Personen in einer Pfarrei des Auslands nicht ohne Zustimmung des Staats der Person bestehen. In solcher Zustimmung aber liegt auch das Einverständnis beschlossen, daß diese Personen die Pflichten eines Pfarrangehörigen oder Kirchengemeindemitglieds haben sollen.[11]) Und ebenso muß daraus ge-

[8]) A § 9 Z. 14; R § 4 Z. 14.

[9]) Anerkannt A § 9, R § 4 je in Abs. I und Abs. II Z. 1—4, 10, 13; auch A § 13 II 2 und R § 6 Z. 2. Vgl. ferner Preußisches Landrecht II 11 §§ 254 f. Wegen des Rechts auf Trauung unten § 43 Z. 2 und überhaupt § 44 Z. 3.

[10]) Sächsisches Gesetz 10. XI. 1870 § 10: „Die in ausländischen Kirchen eingepfarrten diesseitigen Untertanen haben die Bestimmungen gegenwärtigen Gesetzes in gleicher Weise und rücksichtlich derselben Tage wie in inländischen Kirchen Eingepfarrte zu befolgen, insoweit nicht durch Übereinkommen der betreffenden Regierungen etwas anderes festgesetzt ist." A § 4 hatte für Feier und Feiertagsruhe auf das Recht des Kirchorts verwiesen; vgl. auch § 21 des Vertrags. R § 6 (vgl. auch § 24) verweist zwar für die Geltung der Feiertage auf das Recht des Kirchorts; ob aber die inländischen Parochianen auswärtiger Kirchen hiedurch von dem Verbot befreit würden, an Feiertagen des eigenen Landes Geschäfte zu betreiben, habe deren eigene Gesetzgebung zu entscheiden.

[11]) Ein Vertrag Preußens mit Mecklenburg-Schwerin zeigt auch die auswärtigen Gemeindeangehörigen im Besitz der aus dem Gemeindeverband folgenden „Rechte und Verbindlichkeiten", ähnlich Verträge mit Braunschweig, Sachsen, Sachsen-Weimar im Besitz von „Rechten und Verbindlichkeiten gegenüber der Kirchengemeinde, den kirchlichen Beamten und kirchlichen Instituten"; preußische Gesetzessammlung 1883, 340; 1890, 265; 1891, 377; 1894, 157. Für die Abgabenpflicht im besondern R § 15; das Gesetz von Schaumburg-Lippe unten Anm. 12.

folgert werden, daß der Staat der Person den Organen des Pfarrverbands — sollen die Parochianen des inländischen Teils einer „Pfarrei“ eingegliedert sein, so muß die Pfarrei Organe haben — die Ausübung öffentlicher Gewalt über die Pfarrangehörigen des Inlands einräumt. Demgemäß erklären die mehrerwähnten Verträge Sachsens mit Altenburg und Reuß, zwei andere mit Preußen die Festsetzungen der zuständigen Stelle über Aufbringung des Kirchenbedarfs für verbindlich auch gegenüber den auswärtigen Parochianen.[12]) Wenn diese Verträge den Betroffenen, „wenn sie sich beschwert glauben, alle nach den Gesetzen des Staates, in welchem die Kirche liegt, zulässigen Rechtsmittel sowie das Recht der Beschwerdeführung bei der competenten Behörde dieses Staates“ einräumen, wie auch den Wohnsitzstaat verpflichten, die Entscheidungen dieser Behörden ohne sachliche Nachprüfung zu vollstrecken, so sind beide Bestimmungen sehr zweckmäßig, ohne besondere Vereinbarung aber (vgl. unten § 44 Z. 3) keineswegs für jeden Fall geltendes Recht.

Inwieweit den auswärtigen Parochianen eine Mitwirkung an solchen Beschlußfassungen zusteht, ist als Inanspruchnahme subjektiver öffentlicher Rechte und zugleich als Angelegenheit, die allen Pfarrangehörigen gemeinsam ist, der Rechtsordnung am Ort der Kirche zu entnehmen.[13]) Materiellrechtlich aber können den Pfarrangehörigen keine anderen Lasten auferlegt werden, als die eigene Rechtsordnung gestattet. In dem Teil einer bayerischen Pfarrei, in dem die Kirche steht, gilt Würzburger Recht, das den Pfarrangehörigen die kirchliche

[12]) A § 5; R § 18 (vgl. auch § 28); Verträge mit Preußen 1. IX. 1864 Z. II und 2. V. 1882 Lit. A Z. 2, sächsisches Gesetzblatt 1865, 607; 1883, 28: „Die Beschlüsse, welche über die . . kirchlichen Bedürfnisse gefaßt werden, sind nach der Verfassung und Gesetzgebung desjenigen Staates zu beurteilen, in welchem die Kirche liegt, und von den kirchlichen Behörden desselben zu genehmigen. Die in dieser Weise gültig gefaßten und genehmigten Beschlüsse sind auch für die ausländischen Eingepfarrten verbindlich.“ (Dabei behält R § 17 für die politischen Gemeinden der Pfarrei vor, daß sie „in Ansehung der Umlegung und Aufbringung der auf sie fallenden Quote unter sich lediglich an die Verfassung und Gesetze ihres eigenen Landes gebunden“ sein sollen.) Vgl. auch ein Staatsgesetz von Schaumburg-Lippe 24. IV. 1894 § 6 (E. Friedberg, Die geltenden Verfassungsgesetze der evangelischen deutschen Landeskirchen 1885 ff. 4. Ergänzungsband 374): „Bezüglich der eingepfarrten ausländischen Gemeindemitglieder behält es bei dem bisherigen Beitragsfuß zur Beschaffung der Mittel für Deckung kirchlicher Lasten, wo derselbe herkömmlich feststeht, sein Bewenden, andernfalls haben dieselben einen verhältnismäßigen Beitrag in die Kirchenkasse zu zahlen, welcher, falls eine Vereinbarung nicht zustande kommen sollte, von unserem Konsistorium nach Anhörung der Beteiligten endgültig festzusetzen ist.“ Die Festsetzung erfolgt hier durch die kirchliche Zentralbehörde.

[13]) Vgl. den preußisch-sächsischen Vertrag von 1864 Z. I. Dabei der folgerichtige Vorbehalt, die Vertretung eingepfarrter politischer Gemeinden erfolge bei der Beschlußfassung „nach den gesetzlichen Bestimmungen desjenigen Staates, zu welchem die betreffende Gemeinde gehört“.

Baulast voll auferlegt, in einem andern Teil derselben bayerischen Pfarrei Preußisches Landrecht, das die Pfarrangehörigen nur zu einem Drittel der Kosten heranzieht: als öffentlichrechtliche Verpflichtung konnte die Baulast nur durch diejenige Rechtsordnung bestimmt werden, die am Wohnsitz der Pflichtigen galt; es ist die unmittelbare Unterworfenheit unter die Staatsgewalt, die sie zu einer Leistung mit Rücksicht auf die Pfarrzugehörigkeit nötigt, und es ist der Wohnsitz, der die vorausgesetzte Beziehung zum Pfarrverband begründet.[14]) Eine Anwendung dieses Grundsatzes findet sich in dem sächsisch-reußischen Vertrag, wenn eine Besitzwechselabgabe zugunsten der Kirche, die nur am sächsischen Kirchort besteht, auf die reußischen Parochianen nicht erstreckt wird,[15]) und für die Beiträge einer Filialgemeinde zu den Lasten der Mutterkirche hat auch der Altenburger Vertrag auf das Recht am Ort der Filiale abgestellt.[16]) Aber freilich nach beiden Verträgen wie auch nach den preußisch-sächsischen Rezessen von 1864 und 1882 sollen die Beschlüsse, welche über die Kirchenbedürfnisse gefaßt werden „nach der Gesetzgebung" desjenigen Staats beurteilt werden, in welchem die Kirche liegt,[17]) und das scheint sich auch auf die Beurteilung der Leistungspflichten zu beziehen. Als grundsätzliche Lösung anfechtbar, wird die Regelung durch ihre Aufnahme in Staatsverträge gehalten.

Die vorstehenden Ausführungen gelten für kirchliche Steuern jeder Art, in Geld und in Naturalien, zu Bau- und zu anderen Zwecken,

---

[14]) Anders hat den Fall der Oberste Gerichtshof München 27. III. 1877 entschieden (Sammlung von Entscheidungen des Obersten Gerichtshofs 6, 573): anzuwenden sei hier die Rechtsordnung am Ort der Kirche; denn es handle sich um ein gemischt dingliches und persönliches Rechtsverhältnis des Privatrechts, und es komme jener Ort zugleich als Erfüllungsort für die Verbindlichkeit der Baupflichtigen und als Ort der belegenen Sache in Betracht. In einem Urteil von 1853, Blätter für Rechtsanwendung (1853) 18, 393 — die Rechtsverschiedenheit innerhalb der Pfarrei war hier durch eine Umpfarrung bewirkt worden — hatte sich derselbe Gerichtshof für die Rechtsordnung am Ort der Baupflichtigen ausgesprochen. Die verwandte Frage nach dem prozessualen Gerichtsstand für Ansprüche aus der Baupflicht wurde teils zugunsten, teils gegen das forum rei sitae beantwortet: Blätter für Rechtsanwendung (1867) 32, 313; Sammlung von Entscheidungen des Obersten Landesgerichts 9, 510; 12, 579. — Nach der Begründung zur Kirchengemeindeordnung 322 werden die außerbayerischen Angehörigen einer bestimmten bayerischen Pfarrei nach den bayerischen Normen zu kirchlichen Leistungen herangezogen.

[15]) R § 19, unter rechnerischer Ausgleichung der Mehrleistung sächsischer Pfarrangehöriger. A § 7 hatte die Abgabe vertragsmäßig auf die auswärtigen Parochianen ausgedehnt.

[16]) A § 25: „Sollte hinsichtlich der Beitragsquote ein bestimmtes Herkommen sich nicht nachweisen lassen, auch eine gütliche Vereinigung nicht zu vermitteln sein, so wird zur Normierung dieser Beitragsquote die Gesetzgebung des Landes, in welchem sich die Filialkirche befindet, in Anwendung gebracht."

[17]) S. oben Anm. 12.

an Pfarrei oder Kirchengemeinde und an Pfarrer oder Mesner. Sie gelten dagegen nicht für kirchliche Gebühren, deren Regelung offenbar in Zusammenhang steht mit der Regelung der kirchlichen Handlungen, für die sie geschuldet werden. Darüber unten § 43 Z. 2.

Vorschriften für die Kirche.

3. Subjektive Rechte der Bekenntnisangehörigen gegen kirchliche Verbände kann auch der Staat nur vorsehen, wenn er Herrschaft über den Verband besitzt.

So beim Patronatrecht. Das Patronat als ein Schutz- und Aufsichtsverhältnis über eine Kirche, verbunden mit bestimmten Rechten und Pflichten, bildet einen Gegenstand des öffentlichen Rechts, wenn die Glaubensgesellschaft, der die Kirche angehört, in das öffentliche Recht aufgenommen ist. Handelt es sich dabei um die eigentümliche Ausbildung der Verfassung dieser Kirche, so kann nur die Rechtsordnung der Kirche für das Patronat maßgebend sein. Das gilt für die Rechte des Patrons, für seine Mitwirkung bei der Bestellung des Geistlichen und andere Befugnisse, es muß hier aber auch für die Pflichten des Patrons, für die ihm nach manchen Gesetzen etwa obliegende Baulast zutreffen. Denn es ist nicht die unmittelbare Unterworfenheit unter die Staatsgewalt, die für den Patron solche Pflichten begründet, sondern sein besonderes Verhältnis zu der Kirche, das diese Nebenwirkungen erzeugt. Dementsprechend bestimmen auch die Verträge Sachsens mit Altenburg und Reuß:[18]) „Die mit dem Patronat- . . rechte verbundenen Befugnisse und Verbindlichkeiten sind lediglich nach der Verfassung und nach den Gesetzen des Landes, in welchem die Kirche . . liegt, zu beurteilen. Die Modalität der Ausübung des fraglichen Patronat- . . rechts ist daher lediglich von der betreffenden Behörde dieses Landes zu regeln und zu beaufsichtigen“.

Subjektive Rechte können auch innerhalb des Pfarrverbands nur dann geltend gemacht werden, wenn der Staat, der über den Verband herrscht, sie zuspricht, beispielsweise Rechte auf Teilnahme an der kirchlichen Selbstverwaltung, Rechte auf Vornahme einer kirchlichen Handlung. Aber freilich gerade in Pfarreien geteilten Rechts ist dies nicht notwendig der Staat des Kirchorts. Steht doch die Pfarrei, wie später auszuführen, für jeden der beteiligten Staaten unter eigener Hoheit, soweit Angelegenheiten seiner Parochianen in Frage sind. Die Folgen dieser Mitherrschaft bedeuten eine Besonderheit der Grenzpfarreien, die erst unten § 44 Z. 3 behandelt werden soll. Aber auch hier gibt es Angelegenheiten, die dem Staat des Kirchorts als solchem unterworfen sind: die unlöslich gemeinschaftlichen Angelegenheiten der Pfarrei nnd Kirchengemeinde.

[18]) A § 17; R § 14.

Dahin gehört die Organisation der Selbstverwaltung. Sie hat zur Voraussetzung, daß auch den Parochianen jenseits der Grenze die rechtliche Stellung eines Mitglieds der Pfarrei oder Kirchengemeinde zukommt, und es ergibt sich das, sofern nur ihre Einpfarrung auf rechtlicher Grundlage beruht, mit Notwendigkeit aus diesem Verhältnis.[19]) Das Maß ihrer Befugnisse aber bestimmt der Staat, in dem die Organisation ihren Sitz hat.[20]) Er kann einer Betätigung aktiver Mitgliedschaftsrechte, wie der Ausübung von Wahl- und Stimmrechten, möglicherweise fremdenrechtliche Hindernisse in den Weg legen; denn die Ausübung solcher Befugnisse ist manchmal an den Besitz inländischer Staatsangehörigkeit geknüpft, die den auswärtigen Parochianen zumeist fehlen wird. So erklärt es sich, daß auswärtige Angehörige bayerischer Pfarreien derzeit des Wahl- und Stimmrechts entbehren,[21]) und es scheint darauf auch ein Erlaß des Kirchenrats Weimar zu beruhen, der „ausländischen hieher eingepfarrten Orten eine Teilnahme am Vorstand" versagt.[22]) Doch gestattet Bayern wenigstens ihre Anwesenheit mit beratender Stimme.[23]) Und wo solche fremdenrechtliche Hindernisse mangeln, da stehen auch den auswärtigen Parochianen die vollen Mitgliedschaftsrechte zu.

Zu den gemeinschaftlichen Angelegenheiten[24]) zählt insbesondere das geistliche Amt. Und auch die kirchliche Vermögensverwaltung vollzieht sich unter der Hoheit des Staats, in dem die Verwaltung geführt wird.[25])

---

[19]) Anders für württembergische Angehörige auswärtiger Pfarreien S. v. Steinheil, Die Gesetze und Verfügungen über die Kirchengemeinden 1890 S. 9, weil sie an den ausländischen Einrichtungen „mehr als Gäste" teilnehmen (vgl. dazu unten § 44 Z. 3), und für auswärtige Angehörige inländischer Pfarreien, weil das württembergische Gesetz als Kirchengemeindegenossen nur diejenigen anerkenne, die ihren Wohnsitz „in einem Kirchspiel Württembergs" haben (was nicht einmal seinem Wortlaut nach jene Parochianen von der Gemeindegenossenschaft ausschließt). Vgl. auch oben Anm. 11.

[20]) Vgl. auch v. Steinheil a. a. O. Wenn ein Erlaß des Weimarischen Kirchenrats vom 16. IX. 1851 Z. 17 (Friedberg, Verfassungsgesetze 620[6]) es für unvermeidlich erklärt, „daß inländische Orte, wenn sie in eine ausländische Pfarrei eingepfarrt sind, des Kirchengemeindevorstands entbehren", so kann sich das doch nur auf eine Organisation nach Weimarischem Recht beziehen.

[21]) Wegen des Erfordernisses bayerischer Staatsangehörigkeit Weber, Gesetzsammlung 8, 269. Art. 43 des Entwurfs der Kirchengemeindeordnung begnügt sich mit dem Besitz der Reichsangehörigkeit.

[22]) Erlaß 1851 a. a. O. Dazu § 17 der Kirchengemeindeordnung und G. Meyer in v. Marquardsens Handbuch des öffentlichen Rechts 3 II 2, 13.

[23]) Begründung der Kirchengemeindeordnung 322, 323.

[24]) Mancherlei solche Angelegenheiten scheiden hier aus, weil sie nur kirchliche Regelung gefunden haben.

[25]) A § 2; R § 5 Z. 5. A § 3, R § 9 gestatten den Gerichtsobrigkeiten der ausländischen Eingepfarrten, der Kirchenrechnungsabnahme beizuwohnen, ohne ihnen jedoch Inspektionsrechte einzuräumen. Der preußisch-sächsische Vertrag von 1864 Z. II (oben Anm. 12) verweist für Beschlüsse über Verwendung von

Mehrheit von Kirchen.

4. Es kann vorkommen, daß den Kirchenangehörigen eine Mehrheit kirchlicher Verbände gegenübersteht, die ihrerseits in verschiedenen Rechtsgebieten den Sitz haben, insbesondere die Mutterkirche im einen, eine Filialkirche im andern Gebiet; und es ist klar, daß rechtliche Beziehungen, die nach dem Vorausgehenden als Angelegenheiten der Person zu behandeln sind, von dieser Spaltung nicht berührt werden.[26] Handelt es sich aber um Angelegenheiten, die unter dem Staat der Kirche stehen, so bedarf es der Unterscheidung, welche Kirche beteiligt ist. Demgemäß erklärt das Preußische Landrecht II 11 § 256: „Auch die Rechte der inländischen mit einer auswärtigen verbundenen Kirche werden, soweit sie nicht durch Verträge oder Herkommen . . bestimmt sind, nach hiesigen Gesetzen beurteilt."[27] Der Kirchenrat Weimar macht davon Anwendung auf die Verfassung der Filialkirchengemeinde.[28] Und es sind insbesondere die oft genannten sächsischen Verträge, die daraus Folgerungen ziehen: die Ordnung der Feiertage, die Statthaftigkeit von Kirchenkollekten, die Quote, nach der zu den Lasten der Mutterkirche beizutragen ist, wird nach dem Recht der Filiale beurteilt.[29] Das Verhältnis der Filialisten zur Mutterkirche dagegen wird von diesen Sonderbeziehungen nicht berührt. Sie verbleiben in öffentlichrechtlicher Unterordnung auch unter die Mutterkirche. Deshalb bestimmen sich Beschlüsse über die Art, in der die Bedürfnisse der Mutterkirche gedeckt werden sollen, nach der Gesetzgebung des Staats der Mutterkirche.[30] Und ebenso können Rechte gegen die Mutterkirche nur nach deren Ordnung in Anspruch genommen werden.

§ 43. Die kirchlichen Handlungen.

1. Der Geistliche und der Staat. — 2. Der Geistliche und die Kirchenangehörigen. — 3. Insbesondere das Berufsgeheimnis der Geistlichen.

Der Geistliche und der Staat.

1. Der Geistliche einer Kirchengesellschaft des Privatrechts empfängt seine Stellung von dem Zivilrecht des Staats, dem der ihn

Kirchenkapitalien auf die Verfassung und Gesetzgebung des Staats, in dem die Kirche liegt, und gibt ein Beschwerderecht nach der Ordnung dieses Staates. Vgl. auch Z. I dieses Vertrags oben Anm. 13.

[26]) So auch A § 18; R § 21.

[27]) Ähnlich A § 19; R § 22.

[28]) Erlaß vom 16. IX. 1851 (oben Anm. 20): „Eine ausländische Filialgemeinde einer inländischen Mutterkirche kann keinen Filialkirchengemeindevorstand haben . . inländische Filialgemeinden einer auswärtigen Pfarrei haben aber hier den geordneten Kirchengemeindevorstand." Die erstere Behauptung wird wohl nur auf eine Organisation nach Weimarischem Recht zu beziehen sein.

[29]) A § 21, R § 24 (Feiertage); A § 24, R § 27 (Kollekten); A § 25 (Beitragsquote).

[30]) R § 28; vgl. oben Anm. 12.

beauftragende Verein angehört. Der Geistliche einer Kirchengesellschaft des öffentlichen Rechts leitet seine Rechte und Pflichten zunächst von dem Verband des öffentlichen Rechts ab, der ihn angestellt hat; aber auch der Staat, dem dieser Verband eingegliedert ist, mag auf seine rechtliche Stellung Einfluß nehmen.

Es kommt vor, daß ein Kirchenbeamter der Hoheit zweier Staaten zugleich untergeordnet ist: bei Grenzpfarreien und Grenzbistümern, und es kann die Berufstätigkeit, die der Geistliche an seinem Amtssitz vornimmt, dementsprechend nach zweierlei Recht zu beurteilen sein; davon unten § 44 Z. 3, 4.

Es kann aber auch vorkommen — und keineswegs nur in solchen Sonderfällen — daß ein Geistlicher in fremdem Land Berufshandlungen vornimmt. Gehört er einer öffentlichrechtlichen Glaubensgesellschaft an, so begleitet ihn die heimische Staatsgewalt, nach Seiten der Aufsicht, nach Seiten der Vorschriften, mindestens soweit sie allgemeine Standespflichten zum Inhalt haben. Die örtliche Staatsgewalt aber, die kirchliche Handlungen mit Rücksicht auf die Kirche öffentlichrechtlich normiert, mag für solche Tätigkeit gleichfalls Geltung beanspruchen, für das Allgemeine und für das Besondere. Im einzelnen entscheiden hier die Bedingungen, unter denen der örtlich beteiligte Staat die kirchliche Handlung im Inland zuläßt. Für den praktisch wichtigsten Fall, für die Grenzpfarreien ist es vor allem das Preußische Landrecht, das bestimmte Anweisungen gibt. II 11 § 257: „Bei Amtshandlungen, welche auswärtige Pfarrer in hiesigen Kirchen vornehmen, müssen sie schlechterdings die hiesigen Landesgesetze befolgen und nach den in hiesigen Landen vorgeschriebenen Bestimmungen wegen der Pfarrgebühren sich richten." § 258: „Der ausländische Geistliche ist wegen derjenigen Amtshandlungen, die er innerhalb Landes verrichtet, der Aufsicht der hiesigen geistlichen Oberen unterworfen." § 259: „Den Befehlen derselben muß er, auch soweit sie in die Kirchen- oder allgemeine Landespolizei einschlagen, gebührende Folge leisten." Für Handlungen in Filialkirchen dürfte dasselbe auch den beiden sächsischen Verträgen zu entnehmen sein, die im übrigen allerdings die Amtshandlung als solche (dazu unten Z. 2), auch wenn im andern Gebiet vorgenommen, den Gesetzen des Amtssitzes unterstellen.[1]) Einer entstehenden Pflichtenkollision wird vorgebeugt, wo die staatlichen Zuständigkeiten durch Staatsvertrag geregelt sind; im übrigen ist es Sache des Handelnden, sein Verhalten mit einer Mehrheit von Anforderungen in Einklang zu bringen. Andererseits besteht für den Staat der Berufshandlung keine Veranlassung, öffentlichrechtliche Pflichten, welche den Geistlichen einem andern Staat gegen-

[1]) S. für die Filialkirchen A § 19, R § 22; wegen der sonstigen Handlungen (A § 12, R § 6 Z. 2) unten § 47 Z. 7.

über verbinden, zur Durchsetzung zu bringen, während allerdings privatrechtliche Verbindlichkeiten, soweit sie nicht unvereinbar mit dem Inlandrecht sind, auch in anderen Staaten Anerkennung verlangen.

Verschieden von öffentlichrechtlichen Bestimmungen, die mit Rücksicht auf die Kirche bestehen, sind die Vorschriften der Kultuspolizei, die — auch in Ländern, die Staat und Kirche trennen — kirchliche Handlungen mit Rücksicht auf die außerkirchlichen Interessen des Staates regeln. Solche Vorschriften sind strikt territorial, gelten für alle Handlungen im Gebiet[2]) und nur für diese. Auch ein italienischer Priester kann in Genf das geistliche Gewand nicht auf der Straße tragen; der Genfer Geistliche hat diese Befugnis in Italien.

Der Geistliche und die Kirchenangehörigen.

2. Unmittelbare Rechtsbeziehungen zwischen dem Geistlichen und den Kirchenangehörigen bestehen regelmäßig nicht. Sie laufen über die Kirche oder auch über den Staat selbst, dem gegenüber die beiderseitigen Rechte und Pflichten begründet sind. Dabei kann aber die Rechtsordnung des Kirchenmitglieds und die Rechtsordnung des Geistlichen auseinanderfallen, und es sind dann die in § 42 erörterten Unterscheidungen zu berücksichtigen. Selbständige Verpflichtungen der Kirchenangehörigen, etwa zur Entrichtung von Naturalreichnissen an den Pfarrer, können deshalb nur von der Rechtsordnung des Pflichtigen festgesetzt werden. Rechte der Kirchenangehörigen gegen den Geistlichen, insonderheit Rechte auf Vornahme einer kirchlichen Amtshandlung, können nur von der Rechtsordnung begründet werden, die dem Geistlichen Auftrag zu seiner Handlung erteilt. Es hat darnach den Anschein, als könnten die Pflicht, sich einer kirchlichen Handlung zu unterziehen, und das Recht, sie zu beanspruchen, verschiedenen Ordnungen unterliegen. Indessen, wenn ich recht sehe, ergeben sich solche Fragen nur in Grenzpfarreien und -bistümern. Hier aber gilt, wie unten auszuführen, daß der Auftrag zur kirchlichen Betreuung von jedem Staat für die Einwohner seines Gebiets erteilt wird, und es ist darum dieselbe Rechtsordnung, die hier Recht und Pflicht regelt. Dem entspricht das Preußische Landrecht II 11 § 255: „Weigert sich der auswärtige Pfarrer, eine Handlung nach hiesigen Gesetzen zu vollziehen, so steht den Interessenten frei, bei ihrer Landesregierung den Auftrag zur Vollziehung an einen inländischen Geistlichen nachzusuchen.“ Und es sind insbesondere die sächsischen Verträge, welche bestimmen, daß „die Pfarrer, welche die Seelsorge über ausländische Eingepfarrte mit ausüben, in allen die Person dieser letzteren ausschließlich betreffenden Angelegen-

[2]) So das Verbot, die kirchliche vor der weltlichen Trauung vorzunehmen. Eine fremdenrechtliche Beschränkung unten S. 510.

heiten sich nach den Gesetzen und der Verfassung des Staates, dessen Untertanen die Eingepfarrten sind, zu richten" haben.[3])

Dagegen besitzen die Kirchenangehörigen keinerlei Rechtsanspruch darauf, wie die Handlung vorgenommen werden soll, auf deren Vornahme sie ein Recht haben. Und da es sich bei zweistaatigen Grenzpfarreien regelmäßig nicht um eine bloße Personalunion zweier selbständiger Pfarreien handelt, deren jede ihre Gesamtordnung von dem örtlich beteiligten Staat empfinge, sondern um die Wahrnehmung kirchlicher Interessen des einen Gebiets durch einen Kirchenbeamten des andern, so ist es dessen Rechtsordnung, welche die kirchliche Handlung als solche bestimmt, bei Handlungen am Sitz der Kirche, und wenn es die unter Z. 1 genannten Grundsätze gestatten, auch bei Handlungen im andern Gebiet. Bei einer Vereinigung zweier Pfarreien zu gleichem Recht allerdings, aber wohl auch bei Filialkirchenverhältnissen dürften die kirchlichen Handlungen je nach ihrem Zusammenhang mit einer der Kirchen unter verschiedenem Recht stehen.

Bei den Gebühren, welche die Kirchenangehörigen für eine kirchliche Tätigkeit zu entrichten haben, handelt es sich um eine der Voraussetzungen, von deren Vorliegen ihr Recht auf die kirchliche Tätigkeit abhängt. Entscheidet aber über dies Recht nach dem Früheren die Rechtsordnung des Kirchenangehörigen, so muß dies auch für ihre Gebührenpflicht gelten. Das Preußische Landrecht in seinem oben angeführten § 257 entspricht dieser Folgerung. Die sächsischen Vereinbarungen mit Altenburg und Reuß dagegen bestimmen — freilich vertragsmäßig — daß „die ausländischen Eingepfarrten . . dieselben Gebühren für Taufen, Aufgebote, Trauungen, Beerdigungen und kirchliche Zeugnisse . . wie die übrigen Parochianen zu geben" haben.[4]) Und ebenso ist zwischen Preußen und Sachsen vereinbart worden, daß preußische Teile einer sächsischen Pfarrei sich an der Festlegung und Ablösung der Stolgebühren entsprechend der sächsischen Staats- und Kirchengesetzgebung beteiligen sollen.[5])

Insbesondere das Berufsgeheimnis der Geistlichen.

3. Den Grundsätzen, welche im Vorausgehenden über das Recht der kirchlichen Berufshandlungen entwickelt worden sind, unterliegt auch das Schweigegebot, das an die Übung des geistlichen Berufes geknüpft wird. Gerade die Beichte wird nicht ganz selten außerhalb

[3]) A § 8, R § 3. Auf die Befolgung dieser Gesetze ist der Pfarrer bei seiner Anstellung besonders zu verpflichten A § 16, R § 12; er erhält deshalb auch die Gesetz- und Verordnungsblätter des anderen Teils A § 15, R § 13.

[4]) A § 6; R § 6 Z. 3.

[5]) Vertrag 2. V. 1882 lit. B preußische Gesetzessammlung 1883, 28. Vgl. auch Gesetzessammlung 1891, 377; 1894, 11.

des Gebiets des Handelnden abgenommen,[6]) und wenn die Pflicht zur Verschwiegenheit gemäß katholischen Grundsätzen an den Akt der Beichte als solchen geknüpft wird, so handelt es sich dabei um die besondere Ordnung dieser kirchlichen Handlung, und es ist der Staat des Beichtorts, der gegebenenfalls über den Bestand dieser Verpflichtung entscheidet. Es kann eine Pflicht zur Wahrung des Berufsgeheimnisses aber auch (konkurrierend oder ausschließlich) als allgemeine Standespflicht des Geistlichen gedacht sein, und dann mag sie auch nach den Anordnungen des Staats zu Recht bestehen, in dem die Glaubensgesellschaft des Geistlichen ihren Sitz hat.

Vor allem indessen sind es Verschlingungen des Sachverhalts mit anderen Rechtskreisen, mit Strafrecht und Prozeßrecht, die hier eine Erörterung erforderlich machen.

Gesetzgebungen wie das norwegische Strafgesetzbuch § 144 stellen mit den Vertretern anderer Berufe auch den Geistlichen unter Strafe, der „widerrechtlich" Geheimnisse offenbart. Was hier rechtmäßig ist, was nicht, soll nicht im Strafgesetzbuch gelöst werden, es ist eine Präjudizialfrage, für deren Beantwortung auf die maßgebende Rechtsordnung verwiesen wird. Und darum muß — es sei, um die oben gegebenen Unterscheidungen nicht wiederholen zu müssen, angenommen, daß der Ort des Berufssitzes und der Ort der Berufsbetätigung zusammenfallen — bei einer Berufshandlung im Ausland über die Erlaubtheit der Mitteilung das Recht des ausländischen Ortes der Handlung entscheiden; nicht das Recht am Ort der Offenbarung, sondern das Recht am Ort, wo das Geheimnis anvertraut wurde, ist maßgebend. Möglich wäre ja wohl (vielleicht ist Code pénal art. 378 ein Beispiel), daß ein Gesetz die Schweigepflicht strafrechtlich konstruiert d. h. daß nicht den Verpflichtungen kraft Verwaltungsrechts oder Zivilrechts die Sanktion des Strafgesetzgebers zur Seite treten soll, sondern daß der Bruch des Geheimnisses unmittelbar — ohne daß die „Norm" verselbständigt wäre — als Verletzung des allgemeinen Rechtsfriedens behandelt wird; dann hätte allerdings internationales Strafrecht zu entscheiden, wären die Anschauungen des Inlands maßgebend, wenn das Geheimnis im Inland offenbart wurde, eventuell unter Beiziehung der Gesetze des ausländischen Tatorts, wenn die Offenbarung im Ausland erfolgt wäre. Aber wo, wie in Norwegen, auf die Rechtmäßigkeit der Mitteilung ausdrücklich abgestellt wird, da kommt es auf die Berufspflicht als Rechtspflicht an, hat sonach internationales Verwaltungsrecht (internationales Zivilrecht) den Ausschlag zu geben. — Gehört die Schweigepflicht des Geistlichen in dem Staat, der ihren Bruch mit Strafe bedroht, dem öffentlichen Recht an, so könnte in Frage kommen, ob die Verletzung einer nach aus-

[6]) Dazu P. Hinschius, System des katholischen Kirchenrechts 4, 86f.

ländischen Gesetzen begründeten Verpflichtung unter die inländische Strafdrohung fällt; denn Strafdrohungen zum Schutz von Verwaltungseinrichtungen beschränken sich regelmäßig auf die Einrichtungen des Inlands. Allein es ist unzweifelhaft nicht oder doch nicht ausschließlich das staatliche oder kirchliche Interesse an der Geheimhaltung, das zur Aufstellung derartiger Strafdrohungen führt, sondern die Sorge für den Privaten, der seine Geheimnisse aufgedeckt hat, und es wird deshalb keinem Bedenken unterliegen, den Strafschutz auch unter solchen Voraussetzungen einer Anvertrauung im Ausland zu gewähren.

Wesentlich häufiger werden die Grenzen geistlicher Berufsverschwiegenheit in einem anderen Zusammenhang praktisch werden: bei der Zeugnispflicht geistlicher Personen. Der Staat verlangt die Ablegung gerichtlichen Zeugnisses von allen, die von einem bestrittenen Sachverhalt Kenntnis haben. Das ist eine öffentlichrechtliche Verbindlichkeit, die jede Person innerhalb des Staatsgebiets trifft, auferlegt im Interesse einer sachgemäßen Prozeßentscheidung. Doch bestehen Ausnahmen von dieser allgemeinen Zeugenpflicht dort, wo andere Rücksichten, auf den Zeugen persönlich oder auf Lebensbeziehungen, an denen er beteiligt ist, die Verweigerung der Aussage für wichtiger erscheinen lassen als deren Vornahme. Und das wird vielfach auch für die Berufsgeheimnisse der Geistlichen angenommen. Zur Durchführung dieses Standpunkts aber bieten sich zwei Möglichkeiten. Es wird entweder die Sorge, daß unerwünschte Aussagen unterbleiben, den Gerichten übertragen — in Österreich ist es bei Meidung der Nichtigkeit verboten, Geistliche als Zeugen zu vernehmen — dann liegt eine Vorschrift für die Gerichte vor, gültig für Prozeßführungen im Staat; oder aber es bleibt dem vernommenen Geistlichen selbst überlassen, die Berufsverschwiegenheit zur Geltung zu bringen, wie das der Standpunkt der deutschen Prozeßordnungen ist; dann erlangt der Geistliche ein Recht, gestellte Fragen nicht zu beantworten (dem Gericht gegenüber stets ein Recht, auch wenn der Kirche oder anderen gegenüber eine Pflicht zu schweigen besteht) — ein subjektives öffentliches Recht wiederum gegenüber derjenigen Staatsgewalt, welche dem Gericht den Zeugenzwang zu Gebote stellt. Stets also ist es Sache des Staats, der den Zeugenzwang überhaupt ordnet, auch jene Interessenabwägung vorzunehmen, auch dann, wenn der Religionsdiener seine Aussage über ein Vorkommnis abgeben soll, das ihm bei seiner Berufstätigkeit in einem anderen Staat anvertraut worden ist.

Entscheidet der Staat des Prozeßgerichts aber, inwieweit das Interesse an sachgemäßer Prozeßentscheidung stärker sein soll als eine etwa bestehende Berufspflicht, die von der Aussage abhält, so kann doch die Bestimmung, ob eine solche Berufspflicht besteht, und in welchem Umfang sie begründet ist, möglicherweise einem anderen Recht zukommen. Auch hierüber einfach die lex fori entscheiden zu lassen, kann nicht als sachgemäße Auslegung gelten: es fehlt das innere Band, das diese Rechtsordnung mit dem Vorgang verknüpfte. Der eine Staat schützt nur, was in der Beichte anvertraut wurde, der andere auch nachfolgende Gespräche, sofern sie innerhalb der Seelsorge geführt wurden; die Volkssitte aber wird sich dieser Begrenzung anschließen und im einen Fall die Mitteilung ihrer Geheimnisse auf den geschützten Zeitraum zusammendrängen, im andern damit weniger ängstlich sein. Aber es ist das Recht des Beichtorts, das solche Sitte hervorruft, nicht etwa das eines anderen Landes, vor dessen Gerichten eine Streitsache zufällig rechtshängig wird. Und so wird man es im Zweifel auch als den Willen des Staates des Prozeßgerichts annehmen dürfen, daß seine Zeugenvorrechte, die sich auf einen Beruf gründen, denjenigen zukommen sollen, die nach den diesen Beruf beherrschenden Gesetzen eine Pflicht zur Verschwiegenheit besitzen.

Für die praktische Anwendung sind damit allerdings noch nicht alle Schwierigkeiten beseitigt. Es gilt zunächst auf Seiten der lex fori die prozeßrechtlichen von den kirchenrechtlichen Voraussetzungen zu trennen, und es wird sich nur soviel allgemein sagen lassen: wo eine Vorschrift die Rechte der Prozeßbeteiligten für stärker erklärt als die des Zeugen, da liegt meistens eine Frage der Interessenabwägung vor. England versagt dem Beichtsiegel jede Anerkennung im Prozeß; die englischen Gerichte werden folgerichtig auch einem auswärts tätigen Geistlichen dies Vorrecht versagen. Die (bisherige) französische Praxis hat den Schutz des Berufsgeheimnisses auf Regierungshandlungen der Kirche erweitert, wie die Vornahme einer geistlichen Disziplinaruntersuchung; in Deutschland, wo nur, was in Ausübung der Seelsorge anvertraut wurde, bevorrechtet ist, hat auch für Vorgänge in Frankreich eine solche Ausdehnung des Schutzes vor Gericht keine Anerkennung finden können. Wenn dagegen der eine Staat für den Prozeß privilegiert, was in der Beichte, der andere, was überhaupt bei Ausübung der Seelsorge anvertraut wurde, so dürften da eher kirchliche Rücksichten die Abgrenzung beeinflußt haben, und sicher trifft das zu, wenn etwa New-York das Prozeßvorrecht Geistlichen jeden Bekenntnisses gewährt, Deutschland es nach einer verbreiteten Meinung auf die „staatlich“ (in dem beteiligten Bundesstaat? in irgend einem Staat des Reiches?) anerkannten Religionsgesellschaften beschränkt; der in New-York tätige Geistliche einer in Deutschland gar nicht bestehenden Religionsgesellschaft wird auch vor deutschen Gerichten billigerweise das Zeugnis verweigern dürfen. Was aber die lex causae, das am Ort der Berufsübung geltende Recht betrifft, so bleibt zu beachten, daß es die Ordnung des Berufsgeheimnisses als solchen, nicht seine Bewährung im Konfliktsfall ist, die jener Rechtsordnung entnommen werden soll. Wenn vor deutschen Gerichten wichtig wird, was einem Geistlichen in England anvertraut wurde, so besagt jene Vorschrift, daß vor englischen Gerichten eine Berufung auf das Beichtgeheimnis unzulässig ist, noch gar nichts darüber, ob ein solches Geheimnis sonst im staatlichen englischen Recht Anerkennung gefunden hat, eine Frage, die für die Geistlichen der Nationalkirche wenigstens gerade zu bejahen ist. Und wenn die lex causae besondere Vorschriften überhaupt nur für den Konfliktsfall enthält, so wird auch hiebei eine Scheidung der prozeßrechtlichen und kirchenrechtlichen Festsetzungen erforderlich sein. Zu alledem tritt schließlich eine Einschränkung: wenn die Anwendung der lex causae im einzelnen Fall zu Ergebnissen führen sollte, die im Inland als besonders anstößig empfunden werden, so wird auch hier die Klausel der öffentlichen Ordnung in Wirksamkeit treten müssen; wenn der Staat, in dem ein katholischer Priester die Beichte abgenommen, dem Geheimnis jede Anerkennung versagen würde, so könnte das für ein Zeugenverhör in Deutschland kaum übernommen werden.

Einem völlig anderen Gedankenkreis dagegen gehören Fragen an wie diejenige: bemißt sich das Zeugnisweigerungsrecht des Geistlichen, der im Weg der Rechtshilfe vernommen wird, nach dem Recht des Prozeßgerichts oder nach dem Recht des ersuchten Richters? Es handelt sich diesmal darum, welche von mehreren Rechtsordnungen die früher besprochene Interessenabwägung vornehmen soll, eine Frage, die dem Bereich des Staatskirchenrechts völlig entfällt und in der prozeßrechtlichen Erwägung ihre Beantwortung findet, daß der ersuchte Richter nicht die Staatsgewalt des ersuchenden Teils zu Leihe trägt, sondern, nur veranlaßt durch das Rechtsbedürfnis des Auslands, mit der Vernehmung einen Akt inländischer Staatsgewalt vornimmt. Welches Recht begrenzt die Aussagepflicht eines Geistlichen, der, unter Vermittlung der Regierung seines auswärtigen Aufenthaltsorts geladen, zur Zeugnisabgabe im Inland erscheint? Wiederum entscheiden nur prozeßrechtliche Erwägungen, welche die Gesetze des tätigen Gerichts zum Ausgangspunkt nehmen, dabei aber einem Satz des Völkerrechts Rechnung tragen, der einem derart geladenen Zeugen freies Geleit gewährt, das sinngemäß ausgelegt[7]) auch die Freiheit umfassen dürfte, nicht mehr aussagen zu müssen, als der die Ladung vermittelnde Staat in seinen Gesetzen fordert.[8])

---

[7]) v. Bar, Theorie und Praxis 2, 407 f.

[8]) Soweit die Literatur des internationalen Privatrechts der Zeugnispflicht des Geistlichen Erwähnung tut, wird dabei in der Regel schlankweg auf die lex fori verwiesen. So Despagnet[2] 292 n. 275; Rolin 3, 32 n. 1035; Weiss, Traité théorique et pratique 5, 489; F. Meili, Das internationale Zivilprozeß-

§ 44. Besondere Fälle.

1. Exterritorialität. — 2. Gebietsveränderungen. — 3. Grenzpfarreien. — 4. Grenzbistümer. — 5. Der Papst.

Exterritorialität.

1. Staatskirchliche Vorschriften, welche Zwang ausüben, erleiden eine materiellrechtliche Hemmung gegenüber den Rechten der Exterritorialen, insbesondere gegenüber den Angehörigen der Gesandtschaften; sie haben seit alters Anspruch auf freie Religionsübung.[1]) Aber die Befreiung wirkt nur persönlich. Die Gesandtschaftskapelle als Raum ist der Geltung des örtlichen Staatskirchenrechts keineswegs entzogen, und das gilt demgemäß auch für den Gottesdienst in der Kapelle, sofern er einem weiteren Kreis als dem Gesandtschaftspersonal zugänglich gemacht wird. Man hat unter der Herrschaft des französischen Gesetzes vom 9. Dezember 1905 zu Unrecht bezweifelt, daß auch für solche Fälle Kultusvereine gebildet werden

recht (1906) 409. Indessen zeigt der Zusammenhang, daß damit nur das Recht ausgeschlossen werden sollte, welches für den verhandelten Zivilstreit materiell maßgebend ist. Einer Vernehmung des Geistlichen im Weg der Rechtshilfe tun Erwähnung Lammasch bei v. Holtzendorff, Völkerrecht 3, 390; Meili a. a. O. 60; Levis (zit. oben S. 86 Anm. 13) 280, der darauf hinweist, daß der ersuchende Richter auch seinerseits die Vernehmung nicht beanspruchen dürfe, wenn sie nach den Gesetzen des ersuchenden Teils verboten ist. J. Glaser, Handbuch des Strafprozesses (1883) 1, 526 erwähnt den Unterschied, ob die geistliche Verrichtung, über welche Zeugnis abgelegt werden soll, im Inland oder im Ausland vorgenommen wurde, um (wenn ich die Stelle recht verstehe) die erforderliche staatliche Zulassung als Geistlicher nach örtlichem Recht zu beurteilen; während Levis a. a. O. 285 das Weigerungsrecht davon abhängig machen will, daß der in Deutschland zu vernehmende Geistliche einer irgendwo anerkannten Religionsgesellschaft angehöre, sofern nur „der Wirkungskreis desjenigen Geistlichen, welcher das Zeugnis verweigern will, wenigstens zum Teil in das Gebiet des Staats hereinreicht, welcher die Religionsgesellschaft anerkannt hat“.

[1]) J. H. Böhmer (resp. Heiring), De privatis legatorum sacris, Halae 1713; J. J. Moser, Versuch des neuesten europäischen Völkerrechts 4, 155 ff.; Geffcken bei v. Holtzendorff, Völkerrecht 3, 659 f.; E. Nys, Les origines du droit international (1894) 343 ff. — Zu diesen Vorrechten zählt auch die Anstellung eines Gesandtschaftsgeistlichen, und das ist auch in Frankreich unter der Herrschaft des Trennungsgesetzes nicht anders geworden. Journal 35, 778 wird das Trennungsgesetz angerufen, eine Entscheidung zu rechtfertigen, die dem Pastor der schwedischen Gesandtschaft in Paris die begehrte Steuerfreiheit abspricht; seine „geistliche Tätigkeit sei seither für die Übung des diplomatischen Dienstes weniger unentbehrlich“. Aber die allgemeine Freigabe der Kultusbetätigung macht dies Vorrecht so wenig gegenstandslos, als die allgemeine Bereitstellung ordentlicher Gerichte die Jurisdiktionsprivilegien der Gesandten. — Über religiöse Kindererziehung oben S. 428 Anm. 48. Vgl. auch S. 119 f. über die Grabkirchen der Savoyer und Habsburger in ihren Beziehungen zum französischen Vereinsgesetz. Über Exterritorialität unter kirchlichem Gesichtspunkt unten § 47 Z. 7.

müssen.[2]) Und wo ein Staat verbietet, die kirchliche Trauung vor der weltlichen vorzunehmen, da gilt dies auch für Trauungen in der Gesandtschaftskapelle. Der Fall ist zwischen Deutschland und Rußland streitig geworden; denn Rußland erklärt ein solches Verbot für Trauungen in der Kapelle russischer Gesandtschaften als unverbindlich.[3]) Die deutsche Regierung hat demgegenüber festgehalten, daß eine Exterritorialität nicht dem Raum, sondern den Personen zukomme, daß darnach die ausschließliche kirchliche Trauung von Angehörigen der russischen Botschaft nicht zu beanstanden sei, daß in anderen Fällen indessen auch dem Botschaftsgeistlichen die vorgängige Vornahme einer kirchlichen Trauung zu verwehren sei, ihn aber allerdings mit Rücksicht auf seine persönliche Immunität im Fall einer Zuwiderhandlung keine Strafe treffen könne. Der deutsche Standpunkt ist korrekt;[4]) es ist nach geltendem Völkerrecht feststehend, daß der Gesandtschaftskapelle so wenig wie den übrigen Teilen des Gesandtschaftsgebäudes in ihrer Eigenschaft als Fläche Exterritorialität zukommt.[5])

Gebietsveränderungen.

2. Bei Gebietsveränderungen tritt der erworbene Landesteil unter die Kirchenhoheit des Erwerbers. Es ist der Nachfolger in die Staatsgewalt, der nunmehr Verwaltungsakte kirchlichen Inhalts vorzunehmen hat.[6]) Und wenn er dabei an Rechtssätze gebunden ist, so können es die im erwerbenden Staat gültigen Vorschriften sein, die in die neuen Landesteile eingeführt worden sind. Von selbst allerdings versteht sich deren Geltung nicht nach allen Richtungen. Gesetze des Erwerbers, die nach der Eigenart des einzelnen Staats als zwingend

---

[2]) Lods Journal 33, 749 ff.

[3]) Vgl. Mandelstam, Journal 29, 251 ff.; Engelmann bei Leske-Löwenfeld 4, 764.

[4]) Nur wäre es richtiger, den Angehörigen der Gesandtschaft die kirchliche Trauung freizugeben, nicht wenn sie in der Botschaftskapelle, sondern wenn sie durch den Botschaftsgeistlichen erfolgt.

[5]) Die Frage ist vornehmlich nach der zivilrechtlichen Seite erörtert worden im Hinblick auf die Zweifel, ob die in der Kapelle nach heimischen Formen geschlossene Ehe auch für den Aufenthaltsstaat formgültig abgeschlossen ist. Vgl. Gebhard, Motive zum 1. Vorentwurf eines internationalen Privatrechts für das BGB. 102[1]; v. Bar, Theorie und Praxis 1, 466; Stocquart, Revue de droit international 20, 260 ff.; Oberster Gerichtshof Wien 17. VIII. 1880 bei v. Schey, Allgemeines bürgerliches Gesetzbuch zu §§ 38 und 75; Congregatio Inquisitionis 3. VIII. 1900 (unten § 47 Z. 2) usw. Eine solche Exterritorialität ist insbesondere auch von russischen Schriftstellern in Abrede gestellt worden, vgl. Martens-Bergbohm, Völkerrecht 2, 58; de Heyking (zit. oben S. 94 Anm. 4) 120.

[6]) Dem entspricht der Übergang staatlicher Patronatrechte auf den Erwerber: Vertrag Württemberg-Baden 28. VI. 1843 Art. 10 Martens, Nouveau recueil général[1] 9, 104. M. Huber, Staatensukzession 58 f.

anzusehen sind, Vorschriften über die Machtverteilung zwischen Staat und Kirche, über Gewissensfreiheit oder Kirchentreue werden sofortige Wirksamkeit beanspruchen. Die administrative Ordnung der einzelnen Glaubensgesellschaften, Bestimmungen über religiöse Erziehung oder Kirchenabgaben werden in den erworbenen Gebieten bis zu ihrer Abänderung im allgemeinen weiterbestehen, so wie sie der frühere Herrscher geregelt hat. Als Angelegenheit des innerstaatlichen Rechts sind diese Fragen hier nicht weiter zu verfolgen.[7])

Aber auch für Angelegenheiten, bei denen die neue Staatsgewalt sofort in Erscheinung tritt, bedarf es der Unterscheidung zwischen Tatbeständen, die eine fortdauernde staatliche Einwirkung verlangen, und solchen, die ihre rechtliche Prägung schon vor dem Herrschaftswechsel empfangen haben und mit dieser Prägung regelmäßig auch vom Nachfolger übernommen werden. Es ist oben (S. 475 Anm. 11) eine russische Verordnung erwähnt worden, welche zivilgetraute Ehepaare einer einverleibten Provinz zur Nachholung der kirchlichen Trauung nötigt, weil es sich bei der kirchlichen Trauung um eine Voraussetzung, nicht für die Eingehung, sondern für den Bestand der Ehe handle. Anders dagegen wird schon deshalb eine Streitfrage zu beurteilen sein, die in Frankreich mehrfach erörtert worden ist: wer in den vormals sardinischen Gebieten von Savoyen und Nizza als Eigentümer der Kirchengebäude, Pfarrhäuser und Friedhöfe zu gelten habe. In Frankreich sind diese Einrichtungen Eigentum der politischen Gemeinde, in Sardinien waren sie Eigentum der Kirchenfabrik (oder der hinter ihr stehenden Pfarrstiftung). Ähnlich den früher (S. 121 ff.) erörterten Entscheidungen über die geistlichen Orden der abgetretenen Landesteile, die von Sardinien Anerkennung empfangen hatten, haben die Gerichte nun auch hier den Eigentümer nach dem früheren sardinischen Recht bestimmt,[8]) auch hier hat die Verwaltung widersprochen. Es wurde gleichfalls — der Streit fällt zeitlich früher als der oben erwähnte — ein Gutachten des Staatsrats eingeholt, der unter dem 24. Dezember 1896 für die Anwendung der französischen Gesetze entscheidet mit der gleichen Begründung *qu'il est de principe que la législation française dans son ensemble est applicable à toutes les parties quelconques du territoire français,* daß Abweichungen von diesem Grundsatz bei der Abtretung nicht vorbehalten worden seien, auch die Praxis sich alsbald auf diesen

---

[7]) Hieher die Erörterungen bei Selosse (zit. oben S. 122 Anm. 22) 218 f., Brunet (ebendort) 47, auch 56 ff., Huber 58 über die Anwendbarkeit eines Konkordats, das der Erwerber mit dem Heiligen Stuhl geschlossen, auf die neuen Landesteile; Selosse 220 f., Brunet 56 ff., vgl. auch Huber 126 über Gehaltsansprüche kirchlicher Personen in diesen Gebieten.

[8]) Beispiele Journal 7, 103 und bei Brunet a. a. O. 54; vgl. auch Grivaz (unten Anm. 10) 646.

Boden gestellt habe, und ein Ministerialerlaß vom 27. Januar 1897 weist nunmehr die Präfekten an, diesem Gutachten entsprechend zu verfahren.[9]) Nun ist die französische Ordnung, welche die Gemeinden zu Eigentümern erklärt, in die neuerworbenen Gebiete niemals formell eingeführt worden, und der Rechtsverschiedenheit als solcher, welche diese Grundstücke hier anderen Rechtssubjekten zuweist als im übrigen Frankreich, steht keinerlei zwingendes Recht entgegen. Ihre von Sardinien verliehene Rechtsfähigkeit aber haben die Kirchenfabriken in Savoyen und Nizza auch unter französischer Herrschaft bewahrt. Das ergibt sich wohl schon aus der Natur solcher Verleihung, die gleich der polizeilichen Zulassung eines Verbands nicht als dauernde Betätigung der Staatsgewalt, als eine Lebendigerhaltung des Rechtssubjekts zu erachten sein wird, die mit dem Wegfall der belebenden Staatsgewalt von selbst hinfällig würde, sondern als einmalige Übung der staatlichen Hoheit, die, von dem Rechtsvorgänger vorgenommen, auch den Nachfolger in die Staatsgewalt vermöge materiellrechtlicher Verweisung grundsätzlich bindet. Dabei ist die Persönlichkeit der Kirchenfabriken auch dem französischen Recht bekannt gewesen, und sie hat für das sonstige Eigentum der savoyischen Fabriken unbeanstandet fortgegolten. Freilich folgt dem eine neue Schwierigkeit. Im Dienst einer öffentlichen Anstalt stehend, von einer juristischen Person des öffentlichen Rechts besessen, gelten jene Baulichkeiten in Frankreich als öffentlichrechtliches Eigentum, mögen sie der Gemeinde oder der Kirchenfabrik gehören, ihre Innehabung folgt in Ausübung der Staatsgewalt. Eine öffentlichrechtliche Gewalt aber besitzt ein Selbstverwaltungskörper nur solange, als ihm der Staat, von dem er abhängt, Atem einflößt, die französisch gewordenen Kirchenfabriken Savoyens nur nach dem fortdauernd darauf gerichteten Willen Frankreichs. Indessen ihre Fähigkeit, Eigentum zu haben, ist nach dem Gesagten gleichfalls begründet. Und wenn wirklich eine Erlaubnis Frankreichs, jene Güter mit öffentlicher Gewalt zu beherrschen, den Fabriken bei der Übernahme nicht gewährt worden wäre, konnte die bloße Verwaltungspraxis genügen, um das herrenlos gewordene Gut nunmehr einem völlig unbeteiligten Dritten, den Gemeinden, zuzuwenden?[10])

---

[9]) Gutachten und Erlaß Journal 30, 463 ff.

[10]) Für die fortdauernde Berechtigung der früheren Eigentümer auch Selosse a. a. O. 220 f.: die Wegnahme wäre Beraubung; Brunet a. a. O., weil die französischen Bestimmungen nicht zurückwirken; und insbesondere Grivaz, La question des églises de Savoie et la théorie des droits acquis, Revue générale du droit international public 4, 645 ff., der sich bemüht, dies Ergebnis aus einer grundsätzlichen Stellungnahme zu der Frage der Rückwirkung öffentlichen Rechts abzuleiten; die Rückwirkung sei ausgeschlossen gegenüber „erworbenen“ Rechten, die auf einem Willensakt des Individuums beruhen, aber nicht gegenüber Rechten, die vom Staat verliehen sind, ein

Außer Zweifel hingegen steht die Befugnis der Staatsgewalt, nach der Annexion, auf grund eines selbständigen gesetzlichen Titels hier Veränderungen vorzunehmen. Der Bischof von Nizza hatte sich gegenüber der Entrechtung der kirchlichen Rechtssubjekte durch das französische Trennungsgesetz von 1905 auf die Anerkennung der öffentlichen Anstalten im Abtretungsvertrag von 1860 berufen; das Zivilgericht Nizza hat die Klage auf Anerkennung des bischöflichen Eigentums an Bischofspalast und Seminargebäuden abgewiesen.[11])

Grenzpfarreien.

3. Eine besondere Erörterung verlangen an dieser Stelle die kirchlichen Organisationen, die sich räumlich in das Gebiet mehrerer Staaten erstrecken;[12]) zunächst die Grenzpfarreien. Politische Ereignisse haben nicht selten den Bezirk einer Pfarrei zwischen zwei Staaten aufgeteilt, ohne daß der kirchliche Verband dadurch gelöst worden wäre. Auch nach dieser Teilung handelt es sich nicht um zweierlei Pfarreien, die in einer Hand vereinigt wären; nur der Personenkreis ist staatlich geschieden, dem die pfarrliche Fürsorge zugewendet wird. Und daraus folgt: die Pastorierung der Einwohner eines jeden Gebiets erfolgt unter der Hoheit des das Gebiet beherrschenden Staates, nach seinem Staatskirchenrecht, wenn das Bekenntnis in das öffentliche Recht aufgenommen ist. Aber für denjenigen Staat, in dessen Gebiet die Organisation ihren Sitz nicht hat, bleibt es eine Organisation des Auslands, die da inländischen Staatszwecken dienstbar gemacht wird; es besteht für diesen Staat keine Möglichkeit, auch in eigener Sache Maßregeln zu treffen, die auf die Verwaltung des auswärtigen Pfarrteils rechtlichen Einfluß haben; er ist gehalten, Maßregeln solcher Art anzuerkennen, die der Staat des Pfarrsitzes getroffen hat.

Daraus ergibt sich für die Stellung der Pfarrangehörigen des Inlands: sie sind den Organen der Pfarrei und der Kirchengemeinde

---

Unterschied, der mit der Unterscheidung von subjektiven Rechten des Privatrechts und des öffentlichen Rechts auffällig zusammenstimme; doch sei als verliehenes Recht nur dasjenige anzusehen, das in jedem Fall nur durch staatliche Verleihung erlangt werden könne, nicht auch ein Recht wie das Eigentum, das nur in concreto vom Staat verliehen sein mag, und darum falle auch das öffentliche Eigentum unter die „erworbenen" Rechte. Eine weitere mir nicht zugängliche Erörterung der Frage nennt Journal, Tables générales 1, 433 n. 1595. — Erörterungen über die fortdauernde Rechtsfähigkeit der katholischen Kirche als Eigentümer des Kirchenguts hat auch der Übergang der vormals spanischen Inseln an die Vereinigten Staaten hervorgerufen; vgl. Huberich, Blätter für vergleichende Rechtswissenschaft (1909) 5, 192.

[11]) Revue 4, 420. Vgl. die entsprechenden Entscheidungen über die aufgehobenen Orden oben S. 123. Über die griechischen Kirchenstiftungen in Rumänien vgl. oben S. 153.

[12]) Über die geistlichen Orden im Kapitel Vereine und Stiftungen.

— auch von Staatswegen — unterworfen, mögen diese Organe den Sitz im Inland oder im anderen Staat haben, und es können deren Entscheidungen unmittelbare Durchsetzung durch die Staatsgewalt des Inlands beanspruchen. Das wird insbesondere wichtig für die Festsetzung der kirchlichen Abgaben, wie das oben (S. 491 f.) ausgeführt wurde. In untrennbar gemeinsamen Angelegenheiten der beiden Pfarrteile erstreckt sich diese Unterworfenheit auch auf ihr Verhältnis zu den übergeordneten Behörden. Im übrigen aber sind die Pfarrangehörigen den kirchlichen Behörden, die im anderen Staat den Organen der Pfarrei und Kirchengemeinde vorgesetzt sind, durch die Tatsache ihrer Einpfarrung allein noch nicht untergeben; denn es kann (die Frage ist zunächst für protestantische Pfarreien praktisch) die Aufsicht über diese Organe hinsichtlich der inländischen Pfarrangehörigen auch durch die Kirchenbehörden des Inlands geführt werden. Noch weniger folgt daraus eine Unterstellung unter die weltlichen Behörden des anderen Staats.[13]) Und selbständige Verpflichtungen kann nach dem früheren (§ 42) den Pfarrangehörigen ausschließlich die eigene Gesetzgebung auferlegen.

Erfolgt die kirchliche Versorgung der Pfarrangehörigen für jeden Teil der Pfarrei nach dem Willen des dort herrschenden Staats, so zieht das zunächst auch die sachlichen Einrichtungen der Pfarrei unter die Hoheit dieses Staates. Seine Vorschriften über Feiertage, über kirchliche Ehe beispielsweise gelten, auch soweit nicht gerade Pflichten der Pfarrangehörigen in Frage sind.[14]) Die zwiefache Ordnung, die hier zugrunde liegt, wird besonders deutlich, wo der Staat des Pfarrsitzes die Befugnis der Kirche, solche Angelegenheiten zu besorgen, aufhebt: der Pfarrer wird im Auftrag des Staates der auswärtigen Parochianen weiter tätig sein, sofern nur zwingende Gesetze seines Dienstorts nicht entgegenstehen. Das ist genau der Fall des § 75 des deutschen Personenstandsgesetzes.[15])

---

[13]) A (oben S. 488 Anm. 2) § 10 und R § 8 geben demgemäß dem Pfarrer und dem Ephorus ein unmittelbares Vorladungsrecht gegen die ausländischen Eingepfarrten, aber nicht den kirchlich-weltlichen Kircheninspektionen.

[14]) Vgl. oben S. 491. Die Verträge (A § 9 R § 4 je Z. 5) nennen als dem „Recht der Person" unterworfen auch die Ausstellung von Geburtsscheinen und Taufzeugnissen, und in freilich sehr entferntem Zusammenhang mit Kirche (und Schule) „das Verfahren in Beziehung auf das Blatternimpfen" (Z. 6); „die Beantwortung der Frage, ob schulpflichtige Kinder vermietet werden dürfen" (Z. 7 bzw. 8); „die Behandlung der Leichen und das Verfahren bei der Totenschau" (Z. 9).

[15]) „Innerhalb solcher Grenzpfarreien, deren Bezirk sich in das Ausland erstreckt, bleibt das bestehende Recht für die Beurkundung derjenigen Geburten und Sterbefälle sowie für die Form und Beurkundung derjenigen Eheschließungen maßgebend, für welche ein Standesbeamter nach den Vorschriften des BGB. nicht zuständig, dagegen nach dem bestehenden Recht die Zuständigkeit des Geistlichen begründet ist."

Eheschließung und Beurkundung des Personenstands sind in Deutschland verstaatlicht worden; aber der Pfarrer, dessen Bezirk sich in das Ausland erstreckt, mag auf deutschem Boden die Beurkundung fortführen für Personen, die außer Deutschland geboren oder gestorben sind,[16]) und auch von dem (an sich anwendbaren) Verbot, die kirchliche vor der standesamtlichen Trauung vorzunehmen, wird abgesehen, wenn keiner der Verlobten in Deutschland den Wohnsitz oder gewöhnlichen Aufenthalt hat, oder ein deutscher Standesbeamter für die Trauung nicht schon bestimmt ist.[17])

Aber stets hat solche Spaltung der Staatsgewalt, die kirchliche Einrichtungen beeinflußt, zur Voraussetzung, daß es sich um Angelegenheiten handelt, die einer selbständigen Regelung mit Rücksicht auf den einzelnen Parochianen fähig sind. Wo unlöslich gemeinschaftliche Angelegenheiten gegeben sind, da kann nur ein Staat bestimmen, und es muß dies nach dem an die Spitze gestellten der Staat des Kirchorts sein. Anwendungsfälle sind oben S. 494 f. erörtert worden.

Die gleiche Duplizität der Behandlung, welche die sachlichen Angelegenheiten der Kirche bald dem Staat des Parochianen, bald demjenigen der Kirche unterwirft, wiederholt sich in der Person des Pfarrers. Der Geistliche leitet seinen Auftrag von zwei Staaten ab, und auch der Staat, in dessen Gebiet der Geistliche seinen Sitz nicht hat, die kirchliche Verrichtung nicht vorgenommen wird, muß befugt sein, ihm verbindliche Vorschriften zu geben, insoweit die besonderen Angelegenheiten der Pfarrangehörigen dieses Staats in Frage sind. So formuliert eine preußisch-sächsische Vereinbarung von 1819,[18]) die Geistlichen sollten „verpflichtet sein, den Verfügungen Folge zu leisten, welche die Regierung jedes Landesteils in Beziehung auf den in ihrem Bereich befindenden Distrikt desselben und ihrer eingepfarrten Untertanen zu erlassen nötig finden dürfte.“ Und ebenso binden der altenburgische und der reußische Vertrag [19]) den Geistlichen nicht nur an die Gesetzgebung des Staats der auswärtigen Parochianen, soweit deren Angelegenheiten in Betracht kommen, sondern verpflichten

---

[16]) Auch wenn es sich um Personen handelt, die in Deutschland Wohnsitz und Staatsangehörigkeit haben; auch wenn die Beerdigung in Deutschland stattfindet. Dazu oben S. 36 Anm. 6; übrigens auch v. Sicherer (zit. S. 21 Anm. 16) 445 f.

[17]) Das Gesetz gibt die Trauungen frei, für welche eine Zuständigkeit des Standesbeamten nach § 1320 BGB. nicht besteht, und die Zuständigkeit des Geistlichen begründet ist. v. Sicherer verlangt darnach, daß wenigstens einer der Verlobten der Grenzpfarrei „angehört“. Aber der Pfarrer kann nach Maßgabe des auswärtigen Gesetzes auch durch Dimissorialien zuständig werden.

[18]) Konvention 28. VIII. 1819 Art. II Z. 8, sächsisches Gesetz- und Verordnungsblatt 1819, 237.

[19]) A § 8; R § 3. Vgl. oben S. 498 f.

ihn im gleichen Umfang auch, „die Befehle und Anordnungen der betreffenden ausländischen Behörden zu vollziehen und Anzeigen an dieselben zu erstatten“. Folgerichtig muß aber auch die Aufsicht über diese Tätigkeit dem auftragenden Staat zukommen,[20]) und er muß befugt sein, sie mit staatlichem Zwang durchzusetzen — sofern er bei der beschränkten Erreichbarkeit des Pfarrers nur die tatsächliche Möglichkeit dazu besitzt.[21]) Auf der anderen Seite aber bleibt es die Organisation des Auslands, die dieser Staat für sich verwertet; seine (administrativen) Eingriffe können nicht soweit gehen, den Pfarrer in der Ausübung seiner Tätigkeit gegenüber dem anderen Pfarrteil zu behindern. Und kann der Staat der auswärtigen Parochianen für die Neubesetzung der Pfarrei selbst nicht sorgen, so muß das kirchliche Amt als solches seiner Einwirkung überhaupt entzogen sein. Die Zweifelhaftigkeit der Abgrenzung und die Unvollkommenheit der kraft eigener Zuständigkeit zu beanspruchenden Befugnisse machen eine Verständigung der beiden Staaten hier allerdings besonders wünschenswert. Die bekannten Verträge Sachsens mit Altenburg und Reuß[22]) geben dem Staat der Eingepfarrten die Befugnis zu Zurechtweisungen gegen den Pfarrer, ohne daß er dabei doch zu persönlichem Erscheinen verpflichtet wäre; die Befugnis zur Androhung von Exekutivstrafen, zu deren Vollstreckung der eigene Staat des Pfarrers berechtigt und verpflichtet sein soll; einem Ersuchen um Rechtshilfe hat dieser Staat überhaupt zu entsprechen, wenn der andere Vertragsteil eine Verletzung der Vorschriften geltend macht, die dem Pfarrer hinsichtlich der Parochianen seines Gebiets obliegen; Beschwerden der Pfarrangehörigen dagegen gehören ausschließlich vor die Behörden des Pfarrsitzes; und nur diese Behörden können „Strafen“ gegen den Pfarrer aussprechen.

Gesteigerte Rechte erwirbt der Staat der auswärtigen Parochianen, wo diese innerhalb seines Gebiets zu einem Filialverband zusammengeschlossen sind. Für die Beziehungen der Filialisten zur Mutterkirche gelten die bisher entwickelten Unterscheidungen. Die Sonderangelegenheiten des Filialkirchenverbands aber stehen unter der ausschließlichen Hoheit des Staats der Filiale, wie für die Person der Filialisten (oben § 42 Z. 4), so auch hinsichtlich der Pflichten des Pfarrers.[23])

---

[20]) Vgl. für Handlungen innerhalb des Landes das Preußische Landrecht II 11 § 258 oben S. 497. In dem S. 488 Anm. 3 erwähnten Fall, in dem Auswärtige einer bayerischen Pfarrei als „Hospitanten“ angehören, hat Bayern nicht nur die ausschließliche Geltung des bayerischen Rechts in Anspruch genommen, sondern auch jede auswärtige „Inspektion“ ausgeschlossen.

[21]) Hieher Preußisches Landrecht II 11 § 255 oben S. 498.

[22]) A § 11; R § 10.

[23]) A § 19; R § 22: „Der Pfarrer der Hauptkirche ist in Ansehung des Pfarramtes, welches er zugleich bei der im Gebiete des anderen Staates liegenden

Eine Folge, die sich aus der Gemeinschaft der über die Grenzpfarrei herrschenden Staaten zwar nicht als rechtsnotwendig ergibt, aber als zweckmäßig aufdrängt, ist ferner die Rechtshilfe zwischen den beiden Staaten in Angelegenheiten der Pfarrei. Daß jeder der Staaten die Entscheidungen vollstreckt, welche die für seine Parochianen zuständigen Stellen erlassen, auch dann wenn dies Behörden des anderen Teils sind, bedeutet keine Rechtshilfe von Staat zu Staat, sondern eine Angelegenheit des innerstaatlichen Verwaltungsrechts.[24]) Dagegen handelt es sich um wirkliche Rechtshilfe, wenn dem Staat, unter dessen Hoheit Abgaben erhoben werden, Beihilfe bei der Veranlagung und Einziehung dieser Abgaben geleistet wird;[25]) der Staat des Pfarrsitzes übernimmt es, den Pfarrer auf die Befolgung der Gesetze des anderen Teils zu verpflichten;[26]) dienstaufsichtliche Verfügungen gegen den Pfarrer werden vollstreckt, Disziplinaruntersuchungen auf Verlangen des anderen Teils durchgeführt.[27])

Zusammenfassend mag schließlich bemerkt werden, daß die Angelegenheiten der Grenzpfarrei für jeden der beteiligten Staaten in seinem Bereich eigene Angelegenheiten sind. Pfarrei und Kirchengemeinde sind Rechtssubjekte des Inlands, wenn diese Eigenschaft den sonstigen Pfarreien und Kirchengemeinden des Landes zukommt, der Pfarrer bekleidet ein öffentliches Amt des Inlands, wenn sein Bekenntnis in das öffentliche Recht des Staats aufgenommen ist. Das gilt auch, wenn ihr Sitz im anderen Staat ist, sofern nur ihre Tätigkeit auf Grund inländischen Auftrags in Frage steht; es gilt nicht, auch nicht für den Staat, in dem sie den Sitz haben, wenn es sich um Tätigkeiten handelt, die ausschließlich im Auftrag des anderen Teils vorgenommen werden.[28])

Filialkirche verwaltet, in jeder Beziehung an die Gesetzgebung des Landes gebunden, in welchem die Filialkirche liegt, und den betreffenden ausländischen Behörden, von welchen er in betreff der Verwaltung des ausländischen Pfarramtes Verordnungen aller Art unmittelbar anzunehmen und denen er diesfalls Folge zu leisten hat, unterworfen. — Er hat sich daher auch aller Offizialarbeiten in Ansehung des ausländischen Filialpfarramtes zu unterziehen, welche überhaupt einem Pfarrer des betreffenden Landes obliegen. Seine diesfallsige Verpflichtung erfolgt bei der betreffenden Behörde der Hauptkirche, und zwar gleichzeitig mit der Verpflichtung als Pfarrer der letzteren."

[24]) Hieher die Vollstreckung von Entscheidungen über Aufbringung des Kirchenbedarfs oben S. 491 f., wobei sich entsprechend der erweiterten Zuständigkeit der Aufsichtsbehörden des anderen Staats auch die Vollstreckungspflicht entsprechend erweitert.

[25]) A § 7 für Besitzwechselabgaben; vgl. oben S. 493 Anm. 15.

[26]) A § 16, R § 12 und für Filialen A § 19, R § 22.

[27]) A § 11, R § 10 je Absatz III und VI.

[28]) § 338 des Reichsstrafgesetzbuchs bestraft es als Amtsverbrechen, wenn „ein Religionsdiener oder Personenstandsbeamter, wissend, daß eine Person verheiratet ist, eine neue Ehe derselben schließt". Die herkömmliche Auslegung

Alles das, was bisher ausgeführt wurde, hat aber nur dann Geltung, wenn wirklich die Einwohner beider Landesteile rechtsverbindlich zu einer einheitlichen Pfarrei oder Kirchengemeinde zusammengefaßt sind. Und das setzt, wo die Pfarrorganisation Staatssache ist, voraus, daß die beiden Staaten mit dieser Zusammenfassung einverstanden sind. Das Einverständnis kann durch einen besonderen Vertrag erklärt sein; jedoch schon bei einer bloßen Gebietsveränderung, die Pfarreien zerschneidet, ohne auf ihre Organisation einzugehen, muß angenommen werden, daß die beiden Staaten einer Fortdauer der bisherigen kirchlichen Beziehungen zustimmen. Völlig anders liegen die Verhältnisse dagegen, wo die Einwohner des einen Staats sich nur als Gäste der kirchlichen Einrichtungen im anderen Gebiet bedienen.[29]) Sie erwerben damit weder Rechte noch Pflichten gegenüber dieser Kirche; und Rechte und Pflichten, die sie gegenüber kirchlichen Verbänden des eigenen Gebiets haben, werden von diesem gastweisen Anschluß an andere Gemeinschaften nicht berührt. Auch die Begründung der bayerischen Kirchengemeindeordnung stellt der Zugehörigkeit zu einer Pfarrei (oder Kirchengemeinde) die bloße gastweise Benutzung fremder Kultuseinrichtungen gegenüber. Innerhalb der Zugehörigkeit aber glaubt die Begründung von dem rechtlichen einen „unbeanstandeten faktischen Pfarrverband“ unterscheiden zu sollen. Indessen, wenn ich recht sehe, handelt es sich auch in diesem zweiten Fall um eine rechtliche Pfarrzugehörigkeit der Bewohner beider Gebiete,[30]) die alle Folgen auslösen muß, die sich an eine Pfarrzugehörigkeit knüpfen. Und es dürfte die Besonderheit solcher einer näheren Regelung entbehrenden Beziehungen wesentlich darin zu suchen sein, daß sie von jedem der beteiligten Staaten einseitig aufgehoben werden können;[31]) während in Staatsverträgen, welche

(Olshausen, Kommentar § 338 n. 1 und die dort Angeführten), die dies auf einen Grenzpfarrer bezieht, der in Deutschland den Sitz hat, ist unrichtig.

[29]) Begründung des Entwurfs einer bayerischen Kirchengemeindeordnung 321 ff. Vgl. auch v. Steinheil (zit. oben S. 495 Anm. 19) 9.

[30]) Eine besondere Vereinbarung von staatlicher Seite ist nach dem Vorstehenden nicht Voraussetzung ihres Bestandes. Und wenn „bei der protestantischen Kirche der Bestand einer doppelten landesherrlichen Kirchengewalt Schwierigkeiten bereitet“, so wird zwar (s. unten § 47 Z. 7) bei einer Gebietsveränderung, die den Pfarrbezirk teilt, auch die protestantische Kirchengewalt gespalten, aber mit beiderseitiger Zustimmung kann auch hier die gemeinsame Organisation fortdauern; und da in Staaten landesherrlichen Kirchenregiments Grenzsachen regelmäßig dem Landesherrn persönlich vorbehalten sind, so kann unter solcher Voraussetzung die kirchenregimentliche Zustimmung schon aus der Tatsache der vereinbarten Gebietsveränderung gefolgert werden. Es beziehen sich denn auch fast sämtliche in diesem Zusammenhang verwerteten Materialien auch oder nur auf protestantische Grenzpfarreien.

[31]) Vgl. etwa die bayerische Ministerialentschließung in der Begründung a. a. O. 322.

die Verhältnisse der Grenzpfarreien ordnen, manchmal vereinbart ist,[32]) daß die Gemeinschaft nur im beiderseitigen Einverständnis solle aufgelöst werden können.

Grenzbistümer.

4. Die gleichen Verhältnisse wiederholen sich in den höheren Stufen der katholischen Hierarchie; die Diözesen der Bischöfe von Mainz, Freiburg, ja sogar von Prag und Olmütz erstrecken sich über preußisches Gebiet, das Bistum Breslau umfaßt Österreich-Schlesien. Und insoweit die Kirche in das öffentliche Recht aufgenommen ist, muß auch hier gelten: der Bischof führt die kirchliche Verwaltung unter der Hoheit beider Staaten. Er übt öffentliche Gewalt über die Diözesanen, auch wenn er seinen Sitz im andern Staat hat.[33]) Er steht unter der Aufsicht eines jeden der Staaten je für diejenigen Angelegenheiten, die dessen Einwohner angehen. Die kirchenpolizeilichen Maßregeln des Placet, des Recursus tamquam ab abusu werden von jedem der beteiligten Staaten selbständig gehandhabt.[34]) Und es hat Preußen der Selbständigkeit seiner Aufsichtsrechte über außerpreußische Bischöfe auch darin Ausdruck gegeben, daß es[35]) zur Verwaltung des inländischen Sprengelteils die Aufstellung eines Vicarius innerhalb Landes fordert, der „nicht nur selbst die den einländischen Bischöfen vorgeschriebenen Grenzen genau beobachten (muß), sondern auch nicht gestatten (darf), daß diese Grenzen von seinen auswärtigen Oberen überschritten werden." Dementsprechend bedeutet das Bistum, insoweit Angelegenheiten des Inlands in Frage sind, eine juristische Person des Inlands,[36]) und der Bischof bekleidet,

---

[32]) So A § 26; R § 20.

[33]) Zusatzkonvention zum Frankfurter Frieden 11. XII. 1871 Art. 9 Reichsgesetzblatt 1872, 13: bis auf weiteres „wird verabredet, daß die Bischöfe, welche in den von der neuen Grenze durchzogenen Diözesen eingesetzt sind, in ihrem ganzen Umfang die geistlichen Befugnisse, womit sie zur Zeit bekleidet sind, behalten und ermächtigt bleiben sollen, für die religiösen Bedürfnisse der ihrer Obhut anvertrauten Bevölkerungen zu sorgen".

[34]) Gareis hat in der Zeitschrift für Strafrechtswissenschaft (1887) 7, 640 gelegentlich angenommen, daß ein Erlaß, für welchen der Bischof von Mainz das Placet in Hessen nicht erlangt hat, auch für Preußen rechtlich nicht vorhanden sei.

[35]) Landrecht II 11 §§ 138 ff.

[36]) Mamelok (zit. oben S. 107 Anm. 1) 22 nimmt an, daß ein Bistum „privatrechtlich" nur für denjenigen Staat als juristische Person des Inlands betrachtet werden könne, in dem die bischöfliche Verwaltung ihren Sitz hat. Für Gesetzgebungen, die Staat und Kirche trennen, wird das richtig sein. Für Staaten öffentlichen Staatskirchenrechts dagegen ist der Bischof ausländischen Sitzes, der inländisches Gebiet regiert, in den Verwaltungsorganismus des Inlands aufgenommen, und es ist nicht möglich, die privatrechtliche und die staatsrechtliche Stellung des Bistums dabei zu trennen; es handelt sich um ein und das-

sofern dies nur sonst mit dem öffentlichen Recht des Inlands übereinstimmt, ein öffentliches Amt des Inlands; dasselbe gilt für die Hilfspersonen, die an der Verwaltung der inländischen Angelegenheiten teilhaben.

Aber auch hier bleibt es eine landfremde Organisation, die der Staat, in dem der Bischof den Sitz nicht hat, für seine Zwecke nutzbar macht. Er vermag in gemeinsame Angelegenheiten, etwa in die Zusammensetzung des Domkapitels, nicht einzugreifen, und er ist gehalten, Einwirkungen des Sitzstaates auf solche Angelegenheiten auch sich gegenüber als verbindlich anzuerkennen.

Der Papst.

5. Mit diesen Erörterungen ist aber auch der Boden geebnet für weitere Schwierigkeiten, welche der Eigenart der katholischen Kirche entspringen. Befindet sich doch auch das Haupt der katholischen Kirche außerhalb der Landesgrenzen. Und auch hier muß gelten: die Regierungshandlungen des Papstes vollziehen sich unter der Hoheit des Staats, auf dessen Bewohner diese Handlungen Bezug haben; und wo die katholische Kirche in das öffentliche Recht eines Staates aufgenommen ist, da ist auch die Zentralinstanz (mangels ausdrücklicher Abweichung) in dessen öffentlichrechtliche Organisation eingegliedert. So anstößig es wäre, vom Boden der Gesellschaftswissenschaften aus die erdumfassende katholische Kirche einordnen zu wollen in das Staatsleben des und jenes Landes, in dem sie tätig wird, der Jurist kann sie juristisch nur würdigen, wo sie materialisiert in ihren einzelnen Lebensäußerungen in das Rechtsleben eintritt, nicht das Ganze, nur der Teil ist seinem Maßstab erreichbar. Für eine staatsrechtliche Betrachtung aber — und internationales Verwaltungsrecht ist notwendig Betrachtung vom Standpunkt des Staates aus — bedeutet der Papst entweder das Oberhaupt einer vereinspolizeilich zu beaufsichtigenden Privatvereinigung von Glaubensgenossen, oder, wie das für fast alle deutschen Staaten zutrifft, die Spitze einer öffentlichrechtlichen Verbandsperson des Inlands.[37]) Bis 1870 hat der Papst mit dieser Stellung zugleich die-

selbe Rechtssubjekt, dessen Rechtsfähigkeit für das Privatrecht nur eine Seite seines Verhältnisses zum Staat bildet.

[37]) Vortrefflich Otto Mayer, Französisches Verwaltungsrecht 502 für den (bisherigen) Rechtszustand in Frankreich: „Die katholische Kirche . . fügt sich am schwierigsten ein in die staatliche Form eines Selbstverwaltungskörpers. Zu ihrem Wesen gehört die weltumspannende Organisation und das Priestertum mit eigener auf höherem Rechtstitel beruhender Gewalt zur Führung der eigentlichen Angelegenheiten der Kirche. Demgegenüber scheut sich das Verwaltungsrecht, die Fiktion geradezu auszusprechen, die es tatsächlich machen muß, als hätte es mit dem für sich bestehenden Selbstverwaltungskörper einer katholischen Kirche in Frankreich zu tun . . Die Vertretung der Kirche aber . . steht zum

jenige eines italienischen Landesherrn vereinigt. Aber wie der Kirchenstaat verschieden von der katholischen Kirche, so war diese landesherrlich-weltliche Stellung verschieden von derjenigen eines Kirchenhaupts. Und wenn an deren Stelle heute eine persönliche Souveränität des Papstes getreten ist, so kann auch sie den Folgerungen nicht entgegenstehen, die aus der kirchlichen Stellung des Papstes gezogen werden müssen.

Eine solche Eingliederung des Papstes in das öffentliche Recht der einzelnen Staaten ist freilich bei Rothenbücher[38]) Bedenken begegnet: die Anerkennung der kirchenrechtlichen Organisation mit Wirkung für das öffentliche Recht erstrecke sich nicht weiter, als die Gebietshoheit des Staates reicht. Aber es scheint mir (unbeschadet der Abschneidung einzelner Konsequenzen) begrifflich unmöglich, eine außerrechtliche Gemeinschaft als Selbstverwaltungskörper anders zu rezipieren als mit der Verfassung, die ihre Eigenart ausmacht. Und die Gebietshoheit ist nicht der Rechtsgrund, aus dem die öffentliche Organisation eines Staats ihren Bestand herleitet, sondern es ist nur die Gebietshoheit der anderen Staaten, die ein Übergreifen dieser Organisation auf fremdes Gebiet regelmäßig verbietet. Aber wie bei Grenzpfarreien und Grenzbistümern wird dem durch die Duldung des Staats, in dem die gemeinschaftliche Organisation ihren Sitz hat, auch hier ohne weiters Rechnung getragen.

So bedeutet also für Staaten, in denen die katholische Kirche dem öffentlichen Recht angehört, das Papsttum eine Organisation, die jedem dieser Staaten öffentlichrechtlich eingeordnet ist, ohne daß doch die Behörde ihren Sitz im Land hätte, und es ergibt sich daraus eine Rechtslage, die mit derjenigen gemeinschaftlicher Pfarreien und Bistümer, deren Sitz außer Landes liegt, in weitem Umfang übereinstimmt. Auch hier erhält die Zentralstelle öffentlichrechtliche Gewalt über die Einwohner von Inlands wegen, soweit dem nicht positivrechtliche Hindernisse entgegenstehen.[39]) Die Regierungshandlungen, welche Angelegenheiten des Inlands betreffen, unterliegen der Aufsicht dieses Staates. Eine Einwirkung auf die Zentralstelle ist nicht statthaft, wenn sie zugleich in Angelegenheiten anderer Staaten eingreifen würde. Und eine Verschiedenheit gegenüber Grenzpfarreien und -bistümern ist nur insofern begründet, als auch der Staat, in dem die Organisaton ihren Sitz hat, vermöge der der Kirche

wichtigsten Teil außerhalb des Staatsgebietes. Der Staat begnügt sich, die rechtliche Gültigkeit ihrer Willensäußerungen, sofern sie in Frankreich wirksam sein wollen, von seinen Genehmigungen abhängig zu machen." S. auch die zutreffenden Ausführungen bei Bernatzik, Archiv für öffentliches Recht (1890) 5, 249 f.

[38]) A. a. O. (oben S. 383 Anm. 1) 465. Vgl. auch die Einwendungen gegen eine Rechtspersönlichkeit der Gesamtkirche unten S. 518.

[39]) Fälle bei E. Friedberg, Lehrbuch des Kirchenrechts[6] (1909) 336[14].

eingeräumten Exterritorialität nicht in der Lage ist, in solche gemeinschaftliche Angelegenheiten einzugreifen. Demgemäß müssen die Ämter der römischen Zentralverwaltung, wenn dies nur sonst dem öffentlichen Recht des Landes entspricht,[40]) als öffentliche Ämter des Inlands angesehen werden — diejenigen selbstverständlich, die dem Kirchenregiment dienstbar sind, nicht Kustoden der vatikanischen Museen; auch nicht Ämter eines inländischen Prälaten, welche der Kirche außer Landes angehören, wie die Stellung als Bischof in partibus infidelium.[41]) Und die italienischen Gerichte (für die ja freilich besonderes gilt) haben richtig entschieden, daß die Congregatio de propaganda fide eine juristische Person des Inlands,[42]) daß die Urkunden der päpstlichen Kanzlei inländische Urkunden sind und als solche vollen Glauben genießen.[43])

Wie den Bischof die juristische Person des Bistums ergänzt, so muß auch dem Papst ein Rechtssubjekt zur Seite stehen, welches die einzelne Person überdauert und das Vermögen der Zentralstelle zusammenhält. Als solches Rechtssubjekt wird vielfach der „Heilige Stuhl" angenommen. Ob diese Annahme der eigenen Organisation der Kirche entspricht, und ob sie in der Rechtsordnung der einzelnen Staaten Anerkennung findet, steht hier nicht zur Erörterung. Was dagegen in diesem Zusammenhang interessiert, ist die Frage, ob einer solchen juristischen Person in den einzelnen Staaten Inlandcharakter zukommt. Die Frage ist brennend geworden in einigen neueren Prozessen, in denen es sich darum handelte, ob der Heilige Stuhl Erbfähigkeit besitzt,[44]) aber freilich, soweit sie überhaupt beachtet wurde, verneint worden.[45]) Und doch, wenn es richtig ist, daß der Papst (auch) ein öffentliches Amt des Inlands bekleidet, so

[40]) Eine Redaktionserörterung Journal 33, 1085 ff. untersucht, ob die katholischen Geistlichen in Frankreich seit der Trennung von Kirche und Staat ein „von einer fremden Regierung übertragenes öffentliches Amt" bekleiden, dessen Annahme den Verlust der französischen Staatsangehörigkeit bewirke und damit Ausweisung ermögliche. Die Verneinung der Frage ist selbstverständlich richtig, methodisch falsch dagegen, wenn 1. untersucht wird, ob die Stellung ein öffentliches Amt, und 2. ein solches im Dienst des Auslands bedeute. Es gibt keinen Idealbegriff des öffentlichen Amts, sondern nur einen solchen, gemessen am Staatsrecht des oder jenes bestimmten Staates.

[41]) Vgl. Zeitschrift für Strafrechtswissenschaft 27, 6 f.

[42]) Darüber Geffcken bei v. Holtzendorff, Völkerrecht 2, 197 ff.

[43]) Journal 31, 220 und 29, 174.

[44]) Vor allem in dem Fall de Plessis-Bellière: Journal 19, 447; 20, 384; 21, 835; die über den Fall erwachsene Literatur verzeichnet Fedozzi, Enti collettivi (zit. oben S. 107 Anm. 1) 126 ff. Vgl. auch Journal 15, 526 (Frankreich); 22, 226 (Österreich); 31, 987 und Revue 1, 186 (Italien).

[45]) So der Berichterstatter des Kassationshofs Journal 21, 851 f.; Fedozzi a. a. O. 151; Fiore, Revue de droit international 35, 29 und Droit international privé 4, 104. Die Meinungen, welche in dem Heiligen Stuhl einen fremden Staat erblicken, dürfen hier übergangen werden.

muß auch der Heilige Stuhl im gleichen Umfang als juristische Person des Inlands gelten. Wann eine solche Beziehung zum Inland vorliegt, mag allerdings zuweilen zweifelhaft sein. Wenn ein Österreicher österreichischen Wohnsitzes stirbt und dem Heiligen Stuhl ein Grundstück im Wert von 3000 M. vermacht, das in Preußen belegen ist, bedarf es hier für den Erwerb (Rechtsfähigkeit des Heiligen Stuhls auch nach preußischem Recht vorausgesetzt) königlicher Genehmigung, die gegenüber juristischen Personen des Auslands, aber nicht des Inlands erforderlich ist? Der Erblasser war Mitglied der katholischen Kirche in Österreich, nicht in Preußen, das Vermächtnis verdankt dem Verhältnis des Heiligen Stuhls zu Österreich seine Entstehung. Und doch dürfte das öffentlichrechtliche Verhältnis Preußens zum Papst beteiligt sein. Was der Bedachte von Preußen begehrt, ist die Genehmigung einer Bereicherung, die gleichmäßig seiner Wirksamkeit im einen und im andern Gebiet zugute kommt, und es wird der Heilige Stuhl darum für solchen Fall die Vorrechte der inländischen Verbände in Anspruch nehmen können.

Noch ist hier aber eine andere juristische Person in Betracht zu ziehen, welche der Person des Papstes möglicherweise zur Seite tritt: die katholische Kirche in ihrer Gesamtheit. Ob diese Gesamtkirche in den einzelnen Staaten nach positivem Recht als selbstständiger Verband anerkannt wird, ob sie zwar anzuerkennen, aber trotzdem andere Rechtssubjekte als Eigentümer des Kirchenguts anzusehen sind — die Frage, in deren Zusammenhang die Rechtsfähigkeit der Gesamtkirche vornehmlich erörtert wird — das alles ist hier ohne Belang. Schulte indessen[46]) spricht der Gesamtkirche die Persönlichkeit ab, weil „eine Konstruktion dieser auf der ganzen Erde befindlichen Person undenkbar ist“, und es ist besonders Meurer,[47]) der diese „juristische Unmöglichkeit“ weiter verfolgt: alle juristische Persönlichkeit könne nur durch staatliche Anerkennung ins Dasein treten, diese Anerkennung aber „kann der heutige Staat nach dem nunmehr geltenden Territorialitätsprinzip nur den Personen seines Gebiets erteilen . . Die Logik des Territorialitätsprinzips macht es zur Unmöglichkeit, eine unkörperliche Person anzuerkennen, die nicht im Staatsgebiet ihren Sitz hat.“ Nun ist es gewiß richtig, daß die Rechtsfähigkeit juristischer Personen für gewöhnlich von dem Staat

[46]) J. F. Schulte, Die juristische Persönlichkeit der katholischen Kirche (1869) 42.

[47]) Chr. Meurer, Der Begriff und Eigentümer der heiligen Sachen (1885) 2, 82ff. Ihm folgt neuestens Amann, Archiv für öffentliches Recht (1909) 24, 213f. Mit Vorbehalten hält es Meurer 85 für denkbar, die katholische Kirche als eine juristische Person Italiens aufzufassen. Mamelok a. a. O. 22f. will sie „nicht etwa als eine römische, sondern als eine internationale oder besser anationale d. h. jedenfalls immer als eine fremde Anstalt“ betrachtet wissen; verwandt Isay (zit. oben S. 107 Anm. 1) 145 f.; wohl auch Fiore a. a. O.

hergeleitet wird, in dem sie ihren Sitz haben; doch ist das nur eine Regellösung, die, wie stets im internationalen Privatrecht, einer Verschiebung durch die Eigenart des Falles ausgesetzt ist. In Staaten nun aber, welche die katholische Kirche in das öffentliche Recht aufgenommen haben, ist es für die rechtliche Eigenart dieser Kirche völlig unwesentlich, daß ihre Zentralverwaltung in einem Staat geführt wird, der von grün-weiß-roten Grenzpfählen umstellt ist. Der einzelne Staat, der ihr öffentlichrechtliche Stellung einräumt, wird sie als spirituelle Macht betrachten, an die er den Maßstab staatlichen Rechts nur da anlegt, wo sie mit seinen eigenen Interessen in Berührung tritt; seine rechtlichen Beziehungen zur Kirche laufen nicht über irgend einen andern Staat, er wird ihre Rechtsfähigkeit von sich aus oder gar nicht anerkennen. Gibt es doch Staaten,[48]) welche diese Rechtsfähigkeit in ihrer Gesetzgebung unmittelbar festlegen. Und mit der Rechtsfähigkeit, die das Inland gewährt (s. oben § 10), hat die Kirche auch den Inlandcharakter erworben. Meurer verweist auf das Recht staatlicher Oberaufsicht, das mit der Gebietszugehörigkeit einer juristischen Person verbunden ist, und beruft sich auf ein früher erörtertes Erkenntnis (oben S. 146), nach dem die staatliche Aufsicht über eine Stiftung nur dem Staat zukomme, in dem sie ihren Sitz hat. Allein Stiftungen sind Einrichtungen, welche nur die Mittel für die Verfolgung eines bestimmten Zwecks bereitstellen wollen, nicht selbst diese Zwecke zur Ausführung bringen; sie kommen in ihrer Eigenschaft als Organisationen mit der Staatsgewalt in Berührung und darum an dem Ort, an dem die Einrichtung verwaltet wird. Bei der Kirche ist es nicht die Form des Verbands, sondern der besondere Inhalt seiner Betätigung, die tiefe Einwirkung auf die Seele der Gläubigen, welche dem Staat Beachtung abnötigt, und dort, wo diese Wirkung vor sich geht, muß die Kirche unter das Recht treten.

Nicht anders werden diese Verhältnisse in Ländern liegen, die Staat und Kirche trennen. Der allgemein geltende zivilrechtliche Grundsatz, der für die Rechtsfähigkeit einer Anstalt auf das Recht ihres Sitzes verweist, gründet sich auf den Gedanken, daß der dort herrschende Staat als nächstbeteiligt am besten die geeignete Entscheidung treffen kann. Aber die Stellung Italiens zur katholischen Kirche beruht auf den besonderen politischen Bedürfnissen dieses Landes, und es fehlt anderen Staaten, auch wenn sie der Kirche nur privatrechtlich begegnen, alle Veranlassung, sich hier nach dem Vorbild Italiens einzurichten. Von sich aus wird ein solcher Staat aber nicht leicht veranlaßt sein, der katholischen Kirche Rechtsfähigkeit zuzusprechen, und wenn er sie als außerrechtlichen Verband nach ihrer

---

[48]) Fiore-Antoine 4, 102f. n. 1461.

inneren Ordnung gewähren läßt, so vermag diese innere, eine unstaatliche Ordnung, doch niemals ihrerseits Rechtsfähigkeit, einen Status dem Staat gegenüber, zu erzeugen.

II. Die Grenzordnung zwischen den Konfessionen.

§ 45.

1. Ausgangspunkte. — 2. Kirchliche Ehe. — 3. Kirchenbücher, Eid, Feiertage. — 4. Kirchensteuern. — 5. Beziehungen zwischen den Glaubensgesellschaften.

Ausgangspunkte.

1. Die Herrschaft, welche der Staat in seinem Bereich besitzt, gewährt ihm die Möglichkeit, auch kirchlichen Angelegenheiten von sich aus die gut scheinende Ordnung zu setzen. Und wo der Staat von dieser Möglichkeit Gebrauch macht, da können sich Grenzfragen gegenüber der gleichartigen Gewalt anderer Staaten erheben, derart wie sie im Vorstehenden behandelt wurden. Die ursprüngliche Form einer Ordnung kirchlicher Verhältnisse ist das nicht. In erster Reihe berufen, ihren Handlungen Norm zu geben, ist die kirchliche Gemeinschaft selbst, und es gilt das nicht nur für die Ordnung ihrer inneren Angelegenheiten, sondern auch für die Feststellung ihrer Beziehungen zu fremden Bekenntnissen. Aber freilich jede kirchliche Gemeinschaft ist und muß ihrem Wesen nach intolerant sein. Sie ist auf dem Gedanken aufgebaut, daß sie allein im Besitz der Heilswahrheiten sei, und nur der Druck des staatlichen Zusammenlebens hat die Konfessionen vermocht, die einen von einer Betonung dieser Ausschließlichkeit schweigend abzusehen, die andern, sie zum Eckstein der Lehre hinzustellen, aber fremde Bekenntnisse zu tolerieren, soweit der Zwang der Verhältnisse es abnötigt. So ist es denn klar, daß ihr Verhalten zu anderen Bekenntnissen im modernen Staat nicht den beteiligten Gemeinschaften selbst überlassen bleiben kann. Wie das Völkerrecht die Staaten verpflichtet, sich wechselseitig als gleichberechtigt anzuerkennen, so fordert das neuere Verfassungsrecht von den Kirchen, sich gegenseitig, wenn nicht als gleichberechtigt, so doch als rechtlich bestehend gelten zu lassen. Auf diesem Fundament staatlich gewährleisteter Geltung aber lebt jede Gemeinschaft ihr eigenes Leben. Und auch da, wo kirchliche Ordnung in die Satzungen staatlichen Rechts eingefügt ist, bleibt es regelmäßig kirchliche Ordnung, auf welche der Staat abstellt, wird sie durch solche Verweisung nicht in staatliches Recht verwandelt. Wenn ein Staat die Regelung der Ehe den Glaubensgesellschaften überläßt, so ist es nicht staatliches Eherecht, das nur für Katholiken, Protestanten, Juden verschiedenen Inhalt hat, nach Art des persönlichen Fremdenrechts, das innerhalb der Zuständigkeit eines Staats Gebote verschiedenen Inhalts mit Rücksicht auf die Staatsangehörigkeit der Be-

teiligten vorsieht, sondern es sind die konfessionellen Eheordnungen, die hier mit staatlicher Zulassung nebeneinander treten, autonome Gestaltungen auf persönlicher Grundlage, nicht anders als Partikulargesetze innerhalb eines Staats, die von einem räumlich begrenzten Verband getragen werden.[1]) Wo aber kirchliche Gemeinschaften nebeneinander sich betätigen, da besteht auch die Möglichkeit, daß ihre Kreise sich schneiden, da erwächst die Notwendigkeit einer Grenzziehung zwischen ihnen. Und wo diese Gemeinschaften, von seiten des Staats gesehen, dem öffentlichen Recht angehören, und wo die Abgrenzung zwischen ihnen, von Seiten des Staats gesehen, Recht ist, da bedeuten die Sätze, welche eine solche Grenzscheidung vornehmen, internationales Verwaltungsrecht.

Im Bereich der eigensten Angelegenheiten der Kirche, Gottesdienst und Seelsorge, werden sich solche Verschlingungen nicht leicht ergeben; jede Gemeinschaft wird gegenüber ihren Angehörigen und nach ihren Satzungen tätig.[2]) Und auch wo ein Pfarrzwang gegenüber Konfessionsfremden, ein Simultaneum am Kirchengebäude, ein verfassungsrechtliches Mitbenützungsrecht am Friedhof der andern Konfession die Glaubensgesellschaften in Berührung bringt, da mag die Frage, wie weit die Befugnis zur Betätigung des eigenen Bekenntnisses geht, zu schwierigen Rechtsfragen Veranlassung geben; besteht eine solche Berechtigung, so wird sie nach den Ordnungen des berechtigten Teils auszuüben sein.[3]) Unvergleichlich weiter als diese Betätigungen hat den Kreis der kirchlichen Aufgaben das kanonische Recht gezogen. Das gesamte menschliche Gemeinleben beinahe wurde unter dem Gesichtspunkt des Seelenheils der Einwirkung der Kirche unterworfen, und wenn schon das ausgehende Mittelalter diese Herrschaft stark eingeschränkt hat, so haben sich doch wichtige Teile ihres Wirkungskreises bis in die jüngste Vergangenheit, zum Teil in die Gegenwart erhalten, waren diese Aufgaben insbesondere auch nach der Kirchenspaltung von den neugebildeten Glaubensgemeinschaften übernommen worden.

---

[1]) Zuweilen allerdings kommt es vor, daß sich der Staat kirchliche Einrichtungen so nachdrücklich dienstbar macht, daß die kirchliche sich dadurch selbst in eine staatliche Einrichtung verwandelt, wie etwa die Führung der Kirchenbücher in Österreich, die in staatlichem Auftrag und unter staatlicher Aufsicht erfolgt.

[2]) Wenn der katholische Pfarrer die katholische Ehefrau eines Protestanten wegen der von ihr eingegangenen Ehe vom Gebrauch der Sakramente ausschließt, und es gibt das Gelegenheit zu staatlichem Eingreifen (ein Beispiel bei Weber, Gesetzsammlung 2, 480), so ist das doch eine innere Angelegenheit der katholischen Kirche, betrifft das Verhältnis des katholischen Pfarrers zu einem Katholiken.

[3]) Vgl. etwa P. Schön, Das evangelische Kirchenrecht in Preußen (1903) 1, 202[1]; v. Seydel, Bayerisches Staatsrecht[2] 3, 539.

Kirchliche Ehe.

2. Voran steht hier die kirchliche Ordnung des Eherechts.[4]) Der Abschluß der Ehe ist noch heute, zumal in den Randstaaten Europas, vielfach der Kirche überlassen. Und wenn die kirchlichen Gemeinschaften der Ehe eines ihrer Angehörigen mit einem Andersgläubigen auch zumeist mißbilligend, zum Teil völlig ablehnend gegenüberstehen, so werden sie doch das Bestreben haben, falls eine solche Eheschließung zugelassen wird, sie unter die eigene Botmäßigkeit zu bringen, demgemäß auch selbst zu ihrem Abschluß mitzuwirken; verbietet doch die katholische Kirche bei einer Mischehe auch nur die der katholischen nachfolgende protestantische Trauung.[5]) Von Seiten des Staats nun[6]) hat man den Konflikt manchmal unter Bevorzugung bestimmter Religionsgemeinschaften zu lösen versucht. Rußland, Serbien, Bulgarien, Griechenland verlangen, daß eine Ehe, an der eine orthodoxe Partei beteiligt ist, stets durch den orthodoxen Geistlichen abgeschlossen werde; und wo die Ansprüche der orthodoxen Kirche nicht entgegenstehen, haben Rußland (gegenüber Nichtchristen) und Finnland ein solches Vorrecht dem Geistlichen des evangelischen Teils zuerkannt. Andrerseits können in England die Kirchenbeamten der Quäker und Juden, in Rußland die Religionsdiener der nichtchristlichen Bekenntnisse Brautleute nur dann zusammengeben, wenn beide Teile ihrem Bekenntnis angehören. Und in England und in Rußland hat der Geistliche der Staatskirche Trauungsbefugnisse ohne Rücksicht auf das Bekenntnis. Die Machtverteilung im Staat freilich, und auch der fortschreitende Gedanke der Toleranz haben auch hier zu einer Gleichstellung der Konfessionen geführt. Finnland will demgemäß bei einer Ehe zwischen Protestanten und Orthodoxen aufeinanderfolgende Trauung durch die Geistlichen beider Bekenntnisse. Ein oft betretener Ausweg aber gelangt dazu, die Eheschließung durch den Geistlichen eines der Brautleute für ausreichend zu erklären; Österreich, Schweden, wohl auch England, Irland, Rußland stehen unter im einzelnen wechselnden Voraussetzungen auf diesem Boden. Folgerichtig durchgeführt freilich leitet dieser Gedanke noch weiter: er wird den Staat veranlassen, die Eheschließung zur eigenen Angelegenheit zu erklären, und in der Tat ist selbst in solchen Ländern, welche sich zu einer vollständigen Laisierung der Eheschließung im übrigen noch nicht zu entschließen vermochten, in England, Schweden, Dänemark, Norwegen, in Öster-

---

[4]) Über die verwaltungsrechtliche Natur dieser Fragen vgl. oben S. 472 Anm. 7.

[5]) Friedberg, Kirchenrecht[6] 459[35].

[6]) Vgl. zum Folgenden Leske-Löwenfeld 4, 64 66 (Österreich), 147 (Kroatien, Slavonien), 396 (Portugal), 420 (Spanien), 440 f. (Dänemark), 464 (Schweden), 498 ff. (England), 545 (Irland), 716 f. 742 f. (Rußland), 841 f. (Finnland), 853 (Griechenland), 889 (Serbien), 904 (Bulgarien).

reich, Spanien und Portugal mindestens für gewisse Fälle von Mischehen die Ziviltrauung vorgesehen.

Dieselben Fragen erheben sich, wo die Gerichtsbarkeit in Ehesachen den geistlichen Gerichten überlassen ist. Auch hier werden die einzelnen Bekenntnisse bei Mischehen geneigt sein, die ausschließliche Gerichtsbarkeit für sich in Anspruch zu nehmen, und auch hier hat die staatliche Ordnung solchem Anspruch zuweilen Rechnung getragen, sah sich der Staat in steigendem Umfang genötigt, für billigen Ausgleich zu sorgen. Das österreichische Ehegesetz von 1856 überweist die Entscheidung über Geltung und Trennung der Ehen dem katholischen Ehegericht, wenn auch nur ein Teil der katholischen Kirche angehört, und knüpft daran eine umfassende Kasuistik für den Fall des Bekenntniswechsels, die im allgemeinen das Bekenntnis zur Zeit der Aburteilung für die Zuständigkeit entscheiden läßt, bei einer daraus entstandenen Mischehe die Gerichtsbarkeit des bekenntnistreu gebliebenen Teils bevorzugt, damit aber mannigfach Vorbehalte zugunsten des katholischen Ehegatten verbindet — Bestimmungen, die in Österreich selbst längst wieder außer Kraft getreten sind, für Kroatien und Slavonien aber ihre Geltung bewahrt haben.[7]) In Rußland ist es das orthodoxe geistliche Gericht, dem die Entscheidung zukommt, wenn auch nur ein Teil diesem Bekenntnis angehört, bei einer Ehe zwischen Protestanten und Nichtchristen das protestantische Gericht; im übrigen soll bei Mischehen zwischen Christen über die Gültigkeit der Ehe das Gericht der Konfession urteilen, deren Geistlicher die Ehe abgeschlossen hat, für die Scheidung das Bekenntnis des Beklagten die Zuständigkeit bestimmen; wobei wie in Österreich bei einem Bekenntniswechsel das Bekenntnis zur Zeit der Aburteilung für maßgebend erklärt wird.[8]) Dieselbe Bevorzugung der orthodoxen Gerichtsbarkeit kennt auch Serbien; Polen hat das russische System insofern übernommen, als auch hier über die Gültigkeit der Ehe das Gericht des trauenden Geistlichen, über die Trennung das Gericht des Beklagten entscheidet; Serbien und Polen aber haben noch einen Schritt weiter getan und lassen außerhalb des Kreises der bevorzugten Bekenntnisse in Ehesachen die bürgerlichen Gerichte entscheiden.[9]) In der Tat hat sich eine solche Verstaatlichung der Ehegerichtsbarkeit als besonders vordringlich erwiesen, sie wurde 1875 in Deutschland durchgeführt,[10])

[7]) Kaiserliches Patent vom 8. Oktober 1856 §§ 43—45, 48, 56, 59, 66—68, 71. Dazu Leske-Löwenfeld 4, 160 ff. 170 ff.

[8]) Leske-Löwenfeld 4, 775[1].

[9]) Leske-Löwenfeld 4, 896 831.

[10]) Über Versuche der deutschen Einzelstaaten, innerhalb des Systems der kirchlichen Ehegerichtsbarkeit die Grenze zwischen den Bekenntnissen zu bestimmen Ae. L. Richter-Dove-Kahl, Lehrbuch des Kirchenrechts[8] (1896) 1209[31], 1210[33].

als materiell noch für lange konfessionelle Ehenormen in Geltung blieben.

Mit der Frage aber, welche Ordnung materiell die Ehe beherrschen soll, erstehen dieselben Probleme in neuerlicher Anwendung. Wiederum werden die geistlichen Gerichte geneigt sein, die Satzungen der eigenen Kirche schlechtweg ihrer Entscheidung zugrunde zu legen, und doch hat es schon der Einfluß der staatlich geübten Toleranz vermocht, die Frage, welche Vorschriften die geistlichen Ehegerichte anzuwenden hätten, in Deutschland zu einer vielverhandelten Kontroverse zu machen.[11]) Der Staat seinerseits hat hier vorzugsweise mittelbar eingegriffen: indem er die Gerichtsbarkeit bezeichnete, die in Mischfällen entscheiden sollte, und es der mit Rücksicht auf die Lage des Falls gewählten Gerichtsbarkeit überließ, die eigenen Vorschriften anzuwenden. Doch ergänzt das österreichische Ehegesetz von 1856 seine Kasuistik hinsichtlich der Gerichtsbarkeit bei einem Bekenntniswechsel noch durch weitere Bestimmungen über die von dem zuständigen Gericht materiell anzuwendenden Vorschriften, die einen Ausgleich zwischen der bei Eingehung und bei Aburteilung der Ehe geltenden Ordnung schaffen und zugleich die Forderungen der katholischen Kirche sicherstellen wollen.[12]) In seiner vollen Reinheit aber ergibt sich das Problem da, wo die Rechtsprechung in Ehesachen auf die staatlichen Gerichte übergegangen, die inhaltliche Festlegung der Ehevorschriften den einzelnen Konfessionen verblieben ist. Der so geschaffene Rechtszustand entspricht auf das vollkommenste jenem, der im früheren Mittelalter als System der persönlichen Rechte gegolten hat. Soweit nicht etwa ausdrückliche Lösungen vorgesehen sind — wie in Polen, wo das Bekenntnis des Klägers, in Serbien, wo das Bekenntnis des Geistlichen, der die Ehe abgeschlossen hat, den Ausschlag geben soll[13]) — da stehen sich die mehreren Ordnungen zu gleichem Recht gegenüber, und es muß genau wie im internationalen Zivilrecht die Ordnung aufgesucht werden, auf welche ihrer inneren Beschaffenheit nach der Schwerpunkt der streitigen Beziehung hinweist; nur freilich Kollisionsnormen wie diejenigen, welche bei der Scheidung den Gesetzen des Mannes als des Haupts der Ehe den Vorzug geben, dürften sich auf das konfessionelle Gebiet kaum übertragen lassen, und es wird hier die Gültigkeit einer Ehe nur dann anzunehmen sein, wenn sie nach den Satzungen beider Teile gültig zustande gekommen ist, eine Auflösung nur dann zugelassen werden dürfen, wenn die kirchlichen Gebote beider Teile sie einräumen. Ein solcher Rechtszustand hat

[11]) Vgl. die Nachweisungen bei Richter, Kirchenrecht[8] 1211[88].

[12]) Vgl. dort §§ 46, 48, 56, 57, 67. — Über den vormaligen Rechtszustand in Württemberg Richter a. a. O. 1210[83].

[13]) Leske-Löwenfeld 4, 831 und 896.

für gewisse Teile des Eherechts insbesondere auch in manchen Gegenden Deutschlands bis zur Einführung des BGB. bestanden,[14]) und es kann dieselbe Frage noch heute allerwärts praktisch werden, wenn die Parteien eines Eheprozesses die Staatsangehörigkeit (den Wohnsitz) in einem fremden Land besitzen, das seinerseits die Ordnung des Eherechts der Kirche überläßt. Wenn allerdings der Heimatstaat der Beteiligten in seinem Staatskirchenrecht die Abgrenzung zwischen den Ehevorschriften der einzelnen Konfessionen abweichend vornimmt, so ist vermöge der Verweisung auf das Eherecht dieses Staates auch jene Grenznorm in die Verweisung miteinbezogen. Wenn es zutrifft, daß eine Ehe zwischen Christen und Juden in Rußland nach den Vorschriften des christlichen Teils zu beurteilen ist, so wird das[15]) auch bei einem Rechtsstreit, den ein solches Ehepaar vor deutschen Gerichten führt, zur Anwendung gelangen müssen.[16])

Kirchenbücher, Eid, Feiertage.

3. Nah verwandte Fragen mögen sich auch ergeben, wo die Beurkundung des Personenstands der Kirche überlassen ist.[17]) Überbleibsel eines Pfarrzwanges allerdings, die den Konfessionsfremden der Registerführung unterstellen, dürfen auch hier beruhen bleiben. Jedoch auch auf dem Boden der Gleichberechtigung der Bekennt-

---

[14]) Literatur und Rechtsprechung bei Friedberg, Kirchenrecht 4. Aufl. (1895) 398[45].

[15]) Übereinstimmend Hahn bei Leske-Löwenfeld 4, 786.

[16]) Der Übergang vom kirchlichen zum staatlichen Eherecht hat die mannigfaltigsten Mischformen gezeitigt. Wo der Staat die kirchlichen Vorschriften kodifiziert hat, wenn auch in der Absicht, den Forderungen der Konfessionen auf das sorgfältigste Rechnung zu tragen, da sind diese Vorschriften für die juristische Betrachtung zu staatlichem Recht geworden, und Grenzfragen, die etwa bei Anwendung der für einzelne Konfessionen geltenden Rechtssätze entstehen, entfallen dem Bereich des internationalen Verwaltungsrechts. Wo eine solche Kodifikation aber nur für ein einzelnes Bekenntnis stattgehabt hat, für die übrigen Bekenntnisse die kirchlichen Satzungen in Geltung geblieben sind, wie im Bereich des Bayerischen Landrechts, das seinerseits das Eherecht der Katholiken festsetzt, dasjenige der Protestanten und Juden aber der kirchlichen Ordnung freigibt, da liegt zwar nach innen für die Katholiken staatliches Privatrecht vor, nach außen jedoch, staatskirchenrechtlich, ist der Grundsatz der konfessionellen Eheordnung in Geltung geblieben, und es ist nur an Stelle der katholischen Kirche der Staat mit seiner Regelung eingetreten, ein Verhältnis wie etwa bei der Ordnung des deutschen Armenwesens, wo Bayern seine Gesetzgebung zu eigenem Recht behalten hat, daneben aber an Stelle der anderen Bundesstaaten die Ordnung des Reichs trat. Wo ein Staat nach Materien unterscheidet, gewisse Fragen des Eherechts einheitlich von sich aus ordnet, andere der Regelung der Konfessionen überläßt, wie in Deutschland 1875 bis 1900, da verbleibt es für den staatlich nicht geregelten Teil bei den oben erörterten Verhältnissen.

[17]) Und auch dem Staat gegenüber kirchliche Angelegenheit verbleibt. Vgl. oben Anm. 1.

nisse könnte die Zuständigkeit zur Eintragung zweifelhaft werden. Ein Todesfall wird stets bei dem Bekenntnis des Verstorbenen zu beurkunden sein (sofern nicht etwa — keine Zuständigkeitsfrage — aushilfsweise die Matrikel eines anderen Bekenntnisses eintreten muß); Geburten werden regelmäßig in das Kirchenbuch des Vaters oder der unehelichen Mutter gehören, da auch einer Einreihung des Kindes in ein anderes Bekenntnis als dasjenige der Eltern nicht leicht eine bis zum Zeitpunkt der Geburt zurückreichende Wirkung zukommen wird; die Beurkundung einer Mischehe aber dürfte wohl demjenigen Geistlichen zufallen, der die Trauung vollzogen hat — positivrechtliche Abweichungen natürlich in diesem und den anderen Fällen vorbehalten.

Ein anderer Punkt, an dem die Betätigung des Glaubens in die Rechtsordnung eingreift, ist der Eid vor staatlichen Behörden. Der Eid mag allgemein religiös gefaßt sein und gewinnt alsdann konfessionelle Beziehungen nur etwa gegenüber Angehörigen solcher Bekenntnisse, die jede Eidesleistung untersagen; er kann aber auch — und es war das früher die Regel — in konfessioneller Formulierung gefordert werden und stellt sich damit unmittelbar unter die kirchlichen Satzungen, welche ihrerseits dem Schwur die Form geben. Auch hier ist die Sachlage nicht etwa die, daß die Rechtsordnung der Behörde, vor der geschworen werden soll, nur verschiedene Formen für den Eid zur Auswahl stellt,[18]) sondern es sind die einzelnen Bekenntnisse, die dabei nebeneinandertreten und von sich aus den Akt zu rechtlicher Bedeutung bringen (sofern nur nicht staatliche Rechtssätze bestehen, die nicht bloß vorschreiben, daß der Schwur gemäß dem Bekenntnis zu leisten, sondern auch welchen Inhalt er gemäß den verschiedenen Bekenntnissen haben müsse). Welches nun aber die religiöse Gemeinschaft ist, auf die der Schwur sich stützen soll, darüber wird nur ganz ausnahmsweise ein Zweifel obgewaltet haben; der Gewissenszwang, auf welchen der Eid abzielt, kann nur zur Geltung kommen, wenn es die religiösen Überzeugungen des Schwörenden sind, denen er die Wahrheit seiner Aussage verpfändet. *Divus Pius jurejurando, quod propria superstitione juratum est, standum rescripsit,* berichten die Digesten 12, 2, 5. Theorie und Praxis des Mittelalters lassen den Sarazenen auf den Koran, den Juden auf die Thora schwören.[19]) Auch der Gegenwart,

---

[18]) So unzutreffend für das Mittelalter (Italien) E. L. Catellani, Storia del diritto internazionale privato (1895) 345.

[19]) Sizilianische Urkunden des 12. und 13. Jahrhunderts in meiner Gemeinrechtlichen Entwickelung des internationalen Privat- und Strafrechts bis Bartolus (1901) 1, 261[8]. Accursius zu D. 12, 2, 5 v° propria: *pone casum in Judaeo qui licet juret per deum suum, vel in Saraceno, standum est.* Weiteres in der Fortsetzung des genannten Buches.

zumal der kolonialen Praxis, mögen solche Fälle nicht fremd sein,[20]) und auch muhammedanische Gerichte befolgen denselben Grundsatz.[21])

Kirchliches Leben wird im Bereiche staatlichen Rechts auch da wirksam, wo die einzelnen Bekenntnisse die Feiertage bestimmen, an deren Eintritt das staatliche Recht mannigfache Rechtsfolgen anknüpft, an denen die gewerbliche Arbeit ruht, prozessuale Fristen verlängert werden, und es ist hier insbesondere auch eine Übersetzung der Fragen in das Räumliche bemerkenswert, wenn an Stelle des personal zusammengefaßten Bekenntnisses der konfessionelle „Ort“ den Feiertag feststellt. Da indessen die Feiertagsgesetzgebung heute über den Bereich des Kirchenrechts beträchtlich hinausgewachsen ist, eine Absonderung der Teile kirchlichen Inhalts aber nicht tunlich erscheint, so sei auf die zusammenhängende Erörterung des ganzen Rechtsstoffes verwiesen, die in der Abteilung Ordnung des bürgerlichen Verkehrs zu geben ist.[22])

Kirchensteuern.

4. Und endlich ein letztes Gebiet, in dem sich die Bekenntnisgemeinschaften mit bürgerlicher Wirkung gegenüberstehen: die kirchlichen Abgaben, welche die Konfessionen, wenn auch mit staatlicher Bewilligung, so doch zu eigenem Recht erheben. Auch hier bedarf es zunächst einer Ausscheidung der fremdenrechtlichen Gesichtspunkte, der Fragen etwa, inwieweit von Bekenntnisfremden Stolgebühren, Kirchenumlagen gefordert werden können. Aber auch wenn der Grundsatz feststeht, daß Abgaben nur von den Bekenntnisgenossen zu entrichten sind,[23]) fehlt es nicht an Zweifelsfällen, die

[20]) Eine Zeitungsmitteilung (Münchner Neueste Nachrichten 18. IX. 1902) berichtet von einem englischen Gerichtshof, vor dem ein chinesischer Matrose den Zeugeneid leistet in chinesischer Form, unter Zerbrechen eines Tellers und dementsprechender Verfluchung. Über einen anderen Chineseneid vor kanadischen Gerichten Revue 4, 859.

[21]) Vgl. für Marokko Maeterlinck, Journal 27, 479. — Eine ganz singuläre Abweichung dagegen haben die jüngsten Grabungen in Ägypten zutage gefördert. Eine Jüdin hat einen Rechtsstreit mit einem Ägypter und schwört zu einer ägyptischen Göttin (wiewohl im übrigen zur selben Zeit und am selben Ort die Juden ihren jüdischen Eid leisten) s. Sayce and Cowley, Aramaic Papyri discovered at Assuan 1906, nach einer Mitteilung der Beilage zur Allgemeinen Zeitung 5. III. 1907.

[22]) Einstweilen Zeitschrift 17, 275 ff.

[23]) Das preußische Oberverwaltungsgericht, Deutsche Juristenzeitung 1909, 1334, erklärt den Juden für kirchensteuerpflichtig zur evangelischen Kirche, der aus Irrtum herangezogen wurde, aber die vorgeschriebene Einspruchsfrist versäumt hat; denn die Einspruchsfrist beruhe auf preußischem Staatsgesetz. Eine kirchliche Anordnung vermöchte den Bekenntnisfremden in der Tat nicht zu verpflichten; Staatsgesetz ist dazu an sich befähigt. Aber ich glaube nicht, daß das fragliche preußische Gesetz im Vorbeigehen einen Fundamentalsatz des neueren Staatsrechts umstoßen wollte.

Antwort erheischen, welches von mehreren Bekenntnissen forderungsberechtigt ist. Der Nährboden solcher Verhältnisse ist insbesondere die Familiengemeinschaft verschiedengläubiger Personen.[24]) Die Billigkeit scheint hier zu fordern, daß der Teil, der die Vorteile einer Bekenntniszugehörigkeit genießt, auch zu den Lasten dieses Bekenntnisses beitrage; aber freilich die Höhe dieses Beitrags wird zumal bei einer Bekenntnisverschiedenheit von Eltern und Kindern ohne Anleitung eines Gesetzes schwer festzusetzen sein, und es wird eine solche Verteilung insbesondere auch häufig an einem formalen Hindernis scheitern: daß für kirchensteuerpflichtig in der Regel nur erklärt wird, wer staatssteuerpflichtig ist, daß aber eine Verpflichtung, Staatssteuern zu entrichten, in Ermangelung ausgeschiedenen Sondervermögens von Frau und Kindern nur dem Familienhaupt obliegt. In der Tat hat Waldeck bei Mischehen in ausdrücklicher Bestimmung die bloße Abgabenpflicht des Ehemanns vorgeschrieben,[25]) und es hat sich bei einer verwandten Frage — der Umlagenpflicht für konfessionelle Schulen — nach einigen Schwankungen insbesondere auch die bayerische Praxis in diesem Sinn festgelegt.[26]) Die jüngste

[24]) Doch verweisen die bayerischen Materialien — Begründung des Entwurfs einer Kirchengemeindeordnung 1907, 143; Begründung des Kirchensteuergesetzes für die protestantischen Kirchen vom 15. VIII. 1908, Verhandlungen der Kammer der Abgeordneten 1907/08 Beilagenband 2, 889 — auch auf offene Handelsgesellschaften, die kirchensteuerpflichtig sind, und deren Gesellschafter verschiedenen Bekenntnissen angehören.

[25]) Verordnung 19. IV. 1864 Regierungsblatt 97 § 15: „Bei Ehegatten verschiedener Konfession ist (bei evangelischen Kirchenbauten) nur der evangelische Mann beitragspflichtig, die evangelische Frau indes nur in dem Fall zur Konkurrenz beizuziehen, wenn Grundstücke als ihr Eigentum in das Grundkataster eingetragen sind.“ Entsprechend das Gesetz 1. II. 1869 Regierungsblatt 47 § 14 für die Katholiken.

[26]) A. L., Blätter für administrative Praxis (1871) 21, 244 ff. will bei einer Bekenntnisverschiedenheit des Vaters einerseits, der Mutter und Kinder andrerseits jeder Schule die halbe Umlage zuweisen. Die erste Instanz des dort erörterten Falls und Reger, Blätter für administrative Praxis (1875) 25, 222 lassen das Bekenntnis der Kinder entscheiden. Die zweite Instanz dagegen und ebenso eine Ministerialentschließung vom 4. IV. 1880 Schulanzeiger für Oberfranken (1880) 5, 77 ff. haben in Ermangelung eines anderes bestimmenden Gesetzes einen Umlagenanspruch nur der Schule des väterlichen Bekenntnisses zugesprochen, gefolgt von E. Stingl, Verwaltung des katholischen Pfarramts[2] (1890) 646; G. v. Kahr, Gemeindeordnung (1896) 1, 531; G. Seeberger, Handbuch der Amtsführung für die protestantischen Geistlichen (1899) 947[11]; J. Graßmann, Schulbedarfsgesetz (1903) 49 f.; J. A. Englmann-Stingl, Bayerisches Volksschulrecht[5] (1905) 766; und es haben sich in diesem Sinn bei Beratung des neuen Schulbedarfgesetzes Regierung und Abgeordnete geäußert, vgl. Stenographische Berichte der Kammer der Abgeordneten 1901/02 8, 256. Es ist nur folgerichtig, wenn dann Englmann-Stingl a. a. O. weiter entscheiden, daß, wenn ein Jude seine protestantischen Kinder in die protestantische Schule schicke, die jüdischen Kinder dieses Orts aber der katholischen Schule zugeteilt seien,

bayerische Gesetzgebung will bei Kirchenumlagen nach dem Anteil des Einzelnen an dem veranlagten Gesamtbetrag ausscheiden, legt aber bis zu näherer Feststellung gleichheitliche Berechtigung der Beteiligten zugrunde.[27]) Besonders wechselvoll war in dieser Hinsicht der Rechtszustand in Preußen; Observanzen und Satzungen haben die andersgläubige Ehefrau gar nicht, für besonderes Vermögen, zur Hälfte beigezogen, und es kam vor — echtestes internationales Verwaltungsrecht — daß die Abgrenzung für den katholischen Teil eine andere war, wie für den evangelischen Teil;[28]) bis

eine Umlagenpflicht nur zugunsten der katholischen Schule bestehe. — Indessen ist wohl zu beachten, daß diese Fragen von der Grundlage des gegenwärtig geltenden bayerischen Schulrechts aus nicht in das internationale Verwaltungsrecht gehören. Das ist ohne weiteres einleuchtend, wo dieselbe Gemeinde Schulen des einen und des anderen Bekenntnisses unterhält, aber die Umlagen nach Konfessionen getrennt erhebt: die Umlagen werden hier von beiden Seiten demselben Rechtssubjekt, der konfessionell neutralen Gemeinde geschuldet, und nur in die Bezeichnung der Pflichtigen und in die Verwendung der aufgebrachten Mittel greifen konfessionelle Erwägungen ein; koordinierte Verbände, zwischen denen abzugrenzen wäre, kommen dabei nicht in Frage. Aber auch da, wo die Konfessionsschulen besonderen und räumlich verschiedenen Schulsprengeln angehören — die Katholiken eines Orts sind beitragspflichtig zur katholischen Schule des Sprengels A, die Protestanten desselben Orts zur protestantischen Schule des Sprengels B — ist die Sachlage die gleiche; denn auch hier ist eine Umlagenpflicht für beide Teile nur gegenüber der eigenen Gemeinde begründet. Anders hingegen, wenn man nach älterem bayerischem Recht im Schulsprengel ein besonderes Rechtssubjekt hätte erblicken müssen, dem eine Umlagengewalt zu eigenem Recht zukam; dann konnte es zu einer Konkurrenz zwar nicht von kirchlichen, wohl aber von kommunalen Körperschaften kommen, deren Lösung durch das Bekenntnis der umlagenplichtigen Person bestimmt wurde. — Gegen die pfälzische Praxis, welche bei Kirchenumlagen jedem Ehegatten einer Mischehe die Hälfte der Umlagen auferlegen will, v. Seydel, Bayerisches Staatsrecht[2] 3, 598[10]; Verwaltungsgerichtshof, Sammlung 29, 147 und 148*).

[27]) Entwurf einer Kirchengemeindeordnung 1907 Art. 22[II]: „Soweit nach der jeweiligen Steuergesetzgebung die Steuerveranlagung mehrerer natürlicher Personen einheitlich erfolgt, ist bei den Umlagenpflichtigen nur ein ihrem Anteil entsprechender Betrag des Steuersolls heranzuziehen. Solange nicht ein anderes nachgewiesen oder von Amts wegen festgestellt wird, sind gleichheitliche Anteile anzunehmen." Dazu Begründung 142 ff. Übereinstimmend Art. 7[II] des protestantischen Kirchensteuergesetzes vom 15. VIII. 1908; Begründung hiezu 889.

[28]) Verwaltungsordnung für das kirchliche Vermögen in den östlichen Provinzen der preußischen Landeskirche 15. XII. 1886 § 56, Friedberg, Verfassungsgesetze 1. Ergänzungsband 30: „Als Verpflichtete sind . . in Betracht zu ziehen . . evangelische Ehefrauen in gemischten Ehen, soweit sie eigenes Vermögen oder Einkommen beziehungsweise Anteil am gemeinschaftlichen Vermögen oder Einkommen besitzen . . je nach örtlicher Übung." Ordnung für die evangelischen Gemeinden des Konsistorialbezirks Kassel 22. XI. 1887 § 78, ebenda 97: „Bei gemischten Ehen ist ohne Rücksicht darauf, ob der Mann oder die Frau evangelisch ist, bei Gütergemeinschaft in der Regel die Hälfte der . . Umlagen zu erheben. Wenn Gütergemeinschaft nicht besteht, wird lediglich das Vermögen des evangelischen Ehegatten veranlagt." Vgl. im übrigen Frank, Verwaltungsarchiv (1900) 8,

auch hier die Kirchensteuergesetze von 1905 und 1906 Einheit geschaffen haben: „Der evangelische (katholische) Teil einer gemischten Ehe ist von der Hälfte des der kirchlichen Besteuerung zugrunde liegenden Steuersatzes .. zu welchem der Ehemann veranlagt ist, zur Kirchensteuer heranzuziehen. Soweit die Ehefrau zu den Staatssteuern selbständig veranlagt wird, ist der evangelische (katholische) Teil nach Maßgabe seiner Veranlagung zur Kirchensteuer heranzuziehen“ [29]) — mit der bemerkenswerten Begründung,[30]) daß es dem Begriff der Ehe als dauernder Vereinigung zu vollständiger Lebensgemeinschaft mehr entspreche, wenn ein Ehegatte zur Befriedigung der kirchlichen Bedürfnisse und Pflichten des andern Ehegatten in gleichem Maße beitrage, als wenn die Steuerpflicht nach dem Einkommen eines jeden Ehegatten bemessen werde. Dieselbe Lösung war schon vorher in den Gesetzen Württembergs und Badens befolgt worden [31]) — wobei aber zu beachten bleibt, daß die Wirkung dieser Aufteilung durch das eheliche Güterrecht beträchtliche Verschiebungen erfahren kann.[32]) Ein abweichendes Bekenntnis der Kinder dagegen wird nach den mitgeteilten Gesetzgebungen mit Ausnahme der bayerischen eine besondere Steuerpflicht nicht begründen, sofern sie nicht selbständig zu Staatssteuern veranlagt sind.[33])

Beziehungen zwischen den Glaubensgesellschaften.

5. Den wesentlichen Inhalt der Wechselbeziehungen zwischen den Konfessionen bildet die Frage der Abgrenzung ihres Macht-

---

572 ff.; Porsch, Kirchensteuern bei Mischehen, Archiv für katholisches Kirchenrecht (1902) 82, 579 f.; Winkler, Die Reform des kirchlichen Steuerrechts in Preußen unter besonderer Berücksichtigung der Mischehen, Deutsche Zeitschrift für Kirchenrecht (1904) 14, 303 ff.

[29]) Staatsgesetz für die katholischen Kirchengemeinden 14. VII. 1905 § 5 Gesetzessammlung 281. Evangelisches Kirchengesetz für die älteren Provinzen 26. V. 1905 § 5, Friedberg, Verfassungsgesetze Ergänzungsband 5, 11. Wegen der evangelischen Kirchengesetze für die anderen Provinzen etwa v. Bitter, Handwörterbuch 1, 917 f. Bei Mischehen zwischen Katholiken oder Protestanten und Juden kann die Abgrenzung der Steuerpflicht für die beiden Ehegatten noch heute verschieden sein; Oberverwaltungsgericht 29. IX. und 13. X. 1908 Deutsche Juristenzeitung 1909, 326; vgl. auch Winkler a. a. O. 344 [2].

[30]) Schmedding-Tourneau, Kommentar zu dem Gesetz betreffend die Erhebung von Kirchensteuern in katholischen Kirchengemeinden (1905) 24.

[31]) Württemberg, Gesetz betreffend die Vertretung der evangelischen Kirchengemeinden 14. VI. 1887 Art. 68 (Friedberg 1. Ergänzungsband 124); betreffend die Vertretung der katholischen Pfarrgemeinden 14. VI. 1887 Art. 43 (Ph. Schneider, Partikulare Kirchenrechtsquellen 1898 S. 324). Baden, Gesetz, die Besteuerung für örtliche Kirchenbedürfnisse betreffend 26. VII. 1888 Art. 15 II (Friedberg 2, 72).

[32]) Schultzenstein, Deutsche Juristenzeitung 1909, 645 ff. mit weiteren Anführungen; Begründung des Entwurfs einer bayerischen Kirchengemeindeordnung 143.

[33]) Dazu auch Winkler 323 ff.

bereichs gegeneinander. Ein Zusammenwirken der in ihrem Bereich tätigen Gemeinschaften wird bei der früher erörterten grundsatzmäßigen Intoleranz der Bekenntnisse nur ausnahmsweise und jedenfalls nur da statthaben können, wo wenigstens eine gewisse Gemeinsamkeit der Grundanschauungen engere Beziehungen zuläßt. Das gilt für die durch Zugehörigkeit zum Christentum zusammengefaßten Bekenntnisse. Wenn hier kirchliche Akte auf Ansuchen auch gegenüber bekenntnisfremden Personen vorgenommen werden dürfen, so ist das zunächst eine innere Angelegenheit der Gastfreundschaft gewährenden Glaubensgesellschaft. Wenn aber die eigene Glaubensgesellschaft dieses Fremden die an ihm vollzogenen Handlungen als gültig vorgenommen anerkennen soll, rückt der Vorgang in den Bereich des Zwischenrechts autonomer Verbände. Die katholische Kirche anerkennt Laientaufen, die Ordination häretischer und schismatischer Bischöfe und demgemäß, wenn auch nicht ohne Schwankungen, evangelische Taufen, die Weihen, die ein russischer oder altkatholischer Bischof erteilt hat.[34]) Als Handlung einer fremden Glaubensgesellschaft aber findet kein Vorgang Anerkennung; die evangelisch getraute Ehe gilt grundsätzlich als Konkubinat. Die protestantische Kirche hingegen gewährt der katholischen Kirche Gleichberechtigung und betrachtet die von katholischen Geistlichen in ihrer Zuständigkeit vorgenommenen Amtshandlungen als wirksam vollzogen.[35]) Und besonders eng gestaltet sich das Zwischenrecht innerhalb der evangelischen Glaubensgesellschaften verschiedenen Bekenntnisses. Taufe, Trauung, Ordination findet — zumal im Bereich der Union der Bekenntnisse — wechselseitige Anerkennung.[36])

III. Selbständige Verbände innerhalb der Konfessionen.

§ 46. Die kirchlichen Ausgangspunkte.

1. Die katholische Kirche. Örtliche Zuständigkeiten und autonome Gewalten. — 2. Die Möglichkeit territorialer Beherrschung. — 3. Die protestantischen Kirchen.

Die katholische Kirche.
Örtliche Zuständigkeiten und autonome Gewalten.

1. Der Bischof, die wichtigste örtliche Stelle des katholischen Kirchenregiments, nimmt gegenüber der Zentralgewalt seiner Kirche eine doppelte Stellung ein. Er ist ausführendes Organ des Willens dieser Zentralgewalt, und er besitzt in beschränktem Umfang zugleich die Befugnis zu eigener Entschließung. Mit einem Gebiet aus-

---

[34]) Friedberg, Kirchenrecht[6] 120f., 168, 406, 459. Auch Schön, Evangelisches Kirchenrecht in Preußen 1, 190f.

[35]) Schön a. a. O. 191; Friedberg 460.

[36]) Vgl. Schön 191f., 220f.

gestattet, dessen Angehörige seiner Verwaltung unterstellt sind, mögen schon im Bereich seines abgeleiteten Wirkungskreises Fragen auftauchen, die internationalrechtlichen Fragen gleichen, vielleicht sogar gleichartige Beantwortung erfahren — kann der Bischof außerhalb seines Bezirks Amtshandlungen vornehmen, besitzt er Gerichtsbarkeit über Diözesanfremde, kann er den eigenen Diözesanen Dispensation mit Wirksamkeit für fremde Diözesen gewähren, gibt es eine Exterritorialität der Gesandten vor kirchlichem Forum?[1]) Indessen regelmäßig ist es dabei der eine und gleichheitliche Wille der römischen Kirche, den sie örtlich umgrenzt zur Ausübung bringen, es handelt sich in der Sprache des staatlichen Rechts um örtliche Zuständigkeit, nicht um die Grenze autonomer Gewalten. Wo der Bischof hingegen zu eigenem Recht bestimmt, führt er selbständige Verwaltung, deren Grenzen aufzusuchen eine Aufgabe bildet, die der Festsetzung der Grenzen staatlicher Verwaltung völlig parallel läuft. *Statuto episcopi, quo in omnes, qui furtum commiserint excommunicationis sententia promulgatur, subditi ejus furtum extra ipsius dioecesim committentes minime ligari noscuntur, quum extra territorium jus dicenti non pareatur impune,* so hat der Liber Sextus in c. 2 I 2 entschieden. Bischöflich vorgeschriebene Zeitbestimmungen für Taufe und Begräbnis dürften für Vorgänge im Gebiet und nur für solche anwendbar sein. Dispensationen von der eigenen Satzung kann nur der verordnende Bischof gewähren; von partikularen Vorschriften, die seiner Diözese fremd sind, wird er niemals zu dispensieren vermögen.[2])

Bei den geistlichen Verrichtungen des Pfarrers ist für die katholische Kirche stets nur örtliche Zuständigkeit in Frage; etwaige Partikularvorschriften, die hiebei gelten, sind vorwiegend bischöflicher

[1]) Joannes Andreae und die Späteren zu c. 2 in VI° I 2. F. Schulte, Die Lehre von den Quellen des katholischen Kirchenrechts (1860) 105 f. Hinschius, Kirchenrecht 2, 43 ff. Vgl. auch Helfert, Über den Einfluß des Domizils auf die kirchliche Jurisdiktion, Archiv der Kirchenrechtswissenschaft (1835) 5, 11 ff.; Laurin, Wesen und Bedeutung des Domizils nach . . kanonischem Recht, Archiv für katholisches Kirchenrecht (1871) 26, 165 ff. speziell 215 ff. — Beichte der Diözesanfremden: N. Knopp, Über den sacerdos proprius zur Verwaltung des Bussakraments (1881), insbesondere 32 ff. — Dispensation von Kirchengeboten während des Aufenthalts in fremden Diözesen, Archiv für katholisches Kirchenrecht (1897) 77, 185 ff. (interessant, aber kaum förderlich; mit Dogmengeschichte seit dem 16. Jahrhundert). — Über Exterritorialität Kreittmayr unten S. 543 Anm. 16; Preußisches Landrecht II 11 § 286; Decretum Inquisitionis 3. VIII. 1900 unten S. 540 Anm. 3; Las embajadas y consulados, deben considerarse come territorio independiente, aun en el fuero ecclesiastico? Revista de los tribunales 17. und 24. XI. 1900 (zitiert Journal, Tables Générales 1, 448); vgl. auch unten S. 552. Siehe ferner die Moraltheologen bei Erörterung der Frage, für wen die Gesetze verbindlich sind.

[2]) Über den Geltungsbereich einer bischöflichen Reservation von Bußfällen vgl. Laurin, Archiv a. a. O. 219[1], 229 f.

Herkunft. Für ihre inneren Angelegenheiten indessen sind auch Pfarrstiftung oder Pfarrgemeinde zu selbständiger Ordnung berufen, eine Ordnung, deren Geltungsbereich gleichfalls der Feststellung bedarf. Andere Grenzfragen, bei denen sich autonome Satzungen gegenüberstehen, schafft im Bereich der katholischen Kirche die Verschiedenheit der Riten. Entsprechend der personalen Verschlingung dieser Kreise finden sich hier Grundsätze wie: daß der Geistliche die Sakramente nach seinem, nicht nach dem Ritus des Empfängers spendet, gottesdienstliche Handlungen nach seinem, nicht nach dem Ritus der benutzten Kirche vornimmt,[3]) daß der Gläubige nur an die Feiertage und Fasttage seiner Gemeinschaft gebunden ist;[4]) bei Eheschließungen zwischen Angehörigen verschiedener Riten muß den Bedingungen beider Gemeinschaften genügt, die Trauung von dem Pfarrer der Braut vorgenommen werden.[5]) Aber auch örtliches Herkommen mag innerhalb der katholischen Kirche zu einer Verschiedenheit der Kirchengebote führen. Anders als in Rom wird in Mailand des Samstags nicht gefastet; der heilige Ambrosius hat darum einem bedrängten Gewissen geantwortet: *cum Romam venio, sabbato jejuno, cum Mediolani sum, non jejuno.*[6]) Solche örtliche Rechtsbildung wird allerdings stets auf einen bestimmten kirchlichen Verband als ihren Träger zurückgeführt; die *consuetudo ecclesiae* wird zum stillschweigend geäußerten bischöflichen Willen und unterliegt damit den Schranken, die der bischöflichen Satzungsgewalt gezogen sind, die Pfarrobservanz kann Geltung beanspruchen, soweit der Pfarrei eine Ordnungsbefugnis zukommt.[7])

Zu Zeiten indessen war die Zahl der rechtserzeugenden Kreise im Bereich der katholischen Kirche beträchtlich größer. Als mit der Erstarkung der päpstlichen Gewalt die kirchliche Gerichtsbarkeit sich über die weitesten Gebiete des bürgerlichen Lebens ausdehnte, da hat die kirchliche Gesetzgebung über das materielle Recht mit einer solchen Ausdehnung der Gerichtsbarkeit nicht Schritt gehalten. Es galten als Entscheidungsnorm auch für die kirchlichen Gerichte die

[3]) Hinschius 4, 429 ff.

[4]) Vorbehaltlich besonderer Vorschriften für Familienangehörige von verschiedenem Ritus und für einen Aufenthalt an Orten mit ungemischter Bevölkerung, vgl. Hinschius 4, 432[2].

[5]) Dekret der Congregatio de Propaganda Fide für die Kirchenprovinz Lemberg, Archiv für katholisches Kirchenrecht (1865) 14, 12 f.

[6]) Decretum Gratiani dist. 12 c. 11. Die Verbindlichkeit der Fasttage für Auswärtige wird in der Folge ausführlich erörtert. Vgl. besonders Leonh. Lessius, De justitia et jure (zuerst 1605) lib. 4 c. 2 dub. 7 und 8 ed. Antv. 1626 731 ff.

[7]) Vgl. etwa die Anführungen bei O. Gierke, Das deutsche Genossenschaftsrecht (1881) 3, 307[184]; von Neueren Franc. Suarez, De religione (zuerst 1609) lib. 2 c. 14 n. 10 ed. Lugd. 1630 1, 197; Guil. Bauduin, De consuetudine in jure canonico (1888) 26 und 44.

städtischen Gewohnheitsrechte und Statuten, soweit sie kirchlich gebilligt waren. Und so kommt es, daß seit dem 12. Jahrhundert nicht nur bei den Legisten, sondern auch bei den Kanonisten eine vollkommene Theorie von der Statutenkollision zur Ausbildung gelangt, die sich mit dem Geltungsbereich der Diözesanstatuten, aber auch mit den Erfordernissen eines Vertrags und der Zahl der Testamentszeugen beschäftigt. Jedoch mit diesen weltlichen Vorschriften, die da Anwendung finden, ist eine tiefe Veränderung vor sich gegangen: sie haben sich mit ihrer Handhabung durch die geistlichen Gerichte in kirchlich gebotene Satzungen verwandelt. Die Kirche heißt den Testator die Testamentsform des Stadtrechts beobachten, wenn er auf Vollzug seines letzten Willens rechnen will; nicht dem Gegner, sondern der Kirche wird die Erfüllung des eingegangenen Vertrags geschuldet; die Exkommunikation als Vollstreckungsmittel spricht deutlich. Und so handelt es sich bei einer Abgrenzung zwischen verschieden lautenden Satzungen solcher Art um eine Abgrenzung autonomen kirchlichen Lebens — und soweit jene Gerichtsbarkeit staatlich anerkannt war, um echtes internationales Verwaltungsrecht in blühender Entfaltung!

Einen Teil dieses Stoffes hat die Kirche seither selbst an den Staat abgegeben. Im übrigen aber sind sie kirchliche Angelegenheit, sind die Vorschriften über Statutenkollision kirchliche Ordnung geblieben, und so liest man noch heute bei Schulte[8]) als geltendes Kirchenrecht: die Form der Rechtsakte richtet sich nach dem Recht des Eingehungsortes; die Stellung des Individuums ist zu beurteilen nach dem Recht seines Wohnortes; alle Rechtsverhältnisse, die sich auf Benefizien beziehen, sind zu beurteilen nach dem Recht des Territoriums, worin das Benefizium liegt; dasselbe Recht entscheidet für die Rechtsverhältnisse der Benefiziaten; Sachen stehen unter der Herrschaft des Gesetzes, in dessen Sprengel sie liegen; Strafgesetze finden im Territorium des Gesetzgebers unbedingte Anwendung; über das Verfahren kommt das Recht des erkennenden beziehungsweise handelnden Richters zur Anwendung.

Die Möglichkeit territorialer Beherrschung.

2. Die Möglichkeit solcher Satzungen nötigt indessen zu grundsätzlichen Erörterungen. Der Bischof — um von dem gewöhnlichsten Fall auszugehen — hat Gewalt über die in seiner Diözese Wohnenden, kann demgemäß Statuten erlassen, die für diese Personen verbindlich sind. So stehen sich in den Vorschriften verschiedener Diözesen zunächst personal begrenzte Ordnungen gegenüber. Und auch zwischen personal begrenzten Verbänden sind Fragen der Statutenkollision möglich. Aber sind zwischen ihnen nur solche Fragen auf

---

[8]) Lehre von den Quellen 531 ff.

personaler Grundlage möglich, oder besitzen die kirchlichen Organe auch räumliche Herrschaft und vermögen räumlich geltende Vorschriften aufzustellen? Auf das vielfältigste begegnen solche räumliche Kollisionslösungen bei den Kanonisten vom 12. bis zum Ende des 19. Jahrhunderts; Schulte a. a. O. nimmt für die Geltung nicht nur des gemeinen, sondern auch des von Ordinarien ausgehenden partikularen Kirchenrechts eine grundsätzliche „Territorialität" in Anspruch.

Auf solche Anschauungen wirkt unzweifelhaft die Übertragung staatlicher Verhältnisse ein. Wird doch die räumliche Geltung kirchlicher Vorschriften zuweilen unmittelbar auf eine „Gebietsgewalt" der Kirche zurückgeführt.[9]) Nun gleicht die Kirche dem Staat, insofern auch für sie das Gebiet den Raum bedeutet, innerhalb dessen sie zur Vornahme kirchlicher Amtshandlungen ausschließlich befugt, zur Abweisung fremder Amtshandlungen berechtigt ist. Die Kirche unterscheidet sich vom Staat, insofern das Gebiet für sie nicht das Substrat bildet, von dessen Vorhandensein der Bestand der Gemeinschaft begrifflich abhängt. Aber beides ist für die hier behandelte Frage unwesentlich. Denn auch für den Staat fließt die Möglichkeit, räumlich geltendes Recht zu setzen, nicht aus der Gebietshoheit. Räumlich geltende Anordnungen bedeuten für den Staat zunächst eine tatsächliche Machtentfaltung, die er, Herr der Gesetzgebung, in Recht verwandelt, und die in der Zustimmung der anderen Staaten völkerrechtlichen Bestand gewinnt. Und mit Ermächtigung des Staats mögen auch andere Gemeinschaften des öffentlichen Rechts, Gemeinden, auch kirchliche Verbände, räumlich wirksame Vorschriften aufstellen.

Von kirchlicher Seite betrachtet ist die Frage für die katholische Kirche in ihrer Gesamtheit gegenstandslos; denn als die ökumenische Kirche kennt sie keine Gläubigen, die außerhalb ihres Gebiets den Wohnsitz hätten. Anders liegen die Verhältnisse für die Teilorganisationen in ihrem Bereich. Und es ist einleuchtend, daß der Bischof für seinen abgeleiteten Wirkungskreis auch Diözesanfremde verpflichten kann, wenn die Zentralgewalt ihn dazu ermächtigt; die fora contractus, rei sitae, delicti commissi, die vor dem bischöflichen Gericht gelten, beruhen auf solcher Übertragung. Aber hat der Bischof solche Möglichkeit auch für die Angelegenheiten, die er autonom ordnet? Eine selbstherrliche Inanspruchnahme von Macht

---

[9]) Rehm, Deutsche Zeitschrift für Kirchenrecht (1892) 2, 398 f.; in desselben Verfassers Allgemeinem Staatsrecht (1899) 36 auf die evangelische Kirche beschränkt. G. Jellinek, Allgemeine Staatslehre[2] (1905) wendet gegen Rehm ein, den Kirchen mangle das Kennzeichen der Gebietskörperschaft, die Unterwerfung der auf dem Gebiet verweilenden Fremden; denn Andersgläubige im Gebiet seien der Kirche nicht untertan. Indessen, um von der Richtigkeit des gewählten Kennzeichens abzusehen, räumliche Herrschaft ist auch über bestimmte Personengruppen innerhalb eines Gebiets möglich; die Konsulargerichtsbarkeit macht von solcher Möglichkeit vielfältigen Gebrauch.

ist offenbar mit der kirchlichen Ämterordnung unvereinbar. Und wenn überhaupt, so kann der Bischof diese Möglichkeit nur mit Zustimmung der Zentralgewalt besitzen. Die Frage, ob die bischöfliche Sondergesetzgebung Fremde verpflichten kann, wird in der kirchlichen Literatur verschieden beantwortet.[10]) Man wird es als herrschende Meinung ansprechen dürfen, daß sie grundsätzlich zu verneinen sei, daß aber gewisse Ausnahmen vorzubehalten seien. Und zwar werden in wunderlichem Nebeneinander dabei[11]) gewöhnlich zwei Fälle ge-

[10]) Umfänglichere Erörterungen bringen Thom. Sanchez, De s. matrimonii sacramento (zuerst 1602) lib. 3 disp. 18 q. 1 ed. Antv. 1626 1, 239 ff.; Lessius und Suarez a. a. O. (zit. oben Anm. 6 und 7); Bas. Pontius, De sacramento matrimonii (zuerst 1624) lib. 5 c. 7 § 1 ed. Brux. 1627 269 ff.; P. Laymann, Theologia moralis (zuerst 1625) lib. 1 tract. 4 c. 11 und 12 ed. Patav. 1760 1, 23 ff.; dann — besonders einflußreich — Alf. de Liguori, Theologia moralis (zuerst 1748) lib. 1 tract. 2 c. 2 dubium II—IV ed. Ratisb. 1879 1, 356 ff., woselbst weitere Literaturangaben; von Neueren J. P. Gury, Compendium theologiae moralis[16] (1902) 60 p. 1 c. 4 n. 80; A. Lehmkuhl, Theologia moralis[2] (1885) 1, 101 ff.; F. A. Göpfert, Moraltheologie[3] (1901) 1, 56 ff. Auch die Moraltheologen argumentieren dabei regelmäßig mit juristischen Gründen. Für die Verbindlichkeit sprechen sich von den Genannten Lessius, Suarez, Pontius aus, für die grundsätzliche Unverbindlichkeit vorbehaltlich gewisser Ausnahmen Sanchez, Laymann, Liguori, Gury, Lehmkuhl, Göpfert; auch P. Gasparri, Tract. canonicus de matrimonio[2] (1893) 2, 164; Bauduin, De consuetudine (zit. oben Anm. 7) 89. Die vorbehaltenen Ausnahmen pflegen hinsichtlich der Möglichkeit ihrer territorialen Geltung nicht besonders gerechtfertigt zu werden. Um so lebhafter dagegen ist das Bemühen, einen Rechtsgrund für die grundsätzliche Verbindlichkeit des örtlichen Rechts nachzuweisen. Man beruft sich insbesondere auf die Analogie des weltlichen Rechts und auf die (früher allgemein angenommene) Unmöglichkeit, daß Partikularvorschriften der eigenen Diözese auch in der Fremde verbindlich sein könnten, auf Gewohnheitsrecht und Naturrecht, auf die Notwendigkeit einer Gewalt über Fremde, um über die eigenen Angehörigen gute Verwaltung führen zu können; von besonderem Interesse sind die Ausführungen bei Suarez: man könne keine Übertragung der Befugnisse des heimischen Bischofs annehmen, weil er außerhalb seiner Diözese niemand verpflichten kann, eine Herleitung aus der Gewalt des Papstes oder des gemeinen Rechts werde sich nicht leicht nachweisen lassen, und so müsse man allerdings an eine eigene Befugnis des Bischofs denken, auch Fremde zu verpflichten, die *quasi communi jure gentium et ex consensu omnium fidelium et praecipue pastorum et pontificum* begründet worden sei. Solchen Ausführungen wird immer wieder entgegengehalten, daß ein Gesetz nur die Untertanen zu verpflichten vermöge, und es könne hier keine Abweichung zugelassen werden; wie der heilige Alfonsus bemerkt, *quia non potest dari ulla ratio hujus obligationis.*

[11]) Neben anderen hier nicht interessierenden Möglichkeiten: der Geltung des Ortsrechts für Wohnsitzlose; für den Fall, daß das heimatliche und Ortsrecht übereinstimmen; daß das Ortsrecht sich auf gemeines Recht gründet. Über den Gesichtspunkt der Vermeidung von Ärgernis vgl. besonders Sanchez. Die zuweilen eigens erwähnte Verbindlichkeit von Strafgesetzen wird durch die Generalklausel gedeckt. Die von Lehmkuhl und Göpfert angenommene Verbindlichkeit solcher Gesetze, die für Fremde und Wohnsitzlose besonders erlassen werden, scheint sich wenigstens bei dem letzteren Schriftsteller auf staatliche Gesetze zu beziehen.

nannt: eine Generalklausel, die mangelnde Verbindlichkeit dürfe nicht *in damnum et injuriam* des Aufenthaltsorts gereichen;[12]) und eine einzelne Kollisionsnorm: die Form der Verträge steht unter dem Recht des Errichtungsorts.

Mögen die Rechtssätze, welche die kirchliche Verwaltung ordnen, nun aber personale oder territoriale Anwendung finden, in jedem Fall ergibt sich hier eine Eigentümlichkeit, welche die Grenznormen der staatlichen Verwaltung regelmäßig nicht besitzen. Bei dem engen Verband, in dem die Glieder der katholischen Kirche zu einander stehen, haben auch partikulare Ordnungen Anspruch, in anderen Gebieten anerkannt und auf die ihnen unterliegenden Verhältnisse angewendet zu werden; und das findet seinen äußeren Ausdruck in der Möglichkeit, für solche Kollisionen „zweiseitige" Kollisionsnormen aufzustellen.

Die protestantischen Kirchen.

3. In den protestantischen Kirchen sind die Vorschriften des kanonischen Rechts ergänzend zur Geltung gelangt, soweit nicht Glaubenslehre und Kirchenverfassung eine Abweichung bedingt haben. Eine solche Verschiedenheit ist insbesondere dadurch begründet worden, daß diese Bekenntnisse sich in eine Anzahl unabhängiger Landeskirchen aufgelöst haben, so daß sich im Bereich der protestantischen Kirchen autonome Verwaltungen nicht mehr als Ausnahme, sondern als Regel gegenüberstehen. Und es ist damit zugleich bewirkt worden, daß die örtliche Zuständigkeit zur Vornahme kirchlicher Verwaltungsakte gegenüber Organen anderer Landeskirchen zur Frage nach dem Machtbereich des Gesamtverbandes sich steigern kann — es bestehe etwa der Zweifel, ob zu einer Trauung der Pfarrer in Stuttgart oder in Karlsruhe berufen ist. Neben dieser administrativen Trennung indessen wirkt die Bekenntnisgemeinschaft eng genug, um den verschiedenen Landeskirchen die wechselseitige Anerkennung zu sichern, und es finden deshalb — die Frage ist auf katholischer Seite von vornherein gegenstandslos — auch die Amtshandlungen, die der eine Teil in seiner Zuständigkeit vorgenommen hat, ohne weiteres als vollwirksam Anerkennung bei dem andern Teil.[13])

Die Möglichkeit, Vorschriften über den Kreis der Kirchengenossen hinaus wirksam zu erlassen,[14]) mag einem Verband auch hier vom

---

[12]) Zu der bisweilen begegnenden positiven Fassung, das örtliche Recht gelte, soweit es der Vorteil dieses Orts verlange, bemerkt schon Pontius n. 12, daß sich damit die Verbindlichkeit eines jeden Gesetzes beweisen lasse.

[13]) Wenn Preußen anläßlich des Falles Mauritz die Gültigkeit von in Bremen vorgenommenen Taufen in Zweifel gezogen hat, so geschah das, weil gegenüber der dort angewendeten Taufformel die Bekenntnisgleichheit zweifelhaft geworden war. Vgl. etwa Münchner Neueste Nachrichten 25. V. 1905 und dazu Schön, Evangelisches Kirchenrecht 1, 191.

[14]) Dazu etwa Rehm a. a. O. und gegen ihn Friedberg, Kirchenrecht[6] 291[9], aber auch 292.

Staat verliehen sein. Von kirchlicher Seite besteht sie, wenn die Landeskirche einen Verband innerhalb ihres Bereiches ermächtigt, seine Vorschriften auf verbandsfremde Personen zu erstrecken, die der Landeskirche angehören. Im Verhältnis von Landeskirche zu Landeskirche fehlt die Möglichkeit einer solchen Ermächtigung. Nun ist es an sich durchaus denkbar, daß, wie der Staat, so auch eine Glaubensgesellschaft eine Befehlsgewalt über Nichtmitglieder gleichen Bekenntnisses tatsächlich in Anspruch nimmt und, im Besitz der kirchlichen Gesetzgebungsgewalt, dies Verhältnis in kirchliches Recht verwandelt; und wenn die anderen Glaubensgesellschaften gleichen Bekenntnisses diese Bindung anerkennen, so bestünde auch für den Staat keine Veranlassung, einer derart begrenzten Übung der kirchlichen Autonomie die staatliche Anerkennung zu versagen. Wenn ich recht sehe, ist das für die protestantischen Kirchen grundsätzlich nicht geltenden Rechtens. Aber solche Vorschriften des kanonischen Rechts, die, von der Zentralgewalt ausgehend, einer örtlich zuständigen Stelle räumlich wirksame Macht übertragen, haben bei ihrer Herübernahme in das Recht der protestantischen Landeskirchen den Geltungsbereich schwerlich gewechselt. Die ermächtigende Zentralgewalt ist weggefallen, die Landeskirchen machen gegen den Verbandsfremden nunmehr autonome Zuständigkeit geltend; aber wenn ein Satz des kanonischen Rechts nur überhaupt übernommen wurde, so kann diese Veränderung auf den materiellrechtlichen Inhalt des übernommenen Satzes nicht eingewirkt haben. Eine wichtige Anwendung wird davon unten S. 547f. zu machen sein.

§ 47. Kollisionen von staatlicher Bedeutung.

1. Das Erfordernis staatlicher Bedeutung. — 2. Die Ehe. — 3. Die Kirchenbücher. — 4. Stolgebühren. Andere Leistungen auf Grund des Pfarrverbands. — 5. Kirchensteuern. — 6. Räumlich verpflichtende Abgaben. — 7. Besondere Fälle.

Das Erfordernis staatlicher Bedeutung.

1. So bestehen also auch innerhalb der einzelnen Bekenntnisse mannigfach Teilverbände, die eigene Verwaltung führen, und deren Machtbereich Fragen aufwirft, die zu beantworten der Feststellung des Machtbereichs staatlicher Verwaltungen gleichartig ist. Nur freilich die bloße Gleichartigkeit des Problems genügt nicht, ihnen in diesem Zusammenhang Aufnahme zu schaffen; internationales Verwaltungsrecht im staatlichen Sinn werden solche Lösungen erst dann, wenn die Angelegenheiten, auf welche sie sich beziehen, der staatlichen Verwaltung eingegliedert, die Grenznorm zum Rechtssatz geworden ist. Und damit scheidet, wenigstens für die Gegenwart, die Mehrzahl dieser Gegenstände hier aus. Auch dort, wo eine Glaubensgesellschaft zur juristischen Person des öffentlichen Rechts erhoben

ist, sind deren Vorschriften damit nicht ohne weiteres zu staatlichen Rechtssätzen geworden. Der Staat anerkennt in dem Bestand der Glaubensgesellschaft ein eigenes Interesse, aber die Durchführung dieses Interesses in Gestalt von Geboten und Verboten bleibt — sofern es sich nicht um ein Gebiet reinen Staatskirchentums handelt — zunächst der beteiligten Gemeinschaft überlassen, der Staat fördert wie so oft eine Angelegenheit, die seiner Verwaltung angehört, ohne Zuhilfenahme seines Imperiums.

Zu den Angelegenheiten, bei denen jene Voraussetzungen gegeben sein können,[1]) gehört der Geltungsbereich partikular verschiedener Feiertagsordnungen mit ihrem Einfluß auf das staatliche Recht, von dem noch besonders zu handeln sein wird.[2])

Die Ehe.

2. Eine beträchtliche Bedeutung besitzen ferner die Verschiedenheiten kirchlicher Ordnung für die Gestaltung der Ehe, hieher gehörig, wo der Staat einer Regelung durch die Bekenntnisse auch sich gegenüber verpflichtende Kraft einräumt. Die Zuständigkeit zur Eheschließung, zu Dispensationen, zur Ausübung der Ehegerichtsbarkeit kann damit bei Protestanten eine Frage des Verhältnisses von Kirche zu Kirche werden. Es kann die Tätigkeit kirchlicher Gemeinschaften aber auch in der Bereitstellung materieller Vorschriften über die Eheschließung bestehen, und auch diese Vorschriften bedürfen hier einer Abgrenzung. Auf Seiten der katholischen Kirche ist eine solche Rechtsverschiedenheit und gerade hinsichtlich ihres Geltungsbereichs Gegenstand reichlicher Erörterungen geworden (bis vor kurzem das Dekret *Ne temere* hier Rechtseinheit geschaffen hat): die tridentinische Eheschließungsform und ihre Anwendbarkeit in Gebieten, in denen die Konzilsschlüsse nicht publiziert waren. Man hat im großen und ganzen angenommen, die Vorschriften des Konzils

---

[1]) In Frankreich ist die Frage von strafrechtlicher Bedeutung geworden, in welchem Umfang eine Entziehung der geistlichen Tracht, die der Bischof im Disziplinarweg gegen einen Geistlichen verhängt, räumlich wirksam wird; vgl. Garçon, Code pénal annoté art. 259 n. 32; Daubert (zit. oben S. 367 Anm. 65) 52 ff. Die staatliche Relevanz sowohl der kirchlichen Disziplinargerichtsbarkeit wie auch des angewendeten Strafmittels war bis zur Trennung in Frankreich nicht zweifelhaft. Allein der Bischof, der die Strafe ausspricht, handelt im übertragenen Wirkungskreis. Zwar die Einzelheiten der geistlichen Tracht zu ordnen, ist der Bischof von sich aus berufen; aber daß der Kleriker ein besonderes Gewand trägt, ist eine Forderung des gemeinen Rechts. Und wenn (wie es scheint, auf Grund der geteilten Auslegung von X 2, 2, 14) Zweifel bestehen, wie weit ein Bischof dem Kleriker einer fremden Diözese Dienstrechte entziehen kann, so handelt es sich auch hier um Abgrenzung der örtlichen Zuständigkeiten; auch wenn dem eigenen Bischof des Klerikers dabei Rechte zustehen, sind es Rechte, die von der Zentralgewalt verliehen sind.

[2]) Vgl. einstweilen Zeitschrift 17, 280 ff.

gälten zugleich lokal und personal, seien also stets verpflichtend bei Eheschließungen im Publikationsgebiet, aber auch außerhalb, wenn beide Ehegatten in jenem Gebiet den Wohnsitz haben; dagegen nicht, wenn ein Teil dem tridentinischen Gebiet nicht angehört, und nach Lage des Falls bei Mischehen — das alles unter mannigfachen Zweifeln und mit dem ganzen Wirrsal von Theoremen vertreten, das die Lehre von der Statutenkollision vor ihrer Wiedergeburt im letzten Jahrhundert gekennzeichnet hat.[3]) Die Vorschriften über die Form der Eheschließung dürften jedenfalls außerhalb des Bereiches des Tridentinums auf autonomer Satzung beruht haben, und so hat der Gegenstand echtes internationales Verwaltungsrecht erschlossen,[4]) wenn er in Staaten mit kirchlichem Eherecht vorkam. In Staaten mit weltlichem Eherecht hatte die Frage aufgehört, Rechtsfrage zu sein, was freilich auf Seiten der katholischen Kirche die Stellung und Lösung des Problems nicht berührt hat. Wo dagegen im Bereich weltlichen Eherechts die protestantischen Eheordnungen von einander abweichen, da bedeutet dies[5]) eine Verschiebung. Anerkennt die protestantische Kirche die staatliche Ordnung des Eherechts auch für sich als verbindlich, so wird die kirchliche Trauung zur gottesdienstlichen Handlung, und konfessionelle Ehebeschränkungen, die zu den staatlichen hinzutreten, können nicht personal als Gebote für die Eheleute, sondern nur territorial als Anordnungen für die Vornahme einer gottesdienstlichen Handlung Geltung beanspruchen.

Die Kirchenbücher.

3. Taufe, Trauung und Begräbnis erlangen staatliche Bedeutung auch unter dem Gesichtspunkt der Bevölkerungskontrolle. Mannigfach war und ist die Beurkundung des Personenstands mit Wirksamkeit auch für den Staat der Kirche überlassen. In welchem Umfang aber hat der Pfarrer oder andere Seelsorger eine solche Beurkundung

[3]) Den besten Überblick gibt F. Fleiner, Die tridentinische Ehevorschrift (1892) 75ff., 63ff. Dazu Leitner, Archiv für katholisches Kirchenrecht (1894) 71, 54ff.; J. Schnitzer, Katholisches Eherecht (1898) 180f.; Fr. Heiner, Grundriß des katholischen Eherechts[4] (1900) 153f.; M. Leitner, Lehrbuch des katholischen Eherechts (1902) 300ff. Einen eigenartigen Fall hat neuerlich die Congregatio Inquisitionis entschieden (Dekret vom 3. VIII. 1900 Archiv für katholisches Kirchenrecht 1901 81, 135f.): ein Anglikaner hatte eine katholische Frau in den Räumen der englischen Botschaft zu Rom ohne Beobachtung der tridentinischen Form geheiratet (die seinerzeit für Rom, aber nicht für England publiziert worden ist); konnte die Botschaft als exterritoriales Gebiet formlose Eheschließung ermöglichen? Die Congregatio hat die Frage verneint.

[4]) Verwaltungsrecht, auch wenn das Eherecht staatlich geordnet dem Zivilrecht angehört; vgl. darüber oben S. 472.

[5]) S. die feinen Bemerkungen Brauns, Zwischenkirchliche Trauungsfragen nach dem Recht der preußischen Landeskirche, Deutsche Zeitschrift für Kirchenrecht (1906) 16, 1ff., insbesondere 12f.

vorzunehmen? Die Frage hat internationales Interesse, insoweit die örtliche Zuständigkeit des Geistlichen zugleich die Zuständigkeit seiner Glaubensgesellschaft gegenüber anderen Glaubensgesellschaften desselben Bekenntnisses begrenzt; aber auch, insofern der Geistliche durch autonome Satzung in den Einzelheiten seines Vorgehens bestimmt wird.

Es streiten hier zwei Gesichtspunkte um Berücksichtigung. Auf der einen Seite wird die Beurkundung sachgemäß am besten durch den Geistlichen zu vollziehen sein, der die eintragspflichtige Handlung vorgenommen hat. Auf der anderen Seite aber sind diese Handlungen Gegenstand des Pfarrzwangs, der parochus proprius der Beteiligten bedarf eines Überblicks über die Handlungen, die seine Pfarrangehörigen zum Gegenstand haben. Und so hat sich häufig eine doppelte Registerführung entwickelt, bei der bald der Beurkundung des handelnden, bald derjenigen des Wohnsitzgeistlichen die Eigenschaft des Originaleintrags zuerkannt wurde.[6])

Stolgebühren.
Andere Leistungen auf Grund des Pfarrverbands.

4. Eine praktisch erhebliche Bedeutung aber gewinnen Taufe, Trauung, Begräbnis für den Staat — auch für die deutschen Staaten der Gegenwart — in ihrer Eigenschaft als gebührenpflichtige Handlungen des öffentlichen Rechts. Art und Maß der geschuldeten Leistung werden hier vorzugsweise durch die kirchliche Autonomie, durch Diözesanstatuten und Pfarrobservanzen bestimmt, das Geltungsgebiet einer solchen Rechtsquelle wird aber auch hier durch zwei Erwägungen beeinflußt.[7]) In ihrer Eigenschaft als Entschädigung für geleistete Mühewaltung kommt die Stolgebühr dem Geistlichen zu, der die Taufe, Trauung, Beerdigung tatsächlich vollzogen hat, und es sind dafür die Sätze seiner Pfarrei maßgebend. Auf der anderen Seite aber bedeutet der Gebührenbezug einen Gehaltsteil

---

[6]) Österreich bevorzugt bei Taufen den Geistlichen des Wohnorts, bei Eheschließungen den trauenden Geistlichen, bei Begräbnissen denjenigen des Sterbeorts, v. Mahl-Schedl im Österreichischen Staatswörterbuch[2] 3, 546 ff. Nach Preußischem Landrecht II 11 §§ 481, 496, 497, desgleichen in Bayern (L. H. Krick, Verwaltung des katholischen Pfarramts 1895 462) galt der Eintrag des handelnden Pfarrers als der primäre. Freilich gehören Österreich und andere Staaten mit kirchlicher Beurkundung des Personstands insofern nicht in diesen Zusammenhang, als die Geistlichen die Beurkundung dort in staatlichem Auftrag vornehmen: für den Staat handelt es sich in solchem Fall nicht mehr um die Grenzen kirchlicher Betätigung; soweit aber ein kirchlicher Auftrag jenem des Staats parallel läuft, entbehrt er für den Staat der rechtlichen Bedeutung.

[7]) Vgl. zum Folgenden L. Benario, Die Stolgebühren nach bayerischem Staatskirchenrecht (1894) 88 ff.; L. H. Krick, Handbuch des katholischen Pfründewesens[2] (1897) 107 ff.; Chr. Meurer, Bayerisches Kirchenvermögensrecht (1901) 2, 347 ff.

des Pfarrers, er hat, zum Teil mit Rücksicht auf die Gebühren, ein Recht auf Vornahme jener Handlungen an seinen Pfarrkindern und deshalb einen Anspruch auf Entlohnung nach seinen Sätzen, auch dann, wenn die gebührenpflichtige Handlung mit seiner Erlaubnis (bei Beerdigungen auch auf Grund privater Verfügung) anderwärts vorgenommen wurde, so daß in solchem Fall doppelte Gebühren fällig werden. Der Pfarrzwang aber verpflichtet, die Taufe regelmäßig am Wohnsitz des Täuflings vornehmen zu lassen.[8]) Bei Trauungen gibt das gemeine Recht die Wahl zwischen dem Wohnsitz der Brautleute, während partikularrechtlich der Wohnsitz des einen oder des andern Teils für ausschließlich zuständig erklärt, auch eine Zuständigkeit des ersten Ehewohnsitzes anerkannt wurde.[9]) Für Beerdigungen aber ist das gemeinrechtliche Wohnsitzprinzip allmählich zugunsten des Sterbeorts durchbrochen worden,[10]) derart, daß bei einem Begräbnis am Sterbeort dem Wohnsitzpfarrer nichts geschuldet wird; findet die Beerdigung anderwärts, insbesondere am Wohnsitz des auswärts Verstorbenen statt, so stehen die Gebühren zunächst dem parochus proprius zu;[11]) doch erklären Diözesanstatuten, wie die von München-Freising oder Regensburg auch in solchem Fall den Pfarrer des Sterbeorts für bezugsberechtigt, und es haben „in Ausübung des Retorsionsrechtes" auch andere Diözesen solchen Anspruch zugebilligt, wenn Münchner oder Regensburger Diözesanen in ihrem Bereich versterben und an den früheren Wohnort zurück-

[8]) Eine Ausnahme pflegt nur für „Notfälle", wie Krankheit des Täuflings, zugestanden zu werden, und auch für solchen Fall operiert Krick a. a. O. 107 mit einer stillschweigenden Einwilligung des Wohnsitzpfarrers, so daß diesem ein Gebührenanspruch wie bei ausdrücklicher Erlaubnis zusteht. Vgl. indessen für den Fall, daß sich der Täufling auswärts befindet, A. Barbosa, De officio et potestate parochi (Venet. 1635) c. 18 n. 7; Preußisches Landrecht II 11 § 450.

[9]) Ein Staatsvertrag Bayern-Reuß 1847, der dem Pfarrer des künftigen Wohnorts der Brautleute das „Trauungsrecht" einräumt, bei G. M. Kletke, Die Staatsverträge des Königreichs Bayern (1860) 1, 547. Ein Vertrag Bayerns mit Sachsen 1865, Regierungsblatt 321, erkannte wahlweise das Trauungsrecht am Wohnort der Braut und am zukünftigen Wohnort der Eheleute an. Vgl. dazu oben S. 471.

[10]) Das gemeine Recht (in VI. 3, 12, 3) gab dem Pfarrer des Wohnsitzes sogar ein Recht auf den Leichnam, sofern er „ohne Gefahr" dorthin verbracht werden konnte. Über die spätere Entwicklung J. B. Schefold, Die Parochialrechte (1846) 2, 198 f.; W. X. A. v. Kreittmayr, Anmerkungen über den Codicem Bavaricum civilem (1771) Teil 2 Kapitel 1 § IV n. 9, 10. Aus der „portio canonica", die dem Wohnsitzpfarrer bei einer auswärts erfolgten Beerdigung zustehen sollte, hat sich gewohnheitsrechtlich ein Anspruch auf die Stolgebühr entwickelt. — Kasuistik über den Begriff des Sterbeorts: wenn die Pfarrgrenze durch das Haus des Verstorbenen geht, wenn ein Leichnam an der Grenze zweier Pfarreien gefunden wird, bei R. v. Scherer, Handbuch des Kirchenrechts (1898) 2, 615[48].

[11]) Kreittmayr a. a. O. n. 15, 17; Benario 108 ff.

gebracht werden.[12]) Personen ohne Wohnsitz sind auf den Geistlichen ihres Aufenthaltsorts verwiesen. Bei doppeltem Wohnsitz aber ist nur derjenige Teil gebührenberechtigt, der die geistliche Handlung vornimmt; erfolgt sie an drittem Ort, so steht jedem Teil nach seinen Sätzen die halbe Gebühr zu.[13])

Auch andere Leistungen, die auf dem Pfarrverband beruhen, können hinsichtlich des Kreises der Pflichtigen Zweifel erwecken. Es wäre hier zunächst des Kirchenzehnten zu gedenken, wäre diese Abgabe nicht im Lauf der Jahrhunderte in der Verkehr übergegangen und damit zur privatrechtlichen Verbindlichkeit geworden.[14]) Dem öffentlichen Recht hingegen gehören die „Kirchtrachten“ an, gewohnheitsrechtlich begründete Naturalabgaben an Pfarrer und niedere Kirchenbedienstete, deren Leistung von der bayerischen Praxis streng personal auf den Kreis der Pfarrangehörigen beschränkt wird.[15]) Eine andere bayerische Rechtsbildung ist das „Seelrecht“, gleichfalls dem öffentlichen Recht angehörig, ein Sterbegeld, das in Anerkennung einer Art geistlicher Leibeigenschaft bei Todesfällen dem Pfarrer des Sterbeorts zugesprochen wird.[16])

Kirchensteuern.

5. Auch die Pflicht, Kirchensteuern zu bezahlen, stützt sich vorzugsweise auf den Pfarrverband; in der Verbindlichkeit, Steuern an die protestantischen Landeskirchen zu entrichten, ist ihr eine gleichartige Bildung zur Seite getreten. Diese Steuerpflicht gehört dem Bereich staatlichen Rechts an, wo der Staat für die Feststellung bestrittener Verbindlichkeiten seine Verwaltungsgerichtsbarkeit zur Ver-

---

[12]) Krick a. a. O. 109[21]. Die Berechtigung der Bischöfe, solche Lasten auch Diözesanfremden aufzuerlegen, erscheint nicht außer Zweifel. Es wird nicht wohl angehen, in einer solchen Vorschrift eine Bestimmung für die Ämterordnung der Diözese zu erblicken, über welche der Bischof frei verfügen könnte; liegt aber eine Anordnung vor, welche unmittelbar in die Angelegenheiten eines Diözesanfremden eingreifen will, so werden die früheren Ausführungen praktisch, nach denen dem Bischof eine Gewalt über Fremde regelmäßig versagt ist, und nur Ausnahmen stattfinden, von denen hier keine zuzutreffen scheint.

[13]) Vgl. in VI. 3, 12, 2 für die portio canonica.

[14]) Chr. Meurer, Das Zehnt- und Bodenzinsrecht in Bayern (1898) 33 f., 85; über den Umfang der pfarrlichen Zehntberechtigung ebenda 10.

[15]) Vgl. unten S. 551.

[16]) Bayerische Landes- und Polizeiordnung 1616 Buch 3 Titel 9 Art. 2, sofern die Abgabe an dem „Ort“ bisher gebräuchlich war. Vgl. besonders Kreittmayr a. a. O. n. 16, der auch berichtet, daß die Abgabe von einem in München verstorbenen englischen Gesandten gefordert wurde, wiewohl derselbe weder seines Charakters halber noch aus anderen Gründen als Münchner Pfarrkind betrachtet werden konnte und auch in München nicht begraben wurde. Entscheidung des Verwaltungsgerichtshofs 31. V. 1889 Sammlung 11, 318. Fr., Blätter für administrative Praxis (1894) 44, 241 ff.; Benario, Krick, Meurer a. a. O. Vgl. aber auch unten S. 551.

fügung stellt, für die Durchsetzung rückständiger Leistungen die eigenen Machtmittel einsetzt. Und wenn es der kirchliche Verband ist, der als selbständiges Rechtssubjekt die Leistungen einfordert, so handelt es sich dabei um die Abgrenzung autonomer Betätigung. Das erhellt ohne weiteres bei Leistungen auf Grund örtlichen Herkommens, dessen Träger eben die Abgaben fordernde Gemeinschaft (Körperschaft oder Anstalt) ist. Aber auch da, wo die Zulässigkeit der Auflage für alle Verbände gleichmäßig vom Staat eingeräumt ist, der Staat etwa auch seinerseits die örtlichen Schranken solcher Auflage festsetzt, bleibt es ihrem Inhalt nach eine Lebensäußerung der besteuernden Gemeinschaft; sie entscheidet, ob von der staatlich eingeräumten Möglichkeit wirklich Gebrauch gemacht werden soll, dieser Betätigung sollen die Grenzen gefunden werden. Vorwiegend ist es in deutschen Landen die Kirchengemeinde, der eine solche Besteuerungsgewalt zukommt. Als Personenverband ist sie nach der Natur der Dinge darauf verwiesen, ihre Ansprüche gegen ihre Mitglieder zu richten, und es begnügen sich demgemäß zahlreiche, insbesondere protestantische Kirchensteuergesetze, die Genossen der Gemeinde für abgabenpflichtig zu erklären. Da aber ganz regelmäßig die Mitgliedschaft in der Gemeinde durch den Wohnsitz erworben wird, so bedeutet das eine Steuergewalt über die im Gemeindebezirk Wohnenden. Entsprechendes gilt für die Steuern zur Landeskirche. Aber auch dort, wo als Träger der Abgabengewalt eine Anstalt, die Kirchenstiftung z. B., erscheint, erwächst das gleiche Ergebnis gemäß den kanonischen Bestimmungen, welche die Zugehörigkeit zur Pfarrei, zur Diözese an den Wohnsitz knüpfen.[17]) Nicht selten wird die Abhängigkeit der kirchlichen Steuerpflicht vom Wohnsitz noch besonders formuliert,[18]) und nur ausnahmsweise wird schon einem längeren Aufenthalt dieselbe Wirkung zugeschrieben.[19])

Auch Ausländer gehören der Pfarrei oder Kirchengemeinde und

---

[17]) Über die zuweilen vorkommenden Personalpfarreien und Personalgemeinden Laurin (zit. oben S. 532 Anm. 1) 230 ff.; Hinschius, Kirchenrecht 2, 292 f.; Schön, Evangelisches Kirchenrecht in Preußen 1, 316; Entwurf einer bayerischen Kirchengemeindeordnung 1907, Begründung 67.

[18]) Preußen Kirchengesetz 26. V. 1905 § 2; Staatsgesetz 14. VII. 1905 § 2. Baden Gesetz 26. VII. 1888 Art. 12; Lübeck Gesetz 18. III. 1904 § 2. Bayern Landtagsabschied 28. V. 1892 § 23 stellt dabei auf den weiteren Begriff des „Wohnens“ im Gebiet ab; entsprechend der Entwurf der Kirchengemeindeordnung Art. 4 und dazu Begründung 79.

[19]) Vermöge Begründung einer Gemeindeangehörigkeit durch den längeren Aufenthalt: Württemberg Gesetz (für die Protestanten) 14. VI. 1887 Art. 5 und 65; Sachsen-Altenburg Gesetze 29. IV. 1861 § 157 und 6. II. 1877 § 1. Das kanonische Recht hatte dem „Quasidomizil“ in weitem Umfang die Wirkungen des Wohnsitzes zuerkannt. Vgl. besonders Laurin a. a. O. 192 ff., aber auch Hinschius, Kirchenrecht 2, 297.

der Landeskirche ihres Wohnsitzes an und sind demgemäß an diesem Ort kirchensteuerpflichtig.[20])

[20]) Die Frage ist für die Angehörigen der evangelischen Kirche lebhaft erörtert worden. Sie ist insbesondere verneint worden von O. Mejer, Zeitschrift für Kirchenrecht (1887) 22, 211 ff.; Das Rechtsleben der deutschen evangelischen Landeskirche (1889) 77 f.; von Ricker, Württembergische Zeitschrift für freiwillige Gerichtsbarkeit (1888) 20, 147 ff. (ich kenne die Abhandlung nur aus den Berichten von Rehm und Bazille-Köstlin); von W. Bazille-R. Köstlin, Das Recht der Staatsangehörigkeit (1902) 108; vgl. ferner Entschließung des bayerischen Ministeriums des Innern vom 20. I. 1843 bei Günther, Protestantisches Amtshandbuch[2] 1, 29. Für ihre Bejahung Braun, Zeitschrift für Kirchenrecht (1886) 21, 401 ff.; (1887) 22, 322 ff. und in einer sehr sorgfältigen Abhandlung Rehm, Deutsche Zeitschrift für Kirchenrecht (1892) 2, 192 ff. 329 ff.; ferner v. Seydel, Bayerisches Staatsrecht[2] 3, 497 f.; Meurer, Bayerisches Kirchenvermögensrecht 1, 32[3] 84 127; der bayerische Verwaltungsgerichtshof 27. V. 1887 Sammlung 9, 23, vgl. auch Sammlung 3, 694; Begründung des Entwurfs einer Kirchengemeindeordnung 65, 79, 183; des Kirchensteuergesetzes für die protestantischen Kirchen 889; v. Steinheil (zit. oben S. 495 Anm. 19) 9 und 240 ff.; E. Kälber, Über Zugehörigkeit zur evangelischen Landeskirche Württembergs (1905) 26 ff.; Kirchlehner, Österreichische Zeitschrift für Verwaltung 11, 141; die neuen preußischen Kirchensteuergesetze, vgl. den Kommentar von Schmedding-Tourneau 19. Mit dem Vorbehalt, daß der Fremde seiner Aufnahme zustimmen muß, bejahen die Frage E. Friedberg, Das Verfassungsrecht der evangelischen Landeskirchen in Deutschland (1888) 270 ff., im Lehrbuch[6] 290 f. und in der Deutschen Zeitschrift für Kirchenrecht (1898) 8, 149 ff., wie auch ein hier mitgeteiltes Urteil des Oberlandesgerichts Hamburg vom 4. I. 1898; Schön, Evangelisches Kirchenrecht 1, 311[2] 315; ein oldenburgisches Kirchengesetz vom 11. IV. 1853 (Friedberg, Verfassungsgesetze 561); zum Teil auch ein Waldecker Kirchengesetz 18. II. 1907 Regierungsblatt 9. Was gegen die Mitgliedschaft der Ausländer in Gemeinde und Landeskirche vorgebracht wurde, beruht zum Teil auf völligem Mißverständnis, wie die Behauptung, die Kirchenmitgliedschaft verlange ein Wohnrecht im Lande; teilweise in Fortsetzung längst hinfällig gewordener Anschauungen aus der Zeit des Staatskirchentums auf einer Analogisierung von Herrscherstellung und Summepiskopat, von Staatsvolk und Landeskirche. Wunderlicherweise sind auch moderne Strebungen ins Feld geführt worden, die auf eine steigende Bedeutung der Staatsangehörigkeit hinwiesen. Und doch können solche Strömungen nach der Natur der Dinge nur für staatliche Angelegenheiten Bedeutung haben, nicht für die Kirche, der die sämtlichen Bekenntnisgenossen eine Einheit bedeuten. Wegen des Vorbehalts einer Zustimmung der Ausländer wird unten das Nähere zu sagen sein. Wenn aber gerade gegen die Steuerpflichtigkeit der Ausländer am Wohnsitz eingewendet wurde, sie führe zu einer Doppelbesteuerung, da deren Abgabenpflicht gegenüber dem Mutterland fortdauere, so entfällt der Einwand (auch darüber unten) mit seiner Voraussetzung. Eine ganz andere Frage ist es, ob nicht Ausländer inländischen Wohnsitzes freiwillig der Steuerpflicht entbunden werden sollen, wenn sie an ihrem Wohnort zu Veranstaltungen beitragen, die ihnen heimatlichen Gottesdienst in der Fremde gewährleisten wollen. Eine solche Vorschrift enthalten für den Fall verbürgter Gegenseitigkeit die preußischen Staatsgesetze vom 14. VII. 1905 und 22. III. 1906 je in Art. IV § 1[III], und es ist bestehende Gegenseitigkeit angenommen worden gegenüber England, Wales, Irland nnd den meisten britischen Besitzungen, gegenüber den Niederlanden, und Niederländisch-Indien und den Vereinigten Staaten von Nordamerika. Ent-

Mehrfacher Wohnsitz begründet mehrfache Gemeindemitgliedschaft[21]) und damit eine Umlagenpflicht gegenüber jeder der beteiligten Gemeinden. Doch kann in Bayern eine Doppelbesteuerung durch mehrere Kirchengemeinden des Landes nicht vorkommen, weil die Kirchensteuer von den Staatssteuern abhängt, die auch bei mehrfachem Wohnort im Land nur einmal veranlagt werden; während allerdings, soweit eine Kirchensteuerpflicht besteht, Abzüge mit Rücksicht auf den gleichzeitigen Wohnort an anderer Stelle nicht statthaft sein dürften.[22]) Konkurriert mit der bayerischen aber eine außerbayerische Kirchengemeinde (Landeskirche), so treten die unten zu erwähnenden allgemeinen Kautelen gegen Doppelbesteuerung, welche die jüngste Rechtsbildung vorsieht, in Wirksamkeit. In Preußen galt Doppelbesteuerung einer Person mit mehrfachem Wohnsitz, von besonderen Fällen abgesehen, als zulässig; doch hat die neuere Praxis die Bestimmungen des Kommunalabgabengesetzes, welche Doppelbesteuerung verhüten sollen, auch hieher übertragen,[23]) und die Kirchensteuergesetze von 1905 und 1906 haben nunmehr in umfänglicher Kasuistik Vorsorge getroffen:[24]) befinden sich die mehreren Wohnsitze innerhalb Preußens, so werden die umlagenpflichtigen Einkünfte verteilt, derart, daß ein Einkommen aus Grundbesitz und Gewerbebetrieb am Ort des Bezugs umlagenpflichtig wird (vorbehaltlich eines Mindestanspruchs der daran nicht teilnehmenden Gemeinden), Umlagen aus sonstigem Einkommen den Gemeinden je zu einem Teil zustehen; eine Besteuerung an auswärtigem Wohnsitz aber wird nur dann in Anrechnung gebracht, wenn sie auf Grundbesitz oder Gewerbebetrieb sich gründet.

---

sprechend nunmehr für Bayern Entwurf der Kirchengemeindeordnung Art. 109 IV und Begründung 323; Kirchensteuergesetz für die protestantischen Kirchen 15. VIII. 1908 Art. 7 IV und Begründung 889 f. Vgl. auch oben S. 381.

[21]) Dazu Hinschius 2, 298; Helfert (zit. oben S. 532 Anm. 1) 38 ff.; Laurin 207. Württemberg, Gesetz 14. VI. 1887 Art. 5. Entwurf einer bayerischen Kirchengemeindeordnung Art. 4 IV nebst Begründung 79 f.

[22]) Der Verwaltungsgerichtshof 26. X. 1883 Sammlung 4, 594 hat geglaubt, die Ansprüche der beteiligten Gemeinden auf die Zeit des tatsächlichen Wohnens in der Gemeinde beschränken zu können. Wenn nun nach bayerischem Recht auch das „Wohnen", nicht der Wohnsitz steuerpflichtig macht, so bedeutet doch dieses Wohnen einen „ständigen Aufenthalt", und man kann allenfalls den ständigen Aufenthalt an zwei Orten, aber nicht halben ständigen Aufenthalt hier, halben ständigen Aufenthalt dort haben; und auch wer nur an einem Ort ständigen Aufenthalt hat, kann die Zeit einer vorübergehenden Abwesenheit bei der Steuerzahlung nicht in Abzug bringen.

[23]) Vgl. Schmedding-Tourneau (zit. oben S. 530 Anm. 30) 21. Verwaltungsordnung für das kirchliche Vermögen in den östlichen Provinzen der preußischen Landeskirche 15. XII. 1886 § 56 bei Friedberg, Verfassungsgesetze 1. Ergänzungsband 30.

[24]) Kirchengesetz 26. V. 1905 § 4; Staatsgesetz 14. VII. 1905 § 4 usw.

Aufgabe des Wohnsitzes beseitigt regelmäßig Pfarr- und Gemeindeangehörigkeit, die Zugehörigkeit zur Landeskirche und die durch sie begründete Steuerpflicht.[25]) Am neugewählten Wohnsitz aber treten Mitgliedschaft und Steuerpflicht ipso jure ins Leben.[26]) Die Annahme ist neuerlich mit bemerkenswerten Gründen angefochten worden: durch ein (evangelisches) Landeskirchengesetz könne diese Verpflichtung nicht begründet werden, da ein solches Gesetz nur für diejenigen verbindlich sei, die schon Glieder der Landeskirche sind, aber niemand, der außerhalb dieser Kirche steht, in sie hineinzwingen könne; daß aber der Staat in diesem Sinn zugunsten der Kirche seine Gebietshoheit verwende, werde durch die moderne Gestaltung des Verhältnisses zwischen Staat und Kirche ausgeschlossen.[27]) Indessen der Satz, daß jemand bei einem Wohnsitzwechsel von selbst der neuen Diözese und Pfarrei angehöre, ist gemeines kanonisches Recht.[28]) Für Katholiken handelt es sich damit von vornherein um

---

[25]) Für die Pfarr- und Gemeindeangehörigkeit Laurin a. a. O. 217[5]; Schön, Evangelisches Kirchenrecht 1, 317. Für die Zugehörigkeit zur Landeskirche Friedberg, Kirchenrecht[6] 292; zit. Waldecker Gesetz 1907 § 17. Für die Steuerpflicht der bayerische Verwaltungsgerichtshof Sammlung 1, 483; 3, 26 und 318; 4, 271; 27, 113 (jüdische Fälle). Eine Erstreckung der Mitgliedschaft oder der Steuerpflicht über die Zeit des Wohnsitzes hinaus ist positivrechtlich durch Staatsgesetz und durch staatlich anerkannte kirchliche Vorschrift möglich. Vgl. etwa die neuen preußischen Staats- und Kirchengesetze über Kirchensteuern § 3.

[26]) Vgl. Braun in den oben Anm. 20 angeführten Aufsätzen; ebendort Rehm 360ff., 396ff., 419 und Allgemeine Staatslehre 36[2]; v. Seydel, Bayerisches Staatsrecht[2] 3, 500 573; Entscheidungen des bayerischen Verwaltungsgerichtshofs vom 19. V. 1882 und 15. V. 1889 Sammlung 3, 694; 11, 218; K. Köhler, Kirchenrecht der evangelischen Kirche des Großherzogtums Hessen (1884) 98. Was die ipso jure-Wirkung betrifft, so liegen die Dinge hier bei Teilverbänden innerhalb desselben Bekenntnisses anders als in dem oben S. 387 erörterten Fall bei völligem Neueintritt in ein Bekenntnis.

[27]) So besonders Friedberg, Verfassungsrecht 274; Deutsche Zeitschrift für Kirchenrecht 8, 149ff.; Lehrbuch[6] 291[9]; ein Urteil des Oberlandesgerichts Hamburg vom 4. I. 1898 Deutsche Zeitschrift für Kirchenrecht 8, 150ff.; Schön, Evangelisches Kirchenrecht 1, 315. Das den Deutschen gewährleistete Recht der Freizügigkeit — worauf sich Friedberg gleichfalls beruft — wird durch eine solche Eintrittspflicht nicht verletzt; sie berührt die Wohnsitznahme als solche so wenig wie die Pflicht, am neuen Wohnsitz Gewerbesteuer zu zahlen. Gegen Friedbergs Annahme, daß seine Theorie in einer Anzahl deutscher Kirchengesetze ausdrücklich Anerkennung gefunden habe, zutreffend schon Rehm a. a. O. 253f. und das erwähnte Hamburger Urteil. Wenn allerdings Rehm Zeitschrift 396ff. und Staatslehre 36[2] das Recht der Kirche auf die Neuanziehenden aus einer Gebietsgewalt der Kirche herleitet, so vermag auch dem nicht beigestimmt zu werden; s. darüber oben S. 535.

[28]) Dictum Gratiani C. 13 q. 2 c. 6: *Item si quis de provincia ad provinciam transiret et ibi domicilium sibi collocaret, liber factus a ditione prioris judicis jurisdictioni illius judicis subiceretur, in cujus provincia sedem sibi eligeret.* X 3, 29, 5: *(Quia vero transgredi non debemus terminos a patribus constitutos) . . mandamus quatenus praedictorum locorum praelatos, ut sibi nullam in praedictos Aconenses habi-*

eine Anordnung der Zentralgewalt, nicht um den Willen einer autonomen örtlichen Stelle, der sie in den neuen Verband zwänge. Auf evangelischer Seite aber dürfte hier einer der oben (S. 538) erörterten Fälle vorliegen, in denen ein Satz des kanonischen Rechts zusamt seinem Geltungsbereich übernommen wurde. Und dabei wird man es entsprechend früheren Ausführungen (S. 383) für eine Anzahl von Rechtsgebieten zugleich als Satz des staatlichen Rechts aufstellen dürfen, daß jemand verpflichtet ist, derjenigen Glaubensgesellschaft seines Wohnsitzes anzugehören, deren Bekenntnis er besitzt.

Räumlich verpflichtende Abgaben.

6. Besonders wichtig in diesem Zusammenhang ist indessen die Frage, ob der kirchlichen Abgabenpflicht über den Kreis der Pfarr- und Gemeindegenossen,[29]) der Mitglieder der Landeskirche hinaus auch räumliche Wirkung zukommt, für Personen, die im Bezirk ein Gewerbe betreiben, und insbesondere für diejenigen, die im Bezirk Grundstücke besitzen, ohne dort ihren Wohnsitz zu haben, die sogenannten Forensen. Es ist hier auf frühere Ausführungen (S. 534ff.) zurückzugreifen. Wenn es richtig ist, daß Partikularsatzungen der katholischen Kirche, daß Anordnungen der evangelischen Landeskirchen für Fremde regelmäßig nicht verbindlich sind, und nur gewisse Ausnahmen bestehen, von denen keine sich auf bloße Geldfragen anwenden lassen wird, so können Landeskirche und Pfarrstiftung oder Gemeinde jedenfalls von sich aus keine Abgabengewalt über Verbandsfremde besitzen, und es wäre nur etwa möglich, daß eine übergeordnete Gemeinschaft, der auch der Forense angehört, vermöge der ihr zukommenden Gewalt dem Verband der belegenen Sache Ansprüche zuweist, vielleicht eine kirchliche Oberbehörde;[30]) und es hat die neuere Entwicklung der Kirchensteuern insbesondere auch die Staatsgesetzgebung veranlaßt, solche Vorschriften zu treffen.[31]) Eine Be-

tatores (die neu zugewandert waren) *jurisdictionem usurpent nec ab eis temporalia exigant quibus spiritualia non ministrant.* Vgl. auch Laurin a. a. O. und die dort Angeführten.

[29]) Darüber, daß Grundbesitz im Bezirk nicht zum Gemeindemitglied macht, vgl. Rehm a. a O. 387f.; Schön, Kirchenrecht 1, 309[4].

[30]) Hieher der Prädialzehnt X 3, 29, 5.

[31]) Österreich, Gesetz vom 31. XII. 1894 Reichsgesetzblatt 1895, 30 § 1: umlagenpflichtig sind auch „die im Pfarrbezirke nicht wohnhaften Katholiken . . unter der Voraussetzung, daß sie mit einer Grund- oder Gebäudesteuer von im Pfarrbezirke gelegenen Realitäten in Vorschreibung stehen oder im Pfarrbezirke die Betriebsstätte oder Geschäftsleitung einer Unternehmung oder Beschäftigung haben, wofür ihnen eine Erwerbe- oder Einkommensteuer in einer Steuergemeinde vorgeschrieben ist, deren Gebiet ganz oder zum Teile in den Pfarrbezirk fällt“. Ähnlich bayerisches Gesetz vom 15. VIII. 1908 Art. 7[I] nebst Begründung 889; Entwurf der Kirchengemeindeordnung Art. 20[I] und 27[I] nebst Begründung 132ff., 156f. Schaumburg-Lippe, Gesetz 24. IV. 1894 § 5 (unter Be-

steuerung am Ort des Grundbesitzes oder Gewerbebetriebs wird allerdings die Möglichkeit einer Doppelbesteuerung besonders nahe rücken, und es ist denn auch gegen diese Gefahr mehrfach vorgesorgt.[32])

Seit alters wird die Zulässigkeit räumlich wirksamer Auflagen bei der kirchlichen Baulast erörtert. Auch die Verpflichtung, zu der Errichtung von Kirchengebäuden beizutragen, stellt nach der hier vertretenen Meinung[33]) jedenfalls im Verhältnis der Gemeinde (Kirchenstiftung) zu ihren Angehörigen eine Verpflichtung zu öffentlichrechtlicher Leistung dar. Darum auch hier die Frage: erstreckt sich die Kirchenbaulast auf die Forensen? Das Tridentinum, die Grundlage aller späteren Ordnungen in der katholischen Kirche, beschränkt die Verbindlichkeit ausdrücklich auf die *parochiani* (wobei nur *parochiani alibi degentes* und *forenses non parochiani* auseinanderzuhalten sind) und es werden in Ermangelung besonderer Vorschriften auch die staatlichen Anordnungen in diesem Sinn auszulegen sein. Die Billigkeit einer abweichenden Regelung soll damit nicht außer Acht bleiben, und es ist denn auch hier mehrfach durch Staatsgesetz — die Lage der Grundstücke im Staatsgebiet macht abgabenpflichtig — eine Baulast der Forensen festgesetzt worden.[34]) Auch staatlich anerkannte

schränkung auf Angehörige der Landeskirche). In Sachsen ist eine Steuerpflicht der Forensen schon durch das Gesetz vom 8. III. 1838 vorgesehen, wie es scheint, auf Grund der Eigentümlichkeit des sächsischen Gemeinderechts, das die Forensen als Gemeindemitglieder betrachtet. Und mittelbar wird das entsprechende Ergebnis auch in den Ländern französischen Systems erreicht, in denen die Aufbringung der kirchlichen Bedürfnisse subsidiär den politischen Gemeinden zukommt.

[32]) Insbesondere durch den Satz, daß am Wohnsitz nur das daselbst veranlagte Vermögen kirchensteuerpflichtig sein soll. Vgl. dazu Österreich 1894 §§ 2, 5. Das neue bayerische Recht — Entwurf der Kirchengemeindeordnung Art. 109 III; Kirchensteuergesetz 1908 Art. 7 III (die im Einzelnen jedoch nicht übereinstimmen) — gestattet zur Vermeidung einer Doppelbesteuerung gegenüber dem Ausland, von der gesetzlichen Ordnung abzuweichen, Kirchengemeindeumlagen auch ganz oder teilweise zu erlassen; die zweite Quelle sieht ferner Retorsion gegen Beschwerungen im Ausland vor. Österreich § 3 sowie das unten zu erwähnende badische Gesetz über Kirchen**bau**steuern geben auch Anweisung für den Fall, daß das Gebiet der politischen Gemeinde, in der das Vermögen zur Staatssteuer veranlagt ist, eine Mehrheit steuerberechtigter Kirchengemeinden oder Pfarrbezirke umfaßt.

[33]) Vgl. oben S. 493.

[34]) Baden, Gesetz 26. VII. 1888 Art. 13: „Bei der Umlegung der durch Kirchensteuer aufzubringenden Kosten für kirchliche Bauten . . können beigezogen werden die Grund-, Häuser-, Gefälls-, Gewerbe- und Kapitalrentensteuerkapitalien sowie die Einkommensteueranschläge, mit welchen in den ganz oder teilweise zum Kirchspiel gehörigen Gemarkungen . . veranlagt sind . . außerhalb des Kirchenspiels wohnende bekenntnisangehörige physische Personen". Waldeck, Verordnung 19. IV. 1864 § 15; Gesetz 1. II. 1869 § 14. In Preußen kommt eine solche Erstreckung (auch unter der Geltung der neuen Steuer-

Vorschriften kirchlicher Gemeinschaften mögen eine solche Bestimmung treffen, etwa das Gewohnheitsrecht einer Diözese, das für die Diözesanen eine Baupflicht am Ort ihres Grundbesitzes vorsieht. Aber ist es denkbar, daß in einer einzelnen Pfarrei eine Observanz gültig zur Entstehung gelangt, welche den Forensen eine Baulast auflegt? Die interessante Frage hat die Gerichte schon mehrfach beschäftigt. Das preußische Obertribunal hat sie in einem ausführlichen Erkenntnis bejaht:[35]) die Beiziehung eines Forensen war auf Grund eines „in der Pfarrei bestehenden" Gewohnheitsrechts geschehen, der in Anspruch Genommene hatte die rechtliche Möglichkeit geleugnet, daß eine Observanz der Pfarrei über den Kreis der Pfarrgenossen hinaus Wirkung üben könne; der Gerichtshof anerkennt, daß örtliches Gewohnheitsrecht von einer bestimmten Gemeinschaft getragen werden müsse und nur innerhalb dieses Verbands wirken könne, eine solche Gemeinschaft aber werde hier dadurch geschaffen, daß die Güter der Forensen „in die Parochie" gehören, die Grundstückbesitzer also mit den Parochianen von einem und demselben kirchlichen Verband umfaßt werden. Das Reichsgericht hat sich in zwei späteren Fällen dieser Ansicht angeschlossen.[36]) Und doch unterliegen diese Entscheidungen lebhaften Bedenken. Alles Gewohnheitsrecht muß eine bestimmt umgrenzbare Gemeinschaft zum Träger haben, aber nicht jeder beliebigen Gruppierung von Menschen kann staatsrechtlich die Möglichkeit zukommen, verbindliche Rechtssätze zur Entstehung zu bringen. Ein Gewohnheitsrecht der hier vorausgesetzten Art könnte weltlichen und kirchlichen Ursprungs sein. Als weltliches Recht müßte es sich auf die staatliche Kirchenhoheit gründen — was für eine Vorschrift, die, in den Grenzen einer Pfarrei entstanden, von den Genossen eines einzelnen Bekenntnisses getragen wird, gewiß nicht anzunehmen ist. Als kirchliche Satzung, als die sich eine solche Vorschrift nach der Natur der Dinge darstellt, müßte sie (wenn nicht etwa die Diözese oder Landeskirche) die Kirchenstiftung, Kirchengemeinde zum Träger haben — die nach früher Ausgeführtem Verbandsfremde nicht zu verpflichten vermag. Die Summe der Grundbesitzer in der Pfarrei aber ist keine autonome kirchliche Gemeinschaft. Sie sind weder von sich aus befähigt, gültiges kirchliches Gewohnheitsrecht zu er-

---

gesetze) partikularrechtlich vor, vgl. für die Provinz Sachsen Verordnung 11. XI. 1844, Gesetzessammlung 698; für Hannover K. Linckelmann-E. Fleck, Das hannoversche Privatrecht (1903) 446, auch die hannoversche Kirchenvorstandsordnung für die evangelisch-lutherische Kirche 9. X. 1864 § 10; für Kurhessen v. Bitter, Handwörterbuch der preußischen Verwaltung 1, 920. Die, Zeitschrift 17, 136 angedeutete Auslegungsregel möchte ich allerdings nicht aufrechterhalten.

[35]) 5. IV. 1861 Entscheidungen 45, 289.

[36]) 17. X. 1881 Beiträge zur Erläuterung des deutschen Rechts (1882) 26, 1016; 12. II. 1891 Juristische Wochenschrift 1891, 186.

zeugen,[37]) noch auch nur in der Lage, in die Angelegenheiten der Pfarrei als eines ihnen fremden Rechtssubjekts abändernd einzugreifen.

Ganz die gleiche Frage hat sich für die Naturalreichnisse an Kirchendiener, von denen oben Z. 4 die Rede war, erhoben. Sie wurden auf Grund eines Herkommens „im Pfarrverband", oder doch in einem „nachbarlichen Kirchen- und Gebietsverband" auch von Forensen gefordert. Der bayerische Verwaltungsgerichtshof hat den Anspruch nach beiden Richtungen abgewiesen: ein örtliches Herkommen, das die Bedürfnisse des Pfarrverbands zum Inhalt hat, könne nicht für Personen verbindlich werden, die der Pfarrei nicht angehören, die nachbarliche Beziehung jener Grundstücke aber begründe noch keinen „Kirchenverband" im rechtlichen Sinn.[38]) Der neue Entwurf einer bayerischen Kirchengemeindeordnung freilich will diesen Berechtigungen von Staats wegen räumliche Wirksamkeit zuerkennen; insoweit dem die Annahme unterliegt, die Leistung treffe schon nach gegenwärtigem Recht die Forensen, weiß ich das mit der observanzmäßigen Entstehung dieser Reichnisse nicht zu vereinigen.[39]) Von hier aus wird es aber auch zweifelhaft, ob die andere der Z. 4 genannten Abgaben, das „Seelrecht", ohne weiteres dem Pfarrer des Sterbeorts zugesprochen werden kann. Die Landes- und Polizeiordnung von 1616, die von der Abgabe handelt, hat sie nicht selbst eingeführt, sondern anerkannt, wo sie auf örtlichem Herkommen beruhte. Auch hier muß eine kirchliche Rechtsbildung zugrunde liegen; die bloße Pfarrobservanz vermag sie nicht zu beschaffen.

Besondere Fälle.

7. Endlich auch hier einige Fragen, bei welchen die Grenzen kirchlicher Verbandsgewalt zwar grundsätzlich als feststehend vorausgesetzt werden können, wo aber die besonderen Umstände des Falls diese Grenzen in Zweifel stellen.

Dahin gehören Tatbestände, denen zunächst international-staatliche

---

[37]) Vgl. etwa v. Scherer, Kirchenrecht 1, 132.

[38]) Entscheidung vom 6. VII. 1894 Sammlung 15, 230. Übereinstimmend eine nicht veröffentlichte Entscheidung vom 31. VII. 1896. Vgl. auch Sammlung 5, 121 und 11, 310.

[39]) Entwurf Art. 85 II; Begründung 284 f. Die Begründung führt die personale Begrenzung dieser Abgaben auf das Eindringen moderner Ideen zurück, auf die Ablösung der Kirchengemeinde von dem politischen Gemeindeverband und auf die personale Ausgestaltung der Kirchengemeinde. Aber es hat sich hier wohl immer um kirchliche Abgaben gehandelt, und es bedurfte damit einer kirchenrechtlichen Möglichkeit, die Reichnisse von Forensen zu erheben. Anders liegen die Verhältnisse nur da, wo sich das Gewohnheitsrecht eines Bistums, einer Landeskirche erweisen ließe, das die Pfarreien ermächtigt, die Leistung von Diözesanen und Kirchenangehörigen zu verlangen, die nicht in der Pfarrei wohnen.

Bedeutung zukommt, und die für die Begrenzung kirchlicher Gewalten nur mittelbar von Belang werden, insofern sie den für die kirchliche Zuständigkeit vorausgesetzten Wohnsitz beeinflussen können. In diesem Sinn erlangt die Exterritorialität der Gesandten kirchliche Bedeutung.[40]) Und es sind auch die Parochialverhältnisse der jenseits der Landesgrenze stationierten Zollbeamten schon Gegenstand diplomatischer Erörterungen geworden.[41])

Vor allem aber ist auch in diesem Zusammenhang der besonderen Verhältnisse der Grenzpfarreien Erwähnung zu tun.[42]) Zwar auf katholischer Seite werden hier nicht leicht Schwierigkeiten entstehen; schon weil die beiden Teile der Pfarrei regelmäßig derselben Diözese unterstellt sein werden. Nach protestantischem Kirchenrecht aber folgt die Kirchengewalt der Staatsgewalt; die Pfarrei, deren Bezirk politisch zwei Staaten angehört, ist auch zwei kirchlichen Gewalten unterworfen.[43]) Damit aber werden alle die früher erörterten

---

[40]) Vgl. dazu oben S. 532 Anm. 1. Hat der Absendestaat einen besonderen Gesandtschaftsgeistlichen angestellt, so ist dieser der parochus proprius für den Gesandten und sein Personal, aber nicht für kirchliche Handlungen, welche in der Gesandtschaftskapelle an anderen Personen vorgenommen werden, wie Trauungen von Angehörigen des Heimatstaats des Gesandten. Vgl. etwa Heffter, Völkerrecht § 213 der älteren Auflagen; auch Preußisches Landrecht II 11 §§ 548 f. Unmittelbare Bedeutung besitzt die Exterritorialität für den gesandtschaftlichen Verkehr des Heiligen Stuhles.

[41]) Verhandlungen zwischen Bayern und Österreich bei Günther a. a. O. 2, 49 ff. Nach einigen Schwankungen haben sich die beiden Regierungen auf den Standpunkt gestellt, daß zuständig zur Seelsorge der Pfarrer des tatsächlichen Wohnorts sein solle, daß hier die Matrikeleinträge erfolgen, aber dem „zuständigen" Pfarrer des andern Gebiets mitgeteilt werden sollen. Protestanten, die am Wohnort keine Pfarrei haben, können sich der Seelsorge der heimatlichen Pfarrei, der sie angehören, bedienen; Stolgebühren sind in solchem Fall nur dort zu entrichten, und ebenso können sie dort Beerdigung beanspruchen, wenn an ihrem Wohnort keine ihrer Gleichberechtigung entsprechende Form der Beerdigung gewährleistet ist. — Ein österreichisch-sächsisches Übereinkommen vom 21. I. und 5. II. 1879 (österreichisches Reichsgesetzblatt 1879, 228) beschäftigt sich gleichfalls mit den kirchlichen Verhältnissen der auf sächsischem Gebiet verwendeten österreichischen Zoll- und Eisenbahnbediensteten und bestimmt in Ziffer IV: „Taufe, Trauung, Beerdigung und sonstige pastorale Funktionen. Zur Vornahme dieser Akte ist der parochus domicilii der betreffenden Konfession berechtigt." V. „Parochiale Verpflichtungen. Bezüglich der parochialen Verpflichtungen der mehrfach bezeichneten Angestellten sind die Bestimmungen maßgebend, welche an dem jeweiligen Aufenthaltsort des betreffenden Angestellten hierüber gelten."

[42]) Dazu oben §§ 42—44 ; insbesondere auch S. 490 Anm. 6.

[43]) A § 1; R § 1: „es steht daher auch in diesem Falle jedem Landesherrn die oberbischöfliche Gewalt über seine evangelischen Untertanen zu." Vgl. auch den Frankfurter Frieden Art. 6 Reichsgesetzblatt 1871, 226 f. und die Begründung der bayerischen Kirchengemeindeordnung 322, 323. — Über außerdeutsche Kirchengemeinden, die mit der evangelischen Landeskirche der älteren

Fragen, wie sich in solchen Gebieten die Staatsgewalt der beteiligten Staaten voneinander abgrenzt, auch für das Verhältnis der beiderseitigen Kirchengewalt praktisch. Die Lösung wird ganz regelmäßig hier und dort die gleiche sein, und es bedarf darum an dieser Stelle nur einer Anwendung der früher festgestellten Grundsätze auf die Angelegenheiten, die von Kirchen wegen geregelt sind.

Auch auf kirchlicher Seite setzt das Bestehen einer solchen Gemeinschaft die Zustimmung der beiden beteiligten Kirchengewalten voraus,[44]) und es unterscheidet sich damit ein solches rechtliches Gemeinschaftsverhältnis[45]) von dem bloßen gastweisen Anschluß an fremde Pfarreien und Kirchengemeinden. Aus der Zustimmung der beiden Landeskirchen aber folgt auch hier, daß den Organen der Pfarrei und Kirchengemeinde kirchliche Gewalt über die Parochianen zukommt, auch wenn diese Organe im Bereich der anderen Landeskirche ihren Sitz haben. Selbständige kirchliche Pflichten dagegen kann den Pfarrangehörigen nur diejenige Landeskirche auferlegen, der sie durch ihren Wohnsitz angehören. Das gilt, wie für Abgaben gegenüber der Pfarrei und Gemeinde, auch für örtliche Modifikationen allgemein kirchlicher Verbindlichkeiten. So erklären die früher oft genannten Verträge Sachsens mit Altenburg und Reuß „die Beantwortung der Frage, welches Alter zur Konfirmation der Kinder erforderlich sei“, als eine Angelegenheit, die dem Recht der Person untersteht.[46])

Die kirchliche Verwaltung wird auch hier im Auftrag beider Landeskirchen geführt, einer jeden für die Handlungen, welche Angelegenheiten ihrer Angehörigen betreffen.[47]) Und es folgt daraus auch hier, daß die Frage, ob den Pfarrangehörigen ein Recht auf Vornahme einer kirchlichen Handlung zukommt, zwar unter der Ord-

---

Provinzen Preußens in Verbindung stehen, preußisches Kirchengesetz 7. V. 1900 bei Friedberg, Verfassungsgesetze 4. Ergänzungsband 481.

[44]) Dazu oben S. 513 Anm. 30.

[45]) Es kommen auch abgeschwächte Gemeinschaftsverhältnisse vor, wie zwischen den protestantischen Pfarreien Ulm und Neuulm, die nach einer bayerisch-württembergischen Vereinbarung zwar ihren besonderen Sprengel besitzen; doch muß jeder der Pfarrer auf Ansuchen dem anderen Teil die Ausübung der geistlichen Funktionen gestatten, wobei die Stolgebühren dem gestattenden Teil zufallen, Kirchenbucheinträge ihm mitzuteilen sind. Günther, Amtshandbuch für die protestantischen Geistlichen[3] 2, 63.

[46]) A § 9 Z. 8; R § 4 Z. 7.

[47]) Anhalt Synodalordnung 14. XII. 1878 § 30, Friedberg, Verfassungsgesetze 824: „dem Kirchenregiment bleibt vorbehalten, wegen derjenigen Parochien und Kirchspiele, welche aus anhaltischen und preußischen Ortschaften zusammengesetzt sind, soweit nötig im Einvernehmen mit dem preußischen Kirchenregiment, das Erforderliche behufs Einführung der Kirchengemeinde- und Synodalordnung zu bestimmen“. Vgl. auch die Anordnung eines Kirchengebets für beide Landesherren A § 14, R § 11.

nung steht, die für die kirchliche Tätigkeit maßgebend ist, daß dies aber eben den inländischen Parochianen gegenüber wiederum die inländische Kirchengewalt ist. Untrennbar gemeinsame Angelegenheiten dagegen vermag wiederum nur die Landeskirche zu ordnen, der Pfarrei und Gemeinde durch ihren Sitz angehören. Zu solchen gemeinsamen Angelegenheiten gehört neben mancherlei schon staatlich gewürdigten Einrichtungen, der Durchführung der Selbstverwaltung, der Verwaltung des Kirchenvermögens, Vornahme von Kirchenkollekten, Führung der Kirchenbücher, die Liturgie in der Kirche,[48]) und es wird dahin insbesondere das geistliche Amt als solches und seine Ausübung zu rechnen sein. Demgemäß unterscheiden die erwähnten sächsischen Verträge zwischen der Pflicht zur Vornahme einer kirchlichen Handlung, die unter der Ordnung der Parochianen stehe, und „der äußeren Form, in welcher die, ausländische Eingepfarrte . . ausschließlich betreffenden, kirchlichen Handlungen zu vollziehen sind“, die unter der Ordnung des Kirchorts verbleibe. „In dieser Beziehung, mithin namentlich in betreff der Zahl der Taufpaten, der geschlossenen Zeit, der Solennitäten bei Trauungen, der Zeremonien bei Beerdigungen und dergleichen haben sich die Pfarrer . . an die für die betreffende Kirche . . überhaupt bestehenden Vorschriften zu halten. Dies gilt selbst dann, wenn eine kirchliche Handlung wegen besonderer Umstände in der Wohnung eines ausländischen Eingepfarrten vorgenommen wird, z. B. bei Haustrauungen und Haustaufen.“ [49])

Als solche gemeinsame Angelegenheit erscheint aber auch die persönliche Stellung des Pfarrers. Zwar Weisungen hat er von beiden Kirchengewalten entgegenzunehmen, in deren Auftrag er handelt, und es stehen ihnen auch Zwangsmittel zu, sie durchzusetzen (vgl. oben S. 511); aber das kirchliche Amt als solches ist nur der Landeskirche erreichbar, welcher der Pfarrer durch seinen Sitz angehört. Demgemäß erklären die sächsischen Verträge „Anstellung und Einführung des Pfarrers“ als Angelegenheit des Kirchorts, und selbst gegenüber den gesteigerten Befugnissen einer Filialgemeinde im andern Gebiet wird festgehalten, daß Einwendungen der Filialgemeinde gegen Person, Lehre und Lebenswandel des designierten

---

[48]) A § 2; R § 5 Z. 2.

[49]) A §§ 12, 13; R § 6 Z. 2. „Demnach wird auch das Dispensationsrecht bezüglich der Form der kirchlichen Handlungen lediglich in dem Lande, in welchem die Kirche liegt, durch die hierzu verfassungsmäßig berechtigten Organe desselben verfügt“, während materiellrechtlich Dispensationen von dem Wohnsitzstaat zu erwirken sind. Eine Anwendung dieser Grundsätze auch in A § 9 Z. 11; R § 4 Z. 11: die Frage, ob ein Selbstmörder Anspruch auf kirchliche Beerdigung habe, sei dem Recht der Person zu entnehmen, die Art und Weise der Beerdigung, wenn die Frage bejaht wird, nach den Gesetzen und Einrichtungen des Lands zu bestimmen, in welchem der Gottesacker liegt.

Pfarrers (nach Einvernahme der zuständigen Behörde der Filiale) von der Behörde des Hauptkirchenorts zu verbescheiden sind;[50]) sein Einkommen bestimmt sich nach den Vorschriften des Kirchorts, und auch als Pfarrer der Filialgemeinde hat er keinen Anspruch, in die im dortigen Gebiet bestehenden Unterstützungsanstalten aufgenommen zu werden;[51]) ebenso hat „während einer Vakanz lediglich die zuständige Behörde des Hauptkirchenortes über die mit dem ausländischen Filialpfarramte verbundene . . Besoldung zu verfügen, aber auch für die interimistische Verwaltung desselben Sorge zu tragen".[52])

Im übrigen ist bei Filialgemeinden auch hier zu unterscheiden, inwieweit ein Gegenstand die Mutterkirche oder die Tochterkirche berührt, und es tritt in Angelegenheiten der Filialkirche und ihrer Gemeinde, Gemeindeverfassung, Liturgie und dergleichen, das örtliche Recht ein.

---

[50]) A §§ 2, 20; R § 5 Z. 1, § 23.

[51]) A §§ 2, 22; R § 6 Z. 3, §25. Wegen der örtlichen Reichnisse oben S. 492 ff., wegen der Stolgebühren S. 499.

[52]) A § 23; R § 26.

Sachregister.

(Die Zahlen bedeuten die Seiten.)

Kolibri 360 GmbH
Ferdinand-Jühlke-Straße 7
99095 Erfurt, Deutschland
produktsicherheit@kolibri360.de